湖北地税年鉴

HUBEI DISHUI NIANJIAN

2008

湖 北 地 税 年 鉴 编 委 会

湖北长江出版集团
湖北人民出版社

鄂新登字 01 号

图书在版编目(CIP)数据

湖北地税年鉴·2008/湖北地税年鉴编委会.
武汉:湖北人民出版社,2009.12

ISBN 978-7-216-06399-9

Ⅰ.湖…
Ⅱ.湖…
Ⅲ.地方税收—湖北省—2008—年鉴
Ⅳ.F812.763.042-54

中国版本图书馆 CIP 数据核字(2010)第 081730 号

湖北地税年鉴·2008　　湖北地税年鉴编委会

责任编辑:龙敏贤　尚晓梅　司　雯　　装帧设计:张　弦

出版发行:湖北长江出版集团
湖北人民出版社　　地址:武汉市雄楚大街 268 号
邮编:430070

印刷:武汉中远印务有限公司　　经销:湖北省新华书店
开本:787 毫米×1092 毫米 1/16　　印张:49.25
字数:1138 千字　　插页:18
版次:2009 年 12 月第 1 版　　印次:2009 年 12 月第 1 次印刷
印数:1-1 300　　定价:170.00 元
书号:ISBN 978-7-216-06399-9

本社网址:http://www.hbpp.com.cn

《湖北地税年鉴·2008》编纂委员会

主　　任　许建国

委　　员　罗　涛　钟守英　肖厚雄　余　伟　许国勇　肖绪湖　游干成　曹桦林　鲁汉洲

编　辑　部

总　　编　肖厚雄

副 总 编　徐正云

责任编辑　张　惠　涂家海　王士恒　彭继旺　陈　红　金湘虹　周　媛　王燕敏　周　翔　王浩虹　罗　蓉　徐卫兴　范志荣

编　　辑　（以姓氏笔画为序）

丁安国　马成刚　王怀枝　刘子真　江　娟　邬　江　张　明　杨闵龙　杨绪勇　肖一意　罗　军　洪　波　胡庆华　胡勇刚　胡智星　赵　军　黄　练　彭慧龙　鲁　速

▲国家税务总局党组副书记、副局长钱冠林(中)在黄梅县地税局检查指导工作。

▲国家税务总局党组成员、纪检组长冯惠敏(左三)参观武汉市地税局廉政建设教育基地。

▲省委常委、常务副省长李宪生(左一)在省地税局听取工作汇报。

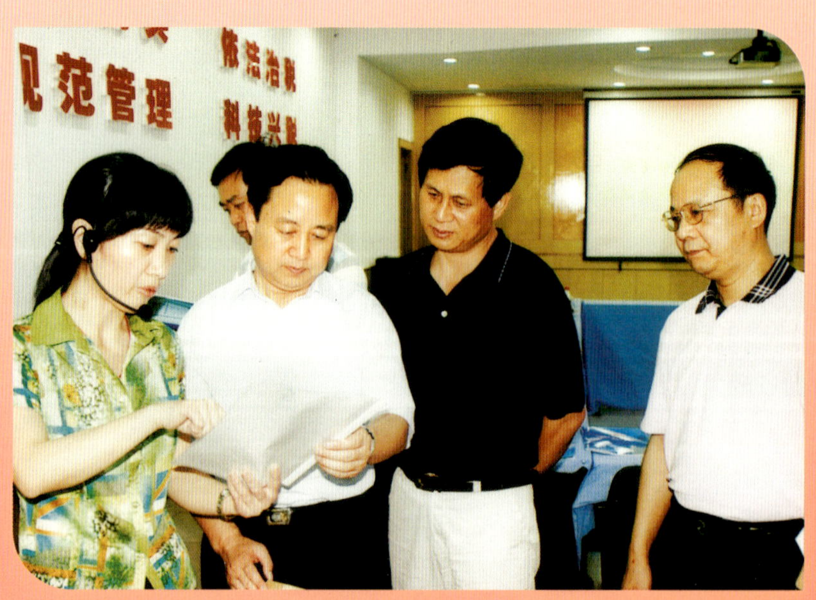

▲省委常委、省纪委书记黄先耀(左二)在黄石市地税局调研政务公开工作。

▲3月1日，省委组织部在省局召开省地税局主要负责同志职务调整宣布大会，宣布许建国同志任省地税局党组书记、局长。图为许建国局长在宣布会上讲话。

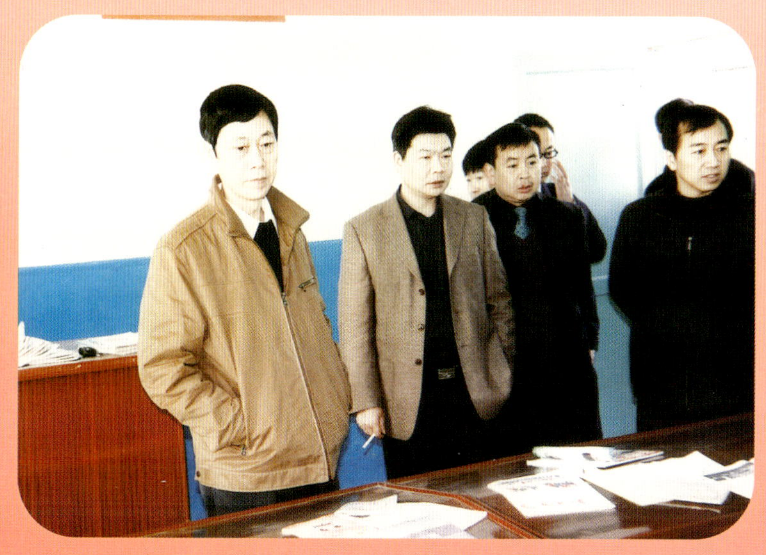

◀省局党组副书记、副局长田和平(左一)在省局新农村建设联系点——咸丰县丁寨乡十字路村开展调研。

◀省局党组成员、副局长罗涛（右二）在老河口市地税局就税政管理工作开展调研。

▶省局党组成员、副局长钟守英（右二）在黄石市地税局就组织收入工作开展调研。

▲省局党组成员、总会计师肖厚雄(右二)在十堰市地税局就全省地方税费征管核心软件上线工作进行调研。

▲省局党组成员、副局长余伟(中)在浠水县地税局就干部教育培训工作进行调研。

▶省局党组成员、纪检组长许国勇(左一)在十堰市地税局就政务公开工作开展调研。

▲省局副巡视员张治安(左)在基层调研组织收入工作。

▲2008年，全省各级地税机关全体动员、全面保障、全面部署、全力以赴，保证了“湖北省地方税费征管核心软件”上线工作顺利推进、圆满完成，实现了全省地税系统税收信息化管理的飞跃。图为7月21—22日湖北省地方税费征管核心软件鉴证会在恩施州召开。

▶9月20—21日，武汉市地税局组织全市地税系统1742名人员参加信息化建设技能应用展示赛。

▲为贯彻实施好新企业所得税法，1 月 12—15 日，省局召开了全省地税系统企业所得税法培训会议。

▲2008 年，我省地税部门大力开展文明执法教育活动取得显著成效。图为 5 月 11 日召开的全省地税系统文明执法教育活动视频会议现场。

▲为推进税收行政执法责任制工作，8月28—29日，省局在应城市召开了税收行政执法责任制研讨会。

▲7月28日，省公安厅经侦总队、省国税局稽查局、省地税局稽查局联合在武昌召开发票打假"荆楚灭鼠行动"新闻通气会，通报了"荆楚灭鼠行动"的有关情况。

◀ 4 月 12—13 日，省局组织华中师范大学、湖北经济学院、湖北财税职业学院 15 名品学兼优的一年级贫困学生参加“观三峡工程，树创业志向”税收宣传活动。图为同学们在三峡大坝坝顶参观。

▲在 2008 年全国税收宣传月活动中，省局围绕“税收·发展·民生”主题，在武汉市地税局开展了“税收助我行——寻访江城创业残障人”和“再就业明星话税收”活动。

▶7月3日，省局召开纪念建党87周年暨党建工作总结表彰大会，以进一步加强省局机关党的思想、组织、作风和制度建设。

◀3月24—26日，省局召开了全省地税系统党风廉政建设暨局长培训会议，对全省地税系统先进集体、先进工作者进行了表彰。

◀ 6月22日，湖北经视对我省地税系统2008年度考试录用公务员面试第二考场进行电视现场直播。（左为省地税局局长许建国，中为省委组织部副部长、省人事厅厅长、省编办主任张兆本）

▶6月14日，省局召开“四个培训班”开展“两项活动”座谈会。

◀ 公开公平公正竞争选拔人才。图为4月15日随州市地税局副科级领导干部竞争上岗笔试考场。

▲11 月 24 日，省局召开深入学习科学发展观学习报告（交流）会，省社科院副院长刘玉堂教授作了辅导报告。

◀11 月 28 日，咸宁市地税局举办学习实践科学发展观演讲比赛。

▲2008 年，全省地税政风行风评议取得优异成绩。图为 7 月 16 日省局召开全省地税系统民主评议政风行风视频动员大会。

▲8 月 20 日，省局召开征求纳税人代表意见座谈会，倾听 12 名纳税人代表对地税工作和税风建设的意见和建议。

▶8月12日，省局局长许建国（右二）带领相关处室负责人参加湖北广电总台经济广播"政风行风热线"上线活动，与广大听众进行了沟通和互动。

▲8月23日武汉市地税局召开政风行风集中评议大会。

◀ 10月18日，鄂州市地税局参加全市政风行风评议亲民热线大型直播活动。

▲2008 年，全省地税系统税务文化建设蓬勃开展。图为 11 月 6—7 日，全省地税系统税务文化建设研讨会在武汉召开。

▶为弘扬抗震救灾精神，推动地税事业发展，7 月 3 日上午，省局组织召开了抗震救灾报告会。

◀为庆祝"三八"妇女节，喜迎北京奥运会，省局机关43名女干部参加省直机关工委、省妇联、省体育局举行的"与奥运同行 每天快走半小时"健身活动启动仪式。

▶6月26—27日，全省地税系统"稽查杯"乒乓球比赛在十堰市举行。

◀6月2日，奥运圣火传至古城荆州，湖北省五一劳动奖章获得者、荆州市地税局局长黄睿参加了火炬接力传递。

《湖北地税年鉴》(2008 年卷)编委和编辑人员合影

目　录

第一篇　特载篇

党政领导谈地税

认真履行地税部门职能　服务改革发展稳定大局
…………………………………………… 中共湖北省委常委、常务副省长　周坚卫(1)
立足新起点　谋求新发展 …………………… 中共黄石市委常委、常务副市长　朱中华(8)
发挥税收职能作用　促进经济健康发展 ……… 中共襄樊市委常委、常务副市长　施真强(9)
争先进位创一流　聚内融外树形象 ………… 中共荆州市委常委、常务副市长　黄建宏(10)
发挥税收职能　服务经济发展 ……………… 中共宜昌市委常委、常务副市长　郑　超(11)
凝心聚力强素质　提质增效促发展 ………… 中共鄂州市委常委、常务副市长　刘立勇(12)
发挥税收职能作用　推进"四个随州"建设 … 中共随州市委常委、常务副市长　彭　勇(13)
着力强化五种意识　开创地税工作新局面 … 中共恩施州委常委、常务副州长　彭　军(14)
开拓创新　努力推进全市经济发展再上新台阶
…………………………………………… 中共潜江市委常委、常务副市长　张宗光(15)

省局领导讲话

以科学发展观统领地税工作全局　大力推进"五型地税"建设
…………………………………………… 省地方税务局党组书记、局长　许建国(17)
充分发挥稽查职能　推进稽查工作深入发展
…………………………………………… 省地方税务局党组书记、局长　许建国(22)
严格执法　有税必收　积极预防和严肃查处地税工作人员失职渎职行为
…………………………………………… 省地方税务局党组书记、局长　许建国(26)
解放思想　转变作风　提高效能　大力加强地税机关执行力建设
…………………………………………… 省地方税务局党组书记、局长　许建国(29)
全体动员　全员参与　扎扎实实搞好政风行风评议工作
…………………………………………… 省地方税务局党组书记、局长　许建国(34)

全体动员　全面保障　全力以赴打好税费征管核心软件上线攻坚战
……………………………………………… 省地方税务局党组书记、局长　许建国(38)
增进共识　强化措施　开创全省土地税收管理工作新局面
……………………………………………… 省地方税务局党组书记、局长　许建国(43)
探索地税文化建设途径　为全省地税事业健康发展营造和谐氛围
……………………………………………… 省地方税务局党组书记、局长　许建国(48)
提高认识　周密部署　积极做好城镇居民基本医疗保险费征收工作
…………………………………………… 省地方税务局党组副书记、副局长　田和平(55)
加强沟通　把握全局　共同推进全省地税事业科学发展
…………………………………………… 省地方税务局党组副书记、副局长　田和平(62)
增强责任感　提高扣缴率　进一步做好车船税代收代缴工作
…………………………………………… 省地方税务局党组成员、副局长　罗　涛(69)
整合资源　互动协作　进一步加强全省土地税收管理工作
…………………………………………… 省地方税务局党组成员、副局长　罗　涛(74)
坚持科学发展观　提高执行力　努力做好新时期地税计统工作
…………………………………………… 省地方税务局党组成员、副局长　钟守英(81)
坚定信心　应对挑战　确保全省地税收入平稳较快增长
…………………………………………… 省地方税务局党组成员、副局长　钟守英(89)
以应用推广税务短信平台为契机　全面提高地方税收征管工作水平
…………………………………………… 省地方税务局党组成员、总会计师　肖厚雄(93)
统一思想　团结一心　全力推进地方税费征管核心软件上线工作
…………………………………………… 省地方税务局党组成员、总会计师　肖厚雄(96)
坚持学用结合　提高履职能力　形成良好的学习培训辐射效应
…………………………………………… 省地方税务局党组成员、副局长　余　伟(99)
加强培训　注重实践　努力提高全员计算机应用技能
…………………………………………… 省地方税务局党组成员、副局长 余　伟(101)
服务大局　扎实工作　努力开创全省地税系统反腐倡廉建设工作的新局面
…………………………………………… 省地方税务局党组成员、纪检组长　许国勇(105)
牢固树立勤廉意识　全面提高履职能力
…………………………………………… 省地方税务局党组成员、纪检组长　许国勇(114)
提高计统管理水平　服务地税中心工作
…………………………………………………… 省地方税务局副巡视员　张治安(121)

工 作 专 文

省地方税务局办公室 …………………………………………………………… (125)
省地方税务局税政一处 ………………………………………………………… (127)

省地方税务局税政二处 …… (128)
省地方税务局税政三处 …… (130)
省地方税务局社会保险费征收管理处 …… (131)
省地方税务局征收管理处 …… (133)
省地方税务局计划统计处 …… (135)
省地方税务局财务装备处 …… (136)
省地方税务局政策法规处 …… (138)
省地方税务局人事处 …… (140)
省地方税务局离退休干部管理处 …… (142)
省地方税务局党办(基层工作处) …… (143)
省地方税务局工会 …… (144)
省地方税务局监察室 …… (145)
省地方税务局稽查局 …… (147)
省地方税务局直属征收管理局 …… (149)
省地方税务局教育培训中心 …… (150)
省地方税务局税收研究所 …… (152)
省地方税务局机关后勤服务中心 …… (153)
省地方税务局技术管理处 …… (154)
省地方税务局税收票证管理中心 …… (156)
湖北财税职业学院 …… (157)
武汉市地方税务局 …… (158)
武汉市江岸区地方税务局 …… (160)
武汉市江汉区地方税务局 …… (162)
武汉市硚口区地方税务局 …… (163)
武汉市汉阳区地方税务局 …… (165)
武汉市武昌区地方税务局 …… (166)

武汉市青山区地方税务局 …… (168)
武汉市洪山区地方税务局 …… (169)
武汉市蔡甸区地方税务局 …… (171)
武汉市江夏区地方税务局 …… (172)
武汉市黄陂区地方税务局 …… (174)
武汉市新洲区地方税务局 …… (175)
武汉市东西湖区地方税务局 …… (177)
武汉市汉南区地方税务局 …… (178)
武汉市武汉经济技术开发区地方税务局 …… (180)
武汉市东湖新技术开发区地方税务局 …… (181)
武汉市东湖生态旅游风景区地方税务局 …… (183)
黄石市地方税务局 …… (184)

大冶市地方税务局 ……………………………………………………………………………… (185)
阳新县地方税务局 ……………………………………………………………………………… (186)
襄樊市地方税务局 ……………………………………………………………………………… (188)
襄阳区地方税务局 ……………………………………………………………………………… (189)
枣阳市地方税务局 ……………………………………………………………………………… (191)
宜城市地方税务局 ……………………………………………………………………………… (192)
南漳县地方税务局 ……………………………………………………………………………… (193)
保康县地方税务局 ……………………………………………………………………………… (195)
谷城县地方税务局 ……………………………………………………………………………… (196)
老河口市地方税务局 …………………………………………………………………………… (197)
荆州市地方税务局 ……………………………………………………………………………… (199)
沙市区地方税务局 ……………………………………………………………………………… (201)
荆州区地方税务局 ……………………………………………………………………………… (202)
松滋市地方税务局 ……………………………………………………………………………… (203)
公安县地方税务局 ……………………………………………………………………………… (205)
石首市地方税务局 ……………………………………………………………………………… (206)
监利县地方税务局 ……………………………………………………………………………… (208)
洪湖市地方税务局 ……………………………………………………………………………… (209)
江陵县地方税务局 ……………………………………………………………………………… (211)
宜昌市地方税务局 ……………………………………………………………………………… (212)
夷陵区地方税务局 ……………………………………………………………………………… (214)
宜都市地方税务局 ……………………………………………………………………………… (215)
枝江市地方税务局 ……………………………………………………………………………… (217)
当阳市地方税务局 ……………………………………………………………………………… (218)
长阳土家族自治县地方税务局 ………………………………………………………………… (219)
五峰土家族自治县地方税务局 ………………………………………………………………… (220)
秭归县地方税务局 ……………………………………………………………………………… (222)
兴山县地方税务局 ……………………………………………………………………………… (223)
远安县地方税务局 ……………………………………………………………………………… (224)
十堰市地方税务局 ……………………………………………………………………………… (225)
丹江口市地方税务局 …………………………………………………………………………… (227)
郧县地方税务局 ………………………………………………………………………………… (229)
郧西县地方税务局 ……………………………………………………………………………… (230)
房县地方税务局 ………………………………………………………………………………… (232)
竹山县地方税务局 ……………………………………………………………………………… (233)
竹溪县地方税务局 ……………………………………………………………………………… (234)
孝感市地方税务局 ……………………………………………………………………………… (236)
孝昌县地方税务局 ……………………………………………………………………………… (238)

孝南区地方税务局 …………………………………………………………………… (239)
应城市地方税务局 …………………………………………………………………… (240)
安陆市地方税务局 …………………………………………………………………… (241)
云梦县地方税务局 …………………………………………………………………… (243)
汉川市地方税务局 …………………………………………………………………… (244)
大悟县地方税务局 …………………………………………………………………… (245)
荆门市地方税务局 …………………………………………………………………… (246)
东宝区地方税务局 …………………………………………………………………… (248)
沙洋县地方税务局 …………………………………………………………………… (249)
钟祥市地方税务局 …………………………………………………………………… (251)
京山县地方税务局 …………………………………………………………………… (252)
鄂州市地方税务局 …………………………………………………………………… (253)
黄冈市地方税务局 …………………………………………………………………… (255)
黄州区地方税务局 …………………………………………………………………… (257)
团风县地方税务局 …………………………………………………………………… (258)
红安县地方税务局 …………………………………………………………………… (259)
麻城市地方税务局 …………………………………………………………………… (261)
英山县地方税务局 …………………………………………………………………… (262)
罗田县地方税务局 …………………………………………………………………… (263)
浠水县地方税务局 …………………………………………………………………… (264)
蕲春县地方税务局 …………………………………………………………………… (266)
武穴市地方税务局 …………………………………………………………………… (267)
黄梅县地方税务局 …………………………………………………………………… (268)
咸宁市地方税务局 …………………………………………………………………… (270)
咸安区地方税务局 …………………………………………………………………… (272)
赤壁市地方税务局 …………………………………………………………………… (273)
嘉鱼县地方税务局 …………………………………………………………………… (274)
通城县地方税务局 …………………………………………………………………… (276)
崇阳县地方税务局 …………………………………………………………………… (277)
通山县地方税务局 …………………………………………………………………… (279)
随州市地方税务局 …………………………………………………………………… (280)
曾都区地方税务局 …………………………………………………………………… (282)
广水市地方税务局 …………………………………………………………………… (283)
恩施土家族苗族自治州地方税务局 ………………………………………………… (285)
恩施市地方税务局 …………………………………………………………………… (286)
利川市地方税务局 …………………………………………………………………… (288)
建始县地方税务局 …………………………………………………………………… (289)
巴东县地方税务局 …………………………………………………………………… (290)

来凤县地方税务局 ……………………………………………………………………………… (291)
咸丰县地方税务局 ……………………………………………………………………………… (293)
宣恩县地方税务局 ……………………………………………………………………………… (294)
鹤峰县地方税务局 ……………………………………………………………………………… (295)
仙桃市地方税务局 ……………………………………………………………………………… (296)
潜江市地方税务局 ……………………………………………………………………………… (298)
天门市地方税务局 ……………………………………………………………………………… (300)
神农架林区地方税务局 ………………………………………………………………………… (301)

第二篇　法规篇

国务院、国务院办公厅制定的文件

国务院关于实施成品油价格和税费改革的通知 …………………………………………………… (305)
国务院办公厅关于印发国家税务总局主要职责、内设机构和人员编制规定的通知 …… (309)

国家税务总局制定的文件

国家税务总局关于普通发票行政审批取消和调整后有关税收管理问题的通知 ……… (312)
国家税务总局关于个人所得税工资薪金所得减除费用标准政策衔接问题的通知 …… (313)
国家税务总局关于印发《企业所得税核定征收办法》(试行)的通知 …………………… (314)
国家税务总局关于印发《跨地区经营汇总纳税企业所得税征收管理暂行办法》的通知
……………………………………………………………………………………………………… (317)
国家税务总局关于车船税征管若干问题的通知 ………………………………………………… (321)

省人民政府制定的文件

湖北省人民政府办公厅关于进一步做好社会保险扩面征缴工作的通知 ……………… (323)
湖北省人民政府办公厅关于推广应用税控收款机的通知 …………………………………… (325)

省地方税务局制定的文件

省地方税务局关于印发《2008 年全省地税工作要点》的通知 ……………………………… (327)

关于进一步加强机动车车船税代收代缴工作的通知 …………………………………… (331)
关于印发《湖北省机动车车船税代收代缴管理办法》的通知 ………………………………… (333)
省地方税务局关于做好全省地税系统离任人员工作交接的通知 ………………………… (337)
省地方税务局关于进一步加强全省地税系统精神文明建设的通知 ……………………… (340)
省地方税务局关于进一步规范城镇土地使用税困难性减免审批事项的通知 ………… (342)
省地方税务局关于明确机动车车船税征收工作有关事项的通知 ………………………… (344)
省地方税务局关于 2008 年重点工作责任分解的意见 ……………………………………… (344)
省地方税务局关于 2008 年度目标责任制重要职能工作目标和
　　共性工作目标责任分解的意见 ………………………………………………………… (349)
省地方税务局关于积极支持中小企业发展的实施意见 …………………………………… (353)
省地方税务局关于印发《湖北省地方税务局开展提高政府执行力
　　大讨论活动实施方案》的通知 …………………………………………………………… (355)
省地方税务局关于印发《全省地税系统文明执法教育活动实施方案》的通知 ………… (358)
省地方税务局关于开展“严格执法　有税必收　积极预防和严肃查处税收
　　失职渎职行为”专项工作的通知 ………………………………………………………… (361)
省地方税务局关于进一步加强全省地方税收稽查工作的通知 …………………………… (363)
省地方税务局关于支持服务业加快发展的实施意见 ……………………………………… (366)
省地方税务局关于燃气管道初装费营业税政策问题的通知 ……………………………… (371)
省地方税务局关于严格税收执法　严肃收入纪律　切实加强执行力建设
　　有关问题的通知 ………………………………………………………………………… (371)
省地方税务局关于印发《湖北省地方税务局机关应急处理和值班制度》的通知 ……… (373)
省地方税务局关于印发《湖北省地方税收分级分类稽查暂行办法》的通知 …………… (375)
省地方税务局关于印发《湖北省地方税收纳税服务工作实施办法》的通知 …………… (377)
省地方税务局关于印发《湖北省城镇居民基本医疗保险费征收方案》的通知 ………… (381)
省地方税务局关于印发《湖北省地方税务稽查工作规范(试行)》的通知 ……………… (383)
省地方税务局关于调整武汉市土地增值税预征率的通知 ………………………………… (393)
省地方税务局关于加强跨省经营总分机构企业所得税征收管理工作的通知 ………… (393)
省地方税务局关于认真落实抗震救灾及灾后重建税收政策问题的通知 ……………… (395)
省地方税务局关于规范会计师事务所　税务师事务所企业所得税征收
　　管理工作的通知 ………………………………………………………………………… (396)
省地方税务局关于印发《湖北省地方税务系统纪检监察工作人才库
　　管理暂行办法》的通知 …………………………………………………………………… (396)
省地方税务局关于印发《湖北省地方税务局减免税审批工作规程》的通知 …………… (398)
省地方税务局关于援建四川地震灾区过渡安置房有关税收问题的通知 ……………… (401)
省地方税务局关于印发《全省地税系统开展以“情系纳税人 心想基层 服务经济
勤政廉政”为主题的党风廉政建设宣传教育月活动实施方案》的通知 ……………… (401)
省地方税务局关于印发《湖北省地方税务局促进地方经济社会发展的地方税收
　　优惠政策与措施》的通知 ………………………………………………………………… (404)

省地方税务局关于印发《湖北省地方税务局2008年工作目标责任制考核办法》的通知 …… (416)
省地方税务局关于做好社会保险扩面和强化社保费征收工作的实施意见 …… (418)
省地方税务局关于进一步规范城镇土地使用税困难性减免审批工作的补充通知 …… (420)
省地方税务局关于印发《湖北省地税系统十条禁令》的通知 …… (421)
省地方税务局关于印发《省地方税务局关于促进经济社会发展的若干意见》的通知 …… (422)
省地方税务局关于进一步做好打击制售假发票和非法代开发票专项整治工作的通知 …… (425)
省地方税务局关于在全省组织税费征管核心软件上线的决定 …… (426)
省地方税务局关于印发文明执法先进单位评选工作方案的通知 …… (430)
省地方税务局关于印发《湖北省地税系统开展民主评议政风行风工作实施方案》的通知 …… (431)
省地方税务局关于税费征管核心软件推广应用中的税收票证数据清理及相关事项处理办法的通知 …… (434)
省地方税务局关于印发《湖北省地税系统机关文件材料归档范围和文书档案保管期限规定》的通知 …… (437)
省地方税务局关于印发《全省地税人员计算机应用技能测试实施方案》的通知 …… (439)
省地方税务局关于印发湖北省地方税务局政府信息公开系列文件的通知 …… (441)
省地方税务局关于汉宜铁路等项目建设中及建成后有关税收问题的通知 …… (442)
省地方税务局关于税费征管核心软件推广应用中地税收入待解专户补充处理办法的通知 …… (442)
省地方税务局关于做好汶川地震捐赠个人所得税前扣除问题的通知 …… (443)
省地方税务局关于印发《湖北省房地产开发企业土地增值税清算管理办法》的通知 …… (444)
省地方税务局关于建立执行力建设长效机制的意见 …… (449)
省地方税务局关于进一步加强民主评议政风行风整改工作的通知 …… (453)
省地方税务局关于房地产开发企业土地增值税清算工作若干政策问题的通知 …… (454)
省地方税务局关于中国电信收购中国联通CDMA业务过渡期间有关税收问题的通知 …… (455)
省地方税务局关于进一步规范城市房地产税减免审批事项的通知 …… (456)
省地方税务局关于房屋租赁有关税收政策问题的通知 …… (457)
省地方税务局关于省地方税务系统工作人员制式税服着装管理规定的通知 …… (458)
省地方税务局关于进一步加强税务短信平台应用推广工作的通知 …… (460)
省地方税务局关于促进武汉城市圈资源节约型和环境友好型社会建设的意见 …… (461)
省地方税务局关于丹江口库区移民搬迁有关税收政策的通知 …… (467)
省地方税务局关于印发《2009—2013年湖北地税文化建设规划》的通知 …… (468)
省地方税务局关于印发《全省地税系统基层文化设施建设标准》(试行)的通知 …… (472)
省地方税务局关于印发《全省地税系统先进典型管理办法》(试行)的通知 …… (476)
省地方税务局关于调整营业税起征点的通知 …… (479)

省地方税务局与有关部门联合制定的文件

省地方税务局　省财政厅　省审计厅　中国人民银行武汉分行关于设立社保基金收入待解专户的通知 ……………………………………………………（480）
省总工会　省地方税务局关于进一步做好地税部门单管户工会经费税务代收工作的通知 ……………………………………………………（481）
省水利厅　省地方税务局关于进一步加强水资源费征收管理工作的通知 ……………（481）
省财政厅　省地方税务局关于印发《湖北省耕地占用税适用税额标准》的通知 ………（483）
省财政厅　省国家税务局　省地方税务局关于贯彻落实抗震救灾及震后重建税收政策的通知 ……………………………………………………（484）

第三篇　著述篇

理 论 探 讨

社会转型背景下的税务文化建设研究 ……………………… 湖北省地方税务局课题组（485）
从农村生产力的角度求索城乡二元结构的破解之路 ………………………… 罗　涛（500）
用科学发展观指导税收信息化建设 ……………………………………… 肖厚雄（503）
坚持以科学的世界观和方法论推进地税事业科学发展 ……………………… 余　伟（505）
正确处理六个关系　深化党内监督实际效果 ………………………………… 许国勇（508）
加快构建地税基层队伍激励约束机制的思考 ……… 湖北省地方税务局人事处课题组（512）
推进房地产税收一体化管理的思考 ………………………………………… 朱国鑫（516）
关于进一步完善社会保险费征缴机制的问题研究 …………………… 陈燕超　陈建国（520）
创新税收体制机制　促进“两型社会”建设 ……… 彭继旺　阮剑峰　肖一意　方琼梅（524）
构建我国节能减排税收政策的国际借鉴研究 ………… 武汉市地方税务局课题组（529）
关于税务文化建设实践的哲学思维 …………………………… 襄樊市地方税务局（533）
宜昌市经济税源状况及宏观税负分析与地税收入可持续增长研究 ……………………………………………………… 宜昌市地方税务局课题组（536）
基层地税部门人力资源配置的现实分析与目标选择 ………………………… 范家德（540）
规避税务稽查风险的几点认识 ……………………………………………… 阮剑峰（544）
税务文化建设的重点及途径研究 ……………………………… 随州市地方税务局（548）
企业所得税分类管理的思考 …………………………… 曾振武　郭　庆　马成刚（552）
潜江市地方税收可持续发展研究 …………………………… 潜江市地方税务局课题组（555）

房地产开发企业的税务检查探析 …………………………………………………… 张 亮(559)

宣传报道

150万纳税人年内有望收到完税证明………………………………………… 王燕敏 徐 飞(565)
公正执法 全心为民——全省地方税务系统纳税服务明星扫描
…………………………………………………………………… 曾祥惠 长 才 张 彤(565)
触景生情志凌云——贫困学子观三峡工程 树创业志向活动侧记 …………… 王燕敏(569)
武汉新闻媒体寻访创业残疾人 ……………………………………………… 王燕敏 曾 妮(571)
地税公务员招考面试走上电视 ……………………………………………………… 王燕敏(571)
提高行政管理服务效率的有力抓手——湖北省地方税费征管
核心软件简介 ……………………………………………… 王士恒 徐学华 徐卫兴(572)
融执行于服务 在服务中执行——省地税局扎实开展提高执行力大讨论活动
……………………………………………………… 王 蓬 王燕敏 徐卫兴 肖 灿(577)
25份假发票引发“荆楚灭鼠行动” ………………………………… 张有斌 陈晓光 王燕敏(579)
和谐征纳在这里闪光——武汉地税文明执法服务民生 …… 徐正云 曾 妮 江 萌(581)
科学管理 文化育人——湖北省武汉市洪山区地税局开展文化建设工作纪实
…………………………………………………………………………… 王先水 袁华翔(589)
为国聚财助发展 为民执法促和谐——枣阳市地税局文明执法教育活动掠影
…………………………………………………………………………… 周 斌 龚景莉(592)
税收宣传让纳税人“点菜” ……………………………………………………… 李 健(596)
宜昌地税“绿色通道”服务百家重点企业 ……………………… 王燕敏 李敬之 代浩年(596)
孝感地税应用信息化手段提升税源管理水平 ………………… 黄鸿章 肖圣韬 杨晓协(597)
英山茶叶节上税宣忙 ……………………………………………………………… 吕 莺(599)
咸宁地税为弱者减税6000万 ……………………………………………… 杨伟鸣 王 彪(599)
随州地税纳税服务快捷高效 ……………………………………………… 张楚明 黄正学(600)
恩施地税局提高执行力 …………………………………………………… 卢 兵 徐福群(600)
“这样的服务我们太需要了” ……………………………………………………… 杨绪勇(602)

信息动态

2007年全省地税收入达到643亿元 呈现四大特点 ……………………………………… (604)
省局局长许建国在恩施、武汉调研时强调增强责任感和紧迫感 大力推进信息化建设
…………………………………………………………………………………………… (604)
湖北省地税局启动第17个全国税收宣传月活动 …………………………………… (606)
全省共受理“12万”个税自行申报48733人比去年增长40%入库税款近15亿元 …… (607)

省地税局出台措施　积极支持中小企业发展 …………………………………………………… (608)
省地税局及时出台援建四川地震灾区过渡安置房税收优惠政策支援灾区重建 ……… (609)
省地税局列出优惠政策清单　支持服务业加快发展 …………………………………… (610)
省地税局精心布置　扎实开展城镇居民基本医疗保险费征收工作 …………………… (610)
省地税局建立"绿色通道"支持重大项目建设 ………………………………………………… (611)
全省房地产税收一体化管理工作现场会在黄冈召开 …………………………………… (612)
省局局长许建国深入企业开展纳税访谈 ………………………………………………… (612)
全省地税部门采取七项措施全力做好社保费扩面征缴工作 …………………………… (613)
湖北省地税局与省国土资源厅联合召开视频会议　部署土地税收管理工作 ………… (614)
上半年全省地税稽查部门共检查纳税人 1.5 万户　查补收入近 1.4 亿元 …………… (614)
全省公安、税务联合开展打击制售假发票专项整治工作初显成效 …………………… (615)
省地税局切实加强民主评议政风行风整改工作 ………………………………………… (616)
省地税局未雨绸缪　强化征管保增收 …………………………………………………… (617)
湖北省地税局增强执法刚性　社保费收入大幅增长 …………………………………… (618)
省局编印税收政策与纳税服务措施宣传册免费发放纳税人 …………………………… (619)
全省地方税收一般预算收入增幅快于中央级收入　增幅 18 个百分点 ………………… (619)

调 查 报 告

积极实施税收管理员和税源管理制度　努力实现税收征管再上新台阶
…………………………………………………………………………… 曹桦林　张　彤(621)
武汉市地税局关于近两年经济税收税负变化及促进地税收入可持续增长的建议
………………………………………………………………… 武汉市地方税务局课题组(625)
非供水供电单位和个人收取水电费使用票据及相关税收政策问题评析 ……… 胡智星(629)
恩施州经济税源与地方税收可持续发展研究 ……………… 恩施州地方税务局课题组(633)
神农架林区地税系统目标绩效管理实践与思考 ……………………………… 赵朝飞(636)

典 型 经 验

融执行于服务　在服务中执行 ……………………………………… 湖北省地方税务局(641)
以履行责任为己任　深化行业文明创建 ………………………… 湖北省地方税务局(644)
围绕"五坚持"　力促"五实现"　推动税收专项检查工作科学开展
…………………………………………………………………… 湖北省地方税务局稽查局(646)
预防职务犯罪　共建和谐地税 ……………………………………… 武汉市地方税务局(650)
全力保上线　规范促发展 …………………………………………… 黄石市地方税务局(652)
激活档案资源　提升服务效能 ……………………………………… 荆州市地方税务局(656)

探索巡视考核新路 加强党风廉政建设 …………………… 宜昌市地方税务局(658)
适应房地产发展形势 创新一体化管理模式 ……………… 黄冈市地方税务局(661)
与时俱进 深入推进县市局机构改革 ……………………… 恩施州地方税务局(665)

第四篇 荣誉篇

全国五一劳动奖状 ……………………………………………………………(669)
全国模范职工小家 ……………………………………………………………(669)
全国精神文明建设工作先进单位 ……………………………………………(669)
全国青年文明号 ………………………………………………………………(669)
全国巾帼文明岗 ………………………………………………………………(670)
全国“三八”红旗集体 …………………………………………………………(670)
2007年度税收征管报表和征管质量考核报表编报受表扬单位 ……………(671)
2008年全国先进社科学会(协会、研究会) …………………………………(671)
2008年全国学习型先进班组 …………………………………………………(671)
2007年度全省社会治安综合治理优胜单位 …………………………………(671)
党建工作先进单位 ……………………………………………………………(672)
第三届中部博览会组织工作先进单位 ………………………………………(672)
全省民主评议政风行风优秀单位 ……………………………………………(672)
创建“十佳行政执法单位”活动优秀组织单位 ………………………………(672)
创建“十佳行政执法单位”活动先进单位 ……………………………………(673)
全省“十佳行政执法单位” ……………………………………………………(673)
2007年度省直机关目标责任制考核先进单位 ………………………………(673)
全省社会治安综合治理先进单位 ……………………………………………(673)
2007年度全省环境保护专项治理先进集体 …………………………………(674)
全省保密工作先进集体 ………………………………………………………(674)
全省档案工作先进集体 ………………………………………………………(674)
湖北省行政事业单位清产核资工作先进单位 ………………………………(674)
绿化先进单位 …………………………………………………………………(675)
2007年度全省政府系统政务信息工作先进单位 ……………………………(675)
2008年全省文明单位 …………………………………………………………(675)
2007年度湖北省杰出青年文明号 ……………………………………………(675)
2007年度湖北省青年文明号 …………………………………………………(676)
全省五四红旗团支部(总支) …………………………………………………(676)
第四届湖北省优秀志愿服务集体 ……………………………………………(676)
工人先锋号 ……………………………………………………………………(677)
湖北省文明行业创建活动示范点 ……………………………………………(677)

全省政务公开工作先进单位 …………………………………………………………… (677)
"创文明行业 促荆楚和谐"竞赛活动优胜单位 …………………………………………… (677)
湖北省文明家庭创建活动先进单位 ……………………………………………………… (678)
湖北省卫生先进单位 ……………………………………………………………………… (678)
湖北省城市园林式单位 …………………………………………………………………… (678)
湖北省模范职工之家 ……………………………………………………………………… (679)
2006—2008 年度省级平安校园 …………………………………………………………… (679)
2008 年度湖北省全民健身活动先进单位 ………………………………………………… (679)
湖北省扶残助残先进集体 ………………………………………………………………… (679)
湖北省地税系统先进集体 ………………………………………………………………… (680)
全省地方税务系统文明执法先进单位 …………………………………………………… (680)
全省地税系统党风廉政建设工作先进单位 ……………………………………………… (681)
全省地税稽查先进单位 …………………………………………………………………… (681)
湖北省地方税费征管核心软件上线工作先进单位 ……………………………………… (682)
全国"平安家庭"示范户 …………………………………………………………………… (683)
"湖北五一劳动奖章"先进个人 …………………………………………………………… (683)
第五届"湖北省杰出青年卫士" …………………………………………………………… (683)
第五届"湖北省优秀青年卫士" …………………………………………………………… (684)
湖北省青年岗位能手 ……………………………………………………………………… (684)
全省"荆楚孝老爱亲模范" ………………………………………………………………… (684)
湖北省文明家庭 …………………………………………………………………………… (684)
全省老干部先进个人 ……………………………………………………………………… (685)
2007 年度全省政府系统政务信息工作先进个人 ………………………………………… (685)
湖北省行政事业单位清产核资工作先进个人 …………………………………………… (685)
湖北省扶残助残先进个人 ………………………………………………………………… (686)
全省地税系统先进工作者 ………………………………………………………………… (686)
全省地税系统党风廉政建设工作先进工作者 …………………………………………… (687)
全省地税稽查先进个人 …………………………………………………………………… (689)
湖北省地方税费征管核心软件上线工作先进工作者 …………………………………… (692)
全省地税系统职工"稽查杯"乒乓球比赛情况的通报 …………………………………… (700)
全省地税系统职工混合篮球比赛情况的通报 …………………………………………… (701)
湖北省"五一"劳动奖章先进个人黄睿同志先进事迹 …………………………………… (702)
湖北省"五一"劳动奖章先进个人黎国平同志先进事迹 ………………………………… (704)
第五届"湖北省杰出青年卫士"尹小红同志先进事迹 …………………………………… (705)

第五篇　记事篇

省地方税务局大事记 ……………………………………………………………………… (707)

省以下地税工作大事记 …………………………………………………………………………（724）

第六篇　统计篇

2008 年度湖北省地税局各处室(直属单位)人数统计表 ……………………………………………（727）
2008 年度湖北省地税局领导成员及各处室(直属单位)副处级以上干部基本情况表 …（728）
2008 年度湖北省地税系统行政编制统计表 ……………………………………………………（731）
2008 年度湖北省省以下地税机关领导干部名单 …………………………………………………（732）
2008 年度湖北省各项收入分项目完成情况表 ……………………………………………………（757）
2008 年度湖北省各项收入分市州完成情况表 ……………………………………………………（759）
2008 年度湖北省税收收入分市州完成情况表 ……………………………………………………（760）
2008 年度湖北省社保费收入分市州完成情况表 …………………………………………………（761）
2008 年度湖北省其他收入分市州完成情况表 ……………………………………………………（762）
2008 年度湖北省税收收入分企业类型分市州统计表
2008 年度湖北省税收收入分产业分行业分市州统计表
2008 年度湖北省各项收入分县市分税种分级次统计表

第一篇

特 载 篇

（本篇责任编辑　王士恒　范志荣）

党政领导谈地税

认真履行地税部门职能　服务改革发展稳定大局

中共湖北省委常委、常务副省长　周坚卫

刚刚过去的一年，是本届政府任期的最后一年。五年来，在省委、省政府的正确领导下，我省各项工作都取得了很大成绩，上下心齐气顺，政通人和，“聚精会神搞建设，一心一意谋发展”的浓厚氛围已在全省形成，发展势头很好。省委确定的“三年有明显变化”目标已经实现，“五至七年有大的变化”目标也在实现之中。据初步统计，2007 年全省生产总值 9000 亿元左右，比 2002 年增长 77.2%，年均递增 12.1%；全社会固定资产投资、社会消费品零售总额、外贸出口分别达到 4534 亿元、4029 亿元、82 亿美元，比 2002 年增长 167.5%、89.2%、289.4%。地方财力和居民收入稳步增长，2007 年全省地方财政总收入 1115 亿元，比 2002 年增长 1.56 倍；全省地方一般预算收入达到 590 亿元，扣除农业税等因素，比 2002 年增长 1.78 倍；税收占地方一般预算收入的比重达到 73.5%，在中部地区处于领先水平；城镇居民人均可支配收入和农村居民人均纯收入达到 11485 元和 3997 元，比 2002 年分别增加 4696 元和 1553 元。这些数据表明，过去的五年，是改革开放以来湖北发展最好最快、人民群众受益最多的时期之一。这是省委、省政府认真落实科学发展观、坚持“打基础、管长远”工作方向的结果，是各级各部门坚定不移地落实党中央、国务院和省委、省政府各项政策措施的结果，也凝聚着全省地税系统全体干部职工的心血和汗水。在此，我代表省委、省政府向你们和全省广大地税工作者，表示亲切的慰问，向大家近几年来对本人工作的大力支持，表示衷心的感谢！

下面，我讲三点意见，供大家参考。

一、过去五年地税工作成绩显著，为全省改革发展稳定作出了积极贡献

回顾五年来的工作，我认为有以下四个方面值得充分肯定：

（一）以收税为天职，精心组织收入征管工作

一是规模迅速扩大。五年来，全省地税部门组织的税费收入一直保持快速增长势头，总规模从 2002 年的 221.4 亿元到 2007 年的 642.7 亿元，增长 1.9 倍，年均递增 23.8%；税收收入从 2002 年的 120.9 亿元到 2007 年的 334.7 亿元，增长 1.8 倍。2007 年，地税部门组织的全省地方一般预算收入达到 312.7 亿元，同比增长 25%，其中税收收入为 284.1 亿元；社保费收入完成 275.7

亿元,同比增长26.8%,在全国19个由税务部门征收社保费的省份中,征收规模连续6年保持第5位。地税收入快速增长,为省委、省政府解决社会发展中的突出问题和薄弱环节提供了坚强的财力保障。

二是质量稳步提高。省委、省政府历来重视税收征管质量,一贯强调依法治税,应收尽收,坚决不收过头税,通过税收全面、真实地反映经济发展成果。地税系统严格按照省委、省政府的部署,坚持把"按经济规律收税"作为组织收入工作的重要原则,不惟需求订计划,不惟计划抓收入,不惟收入论英雄,通过加强监督管理、严格质量评估,几年间消化虚收收入5.8亿元,税收收入中的历史包袱彻底消除,收入质量得到有效保证。同时,收入结构也逐年得到优化,全省地方税收中,营业税、企业所得税、个人所得税等三大主体税种所占比重始终保持在75%左右,第三产业提供税收所占比重从2002年的60.2%提高到2007年的67.3%,非公有制经济税收所占比重从2002年的46.7%提高到2007年的77%。

三是入库趋于均衡。特别是近两年,省地税局通过严肃收入纪律,强化收入管理,实现了区域之间、级次之间税收的协调增长,月度之间收入增幅都与上年基本持平,避免了收入进度上的大起大落。这几年,我坚持每个月召开一次经济形势分析会,发现问题及时研究协调解决,工作做在平时,不搞年终突击抓收入。从近几年的情况看,财政收入入库的均衡性明显增强。

四是职能不断拓展。近年来,省政府先后把残疾人就业保障基金、水资源费、磷矿石价格调节基金、排污费等关系全省经济社会发展全局的重要规费交由地税部门负责征收。地税系统积极创造条件,克服困难,在全国税务系统率先试行"部门核定、地税征收"的征缴模式,较好地完成了省政府交办的各项任务。2007年,全省地税部门共征收各类规费32.34亿元,为加快社会事业发展、推进"两型社会"建设作出了积极贡献。

(二)推进依法治税,着力构建良好的税收秩序

一是严格税政管理。一方面,围绕实施中部崛起战略、开放先导战略、建设创新型湖北、推进新农村建设、支持生猪产业发展等,地税部门深入开展税收调研,提出了针对性的政策建议,为省委、省政府及有关部门制定相关政策措施提供参考。另一方面,站在全局的高度,积极配合宏观调控和维护社会稳定,不折不扣地落实促进科技创新、扶助弱势群体、支持就业再就业、促进公平收入分配、支农惠农助农等方面的税收政策,并在权限范围内认真加以落实,每年依法减免相关税收达10多亿元,有效地发挥了税收政策的导向作用和调控职能。

二是深化税务公开。各级地税部门通过多种形式、利用多种载体,及时、全面、准确地公示纳税人关注的税收政策、个体税负、收费项目、权利义务、办税程序、办税时限等实质性内容,实行"阳光办税",提高税收执法的透明度,让纳税人享有知情权、评议权、监督权,交明白税、公平税、放心税,受到纳税人的广泛欢迎。

三是规范税收执法。各级地税机关把依法治"权"作为推进依法治税的重点内容,以落实税收执法责任制为抓手,针对涉税文件的制定、税收政策的执行、优惠政策的落实及税收票证管理、税款入库管理等环节开展执法检查,切实加强对税收执法权的监督和制约,有力地遏制了行政不作为和乱作为。

四是整顿税收秩序。全省地税部门对重点税种、重点行业、重点地区集中开展税收专项检查和整治,先后查处了一批数额较大、情节较重的偷逃税案件,为市场主体创造了公

平竞争的环境。这两年,配合国家宏观调控,重点组织对高收入行业个人所得税和房地产业、大型工程建设项目等地方税收进行了专项检查,查补地方税费10多亿元;省地税局还与省公安厅联合开展了近年来规模最大的一次假发票专项治理行动,为国家挽回经济损失数十亿元,补税罚款1亿多元。

(三)秉承执政为民宗旨,全力打造和谐的征纳关系

一是在思想上尊重纳税人。地税部门提出了"尊重纳税人、善待纳税人、服务纳税人、保护纳税人"的口号,引导广大地税干部牢固树立以纳税人为中心的服务理念,把纳税人的合理要求作为第一考虑,把纳税人的满意程度作为第一标准。这一观念的转变,重新定位了税收征纳关系,体现了执政为民的宗旨意识,为建立和谐的税收征管秩序奠定了基础。

二是在感情上贴近纳税人。近几年来,地税部门大力推行税收管理员制度,工作中做到了解情况上门、听取意见上门、宣传税法上门、落实政策上门,加强征纳双方之间的工作联系和感情沟通。目前,全省地税系统税收管理员比例已接近60%。省地税局还分期分批选派市(州)地税局班子成员到国有大中型企业进行挂职锻炼,这有利于地税干部深入经济建设第一线,了解社情民意,进行换位思考,增强公仆意识,拉近征纳距离。

三是在工作上方便纳税人。各级地税部门改变过去的思维定势,在管理流程、纳税方式和纳税办理等方面,充分为纳税人着想,尽量减少纳税人的负担。特别是结合税收信息化建设,大力推行银行网点申报、网上申报、邮寄申报、划卡缴税等多元化申报纳税方式,开展了网上办事项目,并运用信息系统成功地开展了第三方(工商)信息比对,在强化税源管理、提升服务水平上实现了新的突破。

(四)坚持开拓进取,不断加强地税系统自身建设

一是管理趋于规范。由于历史的原因,全省地税系统临时人员较多,很多在一线工作,这不符合规范执法的要求。2002年以来,地税部门严格按照省委、省政府和国家税务总局的要求,累计清退临时人员4860人,没有执法资格的正式工人也一律退出执法岗位,有效地改善了执法环境,规范了执法行为,降低了税收成本。在此基础上,全省地税系统实施了公务员登记,全系统85%的干部顺利登记,15%的干部因编制所限暂缓登记,总体上比较平稳、比较顺利。这既是一个好的结果,又是一个新的起点,标志着地税系统公务员管理工作进一步规范,为加强后续管理、整合人力资源创造了良好条件。

二是活力明显增强。近年来,地税部门结合垂直管理体制特点,在干部人事管理上采取了一系列改革创新措施,如在县(市、区)局开展了领导班子成员任期制试点工作,在市(州)局进行了纪检监察机构管理体制改革试点,在省局机关和部分市、县局积极创新干部选拔任用方式,在各级领导班子推行党组例会制度、中心组理论学习制度、工作报告制度以及上下级相互参加对方的民主生活会制度等。这些举措符合地税工作的实际,在盘活队伍上发挥了积极作用。

三是素质不断提升。全省地税系统着力加强干部学历教育和知识更新培训、岗位技能培训,干部队伍的文化程度普遍提高。针对涉外税收、信息技术等专业人才紧缺的现状,地税部门将培训重点由一般技能培训转向高级管理人才和专业技术人才培训,充分利用社会教育资源,举办了地税系统领导干部、青年骨干、涉外税收、信息技术等脱产培训班,培养了一批业务带头人,队伍整体素质明显提高。

四是从严加强管理。全省地税系统坚持

既治贪，又治庸。一方面严肃查处以权谋私、以税谋私等违法违纪案件，特别是对信访举报案件，坚持有案必查、查实必处，不搞下不为例；另一方面，针对少数单位疏于管理、淡化责任的不良倾向，实施行政问责，整治失职渎职，反对平庸之风。这两年来，通过对孝感朱红卫携税款潜逃案、枝江市局挪用社保费案以及荆州区社保费征缴管理违规问题的相关责任人的公开处理和责任追究，起到了很好的震慑作用，有力地促进了各级地税机关作风的转变。

总体而言，五年来地税系统工作成绩是显著的，省委、省政府是满意的。在充分肯定成绩的同时，还要看到我们地税工作中还存在一些突出矛盾和问题，如依法治税水平还有待进一步提高，税源管理还有待进一步加强，税收服务还有待进一步改善等。对这些问题要高度重视，在今后认真加以解决。

二、进一步增强大局意识和服务意识，认真履行地税部门在全省经济社会发展中的重要职能

各级地税部门要认真贯彻党的十七大精神，紧紧围绕省委、省政府工作中心，立足于新的历史起点，总结实践经验，把握税收规律，不断丰富和发展工作思路方法，全面提高管理水平和服务能力，为我省经济社会发展作出新的贡献。

（一）充分发挥税收筹集财政收入的职能，全力以赴抓好组织收入工作

省九次党代会和省委九届二次会议提出了我省地方一般预算收入到2012年超过1000亿元，力争比2007年翻一番的目标；全省经济工作会议确定2008年全省地方一般预算收入目标是680亿元，比2007年增长15.2%，其中地税收入任务为330亿元，比2007年增长16.1%。全省地税部门一定要坚持“跳起来摘桃子”，变压力为动力，乘势而上，再接再厉，确保完成省委、省政府提出的各项任务目标。

分析2008年及今后一段时期税收工作形势，存在增值税转型和企业所得税、个人所得税政策性减收等不利因素。从有利方面看，我省固定资产投资规模连续多年保持20%以上的增长幅度，富士康、中芯国际、80万吨乙烯等已经落地的一些重点项目将会陆续见效，形成新的税源。另外，经过近几年来的努力，我省长期形成的虚收、超收等问题得到解决，地税收入已经夯实基础，步入了稳定增长、良性发展的轨道。因此，我们既要深入分析不利因素，增强忧患意识和责任意识；又要看到有利条件，坚定工作信心和决心。在组织收入工作中要着重把握好以下三个方面：

一是要加强税源管理。税源管理是征管的基础和核心。要逐步完善省、市、县三级税源监控体系，健全税源控管办法，实施科学化、精细化管理。建立健全税收经济分析、企业纳税评估、税源监控和税务稽查的互动机制，加强重点行业、重点税种和区域之间税收的科学分析和预测，及时了解掌握税负水平和税源分布情况，提高税源变化的预测能力，为税收计划的执行和管理提供科学依据。与此同时，国税、地税之间，税务与工商、银行、质监、国土等部门要加强协调配合，实现信息共享，依法推进综合治税和协税护税工作，确保各项税收及时足额入库。

二是要努力挖潜增收。税务部门要准确把握全省经济发展变化趋势，在发展中挖掘新的税收增长点。要加强欠税管理，针对具体情况，采取有效措施，积极预防新欠，稳妥清理陈欠，努力使存量税源转化为现实收入。特别要在难征易漏的重点行业和税种管理上做文章。比如个人所得税，已经成为地税收入的主要税种，今年再次提高扣除标准后，客观上将短收一块，但从总体上说，通过加强管理堵漏补缺，减少税款流失，还是有较大空间的。

三是要坚持依法治税。要始终坚持“依法征税、应收尽收、坚决不收过头税”的原则，正确处理依法征税与支持经济发展、依法征税与纳税服务、依法征税与完善税制之间的关系，做到依法治税、依法征管、均衡入库，既不能人为调节收入进度，违规批准缓税；也不能寅吃卯粮，收过头税。各地政府和各有关部门必须支持税务机关依法履行职责，依照法定税率计算税额，依法征收税款，任何单位和个人不得干预、阻挠。对于违反税收征管政策、人为调节收入进度、扰乱税收工作秩序的，一经发现，必须依法依纪予以严肃查处。

（二）充分发挥税收优化配置资源的职能，促进全省经济又好又快发展

在建立和完善市场经济体系过程中，国家越来越注重利用税收杠杆，加强和改善宏观调控。近年来，国家在税制改革方面采取一系列重大措施，如增值税转型、企业所得税“两法合并”、调整个人所得税扣除标准以及制定支农惠农、促进科技发展、增强自主创新能力的各项配套税收政策，等等。各级地税部门要从促进经济发展的大局出发，正确处理税收与经济的关系，找准中央政策与地方实际的结合点，采取切实有效措施，认真宣传好、贯彻好、落实好税收政策，最大限度地发挥其积极效应。

一是要搞好政策宣传。大力推进税务公开，推行税法公告制度，所有税收政策法规，除涉及国家秘密的外，都必须向广大纳税人公告，以便于他们及时了解、掌握和遵守税收政策。要广开宣传渠道，充分运用报刊、电视、网络等多种载体，加大税收政策的宣传力度，增强税收政策的透明度，减少政策推行过程中的阻力，赢得方方面面的理解和支持。要切实抓好培训工作，帮助广大纳税人尽快地熟悉和执行税收政策，引导企业按照税收政策导向，调整产业和产品结构，加强内部管理，提高经济效益。前段时间，省统计局对2000多家工业企业的负责人进行了问卷调查，其中有17.2%的被调查对象不知道省政府2006年出台的技术开发费抵扣所得税政策，这也从侧面反映了我们的税收政策宣传工作还需要进一步加强。

二是要抓好政策落实。各级税务部门要进一步提高支持经济发展的主动性、自觉性和创造性，不能为了完成税收任务而不执行政策，更不能违反税法规定加重企业负担。要强化对税收政策落实的跟踪管理，加大考核力度，确保各项税收政策落实到位。要规范税务审批流程，简化审批手续，用好、用足、用准、用活税收优惠政策，服务“两型社会”建设，推进新型工业化、科技创新、县域经济发展及壮大支柱产业、优势企业，体现国家宏观产业政策意图。

三是要当好参谋助手。各级地税部门要紧紧围绕地方党委、政府的经济发展战略，深入调研税收政策的实施、调整对地方经济发展的影响，及时提出有效的对策，为发展地方经济提供合理化建议，为政府领导和有关部门掌握、运用有关政策当好参谋。要深入开展调查研究，随时掌握税收政策执行过程中出现的新情况、新问题，并及时提出解决方案和措施，保证税收调控职能的正确、有效发挥。

（三）充分发挥税收调节收入分配的职能，推动和谐社会建设

各级地税部门要秉承全心全意为人民服务的宗旨，牢记群众利益无小事，通过做好税收工作来实现好、维护好、发展好人民群众的根本利益，规范分配关系，服务社会稳定。

一是要促进社会公平。党的十七大提出，初次分配和再分配都要处理好效率和公平的关系，再分配更加注重公平。税务部门要利用信息化手段，加强对个人收入的全员全额管理、对高收入者的重点管理、对税源的源泉管理，加大个人所得税专项检查和打击

偷逃税行为的力度，规范分配秩序，缓解社会分配不公。同时，要把关注和扶助社会弱势群体作为维护群众切身利益的切入点，通过正确运用税收政策，全面落实就业再就业优惠政策、残疾人就业优惠政策，大力支持弱势群体创业兴业，增强弱势群体的创业能力。

二是要维护社会稳定。社会保险费是社会保障基金的主要来源，是社会稳定的重要支撑。社会保险费征收职能划归地税部门以来，各项工作逐步规范，征收力度明显加大，收入规模持续扩大，征缴率稳步提高，征收成本不断下降，应该给予充分肯定。希望各级地税部门继续强化责任意识，采取有效措施，进一步加强社保费征收工作。要加强费源管理，加大清理欠费力度，切实规范各项基础工作；要加快社保费“费银一体化”步伐，实施个人持卡缴费等多元化征收方式，提高效率、降低成本、方便缴费；要与有关部门密切配合，提高扩面征缴水平，规范基金管理，确保基金安全，建立安全、严密、保障有力的社会保障网络。

三是要构建和谐征纳关系。省地税局提出要尊重、善待、服务和保护纳税人，这个提法很好，关键要落实。要从规范自身执法行为着手，全面落实税收执法公示制，实施阳光办税工程，不搞暗箱操作，将税收执法的全过程置于广大纳税人的严密监督之下；认真执行税收执法责任制，依法使用权力，杜绝滥用权力，最大限度地减少执法程序的缺位、错位、越位现象；严格落实执法过错追究制，对因执法不当造成纳税人利益受损害的，要主动纠正错误，确保纳税人的合法权益不受侵犯。同时，要引导纳税人诚信纳税，积极参与社会综合信用体系建设，营造依法诚信纳税的良好风尚。

（四）充分发挥税收改善投资环境的职能，为招商引资创造良好条件

现在东部沿海省份的产业正在向中西部转移，各省在项目引进方面竞争非常激烈。河南、安徽、江西有靠近山东、江苏、浙江、上海、福建的地缘优势，湖南有靠近广东的地缘优势。2007年，安徽的固定资产投资总量已经超过我省。我们不能在家里等人上门投资，必须主动出去招商。市场经济条件下的区域竞争，很大程度上就是投资环境之争。税收环境直接影响投资环境，而且已经成为企业衡量和判断投资环境的一个重要标准。各级地税部门要充分发挥职能优势，不断加强和改进税收服务工作，推动地方投资软环境的持续改善，为招商引资创造有利条件。

一是要强化服务意识。各级地税部门要以纳税人为核心，进一步转变观念，摆正执法与服务的关系，加强对地税干部的职业道德教育，反对衙门作风，把主动服务、优质服务和企业优先、纳税人优先作为每个地税人员的本职，寓管理于服务之中，收文明税、服务税。

二是要完善服务机制。要进一步健全服务制度，明确服务内容，细化服务标准，规范服务程序，强化岗位职责；要建立服务考核机制，严肃工作纪律，让每一个干部都知道自己该做什么事、怎么做事，努力把该做的事做到位；要提高服务技能，提高办事效率，迅速、准确地办理各项涉税事宜，为纳税人提供方便、快捷的办税服务。

三是要提高服务水平。要以税务系统金税工程、湖北电子政务建设为契机，充分发挥网络互联、信息互通、资源共享的优势，用信息化推进税收管理的现代化和税收服务社会化，用科技手段提升服务效能，把纳税人从繁杂的办税事务中解放出来，尽量减少纳税人的时间成本和经济成本，尽可能地“让纳税人走出纳税大厅”，逐步实现虚拟化征收、个性化服务。

三、切实加强地税系统自身建设，不断增强干部队伍的生机与活力

总的来看，地税系统干部队伍综合素质

是比较高的，是有战斗力、经得起考验的。随着形势发展，税收任务日益繁重，对干部队伍的要求也越来越高。借此机会，我就干部队伍建设提三点要求：

一是要切实加强领导班子建设。班子是队伍的核心，管好班子至关重要。各级地税领导班子要把思想政治建设放在首位，努力提高理论素养和政策水平，增强把握中心、服务大局的自觉性和坚定性，真正能够带好队、收好税。要坚持民主集中制，发挥班子的整体能力，提高决策水平和服务全局的能力。要坚持正确的用人导向，真正把那些德才兼备、实绩突出、群众公认的优秀干部选拔到领导岗位上来。要建立完善领导班子和领导干部考核评价体系，把大家的思想引导到集中精力想工作、干事业上来，把大家的本领用到促发展、抓落实上来。

二是要不断提高干部队伍素质。要适应形势的发展变化，有针对性地开展业务和岗位技能培训，不断增强驾驭本职工作的能力和水平。要大力开展职业道德教育，在全系统形成爱岗敬业、公正执法、诚信服务的良好风气。继续深化人事制度改革，认真总结推广各项试点工作经验，完善激励措施，调动各个年龄段干部的积极性。要加强和改进思想政治工作，注重人文关怀和心理疏导，引导干部正确对待自己、他人和社会，正确对待成绩、荣誉和挫折。

三是要抓好党风廉政建设。地税作为执法部门，接触面广，干部手中有一定的权力。要解决好权力观问题，努力提高广大干部的廉洁自律意识。要加强制度建设，形成按制度办事、靠制度管人的有效机制。要突出抓好税收执法和行政审批等重点部位和关键环节的预防监督，从源头上解决容易导致以权谋私的问题。认真贯彻党风廉政建设责任制，形成与垂直管理特点相适应的、相对垂直和集中管理的“大监察”格局，努力把地税部门的党风廉政建设提高到新的水平。

最后，我想再强调一点，就是我们地税干部要牢记责任，永葆激情。大家要有强烈的责任感和事业心。责任是一种付出、一种给予，是社会的脊梁。每个人身上都承担着不同的责任，责任伴随着人生，至死方休。作为党员干部，要牢固树立责任意识，做一个有高度责任感的人，对党负责、对人民负责、对工作负责、对家庭负责。同时，要始终保持对工作的激情、对生活的激情。激情是燃烧的生命，是奔腾的理想，是创业者的执著。有了激情，才能克服困难，干好工作。人生如白驹过隙，功名利禄乃身外之物，关键在于踏踏实实做好自己的工作，扮演好自己在社会上的角色。希望大家能够始终保持为党的事业、为湖北人民、为地税工作而忘我奋斗的激情。

〔本文摘自作者 2008 年 1 月 17 日在全省地税工作会议上的讲话〕

立足新起点　谋求新发展

中共黄石市委常委、常务副市长　朱中华

全市各级地税部门要认真贯彻党的十七大精神，紧紧围绕省地税局和市委、市政府工作部署，立足于新起点，总结经验，把握规律，不断丰富和发展工作思路和方法，全面提高管理水平和服务能力，为我市经济社会发展再立新功。

一、要全力以赴组织税费收入

地税部门要坚定完成任务的信心和决心，在组织收入过程中严格依法治税，应收尽收，均衡入库。进一步加大税收稽查力度，严厉打击偷抗骗税，大力清缴欠税，认真落实欠税公告制，对一些恶意拖欠税款的纳税人要依法采取强制措施，维护税法刚性。同时，要逐步完善税源监控体系，健全税源控管办法，加强重点行业、重点税种和区域之间的科学分析和预测，及时掌握税负水平和税源分布情况，提高税源变化的预测能力，加强与国税、工商、银行、国土、房产等部门地协调配合，实现信息共享，推进综合治税和协税护税工作，确保各项税费及时足额入库。

二、要充分发挥税收职能作用

全市地税系统要从全市经济发展和社会稳定的大局出发，采取有效措施，将税收政策宣传到位，贯彻到位，落实到位。大力推进税务公开，利用报刊、电视、网络及办税服务厅等载体，将税收政策法规、征管措施、办税流程向纳税人公布，扶持和引导纳税人改善经营发展，调整产业结构，提高经济效益。加强对高收入人群的管理力度，加大专项检查和力度，着力整顿和规范经济秩序。全面落实各项税收优惠政策，支持社会弱势群体创业兴业。进一步加大社保费、残保金、水资源费、排污费等规费的征缴力度，强化费源管理，与相关部门密切配合，提高征缴水平和效率，服务和谐社会建设。

三、是要积极构建和谐征纳关系

广大地税干部要始终以纳税人为核心，进一步转变观念，正确认识执法与服务之间的关系，加强职业道德建设，提高服务技能，提高办事效率，准确、迅速地办理各项涉税事项，为纳税人提供方便、快捷的办税服务。同时，地税部门要进一步健全纳税服务制度，规范服务流程，强化岗位职责，从规范自身执法行为入手，落实执法责任追究制度，实施阳光办税工程，将税收执法全过程置于广大纳税人和执法监督机构的严密监督之下。

四、是要切实加强干部队伍建设

全市地税干部职工要牢固树立全心全意为人民服务的宗旨，不断改造自己的世界观、人生观和价值观，进一步提高做好地税工作的能力和水平。各级地税部门领导干部要率先垂范、以身作则、带好队伍，对来信、来访、来电反映的问题，要认真对待，及时解决，做到防微杜渐、警钟长鸣。要加强制度建设，强化机制约束，推进依法行政，规范执法行为，加强对权力的监督和制约，从源头上预防和治理腐败。要加强业务知识培训，不断提高干部综合素质，使干部队伍永葆生机和活力。

〔本文摘自作者2008年1月28日在黄石市地税工作会议上的讲话〕

发挥税收职能作用　促进经济健康发展

中共襄樊市委常委、常务副市长　施真强

一、要在促进经济结构调整方面有所作为

全市十五届人代会和经济工作会议都明确提出要实施开放先导战略，加快推进新型工业化，培育壮大市场主体。2007年，全市地税部门按政策减免各项税收过亿元，涉及200多户企业和1万多名纳税人，对全市经济稳定、经济结构调整和调节收入分配起到了极大的推动作用。今年，地税部门要继续充分发挥税收政策在优化市场资源配置中的调节作用，用足用好用活税收政策，促进我市汽车、农业、纺织、食品、电力、电子、冶金和医药化工等优势产业和文化产业以及旅游、物流等现代服务业的发展，抓好100个总投资558亿元的过亿元项目，促进大企业、大集团和集群化、园区化发展，使全市形成优势产业支撑有力、其他产业竞相发展的新格局。要以促进区域经济协调发展为己任，加强税收政策研究，认真落实比照享受振兴东北老工业基地、保康和南漳比照享受西部大开发政策、国家和省土地开发整理的重点地区、支持高新技术企业、退耕还林、农业综合开发、传统产业提升改造、支持贫困地区经济发展等各项税收优惠政策，积极运用税收政策促进襄樊率先发展、跨越发展和突破发展。

二、要在转变经济发展方式上发挥作用

建设省域副中心城市，必须着力推进自主创新，大力提高科技进步对经济发展的贡献率；必须切实做好节能减排工作，努力形成节约资源能源和保护生态环境的产业结构、增长方式和消费模式。地税部门要认真落实国家支持高新技术产业和企业技术改造的税收优惠政策，重点扶持技术含量高、集中程度高、税收贡献大的重大项目和能源消耗小、环境污染小、自主创新能力强的新兴产业。要认真落实新的土地使用税和耕地占用税政策，控制和减少对土地资源的消耗；积极推进资源税改革，充分发挥税收在资源节约和环境保护方面的作用。

三、要在支持现代农业发展方面有大动作

襄樊农业资源较为丰富，我们要立足于把农业资源优势转化为产业发展优势。全市各级地税机关要加大落实促进现代农业发展的税收政策，把市场机制调节与税收政策调控作用结合起来，引导市场主体合理配置资源，壮大一批骨干龙头企业，引进一批农产品加工龙头企业，推动农业标准化生产，推进农产品品牌建设，努力促进我市现代农业发展。

〔本文摘自作者2008年4月15日在襄樊市地税工作会议暨党风廉政建设工作会议上的讲话〕

争先进位创一流　聚内融外树形象

中共荆州市委常委、常务副市长　黄建宏

2007年，市地税局党组一班人带领市局机关，立足城区，着眼全市，狠抓三个文明建设，各项收入创出历史新高，为全市经济又好又快发展作出了新的贡献。在新的一年，如何进一步发扬成绩，加强管理，苦练内功，积聚外力，争先进位，是全体地税干部必须认真思考和共同落实的主题。

一、认清形势，明确责任，增强我们争先进位的责任感和紧迫感

首先，争先进位要从大环境、大背景上认识到工作的重要性。在4月初全省电视电话会上，省政府提出了“一个主题、两个活动”的要求。“一个主题”就是提高行政工作效能，“两个活动”即行政执行力大讨论活动、文明执法教育活动。“一个主题、两个活动”的要求与地税息息相关，也给地税部门提出了新的要求。其次，要巩固绩效考核的成果，也必须在争先进位上有新的举措。绩效考核优秀单位是含金量比较高的，也是在社会上影响很大的金字招牌。2008年如果没有新的举措，要想保持住这个荣誉也是纸上谈兵。再次，今天全省地税系统的这个电视电话会对全体干部来说是一个警醒。落实今天电视电话会精神，树立地税新形象，也必须靠大家有争先进位的意识和具体的工作措施。对此，每个地税干部责无旁贷。

二、把握大局，明确任务，全面落实今年的各项工作任务

一是要以“可以实现的最高目标”来分解今年新的税收任务。要体现“跳起来摘桃子”的思想，进行任务的再明确、再分解、再落实；要确保税费同步增长，将税费同等看待，任务同步下达，同征同管，一同考核结账；要考虑我市征管现状，大胆探索，研究办法，解决新问题。二是强化税收征管，做到颗粒归仓、应收尽收。要加强税源管理，从源头抓起，提高征管质量；要注意细节，加强精细化管理；要加强信息化建设，实现信息共享；要强化动态监控，抓好重点税源的监管。三是以税法宣传月和“六个一”活动为抓手，全面服务纳税人。要以税收宣传月为契机，结合“三型机关”建设工作，认真落实“一对一”的要求，送政策上门，真诚服务，培植税源，支持企业发展。

三、把握关键，明确重点，以一流的队伍建设确保争先进位目标的实现

首先，要以一流的人才建队伍。一流的人才必须靠强化学习，需要我们建设学习型机关、创新型机关，必须从每一级抓起，从每一个人做起，从现在做起，从每一件小事做起。第二，要以一流的班子带队伍。班子建设是龙头，班子建设关键在班长。班长要做到决策靠民主、办事靠大家、自己努力干，副手要做到当好助手、搞好服务。班子的活力、团结、互补非常重要，通过班子带动整个系统，才能为实现争先进位目标提供保障。第三，要以一流的制度管队伍。队伍建设是一门很难的学问，制度建设的科学、合理与否，也直接关系到队伍管理的水平。发现问题后要深入总结教训，要从制度上找原因、堵漏洞。要在制度建设上下功夫，通过建立一流的制度来管理我们的队伍，来推动各项工作的开展。

〔本文摘自作者2008年4月15日在荆州市地税工作暨党风廉政建设工作会议上的讲话〕

发挥税收职能　服务经济发展

中共宜昌市委常委、常务副市长　郑　超

地税部门务必科学判断形势，牢固树立全局观念，把地税工作放到经济全局中统筹考虑和安排，服从和服务于全市经济社会发展大局，通过税收调节经济的杠杆作用，创造性的做好地税工作，服务于全市经济发展。

一、坚持依法征税，当好贯彻落实科学发展观的实践者

充分发挥调控功能，运用税收杠杆促进经济发展。用足用好用活税收政策，宣传并落实鼓励高新技术产业发展、支持下岗失业人员再就业等各项税收优惠政策，充分发挥税收的调控作用，推动我市经济结构的战略性调整，实现税收与经济的良性循环。充分发挥聚财功能，巩固和发展税收增长的良好势头。紧紧围绕收入中心，坚持“依法征收，应收尽收，坚决不收过头税，坚决防止和制止越权减免税”的组织收入原则，切实强化征收措施，努力加大征管力度，确保今年收入目标任务的全面完成。三是要突出工作重点，抓好工作落实。按照统筹兼顾的原则，按照“巩固、完善、调整、提高”的思路，全面推进各项规范化管理，促进地税事业科学发展，确保圆满完成党委和政府交给的各项工作任务，为全市社会经济协调发展作出新的贡献。

二、优化税收服务，继续当好服务经济发展的排头兵

地税部门要把服务放在首位，不断改进税收服务的形式，提高服务的质量和水平。要根据纳税人的不同特点，结合纳税人不同的纳税服务需求重点，主动提供个性化、贴近式的纳税服务，使服务在普遍性基础上兼顾个性化的需求。要密切关注税收政策的变化，为党委政府领导和有关部门掌握和运用税收政策当好参谋。要紧紧围绕地方经济发展，对培育壮大骨干税源，促进经济的可持续增长等问题进行认真研究，随时掌握税收政策执行过程中出现的新情况、新问题，并及时提出意见和建议，供各级党委政府决策，保证税收调控职能的正确、有效发挥。要主动向地方党委、政府汇报税收收入进展情况，加强与各部门的联系沟通，争取地方党委、政府及其各部门的大力支持和积极配合，不断提高依法纳税的遵从度和税收执法的公信度。

三、加强队伍建设，锻造作风优良、纪律严明、业务精湛的聚财人

一是要提高执行力。要继续坚持“班长抓班子，班子带队伍，队伍促发展”的带队思路，提高领导班子驾驭地税工作全局，把握大局的能力。要强化责任意识，确保政令畅通，提高工作效能，强化工作落实。二是要勤政、廉政、善政。要积极探索建立“不能腐败”的防范机制、“不许腐败”的保障机制、“不敢腐败”的惩治机制、“不愿腐败”的自律机制，进一步防止和纠正行业不正之风，巩固、树立良好的部门形象。三是要探索激发队伍活力的新机制。要着眼于增强队伍活力，推动多元化的激励措施，大胆创新，真正建立奖优罚劣的绩效考核机制，切实增强干部队伍活力。

〔本文摘自作者2008年4月10日在宜昌市地税系统党风廉政建设工作会议上的讲话〕

凝心聚力强素质 提质增效促发展

中共鄂州市委常委、常务副市长 刘立勇

近年来，地税系统各方面都发生了深刻的变化，成绩有目共睹，应该说，我市地税事业正处于加快发展的关键时刻。站在新起点上，我们要进一步凝聚各方工作合力，加大改革创新力度，规范内部各项管理，着力抓好队伍建设，继续保持地税事业快速发展的良好态势，在服务地方经济发展中发挥更大的作用。

一、办税服务质量要更优

广大地税干部要牢固树立治税为民的理念，进一步强化为纳税人服务的各项措施。无论是领导班子，还是一般干部职工，都要转变作风，真正做到求实、务实，工作扎实。要进一步创新服务理念，积极推行窗口申报、数据电文申报等多元化申报方式，深入开展征纳双向互动服务，并根据纳税人的特点和需求，提供预约服务、办税绿色通道等个性化服务，进一步完善“一窗式”、“一站式”全程服务，全力打造一个为纳税人提供全方位、多渠道、优质高效的服务平台，不断提升服务质量和水平。

二、勤政廉政建设要更硬

进一步强化“团结和谐、诚信高效、创新争优”的地税文化理念，把地税文化建设与地税部门的职业道德建设有机结合起来，引导广大干部职工树立正确的世界观、人生观、价值观。进一步建立健全绩效管理体系，特别是要逐步完善对干部个人的绩效考核办法，激发干部干事创业的热情。要以推进规范化建设为核心，不断规范内部各项管理，加强源头治理，坚决杜绝各种不廉洁行为的发生。

三、队伍整体素质要更高

围绕创建学习型、创新型、服务型、效能型、文明型地税机关的要求，积极鼓励干部职工加强学习，真正做到业务上精益求精，努力打造学习型队伍。特别是各级地税机关的领导干部要不断加强知识的更新，努力提高政治素质、业务水平和领导能力，做到在学习中开阔眼界、增长见识、丰富头脑，提升工作水平和层次，从而推动地税工作与时俱进。要正确引导地税干部进一步强化有效执行的观念，增强纪律意识和服从意识，提高整体工作效率。

四、和谐创业氛围要更浓

一是要保持班子和谐。一个和谐的领导班子，就可以带出一个和谐的团队。各级地税机关的班子成员之间要进一步加强沟通，坚持民主集中制，做好科学决策，做到分工不分家，职权上有分工，思想上要统一。二是要实现上下和谐。对上，要多请示汇报，坚决执行上级工作部署；对下，要面向基层，多解决工作、生活中的困难，多征求基层的意见和建议，形成政令畅通、和谐融洽的工作氛围。三是要做到左右和谐。单位之间、同志之间要以大局为重，工作为先，讲协作、讲团结、讲风格。四是要促进内外和谐。要将构建和谐地税融入构建和谐社会的大局中来谋划和思考，做到既要尊重地方党委、政府的领导，争取重视和支持，又要密切与相关部门的联系，构建严密的协税护税网络。

〔本文摘自作者2008年3月20日在鄂州市地税工作会议上的讲话〕

发挥税收职能作用　推进“四个随州”建设

中共随州市委常委、常务副市长　彭　勇

一、要收好税，为经济社会发展提供财力支撑

从目前全市的经济形势看，形势喜人，形势逼人，形势不等人。形势喜人，就是发展速度加快，部分指标位置前移；形势逼人，就是差距仍然存在，瓶颈问题十分突出；形势不等人，就是要抢抓机遇、善抓机遇，突破发展。地税部门要正确分析判断全市收入形势，正确处理地方收入增长与经济发展、加强税收征管与涵养税源的关系，多想挖潜增收之策，多开培植税源之道，多思加强征管之路。要通过狠抓科学化、精细化管理，抓住税收征管薄弱环节，大力提高管理效能，进一步规范和整顿市场秩序，开展各项专项检查，严厉打击涉税违法行为，千方百计把我市经济社会发展的成果如实反映到地税收入上来，确保今年地税收入稳定增长。

二、要带好队，建设一支高素质的干部队伍

一要抓好学习。重点是要深入学习、领会党的十七大精神和省、市经济工作会议精神，全面落实科学发展观，与时俱进、改革创新，通过不断学习来不断提高全体人员素质，不断适应新形势下地税工作的需要。二要勇于创新。要逐步建立和完善鼓励开拓创新的机制，从组织上、管理上引导和鼓励广大干部积极更新观念，大胆解放思想，扎实工作，进而营造人心思进、锐意进取的良好氛围。三要搞好团结。班子和队伍的团结，是地税事业健康持续发展的关键。地税事业要发展，离不开团结，建设和谐型地税机关，更离不开团结。四要保持廉洁。要切实抓好党风廉政建设，坚持标本兼治、惩防并举，建立健全符合地税部门实际的教育、制度、监督并重的惩治和预防腐败体系。

三、要服好务，为地方经济发展作出新的贡献

今年是加快“四个随州”建设的突破之年，全市经济工作会议要求今年全市要重点做好三项工作：一是叫响一个“牌子”，即“中国专用汽车之都”的牌子；二是抢抓“两个承接”，即承接沿海产业转移、承接武汉城市圈辐射；三是弘扬“三种精神”，即积极进取的精神、充满自信的精神、求真务实的精神。地税部门要始终坚持经济税收观，紧紧围绕这三项重点工作，充分发挥地方税收政策在优化市场资源配置中的作用。通过优化服务、争取和落实优惠政策，促进我市专用汽车产业的做大做强，促进沿海产业向我市转移。要适应全市开放型经济快速发展的新形势，依法运用地方税收调节手段，用好、用足各项地方税收优惠政策，努力把市场机制调节与税收政策调控作用结合起来，实现地方税收与经济社会发展的良性互动。要充分发挥职能优势，大力招商引资，促进大项目在随州安家落户。

〔本文摘自作者2008年4月14日在随州市地税工作会议上的讲话〕

着力强化五种意识　开创地税工作新局面

中共恩施州委常委、常务副州长　彭　军

一、着力强化责任意识，充分发挥聚财职能

地税部门要正确分析判断全州经济工作形势，正确处理加强税收征管与涵养税源之间的辩证关系，多想挖潜增收之策，多开培植税源之道，多思加强征管之路。要狠抓科学化、精细化管理，大力加强户籍管理和重点税费源监控；进一步规范和整顿市场经济秩序，千方百计把我州经济社会发展的成果如实反映到税收上来，确保地税收入稳定增长；要在提高收入质量上下功夫，做到依法征收、应收尽收。

二、着力强化发展意识，服务全州经济发展

积极创造良好的州域经济发展环境，依法运用地方税收调节手段，为我州经济建设营造一个亲商、安商、重商的良好投资软环境。要认真落实税收优惠政策，最大限度地用好、用足各项税收优惠政策，及时有效、不折不扣地将各项税收优惠政策落实到纳税人中去，促进全州经济和社会协调发展。当前，尤其要把党和政府对西部开发地区和下岗失业人员的关怀认认真真地落到实处，为国分忧、为民解困。要积极争取各级各部门的支持，在经济发展、社会稳定的思路上要与地方党委、政府保持高度一致。

三、着力强化规范意识，提高依法治税水平

全州地税部门要坚持按法律、按政策、按程序办事，大力推行岗位责任制，深入推进政务公开，大力推行公开办税，自觉加强监督和自觉接受监督；要坚决打击违法行为，有针对性地开展税务稽查工作，对漏、逃、骗税案件，依法严肃查处，维护良好的税收征管秩序和市场经济秩序；要切实规范税务行政行为，依法开展税务行政工作，提高依法行政水平。

四、着力强化服务意识，树立人民公仆形象

全州地税系统要牢固树立聚财为国、执法为民的工作宗旨，更新服务理念，正确处理好管理与服务的关系，做到在管理中服务，在服务中管理，让征纳双方和谐共处。要在公开办税上下功夫，结合纳税人最关注、最关心的问题，狠抓“阳光办税”，真正让纳税人缴明白税、放心税；要在便捷服务上下功夫，通过整合税收征管工作流程，大力推行多元化申报方式，让纳税人办理涉税事宜更加便捷高效；要在工作的人性化上下功夫，从尊重纳税人和关爱纳税人的角度出发，及时为纳税人提供税法宣传、政策辅导，大力推行提醒服务、预约服务，为纳税人创造宽松和谐的办税环境。

五、着力强化创新意识，锐意进取争创一流

一方面要不断自我加压，始终保持奋发进取、勇争前列、争创一流的精神状态。要做到勇于“抢”，即勇于抢机遇、抢发展、抢制高点；勇于“拼”，即勇于拼干劲、拼韧劲、拼作风；勇于“争”，即勇于争作为、争一流、争先进。另一方面，要进一步加强队伍建设。要深入开展党风廉政建设和反腐败斗争，打造一支清正廉洁、勤政廉政的地税工作队伍；要扎实开展干部教育培训工作，打造一支政治强、业务精、活力高的地税工作团队；要不断培养广大干部职工的团体精神和集体荣誉感，心往一处想，劲往一处使，共同开启全州地税事业新篇章。

〔本文摘自作者2008年3月29日在恩施州地税工作会议上的讲话〕

开拓创新　努力推进全市经济发展再上新台阶

中共潜江市委常委、常务副市长　张宗光

一、提高认识，坚定信心，确保完成全年税收任务

能否完成税收任务，关系到全市经济的发展，关系到社会的稳定。一方面，宏观经济形势逐步好转，固定资产规模保持大幅增长，一些重点项目陆续见效，企业经济效益的回升，税源潜力有一定的增长。另一方面，地税队伍是一支敢打硬仗、能打胜仗的队伍，这是我们完成收入任务的重要保证。要抓住有利时机，及时落实计划，层层分解，责任到人，奖罚分明。加强对收入情况的调度分析，及时掌握各税种变化情况，分析税收增减变化因素，加强征管，挖掘税源潜力。要在加强重点骨干税源税收征管的同时，下大力气抓好小税种和零散收入的征收管理。要把加大税务稽查力度作为加强征管的重点，尽快确定今年重点稽查的领域、行业和具体对象，组织开展专项税务稽查，依法查处各种偷逃税行为，把该收税及时足额征缴入库。

二、坚持依法治税，发挥税收职能，努力提供优质高效的税收服务

地税部门要牢固树立依法治税的观念，切实树立税法的权威性和统一性，做到税法面前人人平等。要进一步加大税法宣传力度，提高全民依法纳税意识，全面落实税收优惠政策，运用税收优惠政策，促进生产要素合理流动，引导资源优化配置，使税收在产业结构调整升级、增强企业自主创新能力、加快我市支柱产业发展中发挥积极的引导和扶持作用。要优化税收服务，进一步增强税收工作的透明度，树立人人是环境、事事为企业的行政理念，进一步创新方式方法，提高办税效率，改进税收管理办法，简化办事程序，下放管理权限，减少办税环节，切实减轻纳税人办税成本。

三、切实加强队伍建设，不断提高干部素质

加强班子和干部队伍建设，是事关全局的重大问题，在整个税收工作中处于关键地位。加强队伍建设，提高广大地税干部的整体素质要重点从以下四个方面入手：一是切实改进工作作风，不断增强创新意识和服务意识，在依法治税和热情服务上下功夫，解决好税收中的实际问题。二是要确保政令畅通。进一步增强组织纪律观念、集体领导观念和顾全大局观念。三是要严要求，树立领导干部的良好形象。对全体干部必须严格教育、严格管理、严格监督，用自己的实际行动树立起良好的形象。四是要加强廉政建设，增强地税干部拒腐防变能力，提高广大地税党员干部特别是地税班子的凝聚力和战斗力。

〔本文摘自作者2008年1月29日在全市地方税务工作会议上的讲话〕

省局领导讲话

以科学发展观统领地税工作全局 大力推进“五型地税”建设

省地方税务局党组书记、局长　许建国

这次全省地税系统党风廉政建设工作会议暨局长培训班就要结束了。会议期间，省政府副秘书长卢炎群受省委常委、常务副省长李宪生的委托，到会看望了大家并发表了重要讲话。省纪委副书记余幼明也亲临大会，对如何进一步深化全省地税系统的党风廉政建设提出了要求。这次会议虽然规模比较大，内容也很多，但准备充分，安排得比较紧凑，开得很成功。大家表示，几天来，通过听取教授的讲座，开阔了眼界，启发了思路；通过开展第三方信息比对培训，看到了税收信息标准化建设取得的成绩，进一步明确了要求；通过传达、学习中纪委、省纪委会议和全国税务系统党风廉政建设工作会议精神及有关文件，明确了当前党风廉政建设和反腐败工作面临的形势与任务；通过表彰先进、交流经验、通报案件以及签订责任书等，充分体现了省局党组抓反腐倡廉建设、抓执行力、强化责任意识的决心。上午，省局中心学习组和全体与会代表分别就加强党风廉政建设和反腐败工作以及如何落实好今年的各项工作，进行了广泛讨论，反映了情况，提出了建议。省局党组将认真研究大家的意见，做好今年的工作。总之，这次会议的内容很重要，大家一定要吃透精神，回去后认真传达、贯彻，抓好落实。下面，我就全省地税系统的党风廉政建设和反腐败工作以及今年的几项主要工作讲几点意见。

一、以科学发展观统领地税工作全局，确立建设“五型地税”的工作理念

今年年初，省局党组研究制定的《2008年全省地税工作要点》，确定了今年全系统要重点抓好三大工作：一是以税收信息标准化建设为统领，进一步提高征管水平；二是以税收执法责任制为统领，进一步规范行政行为；三是以党风廉政建设和领导班子建设为统领，进一步提高队伍建设水平。这三大工作，各地都要扎扎实实地做好。我到省地税局工作近一个月来，通过各种调查研究，查阅有关材料，特别是近三年的工作要点，深深感觉到，省地税局党组认真落实党中央、国务院、国家税务总局以及湖北省委、省政府的工作要求，在实践中逐步形成了很多好的工作思路。在今后的工作中，如何坚持和完善这些工作思路，落实好各项工作部署，推进全省地税工作持续健康发展，是摆在我和党组面前的现实课题。通过调查和思考，我认为在新形势下我们应确立的工作理念是：以科学发展观统领全省地税工作的全局，充分发挥税收职能作用，积极服务于湖北的经济和社会发展，努力建设纳税人和各级政府都满意的效能地税、法治地税、阳光地税、廉洁地税和服务型地税。下面，我简要谈谈对建设“五型地税”的一些思考，供同志们参考。

（一）建设效能地税，充分发挥税收职能

昨天下午，我参加了国务院召开的廉政工作电视电话会。会议除了突出党风廉政主题外，特别强调要提高政府效能。政府效能包括政府职能和工作绩效两大方面。具体到地税部门，建设效能地税，就是要充分发挥地税部门的职能作用，为地方经济与社会发展服务。

第一，全面完成好各项收入任务。税收有多项职能，第一位也是最基本的职能是收入职能。也就是说，全省地税工作的中心目标首先是要完成省政府下达的各项收入任务。2003年以来，我省地税各项收入保持较大幅度增长，其中，2003年增长11%，2004年增长19%，2006年增长22%，2007年增幅高达25%。分析原因，主要是经济快速增长拉动了税收大幅增长；其次是省地税部门认真落实部分地方税种的新政策；再一个原因就是各级地税部门加强征管，堵塞漏洞。比如，开展税源普查和各种专项检查、实行房地产税收一体化管理、利用第三方信息加强税收控管、完善代扣代缴管理，等等。

今年1—2月份，全省地税收入继续保持着较高的增幅，地方税收同比增长26.61%。值得注意的是，由于受国家宏观调控的影响，当前经济运行出现了一些不利于地税收入可持续增长的问题：一是全省固定资产投资增幅1—2月份回落比较大，仅为11.5%，低于全国的平均水平。投资大幅度回落对建安营业税、城建税等影响较大。二是房地产业逐步趋冷、销售额下降，影响了房地产税收的增长。三是今年初发生的冰雪灾害天气对经济和税收带来了不利影响。四是新的企业所得税法调低税率和实行总机构汇总纳税后，将会影响今年的企业所得税收入。这些都会对我们完成2008年的收入任务带来一定的困难。

面对当前的经济和地方税收收入形势，要研究如何处理好完成当年收入任务与涵养税源的关系，确保地税收入可持续增长。总的原则是：一是要做到依法征收，应收尽收。要严肃税收纪律，严格禁止并坚决查处有户不管、有税不收的行为；严格禁止并坚决查处收税讲关系、查处讲人情的行为。二是坚决不收过头税，不搞“刮地皮”，不搞“竭泽而渔”。三是要坚决制止和防止越权减免。四是要进一步规范待解专户的管理。各地要按照待解专户的有关规定和要求，加强对待解专户运行的管理，发挥好待解专户对保持税收收入均衡入库的作用。

第二，运用税收政策手段，支持地方经济与社会发展。省委、省政府要求全省进一步解放思想，抓住新的发展机遇，加快湖北中部崛起。地税部门要依法用活税收政策，积极地向政府出思路、提建议，支持高新技术产业、现代服务业，以及整个湖北经济与社会的发展。今后，在执行税收政策上，只要是有利于经济发展且税法、税收政策允许的，就一定要积极给予支持，主动服务。

第三，全力推进税收征管信息化建设。当前，全省地税系统的工作重心之一，是要通过加快税收信息化建设的步伐，全面提高税费征管与纳税服务的效率。近一个月来，通过听汇报、深入基层调研和现场观摩，我对全省地税部门的信息化建设有了比较深入的了解，让我感受到了信息化对于地税工作的极端重要性，它是税收征管领域的一场“革命”。税收信息化不仅提高了税费征管效率，还可以通过流程再造，规范税收征管程序；通过计算机控制，可以约束执法权力，实现税收政务公开。正因为如此，省局党组将推进信息化建设列为2008年全省地税工作三大任务之首。目前，省局正在开发、试点、完善的系统，是按照“金税工程”三期的要求和“一个平台、两级处理、三个覆盖、四个系统”的总体思路设计的，即全省建立统一、规范的运行平台，实现全省数据集中处理；业务处理覆盖所有地方税种和费种，覆盖所有地税工作的所有重要环节，覆盖各级国税、地税部门并且与相关部门联网；开发建立征管系统(核心征管系统)、行政管理系统、外部信息系统、决策支持系统四个系统。

3月中旬，我先后带工作专班到恩施州、武汉市地税局调研，总体上看，省局开发的核心征管软件系统符合“金税工程”三期的建设要求和思路，功能设计比较合理，在恩施州地税系统的运行情况良好，国家税务总局和省国税局的专家都对这个系统的先进性、合理性、超前性给予了较高评价。对于全省推广地税核心征管软件这项工作，省局决心已定，总的考虑是分三个阶段推进：第一阶段从3月份到7月份，主要任务是完善需求，修改软件，优化设计，定型后再在恩施州地税系统重新上线测试。成功后即组织专家论证、鉴定。第二阶段从8月份到年底，主要工作：一是在各市州进行试点或是全面推行；二是在全系统开展计算机操作技能全员培训。第三个阶段，从2009年2月份开始，在全省上线运行新征管软件系统。这项工作时不我待，全省各级地税部门要抓紧做好各项准备工作。

(二)建设法治地税，规范税务行政行为

俗话说，有税必有法，无法不成税。随着国家经济发展和社会进步，公民的法律意识大大增强，税收观念也有很大变化，税收维权意识明显增强。全省地税部门应当适应依法治税要求，努力建设法治地税。

建设法治地税，就是要依法征税、依法征管、依法管理、依法行政，严禁行政不作为、乱作为。要实现这一目标，最关键的就是要推行税收执法责任制。这项工作如同地税工作的牛鼻子，必须牢牢抓住。今年主要是按照省局工作要点的要求，在试点的基础上，全面推行税收执法责任制。通过建立税收执法责任制，对税收执法进行全过程的监督、规范与考核，严格追究执法过错责任。温家宝总理在国务院廉政工作会议上特别强调了责任制问题，提出要继续完善问责制、责任追究制，将其作为党风廉政建设和反腐败的一项重要的制度举措。近几年来，省局陆续在利川、枣阳、老河口、应城等地进行了一系列试点，这些试点都富有创新性且取得了成效。省局有关部门要认真总结这些源于自身、源于基层的经验，制定全省推行执法责任制的具体实施方案。

需要特别强调的是，在信息化条件下，推行税收执法责任制，要重视信息技术运用，建立起统一的岗位职责和工作规程。要通过流程再造和网络化管理，通过建立科学的岗责体系，实现权力制衡。

(三)建设阳光地税，接受社会监督

建设阳光地税实际上是一个政务公开问题。温家宝总理在国务院廉政工作会议上反复强调，要建立健全政务公开制度，给老百姓知情权、参与权、表达权，让老百姓能够有效地行使监督权。多年来，我省地税部门在税收政务公开方面做了很多工作，成效也很显著。但与党和政府的要求，与老百姓的要求相比，还有很多工作要做。

如何推进阳光税务建设，需要我们共同思考、共同探索。我强调三点：第一，各级领导要高度重视政务公开，使之制度化。我国已进入了社会主义民主与法治时代，对于政务公开，党和政府都有明确要求，广大纳税人抱有很高的期待，所以，地税部门必须这样做,并且要做好。公开是原则,不公开是例外。各级地税部门要积极创造条件,真心诚意地推进政务公开,主动接受监督。第二,要明确和规范政务公开的事项和内容。政务公开与决策民主化、科学化、程序化密切相关。对外,凡是能公开的税收业务都要公开;对内,涉及干部、人事、管理等需要公开的情况,能公开的也要公开。第三,要充分发挥电子网络、税收政务平台的作用,做好税收政务公开工作。

(四)建设廉洁地税,提高执行能力

这次会议上,国勇同志代表省局党组对今年全省地税系统党风廉政建设和反腐败工作作了部署,提出了要求,希望大家回去后认真传达好、学习好、贯彻好,努力建设廉洁地税,进一步净化全省地税部门的行业风气。如何建设廉洁地税,如何贯彻落实省局关于反腐倡廉建设的工作部署和要求,我要强调以下四个方面:

第一,廉洁从税,从我做起。做到这一条,必须树立正确的世界观、人生观、价值观和权力观。首先是世界观。即对整个世界、整个社会要有正确的看法。其次是人生观。我是谁?我从哪儿来?我将上哪儿去?再就是价值观。什么是好的,什么是坏的,什么是美的,什么是丑的,要有正确的价值判断。最后是权力关。要清醒地认识到是谁给我权力,我应该怎样去运用权力。加强理想信念教育,能够帮助干部真正把这些问题想清楚,从而过好四道关。法国思想家萨特有句名言:世界上有两样东西是亘古不变的,一是高悬在我们头顶上的日月星辰,一是深藏在每个人心底的高贵信仰!我把它解读为三句话,作为我的自律,也与大家共勉。第一句话:要敬畏高悬在我们头顶上的永恒的星空。它就是马克思主义价值观、人民的利益和国家的法律。第二句话:要坚定深藏于我们内心的崇高信念。我们每个人要反复思考人为什么活着?权力该如何用?要问问自己,我这一生为社会做了些什么?第三句话:要坚守我们从税为官的权力红线。每个领导和税务干部手中的权力都是有底线、有红线、有高压线的。不论社会多么复杂,也不论有多大的利益诱惑,我们都要始终坚守住这条红线或底线,绝不可逾越。我真心地希望同志们在未来的共事中,监督我、理解我、支持我“从我做起”。

第二,一岗双责,警钟长鸣。作为单位一把手,肩头的担子很重,责任很大。除了要严于律己、廉洁从政之外,还担负着教育、管理班子成员和部属的重任。因此,任何时候都必须高度重视本单位的廉政建设,反腐败这根弦一刻也不能松。一是要重视和加强对干部的教育,预防职务犯罪,做到警钟长鸣。开展反腐败教育要实实在在地给干部讲道理,注重用身边的案例教育干部珍惜职业和未来。作为税务干部,既然选择了公务员,就不可能“发财”,古今中外都是如此。一把手要善于发现不良苗头,对有不廉行为的个别人要提前打招呼,告诫他们不要有侥幸心理,打掉五个幻想,即不要幻想腐败行为不会被发现;不要幻想行贿者的“友情承诺”甚至是“山盟海誓”;不要幻想腐败行为败露后自己能够摆平;不要幻想“进去”后自己能够坚持不说;不要幻想“进去”后,单位、亲友能够救得了自己。二是要建立党风廉政建设责任制,实行一票否决。省局党组研究决定,从2008年起,各市、州地税局长由省局统一进行全年工作考评,廉政建设将作为重要考核指标,实行一票否决。

第三,制度约束,监督权力。不受约束的权力必然导致腐败。温总理在政府廉政工作会议上指出,这些年,腐败行为在不同层面之所以蔓延,而且蔓延得还比较快,一个重要的原因就是权力过于集中,并且得不到监督。地税部门的各级领导干部直到最基层税收管理员，手中都握有一定的行政权和执法权，要采取措施，对这些权力进行有效监督和约束，防止权力滥用和权力寻租。

第四，惩防结合，从严查案。反腐败要坚持以预防为主的工作方针，但也必须加大查案力度，加大惩处力度。一把手要支持纪检监察人员从严查案。党风廉政建设不能只是以文件传达文件、以会议贯彻会议，而到了动真格的时候，就没有人真抓真管了。抓党风廉政建设和反腐败工作还要与税收征管业务结合起来，与内部的管理结合起来，不能搞空对空。对于一些经常出现的非正常现象，不能熟视无睹，要善于发现和分析背后的原因。一个单位如果经常出现有户不管、有税不收、越权减免等情况，就要多问一个“为什么”，看看事情的背后是否存在权钱交易问题。

（五）建设服务型地税，树立良好的地税新形象

长期以来，全省各级地税机关都很注重税收服务工作。怎样才能称得上是名副其实的服务型地税呢？我的理解，关键是要做好四大服务：

一是服务于纳税人。首要的是要依法行政，履行职责。如同该收的税必须收一样，该按政策为纳税人办的事就要按政策办，不仅要及时办而且要办好办到位。其次，要切实保护纳税人的合法权益，不能不作为，不能乱作为，也不能慢作为。第三，要建立起多元化的申报和缴税方式，方便纳税人。总之，开展纳税服务既要有良好的环境和必要的形式，更要有深受纳税人欢迎的实实在在的做法。

二是服务于经济发展。地税部门要有大局观念，正确处理好经济与税收的关系，按经济税收规律办事。一方面，税收服务于经济，不能违背政策和法律法规。另一方面，要充分发挥税收的职能作用，在政策和法律、法规允许的范围内，积极做好发展地方经济的文章，正确处理税收增长和涵养税源、建设税源的关系。要注意改进工作作风，改进服务方式，提高办事效率，为发展地方经济提供优质服务。要牢固树立“人人都是地税形象，个个都是投资环境”的理念。

三是服务于地方政府。首先要尊重地方政府，其次要为地方政府出主意，当好参谋。即使是面对一些经济发展需要，但法律、法规不允许的事情，我们也要作耐心的解释工作，并且积极思考能不能通过其他政策允许的办法解决问题。

四是服务于基层。主要是要减轻基层地税机关的工作负担，关心基层同志的工作和生活，帮助他们解决实际困难。

二、统筹兼顾，认真做好当前的各项重要工作

（一）全力推进税收信息化建设

这是我们马上要展开的一项重要工作。省局各个处室、各级地税机关从现在起就要行动起来，将其作为今年地税工作的头等大事来抓。

（二）认真开展税源调研工作

要密切关注当前全省经济税源的变化，加强税源调研，做好税源分析。要通过对重点税种、重点行业、重点企业的监控分析，找准影响收入增长的原因，科学预测收入增减变化趋势，增强组织收入工作的前瞻性和主动性，确保完成今年的税收任务，确保税收收入可持续增长。

（三）加强税收征管和税源监控

要通过第三方信息比对，规范征管信息的采集录入，加强税收征管和税源监控，挖掘税收增收潜力，把该征的税征收到位。要大力推进房地产税收一体化管理、重点工程的税收专门管理、车船税代征管理、印花税核定征收管理。要严格执行土地使用税、耕地占用税、资源税的新税额标准，确保政策性增收到位。

（四）高度重视信访和保密工作，建立和完善政务快捷反应机制

今年,我国的大事多、要事多,影响社会稳定的因素也多,党中央、国务院和省委、省政府高度重视信访和保密工作,提出了一系列要求。省局也召开了保密和信访工作会议,专门进行了部署。各级地税部门一定要高度重视,加强领导,完善制度,把各项工作要求落到实处。要按照省委、省政府的部署和要求,建立和完善政务快捷反应机制,确保政务畅通和社会稳定。省局关于上述工作总的要求是,省局统筹协调,实行责任分工,“各家的孩子各家抱”。

(五)加强班子建设和队伍管理

这里重点强调以下几点:

第一,自觉遵守政治纪律,强化垂直管理意识。一是各级地税机关都要认真落实中纪委二次全会和省纪委九届三次全会的精神以及“六个决不允许”的纪律要求,自觉在思想上、行动上与省局党组保持高度一致,坚决落实省局党组的重大决策和工作部署,保持政令畅通,令行禁止。二是要进一步完善垂直管理的各项制度,包括工作报告制度、分片包点制度、省局党组成员参加市州局民主生活会等基本制度。三是凡涉及编制、机构、干部、资金、建设等重大决策事项都要按程序报告。省局党组也将进一步改进工作作风,深入基层,注重调研,不断提高决策效率。

第二,切实加强各级班子建设。带好队的关键是加强班子建设,提高各级班子的决策水平和执行能力。一方面,省局党组充分相信和全力支持各级班子的工作。另一方面,各级领导班子一定要讲团结,讲工作,不辱使命。各级一把手要有高度的责任感和事业心,还要有宽阔的胸怀,善于听取不同的意见,善于团结人,善于运用好民主集中制。

第三,加强公务员和外聘人员管理。重申三条人事纪律:一是要严把人员进口关。今后,地税公务员必须坚持逢进必考原则。二是人员调入必须按照程序报省局批准,决不允许各行其是。三是招聘合同工必须从严管理。分管负责人都要认真学习研究新劳动合同法。省局人事处要制定统一的管理制度,规范用工管理。我们要对历史负责,不能给后任造成新的人事包袱。

第四,积极稳步推进机构改革。要针对垂直管理体制的特点,以提高服务效率、降低税收成本为目标,认真总结和完善机构“扁平化”改革和纪检监察体制改革等试点工作经验,并根据各地实际情况,积极稳妥地深化改革。

〔本文摘自作者2008年3月26日在全省地税系统党风廉政建设工作会议暨局长培训班上的总结讲话〕

充分发挥稽查职能　推进稽查工作深入发展

省地方税务局党组书记、局长　许建国

这次全省地税稽查工作会议是在深入学习贯彻党的十七大精神的新形势下召开的,又恰逢全省各级地税稽查局更名成立10周年,因此,召开这次会议意义特别重要。省局对这次会议十分重视，会前作了充分的准备。会议开始时，和平同志作了工作报告，他的报告总结了全省地税稽查工作的成绩和经验，明确地提出了当前和今后一个时期稽查工作的指导思想和总体要求，安排部署了2008年的工作任务，希望大家认真领会，抓好落实。借此机会，我讲三个问题。

一、全省地税稽查工作取得了显著成效，为地税事业的发展作出了贡献

和平同志在会议报告中讲了全省地税稽查工作取得的五项成绩，总结了五个方面的经验，这里我再补充强调几点。全省地税稽查部门从成立、更名到今天，为全省地税事业的发展作出了突出的贡献。仅从税收收入角度来看，2007年，全省地税部门组织各项收入642.7亿元，其中税收334亿元，近五六年来一直保持着24%～27%的高幅增长。这些成绩的取得，得益于省委、省政府的重视和支持，得益于湖北经济的快速发展，得益于全省地税干部职工的辛勤努力，当然也离不开全省地税稽查部门卓有成效的工作。具体来讲，我认为全省地税稽查工作的以下成效应该充分肯定。

第一，坚持以查处涉税案件为中心，有力地推进了依法治税

各级稽查部门紧紧围绕推进依法治税目标，把查处涉税案件作为中心任务，采取专案稽查、专项检查、交叉稽查等形式，2001年至2007年，共查处税务违法案件20.3万件，查补总额56.3亿元。通过查处涉税案件和开展税收专项整治，纠正了一些地方在税收上存在的行政干预、地方保护和违规减免税现象，治理了一批“户难进，账难查，税难收”的纳税难点户，争得了地税部门应有的地位，治税环境有了明显改善，税收秩序不断好转。

第二，坚持以查促管，促进了税收征管质量的提高和税收收入的增长

全省地税稽查部门这些年来一直坚持“一案双查”，既对纳税人进行检查，又对基层主管地税机关执行税法和廉洁行政情况进行检查。对检查中发现的问题，通过征管查联席会、征管质量建议书等形式，及时向有关部门反馈，促进了税收征管质量的提高，促进了地税队伍的廉政建设。

第三，坚持改革创新，创造了具有湖北特色的鲜明工作经验

经过同志们这么多年的努力，大家在税务稽查工作上创造了许多“湖北特色”，有些工作在全国都有影响。一是创造了三级联动的稽查模式，即“县为基础，三级联动，双重管理，相对独立”的稽查体制，从组织体系、稽查方法、案件审理、查补入库、稽查管理、工作检查等方面，摸索了省、市、县三级稽查局上下联动的方法。二是全面推行了一级稽查体制，即在市(州)的城区和县(市)的全域范围内统一设置稽查机构，撤销了城市和农村分局内设的稽查机构，将其职能全部归并到各级稽查局，并从稽查内容、对象、时限、类型等方面明确界定了稽查部门和征管部门的检查职责，初步建立了稽查与征管部门的联系协调机制。三是普遍推行了分级分类稽查制度。省局稽查局对全省年纳税额2000万元以上的纳税户直接组织检查，市(州)、县(市)局稽查局根据各自税源情况和特点，分别确定了稽查重点，实行了分级管理、分类稽查。四是在全省实行了稽查能级和主查、主审制度。以稽查业务能力为核心标准，采取考试和综合考评相结合的办法，在全省推行了稽查能级制度，以及主查、主审等制度，定期开展各级稽查能手评选活动，完善工作激励机制，充分调动了稽查队伍的积极性，促进了稽查人员的学习和工作。全省稽查部门组织开展税收专项检查、整顿规范税收秩序、推行三级联动的一级稽查体制、实行稽查能级管理等方面的工作情况和经验，多次在全国税务稽查工作会议和税收征管工作会议上介绍，得到了国家税务总局

和省政府的肯定与推广。

此外,全省地税稽查工作在其他方面也取得了明显的成绩。比如,坚持以人为本,稽查队伍建设展示了良好的社会形象;坚持与时俱进,创造了比较独特的稽查工作经验等等。这些,都需要我们在今后的工作中进一步发扬光大。

二、深刻认识稽查工作的地位和作用,进一步增强做好稽查工作的责任感和使命感

1994年税制改革后,开始推行新的征管体制,强调征、管、查相互分离,通过稽查和征收管理之间的权力交叉和制衡来加强税收管理,由此可以看出,当时对税务稽查的认识已经提到了相当的高度。通过十多年的实践,我们再回过头来看稽查,大家的认识更加深刻,更加统一。当前,我们可以从以下几个方面来认识稽查的地位和作用。

(一)税务稽查是查处和打击涉税违法行为的专门机构,决定了稽查部门必须在整顿和规范税收秩序、推进依法治税中充分发挥作用

依法纳税从宪法上讲是公民应尽的义务,但从当前我国特定的发展阶段来看,人们的纳税观念和社会责任感还达不到这样的高度,偷税、逃税的现象还不可避免。因此,税务稽查在维护税法权威,震慑和打击涉税违法行为上的作用不可低估。国内外税收实践证明,税务稽查威慑力的强弱,在很大程度上决定着税收秩序的好坏和税收征管质量的高低。从这个意义上讲,税务稽查是我们各级地税局手中握有的一把"尚方宝剑",我们要充分发挥税务稽查的打击、威慑、宣传和诫导作用,不断提高人们的纳税意识,促进税收秩序的根本好转,推进依法治税。

(二)税务稽查是税收征管的重要环节,决定了稽查部门能够在促进税收征管、保证税收收入持续增长上充分发挥作用

在税收工作中,从纳税义务发生一直到税款征收入库,税收征管的环节是很多的。国家税务总局对现行的税收征管模式有一个经典的表述,就是"以申报纳税和优化服务为基础,以计算机网络为依托,集中征收,重点稽查,强化管理",其中稽查是重点,稽查是保证。在整个税收征管工作的链条中,纳税申报是起点,税务稽查是最后一道防线。如果稽查工作不到位,该查的不查,该处理的没有处理,那么因为纳税人的原因没有依法申报缴纳的税款,或者因为征管部门的原因漏征漏管的税收,就不可能收上来,最后将导致国家税收的彻底流失。同时,税务稽查对税款征收、日常管理和税源建设都起着监控作用。因此,稽查工作对促进征管和保障税收收入增长的意义和作用是很大的,我们对此应该有充分的认识。

(三)税务稽查是税务机关对外执法的窗口,决定了稽查部门应该在优化稽查服务、构建和谐社会中充分发挥作用

衡量社会和谐的程度,社会富裕度是重要的一个方面,但不是根本,社会的公平与正义更为重要。联系到税收,依法征税,严格执法,本身就是税收公平的一个重要方面。所以,税务稽查部门要充分发挥职能作用,严格依法查处涉税违法行为,打击偷逃税分子,通过打击和斗争求得和谐,促进法制,达到根本和谐和长久和谐。研究表明,我们现在社会最大的不和谐,主要原因还是小平同志担心的社会两极分化,贫富差距过大。在这种情况下,如果政府调节不能到位,就会导致社会的和谐度下降,造成社会不稳定。而税收,特别是个人所得税具有调节收入分配和收入差距的作用,因此,加强高收入行业和高收入个人所得税征管,将是今后一个时期税收工作的一个重点,同样也是税务稽查的一个重点。稽查部门要突出抓好税收征管中重点户、难点户的检查和服务,进一步理顺征纳关系,促进和谐征纳关系的建立,促进和谐社会建设。

(四)税务稽查是勤政廉政和公正执法的监督力量,决定了稽查部门可以在促进廉洁行政、加强地税队伍建设上充分发挥作用

从税务机构内部看,我们现在的税收管理体制决定了征管、稽查必然是相互依托,同时又是相互制约的。从征纳关系看,我们地税部门的局长、所长,乃至税收管理员,在税收执法上的权力都是很大的。因此,这种权力需要有监督的力量、制衡的力量,在这方面税务稽查可以发挥重要的作用。因此,稽查部门要充分发挥"外反偷逃骗,内促征管廉"的职能作用,在对纳税人依法纳税情况进行检查的同时,还要对基层税务机关和税务人员廉洁行政和作风纪律情况同步进行检查和了解,进行有效的监督,以促进依法治税和地税队伍建设。

三、切实加强对稽查工作的领导,推进稽查工作深入发展

实践证明,加强领导是做好税务稽查工作的关键。关于2008年的稽查工作,和平同志在报告中已经讲得非常明确。这里,我主要就如何加强对稽查工作的领导讲五点意见。

(一)全省地税机关各级党组要高度重视稽查工作

前面,我讲到了税务稽查的重要地位和作用,要把这些理念贯彻到工作中去,重要的一点是要切实加强领导。各级党组要重视稽查工作,定期听取稽查工作情况汇报,及时研究解决稽查工作中的重大问题,协调稽查与征管部门的关系,促进稽查工作的健康发展。

(二)要切实加强各级稽查局领导班子建设

稽查局和地税局的内设机构在工作性质和特点上是不同的,因此,各级地税局党组在配备稽查局领导班子时,要充分考虑稽查工作的特性,配齐配强稽查局的领导班子。首要的是,思想政治素质要相对高一些,要能坚持原则,廉洁奉公。稽查是最后一道防线,如果最后一道防线没有守住,那么整个税收防线就会崩溃。第二,要有比较强的专业素质和业务能力。因此,各级党组要把思想政治素质好,业务能力强,具有一定组织协调能力和管理水平,能够胜任组织指挥大案要案查处的同志选拔配备到稽查局领导岗位上来,特别是要配好各级稽查局的一把手。根据省局党组今年下发的《关于全省地税系统干部选拔使用有关问题的通知》精神,今后市、县两级稽查局长原则上必须采取竞争上岗的方式产生。省局曾发文明确规定,市、县稽查局长的任免,除按干部管理规定和任免程序办理外,还要征求上一级稽查局的意见,这个规定要继续执行。

(三)要大力支持稽查部门依法稽查

稽查部门面临的矛盾很多,稽查工作是一项非常艰辛的工作,经常会遇到来自各方面的干扰和阻力,有的甚至会遇到黑社会和恶势力的威胁。在这种情况下,如果没有各级领导的支持,稽查工作将无法开展。因此,各级领导一定要站在维护国家税法严肃性的高度来理解、关心和支持稽查工作,尽可能地为稽查工作创造良好的内外环境。对一些大要案件的查处,分管领导要亲自督导,关键时候主要领导还要亲自过问。要保证稽查部门依法稽查,在原则问题上决不能马虎。

(四)要切实加强稽查队伍建设

在稽查人员配备上,总量要有所增加,特别是征纳矛盾比较突出、税收秩序还未根本好转以及稽查人员偏少的地方,要调整充实稽查人员。在队伍质量上,要按照"逢进必考,择优录取"的原则和"精兵强将"的要求,确保人员质量。今后,在稽查人员配备上主要是两条渠道,一条是继续在现有税务干部中挑选,另一条是从新招录的大学研究生、本科生中充实,力争使稽查队伍的整体素质更高。这里,特别需要强调的是,稽查队伍自身

的思想素质建设尤其是廉政建设非常重要。前不久,省局刚刚召开了全省地税系统党风廉政建设工作会议,省局党组对全省地税干部提出了严格的要求。税务稽查权力很大,面对的诱惑也很大,在廉政建设上更应高度重视,自觉加强廉政建设。

(五)要为稽查工作提供必要的物质保障

稽查工作非常辛苦,量大、线长、面广。因此,各级地税机关对稽查装备和经费应该给予充分保证,保障稽查工作的正常开展。

〔本文摘自作者2008年4月2日在全省地税稽查工作会议上的讲话〕

严格执法　有税必收　积极预防和严肃查处地税工作人员失职渎职行为

省地方税务局党组书记、局长　许建国

这是一次关系重大、非常严肃的会议。会议的主题是严格执法、有税必收,积极预防和严肃查处地税工作人员失职渎职行为。刚才,国勇同志代表省局党组作了重要讲话,布置了工作任务,提出了具体要求,请各地认真抓好贯彻落实。下面我讲三点意见。

一、对近年来全省地税系统取得的发展业绩,对广大地税干部忠于职守、严格执法、为国聚财的工作业绩,应当给予充分的肯定

我到地税局工作时间不长,但我了解到,从2005年到2007年,全省地税收入每年都以20%~30%的幅度增长。今年一季度,收入增幅达到28.6%。地税干部队伍建设的成效也很显著,涌现出了一大批依法办事、依法行政的领导干部和税务人员。他们忠于职守、严格执法、为国聚财,是广大地税干部的杰出代表,值得充分褒扬。我还了解到,近年来,全省地税系统在严格执法、有税必收的问题上,从来都是讲原则、严要求的,对少数干部的失职渎职行为也都给予了严肃处理。这些是全省地税工作的主流和大局,应当充分肯定。

二、必须高度重视、正确面对全省地税系统在严格执法、有税必收方面存在的问题

为了说明这个问题,我先提供两组数据,供大家分析参考。第一,根据国家税务总局统计,2007年全国地方税收总体负担水平平均为6.9%,最高的是北京13.8%,最低的是黑龙江3.7%。我们湖北只有3.9%,在全国排倒数第五。第二,2007年,全国地税收入的平均弹性系数是1.8%,全国省(区)中最高的是2.6%,最低的是1.1%,湖北是1.2%。不论是我们的总体税负水平低,还是我们的税收弹性系数小,原因非常复杂,但有一点是肯定的,那就是我们在一定范围内、一定程度上存在着有税不收或未足额收的问题。对这个问题,我们必须予以高度重视,认真研究。

三、认真贯彻会议精神,积极预防和严肃查处地税工作人员失职渎职行为,确保全省地税事业健康发展

第一,各级地税机关一定要加强思想政

治工作，教育和引导地税干部进一步树立正确的人生观、价值观、权力观和职业观。刚才，国勇同志列举的有税不收的种种现象，深层次上反映的依然是少数干部在思想上出了问题。目前，省政府正部署在全省范围内开展提高政府执行力的大讨论。在这次学习、讨论过程中，全体地税干部应当联系工作实际和自身实际，从思想、观念上解决以下六个问题。

一是税收法治观念。我们经常讲依法治税，实际上有两层含义：一方面要约束纳税人，另一方面更重要的是要约束地税机关，约束地税干部，约束我们手中的权力。作为地税干部，征不征税、征多少税，履不履行职责、如何履行职责，不是一个简单的个人爱好和工作情绪问题，也不再仅仅是一个违不违纪的问题，而是一个涉及是不是依法办事、会不会触犯刑律的问题。特别是对有税不收的问题，我们更要上升到失职渎职的层面来认识。全系统各级领导都要把这个问题讲深、讲透，不要让个别地税干部糊涂到最后要承担刑事责任了，还不知道是怎么回事！

二是原则观念。中国是一个讲人情的大国，有讲人情的传统。如果把人情放在私交上，放在朋友关系上，是一件好事。但是，如果放在工作中、在税收问题上讲人情，那就大错特错了。今天，我们面对着十分复杂的社会环境，为亲情、友情、同事情、战友情所包围。这种种私情很容易渗透到工作中来，影响我们公正执法。我们一定要把公与私明确地划分开来，决不能以私情来干扰依法征税，尤其是各级领导干部，办事、征税都要带头讲原则、讲法治。

三是敬畏观念。在全省地税系统党风廉政建设工作会议上，我讲过，包括我本人在内的每一个地税干部，都要有敬畏观念。敬，就是尊敬、敬重；畏，就是畏惧、害怕。我们应当敬什么，怕什么？首先要敬畏高悬于我们头顶上的神圣“星空”，它就是国家的法律、党的纪律和人民的利益。作为公职人员，我们总得怕点什么，不能什么钱都敢拿、什么饭都敢吃，以至于连原则都不讲、税都可以不征！或者想征多少就征多少，胆大妄为，无所顾忌。

四是珍惜职业的观念。去年，省局党组提出，广大地税干部要倍加珍惜职业，我觉得这个倡导好。税务这个职业是非常崇高的，在我们的大门外，有数以万计的大学生、研究生都想穿上神圣的税服。是的，我们的收入水平赶不上老板、大款，但是我们想一想普通的群众，想一想我们身边的工人、农民，难道不应该知足？况且，多年来，地方各级党委、政府非常关心税务机关，省局和各市州局为了改善广大干部职工的工作和生活条件，做了大量的工作，成效是明显的，我们的生活福利条件应当说是不错的。我们既然穿上了这身税服，就不能辜负党和人民的重托，就必须严格执法，有税必收，珍惜我们的职业，珍惜我们的饭碗。

五是廉洁从税观念。现在，地税干部面临非常复杂的社会形势，每天都在经受考验。过去，经济结构主要以国有、集体等公有制经济为主体，所以，行贿受贿情况不多，诱惑比较少。现在不一样了，社会上大量的是个体私营老板，他们可以随意支配自己的金钱，对公职人员的诱惑比过去大多了。又比如，收入分配差距在逐步扩大，一部分公务员心理上难免会产生落差，个别人甚至会产生靠山吃山、靠水吃水，利用职权发财的畸形心态。再比如，现在的社会五光十色，一些不健康的生活方式和消费方式诱惑着人们，抵御不住诱惑就会出问题。诸如此类的各种诱惑，对每一个地税干部都是严峻的考验。因此，要求我们在工作中必须恪尽职守、抵御诱惑，而决不能想着利用权力去谋取不属于自己的利益和好处。

六是低调做人的观念。地税机关是权力

机关,各级地税干部手中都握有法律赋予的权力。这种权力是公权,它只能是履行职能专用的,是为人民服务的。如果有个别人以为戴上了大檐帽、穿上了制服,手中有了权力,有人奉承,有人请吃饭,有人请打牌,就牛气冲天,那你就大错特错了。道理很简单,如果一旦脱下你的制服,剥夺了你的权力,你将什么都不是。所以,每一个地税人员在社会生活中都要学会低调做人,不能牛气。从积极的意义上讲,就是要牢固树立服务的理念,真诚地为纳税人服务,为地方政府服务,为经济发展服务。

第二,地税系统各级领导干部一定要率先垂范,一身正气,坚持原则,敢抓敢管。多年来,省地税局一直强调严格执法,有税必收,并为之建立起了一套严格的管理制度。现在的问题主要不是制度问题,关键在于管理,关键在于落实。抓管理、抓落实的关键又在于各位领导。为什么这样说?举个例子,如果在你这个单位管辖的区域内,长期存在着一些经营户不申报、不纳税的情况,作为所长或分局长,难道你就心中"没谱"?我想,大多数应该是知道的。再比如说,对下属经常出现的失职渎职行为,作为上级领导的你就不知道吗?我看未必完全不知道,或者说是应该有所察觉的。那么,为什么在少数单位、个别领导对此却不闻不问不管呢?我想既有政治觉悟和工作水平问题,更有领导个人主观上的原因。如果一个地方较为长期地存在着严重的疏于执法、有税不收的现象,那么就要问一问其中有没有权钱交易的问题,有没有下级把上级"搞定"的问题。所以,我要求各级领导干部也要求自己,一方面要率先垂范,一身正气,另一方面,要敢于坚持原则,敢抓敢管,落实"一岗双责"制度。

第三,各级地税部门要坚决查处违反法律、有税不收的失职渎职行为,并严肃追究有关人员责任。关于这方面的要求,党纪国法都有明确规定,希望大家在提高政府执行力大讨论中,继续加强学习。我这里提出"四个凡是"的纪律要求:(1)凡是违反规定和程序,有税不收的,一律以渎职论处。(2)在地税系统内部,凡是以说情、打招呼等形式干扰税收执法的,一律以违纪论处。(3)凡是与所管纳税户打麻将的,一律以涉嫌受贿论处。(4)凡是与管户到娱乐、休闲场所高消费的,也一律以涉嫌受贿论处。这既是对我本人的约束,也是对全省地税干部的约束。希望各级税务监察部门切实履行监督、查处职责。

第四,各级地税部门要按照省局的统一部署,立即行动起来,利用一两个月的时间,全面开展自查自纠,完善制度,堵塞漏洞,从严管理。国勇同志布置了以"十查十看"为主要内容的专项工作任务,我要强调一点,在自查自纠中,有几个行业的税收要紧紧盯住,加强控管:一是房地产业税收,二是建安业税收,三是饮食、娱乐业税收。在自查自纠中,只要是查实的漏征漏管税款,该收的收、该补的补、该罚的罚。

〔本文摘自作者2008年4月15日在严格执法、有税必收、积极预防和严肃查处地税工作人员失职渎职行为电视电话会上的讲话〕

解放思想　转变作风　提高效能 大力加强地税机关执行力建设

省地税局党组书记、局长　许建国

4月3日，省政府召开了第一次廉政工作暨加强政府执行力建设工作会议。会议的主要内容是，贯彻落实国务院第一次廉政工作会议和温家宝总理重要讲话精神，对加强全省政府系统廉政建设、提高政府执行力、开展“文明执法教育活动”进行安排部署。李鸿忠省长和李宪生常务副省长在会上作了重要讲话，要求全省深入推进党风廉政建设，着力解决政府部门存在的执行不够、落实不够、作风飘浮、效率低下、纪律松弛、热情缺乏等突出问题，在全省政府系统全面开展提高政府执行力大讨论和“文明执法教育活动”，力求在解放思想上有新突破，在转变职能上有新举措，在服务水平上有新提高，在工作作风上有新改进，在制度创新上有新进展，努力构建“职责明确、工作规范、反应敏捷、运转协调、执行有力”的政府工作运行机制；要求全省政府系统有一种“等不起”的紧迫感，“慢不得”的危机感，“坐不住”的责任感，扎实打造廉洁自律、运转高效、充满活力的政府体系。两位省领导的讲话，深刻阐明了加强政府执行力建设的重要意义，指出了政府系统在执行力建设方面存在的突出问题，提出了加强政府执行力建设的目标和要求，讲话具有十分重要的现实意义和指导意义，全局广大干部职工要认真学习，深刻领会。为了迅速贯彻落实两位省长的重要讲话精神，今天召开局直机关加强执行力建设动员大会，对此项工作进行安排部署。

一、提高认识，增强加强执行力建设的责任感、紧迫感

执行力是政府工作的生命力，也是党的执政能力的重要内容和具体体现。地税部门的执行力、地税部门的效能、作风事关发展大局，事关群众利益，事关部门和政府形象。从一定意义上讲，提高执行力，也就是提高地税部门的竞争力和创造力。新一届省委、省政府领导对政府效能建设高度重视，罗清泉书记多次强调干部要有良好的精神状态，要求真务实，真抓实干。李鸿忠省长明确指出，在决策、执行、监督三个环节中，政府处在执行的中间环节，主要任务就是按照省委的决策部署，抓好改革发展稳定等各方面的具体落实。在省政府部门广泛深入地开展一次加强政府执行力建设大讨论活动，这是新一届省政府在新的时代条件下、新的历史起点上、新的发展进程中加强政府自身建设的具体举措。全局同志务必认清形势，切实提高对加强执行力建设重要意义的认识。

第一，提高执行力是建设服务型政府和部门的本质要求。全心全意为人民服务，是我们党的根本宗旨，也是地税部门的根本宗旨。经济全球化、信息化进程不断加快的严峻挑战、区域竞争的日趋激烈以及社会公共服务需求不断增长等，都对政府的服务水平、服务质量和服务能力提出了越来越高的要求。地税局作为全省地方税费收入的组织者和管理者,运行效率如何,直接关系到省委、省政府重要决策的贯彻落实,关系到全省改革发展稳定的大局。特别是当前经济社会发展正处于爬坡向上的关键阶段,改革发展、改善民生以及服务基层、服务纳税人的任务都十分艰巨而繁重,更要求我们必须持之以恒地加强执行力建设,进一步提高为经济社会发展服务的能力和水平,以科学决策、有效管理和优质服务,更好地实现好、维护好、发展好纳税人的根本利益。

*第二,提高执行力是贯彻落实科学发展观的必然选择。*科学发展观核心是以人为本,要求全面、协调、可持续发展,强调统筹兼顾。贯彻落实科学发展观必须从思想上、组织上、作风上和制度上形成更加有力的保障,这无疑对地税部门提高执行力,加强和改进作风建设提出了新的要求和新的任务。事实证明,执行力和作风建设愈有成效,地税部门贯彻落实科学发展观的行动就会更加自觉、更加坚定。在科学发展观的指导下,坚定不移地抓好发展这个第一要务,破解发展难题,加快发展方式转变,必须大力加强执行力建设。

*第三,提高执行力是促进湖北地税又好又快发展的内在要求。*经过14年的发展,我省地税工作取得了令人瞩目的成绩。但是与全省人民的期望相比,与发达地区相比,与我省现有的基础和条件相比,发展不够仍然是最大的实际。当前,随着国家促进中部地区崛起战略的深入实施,尤其是国家批准武汉城市圈为“两型社会”建设综合配套改革试验区,湖北进入了加快发展的关键时期。税收工作在整个经济发展中的地位越来越重要,地税部门担负的职责、任务越来越繁重。更新思想观念,转变工作作风,强化部门执行力,确保上级各项工作部署在地税部门得到切实有效的贯彻落实,促进经济、社会的快速发展是我们面临的重大课题。

从地税部门自身发展来看,当前和今后一个时期,我省地税巩固、完善、提高的任务还十分艰巨,推进依法治税、深化税收改革、强化科学管理、加强队伍建设还有很长的路要走。只有深入推进执行力建设,使全局上下的发展意识有新增强、工作效率有新提高、服务能力有新提升,真正做到转变职能的步子更快、改革创新的思路更宽、破解难题的办法更多、推进工作的力度更大,才能为湖北地税又好又快发展提供强大动力。

几年来,通过开展行风评议、作风整顿和先进性教育,省局机关在作风方面出现了可喜的变化,门难进、脸难看、事难办的衙门习气少了,工作效率和服务态度有了明显提升。但是,用高标准、严要求衡量,我们在执行力和作风方面还存在着不容忽视的问题。李宪生常务副省长在讲话中指出了目前政府部门存在的四种不良现象,一是激情缺失,干事创业精神不足;二是作风飘浮,衙门习气严重;三是自由散漫,本位主义问题突出;四是效率低下,服务质量差。在开展大讨论活动中,我们要认真进行对照检查,有则改之,无则加勉。

希望全局广大干部职工一定要从全局的战略高度,充分认识加强执行力建设的重要性,切实增强责任感和紧迫感,积极投入到加强执行力建设的大讨论和行动中去。

二、查摆问题,制定切实有效的整改措施

执行力是一个人、一个单位综合素质和整体形象的体现,是完成各项工作任务的基本保证。按照省政府的统一部署和要求,局党组决定从今天起,用三个月时间在全局开展“提高执行力大讨论”活动,此项活动共分四个阶段进行,即学习动员阶段、对照检查阶段、整改落实阶段、完善机制阶段,局机关党办已经拟定了“提高执行力大讨论”活动方案，会后立即下发。局直各单位要积极组织干部职工开展大讨论，紧密联系工作实际和思想实际，深入开展“六查六看”活动。一是查一查政务值守，看是否存在反应迟缓、应急不灵的问题。二是查一查执行落实，看是否存在有令不行、有禁不止的问题。三是查一查工作作风，看是否存在作风涣散、纪律松弛的问题。四是查一查工作效率，看是否存在人浮于事、办事拖拉的问题。五是查一查大局观念，看是否存在小单位利益至上、本位主义严重的问题。六是查一查服务质量，看是否存在服务意识不强、服务不到位的问题。

“六查六看”的具体内容在实施方案中已经明确，就不再展开。这里我要强调的是，开展大讨论、查摆问题必须与当前正在进行的几项重点工作结合起来，做到“你中有我，我中有你”，使干部职工在实践中实现自我教育、自我改进、自我提高。

*一要与廉政建设结合起来。*党风廉政建设是保障中心工作，加强队伍建设的重要手段。目前，我们面临的形势是严峻的。干部队伍中的消极腐败现象还没有彻底根除，以税谋私、以权谋私尚未得到彻底治理，顶风违纪、集体违纪和大案要案仍时有发生等等，必须引起我们的高度警惕。我们要紧紧围绕税收工作大局，深入开展理想信念教育，引导干部职工牢固树立正确的世界观、人生观和价值观。全面落实党风廉政建设责任制，在坚决惩治腐败的同时，严明政治纪律，注重“两权”监督制约，加强领导干部作风建设和惩防体系建设，大力纠正损害纳税人利益的不正之风，以廉政建设的良好成效提升部门执行力。

*二要与“文明执法教育活动”结合起来。*地税部门作为政府的执法部门，能否坚持做到依法行政、执法为民，以亲民务实的作风化解执法矛盾，实现坚持执法标准和提高执法效能的“双赢”是对每一名地税干部的考验。我们要按照省政府的统一部署，以“查执法理念、比执法作风、看执法行为”为主要内容，深入开展“文明执法教育活动”，教育干部职工进一步端正执法理念，改进执法作风，规范执法行为。文明执法不是要减轻执法力度，降低执法标准，地税部门尤其要强调在文明执法的同时做到严格执法。要以全面推行税收执法责任制为统领，对税收执法行为进行全过程的监控、规范和考核，严格过错责任追究，确保地税机关和工作人员按照权限和程序行使权力，履行职责，全面规范税收行政行为，提高地方税收行政管理效力和效率。

在不断提高自身执法水平、规范执法行为的基础上，进一步加大税收执法力度，严格落实各项税收政策，防止违反规定批准企业缓税、欠税，少征、不征税款，以及截留、转引国家税款等损害国家利益行为的发生，不断提高政策、法规、制度的执行力。

*三要与“讲党性、重品行、作表率”主题教育活动结合起来。*党的十七大要求全党同志特别是领导干部都要“讲党性、重品行、作表率”。这九个字集中体现了党的先进性建设对党员的新要求，集中体现了全面建设小康社会新时期、新形势、新任务对党员作风的新要求。目前，省局机关党员干部的比例已达到干部职工的95%以上，还有一部分同志是入党积极分子，因此，“讲党性、重品行、作表率”是对我们每一名干部职工的要求。在各种社会思潮相互激荡的大环境下，我们干部职工的人生目标和追求也是千差万别。但是，在任何情况下都必须做到中国特色社会主义理想信念不能忘，为人民服务的宗旨不能丢。全体干部职工都要自觉地参与“大讨论”活动，在活动中受教育，做到坚持党性原则，努力敬业奉献，遵守党纪国法，开拓创新，求真务实，以个人执行力的提升带动部门执行力的提升。

*四要与加强内部管理结合起来。*一要加

强对政府采购行为、大额开支的管理，开展“小金库”专项治理，提高依法理财、科学管理的水平。二要加快电子政务建设步伐，进一步完善湖北地税门户网站建设，全面推行政务公开，开门征求意见、开门欢迎监督、开门接受评议，建立高效、协调、民主、规范的行政管理体系，提高地税部门的行政管理水平。三要进一步加强公务员队伍规范管理。“政治坚定，忠于国家、勤政为民、依法行政、务实创新、清正廉洁、团结协作、品行端正”是公务员履行基本义务的根本要求，公务员队伍作风好坏、执行力强弱关系到地税事业的兴衰成败。应该看到，在我们极少数的干部中，个人主义、享乐主义至上，因贪图个人享受，利用手中的权力谋取私利，不惜损害集体和国家利益，直至走上违法违纪的道路，不仅毁了个人前途，更损害了集体形象，实在是得不偿失。要严格按照《公务员法》和《行政机关公务员处分条例》的要求加强队伍管理，教育干部职工珍惜职业、珍惜岗位，恪守职业道德，预防职务犯罪，锤炼一支敢打硬仗、能打硬仗的队伍。

*五要与组织税费收入结合起来。*保质保量地完成各项税费收入任务是加强执行力建设的出发点和落脚点。活动中，要坚决防止出现“两张皮”现象，将执行力建设的各项要求贯穿到各项税收业务工作中，做到相互促进，共同提高，向省委、省政府交上一份合格的答卷。

各单位要通过“六查六看”和“五个结合”，找准本单位工作中存在的问题，深刻分析原因，并针对查出的问题，制定整改方案，明确整改目标，明确责任主体，明确整改时限，高质量落实整改措施，做到真查真改、真整真改，务求取得明显成效。

三、完善制度，健全加强执行力建设长效工作机制

执行力建设贵在自觉和持久，集中整顿只能解决某些突出问题，全面建设重在平时。我们要以这次大讨论活动为契机，针对讨论中发现的问题进一步建立和完善各项规章制度，落实经常性抓执行力建设的责任制，把执行力的提高坚持不懈地抓下去，抓深、抓细、抓出成效。

*（一）建立领导督办机制，强化领导责任。*提高执行力，关键在领导。省政府对此高度重视，成立了20人的工作专班，具体负责大讨论活动的组织领导。同时，省政府办公厅、省监察厅将结合政府绩效管理，对各部门进行明察暗访，就执行力情况开展第三方评议，评议结果将向社会公开。为了将大讨论活动真正抓出效果，树立廉洁高效的部门形象，我们成立了省地税局执行力建设领导小组和工作专班，由许建国同志任组长，其他局领导任副组长，各单位负责人为成员，抽调相关处室的同志组成工作专班，实行领导督办机制。局领导重点抓工作督查，抓局直各单位的负责人。局直各单位负责人要自觉强化责任意识，认真履行“一岗双责”，负责地、创造性地做好职责范围内的工作。对局党组确定的重大事情、提出的主要任务和工作目标，亲自抓、负总责。真正形成从领导做起，带头执行落实，带头提速提效，形成一级督办一级，一级对一级负责的执行落实机制。

*（二）完善工作运行机制，提高工作效率。*各单位要按照“改革创新、转变职能、从严管理、高效服务”的要求，本着“顶用，能管住”的原则，以科学化、规范化为目标，加强制度建设和创新，规范、优化工作流程。要对本单位规章制度和工作规程进行一次系统梳理，行之有效的要继续坚持，不够健全的要及时修订完善。全面落实岗位责任制、服务承诺制，明确各项工作的目标、时限、责任、质量、标准和要求，使机关工作环环相扣、紧张有序、高效运转。各单位要牢固树立服务意识和效率意识，要让规矩和程序服从于效率，体现和保

障效率。对于不具备条件一时办不了的事，要限期回复办理情况并说明原因，真正实现百分之百的办结率。

（三）落实协调会商机制，增强执行合力。要严格落实主办责任制，明确主协办单位的责任，强化局直各单位之间的沟通会商，对需要两个或两个以上单位共同落实办理的事项，由局里明确主办单位和协办单位，主办单位要主动负起责任，代表地税局履行职能，协调解决落实过程中遇到的问题，有始有终地完成好领导交办的事项；协办单位要顾全大局，听从指挥和调度，全力协助主办单位完成交办事项。各单位之间主动协调配合的好经验、好做法，要进行总结和推广；对推诿扯皮、各行其是，随意上交矛盾，甚至互为掣肘、相互拆台的现象，要进行通报批评。

（四）落实工作奖惩机制，形成正确导向。要进一步完善目标责任制管理工作，探索建立科学的绩效评估指标体系、考评机制，运用目标责任制、行政效能建设、第三方评议等多种方式，使每一项工作都有目标要求、有责任主体、有工作进度、有监督考核，逐步推动绩效评估制度化和绩效评估结果公开化。加强执行力建设是一项“阳光工程”，各单位要将执行力建设的各项工作部署、配套措施等情况对外公布，把执行力建设过程的监督权和成效的评判权，交给纳税人、交给群众、交给社会。这次大讨论活动告一段落后，局执行力建设领导小组办公室要在适当时候结合政府绩效管理，开展第三方评议，对各单位加强执行力建设的情况进行一次评议，评议结果将作为评价各单位工作的重要依据，与评优评先、干部提拔使用等挂钩。在考评中发现因工作不力造成重大失误的，严格按有关规定，实行过错责任追究。

（五）抓机关，带系统，发挥执行力建设的辐射效应。作为垂直管理部门，基层工作是衡量机关工作的一面镜子，基层工作作风的好坏直接反映机关作风是否扎实。因此，省局机关要带好基层，把基层工作做好，要将大讨论活动向下延伸，带动基层执行力和效能的提高。首先要带头开展好“提高执行力”大讨论活动，真正做到在学习中讨论，在讨论中提高，为基层做好示范。其次要加强对基层的指导和服务。省局机关干部在下基层的过程中，切不可高高在上、盛气凌人。要始终秉承低调做人的原则，谦虚谨慎，实实在在为基层服好务，用自身的高素质和好作风教育和影响基层的干部群众，为基层树立学习的楷模和行动的榜样，促进全省地税系统整体执行力的进一步提高。

〔本文摘自作者2008年4月18日在局直机关开展“提高政府执行力大讨论”活动动员大会上的讲话〕

全体动员　全员参与
扎扎实实搞好政风行风评议工作

省地方税务局党组书记、局长　许建国

7月7日，省委、省政府召开了全省民主评议政风行风工作电视电话动员大会，省委、省政府对民主评议政风行风工作高度重视，省委常委、常务副省长、全省政风行风领导小组组长李宪生同志代表省委、省政府作了重要讲话。省局领导、各处室负责人都参加了会议。按照省委、省政府的要求，今天我们全系统召开民主评议政风行风视频动员大会，主要任务就是安排部署2008年全省地税系统民主评议政风行风工作，切实加强全省地税系统的政风行风建设，进一步转变工作作风，提升工作效能，狠抓服务质量，切实纠正损害群众利益的不正之风，树立良好形象，争创人民满意的文明行业，促进地税事业的和谐发展。昨天，省局召开了局务会，确定了今年下半年的两件大事，一个是民主评议政风行风工作；一个是征管软件的上线工作。为了抓好民主评议政风行风工作的落实，省局制定了《湖北省地税系统开展民主评议政风行风工作实施方案》，已下发各地，各地要根据这个实施方案，结合本地实际，认真抓好贯彻落实。下面，我就抓好全系统政风行风评议工作讲四个方面的意见。

一、统一思想，认清形势，增强地税系统政风行风评议工作的责任意识

党的十七大明确提出要"健全民主评议制度"，十七届中央纪委二次全会要求"深入开展民主评议政风行风活动"；全国、全省纠风工作会议都对民主评议政风行风工作进行了安排部署。所以，开展民主评议政风行风工作，是实践"三个代表"重要思想和贯彻落实党的十七大会议精神的具体体现，是加强民主监督的重要形式和有效载体，是新形势下加强干部队伍建设、转变部门工作作风，更好地建设湖北"两型社会"的有效手段。同时，它对于推进地税系统精神文明建设，增强税收工作透明度，提高依法行政水平和税务行政效能，切实维护纳税人合法权益都具有至关重要的作用。我们必须从讲政治、讲大局的高度，统一思想，认清形势，增强参与民主评议，以评促改、以评促建的责任感和使命感。

（一）从地税事业发展的高度，充分认清政风行风评议的紧迫性。

"聚财为国，执法为民"是我们的职责所系。党和政府赋予了我们这个责权，我们就必须以科学发展观为指导，以高度的政治责任感，高标准地完成各项工作任务。地税事业离不开科学的发展观，地税事业的发展要靠实践来检验，要靠群众来评判，更要靠良好的政风行风来保证。今年，我在党风廉政建设会议上提出了构建"五型"地税的要求，无论是建设效能型、法治型、阳光型地税，还是建设廉洁型、服务型地税，如果没有务实过硬的作风，没有政风行风建设作保障，就不可能实现构建“五型”地税的目标，更不可能在实现湖北中部崛起的过程中施展新的作为，展示地税新的形象。

（二）从密切联系群众的高度，充分认清政风行风评议的重要性

在推进改革发展的各项工作中，在构建和谐社会的过程中，如何密切联系群众，既是一个全新的课题，也对政风行风建设提出了新的要求。当前影响社会和谐稳定的矛盾还不少，一些不安定的因素依然存在，一些单位在具体工作中，由于作风不实、态度不好、方法不当，滥用权力，导致矛盾加剧，损害了党和政府的形象，割裂了党和群众的血肉联系。税收工作的出发点和落脚点，核心是依法行政，本质是执法为民，标准是人民满意。所以，我们要坚持以人为本的思想观念，着力转变思想观念，认真解决纳税人反映的实际问题，坚决纠正伤害纳税人感情、损害纳税人利益的问题，促进执法的公正与和谐；我们要通过这次评议活动，进一步增强服务意识和责任意识，统筹兼顾好各方面的利益关系，着力化解各方面矛盾；自觉摆正局部与全局、个人与单位、个人与社会、个人行为与党和政府形象的关系，用地税部门良好形象、每个地税人良好行为规范去赢得社会和人民的信任，进一步密切党群政群关系。

（三）从提高整体素质的高度，充分认清政风行风评议的必要性

近些年，全省地税系统干部队伍的思想素质、工作作风都在不断增强、不断改进。但是，我们也要客观地看到存在的问题。比如，在执行政策、纪律时，还存在执行力不强，有令不行、有禁不止的问题；在与纳税人打交道时，还存在对纳税人不够尊重甚至侵害纳税人利益的问题；在服务纳税人过程中，还存在质量不高、方法简单和首问负责制落实不够的问题等。这充分说明了开展政风行风建设的必要性。对此，省局专门制定下发了《全省地税系统十条禁令》，并在7月9日《湖北日报》登载，已经开始接受全社会的监督，其目的就是要加强我们的自身建设。所以，各地要组织干部学习，进一步抓好自身建设，强化内部管理，严肃工作纪律，在提高执行力上下功夫；把“十条禁令”作为碰不得的“高压线”，作为地税干部应该遵守的道德底线。要增强廉洁从税的思想观念，坚决纠正和查处“吃、拿、卡、要、报”等损害纳税人利益的行为；要树立正确的执法理念，防止执法不公、多头执法和随意执法。要树立正确的服务理念，克服“门难进、脸难看、事难办”的问题，大力提倡“尊重纳税人、善待纳税人、服务纳税人、保护纳税人”的良好风尚。要以政风行风评议为动力，抓住重点问题、重点对象、关键环节，动真格、抓整改、求实效，造就一支政治强、纪律严、业务精、作风正的地税队伍。

二、加强领导，精心组织，确保地税系统政风行风评议工作有序开展

今年民主评议政风行风工作的指导思想、工作目标、方法步骤，在《实施方案》中都已经明确。要贯彻落实好《实施方案》，我认为要在抓巩固、抓深入、抓提高上狠下功夫，突出抓住以下三个关键环节：

（一）加强组织领导，认真落实责任制

今年的民主评议政风行风工作涉及面广，任务重，要求高。各级党组、领导要把民主评议政风行风工作摆在更加突出的位置，列入重要议事日程，作出总体部署。要进一步明确责任，党组书记负总责，亲自抓，协调解决工作中出现的重大问题；分管领导投入主要精力具体抓，要在督促检查，务求实效上下功夫；班子其他成员要按照工作责任制的要求，抓好分管部门的工作，树立一盘棋的思想，做到既分工明确，又密切配合，齐抓共管，合力推进。要按照“谁主管、谁负责”的原则，实行分级负责，真正把这次民主评议工作和

各项任务及相应责任落实到具体单位、岗位和人员，并考核到人，做到事有专管之人、人有专司之责，形成一级抓一级、层层抓落实的工作局面。纪检监察部门要加强组织协调和考核追究，通过日常检查、专项检查、明察暗访等方式对工作落实情况实施监督检查，对行动迟缓、问题突出的要进行通报批评并限期整改。要严格实行检查考核和责任追究，把工作落实情况纳入党风廉政建设责任制考核的重要内容，评议和考核结果要作为衡量领导班子、领导干部执政能力和工作实绩的重要依据。对评议不合格的单位，省局对其领导班子将采取组织处理措施。对工作不负责、任务不落实的失职行为以及发生重大问题单位的有关责任人员，要进行严格的责任追究。

（二）搞好宣传发动，积极营造氛围

搞好宣传发动是抓好政风行风评议的一项重要工作。各地要层层发动，动员广大干部积极参与行评工作。要把传统教育手段和现代信息技术手段结合起来，通过当地电视、报纸、内外网站等媒体和板报、标语、宣传栏、政务公开栏等多种方式，宣传民主评议政风行风的内容、步骤、方法和目标，宣传工作职能，宣传先进单位和个人的事迹，宣传行评工作的举措，增强学习宣传的感染力。同时，也要向社会表达接受监督、听取意见的诚意，发动全体干部积极投身于评议工作，努力形成“人人参与学习、人人提高认识、人人参与评议、人人都是被评对象”的氛围，增进社会各界和人民群众对地税部门工作的支持、理解和信任。

（三）制订实施方案，统筹安排部署

制订一个好的实施方案，是抓好评议工作的基础和前提。各地要依据省局《实施方案》，结合本单位实际，制定详细的实施方案。在统筹安排工作时，要把握根本点，即把评议工作贯穿于税收工作全局之中；要找准结合点，把评议工作贯穿于税收政策法规的学习宣传、税收管理机制的建设和完善之中；要抓住着力点，把评议工作贯穿于权力运行的全过程之中，确保中心工作与评议工作“两不误、两促进”。

三、接受监督，开门评税，促进地税系统政风行风评议工作规范发展

搞好行风评议，要坚持开门评税的原则。开门纳谏，自觉接受社会监督检查，有利于全面查找自身存在的问题。我们在查找问题时，要在以下“六请”上下功夫：

（一）请自己查摆问题

开展批评与自我批评是有力的思想武器，是我党的优良传统。各级地税机关、每一个地税干部都要认真查找本单位、本部门以及个人存在的问题和不足，对症下药。在自查过程中，要“纵向到底，横向到边”，不留“死角”。查摆问题要实事求是，不能搞“空对空”。真正做到查找问题无空档、无盲区。

（二）请特邀监察员发现问题

为了充分发挥社会监督的作用，更好地加强地税系统行风建设，省局于1996年曾下发了《关于湖北省地方税务机关特邀监察员工作实施办法的通知》。近几年，各地在发挥特邀监察员作用方面做了大量的工作，这次民主评议政风行风活动，我们依然要取得他们的支持，要定期不定期地走访特邀监察员，召开座谈会，听取他们对地税机关及工作人员的反映，征求他们的意见和建议；要请他们到地税部门进行调查研究，帮助我们发现问题。

（三）请行风评议代表找出问题

行风评议代表由各级的人大代表、政协委员、社会知名人士和学者组成，他们看问题比较透彻，反映问题有深度，有社会影响力。所以，我们要本着“有则改之、无则加勉，举一反三、改进工作”的态度，认真接受他们的检查，虚心听取他们的意见，拿出整改方案后，要主动进行汇报。在接受检查时，不遮遮掩掩，不怕暴露问题。

（四）请纳税人提出问题

请纳税人给我们提意见，必须端正思想、端正态度。要能够低下身子、放下架子；要以平等的身份对待纳税人；要有“三顾茅庐”的精神；要能够听得进真话，听得进实话。在税收执法过程中，我们既要严格执法，又要与纳税人交朋友，虚心听取他们的意见；在办税大厅，要主动与纳税人沟通，帮助我们发现问题；在政务公开、宣传税收政策时，要确保信息的公开透明，让纳税人及时了解政策。同时，我们还要通过问卷调查、随机抽访、网上测评等形式听取纳税人的意见和建议。

（五）请新闻媒体反映问题

新闻媒体与纳税人接触比较频繁，了解纳税人的意见比较直接，报道反映的问题大多比较客观。所以，我们一定要重视新闻媒体所反映情况和意见，积极主动地了解新闻媒体对地税机关及工作人员在执行政策、法规和廉政建设等方面的意见和建议。对反映的情况和问题，要及时纠正和查处，并将纠正和查处的情况及时反馈给新闻单位。

（六）请有关部门和领导指出问题

这次民主评议政风行风工作，我们接受评议的部门比较广，领导比较多。他们善于发现问题，善于分析问题，我们一定要高度重视。各级地税机关领导要亲自带队，主动到当地党委、政府、人大、政协和有关部门的领导那里，听取他们的意见和建议。

四、纠建并举，狠抓落实，确保地税系统政风行风评议工作取得成效

（一）以实事求是的态度认真对待问题

解放思想、实事求是，是马克思主义的精髓，是辩证唯物主义的具体体现。我们在实际工作中要运用好这一理论，就必须端正态度，正确对待税收发展过程中一些新情况、新问题，正确对待这样或那样的矛盾和失误，正确对待社会各界的批评和意见。对出现的问题不能消极避让，要敢于面对，自觉纠正，这才是实事求是的态度。

（二）以求真务实的态度抓好整改落实

衡量民主评议政风行风的实效，最终要看纳税人反映的突出问题是否得到解决。各地要把落实整改措施、解决突出问题贯穿于评议工作的始终。在抓整改时，要有求真务实的作风，按照“问题不解决不放手，群众不满意不通过”的要求，对方方面面反映的问题认真梳理，逐条整改，力求以实实在在的整改效果取信于民。要认真制定整改方案。对自查自纠、各方面反映或评议出来的问题，各地要结合自身实际，制定整改方案，作出统筹安排，标本兼治。要讲究整改方法。对评议中反映出来的问题，要明确整改事项，防止泛泛而谈；明确整改方式，防止不求长效；明确整改标准，防止蒙混过关；明确整改时限，防止拖延不办；明确整改责任，防止推诿扯皮。要突出整改的重点。将严重损害纳税人切身利益的问题作为我们整改的重点。要负责地将核实处理情况书面或当面告知反映者，做到事事有回声、件件有着落。对那些有条件解决的问题要尽快解决，决不能拖延，更不能推诿；对一些深层次、一时难以解决的问题，要明确责任部门和责任人，限期整改到位；对分步整改的问题要加大力度，加快解决。总之，通过扎扎实实的整改，切实改进我们的作风，提高工作效率，改进服务质量。

（三）以科学的态度制定和健全规章制度

坚持用科学的发展观来抓好制度建设，必须创新方法，与时俱进。我们要以行评为契机，把整改与完善制度结合起来，研究建立健全政风行风建设的长效机制。要通过建立健全责任制，逐步完善以自查自纠、督促检查、考核奖惩为主要内容的制度及运作程序，真正把制度要求转化为自律要求，把外在的制约转化为内在的自觉，推动制度的有效实施。要建立健全对制度落实情况的监督检查制度、责任追究制度。对纳税人举报投诉案件，要认真查处，真正让人民群众满意，让违法违纪人员受到应有的处理，让更多的同志受到教育，让制度和监督的缺失得到弥补。要建立健全制度执行情况的信息反馈机制，定期开展调查研究和综合信息分析，及时了解掌握制度在执行过程中存在的问题和制度本身的缺陷，适时进行修改和完善。

（本文摘自作者2008年7月16日在全省地税系统民主评议政风行风视频动员大会上的讲话）

全体动员　全面保障
全力以赴打好税费征管核心软件上线攻坚战

省地方税务局党组书记、局长　许建国

今天，我们召开全省地方税费征管核心软件推广应用指挥部指挥长会议，目的是进行战前的总动员、总部署，动员全省广大地税干部职工迅速进入临战状态，全力以赴打好软件上线攻坚战。这次会议，既是一次动员会，又是一次培训会，标志着全省软件上线工作全面展开。下面，结合前段筹备工作情况和下一步的上线工作安排，我讲四点意见。

一、统一思想，形成共识，把软件上线作为当前的头等大事

进入新世纪，随着信息技术不断创新，信息产业持续发展，信息网络广泛普及，信息化已经成为全球经济社会发展的显著特征，正在引发当今世界的深刻变革，重塑世界政治、经济、社会、文化和军事发展的新格局。目前，发达国家信息化发展突飞猛进，正在向信息社会转型；越来越多的发展中国家主动迎接信息化带来的新机遇，我国的信息化建设业已融入到各行各业，特别是给税收工作提出了许多新课题、新挑战。要做好新形势下的税收工作，充分发挥税收职能作用，就必须适应信息化发展的大趋势，利用信息技术手段，加快税收信息化建设，全方位改进税收工作。

党和国家高度重视信息化建设，把推进国民经济和社会信息化放在优先位置，作为覆盖现代化建设全局的战略举措。省委、省政府强力推进电子政务建设，省直各部门和各市县政府争先恐后，加大投入，电子政务在提高行政效率、转变政府职能、推进政务公开等方面的作用初步显现。在全国税务系统，覆盖国、地税的金税三期工程已经启动，其最终目标是要建立全国统一的数据处理和应用平台，实现在总局和省一级税务局集中处理信息，以切实提高行政和管理效率。

信息化建设犹如时代潮流，进则昌，慢则伤，退则亡。正是出于这种紧迫感和危机感，省局从2006年下半年开始，按照金税三期工程和省电子政务建设的要求，加快了信息化建设的步伐，建立了“湖北省地方税务门户信息系统”，并着手开发“湖北省地方税费征管核心软件”。为了开发一套科学、实用、前瞻、现代的软件，近两年来，省局投入了大量的人力、物力和技术力量，有关市州局给予了大力的支持，系统上下进行了坚持不懈的攻关、不计其数的修改、科学严密的论证。评估表明，这个软件在设计理念上是先进的，在运载范围上是全面的，在功能机制上是科学的，在操作运用上是简便的，能够较好地满足地税征管工作的需要，目前已通过了有关专家的鉴证。省局党组经过广泛调查、慎重研究，认为软件上线的条件已经具备、时机已经成熟，决定从今年8月份起在全省分批组织上线，今年年底前，除武汉市以外的所有市、州都要运行到位。

核心软件上线是税收信息化建设的重要组成部分，它不仅仅是搭建了一个平台、打下了一个基础，而且体现了一种理念、一种思想，建立了一套制度、一套机制，将给我们的执政方式、工作理念和管理方式带来革命性的转变。这种转变，具体体现为软件上线将带来“八个契机”：一是进一步转变观念的契机。税收信息化首先是针对思想观念的革命，是对权力和利益的调整，是对传统管理理念的创新。在核心软件上线运行的环境下，各级地税机关和全体地税人员都需要更新观念，树立正确的权力观、利益观、服务观和强烈的责任意识。二是推进管理流程再造、加强制度建设的契机。税收信息化不是照搬传统业务模式，而是要对其进行组织结构的重组和业务流程的再造，对各项业务管理制度进行配套完善。三是加强征管基础工作的契机。加强征管工作的关键是基础数据，数据不实，基础不牢。核心软件要顺利上线运行，首要的就是全面采集录入真实、有效的基础数据，该补充的补充、该修订的修订、该完善的完善，这将极大地改进征管基础工作。四是强化税源控管的契机。通过上线运行核心软件，实现数据省级大集中，做到税源心中有数，减少信息不对称给税收管理带来的被动，可以更加严密地监控税源。五是推行执法责任制、规范税收执法的契机。软件上线后，对税务行政执法实行过程管理和实时监控，将为全面推行税收执法责任制奠定一个良好的基础。六是进一步改善纳税服务的契机。核心软件充分体现了“以纳税人为中心”的服务理念，上线运行后能够全天候支持申报征收、网上报税和税款划转，纳税人今后办理涉税事项将更加方便、更加快捷。七是提升干部队伍整体素质的契机。软件上线运行后将形成一种“倒逼机制”，促使地税干部认真学习业务知识和计算机操作技能，否则将寸步难行、无法工作。八是优化干部队伍管理的契机。通过建立健全岗责体系，搭建绩效评估平台，将为各级地税部门加强队伍管理提供科学合理的标准和依据，思想政治工作将更有针对性。

总之，通过软件上线，实现全省地税数据省级大集中，有利于建立科学严密的征管体系，提高税收管理效率；有利于建立国民经济运行监测反馈体系，从税收的角度及时反映社会经济的发展状况；有利于促进地税执法更加公开、透明，进一步规范执法行为，推进廉政建设；有利于提高行政效率，强化内部管理，保障政令畅通；有利于锤炼一支适应信息化工作环境的干部队伍，不断提高整体素质；有利于增强各级地税机关服务基层、服务纳税人、服务政府、服务经济发展的行政能力。可以预见，核心软件的成功上线，必将成为推动地税事业跨越式发展的一个重要里程碑，必将对全省地税事业的未来产生不可估量的影响和作用。所以，省局党组把软件上线工作作为今年下半年地税工作的头等大事。全体地税干部要高度统一思想，全力以赴地抓好这件只能成功、不能失败的头等大事。

二、加强领导，统一指挥，各级指挥部要切实履行工作职责

软件上线涉及业务重组、流程再造，冲击

着传统治税观念，考验着干部的素质，鉴于这项工作的复杂性和艰巨性，做好这项突击性、阶段性的工作，就像打一场重大战役，为此，省局专门成立了软件上线指挥部。指挥部作为一个“战时系统”，在省局党组的领导下，具体负责软件上线的组织、落实、检查和处理工作。各地也比照省局的作法，相继成立了组织指挥机构。希望各级指挥部要切实挑起担子，按照省局的统一部署，抓好这项工作。

软件上线是“一把手”工程，各级“一把手”要负总责，要加强领导，协调各方，全力支持指挥部的工作，为上线工作当好坚强后盾。指挥长是软件上线的具体指挥者，要按照省、市、县局赋予的职责，大胆工作、科学调度、把握大局，为上线工作把好方向。各个工作组都要按照职责分工，服从指挥、各司其职、各尽其责、狠抓落实。各级指挥部要建立协商会商工作机制，定期召开会议，通报重大情况，讨论决定重大事项。对软件上线过程中可能出现的问题、困难要有充分的估计，既要听汇报、提要求，又要沉下身子、靠前指挥，直接研究解决问题的具体办法。各级地税机关及其有关部门要大力支持和配合指挥部工作，切实做到要人给人、要数据给数据、要资料给资料，从各个方面为指挥部的工作开展提供支持和便利。

三、统筹规划，分步进行，确保软件上线工作稳妥有序地开展

软件上线是一项宏大的系统工程，必须贯彻科学管理的理念，自上而下、统筹规划，周密部署、合理安排。为此，要重点抓好以下六个关键环节：

（一）要分期分批有序实施

根据各地信息化建设的基础状况及工作量的大小，省局本着先易后难、因地制宜、逐步推进的原则，计划分期分批组织软件上线运行，实现数据与省局实时集中。其中，恩施州地税局8月份上线运行；黄石、鄂州、天门、潜江、仙桃、神农架林区6个地税局9月份组织上线运行；襄樊、宜昌、十堰、荆州、黄冈、咸宁6个地税局10月份上线运行；荆门、孝感、随州3个地税局11月份上线运行；省局征收局12月份上线运行；武汉市地税局2009年1—2月上线运行。在实现数据省级大集中的基础上，再组织进行核心软件的整体测试、评估、定型工作。各地要严格按照省局的批次安排，有序做好观念、业务、技术、人员、硬件、平台等全方位的准备，一旦进入上线阶段，必须集中精力、排除干扰，高质量、高效率地向前推进，力争好中求快，确保一次成功。

（二）要抓紧开展全员培训

税收管理信息化建设关键在人。软件上线能否成功，上线后能否正常运转，关键在于提高地税人员的整体素质，尤其是应用信息技术的能力和水平。目前，税收业务干部不熟悉信息技术，信息技术人员不熟悉税收业务的现象还比较普遍，因此要加大全员培训力度。培训按分级负责的原则进行，省、市、县局要加强有针对性的培训。这次会议结束后，省局将立即组织对市县局信息技术骨干以及征管、税政、计统、社保、发票等部门的负责人进行集中培训，使其掌握征管核心软件的操作技术、信息平台的运作原理、网络管理的基本常识或核心软件各业务模块的操作原理。关于这些业务和技术，同志们回去后要当好老师，组织对各级机关和基层干部的全员培训，使之能够熟练掌握各自工作的应用技术，达到干什么、学什么、会什么的基本目标。

（三）要妥善处理历史数据

历史数据包含有效历史数据、无效历史数据和待甄别处理历史数据。各地在处理历史数据时，要以税收法律法规为准绳，以省局的统一标准为依据，结合实际，认真做好数据清理、处理汇审、核销报批等工作，既不把垃圾信息数据带进新征管核心软件，也不漏掉应进入新征管核心软件的必要信息数据，确保历史数据的完整与安全。同时，原 ETAX 系统的所有数据要完整长久保存；新征管核心软件今年的数据要导入或补录到原 ETAX 系统，以确保 2008 年度地税数据的完整。各级指挥部要认真组织、监督基层开展历史数据的清理，严格按政策、权限和程序的规定对历史数据进行审批处理，严禁在核心软件上线前擅自核销欠税（费）。

（四）要准确采集基础数据

税收信息化应用好坏，主要取决于基础数据采集的完整、准确及数据信息的有效利用。信息化必然要求标准化、规范化，基础数据的标准化尤为重要，它是保证征管核心软件顺利上线的关键。纳税人基础信息包括企业基础信息、个体户基础信息、“登记造册”纳税人的基础信息和缴费人的基础信息，以及按照征管核心软件初始化中设定的其他必要信息。采集此类信息的基本原则和方法，与 2007 年第三方（工商）信息比对工作相似。第三方（工商）信息比对工作做得扎实的地方，其数据是可以直接导入的；没有把握的地方，部分信息可以直接导入，部分信息需要补充完善，部分信息需要重新采录。基层地税机关要按照全省统一的标准，认真搞好纳税人基础信息数据的采集，确保进入征管核心软件的基础信息数据干净、准确、完整、有效。

（五）要加强软件上线辅导

各级指挥部要根据基层软件上线工作需要，有针对性地进行指导，解决软件上线过程中遇到的各类问题。各级指挥部在接到基层软件上线的请示后，要进行评估论证，符合条件的，要派出工作人员现场参与软件上线过程，实行面对面的辅导，确保软件一次上线成功，不出偏差。同时要搞好第一时间的情况反映，为领导决策、指导工作、纠正偏差提供准确有效的依据。

（六）要及时组织检查验收

软件上线运行后，要组织有专家、技术人员和业务骨干组成的验收小组，对软件运行的稳定性、安全性、有效性进行全面检查验收。对验收合格的，要总结经验、及时推广；对不合格的，要找准症结、研究措施，及时把软件上线转入到正常的轨道上来，防止影响税收业务工作的正常开展。

四、全员参与，全面保障，确保软件上线成功

软件上线是当前的全局性中心任务，需要进行全系统各个层次的人、财、物的大动员、大调度、大配置，必须坚持全省地税系统一盘棋的思想，采取一切有效措施，调动一切积极因素，提供坚强有力的保障。

（一）要广泛宣传发动，营造浓厚氛围

软件上线涉及系统内外，事关征纳双方。对于系统内，上线与各个工作岗位和人员密切相关，与各类业务管理和制度建设密切相关，需要地税系统人员的全员参与。只有所有的地税人员都参与到税收信息化建设中来，软件应用工作才能真正开展起来，达到预期目的。为此，各级地税机关要动员全体干部积极投身软件上线活动，努力营造全员重视、全员支持、全员参与的良好氛围。广大地税干部要积极响应省局的决定，更新观念，努力学习信息化技术，全面掌握征管核心软件的功能，适应在新软件环境下的工作，切实运用征管核心软件提高税收管理水平。对于社会各界来说，软件上线将逐步改变纳税人的申报方式、缴税途径、审批流程，有利于降低纳税成本，维护纳税人的合法权益。另一方面，纳税人对于新软件也有一个逐步认识、熟悉、接受的过程。为此，各级地税机关要广泛运用多种新闻、信息媒体，大力宣传新软件的功能、优点，以取得社会各界对这项工作的关注与支持，特别是要取得广大纳税人的理解与配合。

（二）要分清轻重缓急，一切服务大局

软件上线是今年下半年地税工作的头等大事，各级地税机关及其有关部门都要顾全大局，认真处理好软件上线这项中心工作与其他工作的关系，服从指挥部的安排和指挥。相关负责人要善于弹钢琴，抓住重点、兼顾一般，把其他工作与这项中心工作的关系协调好、处理好，努力克服人少事多的困难和矛盾，加班加点，确保指挥部的各项工作安排和工作任务落到实处。

（三）要改进用人方式，整合人力资源

信息化建设是智能化建设，尤其是软件上线工作，全省需要更多的专业技术人才。目前，全省地税系统虽然拥有一支数量可观、素质优良的信息化专业队伍，但与地税工作的客观需要还不相适应。为解决这些矛盾，确保软件上线工作的人力需要，各地可以从现有人员中挑选专业素质较高的同志充实信息管理与服务部门，也可以外聘少量中高级信息化专业人才，专门负责信息化建设和征管软件上线过程中的软件、硬件核心技术的管理、指导与服务工作。

根据省政府关于电子政务建设可“花钱买服务”的有关规定，对于一般性的技术服务，各地可以采取服务外包方式，“花钱买服务”，但核心技术和保密安全关键业务严禁服务外包。各地必须按国家关于信息管理的有关规定与承包者签订服务外包合同。服务外包所需经费在信息化专项资金中列支。

（四）要加大资金投入，做到保障有力

信息化建设需要投入大量的资金，今年征管核心软件上线，明年OA办公软件上线，将来与纳税人的税控器具对接、第三方信息比对等工作都需要投入大量的资金。为了适应时代的进步、科技的发展、事业的需要，加大信息化建设资金的投入是必需的。各级地税机关要着眼大局，面向未来，筹集资金，压缩非必需开支，尽量满足信息化建设的需要。

按照全省信息平台建设方案，属省局拨专款建设的项目，省局已在2007年11月份下拨到各市、州、林区、县（市、区）地税局，各地要总体规划，保证预算，报省局批复后合理使用。属各地自筹资金建设的项目，各地要因地制宜、量财适用，不贪大、不求洋，不浪费、不缺项，切实满足工作需要。

信息化建设投资程序复杂，建设工作点多面广，涉及的单位和人员应用水平参差不齐，各级地税机关要加强监督防范措施，实行全过程监控。重大项目建设要集体审批，预算要按程序办理，工程设施验收要严格，财务报账要严密，相关资料要齐全，监察审计要跟上，发现问题要及时纠正。各地要确保资金使用安全，确保不出任何重大经济问题，达到“事做好、人不倒”的基本要求。

（五）要加强检查督办，严格奖惩兑现

省局有关部门要将软件上线工作纳入年度目标责任制考核、党风廉政检查、先进单位与个人评比、公务员等级测评之中，并作为重要因素和分值考评。纪检监察部门要将此项工作纳入行政监察和绩效评估之中，严格追究失职、渎职和工作不力者的责任。各级地税机关都要建立专项考评机制，严肃工作纪律，宣传先进典型，通报后进单位，确保软件上线任务如期完成。各级指挥部要根据工作需要，适时派出各专业工作组或联合工作组，深入基层，对软件上线工作进行巡视、检查、督导。

〔本文摘自作者2008年8月7日在全省地方税费征管核心软件上线指挥部指挥长会议上的讲话〕

增进共识　强化措施
开创全省土地税收管理工作新局面

省地方税务局党组书记、局长　许建国

这次会议主要是围绕土地增值税、土地使用税和耕地占用税这三个土地税收的主要税种召开的，会议的任务是推广经验、增进交流、强化共识、促进工作。会上，武汉市地税局将介绍他们强力推进土地增值税清算管理工作的实践经验，孝感市地税局、咸宁市地税局将介绍他们因地制宜运用 GPS 加强土地使用税税源管理工作的有效做法，襄樊市地税局将交流他们在贯彻落实耕地占用税新政策方面的有益启示。因此，今天的会议既是一次经验推介会，也是一次工作推进会。全省各级地税机关要认真学习、借鉴先进经验，积极探索，着力抓好土地增值税清算管理工作，深入推进运用 GPS 技术加强土地使用税税源管理工作，全面加强耕地占用税管理工作，做到行动要快、措施要实、效果要好。通过进一步加大土地税收征管力度，促进全省土地税收管理工作沿着科学化、规范化、法制化的轨道不断迈上新台阶。下面，我分别就土地增值税、土地使用税和耕地占用税这三个税种的相关工作讲几点意见，供大家参考。

一、关于全省土地增值税清算管理工作

土地增值税是国家为了进行房地产市场宏观调控而出台的一个税种，主要目的是调节房地产开发企业的土地增值收益和利润。《中华人民共和国土地增值税暂行条例》自 1994 年 1 月 1 日开始施行，至今已有 14 年了。14 年来，土地增值税在规范土地、房地产市场交易秩序，合理调节土地增值收益，维护国家权益等方面发挥了积极的作用。

《土地增值税暂行条例实施细则》规定，对纳税人在项目全部竣工结算转让房地产取得的收入，由于涉及成本确定或其他原因而无法据以计算增值额的，可以预征土地增值税，待该项目全部竣工、办理结算后再进行清算，多退少补。但长期以来，土地增值税大多是以预征的方式执行，真正按土地增值税累进税率清算的房地产企业为数不多。为了扭转以“预征”为主的土地增值税征缴现状，国家税务总局在 2006 年底发布了《关于房地产开发企业土地增值税清算管理有关问题的通知》，这标志着我国房地产企业的土地增值税从“预征”状态正式进入“清算”状态。土地增值税征缴方式的转变，既是弥补税收制度缺陷的需要，也是调节房地产开发行业高额利润、促进土地集约节约利用的需要，体现了公平与效率。

土地增值税开征以来，我省在加强征收管理和组织收入方面做了大量工作，取得了一定成效。特别是 2002 年后对全省土地增值税采取先预征后清算的办法，普遍实行了预征制度，税收增收效果非常明显，土地增值税收入连年大幅攀升，2003 年征收 5995 万元，2004 年征收 9267 万元。2005 年总局提

出房地产税收一体化管理的思路后，我省将土地增值税纳入房地产税收“一体化”管理办法之中，进一步提升了土地增值税的征管水平，当年征收土地增值税1.58亿元。2006年，我省土地增值税继续保持强劲增长态势，征收3.64亿元，收入增幅高达130%。

虽然这些年土地增值税增长速度较快，但从它占税收收入的比重来看，还是很低，而且征管漏洞也很大。从2007年起，我省按照总局通知精神，迅速组织开展土地增值税清算工作，并分级建立土地增值税重点税源监控制度，同时进一步加强了对房地产开发企业土地增值税的预征管理，有力地推动了土地增值税的大幅增长。2007年全年征收土地增值税7.35亿元，同比增收3.7亿元，增幅达101.93%，高出全国平均增幅27个百分点，并且创造了连续五年在我省所有税种中保持最快增长的记录。今年前三个季度，受宏观调控等多重因素影响，我省房地产市场虽然没有出现价格明显回落，但也出现了销售低迷、土地成交价走低等现象。尽管如此，土地增值税仍然以9.44亿元的征收额、72.34%的高增幅与土地使用税和耕地占用税一起保持着高增长态势，成为我省地方税种中最具潜力的“明星”税种。

关于土地增值税的清算工作，2007年以来，省局虽然要求各地按照总局通知精神，对符合清算条件的房地产开发企业迅速开展清算，但从各地反馈的情况来看，除武汉、宜昌等地执行得较好外，大多数地区的清算工作还不太理想。从土地增值税收入的区域分布情况来看，今年前9个月，土地增值税收入规模超亿元的只有武汉和宜昌两地，而且仅武汉市一地的土地增值税收入规模就占到了全省总规模的68.29%，其他市州的累加总额也只占全省总规模的31.71%。这与全省房地产行业的分布格局和发展状况是极不相称的，充分反映出各地土地增值税清算管理工作中存在着诸多薄弱环节和管理不到位的问题。个中原因，既与房地产开发转让周期的特殊性，造成土地增值税计征繁琐、不易执行、征收阻力大有关，也与各地对土地增值税清算工作的重视程度相关。为此，省局要求，各地要紧密结合实际，扎扎实实地做好土地增值税清算管理工作。

*一是统一思想认识，积极稳妥落实。*开展土地增值税清算是加强土地增值税征收管理的主要途径，也是规范土地增值税税源管理过程，贯彻落实国家宏观调控政策的重要手段。认真做好土地增值税清算工作，将对规范房地产企业的纳税行为和公平税负起到积极的推动作用，必将引起社会各界关注。同时，由于土地增值税在税率设置、计算步骤和计算方法上比较繁琐，工作量大，征收阻力大，因此，各地务必予以高度重视，进一步统一思想，提高认识，切实把清算工作提上重要议事日程，充分认识清算工作的重要性、艰巨性和复杂性，积极创造条件，扎实稳妥地抓紧抓好这项工作。

*二是做好宣传工作，优化清算环境。*各地要以征收窗口为主要阵地，将房地产开发企业土地增值税清算管理有关政策向纳税人公告，并充分利用各种媒体，尽可能扩大宣传效应。针对“土地增值税清算是一项新政策”这一社会舆论，要向纳税人讲明开展清算工作的主要原因：一是房地产开发项目的开发周期一般都较长，不少项目还采取分期开发或滚动开发的方式，且财务核算又较复杂，清算工作难度较大，如果不统一规范清算工作，不利于土地增值税的征收管理；二是前些年部分开发企业因各种原因不及时办理土地增值税清算，统一规范清算工作有利于督促这些企业及时办理清算；三是近年来大部分已预征土地增值税的开发项目全部或大部分售出，进入了清算的高峰期，更需要统一和规范土地增值税的清算工作。要通过适时引导社

会舆论，营造良好的清算环境。

三是大力组织培训，提高服务水平。土地增值税的清算是一项很复杂的工作，且牵涉的知识面较广，对税务人员的素质要求较高，而基层地税人员素质参差不齐，相当一部分人不能胜任这项工作。因此，各地要抽调业务能力强的人员成立专门清算小组，进行土地增值税的业务培训，必要时进行相关的房地产和建筑方面的知识培训，集中优势兵力，有针对性地开展工作。同时，还要针对目前纳税人对清算要求不清楚和清算过程不熟悉的情况，及时开办相关业务知识培训班，集中对土地增值税的清算对象、清算要求和清算过程进行全面介绍。通过培训，帮助纳税人掌握相关政策和方法，为纳税人做好自行清算申报工作打下扎实基础。

四是明确清算主体，落实清算责任。在土地增值税清算工作中，地税征收部门要注意定好位，做到"有所为"、"有所不为"。所谓"有所为，"就是地税部门要创造一个完整、合理、便捷的清算环境，努力避免出现操作性差、存在政策制度衔接"真空"的弊端，督促纳税人自行清算，或尽量委托税务中介机构进行清算鉴证，并做好最终对各成本费用项目的审定调整把关；所谓"有所不为"，就是尽量不要越俎代庖地取代纳税人而直接进行清算，避免既清算不清又不便于界定法律责任归属，要做到纳税人自行清算与税务机关重点清算相结合，着重抓好重点纳税户和重点税源的清算工作。

五是严格执行政策，理顺税收秩序。土地增值税清算是土地增值税征管过程的一个重要环节，也是促进政策执行落实到位的一个重要关口。因此，各地要坚持以税收政策为指导，按照土地增值税暂行条例及其实施细则、总局和省局关于房地产开发企业土地增值税清算管理有关问题的政策精神和要求，扎实开展土地增值税清算工作。清算工作不单纯是为了征税，也是对企业缴税行为和纳税义务的一种规范和引导，因此在清算中要把握好度，正确处理严格执法和优质服务的关系，做到政策公开、程序规范、工作细致、服务高效。要把清算管理同土地增值税的前期预征结合起来，严格结算，多退少补，严把政策关口，让企业明明白白缴税。同时还要将清算管理工作同整顿土地增值税税收秩序结合起来，对那些利用非法手段和不正当方式来回避土地增值税的行为，要严格依法处理，保证政策执行的统一性和严肃性。

六是完善工作机制，加强后续管理。第一，完善后续管理机制，加强过程控制。此次国家税务总局部署的土地增值税清算工作，其基础数据资料的可信度应当是比较高的。但是，今后随着这项工作走向日常化，少数纳税人在会计核算中很可能会转变"策略"，人为地扩大成本费用额度，预计整体上的可扣除项目金额会呈上升趋势。因此，今后土地增值税的管理，重点应放在加强事前监督和过程控制上。具体而言，就是在日常工作中，要加强对建设项目合同的管理，实行合同备案制，防止虚列成本；要加强对预售款收入、销售房地产收入这两项收入及两者间的相互比对关系的管理，防止因期限较长的跨年度核算以及税收管理员的变动等因素，出现错误和舞弊的可能。第二，完善税源控管机制，加强基础管理。各征收单位应当对所有房地产开发企业的每一个项目分别建立征收底册，对开发期间各个环节进行跟踪管理，做到企业开发与税务管理同步到位。要切实掌握本区域、地段售房价格和市场变化情况，对纳税人申报的明显不合理的销售定价及时进行调查调整，并将各个开发项目的预售、销售情况录入电脑，全面及时掌握房地产开发企业的动态，做到管理不脱节、服务不滞后、征收不疏漏。第三，完善部门协作机制，强化部门配合。地税部门应主动加强与当地房屋管理、城建规划、土地管理部门的密切配合，实行微机联网、信息共享，对售房交易的各个环节实现有效监控，切实做好土地增值税税源监控和清算工作。第四，完善责任追究机制，强化责任落实。进一步加大土地增值税预征、清算工作的考核力度，预征、结算工作不到位的，要认真落实执法责任追究措施，确保此项工作有始有终落实到位。

二、关于运用 GPS 技术加强土地使用税税源管理工作

近几年来，国家税务总局对税源管理工作高度重视，要求按照“科技加管理”的方针，运用现代化管理方法和信息化手段加强税源管理，创造性地开展工作，努力提高税收征管的质量和效率。运用 GPS 技术管理土地使用税税源，是落实总局要求，对税源实施科学化、专业化、精细化管理的具体体现。

2007 年，我省借鉴大连瓦房店市的经验，着手运用 GPS 全球定位系统管理土地使用税税源。鄂州和武汉两地在前期试点工作中，敢闯敢试，创新流程，完善制度，健全机制，使这项工作在探索与实践中不断趋向规范和成熟。试点成功后，省局迅速组织将试点经验向全省推广。可以说，虽然这项工作发源于大连瓦房店市，但目前无论从深度还是从广度上来看，我省的运用工作都已经走在了全国的前列，得到了国家税务总局的重视和肯定。总局有关媒体对此进行了宣传推介，肖捷局长和董树奎总经济师分别作出批示。批示指出，“核实纳税人土地占用情况，全面准确地掌握土地税源，是加强土地使用税管理的重要的基础性工作”，要求湖北地税部门在推行工作中要“注意发现问题，完善办法，总结经验，逐步推广”。总局领导的批示，为我省全面开展和深入推进运用 GPS 管理土地使用税税源工作指明了方向，增添了动力，坚定了信心。

自去年全省 GPS 试点工作现场会之后，特别是今年初省局对这项工作进行全面部署以来，各级地税机关对运用 GPS 系统管理土地使用税税源工作高度重视，积极筹备，多方协调，大力宣传，迅速形成了政府重视、地税主导、相关部门配合的工作机制，使此项工作得以稳步有序推进。总体来看，全省呈现出“全面启动、整体推进”的格局。据统计，截至 9 月底，全省除个别县（市、区）尚未启动外，绝大多数地区均已启动，并且制定了相关文件和实施方案。但分地区来看，则呈现出“进度不一、进展缓慢”的特点。从 9 月底省局对各地调查摸底的情况来看，目前此项工作进度不太均衡，大多数地区仍处于部门协调和地籍资料比对阶段；进入组织测量阶段的有随州市，咸宁的赤壁市、嘉鱼县、通城县和崇阳县，荆门的城区和京山县，黄冈的黄梅县，襄樊的宜城市，荆州的监利县；全省只有潜江市、仙桃市，咸宁市区和通山县，孝感市区和大悟县、安陆县等地进入最后的数据整合阶段，进展较快。总之，这项工作的总体进度还比较滞后，落后于年初确定的预定目标。针对这一现状，省局要求各地从提高认识入手，进一步凝聚共识，协力推进运用 GPS 系统管理土地使用税税源工作。

一是认识要进一步深化。全面推行 GPS 管理土地使用税税源是大势所趋，势在必行。从总局到省局，各级对此项工作都非常重视，高度关注。当前，在此项工作推进中要消除几种不良情绪：一要消除 GPS 测量工作事务多、协调任务重的畏难情绪；二要消除一味等待国土部门地籍资料调查结果的观望情绪；三要消除在协调工作中因政府支持不够、部门配合不力带来的消极情绪。总之，无论困难再多、任务再重，全面推行 GPS 管理土地使用税税源工作的信念不能动摇，任何等待观望、消极应付的情绪都只会贻误战机、错失良机。各地要进一步深化认识，对照鄂州经验，借鉴孝感、咸宁等地的有效做法抓好落实。在落实中要明确具体目标，尚未启动此项工作的一定要抓紧启动，已经启动的要加快进度，确保年终有测量数据和利用成果。省局在年底将组织督查并通报。

二是工作要进一步统筹。由于运用GPS测量土地使用税税源工作涉及面广，程序复杂，且涉及多部门协作，因此，各地要做好统筹管理工作。在人力资源整合上，要处理好GPS测量工作与其他日常税政工作的关系，突出重点，统筹兼顾，尤其要善于做"合并同类项"工作。比如，将GPS测量与土地税源清查工作结合起来，一起部署、一起落实，工作同步、成果共享，收取事半功倍的成效。在组织测量工作中，各地要因地制宜，根据辖区内企业分布、占地情况、征管情况的差异，以及当地勘测部门的设备、人员和部门配合等情况，合理确定测量范围，不必追求面面俱到。在选择勘测技术手段上，要实行多措并举、综合用力，以运用GPS系统为主要手段，同时可辅以电子地图、航拍地图等多种科学途径，实现工作进度和工作质量的有机统一。

三是协作要进一步加强。在社会分工专业化、管理内容精细化、综合治理社会化的大背景下，部门协作显得越来越重要。具体到地税部门开展GPS管理土地使用税税源工作来说，技术支持和获取第三方信息就是部门协作的重要内容。在具体工作中，对未勘测或勘测不全的应税土地，可以借助测绘部门的技术力量进行勘测认定；对原来已经勘测过、纳税人也认可了的第三方信息资料，可以直接从国土部门借过来使用，实行信息共享，避免重复勘测。因此，部门协作也是一种资源的整合。今年6月份，省局联合省国土资源厅召开了全省加强土地税收管理工作视频会议，为进一步加强部门协作、密切部门配合疏通了渠道，奠定了基础。各级地税部门要进一步加强同国土管理和测绘部门的密切联系，并通过与这些部门建立长效工作机制，实现信息交流的常态化。

三、切实抓好新的耕地占用税暂行条例的贯彻落实工作

从今年1月1日起，新的《耕地占用税暂行条例》开始施行，新旧条例在耕地的概念、征收机关、比照范围、纳税人范围、税额标准、免税范围、追征与退税、纳税程序、滞纳金加收比例、征纳争议的解决程序等十个方面有所变化。6月份，经省政府授权，省财政厅、省地税局联合印发了《湖北省耕地占用税税额标准》，分类型由原来的5～10元/平方米调高到20～50元/平方米，从今年1月1日起执行。全省各级地税机关要严格执行政策，强化征收管理。一是要主动掌控税源信息。要以这次政策调整为契机，加强与国土管理部门的配合，建立耕地占用税涉税信息共享机制，认真开展信息比对工作，充分利用现有的耕地管理资料，对本地区的应税耕地面积进行普查、核实，严格按照有关政策认定纳税人。二是要严格执行新的耕地占用税税额标准，严格执行省级以上经济开发区占地和占用基本农田保护地在当地适用税额的基础上提高50%的税收政策，严格执行外资企业占地征收耕地占用税政策，严格控制减免，不得擅自降低税额标准，对不符合减免政策的要及时纠正和清理。三是要积极做好2008年以前年度耕地占用税欠税的清理工作，摸清欠税底数，建立欠税管理档案，加大催缴清欠力度。四是要组织开展新政策的宣传和培训工作，抓好耕地占用税征收管理的检查、考核和通报工作。

〔本文摘自作者2008年10月13日在全省土地税收管理工作会议上的讲话〕

探索地税文化建设途径
为全省地税事业健康发展营造和谐氛围

省地方税务局党组书记、局长 许建国

全省地税系统文化建设工作会议是自1994年地税机构成立以来，召开的首次以“税务文化建设”为主题的工作会议。这次会议的主要任务是：分析研究湖北地税文化建设现状，探索湖北地税文化建设的方法和途径，讨论通过《2009—2013年湖北地税文化建设规划》和《湖北省地税系统先进典型管理办法》等五项工作制度。这是一次十分重要的会议。昨天，我们进行了税务文化建设理论研讨，涉及三个方面的内容。一是对税务文化建设的调研课题进行了大会交流，无论是总报告，还是分报告都准备很充分，有一定深度；二是开展了小组讨论，将调研成果汇编成册；三是聘请了有关专家学者，对课题进行论证，对文化建设经验进行点评，专家们对所取得的成果给予了高度评价。今天，我们就全省地税系统文化建设进行工作部署。下面，根据会议安排，我讲四点意见。

一、充分认识税务文化建设的重要意义

这次课题研讨把很多税务文化的理论问题说清楚了，借用这些成果，我强调几个概念。一是什么是文化？文化是得到社会群体认同的价值观念体系和行为模式。它是人类文明的总括，是人类思想的历史集成。二是什么是税务文化？税务文化是一种系统的组织文化，是在税收征纳实践中共同认识并且遵循的一些价值理念和行为模式的总的概括。包括税收理念、治税理财思想、制度体系、行为准则，以及税务干部的伦理道德观、价值标准等，包括精神文化、制度文化、行为文化、物态文化等四个方面。那么税务文化在地税工作中究竟具备什么功能呢？总的来说，体现在六个方面，即行为导向、规范约束、教育激励、团队凝聚、关系润滑和形象塑造。

地税文化建设的重大意义何在？我想从税收职能是什么，该如何履行好这个职能破题。税收最基本的职能是组织收入。保证收入我们需要很多举措，比如加强征管、依法治税、引进先进的科技手段等等。但所有的工作都是由人完成的，在地税系统就要靠地税干部。所以一个地税干部的主观能动性、内在潜力是不是激发出来了，团队精神如何，责任心、事业心如何，直接关系到收不收得到税，收不收得好税。我们经常说“带好队，收好税”，其中“带好队”是基础，是前提，这已为无数实践所证明。我们这次会议从主题上来讲，是地税系统文化建设的会议，实质上是一次研究如何从思想层面、观念层面、精神层面加强干部队伍建设的会议。

我们的社会正处在一个急剧变革的时期，整个社会的二元结构带来了一系列的矛盾。改革开放三十年，取得了巨大成就，为人民群众带来了丰厚的物质利益，但为什么人们的幸福感却不如以前了呢？这恰好反映出

我们文化的缺失。今年以来，国内相继发生了周老虎事件、范跑跑事件、三鹿奶粉事件等等。这些事件的背后是人们的价值观、伦理观、道德观出了问题，出了大问题。党的十七大特别提出要推进社会主义文化建设，正是根据对社会转轨阶段存在的一系列问题和基本矛盾的分析做出的重大决策。

从地税部门的实际看，也面临着同样的问题。从20世纪50年代的艰难创业到60年代遭遇自然灾害，从“文革”期间的坚守到地税机构组建之初的白手起家，条件非常艰苦，干部职工的精神状态却非常好。但为什么现在条件好了，收入高了，过去艰苦奋斗的精神却没有了呢？物质条件好了，人们精神状态、进取精神不一定随之提高，有时可能成反比。最近系统内发生的一些问题就深刻地说明了这一点。因此，加强干部队伍建设显得特别重要，在地税系统加强文化建设意义尤其重大。

*（一）税务文化建设是贯彻党的十七大精神和科学发展观，推动社会主义文化建设的需要。*党的十七大把文化建设提升到国家战略高度，号召“坚持社会主义先进文化前进方向，兴起社会主义文化建设新高潮，激发全民族文化创造力，提高国家文化软实力”。要求“建设社会主义核心价值体系，增强社会主义意识形态的吸引力和凝聚力”。胡锦涛总书记强调，要把发展社会主义先进文化放到十分突出的位置，充分发挥文化启迪思想、陶冶情操、传授知识、鼓舞人心的积极作用，努力培育有理想、有道德、有文化、有纪律的社会主义公民。文化建设已经成为我国政治生活的重要内容。税务文化是社会主义文化的有机组成部分，开展税务文化建设，培育和弘扬符合我国社会意识形态和税务实践需要的主流文化，以文化认同引领地税干部的思想观念和行为，帮助他们正确领会党的十七大精神和科学发展观的要求，更好地适应新形势、新要求，有助于科学发展观在税收实践中得到贯彻落实，更好地解决税收改革与发展过程中出现的各种矛盾和问题。

*（二）税务文化建设是强化思想道德教化，推进地税系统精神文明建设的需要。*目前，全省地税系统精神文明建设可以说是硕果累累，95%的单位已建成各级各类文明单位，先进集体、先进模范人物也是大量涌现。现在我们面临的问题是，如何进一步深化精神文明建设，全面实现文明创建的提档升级。实践证明，通过文化建设所形成的社会认同感和凝聚力是单纯的精神文明建设所不能及的。地税机关上代表国家，下联系群众，体现的是政府形象，具有广泛的社会影响力。将文化建设作为精神文明建设的新载体，充分发挥文化的教育和导向作用，帮助税务人员实现思想升华和道德净化，使文明服务、文明执法内化为自觉行为，将从根本上提高全系统文明建设层次，巩固和扩大文明建设成果，实现内部形象改造和外部认同感的同步推进。

*（三）税务文化建设是适应治税理念和征管模式转变的需要。*当前，税收事业正处在一个加快改革和蓬勃发展的重要时期，无论是治税理念还是税收征管模式都发生了巨大变化。从“带好队，收好税”到“依法治税，从严治队”，再到“科技加管理”，从“诚信纳税，利国利民”到“依法诚信纳税，共建和谐社会”，从最初更多的强调税务人员的权力，到把“保障纳税人的权益”写进新征管法，到目前“以纳税人为服务中心”理念的产生，每一项都鲜明地打上了时代的烙印；从最初的“一人进厂，各税统管”的专管员管户制模式，到划分责任片、责任区到人到岗的“管事制”，从“人工管理”到“计算机管理”，从“粗放式管理”到“精细化、科学化管理”，纳税申报逐步从上门申报向电子申报、代理申报、邮寄申报等多元化申报方式转变，税收征管正在向着

信息化、专业化方向发展。随着新的治税理念、新的征管手段、征管模式不断引入地税工作，那种因循守旧的管理理念、管理模式将不再适应税收工作的需要。与治税理念和征管模式变化相适应，必须寻求一种更有效、更先进的管理理念和管理方式。地税文化作为一种行政管理文化，以提高人的素质为核心，提倡在满足必要的物质需要基础上，尽量满足人们的精神需求，从而调动被管理者的积极性，使管理行为更容易被接受，各项规范要求也更容易成为自觉行为。通过地税文化建设，将会在地税系统内部建立明确的绩效标准和民主化的信息交流体系，形成一种建立在平等基础上的自我挑战环境，利用良好的文化导向，形成格调高尚的文化氛围，培养和鼓励全体干部职工都对自己的行为负责，自觉地为完成各项税收工作任务尽心尽责，由此使制度、管理、执法等各个方面的新要求、新任务能够得到顺利而高效的执行。这样一种全新的管理理念和方式必将会为建立在制度约束上的地税管理体系注入新的活力。

(四)税务文化建设是加强和改进税务思想政治工作的需要。新形势下地税事业的不断发展和完善，对地税干部队伍的应变和生存能力提出了新的、更高的要求，一般性地加强管理、健全制度、提高待遇、增加物质刺激已不能从根本上解决干部队伍建设所面临的实际问题。应该看到，在我们的干部队伍中，思想浮躁、急功近利，激情缺失、得过且过等不良现象有所抬头。这些不良现象侵蚀着干部队伍的肌体，制约着地税事业的健康发展。解决这些问题，一方面需要我们在制度设计中更多地体现公平、正义，一方面必须探索思想政治工作新路。我在下基层调研的过程中了解到，我们的干部不是不需要思想政治工作，而是需要更加有效、更具亲和力和说服力的思想政治工作。但是，由于社会多元化和思想多元化的影响，传统的思想政治工作模式越来越暴露出不适应新形势、新变化，针对性不强，方法手段单一、滞后等局限性，已经不能很好解决现实工作中的新矛盾和新问题。地税文化与思想政治工作都属于软管理的范畴，都强调尊重人、教育人、培养人、激励人，重视培养集体主义意识，强调发挥精神因素的作用，两者具有目标上的一致性和共同的特点。但地税文化春风化雨、润物无声的教化作用，较之于传统的思想政治工作，更具有广泛性和包容性，更多地注重人文关怀，更容易为广大干部职工所接受。将地税文化建设作为加强和改进思想政治工作的有效途径，也就成为我们的必然选择。

(五)税务文化建设是增强法制观念，建立税收执法风险防范机制的需要。目前，我国的税收执法具有政策性、时效性强以及执法权力相对分散、执法者拥有较大自由裁量权等特点，潜存着一定的职务犯罪和失职渎职风险。特别是在税收执法形势和税务管理工作日益复杂化，要求越来越高，责任追究步入法制化轨道的背景下，税收执法的风险性进一步增强。有效防范税收执法风险，必须在建立外在税务执法风险防范机制的同时，构筑思想意识防线，增强地税干部个体的“免疫力”，增强抗拒诱惑的意识和能力。加强税务文化建设，可以促进税收法制文化和税务廉政文化的建设与渗透，形成自律与他律相结合的文化防范机制，为从根本上预防职务犯罪和失职渎职行为筑建一道文化防火墙。

(六)税务文化建设是强化公民税收意识，提高全社会税法遵从度的需要。税法遵从度是纳税人基于对国家税法价值的认同或自身利益权衡而表现出的主动遵从税法的程度。它是税收管理水平和公民税收意识、税法观念及其纳税自觉性的重要体现。地税部门开展税法宣传、纳税服务、改善税收管理的根本目的也在于提高全社会的税法遵从度。一般说来，社会税法遵从度的提高除了与公民的法律观念、社会的法制管理水平、法律的公平性有很强的正相关性外，还要受到税务机关和税务执法人员的执法理念、业务素质、社会形象和执法行为的影响。因此，改善税收服务、改进管理手段、提高工作效率、降低纳税成本、树立税务部门和税务人员的良好形象就成为提高全民税法遵从度的重要途径。通过税务文化建设，宣传和弘扬以“八荣八耻”为核心的社会主义荣辱观和公民道德规范，可以引导地税机关和地税人员摒弃不良行为，树立“尊重纳税人、善待纳税人”、为纳税人服务的工作理念，建立以纳税人为中心的管理和服务模式，促进税务工作的社会认同感和社会税法遵从度的全面提高。同时，在地税文化建设中，通过建立共同的价值观、严格规范的管理和丰富多彩的文化创造，形成地税部门独树一帜的文化符号，使社会和纳税人真正感受、认知地税文化，以及这种文化所展示出的风貌，将有利于地税部门社会形象的进一步树立和社会影响的进一步扩大，为地税事业的发展创造更加和谐、融洽的外部环境。

二、湖北地税文化建设的实践探索及其主要问题

党的十七大提出要加强社会主义文化建设，各行各业认真贯彻中央的要求，掀起了社会主义文化建设的新高潮。开展湖北地税文化建设，虽然是一个新的提法，但实际上我们文化建设的步伐却从来没有停止过。比如武汉市洪山区地税局从一张个人文化卡入手，将文化建设在全局铺开，创造了具有洪山地税特色的文化建设经验。再比如有的基层单位以文化建设为抓手，不断强化干部职工的责任心，形成了“将该做的事做到位”的良好氛围；有的以纳税人的需求为第一信号，形成了“月光工程”等纳税服务品牌。更多的是，全省各级地税部门广泛吸收现代管理理论成果，积极创新适合地税事业发展的制度管理模式，涌现了许多反映地税精神、倡导地税价值观的文化建设载体，从不同的层面对税务文化建设进行了诠释和探索，为税务文化建设奠定了一定的物质基础和思想准备。对于已取得的经验和成果，我们要进行深入的总结，并在今后的工作中不断发扬光大。但是，由于主客观等方面的原因，我们在税务文化建设上还存在下列一些问题，希望大家有针对性地加以克服：

（一）对税务文化理论研究不够。税务文化是一个新生事物，有的同志容易将其片面地理解为唱一唱、跳一跳、闹一闹。这些是文化建设的组成部分，是文化建设很好的载体，但只是浅层次的、表象的，不能代表税务文化的全部。这些片面的认识反映了我们税务文化理论研究的滞后。

（二）部分领导同志对税务文化建设的意义认识不够。存在着重业务，轻文化、轻思想的现象。

（三）缺乏统一的规范和行为准则。我们的文化建设是自下自发开展起来的，工作虽然在抓，但缺乏统一的规范和行为准则，缺乏统一要求，没有形成工作纲要。因此，效果不是很明显。

（四）基层文化建设还缺乏多样性和灵活性，群众参与面有限。

（五）在文化建设的问题上，存在地区之间、单位之间不平衡的现象。有的市州局抓得好，有的抓得就不行。凡是抓得好的，不仅税收得好，干部职工的精神面貌也大不一样。归结起来讲，文化建设，尤其是精神文化建设非常重要。不抓就要出问题，出大问题。人和其他的动物、机器不一样，是有大脑的，会思考。必须要用积极向上的主旋律的东西去占领这一片思想阵地，否则，腐朽的、落后的东西就会侵蚀它。我们都是带队伍的同志，在这个问题上千万不能疏忽大意。

上述问题的存在使我们清醒地认识到，

税务文化建设对全省地税部门而言，任重而道远，需要学习、需要认知，需要坚持不懈地实践探索。因此，在开展文化建设的过程中，我们既不能因为问题的存在而犹豫不前，更不能半途而废。只要我们有足够的耐心和恒心，从现在做起，从细微处做起，放开视野，拓展思维，丰富手段，就能够出色完成税务文化建设的各项任务。

三、理清思路，明确税务文化建设的主要任务

通常意义上，我们已习惯将税务文化分为三个层面，核心层为精神文化，中间层为制度文化，表象层为行为文化和物态文化。这三个层面相互依存、相互渗透，共同构成了税务文化体系，同时也规定了税务文化建设的主要任务。

（一）精神文化方面。从教育培训着手，以强化素质为目的，将税务精神文化的丰富内涵转化为干部职工工作、学习和生活的具体实践。如通过组织政治理论学习，提高干部职工的政治素养和理论水平；利用各种专业培训，强化干部职工的业务水平和时政知识储备；通过举办勤政廉政教育宣传活动，筑牢反腐倡廉思想防线；通过对新治税理念的宣传灌输，深化干部职工"以纳税人为中心"的服务意识和执法风险意识；开展健康新理念知识讲座和心理辅导，维护干部职工心理健康等。当前，要把学习实践科学发展观作为精神文化建设的重要内容和紧迫任务抓紧抓好。深入开展学习实践科学发展观活动，是党中央在新的历史时期做出的一项重大决策，也可以看做是我省地税文化建设的破题之举。大家对这项工作要予以高度重视，精心组织，认真落实各项学习任务，把干部职工的思想统一到党和国家的大政方针上来，统一到省委、省政府的重大决策上来，统一到省局的工作思路上来，着力解决工作中存在的突出问题，不断提高工作质量和效率。

（二）制度文化方面。制度建设是文化建设的一项基础性工作。现阶段，要对税收征管、行政管理、干部人事、绩效考核、激励约束等各方面的制度办法进行一次全面的清理，该废止的废止，该修订的修订，该重新制定的抓紧制定，形成一套科学化、程序化、标准化、系统化的制度体系。同时根据各部门、各岗位的工作职责，加大落实制度的考核力度，以提高全系统内部管理水平，确保工作质量和效率。通过必要的规章制度，建立和形成文化建设所要求的组织体系，使干部职工的行为既有价值观的导向，又有制度化的规范，

（三）行为文化方面。重点要做好四项工作。一是努力打造纳税服务品牌。制定并严格落实地税干部职业道德行为准则，确保其一言一行符合道德要求、文明规范；经常开展纳税服务礼仪培训、"纳税服务明星"评选等活动。坚持一切执法行为都以纳税人为中心，奉行纳税人至上的宗旨，寓执法于服务之中，将纳税人到地税机关办税、办事，地税干部征收、管理和执法等各个环节，健全完善一整套文明服务规范。如对服务用语、服务承诺、仪表着装、业务素质、精神风貌、办事效率、环境卫生等方面进一步加以规范，让纳税人以最小的成本、最短的时间、最大的方便、最好的心情办好各项涉税事宜。二是大力纠正行业不正之风，进一步规范执法行为。三是建立荣誉激励机制，为干部职工树立学习的榜样。没有先进典型的地税文化是不完备的文化，是难以传播和传递的文化。为此，省局制定了《湖北省地税系统先进典型管理办法》，提交这次会议讨论，请大家畅所欲言，提出修改意见和建议。该办法经修改完善后将下发各地执行。各地要把先进典型的选树工作与税务文化建设、干部职工思想观念的转变结合起来，通过典型的宣传，使地税文化人格化、典型化，激发干部职工千帆竞发、不甘落后的志气和勇气，实现个人和事业的同步

发展。四是经常组织开展群众性文体兴趣活动，使广大干部职工在轻松愉快的环境和气氛中得到启迪，受到教育。

（四）物态文化方面。主要任务是着力搭建好税务文化建设的平台。一是进一步加强和完善图书室和活动室建设。有条件的地方还可以设立直观形象的地税创业史陈列室，把税务文化的内容融入其中，让干部职工特别是新进人员参观学习，培养对地税的深厚感情。二是加强纳税服务厅建设。要按照“方便纳税人，服务纳税人”的原则，对纳税服务厅现有设施进行更新改造，要将服务台由封闭式改为开放式，实现办税“零距离”。已完成改造的地方，要根据形势的发展和要求，对现有设施不断调整、补充和完善，最大限度地满足纳税人的需要。三是进一步深化税收信息化建设，应用信息化建设成果为干部职工提供工作、学习和交流的平台，为纳税人打造现代化的服务平台。四是加强廉政文化室建设。各地要根据形势的变化，及时对廉政文化室的有关教育内容进行更新、充实，并辅之以干部职工喜闻乐见的形式，使廉政文化室的阵地作用得到充分发挥。五是开展办公场所的改造。各地可因地制宜，对现有的办公场所进行美化、绿化，对不适应工作要求的部位进行适当改造，为干部职创造良好的工作环境。六是规范地税设施和各种标识。要规范地税机关的办公、办税场所和相关设施的税徽、宣传用语，规范办税服务厅的建设和管理，从外观设计到内部窗口的设置、上墙制度等都要求统一规范；规范地税人员着装上岗和挂牌服务制度；规范涉税资料的种类和样式并印上地税标志；积极运用涉税杂志、歌曲、地税网页等多种形象载体，建立地税形象识别体系，使每一位地税干部在看得见、摸得着的文化环境中自然感受税务文化，自觉在思想和行为上认同文化建设、参与文化建设、维护文化建设。

这三个层面四个方面的任务，有些是需要省局加以规范的，如先进典型的管理、地税设施和标识的统一等等。有些需要各地充分发挥主观能动性，根据实际情况，按照“打基础，利长远”的原则，积极行动起来。同时，这些任务又是各有侧重的，各地要突出重点，合理分配资源，在落实任务的过程中做到环环相扣，层层推进。为此，我再强调一点：

在开展文化建设过程中，一定要突出精神文化的核心地位。税务文化建设的根本是人的建设，关键是全面提升人的素质，这就决定了精神文化建设的核心地位。要运用各种文化手段，通过各种渠道教育、引导、鼓励和熏陶地税干部，培养他们美好、高尚的理想、道德情操，培养有利于税收事业不断发展的群体意识和价值观念。要强化以人为本的管理思想，积极创造条件，为每个地税干部提供一个施展才华和实现自我价值的机会和场所。要重视环境对地税干部心理的影响作用，大力营造全员学习、终身学习的浓厚氛围，创造人人都能成才的学习环境。要尊重人、关心人、理解人，增强组织的亲切感和地税干部的归属感，创造和谐友爱的人际环境。要通过精神引领和人文关怀，把地税精神和地税先进的管理理念渗透到各个基层地税机关和每一名地税干部心中，从而以共同的核心价值理念、思维模式、行为方式在不同层次上把广大地税干部联系起来、团结起来，使整个队伍因同一的文化理念而形成一种强大的、向心的凝聚力量，共同为地税事业的发展作贡献。

四、开展税务文化建设的几点工作要求

同志们，这次会议标志着全省地税文化建设已经全面启动，任何等待观望、消极畏难情绪都将不利于工作的开展。在此，我提出七点工作要求。

第一，各级领导干部要高度重视税务文化建设。税务文化建设是管思想、管根本、管长远的。领导对税务文化的深刻认识和培育税务文化的决心，是税务文化建设能否成功的前提和关键。我们各级领导干部应该是税务文化的倡导者，更是坚定不移的推行者。因此，全省地税部门各级领导干部，特别是主要领导同志务必要高度重视税务文化建设，在真正深刻理解税务文化功能和意义的基础上，拿出坚决施行和培育税务文化的决心和手段，为税务文化建设创造一个良好的开端。决不要将地税文化建设作为一种时髦，只是口头上重视，更不能只作为地税精神文明建设甚至职工文化生活的另一种说法，满足于已取得的成绩。要认真研究，尽快明确税务文化建设的职能机构，拿出过硬的工作措施，保障全省地税系统文化建设的顺利推开。

第二，尽快制定本部门文化建设活动方案。税务文化建设的内涵是十分丰富的，不是演几台戏，弄几个展览，就叫文化建设。一定要用系统的、动态的、历史的、发展的观点，高屋建瓴地思考税务文化建设。作为省局，已经明确了将税务文化建设作为全局性工作的思路，制定了《2009—2013年湖北地税文化建设规划》，规定了全系统税务文化建设的指导思想、目标任务、方法步骤等。作为基层地税部门，关键是结合本地实际，在落实上做文章，在吃透上情、总体规划的框架内，制定好本部门的活动实施方案，做到长计划和短安排相结合，因地制宜、不拘一格创造性地开展文化建设活动。

第三，要坚持做到围绕中心，服务大局。在地税文化建设的过程中，不能为了文化而文化，不能为了完成一个任务去开展文化建设，这不是我们的初衷。税务文化建设的最终落脚点在于促进各项税收工作，必须服从服务于税收改革发展的大局，不能与税收工作相脱节，成为“两张皮”。各地在谋划文化建设时，要将其纳入税收中心工作的整体规划，围绕中心工作明确文化建设的定位和思路，统筹安排，协调共进。在实施文化建设时，要将其贯穿于税收工作的各个方面、各个环节，为各项工作的开展增添文化的助推力。

第四，要体现以人为本的基本原则。一要深入开展宣传发动。全体地税干部是税务文化建设的主体，必须发动大家共同参与。要进一步发挥文化阵地的作用，强化文化理念的宣传灌输，以文化理念的深入和传播为先导，围绕地税管理和队伍建设的重点和难点，通过形象的案例向地税干部传播文化理念，使大家进一步领悟和认同税务文化理念、接受税务文化；要坚持走出去请进来，组织干部职工到优秀企业学习文化建设，亲身感受文化在改变人、提高人方面发挥的巨大作用；要将文化建设的点点滴滴化为干部职工的愿听、爱看、想说的话题，增强地税文化建设的辐射面和影响力，营造出“人人是文化创新主体、人人是文化建设主人、人人是地税形象代表”的良好氛围。二要重视加强干部职工的思想政治教育。这次会议发了几个文件，如先进典型的管理办法和加强干部职工谈心谈话工作的意见等。这几年我们这方面的工作确实做得不够。在开展税务文化建设的过程中，一定要重视从思想深处去关爱人、影响人、鼓舞人、改造人、发展人，要加强谈心、沟通，化解干部职工的思想“疙瘩”，激发潜能，促进人的全面发展，实现“带好队、收好税”的工作目标和要求。

第五，要抓好品牌建设，突出特色。各地开展文化建设要以自己的特色起步，扎根于本地的税收实践，从中吸取养分和精华，尊重所在地区的社会风俗和伦理道德规范，逐步在税务文化理念、载体、环境等方面形成特色。要因地制宜、发挥优势、扬长避短、而不要盲目模仿、千篇一律。要在抓好基础建设的同时，深入挖掘个性、彰显特色，形成并扩大地税文化建设的效应，实现文化兴税。

第六，要坚持实事求是，循序渐进。我着

重强调一点，开展文化建设，是党的十七大确立的一项治国方略。我加强税务文化建设，也是省局党组确定的，在未来相当长时期内的一项重大工作。它的重要性怎么估计也不过高。因此，这项工作千万不能走形式，搞花架子。要坚持从实际出发，按照科学、实用的原则，长期培育，常抓不懈。要按照制定好的规划和方案，分步实施，稳步推进。要不断探索税务文化建设的规律，创建具有时代特征和丰富内涵的税务文化体系。

第七，要加强税务文化理论研究和经验总结。一要加强对税务文化内涵和文化建设的体制机制研究，借鉴企业文化以及其他机关文化的成功经验，根据时代和税收实践的发展变化，不断丰富税务文化内涵，加深对税务文化及其作用的认识，不断自我总结，用先进的体制机制推进和保证税务文化建设的深入。二要及时总结、交流经验。广泛开展多层次、多角度、集中与分散相结合的税务文化建设的理论研讨活动，扩大税务文化建设的认知面和影响面，提高文化建设水平。各地可根据工作需要，设立关于税务文化研究方面相对固定的课题项目，每年定期或不定期举办交流活动，增长见识，开阔视野，畅通优秀税务文化调研作品发表渠道，积极做好研究成果的转换工作。三要注意收集和整理广大干部职工在税务文化建设中提出的好点子、好想法，归纳、提炼好的做法和鲜活经验，及时向省局反馈，使税务文化建设在内容和形式上不断得到改进，更加有效地为地税事业发展服务。四要抓好典型，以点带面，积极稳妥、一步一步地把我们系统文化建设推向高潮。

〔本文摘自作者 2008 年 11 月 7 日在全省地税系统文化建设工作会议上的讲话〕

提高认识　周密部署
积极做好城镇居民基本医疗保险费征收工作

省地方税务局党组副书记、副局长　田和平

继去年我省武汉、孝感、荆门三市率先在全国进行城镇居民基本医疗保险试点之后，今年国务院又将我省全部纳入城镇居民基本医疗保险试点。这是完善我省社会保障体系建设的重要举措，是全省经济社会生活中的一件大事。省委、省政府对这项工作非常重视，专题进行了研究，4 月 7 日，省政府召开会议，进行了部署。省委和省政府明确，全省城镇居民基本医疗保险费由地税部门征收。这是继 2001 年将社保费交由地税部门征收后的又一项重大决策，是对地税部门多年来征收社会保险费取得骄人成绩的充分肯定。对省委省政府的决策和重托，省局党组高度重视，局长办公会专门对这项工作进行了研究布置。我们要服从大局，认真履行职责，确保城镇居民基本医疗保险费征收工作的顺利进行。相信在省政府强有力的领导下，在全省劳动、财政、银行以及学校、社区等有关部门和单位的配合支持下，通过全体地税干部的不懈努力，全省城镇居民基本医疗保险费征收管理工作一定能高效、有序地开展起来。

城镇居民基本医疗保险参保人群复杂，涉及面广，征收难度大，对我们来说，是一项既新又艰巨的任务。这次会议原来只准备开到市州一级，后经过研究决定开到县，目的就是尽快动员全省各级地税部门提高认识，服从大局，振奋精神，为做好此项工作开一个好头，奠一个扎实的基础。在这次会议上，我们将学习相关文件，领会精神，听取武汉和孝感市局的同志介绍去年试点的具体作法，听取黄石市局的同志介绍灵活就业人员缴费的作法，研究全省城镇居民基本医疗保险费征收方案。这既是一个动员会，又是一个研究会。下面，我就如何做好城镇居民基本医疗保险费的征收管理讲四个方面的内容。

一、传达和学习国务院、湖北省关于城镇居民基本医疗保险费文件精神

今年6月，湖北省将全面开展城镇居民基本医疗保险试点工作，这是全省人民的一件大事，也是一件好事，对于地税部门来说更是一件难事。城镇居民基本医疗保险费的征收与我们正在征收的城镇职工基本医疗保险费相比，工作量更大，工作难度更大。虽然城镇居民基本医疗保险费收入较小，但是政治意义很大，它充分体现了党和政府对民生的关注，对人民群众的关怀。作为城镇居民基本医疗保险费的征收部门，我们首先要认真学习文件，深入领会精神，正确执行政策，将党和政府对人民的关心落到实处。我们要着重学习《国务院关于开展城镇居民基本医疗保险试点的指导意见》(国发〔2007〕20号)和《省人民政府关于建立城镇居民基本医疗保险制度的意见》(鄂政发〔2008〕25号)两个指导性文件，认真领会城镇居民基本医疗保险的主要精神。

（一）目标和原则。目标：全国的目标是2007年在有条件的省份选择2～3个城市启动试点，2008年扩大试点，争取2009年试点城市达到80%以上，2010在全国全面推开，逐步覆盖全体城镇居民。我省的目标是2007年先在武汉、孝感、荆门3个城市开展试点，2008年在全省各个城市全面建立城镇居民基本医疗保险制度。6月底启动实施，到年底，去年先行的3个城市参保率力争达到60%以上，其他市州参保率力争达到50%左右。经过几年努力，逐步建立起比较完善的以大病统筹为主的城镇居民基本医疗保险制度。原则：坚持低水平起步，做到筹资标准和保障水平与经济社会发展水平和各方承受能力相适应，重点保障城镇非从业居民的大病医疗需求，逐步提高保障水平；坚持自愿参保，充分尊重群众意愿；坚持以收定支，收支平衡、略有结余；坚持与城镇职工基本医疗保险、新型农村合作医疗、社会医疗救助相互衔接、协调发展。

（二）参保范围。国务院规定不属于城镇职工基本医疗保险制度覆盖范围的中小学阶段学生(包括职业高中、中专、技校学生)、少年儿童和其他非从业城镇居民等三类人员，均可自愿参加城镇居民基本医疗保险。我省在国务院规定的基础上，增加了三类人员：在城镇学校就读的农村户籍学生、城市规划区内的失地农民和长期进城务工农民工的非从业家属，可以参加城镇居民基本医疗保险，但农村户籍人员参加城镇居民基本医疗保险后，不再参加新型农村合作医疗。

（三）资金筹集。城镇居民基本医疗保险以个人缴费为主，财政给予适当补助。我省规定，成年人今年缴费不低于220元，未成年人今年缴费不低于110元。这个缴费标准是按照全省城镇居民上年度人均可支配收入的2%确定的，各统筹地区根据当地实际情况，合理确定具体缴费标准。财政补助标准，普通居民人均补助不低于90元，其中中央财政补助 40 元(去年为 20 元),省财政补助 20 元,地方财政补助不低于 30 元;对城镇低保对象和重度残疾人,财政补助人均不低于 210 元,其中中央财政补助 70 元,省财政补助 100 元,地方财政补助不低于 30 元,民政部门从社会医疗救助资金中补助 10 元;低收入家庭 60 岁以上的老人,财政补助人均不低于 150 元,其中中央财政补助 70 元,省财政补助 50 元,地方财政补助不低于 30 元。

(四)费用支付。城镇居民基本医疗保险基金不建立个人账户,重点用于参保居民的住院和门诊大病医疗支出,适当兼顾普通门诊。今年在起步阶段,规定基金总额 10%左右用于普通门诊费用统筹,以后将逐步扩大这部分的支付比例。

(五)服务管理。城镇居民基本医疗保险的管理,原则上参照城镇职工基本医疗保险的规定执行。要简化登记、缴费、结算手续,方便居民参保和报销医疗费用。要将城镇居民基本医疗保险基金纳入社会保障基金财政专户统一管理,单独列账,专款专用,不得挤占挪用。严格执行财务制度,加强管理和监督,确保基金安全。

(六)经办能力建设。要充分利用现有的管理服务体系,加强街道、乡镇、社区劳动保障工作平台的建设。从财政支出来看,政府在加强经办能力建设上投入很大,今后每个社区还要配备专门人员具体为参保居民服务,这是政府为民办事的具体举措。

(七)相关改革。一是统筹规划各项医疗保障制度,探索城乡一体化医疗保险制度模式,逐步实现信息网络互通、医疗资源共享,同一机构医疗、基金分别核算的运行模式,建立多层次医疗保险体系。二是妥善解决其他群体医疗保障问题。三是推进医疗卫生体制和药品生产流通体制改革。

(八)组织领导。各市、州、县人民政府要加强城镇居民基本医疗保险工作的组织领导,各有关部门要切实履行职责,加强协调配合。地税部门要本着便民原则,足额征收医疗保险费。

我之所以讲以上这些内容,是因为作为城镇居民基本医疗保险费的征收部门及其工作人员,必须了解相关规定。在征收工作中,需要我们做大量的政策宣传和解释工作,特别是在起步阶段,城镇居民基本医疗参保对象会提出各种各样的问题。我们只有全面了解有关政策,才能及时予以答复,消除他们心中的疑虑,促进他们积极参保缴费。

二、关于城镇居民基本医疗保险试点工作开展情况

从全国来说,城镇居民医疗保险去年开始启动。党中央、国务院非常重视这项工作,2007 年 7 月印发了《国务院关于开展城镇居民基本医疗保险试点的指导意见》(国发[2007]20 号),明确在 79 个城市开展试点,后来增加到 88 个城市。去年 7 月中旬,国务院召开全国试点工作会议进行部署,温家宝总理和吴仪原副总理出席会议,并分别作了重要讲话。2007 年 12 月底,国务院城镇居民基本医疗保险部际联席会议召开全体会议,确定 2008 年工作安排,决定扩大城市试点数量,达到全国地级城市数量的一半。今年全国新增了 229 个试点城市,其中包括我省在内有 15 个省的全部地市纳入试点。2008 年 2 月 26 日,国务院召开扩大城镇居民基本医疗保险试点电视电话会议,部署有关工作。

从我省来看,省委、省政府高度重视城镇居民基本医疗保险试点工作,分别召开了省政府常务会议和省委常委会,专题研究我省试点工作方案。省政府专门召开电视电话会议进行具体部署,会议要求各地必须在 4 月底前制定具体实施方案并报省政府审批,确保上半年全面启动城镇居民基本医疗保险。省委常委、常务副省长李宪生出席会议并作重要讲话，他要求全省各有关部门迅速行动起来，以高度的责任感认真做好试点工作。目前全省各地正在积极准备，进行调查测算，制订方案。省政府刚刚印发了《关于建立城镇居民基本医疗保险制度的意见》(鄂政发〔2008〕25号)。经过慎重研究，省委、省政府决定将城镇居民基本医疗保险费交给地税部门征收，这是对我们全省地税系统的充分信任，任务光荣而艰巨。

三、统一思想，充分认识做好城镇居民基本医疗保险费征收管理工作的重要性

征收城镇居民基本医疗保险费对地税部门来说，不单纯是壮大收入规模，不仅仅是地税部门职能的进一步拓展，更重要的是我们切实践行“三个代表”重要思想，落实科学发展观，为推进社会主义现代化建设发挥部门作用的具体体现。各级地税部门要从全局的高度，深刻认识建立城镇居民基本医疗保险制度的重要意义，把思想高度统一到省委、省政府的重大决策上来，增强使命感、责任感和紧迫感，从讲政治、讲大局的高度，以对党、对人民、对事业高度负责的态度，扎扎实实做好城镇居民基本医疗保险费征收这项关乎群众切身利益的工作，为构建和谐社会作出新的贡献。

第一，建立城镇居民基本医疗保险制度是贯彻十七大精神、落实科学发展观的具体体现。科学发展观的本质和核心是以人为本。坚持以人为本，首要的就是必须切实解决好广大群众最关心、最直接、最现实的利益问题。党的十七大强调以改善民生为重点加强社会建设，要求“加快建立覆盖城乡居民的社会保障体系，保障人民基本生活”，并指出“健康是人全面发展的基础，关系千家万户幸福”。从医疗保险这一人民群众最关心、最直接、最现实的利益问题入手，建立城镇居民基本医疗保险制度，充分体现了党中央国务院对民生问题的高度关注。我省全面开展城镇居民基本医疗保险试点，是省委省政府认真贯彻十七大精神，落实科学发展观，切实改善民生，将十七大确立的战略方针细化为具体政策、转化为人民群众的福祉的重要举措。

第二，建立城镇居民基本医疗保险制度是构建社会主义和谐社会的内在要求。构建社会主义和谐社会，必须统筹兼顾，注重社会公平，注重经济社会统筹协调发展，正确处理发展中的利益关系，注重让发展成果普惠于民，让广大人民群众共享发展成果。医疗保险是社会保障体系的重要组成部分，是人民群众关心的热点和社会各界关注的焦点，只有实现广覆盖，将城镇居民，尤其是没有工作、没有收入来源的社会弱势群体纳入到社会保障体系之中，让社会保障的阳光普照千家万户，才能体现公平，才能实现共享，才能实现社会和谐。建立城镇居民基本医疗保险制度，进一步扩大了医疗保险的覆盖面，将原有制度未覆盖到的少年儿童、中小学生、无医保老人和其他城镇居民纳入医疗保险范围，可以使他们平等地享有基本医疗保障权利，而且会大大减轻他们的医疗费用和经济负担，较好地解决“看病难、看病贵”这一广泛关注的社会问题。解决广大城镇居民的医疗保障需求，实现病有所医，必将得到广大城镇居民的广泛支持和普遍欢迎。这是一项惠及千千万万老百姓的民心工程和德政工程，必将进一步推进我国全面建设小康社会的进程。

第三，建立城镇居民基本医疗保险制度，是完善社会保障体系的重大举措。社会保障是公民的基本权利。完善的社会保障体系是市场经济的“减震器”，和谐社会的“安全网”，是建立社会主义市场经济体制的重要支柱。不断推进社会保障制度建设，完善社会保障体系是实现经济社会协调发展的要求。随着市场经济体制的建立和完善，经济发展水平的不断提高，社会保障制度覆盖范围将不断扩大，基本医疗保险也必须由城镇职工扩大到城镇全体居民。只有越来越多的人沐浴到社会保障的阳光雨露，社会主义制度的优越性才能充分显示。建立城镇居民基本医疗保险制度，是我国在建立城镇职工基本医疗保险制度和新型农村合作医疗制度之后又一重大举措。建立这项制度，是改善民生的重要任务，是医疗保障制度建设和完善社会保障体系的重要组成部分。城镇居民基本医疗保险制度的建立和逐步完善，标志着我国覆盖城乡的医疗保障体系已初步形成，“人人享有基本医疗保障”的目标离我们越来越近。

做好城镇居民基本医疗保险费征收工作具有重要的政治意义。我们必须按照税费管理法制化、科学化、规范化的标准和要求，精心组织，周密部署，确保城镇居民基本医疗保险费征收工作顺利进行，把这件千千万万老百姓期盼和关注的事情做好，使党和政府放心，让广大城镇居民满意。

四、迅速行动，将城镇居民基本医疗保险费征收工作作为近期工作的重点，狠抓各项措施的落实

城镇居民基本医疗保险涉及千家万户，关系老百姓的切身利益。省政府要求，新增试点城市的各项工作在6月底前要正式启动，年底居民参保率要达到50%左右；去年已试点的城市参保覆盖率要达到60%以上。完成这项工作，时间紧、任务重。作为医疗保险费征收主体的地税部门，要把医疗保险费征收工作作为一项光荣而艰巨的政治任务看待，没有任何理由打折扣。我们要发扬地税人特别能吃苦、特别能打硬仗的优良作风，迅速行动起来，把这项工作作为近期地税部门的重点之一，团结一心，克难奋进，狠抓各项措施的落实。这也是我们地税部门执行力的具体体现。城镇居民基本医疗保险费征收作为一项新的工作，与我们已经征收的其他社会保险费相比，在征收对象、征缴方式、征收期等方面都有很大的不同。我们还没有成熟的经验可资借鉴，没有完善的套路可以照搬，只能边征收边完善方案，边推进边解决问题。因此，我们的思路要开阔一点，要把问题考虑多一点，加强对城镇居民基本医疗保险相关知识的学习，探寻切合实际的征管模式，有的放矢地强化措施。要重点抓好以下几个方面的工作：

（一）加强组织动员，形成整体合力。城镇居民基本医疗保险费征收工作启动时间紧、要求高，各级地税部门要加强组织领导，开展全局动员，充分发挥部门的综合优势，上下一致，形成整体合力，确保工作的尽快启动和今年任务的圆满完成。各级地税机关一把手要亲自抓，关注工作进展和收入进度，及时解决工作中遇到的问题。各级地税部门要把征收工作纳入年度考核内容，统一部署和规划，建立层层负责的领导机制。分管领导要具体组织，督导各项工作措施的落实。地税机关各部门要树立一盘棋思想，加强协作，搞好配合，社保、计统以及信息中心等相关部门要按照各自的分工落实各自的责任，保证征收工作健康运行、扎实推进。要建立责任明确、考核严格的征收机制。各级地税部门要把这项工作纳入到日常的收入目标考核之中，对城镇居民基本医疗保险费的征收要加大考核力度，工作落实到每个环节，责任具体到每个岗位，使有关人员做到在其位、司其职、谋其事、尽其责，切实把城镇居民基本医疗保险费征收各项工作落实到位。

（二）因地制宜，制定切实可行的征收方案。与征收城镇职工基本医疗保险费相比，征收城镇居民基本医疗保险费工作量大，工作难度大。由于各地的具体情况不同，现有的税费征管基础也不同，因此，目前还不能在全省推行统一的征收模式。根据去年部分地区的试点情况和我们前期的调查研究，以保证医疗保险费安全和方便缴费人缴费为前提，省局拟定了几种备选方案，各地可以根据实际情况,因地制宜地选择征收方案。在确定征收方案时必须坚持三条原则:一是医疗保险费的安全必须得到保证;二是必须方便缴费人;三是地税部门的征收主体地位必须体现。各级地税机关要积极加强与有关部门的协调配合,完善业务流程,形成工作制度,尽快制定切实可行的征收方案,保证征收工作的顺利运转。

(三)加大宣传力度,营造良好氛围。城镇居民基本医疗保险制度是一项新生事物。由于城镇居民分布面广,经济承受能力差异大,情况复杂,因此,开展好相关政策的宣传,营造良好的参保缴费氛围,是征收工作不可缺少的一环。当前,做好城镇居民基本医疗保险的宣传工作,一是要确定好宣传对象,注意宣传工作的针对性。二是要确定好宣传内容,注意宣传内容的实用性。要把政策宣传和工作宣传有机地结合起来,大力宣讲有关适用政策,宣传征缴办法和制度;宣传地税部门在城镇居民基本医疗保险费征缴中的地位和作用;不仅要宣传城镇居民基本医疗保险的意义、作用及征缴程序,更要宣传政府的资助和鼓励参保的政策,让每一个参保人都知道这是党和政府的一项惠民政策,提高他们的参保缴费积极性。三是要确定好宣传的方式,注意宣传的社会效果。各级地税机关要通过新闻媒体、内外网站、宣传栏等,采取群众喜闻乐见的形式,深入开展政策宣传和工作宣传。近期要抓好全方位的突击宣传,形成一定的舆论声势。

(四)提供优质服务,方便缴费人缴费。优化缴费服务是建设服务型地税机关的内在要求。城镇居民基本医疗保险费征收时间集中,缴费人群特殊,人员众多,对征收工作提出了很高的要求。地税部门要不断强化以缴费人为中心的服务理念,为缴费人提供方便、快捷、高效的全程式优质服务。在征收方案的设计上要体现方便快捷,合理布局征收网点和征收窗口,创新缴费方式,减少缴费环节,尽量简化业务流程,达到既方便缴费人缴费,减轻缴费人负担,又能节约征收成本的目的。在征收过程中,要做到工作细致,做好现场答疑,采取有效措施尽量减少缴费人排队等候的时间,同时要针对特定的人群采取个性化的服务,力争使每个愿意参保的人员都能按时缴费。在征收完成后,要及时配合有关部门对集中缴费单位的缴费情况进行公示,使每个缴费人都明明白白交费,确保每个缴费人都能及时享受到参保的好处。

(五)加强培训,提高政策和业务水平。征收城镇居民基本医疗保险费,政策内容新、业务流程新、管理措施新,经办人员正确把握政策和提高业务能力是决定这项工作能否顺利开展的主要因素。只有培训出一批政策水平高、业务能力强的经办人员,才能保证城镇居民基本医疗保险费征收工作顺利推行。这就需要我们加强学习,更新观念。各级地税部门要大力抓好培训工作,积极组织对税收管理员、服务大厅人员的政策业务培训,使他们及时掌握城镇居民基本医疗保险相关知识,明确征缴工作流程和票款管理要求。要让相关地税干部都知道城镇居民基本医疗保险费征缴的参保范围、缴费标准、缴费流程、目标任务,从而促进城镇居民基本医疗保险费征收工作的顺利开展。

(六)积极推进社会保险费征管信息化建设。依托现代科技手段,引入信息网络工具,是提高城镇居民基本医疗保险费征管水平的有效途径。各级地税机关要积极争取政府的重视和支持,加大资金的投入,加快推进信息化建设的步伐。一是要研制城镇居民基本医疗保险费征管信息系统,利用现代化手段加强城镇居民基本医疗保险费的征收管理。二是要利用网络系统方便、快捷、准确的功能,不断改进对缴费人的服务。三是要积极推进与财政、劳动、社区等部门和单位的联网,实现登记、核定、缴费等信息共享，确保征管便捷，数据准确。四是要通过税银库联网，方便参保居民缴费，提高工作效率，保障资金安全。

（七）加强监督检查，确保医保费的安全。医保费是老百姓的"救命钱"，各地必须按照社会保险管理的规定，建立健全财务制度，加强管理和监督，确保安全。省委、省政府决定把城镇居民基本医疗保险费的征管工作交给我们，我们不但要做好征收工作，还要确保社保费的安全，不允许有任何的闪失。各级地税机关要提高对社保费安全重要性的认识。要教育广大地税干部增强法纪观念，严格按制度办事，按程序办事。各级地税机关在城镇居民基本医疗保险费征收过程中，要加大监督检查力度，从征收管理、票据管理、资金入库等环节加强监督检查，彻底消除安全隐患，确保社保费的安全。

（八）加强调研，及时发现和解决出现的矛盾和问题。实施城镇居民基本医疗保险，是一件事关全局的大事，又是一件难事。说它大，它是社会关注的热点，是一项重大的民生问题；说它难，难就难在涉及千家万户，涉及普通居民的切身利益，工作中可能碰到一些我们预想不到的矛盾和问题。如何有效加强社会保险费征缴工作，还需要我们在实践中不断探索。各级地税机关要在实施征缴工作的过程中，针对新情况新问题，积极开展调查研究，探索克服困难、做好工作的有效措施和办法，逐步掌握征收工作的规律，逐步修改完善征缴监控制度和办法。各级地税机关要注意收集各方面对城镇居民基本医疗保险费征收工作的意见和建议，注意倾听群众的合理要求，注意发现出现的各种问题。各征收部门要将各类情况及时上报，职能部门要及时处理，协调解决，促进城镇居民基本医疗保险费征收工作的顺利开展。

（九）加强合作，形成齐抓共管的工作局面。一要积极争取各级政府的重视和支持。征收城镇居民基本医疗保险费涉及多个部门，没有各级政府的重视和支持，很难把这项工作做好。各级地税机关要及时向政府进行工作汇报，多提好的工作建议。既要争取必要的财力物力支持，更要争取有效的工作支持，要依靠政府做好有关方面的协调工作，解决征收工作中的难点问题。二要加强与劳动、财政、银行、学校、社区等有关方面的合作，建立有效的合作机制，共同做好这项工作。总之，要在政府的重视和支持下，形成有关部门各司其职、各负其责、互通情况、相互支持、齐抓共管的工作局面。

〔本文摘自作者 2008 年 4 月 22 日在全省城镇居民基本医疗保险费征收工作会议上的讲话〕

加强沟通　把握全局
共同推进全省地税事业科学发展

省地方税务局党组副书记、副局长　田和平

近几年来，省局已形成一个惯例，每年组织召开一次系统离退休干部座谈会，一是为大家提供一个相互交流的平台，二是向大家通报一下全省地税工作的基本情况，三是征求大家对地税工作的宝贵意见和建议，四是安排下一阶段的离退休干部工作。同时，今年是纪念改革开放30周年的特殊年份，省局党组还希望借此机会，组织大家一起畅谈对国家实行改革开放以及地税事业发展进步的感想和体会。按照会议议程，我先向大家通报一下今年全省地税系统的几项重点工作情况。

一、关于组织收入工作

组织收入是税务部门的天职，收入形势是所有地税人都关注、关心的一个重大问题。这几年，我省地税收入形势是相当好的，特别是最近五年，可以说是地税机构组建以来收入形势最好的一段时期。1994年机构分设时，全省地税收入总规模不足50个亿，到去年，地税总收入已达到了642亿元，其中税收334亿元。不仅税收总规模在增加，而且地税收入占地方财政收入和GDP的比重也在增加。

今年以来，全国税收收入形势总体上表现为两个特点，即在增速上表现为前高后低，在区域上表现为中部增长快于东、西部。第一、二、三季度，全国税收收入分别增长33.8%、27.7%、10.6%；进入第三季度后，7月、8月、9月全国税收收入分别增长21.9%、11.4%、10.1%，增幅呈逐季、逐月下滑态势。

与全国相比，前10个月我省地方税费收入保持了“总量攀升、增长较快、相对均衡、弹性增强、结构趋好”的良好势头。元月份至10月份，全省地税部门共组织各项收入681.7亿元，同比增长31%，增收161.3亿元。其中，税收收入完成352.4亿元，同比增长27.3%，增收75.5亿元；社会保险费收入完成294.5亿元，同比增长35%，增收76.3亿元；其他收入完成34.8亿元，同比增长37.5%，增收9.5亿元。全省地税收入主要表现为以下五个特点：

一是税收收入保持平稳较快增长。进入下半年以来，全国及周边省份收入增幅明显回落，我省地税税收收入则呈现出持续稳定增长的良好态势，避免了收入的大起大落。在全国增长最快的区域——中部六省中，我省增幅始终保持在中游偏上。10月份当月，我省地税收入增长18.6%（可比口径，下同），高于全国平均增幅10.8个百分点，在中部六省中高于山西、河南、湖南，居第3位。元月份至10月份，我省地税收入增长27.8%，高于全国平均增幅2.8个百分点，在中部六省中高于江西、河南、湖南，居第3位。

二是宏观税负和税收弹性系数稳步提升。今年前三季度，我省地税宏观税负与税收弹性系数都有所提升。其中，宏观税负为4.06%，比2007年提高了0.76个百分点、比2006年提高了0.86个百分点，在中部六省中高于河南(3.7%)、湖南(3.9%)，居第4位。税收弹性系数为2.09，比2007年提高了0.86个百分点，比2006年提高了0.71个百分点。

三是所得税成为增收主体。前10个月，全省企业所得税增长42.5%，高于全国增幅21.4个百分点，在中部六省中增幅排第1位，其中，武汉市增长47.8%，增收7.6亿元，占全省企业所得税增收额的61%。全省个人所得税增长35.4%，高于全国增幅4.9个百分点，在中部六省中增幅排第3位。两个所得税共计增收26.4亿元，增收贡献率达到35%。

四是土地税收增长强劲。元至10月份，全省土地增值税增长66.3%，耕地占用税增长94.4%、土地使用税增长60.4%，三个税种共计增收11.9亿元，增收贡献率同比提高了5个百分点，收入比重同比提高了3.2个百分点。土地税收的高幅增长，主要得益于三个方面：一是规范土地增值税预征管理，推动土地增值税增长；二是推广运用GPS卫星定位系统测量土地面积，精确计税依据，推动土地使用税增长；三是严格执行耕地占用税税额调整政策，加强大宗占地项目监控，推动耕地占用税增长。

五是非税收入亮点较多。今年以来，社保费收入和其他收入始终保持35%以上高幅增长，社保费中基本养老保险增长36.2%，失业保险和工伤保险分别增长40%和44.4%。其他收入中文化事业建设费和地方教育发展费分别增长53.9%和36.6%。

虽然前10个月我省地税收入形势总体良好，但受美国金融危机和世界经济衰退的影响，我国经济发展遇到较大的困难和挑战，影响今年后期乃至明年税收增长的不利因素和不确定因素增多。省局初步分析判断，我省今年后期和明年税收形势主要表现为：

一是宏观经济运行放缓制约税收增长。随着当前新一轮经济“波谷”的到来，第四季度宏观经济增速将继续放缓，在此背景下，全国税收收入增长放缓已不可避免。经济增速放缓将会使企业利润减少，盈利空间萎缩，进而导致企业所得税收入增幅降低。从目前的情况来看，10月份当月全省企业所得税已出现今年以来首次负增长，后两个月全省企业所得税收入肯定会有较大幅度的下滑。

二是房地产税收增幅快速回落。进入2008年以来，由于政策和市场等多种因素影响，成交量急剧萎缩已成为我省房市面临的共同现实，房地产税收增长明显放缓。前10个月全省房地产税收仅增长15%，较去年同期回落了40个百分点，税收增长呈明显下行态势。2008年全省房地产业税收预计增长18%，房地产税收占全部税收的比重在20%左右，增收额占全部增收额的比重在25%左右，房地产行业对税收的支撑力度进一步减弱。

三是政策性减收开始显现。其一，个人所得税扣除标准由1600元提高到2000元的减收效应开始显现，个税增长趋于平缓，全年预计政策性减收6亿元；其二，企业所得税“两法”合并后，新企业所得税法实施带来的税率下调、扣除标准提高等减收影响在第四季度逐步显现，再加上企业利润空间不断压缩，都会加大税收的增长难度，将影响我省全年税收10亿元；其三，增值税转型，将影响全省地税收入2.6亿元，其中影响城建税1.8亿元。

根据上述形势，省局的总体判断是：今年后两个月，我省税收增长势头将较10月份进一步放缓，全年收入也将呈现“前高后低”的趋势。2009 年我省地税收入增幅也将较 2008 年明显放缓。

凡事预则立，不预则废。针对收入工作面临的复杂形势，省局上周五召集各市、州、直管市、林区地方税务局局长，召开了全省经济与地税收入形势分析会。会上传达了党中央、国务院和省委、省政府有关宏观经济调控的重大决策，研究了年终地税收入形势及确保明年地税收入增长的思路与措施。会议要求，各级地税部门要坚定信心、未雨绸缪、克难奋进，把思想和行动统一到中央和省委、省政府对当前形势的科学判断上来，保持清醒头脑，积极应对挑战，密切跟踪分析国际国内经济形势的变化，密切关注全省经济运行的情况，密切关注国家宏观调控政策和税收政策调整对地税收入的影响。不仅要研究出现的问题，对可能发生的困难有足够的估计，更要注重研究解决问题的办法，把措施制定得更扎实些，算好经济税源账，做到心中有数，增强组织收入工作的前瞻性和主动性，努力提高复杂背景下的组织收入能力，防止收入大起大落，确保地税收入平稳较快增长。

二、关于税收信息化建设

由于资金等客观条件所限，前些年我省的地方税收信息化建设相对滞后。近三年来，省局集中财力，加大税收信息化建设投入，建立了“湖北省地方税务门户信息系统”，开发了“湖北省地方税费征管核心软件”。通过深入调研、充分论证，省局党组将征管核心软件上线作为今年下半年的重大工作，专门成立了指挥部，在省局党组和省局信息化领导小组的领导下，负责组织指挥全系统的软件上线工作。各市(州)、县(市)地税局也比照省局成立了指挥部和工作小组。全省各级地税机关全体动员、全面保障、全面部署、全力以赴，确保这项工作顺利推进、圆满完成。

一是加强软件开发攻关。为了开发一套科学、实用、前瞻、现代的软件，在有关市州局的大力支持下，省局今年组建了强有力的工作专班，就征管核心软件的进一步修订和完善进行了集中攻关研发。经过权威机构和专业人员鉴证，该软件设计理念先进、运载范围全面、功能机制科学、操作运用简便，能够很好地满足地税征管工作的需要。有鉴于此，省局党组决定从今年 8 月开始，在全省地税系统推广应用征管核心软件，今年年底前，除武汉市以外的所有市、州都要运行到位。

二是加强信息平台建设。为了打牢征管核心软件运行的基础，在网络建设上，全省各地下大力气改造升级广域线路，主干网从省到市(州)扩展到 100 兆，市(州)到县(市、区)扩展到 10 兆，县(市、区)到分局扩展到 4 兆，并增加了一套备份网。省、市(州)、县(市、区)局的网络设备全部配置到位，并改扩建了中心机房。省局外部信息交换系统推出了财税库行横向联网系统、互联网门户网站、12366 纳税服务平台、税务短信平台和第三方信息比对等应用系统。省局决策支持系统按照统分结合的原则，搭建了以数据仓库系统为核心，以“一户式”查询、综合查询系统为辅助，以门户系统为窗口的数据分析利用平台。此外，省局在对现有各类硬件设备进行合理配置、优化组合、挖掘潜力的基础上，按照统一的硬件配置标准和技术标准，购置了能满足业务需要的数据处理设备，改善了安全防护设施。省、市(州)、县(市、区)局均配备了防火墙、防病毒软件等安全产品，省、市(州)局配备了入侵防御、漏洞扫描等安全产品，省局机关配备了内外网系列安全产品。全省各级地税机关对终端设备进行了更新，达到了软件上线硬件要求。

三是加强信息技术培训。为了确保达到软件上线工作的人力要求，全系统大力开展了人员培训工作。省局组织对市、县计算机、征管、票证、计统、社保和税政部门的 800 多名业务骨干进行了为期一周的征管核心软件

业务和技术集中培训。这批全面掌握了征管核心软件功能和操作方法的业务骨干、技术骨干，成为各地开展培训的师资力量。全系统还组织开展了计算机应用技能全员培训和测试，促进了全体地税干部职工信息技术应用水平的明显提高。

*四是加强基础数据采集。*信息化必然要求标准化、规范化，基础数据的标准化尤为重要，它是保证征管核心软件顺利上线的关键。为此，省局制发了全省统一的《湖北省地方税费征管核心软件上线基础信息采集标准》和《湖北省地方税费征管核心软件上线历史数据处理办法》。各地按照省局的要求，在数据采集、录入、清理等环节严格核对、认真把关，建立健全数据录入、检测、监控和考核机制，严把数据质量关，发现问题及时修正。每个环节审核均有书面记录，录入和复核人员对审核结果终身负责，保证了进入征管核心软件的基础信息数据干净、准确、完整、有效。

*五是加强统筹规划安排。*省局根据各地信息化建设的基础状况及工作量的大小，本着先易后难、因地制宜、逐步推进的原则，分期分批组织软件上线运行，实现数据与省局实时集中。自8月份启动以来，通过采取各种强有力的措施，全省各地软件上线工作进展十分顺利。目前，继试点单位恩施州之后，已有一半以上的单位顺利上线运行，新软件在提高管理效率、强化税源控管、优化纳税服务、保障政令畅通等方面的效应已初步显现。其他单位在年底之前也将完成软件上线工作，实现数据与省局实时集中。武汉市地税局作为全省较早实现数据大集中的单位，目前正在与全省统一的征管核心软件进行对接，确保明年年初实现数据与省局集中。

三、关于机构与人事制度改革

今年以来，省局党组根据干部人事管理的新形势、新要求，积极探索地税机构和人事制度改革的新途径、新办法，以进一步优化干部队伍结构，提高干部队伍整体素质。在广泛调查研究、充分征求意见的基础上，先后制定下发了《省地税系统领导干部竞争上岗工作实施办法》《全省地税系统领导干部交流轮岗工作实施办法》《关于在全省地税系统实施税收业务能手评选活动实施意见》《关于县(市、区)地税局机构改革的意见》《全省地税系统工勤岗位人员规范管理暂行办法》《关于全省地税系统领导职务改任非领导职务有关问题的通知》《关于进一步加强全省地税系统领导班子建设的意见》《关于进一步加强全省地税系统干部队伍建设的意见》，以及建立在《公务员法》基础上的退出机制。制度建设的力度，文件出台的密集程度，可以说前所未有，其中很多规定和办法具有创新意义。这里我重点介绍一下与过去相比有较大变化的几项新办法：

*(一)推进县级地税机构改革。*其核心是将县(市、区)地税机构的职能由“管理＋监督型”转变为“管理＋服务型”，按照扁平型或整合型两种基本模式设置，各地可以结合本地实际情况进行改革。改革的具体模式是：在管辖区域面积较小、干部队伍人数较少的县(市、区)局，推广扁平型机构改革，撤销原有机关内设机构和派出机构，在县(市、区)局机关设置办公室、监察考评科、税费服务科、信息管理科、税费管理科等机构，机构级别均为副科级；在管辖区域面积较大、经济相对发达的县(市、区)局，推广整合型机构改革，将原县(市、区)地税机关的内设机构整合为办公室、税费征管科、信息管理科、监察考评科、税费服务科等，另设置征收机构3～5个，机构级别也均为副科级。这两种模式，各地可因地制宜地选择，一个市(州)内可同时并存，省局不搞“一刀切”。无论实行扁平型还是整合型模式，都保留县(市、区)地方税务局直属机构稽查局的设置，机构级别及职能不变。至于省局和市(州)局机关的机构改革，有待于

明年在省级机构改革的大背景下推行。

（二）推进领导干部交流轮岗。针对有些领导干部长期在一个地方任职带来的活力不足、工作不便开展等实际问题，省局党组通过反复调查研究及广泛征求意见，决定有计划地在机关、直属单位的部门与部门之间，各市（州）、直管市、林区局之间，机关与基层单位之间进行领导干部交流轮岗工作。对省局管理的干部，一是因工作需要进行交流轮岗的，主要是为了改善领导班子结构，发挥领导干部特长，特别是没有两年以上基层工作经历的机关处级领导干部，应通过交流轮岗锻炼提高领导能力。二是因任职年限规定需要进行交流轮岗的，主要包括两种情况：市（州）、直管市、林区局及其副处级稽查局、征收分局的班子正职，在同一职位任职满5年的，必须交流轮岗；省局机关内设机构正职在同一职位任职满5年的，原则上应交流轮岗，在同一职位任职满10年的必须交流轮岗。三是按规定需要回避而进行交流轮岗的，主要包括三种情况：新提任的市（州）、直管市、林区局班子正职原则上异地交流；有夫妻或直系血亲关系及近姻亲等亲属关系的，如双方在同一个机关担任直接隶属于同一领导人员的职务或有直接上下级领导关系职务的，其中一方必须进行交流；有夫妻或直系血亲关系及近姻亲等亲属关系的，在其中一方担任领导职务的机关从事人事、监察、财会工作的干部，必须进行交流。按照上述规定，目前，省局党组已对随州、仙桃、天门等市局的主要领导进行了交流轮岗。

一般不进行交流轮岗的情形主要是：省局机关、直属单位处级领导干部男年龄超过56周岁、女年龄超过51周岁的，涉嫌违纪违法正接受调查审查尚未作出结论的，离最高任职年限不足5年的。

（三）规范领导职务“改非”管理。根据新时期干部人事制度改革的需要，省局党组废止了鄂地税党发〔1998〕46号和鄂地税党发〔2006〕81号文件，对全系统领导职务改任非领导职务工作重新进行明确，主要内容是：市（州）局班子成员和副处级稽查局、征收（分）局正职，男正处年满56岁、副处年满54岁，女正处年满53岁、副处年满51岁，实行“改非”。直管市、林区、县（市、区）局班子成员，男正职年满55岁、副职年满53岁，女正、副职年满51岁，实行“改非”。系统各级领导干部，如因身体不适不能坚持正常工作的，或因其他原因不能担任领导职务的，应提前“改非”。以上领导职务“改非”，均不占省局规定的非领导职务职数。与此同时，为充分发挥副调研员职数的激励作用，对县（市、区）局班子正职任职满8年以上，且综合素质好、大局意识强、作风正派、真抓实干、工作实绩突出、群众公认优秀的，可提任副处级（副处级领导职数原则上为县、市、区局正职比例的三分之一）。

（四）实施业务能手津贴制度。为树立激励地税干部自觉学习业务、争当业务能手的政策导向，培养造就更多的现代税收管理和专业人才，省局决定从2009年起，每两年评选一次业务能手，包括征管服务能手、稽查能手和信息技术能手，并分类建立业务能手人才库。评选的业务能手占全省地税系统相应岗位总人数的比例原则上不超过5%。评选工作坚持业绩优先原则，既要注重考试成绩，确保业务能手具有较高的业务水准，更要坚持考核工作实绩，把工作实绩作为评选业务能手的主要依据，防止以考代评。获得业务能手称号的干部职工享受能手津贴两年，自命名表彰的下月起开始执行，两年后按程序重新评选。

（五）规范工勤岗位人员管理。对全省地税系统工勤岗位（司机、炊事员、水电工等岗位）用工，坚持因事设岗、因岗选人的原则。工勤岗位用工应首先安排工人身份人员，工人身份人员不足或岗位特殊需要的，再从社会劳务中介机构派遣人员。为减少工勤岗位社会用工数量，要尽量把适合工勤岗位工作的干部身份人员调整到工勤岗位工作，其身份待遇不变。坚持以钱养事原则，积极推行后勤保障服务社会化，实行工勤岗位工作外包。实行工勤岗位用工回避制度，凡与系统干部职工有夫妻或直系血亲关系及近姻亲等亲属关系的人员，一律不得派遣到地税系统工勤岗位工作；对系统复退子女，一律按政策实行有偿转移安置。

四、关于税收执法责任制工作

税收执法责任制是税务部门的一个管总的制度，它通过建立一种激励和约束机制来管理人、规范人，对于地税事业的健康发展具有重要的保障作用。省局党组对此项工作高度重视，从2002年起，按照国家税务总局的要求，把税收执法责任制作为关系全局的重大制度建设，扎扎实实抓试点、抓探索、抓完善。今年以来，省局根据赴广东等省市考察的情况，着眼于缩小与先进地区的差距，从推进"三个统一"（统一规范、统一标准、统一步骤）着手，进一步加大了的税收执法责任制的推进力度。

一是继续深化试点工作。继2003年总结推广南漳县地税局以质量管理系统为平台，推进税收执法责任制的经验后，省局这几年又先后选择利川、枣阳、老河口等地作为试点单位，推进新一轮执法责任制的探索和实践，形成了多种模式并举的格局。今年8月，省局在应城召开了全省地方税收行政执法责任制研讨会，系统总结论证了试点模式的可行性和科学性。在各试点单位中，枣阳市地税局引入绩效管理理念和ISO9000质量管理体系，以现代信息管理技术为支撑，开发了"1＋8"税收执法责任管理系统，促进了税收管理整体效能的优化；利川市地税局以机构扁平化为切入点，整合机构，调整职能，大力推进岗位责任制；老河口市地税局坚持系统论的观点，把责任制体系分解为岗责体系、考核体系、奖罚体系三个子系统，并从制度层面、实践层面进行分解和实施保障，权责明晰，要而不繁。这些单位的有益探索，为税收执法责任制在全省全面推行奠定了扎实的工作基础，积累了丰富的试点经验，形成了可资借鉴的运行模式。

二是加强制度体系建设。在总结试点工作的基础上，省局结合学习先进省市局的成功经验，深入分析我省地方税费征管业务实际，着手规范税收执法责任制的运行方式，着力完善税收执法责任制的岗位体系、工作流程、考核评议以及责任追究的细化和量化。自9月份开始，组织全省地税系统15名业务骨干组成编写专班，集中编撰《湖北省地税系统税收行政执法责任制岗位职责和工作规程范本》，制定《湖北省地税系统税收行政执法责任制考核评议办法》及考核业务需求、《湖北地税系统税收执法责任制过错责任制追究办法》，创建湖北省地税系统税收行政执法责任制度体系，从职责界定、考核考评、责任追究等各个方面予以统一和规范。编撰工作进展顺利，目前已初步形成制度框架。

三是稳步实施推广工作。鉴于税收执法责任制涉及所有基层单位，为保证考核结果公开公平公正，省局在创建制度体系的同时，已部署有关部门配合研究开发税收执法管理信息系统，将税收执法的各个岗位、各个环节、各个流程纳入计算机实时跟踪控管，实行计算机考核与人工考核相结合、以计算机考核为主，提高税收执法监督管理工作的质效。在此基础上，在每个市、州选择1～2个单位，按照统一的岗责、规程及考核、追究办法，试运行制度框架和考评软件。待试点单位取得成功、系统运行稳定后，力争于2009年底之前在全省全面推行统一规范的税收执法责任制。

五、关于几项重大活动的开展情况

今年以来,中央和省委、省政府统一部署了一系列重大的全局性活动。作为政府的重要职能机构,全省地税部门从讲政治、讲大局的高度,高度重视、认真贯彻上级的重大部署,积极主动地参与各项活动,收到了重大活动与税收工作“两不误、两促进”的实效。

(一)提高执行力大讨论活动。按照省政府的统一部署,省、市、县地税局机关4月至7月深入开展了提高政府执行力大讨论活动。这项活动旨在构建“职责明确、工作规范、反应敏捷、运转协调、执行有力”的政府工作运行机制,提升政府应对新形式、适应新变化、顺应新发展的执行力和公信力。整个活动经历了学习动员、对照检查、整改落实和完善机制等四个阶段,各级地税机关工作人员紧密联系工作实际和思想实际,深入开展了“六查六看”(查政务值守、查执行落实、查工作作风、查工作效率、查大局观念、查服务质量)。活动中,省局把思想大解放摆在首位,并贯穿于整个活动的始终,紧紧围绕服务经济发展、服务地方政府、服务纳税人、服务基层等方面的不足,出台了《湖北省地方税务局促进地方经济社会发展的地方税收优惠政策与措施(170条)》《地方税收纳税服务工作实施办法》《关于支持中小企业发展的实施意见》《关于支持服务业加快发展的实施意见》《湖北省地方税收分级稽查暂行办法》《关于促进经济社会发展的若干意见》等一系列文件,并制定了《省地方税务局关于建立执行力建设长效机制的意见》,促进各级地税部门在服务中执行、在执行中服务,受到省政府的充分肯定。

(二)文明执法教育活动。这项活动是省政府部署在全省行政执法部门广泛开展的一项重大活动,与执行力大讨论活动同步进行,旨在解决部分干部工作激情缺失、创业精神不足、法纪观念弱化的问题,从深层次激活地税干部文明执法的动力。全省地税系统组织全员参加了教育活动,通过“查执法目的、比执法作风、看执法行为”,积极查找执法工作中存在的问题。针对收集到的各类意见,按照“不护短、不遮丑、不掩盖矛盾、不回避问题”的原则,做到能马上改进和纠正的,立即着手、迅速落实;不能马上改进和纠正的,明确整改目标、责任主体和整改时限,狠抓整改落实。省局结合系统内暴露出来的执法违法现象和失职渎职行为,部署在全系统开展了以“十查十看”(查税收政策执行、查缓缴税款和减免税审批、查欠税追缴、查税款入库等)为主要内容的“严格执法 有税必收 积极预防和严肃查处税收失职渎职行为”专项工作,纠正了政策适用不当、执法程序不规范等十个方面的问题,有效查补了管理上的漏洞,弥补了制度上的缺陷,进一步规范了税务行政执法行为和内部行政管理行为。地税部门开展文明执法教育活动的做法得到了省“两项活动”领导小组办公室的充分肯定,并在全省文明执法教育活动情况交流会上介绍了经验。

(三)民主评议政风行风活动。继2001年省局首次参加行评后,今年省委、省政府再次把地税部门列为民主评议政风行风的八个部门之一。与过去相比,今年的民主评议政风行风工作有两个突出特点:一是参与行评的范围大,实行上下联动、条块结合的原则,省、市、县三级地税机关均作为本级的测评对象;二是征求意见的渠道广,纠风部门采取第三方评估,即通过统计局面向社会征求意见,同时还纳入行风热线的监督打分,最后结合检查考核组的考核检查,几个方面各占一定的分值。该项活动自7月中旬启动以来,省局党组高度重视,严格落实责任制,把评议和考核结果作为衡量领导班子、领导干部执政能力和工作实绩的重要依据;对评议不合格的单位,明确对其领导班子采取组织处理措施。各级地税机关树立全局一盘棋的思想，领导班子全员上阵，干部职工全力以赴，做到了组织领导到位、宣传发动到位、征求意见到位、自查自纠到位、督促检查到位，形成了全员参与行评的良好氛围，使行评成为推进地税工作的强大动力，取得了良好的效果。据省局行评办公室统计，截至目前，市、州、直管市、林区地税局已经全部开展了集中评议，共有 11 个单位在当地名列第一。省局机关的集中评议将于稍后进行。集中评议之后，将进入建章立制和全面整改阶段，建立和完善全省地税系统政风行风建设的长效机制，并邀请各特邀监察员、执法监督员和评议代表对各级地税机关及其工作人员的工作作风进行指导和监督。

（四）*深入学习实践科学发展观活动*。按照中央的统一部署，自 2008 年 9 月开始，用一年半左右时间，在全党分批开展深入学习实践科学发展观活动。省局机关和直属单位作为我省第一批单位，今年 9 月到明年 2 月开展学习实践活动；市、县地税机关将与当地党政机关一起，参加明年 3 月到 8 月的第二批次学习实践活动。这次学习实践活动是一项重要的政治任务，整个活动分学习调研、分析检查、整改落实三个阶段进行。通过学习实践活动，要达到提高思想认识、解决突出问题、创新体制机制、促进科学发展的目标，真正做到党员干部受教育、科学发展上水平、人民群众得实惠。目前，省局机关和直属单位已分三批在孝感培训基地进行了为期一周的全封闭式集中脱产培训，做到了学习内容、时间、人员、效果“四落实”。省局领导还结合分管和包点工作，各处室、直属单位结合各自业务工作，针对今年执行力大讨论、文明执法教育活动、民主评议政风行风中查找出来的问题，紧紧围绕科学发展这个主题，拟定了 80 多个调研题目和调研计划，已经或正在扎实开展调研活动，力求找到促进湖北地税加快发展、科学发展的方法与思路，真正破解影响湖北地税发展的重点、难点、热点问题。

〔本文摘自作者 2008 年 11 月 17 日在全省地税系统离退休干部座谈会上的讲话〕

增强责任感　提高扣缴率
进一步做好车船税代收代缴工作

省地方税务局党组成员、副局长　罗　涛

在这洋溢着融融暖意的早春时节，省地税局和省保监局联合召开全省车船税代收代缴工作视频会议。这次会议的召开，既是形势所迫，也是责任使然。形势所迫是因为全省车船税代收代缴工作的整体状况不太理想，在各地区间和代收代缴单位之间的工作开展非常不平衡，迫切需要大力整顿、全面规范。责任使然是因为做好这项工作既是一项政治要求，也是一种法律责任，更是我们税务和保险部门义不容辞、责不容推的职责和使命。刚才，省保监局的左局长对这项工作作了严肃的要求，平安产险湖北分公司的金总将作表态发言，全省各级地税机关要认真学习贯彻本次会议精神，按照“思想重视，措施得当，配合协调，纪律严明，扣缴有力，效果明显”的要求，进一步增强做好车船税代收代缴工作的责任感，抓住问题，着力整改，加强措施，理顺秩序，强调纪律性，提高扣缴率，将车船税暂行条例全面完整地贯彻执行到位，使全省车船税代收代缴工作走出无序，走向规范。下面，我先介绍一下全省车船税代收代缴工作有关情况，并就进一步做好车船税代收代缴工作讲几点意见。

一、全省车船税代收代缴工作情况

（一）2007年全省车船税完成情况。2007年全省车船税累计完成19146万元，比上年增长47.49%，增收6165万元，其中，上半年累计征收10065万元，月平征收额1677.5万元，下半年累计征收9081万元，月平征收额1513.5万元。通过解读这些数据，并结合往年车船税的征收入库情况，我们可以看出，2007年全省车船税征收工作改变了以往年度“前松后紧”的被动状况，上半年和下半年以及年度内各月份之间基本都保持着均衡的入库进度，全年车船税收入总体上呈现出平稳增长、稳中有进的良好局面。

（二）全省车船税代收代缴工作状况。新出台的《中华人民共和国车船税暂行条例》规定，自2007年7月1日起，机动车车船税由从事机动车交通事故责任强制保险业务的保险机构扣缴。《条例》颁布实施后，我省地税机关结合实际情况，主动与保险机构建立协作关系，委托保险机构在办理交强险环节代收代缴车船税，帮助和督促各保险机构在7月1日如期履行车船税的代收代缴职能，并组织车船税政策业务培训，向纳税人进行广泛的税收宣传，税险协作起步良好。从总局通报的情况来看，湖北省保险机构代收代缴车船税的启动工作走在了全国前列。

随着代收代缴工作全面展开和深入推进，全省车船税代收代缴工作中存在的问题逐渐暴露了出来。从去年下半年代收代缴工作执行情况来看，主要表现为“四个不够”，一是思想不够重视。省内部分保险机构仍未意识到依法代收车船税是其应尽职责，仍然一味地以车主拒收代收为由不履行代收义务。再加上新增的车船税代收代缴业务加大了保险机构的业务工作量，初期代征工作还存在着票据等方面的阻碍，以及国家仍未出台代收代缴手续费标准等问题，导致这些保险机构在主观上仍然不愿意开展代收代缴工作，思想上存在抵触情绪。甚至有些保险机构受利益驱动，把不扣缴车船税作为拉保险的砝码和竞保手段，以扩大销售业绩，严重扰乱了车船税代征秩序。二是措施不够有力。针对车船税代征工作初期出现的认识不清、职责不明、扣缴不力的情况，地税部门及时找相关保险机构沟通协调，要求代征单位迅速采取措施，规范代征行为，认真履行车船税代征义务。十堰、宜昌、荆州等地地税机关还对部分不履行代征义务的车船税代收机构进行了处罚，并举行了税务行政处罚听证会，但由于种种原因，很多保险公司至今仍未按规定足额代收代缴车船税。三是进度不够均衡。去年底，我们在全省开展税政业务检查，把车船税代收代缴的执行情况作为检查的一项重要内容。通过检查发现全省车船税代收代缴工作除仙桃、钟祥等极少数地区执行得比较好、扣缴率较高之外，大部分地市州都执行得很不理想。在我们抽查的地区中，只有仙桃、钟祥两地的扣缴率基本稳定在80%左右，其余地区扣缴率均低于30%。从代收代缴单位的执行情况来看，各保险机构代收代缴车船税的执行力度也不一致，代征工作开展得非常不平衡，扣缴率普遍较低。四是效果不够明显。据统计，去年7月至12月份，全省车船税累计完成9081万元，其中由保险机构代收代缴部分约为1500万元，仅占下半年车船税征收总额的16.51%，同其他省市相比，我省车船税扣缴率明显偏低。由此可见，《车船税暂行条例》赋予保险机构的新职能未能得到有效履行，保险机构代征车船税的职能优势也未能充分体现，目前车船税代收代缴工作的形势非常严峻，已经到了需要大力整顿、极力扭转、全面规范的时候了。

当然，前期车船税代征工作形成这种严峻的局面，在客观上也存在一些原因。车船税新政策出台后，保险机构人员和广大纳税人对新政策的认知有一个逐步适应、逐渐接受的过程，难免出现纳税人因不理解、不认同等原因而拒缴车船税的情况。而且由于“交强险”强制征收执行才一年多的时间，如今又将车船税与“交强险”捆绑征收，并且本次车船税税负的上调幅度很大，这也进一步加大了车船税代征的难度。但是，经过半年时间的工作“磨合”和政策宣传，广大纳税人对车船税新政策的认知度大大提高，车船税代征工作环境已大大改善，2008年是一个新的起点，正是税险部门强化措施，规范管理，加大力度，扭转车船税代征不利局面的时候，如果还有代征机构对待车船税代收代缴工作在思想上不重视，在态度上不坚决，履行职责过于随意，在主观上仍然不愿意开展和不抓好代收代缴工作，其实质就属于变相违法，就要承担相应的法律责任，受到相应的处罚了。

二、充分认识做好车船税代收代缴工作的意义

思想是行动的先导，思想认识的深度决定行动执行的力度。要做好车船税代征工作，规范代征行为，理顺代征秩序，开创代征工作新局面，正确而深刻地认识保险机构代征车船税的意义非常有必要。

(一)做好车船税代征工作是实践便民惠民理念的具体体现。车船税交由保险机构代收代缴这一征管方式的改革，看似对一个小税种征管方式的简单变革，实则是国家针对车船税特点而相应做出的科学调整，它的出发点是方便纳税人、服务纳税人、降低缴税成本。车船税的这次变革折射出了税收政策的亲民性和惠民性，它是政府亲民、爱民、维护广大人民群众根本利益的执政理念在税收领域的具体实践。做好车船税代征工作，就是在实践为民服务、为民谋利的执政宗旨，是讲政治、讲大局的表现。同时，这一变革还体现了税收科学化管理的内涵。由于车船征税具有涉及面广、税源流动性强、纳税人多为个人等特点，而税务部门又缺少有效的监控手段，过去，没有有效的控管措施一直是制约车船税征管质量提高的重要因素。2006年7月1日，国务院颁布施行《机动车交通事故责任强制保险条例》后，考虑到该险种具有强制性的特点，保险范围与车船税的征税范围相近，《车船税暂行条例》便将从事机动车交通事故责任强制保险业务的保险机构确定为机动车车船税的扣缴义务人，这就解决了长期以来困扰地方税务机关的车船税征收实施环节控管无法律依据的问题，为基层税务机关加强车船税的征管、实现源泉控管、堵塞机动车车船税的征管漏洞提供了有效手段。因此，我们要从讲政治、讲大局、科学发展的高度来认识做好车船税代收代缴工作的重要性，进一步坚定做好代收代缴信心和决心，使全省车船税代收代缴工作迈上新台阶。

(二)做好车船税代征工作是增加地方可用财力的重要途径。2007年出台的《车船税暂行条例》有两个重要特点，就是“增额”和“扩面”，由此带来的政策增收效应非常明显，也进一步扩大了车船税的总体收入规模。“增额”就是调增了税额标准。《条例》出台以后，我省按照《条例》规定的幅度和范围，参考毗邻省市拟订的税额标准，综合考虑车船的性能和节能环保等方面的要求，结合国家当前产业政策和我省经济发展水平，对我省车辆适用税额进行了明确，大部分车型的年税额标准得到了调升。"扩面"扩大了征收覆盖面。新的《车船税暂行条例》取消了对工程作业车船及财政拨付经费单位自用车船的免税规定,取消了对车船税的困难性减免,从而扩大了车船税的征收覆盖面,拓宽了税基,拓展了车船税的增长空间。2007 年,全省车船税"均衡入库、稳定有升"良好局面的形成,就主要得益于上述车船税新政策增收因素的有力推动。车船税是地方财政的可用财力,收入规模从 2000 年的 7000 万元壮大到 2007 年的接近两亿元,是地方税中增长较快的税种之一,虽然 2007 年车船税收入以 47.49%的高幅增长,但离政策调整测算的目标还有一定的差距,收入规模还有很大的增长空间。因此,车船税的财政意义不容轻视。

(三)做好车船税代征工作是实现税险互惠共赢的有效举措。将车船税交由保险机构代征,是充分整合行政资源,发挥保险机构职能优势,提高车船税征管效能的一项重要工作决策,也是实现税险互惠共赢的有效举措。对地税部门而言,车船税征收方式的变革,意味着减轻了一部分工作量,可以腾出时间和精力更好地从事其他地方税种的管理。对保险机构而言,虽然车船税代征的起步阶段会遇到一些困难和阻力,对保险工作正常开展有一些影响,但是当车船税代征工作真正步入正轨,代征秩序全面理顺,形成"一险一税,税险同步"的工作机制之后,工作量会随之减少很多。同时,财政部和国家税务总局近期已经发布了关于明确保险机构代收代缴车船税手续费有关问题的通知,确定暂按保险机构代收代缴车船税实际收入的 5%支付手续费,这个比例大大突破了以往 2%的代收代扣法定手续费标准。如果将 2007 年的车船税累计征收数作为 2008 年车船税代征手续费的保底基数来估算,则 2008 年的车船税代征手续费约为 1000 万元。而且,随着社会经济的发展,车船的拥有数量还在保持一个高速的增长,如果保险部门做到应收尽收、应缴尽缴,2008 年的车船税代征手续费还将进一步提高,经济效益相当可观。因此我们说,做好车船税代征工作是实现税险互惠共赢的重要举措。

三、做好车船税代收代缴工作的几点要求

针对车船税代征前期工作中存在的问题,省地税局、省保监局两部门领导高度重视,去年以来,我们两部门领导多次进行工作沟通和协商研究,并就诸多事项形成了高度共识。对全省车船税代收代缴工作,两家领导态度坚决而明确,一致认为这项工作是行政法规赋予的一项法定职责,代征工作只能是越来越规范、越来越顺畅,而不是继续混乱和无序。为使车船税代征工作从混乱走向有序,从随意走向规范,理顺代征秩序,切实提高扣缴率,两家单位以鄂地税发〔2008〕15、16号文件形式联合印发了《关于进一步加强机动车车船税代收代缴工作的通知》和《湖北省机动车车船税代收代缴管理办法》,并组织筹备了这次全省车船税代收代缴工作视频会议。全省各保险机构和各级地税机关一定要深刻认识做好车船税代收代缴工作是职责所在、责任所在,也是大势所趋,势所必行。任何等待观望、相互攀比、消极应付的情绪和态度都是不可取的,是贻误时机的,只有税险齐心协力把这项工作推上去,做好做扎实,才能开创车船税代征工作新局面。下面,我就如何做好车船税代收代缴工作讲几点要求:

(一)明确责任,认真履责。从事交强险的保险机构代收代缴车船税是行政法规赋予的法定义务。2006 年 12 月 27 日国务院第 162 次常务会议通过的《中华人民共和国车船税暂行条例》规定:从事机动车交通事故责任强制保险业务的保险机构为机动车车船税的扣缴义务人。凡从事交强险业务的保险机构都必须认真履行代收代缴义务。具体来讲，就是各保险机构必须指定专人负责，按照险税同步的原则，严格执行一车一险一税的工作程序，在关键环节，做好车船税代收代缴工作，确保每辆车辆足额缴纳保费的同时足额缴纳税款。对2007年未代征的车船税，各保险机构一定要细心查验甄别，严格把关，在代收2008年度应纳税款的同时，将以前年度的未缴税款一并补征到位，并从前次交强险保单到期日的次日起至购买本年度保险的当日止，按日加收应纳税款万分之五的滞纳金，坚决不让国家税款流失。同时，各保险机构还要加强对保险中介代理机构的管理。《湖北省机动车车船税代收代缴管理办法》第四条规定，收取交强险的保险机构是车船税的法定代扣代缴义务人，它不仅要承担本身不履行代收代缴义务所应承担的法律责任，还要承担其委托的保险中介代理机构不履行代收代缴义务的法律责任。因此，各保险机构对保险中介代理机构要明确其责任，指导其业务，约束其行为，强化其法律意识，确保其严格依法履行代征责任，保证国家税款的足额入库。

（二）点面结合，强化宣传。纳税人对政策变化不了解所产生的抵触情绪是形成车船税代征工作阻力的一个重要原因。因此，要做好车船税代征工作，理顺代征秩序，必须重视和抓好对社会和广大纳税人的政策宣传工作。各级地税机关和各保险机构一方面要做好“面”上的宣传，就是利用电视、报纸等新闻媒体扬声造势，在办理交强险的营业场所和办税服务大厅张贴摆放宣传资料和放置告示牌等，通过常规宣传手段和渠道来扩大《车船税暂行条例》及相关政策规定的宣传，提高纳税人对税收法规的遵从度和依法纳税的意识，为车船税代征营造良好的法制环境。另一方面，还要结合实际、有针对性地做好“点”上的宣传，地税人员和保险机构从事车船税代征岗位的工作人员要加强对纳税人的政策辅导和思想疏通，特别是对办了“交强险”而不愿缴车船税的纳税人和新纳入车船税征税范围及不再免征车船税的党政机关、事业单位、社会团体等，要做好税法的宣传解释工作，既让他们知晓政策的调整变化情况，了解税款申报和缴纳的方式与流程，督促其按时申报缴纳税款，还要让其明白不按照条例法规及时申报足额缴税相应承担的法律责任。只有动之以情、晓之以法、沟通思想、化解矛盾，才能确保车船税条例的顺利贯彻实施。

（三）加强协调，密切配合。由保险机构代收代缴车船税是一项全新的工作，各地税险部门要克服困难，及时进行沟通和协调，切实把这项工作做好。就保险机构而言，各保险机构在严格执行税险同步工作机制的同时，要就车船税代征工作进一步加强与主管地方税务机关的信息传递与沟通。对拒绝保险机构代收代缴机动车车船税的纳税人，保险机构应当尽可能立即通知主管地税机关，在税务人员未到达现场前，暂停保险业务的办理，保证险税同步。如果现场条件不成熟，则保险机构应于当日将纳税人姓名、身份证号、车型、车牌号码、单位、名称、电话号码、详细住址、邮编等情况报告主管地方税务机关，主管地方税务机关应根据《税收征管法》及其实施细则的有关规定依法严肃处理。就地税部门而言，要建立税务机关与扣缴义务人有效沟通的机制和渠道，加强对扣缴义务人的业务培训和辅导，及时解决或解答保险机构在代收代缴车船税时遇到的困难和具体业务问题，严格对保险机构代收代缴车船税的监督管理，防止出现应收未收、多收少收等违反条例及实施细则规定的问题。具体到当前的工作实际，各级地方税务机关要克服保险机构营业网点多而税务人员少的矛盾，在今年3月、4月要指派一定数量的税务人员在交强险业务办理现场对代收代缴单位进行业务指导，及时解决代征工作中遇到业务问题和纳税人拒缴车船税等突发问题，并对在购买交强险时拒不缴纳车船税的单位和个人及时进行政策宣传和思想疏导，对拒不缴税、情节严重的纳税人，要依法进行处理。税险部门力争通过一段时间的共同努力，形成投保人自觉投保缴税，保险机构足额代收代缴车船税的良好局面。

（四）严格监督，严肃纪律。要建立健全分级负责的管理机制，省地税局与省保监局共同负责对全省车船税进行指导与监督管理，各市、州地税局负责对本地区各保险公司代收代缴车船税工作进行指导、监督与管理。各县、区地税机关要指定专门科室、专门人员对本辖区内各保险机构代收代缴工作随时进行辅导，及时解决代收代缴工作中遇到的问题，解答代收代缴单位和广大纳税人的疑问，定期对代收代缴情况进行监督、检查和管理。各级地税机关要加大对代收代缴单位的监督检查力度，严肃纪律，奖优罚劣。对积极履行代收代缴义务的扣缴义务人，省地税局和省保监局将联合予以表彰。对在前期车船税代征工作中未严格按程序履行代征责任的保险机构，我们可以考虑从轻处理，但此次会议之后，对保险机构未履行代收代缴义务的，要限期整改，对不能在规定期限内整改的代收代缴单位，地税机关要严格按照征管法的规定从严采取行政处罚措施。如果保险机构负责人是中共党员的，应提请其上级党组织，对其拒不执行党的政策行为依照《中国共产党纪律处分条例》予以处分，以确保保险市场的公平有序和国家税款的足额入库。

〔本文摘自作者2008年3月4日在全省车船税代收代缴工作视频会议上的讲话〕

整合资源　互动协作
进一步加强全省土地税收管理工作

省地方税务局党组成员、副局长　罗　涛

今天，省地税局和省国土资源厅联合召开关于加强全省土地税收管理工作的视频会议，主要是贯彻国家税务总局、财政部、国土资源部关于进一步加强土地税收管理的文件精神和土地税收的相关政策法规，整合运用地税部门现有控管手段和征管资源，优化和完善地税与国土两部门的沟通协作方式和协同控管办法，统一思想、形成共识、明确目标、落实责任，进一步发挥部门协作与齐抓共管的优势，加大土地税收的征管力度，充分发挥税收的经济调节作用，促进土地资源的集约和节约利用。刚才，省国土资源厅的熊政春副厅长已对这项工作提出了明确的要求和很好的建议，全省各级地税机关要认真学习贯彻本次会议精神，进一步增强做好土地税收管理工作的责任感，通过与国土部门开展多种形式的信息共享和配合，提高土地管理和土地税收征管工作的水平。在此，我代表省地税局向长期关心、支持、帮助地税工作的国土管理部门的干部致以衷心的感谢！下面，我就全省土地税收管理的基本情况作一介绍，并就进一步加强土地税收管理工作讲几点意见。

一、我省土地税收管理的基本情况

土地税收由来已久，源远流长，尤其是在社会主义市场经济的条件下，土地税收在筹集财政收入，调控土地市场，转变经济发展方式，引导产业结构调整，促进土地资源集约节约利用，提高土地使用效益，促进资源、人口、环境相协调等方面发挥着不可替代的作用。目前，我国的土地税收主要包括城镇土地使用税、土地增值税、耕地占用税和契税四个税种。由于这四个税种都是以土地的使用和交换为前提，以土地的使用面积或土地及地面附着物的交易收入为计税依据，立税宗旨主要是通过调节土地级差收入或土地增值收益，促进土地资源的合理利用，提高土地的使用效益，维护国家权益，并且这四个税种在土地基础信息上具有统一性和可共享性，因此，将它们归并一起统筹管理，有利于促进信息资源的整合利用，提高土地税收征管的效率和水平。

多年来，全省地税部门在财政、国土资源管理等部门的协力配合下，积极探索土地税收管理的方式、方法和基本规律，在土地税收管理的创造性实践中摸索出了一套相对成熟固定的管理模式，这些手段和措施的有效实施运用，使土地税收政策的收入效应不断彰显，土地税种的增收潜力不断扩大，土地税收收入的规模不断壮大。目前，我省土地税收在地方税(主要指“地方十税”)中占据着非常重要的地位。通过深入分析近几年来的土地税收状况，我们可以发现土地税收收入具有四大特点。

一是比重大。2006 年全省土地税收累计完成 33.64 亿元，到 2007 年，这部分税收收入迅速扩大到 48 亿元，占全省“地方十税”收入总额的比重也由上年的 38.21%提高到了 43.44%，今年截至 5 月底，这一比重又进一步攀升到了 45.72%。从以上土地税收相关数据的纵向比较可以看出，我省土地税收的收入规模在迅速扩大，占“地方十税”收入的比重也在不断提升。

二是增幅大。2007 年全省土地税收的增幅为 43.03%，比同期“地方十税”25.77%的增幅高出 17 个百分点，比同期其他地方六税 15.1%的增幅高出近 28 个百分点。今年前 5 个月，全省土地税收的增幅为60.11%，比同期“地方十税”增幅高出 26 个百分点，比同期“地方六税”增幅高出 42 个百分点。不仅如此，从单个税种来看，由于近几年全省工业化、城镇化进程的加快，迎接产业转移、招商引资力度的加大，工业园区的增加，房地产市场的活跃，建筑安装业的繁荣和固定资产投资的持续高位运行，为土地税收带来了大量新增税源，推动了土地税收四个税种收入的全面增长，其中土地增值税和城镇土地使用税的增幅分别为101.93%、93.81%，在“地方十税”增幅排名中稳居前两名。今年元至 5 月份，土地税收继续保持高幅增长，其中 5 月份土地增值税增长 119.31%、土地使用税增长 95.03%、耕地占用税增长 55.39%、契税增长 36.62%。

三是贡献大。2007 年全省土地税收对“地方十税”的贡献度为 63.79%，比上年贡献度上升了 4 个百分点，其他地方六税的贡献度仅为 36.21%；今年前 5 个月，土地税收与地方六税对“地方十税”的贡献度“剪刀差”进一步拉大，土地税收贡献度上升到 67.69%，其他地方六税的贡献度则降至 32.31%。通过对贡献度的纵向比较分析发现，我省土地税收对“地方十税”的贡献度在持续稳步提升，也由此可见我省土地税收已经发展壮大成为拉动地方税收增长的重要一极。

四是潜力大。因近年来经济发展、新政

策出台和加强征管等相关因素影响，土地税收的增收活力和增长潜力越来越大。其中，土地增值税是地方税种乃至地税部门征收的税种中增长势头最为强劲的税种。全省房地产市场的活跃，对房地产开发企业土地增值税实行预征管理，实施房地产税收一体化管理，使土地增值税在保持多年110%的高幅增长之后，今年继续高歌猛进，增长势头良好，前5个月中单月最高增幅达214.1%，最低增幅也有119.31%。随着全省土地增值税清算的全面开展和房地产税收一体化管理工作的深入推进，土地增值税还会有巨大的增收空间。土地使用税自去年新政策出台以来，增幅逐月攀升，从年初的37.73%一路上升到12月份的93.81%，今年最高单月增幅一度达到149.88%，月均增幅基本保持在110%左右，相信随着GPS科学管税手段的全面推广应用，土地使用税新政策的增收效应还会继续释放扩大。土地税收中的契税收入规模仅次于城建税，比其余土地三税收入总额还要大，近几年来增长势头虽不十分抢眼，但仍然保持着稳定的增长态势。土地税收中的耕地占用税自新条例出台以来，活力倍增，增收效应也开始显现，元月份的增幅仅为36.33%，到4月份增长幅度为55.39%，5月份增幅达到58.3%，节节飙升，潜力很大。

二、认清形势，统一共识，增强进一步做好土地税收管理工作的责任感和使命感

认识是行动的先导。各级地税干部要从贯彻科学发展观的高度充分认识加强土地管理和土地税收管理的重要性和必要性，进一步树立团结协作的大局意识，增强做好这项工作的责任感和使命感。

（一）加强土地税收管理是贯彻科学发展观的一个重要方面

总的来说，我国经济社会发展所面临的国土资源形势是：当前矛盾突出，今后压力很大。我国土地资源的国情是：人均耕地少、优质耕地少、耕地后备资源少。我国长期形成的结构性矛盾和粗放型经济增长方式尚未根本转变，在经济快速增长的同时，付出了沉重的资源环境代价。目前我国人均耕地只有1.38亩，不到世界平均水平的40%，更远远低于欧美国家的平均水平，形势非常严峻。温家宝总理在今年的《政府工作报告》中指出，一定要守住全国耕地不少于18亿亩这条红线。按照国家发改委、国土资源部在主体功能区划分初步方案中提出的意见，未来五年我省建设用地总量约为全省面积的0.35%，折合土地共计约6.5万公顷。由于过去几年我省每年用地规模没有明显的递增规律，若暂按年均1.3万公顷测算，经分析，我省投资强度在2007年338万元/亩的基础上，至少应提高到未来五年平均425万元/亩以上(每年需提高12%)。其中，2012年至少应达到592万元/亩。为了处理好保障发展与保护资源的关系，提高国土资源对经济社会全面协调可持续发展的保障能力，国土资源部把综合运用经济、法律、行政、科技手段作为提高国土资源监管和调控成效的着力点，严格土地调控和监管。今年年初，国家税务总局、财政部、国土资源部三部委继2005年提出加强土地税收管理之后，再次联合发文，强调要进一步加强土地税收管理，把国家有关土地税收政策执行到位，充分发挥税收参与宏观调控的经济杠杆作用，促进国家土地宏观调控政策的落实，实现土地节约集约利用和经济社会的可持续发展，最终实现人与自然的和谐发展。

（二）加强土地税收管理是促进土地信息整合利用的有力载体

将土地税收归并一起统筹管理就是基于土地基础信息的高度统一和共享性。前面已经讲过，土地税收是以土地的使用和交换为前提的，土地税收管理对土地在保有、登记、使用和交换等诸多环节产生的相关基础信息有着较强的依赖性。通过对这部分信息资源的有效整合利用,可以减少重复劳动和行政资源浪费,以最少的征管力量和成本投入,实现管理效益最大化,这既符合现代信息化管理规律,也是税收实现科学化、精细化管理的一个重要途径。同时也应看到,加强土地税收管理可以促进地税与国土两个部门职能的优势互补,充分发挥土地信息资源的利用潜力和使用价值。地税部门可系统整合已有的土地税源数据,并借助从国土部门取得的合法、真实、可靠的土地信息资源,建立起土地税源数据库,搭建起一个覆盖面广、支撑有力的土地税收管理信息平台,为土地税收管理和房地产税收一体化管理提供数据支持,并通过持续的数据补充和有效开发利用,进一步提高土地税收征管的效率和科学化、精细化管理水平。

(三)加强土地税收管理是优化部门协作机制的有利契机

开放性、共享性、交互性、协作性是21世纪的时代精神,税收征管工作和国土资源管理工作也具备这些特性。在社会分工专业化、管理内容精细化、综合治理社会化的大背景下,一旦脱离了这些特点,则不是管理的进步,而是倒退,因为很少有部门能绝对不需要外界协助,而靠自身单打独斗完成全部工作的。在今年1月30日召开的全国国土资源管理工作会议上,国土资源部的徐绍史部长在工作报告中就着重提出,要进一步明确职能定位、转变管理方式,并把"提供资源公共信息的服务"作为国土部门的职能定位之一。报告中他还强调要加强与相关部门的互动与配合,着力在宏观调控机制、互动合作机制等方面进行探索。由此可见,"提供资源公共信息的服务"、" 加强与相关部门的互动与配合"对国土资源部门来说,既是一种部门责任,也是加强管理工作的现实需要。同时,地税和国土两部门的协作关系,也有着坚实的法理依据和基础。比如《中华人民共和国土地增值税暂行条例》第十一条规定:"土地增值税由税务机关征收。土地管理部门、房产管理部门应当向税务机关提供有关资料,并协助税务机关依法征收土地增值税。"第十二条规定:"纳税人未按照本条例缴纳土地增值税的,土地管理部门、房产管理部门不得办理有关的权属变更手续。"《中华人民共和国耕地占用税暂行条例》第十二条第(二)款规定:"土地管理部门在通知单位或者个人办理占用耕地手续时,应当同时通知耕地所在地同级地方税务机关。获准占用耕地的单位或者个人应当在收到土地管理部门的通知之日起30日内缴纳耕地占用税。土地管理部门凭耕地占用税完税凭证或者免税凭证和其他有关文件发放建设用地批准书。"等等,这些是土地增值税和耕地占用税的相关法律条例规定。此外,还有契税和土地使用税等方面的相关法律条例,在这里我就不一一列举了。总之,加强土地税收管理为我们提供了一次优化部门协作机制、畅通信息交流渠道的有利契机,两部门在巩固以往协作制度和工作成果的基础上,应侧重在建立和完善信息共享、情况通报制度,土地数据信息交流常态化、土地数据信息的深度开发利用等方面有所突破、有所作为。

(四)加强土地税收管理是实现部门互利共进的双赢举措

地税部门和国土部门都是政府的职能部门,土地税收的相关政策和国土资源部门的土地调控监管措施,都是服从和服务于国家宏观调控政策的一个重要手段,目的都是为了促进土地资源的集约节约利用,维护国家利益。基于这一全局背景下的部门职能定位,是地税和国土两部门协作互动的政策基础。在加强土地税收管理的实践中,两部门的协作具有互利和互惠性。从此前合作的情况来看,地税部门充分利用国土部门提供的合法、真实、可靠的土地信息资源,切实掌握税源,严查重管,堵漏增收,使土地税收政策的收入和调控职能得以充分发挥。同时,地税部门在日常税收征管和税务稽查中,发现纳税人未办理用地手续或未办理土地登记手续、擅自改变土地用途等各项违法用地行为,也及时将有关信息,包括用地单位名称、联系方式、具体用地情况等信息提供给同级国土资源部门,协助国土部门整顿土地市场秩序,提高执法质量,强化土地的调控和监管。在保持信息互动的基础上,两部门还可进一步加大合作力度,拓宽合作领域,实行多渠道、多层面、多方位合作,最终通过优势互补,资源共享,互利共进,实现双赢。

三、整合资源,互动协作,进一步加强全省土地税收管理工作

加强土地税收管理是一项系统工程,它既涉及部门间的协作配合与信息共享,也涉及系统内现有资源的有效整合;既有对传统管理模式的继承和运用,也有对新的科学征管方式的探索,目的就是要充分整合运用现有行政、征管和信息资源,提高土地税收管理的强度与密度,充分释放土地税收政策的收入和调控效应,推动土地税收管理朝着科学化、精细化的方向不断迈进。

下面,我从部门互动协作和内部工作统筹两个方面就加强土地税收管理工作提出以下要求:

(一)按照"巩固成果,强化协作,扩大交流,互动双赢"的思路,强化地税与国土资源部门的互动协作,提高土地税收的管理质量

1. 要加强部门间的信息交换与共享。一要细化信息交换内容。各级地税部门在日常的征收管理和税务稽查工作中,发现纳税人存在未办理用地手续或未办理土地登记手续、擅自改变土地用途等各项违法用地行为,应当及时将有关信息,包括用地单位名称、联系方式、具体用地情况等信息提供给相关的国土资源部门。同时,也恳请各级国土资源部门配合地税部门,根据土地税收征管的具体需求,将每宗土地的权利人名称、土地征用、土地使用权转移、土地权属登记(变更登记)等土地登记信息,以及建设用地批准文件(涉密的除外)、用地通知(土地使用许可证)等资料提供或抄送同级地税部门。

二要保持信息交互的即时性和常态化。国土资源部门在通知单位或个人办理供地手续时,应同时通知征收耕地占用税和城镇土地使用税的同级地税部门。市、县国土资源部门要定期将更新的基准地价等地价信息提供给地税部门,以满足土地税收征管的需要。地税和国土资源部门要因地制宜地通过各种形式开展信息交换和共享工作,真正实现准确及时的信息共享。

三要统一信息数据口径。各级地税和国土资源部门在开发税收征管和地籍管理信息系统工作中,要充分考虑信息共享工作的需要,按照国家统一的数据标准尽可能地统一数据项目和数据口径,确保数据共享工作在信息化的基础上有效实施。在采集有关数据指标时,要尽可能根据双方的工作需要,一并采集相关内容。

四要强化信息的管理利用。信息就是税源,掌控信息就是加强管理。地税部门要把信息交换、清查工作与日常征收管理工作有机结合起来,制定土地涉税信息资料综合管理办法,建立土地税源档案,将通过各种渠道取得的纳税人应税土地信息进行整合并开展比对分析,做好税源数据库的建设和动态维护工作。各级地税部门要将国土资源部门提供的基准地价等信息数据充分应用到土地税收的征管工作中。国土资源部门提供的土地登记资料仅用于征税之目的,各级地税部门要按照有关规定予以保密。

五要严肃配合协作的工作纪律。《行政机关公务员处分条例》第十九条规定,拒绝执行上级依法作出的决定、命令的，给予警告、记过或者记大过处分；情节较重的，给予降级或者撤职处分；情节严重的，给予开除处分。《中国共产党纪律处分条例》第一百二十七条规定，党和国家工作人员或者其他从事公务的人员，在工作中不履行或者不正确履行职责，给党、国家和人民利益以及公共财产造成较大损失的，给予警告或者严重警告处分，造成重大损失的，给予撤销党内职务、留党察看或者开除党籍处分。国土部门与地税部门在土地管理和土地税收管理的工作配合要求，均有法规要求和文件规定，“军中无戏言”，党和国家的方针政策有明确要求，我们各级地税干部都必须坚决贯彻执行，要以严明的纪律、严肃的态度来对待，以实际行动响应省政府关于提高执行力的要求。

2. 认真开展土地税源清查。一是开展土地占用情况和土地税收缴纳情况的清查工作。这项工作从6月1日起到2009年2月底结束，时间跨度长、覆盖范围广，需要国土资源部门的大力协作配合。各级地税部门要主动联系国土资源部门共同研究制定清查工作的组织和实施方案，根据当地实际，合理确定清查范围，重点对开发区用地、大宗土地权属变更、农业用地转建设用地，以及新纳入城镇土地使用税征税范围的外商投资企业和外国企业的占地情况进行全面清查。对清查中发现的纳税人实际占用土地面积与土地使用证登记面积或批准面积不一致的，地税部门按照实际占用面积征收城镇土地使用税和耕地占用税。吁请各级国土资源部门积极配合地税部门做好土地清查的技术、数据、资料等支持工作。对于调查和登记资料不完整的地区，请国土资源部门配合地税部门开展地籍调查和变更登记工作。二是对在籍建设用地耕地占用税缴纳情况进行摸底和清查。今年，国家为进一步加强耕地保护，实现有限耕地的高效利用，重新修订颁布了《中华人民共和国耕地占用税暂行条例》。近日，省政府已正式批复同意省财政厅会同省地税局制定下发的《湖北省耕地占用税适用税额标准》（鄂财税发[2008]8号文）。此标准在前期调研征求意见的基础上，已于今年6月6日下发并要求从今年1月1日起执行。各级地税部门要以贯彻国务院修订颁布的《中华人民共和国耕地占用税暂行条例》和《湖北省耕地占用税适用税额标准》为契机，与各级国土资源部门联合对在籍建设用地耕地占用税缴纳情况进行一次摸底和清查。

3. 认真做好“先税后证”的协同控管工作。一是继续严格执行“先税后证”政策。国土资源部门在发放建设用地批准书或办理土地登记手续之前，要求申请人提供耕地占用税、契税和土地增值税完税或免税凭证，凡不能提供的，国土资源部门一律不得办理土地登记手续或发放建设用地批准书。在办理手续后，应将完税（或减免税）凭证的一联与有关资料一并归档备查。二是设立窗口源头控税。在日常管理工作中，各级地税部门与国土资源部门要加强沟通、协调，共同做好源泉控管和税款征缴工作。为方便纳税人，各级地税部门和国土资源部门要密切配合，在政府行政服务大厅建立直接的信息传递渠道，或在独立的土地登记、审批场所设立税收征收窗口，实行源头控管。各地可根据实际情况，共同协商研究制定具体实施办法。三是涉税违法行为告知制度。国土资源部门在对用地情况进行检查和查处土地违法案件中，发现擅自转让（受让）土地使用权的，涉及未提供相关土地增值税和耕地占用税等完税凭证的，应将有关情况及时通知地税部门。各级地税机关在日常税收征管中，发现纳税人有违法占用耕地、土地的情形，应及时告知同级土地管理部门。

（二）按“整合资源，注重实效，突出重点，统筹兼顾”的要求，进一步强化常规控管手段

的有效运用，切实提高土地税收管理水平

目前，我省在加强土地税收管理方面已经形成了一系列有效实用的管理制度和办法，在土地税收管理中发挥了积极的作用。下一阶段，全省各级地税机关，在与国土部门保持信息交换、密切协作的同时，还要按照“整合资源，注重实效，突出重点，统筹兼顾”的原则和要求，继续抓好这些管理手段措施的运用和实施，不断提高土地税收管理水平。

1. 深入推进房地产税收一体化管理。房地产税收一体化管理涉及包括土地税收在内的十几个税种，是目前有效控管土地税收的一个重要手段，它以契税和耕地占用税“先税后证”为把手，严格控管税源，并利用契税征管信息，做好相关税种税源的跟踪了解，以此来实现房地产业诸税种间的有机衔接，不断提高征管质量和效率。因此，各级地税机关要进一步加大工作力度，强化责任意识，全面推进房地产税收一体化管理办法的实施；制定和完善程序流畅、操作性强的工作规程，不断规范和深化房地产税收一体化管理；积极进行房地产税收一体化管理信息化建设的探索，在推行统一的核心征管软件中，补充开发、运用房地产税收管理软件，建立房地产信息数据库，实现对税源的动态监控和延伸管理。在地税征收机关、房地产交易机构、土地管理部门之间建立信息传递渠道，充分利用已有信息开展跟踪、分析、比对等工作，使信息化手段成为加强房地产税收一体化管理的重要支撑。6 月底，省局将在黄冈召开全省房地产税收一体化管理工作现场会，对房地产税收一体化管理的相关工作还将作出进一步的部署。

2. 加紧做好土地增值税的清算工作。各地要严格按照《土地增值税暂行条例》和总局关于土地增值税清算工作的相关文件开展清算工作，做到不留盲点、不留死角，并积极组织自查。在清算工作中，要进一步健全土地增值税的日常管理机制，与相关部门建立和完善信息共享机制和配合机制，做好土地增值税征管规律的探索和总结。我省《房地产开发企业土地增值税清算管理办法》正在制定当中，拟于近期下发，为各地土地增值税清算提供指导和依据。同时，各地要严格执行土地增值税重点税源监控制度，要进一步规范土地增值税预征工作，根据房地产市场的实际，区分不同类型的房地产项目，科学合理地制定预征率，并做到适时调整，切实提高土地增值税的管理水平。

3. 认真抓好土地税源清查工作。各地要充分利用所取得的土地税源清查信息，建立并完善土地使用税税源数据库。结合国土管理部门的信息，构建税源监控平台，对土地税源实行动态管理和监控。通过对税源数据库信息、纳税申报、税款入库等情况进行比对、分析，及时发现征管的薄弱环节，有针对性地采取措施，切实提高土地税收的征管质量和水平。税源清查工作要做到“三结合”：一是与国土资源地籍调查工作相结合。国土部门开展的地籍调查有关数据可直接成为地税部门征收土地使用税的资料和依据，各级地税机关要按照“密切协调配合、共同参与普查、普查信息共享、地籍资料比对、重点抽查测定”的方式，主动与当地的国土资源管理等有关部门取得联系，确定部门配合的具体负责单位和联系人，通过信息共享、情况通报、联合办公、联席会议等多种形式沟通情况和信息，及时解决清查过程中存在的问题，为下一步征管工作的顺利开展奠定基础。二是与运用 GPS 管理土地使用税税源工作相结合。GPS 系统是摸清纳税人税源信息的重要科技手段，各地要抓住此次税源清查的契机，迅速明确重点测定对象，合理测算勘测经费，积极向当地党委、政府请示汇报，争取地方政府在经费和部门协调等方面给予支持，确保测量工作能够顺利开展。三是与贯彻落实土地使用税新政策相结合。此次土地使用税税源清查工作就是一项贯彻落实新政策的具体措施，也是对新政策落实情况的一次检验。各地在清查过程中，同时要督办土地等级调整的全部到位，并按相应的税额标准做好税款征收和差额补征工作，重点落实对涉外企业土地使用税征收工作，实现内、外资企业同步征管，促进各类市场主体的公平竞争。

4. 切实抓好耕地占用税暂行条例的贯彻落实工作。从今年1月1日起，新的《耕地占用税暂行条例》开始施行，新旧条例在耕地的概念、征收机关、比照范围、纳税人范围、税额标准、免税范围、追征与退税、纳税程序、滞纳金加收比例、征纳争议的解决程序等十个方面有所变化。新条例主要对旧条例作了四个方面的修改：第一，提高了税额标准，将现行条例规定的税额标准的上、下限都提高4倍左右。第二，将外商投资企业和外国企业纳入耕地占用税的征收范围，统一了内、外资企业耕地占用税税收负担。第三，从严规定了减免税项目，取消了对铁路线路、飞机场跑道、停机坪、炸药库占地免税的规定。第四，加强了征收管理，明确了耕地占用税的征收管理适用《中华人民共和国税收征收管理法》。经省政府授权，省财政厅、省地税局联合以鄂财税发[2008]8号文印发了《湖北省耕地占用税税额标准》，分类型由原来的每平方米5～10元调高到每平方米20～50元，并要求从今年1月1日起执行。全省各级地税机关要严格执行政策，强化征收管理。一是要主动掌控税源信息。要以这次政策调整为契机，加强与国土管理部门的配合，建立耕地占用税涉税信息共享机制，认真开展信息比对工作，充分利用现有的耕地管理资料，对本地区的应税耕地面积进行普查、核实，严格按照有关政策认定纳税人。二是要严格执行新的耕地占用税税额标准，严格执行省级以上经济开发区占地和占用基本农田保护地在当地适用税额的基础上提高50%的税收政策，严格执行外资企业占地征收耕地占用税政策；严格控制减免，不得擅自降低税额标准，对不符合减免政策的要及时纠正和清理。三是各级地方税务机关要积极做好2008年以前年度耕地占用税欠税的清理工作，摸清欠税底数，建立欠税管理档案，加大催缴清欠力度。四是组织开展新政策的宣传和培训工作，抓好耕地占用税征收管理的检查、考核和通报工作。

〔本文摘自作者2008年6月16日在全省土地税收管理工作视频会议上的讲话〕

坚持科学发展观　提高执行力
努力做好新时期地税计统工作

省地方税务局党组成员、副局长　钟守英

在全省地税系统深入学习贯彻党的十七大精神，全面开展“提高执行力大讨论”和“文明执法教育”两项活动的热潮中，全省计统工作会议暨上半年收入分析会今天召开了。这次会议的主要任务是:回顾总结过去两年的计统工作,研究当前和今后一个时期的工作思路,部署今年的几项重点工作,统一思想,明确目标,坚持以科学发展观统领计统工作,把提高执行力落实到计统工作的各个环节,全面提高全省地税计统工作水平。下面,我先讲几点意见。

一、两年来计统工作回顾

两年来,全省各级计统部门积极发挥承上启下、联通内外的枢纽作用,克难奋进,努力拼搏,基础管理不断夯实,工作质量明显提升,服务大局卓有成效,地税收入连年高幅增长,各项工作不断焕发出新的活力。

(一)强化收入督导,税收计划管理水平不断提高。近年来,全省各级计统部门积极探索收入规律,不断加强计划管理,全省地税收入一年一个新台阶,2006 年和 2007 年先后突破 500 亿元和 600 亿元大关,在收入工作中发挥了积极的指挥督导作用:一是科学编制税收计划。近年来,省局和各级地税部门始终坚持“不唯需求订计划,不唯计划抓收入”,以各地实际税源为税收计划编制的首要依据。在今年的计划编制中,各级按照计划规模与地区经济发展相适应的原则,科学调整,逐级下达,普遍增长,个别调减,科学分解了收入目标。黄石市局将落实税收计划与“三个围绕”有机结合,紧紧围绕地方政府工作思路,围绕地方经济发展,围绕优化税收结构,取得了很好的效果。二是大力提高预测水平。将收入预测作为均衡收入进度的有力措施,分级建立预测体系,每旬预测观短期,每月预测观即期,预测情况上传下达,及时实施科学管理,督导均衡入库。三是严格执行收入纪律。各级地税部门始终坚持“依法治税,应收尽收,坚决不收过头税,坚决制止和防止越权减免税”的组织收入原则,贯彻落实适度调控、均衡入库的组织收入要求,特别是在今年开展的“十查十看”工作中,各级计统部门纷纷深入一线,及时发现和纠正问题,在严肃收入纪律上发挥了积极作用。

(二)开设待解专户,税收可持续增长能力明显增强。为贯彻税收工作可持续发展要求,保证税费及时均衡入库,省局积极争取、反复协调,商请省财政厅、人行武汉分行、省审计厅三个部门,共同出台了《地税收入待解专户管理办法》,同意市县级税务机关开设一个“地税收入待解专户”,为各级地税部门规避执法风险,保障资金安全,实现均衡入库提供了平台,得到了全省地税系统特别是基层征收单位的高度赞扬。在规范管理的过程中,计统处开展了深入细致的工作:一是严肃纪律。借去年省局党组中心组第四专题集中学习的机会,向各市州主要领导强调了设立专户的背景和意义,提出了严肃纪律、规范操作的工作要求,并于此后以计便函形式下发了操作管理规程,保障了工作的迅速落实到位。二是严格管理。工作运行中,高度关注各地账户的开立及运行情况,及时进行统计汇总,拟定工作思路,提出工作建议,促进了工作的有序开展。各地在管理中也积极想方设法,如东湖区局对专户管理和操作严格审核,分层把关;襄樊市局利用软件规范专户会计核算,提高效率。三是严格监督。去年下半年和今年上半年,省局先后深入武汉、黄冈、荆门等 10 个地区,具体检查了专户的管理情况及运作程序,核实了各单位的开户数量与专户余额,防止了违纪行为的发生。

(三)强化税收分析,服务决策的职能作用日益突出。两年来,各级把税收分析作为服务决策的着力点,无论是质的提高还是量的增加方面,都有明显的进步。一是为部署收入措施提供了依据。省局去年下发了《湖北省地方税收分析建档工作暂行办法》,对税收分析档案的建立、内容、管理、应用提出了明确要求,各级计统部门在对分析档案的完善中,准确掌握增减因素,及时反映收入动态，如：荆州在税收分析上拓展思路，完善办法，努力实现“三个转变”；十堰围绕增值税转型、政策性减收等因素开展专题分析，为组织收入提供预报；仙桃成立了税收分析领导小组，强化了组织保障。各地在工作中积极探索，分析水平不断提高，为领导部署收入措施提供了科学的依据。二是为把握收入形势提供了平台。省局每季度召开全省收入分析会，组织各单位交流先进经验，反馈工作问题，研究收入对策，形成了市州之间、上下之间互动的高效工作格局，在交流讨论中为各级领导掌握收入形势提供了很好的平台。三是为研究收入趋势提供了参考。在做好日常收入分析工作的同时，各级积极开展税收趋势分析和经济税源分析，计统处今年参与完成了《湖北经济税源分析与地税收入可持续增长研究》这一重要课题，为政府领导判断税收经济形势提供了重要依据；组织了2007年全省地税计统部门税收分析评比活动，武汉、黄冈、十堰、襄樊、宜昌、鄂州等9个单位的分析作品在评比中获奖，全省税收专题分析取得的丰硕成果，为研究经济税收发展趋势提供了参考。

（四）优化会统核算，数据管理体系更加严密。全省会统核算工作有了明显提高：一是数据优化。根据总局要求，更新会统报表制度，强化了数据的完整性；规范数据上报，强化了信息的时效性；严把质量关，保证了数据的准确性。二是核算规范。省局去年分片对全省会统工作人员进行了TRAS软件及相关报表任务的培训，规范了报表的编制与填报，交流了统计方法与技巧，有效提升了软件的应用水平，数据生成质量、数据管理质量不断提高。近两年来，各地在会统核算方面做了大量工作，各单位税收月、旬报做得都比较好，武汉、宜昌、荆州、黄冈、随州、潜江等单位会统报表基本无差错。这次会上，部分单位将介绍他们的经验，由于时间所限没有介绍经验的单位，他们的工作也各有所长，这是有目共睹的。

（五）抓好重点税源，监控管理质量稳步提升。近年来，各级高度重视重点税源监控工作，强化数据分析，开展重点调查，较好地发挥了服务征管、促进收入的作用。在工作标准上，省局制定了《湖北省地方税收重点企业税源监控暂行办法》，明确了重点企业税源户确定标准和监控范围，严格了重点税源数据库的建设管理要求，规范了重点税源信息的采集及上报程序，落实岗位设置和工作职责，实现了重点税源网络化、信息化的监控工作机制。在工作措施上，各地按照分级管理、层层监控的工作要求，建立健全了重点税源资料，通过强化对支柱税源、流动税源、潜在税源的跟踪管理，及时进行数据的收集、统计、处理和上报，形成了省、市、县三级联动的监控工作格局。武穴市以数据采集为重点，把好对象确定关和信息采集关；天门市对重点税源户实行分类建档管理。在工作考核上，各级建立了分级负责，逐级评估的监督模式、对上报时间、数据质量、分析报告等事项进行严格评定，真正做到了有部署、有落实、有监督。在大家的共同努力下，全省重点企业监控户数已由2006年的321户增加到目前的1849户，有力地加强了税源管理。

（六）坚持整规并举，票证管理机制不断完善。在税收票证管理上，省局按照解决遗患、抓好当前、规范长远的工作思路，促进了票证管理机制的不断完善：一是卸掉了历史包袱。去年，省局对机构分设以来税收票证的历史遗留问题进行了集中研究，从地税成立之初的实际困难考虑，从今后严格票证管理的长远需要出发，解决了历史票证管理中存在的问题，为各级计统部门轻装上阵解除了后顾之忧。二是全面停用手工票证及税收定额完税证。从2007年开始，各地对历年手工票证及税收定额完税证进行了集中清理和销毁,在全省范围内全面实现了税收票证的机开,进一步规范了税收执法程序。三是完善了管理办法。省局在广泛调研的基础上,结合当前的征收工作实际和会计核算体系,去年组织人员起草了《湖北省地方税收票证管理工作规程》,增强了票证管理工作的针对性和操作性。黄石在制度建设上启动了"一三五"工程,科学开展绩效考核。四是加强了日常管理。各地在工作中建立健全岗责体系,认真执行管理制度,在把好用票计划关、领用关、使用关的同时,重点对税款入库、结报缴销、审核对账等环节加强监管,及时纠正和查处了票证管理环节的违法违规行为。林区强化"六个环节",大力规范工作规程;孝感槐荫分局认真执行票证日常巡查制度,及时发现问题;襄阳区以案为鉴严把关,确保票证安全;恩施市以征管核心软件试运行为契机,以信息化手段强化票证管理。

(七)推进联网缴税,纳税服务创新再结硕果。作为创新纳税服务的举措之一,各级计统部门在财税库银联网工作中积极探索,稳步推进税费电子缴库服务平台,探索金融网点扣款、电子缴税、POS机刷卡等一批新的缴税方式,其中,武汉市在局部试点中推出了"电脑定税、税款公示、税行联网、划卡缴税"的阳光办税模式;江岸区通过联网系统缴税的正常户比例已经达到85%;夷陵区自2003年底应用以来已开具电子税票4.1万份;咸宁温泉分局向双定户推出了"网上扣税"服务。特别是去年TIPS系统在地税试点后,宜昌、恩施、荆州三地TIPS系统已成功上线运行,他们在试点运行中所积累的宝贵经验,将为这项工作在全省范围的推广提供借鉴和帮助。

总的来说,两年来全省各级计统部门紧紧围绕组织收入这一中心,团结拼搏,开拓进取,做了大量扎实有效的工作,广大计统干部任劳任怨,勤勤恳恳,为计统工作作出了积极贡献。成绩充分肯定,经验应该总结,精神值得发扬。但是,我们也要清醒地看到,当前计统工作也存在一些不容忽视的问题,比如:待解专户监管不严格,运作不规范,核算不清晰;日常分析水平有待进一步提高,会统分析、监控分析比较薄弱;重点税源监控数据质量不高,漏报、误报问题还不同程度地存在,数据信息滞后,上级机关不能及时提取和利用重点税源数据;票证管理制度执行不彻底,一些环节还存在违法违纪隐患;基层计统人员配备不足,干部素质不高,培训不到位,不能适应当前计统工作的需要。这些问题都要引起我们的高度重视,并在今后工作中认真研究解决。

二、当前计统工作面临的形势和任务

当前,我们处在全面建设小康社会和加快推进社会主义现代化建设的重要历史时期,政治经济、社会生活和税收环境等各个方面都在发生着深刻变化,计统工作也面临着新的形势:一是经济有新变化。目前,我国国民经济持续健康发展,为税收增长打下了坚实的基础。但是,宏观调控力度加大,货币政策从紧,CPI居高不下,美国经济疲软带来的全球化蔓延等不确定因素增多,新问题层出不穷,给组织收入工作带来了困难,客观上要求我们进一步改进组织收入方法和措施,保证税收收入任务圆满完成。二是政策有新调整。根据新的形势,国家加快税制改革步伐,近年来税收政策有了较大调整,这其中既有车船税、土地使用税、耕地占用税税额等级提高等增收因素,也有企业所得税"两法合并"、个人所得税扣除标准调高等减收因素,不可预见性减收多于经济增长带来的增收,给地税收入可持续增长提出了考验。三是工作有新要求。一方面,新时期税收工作的发展,决定了计统工作观念必须由传统的计划管理向质量管理转变,决定了收入考核的重点必须由任务完成情况向注重税收征管质量考核转变，决定了税收分析的重点也必须由进度分析、一般性的增减原因分析向注重较深层次的税收与经济关系分析转变，实现为加强征管服务和为组织收入服务的有机统一。另一方面，税收信息化的高速发展，特别是核心征管软件上线运行后，将使传统工作理念发生重大转变，计统部门在适应管理信息化方面还有很多工作要做。

此外，从税收收入完成情况来看，近两年我省与全国及周边省份相比也不容乐观：2006 年，我省地方税收收入增幅(22.4%)高于全国平均增幅 2.3 个百分点，在中部六省列第 4 位。但 2007 年，我省地方税收收入增幅(25.4%)已明显落后于周边省份，比全国平均增幅低 5.8 个百分点，列中部六省最后一位，比上年后退两位。2006 年，我省实现地税收入 242.3 亿元，收入规模在全国排第 13 位，占中部六省地税收入总额的比重为 16.6%。而 2007 年，我省实现税收收入 303.90 亿元，占中部六省收入总额的比重(15.8%)比 2006 年下降了 0.8 个百分点，收入规模在全国排第 14 位，比上年后退一位。今年上半年，安徽的税收规模又超过了我省，湖北地税收入在中部地区和全国的排位有可能继续下滑。

根据上述形势，新时期全省地税计统工作的指导思想是：以党的十七大精神为指导，全面贯彻落实科学发展观，依托现代化信息网络平台，建立分析、核算、监控、管理四位一体的计划统计管理体系，做到以税收分析为重点，以数据核算为基础，以税源监控为手段，以岗责管理为保障，形成纵横配合、上下贯通，相互协作的计统工作机制，更好地为组织收入和领导决策服务。为实现上述总体目标，当前和今后一个时期全省计统工作的主要任务是：

(一)大力开展研究型税收分析。时代在进步，税收管理也在进步，从只重征收到科学管理，从完成任务到讲求质量，税收分析发挥了重要作用。可以说，没有广义上的税收分析，任何业务部门的精细化管理都无从谈起；没有狭义上的税收分析，税收征管和组织收入工作都无法深入。现在经济形势好了，但组织收入压力并没有减轻，政府对我们要求不断增加，连续几年调整收入计划，任务十分艰巨。目前，各地一般性税收分析工作都做得不错，但是质量不高，分析不深，问题不透，停留于表面，不能够提出实质性问题，有的提出问题不能解决问题。因此，今后要重点开展研究型税收分析：一是税收分析课题化。抓住某一税收问题进行课题化研究，专门性分析，认真思考，从现象到本质，由表入里，深入剖析和解决问题，力求既有可读性，也有深刻性，既能出价值，也能出思维，在质量上和深度上实现大的突破。二是要关注焦点。抓住经济与税收工作中的热点、重点和难点问题，要有针对性地围绕房地产、金融等重点行业进行深层次分析，要开展税收经济分析、税负分析、税收弹性分析、税收关联分析等深度分析，为各级领导当好参谋。三是要不断创新。运用新方法，采取新形式，力争新成果。采用宏观税负、弹性系数分析方法、同业税负比较分析方法、纳税能力评估分析方法、微观税负比较分析方法、税源管理预警方法等新的分析研究方法，开辟新的空间。四要搭好平台。充分利用好地税系统顺畅的内部网络以及内部刊物，交流税收分析成果；评比奖励优秀分析作品；定期召开税收分析座谈会，交流工作经验，征询工作建议，共同研究和解决收入工作中存在的问题，确保收入的持续增长。

(二)积极推进功能化数据核算。税收计划报表和会计统计报表，是计统工作的重要数据体系，这方面的工作一直做得不错，成绩有目共睹。但也还存在数据质量不高和上报不及时等问题，影响了计统工作的质效。所以，对此我们要继续严要求，严管理，使之更加规范、科学和完整。一是抓基础，提高数据质量。狠抓月报、旬报、税收预测报表、会计统计报表和税收分析档案报表数据质量，严格报送时限，进一步完善基本报表格式，夯实基础。认真组织报表年审，在发现和纠正问题的同时，推广好的经验和做法。二是建平台，推进智能核算。在3月份的核心征管软件业务需求建议中，省局就优化会统报表、税收计划、重点税源监控等核算工作提出了全面的业务需求，5月份计统处又深入一线广泛征求了修改意见，为会统信息自动产表、自动上报、自动提取的智能化核算作好了准备。在这个平台上，数据核算工作要确保与核心征管软件相配套，与财税库银联网相配套，与数据大集中的方案相配套，充分利用现代信息化手段，提高核算效率和基础信息质量。三是求成效，强化数据利用。要将工作的重点由数据核算转向数据利用，在定期开展会统分析的同时，既要服务好日常征管，也要应用于专题研究，通过完整反映税收资金运动的全过程和税源结构的变化情况，为指导税收工作和领导决策提供真实准确的依据。

（三）精心打造应用型税源监控。在2007年全省的税收收入中，有超过30%来自于重点税源。严密的重点企业税源监控，可减少税收计划的盲目性，防止收入流失。当前，重点税源监控体系已经建立，指标体系、核算方式也在不断完善，目前最突出的问题是应用不够，目的不明，监控与应用“两张皮”，对收入计划和征管工作的指导作用不明显。对此，大家要高度重视。一是要善于从监控指标分析中发现问题。要做到细心、精心和留心，在大的方面，重点企业税源的比重变化、重点企业税种的结构变化、与历史监控数据的对比变化，都应当引起大家对于税收增长趋势的思考；在具体指标方面，企业的产销量、收入、利润等财务会计指标变动，都反映或隐含着一些税收增减因素，要善于运用数据，分析税收变化情况，拓宽征管思路。二是要善于运用监控分析成果改进征管。前面已经说过，大家在一般性分析上做得都不错，但重点税源分析十分薄弱，很多时候，对于征管考核不达标的问题，基层一线说不清，计统部门搞不明，各级领导花了很大的精力，但效果不明显。我认为，原因之一就是缺乏对税源特别是重点税源的分析研究。今后，要把监控分析放在与收入分析同等的地位，用分析结果来指导工作实践，有针对性地采取征管措施。三是要开展延伸调查。建立定期调查制度，对重点企业和重点行业的经济指标重大变化，税源增减的重大变化，要组织人员深入一线，细致调查，分析出问题，总结出规律，准确把握税源形势。在去年的鄂州分析会上，荆门市通过税源调查找准征管“软肋”的经验，已经给我们提供了很好的借鉴。

（四）不断健全协调型岗责机制。健全的岗责体系是做好计统工作的重要保障，当前，计统部门的各项改革正在向纵深推进，工作只能加强，不能削弱。经过大家几年的努力，各级计统部门的基本岗位制度已经建立，职责也比较清晰，但在直管市和县市区这一级，由于计统和财装机构合一，人员配备比较紧张，基础性工作和管理任务十分繁重。因此，一是要优化分工。在尽可能增加人员编制的同时，各级计统部门要通过岗位整合、优化分工等方式进一步完善岗责制度，规范岗位管理，确保基层工作质量，减轻基层工作负担。二要相互协调。计统部门各岗位之间高度相关，工作相互联系，环环相扣，必须相互支持和协调，才能发挥整体效率。三是要规范管理。要严格票证和待解专户管理，不断完善岗位制度，明确业务流程，保障资金安全，强化风险意识和责任意识，从制度上防范各类违法违纪行为，做到业务流程化、工作制度化、考核精细化，确保机制灵活运转。鄂州市地税局在规费管理中推行账户集中化，规范业务流程，做了很好的示范。同时，计统工作任务重，责任大，经常需要加班加点，各级领导都要关心干部和爱护干部，帮助他们成长，促进他们进步，为他们的工作创造良好环境。

三、今年的几项重点工作

（一）关于组织收入工作。上半年，全省共组织各项收入 411.3 亿元，同比增长 35.2%，增收 107 亿元。其中，税收收入完成 218.4 亿元，同比增长 30.1%，增收 50.6 亿元。社会保险费收入完成 172.8 亿元，同比增长 41.3%，增收 50.5 亿元。其他收入完成 20.1 亿元，同比增长 41.9%，增收 5.9 亿元。税收一般预算收入完成 180.7 亿元，增长 27.7%，增收 39.2 亿元，完成了年初计划 330 亿元的 55%。从上半年的收入完成情况看，大家的工作尽力尽心，富有成效，应该总结和充分肯定，但是，下半年的收入压力很大，根据目前的预计，今年全省地税税收收入增长目标为 30%，全年要确保实现增收 100 亿元。从市场层面来看，房地产业表现低迷，货币政策不断从紧，价格指数居高不下等因素，下半年影响税收，再加上所得税政策性减收，当前的形势十分严峻。为此，各单位要重点做好“三抓”：一是要抓好调度。要充分调查和掌握各地实际税源情况，实事求是地进行税收计划的调度，对收入形势好、税源充足的单位，要督促其依法治税，做到应收尽收、多收多超；对实际税源与收入目标差距较大的单位，要客观对待，防止出现虚收空转和寅吃卯粮的现象。二是要抓住重点。要利用好土地税收的一系列政策调整，大力加强房地产税收一体化管理；抓好企业所得税的后续管理和日常征收工作；严格个人所得税全员全额申报管理，确保主体税种的稳定增长。三是要抓好预测。提高税收预测的准确性，及时做好重大税收政策调整对税收收入影响的测算、执行情况跟踪和执行结果反馈工作，提高税收计划的预见性，把握组织收入工作主动权。为了严格工作标准，这次会议提交了税收分析预测和待解专户管理两个百分制考核办法，会上请大家认真讨论，形成共识。

（二）关于待解专户管理工作。开设地税收入待解专户，是省局党组从确保收入持续增长，规范资金管理的考虑出发，为大家办的一件好事、实事。专户的作用很好，但责任也很大，管理好了，非常有利，但一旦出现问题，则面临着责任追究甚至是专户取缔。在一季度钟祥分析会上，我们通报了待解专户的检查情况，指出了岗责不明确、入库来源多、出库监管弱、账目不完善等问题，并分单位通报了检查情况。之所以这样做，就是希望引起大家对专户管理的充分重视，这些问题有些已经解决了，但有些还存在，比如，专户的余额是否过大？收入的控管期限是否严格控制在 3 个月以内？税费统进统出现象是否还存在？账目是否健全，分税种核算是否清晰？在这些问题上，大家都还有许多工作要做。为此，各地在管理中要重点注意以下问题：一是要严格入户资金范围，坚决执行入户税款审批制度，对于能够直达国库的非调控类税款和社保费收入，不得进入专户；二是要规范专户核算，各类账目要记录完整、相互对应、装订有序、便于查询；三是要强化专户审核，特别是要加强对入户资金的来源审核，以及使用转账支票出户的资金审核；四是要严格执行控管时限，坚决不能逾越 3 个月这根红线；五是要合理控制待解规模，让专户真正发挥均衡入库，可持续增长的作用；六是要经常开展自查自纠，消除违规违纪隐患。待解专户管理是今年制度建设的一项重要工作，也是“十查十看”活动的内容之一，请大家务必常抓不懈。

（三）关于信息化工作。一是核心征管软件推广上线。经过两年多的研发完善，核心软件推广的各项准备工作已经就绪，从 8 月份开始分批上线。省局上个月已经成立了由15个处室参与的推广应用指挥部，并且集中办公，统一调度，对推广工作高度重视。从业务需求文档来看，计统部门主要涉及税收票证、会统核算、税源监控、待解专户几个管理平台的应用，这几块的业务功能我都仔细地看过，智能化程序很高，用好了，能为大家减轻不少的工作负担。但是，任何一个系统从推广到完善都有一个过程，推广应用初期不可避免地会遇到一些问题，因此，各级计统部门要从长远应用出发，既要协助有关部门做好培训指导，又要及时收集和反馈可能存在的技术障碍和功能缺陷，便于指挥部及时改进和完善。要在实践中提高应用水平，让所有的计统干部都能熟练掌握，运用自如。二是财税库银横向联网。财税库银联网（TIPS系统）建设是总局非常重视的一项工作，从去年9月份的全国电视电话会议，到今年我省的第二批上线运行，推进的速度非常快，目前我省虽然只有三个地区上线，但下一步全面推广是大势所趋。前面已经说过，各地在库银联网方面都进行了一些探索，但区域比较分散，方式比较单一，技术上不够成熟，只有走到上线运行这一步，才是真正意义上的联网。因此，大家要继续加强与各级财政、金融部门的协作配合，加强电子平台建设，先行探索，局部试点，多积累经验，为分批上线做好准备。

（四）关于税收分析工作。当前税收分析面临着历史性机遇，许局长到任后，深入各处室座谈时第一站就选择了计统处，目的就是想要掌握收入情况，研究收入规律，从全局的角度展望我省的税收经济形势，加强和改进组织收入工作。为此，今年3月份他亲自坐镇，成立课题组，对经济税源和税收可持续增长问题开展专题研究，实质上就是落实专家治税观，用脑子治税、动脑筋治税，注重把握现象，总结规律。关于这次会议主题，他也是亲自作指示。经验告诉我们，领导重视的工作，就一定可以抓好。在这里，我希望与会的各位局长、科长将会议精神领会好，并回去向局党组特别是一把手汇报好，落实好，特别是要高度重视税收分析工作，这是现代型计统工作的核心。地税工作要依靠税收分析这个参谋团队，发挥智囊作用，提升税收征管的“软实力”。

（五）关于教育培训工作。教育培训是一项必须抓好的工作，各地要积极培训人才，大胆使用人才，形成人才梯队。要通过培训提高，培养复合型的计统管理人才，营造学习型的计统管理组织。培训的重点是：着力打造专业型的税收分析人员、研究型的报表管理人员和协作型的综合保障人员。特别要注意通过上述“三型”培训，培养复合型人才，形成一专多能、一人多岗、多岗轮流的人员管理体制，培养学习型、研究型和创造型人才。总局每年都举办税收分析高级研修班，省局下半年也准备组织一期培训班，聘请经济专家和税收专家授课，帮助大家开阔视野，活跃思维，提高计统工作整体水平。

〔本文摘自作者2008年7月7日在全省地税计统工作会议暨上半年收入分析会上的讲话〕

坚定信心　应对挑战
确保全省地税收入平稳较快增长

省地方税务局党组成员、副局长　钟守英

这次会议是在全省地税系统深入贯彻党的十七大精神，积极开展学习实践科学发展观活动，组织收入工作既面临机遇又需努力应对挑战的形势下召开的。会议的主要内容是：传达贯彻党中央、国务院和省委、省政府关于当前经济工作的重大决策和部署，分析我省经济和地税收入形势，研究做好当前和明年地税收入工作的思路与措施。下面，我讲几点意见。

一、全省经济形势分析

今年以来，我省经济在经受多重考验的情况下，基本面仍然保持良好。经济总体形势可以概括为“两个好于”：好于去年同期、好于灾后预期。在国际、国内经济总体环境偏紧的情况下，在遭受年初雨雪冰冻灾害和持续局部暴雨灾害的情况下，前三个季度，全省生产总值实现了14.2%的增幅，来之不易。一系列重要经济指标的增长态势反映出“两个凸显”的特点：中部板块效应凸显、湖北的优势正在凸显。

同时，国际金融危机对我省经济社会发展的影响正在逐步显现。一是全省经济增长的步伐减缓，预计全年生产总值增长14%左右，比去年下降0.5个百分点。二是主要支柱产业出现经营困难。钢铁行业，钢材价格快速下滑，1—9月神龙汽车销量下滑6.24%；造船业，船运价格出现下滑，船东们订货意愿不高，成交量减少，撤单现象增加。三是房地产开发投资逐步回落，商品房销售面积继续下降。四是企业效益受到影响，亏损企业亏损额升幅加快。五是外贸出口受到直接影响，明年我省显示器、汽车、钢铁等主导商品出口订单已呈下降趋势。六是因沿海出口企业倒闭或经营困难致使大量农民工返乡，调查摸底已达138万人，占外出务工农民总数的16%。七是沿海出口企业转攻国内市场，挤占我省部分企业特别是中小企业的市场空间趋势加大，企业的生存环境进一步趋紧。上述问题只是国际金融危机对我省影响的初步显现，有些问题有可能进一步加剧，有些新问题还将陆续出现，需要我们在年末一个多月和明年的组织收入工作中引起高度重视，并采取切实可行的措施积极审慎应对。

从全年宏观经济运行趋势看，除居民消费价格指数外，其他主要经济社会发展指标均可完成或超额完成年初计划目标。初步测算，预计2008年全省地区生产总值增长14%左右；全社会固定资产投资达到5750亿元，增长27%；社会消费品零售总额完成4960亿元，增长23%左右；地方财政一般预算收入完成700亿元以上，通过努力可望增长20%以上。

2009年是实施“十一五”规划的关键一年，综合预判，明年我省经济社会发展面临的形势总体上仍然是有利的，国家可能会将“保增长、促转型”作为明年宏观调控政策取向，实施更加积极的财政政策和适度宽松的货币政策，将为我省进一步加大投资、扩大内需提供较为宽松的宏观环境；但国际金融危机对我省经济社会发展的影响程度和时间不容忽视，部分行业和领域增速回落、企业利润减少、财政收入增速下滑等问题不容忽视，股市动荡和房地产市场持续低迷、金融领域的隐忧以及农民工大量返乡等问题不容忽视。

我们初步了解，国家2009年的计划安排目标仍在8%～9%。2009年我省经济社会发展主要预期目标为：全省生产总值增长10%～12%左右；全社会固定资产投资增长18%；社会消费品零售总额增长15%；地方一般预算收入增长15%。

二、扩大内需促进经济平稳较快增长的有关措施

11月5日，国务院总理温家宝主持召开国务院常务会议，会议确定了当前进一步扩大内需、促进经济增长的十项措施。这十项措施是：

一是加快建设保障性安居工程。加大对廉租住房建设支持力度，加快棚户区改造，实施游牧民定居工程，扩大农村危房改造试点。

二是加快农村基础设施建设。加大农村沼气、饮水安全工程和农村公路建设力度，完善农村电网，加快南水北调等重大水利工程建设和病险水库除险加固，加强大型灌区节水改造。加大扶贫开发力度。

三是加快铁路、公路和机场等重大基础设施建设。重点建设一批客运专线、煤运通道项目和西部干线铁路，完善高速公路网，安排中西部干线机场和支线机场建设，加快城市电网改造。

四是加快医疗卫生、文化教育事业发展。加强基层医疗卫生服务体系建设，加快中西部农村初中校舍改造，推进中西部地区特殊教育学校和乡镇综合文化站建设。

五是加强生态环境建设。加快城镇污水、垃圾处理设施建设和重点流域水污染防治，加强重点防护林和天然林资源保护工程建设，支持重点节能减排工程建设。

六是加快自主创新和结构调整。支持高技术产业化建设和产业技术进步，支持服务业发展。

七是加快地震灾区灾后重建各项工作。

八是提高城乡居民收入。提高明年粮食最低收购价格，提高农资综合直补、良种补贴、农机具补贴等标准，增加农民收入。提高低收入群体等社保对象待遇水平，增加城市和农村低保补助，继续提高企业退休人员基本养老金水平和优抚对象生活补助标准。

九是在全国所有地区、所有行业全面实施增值税转型改革，鼓励企业技术改造，减轻企业负担。为扩大国内需求，降低企业设备投资的税收负担，促进企业技术进步、产业结构调整和转变经济增长方式，会议决定，自2009年1月1日起，在全国所有地区、所有行业推行增值税转型改革。改革的主要内容是：允许企业抵扣新购入设备所含的增值税，同时，取消进口设备免征增值税和外商投资企业采购国产设备增值税退税政策，将小规模纳税人的增值税征收率统一调低至3%，将矿产品增值税税率恢复到17%。经测算，明年实施该项改革将减少当年增值税收入约1200亿元、城市维护建设税收入约60亿元、教育费附加收入约36亿元，增加企业所得税约63亿元，增减相抵后将减轻企业税负共约1233亿元。

十是加大金融对经济增长的支持力度。取消对商业银行的信贷规模限制，合理扩大信贷规模，加大对重点工程、“三农”、中小企业和技术改造、兼并重组的信贷支持，有针对性地培育和巩固消费信贷增长点。

初步匡算，实施上述工程建设，到2010年底约需投资4万亿元。为加快建设进度，会议决定，今年四季度先增加安排中央投资

1000亿元，明年灾后重建基金提前安排200亿元，带动地方和社会投资，总规模达到4000亿元。

11日上午，省委召开常委扩大会议，传达贯彻党中央、国务院关于当前经济工作的重大决策和部署，分析我省经济形势，研究落实中央精神，做好我省当前经济工作的措施。省委书记、省人大党委会主任罗清泉主持会议并作重要讲话。会议指出，为应对国际金融危机对我国经济带来的不利影响，党中央、国务院作出实行积极的财政政策和适度宽松的货币政策的重大决定，出台了一系列更加有力促进经济发展的政策措施，中央扩大内需的政策是中部地区发展的又一重大机遇。

三、当前和后期的全省税收形势

凡事预则立，不预则废。对于当前和后期的全省地税收入形势，我们既要看到有利的一面，也要充分预计到不确定因素和不利因素。

从有利因素看，一是我省经济的基本面依然向好，经济增长可提供充沛的地方税源；二是宏观调控政策做出重大调整，强力启动了刺激内需计划。在金融危机日趋严峻、实体经济遭受冲击的背景下，我国的宏观调控政策做出重大调整：将实行积极的财政政策和适度宽松的货币政策，并在今后两年多时间内安排4万亿元人民币的资金强力启动内需，促进经济稳定增长。积极的财政政策曾是中国1998年应对亚洲金融危机及国内特大洪灾冲击的主要做法，在货币政策中使用“宽松”字眼也是10多年来第一次，而从撬动国内需求之中又可看到，我国经济正努力从过度依赖投资和出口转向以消费和内需为主导。通过分析可以看出，未来两年内新增加约4万亿元的投资，相当于2007年全社会固定资产投资的29.2%，假设今年全社会固定资产投资增长25%，新增投资约为今年固定资产投资的23%左右。由于中国投资占GDP的比重约为45%，再考虑到4万亿元投资分两年完成，可每年加快投资至少10%以上，即使未来两年固定资产投资价格指数保持在5%左右，投资的额外增长可拉动GDP增长约2个百分点左右。如果这些政策措施能够落实，明年全国经济仍有望保持8.5%左右的增长。

从不利因素看，当前和后期我省地税收入面临着四大减收因素，今年后两个月组织收入难度加大，明年税收收入增速较2008年将出现明显放缓。

一是房地产税收将成为最大的减收因素。近年来，房地产税收始终为我省地方税收的重要支柱，房地产税收占全部税收的比重始终保持在25%以上，增收额占全部增收额的比重保持在30%以上。

根据市场形势判断，当前房地产经济的衰退不仅有延续迹象，且房地产投资萎缩效应将会在明年集中释放，2008年全省房地产行业对税收的支撑力度进一步减弱，2009年房地产税收下滑已成定局，其中武汉市房地产税收回落更为明显，与房地产业高度相关的建安营业税收也将有相应幅度回落。根据预测情况估算，2008年和2009年房地产税收占全部税收的比重，房地产税收增收额占全部税收增收额的比重均将出现一定程度的回落。

二是所得税增速大幅下滑难以避免。2008年，新《企业所得税法》的实施，以及个人所得税费用扣除标准提高两项政策的出台，影响所得税收入16亿元。但由于企业所得税上年结转、压欠增收、汇算清缴、高收入个人所得自行申报等因素，今年以来两个所得税始终保持较高增幅，前10个月分别增长42.5%和35.4%，政策调整和税收增长出现悖论，减收效应尚不明显。然而，今年所得税的高幅增长，既是众多特殊增收因素的作用结果，也是减收效应滞后性的体现，政策性减

收的延缓释放，在推动当前税收高幅增长的同时，必然使今年后期和2009年所得税增幅出现较大回落。同时，当前社会各界对再次提高个税扣除标准的呼吁强烈，明年个税可能面临新的减收因素。

三是政策翘尾因素消失造成减收。2007年以来，车船税、土地使用税、土地增值税、耕地占用税相继进行了扩大税基、提高税额的政策调整，这些调整大都于2007年底开始实施，并在2008年形成政策性翘尾增收，保持了较高增幅，成为推动今年税收增长的重要一级。进入2009年后，这些税种一方面在2008年快速增长后形成了较大基数，另一方面也将不再受到翘尾因素的推动，增长将趋于平缓。

四是增值税转型导致地方税收减收。从2009年1月1日起，全国所有地区、所有行业推行增值税转型改革。明年实施该项改革将在一定程度上减少城建税、教育费附加和地方教育发展费。

四、做好组织收入工作的几点要求

今年以来，国际经济环境不利因素增多，国内也遇到了特大自然灾害。面对诸多困难，党中央、国务院和省委省政府及时采取宏观调控措施，国民经济保持了平稳较快的发展势头。反映到税收上，1—10月，全省地税税收收入完成352.4亿元，同比增长27.3%，总体情况良好。但下半年以来，经济形势日益复杂、房地产业持续低迷，对我省地税收入的影响趋于明显，10月份，全省税收收入仅增长18.8%，创今年以来新低，并突出表现为“两个不平衡”：前10个月，全省地方一般预算收入增幅落后于中央级收入13个百分点，级次税收增长不平衡；10月份当月，6个市州税收增幅在10%以下，区域税收增长不平衡。为了确保全年税收收入稳定较快增长，各级地税部门要切实加强税收征管，努力做好今年后期的组织收入工作。

一是坚持组织收入原则，确保税款及时足额入库。各级地税部门要继续坚持“依法征税，应收尽收，坚决不收过头税，坚决防止和制止越权减免税”的组织收入原则。正确处理组织收入与规范执法、优化服务和支持发展的关系。收入形势好、税源充足的地区，必须做到应收尽收，坚决制止有税不收的行为发生；税源不足、完成政府预算有困难的地区，要及时向政府汇报，坚持依法征税，坚决杜绝“寅吃卯粮”收过头税和转引税款。

二是坚定信心，努力提高复杂背景下的组织收入能力。当前，宏观经济形势较前期更加错综复杂，经济发展面临较大的下行压力。为此，我们既要看到经济形势的严峻性，把困难估计理充分一些，同时又要增强信心，正确应对挑战，变挑战为机遇，变压力为动力。温家宝总理说过：信心比黄金和货币更重要。在关键时刻，我们一定要统一思想，坚定确保地税收入平稳较快发展的信心，及早谋划新一轮经济调整中的征管重点，及时有效应对各种困难。

三是加强经济税收分析，做好税收预测工作。各级地税部门要强化经济形势分析，准确把握经济发展总体态势，密切跟踪宏观经济和企业经营形势变化对税收的影响。认真分析观察经济运行中出现的新情况、新问题，摸清税源，做好预测，防止收入的大起大落。要加强对重点税源地区、重点税源行业和重点税源企业的经济税收分析，发现组织收入中存在的问题，不断提高税收征管的质量和效率。要做好税收预测工作，掌握税源，科学判断税收增长趋势，把握组织收入的主动权。

四是优化税收收入结构，加快地方一般预算收入增长。针对当前中央级与地方级税收增长背离，地方一般预算收入增长滞后问题，各级地税部门要加大税种结构的调整力度，强化地方一般预算收入的征收力度，尽快提高营业税、城建税、契税等前期增幅较低税种的增长速度，确保中央级与地方级税收均衡增长。

*五是税收管理与纳税服务并重，落实好税收优惠政策。*当前，在较为严峻的经济形势下，我省部分企业特别是中小企业出现经营困难，企业的生存环境进一步趋紧。各级地税部门要切实以学习实践科学发展观贯穿组织收入工作，关心企业的生产经营和发展中存在的问题与困难，把增值税转型等税收优惠政策落到实处，确保地方经济发展和税收持续增长良性互动。

〔本文摘自作者2008年11月19日在全省经济与地税收入形势分析会上的讲话〕

以应用推广税务短信平台为契机 全面提高地方税收征管工作水平

省地方税务局党组成员、总会计师　肖厚雄

为期三天的全省地方税收征收管理业务培训暨税务短信平台应用推广工作会议马上就要结束了。会议期间，省局征管处的曹处长就前两年的税收征管工作进行了总结，同时，对两年来税收征管工作存在的一些问题进行了剖析，并对当前和今后一个时期的征管工作进行了布置，刚才又根据代表们讨论的情况，就相关问题在大会上向同志们进行了明确。曹处长讲话的主要精神符合我省征管工作的实际，我表示赞同，请同志们回去以后认真执行。

会议介绍了两个经验。一个是介绍宜昌市《运用税收短信平台，拓展纳税服务空间》的经验，并演示了短信平台的工作流程。宜昌的做法是省局肯定的，也是本次会议要求各地认真学习的。他们的宝贵之处是充分认识到了税收短信平台的巨大作用，创造性地开展工作，完整地、强有力地贯彻省局的统一部署，取得了很好的效果，受到了社会各界的好评。这次会议是一个现场会，希望各地能把宜昌的做法带回去。会议介绍了武汉市《努力优化纳税服务，构建和谐征纳关系》的经验。他们的独到之处是以服务纳税人为宗旨，以公平执法为核心，以科学技术为依托，以纳税人满意为目标，值得各地借鉴。会议观摩了宜昌市地税局东山分局办税服务厅，他们的特点是标识规范、功能齐全、服务到位、群众满意。他们的做法也值得各地学习与借鉴。

会议表彰了“全省百名纳税服务明星”，他们的风采是心系纳税人，服务纳税人；展现地税人，弘扬地税人。他们是地税系统优质服务的代表。希望受表彰的同志们能够发扬光大，保持好先进性和荣誉感。希望全体地税干部向他们学习，共同把纳税服务工作搞好。

会议听取了大家对服务经济建设、保障税费征收、推广信息化的有关意见。昨天上午许局长听了各地分管征管工作的局领导和征管科长的意见，下午我单独听了局长们的意见，在各地分组讨论会上，大家又畅所欲言、各抒己见，向省局提出了很多很好的建议，省局对此表示衷心的感谢！

会议聆听了省局许建国局长的报告。许局长的报告对征管工作提出了一些真知灼见，因为他过去是搞研究的，现在搞实务，通过理论与实践的结合，有很多别人想不到的观点和思想。省局会根据他的要求陆续出台一些有积极意义的文件。许局长对纳税服务工作提出了明确的要求：纳税服务是一个永恒的主题，纳税服务的核心是保护纳税人的合法权益。纳税人来了以后你给他倒不倒水，是否送他一把伞，是否请吃自助餐，都不重要，有条件的这样做更好，没有条件的不做也行，但第一要务是税法适用的确定性。许局长对征管工作从总体上提出了要求，并强调征管工作是税收业务工作最重要的工作。这话他不是随便说的，他是从理论上实践上做了很多的调查研究之后说的。这对同志们既是鼓舞也是鞭策，在某些方面来讲还是一种信任。希望同志们深刻领会许局长的讲话，并落实在行动上。

总之，本次会议开得很圆满，很成功，达到了预期的目的，收到了良好的效果。为此，我对同志们在平常工作中的努力和对本次会议的合作表示衷心的感谢！借此机会我讲三个方面的意见。

一、各级地税机关的领导和从事征管工作的同志们要充分认识征管工作的重要地位和作用，增强责任，抓住机遇，努力作为

关于征管工作的地位，许局长前面讲了，我也是这样认为的。为什么这样讲，从六个方面可以说明征管工作的重要地位和作用。第一，国家税务总局在2004年的时候向全国国税系统下了一个规范性的文件，就是确定全国国税系统的机构名称、编制、职责和人员作为的一些相关制度。在这个文件中间明确提出省以下税务机关工作的重点是征管。这是以正式文件明确的，几年来国税系统是按照这个文件来执行的，地税系统要求是比照执行的。这说明从法理上确定了征管工作的作用与地位。第二，许局长在讲话中强调征管工作是税收工作的重中之重。这说明省局领导高度重视征管工作。第三，当前，纳税服务的主要环节和工作重点也是征管。现在搞纳税服务，政策是死的，调整很难，调整一次是管多少年的。但是征管工作是每时每刻都要符合和服务客观实际的。如网上24小时纳税申报的受理，我们去武汉参观过，街道上自助纳税就是这样的。第四，税务部门促进经济和社会发展、改善民生的核心载体也是征管。所有的优惠政策需要通过征管活动来落实。如坏账、呆账的处理需要征管部门审核、把关和出主意，还有一些税收的豁免需要征管部门作好基础性的工作。这说明征管部门是为促进发展、改善民生办实事的部门。第五，体现地税系统行风好坏、展现文明的窗口也是征管。纳税大厅虽然没有明确说是征管部门管，但实际上这项工作主要是征管部门在管理。纳税大厅同志们展现的一切，实际上就是地税机关展现和传播文明的一个窗口或者阵地。大家都是基层的同志，比我们的认识可能更加深刻一些。第六，组织收入、调节经济、树立权威的手段更是征管。组织收入其他方面都是既定的，组织收入的弹性，组织收入方方面面的协调，都在征管上体现，比如调节分配不公和产业结构都是通过征管来进行的。根据以上六个方面充分证明，征管工作是税收工作的重中之重，征管部门是税务机关的坚实基础，征管制度是依法治税的根本保证。我个人是这样认为的，希望同志们也能认识到这一点。

关于如何抓机遇，大家要从三个方面入手：一是从责任感上抓机遇。你想干事、想把这个事干好，你就会有动力，有动力就会去寻找机遇。二是从领导的思想意识中间抓机遇。领导的每一次讲话，每一个活动，每一个关注，都蕴含着领导人的执政理念和作为方式。领会领导意图是抓好机遇的一个重要方面。三是从工作的进程中抓机遇。一要在开展本职业务上抓机遇，二要在创新的道路上抓机遇，三要在配合他人的工作中抓机遇。

抓机遇的目的是为了作为，作为的方式要正确，作为的作风要端正，只有这样作为的效果才能满意。

二、全省上下要统一思想，形成合力，突出重点，强化措施，切实抓好当前的几项重要工作

当前和今后一个时期征管工作的任务很多很重，我在这里只强调几个重点。

第一，要切实抓好税费征管核心软件的上线工作。这项工作十分重要，是今年地税工作三大任务之首。这是党执政方式转变、政府行政手段加强、税收管理与服务提升的客观需要。根据总局金税工程和省政府电子政务建设的总体安排，省局决定从今年8月份开始，分三批组织“湖北省地方税费征管核心软件”在全省上线使用。省局将成立工作指挥部专抓这项工作。各级征管部门要充分认识此工作的重大意义，主动参与，积极配合，特别是要搞好上线前有关数据采集标准的制定，以及上线后有关业务的指导。

第二，要切实抓好税务短信平台的推广应用工作。这次在宜昌开现场会，推进这项工作的目的和意义都不用讲了，任务大家也明确了，关键是回去以后要落实好。短信平台是省局建的，钱是省局出的，经验也有现成的，各地再不抓好这项工作就没有道理了。希望同志们回去以后能创造性地抓好这项工作。

第三，要切实搞好第三方信息的比对利用工作。充分利用第三方信息是比较管理学在税务管理活动中的应用。现实工作中，单靠税务机关内部掌握的信息进行税收征管是远远不够的，必须利用相关部门掌握的信息来加强税收征管，这是国际惯例。第三方信息比对有三个层次。第一个层次是基础信息的比对，如工商、质监、公安等部门的信息。第二个层次是办税活动中相关部门信息的比对，如银行、国税、审计等部门的信息。第三个层次是税源管理部门信息的比对，如车辆管理、房产管理等部门的信息。第三方信息的比对与利用是长期要抓的工作，目前的重点是巩固与工商部门的信息比对与利用，其他部门的比对等核心软件上线后再逐步开展。

第四，要切实抓好纳税服务的规范规划工作。纳税服务工作的面很宽，途径很多，不可能一时都能抓好，也没有精力都能抓好，有条件的地方可以多做一些，没有条件的地方应注重实际。各地要有统一的规划，在多方面服务的同时，要抓住主要的问题。我反复强调：纳税服务的重点是税法适用的确定性，核心是保护纳税人的合法权益，目的是促进征纳关系的改善。

第五，要切实抓好纳税评估工作。纳税评估涉及三个方面，一是宏观税收质量的评估，即每个行业、地区、税种等税负情况的评估。二是每个纳税人纳税情况的评估，即申报率、申报准确度、办税信誉度等要素的评估。三是税务机关办税效率和质量的评估。搞好三方面的评估意义很大，虽然评估起来很难，但我们要先易后难，先把纳税人纳税情况的评估搞起来。省局新的税费征管核心软件是设定了有关程序的，请各地运用好。

三、各级地税机关的领导要大力支持征管部门的自身建设

征管部门的工作任务很重，加强自身建设是做好一切工作的基本保证。自身建设涉及多方面，我只想强调三点。

第一，要加强思想建设。思想建设要注重几种意识的培养。一是责任意识的培养。责任意识就是不管自己是什么人，一定要把

别人当人、把事当事，这也是“认真”的体现。二是服务意识的培养。每个人只有善于服务别人才能得到别人的服务。三是创新意识的培养。创新是事业发展的动力。我们在日常工作中要求稳，在重点工作上要求新，这是积极稳妥的工作方法。四是求真意识的培养。要自觉做到对任何事情不唯上，不唯书，只唯实。五是合作意识的培养。合作意识的关键是立足本职，重视其他，干好其他。六是辩证意识的培养。大家在日常生活中要牢记三个观念：一个观念是吃亏是福，福中有祸。第二个观念是好中有坏，坏中有好。我们在干工作的时候，要将任何的好事同时当坏事看，将任何的坏事同时当好事看，当然二者有利大于弊或弊大于利的问题。你有这种观念办事才是最稳妥的。第三个观念是不求最好，但求有好。我们干工作也好，处理关系也好，不要刻意去追求最好，最好是好的敌人。因为你最好，就会树立很多的“敌人”，欲好不成，欲速不达。不追求最好，但求有好，因为都好是很难做到的，没好也是站不住脚的。

第二，要加强业务建设。业务建设的核心是要有先进的管理理念、科学的征管制度、合理的考核体系和有力的保障措施。

第三，要加强组织建设。组织建设的关键是要有合理的机构体系、过硬的人员素质和优良的设施装备。

征管部门的自身建设十分重要，征管部门的同志自身努力是一个方面，各级领导重视支持抓这项工作更重要。希望各级地税机关的领导切实重视起来，将其努力建设好。

〔本文摘自作者 2008 年 5 月 30 日在全省地方税收征收管理业务培训暨税务短信平台应用推广工作会议上的讲话〕

统一思想　团结一心
全力推进地方税费征管核心软件上线工作

省地方税务局党组成员、总会计师　肖厚雄

历时三天的全省地方税费征管核心软件上线指挥长会议即将结束，同志们马上就要回到自己的战斗岗位，我相信，我们的软件上线工作，有北京奥运会助阵，有省局党组的坚强领导，有全省地税干部的努力，一定会马到成功，旗开得胜！

一、关于大会的收获

回顾三天的会议，虽然时间不长，内容却十分丰富。许建国局长给我们作了动员讲话，马上还要给我们再次提要求；曹桦林副指挥长就信息采集标准和历史数据处理办法给大家进行了说明；程辉委员宣读了省局关于核心软件业务与技术的培训方案；郝荫昌副指挥长给大家介绍了核心软件的总体构架和主要特点，通报了信息化建设规划与进程的情况；黄双艳同志和东软公司的技术人员给大家演示了软件的主要功能。会议还分十二个组进行了讨论，省局指挥部的同志与各小组同志们一道，研究了许多问题，提出了很多建设性的意见。总之，会议开得十分成功，收到了预期效果，突出表现在以下几个方面。

（一）统一了思想。此前，大家对征管核心软件在今年完成上线任务，有许多的疑虑和担心，有许多的困惑和不解，甚至还有一些不满和反感。同志们听了许局长的动员讲话后，认为软件上线是时代进步的要求，是税收事业发展的需要，也是税务干部在新时期作为的基本条件。确实是“进则昌、慢则伤、退则亡”。大家认为省局的决策和决定是十分正确的，也是十分及时的，表示坚决拥护和响应。特别是武汉市的同志们表示，坚决按照省局的总体部署落实任务，工作安排只能提前、不能落后，工作质量只能提高、不能降低。宜昌的同志们表示，大政已定，对省局的安排，只能唱赞歌，不得唱反调。襄樊的同志们表示，只能在干中学，不能因难而退等等这些认识都十分可贵，为搞好软件上线工作打下了良好的基础。

（二）明确了任务。此前，有些地方观望等待，有些地方工作思路不清，有些地方工作责任不明。大家听了许局长的讲话后，克服了观望等待的思想，明确了工作思路，突出了工作重点，分解了工作责任，拟定了考核办法和奖罚措施。特别是宜昌市、黄石市、鄂州市、天门市，把上线工作安排到了每一天、每一个人。黄冈市、咸宁市、潜江市、仙桃市、神农架林区，把上线工作细化到了每一个环节、每一个步骤。荆州市、荆门市、孝感市、十堰市、随州市，表示要调集一切力量，充分保障上线工作的人、财、物需要。这些都对完成软件上线任务具有很好的作用。

（三）掌握了标准。此前，虽然省局下发了基础信息采集标准和历史数据处理办法，但大家理解不一致，操作方法不统一，大家听了曹桦林副指挥长的说明后，加深了对省局文件的理解，掌握了统一的标准，消除了许多错觉，为搞好数据采集和历史数据处理奠定了很好的基础。此前，大家对信息化建设，特别是对金税工程（三期）建设的任务、责任和标准不够明确，通过听了郝荫昌副指挥长关于信息化建设规划与进程的介绍，既明确了省、市、县的总体规划和具体标准，更明确了各自建设的重点和责任。大家说“今后不会相互等待，不会重复建设，也不会缺位缺项”，使整个信息化建设和软件上线工作有规可循、有标可遵。

（四）熟悉了软件。此前，大家对新版税费征管核心软件只听说、没有看，有的看了也是一知半解、似懂非懂，有的甚至只听到说不足，根本不知道有什么好处，因此，对使用软件顾虑重重、信心不足。大家通过观看软件的功能演示，将其对照老软件、外省的软件分析，对新软件刮目相看，认为新软件设计先进、功能齐全、覆盖面广、操作简便、智能友好，在“六同三覆盖”的基础上，能实现数据省级实时大集中、网上全天候办税，是目前我国先进的税收征管软件，从而坚定了大家对使用新软件的信心。同时，也使大家成了宣传新软件、辅导新软件、推广新软件的积极分子、内行领导和业务骨干。

当然，本次会议也存在一些不足：一是教学还不够科学，对大家的求知要求还满足不够；二是时下正置酷暑，对大家的生活保障还不太满意；三是议程安排太紧，影响了大家对北京奥运信息的了解和节目的收看。敬请大家谅解。

二、关于有关问题的解答

会议讨论过程中，同志们提出了许多问题和要求，经省局指挥部的同志们商议，解答如下：

关于提前建立各地培训测试系统的问题。省局同意，不论什么时间上线的地方，只要符合建立培训测试系统条件的一律建立，供各地提前加强对新软件的熟悉和上线前的的准备。

关于尽早建立省局运维呼叫中心的问

题。省局正在着手建立以省局计算机中心和东软公司联合组成的“软件运行维护中心”，确保软件上线过程和使用中的服务。

关于解决各地的差异需求问题。省局核心软件的设计已考虑到了各地差异性需求的应用问题。等核心软件上线后，分别研究解决不同的差异性需求。

关于软件功能中的有些审批程序能否简化的问题。新软件的设计是按最新的政策法规要求进行的，原则上不能随意简化审批程序，但根据各地不同的组织机构形式，可以适当简化，但必须报省局同意后进行调整。

关于各地正式职工能否给予用户权限问题。省局考虑实际工作的需要，同意给正式职工、正式雇员设定服务岗位的用户权限，但不能设定执法岗位的用户权限。

关于纳税人实行网上办税后，纸质资料的保管问题。根据《税收征管法》和《档案法》的要求，纳税人在网上的办税事宜属审批性质的，必须同时呈报纸质资料，按规定程序报批存档。属税收申报内容的，可以先在网上上办理，后补报纸质资料存档。

关于财税银联网划缴款问题。按财政部、人民银行总行和国家税务总局的统一要求，由各地的人民银行统一协调。

关于新软件启用初始化时，纳税人的基础数据导入或采录过程中，程序能否由税收管理员一人操作到位的问题。程序不能简，但可以将不同层级人员的密码交税收管理员一人按不同要求一次操作到位，待整个数据导入或采录完成，重新调整各个层次人员的密码，实行分级管理。

关于纳税登记、缴费登记、社保费登记能否只建立一个共用的问题。若一个企业涉及三个登记，其基本信息是共享的，可以自动默认，但必须分开建立三个不同性质的登记，因登记是为收款打基础的，否则不能划缴税(费)款。

关于金税工程(三期)建设资金的使用问题。请各地按照鄂地税发〔2008〕150 号、170 号文件和许局长的讲话精神办理，做到专款专用，用到最需要的地方。

三、关于落实会议精神的要求

(一)要迅速将许局长的讲话精神传达到全体干部。许局长的讲话既是战前动员令，也是开展软件上线工作的指南，更是保证软件上线成功的盾牌。希望同志们学习好、领会好、宣传好、落实好。尤其要把“全体动员、全面保障、全面部署、全力以赴”的要求抓到位。会上印发的文件资料，各地要认真学习，遵照执行。

(二)要切实加强领导，团结一心抓好上线工作。各地要落实许局长强调的“上线工作是‘一把手’工程，各级‘一把手’要对上线工作负总责”的要求。各级指挥部要主动争取党组特别是“一把手”的领导与支持，自觉置于“一把手”的领导下，按其要求开展工作。各级指挥长要善于把握大局，搞好协调，发挥大家的积极性和创造性，调动一切有利因素来开展工作。同时要敢于负责、敢于承担责任、敢于纠正自己工作中的偏差。各级副指挥长，不论是干征管工作的，还是干信息工作的，要加强团结、加强理解、加强配合，完成共同的任务。同志们一定要明白，大家都捆在一起，一荣俱荣、一损俱损，要共同维台、共同补台、努力工作，不辜负各级党组的重托，切实完成任务。

(三)要合理安排，科学调度，多措并举，确保上线成功。各地要处理好上线与行评的关系、上线与收税的关系、上线与人事机构改革的关系，做到有张有弛、有保有压、有轻有重、有先有后。目前特别要举重若轻，要保大局、成大事！

〔本文摘自作者 2008 年 8 月 9 日在全省地方税费征管核心软件上线指挥部指挥长会议上的总结讲话〕

坚持学用结合　提高履职能力 形成良好的学习培训辐射效应

省地方税务局党组成员、副局长　余　伟

全省地税系统第二期“四个一批”培训班今天结业了，这是一个值得纪念的日子。我代表省局党组，对第二期“四个一批”培训班成功举办和同学们顺利结业表示热烈的祝贺！向为这期“四个一批”培训班倾注了大量心血的各级领导和老师们表示衷心的感谢和崇高的敬意！借此机会，我讲两个方面的问题。

一、培训工作取得的成绩

在重返校园、参加本次培训以前，很多同志从事管理工作，部分同志还是县(市、区)局的领导，从干部到学员、从“管人”到“被管”是一个巨大的角色转换，但同志们较快地实现了这一转变，迅速调整好学习状态，摸索形成了“自我管理、自我服务、自我约束、自我学习”的管理方式，培训成果达到了预期的目的，省局是满意的。成绩主要体现在以下三个方面：

(一)加强党性锻炼，学员政治素质全面提高。四个班都成立了党支部，通过研读马列经典原著、聆听专题讲座、开展专题研讨等形式，开展了丰富多彩的组织生活，将党性锻炼贯穿于日常的学习生活中，使学员对马列主义、毛泽东思想、邓小平理论、“三个代表”重要思想和科学发展观的深刻内涵有了全面认识和深入领会，同学们的政治素质明显提升，政治立场更加坚定。

(二)科学安排教学，学员业务技能有较大提升。在教学管理方面，三所学校都指定一名校级领导负责培训班的管理工作，相关院系的主要负责同志也亲自出马，全力以赴抓教学保质量。在师资力量方面，任课老师阵容强大，都是具有副教授以上职称的业内专家，有相当大的比例是博士生导师和硕士生导师，真正做到了“超一流配备、高水平教学”。在课程设置方面，结合地税工作的实际和各个班的培训重点，科学安排学习内容，有的放矢，把促进税收事业发展需要的知识和业务技能传授给学员。在教学方法上，根据成人培训的特点，学校大力推广研究式、参与式、互动式、案例式教学，学员的思辨能力、理论水平、业务技能等都得到了不同程度的提高。在时间安排上，各个学校都采用课堂教学为主，课余聆听高规格的讲座相结合的科学方式，努力扩展同学们的视野，丰富学员的知识储备，优化学员的知识结构。在培训纪律上，各个班建立了完备的学习、生活管理制度，实行课堂点名与课外抽查相结合的考勤管理，实行严格的课堂纪律和规范的生活管理，有效避免了松、散、疲的“成人学习综合症”，保证了培训效果。全体学员所表现出的良好精神面貌和学风，得到了各个学校领导和任课老师的高度评价。

(三)注重学习方法，学员综合能力得到锻炼。由于我国社会经济的迅速发展，税收工作变得越来越复杂，工作方式方法也变得多元化、现代化，对税务工作者的要求也越来越高，越来越全面。这就要求我们的培训在努力提高学员业务技能的同时，还要讲究方式方法，全面提升学员的综合素质和实际工作能力。四个培训班在这方面作了有益的探索，取得了良好的效果。学员们坚持将理论学习与税收实践联系起来，通过开展管理故事赏析活动、税收征管案例分析会、税收调研论文研讨会、撰写书评、参加职称考试等多种形式，努力提升自己的综合素质和实际工作能力。据省局教育中心的同志介绍，在座的各位学员都做了十余万字的课堂笔记、五万余字的作业和三万余字的书评，各科成绩都在"良好"以上。领导干部班的一些学员带着问题学、联系实际学，站在不同的角度认真思考，结合工作实践收入剖析，编著的书评和论文在一些报刊上发表；青干班的一些同学通过参加研究生、注册会计师、注册税务师等考试，主动拓展学习内容；涉外班的一些同学通过了专业英语六级、八级考试；计算机班的一些同学通过了程序设计师考试，参与了省局核心征管软件的开发、攻关。6月14日，省局许建国局长亲自与部分学员代表进行了座谈，同学们在干部队伍建设、税收征管基础管理、搞好"三个服务"、税收机构改革等方面，提出了许多很好的建议和想法，省局领导对同学们的表现给予了很高的评价。

二、几点希望

同志们即将离开学习生活了一年的大学校园，重返税收工作岗位，再次完成从学员到地税干部的转变，但是同志们的身份不是简单的还原。通过一年学习培训，同志们的综合素质和能力已经有了量的突变和质的飞跃，与一年前已不可同日而语。从上一届"四个班"反馈的情况看，学员们结业后，已将所学的理论知识很好地与税收实践结合起来，发挥了很好的效益。回到原单位后，这些同志仍然保持着良好的学习习惯，并且带动了所在单位的学习风气，形成了良好的学习辐射效应。尤其值得一提的是，绝大多数同志将学习成果转化成了推动税收工作的强大动力，有的同志走上了领导岗位，有的成了劳动模范，有的成了计算机专家、英语专家等等，在各自的岗位上干出了不凡的业绩。今天，第二批四个班的学员们又即将投入到波澜壮阔的地税事业，在大家准备将所学知识运用于地税工作实践，大显身手之际，我给同志们提三点希望。

（一）要做学习的标兵。同志们回到工作岗位后，要把在学校养成的良好学习习惯、掌握的学习方法继续坚持下去，把学习作为一种精神追求、一种政治责任、一种生活习惯、一种工作动力，树立终身学习的理念，科学计划，合理安排，努力做到工作、学习两不误、两促进。要向书本学习、向实践学习、向基层学习、向网络学习，不断拓展学习的领域，进行全方位的学习，把自己培养成复合型的高素质的人才。各位学员作为本单位本部门的领导、业务骨干、专业人才，要有强烈的责任感和使命感，将所学的理论业务知识、科学的学习方法传递给大家，让学习的"火种"在整个地税系统形成燎原之势，带动地税队伍整体素质的提升，以适应地税事业科学发展的需要。

（二）要做工作的楷模。各位学员学有所获、学有所得，但最重要的是要将所学理论知识运用到工作实践，坚持理论联系实际、学以致用。当前地税系统的干部整体素质已不适应形势发展的要求，人才的需求量是非常大的，特别是像在座各位通过系统培训的"高、精、尖"人才更是稀缺。因此，各位学员要主动投身到那些难度大、困难多、技术含量高的岗位，发挥更大的作用。领导班学员应将所学的管理理念应用到管理实践中，带好队、收好税，因地制宜，应用科学的管理方法，最大限度地调动税务干部的工作积极性，增强团队协作能力，提高工作效率和质量，提高地税避免执行力；青干班学员要将税收业务知识应用到税收征管改革实践中，做收好税政策的解说员和强有力的执行者，成为税收工作的中坚力量；计算机班学员要将税收业务与计算机知识结合起来，指导和服务本单位金税三期工程的全面应用，推进税收信息化建设；涉外班学员应积极应对经济全球化，在涉外税收征管中大显身手。

（三）要做勤政廉政的典范。为期一年的脱产学习，大家不仅学习了专业知识和业务技能，我认为更为重要的是改变了大家对待学习、对待工作、对待生活的态度，端正了大家的世界观、人生观和价值观，激发了大家锐意进取的斗志，焕发了活力四射的热情。在今后的工作中，希望大家继续保持这种良好的心态，争做地税干部队伍勤政廉政的典范。

〔本文摘自作者2008年7月4日在全省地税系统第二期“四个一批”培训班结业典礼上的讲话〕

加强培训　注重实践
努力提高全员计算机应用技能

省地方税务局党组成员、副局长　余　伟

今天，我们隆重召开全省地税系统计算机应用技能培训与测试总结大会。开展计算机应用技能培训与测试是2008年全省地税系统的一项重要工作，是省局为扫除微机“文盲”、提高干部计算机操作技能、推进税费征管核心软件应用、加快税收信息化建设步伐采取的一项重要举措。在信息中心等部门的大力支持下，经过各地教育培训中心的不懈努力，培训与测试工作取得了圆满成功。首先，我代表省局党组向为培训测试工作付出辛勤汗水的在座各位表示衷心的感谢！借此机会，我讲两个方面的问题。

一、计算机应用技能培训与测试工作成绩喜人，值得充分肯定

全省地税系统计算机应用测试培训工作从5月份正式开始，先后有15000多人参加了培训。这次培训测试特点鲜明，实用性强，达到了以考促学的目的，极大地提高了干部的计算机应用技能水平，推动了征管核心软件应用等工作的开展，取得了圆满成功。

（一）领导重视，组织得力，培训测试工作有序进行。省局高度重视计算机应用技能培训和测试工作，5月和8月，先后下发了全员培训测试通知和实施方案，对相关工作进行了安排部署。为了促进大家的学习和培训，抽调计算机业务骨干和有计算机教学经验的同志编写了《计算机应用技能学习辅导资料》，印发全系统人手一册。各地也都下发了文件，把抓好计算机应用技能培训与测试工作纳入重要议事日程，强化组织领导，科学制定培训计划，及时添置计算机设备，保证了培训测试工作的顺利开展。荆州市地税局党组带头参加培训和测试，不耻下问，在处级领导干部测试中取得了优异成绩。黄石市地税局坚持局班子成员带头学，每天至少挤出1个小时上机学习操作，为干部职工做好表率。孝感市地税局专门召开局长办公会，对培训测试的经费、场地、组织保障等进行专门安排部署，并统一印发了学习辅导资料。随州市地税局投资200多万元新建了中心机房和电教室，增购了150台电脑，为培训测试工作提供硬件保障。仙桃市地税局成立了测试工作领导小组、操作技能培训小组、培训辅导小组、竞赛小组和帮扶小组，有力地保证了培训与测试工作的顺利进行。荆州、鄂州、天门等地税局主要负责人亲自监考，维护考场秩序。

（二）分层分类，全员培训，干部学习热情高涨。各地将计算机培训测试与组织收入、行风评议、软件上线等工作有机结合起来，合理安排培训时间，并根据干部不同的微机操作水平和各工作岗位的不同要求，分层分类有针对性地开展全员培训，力争使每名干部的微机操作技能在原有基础上都有一个大的提升。黄石市地税局先后举办了基础型、提高型、专业型等不同层次20余期计算机操作脱产培训班，确保人平受训两次以上。潜江市地税局深入基层，广泛征求培训建议，按照先易后难、先重点后一般、先培训骨干、后普遍轮训的方法，将培训对象按年龄和水平分成4个层次进行轮训，收效明显。十堰市地税局根据干部计算机知识掌握情况按照好、一般、差三个档次进行分类组织培训，在培训时间的长短、培训内容的难易程度和工作安排上进行区别对待，举办不同形式的培训班。黄冈市地税局先后组织市直人员开展了打字测试，以省局测试习题库为例题开展了考点知识培训，结合税收管理员工作需要开展了计算机应用技能培训，由于针对性强，反响良好。鄂州市地税局坚持培训、工作两不误，将省局的计算机考试习题集和考试软件制成光盘，人手一张，让每位干部职工都能自己在计算机上进行学习和模拟考试，在不影响工作的情况下，保证了培训学习。天门市地税局从题库中精选出不同类型的综合练习题，进行统一讲解；同时将自测中成绩较差的50名同志集中起来，脱产到电脑学校统一进行了为期10天强化培训，确保人人过关。襄樊市地税局在每期培训班开课之前，让每名干部把工作中遇到的问题收集起来，由培训老师进行集中讲解，答疑解惑，让干部带着问题参加培训学习，变干部被动学习为积极主动地思考，提高了培训的效果。荆州市地税局根据省局提供的练习题库，编印了《计算机应用技能测试复习题》下发到每一个参试人员，供干部自学。据统计，全省地税系统有15000多人参加了计算机应用技能培训，人均集中培训时间超过两周，有30%左右原来对计算机知识了解甚少的干部通过培训较好地掌握了计算机基本应用技能，提高了胜任信息化条件下税收工作的能力。教育培训中心及时以简报的形式介绍推广了各地的培训经验，推动了培训工作向纵深开展。由于培训工作组织得力，学用结合，针对性强，全系统上下掀起了比学赶帮超的良好局面。

（三）以考促学，严肃考纪，测试工作圆满完成。计算机应用技能测试是检验培训效果的重要手段。测试工作分三个阶段进行：一是9月下旬在5个地方进行的处级干部测试。二是从10月中旬到11月底的30日由各地组织的全员计算机应用技能测试，省局抽调人员进行了监督巡视。三是12月下旬省局组织对测试不合格人员和缺考人员进行的补试。测试分三个阶段进行：一是从9月20日开始精心组织了5场124名基层处级以上干部和市州局班子成员计算机应用技能测试，并从10月15日开始组织人员赴16个地方对各市州林区地税局的现场测试进行了巡视监督，及时帮助解决测试中遇到的问题。据统计，共有12800人参加了全省地税系统应用技能测试，有12500多人顺利通过测试，合格率为98%以上。12月中下旬,又对各市州地税局计算机应用技能测试不合格的234名干部和缺考人员及时组织了补考。各地在省局统一测试前,都自行组织了多次测试,以考促学。考前都成立了考务小组,精心做好各项准备工作:联系考点,反复进行硬件测试,强化技术保障;在考点悬挂测试横幅,张贴参考人员的准考证号、考场纪律和注意事项等。绝大多数市州局能严肃考风考纪,以考促学,努力提高干部的计算机操作技能,测出了每名干部的真实水平。十堰市地税局在正式测试前,在内网上搭建模拟测试平台,让每一位干部每天都可以登陆模拟平台进行模拟测试。孝感市地税局考前每人印发一份测试须知,告知注意事项和操作细则,每场安排一名局领导现场监考。黄冈市地税局在测试考场逐一核对测试人员的身份证和测试证,将非测试对象清理出场,并记录在案。潜江市地税局在局域网下载省局计算机应用技能培训的达标要求、计分标准及练习题,让干部及时了解自己年龄段的达标标准,使他们学有任务、练有标准、自我加压、强化训练。宜昌市地税局做到训前有调查、训中有考勤、训后有测试、考后有考核。荆门市地税局坚持做到"自学与集中培训相结合、教学与练习相结合、考勤与考试相结合",对每期培训班进行严格考勤,模拟考试,并将考勤情况和考试成绩进行通报,努力提高培训质量。黄石市地税局从软件测试到考场、人员安排,精心组织好第一场处级干部测试。随州、十堰等地地税局统一着装参考,展现了地税干部的良好形象。

(四)奖先惩后,制度激励,干部操作技能明显提高。从省局到各市局,针对这次的全员培训和测试都制定了相应的奖惩激励机制,给干部以压力和动力,增强了干部学习计算机知识的紧迫感和自觉性。十堰市地税局把计算机测试与优化组合、精简人员有机地结合起来,明确规定凡是计算机测试不合格人员必须待岗,不能进入优化组合程序,促使60余人办理了提前退休手续,减轻了人员超编压力,计算机应用技能测试结果还纳入四季度绩效考核,将作为年终考核、晋职晋级、上岗的重要依据。随州市地税局对测试成绩优异者进行奖励,对不合格者进行诫勉谈话,补试仍不合格者,离岗自学或集中培训,离岗学习期间发基本工资,年度考核奖金按50%发放,不得参加年度评先表优;对有领导职务的给予免职或降职处理。宜昌市地税局将省局计算机应用技能测试成绩与单位和个人年终目标考核奖惩挂钩,对不及格的,单位扣分,个人取消评先资格并给予一定经济处罚。咸宁市地税局对测试成绩优秀个人予以奖励,对经补考仍不合格的人员通报批评,并给予一定的经济处罚。神农架林区地税局对考试较好的干部,区局除给予精神奖励外,对考试取得前三名的干部,分别给予1000元、800元、500元的奖励,对在考试中未通过人员,区局扣发一个季度绩效考核奖金,并劝其提前退休。潜江市地税局决定对在全省计算机应用技能测试中个人取得全省前10名的人员给予2000元奖励;取得全市前10名人员给予500元奖励;并将测试成绩与季度工作考核工资挂钩,对测试成绩不合格者,实行待岗培训,待岗培训期间生活自理;对经补考仍不合格者,只发基本工资,并劝其办理提前退休手续。这些奖惩激励机制的实施,改变了学与不学一个样、学好学坏一个样的状况,促使干部自我加压,由"要我学"为"我要学",使这次计算机应用技能测试收到事半功倍的效果,极大地提高了干部的计算机操作应用技能。

同志们,计算机应用技能培训和测试工作取得的成绩是省局党组正确领导的结果,是广大干部刻苦学习的结果,是计算机中心等部门密切配合的结果,更是在座各位辛勤付出的结果。在此,我代表省局党组对各位的辛勤付出表示衷心的感谢!

二、计算机应用技能培训工作任重而道远,亟待进一步加强

从信息技术在税收领域的应用看,税收信息化已成为不可逆转的国际趋势,目前正在全国实施的金税工程三期,将对税收管理格局产生深远的影响。省局推广应用地方税费征管核心软件是推进税收信息化建设的一个关键步骤,亟需大批高素质计算机人才。

这次全省地税系统计算机应用技能培训和测试虽然有效地提高了干部的计算机操作水平,但只能说是扫了“计算机盲”,与新时期税收信息工作的要求仍有较大的距离,计算机应用技能培训任重而道远。一是干部的整体计算机操作水平仍然不高。许多干部只会简单的打字、制表,计算机的绝大多数功能不会使用,造成资源浪费。就当前各地正在应用的税费征管核心软件而言,一些干部不能熟练地进行操作和应用,对本职岗位工作流程不清楚,对具体模块操作不熟悉,经常误操作形成垃圾数据和错误数据。二是缺乏高水平的计算机专业人才。全省地税系统目前取得计算机高等级证书的人寥寥无几,一些地方的网络和征管核心软件在运行中一旦出现问题,常常无人懂得调试和维修。三是计算机培训缺少场所。大多数基层单位没有一个能容纳30人的培训场所,遇到较大规模培训只能借用外单位场所,以致不能经常开展一定规模的集中培训。培训场所匮乏已在很大程度上制约了基层培训工作的开展。

上述问题说明,计算机应用技能培训仍亟待进一步加强,各地也为搞好下一阶段的计算机培训提出了许多好的建议。省局计划从以下几个方面进行努力:一是围绕征管核心软件加强培训。2009年,省局将围绕保证征管核心软件正常运行开展培训,计划举办3期培训班,帮助干部掌握征管核心软件的功能与操作方法,着力解决软件运行中的常见问题,为软件运行提供充足的人力保证和技术支撑。各地也要紧紧围绕推广应用税费征管核心软件这个重点,加大对相关人员的培训,确保软件按时上线,并安全、稳妥、有序地运行,不断提高征管效率,规范税收执法,更好地服务纳税人,推动地税信息化建设。二是建立计算机等级考核制度和计算机技能岗位津补贴制度。进一步加大对计算机网络的维护、软件的开发等高级管理人才的培养、深造的力度,为计算机更新换代和服务于地税工作储备充足的人才。鼓励干部参加计算机等级考试,对拿到等级证书的干部实行补贴,等级越高补贴越高,以此来调动干部学习掌握计算机技术的积极性。三是要统筹规划,加大资金投入,抓好电教室等教学设施建设。每个市、州、县(市、区)局都要建立相应的培训场所,县(市、区)局要建设一个能满足30人左右培训需要的培训场所,省局将在资金上予以支持。6月底,省局将对各地的教学场所建设进行检查验收。四是大力推行网上培训。为解决工学矛盾,要改变培训方式,将集中培训为主向网上培训为主转变,逐步实行网上培训,学习内容、时间、成绩自动记入个人学习档案,同时应把握培训的针对性,达到学中做、做中学,切实提高培训效果。

〔本文摘自作者2008年12月在全省地税系统计算机技能培训与测试总结会议上的讲话〕

服务大局　扎实工作
努力开创全省地税系统反腐倡廉建设工作的新局面

省地方税务局党组成员、纪检组长　许国勇

经省局党组研究决定，全省地税系统反腐倡廉建设工作会议今天召开。这次会议的主要任务是：深入学习贯彻中央纪委二次全会、省纪委第九届三次全体（扩大）会议和全国税务系统党风廉政建设工作会议精神，总结2007年工作，交流经验，通报党风廉政建设责任制检查、案件及内审工作情况，安排部署2008年反腐倡廉建设工作任务。会议期间将组织与会代表参观洪山监狱接受警示教育。省局对这次会议十分重视，多次召开党组会进行专题研究，并向省委和省纪委领导进行了专题汇报，各级领导也对这次会议给予了高度的重视。今天上午，省委常委、省政协主席、省纪委书记宋育英同志，省委常委、常务副省长李宪生同志在百忙之中也亲自到会作了重要讲话。宋书记和李省长的讲话，对我们做好地税工作，尤其是反腐倡廉建设工作作出了指示，提出了要求，指明了方向，我们一定要认真学习，深刻领会，狠抓落实。下面，我受省局党组的委托向大会作工作报告。

一、2007年党风廉政建设和反腐败工作情况

2007年，在省委、省纪委和总局的正确领导下，全省地税系统紧紧围绕省委、总局和省局关于加强反腐倡廉工作的总体部署，自觉把党风廉政建设融入地税工作大局之中，以加强作风建设为重点，以预防职务犯罪为主线，惩防并举、标本兼治，努力从源头上预防和治理腐败，为地税事业的健康发展和建设和谐地税提供了有力保障。

*（一）以主题实践活动为主线的反腐倡廉教育进一步深化。*2007年，全系统把反腐倡廉教育作为增强干部职工免疫力的基础工程，结合“加强作风建设、促进廉洁从政”宣传教育月活动的要求，将“倍加珍惜职业、预防职务犯罪、共建和谐地税”主题实践活动贯穿于反腐倡廉教育工作的始终，以抓学习、写心得、讲党课、专题讨论、事迹报告、理论研讨等“六个一”形式为载体，使反腐倡廉教育更加贴近干部实际，更加具有针对性和生命力，倍加珍惜职业、远离职务犯罪成为每个干部职工的自觉行动。活动中，全系统的各级领导干部特别是“一把手”都能以身作则、言传身教，既当好主题实践活动的组织者，又带头参加主题实践活动的全过程。省局坚持和完善中心组理论学习制度，先后组织学习了税收信息标准化建设、执政能力建设、《公务员法》和《行政机关公务员处分条例》、《物权法》、《劳动合同法》、十七大精神等6个专题。局长王文童亲自就作风建设讲授廉政党课，专题就地税系统作风建设的“六破六立”问题进行了阐述，各市州和省局机关各处室主要负责人作为中心组学习成员都就主题实践活动

撰写了心得体会。各单位还按照主题实践活动方案的要求，大胆创新活动的形式，不断丰富活动的载体，积极开展丰富多彩的实践活动，营造了全员参与，积极进取的良好氛围，推动了主题实践活动的深入开展。活动期间，全系统各级“一把手”共主讲廉政党课332人(次)，举办先进事迹巡回报告40多场(次)，组织观看廉政警示教育片237场(次)，到警示教育基地参观30多次，邀请纪委、检察机关领导和专家举办预防和惩治腐败专题讲座85期(次)，进行预防职务犯罪专题研讨20多次，受教育人员达20294人(次)，增强了干部职工善待岗位、善待权力的感恩意识。

(二)领导干部作风建设进一步加强。一是认真贯彻胡总书记大力倡导“八个方面”良好风气和省委俞书记大力整治“六种不良风气”的要求，在全系统各级领导班子中开展了“六破六立”活动和大力整治赌博、奢侈浪费、政令不畅、形式主义等五种不良风气活动，切实推进领导干部的作风建设。全系统各级党组织从自身做起，就加强领导干部作风建设作出承诺，接受全社会的监督。认真落实领导分片包点工作制度和领导带队进行责任制检查考核制度，充分发挥检查、指导、督办作用，进一步加大了垂直管理力度，增强了各级党组织解决自身问题的能力。创新民主生活会形式，省局党组实行“开门”开会，请各市、州、直管市、林区局党组书记、局长和局直机关各单位主要负责人列席民主生活会，同时省局领导带队参加各地的民主生活会，面对面地交换思想，实打实地解决问题，进一步提高了民主生活会质量。省局作风建设的成效得到了省委、省纪委有关领导高度关注，局长王文童同志在省委召开的全省“加强作风建设、促进廉洁从政”的电视电话会上作了典型发言，《湖北日报》也对此进行了跟踪报道。二是根据中纪委、省纪委、总局关于严格执行廉洁从政、促进领导干部廉洁自律的有关规定，继续深入治理领导干部收送现金和各种代金券、“跑官要官”、放任纵容配偶子女谋取非法利益、借婚丧嫁娶等事宜收钱敛财、参与赌博等五个突出问题，加强对领导干部违反规定配备使用小汽车、多占福利分房、参资入股经商办企业等方面的监督检查，坚决纠正挥霍公款、铺张浪费及违反规定发放津贴补贴及实物等问题。全系统所有的党员干部都对照中央纪委《关于严格禁止利用职务上的便利谋取不正当利益的若干规定》进行了自查，没有出现违反八项禁止性规定的问题。三是按照《纪检监察信访谈话》、《警示谈话》和《税务系统领导班子和领导干部监督管理办法》规定，结合群众反映问题，对58名干部进行了诫勉谈话，纠正了一些苗头性、倾向性的潜在问题。2007年，全系统的领导干部共报告个人重大事项2240人次，主动上缴礼品礼金87人次，上缴金额72.24万元。

(三)源头治理的深度进一步拓展。2007年，全系统围绕税收执法、领导干部选拔、政府采购、信息化建设、票证管理等工作实施了过程监督，“两权”监督制约进一步深化。以强化税收执法责任制为重点，大力开展规费征缴管理和固定资产、财务管理情况的专项执法检查和执法监察，全系统共检查基层单位674个，发现案件线索10件，立案查处9件，提出整改建议397条，建章立制191条；以委托审计监督为重点，认真开展内部审计、离任审计和经济责任审计，省局不仅直接对黄石、鄂州等单位进行了内部审计，还对武汉、黄冈、孝感、咸宁四个单位所属的15个县市区局进行了委托审计，为相应的人事调整提供了翔实的依据；全系统以提高征管水平为重点，全面推行税收管理员制度和新征管软件应用，开展第三方信息比对，严格实行“以票控税”制度，完善分税种、分行业的专业化管理方式，实现了税收管理的精细化；以强化专项监督为重点，依托纪检监察体制和考核方式创新，提升监督的效能，先后组织开展了公务员登记、规范津补贴、清产核资、治理商业贿赂、楼堂馆所、中纪委八项禁止性规定、公务接待、积压案件等专项清理工作，在参与检查中实施了有效监督；以规范服务行为为重点，对武汉、黄石、黄冈、鄂州、咸宁、孝感、宜昌、荆门、襄樊、随州、仙桃等11个单位的办税服务厅进行了明察暗访，出台了《进一步加强办税服务厅建设的实施意见》，在全系统形成了规范服务的长效机制。

（四）案件查处的治本功能进一步发挥。按照总局和省纪委确定的2007年案件查办工作重点，全系统加大了信访案件查办工作力度，坚持“一案双查”和“一案双报告”制度，对滥用职权、利用职权牟取私利及违规减免税款、缓缴税款、失职渎职等案件进行了重点查处。特别是对枝江市挪用社保费案件、襄阳区贪污挪用规费案件、荆州区社保费征缴管理问题进行了公开处理，对相关责任人进行了严厉的责任追究和行政处理，充分发挥了案件查办在源头治理中的治本功能，在系统上下引起了较大反响，促进了内部管理的规范和制度的完善。武汉、黄冈、荆州、随州等地主动加大案件查处和责任追究力度，先后对20多人进行了公开处理，起到了惩处一个，震慑一方的效果。2007年，全系统共受理群众来信来访及电话举报154件（次），初核案件线索61件，立案32件，处分人数36人，为国家挽回经济损失130.75万元。同时，还清理各地积压案件62件，敦促各地整改48件，并通过信访查处全程公开的形式，提高了信访件办理的透明度，为一批干部澄清了问题。

（五）政风行风建设的渠道进一步丰富。全系统将行风建设作为一项长期性的工作，针对损害纳税人利益的热点难点问题，认真开展清理和纠正，重点防止损害纳税人利益的“吃拿卡要报”等不正之风反弹，防止税务机关和税务人员参与税务代理中介业务、向纳税人强行推广纳税申报方式、乱摊派、乱收费、报销有关费用、推销商品、压价购买商品等不正之风发生。并开展了以县（市、区）局为单位的“纳税服务明星”评选活动，评选出2007年度全省“百佳”纳税服务明星。各单位还不断丰富行风建设的渠道，通过开门办税，积极主动争取社会监督，特别是通过大力推行“两个减负”，开通网上“局长信箱”、12366服务热线，聘请特邀监察员，积极参与行风热线、廉政之声和民主评议政风行风活动，广泛接受社会监督，将地税工作置于阳光之下，赢得了广大纳税人的赞誉。省局领导带头参加湖北广播电台的“行风热线”节目，受到各方面的一致好评。政协十堰市委员会向十堰市局派驻了民主监督员小组，对地税部门进行全面监督，保证了税收工作的公开、公平、公正。宜昌市局在“社会评地税”中被市委、市政府授予“优胜单位”，随州市局在60个单位参加的全市经济发展环境测评活动中名列前茅，并且实现了“零投诉”。2007年，全系统有132个单位被评为国家级、省级“最佳文明单位”和“创建文明行业工作先进单位”，地税行业风气得到了全社会的广泛好评。

过去的一年，全系统坚持反腐倡廉的战略方针，扎实推进惩防体系建设，努力拓展从源头上防治腐败工作的领域，创造性地开展工作，党风廉政建设得到了各级党组织的充分肯定。省局纪检组、监察室被授予“全国税务系统纪检监察先进单位”荣誉称号。省局聘请特邀监察员、纪检监察体制改革和作风建设的经验还先后在全国税务系统特邀监察员会议和全国地税系统纪检监察会议上进行了典型交流。全系统许多单位被评为党风廉政建设先进单位、落实党风廉政建设责任制先进单位，一批同志被评为党风廉政建设先进个人。这些成绩的取得，是各级党组织高度重视和支持的结果，是系统上下齐心协力、齐抓共管的结果，也是全体纪检监察干部辛勤劳动的成果。这些成绩，为我们做好今后的反腐倡廉工作奠定了坚实的基础。

过去的一年，全系统党风廉政建设和反腐败工作的广度和深度得到了进一步拓展，地税形象得到了进一步提升，但影响地税发展的不稳定因素依然存在，反腐倡廉的形势依然不容乐观。一是少数单位对反腐倡廉工作重视不够，党风廉政建设责任制和“一岗两责”没有真正落到实处，税收业务工作与党风廉政建设工作“两张皮”的现象依然存在；二是少数单位的日常监督不深不透，对干部的教育和管理流于形式，源头防范的措施不到位，责任追究不落实，违纪违法案件还时有发生；三是少数单位政务公开力度不够，办事不透明，暗箱操作，致使信访举报不断；四是少数单位官僚主义、形式主义、奢侈浪费等不良风气还不同程度地存在，制度的执行力不强，服务意识和服务质量有待进一步提高等等。对于这些问题，我们要勇于正视，并采取更加有效的措施认真加以解决。

二、2008年全省地税系统反腐倡廉建设工作的主要任务

2008年是全面贯彻党的十七大精神、扎实推进全省地税系统反腐倡廉建设的重要一年。我们要坚持以邓小平理论、“三个代表”重要思想和科学发展观为指导，深入贯彻党的十七大、中央纪委十七届二次全会、省纪委第九届三次全体（扩大）会议、总局党风廉政建设工作会议精神，紧紧围绕税收工作大局，在坚决惩治腐败的同时，更加注重严明纪律，更加注重“两权”监督制约，更加注重领导干部作风建设，更加注重惩防体系建设，更加注重纠正损害纳税人利益的不正之风，更加注重查办违法违纪案件，更加注重机制体制的创新，以反腐倡廉的良好成效，为地税事业的健康发展和创建和谐地税提供坚强的政治和纪律保障。

（一）更加注重严明纪律，深入推进全局重大决策和部署的贯彻落实

1. 加强对党员干部遵守政治纪律情况的监督检查。坚持把维护党的政治纪律放在首位，督促领导机关和党员干部坚决落实党的十七大、省第九次党代会和省委九届二次全会确定的各项任务。深入开展党的政治纪律教育，促使广大党员干部增强党性观念，始终保持正确的政治方向、政治立场和政治观点，在“举什么旗、走什么路”的问题上毫不动摇。加强对党的政治纪律执行情况的监督检查，坚决反对任何否定党的领导和社会主义制度的言论，自觉抵制各种否定改革开放的错误思想倾向。对违反胡锦涛总书记关于“六个决不允许”要求的行为，要发现一起，严肃处理一起。

2. 加强对省局重大决策部署贯彻落实情况的监督检查。围绕省局2008年的重大决策和部署，重点敦促各单位完成三大任务，即以税收信息标准化建设为统领，进一步提高税收征管水平；以推行执法责任制为统领，进一步规范税务行政行为；以深化干部人事制度改革为统领，进一步提高队伍建设水平。各单位要结合实际，确定检查重点，制定检查方案，认真抓好落实，力求取得实效。

（二）更加注重“两权”监督制约，深入推进权力的正确行使

1. 深入推进税收执法监察。认真开展税务稽查结案率、入库率、处罚率和滞纳金加收率及重大涉税案件查办情况和税收代解账户、税收入库级次管理两项执法监察工作。继续抓好对2007年税收执法监察发现的规费征缴和固定资产、财务管理上的问题的跟踪督办，巩固成果，进一步深化管理。做好《税收执法管理信息系统》的推广应用工作，运用现代信息管理技术，提高执法监察的质量和效率。

2. 深入推进内部审计。修订下发《湖北省地税系统审计工作规程》，按照“凡离必审、先审后任”的原则和年度内审按三分之一的比例、任期经济责任审计按满三年的班子主要领导的标准，认真开展内部审计、离任审计和经济责任审计，努力扩大第三方审计的范围，进一步强化审计结果的运用力度，对审计结果好的单位和个人，应进行表彰。对审计中发现的问题，要下发监察建议书，促其纠正。并根据情节轻重，分别给予当事人警示谈话、诫勉谈话或立案调查，使审计的监督作用得到充分发挥。2008 年应重点加强对各级主要领导干部的经济责任审计以及重点专项资金的审计。

3. 深入推进专项检查。一是加强对税收优惠政策落实情况的监控和“征、管、查”重点环节的监督，防止违反规定批准企业缓税、欠税，少征不征税款及滞纳金，截留转引国家税款等损害国家利益问题的发生。二是加强对税收执法、人财物管理、大宗物品采购、基建工程等政策规定执行情况的监督检查，不断提高政策、法规、制度的执行力。三是加强对第三方信息比对工作的专项检查。对各单位进行第三方信息比对的情况，认真开展日常监督检查和效能监察，保证比对结果的准确性。四是督促各级税务机关继续落实好“两个减负”的要求，切实减轻纳税人和基层税务机关的负担。五是开展“小金库”专项治理，提高依法理财、科学管理的水平。

(三)更加注重领导干部的作风建设，深入推进领导干部廉洁从政

1. 切实加强领导干部的权力观教育。以树立正确的权力观为重点，加强对党员干部特别是领导干部的理想信念、党风党纪、廉洁从政和艰苦奋斗教育，使他们牢记党的性质和宗旨，忠诚于党和人民的事业。要注重教育和引导领导干部讲党性、顾大局、守纪律，克服浮躁情绪，正确对待个人职务升迁。要引导领导干部正确对待手中的权力，自觉做到权为民所用、心为民所系，利为民所谋。要巩固和发展先进性教育、社会主义荣辱观教育和“六破六立”活动的成果，进一步树立党组织和党员领导干部的良好形象。

2. 切实抓好领导干部廉洁自律。认真执行中央纪委《关于严格禁止利用职务上的便利谋取不正当利益的若干规定》，认真治理领导干部违反规定收送现金、有价证券、支付凭证和收受干股，以及以赌博和交易等形式收受财物、利用婚丧嫁娶等事宜收敛钱财等问题。认真纠正领导干部超标准建房、多占住房、违规购买经济适用房行为，坚决处理领导干部违规违法收受房屋的问题。纠正和查处领导干部放任、纵容配偶、子女和身边工作人员利用其职权和职务影响经商办企业等问题。治理领导干部违规插手招标投标、闲置资产处置、政府采购等交易活动谋取私利的问题。继续严格控制税务机关修建楼堂馆所，纠正超标准配备使用小汽车、违规新建和装修办公用房等行为。严格执行中央关于党政机关国内公务接待管理的有关规定，坚决制止公款出国(境)旅游，纠正任何形式的公款旅游行为。

3. 切实加强对领导干部的监督。认真贯彻执行《党内监督条例》和《税务系统领导班子和领导干部监督管理办法(试行)》的规定，切实加强对领导干部特别是主要领导干部的监督，加强对人财物管理使用、关键岗位的监督。坚持民主生活会、党组例会、党组中心组学习和定期工作报告制度，切实提高民主生活会和党组会的质量，使决策更加民主、更加科学。要抓好领导干部个人重大事项报告、警示提醒、诫勉督导、民主评议、述职述廉和函询等制度的落实。认真监督《干部选拔任用工作条例》和《公务员法》的贯彻落实，促进人、财、物管理等重点岗位定期轮岗制度的落实，加强对干部选拔任用工作全过程的监

督，防止和纠正“带病上岗”、“带病提拔”等问题。严肃查处跑官要官、买官卖官等行为，努力营造风清气正的良好环境。

（四）更加注重惩防体系建设，深入推进治本抓源头工作

1. 继续深化主题实践活动，建立反腐倡廉“大宣教”的工作格局。2008 年，要整合宣传教育资源，完善地税宣传教育机构的功能，把反腐倡廉宣传教育纳入地税文化建设和精神文明创建之中，纳入岗前培训、任职培训、局长培训、业务培训之中，形成“大宣教”的格局和体系，使反腐倡廉宣传教育制度化、经常化。各级领导干部要积极参与反腐倡廉教育的组织管理并带头讲廉政党课，党办、教育中心、办公室及各税收业务部门要主动组织、协助配合开展反腐倡廉教育，纪检监察部门要加强监督检查，确保教育计划的落实。同时，结合全省第九个党风廉政建设宣传教育月活动，围绕“情系民生、勤政廉政”的主题和《湖北省廉政文化建设实施方案》的要求，在全系统继续深入开展“倍加珍惜职业、预防职务犯罪、共建和谐地税”主题教育活动，各地要继续完善实施方案，通过“一把手”讲廉政党课、举办规避执法风险讲座、开展职务犯罪现身说法、举办党风廉政知识竞赛、办好廉政文化建设示范点等形式，进行深入细致地思想教育，引导干部职工更加珍惜岗位、更加勤政廉政。

2. 继续修订完善各项制度，建立反腐倡廉的制度体系。要认真贯彻中央《建立健全惩治和预防腐败体系 2008—2012 年工作规划》和《中央纪委监察部关于贯彻〈实施纲要〉2008—2012 年工作规划》，紧密结合税收工作和干部队伍实际，制定省局《关于贯彻〈实施纲要〉2008—2012 年工作规划的意见》，建立和完善惩防体系有关的配套制度和规定，细化年度和岗位责任，并抓好总局关于惩防体系实施办法和相关法规制度的落实，以实际工作成果推动惩防体系建设。2008 年，要把制度建设放在体系建设中的核心位置，重点建立和完善地税系统责任追究办法、领导干部任期交接制度、绩效管理制度及相关的配套规章制度，初步搭建起地税系统反腐倡廉的制度体系。

3. 继续推进预警机制的建设，建立预防腐败的预警防线。2008 年，要逐步在全系统建立一个统一的，以信息化为依托，以“两权”监督为重点，以预防税务职务犯罪为目标的地税预警机制，切实增强反腐败工作的预见性、主动性和实效性，提高防范腐败的预警能力。重点是要畅通预警信息渠道，建立健全预警工作的各项制度，构建预警信息网络，强化预警信息采集、评估和分析，注重预警信息评估结果的运用，做到关口前移、防范在先，把腐败现象遏制在萌芽状态，切实做到标本兼治、综合治理、惩防并举、注重预防。

（五）更加注重纠正损害纳税人利益的不正之风，深入推进地税系统行风建设

1. 要围绕服务抓行风建设，营造和谐的征纳关系。树立尊重纳税人、服务纳税人、保护纳税人的工作理念，建立以纳税人为中心的税收服务制度、工作机制和考核奖励机制，积极构建“一个办税厅办事、一个窗口受理、一站式服务、一次性办结”的办税服务新格局。在继续抓好办税厅规范服务工作的同时，加快建设“电子办税厅”，完成网上办税软件的开发，大力推行多元化的申报缴税方式，充分利用信息技术落实“两个减负”。规范 12366 纳税服务热线、税务短信平台和湖北地税互联网建设，强化税收法律法规政策宣传，深化纳税咨询服务，充分体现人文关怀。坚持公正执法、文明执法、规范执法，全面提升纳税服务的质量和水平，切实维护纳税人的合法权益，营造和谐的征纳关系。

2. 要围绕公开抓行风建设，让权力在阳光下运行。认真落实《湖北省地方税务局关

于进一步推进政务公开工作的意见》和《政府信息公开条例》，全面推进政务公开工作。要统一政务公开的办法、政务公开的审批权限及程序，充分利用税务公文、公报、网站、公开栏、电子屏幕、网络查询、中介咨询等多种形式，搭建政务公开的平台，畅通政务公开的渠道，拓展政务公开的广度和深度。对外，要及时、全面向社会公开与纳税人办税密切相关的行政事项、税收政策规定、审批事项和办事标准，提高税收执法的透明度。对内，要加大对涉及单位内部运行的相关重点工作、重点环节和干部职工切身利益的事项的公开力度，推进内务公开，避免暗箱操作。2008年，各单位要重点加强对招待费、车辆费用、政府采购、资产处置及干部提拔过程的公开，让权力在阳光下运行。

3. 要围绕监督抓行风建设，主动争取社会监督。积极主动参与"政风行风热线"和行风评议活动，开通政风行风信箱和局长信箱，倾听纳税人的诉求，接受纳税人和社会监督，增强征纳双方互信，架起征纳互动的桥梁，不断提升地税部门的社会形象。广泛聘请特邀监察员和执法监督员，主动争取党政机关、执纪执法部门及社会舆论监督，养成在监督下工作的习惯。在这次会议上，省局向第二届特邀监察员发放了聘书，各市州局也要聘请特邀监察员来帮助我们更好地开展工作。今年在适当的时候，我们将组织这些特邀监察员对全系统的行风建设情况进行明察暗访，充分发挥特邀监察员的作用。

4. 要围绕治理抓行风建设，构建行风建设的长效机制。要针对影响税务机关形象和损害群众利益的不正之风，进行深入治理。重点防止损害纳税人利益的"吃拿卡要报"等不正之风反弹，防止税务机关和税务人员参与税务代理中介业务、向纳税人强行推广纳税申报方式、乱摊派、乱收费、报销有关费用、推销商品、压价购买商品等不正之风发生。对严重损害纳税人利益的单位和个人，要追究有关人员特别是领导干部的责任。继续做好清理规范评比达标表彰工作，防止和纠正违规举办庆典活动。

（六）更加注重查办违纪违法案件，深入推进案件查办综合示范效应的发挥

查办违纪违法案件是惩治腐败最直接、最有效的措施，什么时候都不能放松。2008年，我们一定要继续保持案件查办的高压态势，严肃查处各类违纪违法案件，维护党纪国法的严肃性，维护地税干部队伍肌体健康，切实达到惩前毖后、治病救人的目的。

1. 加大违纪违法案件的查办力度。要以查办发生在领导机关和领导干部中的案件为重点，严肃查办官商勾结、权钱交易、权色交易和严重侵害纳税人利益的案件，违规招标、虚假招标的案件，违反组织人事纪律的案件，税务人员滥用职权、失职渎职、徇私舞弊造成国家税款损失的案件。坚持纪律和法律面前人人平等，对腐败分子决不放过、决不姑息。

2. 提高查办案件工作水平。要整合办案力量，健全查办案件协调机制，创新办案方式方法，提高有效突破大案要案的能力。要注意查找案件线索，严格依纪依法办案，做到有案必查，防止压案不查、瞒案不报。要综合运用组织处理和纪律处分手段，加大组织处理工作力度，严禁以单位名义为司法机关调查处理的税务人员取保候审作担保。要正确把握政策，坚持惩前毖后、治病救人，努力取得良好的政治效果、经济效果、社会效果和法纪效果。要认真落实"一案两报告"制度，发挥查办案件的治本功能。

3. 加强信访举报工作。认真落实《信访条例》和《中国共产党纪律检查机关控告申诉工作条例》，按照分级负责和"谁主管、谁负责"的原则，认真排查化解由损害纳税人利益问题引发的矛盾纠纷，着力解决越级信访、重

复信访的问题；要完善纪检监察、稽查、人事、办公室等部门信访工作协调配合机制，建立信访举报工作台账，确保每个信访件都有结果。要严守信访工作纪律，保守信访工作秘密，维护举报人的合法权益，鼓励和提倡实名举报，严肃查处利用职权打击报复信访举报人和利用信访举报泄私愤的行为。继续坚持信访件公开查处的有效方式，增强信访查办工作的透明度。

4. 深入推进治理商业贿赂专项工作。要全面总结治理商业贿赂专项工作，认真做好自查自纠中发现问题的整改。要继续深入开展治理商业贿赂专项工作，认真查办税务人员在基建工程、政府采购、服装制作、票证印制、信息化建设、税控器具推广应用、税务师行业管理、办公用品采购、固定资产处置等领域以权谋私、接受或为亲朋好友介绍商业贿赂的案件。要加大治理商业贿赂的宣传力度，进一步抓好预防商业贿赂长效机制建设。

三、以过硬的措施抓好工作落实，努力开创反腐倡廉建设新局面

党的十七大、中央纪委二次全会和省纪委九届三次全体(扩大)会议对党风廉政建设和反腐败工作提出了新的更高的要求，目标很明确、要求很具体、任务很艰巨。我们必须以高度的政治责任感和使命感，以更加得力的措施和更加扎实的工作，全面贯彻落实中央和省委确立的反腐倡廉建设的重大战略部署，努力开创全省地税系统反腐倡廉建设的新局面。

(一)以突出领导作用为重点，强化领导抓落实

反腐倡廉建设是全体地税干部的共同任务，更是各级地税党组织和领导干部的重要职责。要全面完成今年的反腐倡廉工作任务，就必须切实加强和改进对反腐倡廉建设的领导。一是要在思想上重视，认真部署反腐倡廉工作。我们要把党风廉政建设和反腐败工作当成关系党和国家生死存亡的大事，切实增强大局意识、责任意识和忧患意识。要把反腐倡廉建设列入重要议事日程，全面把握面临的形势和任务，科学确定工作思路，切实把反腐倡廉建设贯穿于税收工作大局之中，贯穿于税收执法权和行政管理权运行的整个过程之中，全面推进地税系统的反腐倡廉建设。二是要在行动上支持，切实加强对纪检监察工作的指导。各级领导干部要定期听取纪检监察部门的工作汇报，分析、研究和解决党风廉政建设中的重大问题，在健全机构、配强队伍、完善保障、排除阻力等方面为纪检监察部门当好后盾，旗帜鲜明地支持纪检监察部门行使职权，为纪检监察部门履行职责创造有利条件。要妥善处理纪检监察部门与内部其他各职能部门的关系，形成整体的工作合力。三是要在执行上示范，切实履行领导责任。要进一步坚持和完善党组统一领导，党政齐抓共管，纪检监察组织协调，部门各负其责，依靠群众参与和支持的反腐败工作领导体制和工作机制，特别是“一把手”要对班子内部和管辖范围内的反腐倡廉建设负总责，做到重要工作亲自部署、重大问题亲自过问、重点环节亲自协调、重要案件亲自督办。领导班子其他成员要认真履行“一岗双责”，对职责范围内的党风廉政建设工作，要挂在心上，抓在手上，落实到行动中，确保政令畅通。

(二)以贯彻落实党风廉政建设责任制为抓手，明确责任抓落实

党风廉政建设责任制是明确党风廉政责任、推进反腐倡廉任务落实的重要载体。我们必须紧紧抓住党风廉政建设责任制这个龙头，以贯彻落实党风廉政建设责任制为抓手，全面推动反腐倡廉建设任务的落实。2008年，在贯彻落实党风廉政建设责任制上，我们应注重把握三个环节：一是把握责任分解环

节，将廉政责任渗透到税收管理的各个层面。要细化分解年度廉政工作任务，明确各岗位、各系列的责任，量化工作标准，将廉政责任渗透到征收管理、税政管理、人事管理、行政管理、财务管理、稽查管理的各个环节，形成一级抓一级、一级带一级、一级对一级负责的责任链条，使党风廉政建设工作由“软任务”变成“硬指标”，便于分解和考核。省局将在党风廉政建设责任书的设计上，力求根据各单位的不同情况，确立不同的个性目标，提高考核的可操作性。二是把握责任考核环节，提高责任考核的质效。实践证明，只有考核到位，党风廉政建设责任制才能真正落到实处。今年，我们将在坚持省局领导带队进行责任制检查考核、内部述职测评与外部座谈监督相结合等好的经验的基础上，改革责任制考核的方式，引入每季考核、每季公示的方式，将常规性的、阶段性的工作在平时进行考核，考核结果随时在内网上进行公示，年底仅就综合目标进行检查考核，通过平时动态考核与年终一次性考核、综合考核与一般性考核、实地考核与网上考核相结合，以提升责任制考核的质量。三是把握责任追究环节，强化考核结果的运用。从我们2007年责任制检查考核的通报中可以看出，许多地方在责任追究上还存在着失之以宽、失之以软的现象，考核结果的运用形同虚设，责任制考核的严肃性和权威性没有得到有效体现。2008年，省局将研究制定责任制检查考核实施细则和责任制检查考核成果运用的规定，把责任考核结果与业绩评定、评选表彰、经济奖惩、选拔任用挂钩，并切实加大问责的力度，对于不认真履行职责，不作为和乱作为的，对于违反党风廉政建设责任制规定及领导干部监督管理办法的，对于有违纪问题不查、查而不处、处而不严的，坚决实行责任追究，用考核监督的实际效果来推动地税党风廉政建设和反腐败工作的深入。

（三）以深化改革为动力，创新工作抓落实

一是以思维创新推动工作落实。当前，反腐倡廉工作有许多新情况、新问题需要研究，有许多热点、难点问题需要解决，有许多新的领域需要探索，我们只有坚持与时俱进、开拓创新，才能适应形势发展的需要。因此，我们要进一步解放思想、实事求是，勇于创新，善于分析新形势下地税反腐倡廉工作的新情况、新特点，把落实中央、省委、省纪委的部署和解决地税反腐倡廉工作的实际问题结合起来，研究新对策，探索新规范，解决新矛盾，创新工作制度、工作内容、工作措施、工作方式，争取多出经验、多出典型、多出成果，以创新的思维推动工作，在全系统营造想干事、会干事、不出事的良好氛围。二是以体制创新推动工作落实。要继续加强对纪检监察体制改革试点工作的总结、论证、推广。目标是把纪检监察职能的调整置于全系统的扁平化管理改造之中，以流程为导向来规范市（州）局和县（市）局的纪检监察职能，将县（市）局与市（州）局的纪检监察机构、人员及查处职能进行必要的、合理的、适度的、科学的整合，探索试行“适度集中，充分授权、彻底派驻、分片巡视、强化督办”的新模式，在以市州为单位的区域内，基本形成与垂直管理特点相适应的、相对垂直和集中管理的“大监察”工作格局，以体制创新来推动工作落实。三是依托巡视推动工作落实。按照总局《加强巡视工作的通知》以及巡视工作暂行规定、巡视工作规程的规定，赋予纪检监察机构必要的巡视职能。今年，要根据工作需要启动省局纪检组对市州局的巡视，切实发挥巡视的过程监督和适时监控优势，形成预防腐败和其他违纪违法行为发生的坚固防线。

（四）以强化纪检监察自身建设为保障，锤炼过硬的作风抓落实

广大地税纪检监察干部是推动反腐倡廉

建设的重要力量,加强纪检监察队伍建设是落实反腐倡廉任务的重要保证。一是要加强纪检监察干部队伍的思想、组织、作风和业务建设,不断提高纪检监察干部保障和促进税收工作顺利开展的能力,提高对党员领导干部特别是主要领导干部有效监督的能力,提高协助党组织组织协调反腐败工作的能力,提高通过制度创新预防腐败的能力,提高依法执纪、依法办案的能力,自觉增强拒腐防变意识,自觉接受党和人民群众的监督,坚决同各种消极腐败现象作斗争,树立纪检监察干部可亲、可信、可敬的良好形象。二是要加强基层纪检监察组织建设,着力在建立健全基层工作机制、整合力量上下功夫,在调动激励基层纪检监察干部积极性上下功夫,在提高基层反腐倡廉能力上下功夫,增强基层纪检监察干部的战斗力和活力。今年,省局将对全系统纪检监察先进单位和先进个人进行公开表彰。三是要加强纪检监察效能建设,进一步规范纪检监察工作程序,建立科学严密的业务流程,提高监督的效能。要认真执行纪检监察工作纪律,严格依纪依法规范执纪办案行为,慎重对待和使用手中的权力,坚决防止以权谋私问题的发生。要运用科技手段治理腐败,大力推广应用《纪检监察信息管理系统》,提升纪检监察的科技含量。要及时总结各地好的经验做法,吸收好的方法和理念,善于运用典型经验推动全局工作的开展。

〔本文摘自作者2008年3月24日在全省地税系统反腐倡廉建设工作会议上的工作报告〕

牢固树立勤廉意识 全面提高履职能力

省地方税务局党组成员、纪检组长 许国勇

按照省局党组的统一安排,今天我们在这里对全省地税系统2007年度新任的56名省局管理干部进行集体任职廉政谈话。首先,我代表省局党组和省局纪检组对大家走上新的领导岗位表示衷心的祝贺。能够走上新的领导岗位,是大家多年努力学习和勤奋工作的结果,更是党组织长期教育和培养的结果。我为大家能有更广阔的施展才华的舞台而感到由衷的高兴,衷心祝愿大家在新的岗位上取得新的更大的成绩!

对新任职领导干部进行廉政谈话,既是党风廉政教育的重要载体,也是党内监督、干部监督的一种重要方式。其目的是要进一步组织大家学习党的纪律和廉政规定,就有关注意事项及早进行提醒和教育,使大家始终保持居安思危、廉政勤政的精神状态和工作劲头。教育在先,预防在前,体现了省局党组和省局纪检组对新提拔干部真正的关心、真正的爱护。下面,我结合党组织对我们每一个干部的要求、全系统领导干部管理的实际和经济责任审计中发现的有关问题,就新任职干部如何更好地开展工作、更加健康地成长、更加自觉地做到廉政勤政,与同志们进行一次交心谈心,主要讲三个方面的问题。

一、深刻认识领导干部廉洁从政的重要性，牢固树立勤廉意识，切实增强做好新岗位工作的责任感和使命感

俗话说：村看村，户看户，群众看的是干部。我们在座的各位都是各单位的领导，是系统内干部群众和社会关注的重点。我们的一言一行、一举一动，都会受到社会和干部职工的检阅和审视。廉洁从政对我们来说，不仅需要而且必要。近年来，在我们党内和全省地税系统内部，涌现出了许多勤廉为民、无私奉献的党员领导干部，他们的模范事迹，受到广大党员干部和人民群众的一致好评。应该说，这是党员干部的主流，是主要方面。然而，从另一个方面来看，党员领导干部中违法违纪案件也在不断增多，职级层次不断上升，给反腐倡廉工作带来了极大的负面影响。同时，税务系统内部领导干部违纪违法的个案也屡屡发生，近几年，在全国范围内通报了李真、肖占武、姜国仕等违纪违法案件，在刚刚结束的2008年全省地税系统党风廉政建设会议上通报的我省地税系统的一些案件，这些案件，毫无疑问严重败坏了税务部门的形象和声誉。因此，全面贯彻落实党的十七大精神，在扎实推进党的建设伟大工程和构建和谐社会的新形势下，加强地税系统领导干部廉洁从政工作，对我们各级党员领导干部严格要求，严格管理，具有极其重要的现实意义。

（一）领导干部廉洁从政是中华民族从政理事的传统美德

廉洁从政一直是中华民族对官员从政的基本要求，也是历来被人们所尊敬和推崇的一种传统美德。秦代对官吏的要求包括尽心供职，不得玩忽职守，也不准越权办事；东汉时要求官员要“在官惟明、莅事惟平、立身惟清”；宋朝时对官员的要求就更加明确，就是“当官之法，惟有三事，曰清、曰慎、曰勤”。这些都是世代传承的为官之要。而“战战兢兢、如履薄冰”的周公，“鞠躬尽瘁、死而后已”的诸葛亮，“三不”清官海瑞，悬鱼拒贿的羊续，廉洁奉公的张居正，正直清廉的范仲淹，第一廉吏于成龙等人更被视为古代官员的楷模。新中国成立后，勤政廉政便成了每一位顾大局、讲正气、重道德的党的各级领导干部的孜孜追求。我党历史上就有毛泽东、周恩来、朱德、邓小平等老一辈革命家的高风亮节，为全党全国人民作出了表率；焦裕禄、孔繁森、郑培民、任长霞、吴天祥等一大批党员、干部，他们用自己的实际行动，实践了为党尽忠、为国分忧、为民尽责的崇高选择。正是这些优秀模范人物的光辉实践，使廉洁从政的美德代代传承并不断发扬光大。

（二）领导干部廉洁从政是党的性质和宗旨的内在要求

《党章》规定，中国共产党是中国工人阶级的先锋队，是中国人民和中华民族的先锋队，是中国特色社会主义事业的领导核心，代表中国先进生产力的发展要求，代表中国先进文化的前进方向，代表中国最广大人民群众的根本利益。《党章》还规定“正确行使人民赋予权力，依法办事，清正廉洁，勤政为民，以身作则，艰苦朴素，做到自重、自省、自警、自励，反对任何滥用职权、谋求私利的不正之风”，是党员领导干部必须具备的基本条件。党的这种先进性，是靠党组织的战斗堡垒作用和党员领导干部的先锋模范作用来体现的。党的各级领导干部既是党的事业的带头人，也是中国共产党的普通一员，必须模范履行党章规定的党员的各项义务，坚持党和人民的利益高于一切，个人利益服从党和人民的利益，吃苦在前，享受在后，克己奉公，多作贡献，全心全意为人民服务。因此，淡泊名利，勤政廉政，是我们党的性质和宗旨对党员领导干部的根本要求，是我们每个共产党人应有的政治品格，也是我们在座的每一位领导干部应具备的基本素质。

（三）领导干部廉洁从政是地税系统作风建设的关键

廉洁从政是领导干部党性修养、政治品质、道德境界的外在反映，更是领导干部作风的具体体现。领导干部的作风关系党的形象，关系到人心向背，关系到地税事业的兴衰成败。在地税系统开展作风建设，关键是要抓住领导干部这个重点。俗话说“欲影正者端其表，欲下廉者先其身”，领导干部的表率作用是一种无声的号召，是整个系统的表率，对地税行风政风作风具有巨大的带动和示范作用。正如毛泽东同志所指出的：“只要我们党的作风完全正派了，全国人民就会跟我们学。”去年以来，为全面推进作风建设，胡锦涛总书记提出了“八荣八耻”的社会主义荣辱观，倡导了“八个方面”的良好风气，都无一例外的将领导干部廉洁从政作为了重要内容。省局在贯彻这一要求的时候，更是针对作风建设发出了“六破六立”号召，大张旗鼓地提出了领导干部要真抓实干，民主平等，感恩群众，理性平和，勤政节俭，不断加强党性锻炼和个人修养，增强拒腐防变的能力。风成于上，俗化于下。作风建设的实践证明，只有首先抓好领导干部的廉洁从政工作，才能抓住全系统作风建设的牛鼻子，才能搞好全系统的党风廉政建设和行风建设，才能有效遏制腐败现象滋生蔓延，巩固反腐败斗争的成果，才能在全系统弘扬了一种勤政廉政的良好风气，树立了一种勤廉为荣的正确导向。

（四）领导干部廉洁从政是推动地税事业不断前进的重要保证

党的领导干部是党组织的骨干力量，是党联系群众的桥梁和纽带，是完成党的各项任务的组织者和领导者。党的路线要靠人来执行，要靠干部去组织实施。地税事业是党的事业的重要组成部分，在当前地税改革发展任务繁重，机遇和挑战并存的严峻形势下，地税事业要想取得新的进展、实现新的跨越，就必须有一支清正廉洁、作风务实、战斗力的领导集体，就必须有一支能打硬仗、善打硬仗的领导干部队伍。如果我们领导干部的战斗力不强，甚至是贪污腐化、不思进取，必然会影响党的路线、方针、政策在地税部门的正确贯彻执行，必然会影响到地税收入任务的完成和地税改革的进程，必然会影响地税干部队伍的和谐和稳定。这样的事例不胜枚举。因此，领导干部只有从自身做起，以身作则，廉洁从政，为干部职工做好表率，才能对干部群众产生强大的感召力和凝聚力，才能促进地税各项工作的深入开展和税收任务的全面完成。

二、认真落实领导干部廉洁从政的要求，牢固树立责任至上的工作理念，在新的工作岗位上切实履行好自己的职责

走上新的领导岗位，不仅平添了权力，同时也更平添了责任。廉洁从政对我们在座的各位来说，是一种要求、一种需要、一种责任，它有着深刻的内涵和具体的要求，是与我们的工作和生活息息相关、密不可分的。当前，由于地税各级领导干部担负着地税改革和发展的神圣职责，肩负着治税带队的崇高使命，廉洁从政的内涵就更具职业特点，要求也更加专业化、个性化、具体化。关于领导干部廉洁自律的要求，中央和省委都有明确的规定，希望大家认真学习《党章》、《廉政准则》。在这里，我结合地税系统的实际，就领导干部廉洁从政提出“一二三四”的工作要求。

第一，树立一种理念，即权为民所用、情为民所系、利为民所谋的理念

在刚刚结束的第十一届全国人大第一次会议上，胡锦涛同志面对全国人大选举他继续担任国家主席，再三表示这一崇高职务“使命光荣、责任重大”，因而决心“一定忠实履行宪法赋予的神圣职责，恪尽职守，勤勉工作，为民服务，为国尽力，决不辜负各位代表和全国各族人民的重托”，“要干干净净为国家和

人民工作”。在这次会议结束后，温家宝总理举行了中外记者招待会，相信不少的同志都认真观看过。我在观看后，为温总理的那种一心为民、鞠躬尽瘁的精神深深感动。谈到为民，温总理说他是“民之所忧，我之所思；民之所思，我之所行”。谈到为国，他是“一心中国梦，万古下泉诗”。党和国家领导人的这种风范该是多么令人感动！的确，如何正确对待和使用权力，是我们每个党员领导干部面临的最经常的也是最严峻的问题。权力是一种责任，不是名誉，不是地位，不是利益，而是一种神圣的、实实在在的责任。尽管我们领导干部中的大多数是认真干事的，是勤政廉政的榜样，但是，我们也看到，的确也存在一些不良现象。有些同志走上领导岗位后，不能正确对待自己的职务和手中的权力，他们首先看到的不是职务、权力后面的责任，而是把眼睛盯在职务和权力可能带来的好处和利益上。从近年来被查处的领导干部违纪违法案件看，相当一部分都是滥用权力，走向犯罪道路而沦为阶下囚的。因此，当我们走上新的领导岗位后，我们一定要牢记：“官”是为人民服务的岗位，“权”是为人民服务的工具。我们在行使权力时，一定要保持清醒的头脑，要常怀敬畏之心和如履薄冰的态度，不能随心所欲、忘乎所以。要秉公办事、审慎用权，将权力视为责任，将权力当作干事兴业的平台，使党和人民赋予的权力真正用在为人民服务之上，用在推进地税事业发展进步之上，确保权力行使不越轨、不出格，切不可把职务和权力变为谋取私利的资本和工具。

第二，做好两个表率，即守法上的表率、勤政上的表率。其一，在守法上做表率。这既是上级对各级领导干部的一项基本要求，也是一名合格领导干部的应有素质。一方面我们要严格遵守党的政治纪律、组织纪律、经济工作纪律和群众工作纪律，模范遵守廉洁从政的行为准则，严守“四大纪律八项规定”、中纪委印发的“八项禁止性规定”及税务人员“十五不准”，带头执行领导干部个人收入申报、个人重大事项报告和礼品礼金登记等制度，自觉做到自重、自警、自省、自励，不该吃的不吃，不该拿的不拿，不该去的地方不去，不在房子、车子、机子、孩子等问题上搞特殊化，严守廉洁自律的底线。另一方面，必须增强依法行政意识。我们的每一项职务行为，都是有严格的法律法规界定的。党章明确规定，“党必须在宪法和法律的范围内活动”，共产党员必须“模范遵守国家的法律法规”。作为领导干部，我们的职务活动必须在法律法规允许的范围内进行。因此，大家必须增强法纪意识，自觉遵守宪法、法律和各项规章制度，认真贯彻党的路线方针政策、国家法律法规以及政府法令和重大决定，切实做到依法行政，依纪办事。在我们地税系统，尤其要遵守国家的税收法律法规，在国家的法律允许范围内工作和生活，决不能为了个人和小团体的利益，超越党纪国法规定的底线。实践证明，如果超越了这一底线，到头来只能是害人又害己。其二，在勤政上做表率。就是要脚踏实地，真抓实干，大力弘扬求真务实精神、大兴求真务实之风，坚决防止和克服形式主义、官僚主义，坚持重实际、办实事、求实效。在工作中，要发扬严谨细致的作风，以科学、认真的态度，一丝不苟的精神，把情况摸透，把工作做细，扎扎实实，一步一个脚印。要大兴调查研究之风，深入群众、深入基层，紧紧抓住广大干部职工和广大纳税人最现实、最关心、最直接的问题，有针对性地开展工作。要克服浮躁情绪，抛弃私心杂念，把心思用在干事业上，把精力投入到抓落实中，用实实在在的业绩来检验自己的工作。

第三，落实三项责任，即发展的责任、自律的责任、律他的责任。

——发展责任。带领地税干部职工实现地税事业的科学发展是我们每个地税领导干部的重大使命和重要职责。在座的各位同志走上领导岗位后，不仅自己要做到廉政勤政，为干部职工做好示范，而且要时刻考虑治税的成败和事业的可持续发展，要善于站在全局的高度，居安思危、未雨绸缪，科学谋划地税发展的方略，努力使自己的眼光更远一些、视野更宽一些、思考更深一些、举措更实一些。要大胆创新，善于分析新形势下地税工作的新情况、新特点，把落实上级的部署和解决地税工作实际问题结合起来，研究新对策，探索新规范，创新工作制度、工作内容、工作措施、工作方式，争取多出经验、多出典型、多出成果，以创新来推动工作。只有这样，我们的工作才有新气象，我们的地税事业才有新发展。

——自律责任。领导职务的提升，不但意味着地位的提高和权力的扩大，还意味着受腐蚀的风险更大，廉洁从政的要求更严。在这种情况下，新任职的领导干部要加强党性修养，坚定理想信念，培养高尚的品德和操守，始终保持政治上的清醒和坚定，坚持正确的政治立场和政治方向，对党忠诚、对人民忠诚，经得起各种风浪的考验。要充分认识加强自身廉政建设和抓好党风廉政建设的极端重要性，常修为政之德、常思贪欲之害、常怀律己之心，时刻保持拒腐防变的警惕性和敏锐性。要严于律己，自觉从工作、生活中的每件小事做起，勿以善小而不为，勿以恶小而为之，真正树立清廉、务实、为民的形象，当严于律己、廉洁奉公的表率。

——律他责任。按照党风廉政建设责任制的规定，作为一名合格的领导干部，除了要严格自律外，还要能够正确履行“一岗双责”，切实担负起分管范围内的廉政责任和律他的责任。要按照谁主管谁负责的原则，把管事与管人、抓业务工作与抓思想工作、抓分管工作与抓党风廉政建设有机地结合起来，真正做到“一岗双责”，对职责范围内的党风廉政建设负直接领导责任。律他，需要我们“管好自己的人、看好自己的门”，切实加强对家属和身边工作人员的教育、提醒、约束，使他们自觉严格要求自己；对干部职工要尽到教育、管理和监督的责任，对干部职工在廉政勤政方面出现的苗头性问题，该教育的教育，该提醒的提醒，该批评的批评，起到见微知著、防微杜渐的作用。

第四，严守四项纪律，即政治纪律、组织纪律、经济工作纪律、群众工作纪律。

作为党的领导干部，为了保持党的先进性和纯洁性，增强党的凝聚力和战斗力，保证党的路线、方针和任务的实现，我们必须严格执行党的纪律。一是严格执行党的政治纪律。讲政治、顾大局是领导干部必须具备的基本素质，是为民、务实、清廉的思想基础和政治基础。我们要始终保持清醒的政治头脑，善于从政治的高度分析问题、解决问题，在事关重大原则问题上，立场要坚定，旗帜鲜明，令行禁止，做明白人，做正气官。想问题、办事情，要自觉放到大局中去衡量、去把握，切实增强大局意识，树立大局观念，在大局中找准自己的位置，为维护大局服务。二是严格执行党的组织纪律。就是要求我们要自觉做到党章规定的“四个服从”，即少数服从多数、个人服从组织、下级服从上级、全党服从中央。我们走上了领导岗位，决不能把自己凌驾于党组织之上，要顾全大局，主动配合，自觉维护班子团结。要坚持民主集中制原则，认真落实《中国共产党章程》和《党组议事规则》，在议事决策上，要按程序、按制度办事，凡重大事项，重大问题都必须提交党组集体研究决定。讨论工作时，要知无不言，言无不尽，不抓辫子，不扣帽子，不感情用事。落实工作时，只要是集体研究决定的，都要一以贯之，义无反顾，锲而不舍，抓好落实。三是严格执行经济工作纪律。地税部门是一个经济执法部门，作为领导干部，我们必须严格按照税法的规定，正确行使税款征收、税务管理和行政处罚等各项税收执法权力，做到依法征税、应收尽收，保证税收的公平和宏观调控职能的发挥。同时，要严守各项财经工作纪律，规范资金和财务管理。四是严格执行群众工作纪律。就是要把对领导负责与对群众负责统一起来，将维护群众的根本利益和长远利益作为我们思索问题、制定政策的出发点和落脚点。既要切实保障和维护纳税人的合法权益，又把地税干部职工的切身利益维护好，最大限度地调动他们的工作积极性和创造性。要倾听群众意见，了解群众疾苦，反映群众呼声，切实帮助他们解决实际问题；要关心基层干部的思想、工作和生活，为基层单位开展工作创造必要的条件。

三、认真实践廉洁从政的基本要求，正确处理好六大关系，努力在新的工作岗位上取得更大的成绩

领导干部廉洁从政的要求是具体的，也是我们在实践中必须遵守并努力做到的。我们一定要充分把握这些要求，认真实践这些要求，在其位、谋其政、尽其责，爱岗敬业、忠于职守，在新的工作岗位上做出自己应有的贡献。落实廉洁从政的要求，我们必须正确处理好“六大关系”：

第一，必须处理好做人与做官的关系

对于我们在座的各位来说，一是要摆正个人与组织的位置。个人永远是组织的一员，一个干部的成长，是组织长期培养教育的结果，是领导和同志关心帮助的结果，要始终与党组织保持高度一致，任何时候都不要脱离组织，都不要离开组织的培养、教育和监督，更不能凌驾于组织之上。二是要与班子其他成员团结共事。班子成员之间一定要相互尊重、相互支持、相互爱护。做领导要有胸怀，要有气量，“海纳百川，有容乃大”。要顾全大局，有时还要能够忍受委屈。当然，保持团结不是一团和气，对于同事中的不良现象，要按照党的要求，给予必要的提醒、批评直至斗争。三是永远不能脱离人民群众，永远不要忘记人民群众。大家都是经过长期的组织培养和实践锻炼，逐步走上领导岗位的。走上领导岗位，有时容易飘飘然。古人说，“谦受益，满招损”。希望大家始终保持和发扬谦虚谨慎，艰苦奋斗的作风，正确认识自己、严于解剖自己，工作中要注意虚心听取人民群众的意见和建议，从点滴做起，自觉防止和克服各种不良习气，切实经受住权力、成绩和荣誉的考验。

第二，必须处理好工作与学习的关系

在座的各位到了新的岗位，工作职责和要求与以前不一样了，担子更重了，工作更忙了，应酬也更多了。但再忙也要“充电”、“加油”，再忙也不能放松甚至放弃学习。我们要自觉把学习作为一种政治责任、一种精神追求、一种思想境界。学习加强了，理论水平、政治觉悟、思想境界、道德修养提高了，对个人的名誉、地位、利益等问题就会想得透、看得明，对党和人民的事业就会更加尽心尽力，领导干部廉政勤政就有了可靠的思想保障和精神动力。在社会发展日新月异的今天，同志们一定要树立终身学习的意识，活到老、学到老，把提高理论修养、加强世界观改造当作终生的必修课。当前一个很重要的方面，就是要认认真真地把党的十七大精神学习好贯彻好，这是党的各级领导干部的一项政治任务和政治使命。胡锦涛总书记在十七大上所作的报告，全面系统深刻地阐述了科学发展观，提出了全面建设小康社会奋斗目标的新要求。这一系列新要求、新思路、新举措，内涵丰富、涉猎广泛。要全面贯彻落实这些新的精神，就必须从学深学透入手，深刻领会报告的精神实质，认真吃透精髓要义，把握其科学内涵，做到真学、真懂、真干、真用，不能浅尝辄止、不求甚解甚至是断章取义，影响落实效果。要进一步发扬理论联系实际的优良学风,把学习的成果转化为推进工作的能力和动力。在准确把握十七大精神的基础上,用理论来指导地税工作实践,引领地税事业沿着十七大确立的方向不断前进。

第三,必须处理好事业发展和勤俭节约的关系

艰苦奋斗、勤俭节约是我们党优良传统,也是我们党一贯倡导的一种优良作风。近年来,随着地税事业的发展,地税系统的财力有所增强,各项建设步伐有所加大,这是事业发展的客观需要。但我们不能以事业发展为借口,脱离地税部门实际和地方经济实际,大手大脚,奢侈浪费,盲目追求楼堂馆所的豪华,公务接待的高标准,福利待遇的高水平。这次在对部分单位进行委托审计的过程中,我们发现一些地方在经费的管理和使用上大手大脚,招待费、车修燃料费、考察费占到了公用经费支出的20%,最多的一个单位仅年度招待费就高达178万元,支出比重之大,金额之多,让人触目惊心。这种支出上的随意性,是一种严重的铺张浪费行为,不仅违反了地税经费财务管理的相关规定,与“两个务必”的精神格格不入,甚至还有可能引发腐败问题的发生。大家都是所在单位的领导,都有一定的权力,希望大家在履行职责的过程中,一定要妥善处理好事业发展与勤俭节约的关系,按照勤俭节约、勤俭办一切事业的原则,带头反对铺张浪费和大手大脚,带头抵制拜金主义、享乐主义和奢靡之风,将艰苦奋斗、勤俭节约的优良传统发扬光大,把有限的财力运用到推进地税事业的可持续发展中去。

第四,必须处理好协调关系和谨慎交友的关系

协调方方面面的关系,是地税各级领导干部的一项重要工作。但特殊的职业要求和工作性质,为我们的社交活动规定了必要的“度”。我们不反对交朋结友,但交往必须建立在正常的基础之上;我们批判无原则的交往,但提倡正常的交往。只要没有“权钱”交易的内幕,没有以税谋私的猫腻,没有别有用心的交易,这种阳光下的交往是提倡的。我们不能以协调关系为名,行贪污受贿、以税谋私之实。在这个方面,李真、胡长清、肖占武、金鑫培等人的教训是深刻的,是发人深省的。河北省国税局原局长李真正是在吴庆伍、王福友等所谓朋友的拉拢、诱惑下,利用职务之便,接受他人的请托,为他人谋取利益,索取和非法收受财物数额巨大,从而被依法判处死刑的。原江西省副省长胡长清也正是在周雪华、晏广保、李卫东等“朋友”的腐蚀下,因受贿、行贿和巨额财产来源不明罪被执行死刑,成为自20世纪50年代初天津刘青山、张子善因贪污被判死罪后,数十年来中国第一个被处极刑的省级高级官员。原河南省人大常委会办公厅副主任李国富在忏悔录中写道:“多读书慎交友,这一古训精辟,是多少人对人生社会的曲折艰辛的总结。可是在我却无视党纪国法,丧失原则滥交朋友,让我好坏不分,是非不明。谁也不相信在气氛热烈的酒场上其背后是什么?党纪、政纪、国法的有形的防线,在这里,被哥们义气代替了。交友是人的本能,生活的需要。当交友建立在权钱交易基础上的时候,这种朋友越多对社会的危害越大,最后连自己都保不住。可悲的是,我没有及时发现这一点,没有看到朋友背后那只阴险的手,扼死我的正是这只手。”活生生的事例提醒我们,必须谨慎处理协调关系与交朋结友的关系,培养健康的生活情趣,保持高尚的精神追求,时刻检点自己生活的方方面面,明辨是非,克己慎行,正确选择个人爱好,提高文化素养,摆脱低级趣味,决不能沉溺于灯红酒绿、流连于声色犬马。要慎重对待朋友交往,坚持择善而交,多同普通群众交朋友,多同基层干部交朋友,多同先进模范交朋友,多同专家学者交朋友,注意净化自

己的社交圈、生活圈，避免因为交友不慎而祸及自己的政治前途和家庭幸福。

第五，必须处理好自觉接受监督和主动争取监督的关系

作为领导干部，我们一方面必须自觉接受监督，养成在民主和监督之下工作和生活的习惯。这不仅是一种态度、一种风格，更是一种做人、做事的人格魅力。组织和群众监督是一种警戒，是一面镜子，经常想一想、照一照，检查一下自己有什么不足和缺点，即刻加以改进和纠正，对自己成长大有好处。要通过监督，把自己的活动置于广泛的监督之下，使自己养成自觉遵纪守法、毫不松懈的自律意识，避免和远离腐败。另一方面，我们还要主动争取监督。我们要注意营造民主监督的气氛，让党内外群众乐于监督，敢于监督。要集众人之耳目，听逆耳之忠言。俗话说，旁观者清，当局者迷。如果我们善于听取来自各方面的批评意见，就能够借众人之目明己之目。所以，我们必须以宽阔的胸襟、诚恳的姿态、有则改之无则加勉的心态面对监督，集纳群言，闻过则喜，有过则改。其实，主动争取监督，对我们自己来说是最大的保护。

第六，必须处理好尊重地方党政领导和规避执法风险的关系

作为垂直管理部门，强化垂直管理意识，保证全系统政令畅通，是我们实现为国聚财使命、发挥宏观调控职能、推进依法治税的必要保证。同时，在地方党委政府的领导下，为地方经济发展服务，为和谐社会建设出力，是我们义不容辞的社会责任，是地税工作最大的政治。在工作中，我们要正确处理好服从地方党委政府领导与严格依法履行职责的关系，在国家税收利益与地方局部利益发生摩擦时，要跳出部门局限，坚持用政治的视野、辩证的观点、理性的思维来正确面对，不能脱离法定的职能、现行的体制、条规的限制去盲目满足与法纪相违的要求。在这个原则问题上，我们一定不能暧昧、不能迁就，不能有侥幸心理，要具有规避执法风险的意识。我们某单位的一名领导，就是不讲原则，应地方领导的要求，擅自为企业减免税收，结果被检察机关提起了公诉，受到了应有的惩罚。这里提醒大家，希望大家能够引起足够的重视。

〔本文摘自作者 2008 年 3 月 27 日在全省地税系统 2007 年度新任省局管理干部集体廉政谈话会上的讲话〕

提高计统管理水平　服务地税中心工作

省地方税务局副巡视员　张治安

全省地税计统工作会议暨上半年收入分析会今天就要结束了。在两天的会议里，许局长作了重要讲话，钟局长作了主题报告，几个先进单位进行了典型发言，大家开展了热烈讨论，各地也分析了上半年收入完成情况并对全年收入进行了预测。虽然时间比较紧，但内容很丰富，重点很突出，要求很具体，使大家统一了思想，明确了目标，形成了共

识，会议开得很成功。借此机会，我讲几点意见。

一、会议的主要收获

一是找准了工作定位。许局长在昨天会上作的重要讲话，以计统部门为组织收入服务、为领导决策服务两大职能为切入点，对现代税收理论进行了精辟解读，突出了税收管理的四大理念，表达了对计统工作的殷切期望。就税收分析如何服务好领导决策，如何抓住关键，如何破解难题进行了深刻阐述，帮助大家拓展了视野，深化了认识，并指出了近年来我省收入工作中存在的“三低”问题：一是税收增幅低。这个钟局长的报告中讲得很清楚。二是宏观税负低。2007 年，全国宏观税负最高的省份是 13.8%，最低的是 3.7%，湖北是 3.9%。三是弹性系数低。2007 年，全国弹性系数最高的是 2.6，最低的是 1.1，湖北是 1.2，低于全国平均水平1.8。我们的宏观税负和弹性系数在全国都是摆尾的。许局长还提出了用收入预警体系来强化收入管理，要求大家进一步做好税源监控，坚决确保收入质量，不断推进信息化建设，对当前的计统工作提出了全新的要求。同时，许局长还就加强计统队伍建设，关注计统干部成长讲了中肯的意见，要求大家多学习、多思考、多比较，不断推动计统工作前进。不管是作为地税部门的主要领导，还是作为一名税收专家，许局长的讲话都发人深思，意义深远，既有导向性，也有鼓舞性，既有理论性，也有实践性，为新时期的计统工作找准了定位。

二是明确了工作方向。钟局长作的大会主题报告，全面总结和充分肯定了过去两年全省计统工作所取得的成绩，指出了计统工作存在的主要矛盾和突出问题，同时分析了当前的计统工作形势，高度概括了新时期计统工作的指导思想，明确提出了税收分析、会统核算、税源监控、岗责管理“四位一体”管理体系，这个体系既发展了 2006 年木兰湖会议提出的管理思路，而且更加精细化，更准确化，提得很好。同时，钟局长还部署了今年的五项重点工作，为我们把握重点，强化管理，全面加强和改进计统工作指明了方向，理清了思路。

三是交流了先进经验。这次会上，武汉、黄石、荆州等 7 个单位作了典型发言，交流了他们在专户监管、税收分析、票证管理、税源监控、纳税服务及财税库银联网工作中的先进经验，使大家开阔了视野，更新了理念，对做好全省计统工作提供了有益的启示和借鉴。这次收录的材料我都认真看过，很多材料写得都非常好。会议把 22 个单位的经验材料印发成册，为今后计统工作的创新和发展积累了一笔宝贵财富。

四是建立了考核机制。会上，大家讨论了会议提交的“待解专户管理”和“税收分析预测”两个百分制考核办法，对考核工作提出了一些很好的意见和建议，统一了目标，严格了标准，形成了共识，我们在修订中将充考虑大家的建议，同时希望大家回去以后能组织有关人员开展进一步的讨论，看有没有遗漏，有没有问题，使办法更加完善。考核机制的建立，将使我们彻底改变“干好干坏一个样，干与不干一个样”的沉闷格局，激发计统工作的潜能和活力。下一步，省局还计划出台涵盖计、会、统、票等各项工作的综合考核办法，不断提高工作水平。钟局长昨天也表示，对工作做得好的单位，要给予一定的奖励，而不仅仅是通报。

二、当前工作仍然存在的问题

一是收入分析质量不高的问题。主要表现为：首先是定量分析多，定性分析少，不能形成指导性的征管建议，不能为领导决策提供服务；其二是宏观分析多，微观分析少，说服力不强，应用价值不大；其三是税收分析多，经济分析少，脱离经济论税收，不能准确判断收入趋势；其四是本地分析多，外地分析少，缺少比较，认识不到差距。另外，各地日常分析上报不及时，省局不能掌握各地的情况，也影响了收入分析质量。

二是重点税源监控和税收分析建档质量不高的问题。去年下半年，省局对这两项工作检查发现：有些单位选择的重点税源不具代表性，影响整体报表质量；有些单位监控信息不完整，数据质量不高；有的单位税收分析档案内容不全；有的单位信息档案建立和上报不及时，应付了事；还有的单位上报的增减因素在税收分析中完全没有体现，失去了建档意义。

三是待解专户管理的问题。除了钟局长在主题报告中指出的专户余额过大、资金统进统出等四个问题之外，有些县市区还违反规定，设置超过一个以上的待解专户，给资金安全和管理工作带来了隐患；部分单位营业税、城建税调控力度过大，流转税增幅过低，同经济增长不相协调，迫使税收分析牵强附会，也是需要关注的问题，特别是违规开设的过渡户，必须立即取缔。

四是混级混库的问题。在对部分单位领导的离任审计，以及专员办、审计署对我们的检查中发现，极个别地方随意调整税种、调整级次的现象依然屡禁不止，严重扰乱了收入管理秩序，给自身和上级都带来了违法违纪隐患。尽管这些行为并不是我们的本意，可能是迫于地方政府的压力，但违法性质并没有改变。因此，对待地方政府的授意，我们一是要积极宣传政策，二是要及时向上反映。

五是财税库银联网工作的问题。关于这项工作，许局长、钟局长昨天都已经讲过，夷陵区也介绍了经验，2006年全省工作会议我们也到武汉市江岸区进行了观摩，办法都很好，给我们减少了很大的工作量，也减少了征收成本，希望大家要正确认识。

三、几点体会

针对上述问题，结合当前形势，最后我想就提高计统管理水平、服务水平、信息化水平谈几点体会，归纳起来，就是计统工作要始终做到“四个围绕”。

一是要始终围绕地税事业发展大局，促进各项工作的又好又快发展。计统工作事务多，责任大，涉及的面很广，不论是收入分析预测，还是票证监督管理，以及重点税源调查监控，税费征缴环节的统筹协调等，都影响着全局工作质效。为此，计税部门必须在工作中不断强化四种意识，推动各项工作向纵深发展：一是要强化大局意识。就是计统工作要讲政治，昨天许局长也讲了，要善于从全局的角度思考问题和开展工作，在小变化上洞察大趋势，在小现象中思考大问题，科学有效地规范制度，严格细致地监督管理，有的放矢地采取措施，全面提高工作水平。二是要强化执行力意识。要长期巩固这次“提高政府执行力大讨论”和“文明执法教育”两项活动的成果，把上级的决定和精神，各类管理制度、各种考核办法、各项工作标准都执行到位，特别是要监督好基层的贯彻执行。三是要强化精细化意识。把税收分析、税源监控、会统核算等工作做精做细，把握好每一个工作细节，把简单的事情做出成效，把平凡的工作做成亮点。四是要强化责任意识。切实抓好待解专户管理和票证管理，严格执行收入纪律，定期开展清理整顿，严肃责任追究，确保工作不出问题，不留遗患。

二是要始终围绕组织收入工作，为经济发展和社会进步作出贡献。组织收入是地税部门的根本职责，也是计统工作的主要任务。地税部门服务地方经济发展，最关键的就是要以收入工作为中心，统筹好经济和税收的关系，围绕经济抓税收，透过税收看经济，科学把握经济形势，不断强化工作措施，促进收入的可持续增长。当前，宏观经济形势趋于复杂，政策性减收集中显现，给各级组织收入工作带来很多困难，形势非常严峻。在挑战面前,大家要坚定完成任务的决心,增强迎难而上的信心,进一步加强和改进组织收入措施,缓解来自各级政府、来自于周边地区、来自于“三低”的压力,解决当前存在的三大突出问题:一是要积极研究收入趋势,在依法治税、应收尽收的同时,通过经济税收专题分析向地方政府客观反映经济税源全貌,用事实说服,用数字陈述,争取合理的收入计划,解决地方政府需求过大的问题。二是要认真贯彻组织收入原则,坚决不收过头税,坚决制止和防止越权减免税,靠政策增收、靠征管增收,严格遵守收入纪律,彻底杜绝混级混库现象,解决增幅不高的问题。三是要多比较,多对照,打破以自我为中心的陈旧观念,在税收分析中要量化指标,要分税种、分行业进行对比,在与周边地区的比较中,认识差距,寻找问题,强化收入措施,缓解本地发展与周边发展不平衡的问题。

三是要始终围绕创新服务理念,构建和谐的征纳关系。计统工作涉及征收的各个环节,影响着税费征缴效率,决定着纳税服务水平。为此,大家要针对税费征缴的重点环节,不断创新服务理念,积极促进征纳和谐:一是要在拓展服务形式上出主意。从各自的征管实际入手,充分利用自身优势,在服务征管、服务纳税上创出一些新的形式,既不盲目照搬,搞花架子,劳神费力,也不畏首畏尾,受到条条框框的束缚,使创新真正能够惠及纳税人,惠及基层,把主意出在高明处。二是要在提高服务效率上想方法。要注意倾听纳税人的诉求,基层的难处、苦处,认真分析,追根溯源,找准影响服务效率的深层次原因,采取行之有效的办法,从根本上解决问题,把办法想到要害处。三是要在健全服务机制上当参谋。从全局工作出发,站在各个角度思考,在需要重点加强和改进的环节为决策当好参谋,完善服务机制,既不泛泛而谈、面面俱到,执行起来无从下手,也不吹毛求疵、钻牛角尖,在小问题上做文章,而是要把参谋参到点子上。

四是要始终围绕财税库银联网,提高收入管理的现代化水平。钟局长在主题报告中,已经就这项工作讲了很好的意见,大家要认真落实,今年我们要全面上线。这里,我只补充两点:第一,已经上线的地区,要用好这个平台。实时维护,密切协作,科学管理,充分利用 TIPS 系统完善的技术功能和顺畅的信息交换渠道,不断提高征缴效率,发挥示范作用。第二,还没有上线的单位,要积极准备,把这项工作放在信息化建设的突出位置,作为创新服务的首要任务,积极地进行探索,有序地加快步伐,为随时可能到来的系统上线做好准备,早日解脱繁琐的手工操作,全面提高收入管理的现代化水平。

〔本文摘自作者 2008 年 7 月 8 日在全省地税计统工作会议暨上半年收入分析会上的总结讲话〕

工 作 专 文

省地方税务局办公室

【当好参谋助手，辅助领导决策】一是积极发挥以文辅政作用。全年起草领导讲话、工作汇报、经验交流、工作规划、工作总结、重要文件等综合性文稿30多件，审改各类文件材料100多件。二是积极发挥政务信息的辅政作用。全年共编发《要情周报》49期、《地税通报》25期（40篇文章）、《地税参阅》6期、《湖北地税简报》41期、《税收专报》47期，采用信息592条，共计35万字。其中，被总局、省委、省政府采用50余篇，省领导批示1条。三是组织评选表彰奖励了一批全省地税系统2008年优秀政务信息和优秀调研成果，完成了约110万字《湖北地税年鉴》（2007卷）的统稿、编审、校对及付印工作。

【开展税收宣传，优化舆论环境】围绕12万元以上个税申报、征管核心软件上线、执行力大讨论和文明执法教育、政风行风评议、深入学习实践科学发展观等主题，利用报刊、电视、网站等多种媒介，全方位地开展税收宣传。尤其是在第17个全国税收宣传月活动中，办公室组织全系统上下整体联动，集中时间，突出重点，广泛开展了税法宣传进学校活动和以税收关注民生的主题宣传活动。特别是办公室与宜昌市地税局联合开展的"贫困学子观三峡工程树创业志向"活动，与武汉市地税局联合开展的"寻访江城创业纳税人"、"就业明星话税收"等重点活动，在社会上引起了较大反响。其中，"贫困学子观三峡工程树创业志向"活动被国家税务总局评为2008年全国税收宣传月活动优秀项目。

【改进网站建设，落实信息公开】修订和制发了《湖北省地方税务局信息公开指南》等一系列管理制度，将部门信息公开工作纳入了法制化规范化的轨道。按照全省电子政务建设的总体要求，不断改进和加强省局互联网站建设，并充分利用省地税局互联网门户平台，实现对社会信息公开的承诺，2008年通过省地税局互联网站向社会主动公开政务税务信息近5000条（件）；通过"省政府公众诉求系统"、"局长信箱"、"行风政风投诉"、"纳税服务建议"、"涉税案件举报"、"在线沟通"等公众互动栏目受理各类信件近400件，办结率100%，公众满意率99.8%，受到省政府办公厅的通报表扬。

【增强服务意识，提高服务质效】进一步优化公文运转程序，尽可能地加快各个环节的运转速度，严格把好公文的政策法规关、文字关、格式关、程序关、印制关，公文质量有了进一步提高。在文印收发、文档查阅等方面尽可能为处室提供便利和优质服务，不断改进和规范全局文件和各处室专业会议材料、各类文稿的打字、排版、印制工作，以提高文印质量和准确率。认真做好全年各类视频会议、综合会议和专业会议的会务组织、综合协调、参与配合工作，做到保障有力、组织有序，不遗余力地服务和满足省局及各处室工作需要。

【着力化解矛盾，维护和谐稳定】针对今年大事要事多的现实工作需要，办公室及时召开了系统信访工作会议，对信访重点单位、重点信访事项和重点人进行集中矛盾排查，分别制定调处措施，要求上访重点市、县局坚持实施“一把手”挂帅的专班跟踪包保陪访制度，在敏感期实行了信息日报制度，确保了奥运会、残奥会期间地税系统无人越级上访和集体访。工作中，始终坚持信访工作“分级负责、归口办理”、“谁主管、谁负责”、“依法解决问题与思想疏导教育相结合”的原则，及时办理信访和诉求事项，化解各类矛盾，2008年共办理群众来信154件(其中：本单位接收来信121件、上级交转办33件)，做到及时批办，跟踪督办，按时回复；接待群众来访15批(次)、72人(次)，做到及时接访、政策引导、耐心解释、热情接待，依法依规做好上访人员的工作。

【加强档案管理，促进规范管理】召开了全系统档案管理工作会议，邀请有关领导和专家对档案管理人员进行专业培训和指导，确保新档案整理规定的按时实施。派出档案管理人员参加国家税务总局组织的业务培训班，着力提高档案人员业务能力。进一步强化对全系统档案工作的规范管理，经常下基层具体辅导档案管理升级工作，促进了全系统档案工作不断迈上新台阶，在国家税务总局相关工作会议上介绍了经验。今年又有19家档案管理单位实现了升省特级，使全系统90家单位跨入全省档案管理的先进行列，在全省系统管理单位中位居第二。

【绷紧安全防线，规范保密管理】严格按照《湖北省地税系统保密工作细则》等一系列规范性保密工作制度，不断强化保密工作的人防物防技防措施。组织对涉密人员实行了登记备案管理，认真落实保密责任制度；坚持对机关各单位保密员开展以会代训，提高保密管理的业务能力；举办了全省地税系统保密培训班，对基层保密人员进行了培训；组织了纪念《中华人民共和国保密法》颁布20周年宣传教育活动；按照国家税务总局、省委、省政府的要求，在局机关开展了二次保密安全管理的全面自查自纠，重点解决计算信息系统使用及运行过程中的保密安全管理问题。在2008年度省保密检查组的保密检查考核中，得到省保密机要局的好评。

【强化责任意识，做好综治工作】下发了《省地方税务局2008年度社会治安综合治理工作要点》，并将深化综治工作和平安建设的任务措施分解落实到各部门和具体责任人身上，按照“谁主管、谁负责”的原则和“管好自己的人、看好自己的门、办好自己的事”的要求，层层落实了综合治理工作年度目标责任，并将其纳入了全系统的党风廉政建设责任制的考核内容，狠抓落实和考核，确保了全年特别是奥运会期间全省地税系统的安全和稳定。

【严格考核督办，促进工作落实】精心制定与省政府签订的目标责任状、局内各单位的目标责任书及年度工作目标责任制考核办法，将省局年度重点工作和共性工作目标细化分解，加强跟踪督办，一季一安排，一季一督查，半年一总结，年终进行综合考评、奖惩兑现。坚持实行日常工作定期督查、重点工作跟踪督查、领导交办事项全程督查。特别是按季度通报机关各处室、直属单位的工作安排，通报市州局当期主要工作完成情况、存在的问题及下季度工作安排，既促进了民主决策、规范实施和工作落实，又促进了信息沟通和经验交流。

省地方税务局税政一处

【加强主体税种、重点行业管理，实现营业税和涉外企业税收稳步增长】2008年全省共组织营业税收入169.89亿元，占税收总收入422.56亿元的40.2%；比上年同期139.59亿元增收30.3亿元，增幅21.71%，主体税种的作用进一步发挥，营业税的持续增长，为完成全省税收收入任务作出了突出贡献。全省涉外企业1—12月完成税收收入27.81亿元，比同期22.9亿元增长22.82%。

【加强薄弱环节管理，住宿餐饮业税收管理上新台阶】一是严格管理，积极推行行之有效的控管办法。加强发票管理，科学合理地核定税额标准，并根据纳税人经营情况，及时调整税额。二是强化检查，努力提高住宿餐饮业营业税征管质量和水平。针对住宿餐饮业制定具体的检查目标，采取日常检查和专项稽查相结合的方式，以查促收。2008年全省住宿餐饮业营业税入库8.87亿元，同比增长19.73%，明显高于前几年的增长水平。三是完善住宿餐饮业管理办法。专门对住宿餐饮业管理比较到位的十堰市进行调研，组织了6个市(州)地税局的税政科长进行了座谈，拿出了《湖北省饮食业、旅店业税收征收管理办法》(讨论稿)和《湖北省饮食业、旅店业税收征收管理操作规程》(讨论稿)。四是在全省住宿餐饮业大力推广使用税控收款机。在对全省住宿餐饮业管理现状做了大量调查后，向省政府报送了在全省住宿餐饮业推广使用税控收款机的请示。经省人民政府批准，省地税局决定从2009年开始，在全省住宿、餐饮、服务、交通运输业等行业推广使用税控装置。

【认真履行职责，严格涉外税收政策执行】一是加大了对涉外税收政策贯彻、宣传、培训工作的组织指导和检查督导力度，精心部署措施，确保新出台政策和办法的落实到位；二是及时办理政策的请示和批复，并按季对涉外税收收入进行分析，切实关注收入异动情况，及时调整工作重点；三是切实规范涉外企业减免税的审核审批工作，特别是对城市房地产税减免审批事项进行了重点规范，确保了涉外税收政策尤其是减免税政策正确执行。

【注重调查研究，大力开展企业集团主辅分离调研】根据省政府领导指示，税政一处开展了企业集团主辅分离的调研工作。按现行税收政策规定，省内部分地方大型企业集团所属的为企业集团服务的企业和事业单位，对混合销售行为征收增值税，不征收营业税。但从实际情况看，企业集团内部主(二产和三产中的商业)、辅(三产和二产中的建筑业)混合经营、混合纳税的现象比较普遍，特别是一些规模较大的企业集团中，生产性服务业已经有了很大发展，但长期以来一直主辅不分，不利于企业“抓大放小”加快主业发展，不利于第三产业发展和经济结构调整，造成地方税收流失。通过认真的调研，已经向省政府报送了《推动我省企业集团内部主辅分离，促进第三产业发展 增加地税收入的建议》。

【完善工作制度，强化非居民税收管理】

制定了“登记建档、评估约谈、年度结算、离境清税”十六字方针，在全省全面推进外籍人员台账建设和“一人一档”管理工作，建立健全外国企业承包工程的税收控管网络。在工作开展过程中，税政一处将武汉市作为工作重点，多次深入基层具体指导，并严格按照征管法的相关法律法规的规定进行了纳税约谈，通过纳税约谈对其中的部分外籍人员进行了纳税调整，将纳税调整后的数额对外籍人员个人收入档案进行了更新，较好地解决了外籍人员个人收入不好确定的难题。截至2008年底，已在377户聘用了外籍人员的企事业单位建立了台账，共为1700余名外籍个人建立了档案资料。约谈外籍人员超过300多人次，并把年所得超过12万元以上的外籍个人作为约谈工作的重点对象。2008年，全省外籍人员申报2007年度所得12万元以上人数600人。全系统通过多种措施，提高对外籍人员管理效率和动态管理水平，对外籍人员个人所得税避税行为进行了有效遏制。

【落实税收优惠政策，促进社会稳定和经济发展】2003年至2008年，全省地税部门累计为再就业减免税收8亿多元，近20万人直接或间接受益。仅2006年1月1日实施新的再就业税收优惠政策以来，全省受益再就业税收优惠政策的下岗失业人员7.4万人，享受税收优惠达2.4亿元。其中，享受税收优惠的个体经营户50477户、减免税收16149万元，免收税务登记证工本费54.1万元。2003年至今全省因提高营业税起征点而受益的纳税人为15万人，减免税收近亿元。为进一步鼓励全民创业，减轻低收入个体经营者的税收负担，税政一处起草下发了《省地方税务局关于调整营业税起征点的通知》(鄂地税发〔2008〕282号)，从2009年1月1日起，全省个体经营者按期缴纳营业税的起征点统一确定为月营业额5000元。

省地方税务局税政二处

【以贯彻落实新税法为出发点，认真做好企业所得税法及实施条例的宣传培训工作】2008年是新企业所得税法实施的第一年，为了使新税法得到更好的贯彻实施，1月中旬，在泰华大厦召开了由市(州)局分管领导、税政科长、县(市)、区局税政股长等150余人参加的全省地税系统新企业所得税法培训会，对新企业所得税法及实施条例进行了系统的讲解，同时还对新法实施的难点、疑点进行了讨论及解答。4月份，全省各级地税机关以税法宣传月为契机，将新企业所得税法作为重点内容通过电台、网站、报纸等媒体进行多种形式的宣传，并印制新企业所得税法宣传提纲一万余份，向纳税人和公众免费发放，使新企业所得税法的基本精神家喻户晓。同时，还对新税法实施的情况，每月进行跟踪问效，全面掌握实施中的问题，及时进行反馈，确保新法实施工作的顺利开展。

【以夯实所得税管理基础为前提，确保各项政策的贯彻落实】遵循“明确主体、规范程序、优化服务、提高质量”的汇缴工作思路，一手抓税务干部培训，一手抓纳税人的政策辅导，扎实做好 2007 年度企业所得税汇算清缴。全省汇算清缴企业共 32478 户，其中盈利企业 10420 户，实现销售(营业)收入 2740 亿元，应纳税所得额 120 亿元，减免所得税 5 亿元，实际应纳所得税 31 亿元；亏损企业 16089 户，实现销售(营业)收入 1066 亿元；核定征收企业 5969 户，缴纳企业所得税 12 亿元，同比增加 5 亿元。在落实各项税收政策中，尤其关注各项税前扣除和税收优惠政策的落实。与省发改委和省科技厅等部门多次开展企业研发费用加计扣除的调查研究；与省发改委等部门共同开展资源综合利用企业和项目的确认，进行省级技术中心的确认；与省科技厅等部门共同研究高新技术企业认定和管理办法，积极开展全省高新技术企业的认定及相关政策的落实。

【以全员全额管理为抓手，扎实做好年所得 12 万元以上个人所得税自行纳税申报工作】按照国家税务总局的统一部署，精心组织、创新措施、优化服务，以全员全额管理为抓手，扎实推进了年所得 12 万元以上个人所得税自行纳税申报工作，取得了可喜的成绩。据统计，全省共受理年所得 12 万元以上纳税人自行申报 51620 人，比去年增长 48.34%，其中申报应纳税所得额 92.93 亿元，应纳税额 16.05 亿元，已缴税款 14.43 亿元，补征税款 1.32 亿元。

【以信息化管理为依托，稳步推进全员全额明细扣缴申报】将应用个人所得税管理信息系统作为全年个人所得税工作的重点，并将其纳入了省局 2008 年度工作责任制考核目标。在总局确定目标的基础上，明确 2008 年度年所得 12 万元以上自行纳税申报的纳税人和年度代扣代缴税款 10 万元以上单位的个人所得税基础信息资料，都将纳入个人所得税信息管理系统。据统计，全省个人所得税实行全员全额扣缴明细申报的扣缴义务人 23125 户，其中：行政事业单位和社会团体 3363 户、企业单位 19511 户，个体工商体户 251 户；已应用个人所得税信息管理系统的扣缴单位 18228 户，覆盖扣缴人数 152 万人。

【以维护纳税人权益为宗旨，逐步开展为纳税人开具完税证明】为了进一步促进年所得 12 万元以上自行纳税申报工作顺利开展，让纳税人知晓自己的个人纳税情况，从维护纳税人的权益出发，省局把向纳税人开具个人所得税完税证明作为全年的一项重要工作来抓，明确对已实行扣缴义务人明细申报并纳入个人所得税管理系统的纳税人要逐步开具完税证明。据统计，全省各级地税机关共向纳税人开具、邮寄(送)个税完税证明达 45 万多份，通过开具个税完税证明，以满足纳税人实际需要，培养公民依法纳税的责任感和自豪感；同时也促进了税务机关的服务意识，提高了依法行政水平。

【以探索经济与地方税源可持续发展为重点，深入开展调查研究】一是开展了新法实施后的总分机构企业所得税管理调研。先后两次召集市、县局税政业务骨干和基层具体从事税收征管的同志进行了座谈，并实地到企业开展调研，在与财政、国税充分沟通的情况下，确定了省内总分机构企业所得税管理办法。二是积极组织力量，参与经济与地方税源可持续发展调研报告的撰写工作，根据调研情况提出了十多条合理化建议，并积极向省委、省政府和国家税务总局汇报。三是开展企业所得税政策与征管调研工作。为更好地落实新企业所得税法，全面提高企业所得税管理水平，各地结合所得税征管实际，按照省局拟定的 17 个有关企业所得税征管方面的调研课题自行选择 2～3 个课题进行了调研，省局择优在《湖北地税》第 12 期集中刊发。四是开展了个人所得税工资扣除费用调整的税收影响调研。个人所得税工资薪金所得月扣除费用标准由 1600 元调整为 2000 元和个体工商户经营所得、对企事业单位承包承租经营所得年扣除费用标准由19200元调整为24000元后，为调查这一政策调整对全省个人所得税税源的影响，经过及时、深入地调研测算，全省因此将减收个人所得税6亿元。

省地方税务局税政三处

【深化土地税收管理，加强对土地利用的税收调节】一是大力推广武汉市汉南区局、鄂州市局运用GPS系统管理城镇土地使用税税源工作经验，全面开展城镇土地使用税税源清查，按照“三到位”(土地等级调整和税额标准调增到位、对外资企业城镇土地使用税征收到位、对陈欠清理和新欠发生控管到位)的目标加强城镇土地使用税征收管理，2008年省局大力推行运用GPS系统管理城镇土地使用税税源工作受到了总局的肯定。二是全面推进土地增值税的规范管理。及时制发房地产开发企业土地增值税清算管理办法和房地产开发企业土地增值税清算工作若干政策规定，强力落实“先税后证”、“一窗式”征收等房地产税收一体化管理措施，加大对房地产开发项目土地增值税预征力度，使全省土地增值税在房地产市场销售低迷、土地成交价走低的情势下，仍保持73.92%的高增幅。三是不断加强耕地占用税新政策的贯彻落实。经省政府授权，省财政厅、省地税局联合发文调高了湖北省耕地占用税税额标准，由原来的每平方米5～10元调高到每平方米20～50元，积极与各级国土资源部门联合开展了耕地占用税的摸底和清查，并大力组织欠税清理，使耕地占用税出现政策性和管理性双增长。全省土地税收累计完成36亿元，比上年增长近15亿元。

【严格落实税收政策，积极服务于发展大局】适当下放了城镇土地使用税的减免审批权限，进一步规范了城镇土地使用税减免税管理。本着“从严管理、落实到位、有账可查、跟踪问效”的原则，对全省105户企业土地使用税减免进行严格审核把关，并为省级重点建设项目、改组改制特困企业、高新技术企业等65户符合条件的企业减税1300余万元，减轻了企业负担。对财政部及国家税务总局的政策性文件，根据省情、税情和实际征管状况，及时提出贯彻落实要求转发至各地，为基层征管实践提供政策指导，解决了基层诸多征管难题。通过认真解答社会广大公众的政策咨询，精心办理各类涉税文件函件，热情回复基层税政部门的来电请示，严把政策关口，督促政策落实，把依法治税、严格执法的精神落实在日常工作中，维护了税收政策的统一性和严肃性。

【科学分析强化管理，税源监控严密有力】一是认真开展地方税收入分析工作。先后编撰了《2007年度全省“十税一费”收入分析报告》和《湖北省“十一五”地方“十税”报告》，了解收入结构变化的原因，全面分析全省地方税收入的变化趋势，并对“十一五”后期的地方税收入进行科学预测，提出加强“十税”征管的措施及建议，主动为省局党组及有关部门提供决策参谋。二是做好增值税、消费税“两税”信息比对。与信息中心密切配合，在继续认真做好“两税”信息接收、比对工作的同时，积极筹划国家税务总局开发完成的"两税"信息比对软件在全系统的推广应用工作，努力使城建税信息比对成为提高征管质量和税收管理水平的重要途径。三是深入推进房地产税收一体化管理工作。召开全省房地产税收一体化管理工作会议，推介各地房地产税收征管工作成功经验，并通过湖北地税简报和湖北地税内刊等载体组织专题研讨，通过理论研讨、经验推介和典型引路等方式，为推进房地产税收一体化管理营造了良好的环境。

【把握规律夯实基础，规费征收全面规范】按照行政规费征缴的工作规律，认真梳理规费征收流程，积极参与制作行政规费需求说明，使行政规费全面融入税收征管系统，在机制上真正实现了"税式管理"。编撰了《行政规费业务手册》，对近年来新增规费的有关规定进行了补充，全面提高了行政规费政策执行的规范性和统一性。为确保排污费新政策的顺利实施，积极争取政府支持，主动协调环保、财政、人行和省政府法制办等部门，建立了排污费征收工作的信息反馈和跟踪督办机制，保证了排污费征收工作的扎实开展。进一步规范水资源费的征收核定，加大征收力度，加强协调配合，加紧检查督办，促进了水资源费的征收入库。2008 年，全省地税部门累计征收各项规费 41 亿元，同比增收 11 亿元，增长 37.12%。

【注重学习加强团结，处室环境文明和谐】全处人员积极参加"提高政府执行力"学习讨论和行风政风评议活动，按照"五讲四慎三和谐"的处室文明建设目标和要求，自觉查摆问题，狠抓整改，各方面能力进一步提高。积极投入科学发展观及十七届三中全会学习活动，系统学习专题读本及相关资料，自觉参加学习集训，处室成员对工作的预见性、创造性显著增强，统筹工作协调发展、实现处室和谐发展的本领有了长足进步。同时，通过认真学习地方税、行政规费及与处室业务范围相关的政策法规，做到新政策及时掌握，新文件及时传阅，新情况及时了解，新问题及时解决，处室成员的政策水平有了显著提高。进一步强化规范意识，加强内部管理，通过搞好内部网站建设、积极推广工作经验等作法，积极做好对上对外宣传工作，全年通过各类载体刊发稿件 20 余篇。

省地方税务局社会保险费管理处

【全力以赴，圆满完成社保费征收任务】2008 年，社保处按照省局党组的整体工作部署，围绕"巩固主体、强化征收、规范管理、确保安全"的工作思路，完善征缴机制，规范征缴流程，强化费源监控，推动社保费科学化、精细化管理，促进社保费收入持续高幅增长。全省共征收入库社保费 358.44 亿元，较同期增收 82.77 亿元，增长 30.02%。其中，征收基本养老保险费 259.72 亿元，基本医疗保险费 78.11 亿元，失业保险费 14.95 亿元，工伤保险费 3.33 亿元，生育保险费2.34亿元，分别较上年同期增长 29.70%、29.39%、35.46%、44.64%、36.01%。社保费增长幅度在全国实行税务征收社保费的 20 个省市中列第2位,收入规模跃升到第4位,受到了国家税务总局和省政府领导的充分肯定。

【因地制宜,全面启动城镇居民基本医疗保险费征收】省政府决定6月底在全省范围内实行地税征收城镇居民基本医疗保险费后,社保处根据省局安排,及时组织召开了全省城镇居民医疗基本保险费征收工作会议,对征收筹备工作进行具体布置,结合各地实际制定了4种征收方案供各地选择,并加强与相关部门协调配合,组织各地到学校、社区进行调查摸底,统计测算有关数据,积极稳妥推进城镇居民医疗保险费征收。各地坚持方便缴费居民、确保基金安全、体现征收主体三大原则扎实开展征收工作,使城镇居民基本医疗保险费开征工作按省政府的要求如期启动并运行平稳。全省参保居民达650万人,征收保险费3.7亿元,实现了上年试点城市参保覆盖率达到60%,新增试点城市参保覆盖率达到50%的目标。

【主动配合,积极开展扩面征缴】组织召集部分业务处室负责人,就如何做好社会保险扩面和强化社保费征收工作进行专题研究部署,周密制定工作方案。先后下发3个文件,专门对全省地税系统做好社保费扩面征缴工作明确有关事项,提出具体要求。按照部门分工,全省地税系统在扩面征缴中积极做到了“五个到位”(领导重视到位、宣传发动到位、扩面配合到位、加大征管到位、责任考核到位),坚持在当地政府的统一领导下,以高度的责任心和扎实的工作态度,做好各项工作。对扩面新参保的单位和个人,各地地税部门实行逐户逐人地核实,杜绝虚增扩面现象发生,保证实实在在的参保和缴费。扩面征缴工作的顺利开展,有力推动了全省社保费收入的持续稳定增长。

【依法行政,大力清缴欠费】联合省劳动厅、省财政厅下发了《关于做好参保单位社会保险欠费清理工作的通知》,由地税、劳动共同与参保单位对欠费进行确认,然后分类处理:凡能正常发放工资的,视为有缴费能力,必须依法清欠;凡在年度内连续4个月或累计6个月不能发放最低标准工资的,视为暂无缴费能力,督促其制定欠费补缴计划;凡已破产、关闭、撤销、解散的企业或“三无”企业,视为无缴费能力,由当地政府签署意见,上报省欠费清理小组进行核销处理。通过联合开展欠费清理,逐户摸清欠费时间、欠费金额、欠费原因,做到账表完善、台账清楚,并按照边核对、边认定、边征收的原则,做到准确核销死欠、依法压缩陈欠、严格控制新欠。2008年共征收入库前期欠费26亿元,占社保费总收入的7.29%。

【发挥优势,准确核实缴费基数】发挥地税部门的优势,充分利用企业所得税年度汇算清缴、个人所得税全员全额明细申报、日常税收检查等税收征管工作中所掌握的企业职工人数、工资薪金等有效涉费相关核定信息资源,及时反馈劳动部门,主动支持配合做好扩面和核定工作,提高了核定质量,未核少核现象同比有所减少,有效降低了费源的隐性流失,有力促进了保费征收。2008年全省累计核定单位费源增长达到了30%左右,为社保费增收奠定了坚实基础。

【加强检查,确保社保基金安全】严格执行社保基金征管纪律,要求各地在社保基金安全上不能掉以轻心,始终做到警钟长鸣。一方面,组织各地对上年社保费大检查中发现的征收主体不到位、财政代扣社保费未经地税机关开票、票证管理不规范、办税大厅直接收取现金等问题的整改落实开展了“回头看”。另一方面,借国家十部委开展社会保险基金专项治理活动的契机,下发文件组织力量进行了严格的自查工作。目前全省范围内社保费实行了银行转账、刷卡缴费、税银协作等方式征收,所收社保费直达国库,确保全省社保基金的安全。

【以人为本,不断优化缴费服务】借全省政风行风评议契机,进一步大力倡导为缴费人提供方便、高效、优质的服务,积极提升地税部门形象。针对个人缴费人多量大、缴费环节复杂、缴费成本高、缴费场所相对拥挤以及资金安全等问题,积极组织各地和金融、劳动等部门协调,大力推行刷卡缴费、税银协作等方式,着力提高服务质量,在确保资金安全的同时,最大程度方便缴费人快捷缴费。各地一方面为金融单位做好票据供应和沟通协调工作,督促网点在缴费高峰期增设服务窗口,延长工作时间,减少个人缴费排队等待时间;另一方面对地税大厅征收的单位积极推行刷卡缴费,缴费人缴费更为便利。

省地方税务局征收管理处

【突出重点,切实抓好征管核心软件上线工作】征管处将上线工作列为2008年头等大事和首要任务,从业务需求的提出、归集到软件功能的设计完善,从软件在恩施的试点、鉴证到在全省各地的全面上线,从上线指挥部的成立到各项工作的组织、协调与开展,从配套文件的制定、执行到各类问题的收集、研究和处理,全力以赴、全面保障、全程参与,倾注大量的精力。在上线的准备阶段,全处同志发扬连续作战、不怕疲劳的精神,与上线指挥部同志一道,先后制定出台了《湖北省地方税费征管核心软件上线历史数据处理办法》、《湖北省地方税费征管核心软件上线基础信息采集标准》、《湖北省地税系统信息化基础建设规划与进程》、《全省地方税费征管核心软件业务与技术培训方案》、《关于湖北省地方税费征管核心软件上线基础信息采集和历史数据处理办法的有关问题说明》等一系列文件。在上线的实施阶段,全处同志按照上线指挥部的统一部署和安排,承担了全省15个地市全面巡视和督导的任务,先后深入24个县(市、区)、38个分局,召开基层座谈会60多次,抽查500多份纳税户基础信息采集资料,发现和收集100多个问题,对不符合采集标准的问题给予及时纠正,对反映省局工作要求与基层工作实际脱接和软件设计的问题进行认真收集归类,反馈省局上线指挥部集体研究解决,确保了全省上线工作的顺利开展。

【多措并举,提升纳税服务水平】一是继续打造服务品牌。征管处通过加强全省地方税务短信平台建设,进一步完善拓展服务功能,并结合各地实际,开发个性化服务功能。截至2008年10月底,全省累计发送税务短信8098873条。二是服务湖北企业中国名牌争创战略。在严格把关企业缴纳税收、违章处理的真实情况的同时,积极为企业的申报工作开辟绿色通道,以最热情的态度接待,以最快的速度办理,2008年共为30户企业开具中国名牌申报的税收缴纳证明,涉及税款41.07亿元。三是弘扬典型,营造良好的纳税服务氛围。在宜昌召开全省地税系统征管工作上,交流武汉、宜昌纳税服务经验的同时,公开表彰了全省地税系统100名纳税服务明星,并组织新闻媒体赴武汉、宜昌等地采访全省纳税服务明星8名代表,在湖北日报进行大篇幅宣传报道。四是规范纳税服务。制定下发了《湖北地方税务局纳税服务实施办法》，对全省地税系统纳税服务工作进行了全面规范和要求。五是积极支持服务企业改制。对改制后的中石化资产管理有限公司湖北分公司的纳税地点、改制后的中国电信湖北分公司的税务衔接问题、湖北21世纪物流股份有限公司和武汉高德红外股份有限公司上市的税收证明问题、湖北省城市建设投资公司的税务登记问题等，征管处尽最大努力进行协调解决。

【注重规范，提高征管效率】一是统一税收管理员执法证件。在严格审核的基础上，顺利完成了全省地税税收管理员检查证的统一制作和发放工作，共制作发放9227个专用税务检查证。二是加强纳税户户籍管理。对数据填报口径和方式进行了进一步明确，并加强了数据的分析和利用，也据此指导全省纳税户户籍管理工作。三是做好延期缴纳税款和核销死欠的审核工作。2008年共审核了7户企业延期缴纳税款、核销死欠的申请，批准企业延期缴纳税款173.72万元的申请，对近1000万元的死欠核销申请未予批准。四是严格按照要求认真解答通过省政府电子政务网转来的涉税事项咨询。五是按照总局的部署，对注销的蚁力神公司在鄂7家公司的税务登记证的注销工作进行了认真的排查和清理，并将相关结果进行了回复。六是为建立长久的税收第三方信息交换与比对机制，在多次征求意见、反复修订的基础上，代省政府草拟了《湖北地方税收保障办法》。

【大兴调研之风，服务领导决策】一是对《征管法》的执行情况进行了认真调研，对法条逐条进行清理，提出了《征管法》的修订意见并上报国家税务总局。二是按照总局的要求，就个体税收征管情况及纳税服务工作进行了广泛调研，就工作发展的方向和具体措施提出建议，分别形成专题报告上报总局。三是就如何服务武汉城市圈经济建设，促进税收收入健康稳步发展，积极开展了武汉城市圈征管一体化的工作调研，为领导决策提供依据。四是为加强税收收入的源泉控管，堵塞税收征管漏洞，赴湖南、上海等地对税控装置的推广使用情况进行考察，并写出了详尽的考察报告。五是在部分地方对委托国税系统代开发票代征城市建设税、教育费附加进行调研。

【密切协调，促进税收信用体系建设】一是与省国税在全省联合开展纳税人的信用等级进行评定工作。通过与国税部门的共同努力，采取从下至上、层层审核、两家共同认可的方式，圆满完全省2006—2007年度纳税信用等级评定，并做好公示公开工作。这次参评户数共有132781户，评定为A级纳税人1407户，评定为B级纳税人108738户，评定为C级纳税人22507户，评定为D级纳税人129户，其占参评总户数的比例分别为1.1%、81.8%、17%、0.1%，参评总户数是2005—2006年度的1.8倍。二是配合省工商局做好全省“守合同、重信用”企业的评选工作。全省共核查150户企业，复核128户企业，核查有关税务信息共500多条。三是与省国税局联合对7家A级税务师事务所进行了年检。四是配合武汉海关加强企业适用A类管理的工作，对5户企业2007年5月4日至2008年5月4日的纳税情况进行了核查。五是配合省诚信企业评定委员会对37户申报2008年度湖北省优秀诚信企业的纳税情况进行核查。六是配合省农委对全省38家回归创业先进企业候选企业的税务登记及纳税申报情况进行核查，对其中11户企业的违反税法规定的具体情况予以反馈。

省地方税务局计划统计处

【收入增长又好又快】2008年，湖北地税部门共组织各项收入825.17亿元，同比增长28.4%，增收182.43亿元。其中，税收收入完成422.56亿元，同比增长26.2%，增收87.83亿元；税收收入中，地方一般预算收入完成357.38亿元，同比增长25.8%，增收73.30亿元。社会保险费收入完成358.44亿元，同比增长30%，增收82.77亿元。其他收入完成44.17亿元，同比增长36.7%，增收11.83亿元。在前所未有的复杂经济背景下，全省地税收入突出表现以下特点：一是规模壮大。2008年，全省地税收入总规模突破800亿元，达到825.17亿元，收入增收额达到180亿元，是历史上增收最多的一年。其中，税收收入规模达到422.56亿元，比2000年翻了两番，地税收入占GDP的比重为3.4%，宏观税负在中部六省中高于湖南(3.2%)、河南(3.1%)两省。二是贡献增强。2008年，全省地税部门组织各项地方一般预算收入397亿元，占全省财政地方一般预算收入(710.2亿元)的比重达到56%，比2007年提高了3个百分点。其中，地税部门组织税收地方一般预算收入357.38亿元，占全省税收地方一般预算收入(537.10亿元)的比重为66.5%，比2007年提高了1.1个百分点。三是增长平稳。2008年，全国及周边省份税收增幅呈现明显的前高后低走势，而湖北省收入始终保持平稳较快增长，增幅连续5个月高于全国平均水平。2008年，全省地税收入增长26.6%(按总局口径，不含契耕两税)，高于全国平均增幅4.8个百分点，在全国31个省市区中列第12位，位次比2007年前移了16位。在中部六省中增幅与山西并列第2位，高于江西(26.2%)、湖南(21.2%)、河南(17.5%)。四是区域均衡。全省17个考核单位中，15个市州税收增幅在20%以上，区域经济税收均衡增长。武汉城市圈完成税收299.24亿元，同比增长26.9%；鄂西生态文化旅游圈(宜昌、恩施、神农架、荆州、荆门、十堰、襄樊、随州)完成税收120.51亿元，同比增长25.6%。五是结构优化。从“十一五”开局之年2006年到2008年，地方税收一般预算收入占税收收入的比重始终保持在85%左右。营业税、企业所得税、个人所得税主导地位突出，地方小税种贡献进一步增强，2008年地方“十税”收入比重为34.1%，比2007年提高了1.4个百分点，6个税种增长超过30%，土地增值税和耕地占用税增幅分别达到90.2%和85.2%。六是亮点纷呈。社保费收入连续第8年保持较快增长，增幅在全国20个省级税务部门中列第2位，收入规模连续6年保持在第5位。其他收入稳定攀升，文化事业建设费和地方教育发展费分别增长62.1%和32.7%，排污费征收规模达到2007年的8.7倍。

【税收分析提档升级】一是分析方法不断创新。建立了中部六省收入报表传递联络机制，第一时间掌握周边地区收入动态，为对比分析提供信息。在全国地税系统率先就税收分析预警系统进行了探索，初步设计出《税收分析预警系统总体框架》，在进行可行性研究、提交专家认证、委托研发后将正式投入运行，将实现信息系统对收入的报警提醒、规范防范、决策规划职能，为领导部署收入措施提供科学依据。二是分析交流不断深入。定期召开全省季度收入分析会，分析收入趋势，交流先进经验，研讨工作对策，在交流讨论中为各级掌握收入形势提供了平台。三是分析领域不断拓展。积极开展税收趋势分析和经济税源分析，参与完成了《湖北经济税源分析与地税收入可持续增长研究》这一重要课题，开展了2007年全省地税计统部门税收分析评比活动，丰富了税收专题分析的内容和成果，为领导研究经济税收发展趋势提供了参考

【完善数据核算体系】严把数据生成质量关，加强数据审核，规范数据标准，完善数据体系，统一数据交换口径，收入报表、会统报表核算质量得到提高。进一步规范重点税源监控标准，逐步扩大监控范围，初步实现了企业、行业和集团税源监控的有机结合，2008年全省监控重点税源企业达到1849户，监控税收占全省税收的比重超过30%，有力加强了税源管理。以分析应用为目的，认真开展营业税税收资料调查工作，组织全省对3028户营业税纳税人开展了调查，在工作中严格要求、明确职责、杜绝差错，较好地完成了调查数据的收集、录入、整理和审核工作，为各级加强和改进税收征管工作，掌握税收政策执行情况提供了指导。

【严格税收票证监督管理】一是清销手工票证及税收定额完税证。对17个市州历年手工票证及税收定额完税证进行了集中清理，会同监察部门销毁票证1500万份，全面实现了税收票证的机开，进一步规范了税收执法程序。二是加强日常管理。建立健全岗责体制，认真执行管理制度，把好用票计划关、领用关、使用关，重点加强对税款入库、结报缴销、审核对账等环节的监管，及时查处和纠正了票证管理环节的违法违规行为。三是交流管理经验。在2008年全省计统工作会议上，对包括票证管理在内的计统工作先进经验开展了交流，使各级开阔了视野，更新了观念。

省地方税务局财务装备处

【科学管理，精心组织，完成全省地税系统换装工作】一是邀请新式税服制作标准制定单位的专家，对各企业提供的各种样服进行了检测复核。二是会同监察室对6个中标企业进行了实地考察，调查核实其投标资料的真实性和企业实力。三是组织税服中标企业和面料供应商召开协调会，落实了服装换发的整体方案，理顺了各方的权责利关系。四是组织企业人员，分4个工作组分赴全省138个单位为干部职工量身套号。五是在制作阶段对制作厂家进行了上门抽检，在制作现场随机抽取成品后，送交第三方检测机构检测，及时发现质量问题及时纠正，保证了服装的质量。六是敦促中标企业严格按照合同进度组织生产，确保各地服装按时发放。

【服务系统，关心基层，做好危房改建工作】受2008年雪灾和地震的影响，部分地税机关办公用房成为危房。根据省局对各地危

房进行改建的精神，财装处多次前往受灾地区，实地考察，了解危房受损的具体情况，迅速研究解决方案，及时批复了各单位危房改建申请。同时还督导各地尽快落实改建资金、办理前期相关手续、进行选址和地质勘测，并聘请多家设计单位对危房进行了统一设计。此外，财装处还筹备召开了危房单位主要领导参加的系统危房改建专题会议，对工程深化设计、工程质量、资金效益、经费来源、廉政建设提出了具体要求，努力做到“质量上去、造价下来、干部不倒”。

【积极沟通，加强协调，妥善解决地税部门经费】财装处为妥善解决地税部门经费，确保按照鄂政办发〔2003〕20号文件精神落实各项征收经费，积极与有关部门沟通、协调，不惜“磨破嘴、跑断腿”，做了大量艰苦细致的工作，为提高基层地税部门税费征管积极性、保障地税系统的正常运转、促进和谐地税建设做了大量工作。

【精心编制，规范运作，做好部门预决算工作】一是做好2008年度预算编制、执行工作，并按照部门预算的要求，及时征求省局领导及各处室的意见，对2008年度省级部门预算进行了中期调整；二是对各地上报的2008年度预算进行认真审核、批复，同时指导各地抓好2008年度部门预算执行，严格按省地税局批复的预算方案抓落实；三是在充分科学论证、系统调研的基础上，完成了2009年度部门预算的编制并向省财政厅上报；四是集中全省财务骨干力量做好2007年度系统决算工作，解决了财政资产管理改革产生的报表数据调整问题，并在基础数据生成后以最短的时间形成决算分析报告，完成了决算编制工作；五是对2008年度全省地税系统稽查办案项目进行了绩效评价，增强了部门预算的执行效果。

【认真细致，一丝不苟，做好国库集中收付工作】财装处除认真做好日常经费划拨外，还将每笔划拨经费通过处函的形式与每个相关单位进行了核对确认(涉及全省97个单位)，确保了各项资金划拨到位，做好了全系统国库集中收付工作。同时，还根据省政府要求，进一步理顺了国库集中收付渠道，针对存在的问题规范国库集中收付工作。

【逐步规范，主动协调，做好政府采购工作】2008年，财装处加大了政府采购宣传力度，并邀请财政厅相关专家就政府采购规范流程和要求进行专题讲座。2008年全年共组织了88项9213万元的政府采购，节约资金997万元。主要做法：一是围绕金税工程三期和征管核心软件上线运行的各项要求，积极做好信息化建设的政府采购；二是针对税务短信平台项目和计统处票据印制的特殊性，多次与省财政厅采购处沟通协调，争取上述280万元的两个项目按竞争性谈判的方式采购，争取了时间，提高了采购效率，保障了项目实施进度；三是继续推行“协议供货”的采购方式，对小额、零星、标准化程度较高的商品直接购置，再申办政府采购手续，简化了采购程序，节约了行政成本。

【认真自查，积极配合，协助做好各项审计工作】2008年财装处共协助做好了四项审计：2007年度部门预算执行情况的常规审计、原省地税局长王文童离任审计、省直单位财务资产审计、2006—2007年度政府采购执行情况审计。对此，财装处一是依法依规主动自查；二是积极配合审计部门的工作，如实提交审计所需的各项资料，与审计部门积极地协调沟通；三是在接到审计部门出具审计报告后，对照审计报告披露出来的问题，及时分解到各相关单位认真分析原因，逐条整改，并举一反三，进一步强化内部制约监督，规避财务风险，受到了审计部门的好评。

【建章立制，抓紧整改，强化国有资产管理】一是依据上级有关文件，结合实际制定了《湖北省地税系统综合业务用房建设标准》，出台了《湖北省地税系统国有资产管理暂行办法》；二是针对2007年度清产核资中出现的问题，抓住重点，明确目标，督导各地落实办齐办好房屋土地权证的和债权债务清理两大突出问题；三是对省财政厅下发的新版行政单位资产管理软件进行了业务培训，进一步强化管理手段，实现资产管理静态化向动态化的转变。

【办好试点，适时推广，加快财装信息化建设步伐】财装处2008年着重抓了神犬财务软件4.43升级版的应用推广工作。此项工作分为三步：第一步是针对前期试点单位软件运行中发现的问题，积极与软件公司磋商，安排技术人员驻点修改，取得了阶段性成果；第二步是采取边试点、边培训、边完善的办法，提升了财务软件功能，使新软件日臻完善；第三步是举办了全省地税系统财务软件培训班，系统讲授了新软件理论知识和操作程序，为该软件在全省的推广应用打下了坚实的基础。

【强根固本，加强学习，提升干部综合素质】一是积极参与提高政府执行力大讨论和文明执法教育活动；二是以政风行风评议工作为契机，坚持面向基层、面向机关的原则，自觉接受监督，虚心听取意见，不断改进工作作风；三是继续深入贯彻学习科学发展观，积极参加省局机关组织讲座和轮训活动，同时还认真开展自学，紧密联系实际开展调研；四是参加财务软件升级培训，系统学习了财务软件神犬4.43升级版相关知识，提升了实际操作能力。

省地方税务局政策法规处

【深入贯彻落实科学发展观，切实服务经济社会发展大局】一是制定下发了《省地方税务局关于促进经济社会发展的若干意见》，在全省地税系统掀起了进一步解放思想、优化服务、促进发展的实践活动。二是认真落实政策，服务政府决策，促进经济社会发展。整合出台《湖北省地方税务局促进地方经济社会发展的地方税收优惠政策与措施》共170条，编印55000册免费发放给纳税人和各级政府；制定下发《省地方税务局关于积极支持中小企业发展的实施意见》和《省地方税务局关于支持服务业加快发展的实施意见》，加大政策宣传力度，强化监督检查，督促各地落实税收优惠政策；严格落实农机作业服务、农民专业合作社等涉农税收优惠政策，积极促进农业农村经济发展；将支持少数民族发展的税收优惠政策落实情况纳入税收执法检查范围，加强督导落实，切实支持民族地区经济社会发展；认真开展鄂西生态旅游圈建设调研，就如何加强鄂西地区交通等基础设施建设、培育旅游业市场主体，加大对鄂西地区的财税政策扶持力度，向省委办公厅提交了专题报告。四是认真做好建议提案办理工作。2008年，省局共接收办理省人大代表建议5件、政协提案4件。政策法规处对所有的主办件和会办件均实行了网上答复与纸质答复，建议提案的办结率、见面率、满意率均达100%。五是办理各类涉税征求意见，2008年政策法规处共办理省委、省人大、省政府及省政府相关部门的各类征求意见稿70余份。

六是慎重处理群众来信来访，共办理人民群众来信来访13件(次)，共答复纳税人通过上门、电话政策咨询50余件。

【稳步推进依法治税，不断提高地税部门执行力】一是全面推进税收执法责任制。2008年3月和4月分别在应城、松滋组织召开了两次税收执法责任制座谈会，对如何深入推进税收执法责任制广泛征求了各地的意见和建议。2008年8月底，组织在应城召开了全省地方税收行政执法责任制研讨会，听取了各地试行税收执法责任制情况汇报，观摩了应城市局、老河口市局税收执法信息管理系统演示，就责任制推进工作中存在的问题和对策进行了深入探讨，研究确定了下一步推进税收执法责任制的思路和方案。2008年9月22日，组织全省地税系统15名业务骨干组成编写专班，集中编撰《湖北省地税系统税收行政执法责任制岗位职责和工作规程范本》，制定《湖北省地税系统税收行政执法责任制考核评议办法》和《湖北省地税系统税收执法责任制过错责任追究办法》，推进税收执法责任制制度建设。二是组织起草《湖北省地方税费征收管理保障办法》。组织相关处室制定了《湖北省地方税费征收管理保障办法》，在认真吸纳省直各部门对税费保障办法所提意见的基础上，组织进行了再次修改，并报送省政府法制办进一步讨论修改后，提交了《保障办法》的立法项目申报表，争取《湖北省地方税费征收管理保障办法》尽快列入湖北省2009年立法规划。三是加强法制制度建设。指导各地认真贯彻《湖北省地方税收规范性文件制定管理实施办法(试行)》，加强税收规范性文件审查，对省局起草的《湖北省地方税务系统普通发票管理流程》、《湖北省地方税务纳税服务工作实施办法》等14个文件按照一般程序或简易程序进行了修改审查。加强税收规范性文件备案审查工作，省局及各市、州局共收到各级报备的文件31份，省局上报备案审查文件10份。加强对地方性法规及税收规范性文件的清理工作，对7件涉税地方性法规的有关条文和内容提出了修改或废止的建议，组织开展税收规范性文件清理，清理出全文已失效或废止的税收规范性文件3件，部分已失效或废止的税收规范性文件1件。四是认真贯彻落实税收政策执行情况反馈制度，各地共报送政策执行情况简报及反馈意见15篇，政策法规处向国家税务总局政策法规司共报送政策执行情况简报7期，政策执行情况反馈意见3期。五是规范减免税审批工作，研究制定了《湖北省地方税务局减免税审批工作规程》，调整了省局税收减免税审议委员会成员。2008年，提请省局减免税审议委员会召开了三次集体审议会议对158户减免税申请事项进行了审议。六是组织开展税收执法检查工作。在全系统开展自查的基础上，重点检查规范性文件制定管理制度落实情况，重大案件审理制度执行情况，各项税收优惠政策贯彻落实情况，并对检查发现的问题分类汇总，落实整改。七是健全税务行政救济工作机制。2008年，全省各级地税机关共受理复议申请8件，其中经审理维持原具体行政行为3件，变更原具体行政行为3件，申请人撤回申请2件，行政应诉案件1件。开展了税务行政复议工作试点工作，确定武汉市青山区地方税务局为税务行政复议工作试点单位。

【加强执法队伍建设，努力提升税收行政执法水平】一是开展"十佳行政执法单位"创建活动。在全省开展"十佳行政执法单位"创建活动中，加强对各地创建工作的督导和协调，组织全系统积极参与创建活动，武汉市江岸区地税局被表彰为全省"十佳行政执法单位"，安陆市地方税务局被表彰为创建"十佳行政执法单位"活动先进单位，省局被表彰为全省创建"十佳行政执法单位"活动优秀组织单位。二是开展文明执法先进单位评选表彰活动。政策法规处组织全省地税系统开展文明执法先进单位评选活动，评定武汉市江汉区地税局第一税务所、黄石市地方税务局团城山分局、枣阳市地方税务局等34个单位为“文明执法先进单位”。三是组织开展了系统征文活动。按照省政府法制办《关于举行规范行政执法行为、促进法治政府建设征文活动的通知》文件精神，政策法规处组织全省地税系统积极参与，共收到征文30余篇，十堰市地税局《对规范税务行政执法的探讨》和长阳县地税局稽查局《关于基层地税行政执法现状的思考》获二等奖，还有5篇文章获优秀奖，省局获征文组织奖。四是开展行政法制培训工作。会同教育中心在湖北大学政法学院开办了全省地税系统行政法制培训班，各市州局和县(市)局主管税政、征管、法规的科(股)长共121名干部参加了为期16天的培训，集中学习了行政法基础理论、《行政许可法》、《行政诉讼法》、《行政复议法》、《行政处罚法》、《国家赔偿法》等法律知识。

省地方税务局人事处

【以科学发展观为指导，加快推进人事改革步伐】一是深入开展调查研究。在对湖南、广东、广西、贵州、安徽、江苏、浙江等省(区)地税局班子建设、队伍管理、机构设置、经费管理等情况进行学习和了解的基础上，精心组织召开了全省地税系统人事工作会议，集中交流了部分单位的改革试点情况。二是精心出台改革制度。先后草拟了《全省地税系统领导干部交流轮岗工作实施办法》、《关于在全省地税系统实施税收业务能手评选活动实施意见》、《关于县(市、区)地税局机构改革的意见》、《全省地税系统工勤岗位人员规范管理暂行办法》、《关于全省地税系统领导职务改任非领导职务有关问题的通知》、《关于进一步加强全省地税系统领导班子建设的意见》、《关于进一步加强全省地税系统干部队伍建设的意见》，以及建立在《公务员法》基础上的退出机制。三是分步实施改革措施。到2008年底全省有26个县(市、区)地税机构职能由“管理＋监督型”转变为“管理＋服务型”；进一步有计划地在机关、直属单位的部门与部门之间，各市(州)、直管市、林区局之间，机关与基层单位之间进行领导干部交流轮岗工作；对全系统领导职务改任非领导职务工作重新进行了明确；实行每两年评选一次业务能手，并按分类管理要求初步建立了业务能手人才库；坚持因事设岗、因岗选人的原则，尽量把适合工勤岗位工作的干部身份人员调整到工勤岗位工作，进一步规范了工勤岗位人员管理。

【加大班子建设力度，努力提升各级班子整体功能】一是从规范“三会”入手，推动党组决策科学化。出台了规范系统党组会、局长办公会和局务会的实施办法，建立了领导班子议事决策工作流程。坚持中心组理论学习制度，把参加学习人员范围扩大到下一级班子主要负责人，邀请专家学者开展专题讲座，定期开展学习交流，促使各级领导班子成员，尤其是主要领导干部从繁忙的日常事务中解脱出来。二是从健全制度入手，实现领导干部流动常规化。出台了《关于加强各级领导班子建设的意见》和《领导干部轮岗交流实施办法》，规定市州局“一把手”在同一岗位任职满 5 年必须实行异地交流。按照这一规定，先后对襄樊、十堰、黄石、黄冈、宜昌、荆门、鄂州、咸宁、随州、仙桃、天门、神农架林区等 12 个地税局主要领导实行了调整交流，3 名原主要负责同志调武汉市地税局安排工作，3 名班子副职实行了异地交流任职。三是从优化配备入手，形成班子结构合理化。按照《党政领导干部选拔任用工作条例》要求，进一步优化各级领导班子的人员配备，充分发挥好各个年龄段干部的作用。

【找准队伍建设切入点，在增强队伍活力上下功夫】一是从制度激励上切入。进一步完善“能级管理”制度，推行了绩效管理办法，建立完善了特殊贡献奖励机制。出台了关于在全系统开展“业务能手”评选活动的办法，着力培养和选拔一批业务精湛的征管、稽查、信息技术等业务能手。鼓励干部参加注册税务师、注册会计师、计算机工程师、律师等资格考试，对取得资格证书的在经济上给予奖励，在使用上给予关注，激发了干部职工学习工作积极性。二是从竞争择优上切入。修订完善了《领导干部竞争上岗暂行办法》，分别对 9 个市(州)局的处、科级干部竞争上岗方案进行了批复和监督指导，全省共有 50 余名干部通过竞争上岗的方式走上领导岗位。通过公开考试的形式，从系统在职年轻干部中选调了 25 名科级以下工作人员到省局机关工作。三是从补充新生力量上切入。2008 年，省局在请示上级批准的情况下，坚持“面向基层、注重实用”的招录理念，严格执行“定向招录、最低服务年限保证”的招录政策，为基层补充了急需的实用人才 208 名。在招录工作中，共有 3459 名考生报名参加竞争考试。在面试工作中，首次实行了面试电视直播，把面试考场的情况直接向社会公开，得到了媒体广泛关注和社会各界好评。四是从拓宽退出渠道上切入。一年内共办理辞职辞退手续 8 人，346 名干部经自愿申请办理了提前退休；坚持执行和落实有偿安置转移政策，保证了退伍军人安置工作的圆满完成。五是从加强学习锻炼上切入。继续把交流挂职锻炼作为培养干部的重要途径，2008 年上挂省局锻炼干部 12 人，选派副处级领导干部到县(市、区)党委、政府和大型国有企业挂职锻炼 10 余人，选派科级干部到各级党政机关挂职锻炼 68 人。

【深入开展学习实践活动，营造全局科学发展氛围】一是精心谋划，周密部署。制定了详细的日程安排表，明确了每项活动的参加人员、责任单位和工作要求。二是及时启动，全面展开。研究制定了《省地税局深入学习实践科学发展观活动实施方案》，前两个阶段共发出通知 10 个，召开办公室会议 6 次，编发工作简报和周报 30 多期。三是创新形式，抓好学习。精心编印了厚达 223 页的《省地税局深入学习实践科学发展观活动学习资料汇编》，做到人手一册。多次聘请专家教授进行辅导讲座，提高了大家对中央和省委决策的深刻认识。将全局 220 余名党员干部分成 3 批，每期 5 天集中前往孝感八汊洼培训基地进行了全封闭式轮训。活动期间共完成专题调研报告 18 个。

【大力加强自身建设，促进服务保障工作高效规范】一是清理汇编干部人事资料。全面清理了 1994 年以来省委、省政府、省委组织部、省编办下发的重要文件，并进行了复印、装订和汇编；对系统机构设置、人员编制情况进行了详细、准确的列表分析和书面情况整理。2008 年，人事处再次(连续三年)分别被国家税务总局、省委组织部、省人事厅评为年报统计工作先进单位。二是加强了机构人员编制管理。对全省机构和编制情况进行认真清理和统计，建立健全了人员编制台账。进一步规范聘用人员管理，顺利完成了泰华大厦改制期间人员清退的政策指导工作。2008年省局系统机构编制管理工作被省编委评为先进单位。三是完善了人事工作制度和流程。进一步规范各项工作的办事流程，完善了人事管理、机构编制、干部任免、人员调配、出国考察等工作规范。四是加快了人事信息化建设步伐。制定了《人事信息系统数据维护办法》，加强了对人事软件信息的及时更新与维护。五是加强了支部建设和人事信访工作。利用每周五的政治学习时间和处务会议开展多种形式的活动。全年共回复来信50余封，接待上访人员数100余人次。

省地方税务局离退休干部管理处

【落实“两项”待遇，不断提高服务质量】一是落实政治待遇，做到“八个统一”，即统一订阅报刊文件、统一听报告、统一参加重要会议和重要活动、统一参加政治理论学习、统一参观考察、统一通报情况、统一征求意见、统一走访慰问。采取不同形式开展经常性交心谈心，交流思想，增进感情。坚持向离退休干部通报全省地税工作情况及发展情况，探讨离退休干部关注的热点问题，使离退休干部及时了解国家大政方针和地税改革发展情况。组织离退休干部参加老年大学学习，满足离退休干部精神文化需求。组织老干部开展学习太极拳、书法、摄影等文艺体育活动，拓展了离退休干部的生活视野，使离退休干部的日常生活更加充实。二是落实生活待遇。对离退休干部生病和学习用车做到随叫随到，为他们的外出参观、学习、治病提供方便；定期组织离退休干部体检，增强离退休干部的自我保护意识和自我保健能力；离退休干部生病住院，争取分管领导和有关同志前往医院探望、慰问；重大节日坚持代表党组织对离退休干部上门慰问；对有困难的离退休干部实行了困难补助，把组织温暖直接送到离退休干部家中。

【开展“四心”服务，妥善解决实际问题】离退休干部处的全体同志带着感情工作，切实为离退休老干部开展“四心”服务。一是用心服务，充满爱心地尽心尽责为离退休干部搞好服务工作；二是虚心学习，秉承和发扬离退休干部的好思想、好作风，努力改进工作方法，提高解决问题的能力，并运用到工作实践中，争取老同志的理解和支持；三是诚心办事，为离退休干部解决实际问题，为离退休干部办实事、办好事、办成事；四是耐心沟通，认真听取离退休干部的各类意见，耐心用政策向离退休干部解释有关规定，把工作做到实处。2008年，离退休干部管理处坚持每月召开一次会议，组织离退休老同志学习谈心；凡省局组织的重要工作会议和重大政治活动都请离退休干部参加；选择重阳节等重要节日召开离退休干部座谈会，邀请局领导到会听取离退休干部的意见；及时解决离退休干部生活中的实际困难，为离退休干部工作的顺利开展提供有效保障，充分体现局党组的关怀和温暖。

【积极开展活动，丰富老干部晚年生活】每年，离退休干部处都要组织离退休干部参加省局召开的座谈会和情况通报会，让离退休干部及时了解省局的工作情况，同时坚持组织离退休干部参加社会活动。如春天组织离退休于部参加郊游，呼吸新鲜空气；夏天组织离退休干部避暑和游览祖国大好河山，让老离退休干部充分享受改革开放的成果。通过一系列活动的开展，使离退休干部开阔了视野，陶冶了身心，增强了管理服务的凝聚力，精神境界得到提升。在2008年的雪灾、地震中，离退休老干部们主动为灾区捐款捐物，奉献爱心。

【坚持不断学习，提高实际工作能力】离退休干部处全体同志始终坚持学习，提高素质，最大限度地把离退休干部的各项政策落实到位。以尽量简便、快捷的程序为离退休干部服好务，让离退休干部心情愉快地颐养天年、老有所乐。为创造和谐团队，营造积极向上的工作氛围，离退休干部处全体同志牢固树立集体价值观，在实际工作中潜心学习离退休干部管理工作的能力，坚持全心全意为离退休干部服好务的工作理念，做到想老干部之所想，急老干部之所急，帮老干部之所需，兢兢业业工作，提高工作水平和服务质量，受到了离退休老干部们的充分肯定。

省地方税务局党办(基层工作处)

【全面加强机关党的建设，着力提高机关党组织的凝聚力和战斗力】一是抓思想建设。制定了省局党组中心组年度学习计划和机关干部政治理论学习计划，按照计划局党组中心组完成了6个专题的学习任务，各支部按照月学习计划认真抓落实，有学习考勤登记、有个人学习笔记、有支部学习记录，保证了学习时间、人员、内容、效果的“四落实”。二是抓组织建设。根据局直机关人员调整变动情况，先后改选或增补了部分支部的支委成员，配齐了兼职党务工作人员。狠抓“三会一课”制度的落实，召开了“支援抗震救灾、保持党的先进性”专题民主生活会。组织优秀党员代表到延安考察学习。先后两次通报了党费交纳、上缴和使用情况。统一将机关聘用人员、上挂下派、借调工作和外出学习人员中的党员编入了所在单位党支部并参加组织生活。加强老干支部建设，做好入党积极分子的培养和发展工作，发展预备党员3人，转正预备党员3人。三是抓作风建设。大力推行党务公开，积极开展调研和检查督导，努力加强机关党风廉政建设，将党风廉政建设纳入“先进党支部”、“优秀党员”评比考核内容。

【抓“两项活动”，着力提高地税干部执行理念和文明执法能力】成立了活动领导小组和工作专班，制定下发了两项学习活动实施方案，购买学习资料9500本，分别召开了省局机关干部动员会和全省地税系统电视视频会议。在省局办公大楼宣传橱窗制作了学习墙报，并利用电子显示屏滚动播放“两项活动”的主要内容；在局机关内网上开辟了“加强政府执行力建设”和“文明执法教育”专栏，上传学习资料34份，刊发学习体会文章28篇；在《湖北地税简报》上编发14期、120条学习信息；对开展教育活动的情况进行明查暗访，及时总结好的经验作法；实施了“千人问卷调查”活动，向系统和社会各界广泛征求意见和建议，并将意见和建议进行了梳理汇总，深刻剖析产生问题的原因，针对问题认真研究制定了整改方案；组织全系统16844人参加文明执法教育考试并全部合格，人均分达到94分。

【加强精神文明建设，着力激发工作活力】制发了《全省地税系统2008年思想政治工作和精神文明建设工作要点》和《2008年局直机关党的工作要点》，召开了局直机关争创“党建工作先进单位”动员大会，提出了精神文明创建新的工作目标；开展了“创文明机关、做人民满意的公务员”活动和文明处室、文明楼栋创建活动，组织了“迎奥运 讲文明树新风”文明过马路劝导活动，积极参与了“四城同创”工作；积极开展争先创优活动，对7个“先进党支部”、48名“优秀党员”进行了表彰；做好地税系统先进典型的培养、总结、宣传工作，规范先进典型的管理，制定了《湖北省地方税务系统先进典型管理办法》（试行）；主动开展扶贫济困活动，组织向扶贫点咸丰县丁寨乡十字路村捐赠电脑3台，向四川地震灾区捐款203170元，捐献棉被71床、棉袄31件、衣服154件。

【积极开展税务文化建设，着力构建和谐地税】开展地税文化建设调研活动，在全省地税系统先后召开座谈会8次，发放调查表450余份，到湖南、江西等兄弟省市单位进行了考察学习，形成了翔实的调研报告；制定了《2009—2013年湖北地税文化建设规划》、《湖北省地方税务系统基层文化设施建设标准》（试行）、《省地方税务局党组关于加强干部职工谈心谈话工作的意见》、《湖北省地方税务系统先进典型管理办法》（试行）、《湖北省地方税务系统工作人员制式税服着装管理规定》等五个文件；组织召开全系统地税文化建设工作会议，安排部署了地税文化建设工作。

【抓计生基础管理，完成了计划生育责任目标任务】调整了局直机关计划生育工作领导小组，与局直机关各单位签订了计划生育工作目标责任书，制定了计划生育工作管理办法和计划生育奖惩制度；开展了“婚育新风进万家”、“关爱女孩”等活动，组织了健康检查，开展了长跑健身、网球培训班、健身培训班和游泳比赛等活动；重点加强了对泰华大厦育龄妇女员工的管理，认真落实计划生育“一票否决”制度。2008年省局机关被评为武昌区“计划生育优质最佳单位”。

省地方税务局工会

【认真学习，努力提高工会工作水平】一是认真开展科学发展观的学习和实践，使工会工作人员深刻认识到科学发展观的核心是以人为本，要做好新时期地税系统的工会工作，必须始终坚持贯穿以人为本的思想理念。二是认真开展工会职能的学习和理解。工会是党和政府联系群众的桥梁和纽带，开展工会工作必须根植于群众、贴近群众、关心群众，时刻倾听群众的呼声，了解职工的思想状况和工作、生活情况，反映职工的正当要求，维护职工合法权益，在职能范围内为全系统职工排忧解难，解除后顾之忧。三是认真开展工会工作方式方法的学习和创新。围绕新时期的税收中心工作践行科学发展观，不断创新工作方式方法，充分调动干部职工的积极性，达到凝聚人心、激发干劲、推动工作、构建和谐地税的效果。

【发挥工会职能，做好扶贫济困工作】结合全省地税系统实际，工会在筹集扶困资金救助特困职工方面进行了积极的探索和有益的尝试。在深入调研和广泛征求意见的基础上，制定和完善了《湖北省地方税务系统扶困资金管理使用办法》，努力为地税系统因病致贫的特困职工解决实际困难，帮助他们走出困境，重塑生活和工作的信心。2008 年，工会在全省地税系统筹集扶困资金 93.75 万元，下拨 113 万元，集中救助特困职工 90 人，为他们解了燃眉之急，受到广泛好评。

【树立先进典型，提升地税形象】根据省总工会的工作部署，工会认真组织推选黄石市地税局为全国“五一劳动奖状”先进单位；荆州市地税局黄睿同志、武汉市地税局邱红松同志、十堰市地税局黎国平同志为湖北“五一劳动奖章”先进个人。黄睿同志还被推荐为湖北省出席中国工会第十五次全国代表大会代表、北京奥运会荆州市火炬传递手。为表彰先进、激发干劲，工会根据省局党组的安排，组织全省地税系统 30 多名先进模范代表出国、出境参观考察，在地税系统产生了积极的影响，形成了争先创优、你追我赶、崇尚先进的良好氛围。

【推动地税文化建设，开展各项活动】为加强地税系统各级图书室、活动室建设，工会在 2007 年对各地下拨 400 多万元“两室”建设补助费的基础上，2008 年再次下拨 80 多万元进一步完善“两室”建设，为开展职工活动提供条件。2008 年 7 月至 8 月干部休假期，组织机关干部分三批分别到神农架、九宫山、薄刀峰休假。为喜迎北京奥运会的举办，省局机关开展了环湖长跑、登山比赛等系列群众健身活动，组队参加了省直机关棋类比赛、羽毛球比赛、网球比赛、游泳比赛及全国税务系统乒乓球邀请赛，举办了地税系统“稽查杯”乒乓球赛、职工混合篮球赛等。此外，还组织对生活特别困难、因病住院的职工和家属进行探望慰问，积极组织安排女职工进行体检，受到干部职工的肯定。

存在的主要问题：一是工会工作创新不够；二是工会干部队伍不够稳定，工会职能发挥不够；三是工会干部的业务能力有待提高。面向未来，省局工会将在省局党组的领导下，紧紧围绕新时期的税收中心工作，进一步树立以人为本的思想，不断创新工作方法，充分发挥局工会凝聚人心的重要作用，为共建和谐税收作出应有的贡献。

省地方税务局监察室

【深入推进党风廉政建设责任制的贯彻落实】突出责任分解、责任考核、责任追究三个环节，把廉政任务分解为共性目标和分单位的个性目标，量化考评标准，将廉政责任渗透到税收管理的各个层面，形成了一级对一级负责的责任链条。坚持由省局领导带队进行年终考核，将常规性、阶段性的工作在平时进行考核，提升了责任制考核的质量。更加注重责任制考核结果的运用，强化责任追究，2008年度共追究了7人的党风廉政建设责任，其中给予纪律处分5人，组织处理2人。谷城县地税局被省委、省政府表彰为全省落实党风廉政建设责任制先进单位，沙洋县地税局局长卢毅磊被表彰为全省落实党风廉政建设责任制先进个人。

【深入推进惩治和预防体系建设】围绕总局和省纪委《关于贯彻落实惩防体系2008—2012年工作规划》的要求，结合地税系统的实际，加大学习宣传力度，认真进行贯彻。省局深入到十堰、宜昌等单位调研论证，召开专题座谈会，分析在全系统全面推广改革经验，对纪检监察机构实行统一管理的可行性。切实加强纪检监察干部培训，逐步配齐配强了市（州）、县（市、区）局的纪检组长，建立了省局纪检监察人才库，整合了办案力量。在全系统开展纪检监察专题调研，形成了一批理论研究成果，其中5篇理论调研文章得到省纪委、省监察学会和总局监察局的肯定。严格执行“三谈两述”和询问质询制度。

【深化领导干部廉洁自律工作】2008年，组织开展上级领导同下级班子主要负责人谈话546人（次），领导干部任前廉政谈话532人（次），诫勉谈话39人（次），领导干部述职述廉1455人（次），询问质询12人（次）。省局对56名新任职干部进行了廉政谈话，对11个有危房改造改建任务的单位“一把手”和班子成员进行了集体廉政谈话，促进了领导干部廉洁自律。全系统有65名领导干部主动上缴礼金58.21万元，有2人因收送礼金、有价证券和支付凭证4.9万元被查处，有750名领导干部上报了个人重大事项。

【深入推进反腐倡廉主题教育活动】认真开展“情系纳税人、心想基层、服务经济、勤政廉政”党风廉政宣传教育月活动，除了抓学习、写心得、专题讨论、事迹报告、理论研讨等传统形式外，共组织各级领导讲党课191场，进行公开述职述廉1455人（次），观看警示教育片305场次，受教育人员达1.7万多人。同时，以廉政文化“进机关、进基层、进家庭、进纳税户”为抓手，组织了廉政动漫、廉政卡片、廉政文艺等活动，编辑出版了《地税系统廉政教育读本》、《地税系统典型案例汇编》等一批廉政文化教育书籍。省局廉政文化成果参加了全国税务系统廉政文化建设展，在省直机关廉政文化建设示范点会议上作了经验介绍。

【深入推进民主评议政风行风活动】把行评作为促进政风行风建设的良好机遇，重点在广泛征求意见和自查整改上下功夫，共走访各级领导、社会各界人士及纳税人45786人（次），组织明察暗访活动748次，召开各种座谈会559次，征集到社会各界及广大纳税人的意见和建议1624条，并虚心进行整改，得到了行评督察员和广大纳税人的一致好评。省局以第一名的成绩荣获“全省政风行风评议优秀单位”称号，17个市、州、直管市、林区地税局中有11个单位在当地名列第一。同时，省局依托执行力大讨论和文明执法教育活动深化行风建设，出台了《湖北省地税系统十条禁令》、《省局税收纳税服务工作实施办法》和《促进地方经济社会发展的地方税收优惠政策与措施》，切实改进工作作风，为纳税人提供便捷、高效、优质、文明的纳税服务，融洽了征纳关系。全系统民主评议政风行风的情况在全国税务系统党风廉政建设工作会议作了典型交流。

【深入推进源头治腐工作】一是开展了以“严格执法、有税必收、积极预防和严肃查处地税人员失职渎职行为”为主题的“十查十看”活动。历时半年，共检查纳税户41万多户，检查重点项目595个，追缴欠税13.5亿元，补缴税款、滞纳金及罚款118万元，建章立制116条，有效查补了管理上的漏洞。二是认真开展内部审计。积极引入第三方审计，依托社会力量强化审计的预防功能，全年共对 109 人次进行了内部审计。三是开展执法责任制试点。总结了利川、枣阳、老河口、应城等单位税收执法责任制试点经验，制定了工作范本，在全系统进行了论证推广。四是大力推行政务公开。出台《关于进一步推进政务公开工作的意见》，加大政务、事务公开力度，促进了阳光办税。重点加大对政府采购的监督力度，按照规定参加政府采购 132 项(次)，累计金额 6460.47 万元，节约资金 1432.77 万元。省局预防职务犯罪的经验在全省查办和预防渎职侵权犯罪工作会议上进行了典型交流。

【深入推进违纪违法案件查办工作】按照分级管理和“谁主管、谁负责”的原则，做好群众来信来访处理，加强与内部信访部门的协调配合，提高了处理突发事件的能力。同时，态度坚决地查办违法违纪案件，无论涉及到谁，一经查实，严惩不贷。2008 年，全系统共受理群众来信来访及电话举报 135 件(次)，初核线索 56 件，立案 28 件，处理干部 27 人，其中党纪处分 3 人，政纪处分 27 人，移交司法机关 2 人，刑事处罚 2 人。先后两次集中通报了近年来发生的 12 件典型案例，进一步严肃纪律，明确要求。

省地方税务局稽查局

【深入开展专项整治，规范重点行业税收秩序】2008 年，省稽查局重点组织开展了房地产业及建筑业、烟草行业、高收入行业及年所得 12 万元以上个人所得税、平安保险公司、中国移动通信公司、中国工商银行的税收专项检查工作。共检查纳税人(扣缴义务人)26898 户，查补税费(含滞纳金、罚款)合计 75913 万元，入库总额为 74394 万元，入库率为 98.1%。其中：检查房地产企业 370 户，查补入库税款 12114 万元、规费 2778 万元，处以罚款 634 万元，加收滞纳金 209 万元；检查烟草企业 36 户，查补各项税费 4704 万元，加收滞纳金 8 万元，罚款 312 万元；检查 12 类高收入行业及年所得 12 万元以上高收入个人纳税人 25247 人，查补个人所得税 2636 万元、其他税费 7977 万元，处以罚款 205 万元，加收滞纳金 12 万元；对中国平安、湖北人寿、湖北财保、平安证券等保险公司及其分支机构进行检查，共查补税款 914 万元，处以罚款 244 万元，加收滞纳金 50 万元；对湖北移动及分支机构 2004 年至 2006 年税收进行全面检查，共查补地方税收 786 万元；对全省 17 个市(州)的 138 户工商银行进行专项检查，共查补地方税收 1205 万元(其中企业自查 1139 万元)。

【加大案件查处力度，严厉打击涉税违法行为】2008 年，共查处涉税违法案件 15435 件，查结 15168 件，查补税费 59235 万元，滞纳金 3720 万元，罚款 9657 万元，入库总收入 71204 万元。结案率、滞纳金加收率、处罚率、入库率分别达到 98.27%、6.3%、16.3%、98.06%。一是通过制发《湖北省地方税收分级分类稽查管理办法》，全面加强对分级分类稽查的督促检查，使全省分级分类稽查普遍推行到位，初步形成了“大型企业省局查、中等企业市局查、小型企业县局查”的稽查工作新格局。二是加大专案检查的查处力度，通过完善稽查选案机制，加强部门协调配合，加大稽查力量投入，全年查结上级交办督办的24起案件、政府部门和征管部门转办移交的179起案件，协助对公安部、国家税务总局、外省要求配合检查的11起案件进行了协查。三是加强对举报案件的查处工作。2008年共受理税务违法举报案件852件，立案查处698件，查补税费、滞纳金、罚款共3358万元。在举报案件的受理和查处工作中，修订完善了相关制度，对税务违法案件举报的受理、转办和督办等工作环节进行了规范，提高了办案时效和质量。

【深入开展制售假发票和非法代开发票专项整治工作】与省国税局、省公安厅在全省范围内联合开展了代号为“荆楚灭鼠”行动的专项整治活动。全省共破获各类假发票犯罪案件134起，抓获犯罪嫌疑人152人，捣毁印刷窝点10个、制版点3个，打掉售假团伙14个，刑拘犯罪嫌疑人122人，逮捕64人，移送审查起诉56人，缴获印制设备34台，收缴各类假发票212.8万份，票面可开金额1109亿余元，避免税收流失62亿余元。在专项活动中，税务部门查补税款2063万元，处以罚款370余万元。全省的发票专项整治行动，得到了省委、省政府以及公安部、国家税务总局的充分肯定。新华社湖北分社、中央人民广播电台、湖北卫视、湖北经视、楚天都市报等20余家中央驻汉和省内新闻媒体对“荆楚灭鼠”行动和全省查处假发票案件进行了宣传报道。

【开展稽查规范化活动，全面规范税务稽查执法行为】将2008年定位为“稽查规范年”，突出“五个一”的工作重点，认真研究规范稽查工作的思路和措施。一是召开了一次会议。2008年3月下旬在黄石召开了全省地税稽查工作会议，认真研究规范稽查工作的思路和措施，严格依法规范稽查执法行为，防范稽查执法风险，争取通过2～3年的努力，使全省稽查工作实行全面的规范。二是制定了一个文本。以省局名义下发了《湖北省地方税务稽查工作规范（试行）》，从税务稽查机构设置、稽查执法、稽查管理、稽查服务、监督保障等方面，对全省地方税务稽查工作的各个环节作出了规定。三是开展了一次检查。2008年2月上旬至3月上旬，省局稽查局采取分组分片同时进行的方式，组织开展对各市、州、直管市2007年稽查工作检查和案件复查，查找市、县稽查工作中存在的薄弱环节，提出了整改措施，下达了整改通知，并对检查结果在全省进行了通报。四是组织了一次培训。2008年9月，在省委党校举办了全省规范化稽查暨新企业所得税法培训，分3期对全省各级地税稽查局长、稽查局骨干、稽查人才库人员进行了新企业所得税法、稽查方法、稽查取证、档案规范化管理等更新知识培训。五是进行了一次调研。结合学习实践科学发展观活动，开展了一次稽查规范化调研活动，围绕“学习实践科学发展观、推动地税稽查科学发展”的主题，探索了下一步推进全省稽查规范化工作的方向。

【严格作风纪律，不断推进稽查队伍建设】一是认真开展学习教育活动。2008年，根据省局统一安排，省局稽查局组织全局党员干部参加了党的十七大精神学习交流、提高行政执行力大讨论、文明执法教育、学习实践科学发展观等专题学习教育活动。学习中，采取参加集中培训、专题辅导讲座、个人自学与支部集中讨论相结合等方法，组织开展了学习讨论、对照检查和整改落实，取得了较好的学习效果。二是抓好党风廉政建设。紧密结合税务稽查执法实践，深入开展反腐倡廉教育，引导广大稽查干部筑牢反腐败思想防线，制定下发《2008年稽查局重点工作及党风廉政建设目标责任制分解意见》，明确工作要求，责任落实到人，从制度上把好廉政建设关。三是加强廉政监督。制发了《稽查人员执法与廉政情况反馈表》，加强对稽查执法过程中的监控，防止和避免滥用自由裁量权和随意性执法等不良现象的发生。

省地方税务局直属征收管理局

【突出收入意识,不断加大征收力度,税费收入再创新高】2008年度共征收税费收入74.46亿元,比上年同期增收13.88亿元,增幅达22.9%。其中,社保费收入71亿元,同比增收13.70亿元,增长23.9%,综合征缴率为104%,入库税收收入2.83亿元;征收其他收入共计6321万元,其中教育费附加828万元、排污费5326万元、水资源费167万元。2008年度税收和行政规费应收尽收,没有欠缴;社保费收入增速和增长额均创新高,并实现了均衡入库,清欠收入占社保费总额的比重比去年同期上升3个百分点。

【突出责任意识,促进工作职责由模糊向清晰的转变】一是按照税费征管科学化、精细化、标准化的要求,修订完善多项税费征管业务流程,解决税费征纳秩序不优的问题。二是在细化现有各岗位工作职责的基础上,修订完善岗位职责和内部管理制度,解决做什么和怎么做的问题。三是落实征管(工作)日志记载考评制度和管户责任制度,解决考评无据和考核不公的问题。四是调整目标责任考核办法,解决动力不足和导向不清的问题。

【突出规范意识,促进征收管理由粗放向精细的转变】一是调整了不当的程序设置,主要包括:铁路税收不再按验工计价期申报征收,恢复按月申报、查账征收制度;不再适用票证印、领、用、存由大厅统一负责,改为大厅只负责售、用,其他事项均由计统科负责,实行环节分离和定期核查制度;不再分窗办税和分台管理,大厅统一接待,前后台衔接办理,实行信息网上共享,未尽事宜由征管科负责督办落实;不再对登记证和领用票证先补(手续)后办,改为先办后补,并取消征管科事先审核的程序,方便纳税人;不再实施超申报日加收滞纳金制度,改按超申报月或季加收,尊重和维护纳税人的权益;不再实行税收优惠管理员审定制度,改为集体审定、规范批复的办法。二是开展票证清查,规范了票证使用,2008年10月对2007年以来的税费票据使用情况进行了核查,共计清查税费票据2.93万份,发现并纠正废票率较高及票证清查不严等问题,并有针对性地调整完善票证管理制度。三是开展欠费对账和清缴工作,与劳动部门协商,先就企业与两家有差异的户共同清理,锁定欠缴数,然后再对企业有争议的进行核查,排除争议,定实征收依据,共计清理入库欠费2.62亿元。四是开展了管户基本信息采集录入工作,并对非正常户进行了深入核查,依据省局《湖北省地方税费征管核心软件上线基础信息采集标准》,建立健全了数据录入、检测、监控和考核机制,集中时间和人力投入到上线工作,确保基础信息数据干净、准确、完整、有效。借信息采集录入工作这一契机,对非正常户进行深入核查,对部分非正常户进行重新认定,巩固了分类管理与精细化管理的成果。五是实施了征收强制措施和延伸催缴,加大了征收力度,2008年年初,实施了自2001年7月开始征收社保费以来直接实施的首例强制执行,体现了执法刚性,产生了积极的社会影响。六是落实高速铁路建设设备抵扣政策,服务重点工程建设,围绕“执行好、服务好”,简化程序,专人负责、及时受理、及时审核、限时办理，确保税收优惠政策及时落实到位，2008 年为 7 家单位办理了设备抵扣手续，受理审核设备抵扣 4.48 亿元，免征营业税及附加 1396 万元。

【突出服务意识，促进纳税服务由应付向优质的转变】一是统一了对服务工作的思想认识。明确了全员参与、全程服务、突出重点、确保效果的服务要求，按照省局的要求，基本构建起了一个纳税服务的“大格局”。二是把服务需求始终摆在第一位，继续开展减程序、实行补正制度、邮寄电话办税(费)、“一揽子”下户工作、“一窗式”办理、限时办结、延时服务、预约服务等核心服务活动，制定并实施多元化申报制度，体现服务的“个性”。三是通过主动和竞赛服务提升服务质量。开展比服务技能、服务态度、服务质量、服务效果等竞赛活动，实行工作人员互评、纳税人参评、本局集中考评，并对其实行星级激励、动态管理，着力彰显服务责任，充分调动工作积极性。四是公开服务承诺，按照提高执行力和行风建设的要求，进一步深化了对纳税服务的认识，围绕构建阳光型、效能型、法治型、服务型地税目标，公开作出 13 条郑重承诺，请纳税(费)人予以监督评议，受到了纳税(费)人的积极回应和好评。

【突出人本意识，促进干部管理由被动向主动的转变】一是把握思想动态，厘清错误观念。以“勤交流、多沟通”为切入点，开展不同层面的交流活动之外，促进全局干部统一思想、形成共识、振奋精神，切实增强全局意识、规范意识、效率意识、服务意识、监督意识、责任意识和发展意识，做到有所为有所不为，增强主动性和紧迫感。二是把握素质短板，提升工作能力。按年制定学习培训制度及实施方案，明确了学习内容、学习形式、学习要求和学习考核项目，着力提高干部发现问题、分析问题、处理问题的素质和能力。2008 年重点开展了“预防职务犯罪”、“提高行政执行力大讨论”、“基层文明执法教育”、“民主评议政风行风”和“学习实践科学发展观”等一系列主题活动，每个干部都认真学习、深刻反思、对照剖析、查找差距、着力整改，精神状态发生了明显变化。三是把握价值取向，激发工作激情。为了盘活现有人力资源，把干部激情从现有管理体制的局限中释放出来，开展了以下方面的尝试：以公开促管理，将行政管理事项定期公开，提升民主管理和自我管理的意识和能力；以沟通促共识，把思路和要求交给大家，开启主动创造之门；实行需求激励与能力激励并重，让全体干部都动起来。

省地方税务局教育培训中心

【坚持以考促学，抓好计算机应用技能培训】把计算机应用技能培训与测试工作列为全年工作重点，并将培训测试工作与组织收入、行风评议、软件上线等工作有机结合起来，高度重视，精心组织，在全系统掀起了学习计算机知识的热潮，营造了良好的学习氛围。2008 年 5 月和 8 月，先后下发了全员培训测试的通知和实施方案，组织编写了《计算机应用技能学习辅导资料》，印发全系统人手一册。据统计，全省地税系统有 15000 多人参加了计算机应用技能培训，人均集中培训时间超过14天。为检验培训效果，教育培训中心从9月20日开始，分5场精心组织124名基层处级以上干部和市州局班子成员进行计算机应用技能测试，并从10月15日起组织人员赴各市州对现场测试进行了巡视监督，及时帮助解决测试中遇到的问题。据统计，全系统共有12800人参加了全省地税系统应用技能测试，12500人顺利通过测试，合格率达98%以上。

【培养复合人才，抓好“四个一批”骨干培训】为适应新时期税收工作对高、精、尖、专复合型人才的需求，2007年9月至2008年7月，省局与武汉大学、华中师范大学和中南财经政法大学继续联合举办了全省地税系统第二期“四个一批”干部培训班，即领导干部、青年骨干、信息技术和涉外税务培训班，来自全省各地的281名地税干部参加了培训。教育培训中心与三所培训院校加强沟通，根据地税工作实际和青年干部特点，经过反复讨论，科学设置培训内容；先后请许建国局长、罗涛副局长为培训班学员开展专题讲座，选派学员代表参加了省局组织的开展“两项活动”专题学习讨论会，让学员们时刻感受到省局的关怀，加强了学员与省局的联系；先后20多次深入学校了解学员的学习生活等情况，召开了6次学员代表座谈会，及时了解学员的所思、所想、所盼，为学员排忧解难；督促学校严格学员课堂、考勤纪律管理，严肃考风考纪，确保学员学有所获。通过培训，学员们开阔了视野，完善了知识结构，提高了业务水平。

【服务软件上线，抓好征管核心软件培训】教育培训中心积极服务全省地方税费征管核心软件上线这项重点工作，与信息中心等处室紧密配合，精心组织、周密安排，及时联系落实参训人员，协调解决吃住、安全等相关问题，先后成功举办了两期征管核心软件业务与技术培训班，来自全省各地计算机、征管、票证、计统、社保、税政等部门的800多名业务骨干参加培训，通过集中培训较好地掌握了征管核心软件的功能与操作方法，并成为各地开展培训的师资力量，为确保征管核心软件按时、成功上线提供了人力保证和技术支撑。

【适应政策调整，抓好所得税业务培训】2008年是新旧企业所得税法交替之年，抓好所得税业务培训意义重大。根据年初安排，先后在湖北经济学院举办了两期全省地税系统所得税业务培训班，培训各地主管税政业务的科(股)长122人。教育培训中心抽调专人与学员同吃住，及时协调处理解决教学、管理等方面的问题，为培训学员提供高效优质服务。通过培训，参训人员较好地掌握了财务会计知识，熟悉了新的《企业所得税法》、修改后的《个人所得税法》和新的会计准则，提高了所得税政策执行能力和管理水平。

【提高执法能力，抓好行政法律知识培训】结合提高政府执行力和文明执法教育活动，为提高税务机关和税务工作人员依法行政、文明执法的能力和水平，在湖北大学举办了全省地税系统行政法制培训班。各地主管税政、征管、法规的科(股)长通过培训，较好地掌握行政法基础理论、《行政许可法》、《行政诉讼法》、《国家赔偿法》等行政法律和《国家公务员法》、《物权法》等法律。教育培训中心从教材组织、授课教师、结业考试等方面与学校进行了协调，保证培训取得预期效果。

省地方税务局税收研究所

【开展"湖北经济税源分析与地税收入可持续增长研究"调研活动】通过对湖北地税收入规模、结构、增长率、税收负担率、弹性系数等进行调查比对分析,深入探讨了影响湖北地税收入增长和地税宏观税负的主要原因,对2008—2010年全省地税收入趋势进行预测,并提出了促进湖北经济发展和地税收入可持续增长的对策建议。调研活动历时3个月,广泛发动全省地税系统的科研力量,广泛走访相关经济部门和纳税人,并先后赴江西、安徽、江苏、山东、河南、广东等地调研考察,多次召开座谈会进行深入探讨。调研报告初稿形成后,又组织召开了"加快湖北经济发展地方税收政策研讨会",并根据会议收集意见和建议对调研报告进行修改和完善,最终将该课题的总报告和省局相关处室及各市、州、直管市、林区地税局的分报告汇编成册,出版了调研专集。6月13日,省委常委、常务副省长李宪生听取了许建国局长关于《湖北经济税源分析与地税收入可持续增长研究》的专题汇报后,对该项调研报告给予高度评价。

【组织了税务文化建设专题研究】对转型期税务文化建设背景和现实意义、税务文化的基本理论、我国税务文化的时代脉络和税务文化建设的国际借鉴、社会转型背景下的税务文化建设思路等问题进行了深入研究,形成了《社会转型背景下的税务文化建设研究》成果,组织召开了全省地税系统税务文化建设理论研讨会,省局课题组和部分市局课题组在大会上进行了成果交流,并邀请专家对研究成果进行了点评。该项研究成果得到了省局领导和与会专家的高度评价。

【开展了税收促进武汉城市圈"两型社会"建设的研究】先后形成了《创新税收体制机制促进"两型社会"建设》和《以区域税收一体化为重点,促进武汉城市圈"两型社会"建设》两篇论文。其中《创新税收体制机制 促进"两型社会"建设》入选"湖北发展论坛",进行了大会交流并受到好评;《以区域税收一体化为重点 促进武汉城市圈"两型社会"建设》一文中不少建议被省政府采纳。在此基础上,税收研究所代拟了《省地方税务局关于促进武汉城市圈资源节约型和环境友好型社会建设的意见》,上报省政府并向全省地税系统发文。

【组织了公平正义视角下税收调节收入分配机制的课题研究】从分析税收调节收入分配的作用机制入手,回顾总结了新中国成立以来税收调节收入分配的历史,客观分析了当前中国税收调节收入分配的现状及存在的主要问题,在借鉴国外经验的基础上,提出了创建公平正义税收调节收入分配机制的基本思路,为国家在公平正义的新形势下制定适应和谐社会建设需要的税收政策、进一步推进税制改革进行了有益的探索。

【完成了总局下达的"税收对国民收入的调控作用研究"任务】形成了《关于税收对国民收入分配调控的研究》成果,通过税收对国民收入分配格局影响的理论分析和世界各国国民收入分配变化趋势的借鉴研究,深入剖析了我国国民收入分配存在问题的原因，提出了进一步完善税收对国民收入分配调控作用的政策建议。该研究报告在总局科研所召开的课题研讨会上进行了交流。

【加强编辑策划工作，努力提高《湖北地税》办刊质量】牢牢把握“为税收中心工作服务、为基层服务、为领导决策服务”的办刊宗旨，紧紧围绕省局中心工作，围绕领导决策意图，加强编辑策划，主动出击组稿约稿，较好地组织完成了全年 12 期刊物的编辑出版工作。一是密切关注全省地税系统信息化建设的动向，重点报道了省局门户信息系统征管核心软件正式上线运行情况，刊发了一大批关于税收信息标准化建设的理论研究和实践探索文章。二是围绕执行力大讨论的主题，开辟专栏开展了怎样提高执行力的大讨论，约请部分市(州)局负责人和基层税务干部撰写稿件，从不同角度深入探讨全面提高地税系统执行力的途径和办法。三是总结推广执法责任制试点工作经验，重点报道了老河口市地税局和应城市地税局推行税收执法责任制的经验，刊发了一批关于建立、健全税收执法责任制的理论研究文章。四是紧紧围绕税源管理，刊发了一大批经验交流和实务研究文章。五是大力宣传新企业所得税法，围绕新企业所得税法实施过程中存在的问题，刊发了一批研究探讨文章。此外，税收研究所还围绕社保费征管、规费征管、队伍建设、党风廉政建设等工作，适时组织稿件，充分发挥了《湖北地税》的宣传阵地作用。

省地方税务局机关后勤服务中心

【后勤队伍素质提高，服务保障基础更加牢固】一是抓政治理论学习。传达并学习党的十七届三中全会精神，认真组织全体工作人员开展行政执行力大讨论；组织工作人员学习许建国局长在全局行风评议动员会上的重要讲话精神；积极组织干部职工参加局直机关举办的专题知识讲座；深入开展科学发展观学习实践活动，服务中心分三批赴八汉洼培训基地开展集中学习培训。二是抓计算机、财税业务知识的学习。8 月，服务中心全体同志积极参加在财税职业学院组织的计算机专业知识的学习；10 月，服务中心 4 名财务人员参加了财会税收基础理论学习。三是利用业余时间开展读书活动，丰富自己的内心世界。全体人员充分认识到学习是终身的事业，只有学习才能明辨是非，只有学习才能不断进步，才能推动地税事业的发展。

【干部职工责任意识增强，服务思路得到拓展】一是变被动服务为主动服务。围绕这一思路，组织大家开展了“假如我是服务对象”的大讨论，找出服务工作中存在的差距。针对存在的问题，提出了在 2008 年开展“机关服务质量年”的工作思路，并拟定了具体的实施方案，采取了定岗、定责、定人的办法，定期组织工作人员召开服务质量分析会，到各部门征求意见，不断改进服务质量。二是变滞后服务为超前服务。除了坚持做好计划内的工作和局领导交办的任务外，还努力做到把服务工作想在服务对象需求之前，落实在服务对象要求之前，真正做到“后勤不后”。

三是变封闭服务为开放服务。如组织召开局机关生活委员会，主动征求大家意见，集中群众智慧；季度、年终财务报账结算时，事先发出通知提醒，提高服务效率等。

【加强社会治安综合治理，努力打造平安和谐机关】2008年，局办公楼、多层住宅楼施工改造相继动工，进出机关大院的流动人口十分复杂，给综合治理和安全工作带来了相当大的压力。对此，服务中心始终严格执行《地税新村大院管理办法》和《湖北省地方税务局机关大院流动人口管理办法》，及时下发安全防范工作的通知，将整个机关大院的治安管理、办公秩序管理、环境卫生管理、公共场地管理、绿化管理、干部职工文明守纪管理等全面纳入了制度化管理的轨道。为确保消防安全，服务中心多次组织机关干部和泰华大厦员工进行消防演练，强化了消防应急措施，提高了火灾事故的处置能力。同时，还加大了“技防”投入，对公共场所消防设施和监控设备进行了更换，为机关大院内每个住户配备了小型灭火器，把“防患于未然”落实到每一个干部职工的家里。

【开展资源节约活动，“节约型”后勤成效明显】一是建立健全各项规章制度，先后建立了节能目标管理、岗位责任、设备巡查、责任追究、情况通报等制度。二是强化标准化管理，对用水设施进行专人管理，对各种用水部位和计量仪表进行精确核计核对。三是完善内控机制，强化基建审批，大力实施节能技术改造工程，加强节能技术培训，积极开展“节约资源从我做起”倡议活动，增强干部职工的节约意识。

【坚定操守，拒腐防变，后勤队伍更加纯洁可靠】服务中心几乎每天与财物打交道，时刻经受着金钱的考验，经受着外界人员的拉拢腐蚀，稍有不慎就会跌入违纪深渊。为此，把好财务报账的审批，采购和发放每一件物品，始终要求工作人员从严律己，抵御住金钱的诱惑。办每一件事都坚持两人以上经手，对于大宗物品购置，严格按规定实施政府采购，做到阳光操作。对通讯、采购、维修、基建等开支实行网上公开，让全局干部职工享有知情权和监督权。

省地方税务局技术管理处

【科学规划，各类应用平台全面升级】按照全省地方税费征管核心软件上线需要，对信息系统基础平台实施全面升级改造。一是实施省局中心机房改造。根据征管信息系统全省集中的应用需要，经多方技术专家论证，科学合理地编制机房改造计划，并在规定时间内保质保量完成了省局中心机房二期改造工程（泰华大厦底层）的建设任务，成功实施了硬件设备的搬迁和门户系统以及其他应用系统的迁移工作，并经过反复测试，确保了系统的稳定性。二是实施网络升级改造。为确保网络系统的应用质量，由省局统一规划、统一采购、统一建设，对全省广域网络系统平台进行升级改造，分别使用广电和电信线路建成了全省主、备两个互为备份的网络系统，建立了视频会议专网。同时经过改造升级，实现了省到市(州)100 兆、市(州)到县 10 兆、县到分局 4 兆的网络带宽,并根据工作需要重新划分 VLAN。

【统筹安排,门户信息系统全面完善】一方面,对内网门户信息系统内容进行了规范。为满足分类检索的需要,开发了系统的搜索引擎;制定了门户权限管理系统整合方案,确定了权限分配标准,将岗位、权限、角色科学合理划分;建立了全省门户信息系统人员、工作岗位、角色及操作权限标准数据库,通过门户系统整合了各应用系统的权限管理,将权限与人员及职务捆绑,保障了门户系统有序高效运行;按照统分结合的原则,搭建了以数据仓库系统为核心、以"一户式"查询和综合查询系统为辅助、以门户系统为窗口的数据分析利用平台。另一方面,对安全保障体系进行了建设。在对现有各类硬件资源进行合理配置、优化组合的基础上,按照统一的硬件配置标准和技术标准,配置了能满足业务需要的安全设施,省、市(州)、县(市、区)局均配备了防火墙、入侵防御、漏洞扫描等安全产品。同时,引入安全交换机,强化认证措施,升级安全防护系统,提升了安全保障能力。

【精心组织,征管核心软件全面上线】一是认真修改,不断完善软件功能。为了使税费征管核心软件达到科学、实用、前瞻的要求,技术管理处投入了大量的人力、物力和技术力量,组建了强有力的技术专班,从基础信息数据入手,以贴近湖北地税征收管理的现实需要为原则,对软件进行不断完善和修改。首先,制发了《湖北省地方税费征管核心软件上线基础信息采集标准》,在数据采集、录入、清理等环节严格把关,建立健全数据录入、检测、监控和考核机制,保证进入征管核心数据库的基础信息数据干净、准确、完整、有效;然后,对征管核心软件的差异性和系统功能进行全面测试,重新梳理征管核心业务需求,与各业务部门和软件开发单位进行沟通协商,对各业务部门提出的业务需求按相关法规和软件开发流程进行整理、汇总;最后,对软件进行升级完善,并编写操作手册发放全省。6 月份,软件在试点单位恩施州地税局成功上线运行。7 月份,在恩施召开软件鉴证会,国家税务总局以及相关专家、软件推广指挥部 6 个专业组和部分市、州、县代表参加了鉴证并一致通过。二是大力组织培训,确保熟练应用软件。为了保证软件上线后的应用,在全省大力开展人员软件上线培训工作,通过集中培训和派出培训指导工作组的方式对县(市、区)计算机、征管等各个业务部门的 800 多名业务骨干进行面对面、手把手的操作应用指导,确保他们能够熟知软件功能和熟练操作应用界面,并指导帮助全系统 86 个单位完成了系统的初始化工作。三是精心组织,有序推广软件上线。从 8 月份开始,根据各地信息化建设的基础状况及工作量的大小,本着先易后难、因地制宜、逐步推进的原则,积极组织在全省地税系统分期分批推广上线。至 2008 年底,在全省各级地税机关的共同努力下,推广任务圆满完成,软件在全省(除武汉市以外)成功上线运行。四是加强维护,保证软件正常运行。为确保软件上线后的正常运行和应用,专门成立了运维呼叫中心,安排专人值班,随时监控软件的运行情况,随时解答各单位在应用中遇到的难题,并坚持每日交接班制度,要求值班人员填写完整详细的值班日志。至 12 月底,省局运维呼叫中心已解答各地反馈的相关技术问题 3000 余件。

省地方税务局税收票证管理中心

【抓服务，心系基层和纳税人，认真做好发票印制审批工作】票证管理处将发票印制审批工作作为服务基层、服务纳税人的重要方式，热忱、及时、准确地开展工作。发票集中印制以后，发票印制计划审批工作量十分繁重，加之目前计算机软件不能自动生成，基层上报的发票代码和发票号码容易出错，审核工作必须十分细致，不能有半点马虎。票证管理处负责审核的同志认真把好每一个关口，发现有疑问的及时与报票单位电话联系。为了保证审批工作的及时性，票证管理处规定计算机信息平台始终处于接收状态，随时查看上报信息。针对少数纳税人不按规定时间上报计划的情况，票证管理处一方面耐心做好宣传工作，将发票印制环节向上报计划的纳税人作详细说明，使之理解票证管理处的工作，另一方面要求承印厂家尽量快速安排生产，将发票保质保量送出，以满足基层和纳税人的需要。2008年，票证管理处共审批发票印制12.7亿份，没有出现一例错号或因延期审批耽误纳税人用票的现象。

【抓难点，加大打击力度，建立假发票治理的长效机制】主要采取了四项措施：一是对全省发文，要求各地将假发票治理工作纳入发票管理的重中之重，继续加大假发票治理的宣传力度，提高消费者索要发票的积极性，更广泛地争取社会支持，继续抓好发票的专项检查和日常检查，加强部门配合，把假发票治理工作渗透到税务管理和税务稽查的每个环节。二是抓督导、协调与配合，切实加大假发票治理工作力度。采取召开会议、电话督办、实地检查的方式，对各地假发票治理工作进行督导，并加强配合协作，积极与公安、国税联合开展发票打假专项行动，有力地遏制了假发票的蔓延。三是抓好发票咨询服务，发动社会力量治理假发票。票证管理处耐心解答消费者咨询，积极引导消费者对制、售、用假发票行为进行举报。四是抓好发票鉴定工作，协助各部门治理发票。2008年，票证管理处共鉴定各类发票94.4万份。

【抓规范，理顺管理程序，科学制定发票管理流程】2008年，票证管理处把开发发票管理软件，加强发票印制、领购、开具、保管、缴销、检查、违法处理等环节的规范管理作为今年的重点工作来抓。经过不懈的努力，发票管理模块基本达到了软件设计的要求，经过武汉、恩施的试点，得到了软件公司和基层同志的认可。目前发票管理模块主要呈现以下特点：一是监控力度加大。发票从计划制定、上报、到审批印制、发售，每一个环节都可以从软件中及时直观、准确地反映出来。二是审批环节减少，操作简便易行。依据以票控税的原则，其工作流在严格遵循法定程序的基础上，对一些可设可不设的审核审批作了删减。三是对发票工本费收据进行规范，为取消大厅发售发票手工登记分类账、分户账等奠定了基础。四是模块全面反映发票实物和货币运动流程，填补了运用征管软件管理的空白。

【抓清查，规范发票管理，为征管核心软件上线打牢基础】发票发售、开具、保管、缴销等每一个节点是否按规定程序和条件实施，是检验发票管理行为合法与否能做到账实相符、账账相符的量化指标，也事关征管核心软件上线成功与否。为此，票证管理处在全省地税系统组织开展了全面、彻底的发票清查工作，并以鄂地税函〔2008〕106号对清查工作进行了部署，要求各地对发票领、用、存、销及冠名发票审批等情况进行彻底清查，通过清查找出差距，制定改进措施，认真整改规范。文件下发以后，票证管理处采取多种形式对发票清查情况进行督导检查，取得了明显成效。从各地上报清查工作总结和"税费征管软件"上线运行情况看，这次大清查达到了规范管票行为、夯实管理基础、服务软件上线工作的目的。

湖北财税职业学院

【认真学习实践科学发展观】根据省局的统一部署，学院及时制发《湖北财税职业学院开展深入学习实践科学发展观活动方案》，召开深入学习实践科学发展观活动动员大会，对活动进行了全面部署。学院各部门紧密联系工作实际，积极研究、探索、交流新形势下高等职业教育和税务干部教育培训面临的新课题。通过学习和研讨，领导班子和教职工队伍的思想境界和政治觉悟明显提高，班子凝聚力、战斗力、执行力、驾驭能力明显增强，真正收到了"党员干部受教育、科学发展上台阶、人民群众得实惠"效果。

【全员参与评建准备工作】学院领导高度重视评估准备工作，多次召开院长办公会议、全体教职工大会进行研究部署。采取"走出去，请进来"的方式，先后到仙桃职业学院、湖北省城市建设职业技术学院、武汉铁路职业技术学院学习评建工作经验，聘请湖北生物科技职业学院专家现场指导；将4月份清明节以后至暑假前的每个星期六作为"迎评日"，抓紧时间拾遗补缺，收集整理收集学院教学、建设和管理资料，组织开展学生基本技能测试和学生迎评活动；积极贯彻"以评促建、以评促改、以评促管、评建结合、重在建设"的工作方针，全院呈现出"大事小事讲评估，大会小会谈评估，教师学生齐动员，全院上下一条心"的良好迎评氛围。

【大力开展教育教学改革】学院立足高职办学，在强化教学常规管理的基础上，着力加大专业、师资、实训建设力度，大力开展教学改革。一是认真开展"我最喜爱的教师"评选活动，确定"教学团队"、"试点专业"和院级"精品课程"，推选专业带头人和骨干教师，聘请客座教授和兼职教授，加强学院与社会各界的联系和交流。二是深入开展专业调研，深化教育教学改革，增强实践课教学，建设校外实训基地30多个，加强学生各类考证考级工作，组织学生参加各种竞赛，促进了教研活动与市场需求的接轨，提高了学生动手能力，满足了用人单位人才需求。

【招生就业工作取得新突破】一方面，结合实际科学制定2008年招生工作方案，通过咨询会、招生宣传专班等活动，确保招生工作有序运行。2008年实际报到1441名新生，部分优势专业的平均分已进三本线，现在在校生人数已突破4000名，创建校以来历史新高。另一方面，加强院内各职能部门协调配合，积极收集汇总毕业生信息，主动到东莞、深圳等地开展毕业生就业情况调研，并组织举办多次现场招聘会、创业素质教育和就业指导系列讲座，采用多种形式推荐毕业学生就业。在全球金融危机背景下，学院2008年毕业生初次就业率达到89.21%。

【学生管理工作逐步规范化】坚持管理从严，先后制发了《国家助学金管理办法（试行）》等6项学生管理规章制度，强化学生文明行为教育；坚持激发活力，举办了“我爱我的祖国”第五届税苑艺术节、新生军训阅兵暨总结表彰大会、学生阳光体育冬季长跑活动起跑仪式、第四届“税苑杯”足球联赛、学院第五届大学生秋季运动会、第五届“税苑杯”篮球联赛等活动；坚持以人为本，严格落实国家扶助政策，全年共发放奖（助）学金278万元，学生受奖面达40%，其中国家奖学金3人、国家励志奖学金104人、国家助学金840人。

【干部培训工作有实质进展】坚持普教、干训“两条腿”走路的办学思路，积极开展税务干部教育培训工作。2008年先后承办了孝感市地税局、青山区国税局和省地税局机关干部计算机应用、全省地方税费征管核心软件业务等4个培训班。在组织税务干部培训中，充分体现出教学安排精细、学员管理严格、业余活动丰富、培训效果突出的特点，赢得了培训单位的认可和好评。同时，根据国家税务总局及省地税局安排，学院抽调骨干教师组织专班开展房地产评税专门业务（特色）培训课程体系相关课程开发工作；启动全省地税系统“四员”培训教材编撰工作。

【切实维护学院安全稳定】学院认真贯彻省委、省政府、省地方税务局和省教育厅关于维护稳定工作的若干会议精神，采取多种有效措施：在奥运期间执行24小时值班制度，并严格实施责任追究；加强舆论引导，正确引导学生爱国热情，组织学生开展第二课堂活动；做好学生日常管理，加强外出活动控制和登记；汶川地震发生后，组织全体教职工向四川地震灾区捐款，向四川籍学生提供心理、情感和资金帮助；认真部署“平安奥运、平安校园”工作，开展安全大检查，排查整改了安全隐患。在全院教职工的共同努力下，2008年全院没有发生重大安全事故。

武汉市地方税务局

【围绕中心收好税，全面建设效能型地税机关】2008年武汉市局组织各项收入382.40亿元，同比增长29.4%，增收86.9亿元。纳入湖北省地税局考核的税收收入首次突破200亿元大关，完成233亿元，同比增长25.8%，增收47.9亿元。其中地方一般预算收入（税收部分）完成195.47亿元，圆满完成省局追加计划，同比增长25.4%，增收39.63亿元。征收的社会保险费首次突破100亿元大关，完成124.40亿元，同比增长36.5%，增收33.20亿元。第一，理念上做到“两个坚持”。一是坚持贯彻落实科学发展观，以“按经济规律收税”为组织收入原则，按照不唯需求订计划、不唯计划抓收入的依法治税观念，严格落实税收专户管理规定，确保均衡入库和可持续发展。二是坚持以税收信息标准化为统领，认真落实省地税局党组书记、局长许建国同志在武汉市局调研信息化建设时作的重要指示精神，将信息化建设贯穿于全局各项工作之中。第二，措施上注重“两个加强”。一是全面加强重点工作。深入开展了经营性房屋出租清理、土地增值税清算、货物运输业税收管理和市区两级财政部门代扣党政机关、行政事业单位个人所得税等四项重点税收业务工作。二是全面加强基础工作。在完成土地使用税等级调整、健全保险机构代收代缴车船税的协作机制、加大房地产业税收入库力度、拓展社会保险费扩面提率等工作的同时，严厉打击涉税犯罪行为，维护公正、公平的税收经济秩序。在欠税清理方面重点推出清欠、销欠、压欠、防欠的具体措施，全年清理入库欠税近 10 亿元。第三，效果上实现“两个稳定”。一是增幅稳定，2008 年地税收入继续保持了稳定的增长幅度，并且做到稳中有升。二是进度稳定，全年完成纳入省地税局考核收入达到年度计划 220 亿元的 105.9%，超收 13 亿元。

【强化思想带好队，全面建设责任型地税机关】第一，作风建设贯穿“两项活动”。在开展文明执法教育和提高政府执行力大讨论活动中，武汉市局通过抓学习、抓活动、抓整改，有针对性地全面查找地税部门在执行决策、落实目标和工作作风等方面存在的问题和不足，有效地提高了全市地税系统的执行力度和工作效率。在开展民主评议政风行风活动中，武汉市局党组一班人带队主动征求市“五大家”和社会各界的意见和建议，督促问题一一整改落实；编印《民主评议政风行风及基层税务所建设学习资料汇编》，营造了“人人知晓、人人参与、人人受教育”的行评氛围；开展具有地税特色的“六请”、“六上门”活动，征集意见 205 条；初步建立运用税收政策促进经济社会持续发展、引导企业健康发展、促进地税事业长足发展的长效机制。武汉市局被评为 2008 年“全市民主评议政风行风优秀单位”，总分在武汉市 8 个被评单位中名列榜首。与此同时，全局积极打造阳光税务，注重将党风廉政建设工作贯彻于“两项活动”之中，强化廉洁从政意识和监督制约机制，深入开展反腐倡廉教育和查处违法违纪案件工作，党风廉政建设得到进一步加强。第二，法制建设落实“两个要求”。一是落实省地税局开展“十查十看”的要求，切实规范执法行为。开展了税收专项检查活动，促进各基层单位严格执行税收纪律，共发现 7 大类 24 个方面的问题，提出监察建议 7 条，努力做到依法征收、应收尽收，坚决不收“过头税”。依照国家税务总局、省局的安排，结合 2008 年工作重点，开展了税收执法检查与执法监察活动。二是落实“完善问责制、责任追究制”的要求，严格过错责任追究。执法过错追究以各级领导为重点，实行分级追究，捆绑追究和对号入座，使责任追究的主体相符、对象明确、内容具体、标准统一、程序透明、追究及时。据统计，全市地税系统先后对 11 名干部进行了税收执法过错追究。第三，基层建设突出“两个重点”。一是以加强基层税务所建设为重点，结合基层税务所的实际情况，以加强税务所班子建设和加强思想引导为主，鼓励各单位结合实际开展活动，不搞“一刀切”。各基层税务所分别开展了“税企互动”、“忆苦思甜”、“情景教育”、“个别谈心”、“思想调查”等形式多样的活动，基层面貌全新改观。二是以提高基层地税干部业务素质为重点，相继在全系统开展了信息化操作技能、新企业所得税法、个人所得税法律法规等为主要内容的大规模培训和轮训。

【创新举措服好务，全面建设服务型地税机关】第一，实现“两个转变”。一是转变服务地方政府观念，正确处理好经济与税收的关系，积极为地方政府当好参谋，切实落实各项税收优惠政策，全力保持社会稳定发展。全年为各类企业和创业人员减免各项税收11.89亿元。二是转变服务纳税人观念。继续坚持发扬“把该做的事做到位”和“以纳税人需要为第一信号”的纳税服务理念，把规范自身行为、保护纳税人合法权益作为对纳税人最根本最直接的服务举措。按照省局开展“心想基层，服务经济，勤政廉政”党风廉政建设宣传教育月活动的安排，市区联动、领导带队，在全市选择1000户企业开展了“四上门”服务活动。第二，落实“两个减负”。在为纳税人减负方面，积极推行多元化的纳税申报和缴税方式，对全市正常企业户逐步全面推行网上申报和电话申报；对全市个体工商户推行财税库行横向联网系统支持下的银联卡划卡缴税方式；对使用现金缴税的纳税人，全面推行银联卡刷卡缴税方式；积极开展网上售卖发票、预约送票上门服务，切实为纳税人减负。至2008年底，网上报税的纳税人已有75920户，占正常征收查账户数的85.8%。在为基层减负方面，提倡少开会，开短会，控制会议规模；提倡少发文，发短文，加强文件审核；提倡少讲话，讲短话，规范领导讲话。并积极精简报表、检查和各类考评，切实减轻基层一线负担。第三，开展“两个创新”。一是创新纳税服务方式。从2008年1月1日起，出台延时纳税服务新举措。在7个中心城区地税局、东湖和武经两个开发区地税局以及涉外税收管理局办税服务厅每月1日至15日实施“延时”和“增时”办税服务：星期一至星期五办税服务从上午8时延时至下午6时；法定的节假日办税服务增时上午8时至12时。二是创新税收宣传方式。围绕“税收·发展·民生”的宣传月主题，精心组织开展了真诚“问民声”、热情“请进来”、主动“走出去”、虚心“听民意”、互动“税企情”等形式多样、内容丰富的税收宣传活动，使税收宣传工作倾向民生、关注民生，进一步增强了公民依法诚信纳税意识，营造了良好的税收法制环境。

武汉市江岸区地方税务局

【大力组织税费收入】全年累计组织收入62.20亿元，其中，完成市政府考核目标收入28.13亿元，同比增长27.21%，增收6亿元。社保规费收入完成34.07亿元，同比增长39.80%，增收9.70亿元。一是强化税种控管增收。营业税、个人所得税、企业所得税等主体税种分别完成了12.52亿元、3.87亿元、2.79亿元，同比分别增长23.98%、39.27%、6.11%，共增收3.67亿元。二是强化面上征管补收。全年非重点税源企业入库税收同比增长46.5%，占总收入比重同比提高5个百分点。全年压欠8.1亿元，占区目标收入的34.18%。三是强化汇算清缴促收。企业所得税汇算清缴工作、土地增值税清算工作成效显著。汇算清缴工作入库各税3.7亿元，登记土地增值税清算项目137个，查补土地增值税1.93亿元，入库土地增值税1.27亿元，同比增长128.9%。四是强化“同征同管”保收。按照税费“同征同管”的原则，全面完成各类社保规费的征收工作。征收城镇居民医疗保险费77815人，金额300万元，扣款成功率96.4%，追缴入库以前年度欠费2500余万元。征收残疾人就业保障金1382万元，全年入库各项规费1.66亿元，增长27.69%。

【切实抓好征管基础工作】一是抓好经营性房屋清理。在全区范围内全面组织检查清理工作，取得了历史性的突破。全年清理出有经营性门面的业主19337户，其中出租户14693户，承租户26981户，应纳税额合计9932万元，应补税额合计3071万元，入库2506万元，入库率98.59%。二是抓好协税护税网络建设。在户管、纳税登记和诚信纳税人的管理方面与区国税局互通信息、互相配合，加强协作，与区公安局经侦大队互通情报、共同办案，与区财政局密切协作较好地完成了政府机关集中代扣代缴个人所得税工作。经营性门面清理工作得到了区街社区的有力支持。三是抓好税收大案要案检查。区局在打击偷漏税行为方面，对重点案件、举报案件加大查处力度，全年查处税收违法案件174起，查补税款1634万元。

【认真抓好税收执法检查】开展了以“清税票、清账户、清发票、清网络数据、清欠税、清社保费征收管理情况、清基建项目的各项手续、清各项制度的落实情况”为主要内容的八项清理工作。开展了对不规范税收执法行为的专项清理工作。清理66户行政事业单位出租房屋未缴纳税款，已入库税款163万元，办理减免税871万元。同时对车船税征管情况开展了执法(效能)监察。对检查发现的问题在内网上发布通报32份，督促各单位整改落实。严格执行执法过错责任追究制度。对3起执法过错和责任事故进行了追究，追究6名责任人。

【全面加强基层税务所建设】一是紧扣建设方案抓落实。根据市局要求制定了基层税务所建设方案，在此基础上开展学习讨论、进行情境教育、强化制度落实、引导干部算好七本账，开展“五抓五促”活动。二是紧扣“两项活动”抓落实。根据省、市局关于开展“两项活动”的安排，区局着重从四个方面找差距，抓整改，深化了“两项活动”的开展。三是紧扣文明创建抓落实。2008年，区局坚持“努力把该做的事做到位”的服务理念，大力开展创建活动，进一步激发了干部的创建热情。全局10个基层单位全部申报区级最佳文明单位(或文明单位)，区局被授予全省“十佳行政执法单位”。

【着力提高干部队伍素质】一是加强政治思想工作。开展了《责任胜于能力》读书演讲、“情境教育”话职责横向体验、“惜岗位、强责任”访谈、区局第三届典型评比演讲等活动，不断为区局政治思想工作注入了新的活力，使政治思想工作做到了常抓、常新、常显成效。二是加强干部业务技能培训工作。在市局组织的一般干部信息化建设技能应用培训测试中，做到了参训率、参赛率、达标率三个100%。针对中层干部开展各种实用性培训，开展了普法学习培训、计划分析学习培训、企业所得税知识培训、OA公文处理培训等，促进了干部的知识更新。三加强精神文明建设。通过乒乓球、羽毛球、摄影、跑步登山协会等作用，搭建四个平台，展示干部核心价值。在“5·12”四川汶川大地震中，组织全局干部捐款、缴纳特殊党费计近19万元。区局妇委会连续7届被区妇联授予江岸区妇联先进集体，征收分局2008年被授予全国巾帼文明岗称号，湖北省巾帼建功现场会在区局召开。

武汉市江汉区地方税务局

【多法并举抓收入，实现收入高增长】 2008年江汉区局组织各项税费收入39亿元，同比增长24.54%，增收7.69亿元。其中完成市政府收入考核目标25.90亿元，同比增长16.49%，增收3.67亿元。一是在税源管理上不断探索和完善重点税源和其他各类税源的管理办法，对变数较大不确定因素较多的税种税收更是紧抓不放。二是在清理压缩欠税工作上共清缴历年欠税3.09亿元。三是在税务稽查上加大查补力度。实施行政处罚1236件，查处违规使用发票企业78家。稽查各类案件64件，查补各项税费352万元，实施税收保全和税收强制措施分别2件和4件，涉税金额分别为126万元和4311万元。四是在堵漏增收上共入库零散税收9090万元，比基数增长74.89%，新增管户8473户。五是在税费同征同管上共完成各项规费13.10亿元，同比增长44.24%，增收4.01亿元。

【强基固本抓征管，抓好征管重质量】 一是抓房屋出租税收征管。充分利用现有的协税代征网络和代征人员开展工作，地税干部与其联合开展按片清理检查，将清理工作绩效纳入年度协税工作考核。房屋出租税收清理工作重点理清承租关系，掌握基本情况。清理出租户18449户，累计查补入库税款3128万元。经市局路段实地检查，在全市排名第一，综合评分排名第二。旅居法国的万达广场业主孙某，委托其子从上海飞往武汉替母交税6万元。常青税务所特事特办，将1300余上访户变为纳税户，一时传为佳话。满春所查补平安大厦500多万元税款，更是创下该项清理工作最大一笔单项查补税款记录。二是着力加强各项征管基础建设。开展户管清理，消除户管“浮肿”，清理核销非正常户11000户。开展征管资料清理。加大网上申报工作力度，办理网上申报6189户，超过市局规定的工作目标，申报率也大幅上升。启动第二轮协税代征工作，完善制度和办法，对相关人员进行了培训。清理不规范执法行为，对114个税收执法项目进行全面检查，对2名干部进行了税收执法过错责任追究。开发、试点和推广税收业务预警系统，不完整信息比开发前下降近90%，为最终实现机器管人奠定基础。

【突出重点抓税政，执行政策上水平】 一是围绕建安房地产项目进行管理。积极参与区政府组织的各项招商引资活动，掌握税源情况。与相关部门建立信息交流机制，常年保持工作联系。将项目登记作为土地增值税清算工作的突破口，进行全面普查。在此基础上积极开展预征和清算，共清理140个工程项目，登记工程项目122个，符合清算条件的87个，已清算30个，查补土地增值税5513万元，入库7171万元。二是开展年所得12万元以上个人所得税自行申报工作。合计申报年所得8.72亿元，应缴税额1.11亿元，应补税额362万元，比2007年增长70%。三是加强全员全额扣缴个人所得税工作。对区级财政涵盖的68个行政单位2600

余人集中扣缴个人所得税，税额由原来的每月 15 万元增加到 39 万元。四是抓好企业所得税汇算清缴工作，汇算 3200 户，查补各项税费 8938 万元。五是加强减免税管理，全年按政策减免各项税收 3.64 亿元。

【注重形象抓队伍，提升素质展新姿】一是抓好教育活动。开展提高税务机关执行力和文明执法主题教育活动，每个党员自我剖析，写出 2000 字以上的材料。开展“横向体验话职责”和“倍加珍惜职业、强化责任意识”的活动，开展各岗位争先创优活动。对纳税人满意度情况进行调查，积极开展重点税源户“六上门”活动，走访 100 余户，征收服务大厅实行一系列新的服务举措。深入开展各项文明创建活动、结对共建活动和党员义务奉献日活动。为区福利院和对口社区捐款 5000 元。为地震灾区捐款 7 万元、交纳特殊党费 4 万元。二是抓好内部管理。将与基层所建设相关工作内容进行量化，将重点工作所占份额加大到 40%，拉开奖金档次。认真抓着装、考勤和会风管理，试行重点工作或重大事项的项目管理办法，制定干部外出培训学习制度和干部慰问细则。完善公务接待、车辆和劳动用工等方面的管理举措。三是抓好行风建设。通过走访座谈收集意见和建议 30 条，梳理归纳成 5 个方面 14 个问题。分别制定整改措施，明确责任单位、整改时限，并向行评代表通报。制定、完善规章制度 11 个，边查边改问题 20 个。区局评议得分在全区名列前茅。

武汉市硚口区地方税务局

【加强税源管理，不断提高组织收入能力】2008 年，区局累计完成各项收入 35.30 亿元，同比增长 22.1%。其中完成市政府目标考核收入 23.60 亿元，同比增长 19.4%；地方一般预算收入完成 18.20 亿元，同比增长 16.8%；区属税收收入完成 16.3 亿元，同比增长 21%；各项规费收入 12.90 亿元，同比增长 25.2%。一是落实“两个一”。区局推行“一周一看”和“一季一评估”的重点税源管理制度，要求各所班子成员每周看一户三级以上重点户的征管资料，进行税源分析，有针对性的加强日常征管。按季度开展税源户评估，特别是对税收同比下降幅度较大重点税源户进行认真分析评估，切实提高了税源监控质量和预测分析质量。二是实现“两个增长”。个人所得税、企业所得税全年分别征收 2.60 亿元、1.90 亿元，分别同比增长 62.5%、11.8%，所得税管理进一步规范。

【加强基层管理，不断提高队伍执行能力】2008 年区局以基层所建设为抓手，切实加强队伍建设。一是基层所建设深入推进。把加强制度规范作为加强基层所建设的切入点，对全局各项规章制度进行梳理、完善、补充和汇集，使之成为工作蓝本和行为规范，形成了制度建设的长效机制。区局通过学习教育“五必抓”、思想工作“五必谈”，将基层所建设的成果有机融入各项工作中去。积极开展提高执行力和文明执法大讨论、支部书记“一季一交流”、横向体验话职责、阳光心态、文明礼仪知识讲座等一系列主题活动。二是干部队伍教育培训更为有力。坚持了“一日一题”的干部日常教育培训模式，并把信息化作为培训的重点，一方面针对全体中层干部，组织了WORD、PPT等内容的培训，并在区局内开展竞赛；另一方面组织开展全局一般干部的信息化应用技能培训，把重点放在“一户式”系统的应用上，先后组织12场600余人次，全局一般干部100%进行了测试。

【加强行风管理，不断提高纳税服务能力】一是扎实认真开展行评工作。一方面，规定动作做到“五个及时、五个加强”，通过开展“六查”、“六看”，对行评中提炼出的6个方面47条意见和建议，均一一作了整改落实。另一方面，自选动作做到“六个主动、六个切实”，即主动签名承诺，切实接受监督，组织开展了“千人签名、共话监督、落实行评、喜迎奥运”活动；主动编辑期刊，切实宣传行评，结合进度按月编辑发行了4期行评期刊向社会发放；主动服务上门，切实拓展内涵，广泛开展了以“六上门”为主要内容的“我为纳税人做一件好事，办一件实事”活动，累计上门服务305人次；主动落实政策，切实服务经济；主动组织讲座，努力提升素质；主动追求细节，切实以人为本。二是大力推进党风廉政建设。进一步推行政务公开，认真落实领导班子及个人政治理论学习制度、民主生活会制度、中心学习组学习制度和“一季一课”制度，打造和谐廉政的领导班子。认真落实党风廉政建设责任制，对党风廉政建设任务进行了责任分解，并按要求分解到科、所，层层签订责任书，在区局上下形成了层层有目标、级级有责任的网络体系。

【加强户籍管理，不断提高征收管理能力】一是经营性房屋出租清查成绩突出。录入出租户信息18350条(其中自房自用901条)、承租户信息32483条，出租户补证2400户、承租户补证1063户，查补税款3584万元。二是土地增值税清算落实到位。充分运用第三方信息比对，对全区2003年以来133个项目的信息实现了全面掌握。共有83个应清算项目全部录入计算机土地增值税项目管理系统，全年入库土地增值税8700万元，自2005年以来，连续保持每年100%以上高速增幅的基础上，较上年同期又翻了一番。

【加强执法管理，不断提高依法行政能力】一是不规范执法行为清理效果明显。一方面，突出行风建设、欠税管理、减免税管理、土地增值税清算管理四个重点内容，另一方面，突出房地产业、建安业、餐饮业、娱乐业四个重点行业。全年累计压缩入库历年陈欠1.4亿元；严格了减免税管理，对符合条件的纳税人，严格按照规定程序及时办理减免税审批手续。二是“阳光办税”得到巩固发展。通过电脑定税、税款公示、税银联网、划卡缴税，全面加强全区个体户定税和征收管理。共对15341户个体户进行了审理核定，定税金额5938万元。三是货运业管理统一规范。加强了对货运业自开票纳税人管理，严格代开票纳税人先缴税后开票等征税政策，建立“预警线”管理措施，对纳税人的开票额进行浮动限额管理，在征收大厅设立专用窗口受理货运业申报，严把资格认定审核关，对所有货运业自开票纳税人进行了重新认定，对2户不符合资格的严格按政策规定予以取消，自开发票纳税人由26户降为24户，使货运业管理进一步规范。

武汉市汉阳区地方税务局

【以管促收，完成收入任务】截至2008年12月31日，汉阳区局累计完成市政府考核目标10.22亿元，同比增长24%。完成社会保险基金5.2亿元，同比增长22%。圆满完成了税费目标任务。一是完善税收收入目标考核实施办法。细化了目标考核责任制，做到了月前有预测，月底有分析，每月公示考核结果，对收入目标考核进行了有效监管，确保了税收收入持续稳定增长。二是抓好企业所得税汇算清缴。辖区自核自缴企业达959户，占应自核自缴户的99%。应补各项地方税(费)额4767万元，其中个人所得税235万元，企业所得税2397万元。已入库3906万元，入库率81.9%。对40家房地产企业进行了跟踪管理。三是做好年所得12万元以上高收入个税申报工作。此项个人所得税自行申报1658人，比2007年增加530人，增长47%，自行申报个人自查应缴税款2437万元，已缴税款2312万元，查补入库税款125万元，比2007年增长47%，超额完成了指标任务。四是开展土地增值税清算工作。摸索出了"八看、五查、二确定"即"十五步清算法"，较好地解决了清算过程中的难题，准确确定项目增值率，为辖区50多个项目的土地增值税清算做出了样板，并在全市土地增值税清算专题工作会议上进行了经验交流。五是抓好城镇居民基本医疗保险征收工作。区局深入街道、社区进行专题调研，对11个街道、121个社区，近10万人进行了摸底调查，累计发放征求意见表近万份，全年完成参保登记76767人。

【强基固本，加强基层建设】一是推进业务建设。汉阳区局进一步规范创建标准，规范行政执法行为，严格落实执法责任制和税收收入目标考核制度。二是加强组织建设。先后对5个税务所的领导班子进行了调整，选齐配强14个副职岗位。精减了8名机关干部充实基层征收一线。加大了副职和非领导职务的管户数量，较好缓解了税管员的征收压力。三是改善办公条件。先后投资160多万元，为基层税务所配置了200多个资料柜、复印机、打印机、内线电话，增加了80多台笔记本电脑，切实为基层所减轻负担，化解矛盾，促使基层所提高工作效率。

【清理检查，整顿税收秩序】一是经营性房屋税收专项检查成效明显。针对目前漏征漏管较为普遍的现象，根据市局统一部署，全面组织开展了经营性房屋税收专项检查清理，录入出租户基本信息7722条，清查出应征税款271万元，入库税款217万元。二是税务稽查取得新成果。全年下达稽查通知书73户，稽查结案56户，查补税款1579万元，入库税款84万元，罚款15万元。严肃查处偷、漏税和发票举报案件，全年受理举报案150件，查处33户，罚款1万元，查补税款9万余元，向举报人发放举报奖金6000元。查获异常发票389份，总计金额36612元。

【惩防并举，推进廉政建设】一是坚持"认识抓高度，工作抓力度，整改抓深度，监督抓关注度，评议抓满意度"的工作思路，积极开展行风评议。印制了12000份《致全区纳税人的公开信》，发放1000多份征求意见表。本着“提出意见不含糊，整改措施不落空，纠正处理不迁就，答复不满意不通过”的要求，认真进行整改，收到较好的效果。在汉阳区行风评议中获得第一名的好成绩。二是开展警示教育和预防职务犯罪教育。分析了近年来地税系统少数税务干部在税收执法中存在的主要问题和发生的违纪违规行为，对渎职侵权典型案件进行了通报。邀请区检察院反贪局王局长作专题辅导，帮助税务干部算好“政治账”、“经济账”、“家庭账”，使税务干部更加珍惜权力、珍惜荣誉、珍惜前程、珍惜家庭，增强了预防职务犯罪的免疫力，提高干部依法行政的自觉性。三是加强“两权”监督，杜绝违纪现象的发生。严格执行固定资产政府采购制度，严格按程序对基建项目落实报批制度，严格落实干部离任审计制度，严格实行每季度公示接待用餐费用、人员制度等。认真受理群众来信来访，严肃查处违纪违法行为，做到件件有落实，及时纠正税务干部违法、违纪行为，杜绝了“吃、拿、卡、要、报、借”等不良现象的发生。

【开展活动，营造文化氛围】一是积极营造文化氛围，增强干部的凝聚力。通过税务文化的渗透作用，有效凝聚了人心、增强了士气，形成了人人争先创优的良好风貌。二是开展摄影比赛，展现税务岗位风采。充分挖掘税收工作各个岗位上的亮点，把镜头对准身边的人和身边的事，达到寓教于乐的效果。三是完善娱乐设施，丰富文化生活。相继给基层税务所配置了乒乓球台、台球桌等娱乐设施，增添了健身设备，建好活动场所。文体活动丰富多彩，达到了良好效果。

武汉市武昌区地方税务局

【组织收入完成任务】2008年武昌区局组织各项收入50.13亿元，同比增长32.21%，市政府考核目标完成37.28亿元，同比增长29.99%。社会保险费收入10.74亿元，同比增长39.13%，完成其他行政规费1.5亿元，为武昌区经济发展和社会稳定作出了积极贡献。

【税源管理切实加强】一是加强重点税源管理。对现有的重点税源户实行分级管理，区局掌控了年税收在200万元以上的重点税源195户，各税务所掌控了年税收在100万元以上的重点税源81户。切实落实定期分析与专题报告制度，区局定期组织重点税源分析，对达不到目标要求的税源户，计统、税政、征管等部门协同做好专题分析。对征收难度大的，不断加大催收力度，调整催收措施，督促税款入库；对资金情况好的企业，确保税款及时足额入库。二是加强“一户式”管理。广泛宣传“一户式”管理优点和对促进提高税收征管特别是推行精细化管理，强化依法治税的积极作用。使税收管理员在思想上认同，切实掌握其概念内涵和精神实质，增强了感性认识，强化了管理。制定了《区局关于开展信息化建设技能应用培训方案》。做到早安排、早动员、早进入，在全局副科以下干部中进一步掀起了税收信息化建设技能应用培训的新高潮。经过长达 5 个月的强化训练，全局 180 人通过市局组织的测试，进一步提高了一线人员的计算机操作和“一户式”运用水平。

【税收检查强力推进】一是加强房地产企业检查。按照市局的统一部署，专门成立工作组对所有的房地产项目实行一体化检查。重点检查了土地转换、商品房自用、自建房屋出租环节的税收问题以及欠税等问题。加强土地增值税清算实务研究，设计了一整套土地增值税的清算表格，搞清了清算中各个环节的重点和难点，拿出了解决问题的办法，组织全局各所的分管所长和业务骨干进行了培训。多方搜集资料，将房管局、易房网和局内“一户式”资料库等多方的信息进行了归类和筛选，把单位信息分到各管查所，确定了 170 个项目为我局征管。二是加大对经营性房屋出租检查。按照全市对经营性出租房屋清理检查的要求。区局在全区街道、小区范围内清查 28352 户。清理出租户 10524 户，承租户 17828 户，清理应补税款 2241 万元，入库税款 1937 万元，通过了市局的检查验收。

【纳税服务大为改进】一方面，转变工作作风。按照“感谢纳税人、关爱纳税人、厚待纳税人、服务纳税人”的服务理念，不断创新服务方式，以适应征纳环境的变化，力争将服务理念贯穿到工作的每个环节，不断提升纳税服务的层次。注重搞好“四上门”服务活动。坚持送政策上门，现场解决问题，加强对各项服务承诺、服务制度、服务措施的检查和督促，促进了工作作风的转变。另一方面，支持企业发展。把服务质量与税源建设有机地结合起来，真正做到以质量促工作，以质量促发展。要求税收管理员在政策法规允许的范围内，最大限度地保护企业纳税人的权益，耐心细致地做好各项服务工作，随时掌握动态，及时做好服务工作。

【廉政建设不断加强】区局党组始终坚持“两手抓，两手硬”方针。大力加强党风廉政建设。传达学习了党风廉政建设工作会议精神，提出了区局加强党风廉政建设的意见。开展了“提高政府执行力大讨论活动”和“文明执法教育活动”。科级以上领导干部撰写了读书思廉网评学习体会文章。区局党组书记、局长左昌链在武昌区《解放思想改善投资环境建设服务型政府经验交流会》上作了经验介绍。全局干部职工对照勤政廉政具体规定进行一次“省廉”教育活动，撰写了廉洁从政心得体会文章。对税收政策执行情况、税源调控管理情况、减免税管理情况、税收入库纪律情况、欠税追缴情况、发票发售情况等 12 个方面的不规范税收执法行为开展专项清理、执法监察检查，强化了税收执法管理中的薄弱环节。积极开展民主评议政风行风工作，在区政风行风测评中被评为第一名。

【干部素质得到提高】局机关各部门有针对性地开展拾遗补缺性的岗位培训，提高本岗位人员的业务水平。采取自学与集中培训的形式进行了新公共政策分析、公共经济学的培训学习。还利用税务工作会议，采取以会代训的形式，对干部进行了培训，采取笔试与面试、相互提问、点将台等多种方式加强对税收法律法规知识的学习，促进了全局执法和服务质量的全面提高，税收征管“六率”考核水平较 2008 年前整体上升，执法更加规范。

武汉市青山区地方税务局

【在治税上加强征管、抓好收入】2008年,青山区局组织各项税费收入42.44亿元,同比增长19.94%。其中组织入库市政府目标考核收入21.67亿元,同比增长20.66%,为市局下达年度收入目标21.33亿元的101.59%;其他各项规费收入20.77亿元,同比增长19.21%。全年共组织入库区级全口径财政收入15.13亿元,同比增长16.14%,为区委、区政府下达年度合格值的100.55%;完成区级地方财政收入5.26亿元,同比增长16.28%,为区委、区政府下达年度合格值的100.24%。全年组织入库社保五费收入19.22亿元,同比增长15.98%,综合征集率达100%;追缴社保欠费3708万元,为市局下达计划2005万元的184%。第一,科学均衡组织收入。一是在每月收入考核中强化对计划编制、预计准确率考核,按照逐所下达、普遍增长、个别调整的办法,确保地税收入持续稳定增长。二是严格按照上级对重点税源户层级、税种的要求加强专户管理,规范运作程序,防止违纪行为。同时开通网上银行查询功能,实现对待解专户资金的适时监控。第二,狠抓重点税源管理。一是扩大监控面。将重点税源监控户由2007年的147户增加到159户。二是明确责任。严格了重点税源数据库的管理要求,规范了重点税源信息的采集及上报程序,落实岗位设置和工作职责,实现了重点税源网络化、信息化的监控工作机制。三是增加监控指标。增设税源调控和待解专户监控指标,充实了税源数据库,为强化税源管理和深化税收分析提供了有力的信息支持。四是加强调研。有针对性地到重点企业、重点工程摸清税源情况,详细分析企业的经济和税收指标,并形成专题税源调研报告。第三,加大欠税追缴力度。区局从6月份开始开展了欠税清理工作,为各税务所安装欠税清理报表系统,详细规定核查口径及标准,明确欠税清理工作的各项要求,建立了分户、分类型的欠税台账,提出了防新欠、压陈欠的阶段性欠税清理计划,全年压欠4228万元。第四,坚持税费同征同管。对内,加强了与税政、征管、稽查等部门的配合协作,促进税费同征同管的制度化。对外,加强同市局规费处、区社保、环保、街道、社区等相关部门的沟通协作,形成了征收的整体合力。

【在带队上加强教育,严格管理】第一,加大了基层税务所的建设力度。以班子建设为重点,基层税务所班子"龙头"作用得到了充分的发挥。以思想教育为着力点,干部队伍素质及工作积极性得到了有效的提高。以树立典型为亮点,形成了争先创优的良好氛围。第二,加大了机关效能建设和执行力建设力度。在"两项活动"中区局组织全体干部开展大讨论,认真进行自查,邀请纳税人评议,召开民主生活会,开展"四上门"调查,发放征求意见表、设立征求意见箱,认真查找在执行力方面存在的问题,制定了5个方面共13条整改措施。第三,加大了政风行风建设力度。通过多种形式广泛宣传发动,营造了行评的良好氛围。扎扎实实地开展"六请"、"六上门”活动广泛征求意见，查找了4个方面15个主要问题。并按照边查边改的原则，集体研究、及时整改、上门回复。区局行评工作取得了全区综合排名第一的好成绩。第四，加大了党风廉政建设力度。一是注重宣传教育。开展了每月一案一例学习和讨论、组织收看勤政廉政教育专题片、组织党组成员为干部职工上党课活动，开展了党风廉政建设宣传教育月活动等。二是加强执法监督。区局针对税款征收、税务稽查、税款入库、发票管理、财务管理等方面的内容，组织开展了不规范执法行为的专项清理工作。

【在服务上加强措施，提高水平】第一，提高办税服务水平。征收分局在继续做好为残疾纳税人义务送税票上门、开办“再就业税收优惠绿色通道”、设立“网上申报自助区”、免费为纳税人提供复印装订等多项服务的同时，还开展了纳税人直接在窗口现场评选“服务明星”的活动。各税务所均设置了楼层值班台，安排导税员为纳税人提供办税咨询引导等服务。工人村所和厂前所开展了与纳税人“换位思考”讨论，分别推出了“三多”服务法（即对纳税人“多看一眼，多听一句，多问一声”）和“八项服务措施”（见面问声好，主动把水倒；进门先请坐，言语要礼貌；耐心问情况，重担要勇挑；视同待父母，服务要周到），把文明服务真正落到实处。第二，开通“再就业税收优惠绿色通道”。绿色通道共为安置下岗再就业人员的13户企业办理税费减免1707万元，为483名个体经营者办理了各项税费减免145万元。第三，推行银联POS机刷卡缴税。在继续推行网上报税工作的基础上，对使用现金缴纳税款的纳税人推行银联POS机刷卡缴税，提高电子税票入库比例，满足了纳税人多元化纳税申报的需要。

武汉市洪山区地方税务局

【圆满完成税费收入任务】2008年洪山区局完成市政府目标考核收入18.92亿元，同比增长32.16%，增收4.60亿元。完成地方一般预算收入13.04亿元，同比增长35.05%，增收3.38亿元。组织入库社会养老保险基金4.60亿元、医疗保险基金1.96亿元、失业保险基金3279万元、工伤保险基金893万元、生育保险1047万元、残疾人就业保障金721万元、地方教育发展费4486万元、堤防维护费3339万元、平抑物价基金3308万元、文化事业建设费180万元、水资源费174万元、排污费725万元。

【突出抓好税收规范管理】一是规范经营性房屋出租税收管理。2008年洪山区局统一行动，下大力抓好经营性房屋出租专项清理。按照市局有关通知精神，区局结合本单位实际情况，按照制定方案、明确职责，宣传发动、做好准备和组织实施、全面清理三个步骤组织开展检查清理工作。截至2008年底，共出动2700余人次，共清理35668户，其中出租人14407户、承租人21261户，应纳税款5213万元，已纳税款4149万元，减免税额578万元，查补税款486万元，查补税款开票率98.01%，入库率100%。二是规范土地增值税清算管理。2008年，洪山区局共计有房地产开发项目110户，有70户达到清算标准，其中查账征收开发项目9户，完成3户。核定征收开发项目23户，完成21户，核定清算应入库土地增值税5836万元，入库634万元。预征计征开发项目38户，全部检查完毕，计征入库土地增值税1267万元。三是规范税务登记管理，税务登记窗口把紧登记关口，保证税源户信息准确性。严格非正常户管理，全局非正常户由年初的4301户下降至579户，减少了1722户，占正常户的22%，下降了9.61%。加强国地税税源户异动信息的交流，及时了解共管户纳税人情况。加强税源户的日常管理考核。四是规范减免税管理。对减免税实行“集中受理，流程办理”，2008年共办理了68户纳税人的减免税，减免税额合计4075万元。

【切实抓好政风行风建设】洪山区局努力改进和完善服务方式，提升服务质量和水准，结合新户“四上门”工作(税务登记送证上门、税收政策宣传上门、办税程序辅导上门、基础信息采集上门)，全年共计实施送证上门1674户，得到了纳税人的一致肯定。区局行评成绩在全区八个被评单位中排名第一，得到社会的广泛好评。

【大力加强基层基础建设】着力加强组织领导、着力加强基层党组织建设、着力落实工作管理制度、着力加强干部队伍建设、着力为基层税务所减负、着力加强税收管理信息化建设，基层建设出现可喜变化，区局承办的基层建设现场会得到了市局的认可。

【全面提升地税文化境界】践行八个分类文化理念，落实“两项”教育要求，开展“五查五看”活动。采取“请进来讲，走出去学”办法，组织召开了两个座谈会，进一步增强责任意识，履职意识，进一步增强与纳税人的联系。开展“四知”(知恩、知足、知短、知责)教育，抓好理想信念教育和职业道德建设，进一步构筑全局干部职工的共同思想基础。以丰富多彩的文化活动为载体，进一步发挥地税文化人文关怀的鼓劲功能。举办年度综合运动会，成立了合唱团、广播体操队、跳绳队、羽毛球队等。向汶川地震灾区捐款15.19万元。深度改善工作生活环境。落实洁净、温馨、文明、和谐的大楼管理理念，打造优美宜人的一流办公环境。扎实开展“满意后勤”活动，努力建设节约型机关、“廉政食堂”。区局税务文化建设得到省、市局领导的高度重视和关注，先后两次在全省地税系统税务文化研讨会上作了交流。市局徐会希局长在查阅了区局主办的《文化建设园地》后作出了“洪山地税文化建设确实有含金量”的重要批示。《湖北日报》、《长江日报》分别以《和谐理念的有益探索》为题作了大篇幅报道。国家税务总局人事司王司长等领导专程来区局进行调研，予以充分肯定。

【不断加强党风廉政建设】2008年洪山区局强化廉政教育，努力提高干部廉洁自律自觉性。传达学习上级文件精神，广泛开展党风廉政建设主题教育活动，落实党政领导上廉政教育课制度、组织收看廉政建设教育片、征集廉政短信、召开家庭助廉会议等。层层签订党风廉政建设工作目标责任书，落实“一岗双责”。坚持“疏”字入手，切实加强干部的思想和廉政教育；坚持“堵”字当先，切实落实党风廉政建设制度规定；坚持“查”字从严，切实发挥纪检监察有力保障作用；坚持“建”字为本，构建和谐税收管理服务的新理念。下大力扎实开展“两项活动”，围绕“执行力强不强，工作作风硬不硬，工作效率高不高，大局观念有没有，服务质量好不好”这五个方面积极开展自查自纠，抓好总结反思，带动其他工作。

武汉市蔡甸区地方税务局

【以组织税收收入为中心，较好完成了全年的税收任务】一是加强税源监管，为组织收入提供了有力的财源保障。2008 年区局共完成市政府考核目标收入 6 亿元，为市局考核目标 4.92 亿元的 122%，为区政府 6 亿元年度考核目标的 100.04%，比去年同期增长 46.44%；全年组织其他非税收入 1.81 亿元，比去年同期增长 41.73%，累计征收各项税费 7.81 亿元。二是突破征管重点、难点，有效防止了应征税款的流失。加大了对经营性房屋出租户的清理和税款的征收，全年共清理经营性房屋出租户 674 户，征收税款 63 万元。严格落实《武汉市地方税务局税源户管理实施办法》，力求做到应收尽收，有效地防止了应征税款的流失。加强了对房地产、建安行业检查和土地增值税清算工作。全年共清缴入库房地产建安行业税款 3.36 亿元，土地增值税 1.58 亿元。搞好了个人所得税的全员全额申报、年所得 12 万元以上的自行申报和税款入库工作，全年共征收个人所得税 3166 万元。三是加大税收执法力度，有力地打击了税收违法行为。充分运用征管信息化手段，加强了对税源异动和税收征管环节的全程监控，并有选择、有重点地开展了税收专项检查、专案稽查和日常检查，有力地扼制了偷、逃、抗、骗等违法行为。

【以干部管理为重点，着重抓好了干部队伍能力素质的提升】一是认真抓好了干部的思想理论教育。抓好了干部队伍的理论学习和干部的思想教育，突出抓好了“珍惜职业、珍惜岗位、珍惜前途、珍惜美好生活”的“四珍惜”教育，并开展了丰富多彩的文化体育活动。二是着力抓好了干部的作风培养。在干部职工中大力开展了“提高政府执行力”大讨论活动，通过落实“执行力”和开展“十查十看”、“六查六看”活动。三是突出抓好了干部的业务学习和培训。加强了税收业务知识的学习和培训，加大税收业务的考核力度，并抓好了征管信息化操作培训。组织副科以下干部集中参加了信息化操作培训和市局组织的考核，考核合格率达 100%。

【以纳税人需要为第一信号，积极加强和改进了纳税服务】一是转变了为纳税人服务的观念。在坚持严格、规范、文明执法的基础上，转变执法方式，更新服务理念，努力实现由权力本位向责任本位转变，由管理型向服务型转变，推进全方位、深层次的纳税服务。二是改进了为纳税人服务的方式。在全面践行“八项服务承诺”的前提下，合理设置和整合办税服务厅功能，更新服务设施，提高服务质量，推出“一窗式”办理，“一站式”服务，全程服务以及早 8 点、晚 6 点，中午不休息等延时办税服务。大力推行网上报税和 POS 机刷卡缴税服务，对全区所有企业的财务人员进行了针对性的学习和培训，开展了“六上门” 服务活动，受到了广大纳税人的热烈欢迎。三是减轻了纳税人的负担。在为纳税人办理纳税服务的过程中，尽可能地从纳税人的角度考虑，尽量减少办理环节，尽量减轻纳税人的负担，力争让纳税人以最少的时间、最小的费用获得最好的服务。

【以科技强税为支撑，加大了对税收征管信息化的建设和投入】一是加强信息化建设的投入。区局从有限经费中拿出了60多万元，为9个基层税务所的办税服务窗口更换了电脑，对旧电脑主机全部进行了更新换代，为办税服务大厅配备了纳税自助服务终端系统，为征收分局配备了UPS备用电源，为计算机中心安装了监控摄像头。二是加强信息化管理系统的运用。建立了规范的电子资料和电子台账，加大信息采集、录入和使用力度，及时准确地采集纳税人的各项数据，保证了征管数据和资料的完整、准确和规范。积极鼓励干部职工开展“网上办公”，有效地减少了办公、办文、办事的工作流程，提高了工作效率。三是加强信息化管理系统的管理和维护。对计算机的使用责任到人，并建立了使用责任卡，做到一机一人，一人一卡。建立了科学简约、清晰明的工作流程，形成环环相扣的管理链条，确保了信息系统运行的安全性和稳定性。

【以抓基层规范化建设为基础，大力抓好了基层税务所建设】研究制定了《建立八大体系长远规划》、《2008年加强区局基层税务所全面建设实施方案》和《基层税务所全面建设考评细则及检查评比量化标准》。通过局域网、电子显示屏、板报，采取专栏、横幅、标语等形式进行宣传，营造了抓基层税务所建设的浓厚氛围。在狠抓区局基层税务所建设中，做到了“四个结合”，即同组织税收收入相结合，同执法责任追究专项清理相结合，同“讲党性、重品行、作表率”主题教育活动相结合，同加强区局作风建设相结合。

武汉市江夏区地方税务局

【紧扣中心，圆满完成年度收入任务】2008年，江夏区地税局完成市政府考核目标6.74亿元，占市局年初下达挑战值6.19亿元的108.83%，同比增长29.27%，增收1.53亿元。累计完成区政府目标任务6.97亿元，占区政府目标任务6.88亿元的101.32%，同比增长31.30%，地方税费总收入首次突破10亿元大观。第一，坚持组织收入原则，顺利实现了税收收入目标。一是深入开展调研，掌握全区税源情况，制定年度税收计划，明确目标责任。二是继续深化税源分级分类管理，建立了税源分析制度，加强对重点税源的动态管理。三是加大了压欠清欠工作力度，全年共清理入户以前年度欠税1.33亿元。四是强化管理，全年累计征收社保规费收入3.11亿元。第二，严格标准，税收征管质量得到进一步提高。一是深入开展经营性房屋出租行为税收专项检查清理工作。全局集中清理经营性房屋出租应纳税款665万元，已纳税款251万元，减免税额229万元。二是扎实进行网吧行业税收专项检查工作。三是积极推进网上报税工作。累计办理网上报税户1384户，全年实现网上申报1167户，实际应用率95.73%，应用率大幅提高，进入全市前列。第三，突出重点，税政管理得到进一步深化。一是全力做好2007年度企业所得税汇算清缴工作，共自行汇算 937 户，全年累计入库税费 1.04 亿元。二是进一步加强对房地产开发企业土地增值税项目的登记和预征管理，实现了土地增值税的精细化管理。三是进一步抓好年所得 12 万元以上纳税人自行纳税申报工作。

【多措并举，干部队伍建设得到进一步加强】第一，抓学习教育促干部队伍整体素质进一步提高。一是以中心组学习为抓手，制定学习方案，促进学习型组织建设。二是以“两项”活动为载体，开展文明执法教育活动和提高政府执行力大讨论活动，推进了全局干部的作风建设。三是以全市地税系统税收信息化考试为契机，着力提升税收信息化应用水平。四是扎实开展民主评议政风行风工作，通过落实“八项服务承诺”、“地税系统十条禁令”及各项规章制度，对存在的不足进行了全面整改，评议结果位居全区第一名。五是深入开展文明创建活动。第二，抓勤政廉政教育促反腐倡廉工作深入有效。一是加强教育，通过邀请专家做预防职务犯罪专题报告、组织观看廉政教育警示片、剖析典型案例，增强了干部职工廉洁自律意识。二是强化监督，认真做好干部离任审计工作，开展对不规范税收执法行为专项清理的“十查十看”活动，落实“十项”廉政纪律规定的自查自纠，全局干部共拒收礼金 4 万元。三是规范公务接待管理，始终坚持“热情不铺张，讲究不奢华”的理念，严格遵循“勤俭节约，开源节流”的原则，强化内部审计监督，促进节约型地税机关建设。

【注重实效，税收秩序得到进一步规范】第一，加强税收宣传。开展了鼓励纳税人积极参加“我为地税建设提意见活动”、“税收与环保同行”宣传活动、“请进来——为纳税人开展免费税法知识讲座”活动、“税法宣传进校园、培养小小税法宣传员”活动、“四上门”、“六上门”纳税服务活动。第二，强化执法责任。一是针对 2007 年税收执法检查中暴露出的税收减免、税收执法程序、税收延期缴纳、税款征收等方面的问题，切实整改落实，加强日常督查。二是签订了 2008 年税收执法责任书，从税收征、管、查、减、免、罚等六个方面确定了 17 个具体目标。第三，认真开展各类专项检查和二级以上税源管理户的重点检查。全年查补各税费 859 万元，加收滞纳金 77 万元，罚款 81 万元。第四，深入开展假发票专项治理整顿。全年共受理发票举报案件 48 次，出动税、警 36 人次，组织开展了 4 次假发票专项行动，查处有问题纳税人 54 户，调整餐饮业营业收入 13 户。抓获售假人员一名，一次性收缴假餐饮发票 20 本，面值 9 万元，进一步规范了税收秩序。

【优化服务，和谐地税局面已基本形成】第一，积极构建和谐内部关系。一是认真落实工资制度改革，积极稳妥地实施了公务员工资制度改革后增资兑现等工作。二是关心群众工作生活，落实了干部带薪休假制度、离退休干部的“两个待遇”。三是健全信访机制。四是加强食堂的环境建设。五是加强社会综合治理，实行“一把手”责任制和目标管理责任制，实行一票否决。第二，积极构建和谐征纳关系。一是继续深化“努力把该做的事做到位”和“努力以纳税人的需要为第一信号”的纳税服务理念，认真落实各级服务规范和服务承诺。二是认真落实各项税收优惠政策。三是积极推行财税库行横向联网，大力实施电子扣缴，降低了税收成本，为纳税人提供了方便。四是积极争取区领导的重视和财政部门的支持，确保了“三代”手续费的及时兑付，维护了纳税人合法权益。

武汉市黄陂区地方税务局

【以科学发展观为指导，税费收入再上新台阶】2008年累计完成市政府目标考核收入7.32亿元，比2007年增收2.18亿元，增长42%；社保费计划数1.17亿元，入库数2.35亿元，比2007年增长超过1倍，规费征集率达到100%。

【以重点工作为核心，税收管理更加精细化】第一，全面开展经营性房屋出租专项检查清理。全局共检查清理1.2万余户，录入信息量1.1万余条，查补应纳税款171万元。第二，加大税务稽查和发票打假力度。2008年对已定案户的查补各项税费以及滞纳金、罚款均全部入库，入库率达到100%，区局稽查局被省局评为“2008年全省地税稽查先进单位”。区局共出动执法人员374人(次)，执法车辆108台(次)，检查小组120个，检查378户，调看原始凭证2300余份，发现假票89份，用假票金额410余万元，处罚补缴税款11万余元，严厉了打击制、售、用假发票行为，有效整顿和规范税收秩序。第三，扎实做好12万元以上个人所得税和全员全额代扣代缴。区局2008年受理年所得12万元以上个人自行申报人数为320人，缴纳税款886万元，比2007年的211人增加109人，增长52%。对行政事业单位个人所得税全员全额代扣代缴，共对区级65个预算单位2154人、各街乡镇场19个预算单位878人代扣代缴个人所得税385万元，在武汉市率先完成了街乡镇场财政统发工资个人所得税代扣代缴工作。第四，稳步推进房地产开发企业土地增值税的项目登记预征和清算管理工作。2008年登记项目112个，登记率100%。达到清算(清结)条件的有27个项目，截至2008年底，已清算(清结)19个项目，其中预征清结2个，核定征收17个，清算税款289万元。

【以“两项”活动和民主评议政风行风建设为抓手，行风建设喜获新成果】第一，扎实开展文明执法教育和执行力大讨论活动。深化学习内容，通过自我剖析不怕“丑”，对照“五查五看”，全面查找存在的问题；通过征求意见不怕“刺”，深入开展“四上门”活动，听取了50户纳税人对地税部门的意见和建议；通过相互评议不怕“痛”，召开专题民主生活会，掌握民意，了解群众呼声。第二，全局动员，民主评议政风行风建设喜结硕果。区局党组高度重视，采取广泛宣传、开门纳谏、自查自纠、边查边改的方式加大政风行风建设力度，取得了全区8个被评单位名列第一的好成绩。行评期间全局收到信息达192篇，编发简报26期。特别是在行评深入发展阶段举办的“迎行评展新风”书画摄影展，充分体现了黄陂区局干部“内强素质，外树形象”的优良作风。

【以队伍建设为中心，干部队伍素质得到新提升】第一，着力加强基层税务所建设。邀请黄陂区本地区成长起来的纳税人代表为广大税干讲述辛勤创业史，邀请武汉大学知名学者为大家辅导，以强化税务干部的责任意识、服务意识、法纪意识和忧患意识。第二，齐抓共管，着力提高科以下干部“一户式”

应用技能。通过办培训班，冲刺班，搞测试，比成绩，在全局大力开展“一户式”税收征管信息系统操作技能的岗位培训、岗位练兵、岗位比武活动，培养和造就一大批懂税收政策业务、会计算机操作的能手。第三，强化教育，增强干部廉洁从政意识。区局开展“以案说纪、以案说法”活动，以身边事教育身边人，引导大家牢固树立以廉为荣、以贪为耻的良好风尚，特别是在“5·12”汶川大地震这个举国悲痛的特殊时期，及时开展情景教育，组织干部职工捐款、默哀、收看电视等，激发了区局干部职工的同情心和廉洁从政意识，区局 211 名干部职工多次自发捐款，前后累计达 10 万元。

【以惠及民生为宗旨，征纳关系取得新进展】一是加强税法宣传，增强纳税意识。发放“我为地税提建议——有奖征求意见”宣传单 2000 余份。将税法宣传以文艺节目的形式积极参加到区普法办组织的“百场法制节目进百村”活动中去，让税法与“五五普法”一道走进千家万户。二是完善申报方式，减轻纳税人负担。截至 2008 年底，已办理网上申报 1053 户，占税银联网正常户 1122 户的 94%。三是创新服务理念，解决纳税人困难。区局积极构建“一个办税厅办事、一个窗口受理、一站式服务”的办税服务新格局，积极开展做纳税人贴心人活动，做到“三零”(办税服务零距离、政策之外零收费、税收执法零投诉)，抓好“四办”(符合政策坚决办、手续齐全立即办、休息时间预约办、多头管理主动办)。

【以“两个减负”为准绳，机关行政效能建设实现新突破】立足现有实际，完善管理制度。结合自身实际，修订完善了各项制度，精减会议数量，增加办公经费，减少招待费用，量入为出，精打细算，既为基层减负，又从根本上解决了过去财物管理上的缺陷，使财物支出更加民主、透明、合理。

武汉市新洲区地方税务局

【税费收入稳健增长，总量再创新高】以编制和落实月度收入计划为抓手，实现月保季，季保年；以落实百户重点税源管理为中心，抓重点，保收入；以同征管同考核为组织收入要求，大力组织规费收入。全年实现组织各项收入 8.61 亿元，同比增长 35.3%，总量再创新高，各项收入任务全面超额完成。其中：区政府考核目标完成 5.72 亿元，占年度计划的 105.9%，同比增长 33.1%；社会保险费完成 2.42 亿元，同比增长 37.5%。

【大力加强基层税务所建设，队伍合力增强】一是抓两级班子，发挥班子成员表率作用。不断健全党组中心组学习制度。二是抓基层税务所，增强队伍凝聚力、向心力。11 月份，通过个人自荐、民主推荐、网上投票、党组决定，评选出了四类先进典型和“十大能手”。三是以活动为载体，提高干部队伍整体素质。组织实施了“五个学习讨论活动”，“六个走出去”，三“个请进来”，“一个典型评选”，即开展“倍加珍惜职业、预防职务犯罪”和“贯彻十七大精神、牢记责任性职责”两个主题教育活动，“我与地税事业共同发展共进步”讨论征文活动，开展提高政府执行力讨论和文明执法教育“两项活动”；每个人走访一户贫困家庭，每个所走进一家工矿企业，征管服务人员走进一家省级文明窗口，副科以上干部赴洪山监狱开展一次警示教育，年轻同志走进一场人才招聘会，局领导带队对60多户重点企业开展“四上门”调研服务活动；把纳税人请进来专为我们挑刺，把优秀创业者请进来讲述他们的创业史，把检察院领导请进来为全体干部进行预防职务犯罪教育；通过自荐、推荐、投票，评选出四类先进典型。

【扎实开展基础建设，管理趋于规范】一是启动征管基础建设试点工作。在阳直、阳逻、征收组和辛冲所四个单位开展征管基础建设试点，以编制和落实月度收入计划为突破口，着力抓好信息维护、税源管理、税款核算、发票管理、纳税申报信息比对、减免税和欠税管理等具体工作，加大考核奖惩力度。区局选派10名业务骨干到江岸、江汉、桥口区局的7个基层税务所进行了为期半个月的挂职锻炼学习，回来交流学习经验，通过工作举措的创新不断促进税收征管工作。二是积极开展经营性房屋出租清理。对全区7800余户经营性房屋出租户进行了调查摸底，录入出租户信息近3000条，应征税款263万元，查补税款188万元，查补入库税款106万元。三是认真组织落实土地增值税清算。清理登记51个项目，已预征土地增值税142万元，查补入库税额119万元，清算面达到60%。对土地使用税税源进行清查，核实税源3000多万元，入库1600万元，同比增长59%。四是重点清理系统中的信息数据。组织专班核实和维护“一户式”中百户重点税源基础登记资料100余份、房产土地信息300余条、车船登记19250台、税种认定500余户以及2007年财务信息（包括资产负债表、损益表、现金流量表等）1300余份。

【积极落实税收政策，调控更加有力】一是抓规范促收入。认真落实房地产税收一体化管理要求，强化“先税后证、以证控税”机制落实。加大个人所得税管理力度，将全区财政统发工资的110多个单位近14000人纳入全员全额申报系统，系统每个月代扣入库个人所得税近20万元。二是抓自查促整改。针对税源调控管理、减免税管理、行业税收政策执行、税收入库纪律和行风建设等方面的问题，开展以“十查十看”为主要内容的不规范执法行为清理活动，对发现的问题及时下达整改通知书24份，提出整改意见和建议52条。三是抓减免促发展。受理减免税申请46户，批准或上报审批减免税额1785万元。

【认真开展行风评议，主动接受监督】开展宣传动员、自查自纠和“六请”、“六上门”活动，广泛征求意见或建议，把落实整改，解决问题贯穿于行评工作的全过程。召开不同层次的征求意见会27场，与会超过1300人（次），发放问卷调查表1000份，邮寄征求意见函200份，走访纳税人170户，收集初始意见建议113条，归并整理出需要区局改进和整改的有29条，区局逐条进行认真整改并及时反馈。在11月初的全区进行的政风行风测评中，新洲区局综合成绩排名第一。

【落实党风廉政建设责任制，构建惩防体系】编印《勤政廉政教育学习资料》，征订《廉政文化建设丛书》下发给全体干部学习，组织收看勤政廉政教育片《真水无香》。以共建廉洁家庭为抓手，通过倡议书、承诺书等形式，将干部的监督向“八小时”外延伸，逐步形成了内部监督与家庭制约相结合的良好机制。认真落实省审计厅整改建议，严肃处理了阳逻所和阳直所违规在街镇报销费用等问题，开展以税务稽查入库率、处罚率、滞纳金加收率为重点的执法效能监察，党风廉政建设成效明显。

武汉市东西湖区地方税务局

【税收收入良性增长】累计完成各项税费收入21.48亿元(含武汉市地税局涉外局下划数),比上年同期增长29.16%,增收4.85亿元,其中组织市政府考核目标收入16.54亿元(含武汉市地税局涉外局下划数),完成年度计划100%,同比增长21.65%,增收2.94亿元。其中:营业税完成6.24亿元,同比增长15.11%,增收8.20亿元;企业所得税完成4.05亿元,同比增长63.37%,增收1.57亿元;个人所得税完成1.04亿元,同比增长10.64%,增收999万元。2008年,东西湖区局从1月份开始深入基层所、农场园区开展调研,分析税源情况,科学编制全年收入计划,合理安排组织收入,努力实现税收收入均衡入库。在2007年收入总规模和区级预算收入高基数的情况下,坚持"不唯需求订计划,不唯计划抓收入"的组织收入原则,在努力完成各项收入任务的基础上,较好保持了年度、月度、区域之间的均衡入库,推进了地税收入的可持续增长。

【税务稽查坚强有力】一是整顿和规范税收秩序。严格执行整规数据报告制,突出对工作绩效的考核。全年各项检查中区局出动执法人员2121人次,出动执法车辆1065台次,共计检查户数844户,其中查处有问题户数47户,查补金额388万元,罚款42万元。二是涉税不法行为得到有效治理。全年共完成稽查总户数36户,查补税款451万元,100%入库,处罚25万元,加收滞纳金13万元。

【队伍建设全面加强】一是认真开展提高政府执行力及文明执法大讨论活动,着力开展"问一问自己工作做得怎么样、看一看自己存在的问题在哪里、找一找存在问题的原因是什么、想一想用什么样的办法来解决"的大讨论,有效提高全局干部职工爱岗敬业、勤奋工作的思想意识。二是抓牢基层税务所建设重点工作。着力"管好自己、抓好工作、带好队伍"三个方面,认真学习,深入讨论。各基层单位结合实际开展"结对爱心帮扶"、"请纳税人作报告"、"与纳税人换位体验生活"等有针对性的教育活动。加强制度建设,严格劳动纪律和工作职责。三是开展形式多样的教育培训,针对一般干部开展了信息化操作技能培训,采取集中培训,互帮互教的方式,提高学习效果。在武汉市地税局统一考核中,全局59人参赛,参训率100%,58人合格,合格率98%。2008年,针对征管工作中重点行业和新近出台的税收政策,组织开展公共管理核心知识、税政法规培训等6期短期税收业务培训班,全面提高了税务干部执法业务素质。四是以文明创建为载体增强干部职工向心力。积极参加市局五大文体赛事;开展"月末清洁家园"和"文明过马路"活动,为全区创建文明城区作出了积极贡献。参加全区纪念改革开放30年群众歌咏比赛,并在比赛中夺得一等奖,展现了东西湖地税局良好的精神风貌。

【廉政建设不断深化】区局上下层层签订党风廉政建设目标责任书,任务分解到位,责任明确到人。全局上下全年没有发生收送红包、礼金、有价证券等违法行为。2008年7月至2008年底,东西湖区局开展了民主评议政风行风活动。对内印发《民主评议政风行风资料汇编》。制作"行评资料汇编",编发简报15期。对外印制12000份宣传册,广开言路,召开4个类别的恳谈会,发放2000份问卷调查、上门走访企业,共收集和整理有价值的意见建议60余条。严格落实整改措施,共6个方面16个问题基本解决到位,对需要长期见效的问题建立《基层税务所补位管理办法》等长效管理机制。东西湖区局被评为2008年"东西湖区民主评议政风行风优秀单位",总分名列全区第一。

【纳税服务水平提高】认真贯彻落实征收大厅工作日内实施"延时"服务,继续坚持办税大厅无午休制度,为远道而来的纳税人提供免费午餐制度,全面推行网上报税,已办理网上报税2396户,达到FTS办理总量75%;推进财税库行横向联网及POS机刷卡缴税,减轻了纳税人在税务局和银行之间往返奔波之苦,全年共计成功刷卡缴税3475笔,征收入库税费1823万元。税收宣传月期间,围绕"税收·发展·民生"主题,一是召开征纳双方座谈会,倾听纳税人声音,解决纳税人实际困难。二是开展"金点子"有奖征集活动。向全区公开征集改进地税工作的意见建设,共收到40余件来稿,对改进地税工作,促进征纳和谐,起到了积极推动作用,该活动被评为税收宣传优秀项目。2008年4至10月,东西湖区局开展了了解情况上门、听取意见上门、宣传税法上门、听取意见上门的"四上门"调研服务活动。在全区选择100家企业,上门为企业提供政策咨询,为企业的发展提出指导性意见,解决企业实际困难。活动同时,为上门企业赠送空气清净机表示慰问,为"2007年度突出贡献纳税人"上门授牌。

武汉市汉南区地方税务局

【把握主动,强化监控,地税收入规模不断扩大】累计完成总收入4.32亿元,同比增长41.27%,增收1.26亿元。其中:完成市政府目标考核收入3.51亿元,同比增长28.89%,增收0.78亿元;完成其他收入0.81亿元,同比增长142.07%,增收0.48亿元。第一,严考核。第二,严监控。重新调整和确定了64户重点税源户,每月按户、按税种登记税源明细账。加强对外来建安企业的台账管理和源头管理。开展房地产税收一体化管理试点。第三,严征管。紧紧抓住建筑、房地产税收和重点税源户,全年重点税源户税收入库1.87亿元,同比增长8%,占入库税款总额的53%。加强12万元以上个税申报,共受理312人,应补税款504万元,与上年相比增加155万元。在实现GPS土地测量的基础上严格进行"两税"清理,落实房地产企业土地增值税"清算"政策,加强项目登记与预征管理,全年土地增值税入库549万元,同比增长523%。以房屋出租税收清查为重点,全面开展区内零散税收的清理检查,清查出租经营性房屋941户,承租户1139户,查补税款 6 万余元。第四，严检查。强化专项稽查，实施专项稽查 4 户，其中调账检查 1 户，共查补入库税费、滞纳金和罚款 22 万元。调用稽查人才库人员对 8 户企业年所得 12 万元以上个税申报进行约谈，补缴个人所得税 14 万元。强化日常检查，查补入库税款近 100 万元。强化自行汇算，累计自核自缴 377 户，做到自核自缴率 100%，自查补报税费 2786 万元，同比增长 1 倍。第五，严执法。加强对逾期申报、逾期办证等税收违法行为处罚，全年对 139 户逾期申报企业处以罚款 2 万元。深入开展发票打假活动，共组织 8 次规模较大的发票打假，出动执法人员 48 人次（其中公安人员 8 人次），执法检查小组 18 个，重点检查 50 户次，查处违法使用发票 5 户，罚款 2 万元。

【以人为本，深化管理，干部队伍建设不断加强】2008 年，区局继续保持了省级最佳文明单位，并被评为市级残保金征收先进单位。征收服务厅获省级“青年文明号”称号，区局团委被团市委授予先进单位，一名干部获得市优秀团干荣誉称号。一是采取多种形式，加强领导班子建设。坚持党组会、局长办公会、局务会（三会）制度。组织实施了正科级领导干部竞争上岗，选拔了 3 名德才兼备的干部。抓好两级“五好班子”创建。二是开展多种活动，提高干部思想素质。三是实施多种举措，提高干部执法能力。四是借助多种力量，提高廉洁自律自觉性。五是运用多种手段，加强基层税务所建设。六是举办多种活动，促进干部身心健康。七是通过多种途径，扎实开展行风评议，在汉南区行评中以总分 98.41 分的成绩获得第一名。

【凝聚合力，狠抓落实，税务管理质效不断提高】第一，用规范之力，夯实征管基础。对 20 多个征管制度进行了修改、完善。8 月份，组织专班对《税收管理员工作日志》的填写情况进行了一次全面检查。第二，聚内部之力，提高管理质效。一是着力推进优势互补，坚持征管、稽查联席会议制度。二是着力推进分类管理，认真搞好纳税信誉等级评定，评定 A 级纳税人 4 户，B 级纳税人 328 户，切实提高了分类管理质效。三是着力推进“两个减负”，充分利用视频网络召开会议，不跑冤枉路；规范报表资料管理，利用征管系统储存的数据信息，对基层和纳税人报送的资料数据进行精简，使用腾讯通、OA 电子平台收发公文，切实解决报表过多、数据繁琐等问题。第三，借外部之力，强化税收征管。通过区政府政务会议明确了对“两税”的管理办法；加强与国土、房地等部门房产和土地开发、交易的信息交换，在区房地局实行驻点征收，堵塞了房产、地产交易税收的流失；加强与国税、工商等部门的定税、户管信息比对，及时补登了漏户、调整了定税，个体户征管面提高 20%以上。第四，依科技之力，发挥支撑作用。继续深化数据的录入应用，夯实日常运行基础，完成内部网站建设。强力推行“网上报税”、电话办税、税银联网，全年共办理“网上报税”签约手续企业 847 户，成功实现税银联网扣款 14580 笔，税（费）款 15200 万元；POS 机刷卡 674 笔，税款 335 万元，占全年税（费）的 43%，降低了纳税成本。

【创新方式，丰富手段，纳税服务水平不断优化】一是弘扬品牌服务理念，继续贯彻“努力把该做的事做到位”、“以纳税人的需要为第一信号”的理念，做好“四个一”服务。二是提升硬件服务档次，为纳税人提供幽雅的办税环境。三是提供纳税服务便利，开辟“绿色通道”，对残疾人、偏远纳税人和重点纳税人开展“点对点”的服务。采取送证上门，送票上门等措施，为纳税人提供便利。四是拓展优质服务渠道，开展“四上门”服务活动，倾听企业意见，答复企业疑问，送政策上门。全年依法减免 98 户再就业人员、6 户残疾人税款 68 万元；依法减免 28 户企业地方各税 193 万元。

武汉市武汉经济技术开发区地方税务局

【科学组织收入,税费收入持续增长】 2008年武经区局共完成各项税费15.69亿元,同比增长49%,增收5.15亿元,市政府考核目标完成9.76亿元,为年度挑战值9.70亿元的101%,同比增长25%,增收1.98亿元,税收收入完成9.61亿元,同比增长27%,增收2.02亿元;地方一般预算收入完成6.19亿元,同比增长31%,增收1.48亿元。第一,狠抓制度建设。坚持科学发展观,紧紧围绕"按经济规律收税"和"不唯需求订计划、不唯计划抓收入"的组织收入原则,实现了均衡入库。第二,狠抓税源控管。认真贯彻落实新企业所得税法,企业汇算清缴自查面达到100%;自查补报各税费7121万元。清理应缴纳税款726万元,已缴纳632万元,减免税金额235元,应补税额93万元,截至2008年底,开票金额47万元,入库47万元。征收货运业营业税1579万元,预征企业所得税63万元。落实土地增值税"清算"政策,审核认定查账清算土地增值税的房地产开发项目24个,已完成23个,预征清结土地增值税的房地产开发项目37个,已完成37个。2008年武经区局成功受理申报年所得12万元以上个人所得税自行申报纳税人1386人,补缴个人所得税人数105人,补缴个人所得税178万元。第三,狠抓社保规费。全年追缴入库历年欠费收入169万元。落实了居民医疗保险费征缴任务。办理参保登记7065人,社保征集率月均在98%以上,社保五费累计入库4.56亿元,同比增长159%。第四,狠抓征管基础。大力推行税收管理员制度和完善税收执法责任制。严格税收政策减免,共办理企业减免税21户,下岗再就业减免税69户,办理契税备案类减免税45户次。

【着力带好队伍,队伍建设不断加强】 第一抓好中心组理论学习。严格执行《党组中心组学习制度》,先后完成了执政能力建设、《公务员法》和《行政机关公务员处分条例》、十七大精神等多个专题的学习。狠抓"三会一课"制度的落实,规范党员管理和发展,转正预备党员1名,发展党员1名。严格落实"一岗双责",逐级签订党风廉政建设责任书,建立干部廉政档案。邀请开发区检察院检察长做党风廉政建设专题报告,进一步规范税收执法行为,严肃税收纪律。第二,加强基层税务所建设。开展"两个经常"教育,充分发挥"一把手"表率作用,组织成立二所工作组,安排一名副所长负责,加强工作组日常管理。开展了"四个一"的大讨论。加强规章制度建设。进一步明确和细化了所长、副所长、税收管理员、票证员等岗位的工作职责,完善服务承诺制、无午休(假日)工作制、征管质量及稽查目标考核制、所务会议制等。第三,加强干部管理。严格制定教育培训规划,采取集中学和自主学相结合的方式。组织6名干部参加全市地税系统信息化建设技能应用成果展示赛,组织全体干部职工参加市地税系统公务员及工作人员公共管理核心内容知识考试。认真做好干部竞争上岗和新录用干部岗位安排有关工作。选拔正科级领导干部1名,副科级领导干部2名。新录用公务员6名,事业编制3名。第四,开展不规范执法行为清理。认真开展清理和检查,对税收执法工作中存在的突出问题提出具体可行的整改意见,督促不规范执法行为限期整改到位。

【优化纳税服务,征纳关系更加和谐】第一,深化纳税服务理念。继续保持发扬"把该做的事做到位"和"以纳税人需要为第一信号"的纳税服务理念,全面落实好和谐服务理念、服务举措和服务方式方法。深入开展"四上门"活动,积极抓好以"税收·发展·民生"为主题的第17个税法宣传月活动,对各项优惠政策主动告知纳税人,及时全面兑付个人所得税代扣代缴手续费。积极开展民主评议政风行风活动,采取走出去,请进来等多种方式,全面查找问题,被武汉市经济技术开发区被为优秀单位。第二,落实创新服务举措。一是坚持延时纳税服务。每月1至15日实施"延时"和"增时"办税服务。二是落实POS机刷卡缴纳税款。三是开展"网上售卖发票,预约送票上门"服务。第三,落实"两个减负"。一是切实为纳税人减负。积极推行多元化的纳税申报和缴税方式。二是切实为基层减负。精简会议数量,控制会议规模。第四,加强机关事务管理和综合治安管理工作。注重提高机关工作质量和效率。先后在新闻媒介发表各类涉税文章6篇。注重加强了节假日值班和社会治安综合治理工作,全年安全无事故。对办公楼进行了装修,缓解了办公拥挤的困难。办公大楼的两证在规定的时间办理完毕。

武汉市东湖新技术开发区地方税务局

【科学组织收入,精细化管理得到进一步落实】全年实现各项税(费)收入23.4亿元,同比增收5.3亿元,增幅29%。其中,市政府目标考核收入完成16.6亿元,同比增收3.9亿元,增幅31%。一是科学分解税收计划,均衡安排税收收入。科学分解上级下达的税收计划,加强收入跟踪管理力度,强化征收管理,严格把握总收入与分税种收入间的平衡。二是完善税源监控体系,健全税源管理办法。不断深化税源分级分类管理,做好重点税源数据的采集、填报、分析和统计工作,认真落实税源管理制度。三是完善欠税分类管理,抓好欠税核查清收。对2008年5月底前票欠和未开票欠税进行全面清理,开展了欠税清理业务培训,采取健全台账、逐户约谈、上门催缴的方式加大了清欠力度,保证了欠缴税款的优先入库。四是加强社保规费管理,推进城镇医保扩面。做好城镇居民医保工作的政策宣传、工作配合和主动服务,大力落实城镇居民医保登记绑定工作,积极主动与开发区管委会、社保局、城乡办等部门联系协调,共同解决工作中的困难和问题。

【加强队伍建设,干部综合素质得到进一步提升】一是抓文明执法教育活动和提高政府执行力大讨论活动的落实。活动中,全局干部撰写的心得体会50余篇,制作活动板报两期,编发税收专报57期,编发图片新闻15期。二是抓行评工作,促作风建设。迅速传达、全体动员、全面部署民主评议政风行风工作，建立了绩效问责机制和行评工作例会制度，确保行评工作稳步推进；广泛征集社会各界对地税工作的意见与建议，认真查找工作中存在的问题和薄弱环节，制定了切实可行的整改措施。在年底开发区组织的民主评议政风行风工作中名列第一名。三是抓基层工作，促队伍建设，四是抓源头预防，促廉政建设，五是抓文明创建，促文化建设。第一税务所分别被市局、东湖开发区评为“三优一满意税务所”、“巾帼文明岗”称号，办税服务大厅被评为“最佳办税服务厅”，征收分局荣获武汉市“巾帼文明岗”荣誉称号，区局有10余人次荣获市级以上表彰。

【坚持优化服务，纳税服务体系得到进一步完善】一是认真做好税收宣传月活动，区局“税收宣传走进科技园”项目被市局评为税收宣传月优秀项目并得到了纳税人的肯定。二是拓展大厅职能，拓宽办税通道。认真落实市局“延时”、“增时”办税服务规定。实行局领导、科所长带头值班制度，大力推行领导负责制、首问责任制；不断提高办税效率，努力降低纳税成本；积极推行多元化的纳税申报缴税方式，不断扩大网上报税、财税库行横向联网企业覆盖面，利用信息化和多元化的申报手段，进一步实现了为基层和纳税人减负的目的。三是落实税收政策，规范审批程序。共办理法定减免税、税前扣除审批及备案368户次，涉及税额合计5983万元。

【坚持依法治税，税收征管措施得到了进一步加强】一是税收信息标准化建设快速推进。加大应用软件的自主开发力度，为信息化建设和资源整合打好基础。开发了税源管理系统。区局内部网站建设与市局内网成功链接，实现了全面上线和规范有序运行。大力做好电子税源地图(GIS)标注工作。开展了流转税与相关附税的信息比对工作，对信息匹配不正常的户管进行了研究分析，共比对信息4130条，补缴税款36万元。二是经营性房屋出租专项检查清理分步实施。通过清理检查，补税款42.17万元。三是个人所得税监控管理工作取得实效。自行纳税申报人数2008人，增幅10%，补缴税款313万元；做好财政统一扣缴个人所得税工作，共扣缴个税24万元；四是做好个人所得税政策调整的衔接与过渡工作，同时相应完成了全员全额申报软件的升级工作。五是土地增值税清算工作稳步进行。整理、印制了土地增值税政策汇编、自查清算表等一系列宣传资料，开会辅导宣传并进行了发放。完成了房地产开发项目登记工作，做到了项目登记率100%。对符合开发条件的项目组织了土地增值税清算工作，预征清结完成100%，应补缴税款1386万元，已入库217万元。六是地方税种管理工作取得突破。认真组织好企业所得税汇算清缴工作。完成了车船税征管及代收代缴自查清理工作。开展了土地使用税等级调整工作。应税土地面积793.7万平方米，已征土地使用税3947万元，同比增收2788万元，增幅241%。七是税收征管措施不断完善。不断细化基层征管职责，做到制度健全，岗位职责到人，考核指标量化、细化。在光谷步行街设立了征管办公室，派驻了专门人员，加大了政策辅导力度，实行了驻点征收。成立了第三税务所，根据税源大小、征管地段，合理划分了三个基层所的征管职责、征管范围，优化配置了征管力量。

武汉市东湖生态旅游风景区地方税务局

【抓好政治思想工作，形成同舟共济、步调一致的局面】一是坚持每周开展一次政治(业务)学习。组织全体干部学习了党的十六大以来中央关于科学发展观的一系列重要论述等，在全体干部中形成思想共识，注重在共同完成各项工作任务中，讲沟通、讲协作、讲支持、讲和谐。二是坚持每月开展党、团组织生活。广泛开展思想汇报、交心谈心活动，发挥党支部战斗堡垒的作用。三是深入开展“三项活动”。积极开展文明执法、提高政府执行力大讨论和民主评议政风行风活动，在每个干部认真学习、牢牢掌握的基础上，深入开展自查自纠，并结合区局的筹建工作，找准了下一步工作的方向。四是积极开展“讲团结、讲奉献的思想品德教育”、“遵纪守法、廉洁自律的社会公德教育”、“善待纳税人、感恩纳税人、服务纳税人的职业道德教育”、“为东湖风景区经济和社会的发展艰苦创业、开拓创新的崇高品德教育”的四项教育活动。

【健全各项规章制度，靠制度和纪律来保证各项工作的落实】一是在政治文明建设方面，制定了政治理论学习制度、党风廉政建设制度、党团组织生活制度、民主生活会制度等。二是在精神文明建设方面，制定了文明执法、规范服务制度、基层税务所(科)建设制度、“五好班子”考核创建制度等。三是在物质文明建设方面，制定了执法责任制和过错追究制度、工作跟踪监督和督办考核制度、与相关部门的联席会议制度等。四是按照“两权”监督的要求，针对内部的人财物管理，还制定了考勤制度、财产管理制度、车辆管理制度、财务报销审批制度等。

【加强勤政廉政教育，营造风清气正的良好氛围】区局党组将党风廉政建设责任分解到各个工作岗位和具体的工作环节，实行量化考核，着力抓了加强领导干部作风建设、加强思想教育、加强政风行风建设、加强内部行政管理和落实党风廉政建设责任制自查考核等五个方面重点环节。在筹建阶段，区局一是将加强领导干部作风建设重点放在领导干部执行廉政纪律情况方面，着力强化工程设计、资产购置、招投标和经费开支等敏感问题的监督管理，做到坚决杜绝以权谋私、坚决拒受方方面面的吃请和馈赠。二是在加强思想教育上突出勤政廉政的内容，做到每个干部都有廉政勤政格言，每个领导干部都有廉政日记，区局党组成员每半年向全体干部报告廉政勤政情况。三是在加强内部行政管理上主要抓人、财、物的规范管理，对正式干部狠抓劳动纪律和请假审批制度，对临时用工严格办理劳务派遣手续，并严格执行基建管理规定和政府采购制度。四是在落实党风廉政建设责任制自查考核上有针对性地开展自查和广泛的群众监督，班子成员人人撰写自查报告，凡遇重大事项，积极主动向上级领导汇报反映工作。

【落实基本建设要求，创造税收开征的有利条件】2008年，东湖生态旅游风景区局的工作重点是抓紧做好办公楼维修改造工程施工设计和概预算等。按工作方案，一季度，区局在进行后院墙护坡加固、临时办公地点和临时食堂维修的同时，及时组织制订办公楼一楼至四楼使用布局图，并于4月份完成了施工图纸的设计任务。7月上旬，完成了对原办公楼的抗震检测、建筑结构质量状况检测工作和使用布局图纸，并于8月底以前完成了加固工程的施工设计图纸，做好省局设立备份中心的准备工作要求。从9月初开始，区局在3个月的时间内，完成了包括主楼、附楼装饰及安装工程、弱电工程、主楼加固工程、主楼屋面防水改建工程、附楼屋面防水改建工程、强电增容工程、消防工程、泵房工程、监控工程等全部工程的施工设计、概预算工作。在2008年底，实施了附楼屋面防水改建工程和用电增容工程，全面完成了临时办公地点的维修，区局主楼、附楼装饰及其他配套工程施工设计图纸及概预算顺利通过了武汉开来工程造价咨询有限公司的审查。

黄石市地方税务局

【围绕质量抓收入】坚持用科学的思路指导收入工作，大力组织收入，确保税费收入适度增长，确保收入质量不断提升。针对金融危机给税收工作带来的不利影响，市局党组适时在全市地税系统开展金融、物业、房地产、矿产等11行业13个税种的税源普查，写出了11个调查报告，瞄准重点、挖掘潜力，为调整金融危机下税收工作思路，进一步加强税收征管提供比较科学的依据。由于措施得力、应对科学，全市各项税费收入达到34.02亿元，同比增长7.62亿元，增幅28.88%，较好地完成了各项税费收入任务，实行各级次、各税种、各行业、各区域税收的平衡增长。

【围绕素质抓队伍】在关心干部职工衣、食、住、行等生活质量的同时，帮助干部职工牢固树立终身学习的理念，广泛开展学科技、学业务、学政治、学文化活动，把提高干部职工的综合素质和能力，作为为干部职工谋福利的最好形式。通过开展计算机、税收业务、文化知识培训班，提高干部的工作技能、业务能力和管理水平，增强干部适应新时期地税工作的能力水平。通过坚持不懈地抓思想解放、抓观念转变、抓思路创新、抓团队合作，培养干部思想的前瞻性、观念的先进性、思路的科学性、工作的协调性。通过开展以《像雷锋那样》《致加西亚的信》《晚学盲言》等10多本书为主要内容的读书活动，培养干部对事业的使命感、对组织的忠诚度、对优秀传统文化的认同感，促进干部职工素质提高、能力增强、思想解放、境界提升。

【围绕效率抓作风】把围绕提高效率抓好作风建设作为优化形象、提高执行的重要工作来抓。结合实际，突出抓好文明执法教育和执行力大讨论活动，从市局到各基层单位在2006年“感想执行力”专题讨论的基础上，重点围绕“转变作风、提高效率、加强执行”的主题，开展大范围、深层次、全方位的全员大讨论活动。全市地税干部职工通过参加座谈会、撰写体会文章等形式充分认识转变作风、加强执行的重要性和必要性，使大家在工作中能够做到主动执行、立即执行、认真执行、正确执行、科学执行。积极组织参与行风评议，全市地税系统科学部署、整体联动，广泛向纳税人征求意见建议，主动向社会各界广泛联系、沟通工作，利用电视、广播、报纸等媒体广泛宣传地税工作，并借助行风评议进一步加强党风、行风、作风建设，充分展示地税部门的优良形象，受到广泛认同，在10个接受行风评议的行业单位中综合评分名列第一。

【围绕规范抓管理】一是在税收执法管理上，充分利用省局征管核心软件上线契机，全市地税系统在两个月内上线成功，并依托征管核心软件完善应用自主研发的税收稽查、社保费征收管理、会统电算化等九大模块。二是强化一级稽查作用，广泛实行调账稽查、稽查预告、稽查约谈等制度，推广规范执法试点成果，规范干部执法行为。在内部行政管理上，突出各种管理制度的制定完善，突出管理流程的规范控制，突出程序手续的健全完备，在基础资料上实现纸质规范到电子规范，做到透明公开、阳光操作。

【围绕民生抓服务】在开展“一窗式”服务、“一站式”办结的基础上，为纳税人提供个性化的特色服务，逐步实行邮寄申报、网上申报、电话申报等多元化申报纳税，优化合并办税流程，减少归并纳税申报资料，增设纳税服务“绿色通道”，为纳税人减少时间、经济成本。利用ISO9001对政务公开实行贯标，自觉接受社会、纳税人的广泛监督，提升纳税服务的透明度、公信力。积极为纳税人政策性减免税收8000万元，积极参与新农村建设，为挂点联系村投入扶贫开发资金20多万元，关注社会弱势群体，为贫困群众解难帮困，向雪灾和汶川地震灾区捐款捐物价值50多万元，有50多名党员缴纳了特殊党费，对口帮扶长源县地税局，一次捐赠工作小车5台，价值近100万元。

【围绕和谐抓文化】通过在内部网站开设“文化长廊”、汇编文化手册、开办文化讲座、开展文化讨论等形式，同时通过成立文学书画、网球、游泳、羽毛球等10多个文体活动兴趣小组，为干部职工搭建广泛沟通的文体娱乐平台，对干部职工进行文化教育、文化提升、文化熏陶，使文化深入人心，净化心灵，纯洁思想，提升境界。

大冶市地方税务局

【以收入为中心，税费规模跃上新台阶】面对5亿元的税收收入任务的压力，大冶市局积极分析税源情况，合理分解任务指标，多方挖掘税源潜力，做到有税必收。2008年度，全市累计完成各项税费收入7.81亿元。其中地方税收收入完成5.28亿元，同比增长38.93%；社保费完成2.1亿元，同比增长44.89%；其他规费收入4269万元，同比增长66.11%。

【推进税银协作，社保费征缴新拓展】全市现有个人参保缴纳社会保险费人数为9245人，为适应启动12万城镇居民医疗保险工作的迫切需要，市局对个人参保缴费采取劳动部门核定、税银协作征收、地税汇总入库的征收办法，已与信用社合作开发一套完整的征收软件并通过省信用社网络中心的评审,于2008年8月18日投入正常运用,2008年12月份全面上线运行。

【应用核心软件,提升地税征管新水平】全市软件上线工作经历了宣传发动、硬件准备、数据清理、信息采集、操作培训、资料录入共六个阶段,圆满完成了5518户税费户、512户纯社保户的信息录入工作,于2008年9月26日,顺利开具了依托征管核心软件的第一份税票,确保了征管核心软件在全省地税系统首批正式应用。

【加快基层建设,规范化管理凸显新亮点】大力推进二分局规范化建设试点工作。一是成立规范化试点工作专班,明确一把手挂帅,分管领导主抓,相关股室、分局负责的工作责任制。二是投入人力物力,经过多次修改和磨合,"组装"成《基层规范化建设操作手册》,并付诸实践。三是狠抓操作手册和岗位职责对接,把规范化管理真正落到实处。规范化建设试点工作初步实现了"三个规范"的既定目标,即规范征管,严格执法,有税必收;规范服务,和谐征纳,科学减负;规范队伍,内强素质,外树形象,二分局被省局评为文明执法先进单位。

【注重行风评议,文明服务展现新风采】一是统一行动、人人参与。通过召开全市地税系统民主评议政风行风工作动员大会,编辑发放学习资料,开辟宣传栏、学习园地,悬挂宣传标语,编发地税行评工作简报,并在大冶电视台和《黄石日报》开办了主题宣传专栏,引导全局干部积极学文件、做笔记、写体会、谈认识,逐步形成了统一行动、人人参与的行评工作氛围。二是公开承诺,接受监督。通过电视、报纸等媒体和办税服务厅等服务窗口向社会各界公开承诺了《关于优化服务促进经济社会发展的实施意见》、《税务干部十条禁令》、《纳税服务十条承诺》,并设立9个举报箱和10个投诉电话,把地税工作的一言一行、一举一动自觉置于社会的监督之中。三是开门评议,真查真改。通过制定《向社会各界征求意见安排表》,采取多种形式广泛征求意见。市局班子成员主动上门听取大冶市委、市人大、市政府、市政协和有关单位意见。分局领导带队到管户企业走访,主动征求纳税人意见和建议,听取纳税人诉求和呼声。同时邀请行评督察员、特邀监察员到各单位、办税厅实地考察,现场指导工作、纠正问题,并印发1000多份问卷调查表在社会广泛征求意见。通过召开特邀监察员座谈会,面对面征求意见。在收集意见的基础上,针对群众反映强烈的问题实行边查边改。在全市政风行风民主评议现场会上,大冶市局在被评议9家单位中得分名列前茅。

阳新县地方税务局

【三种手段促收入】一是加强分税种管理保收。年初提出了各税种收入每月必须较同期有所增长的目标,每月对各税种的收入情况进行监督和分析,采取多种措施,狠抓薄弱税种、薄弱环节的征收管理,保证了各税种收入的大幅增长。二是加强税源管理促收。在加强日常税源管理的同时,对年应纳税额在30万元以上的企业进行重点监控,掌握重点税源企业的纳税情况，就有关税收政策进行细致辅导，着力解决纳税大户的税收问题。三是加强新增长点管理增收。结合县情，对发展形势好，税收增长潜力大的行业，采取措施加强税收管理。

【三种方式严管理】一是完善议事制度。制定出台《阳新县地方税务局党组议事规则》、《阳新县地方税务局局长办公会议事规则》，完善领导班子议事制度，并借鉴市局的经验作法，制定了《阳新县地方税务局岗责考核管理办法》。二是紧抓机关管理。制定出台《阳新县地方税务局车辆管理制度》、《阳新县地方税务局接待管理制度》等制度，健全了机关管理的各项规章制度。三是加强财务管理。重点监督经费审批使用、基本建设、政府采购、固定资产处置、公务接待等环节的执行情况。严格监督财务收支和税收执行情况审计中发现问题的处理和审计意见的落实，并对整改情况进行回访和检查。

【"三个试点"显效果】一是城区分局信息化应用试点工作情况。目前，城区分局建成了小型虚拟局域网，实现了网上办公，较好地提高了工作效率，同时能自动进行升级杀毒，自动进行实时监控。二是富池分局规范化管理试点工作情况。通过从各分局、县局业务股室中抽调了相关业务能手进行全封闭的试点工作攻关，组织骨干攻关，编写了《富池分局规范化管理操作手册》，并在分局范围内全面推开，年底将严格按照手册规定的要求和指标进行考核。三是兴国分局政务公开试点工作情况。在实施政务公开试点中，兴国分局通过网络、宣传栏、滚动屏、设立举报箱、聘请监督员等形式，将税收法律法规、纳税人税负状况以及分局人员监督岗等进行了全面公开，让税收知识家喻户晓，自觉接受社会监督。

【三大工作得实效】一是"两制"工作得以完善。通过建立纳税人户籍报告制度，形成严密的申报监控评审机制，进一步完善《税收管理员电子工作手册》，充分发挥该手册在掌握纳税人的基础信息和动态信息、了解税收管理员日常工作情况的作用。二是计算机硬件全面更新。投入300多万元，更新计算机69台、计算机升级227台。对8个基层分局和一个培训中心的电路速率进行了提速，对县局机房和8个基层分局安装了不间断电源（UPS），保证停电后能连续工作8个小时。三是税费征管核心软件成功上线并投入运行。成立税费征管核心软件上线指挥部，出台了税费征管核心软件上线工作的实施方案，确定了上线人员岗位职责权限定位，确保软件在黄石市地税系统中率先成功投入运行，其中共录入单位5069户。

【三项措施抓服务】一是政风行风强服务。在全系统办税大厅统一完善了服务设施，为纳税人提供休息桌椅、茶水、报刊、《纳税指南》等服务，实行分局领导每日值班制度，为纳税人提供咨询以及首问、限时、延时、预约服务。通过组织召开人大代表、政协委员、纳税人代表、特邀监察员座谈会，共收集整理出涉及队伍建设、廉政建设、优化服务等7大类22条意见和建议。二是整合资料优服务。精简并统一了纳税人报表资料，对现有的154种征管资料进行了整合，取消或合并了55种税收、社保费、行政规费等征管资料。三是落实政策抓服务。重点落实下岗职工再就业优惠政策和落实营业税起征点政策，先后给2560户下岗职工免费办理了税务登记，减免工本费用16.2万元，落实国家优惠政策减免地方税收的500万元，免费为下岗失业人员提供发票。

襄樊市地方税务局

【税费收入在高增幅中呈现良性增长态势】襄樊市地税局遵循经济税收规律，严格组织收入原则，不断强化收入分析、考核、督办和责任，忠实履行地税部门保目标、保发展、保稳定的责任和义务。2008年，全市地税系统税费收入完成45.04亿元，比上年增收9.34亿元，增长26.15%。其中税收收入完成21.96亿元，同比增收4.90亿元，增长28.71%；社保费收入完成20.04亿元，同比增收3.59亿元，增长21.76%，征缴率达95%以上；其他规费收入完成3.04亿元，同比增收8560万元，增长39.14%。共完成地方一般预算收入17.23亿元，占地方政府分配计划的109.77%，增收4.17亿元，增长31.91%。

【地方税费征管核心软件在高标准中成功上线】全市地税部门制定征管核心软件上线实施方案和工作日程表，构筑了责任体系，分解上线户的信息采集任务，配置了硬件；开展了培训，进行了上线工作疑难解答，指导各地有效地开展工作。11月17日，全市地税系统应用新软件为58658户纳税人、3314户纯社保缴费单位和19.6万社保费缴费个人、1765户规费缴费单位提供了全新的服务，成为全省首个“应用最广、管户最多、业务最全”的顺利上线单位。

【“四大活动”在高效率中取得了实实在在的效果】在提高政府执行力大讨论和文明执法教育活动、政风行风评议活动和“十查十看”活动中，全市地税部门统筹安排，相互促进，取得了受教育、转作风、促工作、提形象的明显效果。襄樊市局作为市直执法部门的唯一代表，在全市文明执法教育会议上进行了典型发言，谷城、枣阳和市直第五分局被省局评为文明执法教育活动先进单位。集中对2005年1月至2008年4月的税款征收、税务稽查、发票管理等方面存在的412个问题进行了纠正，管户净增4200多户，责任追究135人次。坚持开门评税、未评先改、边评边改，整改问题187个，襄樊市局以95.81分名列8个被评单位之首，襄阳、枣阳、宜城、南漳、谷城和老河口6个县(市)区局分别在当地获得了第一名。

【优化税收环境在高要求中迈出新的步伐】按照市委优化工业项目审批流程和优化经济发展环境的要求，围绕提高纳税遵从度、提高服务质量，突出税收政策和工作宣传，简化审批程序，积极服务招商，营造了和谐的税收环境。12月30日，襄樊市十五届人大常委会第七次会议对15个单位优化经济发展环境工作进行民主票决，襄樊市局以96.627分被评为两个先进单位之一。

【税费管理在确保高质量中形成特色】一是以科学管理为重点，税费管理不断强化。按照“项目管理、终身负责、稽查监督、市局备案”的要求，制定了房地产税收一体化管理办法。坚持“先税后证”的原则，积极同土地、房管等部门对土地和房产交易联手控管。推行了GPS卫星定位测量土地面积，改进加强耕地占用税和城镇土地使用税管理。开展了企业所得税汇算清缴管理和新企业所得税法的日常管理。全力推进个税全员全额纳税申报，对387户规模较大的纳税户安装使用个税扣缴软件；对市直210多家行政事业单位委托财政部门代扣代缴；组织2874人进行12万元以上所得个税申报，比上年增加1018人，补缴税款463万元。形成了以地税机关主动管理，交警部门年检控管，保险机构代收代缴车辆税收管理模式。二是以落实“两制”为重点，执法行为不断规范。对全市1746名具有执法资格的干部进行了登记；对市局起草的4个规范性和各县（市）区局报备的6个规范性文件进行了审查；对2007年以来制发的文件进行了清理，清理失效文件4个、废止文件25个；全面开展执法检查，查出33个细节问题，并及时进行通报和限期整改。三是积极开展税务稽查和发票打假。全面启动和开展地方税收专项检查，共检查纳税人96户，查补税费2107万元，罚款346万元，加收滞纳金93万元；开展制售假发票和非法代开发票专项整治活动，抓获票贩子7名，收缴假发票8620份、假印章41份。

【党风廉政建设在教育防范中逐步深入】一是加强干部教育。针对干部的思想状况，先后组织干部学习党的十七大精神、开展预防职务犯罪讨论、深入农村和下岗工人家中访贫问苦以及听犯人忏悔等活动，使干部职工进一步增强了法纪意识、廉政意识、执法风险意识。二是强化监督问责。不断建立和完善党风廉政建设的各项制度，明确岗位职责，严格照单问责。在系统内集中对税费征管、税收服务、税风税纪等5大类42项内容进行督、查、改，取得了明显效果。三是狠抓案件查处。继续保持惩治腐败的强劲势头，严肃查处各类违法违纪案件，全年共立案5件，查结5件，处理5人。

【精神文明建设在高目标中顺利推进】一是机构人事改革顺利推进。积极落实省局机构扁平化要求，保康县局和高新分局实现了平稳重组，30名同志竞争走上科级领导岗位。二是机关管理严谨规范。严格签报制度，加强工作督办；机关综合档案工作成为襄樊市第一家全部晋升省特级的系统；补办土地、房产证69处，妥善解决固定资产历史遗留问题；市局连续4年被评为综合治理先进单位。三是文明创建成绩显著。全市地税系统结合奥运年和纪念改革开放30年活动，组织了骑自行车比赛、红色旅游、趣味运动会等丰富多彩的文化活动。成功承办了全省地税职工混合篮球决赛，并取得亚军。全市地税系统在抗震救灾中踊跃捐款捐物。2008年，全市地税系统共新建省级最佳文明单位3个，并被表彰为市级文明系统。四是教育培训富有成效。成功组织了全省计算机应用知识考试，合格率为100%；全系统共举办各类业务培训班296期，培训13088人（次）。五是理论调研具有特色。全年先后有50多篇调研论文被上级单位或理论刊物采用。同时，还与襄樊市委宣传部等5家单位联合举办了“地税杯”理论研讨征文活动。

襄阳区地方税务局

【以公正立公信，增强干部的认同感】在干部使用上，严格按程序操作，在选拔任用7

名干部、交流调整25名干部过程中，没有发生一例群众来信来访及“暗箱操作”现象。在重大事项民主决策上，全年对50余件重大事项均以《局务会议纪要》的形式向全局全面公开，接受群众监督。在工人身份人员转岗这一比较敏感的问题上，经过充分酝酿，民主决策，对业务素质比较好的8名同志，将其转在办税服务厅导税员的岗位上，对计算机操作应用比较熟练的20名同志，选送到襄樊职业技术学院学习，确保了人尽其才。在经费开支方面，严格执行民主理财制度，杜绝铺张浪费。在考勤管理上，从区局班子成员、分局负责人到全体同志，一律实行一日四签到制度，要求群众做到的，领导干部首先做到。2008年度党组述职述廉及个人考评，优秀票均在95%以上，过去频发的群众举报、来信来访等现象得以彻底扭转。

【以真情换真心，增强干部的归属感】区局党组顶住了多种压力，把公积金的发放比例由8%提高到12%；绩效考核工资由原来每人每季度1200元提高到1700元，按政策兑现各种奖励，使干部职工较往年福利待遇提高了50%。针对区局地处郊区交通不便的现状，协调相关部门在区局机关门前设置了公共汽车站，开通了干部上下班交通车。对全系统所有漏水、漏雨办公及住宿楼进行维修，为城区两个家属院安装了天然气，让干部职工找到“区局即我家”的归属感。通过举办“读唐诗、知襄阳、贺新春、爱地税”、“我为襄阳发展加把油”演讲比赛以及女职工运动会、登山比赛等活动，活跃气氛，凝聚人心。重阳节期间，邀请离退休干部代表到区局共度佳节；年末岁首，领导班子对51名老干部、家庭困难的干部、烈军属及遗属进行了走访慰问，把组织的关心和温暖及时送给群众。

【以作为争地位，增强干部的荣誉感】将发展的切入点定在加强税务文化建设上，构筑“同心协力，促进襄阳又好又快发展”的共同愿景。在全系统实行“周有课，月有考，季有评”制度。通过读诗歌、听讲座等方式，深挖襄阳文化内涵，感受先贤的德操和智慧，增强热爱襄阳、发展襄阳的信心和决心。先后4次组织合唱团参加全区群众文艺广场、反腐倡廉、纪念改革开放30周年等专项演出，“地税合唱小分队”已成为襄阳地税的一个品牌。在行风评议期间，区局提出了“人人都是地税形象”口号，掀起了“爱我地税、正我税风、优我形象”热潮，各项工作得到社会各界的充分肯定，区局以绝对优势夺得8个被评议单位综合测评第一名，荣获“行风优胜单位”称号。通过组织对《以我沉痛“七笔账”劝君走好人生路》剖析讨论，深入开展“两项活动”和“十查十看”，使襄阳地税在全区成为一面旗帜。2008年7月，在全区党风廉政暨效能建设工作会议上，区局以《紧扣效能建设主题　打造勤政廉政地税》为主题做了典型发言。区委书记郭忠在全区党政领导干部会议上向全区发出了“向地税部门学习”的号召。

【以问责促落实，增强干部的使命感】全面建立岗责体系，突出定岗明责，对所有岗位设置、岗位职责、业务管理流程到政务管理流程进行重新梳理，形成工作流程图30多个。完善各项税收执法监督制度，按季对各单位依法行政、部门协作等工作进行检查考核，在干部心中树起了“地税有我岗位、我有兴税使命”新的责任观。着力责任追究，将干部岗位职责和税收执法责任全部纳入绩效管理目标考核体系，对不认真履行职责、不作为、乱作为等违法违纪行为，严格实施责任追究。2008年，区局共对52名干部进行了责任追究。

【以典型明是非，增强干部的正义感】树先进典型标杆。通过对勤奋工作脚踏实地的余慧琴、强化管理以法治税的吴保庆等同志大张旗鼓的表彰和宣传，激发了队伍无私奉献、争先创优热情。全年有11名工作业绩突出的干部被提拔任用，130余人(次)受到上级表彰。向违纪行为"亮剑"。通过对执法程序不到位的21名干部经济惩戒，对擅离政务职守的6名同志通报批评，对上班时间脱岗的2名中层干部诫勉谈话，对利用发票谋取私利及其他违纪的3名同志行政记大过处分，对有违法行为的原税收管理员安某某移送司法机关处理，一系列斩钉截铁、雷厉风行的举措，让干部在法度面前懂得敬畏、知道害怕，从而有力地将干部的言行举止导航到正确的轨道上来。

枣阳市地方税务局

【创新机制，全面提升组织收入能力】2008年，枣阳市局在奋力抓收抢收的同时，积极创新收入工作机制，为组织税费收入搭建了稳固的架构。一是以源泉控管为手段，加大了土地税收、房地产建安税收等行业税收的部门联合控管力度，落实了耕地占用税、契税、车船税"先税后证"等举措，完善了税费源管理机制；二是以事前监控为核心，以生产经营、缴纳税费异常变动户为重点，落实了纳税评估机制；三是以防止税收流失为目的，全面加强了日常管理，对93户开展了检查，进一步理顺了纳税秩序，落实了检查机制；四是以分析预测为重点，全面加强了重点税源、欠税大户、机遇性税源管理，提前介入、做好预警，防止了税款流失，打出了一系列的组织收入"组合拳"。全年累计入库各项收入2.79亿元，同比增收4766万元，增长20.64%，其中，征收地方税收及附加1.61亿元，占年初计划的105.2%，同比增收2538万元，增长18.69%；累计完成一般预算收入1.23亿元，占年初计划的104.41%，同比增收1799万元，增长16.94%。征收社保费1.13亿元，同比增收2131万元，增长23.27%。

【创新思维，全面夯实业务基础建设】按照打基础、利长远的治本思路，在征收管理创新上，把业务基础建设细化成"十件实事"，为一线征收人员清晰地勾勒出了管理的抓手，即深化"1+8"管理平台运用、强化税务登记、核查调整总代理商、总经销商税负、加强房屋租赁行业税收管理、清查土地使用税税源、规范车船税管理、落实新《企业所得税法》、做好社保费管理、开展欠税清理、加强征管"六率"考核等十项工作。国、地税联合办证、欠税规模及成因调查分析、社保费扩面征缴、土地使用税税源清理等一大批重点管理活动，通过"十件实事"得到了理顺和落实。

【创新方式，全面营造地税文化氛围】注重创新工作方式，用浓郁的枣阳地税文化作为带队保治税的根本之策。一是创新了思想政治工作方式，投入40多万元，妥善解决了冰冻雨雪灾害对干部职工供水、供电造成的损害，在同志们过生日时及时送上一份礼物、一份祝福，每月确定不同主题，开展了丰富多彩的文体娱乐活动，贴近思想，贴近工作，贴近实际，把思想政治工作作为融洽情谊、增进团结的纽带。二是创新了文化建设的载体。创办了带有论坛性质的刊物《博艺苑》，为大家宣传自我、宣传工作、宣传地税搭建了崭新的文化平台，共收到各类文章178篇，刊发了81期，成为展示地税文化、展示精神风貌的重要阵地。三是创新了纳税服务工作举措。提出了"八不让"、"四个凡是"、"两个零距离"的文明服务新标准,开展了与纳税人手牵手、与缴费人心连心等经常性的纳税服务活动,取消和归并了12项办税流程,在服务中执法,在服务中管理的理念和做法深入人心,先后被省局评为全省地方税务系统文明执法先进单位和全省地方税务系统党风廉政建设先进单位。

【创新手段,全面提高科技应用水平】面对近6000户、几十万标准信息的采集录入工作,全市地税系统创新手段,不搞人海战术,紧紧依靠科技第一生产力,先后自主攻关研发了一整套"征管基础数据智能录入软件",从原ETAX数据库中查询导出,合并成与征管核心软件要求相一致的电子表格,对审核后的电子表格智能化录入征管核心软件,自动校验数据,做到了对标准数据实现信息自动录入、分检,对错误数据实现信息自动记录提醒,断点自动续录。原来手工录入一户需要10分钟,而且还有风险,用软件录入只用不到2分钟,而且保证了质量。全局仅用7天时间就在全襄樊市地税系统率先完成了5000多户的录入工作,襄樊市地税局专门在枣阳市地税局召开了软件鉴定会,并推广运用,还被省局表彰为上线工作先进单位。

宜城市地方税务局

【以为国聚财为使命,大力组织征收,税费收入工作取得新突破】2008年,宜城市地税局税费收入总规模达到2.53亿元,比上年增收4421万元,增长21.19%。其中税收收入完成1.19亿元,同比增收2769万元,增长30.21%;社保费收入完成1.18亿元,同比增收1078万元,增长10%;其他规费收入完成1502万元,同比增收574万元。地方一般预算收入完成9384万元,增收2257万元,增长31.67%,税收收入占财政收入比重首次超过50%。

【以征管核心软件上线为重点,推进科学管理,征管基础建设实现新跨越】一是税费征管核心软件成功上线。全市3597户纳税人、335户纯社保缴费单位全部上线。二是有的放矢强化税(费)种管理。加强年所得12万元以上个人所得税监管,受理自行纳税申报110人,补交个税8万元;安装个税扣缴软件128户,月扣缴税款20万元。加强对车船税代收代缴管理和稽查力度,对8家保险公司依法进行了处罚;加强对企业所得税汇算清缴管理,汇算清缴户数达70户,补缴企业所得税274万元。加强"三费"管理,水资源费、残保金、排污费征缴率全部达到96%以上。三是积极探索征管新机制。定期与国税、工商、公安等部门实施联合控管,堵塞征管漏洞;社保费落实税式"十上"管理,保持连续8年的高速增长;房地产税收采取了"项目管理、终身负责、稽查监督、市局备案"的办法,车辆税收实行了"一条龙"管理;采取管理分局与稽查局整体联动的方式,开展了资源税、房屋租赁税收、建安和房地产税收专项检查,征收资源税140万元,征收房屋租赁税收200万元,征收建安、房地产税收2000万元。

【以税收法律法规为准绳，落实税收政策，税收法制建设取得新进展】强化执法监督，聘请50名特邀监督员，发挥监察、法规、稽查的监督合力，加强了对重点部位、重点环节、重点岗位的执法监督。强化税务稽查，查处各类涉税违法案件42起，查补税款290万元，罚款27万元，加收滞纳金4元；全年审理大案7起，给予行政处罚3户，向公安机关办理涉税移送5户。认真落实税收优惠政策，为符合条件的588户下岗失业人员减免税收66万元。强化税法宣传，在宜城市电视台开办了《地税之窗》节目，全年制作专题节目6期，宣传税收新政策140余条。

【以开展“四项活动”为契机，广泛接受监督，地税部门形象有了新提高】在“十查十看”活动中，全系统共清查漏征漏管户1729户，补办税务登记862户，造册管理867户；清查欠税306万元，欠缴社保费255万元，全部追缴入库；累计纠正问题29个，通报批评2人次、责任追究13人次。在“执行力大讨论”和“文明执法教育”活动中，找准了落实不力、服务不到位的问题，逐一进行了整改。在“政风行风评议”活动中，举办特邀监察员恳谈会、座谈会、反馈会15次；市局领导班子成员带队，走访重点企业20余户；向社会各界发出《致纳税人一封信》3000余份，发放征求意见函1000余份，印制纳税服务联系卡6000余份，查找问题8个，全部进行了整改，以98.33分位列8个被评单位第一名。同时，在宜城市优化经济环境评议科（局）长活动中，宜城市地税局参加评议的5位分局长在49名评议对象中，一名分局长取得了第一名的好成绩。全系统大力开展为纳税人减负活动，全年免收税务登记证工本费3660元；改造和整修了各办税服务厅，更新服务硬件设施，配强办税服务人员，营造了舒适便捷的办税环境。

【以绩效考核为抓手，提升行政效能，干部队伍焕发出新活力】一是干部管理拿出了新举措。将9名优秀干部选拔到领导岗位，呈报了7名提前退休人员，实行了稽查人员“逢进必考”和双向选择；建立了“月月积分，连续跟踪，群众考评，定期公布，奖惩挂钩”的积分评价考核机制，充分调动了干部的工作积极性。二是干部教育收到了新成效。组织各类税收业务培训20余期，培训干部300余人次；邀请省委党校教授为全市地税系统作了预防职务犯罪专题讲座。三是廉政建设取得了新进展。全面落实“一岗双责”，认真组织开展“比党风、看政风”和“情系民生、勤政廉政”主题教育活动，大力加强廉政文化建设，建立了廉政文化室。宜城市地税局还被省市纪委列为“全省廉政文化建设示范点”。四是文明创建步入新境界。组织了春节联欢晚会、红色教育、干部职工冬季运动会、太极拳队、六一儿童才艺表演等各项丰富多彩的文化活动；为汶川灾区捐款16450元，缴纳特殊党费31250元，捐献棉衣棉被150多件，以实际行动支持了灾区人民重建家园。

南漳县地方税务局

【以收入为中心，完成任务创造新成绩】2008年，南漳县地税局各项税费收入突破1.7亿元，同比增收4534万元，增长35%。其中完成税收收入8191万元，占年计划

7158万元的114%，同比增收2330万元，增长40%；完成一般预算收入6264万元，占年计划5639万元的111%，同比增收1667万元，增长36%；完成社保费收入9252万元，同比增收2202万元，增长31%，再创历史新高，且征缴率稳定在98%以上。

【以激励为导向，队伍建设呈现新面貌】 抓人事改革，全力盘活“人头”。对原有的30余名股级干部全部先免职，再按照公开、公正、公平的原则重新竞争上岗，按照领导干部选拔任用制度，实行日程安排、人员审查、各项成绩、考核小组“四公开”，以及笔试试题、面试考官“两外包”，共选拔任命正股级干部28名，副股长4名，其中新提拔7名。借开展“两项活动”的东风，激发干部职工谋事、干事、成事的斗志。组织干部职工撰写笔记、心得体会，开展座谈会、讨论会、查摆会、剖析会；召开纳税人座谈会、深入企业走访调查，向系统内外发放“征求意见函”，在地税系统局域网开辟专栏，发表专题文章35篇，南漳县政府在地税局召开了全县“两项活动”现场会，号召全县42个执法单位学习推广南漳地税经验。

【以规范为标准，征管质量跃上新台阶】 一是强化基础管理，抓好税收管理员手册、征管档案资料管理，落实税收管理员制度、税源户籍管理制度，实现征管工作督查规范化、信息标准化、台账电子化，《襄樊日报》头版以《在创新中追求卓越》报道了南漳县局的做法。二是强化信息管理。采取“三个一切”措施，调动一切资源、真实录准一切数据、努力克服一切困难做好征管核心软件上线工作。三是深化执法管理，重点规范重大案件审理、规范行政处罚、规范减免税管理、规范税收政策落实和规范文件清理。

【以活动为载体，地税文化展现新亮点】 一是充盈文化。先后修改和完善了税收文化墙、政务公开墙、南漳风景墙“三墙文化”，投资1万余元，加强了图书室、活动室等文化阵地建设。二是创建文明。大力开展以文明股室、文明家庭、文明楼栋、争创“青年文明号”等为细胞的创建活动，与国税局、电视台联合举办了“税务局长走进演播室”活动，在县电视台开设了《地税时空》栏目，宣传税收政策、税法知识及系统内外先进个人、先进事迹。三是奉献爱心。四川汶川地震后，迅速组织全系统干部职工为灾区捐款4万余元；深入高寒山区长坪镇孔家畈村，考察当地村民的烟叶生产情况；为艾滋病患者送去500元现金，新农村工作队深入李庙镇石桩河村，送去“三农”科技书籍、电视、电脑和书桌，价值1.5万元。

【以惩防为抓手，廉政建设开创新局面】 一是抓住行风评议这个龙头。在南漳县行风政风建设集中评议大会上，南漳县地税局以93.89分的成绩取得全县第一名。二是抓住责任落实这个关键。软功硬做，细化分解党风廉政建设责任制，把党风廉政建设责任制目标与税收业务工作同安排、同部署、同检查、同考核，做到细化、量化、硬化；实行集体议事、众人评事、共同谋事，全年召开重大事项班子会议10次，组织开展党组中心学习组集中学习8次，召开班子扩大会议5次，执行民主议事、科学决策的办事原则。三是抓住廉政教育这个重点。组织干部职工学习中纪委十七届二次全会、各级领导党风廉政建设讲话精神及党风廉政建设规定等内容，在思想上筑牢法纪防线，以案例为反面教材，提高干部职工党性修养，严格规范执法行为。四是抓住内部审计这个要害。制定内审计划，根据内审计划的要求，规范了系统内部各项财经制度，确保大型基建项目审计工作专业性、规范性，委托南漳县审计局审计事务所进行审计，仅此一项节约资金近10万元，通过政府“阳光”采购，购进电脑设备86件(套)，减少采购资金近4万元。

保康县地方税务局

【加强征管措施，确保收入增长】2008年，保康县地方税务局累计组织地方税费收入 1.58 亿元，同比增收 5466 万元，增长 52.76%，其中：地方各税收入完成 1.15 亿元，同比增收 5252 万元，增长 84.5%；社保费收入完成 4360 万元，同比增收 214 万元，增长 5%。一般预算收入完成 6359 万元，同比增收 2474 万元。一是强化税源管理促收入。2008 年，保康县局狠抓行业征管，细化税种管理，加强部门协作，挖掘税源潜力，仅企业所得税汇算清缴就补缴 193 万元；实施房地产一体化管理征收税收 300 多万元。二是强化税务稽查增收入。保康县局充分发挥稽查职能作用，以查促管，以查促收，全年稽查 10 户，查补税款 125 万元，加收滞纳金、处以罚款 21 万元。发票专项整治查出出售、使用假发票的纳税人 31 户，查获假发票 6100 份，涉及金额 76 万元，其中被保康县司法机关依法判处有期徒刑 1 人，被保康县检察院起诉 2 人，被保康县公安机关行政拘留 4 人，罚款 6 万元，追缴税款 10 万元。

【实施机构改革，优化职能配置】作为襄樊市地税系统机构扁平化改革唯一的县(市、区)试点单位，2008 年 3 月份，保康县地税局机构改革全面启动，历时 3 个月，县局机关科室由 9 个压缩为 4 个，基层管理分局由 7 个压缩为 4 个；通过竞争上岗产生 2 名副局长，6 名科长，14 名副科长，对 56 人的岗位进行了调整，轮岗面达到 80%。经过改革，合理利用人力资源，优化职能配置，实现了“岗得其人，人尽其才”；通过规范干部岗位职责，细化工作内容，强化责任，消除了机构运行中工作脱节、只推不揽、分工不协作等弊病，最大限度地发挥每个职能机构工作效能和每名干部职工的工作潜力。

【应用核心软件，提高征管水平】一是对硬件设施进行了优化升级。先后两次通过保康县采购办公开招标，购进 50 台电脑，全部配备到征管一线；为各科室、稽查局配置了打印机、扫描仪等办公设施、提高了办事效率；重新改造保康县局中心机房，配备和完善了分局 UPS 供电系统，确保了正常办公，提高了办事效率，全系统信息化水平大幅度提升；二是不断提高计算机运用水平。全系统克服户籍管理基础薄弱、工作人员微机操作不够熟练等困难，先后集中开展微机操作培训 5 次，内网专门开辟微机知识学习窗口，多次开展计算机模拟考试，全系统微机操作技能逐步提高；三是征管水平进一步提高。依托核心软件的应用，不仅提高了干部职工工作效率和服务质量，还进一步强化了对税源户籍、税费征收、税收票证、发票、社保费等业务的管理，堵塞了管理漏洞，减少税收流失，增加税收收入。

【重视干部管理，提高队伍素质】一是加大教育力度。通过持续、深入的典型教育触动大家的思想和灵魂，促使干部职工增强自觉拒腐防变意识。累计开展学习十多次，人均撰写学习体会 5 篇、共 1 万多字；二是拓展监督方式。结合“两项活动”开展，聘请了 10

位特邀监察员和40位行风评议代表,先后3次召开了特邀监察员会议,5次组织纳税人参加座谈会,征求合理化意见和建议20余条。通过行之有效的方法和措施,提高干部职工参与自查自纠、自查整改的积极性和主动性,进一步纠正各种不良现象;三是加强执纪力度。结合全省“十查十看”工作开展,县局成立8个专班,先后对重点行业的税收执法和服务情况进行了督办,促使大家及时纠正存在的问题。《湖北地税》刊载了保康县局“两项活动”工作开展情况,保康县纪委监察局《纪检与监察》推广了地税部门政风行风工作经验。

【抓好机关管理,改变工作面貌】一是大力加强机关管理,增强责任意识。规范机关管理流程,制定切实可行的《机关管理制度》,完善公务接待通知单、出差派遣单、派车单、物资采购计划审批单、物品领购审批单、维修单等单表,并且严格按照制度规定操作,达到了规范管理的目的;二是加大基础设施建设力度,激发全员工作热情。虽然经费短缺,但是保康县地税局党组始终把改善干部职工工作、生活环境摆在头等位置,先后投入3万余元,对税收管理三科办公楼进行了整修,投入3万元为县局机关、税收管理一科安装了电子监控设施。

谷城县地方税务局

【“一岗双责”抓党风,形成齐抓共管大格局】“三书管理”全面抓。每年年初,谷城县地方税务局把党风廉政建设工作目标、税费收入目标及纪律要求进行细化、量化,层层签订《党风廉政建设责任书》、《工作目标责任书》和《承诺书》。把各项工作目标、纪律要求等全部落实到每一名班子成员、每一名中层干部和每一名税收管理员。落实责任人人抓。在《谷城县地税局党风廉政建设责任制》中,一是明确了“一把手”责任。县局和分局“一把手”是落实责任制的“第一责任人”。二是明确了班子成员责任。班子成员对自己分管的股室和包片分局负责。三是明确了各股室责任。根据各分局、各股室的工作职责来确定党风廉政建设责任内容,并融入各自的工作程序。四是明确了每个税收管理员的责任。按照各自工作岗位和工作职责,分共性目标和个性目标两大类,把党风廉政建设责任制落实到每个干部肩上。季度考核经常抓。把各分局、各股室落实党风廉政建设责任制情况与税费收入任务、干部管理、文明创建等各项工作捆绑在一起,实行季度考核。对检查考核出的薄弱环节和苗头性问题,以通报形式反馈给相关单位,并提出整改意见和建议,限期整改。同时把考核结果与单位和个人经济利益、年终评先、公务员考核及干部任用结合起来,实行“一票否决”。

【“两个重点”正税风,形成风清气正好局面】严格三个环节,规范行政执法行为。在个体工商户税款核定环节,成立了由分局长、分管业务副分局长、税收管理员、纳税人代表等共同参与的评税定税小组,每月召开一次例会,并将结果进行公示;在税收优惠政策审批环节,严格减免税审批手续。2008年,共受理各类减免税申请590户，减免税(费)1575万元。从未发生一起违规审批减免税现象；在大要案审理环节，成立了大要案审理委员会，对涉案金额超过10万元以上的稽查案件集中审理。2008年，大要案审理委员会共审理涉税案件12起，未出一起行政诉讼案件和行政复议案件。严把三个程序，规范行政管理行为。一是在大宗物品采购上，严格按照《采购法》的规定和程序进行采购。2008年先后投入资金200多万元，购买计算机及各种辅助设备均严格按照政府采购程序进行。二是在经费支出上，严格执行《谷城县地税系统经费管理办法》，对各单位招待费实行定额管理，超额自理，按月公示。三是在干部提拔任用上，严格遵守《党政领导干部选拔任用工作条例》的规定，2008年，对选拔任用的6名干部都严格按照民主推荐、充分酝酿、考察考核、党组审议、公示公开、报批任职等程序进行。在不断完善《谷城县地税局干部轮岗交流办法》的同时，先后对从事餐饮、建安行业管理的税收管理员、税票发票管理岗位的人员和税收及经费会计岗位人员定期轮岗交流。先后对干部轮岗交流75人(次)，其中三个重点岗位轮岗48人(次)，轮岗面达100%。同时还对8名分局长、9名股长、10名分局副局长进行了轮岗交流。

【“三管齐下”促行风，树立廉洁为税新形象】坚持学习教育，筑牢思想防线。一是抓日常学习。利用周二、周四学习日，经常性开展讲廉政课活动。二是抓警示教育。组织干部观看了《廉政中国》、《忏悔》等警示教育片。先后组织系统干部到车间、到农村、到农场等教育基地，与工人、与农民、与劳教人员近距离接触，使干部打牢思想政治基础，增强反腐倡廉意识。三是抓廉政文化教育。通过召开会议、建立廉政文化室，设立荣辱榜，在干部职工中广泛开展了社会公德、职业道德、个人品德和党纪政纪、法律法规教育，进一步提高了干部职工的廉洁自律意识，增强了法纪观念。健全各项制度，加强干部监督。一是完善了党组议事规则和领导班子民主议事制度。二是完善了廉政谈话制度和诫勉谈话制度。2008年共对6名选拔任用干部和9名股室负责人进行了廉政谈话，对2名干部进行了诫勉谈话。三是坚持了政务公开制度。制定下发了《谷城县地方税务局政务公开管理办法》，在内网上开辟了政务公开专栏，把重要事项全部按期进行公示，主动接受干部职工监督。四是向社会全面公开监督举报联系电话和全系统副股级以上的移动电话，主动接受社会各界的监督。严格责任追究，落实工作责任。按照“谁主管谁负责，谁出事追究谁”的原则，对干部的违纪违规行为不护短、不手软、不敷衍。2008年，系统先后有57人(次)受到责任追究，经济惩戒1.6万元。

老河口市地方税务局

【组织收入工作实现新突破】老河口市局坚持将强化责任意识、推行绩效考核贯穿到税收征管的每一个环节，将组织收入工作与推行税收精细化管理相结合，与规范执法相结合，与优化服务相结合。坚持向强化税收征管要收入，向严格执行政策要收入，向加强税源监控要收入，有效推动了组织收入工作的顺利开展。全年共组织各项税费收入2.45亿元，同比增收3700万元，增长17.7%。

【提高征管水平实现新跨越】在税收基础管理中，围绕精细化管理做文章，认真落实税收管理员制度和税源管理制度，全面开展税源清理，加大税收稽查力度，全年清收欠税476万元；加大假发票打击力度，检查用票单位36家，查处案件20余起，查补税款20余万元，罚款4万元，刑拘犯罪分子1名；全面规范税收征管文书的填制、传递、整理、归档，积极探索科学管理征管档案的新路子；认真落实税费征管核心软件上线工作要求，坚持“思想、硬件、技能、数据、保障”五到位，录入数据6777户，并顺利上线；以深化税收执法责任制建设为核心，自行研发了税收执法责任制人机考核软件，并在全省交流。

【建设法治地税走出新路子】严格落实税收优惠政策，共审批符合条件的下岗再就业纳税人151户，为符合条件的12家福利企业审批减免税194万元，为纳税人减负落到了实处；规范高收入纳税人个人所得税自行申报缴纳工作，共受理年所得12万元以上纳税人自行申报个人所得税91人，申报缴纳个人所得税214万元；规范开展执法检查和执法监察工作，自查面和检查面均达到100%；认真开展“十查十看”工作，共通报批评45人次，责令写出书面检查32人次，对12人做出调离执法岗位的处理，对4名稽查人员、2名案件审理人员进行批评教育。

【和谐地税建设构建新格局】以执行力建设为突破口，实施“三五五”工程，努力构建文明、高效窗口形象。开展微笑服务、热情服务、一站式服务等三项服务，确保纳税人不吃闭门羹，不坐冷板凳；推行办税服务“零距离”、办税事宜“零差错”、服务对象“零投诉”、办税流程“零障碍”、规定之外“零收费”的“五个零”服务承诺；组织开展争做“五心”服务使者活动，要求干部接待来访要热心，解答问题要耐心，办理业务要细心，帮助纳税人要诚心，接受意见要虚心。

【地税队伍建设展现新形象】从提升队伍素质着手，先后举办了计算机培训4次，参训干部达到150余人次；邀请北京王小平教授举办了“感恩”教育专题讲座；在网络上开辟了学习专栏，干部人均学习笔记和撰写心得1.5万字。在民主评议政风行风活动中累计发放征求意见表5000余份，聘请特约监察员10人，走访企业50余家，以99分的优异成绩在全市8家参评单位中名列第一。

【文明创建工作推出新举措】强化思想引导力度、活动渗透力度、形象塑造力度，在文明创建上出新招，做真功。丰富了干部职工业余生活，组织开展了篮球、乒乓球、钓鱼、旗牌等比赛活动，添置健身设施，设置图书室，满足干部职工需求；看望慰问因病住院干部20余人次，筹集资金解决了家属楼漏水、防晒问题，以实际行动使干部感受到了组织的关心；大力开展争创“文明小区”、“文明楼舍”、“文明家庭”和“贤内助”活动，将文明创建向干部职工家庭渗透，用传统的亲情融洽人；资助市一中3名品学兼优学生完成学业，出资一万元援建袁冲村农家书屋，组织干部职工向汶川灾区捐款38496元，展现了地税干部的良好风貌。

荆州市地方税务局

【征管机制建设】荆州市局始终坚持正确的收入导向，不唯任务抓收入，在全面开展税源调查的基础上，科学编制、合理分配税收计划；全年监控重点税源 332 户，入库税收 5.50 亿元，占税收总额的 42%；于 6 月 4 日启动运行财税库银联网系统，实现实时扣税，加快入库速度；紧急采取增设窗口、增加网点、延长时间等一系列措施，加强社保费征缴。2008 年，全市地税系统累计完成各项税费收入 37.73 亿元，同比增长 36.30%，增收 10.05 亿元，占年度计划的 118.10%。其中：税收收入完成 13.41 亿元，同比增长 23.72%，增收 2.57 亿元，占年度计划的 107.44%；社保费收入完成 22.95 亿元，同比增长 43.31%，增收 6.93 亿元，占年度计划的 123.13%；规费收入完成 1.37 亿元，同比增长 65.58%，增收 5434 万元，占年度计划的 165.86%。

【服务体系建设】认真落实省局“五型地税”建设的工作要求，深入开展“六个一”活动，市、县班子成员及市局机关部分科长对口联系全市重点纳税企业 70 户，主动为企业上门服务 600 余次，解决实际问题 120 余件。组织专班对纺织行业开展调查，提出从 10 方面落实税收优惠帮助企业扭亏脱困，近百家企业从中受益。制定出台《优化经济环境的 30 条措施》，从 8 个方面分项落实，全年为 130 家企业减免地方税费 6931 万元。市领导批示请全市优化经济环境办公室宣传推广地税部门服务经济建设方面的做法，市地税局被评为“全市服务工业经济先进单位”。

【信息化建设】全系统集中 4 个多月的时间，全面保障、全面部署、全力以赴，确保征管核心软件于 10 月 27 日如期上线，并实现了与 ETAX 系统的成功切换。全系统共投资 2540 万元，改造机房七个，配备计算机 856 台、打印机 116 台，不间断电源 47 套；组织 12 个培训辅导组，分 4 个层次、40 余批次巡回培训干部 1800 人次；录入储存了 272644 户纳税人（缴费户）信息，其中税收户 47236 户；并对 2005 年来的交通运输等 6 个行业发票进行全面清理检查。

【政风行风建设】全系统各单位分别由“一把手”挂帅，分管领导坐镇，工作专班主抓，全体动员、全员参与、全面覆盖，共走访 2049 个单位、5336 名个人，发放调查问卷 13383 份，召开征求意见座谈会 56 场，收集各类意见和建议 266 条。随后按照“五定”方案，层层落实责任，重点整改大厅服务、税收宣传、政策落实、服务经济、税费征收、发票管理以及为纳税人“减负”等 7 个方面存在的 18 个问题，并重新修订完善了 16 项制度。全系统 10 个参评单位全部被评为“优秀单位”，其中包括市局在内的 5 个单位取得了综合评议第一名的好成绩。

【税收法制建设】广泛开展税收宣传和“五五”普法活动，作为全市两家单位之一，市地税局被表彰为“全省普法工作先进单位”。严格执行税收政策，狠抓新《企业所得税法》及其《实施条例》、土地税收新政策的贯彻落实，彰显政策增收效应；认真做好年所得 12 万元以上自行纳税申报工作，全市共受理申报2337人，申报补缴个人所得税816万元。开展“十查十看”活动，全系统共清理漏征漏管户1563户，清缴欠税1218万元，纠正30多起政策适用不当、执法程序不当、发票管理不当行为。推进税务稽查规范化建设，全年查结案件51起，查补入库税费1265万元；并与市公安局联手，成功侦破了“2·26”特大制售假发票网络案件，端掉非法印刷窝点1个，摧毁非法销售网点10个，追缴各类非法制造的发票150种、32884本、134万余份。

【行政效能建设】将年度考核与绩效考核完全对接，并分步推向县市区局，市局被市委、市政府表彰为全市绩效考核工作优秀单位。进一步提高办文、办会、办事的质量和效率，进一步加强档案管理和保密工作，进一步加强调研工作，全年完成较高质量的调研文章30余篇，被省级以上刊物采用12篇，市地税局“两会”被全国大中城市社科联表彰为“全国先进社科学会”。继续拓宽政府采购范围，全系统政府采购金额达到1650万元。继续开展清产核资整改工作，补办土地使用证和房屋所有权证63个，办理车辆过户手续113辆。继续推行国库集中支付制度改革，撤销不规范的经费预算账户42个。继续内外挖潜，争取资金偿还债务，全市化解债务377万元，债务偿还率达到40%。继续做好信访工作，全年妥善处理群众来信30余件，接待来访14批30人次。

【党风廉政建设】层层签订责任书，因地制宜给各单位增签个性目标。坚持念好“廉政经”，将廉政勤政教育与开展“倍加珍惜职业，预防职务犯罪，共建和谐地税”主题实践活动、“两项活动”、宣教月活动、党组中心组学习、廉政文化建设等结合起来常抓不懈。定期向人大、政协和纠风部门汇报工作，主动接受民主监督；聘请15名特邀监察员和5名执法监督员，3次组织座谈和走访，“请进来”接受监督；向纳税人述职述廉，“走出去”接受服务对象监督；依靠网络平台，开通网上投诉举报邮箱，实行“开放式”监督。坚持“凡离必审、先审后任”的原则，完成了3个单位的离任审计和7名干部离任（离岗）交接监交工作。对审计发现的问题，及时下发了3份监察建议书，并提出了15条审计建议。全年查案9起，共处分干部4人，其中警告2人，记过1人，记大过1人。

【系统执行力建设】坚持德才兼备的原则，配强配精基层领导班子；修订完善《市局党组议事与决策规则》，完善议事机制。对市局机关15个空缺职位按《干部选拔任用条例》规定进行选拔配备，对机关科室及直属单位科室负责人、重点岗位人员共21名干部进行了交流。开展了计算机应用技能全员培训和测试工作；组织举办了两期扬州税务进修学院更新知识培训班；委托长江大学举办了一期40人的稽查业务骨干培训班；紧密结合地税实践开展执行力大讨论和文明执法教育活动，“面对面”沟通，“背靠背”互评，广泛征求意见，认真对照整改，取得了实质性成效。

【精神文明建设】以发放读书卡、交流读书心得等形式，大力营造爱读书、爱学习、爱思考的学习氛围。以开展趣味性、联谊性、竞技性文体活动为平台，培养团队精神。开展关心留守儿童“爱心妈妈”、援助贫困学子、赈灾捐款捐物、党建工作进社区、文明单位助推文明新村等多种形式的送温暖、献爱心活动，全年共捐款30万元。开展巾帼示范岗、三八红旗手、巾帼建功标兵、文明优质服务窗口、纳税服务明星、青年文明号、青年岗位能手等各类典型的推荐、评选和表彰活动，营造学习先进、崇尚先进、赶超先进的风气。市局党组书记、局长黄睿同志被表彰为湖北省“巾帼建功”标兵，还荣获湖北省“五一劳动奖章”，并当选奥运火炬手、当选中华全国总工会十五大代表。

沙市区地方税务局

【加强征管抓收入】2008年,沙市区地方税务局累计完成各项收入5.67亿元,同比增收6338万元,增长13%。加强税费源动态管理,通过扎实开展税源调查、加强收入分析预测、进行每月收入调度和考核督促等措施,保证了税费收入的持续稳定增长。加强重点税源监控,对重点税源、重点行业加大监控管理力度,坚持抓大不放小,开展户面清查、信息比对,对收入稳定增长起到支撑作用。深入贯彻落实新的《企业所得税法》全年企业所得税共完成2195万元,同比增收1083万元,增长97.3%。做好年所得12万元以上个人所得税自行申报工作,全区12万元以上个人所得税自行申报达361人次,补缴个人所得税106万元。坚持社保费同征同管,真正做到了"应保尽保、应收尽收",共清理社保费欠费1.86亿元,其中区局欠费5193万元、市级欠费1.34亿元。

【"两项活动"保效率】认真开展提高执行力大讨论和文明执法教育活动,全局上下严格自查自纠,勇于正视问题,从实际工作出发做到"六个结合":将"两项活动"与"十查十看"相结合,与沙市区政府开展的"三服务"活动(服务经济、服务基层、服务群众)相结合,与转变工作作风相结合,与绩效考核工作相结合,与沙市区政府开展的"318"财源建设活动相结合,与区局文明创建工作相结合,做到学习、教育、讨论、整改、落实五不误。

【软件上线提效能】为确保征管核心软件按时保质成功上线,沙市区局严格分解工作任务,科学界定步骤和时限,将责任明确到单位、个人,时间进度分解到天,集中人力、物力、财力,共对ETAX系统数据库内14329户数据信息进行了全面清理分类整理,通过对信息数据的反复采集、核实,共导入税收户4149户、社保户44784户。加强硬件建设,新配置电脑90台,做到全局干部人手1台,完成了局机关和7个分局的网络改造,增设网络接口约50个。11月30日沙市地税征管核心软件正式切换成功,提高了地税征管信息化水平。

【行风评议转作风】遵循省、市两级行评工作要求,结合实际情况制定《行评实施方案》,进行深入动员,开展公开承诺,组织上门走访、上门服务、上门纳谏。专门听取了地方党委、政府、人大、政协、纪委和有关单位的意见,两次召开特邀监察员和执法监督员座谈会,积极听取纳税人诉求和呼声,共发放问卷调查300份,收回209份。特别是在自查自纠、整改落实阶段,根据各界各层反映的热点、难点问题和上级民主政风行风评议检查验收领导小组提出的整改意见,边查边改、边整边改,达到了"整改、促进、提高"的效果,区局在行评中被评为优秀等次。

【优化服务促和谐】在办税服务大厅设置休息区域,新购置休息桌椅、电视、书报,设置温馨提示牌、意见簿、圆珠笔等便民设施和工具。增设4个窗口,同时将工商银行接进门,直接服务纳税缴费群众,解决缴费人"两头跑、多头跑"的问题。朝阳分局还成立了税费服务上门小组，免费接送年满60岁以上纳税人申报纳税和缴费。针对养老保险核定新规引发的万人扎堆缴费实际，采取多方协调、增援力量、增加窗口、增设网点、延时服务等多项措施，缓解群众缴费排长队的问题。将银行代收社保费的网点由原来的1个增加到8个，开出的票据由原来的当日缴款有效调整为3日内缴款有效。以“共建和谐地税”主题，开展了区局、分局两级班子成员和科室负责人对38户规模企业“一对一”的定点服务，8家年纳税在100万以上信用好的企业与区局班子成员建立了责任关系和责任卡，《荆州日报》先后以《沙市地税贴近企业解难题——启动“一对一”税收服务》和《畅通监督渠道，拓展服务效能》为题，刊登了沙市地税阳光办税、拓展服务的有效作法。

【地税文化铸形象】开展“以执法就是服务、征纳力求和谐”为主线的系统创建活动，再次取得了文明创建丰硕成果，区局被评为“沙市区最佳文明单位”。积极为奥运火炬传递工作作贡献，区局又被授予“北京奥运会火炬接力沙市段传递活动先进单位”。积极踊跃为灾区捐款，全局干部踊跃为灾区奉献爱心捐款22300元，同时交纳“特殊党费”14550元。抓好党建工作，机关党支部被区机关工委表彰为“2006—2008年五好党支部”。区地税局驻解放街办兴盛社区党建工作队受到社区群众和区委党建工作领导小组好评。扎实推进“平安地税”建设，综合治理等工作走在了全区的前列。

荆州区地方税务局

【税费收入高幅增长】全年累计完成地方税费收入4.63亿元，占年度计划3.78亿元的122.35%，同比增长29.87%，增收1.06亿元。一是认真开展税源调查分析，寻找增收亮点。二是强化征管和督导。加强对118户重点企业税源监控，年监控税收额达4000万元以上；制定了《荆州区地方税务局专项税费管理办法》，把投资额在100万以上的投资建设项目及税源户纳入专项税源监控范围，全年监控投资建设项目和房地产开发项目25个，共组织入库税款1850万元。三是挖掘税收潜力，切实规范企业所得税管理，共汇算清缴75户，入库所得税112万元；确定查账征收78户，核定征收29户，分类管理，堵漏增收。四是切实加强社保费征管，坚持税费同征同管，认真开展了城镇居民个人医保征收工作。

【核心软件如期上线】一是集中财力建设硬件网络平台。集中专项资金，加大基层硬件设施建设，新增加56台计算机、19台笔记本电脑和42台打印机设备；严格按照技术标准，对城区两座办公大楼的局域网进行扩容改造，对区局中心机房进行了全新改造。二是集中精力做好数据采录维护。按照全面清理、锁定户面、两次采集、两次补录、三次审核的步骤，保质保量完成了对3721户纳税户、1640户社保规费户的数据比对采集录入工作。三是集中人员做好配套资料管理。各分局和业务科室相互协作，认真完成了10类税收认定、5类社保认定工作。

【管理质效明显提升】在机关事务管理

上，修订完善并严格落实近10个事务管理制度，严格加强机关事务管理。在税收宣传上，注重开展全方位的宣传，利用短信平台并印发税法宣传资料3000多份，向纳税人宣传税收政策，开展“零距离”服务，相关信息在《中国税务报》刊登并获全省优秀宣传奖。在信息系统安全管理上，实行内外网物理隔离，按照“谁主管谁负责、谁运行谁负责”的原则，确保全区计算机硬件系统、网络系统、数据信息系统应用安全。在征收管理上，适当调整了城区征管范围，并推行“三查”制度，促进提高管户率和入库率。在政策管理上，扎实搞好年所得12万元以上个人所得税自行纳税申报工作，249人申报缴纳个人所得税107万元；组成专班开展执法检查和执法监察活动，税收执法水平明显提高，被省局表彰为“文明执法先进单位”。在财务管理上，严格实行收支两条线和真正意义上的报账制，推行项目预算管理办法，全年交通费用同比减少11.3万元，招待费减少24.7万元；全面推行了政府集中采购，年节约经费20多万元。

【队伍面貌焕然一新】一是实行全员定岗定责。为适应税收信息标准化建设需求，荆州区局按重组的业务流程，设置了170岗位。区局机关细分事项，细化职责，确定工作标准、时限和要求；基层分局按分局长、副局长、综合评估股和税收管理员四大类定岗定责；综合评估股又细分为考核评估、经费文书、税收会计税源管理、资料管理等四类岗位；税收管理员按路段设定岗位，明确了10类88个具体工作事项的职责。二是推行全员绩效考核。根据荆州区的实际和特点，突出领导不拿平均分、科室考核到人、增加奖励条款、明确“一岗双责”四个重点，推行全员绩效考核，得到了区委主要领导的肯定。三是开展全员培训教育。全年围绕十个专题开展集中学习活动40余次，组织业务技能培训10余期。在区局党组成员中开展“着眼全局、远离是非”的活动，班子成员严格自律，接受民主监督。四是加强党风廉政建设。大力推行政务公开制度，强化监督机制，促进文明执法；聘请了8名特邀监察员和3名执法监督员，定期召开征求意见座谈会，接受全方位、多角度的监督；进一步修订党风廉政建设目标责任书，将“一岗双责”贯穿于地税工作的各个环节；区局班子成员每月与一名中层干部和名两普通干部进行廉政谈话，将教育、预防工作落到实处；扎实推进政风行风建设，在全区组织的民主评议政风行风活动中，区局在全区参评单位中排名第一。

松滋市地方税务局

【税费收入在高增幅中刷新纪录】2008年，全市地税部门累计完成各项税费收入3.22亿元，占年度计划任务的115.88%，同比增长38.24%，增收8899万元。其中：税收收入完成1.40亿元，超计划1300万元，同比增长26.30%，增收2917万元；社保费完成1.68亿元，超计划2548万元，同比增长49.49%，增收5568万元；规费收入完成1344万元，超计划560万元，同比增长44.52%，增收414万元。收入规模、增收总量、增长幅度全面刷新历史纪录。

【核心软件在高标准中成功上线】全系统投入220余万元，购置计算机115台、UPS不间断电源9套、高性能交换机12台，对全系统网络设施全面升级改造，新铺设2条主光纤干线、增设网络节点300余个，实现了“在职干部人手1台计算机，省、市、乡镇网络畅通”的要求。全面开展户面清理，逐户更新、更正和完善数据资料，做到户面情况、纸质资料与电脑数据严格一致。开展计算机全员培训和专项培训，征收窗口、票证、计统等专门岗位人员能熟练操作核心软件，省局计算机统考人人过关。全系统攻克了技术平台建设、操作技术培训、征管户面清理、信息数据维护、系统初始设置、特殊历史数据处理等诸多困难，于11月20日顺利由ETAX系统切换至核心软件平台，共有8088户纳税人、24345户社保缴费单位和个人纳入系统管理。

【税收服务在高质量中促进征纳和谐】一是立足经济发展大局抓服务。深入开展“六个一”税收服务活动，修订税源培植工作方案，出台了《松滋地方税务局服务地方经济建设20条措施》，编印《地方税收服务手册》，重新明确了地税干部与全市79家规模企业的“一对一”服务责任，利用政策、信息等优势帮助企业解决实际困难。严格执法做到“三个严禁、一个必须”，即非经法定程序和市局案件审理委员会同意，严禁查封、冻结企业财产和银行账户；严禁搞突击式检查，实行稽查计划管理和准入制；严禁滥罚款，对企业一般涉税违法行为，以教育纠正为主；地税干部在执法过程中必须严守省局“十条禁令”，违者一律从严从重处理。二是立足为民“减负”抓服务。积极落实国地税联合办证政策，并免收办证工本费；对全市22家A级纳税信用企业坚持两年税务免检，对474家B级企业和37家C级企业加强纳税辅导；在各办税缴费服务大厅实行导税服务、延时服务，开展政策业务和礼仪知识培训，按月评比服务明星，实行公开办税，不断提高窗口服务水平。三是创新税收宣传手段抓服务。在松滋市三中建立首个“税收教育基地”，开展送税法进学校活动；首次印制20万个税收宣传纸杯，免费赠送给党政部门和纳税人；首次邀请全市重点企业单位财务人员和全体地税干部一起参加《新企业所得税法》、《行政复议法》等税收法律知识培训。四是立足维护弱势群体利益抓服务。主动为15名下岗再就业个体货运业户退税7.7万元，积极帮助市服装一厂退休职工落实有关优惠政策，对特殊困难个体纳税户开展帮扶救助活动。在松滋市委扩大会上，地税部门就服务经济建设的先进经验作了典型发言。

【文化建设在高品位中形成特色】一是抓“两项活动”提升执行力。采取集中学习与个人自学相结合、专题辅导与分组讨论相结合，深化学习内涵，拓展学习方式，从局党组到各支部、基层单位都有学习记录、会议纪要、个人笔记。市局主要负责人亲自批阅中层干部的笔记和心得。全系统回收社会意见征求函1000份，采纳建议和整改问题共50多条。二是抓文明创建提高凝聚力。加强地税文化建设，以争创“省级最佳文明单位”为目标，实行全民创建、精品创建、效益创建，与市文联联合举办了“庆奥运创文明”大型书画展，与市烟草局联合举办了职工摄影作品展，组建了篮球队、乒乓球队、羽毛球队，开展经常性比赛，提高干部职工文化艺术修养，丰富了业余生活，增强了干部职工的荣誉感、成就感、责任感和归属感。三是抓教育培训增强适应力。选派9人分两批赴扬州税务进修学院参加教育培训，组织了新税收政策法规、会统核算与重点税源监控分析、核心软件操作以及计算机全员培训等教育培训。四是抓廉政建设强化免疫力。层层签订《党风廉政建设责任书》，把纪检监察工作渗透到税务管理的各个环节，加大"一岗双责"考核结账力度。扎实推进行风建设，真心纳谏，诚信整改，取信与民，在全市开展的民主评议活动中，市局在全市12家参评单位中荣获第一名。2008年，市局还相继被荆州市政府评为落实党风廉政建设责任制先进集体、被省局评为党风廉政建设先进单位。

公安县地方税务局

【税费收入稳步增长】2008年完成各项税费收入5.05亿元，同比增长39.21%，增收1.42亿元。其中：税收收入完成1.43亿元，占年计划的100.97%，同比增长16.29%，增收2000万元；社保费完成3.54亿元，占年计划的149.57%，同比增长51.22%，增收1.20亿元；其他收入完成823万元，同比增长39.12%，实现了地税收入新的突破。

【上线工作扎实推进】加强征管核心软件上线工作的组织领导，通过成立巡回辅导团分赴各基层分局进行实地讲解等形式，共组织开展核心软件操作技能培训10期，为后续数据维护管理和开票征收打下坚实基础。集中精力对所有管户实施拉网式清理，建立科学、有效的数据信息系统。截至2008年底，纳入核心软件管理的纳税人达到6124户、缴费单位639户、缴费个人23247户。

【税收管理不断加强】一是严格执行各项税收政策。大力开展新企业所得税法宣传、培训工作，提高汇算清缴质量。2008年，共有58家企业参加了2007度所得税汇算清缴，全部实行电子化申报，清缴入库企业所得税1460万元。认真做好年所得12万元以上人员个税申报工作。全县共有252人进行了个税申报，同比增加71人，补缴税款30万元。强化减免税管理。全年共受理审批个体工商户59户、企业1户享受再就业优惠，减免地方各税15万元。同时，对优惠政策到期的按政策恢复征税，截至2008年底，恢复征税的达204户，恢复征收税款近30万元。二是加强分行业税收控管。继续加强与房管、土地部门合作，在"先税后证"和"以票控税"前提下，实行"税费合一"征管模式，全年共组织"两税"收入807万元；结合车辆办理交强险、年审工作，建立车辆税收控管"一条龙"征管模式。全年共征收入库车船税102万元，其中保险机构代收车船税69万元，交警部门年审车辆协助入库税收25万元。认真落实城镇土地使用税征收标准调增政策，深入运用GPS卫星定位系统管理城镇土地使用税和土地增值税清算工作，全年入库城镇土地使用税和土地增值税442万元，同比增长26万元。加强自开票、代开票纳税人的监管，对2户自开票纳税人取消了自开票资格，对3户违规自开票纳税人进行了限期整改；强化信息交流与传递，2008年共对5331份货运发票进行审核比对，入库税款995万元。

【行风建设成效显著】2008年上半年，结合全省地税系统"严格执法、有税必收、积极预防和严肃查处地税工作人员失职渎职行为"电视电话会议精神，认真开展"两项活动”。广开言路、开门纳谏，认真查摆在执行力和文明执法方面的问题，共对1000户固定纳税单位和个人进行了清理检查，查处漏征漏管户15户、纠正税款征收过程中核定征收明显偏低的纳税人35户，纠正执法程序不当行为3件、追缴欠税50余万元，受到县委、政府“两项活动”督办检查组好评。2008年下半年，县局又以“两项活动”的开展为基础，扎实推进行风建设，对内广泛动员，对外大力宣传，以“六评六看”为重点，结合自身工作实际，深入开展自查自纠。在征集意见对象方面努力做到“四个延伸”，即向相关部门延伸、向基层征收单位延伸、向干部职工延伸、向纳税人延伸。重点对象走访做到“三个100％”，即对所管辖的纳税户100％征求意见，对省地税局确定的60名联系对象100％进行走访，对全县科局（乡镇）领导100％征求意见。此外，还聘请特邀监督员明察暗访，广泛征集各界人士对地税工作的意见与建议，共发放问卷调查5000多份，回收4200余份，收集各方意见和建议20余条。针对行评工作中查摆出来的问题，积极落实整改措施，及时答复和深入整改，受到社会各界的高度肯定，在全县行风政风民主评议集中测评中，县局以92.95分的好成绩荣获全县民主评议政风行风工作第一名，被授予优秀单位。

【文明创建日益深化】以活动为载体，结合实际，扎实开展了地税文明创建工作。2008年2月，组织机关及城区单位干部职工参观了《公安县革命老区区情图片展览》，加强爱国主义和县情教育；3月份，城区办税服务厅积极参加全省“创文明行业、促荆楚和谐”竞赛活动，被省文明委、省地税局授予优胜单位称号，成为全省地税系统获此殊荣的三个单位之一；“五四”青年节之际，县局组织机关青年干部前往烈士陵园，拜谒和缅怀革命先烈；“5·12”特大地震后，全系统干部职工捐款达66921元，同时，县直单位党员127人，以特殊党费的形式向地震灾区捐款17050元，为灾区人民倾献浓浓爱心；此外，县局还组织干部及家属参加社区“消夏天天唱”晚会，受到观众普遍赞扬；参加第四届湘鄂边毗邻县（市、区）“地税杯”球类运动会，取得男子篮球赛第一名、男子乒乓球团体、个人第三名的好成绩，并获得道德风尚奖和优秀组织奖。

石首市地方税务局

【在组织收入上实现三个增长】全年共完成各项收入2.64亿元，占年度计划的103％，比上年净增5330万元，增长25％。其中：税收收入完成1.04亿元，占年计划的104％，比上年净增1637万元，增长19％；社保费收入完成1.52亿元，占年度计划的102％，比上年净增3345万元，增长28％；其他收入完成761万元，占年计划656万元的116％，比上年净增343万元，增长82％，从而实现税收收入、社保费收入及其他收入三个增长。

【在征收管理上办好三个试点】一是办好了个体税收“阳光办税”试点。认真落实国家税务总局16、17号令，实施集体定税、纳税公示“阳光工程”，效果良好；二是办好了企业纳税评估试点。认真开展纳税评估工作，规范纳税评估操作规程，逐步提高了纳税评估水平，收到了以点带面的效果。三是办好了部门联合控管办税试点。通过把契税、耕地占用税征收融入产权证书办理的流程之中，使“两税”保持了高速增长的态势。2008 年，共征收契税 1082 万元，耕地占用税 300 万元，“两税”同比增长 4 倍。

【在业务建设上取得四个突破】一是以征管核心软件上线为标志，信息化建设取得突破。石首市局通过加强组织领导、完善硬件设施、强化考核机制、抓好基础工作，效果显著，整体工作得到了荆州市局和石首市政府领导的充分肯定。二是以机关档案升省特级为标志，档案管理取得突破。2008 年底，市局机关档案管理一次性通过了省特级验收。三是以机关综合大楼筹备为标志，基本建设取得突破。困扰全局多年的机关办公楼项目已得到了省局的批复，也争取到了地方政府相应的扶持政策。四是以促进全面协调发展为标志，综合工作取得突破。2008 年，全局先后获得了湖北省文明单位、湖北省地税系统先进集体、征管核心软件上线工作先进单位、档案管理省特级、石首市“两加三服务”十佳单位等一系列的荣誉。

【在队伍建设上加大五个力度】一是以政风行风评议为契机，切实加大了党风廉政建设力度。全局以“民主评议政风行风”工作为契机，全面推进惩治和预防腐败体系建设，廉政素养不断提升。二是以文明创建验收为契机，切实加大了队伍建设力度，向社会各界展示了管理规范、作风正派、文明高效的整体形象。三是以提高干部综合素质为目标，加大了教育培训的力度。2008 年，全局共组织相关培训 37 次，有效提高了一线人员的征管水平，提高了相关人员的实际操作能力。四是以提高工作效益为目标，切实加大了干部定岗定责考核力度。全局实行分局副局长兼任职能股室股长的办法，提高了基层的管理水平，最大限度的利用好人力资源。五是加大了市局与基层之间的干部交流力度。通过建立职务、精神、物质相结合的多元化综合激励机制，为干部提供了实现自我价值的多种途径和渠道。

【在政策执行上规范五项管理】一是加强税费源精细化管理。注重调查与分析，细化了农村税费源管理；注重重点税费源的跟踪管理，掌握了收入工作的主动。二是加强税费业务管理。明确征纳责任，规范了税务登记、纳税申报流程；狠抓以票控税，规范了发票领用程序；严抓申报纪律，规范了行政处罚流程。三是加强分税种、分行业管理。全局紧密结合实际，细化分税种管理，提高了执行效率。四是加强政策管理，推进税收执法规范化。全面规范了税收执法，税收法制环境明显改善，执法人员素质显著提高；加大了重大案件的审理力度，严肃了税收法纪，维护了纳税人权益；强化了部门协作，清欠堵漏取得了较好的效果。2008 年，石首市局与市人民法院联系，依法向法院移送案件 6 起，有效整顿和规范了税收执法环境；五是加强规费管理，狠抓税费管理一体化。积极推行“五险一单”工作，通过以大险带小险、以强险促弱险，保证了各个险种的均衡入库。

【在基础工作上做到五个加强】一是加强机关规范化建设，机关面貌焕然一新。石首市委将石首市地税局作为“三型机关”建设的典型在全市宣传。二是加强财务管理。严格按照“全年预算、分项定额、按月拨付、当月结账、季度审计”的总体原则实行财务管理，全面实行财务收支预决算，严把各项费用开支关，较好的控制了三项费用的支出。三是加强信息化建设工作。全年总投资 170 万元，提升了税收征管服务的功能。四是加强纳税服务工作。2008 年，全局共为纳税人提供便利事项 156 项，深受纳税人好评。五是加强税收宣传。一年来，共在各级媒体上发表信息 170 多篇，收到了良好的效果。

监利县地方税务局

【做大收入蛋糕，突显职能作用】全县地税系统坚持正确的收入导向和税费并重的原则，通过加强收入预测、分析和监控、落实收入责任、严格收入纪律，实现了税费收入的可持续增长。全县共组织各项收入3.80亿元，占年计划的103.3%，同比增长26.8%。其中：税收收入完成1.08亿元，占年计划的102.43%，同比增长20.9%；社保费收入完成2.59亿元，占年计划的101.82%，规费收入完成1283万元，占年计划的144.94%，全年收入总量接近4亿，税收收入首次突破亿元大关。

【抓住人本因素，突显执行效率】一是龙头起效。县局领导班子带头转作风，抓落实，全年多次巡回到各个基层征收单位进行现场办公，哪里所暴露的问题最集中，办公会就开到哪里；哪里阶段性的工作更重要，专题会就开到哪里。凡涉及税收计划分配、重大事项决策，都必须经过深入地调查研究、广泛地征求意见。县局党组的求真务实之风在全局上下发挥了良好的表率作用。二是固本生效。遵循"以人为本，按需施教"的原则，有针对性地开展分级分类培训，全年共举办各类业务培训20多次，同时多次选派人员参加总局、省、市局组织的各类培训，全员素质有效提高。三是考核促效。修改、完善并严格执行新的绩效考核方案，以考核定绩效，以考核促工作，有效解决了过去职责不清、奖惩不明、落实不力等问题。四是督办验效。以"有安排必有督办，有任务必有检查，有责任必有追究"的管理理念，加强了系统综合大检查、税收执法检查，加大了执法监察工作力度，各项工作有章有序，顺利推进。

【着力信息建设，突显管理效应】一是大力投资网络建设。先后投入250多万元购置了电脑171台、一体机18台、打印机8台、UPS 8台，改造了县局机房和各办税服务厅，对机关大楼和各分局进行综合布线，设网点343个，安装网络避雷系统，保障了网络的安全运行，硬件设备已具规模。二是主攻征管核心软件上线工作，确立"一切围绕上线、一切服从上线、一切满足上线"的工作准则，全面开展纳税信息录入，于2008年11月28日成功实行征管核心软件上线。三是配合征管信息改革全面开展户籍清理工作。全县共清理纳税(费)人12065户，其中：社保费缴费户840户、企业纳税人622户、个体纳税人10603户，通过清理，户面大增。四是加强重点税源监控。配以网络监控体系，对固定纳税大户实行县局、分局的两级责任监控，对重大投资建设项目实行专班监控，对全县土地、房产税税源实行GPS进行测量和监控，进一步提高了管理工作水平。

【弘扬地税文化，突显团队精神】针对一些地方人心不齐、作风不实、工作散漫、效率不高的现象，2008年，县局着力推进"人心工程"的建设。一是以"庆七一、迎奥运"系统职工球类运动会、迎春文艺晚会等形式开展文体活动，焕发队伍活力。二是举办纪念改革开放30周年"地税兴衰我有责"有奖征文，弘扬地税精神。三是通过向四川地震灾区捐款、走访计划生育贫困户、加入新农村建设对口帮扶及整顿机关工作作风等活动激发爱心、凝聚合力。2008 年底,县局顺利通过了市级文明单位验收。

【密切征纳关系,突显部门形象】一是把满足纳税人的正当需求作为对县局工作的第一要求。对窗口工作人员实行严格的绩效考核,落实投诉重罚的硬性制度,进一步强化工作责任;整合办税服务厅功能,请银行进大厅,新设缴费大厅,优化税费服务;减轻办税负担,全年减并纳税人各类报表 10 种、撤销不必要的程序 4 个、农村税收全部实行了简并征期管理。二是把服务地方经济发展作为县局工作的第一要务。对口帮扶抓好服务,全局中层以上干部按人平一户联系重点纳税企业,进行“一对一”服务;发挥税收优惠政策积极作用,协助多家企业解困;用足用活税收政策,为地方净增可用财力 400 万元以上。三是把公正执法作为县局工作的第一目标。通过开展针对税务行政行为和税收执法的“十查十看”活动,全县共纠正政策适用不当行为 4 起,纠正执法程序不当行为 2 起,纠正违规发售、代开、缴销发票等行为 14 起,纠正涉税案件处理不当行为 1 起,清缴欠税 28 万元,追缴稽查案件欠税和罚款 10 万元。四是把提高社会满意度作为检验县局工作的第一标准。以建立和谐征纳关系为目标,开展了“六个一”活动,并全力参与了县政协民主评议、政风行风民主评议以及执行力的大讨论等活动,有力促进了干部工作作风的好转和部门形象的提升。在全县政风行风民主评议和政协民主评议中,县局取得了优秀等次。

洪湖市地方税务局

【税费收入取得新突破】2008 年,全局组织入库各项税费收入 3.99 亿元,占年初计划 2.9 亿元的 137.81%,同比增收 1.21 亿元,增长 43.49%。其中:税收收入完成 8081 万元,占年计划 7066 万元的114.36%,同比增收 1649 万元,增长 25.64%;社保费收入完成 3.10 亿元,占年计划 2.14 亿元的 145.07%,同比增长 1.02 亿元,增长 48.77%;规费收入完成 830 万元,占年计划 525 万元的 158.1%,同比增收 323 万元,增长 63.71%。由于组织收入工作成绩突出,市局被洪湖市委、市政府表彰为“十优部门”。

【信息化建设实现新跨越】严格按照省、市局要求,市局集中时间、集中人力、集中物力做好地方税费征管核心软件上线工作,确保了征管核心软件于 2008 年 10 月 27 日成功上线。在具体工作中,共导入税收入网户 6218 户,社保入网企业 599 户、个人缴费户 22405 户;先后投入资金 160 余万元,采购和发放计算机设备 114 台、UPS 电源 8 台,确保人手一台计算机;对中心机房和电教培训室进行了改造,对办公网络进行了升级。

【行风建设打造新形象】按照上级统一部署,在系统内开展了“两项活动”和民主评议政风行风工作。洪湖市局城区分局作为全市两个先进单位之一在全市加强政府执行力和开展文明执法教育活动动员会上作了典型发言,得到了市政府主要领导的赞许,在市直42家单位“两项活动”满意度测评中综合排名第四,列市直垂直单位第一名。市局在全市民主评议政风行风集中测评中得分97.64分,被评为优秀等次,被市纠正行业不正之风领导小组表彰为“优秀单位”,此外,在全市年终绩效考核中位于市直29家垂直管理部门第二名。市局被洪湖市委市政府确立为首批绩效考核试点单位,并作为垂直单位样板在全市推广。

【依法治税取得新进展】狠抓新《企业所得税法》及其实施条例的宣传,全市100余户骨干企业法人和财务人员参加了培训;狠抓年所得12万元以上个税纳税申报工作,全市共受理申报229人,补缴个人所得税129万元;市政府牵头,召集了地税、监察、财政、房产、国土、建设等部门负责人会议,并以市政府办公室名义下发《关于进一步加强房地产税收管理工作的通知》,要求各部门形成共识,加强责任,紧密配合,实行信息共享和资料传递,严格执行“以票控税”和“先税后证”,有效推进了房地产税收一体化管理工作;采取日常稽查和专项稽查相结合形式,查补入库税款580万元。

【税收服务迈出新步伐】以优化经济环境为己任,出台服务地方经济措施12条,全力服务于地方经济建设;以纳税人满意为目标,着力提高办税大厅服务质量,实行首问责任制、延时服务、预约服务等方式,有效地解决了申报高峰期纳税人缴税难等问题;开展“一对一”服务,主动为企业送政策,为企业发展壮大献计献策,增进与企业的感情,增强企业的纳税意识,提高税法遵从度。2008年,依法为52户纳税人办理了土地使用税、房产税减免手续,减免税款近300万元,有力地支持了企业的发展。

【文明创建再结新硕果】进一步发挥工、青、妇等群团组织的作用,推进地税文化建设。开展文明创建活动,市局连续四届被授予省级文明单位,被洪湖市委市政府授予文明系统、社会治安综合治理先进单位。燕窝分局被授予“荆州市级青年文明号”。同时,系统内涌现出了一大批先进个人,如:杨强同志当选为“洪湖市十杰青年”,左霞同志被评为全省稽查系统先进个人。先后开展了“五一象棋、羽毛球赛”和迎奥运职工运动会,展示干部职工精神风貌和蓬勃向上的工作热情。针对雪灾和汶川大地震,干部职工踊跃捐款,党员积极缴纳特殊党费,前后捐款捐物共计价值10余万元。举办了税务文化书法作品展,弘扬优秀税务文化。

【廉政建设再创新佳绩】按照明确分工、分级负责、加强督导的原则,以《党风廉政建设责任书》为硬指标,完善党风廉政建设责任体系。通过开展剖析典型案例、观看警示片、上廉政党课、组织法纪知识学习与考试,对系统干部职工开展多形式、全方位的廉政教育,增强拒腐防变意识。狠抓案件查处,严格责任追究,达到惩戒一个、教育一片的效果,发挥以案示警作用,使系统干部职工廉政意识明显增强、自律意识明显提高,2008年,市局连续第四年被洪湖市纪委表彰为“党风廉政建设先进单位”。

江陵县地方税务局

【税费收入进一步增长】2008年，江陵地方税费收入历史性地突破亿元大关，成为江陵地税发展史上一个重要的里程碑。一年来，江陵县地方税务局借助县域经济健康发展的东风，抓住政策性、建设性税源凸现的有利时机和征管核心软件上线的机遇，及时合理分解计划，深层次分析税源，精心谋划税费收入，全年共组织各项收入1.39亿元，首破亿元大关，同比增长44.41%，增收4237万元。

【作风建设进一步加强】一是办税阳光透明化。健全税务公开机制，增强税收工作透明度，杜绝"暗箱操作"，保证广大纳税人的知情权、参与权、监督权。在办税中，将纳税人申请办税事项统一集中在办税服务厅纳税服务岗进行处理，实行纳税人与税务机关"零距离"接触；实行服务承诺制、首问负责制、限时负责制、局长带班制，切实加强阳光窗口建设。与全县17家规模企业建立"一对一"责任联系制度，下发了服务质量责任卡。二是民主监督社会化。在广泛接受社会监督的过程中，主要采取"请进来"当场挑刺，"走出去"征求意见，"面对面"交流沟通和建立"监督员"制度，全年征集意见和建议57条，通过实行多种形式的监督形式，建立起良好的长效监督机制。三是内部管理公开化。在倡导务实新风过程中，将地税干部的行为置身于社会监督之下，扎实开展了"人如何做、权如何用、法如何执"的大讨论，努力解决好"做什么、怎么做、做得不好怎么办"的问题。2008年，县局被评为全县"优化经济发展环境优胜单位"，在全县政风行风民主评议中被评为优秀单位。

【信息化步伐进一步加快】一是高标准、严要求建设基础平台，共投资82万元，实施事前公开招标、事中规范实施、事后监督审计，以保证征管工作需要为目的进行了合理规划。同时，通过集中时间、集中人力、明确责任、确定户面，并进行数据的清理、迁移和审核，确保了11月20日全面切换上线运行。二是业务培训全员参与，做好三级培训。组织县局业务部门的骨干参加了省局的一级培训；组织管理科室骨干参加了市局培训，并多次请市局专业人员到县局进行指导，解决实际问题；县局先后7次举办征管核心软件培训，为全面运用软件模块打下了坚实基础。三是数据准备上精益求精，做到三级审理。在明确岗责、设定岗位、确定导入户面后，全面采集补充资料，完成数据导入和维护，共导入户面2288户，整个过程采取税收管理员初审、科室负责人复审、综合业务科终审，切实保证了数据的准确、全面、真实和完整。

【机构改革进一步深化】一是通过职能调整使税收管理更加精细。2008年，按行业进行管理，统一了行业征管流程和模式，统一了行业管理标准，统一了行业税负，进一步促进了规范化管理。二是通过职能调整使工作程序更加流畅。征管职能调整后，首先是管理科室再不需要一一与地方政府对接，从而减少了地方事务性的应酬；其次是科学合理地建立税收管理员责任区，管理对象更加单一，更有利于分析、研究各个行业的特点，更有利于摸索和总结行业管理的办法；更重要的是考核更加统一，避免了在考核过程中因尺度标准不统一、不平衡所产生的奖惩不明、处罚不公的问题。三是通过职能调整使人力资源更加优化。机构职能调整后，人力资源得到了融合和集中，改变了过去工作安排在人手上捉襟见肘的局面；其次是可以通过集中资金、技术和人才，充分利用信息资源，提高信息化应用水平。

【文明创建进一步推进】一是营造文明创建的良好氛围，投资近 3 万元进行了环境改造、荣誉室改造、亮化工程改造，实现机关美化、亮化。二是开展了一系列文体活动，增强了凝聚力，弘扬了团队精神。三是组织了部分党员重访革命老区、重温入党誓词的活动，进一步提高了党性修养。四是开展了文明科室、文明家庭评选活动。通过这些活动的开展，营造一种整洁、美观、健康、和谐、积极进取的良好氛围。2008 年，江陵县局办税服务厅被荆州市文明委、市地税局联合授予“文明服务窗口”。五是综合治理工作扎实推进。通过加强领导、强化责任、健全和完善各类制度，并将综治工作纳入局党组重要工作议程，大力推进了综合治理工作。加强信访工作，坚持主动排查，做到积极调解，把矛盾消除在初始阶段，把问题解决在萌芽状态，全年未发生一起上访事件。2008 年，县局被评为“江陵县综合治理十佳优胜单位”。

宜昌市地方税务局

【紧扣工作中心，税费收入规模屡攀新高】全市地税系统坚持收入中心工作，严格遵循组织收入原则，强化税源监控管理，优化税收征管举措，确保全市地方税费入库均衡、增长协调、增收稳定。全年组织入库地方税费收入 69.4 亿元，同比增长 26.62%，增收 14.59 亿元，为保增长、保民生、保发展提供了坚强的财力保障。一是优化税收征管举措。抓好年所得 12 万元以上纳税人个人所得税自行纳税申报工作，制定《全员全额扣缴申报操作方法及操作流程》，大力推行个人所得税全员全额管理；加强企业所得税应税管理，认真抓好企业所得税汇算清缴工作；制定并严格执行统一的城区交通货物运输税收管理办法，进一步加强交通运输税收的控管；加强收入计划管理、分析预测和质量考核，积极开展纳税评估，进一步提升收入质量。二是加强税收秩序整治。对年所得 12 万元以上个人所得税自行申报及烟草、保险等行业开展税收专项检查；联合公安部门开展打击制售假发票专项整治，抓获贩卖假发票犯罪嫌疑人 8 人，判刑 1 人，现场收缴假发票 1378 份，处罚款 9 万余元。三是加强社保规费管理。在完善社保费征管信息平台，做好缴费户类型认定，不断夯实管理基础的同时，制定《商业银行代收灵活就业人员社保费业务管理办法》，全面加强社保费征缴。认真抓好失地农民养老保险费、城镇居民基本医疗保险费的征收工作。

【突出绩效管理，督办考核体系不断优化】充实配强纪检监察力量，完善《考核制度》和《巡视制度》，不断健全集督办、考核、巡视为一体的督办考核体系。各单位按照分级督办、突出重点的原则，重点对省局征管核心软件上线等重点工作实施督办，对发现的问题进行跟踪督办整改。建立“局长奖励资金”，制定《2008年度基层单位和机关科室考核指标》，加大考核奖惩的力度，强化考核结果运用，充分发挥绩效考核的综合效应。树立巡视权威，加大巡视力度，对三峡分局等6个单位进行了巡视，促进班子建设和干部管理，实现巡视与干部考核、日常管理的有机结合。

【抓好基础应用，信息化建设全面提速】一方面，全力以赴抓好软件上线工作。改造中心机房，对征管外延业务应用功能程序进行清理，对交换机、服务器、虚拟存储备份系统进行更新升级，为软件上线搭建好硬件平台。在扎实做好各项前期准备工作的基础上，成立“上线指挥部”，全体动员、全面部署、全力以赴，狠抓信息采集、审核录入、完全测试、开票征收、发票发售等各个阶段的工作，确保省局税费征管核心软件在全市地税系统成功上线运行。另一方面，依托信息网络优化税收服务。积极拓展“12366”服务功能，率先在全省建立短信平台工作体系和省、市、县三级用户体系，短信平台全年对5300个双定户发送提醒短信3万余条，划缴税款3000余万，得到省局充分肯定，在宜昌召开专题会议进行了应用推广；制定《委托银行划缴税款管理办法》，召开现场会对该申报方式进行全面推广，全市已有9800户“双定户”纳税人实行委托银行划缴税款方式，月划缴税款370万元，划缴成功率在98%以上；在全市建立100家“税收服务重点单位”，由各级领导班子成员亲自挂户承担责任人，搞好跟踪服务，为企业解决各类问题57个，受到市委、政府及纳税人的肯定和好评；充分依托信息网络，简化业务流程，提高办事效率，努力为纳税人减负。

【坚持以人为本，干部队伍活力显著增强】一是着力加强班子建设。严格按照《干部选拔任用工作条例》，坚持德才兼备的原则，配备长阳县局主要负责人，对伍家岗分局、点军区分局、三峡分局班子进行调整充实，对基层和机关空缺职位按相关规定进行选拔配备，对市局机关和城区分局20多名干部进行轮岗交流，班子结构得到进一步优化，有效整合了干部资源。二是强化学习教育培训。组织开展新《企业所得税法》及其实施条例、《行政机关公务员处分条例》、《物权法》等法律法规的学习培训，开展计算机知识和省局征管核心软件操作全员培训，有力地提升了干部的综合素养。三是抓好典型示范引导。组织召开“倡导文明执法、打造效能地税暨先进事迹报告会”，并在全市地税系统评选“十大标兵”、10名“税收信息标准化建设先进个人”、10名“纪检监察督办考核体系建设先进个人”、10名“优秀特殊用工人员”和“优秀岗位能手”，努力营造了“学先进典型、做勤廉公仆、创一流业绩”的浓厚氛围。四是狠抓党风廉政建设。深入扎实开展以“倍加珍惜职业、预防职务犯罪、共建和谐地税”为主题的教育实践活动，加强反腐倡廉形势教育。通过网上教育、典型教育和文化教育，不断加强廉政文化硬件设施建设，使廉政文化教育贴近干部生活，具体生动，寓教于乐。2008年11月，市直机关工委在市局组织召开宜昌市直机关廉政文化建设现场会，推介市局廉政文化进机关的先进经验。针对系统内近年发生的三起案件，通过召开党组会(或班子会)、科务会、党支部会，进行剖析整改，并对票证管理使用、税费减免、缓征缓缴、税源监控、稽查管理、税收入库纪律等方面开展了全面深入的自查检查。扎实抓好文明执法教育和提高执行力大讨论活动、政风行风民主评议工作，文明执法教育活动经验在全市行政效能教育活动总结大会上进行了交流，在政风行风集中评议中，两个基层单位居当地第一名，市局荣获行评优胜单位。五是深化文明创建工作。积极参与“三城联创”、新农村建设等市委、市政府相关重点工作，组织干部开展丰富多彩的文体活动，不断丰富了文明创建的内涵。夷陵区局再次荣获“全国文明单位”称号，猇亭分局再次被表彰为全国“青年文明号”，三峡分局被命名为“全省地税系统先进集体”，两人被评为全省地税系统先进工作者。

夷陵区地方税务局

【以科学发展观为指导，大力组织税费收入】以深入贯彻税收管理员制度和税源管理制度为抓手，不断健全税收控管机制，加强企业所得税、年收入12万元个人所得税等重点税种和房地产业、交通运输业、磷矿石行业等重点行业的监控管理，强化税收分析预测和目标考核，确保全区税费收入的持续、协调、均衡增长。全年组织各项收入8.46亿元(税收收入5.41亿元，社保费收入2.68亿元，规费收入0.37亿元)，同比增收1.93亿元、增长29.64%，其中一般预算收入3.36亿元，同比增收0.73亿元、增长27.65%。

【以规范管理为目标，推进税收业务工作】一方面，落实“两制”，促进税务业务规范化。按照省、市局的要求，加大人力、物力、财力的投入，集中征管力量，全面抓好信息清理、采集和录入工作，全力以赴抓好省局征管核心软件上线工作。逐步建立管理员、征收员、稽查员等业务工作岗位职责和工作规程，对税收执法行为进行全过程监控、规范与考核，严格过错责任追究，切实做到“有权必有责、用权受监督、违责要追究”，推进税收业务的规范管理水平。另一方面，夯实基础，促进管理基础规范化。依托信息技术应用、业务受理纸质资料应用的两个技术平台，逐步建立健全纳税人土地使用税、房产税、水资源费、排污费等基础资料，抓好纳税人银行开户信息资料的收集和运用，并认真开展了GPS城镇土地测量工作。完成发票换版工作，在全区推行有奖发票，并与区公安分局联手侦结了特大假发票制售案件，有效维护了税收秩序。牢固树立税费“同征同管”理念，强化各项规费管理，及时接交农民养老保险、城镇居民医疗保险的征缴工作。规范税收执法，强化减免退税管理，严格执行民主集中制和集体议事制度，减少行政执法的越位和缺位现象，降低执法风险。

【以提升能力素养为重点，加强干部队伍建设】一是加强班子建设。加强各级班子的思想建设、组织建设、作风建设、文化建设，开展“政治素质好、工作业绩好、团结协作好、作风形象好”为目标的“四好”集体创建活动，大力提高一把手带班子能力、班子带队伍能力。顺利通过复查考核，再次被中央文明委公示为“全国文明单位”，年初被区委表彰为“红旗单位”，区局党委被区直机关工委表彰为“优秀基层党组织”，稽查局也被表彰为全省“稽查工作先进单位”。二是加强队伍建设。加强党建、工会和群团组织建设，改善图书室、健身房的设施和环境，举办迎新春趣味运动会，积极参加区直机关第一届运动会、全区第二届“文明之光”文艺调演活动，组织党员干部及普通职工积极为四川汶川地震灾区捐款、缴纳特殊党费，增强了干部队伍的凝聚力。建立科学的用人机制，在全局广泛开展服务明星、管理能手、稽查标兵等争创活动，充分调动干职工的工作积极性。一名同志荣获省局“纳税服务十佳标兵”称号，一名稽查干部被省局表彰为“优秀稽查员”。抓好能力素质培训，在分散自学的基础上，集中组织30多名干部开展计算机操作中级培训，并有针对性地分送相关人员参加省、市局的各类专门业务培训，切实提升队伍的业务技能。

【以优质高效为目标，规范纳税服务工作】一是深入开展“税收服务重点单位”活动。在全区确定长江电缆、中孚化工等16户企业为税收服务重点单位，区局、分局领导结对挂点服务，实行定期办公、上门服务、重点辅导，帮助企业加强财务管理，解决企业临时开票、政策优惠等问题10多个。二是着力提升办税服务质量。加强与专业银行、国库等部门的工作联系，确保“财税库银联网信息系统”运行畅通，为纳税人和缴费人及时提供缴税事宜。加强干部队伍的服务意识教育和服务技能培训，深入开展“纳税服务明星”争创活动，举办操作技能培训和岗位竞赛活动，进一步改善办税环境，优化工作流程，最大程度地提高服务对象的满意度。

宜都市地方税务局

【强化依法治税，加强税收征管，全力服务经济社会发展】一是强化目标管理，对重点地区、行业、企业、项目、税种收入变化情况5大类别认真开展税源普查，编制《分地域分户分税种税源册籍》，将收入计划逐级分解。二是强化重点监管，将年纳税额5万元以上的纳税户纳入重点管理对象，实行全程跟踪管理，确保重点税源及时入库。三是强化税收分析，详细分析税源预测与组织收入到位情况。四是强化纳税评估，对92户账证不健全的中小企业所得税实行核定征收。五是强化综合治税，制定《社会综合治税方案》，通过实行派员征收、联合年审、委托代征、信息交换、定期召开联席会议等形式，广泛采集涉税信息，充分借助其他部门合力，加强税收源头控管。六是强化税务执法，以房地产、建筑安装、烟草行业、重点纳税企业、高收入个人等为重点，大力开展日常稽查、专项稽查和举报案件查处。

【加强基础管理，强化税源监控，大力提升税费征管质效】一是以巩固基础管理为切入点，加强户籍管理。全面推行户籍巡查制度，加强对新开业户、外来临时经营户、停歇业户、非正常户、未办营业执照户的日常户籍巡查。二是以提高管理能力为着眼点，改进管理方式。对重点、难点税收改为分片与专业化管理相结合的方式。以“一体化管理”为突破，狠抓交通运输、建筑安装、房地产税收的征收管理工作；以“一条龙服务”为突破，进一步理顺交通运输税收征管秩序。三是以提升管理水平为落脚点，完善管户制度。重新调整税收管理员责任区域，签订管理目标责任书，细化征管质量考核指标体系，税收管理员的作用得到有效发挥。四是以核心软件上线为突破点，提升信息化水平。按照“统一管理、统一采集、统一录入、统一审核、统一过关”的原则，举办9期400余人次参加的计算机知识和省局税费征管核心软件操作培训，制定专项督办考核评比方案，加强对上线工作流程、信息采集进度、信息录入和审核质量检查督办、考核、公示和评比，落实人力、物力、财力，集中时间、集中精力、集中力量，在宜昌地税系统率先实现软件上线运行。

【把握纳税需求，改进服务方式，加强纳税服务体系建设】一是优化办税服务流程。制定《关于规范受理和办理纳税人涉税事项的通知》，在办税服务大厅安装纳税服务评价系统，由纳税人现场评判，并将评价结果作为督办考核依据，促进办税服务质效提升。二是积极推行“人性化”服务。认真落实服务承诺制度、首问责任制等系列服务制度，进一步完善“一窗式”办税服务模式。积极推行银行划缴申报纳税方式，建立税务稽查限时制度，完善税务检查准入、税收约谈、涉税提醒、税务稽查提前告之等制度，建立“税收服务重点单位”，由全局中层以上干部亲自挂户承担责任人，对108家企业实行跟踪服务。三是切实加强税法宣传。充分发挥办税服务厅、12366等税法宣传载体的辐射作用，及时为纳税人搞好税收政策服务。四是全面深化政务公开。进一步完善政务公开栏、电子触摸屏、显示屏、内部局域网、外部政务网、手机短信等平台，大力拓宽政务公开的内容和范围。建立政务公开预审登记制度，分类建立政务公开资料档案，逐步建立起一套征纳互动、税收政策服务畅通无阻的无障碍沟通传递机制。五是认真落实税收优惠政策。认真落实下岗再就业人员、失地农民、新农村建设等税收优惠政策，制定《支持抗灾重建六条税收扶持措施》和《支持第三产业发展十条意见》，支持地方经济和社会建设。

【坚持以人为本，强化教育培训，提高干部队伍整体素质】一是抓好干部教育培训强素质。大力开展“周学一文、月读一书、季撰一稿、年习一技”为主要内容的“四个一”学习活动。以科室为单位，成立学习兴趣小组，开展企业所得税汇算清缴、计算机知识、财会知识集中培训，干部素质教育做到常抓不懈。二是强化基层组织建设聚合力。认真开展强化基层党组织建设“三级联创”和“五规范、两争创”活动，充分发挥基层党组织的战斗堡垒作用。三是加强党风廉政建设。制定2008年度党风廉政建设责任制和领导班子成员党风廉政建设岗位责任，签定党风廉政建设责任目标书。在全系统推行领导干部落实党风廉政建设履责纪实制度，坚持在上班第一时间向每名干部职工发送廉政提示短信。认真组织开展宜都市确定的5月5日第一个“党员干部廉政节”，筑牢反腐思想防线。四是深入开展了文明创建活动。以“三八”、“七一”等节日为契机，广泛开展庆祝纪念活动，积极参与扶贫助困和捐资助学等社会公益活动，积极为“5·12”汶川地震灾区捐款共计6万余元。

枝江市地方税务局

【深化两项改革，创新管理模式】一方面，深化征管综合配套改革，强化税费征管。重组两个税收管理科室职能，对全市房地产业、建筑业、交通运输业三大行业税收实行专业化管理，即建筑业实行项目管理，车船税收“一条龙”管理和房地产税收一体化管理，初步建立属地管理和行业管理相结合的税费征管新格局。完善与工商、国税、交警、国土、海事和房管等部门的沟通协调机制，按月进行数据交换和信息比对，构建起协税护税的社会综合治税机制。严格执行税收政策，提高收入质量，优化收入结构，突出强化税费源监控，建立和完善税收管理员、税收管理科、税收服务科“三位一体”的管理模式。充分运用信息化手段，进一步强化对重点纳税（缴费）企业、重点税种和重点工程（项目）税收监控，实现税费收入由“基数＋增长”的计划模式向“税源＋管理”的质效模式转变。全局共组织各项收入6亿元，同比增长37.98%。其中地方一般预算收入首次突破2亿元，占全市地方一般预算收入的55%。另一方面，深化干部人事制度改革，激发队伍活力。进一步汲取“两案”教训，着力加强市局领导班子建设和干部队伍建设，建立干部激励机制，推行中层干部竞争上岗，优化干部队伍结构，激发干部队伍活力。狠抓干部教育，分专题举办全员培训，积极推进“学习型”机关的建设，全面提高干部队伍整体素质。加强地税文化建设，积极开展“比学习、比工作、比纪律、比奉献、比业绩”的“五比”活动和各种健康向上的文体活动和扶贫帮困活动，先后帮扶新农村建设10余万元，为地震灾区捐款3万元。

【规范税务管理，塑新地税形象】一是健全行政管理制度，规范内部管理。制定和完善《车辆管理办法》、《考勤管理办法》、政府信息公开制度等40余项内部管理制度，不定期对制度落实情况进行了检查。严格财务、固定资产管理，对大宗物品实施集中采购，对闲置资产进行了公开拍卖。严格执行票款分离制度、票证复核制度和日常查票、查库制度、内部审计制度，进一步规范票证和发票管理，对两岗人员进行轮岗交流，严格落实各驻外征收点票款分离，加强票证填开情况的日常检查，定期或不定期进行查库、现金关门，确保票款安全。二是强化工作绩效考评，狠抓工作执行。完善岗责考核体系，因事设岗、因岗定责，做到科学定岗定责，修订完善《枝江市地方税务局工作考核办法》，细化考核指标，完善考核内容，建立健全覆盖各个工作岗位，涵盖各个工作环节，形成各科室按月考核，市局考核领导小组按季考核的绩效考核体系。建立健全工作落实执行机制，对完善检查督办、优化工作运行、落实政务快捷反应等机制进行改进，进一步加强协调配合，强化督导落实；简化工作程序，提高办事效率，形成权责一致、管理有序、运转协调、执行顺畅的管理机制。三是规范税收业务管理，优化纳税服务。梳理业务流程，完善岗位职能，健全内控机制，修订完善业务工作规程和管理制度及分行业、分税种管理办法，进一步规范税费征管；突出加强税收信息化建设，扎实做好税费征管核心软件上线工作，在宜昌市率先并顺利运用核心软件开具税收通用缴款书、发售发票、征收税款等涉税事宜，提高了征管效能；改建办税服务综合楼，增设现代办税设施，营造了优美的办税环境。简化办税程序，开辟办税绿色通道，积极探索高效、便民的税务行政执法方式，全面推行一站式服务、导税服务、叫号服务、限时服务和亲情服务，为纳税人提供了便捷的申报纳税服务；牢固树立经济税收观，用足用活用好各项税收政策，积极优化管理服务，全年先后为企业减免各项税费1000多万元，扶优壮强优势产业和骨干企业，积极培植后续税源，促进全市经济社会又好又快发展。

当阳市地方税务局

【突出科学管理，确保税费稳定增长】严格执行组织收入原则，全面落实各项税收政策，2008年组织入库各项收入4.96亿元。一是实施精细化管理，继续实行房地产税收一体化、车辆税收一条龙税收控管，实行砂石料的资源税代扣代缴制度，对煤炭行业税费进行统管。二是拓展地方税源空间，调整土地使用税的征收范围和征收标准，同比增收税收450万元。三是实施科技加管理，在落实"两制"、推行以票控税、先税后证、信息标准化建设的同时，推行餐饮业有奖定额发票、车辆运输发票、外来临时建筑施工企业所得税等专项源头税收控管措施。

【优化服务举措，提升税收服务质效】一是确立税收服务重点单位。凡市属招商引资企业，在全面实现正常的生产经营之前，由局长担任首任税务联系人；凡镇处引进的企业，由分管业务的局长担任首任税务联系人。首任联系人主动为纳税人办理税务登记等所有涉税事项，将税收服务工作关口前移，对接落户项目，实行特护服务管理：地税部门两年内不得实施税务稽查；重点单位的所有涉税事项要及时办结或限时办结；涉及地税部门的行政审批事项，一律进入"绿色通道"。二是建立征纳互信平台。推行查前告知和税务约谈制，广泛实行纳税辅导，制定并实行"矛盾分级处理法"，妥善处理税企之间可能出现的执法矛盾。三是落实税收优惠政策。共审批下岗再就业税收优惠户1906户、福利企业5户、商贸服务企业5户，税收优惠500多万元。用足用活税收政策，鼓励企业技术改造、结构调整、节能减排、扩大再生产等，对其支出在税收中予以优惠。四是切实增强地方可用财力，努力拓展增强地方财力的新领域。全年一般预算收入完成2亿元，同比增收5563万元，增长38.5%，占税收总收入的75.8%。

【强化税收征管，推进税收信息化建设】一是高效运行新的征管模式。构建起行政管理、监察督办、税收服务、税收管理、税务稽查五大平台平行运行的扁平化管理模式，并进一步优化了管理与服务两大平台之间的内在联系，细化岗位责任，使税收业务流程更加顺畅。二是加强信息采集和信息比对，集中精力开展了大规模的税收信息采集，并以此为基础开展与第三方信息比对，完整准确地掌握纳税人的涉税信息。三是开展年所得12万元以上纳税人纳税申报检查工作。全市共有125人缴纳了个人所得税497万元，同比增加了67人、增收265万元。四是认真组织企业所得税汇算清缴工作。五是启动委托银行划缴税款申报方式，共有1100户纳税人通过委托银行划缴税款征收方式申报纳税，月划缴税款达40万元。六是全力做好征管核心软件上线工作。清理税务登记信息32972户，对采集、录入的资料展开四次审核，确保数据准确、信息完整，录入纳税人2477户，成功启动用省局软件程序。

【深化内部管理，增强队伍执行力】一是狠抓税收业务培训。组织开展《宜昌市地方税务局税收业务工作规程》、《企业所得税法》及其实施条例、个人所得税相关知识、计算机应用技术等培训。二是开展"十查十看"活动。认真查找税收工作中的执法问题、管理漏洞，对查出的相关问题进行及时整改和责任追究。三是加强档案管理。达到了"五有"要求，即有健全的管理机构、有完善的规章制度、有规范的检索工具、有专门的库房和现代化装备、有科学的管理机制。实现各种门类和载体档案的集中统一管理，顺利通过档案管理省特级评定。

【健全长效机制，抓好党风廉政建设】一是以健全责任制为抓手，层层签订了党风廉政建设责任书，把党风廉政建设与分管的工作相结合，一起部署、一起检查、一起考核、一起落实。二是以完善规章制度为重点，规范办事程序，构筑防腐墙。认真执行《党组议事与决策规则》、《大宗物品集中采购管理规定》等制度，制定了《落实党风廉政建设责任制目标管理考核细则》，使党风廉政建设向税收工作全程渗透。

长阳土家族自治县地方税务局

【征管综合配套改革全面深化】2008年，县局在机构设置上，将原来管理一、二、三科整合为管理一科、管理二科；在税收管理方面，实行行业管理与区域管理相结合的方式。通过改革，取得了明显成效：全年税收收入大幅增长，完成各项税费收入3亿元，同比增收6017万元，增长25.07%；人力资源得到合理配置，税收服务和税收管理人员比重大幅上升，达到76.8%；完善了巡回征收方式，乡镇税收实现收入不减、政策不乱、服务不弱的目标；压缩了管理层次，节约了征收成本，减少了审批环节，实现后台前移，方便了纳税人；强化了业务基础工作，突出了行业管理，加强了重点税源的监控，在税源管理上抓大放小，提升了税收的科学化精细化管理水平。

【软件上线工作优质高效】一是人力物力资源打通使用，全体动员、全员参与。层层分解任务，明确责任。二是集中精兵强将，调动全局最好的设备，腾出全局最好的办公场所，将所有人员分成两个大组，18个小组，审核录入，反复核对，加班加点，保质保量保进度。三是加大考核，重奖重罚。由于措施得力，在规定的时间内按照市局要求将1354户信息资料完整准确录入核心软件，于11月18日，通过新的税费征管核心软件开出税票、售出发票、代开劳务发票。

【行风评议取得优异成绩】一是狠抓宣传发动，确保思想认识到位；二是多措并举纳谏，确保征求意见到位；三是强化目标责任，确保整改落实到位。在全县率先组织网上在线交流活动，受到网民欢迎。在全县集中测评大会上，县局以第二名的优异成绩，被评为“优秀单位”。

【督办考核体系日趋完善】在制度建设中明确了督察岗位职责，建立健全了督办制度，修订完善岗责体系，健全责任追究制度。在督办过程中，加大了对各项决策、工作部署落实情况的检查力度，对有令不行的及时通报处罚，严肃追究相关责任人的责任确保政令畅通。进一步强化了目标管理，严格实行工作目标责任制和责任追究制。

【服务方经济发展趟出新路】一是更新服务理念。牢固树立“税收优惠政策落实不到位就是收过头税”、“公正执法就是对纳税人最根本的尊重”、“依法征税，保障地方经济社会发展”的理念，积极营造优良的税收政策环境。二是扩大税收服务重点单位范围。为进一步服务纳税人，在做好市局服务重点纳税人工作的基础上，根据县政府领导的要求，结合长阳实际，将税收服务重点单位的范围进一步扩大，在全县确定了20家管理比较规范、有一定影响、发展潜力较大的单位为税收服务重点单位开展重点服务。三是积极向党委政府建言献策。利用优势，积极向党委政府建言献策，就服务业推行有奖发票，矿产品管理、税源培植等工作积极向党委政府汇好报，得到县领导的高度重视，并已取得成效。县政府领导到县地税局进行了专题办公，县人大、县政协组织人大代表、政协委员对县地税局进行了视察，地税工作得到县委县政府县人大县政协的高度评价。四是坚持民主决策化解税收政策难题。在保留煤矿对关停煤矿的补偿税收问题上，积极争取市局的重视与支持，专题研究，为企业减轻税收负担800多万元。五是坚持抓大放小，在农村税收管理上简并征期，提高起征点，起征点调高后，全县减少纳税户358户，为纳税户每月减轻税收负担16万元。根据人大、政协代表的意见，在不违反税收政策的前提下，对400多户环城面的营运业主和1.5吨以下的货运车辆业主实行税收优惠，每年为纳税人减轻税收负担近100万元。

五峰土家族自治县地方税务局

【突出根本“带好队”，全面提升队伍素质】一是以政风行风评议活动为载体，狠抓作风纪律和效能建设。聘请15名特邀监察员并定期召开行风建设恳谈会，向纳税人发放征求意见表500余份，走访社会各界和纳税人代表200余人，联系电话抽访对象150人，收集意见和建议38条。对查摆出的问题和意见，严格实行销号式整改，通过新闻媒体公布14项服务承诺，主动参与行风评议热线，现场与纳税人交流，对意见反馈情况进行了梳理归纳，并将整改情况及时在全县通报公示，广泛接受各界监督。在2008年度全县政风行风集中评议中，县局以总评 96.2 分的成绩列八个参评单位第一名，获得“政风行风建设优胜单位”称号。二是积极探索纪检监察考核体系，狠抓党风廉政建设。建立了以监察考评部门为龙头的两级督办模式：各科室对各项常规性及阶段性工作实行台账式管理，进行跟踪督办，确保日常工作落到实处；监察考评部门对县局重要决策、重点工作实行专项督办。

【围绕中心“收好税”，着力夯实征管基础】一是以征管核心软件上线为契机，全面提升税收信息化水平。认真落实省局“全面动员、全面保障、全力以赴”的要求，坚持早谋划、高起点、抓落实的方针，统筹兼顾，高效运转，按要求完成了历史数据的清理工作，采集第三方信息 12353 条，以 ETAX 平台为基础，结合自行开发的税源管理系统在第三方信息中比对出 1600 多个纳税户的相关信息。同时，还通过自编程序把确认上线户的第三方基础信息自动提取到信息采集表，极大地提高了工作效率。11 月 17 日，县局成功运用全省税费征管核心软件开出第一张税票。二是以推行有奖定额发票为拐点，规范发票管理秩序。8 月 1 日在全县首次推行有奖定额发票，并开展了为期两个月的发票全面检查和专项整治，对辖区内饮食、娱乐、服务等行业发票领购、使用、结报情况实施全面检查，严格规范机开发票、享受税收优惠政策用票户、娱乐业发票的领用、填开、结报发票管理使用行为。全年共立案查处发票违章案件 12 起，涉案金额 14 万元。进一步规范和完善内部管理、审批制约制度，为全面规范发票管理秩序打下良好基础。三是以提高征管质量为突破口，狠抓税源管理。在税源管理上，重点推行分类管理办法，加强对建筑安装业、房地产业、矿山开采业等重点税源的监测，建立重点税源监控制度，全面掌握重点纳税人的生产经营情况、资金投入和完工结算情况、财务核算及资金流转等动态信息。自行研发并推行税源管理程序，实现了纳税人信息管理一表清、准确自动计算、快捷查询等目标，税源管理质量明显提高，重点税源的监控得到加强。

【强化宗旨“服好务”，服务能力明显提高】一是以支持地方经济和县域重点企业快速发展为目的，确定了 10 家“税收服务重点单位”，实行班子成员挂点定期上门服务，深入企业进行专题调研，用足用活税收政策，积极为地方经济发展和税源建设建言献策，极大地改善了征纳关系；二是以促进再就业和自主创业为目的，全面落实税收优惠政策，按照减免税管理权限，全年审批享受下岗失业人员、残疾人和新农村税收优惠政策 101 户，落实产业化龙头企业减免退税 197 万元，为县域重点龙头企业营造宽松的发展环境；三是进一步完善纳税服务机制，加强办税服务厅建设，增强窗口服务功能，按纳税人需求配齐配全服务设施，推行“预约服务”、“延时服务”和“节假日值班服务”等服务新措施，简化行政审批手续、简并资料报送，切实减轻纳税人负担。三是以组织收入为中心，最大限度满足地方财力需求，全面完成收入任务。全年共组织各项税费收入 9682 万元，比上年同期增长 9.7%。其中一般预算收入完成 3630 万元，比同期增长11.3%；社会保险费完成 4349 万元，比同期增长 17%。为缓解地方财政压力作出了积极贡献。

秭归县地方税务局

【顺利实现整体上线】2008年县局被评为湖北省地方税费征管核心软件上线工作合格单位和全市方税费征管核心软件上线工作先进单位。一是开展全员操作培训，选送人员到省、市局培训，强化计算机操作运用水平，参加全国计算机等级考试，全局62人通过中级考试。二是全面清理历史数据，以税务登记信息和欠税（费）信息为重点，对所有应采集对象的有效历史数据、无效历史数据和待甄别的历史数据进行清理，将清理的历史数据统一打包。三是严把数据采集、初审、录入、复核、验收、考核"六关"，实行"两下一上"的核对方法，确保采集对象准确无误，由质量审核组采取"一对一"全过程跟踪检查和重点抽查相结合的方式，审核基础信息资料的完整性、信息采集表的规范准确性。

【征管基础全面增强】全年共组织各项税费收入2.42亿元。其中，组织税收收入1.17亿元，同比增长35.4%，增长额3046万元，一般预算收入8502万元，同比增长34%，增长额2149万元。社保费首破亿元大关，达到1.17亿元，同比增长20.5%，征收率达到95%以上，其他收入849万元。一是强化重点税源管理，加强对地灾防治、高切坡治理、县乡道路硬化、移土培肥等工程和江南高速公路、华新水泥等重点工程项目的税收管理，开展房地产行业土地增值税专项检查。二是加强行业税收管理，强化交通运输、小水电、房地产业税收管理。三是加强票证管理，将推行有奖定额发票与开展发票专项整治结合起来，有效堵塞税收漏洞。四是加强税务稽查。严厉打击偷逃税行为，严格查处举报案件，有力打击了涉税违法案件。

【服务质量和水平全面提升】一是通过多种形式及时宣传税收政策和服务措施，在秭归政府门户网站开设地税专栏，让社会各界及时了解地税工作动态。二是在全县企业纳税户中，选取管理比较规范、对财政收入贡献大、有税源培植潜力的纳税人共10户，列为税收服务重点单位，确定5名班子成员、4名科长为联系责任人。各责任人分别到10个税收服务重点单位进行实地调查、现场办公，为企业解决实际困难和问题18项。三是开展巡回服务、简并征期、委托邮政局所属各乡镇邮政支局（所）代办地税发票等涉税事项，彻底解决了边远农村办税不方便的问题。四是加大各项税收优惠政策落实力度，全年共落实各项税收优惠政策、减免各项税收158万元。

【机关执行力全面提高】一是以教育培训为手段，全面提升干部素质。组织干部认真学习十七大精神、"三起案件"通报、"严格执法、有税必收、积极预防和严肃查处地税工作人员失职渎职行为"等有关文件，加强正面引导和教育，进行业务季度例考，将考试成绩纳入个人年度考核内容。二是进一步完善考核体系，突出激励机制。制定《2008年工作质效考核办法》和《综合奖励办法》，对全年各项工作目标的完成情况、重点工作完成情况、专题办公会议纪要进行逐项检查和督办。对各科室实行年终一次综合考核，对个人实行按季考核，按考核得分多少直接奖惩兑现到人，鼓励争先创优。

【文明创建成效显著】组织地税人员参加了奥运火炬传递、勤廉歌会、端午龙舟赛等大型集体文娱活动。县局获得2008年“情满端午、情系民生”勤廉歌咏会风采奖、2008年“维维杯”秭归端午传统龙舟追逐赛组织奖、2008年度经济工作突出贡献先进单位、全县县直部门领导班子目标管理及实绩考评和机关效能建设考核均列垂管部门第一名。

兴山县地方税务局

【突出工作重心，圆满完成收入任务】全年组织地方税费收入2亿元，增收3257万元，增长19.4%。一是强化税收征管工作，夯实征管基础。加强税收分析和收入监管，强化重点税源的监控力度和日常管理，确保收入稳步增长。二是落实精细化管理，提升税收征管质量。加强税源监控，细化各科室工作职责，按月制作《税源管理分析报告》，实现“权责对称、管理精细、全程监控”的管理模式。三是加强部分配合，规范各项规费的征管。加强与国税、工商、国土、房管等部门的配合，定期交换信息，做到资源共享，有效地堵塞管理漏洞，并做好社保费、残疾人就业保障金、水资源费、排污费的代征工作。四是深入推进税收执法责任制和执法过错追究制的落实。五是加强信息化建设，拓展科技办税平台。抓好省局征管核心软件的推广以及上线工作，录入各类纳税户1468户、纯社保单位300户，导入纯社保个人9400户，于11月底全面上线运行。

【坚持以人为本，锻造过硬地税队伍】一是加强政治业务学习，提高了队伍素质。组织学习党的十七大精神、邓小平理论、“三个代表”重要思想、科学发展观和“八荣八耻”重要内容，开展“读好书，促和谐”活动，用理论指导实践，打造学习型地税机关。加强干部业务知识学习，每月以科室为单位组织集中进行业务知识学习，并积极参加省、市局及县委、政府组织的各类培训、考试，提高自身学习能力和业务水平。大力营造团结和谐的氛围，引入竞争激励机制，切实增强了干部队伍的向心力、凝聚力和战斗力。二是加强思想作风建设，凝聚了队伍内力。组织实施了领导干部作风整顿建设活动，因势利导积极开展思想教育，使干部职工加强了自我管理、自我监督。

【加大服务力度，营造和谐税收环境】一方面，充分发挥税收调控经济的职能作用，扶持地方重点税源发展，引导产业、技术升级，促进了全县经济的增长。认真贯彻执行再就业税收政策、残疾人就业税收政策、新农村建设税收政策、退役士兵就业政策，关注民生，引导就业惠民，不断培植壮大地方税源，改善民生，维护社会稳定。在下岗再就业税收优惠政策的落实上，简化办事手续，争取在最短的时间内给予审批，并积极开展税收执法检查，确保各项政策落到实处。另一方面，在加大税法宣传力度、提高全民纳税意识的基础上，营造了依法纳税、依法护税的良好氛围。认真开展房地产业和建筑安装业、高收入行业及年所得12万元以上纳税人自行纳税申报、重点企业的专项检查工作、开展了发票检查和部分行政企事业单位的地方税收稽查，有效地整顿和规范了税收征纳秩序，维护了税收政策的严肃性，促进了依法治税，达到了以查促管、以管促收的目的。创办以“服务、沟通、自律、维权”为宗旨“纳税人之家”，加强征纳双方的沟通与联系，密切征纳关系，为纳税人搭建政策培训平台、“阳光税务”平台、税企沟通平台、特色服务平台，更好地为纳税人服务。

【深化文明创建，提升地税公众形象】一是推进平安机关创建工作，努力营造安定良好的工作环境。二是通过开展职工运动会、球类比赛，积极组织干部参加县、市局以及周边地税组织的文体活动，丰富干部职工的文体生活。三是积极参与社会公益活动，全局干部职工自发为地震灾区捐款，党员干部多次缴纳特殊党费。四是加强未成年人思想道德建设，继续深化“育英社”的教育启蒙作用。组织社员开展“爱我兴山”的环保活动，培养为社会服务的公德心。五是开展丰富多彩的社团活动。成立“回归户外活动俱乐部”并开展了三次户外活动，提升了干部职工生活品位，为强身健体、增进交流、促进和谐发展发挥了积极的作用。

远安县地方税务局

【强化收入中心，提升征管质量】一是强化户籍管理，突出税源监控。继续推行分级税源管理制度，加强税源分析和纳税评估，在进一步加强对主体税源煤、磷两矿重点监控的基础上，开展税源调查，加大对陶土、砖瓦、小水电、砂石料、水泥制品等行业的征管。二是强化纳税辅导，突出政策宣传。印制《纳税辅导手册》、《所得政策及税收违法责任培训材料》等宣传资料，全方位向纳税人宣传政策。举办个人所得税政策培训班，并由领导带队，全员参与，分级辅导，对重点纳税单位开展政策宣传讲解，加强纳税辅导。三是强化信息化建设，突出工作质效。在对网络和计算机硬件设备全面进行升级的基础上，强化户籍清理和信息比对，推行委托银行划缴税款纳税方式，全面运行全省地税系统新的征管核心软件，促进征管效率与质量提升。全年完成地方税费收入2.44亿元，同比增长34.23%，增收6218万元。

【推进机制改革，提升管理效能】以加强纪检监察督办考核体系建设为重点，以提高执行力为核心，强化责任观念，突出过程控制，进一步完善岗位目标工作考核办法、督办考核工作规程和行政过错责任追究办法，并建立科室周例会制度。从完善具体的目标质量责任、内部检查督办、意见收集反馈、绩效管理考核和行政过错追究办法入手，形成岗责要求、业务流程、工作督办、考核评价、责任追究五位一体的质量控制和绩效考核体系。监控范围向征、管、查，人、财、物，减、免、罚等九大领域渗透，全方位地加强对政务服务、税收执法、纳税服务等各个环节的监督考核。为保证考核的公正性、时效性和准确性，量化考核要求，推行两级考核制度，科室按月、县局按季进行目标质量考核，对考核情况以督办通报进行下达，并严格按照责任制考核办法进行责任追究，以督促各项工作的有效落实。同时，不断改进和完善征管综合配套改革后各科室的协调运行，加强内外沟通和横向协作，基本建立既满足纳税人需要，又适应税务扁平化管理的业务流程。

【优化税收服务，提升执法水平】一是建立执法培训机制。健全学习制度，采取集中培训、专题培训、岗位练兵等方式，举办《行政许可法》、企业所得税汇算清缴管理办法、税收业务工作规程、《公务员法》等培训。二是建立公开办税机制。继续实行办税“八公开”，在全县各个乡镇设置地税公示牌，并结合办税服务厅电子显示屏和触摸屏、电视公告等多种形式，将政策法规、减免税等情况向纳税人全面公布。聘请有纳税人代表参加的特邀监察员和行政执法义务监督员15人，定期召开纳税人座谈会、特邀监察员座谈会，加强同相关部门和纳税人的沟通。通过设置举报箱、公开举报电话等各种途径，广泛收集、反馈意见和建议，以加强全社会对地税部门办税行为的监督，建立公开、公平、公正的税收秩序。三是完善税收服务机制。在继续推行“一窗式”式服务、首问负责制的基础上，简化办事程序，实行“限时办结制”，把政策清楚、容易判断、程序简单的审批事项全部下放到办税服务厅，由受理人员审核纳税资料，即时办结；政策性强，法律、法规规定需要上报审批的事项，由服务窗口受理人员及时上报，限时办理。同时加强税收政策的咨询解答和来访接待服务，实行“预约服务”和“上门服务”，由税收管理员深入到每一个纳税户，做到政策宣传到户、纳税辅导到户。2008年县局荣获全省地税系统“文明执法先进单位”称号。

【弘扬地税文化，提升地税形象】开展了“远安经济与地方税收”、“执行重在到位”等系列读书征文活动，收集调研文章和文艺作品600多篇，收集摄影和书画作品1000多幅，组织编辑《三峡税务　远安专版》，加强对远安的人文景观、经济建设和社会发展的宣传。

十堰市地方税务局

【税费收入圆满完成】围绕“执行力建设年”主题，强化依法治税，深化税收管理，优化机制体制，着力服务民生，全力打造“五型”地税机关，圆满地完成了各项工作任务。2008年共完成各项收入29.8亿元，比2007年增长31.45%。其中：税收收入完成17.84亿元，同比增长36.08%，占年度计划15.32亿元的119.97%；社保费收入完成10.77亿元，同比增长25.6%；其他收入完成1.2亿元，同比增长21.2%。

【依法治税深入推进】坚持把依法治税作为灵魂贯穿于税收工作始终，全面落实执法责任制，规范税收执法行为，大力推进“法治型地税”建设。研究出台《十堰市地税局税收执法责任制岗位定位指导意见》，对执法主体和执法人员进行定岗定责。创新实施“一案双查”制度，对稽查部门查处的案件，既查主管地税机关的执法责任，也查稽查部门的处理质量，进一步强化对执法过错的追责问责。聘请156名监督员监督税收执法，发挥监察、法规、稽查的监督合力，加强对重点部位、重点环节、重点岗位的执法监督。审理重大税务案件62起，移送司法机关1起。强化抽象行政行为监管，向省局和市政府法制办报备税收规范性文件9份，清理全文失效或废止税收规范性文件25件，部分失效或废止文件2件。受理并举行税务听证2起，办理人大代表建议和政协委员提案6件，实现见面率、办结率、满意率三个100%。采取市县联动方式，整合稽查资源，抽调135名骨干力量，对全市478户重点纳税人进行专项稽查，检查税（费）款1.95亿元，入库税（费）款5560万元。

【税收信息化进程加快】全力以赴打好上线攻坚战，细化工作职责，强化工作措施，顺利实现征管核心软件上线。强力推广使用机开发票，在饮食业、住宿业、交通运输业停用手工票，限制定额票，推广机开票，堵塞税收流失漏洞。全市安装机开票1267户，开票机1401台，机开发票金额达到40.21亿元，控税3.22亿元，逐步形成地税部门管票、消费者索票、计算机开票“三位一体”的发票管理新机制。开发三维数字地图，架构税收征管多维管理平台，努力实现与国税、公安、工商、土地、金融等部门的信息共享，为决策层和管理层提供翔实的数据支持和监控途径。

【征管质效稳步攀升】加强项目信息比对，加大日常巡查力度，完善“栋号管理系统”，全面推行建安房地产一体化管理。强化车船税征管，巩固交通运输业“一条龙”税收管理成果。完善住宿餐饮业“台（铺）面管理为主导、电子定税为依托、发票控税为辅助”的税源管理办法，动态制、预警制、观察制相结合的行业管理新模式效果初显。组织编写涵盖11项内容、90个工作流的《税收征管工作规程》，全面推行税收管理员AB岗制度，着力规范征管行为。加强对年所得12万以上的高收入者监管，受理自行纳税申报1959人，补缴税款790万元。大力开展土地使用税税源普查，对61127户土地使用情况进行清理，对3479户纳税人的5514宗土地建立了税源册籍，全面掌控土地使用税存量税源。科学制定城镇居民基本医疗保险费征收方案，调查摸底参保人员基本情况，征收城镇居民医疗保险费1063万元。大力开展社保费扩面征缴和欠费清理工作，实现扩面征缴433户，征缴入库1340万元；清理欠费单位2291户，清理欠费额1.9亿元。

【服务职能充分彰显】遵循“始于纳税人需求、终于纳税人满意”的服务工作准则，大力拓展服务功能。巩固和完善“一站式”、“一窗式”服务方式，提高12366、短信平台服务效能，节约纳税人办税成本。全面落实优惠政策，彻底革除以往审批程序复杂、手续繁琐、多头会签等弊端，确保党和国家的亲民、惠民政策不折不扣得到落实。一年来，为130户企业、10172户个体纳税人批复减免税1.58亿元。积极开展送税法“进企业、进社区、进机关、进学校、进农村”等活动，每季度编发一期《新税政策汇编》和《税收优惠政策汇编》，免费寄送给纳税人；每月举办一期专题税收政策业务培训班，把税收政策送到纳税人手中。

【机制体制不断创新】围绕“征管业务流程化、组织机构扁平化、管理方式集约化”的现代税收管理需求，将各县（市）局机关内设机构和副科级派出机构予以撤销，全市共撤销30个基层分局和55个内设股室，机构精简面达到51.8%，各县（市）地税局成为直接面向纳税人的征收管理机关。坚持德才兼备和公平、公正、客观的干部选拔原则，严格按照民主推荐、笔试、组织考察和任前公示等程序选拔干部，44 名德才兼备的优秀干部脱颖而出。在县(市)局征管机构改革中，坚持优中选优，8 名副科级干部落选，打破了干部能上不能下的格局。完善“一案双责”追责问责机制，规范“三会”议事规程，形成科学决策、民主公开的工作机制。认真落实“三项报告”制度，全系统共上交礼金 5 万多元，上交购物卡近 2 万元，上交礼品折合人民币 5000 余元，重大事项报告 13(人)次。加大巡视督察力度，强化结果运用，推进巡视工作规范化、制度化。一年来，开展专项巡视检查 7 次，下达巡视通报 7 份；开展内部审计 22 次，离任审计 84 人次，改进不规范管理项目 39 个，对 16 人次进行了经济处罚。

【部门形象焕然一新】充分利用“政府执行力大讨论”、“文明执法教育”、“严格执法、有税必收，预防和严肃查处失职渎职行为”和“政风行风评议”四项活动开展的契机，着力转变部门作风，提升工作效率。从“执行力大讨论”活动中找准落实不力的问题，从“文明执法教育”活动中检查服务不到位的地方，从“有税必收”活动中梳理管理上的漏洞，从“政风行风评议”活动中把脉地税部门作风建设的效果，从抓领导、抓动员、抓重点、抓责任、抓落实入手，实现了文明执法大推进，执行能力大提升，税费收入大增长和行业作风大转变的目标。

【地税文化建设效应凸现】坚持把地税文化建设作为一种黏合剂和催化剂，鼓舞干部斗志，引发工作激情。把经过长期实践形成的“和谐发展、敢为人先、唯税清廉，忠诚奉献”的十堰地税精神和“聚财为国、执法为民”的税收工作宗旨，作为地税干部核心价值理念、建设和谐地税的共同愿景和最高价值追求目标。组织全市地税干部向“5·12”汶川地震灾区捐款 60 余万元，支持灾区人民重建家园。积极组织庆“三八”、庆“五一”、职工趣味运动会和“税企共唱和谐曲”大型文艺晚会等一系列文化体育活动，丰富文明创建内容。先后荣获国家级“青年文明号”、国家级“巾帼文明示范岗”、省级“青年文明号”、湖北省“五一劳动奖章”等荣誉。

丹江口市地方税务局

【着力构建和谐社会，组织收入有了新突破】全年共组织入库各项税费收入 3.88 亿元。其中：税收收入完成 2.21 亿元，占年计划 1.87 亿元的 118.42%，同比增长 20.41%；社保费收入完成 1.57 亿元，占年计划 1.53 亿元的 102.92%，同比增长 11.16%；其他收入完成 923 万元。

【着力建立和谐征纳关系，征管质效有了新提高】一是国地税征管协作进一步密切。坚持国地税征管联席会议制度，及时就联合办证、信息资料传递、纳税信用等级评定、联合定税、企业所得税征管范围划分等问题进行协商，加强沟通协调，服务税收征管，服务纳税人。二是税收管理员制度进一步规范。规范了税收管理员工作流程和工作标准，完善了税收管理员日志，制定了税收管理员 AB 岗管理暂行办法。三是周密部署了数据大集中工作。成立了数据清理办公室，对各基层单位上报需清理的数据进行“一条龙”审查。四是顺利完成了征管核心软件上线工作。对166名在岗人员的工作岗位、角色及操作权限进行了明确，对全系统132台计算机进行内存升级，安装了双备份线路。五是全面开展了欠税清缴工作。累计清理检查纳税户5998户，清理出漏征漏管户402户，追缴欠税216万元。

【着力建立和谐税收秩序，依法治税有了新进展】一是税收宣传活动推陈出新。围绕“税收·发展·民生”主题，推出“八个一”活动：媒体专版宣传活动、税法义务咨询活动、税收书画展活动、企业所得税法系列宣传活动、税收工作开放日活动、网站系列宣传活动、业务股室人员进办税服务厅与纳税人面对面宣传活动和税法进剧场活动。二是税收政策管理规范有序。认真落实下岗再就业税收政策，严格程序，简化手续，限时服务，先后审批下岗再就业减免税90余万元。扎实开展了土地使用税纳税人实际土地面积申报和税源册籍工作，共普查出应税土地面积330万平方米。三是所得税管理措施得力。共受理年所得12万元以上自行纳税申报116人，补缴税款39.8万元。精心部署安排企业所得税汇算清缴和地方税结算工作。全市企业所得税自核自缴申报企业176户，申报企业所得税251万元。四是稽查效能进一步彰显。挑选10名稽查干部组成专项检查组，参加十堰市区税收专项检查，共检查45户，查补地方各税(费)765万元；同时针对2008年稽查计划和房地产业同步开展专项检查，共检查26户，查补地方各税410万余元，罚款5万多元。

【着力构建和谐团队，队伍建设有了新气象】一是高标准严要求扎实开展执行力建设和文明执法教育活动。向社会公开了3部公开投诉电话，安排人员深入征管一线、深入工作对象和社会各界发放问卷调查表1200余份，回收率达90%以上，收集各种意见或建议27条，并有针对性地逐一制定整改措施。二是广纳谏真整改深入推进行风评议活动。在广泛征求意见、深入自查自纠的基础上，针对办税服务、税法宣传等六个方面的主要问题进行了重点整改。三是提效能激活力启动机构人事改革。认真落实机构扁平化和干部公开竞争上岗的改革精神，重新选拔14名中层干部。在一般干部中，按照机构扁平化改革人员编制情况，确定了20%的待岗比例，实行了双向选择，全面激发队伍活力。四是抓教育重防范深化党风廉政建设。重点开展了局长讲廉政党课、廉政书画作品展评、观看警示教育片、与汉江集团联合开展税企联手预防职务犯罪教育等廉政建设活动，并对廉政文化室进行了改建和第三次改版。五是抓培训提素质加强干部管理。先后举办计算机操作运用、税收业务等培训班8期，培训610余人次。

【着力优化和谐地税环境，地税形象有了新风貌】一是“三个注重”深化党员先进性承诺活动。启动了以党员承诺为基础，以“先进性承诺卡”为载体的党员先进性承诺活动，坚持做到了“三个注重”，即承诺内容注重贴近实际，承诺过程注重公示公开，承诺评比注重方法实效。二是五项措施大力优化办税服务。推出税务登记、审核、录入、纳税申报等业务的限时服务，办税八公开服务，办税“八不准”制度，业务科室申报期进办税大厅值班制度，每月20日为纳税人举办一期税收政策辅导的讲座制度。三是十项活动提升文明创建水平。开展了“爱心妈妈”活动、协助交警文明过马路活动、庆“六一”系列活动、未成年人教育活动；举办了廉政书画、奇石、摄影展，以及未成年子女绘画比赛；组织了献爱心活动，为汶川大地震灾区捐款3万元；开展了春节送温暖活动、文明细胞创建活动、“迎新春”职工运动会等。

郧县地方税务局

【用心谋划，统筹兼顾，收入总量创新高】通过建立健全收入责任制、预警制、考核制，统筹发挥政策保收、征管促收、考核督收、执法护收、挖潜增收保障措施，共组织各项收入1.89亿元，同比增长19.4%，增收3062万元。其中税收完成7944万元，同比增长2.5%，增收194万元；社保费完成1.02亿元，同比增长30.9%，增收2415万元。

【依法治税，优化环境，执法水平上台阶】开展税收重点检查和专项整治，优化税收执法环境，实现执法考核"零过错"，被省局授予执法责任制先进单位。其一，税收宣传富有成效。围绕税收宣传主题，通过与国税联合开展"五个一"活动和送税法进农村、进矿山、进企业等方式，丰富宣传形式和载体，延伸税收宣传触角。其二，政务公开落实有力。将纳税人的权利和义务、纳税服务工作规范、办税程序、税务检查、税务行政许可、税务行政处罚等13项办税内容公开，完善办税指南、办税流程图、示意图，编印办税公开手册，进一步密切了征纳关系。其三，税政管理日趋规范。一是推进个人所得税全员全额管理，共有68人申报补缴个人所得税，入库税款456万元。二是强化企业所得税管理，确保新企业所得税法顺利过渡，汇算补缴企业所得税120万元，汇算清缴率达到100%。三是严格减免税管理。坚持集体审议审批减免税633户，累计减免税收187万元。四是认真开展发票检查。联合国税局、公安局建立联席会议制度，形成打击合力，清查出245笔违规入账项目，查补税款56万元，罚款1万元。其四，建立协税护税综合治税机制。制定了《郧县地方税收协税护税工作实施方案》，形成"政府主导、地税主管、部门配合、司法保障、社会参与、信息支撑"的协税护税综合治税机制。

【加大投入，转变观念，科技兴税呈亮点】以税费征管核心软件上线为契机，实现信息化建设"三个转变"：在硬件配置上，淘汰更换旧机型，确保人手一台高性能计算机，为上线工作提供可靠硬件保障；在软件应用上，设计开发了集电子政务、绩效考核和任务督办为一体的电子政务平台，提高政务管理效能；在管理理念上，改变落后传统管理模式，实现向执法管理跟进信息化发展方向的突破。机开票试点工作推进有力，累计推广安装税控机48台；征管核心软件顺利上线，4044户纳税人信息完成录入，新旧征管系统成功切换并正常办理税费征管业务，被省局评为先进单位。

【把握基点，质效并重，政风行风建设出实绩】把政风行风建设摆在突出位置，政风行风民主评议列全县14个上下联动单位第一名。一是以"四抓四重"为切入点，抓认识、重创新，抓服务、重规范，抓整改、重实效，抓完善、重长效。二是以优化纳税服务为侧重点，创新服务方式，推行"进一个门，办一切事"的便捷服务制度；落实首问负责制、公开承诺制和限时办结制，对4大类108项涉税服务事项分别规定办理时限；推行纳税刷卡申报、电话申报、邮寄申报等多元化申报方式，提供方便、快捷、高效纳税服务；完善服务体系，设立投诉电话和征求意见箱，聘请特约监察员，建立健全服务标准和规范，构建起集咨询、举报、投诉、建议为一体的纳税服务体系。三是以规范管理为着力点，加强制度管理，规范会议、请示报告制度，对涉及人事等重大问题均集体研究决定；严格督办考核，修订完善《绩效管理考核办法》，建立涵盖所有工作流程的监督考核机制。四是以加强党风廉政建设为落脚点，完善反腐倡廉机制建设，扎实开展民主评议政风行风、文明执法教育和提高执行力大讨论等活动，从严防范、杜绝违法违纪和职务犯罪行为的发生。

【多措并举，涵养素质，队伍建设显风流】一是加强领导班子建设。倡导带头讲学习、讲正气、讲法纪、讲奉献、办实事作风；坚持中心组学习制度，认真学原著、听辅导，推行“日读千字、周写一文、月览一书、年增一技”学习活动，创建理论学习强势品牌。二是提高队伍素质。全年投入近20万元，先后举办新企业所得税法、计算机应用、税政联络员、文秘写作、心理健康等培训达400余人次，参训面达100%。三是加强党建、工会和群团组织建设。组织参加全县“三八”女子健身操比赛，开展“庆五一、迎奥运”职工趣味运动会，参与“爱心妈妈”关爱“留守儿童”活动；积极为汶川地震灾区捐款及缴纳特殊党费近3万元，为汉江二桥建设募集资金7万元。四是稳步推进机构人事改革。根据省、市局机构人事改革部署和要求，统一领导、缜密安排、严格要求、稳步推进，圆满完成机构人事改革目标和任务，对146个岗位实行双向自主择岗，对28个中层领导岗位实行公开竞争选拔，激活了干部职工的工作激情。

郧西县地方税务局

【税费收入实现和谐增长】积极应对减收因素，加大税费分析指导力度、计划执行力度、管理监控力度，严格组织收入原则，实施征管堵收、挖潜增收、清欠催收、稽查促收的“四抓”措施，全年累计征收入库税费收入1.21亿元。其中：税收5609万元；社会保险费6195万元，同比增收330万元；其他收入345万元。

【税收信息化建设全面推进】在核心软件上线工作中，严把信息采集、审核、录入关，严把历史数据处理关，严把模拟演练关，把各种可能出现的问题化解在上线前，确保软件上线一次成功、稳定运行。严格按照规范和程序，对所有的涉税涉费信息进行全面清理、补充、修正，确保征管数据如期集中。以业务有效衔接、操作严密规范、操作技能提升、硬件配备到位为目标，修订完善了信息化管理规范和制度，组织开展全员计算机操作技能培训，集中配备了一批计算机设备，打牢了信息化基础。

【税费征管基础全面巩固】一是全方位普查，税费源脉络更加清晰。先后组织专班对全县常量、存量、增量、潜在税源以及招商引资、项目开发、水土保持项目、土地整理项目等重点税源变动情况进行深入调查，切实找准税收征管的重点和难点。二是多点式出击，税收征管手段不断强化。做好机开票宣传发动、技术支撑、跟踪服务、推广应用工作，全年共推进 16 户；抓好年所得 12 万元以上自行申报纳税工作，受理申报 54 户，同比增长 1.8 倍。三是纵深式推进，依法治税进程明显加快。集中 8 个月时间，开展农村乡镇矿山企业和房地产开发税收专项清理整顿，清收税款 278 万元。建议县政府出台激励乡镇政府支持地税部门税收征管的若干规定，逐步完善了综合治税网络。四是立体式连动，税收服务得以优化。实行农村地区委托农村信用社代收纳税人税款征收方式，有效化解农村征管机构集中办公后农村地区纳税人缴纳税款难题。五是社会化协作，社保规费征收实现新突破。加大社会保险费扩面征缴和清收压欠力度，共催缴清收社会保险费 352 万元；做好城镇居民医疗保险征收工作，全年征收城镇居民基本医疗保险资金 156 万元，全县参保人数达到 2.9 万人；完善了规费征收部门联席会议制度，建立起资料传递、信息沟通、政策宣传、缴费服务、清收压欠于一体的规费征收链条，规费征收得以强化。

【干部队伍建设全面加强】一是机构改革平稳过渡。围绕严密运作、平稳过渡目标，扎实做好改革动员、推进、善后工作，坚持公开透明、思想工作贯穿改革始终，及时公开改革重大事项，确保干部队伍思想稳定，实现了零上访、零申诉、零事件的目标。二是班子建设不断加强。完善每周局长办公例会制度、县局班子成员基层调研制度、工作督促检查制度，推行“工作关口前移、工作重心下沉”的工作作风，有效提升了全系统执行力。三是干部培训稳步推进。组织开展政治理论、业务知识学习，举办两期计算机技能培训班，干部职工计算机操作水平普遍有了较大程度地提高。

【党风廉政建设全面推进】一是行评工作取得优异成绩。全面找准自身存在的差距和不足，狠抓整改落实，行评工作以第一名成绩顺利过关，被授予“全县行评工作优秀单位”，作为唯一一个单位在全县行评工作总结大会上进行了典型经验交流。二是加强教育，培育“不愿为”的思想境界。扎实开展了“严格执法、有税必收，积极预防和严肃查处税收失职渎职行为”主题教育、预防职务犯罪教育、廉政党课和“读书思廉”活动，全面固牢了干部职工勤廉从税思想防线。三是完善制度，构筑“不能为”的防御阵地。先后完善了重大事项集体议事制度、税收执法监察制度、纪检监察全程参与集中采购和重大维修项目制度，将“两权”监督渗透到税收工作的方方面面。四是深入监督，健全“不敢为”的制约机制。坚持日常监督与巡视督办相结合，每季度对各单位进行巡视督查，对发现问题和薄弱环节，实行“销号”管理，监督各单位加以整改并建立起防范机制，把各种可能发生的问题消除在萌芽状态。

【文明创建目标顺利实现】稳步推进综合办公楼建设，把项目审批、手续办理、土地征用、资金运筹作为四大工作重点，加强与县政府、城关镇政府及相关部门的联系沟通机制，赢得政策倾斜，化解了征地腾庄、周边协调、开工保障等实际困难。广泛开展文体娱乐活动，组织全系统女干部开展“巾帼建功”外出考察学习活动、“爱心妈妈手拉手”活动，全面丰富了热爱地税、奉献社会的文化载体。全面加强信访、安全、综治工作，确保了全系统和谐稳定，被郧西县命名为“平安单位”。

房县地方税务局

以税费征管质量为抓手，税费收入实现新突破，紧紧围绕组织收入中心，强化税源管理，提升管理质效，开展税源分析，全面掌握税源情况。加强重点税源监控，对125个重点项目实行动态跟踪管理，实现税收达1177万元。积极推广机开票，借助科技手段加强税收征管，实行税控机开票74户。“五费一票”工作顺利推进，“五费同征”正常运行。各类规费“税式”管理日益规范。全年共组织各类税费收入1.65亿元，同比增收5668万元，增长52.2%。

【以核心软件上线为抓手，信息化管理再上新台阶】狠抓“三个保证”，确保软件成功上线。一是组织领导保证。成立领导小组，设立指挥部，制定实施方案，使上线工作领导有力、方向明确、责任细化、措施具体。二是全员参与保证。召开了上线工作动员会，传达贯彻省、市局上线工作会议精神和工作要求，分期分批举办计算机操作知识培训，上线专业人员培训达40人次。三是资金投入保证。在经费极为紧张的情况下，购置电脑17台，基本达到人手一台，确保了上线工作顺利实施。

【以党风廉政建设为抓手，地税行风有了新起色】始终以党风廉政建设工作为抓手，以开展各项活动为载体，切实加强作风行风建设。充分发挥纪检监察职能，切实加强党风廉政建设和反腐败工作。积极开展“倍加珍惜职业，预防职务犯罪，共建和谐地税”主题实践活动，建立健全预防职务犯罪工作长效机制。认真开展“十查十看”活动，在自查中检验，在整改中完善。扎实开展“两项活动”和政风行风评议活动，主动听取社会各界的意见和建议，发现问题，严格整改，及时反馈，政风行风评议荣获全县第二名。

【以机构扁平化改革为抓手，干部队伍起了新变化】严格按照省、市地税局机构人事改革的部署和要求，高度重视，精心运作，确保竞争上岗工作公开、公正、公平、有序进行，圆满完成了机构人事改革的工作任务。重新设置科室7个，保留直属机构1个，设岗106个。公开选拔8个科长职位人选，对中层干部和其他岗位实行双向选择，优化组合，有效整合了人力资源，整个队伍焕发出新的活力。

【以加强税收宣传为抓手，执法服务达到了“两规范”】多形式、多途径开展税法宣传，逐步提高纳税人的依法纳税意识。不断改进服务手段，创新服务方式，落实服务措施，构建和谐的征纳关系。不折不扣地落实税收优惠政策，全年办理各类减免税256户，减免税款120万元。积极推行阳光稽查，外防偷漏，内惩腐败。不断完善内部监察机制，把执法责任追究与税收执法检查相结合，加大对执法行为的监督制约，进一步规范税收执法，努力做到在服务中执法，在执法中服务，不断提升执法和服务的水平。

【以部门协作为抓手，协税护税网络日臻完善】积极探索有效途径，完善协税护税的操作程序，规范涉税业务流程。加强部门协作，建立了财政、劳动、地税社保费征收工作联席制度和国地税征管、稽查工作联席制度，定期交换相关信息。由县政府牵头主持，召集相关部门召开全县协税护税工作会议，对在协税护税过程中出现的问题进行商讨，强化了工作纪律和要求，明确了各自责任，护税协税网络更加完善。

【以教育培训为抓手，队伍素质得到新提高】坚持以人为本带队伍。建立和完善了党组理论学习中心组制度、党组议事和决策机制，开展了建设“五好”班子活动，进一步增进了班子的凝聚力、向心力和战斗力。先后组织了计算机应用培训、更新知识培训、征管核心软件上线培训等各类培训6期，全体干部的计算机综合应用水平全面提升，政治业务素质显著提高。

【以文明创建为抓手，行政管理进一步规范】紧密结合地税工作实际，大力推进学习型机关建设，不断完善创建机制，丰富创建载体，加强地税文化建设，把文明创建融入全局各项工作的全过程中，推动各方面工作开展。强化内部管理，行政事务管理进一步规范，各项工作有序运转。严格办文办事程序，确保全局政令畅通。

竹山县地方税务局

【强化征管手段，地税收入实现突破】一是征管措施不断强化。强化收入分析和预测，推行收入月督办制度，任务目标到税种、到单位、到税收管理员；坚持组织收入原则，实现应收尽收；创新社保费征缴管理办法，继续推行“五险一票”，提高小险种的征缴率，积极稳妥推进城镇居民医疗保险，全面进行社保费清欠工作。二是地税收入大幅增长。税费收入实现了分级次、分税种的全面增长，保证了均衡入库，实现了超历史的新突破。全年共完成各项收入1.48亿元，同比增收3794万元，增长47.91%，占市分计划6847万元142.49%。其中：社保费收入完成4483万元，同比增长25.72%；其他收入完成561万元，同比增长58.92%。三是管理纵深不断推进。加强了对企业所得税的核定征收管理，对21户账证不健全的企业核定企业所得税102万元。狠抓土地使用税税源普查，完成了土地使用税税源册籍户数70户，占总户数的100%，涉及101宗土地，总面积近28万平方米。

【规范管理程序，税收管理更加科学】一是税源管理更加科学精细。通过完善税收管理员工作制度，进一步明确和落实了税源管理工作职责，规范了税收管理员工作行为，做到了税户清、税源明。二是重点税源监控效果显著。进一步加强重点税源项目监控，对全县投资额500万元以上工程项目纳入城区集中管理，牢牢盯住重点税源，扩大监控面，延伸监控范围，抓住收入的主动权。三是各税管理有序规范。加大流转税“以票控税”工作力度，大力推行税控装置，规范发票管理；建立所得税税源清册和户籍档案，认真加强日常监管和收入预测。

【改进服务理念，服务水平不断提高】一是税收宣传不断加强。内外联动，合力攻坚，深入开展了以税法宣传、形象宣传、成就宣传、典型宣传、人物宣传为重点的税收宣传。

二是信息化平台不断健全。挤出资金新购置了18台计算机,对原有的计算机进行内存升级,提升信息化建设硬件水平。规范了征管业务工作流程,以适应计算机处理的要求,通过业务整合推动了税收管理信息化资源整合,计算机管人的作用得到有效发挥。三是税收服务不断优化。进一步规范税收服务,拓宽服务领域和渠道。大力推行"人性化"服务,先后实行了税收约谈、涉税提醒、稽查预告等制度,用温馨的方式提醒、帮助纳税人解决已经出现或可能出现的问题,增强纳税人的依法纳税自觉性。整合了办税资源,实行集中办税;与银行进行协调,银行人员派驻大厅,减少办税环节,节约了纳税人办税成本;实行公开办税,限时服务,方便纳税人,提高工作质量和办税效率。

【加强队伍建设,干部活力不断增强】一是"两项活动"成效显著。扎实开展"政府执行力大讨论"和"文明执法教育"活动,组织全体干部认真学习文件、讲话精神,主动查摆问题,广泛征求意见,真正把干部思想统一到"聚财为国、执法为民"的税收工作宗旨上来。二是机构改革平稳过渡。本着人性化管理与德才兼备、群众公认原则有机结合的思路,分阶段、分步骤制定了人事机构改革方案,笔试、面试、民主测评全程接受群众监督。将税源较小的农村机构进行了撤并,全县管理机构压缩为8个。三是廉政建设不断深入。定期召开了地税系统党风廉政建设专题会议,层层签订了责任书,切实做到每件工作有人抓,有人管,有人跟踪问效、问责;坚持每周四组织大家开展党风廉政建设学习;积极开展多项教育实践活动,组织干部接受警示教育,促使大家倍加珍惜职业。四是文明创建再上新台阶。持之以恒地开展文明创建活动,大力开展以公共管理、税收政策、依法行政、计算机技能等为核心内容的公务员基本能力培训;广泛开展健康向上的文体活动,营造昂扬向上的地税文化氛围;积极参与汶川地震捐款救灾等社会公益活动,开展多种形式的帮贫助困和献爱心活动,树立良好部门形象。

【坚持多方争取,基础建设稳步推进】一是压缩开支,自筹资金,启动地税综合办公楼建设。有效利用现有资源,按程序按要求评估处置闲置资产,转让原城郊分局土地使用权,筹措建房资金;压缩公用经费开支,推行"六个一"节约活动,把有限的资金用在刀刃上。二是投入精力多方争取。向省局、市局主要领导汇报基建前期准备工作,积极争取省、市局支持。积极争取县委、县政府支持,主动协调国土、城建等部门关系,确保最低费用办理各种建房手续。三是严格把关保证质量。按照省局党组提出的"质量上去、造价下来、干部不倒"的要求,坚决把此次基建建成廉洁房、质量房、安全房。党组成员率先垂范、以身作则,不占基建一砖一瓦、一包水泥,接受系统内外群众的监督。

竹溪县地方税务局

【强化收入组织,实现收入跨越】坚持按经济规律收税的原则不动摇,依法征收,应收尽收，加强收入分析预测和重点税源监控；坚持税费同征同管的原则不动摇，加强各项费税征管；坚持确保资金安全的原则不动摇，加强收入待解专户的管理，规范税收入库管理，落实社保费征收的六条纪律，有力促进了税收入均衡快速增长，税费收入突破亿元大关。全年累计完成各项税费收入 1.22 万元，同比增长 39.97%，占年度计划 9980 万元的 121.8%。其中：税收收入完成 6406 万元，同比增长 40.32%，增收 1789 万元；社保费收入完成 5628 万元，同比增长 39.97%，增收 1607 万元。

【整合资源手段，提升征管效能】撤销了原来全职能的分局和股室，依据专业化、流程化、系统化的要求，设立 7 个机关职能科室，使征管组织架构实现了科学分权的扁平化管理。遵循“因量分区、因人配岗”的原则，对税收征管责任区进行了全面调整，减并、调整到 21 个责任区，实行 AB 岗制度，保证纳税评估能手、日常检查能手、计算机操作能手的均匀分布，形成“以熟带生、以老带新”的新型责任区管理模式。加强了保险经办机构协调配合，通过加大督办考核和处罚查处，促进了车船税代收代缴工作步入规范。

【公平公正执法，优化税收环境】强化“一案双查”，加大稽查打击力度。注重强化对纳税人偷逃税款情况和税收管理员执法情况的“双查”工作。2008 年，除参加十堰地税局专检户数外，全局共实施检查执行 18 户，结案 16 户，查补入库税费款 442 万元，加收滞纳金 7 万余元，罚款 12 万余元。注重突出税收宣传与税收执法工作的有机结合。与电视台、电台联合举办“地税时空”系列宣传活动，在《今日竹溪》报上开设“地税看台”专版，刊登了《地税税收新政策》等系列报道；结合年收入 12 万元以上个人所得税自行申报工作，向全县个人所得税自行申报的纳税人发出公开信，在全社会弘扬依法诚信纳税的良好风尚。

【科技创新服务，提高办税效率】在城区办税大厅安装 POS 机，方便纳税人刷卡缴税。结合邮政银行网点灵活方便的特点，对城镇居民基本医疗保险费采取了“网点征收、同步记账、定时结转”的征收模式，实现了城镇居民医疗保险费征收工作良好开局。积极打造税务短信平台，将欠税催报催缴、税收法规变更通知、业务办理温馨提示等最新的信息以手机短信形式传送给纳税人，实现快捷、准确、优质的服务。

【全面统筹安排，软件顺利上线】狠抓核心软件上线工作，对组织发动、基础平台建设、人员培训、数据准备、上线运行、督察考核进行统筹安排。加大基础平台建设投入，重新优化计算机设备 61 台。分层次对全体干部职工开展培训。成立业务辅导小组，通过实地指导、电话咨询、网络互动等形式及时解决干部在实际操作中遇到的问题，确保了税费征管核心软件如期上线运行。

【强化竞争激励，激发干部活力】按照优胜劣汰、公开公平的原则，公开推荐、民主推荐、笔试面试、组织考察、任前公示，全面引入竞争激励机制。一大批年富力强的干部脱颖而出，全县地税系统有 6 同志走上了科级岗位；11 名同志走上了股级岗位。依据岗位职责建立集“流程、责任、业绩、质量、评议、检查”为一体的量化绩效考核指标体系，将 12 大类工作分为 55 项指标，进行全面的量化千分制考核。结合思想品质、品德操守、工作业绩，采取经济上给奖励，学习上给机会，政治上给待遇的办法，建立了职务、精神、物质相结合的多元化的奖励机制，为地税干部提供了多种自我实现的途径。

【创建和谐团队，鼓舞发展信心】通过与县委党校联办理论学习超市，倡导全员学习《责任胜于能力》、《阳光心态》、《赢在中层》等专题讲座，参训人数 642 人次。纪检监察机构保留原有纪检监察工作职能外，增加考核评议和责任追究职能。以开展行风政风评议为契机，通过借助社会资源，让人民群众充当“裁判员”，让行评代表“把脉问诊”，全方位的查、评、纠、建，促进地税公信力、执行力的有效提升，促进地税服务纳税人、服务经济社会发展能力的全面增强，县局在全县参评的11个部门中，综合评分名列第一名。结合开展“提高执行力大讨论”和文明执法教育活动，倡导“提升工作绩效，多做事是极大浪费”的管理理念，紧紧围绕重点环节、重点部位和重点人员，认真开展“十查十看”自查自纠活动。组织开展了丰富多彩的健身娱乐活动，使干部紧张的心理和身体调整到最佳状态。大力推进地税“健康工程”实施，不断加强文体组织建设。结对帮扶百里长廊建设和潘口电站移民工作；积极开展募捐振灾活动，共募集抗震救灾现金2万多元、特殊党费8400元，无偿献血5000毫升。

孝感市地方税务局

【税费收入实现新目标】全市地税总收入达到25.70亿元，同比增收6.10亿元，增长31.34%。其中：税收收入完成13.50亿元，同比增收3亿元，增长28.23%；社保费收入突破10亿元，达到11.10亿元，同比增收2.90亿元，增长34.75%；其他收入完成1.10亿元，同比增长38.85%。一是推进了重点税源梯级管理，全市监控的重点税源企业达490户，同比增收4500万元。二是探索了以建房、售房、租房、装房“四房”为内容的一体化管理模式，全年入库农村建安房地产税收2300万元，同比增长3倍多。三是深化了企业所得税管理，启用汇缴软件汇算清缴484户企业，查补入库税费2900万元。四是严格落实土地使用税、车船使用税及耕地占用税税额标准调整，全年合计入库“四税”2.70亿元，同比增收1.40亿元。五是巩固“五费合一”征收成果，扩面征缴283户企业、24123人，新增费源3200万元，清欠1200万元。

【科技兴税迈上新台阶】一是建立了一套数据标准库。全市共清理核实32177户纳税人基本资料和信息，充实信息120余万条。二是贯通了一个骨干网络。完成了省市100兆、市县10兆、分局4兆网络全面改造升级，建成广域网10个，网络结点达到545个，覆盖7个县市区局、47个分局和8个行政服务中心。三是改善了一个硬件环境。全局新增大型服务器16台，UPS电源14台，交换机62台，新添计算机设施125台套，新建视频系统8个，实现了对所有办税服务厅的分级、集中监控。

【税收法治取得新成效】一是试行了电子执法责任制考核，初步实现了执法全过程电子监控、电子考核，得到省局充分肯定。二是打造“阳光地税”，以电子化为依托，建立了网上投诉平台，公开了电子信箱，自觉接受社会监督。三是加大了问责问效力度。出台了“奖一罚三”制度，建立了“曝光台”，实行了“局长督办令”，健全了责任追究、诫勉谈话、警醒教育等问责问效机制。

【优化服务打造新坐标】一是筑好“就业

路”。通过提高营业税起征点，全市累计有2万多家个体户退出交税行列；认真落实惠民政策，全年为各类下岗、失业工人减免税收500多万元。二是架好“创业路”。出台了108条税收优惠政策，取消了新办税务登记收费，惠及全市3万多户纳税人。三是做好“发展服务”。建立了《重点企业局长联系制度》，定期将新政法规及时“打包”，送到纳税人手中。同时，打造“纳税人满意工程”，推行了“一站式”办结、“一窗式”服务、“一网式”运行，新增了限时、预约、延时、提醒等服务制度，形成了上门申报、网上申报、手机报税等多元化申报方式。

【税收征管锻铸新品牌】一是建立“税收管理员平台”，开创了“税源一点清”的征管新格局。二是启动“一案三查”，推广了电子查账系统，全年检查纳税人425户，查补入库税款2300万元。三是启用GPS卫星定位系统，健全了纳税人土地电子和纸质地图，全市勘测土地面积15.2万平方米，入库土地使用税7828万元，同比增长49.8%。四是开发“电子税务地图”，完善了一户式查询和一频式可视系统。五是创新“税银联网、刷卡缴费、社区联动”个人缴费模式，进一步提高了征缴效率。六是推行“标准化办税服务厅”，打造了以网上办税、刷卡缴税、电子纳税为主体的纳税服务体系。七是探索纳税评估办法，全年评估纳税人432户，评估税款1200万元。八是启用车辆税收征管系统，全年入库车辆税收3200万元，同比增收1100万元。

【民主评议再获新殊荣】一是开通“行风热线”，实行“局长坐访制”，建立“曝光台”，市局先后3次上线“行风热线”，回答解决纳税人疑难25起。二是创办“在线访谈”，搭建了一个“面对面、心连心”的征纳互动平台。三是组织了“万人评地税”活动，通过电话、网络、问卷、走访等方式，广开纳谏之门，广听纳税人心声。四是推行“柔性执法”，相继推出首违提醒、查前约谈、查中辅导、查后建议等人性化执法方式，进一步提高了干部服务经济发展的能力。市局和7个县市区局均在行风评议中获得第一名。

【廉政文化结出新硕果】一是设立廉政书屋。新购2000多册廉政书籍、100多张廉政警示片，开设网上廉政课堂，收到了文化育人促廉的实效。二是建立廉政文化长廊。通过开展廉政征文、摄影、书法、演讲等竞赛活动，集中展示了廉政文化建设成果。三是打造廉政文化墙。市局机关每层楼都挂有名言警句，每个办公室都挂有廉政书画，使每名干部在潜移默化中受到感染。四是搭建廉政文化宣传平台。新增了电子播放器，定期展出廉政文化格言名句等宣传片，在全局营造了浓厚的廉政文化氛围。五是开展了廉政文化进机关、进基层、进家庭、进干部“四进”活动，形成了干部、家属、社会与地税的互动机制。六是推进了网络监察。在内网上新增了先进人物宣传栏，启动了地税工作“亮点库”，试行了网上接访。市局被省纪委确定全省“廉政文化建设示范点”。

【提升素质增添新动力】一是实施“头脑风暴”。通过开办“网上税校”，建立干部“理论学习超市”，举办以《赢在执行》、《团队精神》等为主题的“专家讲坛”，促进了干部思想观念转变。二是推进“三个一批”。通过实行竞争上岗，推行任期制，先后调整8名县市班子成员；通过组织考核，选派了6名领导干部挂职锻炼；通过择优选用，提拔了35名正、副科级干部。三是强化能力培训。建立了自助型、研讨型、体验型、网络型“四位一体”的干部培训机制，全年共举办培训班8期，培训1500多人次。四是实行多元激励。建立了“局长奖励基金”和“干部创新贡献奖”，全年颁发“局长嘉奖令”4批次，奖励干部23人次。

【文明创建攀登新层次】一是启动文化兴

税工程。广泛开展“健康身心、活力地税”系列文娱活动,举办“情系民生、活力地税”广场文艺晚会,组织“迎奥运、讲文明、树新风”礼仪知识竞赛,进一步彰显了地税文化的活力,市局成为“省级最佳文明单位”。二是积极开展“争先创优”。市局先后荣获全市目标考核先进单位、社会治安综合治理、计划生育先进单位、“支持农村建设工作队先进单位”、党建工作先进单位。三是强化机关效能建设。市局顺利建成了全市“十佳综合治理和环境绿化单位”,机关档案通过“省特级”复审验收。

孝昌县地方税务局

【收入工作】2008年,全县地税部门共组织入库地方税收收入7633万元,占全年计划7428万元的102.76%,同比增长58.09%,增收2805万元;社会保险费完成4345万元,同比增收1480万元。不仅顺利完成全年税费任务,并实现了超同期、超历史,税费收入总额还第一次突破亿元大关,成为孝昌地税历史的一个里程碑。此外,2008年全县地税部门完成水资源费收入近4万元、排污费收入33万元、残疾人就业保障金收入8万元、地方教育发展费收入100万元、文化事业建设费1万元。

【软件上线工作】2008年,按照省局和市局的相关要求,全县地税部门认真组织了税费征管核心软件上线工作,在全市地税系统率先上线并成功应用。县局成立了核心软件上线指挥部,层层落实了“一把手”负责制,上线工作坚持统一领导、统一指挥,形成了良好的工作氛围;根据岗位职责和软件权限,县局将工作任务进行了科学分解,做到了各司其职、各尽其责,并把软件上线工作纳入年度目标责任制考核、先进单位和先进个人评选、公务员等级测评之中。经过近两个月的紧张准备,2008年11月10日新征管软件在全县范围内正式投入运行,有效提高了系统工作效率,软件上线工作也得到了省局表彰。

【税收管理工作】按照《孝昌县地方税收重点企业税源监控管理办法》,县局对县直年纳税额3万元以上、农村年纳税额1万元的企业纳入重点监控,年纳税额5万元以上企业由县局直接重点监控,确保重点税源及时征缴入库。2008年全县重点税源企业由2007年的5户增加至26户,监控范围由金融保险扩大到电力、通信、餐饮服务、建安房地产等重点行业。县局还进一步加强了重点行业税收管理。2008年,全县建安及房地产行业累计实现各项税收3631万元,同比增收970万元;碎石河砂开采行业全年入库资源税854万元,同比增收207万元;年所得12万元以上人员入库个人所得税633万元,同比增收196万元。

【行风评议工作】在全县民主评议政风行风工作总结大会上,县局得分名列8家被评单位之首,行评工作得到各方充分肯定。县局在全县率先召开了全体人员动员大会,成立了由一把手任组的工作领导小组,层层签订行评工作目标责任书,强化了各自职责,明确了各阶段工作重点;通过发放征求意见书、走访企业和单位及乡镇、召开纳税人座谈会等形式，向社会各界征求对地税部门的意见和建议，并“对症下药”，及时采取了有针对性的整改措施；全面推行了“一窗式”受理和“一站式”服务，实行了限时、延时、承诺、提醒和约谈服务，建立了局领导坐班制度，并在窗口发放廉政监督卡，以多种形式不断优化税收服务；县局制定了《孝昌县地税局行评工作纪律》、《优化纳税服务实施意见》、《局领导信访接待日制度》等制度，形成政风行风建设的长效机制，保证了行评工作取得成效。

【“两项活动”工作】县局在全系统开展了加强执行力建设和文明执法教育活动，注重把文明执法教育活动同提高政府执行力和“向管理要行政效率，向效率要发展速度”的作风建设结合起来，同“讲党性、重品行、作表率”的好班子创建活动结合起来，把文明执法教育培训作为提高地税执法队伍素质的最重要的措施来抓。通过开展文明执法教育活动，促进干部职工向端正执法理念、坚持执法为民、改进执法作风、坚持文明执法、规范执法行为、坚持高效便民的目标迈进，营造了浓厚的工作氛围，有效提高了系统执行力。

孝南区地方税务局

【税费收入实现新突破】2008 年孝南区地方税务局共计组织各项地方税收收入1.52亿元，同比增收 4100 万元，增长36.43%，占计划 1.45 亿元的 104.93%；社保费收入 1.38 亿元，同比增收 3300 万元，增长32.09%；代征的文化事业建设费、残保基金、水资源费、排污费等也取得了较好成绩。

【征管质效有了新提高】一是加强信息标准化建设。投资 60 万元，购买电脑等设备 70 台，将内网延伸到基层；认真开展数据大集中工作，为省局征管核心软件的启用作准备。二是摸清税源家底。开展了纳税户籍清理工作，基本掌握税源存量及税源分布状况。三是推进税源精细化管理。依托税收征管信息平台和税收管理员工作平台，对税源实行分类管理。对农村房地产税收实行一体化管理，成立了由孝南地税局、国税局、孝南公安分局等部门组成的房地产税收一体化管理办公室，建立了与房产、城建、公安等部门的协作机制，清理开发等诸环节税源，按照“上下联动、共同监管、统一征收、按月划拨”的原则，采取信息共享、先税后证的方法，堵塞了房地产建安行业税收征管漏洞。

【治税环境发生新变化】一是大力宣传税收政策。采取举办培训班等形式，开展了税收政策的培训学习。举办税政业务培训班 4 期，发放宣传资料 400 余份，网上答疑 100 多个。在税收宣传月活动中，设立咨询台，印发宣传资料 6000 余份，悬挂宣传横幅 30 余条，在相关媒体刊发宣传稿件 16 篇，还向区委区政府报送信息 20 篇。二是加强执法监督检查。首先对纳税人实行了“一条龙”式的微机管理，制约了自由裁量权。其次是深入开展“十查十看”等活动，对全系统各单位在税款征收等方面进行了检查。三是主动接受社会监督。专门聘请义务监督员，规范税务人员的执法行为。四是优质服务民生。利用纳税服务平台,构建"一窗式受理、一站式服务"的办税格局,大力推行多元化的申报缴税方式,为纳税提供方便快捷服务。还认真落实税收优惠政策,优化了税收环境。

【地税队伍展现新面貌】一是加强班子建设。在继续扎实开展创建"五好"班子活动的基础上,公开选拔任用了两名副局级领导干部,对部分分局长及机关股室的中层干部进行了轮岗,激发了干部队伍活力。二是加强素质建设。首先加强政治思想教育,认真开展"讲党性、重品行、作表率"主题教育活动,并与警示教育等结合起来,教导大家做好人、收好税。其次加大业务培训力度,对税收业务及计算机知识进行了不间断培训。举办了计算机操作应用培训等5期培训班,共计培训150余人次。同时选派人员参加各类培训学习,共40余人次。三是加强形象建设。积极为地方党委政府出谋献策,在服务项目建设等方面用好税收政策。四是文明创建活动丰富多彩,一方面自行开展了棋类、球类比赛活动。另一方面积极参与各级举办的文娱比赛活动,凝聚了人心。组织干部职工向灾区捐款8万余元,义务献血2000毫升。同时,积极参与了文明城市创建等活动,充分展现了孝南地税的良好形象。

【内部管理呈现新气象】一是提高制度的执行力。对违规者加大了惩戒力度。如对不按规定填报工作日记者,发通报点名批评;对开会迟到者,在网上通报点名批评;对办事拖拉者,现场开会时点名批评,提高了行政效率。二是加强了财务管理。认真推行政务公开,严格固定资产流转手续。严格经费收支管理,调整经费支出结构。三是规范人事管理。四是加强内审工作。在层层签订《党风廉政建设责任书》的基础上,加强了内部审计,促使干部职工廉洁自律。五是开展档案管理达标活动。在2008年9月份顺利通过机关档案目标管理省特级验收。

应城市地方税务局

【以精细管理为要求,多措并举,地税收入逆境增长】全年共组织收入4.30亿元,较上年同期增收8436万元,增长22%,税费收入再创新高。一是强化房地产税收一体化管理,通过整合资源,共入库4050万元。二是强化欠税管理,共清缴欠税金额1400万元。三是将年纳税额50万元以上的纳税人进行重点监控,使年收入总量占90%以上的纳税企业都在重点监控之中。四是积极推进个人所得税全员全额管理工作,纳入软件代扣代缴的有973人,个人所得税入库1652万元,同比增长26%,增收339万元。

【以打造品牌为目的,着力推进,创新取得重大突破】一是规范工作流程,细化工作职责,2008年,市局被授予全省地税系统文明执法先进单位,相关工作经验被省局在全省推介。二是对内设执法岗位和职能进行重组和界定,实现了以岗定责、岗能配套、级酬相配的动态管理,调动了干部职工的积极性。三是推行了查前约谈、查中辅导、查后建议和回访制度，市局稽查局被授予全省稽查先进单位。四是设计并制作销售不动产自开票软件，全面启用了孝感市地税局税收管理员工作平台，税收管理员电子手册。

【以规范管理为要求，强化征管，科技兴税成效显著】一是完善了局政务网，开展了数据集中准备工作和征管核心软件差异性测试；扎实进行资料的录入等工作，孝感市局征管核心软件上线推进会在应城召开，省局检查组给予免检赞评；重点推行标准化纳税服务大厅建设，新建应城地税局开发区纳税大厅和社保费缴税大厅，开展了同城办税和城区纳税人刷卡缴税试点工作，全市有 3000 多户纳税人实行持卡缴税，5000 多户社保费及其他缴费人持卡缴费。二是开展纳税人户籍清理检查，进行拉网式的核对管户，全市共管辖纳税户 4533 户，已办登记共管户 3065 户，已办登记直管户 1468 户。三是采取税源划片管理、管理到户、人户对应的管理办法，积极推行征管资料"一户式"管理和信息化管理，实现征管资料管理规范化。四是全力推进网上办税，积极推行电子定税、征管资料"一户式"管理，全市网上申报总户数已达 300 多户，网上申报税款占总税款的 62.9%。

【以人本管理为核心，从严治队，社会形象大为提升】一是制定了全局性的政治、业务学习计划，有步骤地组织干部学习培训。采取学考、学用、内外三结合的办法，举办计算机、执法两制、征管业务等各类培训班 6 期，先后选派 20 名干部参加上级开展的税收业务等培训，提高了干部素质。二是层层签订党风廉政建设责任书，邀请民主监督员，广泛征求意见，通过设立专刊、举办讲座、布置廉政文化长廊、观看廉政教育片等方式，强化党员干部的党纪观念。三是以"两项活动"为抓手，围绕"十查十看"，强化整改举措，提高工作执行力。四是扎实开展了政风行风民主评议工作，在全市 8 个被评单位中，市局获得第一名。五是积极开展和组织参与多种文体文娱活动，圆满完成孝感地税系统职工系列比赛活动运动会闭幕式，并在多项文化活动中"摘金夺银"。

【以优化环境为宗旨，硬化手段，服务水平不断提升】一是开展了对年所得额在 12 万元以上的个人所得税、房地产税收、省军、市直等重点企业税收的专项检查，共实施稽查 21 户，查补税款 422 万元，罚款 9 万元。二是对 30 多家企业进行了发票的专项和日常检查，取消了 6 户使用填开式发票的资格。三是加强税收优惠政策的落实，对下岗职工再就业、福利企业等方面依法减免税款 1050 多万元。四是实行了税收约谈、涉税提醒、稽查预告等制度，推行首问责任制、限时服务制、提醒服务制、延时服务制，确保高效服务落到实处。五是完善信合代报代缴、企业网络报税、个体户电话报税等多元化申报工作，开展税法宣传电影周、送税法到纳税人等多种活动，提高了税收服务的针对性和有效性。

安陆市地方税务局

【以推进发展为己任，在服务大局中勇挑重担】2008 年，全市地税收入总额达 2.35 亿元,同比增收 3467 万元。其中:税收收入 1.24 亿元,超计划 4 个百分点,同比增长 22%,增收 2243 万元;征收排污费、水资源费、残保基金等规费 210 万元,同比增长 103%,增收 106 万元;征收社保费 1.09 亿元,同比增长 11%,增收 1118 万元。在组织收入工作中,不断强化了重点税源三级监控、房地产税收一体化管理、车辆税收一条龙管理、个体税收电子定税管理、契税及耕地占用税先税后证管理、社保费五险合一征收、税费同征同管同查等征管手段和措施,积极推进税费征管科学化、精细化,有效地规范了税费征管秩序,堵塞了收入漏洞,促进了收入增长。

【以构建和谐为追求,在服务环境上打造一流】一是规范税收执法,打造一流的税收法治环境。完善了电子定税管理办法,用科学的征管方式规范执法行为,促进了公正执法,纳税人反响良好。积极争创省十佳行政执法先进单位,执法工作受到了省政府法制办、省文明办、省纠风办的高度肯定,工作经验和成果被《省政府法治信息》以"引领公正执法 阳光办税新风"为题进行了宣传和推广。2008 年 5 月,市局被评为全省创建"湖北省十佳行政执法单位"。二是落实优惠政策,打造一流的税收政策环境。在落实优惠政策上实行"快讲、快审、快批"。"快讲"就是加大政策宣传力度,尤其是在出现政策变化时,要及时辅导告知到位;"快审"就是接到申请后在规定时间内必须及时受理审核,一次性告知各种手续;"快批"就是开辟绿色通道,上下审批手续在规定时间内谁负责、谁办理,共为 82 名下岗职工办理了减免税优惠,减免税款 76 万元;为 200 多户符合政策的下岗就业人员减免税务登记工本费 4000 余元。三是提高服务水平,打造一流的纳税服务环境。积极推进标准化办税大厅建设,推进服务内容多样化、服务方式现代化、服务工作规范化。推行了政策咨询服务、预约服务、延时服务、引导服务等服务项目,实施了"首问负责制"、"限时办结制"、"一站式"办税、"一窗式"受理、"一条龙"服务等服务规范;公开服务承诺,做到手续从简、审批从快、期限从宽、优惠从高,让纳税人真正享受到纳税服务的成果。

【以争先创优为标杆,在服务手段上彰显特色】全面推行"刷卡"缴纳税费,既缩短了办税时间,有效解决了大厅排队拥挤问题,又保障了征纳双方的资金安全,大大提高了服务质效。2008 年 10 月《湖北地税》对这一做法进行了经验推介。

【以提高素质为根本,在服务本领上苦下真功】一是抓住"九个字",打造和谐型团队,为服务发展聚力。即尊重人、理解人、关心人,构建上下级和谐、群众间和谐、生活环境和谐的和谐工作氛围,增强了队伍的凝聚力。二是搭建"三个平台",打造能力型团队,为服务发展增力。搭建"需求型"教育培训平台、"能力型"素质提升平台及"激励型"绩效评价平台,提高队伍的业务素质。三是开展"五项活动",打造效能型团队,为服务发展助力。深入开展省级文明单位创建活动、"倍加珍惜职业,预防职务犯罪,共建和谐地税"主题实践活动、文明执法教育活动、提高政府执行力大讨论活动及民主评议政风行风活动,提高了队伍的工作效能。在 2008 年度开展的新一轮民主评议政风行风工作中,安陆市地税局获得了第一名。

云梦县地方税务局

【紧扣中心，狠抓收入，税费收入实现新突破】全市共组织各项收入2.74亿元，同比增收9223万元，增长50.69%。其中：税收收入完成1.42亿元，同比增收3299万元，增长30.39%；社保费收入完成1.21亿元，同比增收5435万元，增长81.17%；其他收入完成1127万元，同比增收488万元，增长76.32%。

【克难攻坚，备战上线，信息化建设迈新台阶】按照省、市局的要求，抓上线，上下协力"一盘棋"；促上线，精心策划"分步走"；攻上线，业务指导"面对面"；保上线，全力打好"收官战"，干部职工日夜奋战，确保了全省地税征管核心软件在云梦如期成功上线运行。系统共录入3776户，其中税务登记户2580户，社保登记户1196户。系统运行正常，县局经省局验收为合格单位。

【开门纳谏，公开办税，行风建设呈现新亮点】一是全面动员，广泛宣传。通过电视、报刊等媒体向社会公开"八项服务承诺"和"十条工作禁令"、举办政风行风宣传橱窗和《行评简报》、公开办税流程，诚恳接受社会监督。二是开门纳谏，广泛征求意见。先后邀请人大、政协领导和行评代表上门建言、走访乡镇党政领导和开展"万人评地税"广场文艺、组织特邀监察员明察暗访等活动，面对面摆问题、提意见。活动期间，共收集社会各界反映的问题和建议39条，县局及时进行归类核实，认真抓好整改，并将整改结果分别进行了回复，赢得了纳税人和社会各界的一致好评。三是坚持两手抓，纠建并举两不误。对行风评议中发现的问题认真梳理归类，逐一整改并将结果回复谏言人，同时在思想上挖根源，在制度上找原因，建立健全系统政风行风建设的长效机制。在全县政风行风评议中，云梦县局以94.8分的成绩位居全县第一。

【严格执法，内外兼治，依法治税取得新进展】一是大力开展税收宣传和纳税辅导。开展"税收·发展·民生"为主题的税法宣传活动，利用电视、报刊等媒体宣传政策，扩大影响，先后在中央、省、市宣传媒体上发表文章33篇，制作税收专题新闻32期；上门辅导纳税户117户，进一步融洽了征纳关系，营造了良好的税收执法舆论环境。二是以规范税收执法为主线，建立健全税收执法责任制，强化税收执法检查和执法监督，在系统内认真开展"十查十看"自查自纠活动，同时组织专班开展执法监察，共查出不规范的行政行为19起，有针对性地向各分局下达《整改意见函》，督导落实整改，纠正了违规行为，促进了执法水平的提高，做到了无行政复议、无行政诉讼、无服务投诉。三是严格执行政策。落实各项税收优惠政策。对已享受优惠政策的纳税人进行跟踪管理，登记减免台账，审批享受下岗再就业税收优惠政策的纳税人290户，对减免税优惠执行到期的380户纳税人及时恢复征税。

【健全制度，强化管理，税收征管推出新举措】一是认真开展纳税评估。对全县企业纳税人履行纳税义务的真实性、准确性、合法性进行系统的综合评定，起到了"以评促改、以评促管、以评促收”的良好效果。全年共评估117户，评估税款1317万元，入库率达100%。二是落实税收管理员制度。健全基层分局岗责体系，落实工作责任，实现了岗位设置标准化、工作流程标准化、工作职责标准化、考核办法标准化，为全省征管核心软件上线打好了坚实基础。三是推行税收源泉控管。与规划、国土、房产、城建等部门建立长效协调机制，推行“先税后证、信息共享、部门联动”的管理模式，全面推动城区房地产税收一体化管理；在交通运输业的管理上，委托交警、保险部门代扣代缴，形成联合控管的征管新格局，全年车辆税收完成319万元，同比增收58万元。四是开展了税收专项检查。与公安经侦部门联合开展私人联建房地产税收清查工作，全年共查补私人联建房地产税收104万元，处理发票违章案件6起，罚款2万元。

汉川市地方税务局

【税费收入再创新高】2008年，全市地税部门累计完成各项税费收入5.36亿元，地税收入首次突破5亿元大关，同比增收1.05亿元，增长24.4%。

【科技征管再迈新步】一是全面提升信息化管理水平，全面实施“税源监控、一体显示；办税服务，全市联通；内部管理，并网运行”模式，推行网上申报、电子办税。二是确保征管核心软件高效运行，层层落实包保责任制，规范录入标准，做到一人录入、一人复核、交叉审核，对上线运行中出现的问题和突发事件一一进行解决，规范业务处理标准，确保了征管核心软件顺利上线。三是创建地方税源电子地图，开发出电子税源地图软件，将全市661户年纳税企业和年纳税额在3万元以上的纳税人以乡镇为点、以街道为面一一实地标注，运用多元征管数据分析方法，增加申报预警功能，提高了征管效果和水平。

【队伍建设再展新貌】一是扎实开展民主评议行风政风活动。印制了《在行评中不断改进全系统的作风》的宣传手册，在汉川电台、电视台、广电网和市局内外网上开辟了“行评”专栏，编印了21期《政风行风评议简报》。坚持开门评税，分别请特邀监察员发现问题，请行评代表找出问题，请纳税人提出问题，请新闻媒体反映问题，请有关部门指出问题，针对存在的问题和不足，通过抓教育，提高认识；抓管理，规范行为；抓服务，提高效能。制定了《汉川市地税局执法人员行为规范》，明确了纳税窗口及执法人员岗位职责，全力推行了“五个一”和“四制”承诺服务。通过一系列的行风建设活动，市局在民主评议政风行风活动中以总分第一的成绩获得优胜单位称号。二是开展主题鲜明的群众性创建活动。在全体职工和党员中开展了荣辱观教育，进一步提高了广大干部的责任心和荣誉感。在重阳节组织了老干部茶话会，鼓励老有所为、老有所乐。深入开展“双联双帮”活动，捐助6万元支持分水镇友好村村级公路建设，并向该村22户贫困户送去慰问金4400元。积极开展“情系地震灾区、发起爱心捐助”活动，全体地税干部踊跃捐款6万余元。三是大力加强党风廉政建设。层层签订廉政责任状，健全责任网络；组织全体干部收看警世电教片，邀请市纪委、检察院的同志以案说法，做到寓教于学，警钟长鸣；落实廉政监督制度，全面推行离任审计制和任前公式制，聘请了29名社会监督检查员，在社会上发放征求意见信，在全局形成了一整套廉政建设的防范、保证、监督和考核体系。

【地税服务再谱新篇】一是努力营造促进发展的政策环境。健全和完善了地税宣传体系，在电台、电视台开办纳税讲座，在全市开办了11个税收宣传橱窗，向纳税人发放纳税知识宣传资料10000余份；在市实验中学建立了税收教育基地；举办了3期税收政策培训班和5期办税人员培训班；送税收优惠政策上门，支持企业使用国产设备进行更新改造，抵减企业所得税3800万元；落实下岗再就业优惠政策，累计为736户下岗再就业纳税户减免税收150万元；开通行风热线，解答纳税人提出的热点、难点和疑点问题，树立起地税部门的良好服务形象。二是努力打造规范有序的治税环境。实行税务检查准入制，对企业实行“零干扰”的调账检查；整顿税收秩序，加大对偷逃抗骗税案件的打击力度，起到了“以点带面”的震慑作用；强化执法监督，强化责任追究，在系统内外聘请专(兼)职监察员、特邀监察员52人，监督地税干部的一言一行。公平公正、规范有序的法治环境赢得了广大纳税人对地税工作的支持，使纳税人对税法的遵从度显著提高。三是努力创造优质高效的办税环境。推行“税银联网、刷卡缴税”，实现了“办税服务、全市联通”。健全和完善了以政策咨询、申报纳税、法律救济等为内容的纳税服务体系。

大悟县地方税务局

【收入总量增幅大】全年累计入库各项收入1.73亿元，占同期1.24亿元的140%，同比增收4948万元。其中：累计入库税收和教育费附加9000万元，占同期6722万元的134%，同比增收2278万元；累计入库社保费收入7944万元，占同期5323万元的149%，同比增收2621万元；累计入库其他非税收入355万元，占同期306万元的116%，同比增收49万元。收入总量、增长幅度、增收总额均创历史新高。

【管理创新成效好】积极推广区域征管模式，在不违背征管大局的前提下，对全县各分局实行各具特色的征管方式，试行后在全县推广。如对六分局实行以农业“两税”为主的征管改革，试行政府、税务、土管、城建等四部门相互监督、相互制约的管理办法。全县通过推广，全年入库农业“两税”达651万元，同比增长60%，增收243万元。对三分局以探索资源税征管办法为试点，对区域内花岗岩加工、农村红砖生产、石灰石开采等采取“以电定税”、“以产定税”等办法，有效防止了税收流失。对河口、宣化两“口子镇”，因集镇建设快，房地产开发活跃，探索出了乡镇房地产税收管理办法。在城关分局，针对个体经济发展迅速的特点，试行了“电子定税”、“以票控税”与“现场核税”相结合的管理办法，确保了个体税收稳步增长。通过相互学习、相互借鉴、取长补短，探索出了加强税收征管的新路子，交流了严征细管的好作法。

【服务质量起点高】加强税法宣传，4月份，围绕“税收·发展·民生”的宣传主题，采取订单式宣传，对行政事业单位重点宣传了个人所得税全员全额申报办法，对招商引进企业宣传了办税流程和所涉税收政策；为乡镇领导上税课，宣传了乡镇重点税收的相关政策；落实政务公开制度，按时将税收政策、优惠减免、税款核定等向外公布，实行“阳光办税”；加强对办税服务厅的建设，完善办税服务厅的各项服务功能，切实为纳税人提供了包括接受、承办、回复等环节的“一站式”服务。

【队伍建设气象新】认真组织好提高政府执行力大讨论和文明执法教育、政风行风评议、“十查十看”、“五型机关”建设等活动，统筹安排，相互促进。在开展好民主评议政风行风工作中，通过宣传学习、征求意见、积极整改，加强了作风建设，转变了工作态度，规范了工作行为。在9个被评单位最后的综合考评中，县局取得了总分第一的好成绩；搞好业务培训，通过以会代训、岗位练兵、办班培训、外出培训的方式，提高综合素质。一年来开展各项大型培训活动9次，培训人员120余人次；强化干部队伍管理，激发队伍活力，对全系统的29名干部职工实行了轮岗，对10名自身素质过硬的年轻同志按组织程序提拔任用；狠抓党风廉政建设，以营造“大宣教”工作格局为目的，切实抓好法纪道德教育和正反典型的警示教育，建立健全监督网络机制，聘请了22名特邀监察员，对税务人员税收执法、税风税纪和日常行政管理进行监督。

【文明创建进展顺】以奥运年和纪念改革开放30周年为契机，开展经常性的文体活动，组织了迎“三八”登山比赛、拔河比赛，踊跃参加孝感市局组织的“活力地税健康身心”系列体育比赛，较好地展示了大悟地税的风采。积极发挥典型引路的作用，请内部先进人物作报告、讲经验，用他们的言传身教来感染人、激励人，在全系统形成了一种“前有引力、后有助力、内有动力”的你追我赶的喜人氛围。全县地税系统在抗震救灾中积极奉献爱心，踊跃捐款捐物达3万余元，使思想受到教育、人性得到升华。2008年，全县地税系统共涌现出市级文明单位6个，县局机关顺利完成并通过了省级文明单位申报、验收。

荆门市地方税务局

【税费收入实现新突破】2008年，全市地税系统实现各项地税收入24.05亿元，同比增收5.51亿元，增长29.74%。其中：税收收入10.86亿元，同比增收2.43亿元，增长28.86%；其他非税收入1.23亿元，同比增收0.42亿元，增长52.17%；社会保险费11.96亿元，同比增收2.66亿元，增长28.59%，五险种全面增收，征缴率达96%；城镇居民基本医疗保费1590万元，平均覆盖率达到75%。税收收入中，全市一般预算收入8.11

亿元，同比增收 1.82 亿元，增长28.87%；市级一般预算收入 3.26 亿元，同口径增收 0.67 亿元，增长 26.07%。

【征管基础跃上新台阶】按照省局关于在全省组织税费征管核心软件上线的决定，全系统加强领导，周密部署，科学调度，克难攻坚，新征管软件上线工作平稳有序推进，将省局 153 号文件细化为 15 种采集表格，明确信息采集种类和要求，共采集信息 23273 户，其中单位类纳税（费）人 5792 户、个体工商户 17481 户；按照“做什么、会什么”的要求实施全员培训 21 场次，参训人数达 800 多人次，其中税收管理员培训面达到 100%；采取加班加点、错时错峰、边录边审的办法，高质量录入各类纳税（缴费）人信息 23273 户、302 万条；市局先后派出 80 余人次下基层督办检查，现场和网上解答疑难问题 120 多条，编发上线简报 21 期；为争取广大纳税人的理解和支持，市局在《荆门日报》、《荆门晚报》刊发了答记者问，各地各单位组织召开纳税人座谈会 34 场次。11 月 27 日，市局正式向省局指挥部上报上线申请，截至 12 月底，全市应用新软件开具税票 29981 份，征收税费 33159 万元，其中税款 17513 万元，规费 1458 万元，社保费 14088 万元。

【行风评议凸显新成效】全市地税系统紧紧围绕“优化环境，关注民生，切实纠正损害群众利益的不正之风”这个主题，成立 7 个领导专班、35 名干部全身心投入行评；制定指导性文件 15 个，召开有关会议 36 场次；上门走访单位 159 个、个人 890 人，发放问卷 21250 份；召开有纳税人、特邀监察员、人大代表和政协委员参加的各类座谈会 18 场次，累计参加人数 298 人；组织明察暗访 19 次，共收集来自各方面的意见和建议 195 条。按照边查边改，纠建并举的原则，全系统共完善和建立相关制度 22 个，建立了政风行风建设的长效机制。荆门市地税局在全市 8 个被评议单位中名列第二，荣获优秀等次，市局被推荐为“全市落实党风廉政建设责任制先进单位”和“省级廉政文化建设示范单位”候选单位。

【切实加强干部队伍建设】一是加强各级领导班子建设。积极配合省局完成省局党组管理干部选任工作，在钟祥市地税局实施竞争上岗，公开选拔 2 名同志走上领导岗位；坚持党组中心组学习制度，定期开展重要理论、重大决策及重要文件精神的学习讨论。二是加强干部教育培训。委托扬州税务进修学院举办稽查人员培训班，全市地税系统 35 名稽查人员参加了培训；举办了计算机应用技能培训，培训人员 1030 人次，计算应用技能测试合格率达 100%；举办新征管软件操作技能培训班 25 期，集中培训人数近 800 人；积极选派干部外挂上挂学习锻炼，认真做好省局机关工作人员选调考试组织工作，两名同志入围。三是开展“三个优秀”评选活动。进一步抓好“优秀税收管理员”、“优秀服务明星”、“优秀稽查能手”考评工作。

【切实加强税收业务建设】一是加强税收计统工作。科学编制税收计划，深入开展税源调查，加强税源监控和税收分析预测，有效实施收入调度，规范待解账户和税收票款管理，积极推进税收分析常规化、税源监控系统化、票款管理规范化和会统数据优质化，全市税收计统工作质量和效能明显提升。二是加强税政管理工作。受理年所得 12 万元以上纳税人申报 1178 户，同比增加 444 户，超计划 179 人；抓好企业所得税汇算清缴工作，全市自行汇缴企业 635 户，汇缴率达 100%；扎实开展土地使用税 GPS 税源管理，实测企业 7 户，比对企业 300 多户；认真执行排污费、水资源费、残疾人保障基金、磷矿石价格调节基金等规费政策；深入开展房地产税收一体化管理调研，制定了新的管理办法。三是加强社保规费征管工作。加大重点费源监控力度，完善个人缴费代征管理办法，认真做好城镇居民医保征收工作，严肃社保费征缴纪律，保障社保费安全。四是加强税收稽查工作。开展税收专项整治，2008 年共检查纳税 50 户，查补税费及罚款 2876 万元，入库 2779 万元。五是加强重点税收征管工作。积极协调与车辆管理部门和高速公路建设管理部门的关系，2008 年实现重点税收 1900 万元，同比增收 900 万元，增长 90%。六是加强票证管理工作。抓好税收票证和发票的清理检查，严厉打击印制、销售、使用假发票行为，排查发现异常用票单位 53 户，查获假发票 150 份，票面金额 2 万元；加大以票控税力度，实现税收 2.25 亿元，同比增长 13.72%。

【切实加强税收法治建设】认真执行重大税务案件集体审议制度，全年共审结重大税务案件 4 件，无一起申请行政复议和向人民法院提起行政诉讼；认真执行减免税管理办法，及时清理到期的税收优惠政策，加强政策落实情况监督管理；认真组织实施税收执法检查和执法监察，对两大类共 10 个方面的执法行为进行了有针对性的检查和重点抽查，加强整改督办和责任追究，规避了执法风险，规范了执法行为；以五五普法为契机，开展了“税收·发展·民生”有奖征文、所得税法有奖知识竞赛、《青少年税收知识通俗读本》赠阅以及税收教育基地授牌等一系列活动，组织税收宣传下农村、进市场、进社区、进企业，广泛宣传税收政策。

【切实加强机关基层建设】进一步抓好回归建制工作，制定和落实科务会议制度和督办工作制度；进一步抓好财务装备工作，全系统部门预算、经费决算、国库集中支付、政府采购、基本建设、固定资产管理、职工医疗保险和新式税服换发等各项工作规范运作，有序开展；进一步抓好信访维稳工作，全年共接访 7 批 26 人次，无一例越级上访事件；进一步抓好综合治理工作，层层签订创建平安地税责任书，落实综合治理工作责任，市局被评为综合治理优胜单位；进一步抓好档案管理工作，市局机关档案通过省特级复查，京山、浏河、东宝等 3 个单位通过档案管理省特级评审验收。

东宝区地方税务局

【大力组织税收收入】2008 年，共完成各项地税收入 1.19 亿元(不含社保费、残疾人就业保障金、水资源费和排污费)，同比增收 1029 万元，增长 9.4%。其中：税收收入1.14 亿元，同比增收 1014 万元，增长 9.8%，占计划的 94.5%；一般规费 581 万元，增收 15 万元，增长 2.6%；社会保险费 8794.9 万元，同比增收 1058 万元，增长 13.7%，五险种全面增收，征缴率达 100%，城镇居民基本医疗保费 220 万元，覆盖率达到 80%。税收收入中，区级一般预算收入 3746 万元，同比增收 556 万元，增长 17.4%，比区政府年初下达的计划 3700 万元超收 46 万元，超1.2%。一是实行组织收入与目标责任制挂钩，层层签订责任状，把组织收入完成情况与个人的经济利益直接挂钩，激发干部职工的积极性。二是组织专班对辖区内的税源情况进行了摸底调查，形成调查报告，建立了税源管理台账，加大了税源的监控力度。三是加大稽查力度，积极开展清理欠税工作。共清理欠税企业12户，其中，欠税总额742万元，拖欠未缴、欠税3年以上的企业有4户，2008年共清理旧欠税入库900万元。

【抓好征管核心软件上线工作】全区共采集录入1866户，其中企业574户，个体工商户1312户，确保了湖北省地方税费征管核心软件在12月份成功上线。一是成立地方税费征管核心软件推广应用指挥部，下设6个工作组，综合协调组负责指挥部重要文书的起草，重要事项的协调，重大活动的组织，以及有关标准制定的把关和有关业务的指导；业务指导组负责税收业务数据采集标准的制订，数据处理的审核，业务流程的配合；技术保障组负责全区地税系统信息平台的建设，核心软件的开发与管理，系统网络的扩充与维护，整个系统数据安全的监护，以及各地中心机房建设的指导；计划财务组负责税收票证、会统数据等相关工作的指导、协调和督办；培训指导组负责组织核心软件操作培训计划的实施，培训活动的组织，培训效果的检查；督查考核组负责核心软件推广应用全过程情况的收集、信息的编报、宣传的组织，核心软件推广应用整个活动的绩效评估。二是聘请专业教师和参加省局培训的7名人员，分批次组织干部学习相关文件和采集录入标准，明确信息采集录入的方法和口径。三是牢固树立“质量第一，标准第一”的原则，严把标准关、采集关和录入关，全方位收集各类行政企事业单位、营利或非营利社会服务机构、非企业社会组织和各类股份制企业股东身份等第三方信息。

【大力整顿税收秩序】一是强化税收稽查职能，严厉打击偷税抗税违法行为。个人所得税12万元申报121人次，比2007年增加20人，申报应纳税额603万元，并对申报和缴纳展开专项稽查，对石膏、石料、石头行业开展了重点稽查，采取动态稽查、询问稽查、比较稽查、信息稽查、关联稽查等方法，共约谈纳税户21户次，对13户纳税单位和个人进行了重点稽查，查补入库税款541万元，收缴罚款10万元。二是全面落实优惠政策。积极参与招商引资，培育壮大优势产业和骨干企业，对武汉烁森生物、葛洲坝新型水泥熟料、新合作东方超市配送中心、洋丰硫精砂制酸等项目的建设、生产情况进行管理与服务。2008年，通过用足用活减、免、缓、抵免、税前扣除、税前弥补亏损、提高起征点等政策手段，共为各类企业落实税收优惠3684万元，减免下岗再就业个体工商户税金95万元。

沙洋县地方税务局

【围绕收入中心，税费收入再创新佳绩】2008年，共入库税费2.16亿元，比同期1.77亿元增收4200万元，增长幅度达到了24%，首次突破了2亿元大关，再次实现了超历史、超同期、超计划三超目标。其中完成税收收入6925万元，比同期增收755万元，增长

12.2%,特别是一般性预算收入4345万元,比同期增收808万元,增长了19%;完成社保费收入14106万元,比同期增收2946万元,增长率达到26%。一是客观分析税收形势,摸清税源现状,充分认识有利条件和不利因素。二是合理分配税收任务,按月下达收入调度任务,牢牢抓住了组织收入的主动权。三是强化考核,层层签订收入目标责任书,实行"局长包难点,股室包重点"的包片办法,按季考核,连带奖惩。四是加强重点税源监控,设立重点税源台账,专人管理,动态控制。加强部门协税护税配合,堵塞税款跑、冒、滴、漏。

【强化征管措施,税收征管取得新突破】 一是加强税收政策管理。多次组织开展税收政策学习,制定出台了《税政法规工作考核办法》。年收入12万元以上个人所得税自行纳税申报人数达到了101人,补缴税款40万元。开展"十查十看",对85户重点纳税户进行了地方各税及所得税汇算清缴。二是强化税收征管措施,完善征管考评体系,制定了《沙洋县地税局2008年度税费征管考核办法》,认真落实《欠税公告办法》,每月对欠税户在办税服务厅进行公告,督促纳税人及时清缴欠税。三是抓好征管核心软件上线,共采集录入纳税费人基础信息3317户,于11月20日利用税费核心征管软开具税票和各类缴款书6份。四是开展税务稽查。采取日常稽查、专项稽查、专案稽查相结合的办法,严格稽查程序,规范文书管理,周密调查取证,查处了一批群众举报案件。还与检察院、公安局联合开展了税收专项清理整顿,收到了良好的效果。五是加强票证管理。定期对各分局票证的领、用、存情况进行检查核对。加强对优惠发票的管理,严格实行定量供应,对于饮食娱乐业的定额发票,一律在销售环节当场按征收率扣税,对于代开发票,全部实行了微机开票,杜绝了擅自降低征收率或不扣税的现象。六是建立综合治税网络。5月份,县政府召集国土局、地税局等部门召开协调会议,对城区土地等级进行了重新划分。与房产、土地管理等部门紧密配合,加强契税、耕地占用税的管理,实行先税后证。与保险公司、交警检车台等部门联系,由保险公司代扣代缴车船使用税、交管部门代扣车辆运输营业税。

【加强队伍建设,整体素质实现新跨越】 一是加强领导班子建设。确立了"团结实干,作风民主,决策科学,廉洁勤政"的工作标准,班子成员内部实行集体协作、分工负责的工作模式,推行民主,不搞一言堂。定期召开民主生活会,开展批评与自我批评。二是切实加强干部队伍建设。定期组织干部职工学习,专门聘请武汉大学的教授为干部职工讲解十七大报告。扎实开展提高执行力大讨论活动和文明执法教育活动,提高了干部职工的工作作风和工作效率。在全局干部职工及家属中开展读书竞赛活动,鼓励大家多读书、读好书,营造良好的学习氛围。三是规范机关内部管理。认真做好经费管理、计算机安全与保密管理、车辆管理、安全卫生等工作,保障机关各项工作的高效运转。

【狠抓党风廉政建设,地税形象得到新提升】 一是召开廉政工作会议,传达贯彻上级精神,安排部署2008年党风廉政建设工作,签订党风廉政目标责任书。二是制定下发了《沙洋县地税干部廉洁自律若干规定》、《执法过错责任追究制度》、《接访制度》等多项廉政制度。以廉政文化进机关为工作重点,开展了爱岗敬业教育、重温入党誓词、组织收看警示电教片、邀请县纪委、检察院的领导上廉政课等一系列教育,在机关庭院张贴、悬挂廉政警示格言,制作廉政公益广告,开展读书竞赛等活动,营造了浓厚了廉政文化氛围。聘请10名社会廉政监督员,不定期征求他们的意见、建议和评价,规范政务公开,加强检查督办。

钟祥市地方税务局

【以收入工作为中心，提高收入规模】2008年，钟祥市地税局累计入库各项收入4.98亿元，同比增长32.7%，增收1.22亿元。其中：税收及规费完成2.04亿元，超计划2180万元，同比增收4509万元，增长28.33%；一般预算收入完成1.29亿元，超计划1140万元，同比增收3247万元，增长33.52%；社会保险费完成2.94亿元，同比增收7764万元。

【以开展活动为载体，提升地税形象】一是开展行风评议活动。邀请"四大家"领导、纪委相关领导和地税特邀监察员参加动员会，增强会议效果。开展行评走进党政机关、走进社区、走进纳税人的"三走进"活动，先后召开各类座谈会10余场，参会人员近千人次，发放问卷调查3000份，上门走访260人，局长亲自参加行风热线，广泛征求社会各界各阶层的意见和建议。对征集到的50条意见，责令责任单位和责任人员限期整改到位。制定了服务纳税人的举措，加强对开发区企业的日常税收管理和税务稽查的服务，保障企业的合法权益。投资30余万元启用移动纳税服务车为边远地区纳税人提供服务，受到纳税人普遍欢迎。10月21日，通过现场投票测评，综合评议结果，钟祥市地税局得分名列第一。二是开展"两项活动"。制定了活动方案，成立了活动领导小组，组织100余人召开了动员大会，并利用内网进行宣传，营造良好的教育活动氛围。利用每周四学习日，组织学习辅导、学习讨论和学习讲评，以股室为单位进行分散自学，要求每名同志撰写篇心得体会和自查报告。开展了"十查十看"和"六查六看"活动，对照《钟祥市地税局文明执法教育活动自查表》，全面查找在执法理念、执法作风、执法行为等方面存在的不足，制定有效措施进行整改。2008年，被省局评为文明执法先进单位。

【以软件上线为重点，提高管理水平】一是迅速成立了税费征管核心软件上线指挥部，制定了《钟祥市地税局征管核心软件上线工作方案》，对各阶段的工作内容和时间要求进行了明确，对各责任人的工作质量和考核要求提出了具体标准。二是及时对网络进行了改造和升级。对规模较大的分局的网络带宽由2M升级为10M，对农村分局的局域网综合布线进行了一次较大的改造，并购置了34台台式电脑、27台笔记本电脑、3台一体化打印机和部分针式打印机，全部分发到基层单位，满足核心软件上线应用的硬件配备要求。三是按照各级方案、操作要求、种类表格、样表及填表标准，对各基层单位的业务骨干、信息采集人员和审核人员进行培训，并制发了《核心软件上线操作手册》。四是细化任务分解。经过清理，最终确定应采集户数为7998户，其中企事业单位1361户，个体户6637户。依据岗位职责要求，将全部应采集户全面、准确地分解到每一名管理员，并一一登记确认，责任到人。五是准确采集信息。通过"六个强化"开展信息采集工作，即强化组织、合理安排，强化领导、明确职责，强化责任、严肃纪律，强化审核、确保质量，强化督办、搞好考核，强化宣传、推动采集，确保信息采集工作顺利开展。

【以专项检查为抓手，优化纳税秩序】一是开展企业税收汇算清缴工作。积极辅导企业开展税收汇算工作，共汇算118户，清缴企业所得税574万元。二是开展年所得12万元以上个人所得税申报工作，共为177位纳税人办理了年所得12万元以上个税申报，申报人数较2007年增加68人，通过专项检查追加14户，查补入库税款28万余元。三是开展重点行业的稽查。对建筑、矿山、棉花加工厂等行业进行了重点稽查，共检查纳税户13户，查补税款和罚款1910万元，其中，检查磷化企业5户，查补税款1842万元；检查棉花加工企业6户，查补税款25万元，检查房地产企业2户，查补税款44万余元。

京山县地方税务局

【突出税源管理，各项收入稳健增长】2008年完成各项地税收入4.41亿元，首次突破4亿大关，同比增收1.16亿元，增长35.70%。其中：税收收入1.84亿元，同比增收2932万元，增长18.92%，其他非税收入2121万元，增收1237万元，增长85.52%；社会保险费2.36亿元，同比增收7434万元，增长46.10%，五险种实现了全面增收。税收收入中，完成一般预算收入1.37亿元，同比增收2384万元，增长21.09%。在组织收入工作中，一是注重收入计划管理，组织开展了税费源普查，增强收入计划分配的科学性和合理性。二是认真做好重点税源监控工作，确定了省、市、县三级重点监控企业80户，实施重点监控与分析，重点税源控管能力不断增强。三是大力开展税收专项整治活动。对个人房屋出租税收秩序实施专项整治，查补入库各项税费收入40余万元；对20余家中介机构纳税情况进行清理，追缴欠税9万余元；争取政府支持，加大欠税清收力度，追缴工业园区以前年度欠税300余万元。

【突出教育引导，干部队伍建设整体推进】一是进一步规范党组会议制度、民主生活会制度和中心组学习制度等各项制度，县局党组被县委授予“五好领导班子”称号。二是组织开展了春节集训、提高政府执行力大讨论、文明执法教育等学习教育活动，认真查找不足，积极制定有效整改措施。开展业务培训工作，全年共组织了6期业务培训和10多期计算机操作技能轮训，顺利通过了全省地税系统计算机全员培训测试。三是继续推行轮岗交流和能级管理等激励机制，对各类先进和工作突出者，予以表彰和奖励。

【突出基础管理，征管措施进一步强化】一是完善征管制度。加强国地税合作，建立国地税联席会议制度，在税收信息交换共享、联合办证等方面的协作取得了积极成效。完善信用等级评定工作办法，明确了纳税信用等级评定工作的工作要求、对象范围、评定标准和时间安排。二是加强征管基础工作。把纳税评估与发票管理、所得税汇算清缴工作、日常纳税申报等工作结合起来，增强评估的针对性和实效性，提高了评估质量。认真做好“双定户”税款核定工作。利用“参考语句”

筛选 EAXT 征管软件上的漏征漏管户，堵塞漏征漏管现象。加强饮食娱乐等行业以票控税执行情况的清理检查，对未按规定进行税款核定的现象予以纠正。

【突出规范管理，依法治税工作取得进展】一是规范税收执法行为。深入开展清理涉税文件和行政审批工作，坚持减免税和重大税务案件集体审理制度。二是加强税种规范管理。实施建筑项目档案化管理，建筑业营业税控管得到加强。认真落实个人所得税自行申报和全员全额管理办法，共受理年所得 12 万元以上纳税人申报 123 户，同比增加 10 户，80 户运用扣缴软件的企业运行正常。抓好企业所得税汇算清缴工作，全县自行汇缴企业 113 户，汇算清缴企业所得税 300 万元。组织保险机构参加了全省车船税代收代缴工作视频会议，开展专项检查，全县车船税代收代缴工作得到了规范。三是提高稽查工作效率。全年共稽查了 13 户，其中专项检查 6 户，举报户 6 户，延伸稽查 1 户，查补税费 56 万元，罚款 15 万元，加收滞纳金 3 万元。

【突出效能建设，内部管理不断规范】一是加强机关工作秩序管理，认真抓好回归建制工作，强化工作督办，推进制度有效落实，机关工作作风和效率明显改善。二是抓好财务装备工作，部门预算、经费决算、国库集中支付、政府采购、基本建设、固定资产管理、职工医疗保险和新式税服换发等各项工作运作规范。三是抓好信访维稳工作，认真处理群众来信来访，保证无一例越级上访事件发生，坚持 24 小时值班和局领导带班制度，确保奥运会期间的稳定。

鄂州市地方税务局

【税费收入在稳中求好】一是税费收入高速增长。全市地税部门共完成各项收入 14.4 亿元，同比增长 36.61%，增幅为全省第一，超出年初既定目标两个亿。其中：税收收入完成 7.8 亿元，同比增长 39.32%，占年度计划 117%；社保费收入完成 5.3 亿元，同比增长 29.39%，占年度计划 125.9%；其他收入完成 1.3 亿元，同比增长 53.54%。税收收入提前两个半月完成全年任务。二是税源管理得到强化。将全市年 20 万元以上的税源全部纳入市局管理，针对实际情况，将全市重点税源企业户数从 130 户调整扩展到 150 户。及时跟踪重点税源、重点大户的生产经营、税收增减动态变化，每月完成重点税源分析档案，采取上下联动、信息共享、加强部门协调、拓展信息渠道的方式，多方收集资料，对各地和全市经济、税收情况进行分析，牢牢掌握税源情况。三是税款入库逐步规范。将监督重点放在账户管理方面，对各基层分局的税收待解账户进行了专项检查，针对检查中发现的问题及时指出和监督整改。同市农业银行签订协议，在农业银行设立鄂州市地税收入待解专户，由市局对城区未直接缴库税收及全市非税收入进行监管。四是税种管理效果明显。完善了 GPS 试点工作，进一步在全市范围内推广运用 GPS 手段管理城镇土地使用税税源工作，重点是银行、邮政、电信等下设机构较多的企业；在开展年所得 12

万元以上个人自行纳税申报工作中，历时3个多月，全市共受理纳税申报528人，比2007年的296人增加了232人，增长了78%，补缴税款205人，补缴税额648万元；规范企业所得税管理，印发了新《企业所得税法》宣传资料，面向纳税人和税务人员举办培训班，对新所得税法及实施条例进行了细致的讲解。

【信息化建设在精中求快】一是征管核心软件成功上线。市局成立了征管核心软件推广应用指挥部，按照"谁主管谁负责，谁管户谁录入，谁录入谁审核"的原则，实现了票款数据在新旧软件之间的平稳衔接。9月26日，全市各征收单位运用"湖北省地方税费征管核心软件"开出了第一份税票，市局在全省地税系统第一批成功上线。二是记账软件在全系统正式启用。充分利用信息资源，制作了税费解缴记账软件，从2007年11月起，市局启用记账软件对规费收入进行记账、汇总、核算、审核；2008年4月将记账软件推广到各分局，实现全市地税系统规费账户、税收收入待解账户管理的全面电算化。三是中心机房建设顺利完成。市局投资140万元对计算机机房进行了改扩建。四是电脑发票在房地产业推广应用。取消手工版房地产业、建筑业统一发票，全部启用新版电脑票，进一步规范了房地产税收一体化管理。

【事务管理在紧中求新】一是工作考核有了新的进展。市局赴恩施、仙桃、十堰，就执法责任制、目标考核、监察工作等进行考察，学习借鉴先进经验，并联系鄂州地税工作实际，制定了《鄂州市地税局推行岗位执法责任制工作方案》，全面推行岗位责任制。二是政务管理有了新的渠道。按时完成了《政府信息公开指南》、《政府信息公开目录》和《政府信息公开申请表》的编制，并在网站上开设了政府信息公开专栏；重新修订下发《关于进一步推行政务公开，优化纳税服务工作的意见》。对外，及时、全面向社会公开与纳税人办税密切相关的信息。对内，加大对涉及单位内部运行的相关重点工作、重点环节和干部职工切身利益等事项的公开力度。三是财务管理有了新的改进。重新修订了2008年的预算编制方案；在全系统建立交通费、来客接待费登记簿，做到每笔支出程序规范、账目清楚；召开"四办"经费结算座谈会，统一了经费结算办法；认真执行集中采购制度，并严格各项审批程序。四是人员管理有了新的突破。制定干部职工提前退休政策，鼓励一批干部离职创业。在临时人员管理上，对各项派遣员工管理制度进行了修订和完善。

【队伍建设在严中求活】一是开展了解放思想大讨论活动。针对地税机关、领导干部以及自身存在的问题和不足，对照检查，提出建议。市局领导率先垂范，分别带队深入到各分局，了解基层情况，倾听干部心声，以开拓创新的精神谋划鄂州地税发展的思路，解决工作中的各种难题。二是开展了"两项活动"。各级成立了"两项活动"领导小组，制定了具体工作方案和分阶段的实施计划，同时将"两项活动"纳入2008年度工作目标考核，确保活动取得实效。三是开展了政风行风评议活动。将评议工作与强化税收管理、服务地方经济、规范内部管理、开展文明执法、加强廉政建设紧密结合，坚持走群众路线，全方位查摆问题，认真整改落实，实现了抓行评、促工作、见成效的目标。在全市参评的8个部门当中，获得了总评第一名的成绩。

【服务经济在实中求广】一是税收服务尽全力。进一步优化办税流程，简化办税程序，简并报表资料，减轻纳税人负担。扎实开展纳税信用等级评定工作，有针对性地对不同群体提供个性化服务，东城分局服务大厅被授予全市"十佳诚信服务窗口"。在2008年3月鄂州大通公司上市筹划工作及5月湖北重型机器集团创中国名牌申报工作中，积极配合企业的工作，向企业提供准确数据。二是扶贫帮困转战场。2008 年将扶贫重点转移到公友乡南阳村，工作中多次深入到该村田间地头和农户家中，了解真实情况，听取村民意见，会同相关部门和南阳村负责人共谋发展大计，拟订了南阳村脱贫致富总体规划。三是建言献策谋发展。各级、各部门积极开展调查研究，向各级政府提出了一些切实可行、有较高价值的建议，《鄂州市地方税收与经济可持续增长的探讨》集中体现了全市地税干部为地方经济发展建言献策的成果。

黄冈市地方税务局

【把握增收机遇，强化科学创收，全市地税收入实现大规模增长】2008 年，黄冈市地税局累计完成各项税费收入 25.30 亿元，同比增长 32.58%，增收 6.22 亿元。其中：税收收入完成 12.79 亿元，占省份计划的 116.23%；社保费收入完成 11.70 亿元，同比增长 31.58%，增收 2.81 亿元；其他收入完成 8116 万元，同比增长 58.48%，增收 2995 万元。一是收入工作的主动权掌握得好。始终坚持以“按经济规律收税”为组织收入原则，加强了税费源管理，进一步完善了税源监控机制，进一步完善了收入分析机制，增强组织收入工作的主动性。二是收入工作的重点把握得好。加强了重点工程、重点行业税收的管理，把握了增收机遇。三是税费并重的方针坚持得好。坚持了税费同征同管同检查同考核，做到税费齐头并进。

【创新管理模式，优化工作手段，税收征管工作得到进一步加强】一是通过推行一体化管理模式，房地产税收征管效益取得历史性突破。把握“政府主导、部门协作、信息支撑、流程再造”四个环节，实行“五个统一”，强化税源监控，整合征管资源，实施流程化和链条式的管理新模式，坚持从市直至基层以点带面，大力推行了房地产税收一体化管理，理顺了征管秩序，促进了收入增长。二是运用 GPS 卫星定位系统清户核源，为土地使用税征管工作实现规范运作奠定基础。三是加强人性化的税收服务，个人所得税征管秩序得到进一步理顺。一方面，在市局统一领导下，各地通过耐心细致的工作，强化政策宣传，抓住重点环节，深化咨询服务，进一步提高了纳税人申报纳税的自觉性；另一方面，按照上级的要求，在实施全员全额明细扣缴申报工作的基础上，对相关个人所得税的纳税人，推行了完税证的开具工作，维护了纳税人权益，理顺了征管秩序。

【加大投入力度，狠抓配套建设，信息化建设实现质的飞跃】一是信息化硬件设施实现根本性改观。进一步加大资金投入，狠抓了信息平台建设、终端设备建设及配套设备建设，为征管核心软件上线工作奠定坚实的物质基础。二是信息化人员配备实现优精化组合。大力加强信息技术队伍建设，配强配精岗位人员，坚持技术人员求精、岗位人员求强、其他人员求熟，为推进信息化建设、促进征管核心软件顺利上线打下了坚实的基础。三是信息化利用水平实现大幅度提升。在认真搞好征管核心软件初始化、扎实开展信息采集和录入、积极完成第三方信息比对等工作的基础上，全系统13家应上线单位均实现顺利切换运行，进一步拓宽了纳税服务领域、使税收执法更加公开、透明，税收征管质量和效率得到明显提高。

【加强教育培训，丰富活动载体，干部队伍活力得到进一步增强】一是不拘一格地加强了干部教育。继续深入地开展了党的十七大精神学习贯彻落实活动，进一步增强了科学发展的自觉性；及时组织开展了《中国共产党章程(修正案)》的学习和讨论，进一步增强党性修养。坚持不懈地加强了廉政教育，进一步提高了廉洁为税的自觉性。二是扎实进行了计算机技术培训。针对征管软件上线工作，立足于早、着眼于实、务求于效，先后组织了市直人员应考培训、税收管理员应用培训、自上而下的全员培训，使全系统干部职工计算机应用水平普遍有了一个质的提升。三是积极开展了精神文明建设活动。先后参与了市直“迎奥运”体育比赛活动，组织参加了全省地税“稽查杯”乒乓球比赛活动，成功举办了全省地税系统职工混合篮球五市预选赛，以党支部为单位组织开展了摄影比赛活动，组织向四川灾区捐款、交纳“特殊党费”活动，进一步弘扬了文明风尚。

【拓展工作思维，完善机制办法，内部管理工作得到进一步规范】一是完善了工作目标考核责任制。在总结经验不足、广泛征求意见、进行充分酝酿的基础上，制定出台了《2008年全市地税工作目标考核责任制》，形成了更为全面的工作考核管理办法，使考核工作体现了时代性，更具科学性、操作性和适用性，有利于进一步激发队伍活力。二是加强了机关管理。重点是实施了机关物业及客室的“外包”管理。将属机关物业管理范畴的保安、保洁、绿化、水电维修等交由社会专业性机构，实行社会化管理，提高了管理工作效率，解决了用工方面的后顾之忧。三是更加实务地推进了机关财产财务管理。较好地落实了地方经费政策、省拨经费国库集中支付政策以及发票工本费差价收入收支两条线政策，确保了经费收入的稳步增长。坚持以更加“贴近行业特点、贴近部门实际、贴近工作需要”为原则，修订了经费管理办法，完善了经费预算编制。加强了源头控管，加大经费支出控管力度，进一步认真落实部门集中采购制度和公务卡公务消费，提高了资金使用效率。

【坚持多措并举，着力行风建设，地税部门形象得到进一步提升】一是认真开展“两项活动”，进一步增强了干部职工规范执法、文明执法的自觉性和积极性。二是全系统以“十查十看”为主要内容，深入开展了地税工作人员失职渎职行为自查自纠活动，进一步促进了依法行政、规范执法。三是扎实推进政风行风建设，地税形象有了新的提高。全市地税系统干部充分发扬顾全大局、勇创一流的工作精神，做到心往一处想、劲往一处使，确保在行风评议工作中收获了一个圆满的答卷，为全系统赢得了荣誉：实现了整改落实面、整改反馈面“两个百分之百”和党政领导、纳税人及基层“三满意”的既定目标。在各地召开的民主评议政风行风工作大会上，市局及10个基层县市区局均夺得了当地政风行风评议的第一名，呈现了“满堂红”的可喜局面，在全市“十佳三差”评议中市局荣膺“十佳”第二。

黄州区地方税务局

【围绕中心，加强三项管理，税收收入实现新跨越】全年入库税收收入1.01亿元，占年度计划的108.61%，同比增收2595万元，地税收入首次突破亿元大关。一是强化考核促收入。明确岗责体系，严格落实目标责任制，由年度考核变为月度考核，由任务考核变为管理考核，激发收入工作的积极性。二是严格政策抓收入。重点加强了对年收入12万元以上个人所得税的征收工作和个人所得税全员全额申报工作；利用GPS卫星定位系统，全面核实了全区范围内土地使用税；加强了企业所得税的汇算工作和车船税的代征工作；加大了饮食、娱乐业税收的检查力度，不折不扣的执行税收政策，确保税款及时足额入库。三是规范管理增收入。严格发票管理制度，统一全区扣税率和开具范围，规范统一征收标准。多方争取理顺税收征管秩序，使赤壁、东湖两办的税收征收管理职责顺利归位，扭转了长期行政包办税收的局面。

【合力同心，强化三个到位，税费征管核心软件成功上线】一是强化宣传，确保思想认识到位。针对干部中存在的怕上线影响收入工作、怕适应不了上线后的征管方式的畏难思想，层层动员，在全系统内统一了思想，提高了认识，调动了全系统干部职工全力抓上线的主观能动性。二是强化领导，确保组织保障到位。区局成立了地方税费征管核心软件推广应用指挥部，机关基层互动，经过层层部署、一级抓一级、全员参与，形成了齐抓共管的良好工作格局。三是强化督导，确保业务规范到位。统一了上线工作标准，明确了业务流程，由税收管理员进行填报，分局负责人进行初审、协调组复审、指挥长终审，做到审核一户、签字一户，确保了基础信息采集数据的准确性，采集资料项目的完整性，从而保证了录入工作的完成和上线后的顺利运行。

【扎实推进，深化"两项活动"，执行力建设实现新突破】在"两项活动"中，坚持"两个侧重"，即根据分工不同，区局机关侧重于开展"提高政府执行力大讨论"，分局侧重于开展"文明执法教育活动"。强化"三个结合"，即将开展"两项活动"与当前工作实际相结合，与严肃查处税务人员失职渎职行为专项工作相结合；与谋划地税发展思路相结合。推行"四个公开"，即学习心得体会、个人剖析材料、文明执法承诺、自查自纠情况等全面公开。开展八查八看落实"五项整改"，即重视查摆问题和整改落实工作，从工作纪律、工作作风、工作效率、执纪执法、效能监察等五个方面进行整改。做到"六个到位"，即宣传、学习、认识、剖析、活动和资料"六到位"。

【营造氛围，落实三项举措，政风行风建设迈上新台阶】一是营造氛围，全员参与。在外部，借助电视、报纸等媒体，大张旗鼓地开展税收宣传，向社会和纳税人公开服务承诺和工作禁令，广泛接受社会监督；在内部，积极营造"人人都是评议对象，个个代表地税形象"的舆论氛围，形成全员参与、上下联动的格局。二是开门纳谏，问计于民。一方面走出去诚恳征求意见，先后走访了全区3506户纳税人，走访率达100%；另一方面，请进来开门纳谏，在搞好自查、走访和问卷调查的同时，召开了各方参加的座谈会，广泛征求意见。三是自查自纠。本着“能改的马上改，能办的立即办”的原则，从群众“不放心、不方便、不满意”的部位和问题入手，通过自查自纠，力求把问题找准，把原因查实，同时坚持边查边改、未评先改。通过自查自纠，全系统作风更加严谨，窗口服务更加高效，纳税服务体系更加完善，文明执法意识、工作作风得到进一步提高。

【加强领导，抓住三个环节，党风廉政建设的保障职能进一步彰显】一是抓住领导环节，在机制创新上下功夫。分区局领导班子、基层单位负责人、股室负责人、基层分局班子成员、一般干部各个层面的职责，制订了目标责任书，进一步细化了工作职责，量化了考核标准，强化了责任追究，使考核更加细化具体，更具有操作性。二是抓住队伍环节，在强化廉政文化教育上下功夫。通过抓好理想信念教育、活动教育、警示教育、先进性教育，深入开展“六个一”活动，将廉政文化融入日常工作、生活之中，让勤政廉政成为地税干部的一种自觉行为，有效地巩固了反腐倡廉的思想防线。三是抓住检查环节，在责任追究上下功夫。在坚持审计检查、执法检查、日常检查和定期检查的基础之上，重点开展了三项检查：结合“两项活动”和“十查十看”活动，配合省、市局组织开展了行政执法检查和执法监察工作，配合中央专员办检查行动开展了行政执法检查。

团风县地方税务局

【税费收入创造新规模】充分发挥组织税费收入的聚财职能，确保地税收入随着经济发展而稳健增长。2008 年入库税收收入 7100 万元，同比增收 2100 万元，增长 42.28%，收入增幅位居全市第一；社保费收入入库 3886 万元，同比增收 884 万元。

【精细化管理走上新台阶】不断完善了分税种、分行业税收管理办法，全面推进个人所得税全员全额申报管理，积极推行房地产税收一体化管理，切实加强货运业、住宿饮食业等行业的以票控税管理。加大税务稽查力度，有效整治和规范了税收秩序，提高了依法治税水平。

【信息化建设迈出新步伐】一是整合征管档案资源，减轻纳税人负担。采取“一人进户，一次告知，税费各项信息统清”的办法，注重挖掘原有征管档案的价值，对纳税人未变更、各种数据未交换的进行重新核实，主动寻求信息资源途径，不增加纳税人负担。二是整合人力资源，形成工作合力。县局领导合理安排人力，组织工作专班，明确各项任务和岗位职责，股室之间相互配合相互协调，形成了机关与基层上下联动的格局。三是整合财力资源，加大硬件建设。合理调度经费，配套 103 万元资金投入计算机硬件建设，做到网络线路备份，设备备份。四是整合智力资源，提供技术支撑。采取全员培训提高技能、外聘技术人员保障运转、组成“智囊小组”巡回指导方式为核心软件上线提供智力支撑。县局机关共举力 7 期培训，聘请了 2 个信息技术人员，前后共解答基层分局提出的 200 多个疑难问题，确保上线工作顺利进行。

【干部队伍焕发新活力】创新用人机制，增强了干部活力。坚持以人为本，倡导干部参加“终身教育”和“资质教育”，鼓励干部职工参加注册会计师、注册税务师等资格考试。对干部实行按岗位分类管理，开展税收管理员、稽查员、发票管理员、服务大厅征收人员的培训，增强岗位技能。通过岗位练兵、技能比赛、竞争上岗，发现选用优秀人才。注重加强思想政治工作，通过下访谈心，及时掌握干部思想动态，调动干部工作积极性，增强了领导班子的凝聚力。

【税收执法建立新机制】加大执法过错责任追究力度，对税收执法行为进行全面规范与考核，增强了干部“有税必收、公正执法”的理念。把好税收优惠政策关，用足税收优惠政策，保护纳税人合法权益。实行便民措施，创建绿色通道，推行延时服务、限时服务、承诺服务和首问负责制，全面提升纳税服务质量和服务水平。规范政务公开，打造阳光地税，让纳税人缴明白税、放心税。

【廉政建设形成新格局】坚持标本兼治，综合治理的方针，以廉政教育、风险防范为抓手，围绕税收执法、优质服务，积极开展提高地税执行力、“十查十看”、廉政文化进机关、党纪法规知识竞赛等主题活动，深入推进党风廉政建设。

【地税形象有了新提升】建立党员目标责任“明白卡”，强化“五基”建设，加强机关党建工作；开展扶贫帮困活动，与但店镇朴店村、高岗村结成帮扶对子，支持了社会主义新农村建设；开展“金秋助学”活动，干部职工为 6 名贫困大学生捐资学费 12000 元；开展支援雪灾倒房户重建家园活动，对口援助了 4 户受灾户；开展党员交纳特殊党费活动，为四川地震灾区捐资 38784 元。2008 年，团风县地税局摘获了“全国巾帼文明岗”、省级最佳文明单位、全省地税系统党风廉政建设工作先进单位、机关档案目标管理省特级单位、黄冈市社会治安综合治理先进单位、黄冈市“五个基本”建设先进单位、全县党风廉政建设工作先进单位、争强进位先进县直单位第二名、全县政风行风评议第一名、团风县党建工作先进单位等荣誉。

红安县地方税务局

【更新管理理念，地税收入达到新的高度】一是抓大不放小。在抓住烟厂、娃哈哈等重点企业大户大税管理的同时，不放松对个体工商业户等小税的征管；在抓好金融保险、电力电信、建筑安装等重点行业税收管理的同时，不放松对文化体育、旅游服务等新兴行业的征管；在抓住房地产开发、建安工程营业税、所得税等重要税种管理的同时，不放松对车船税、土地使用税等地方小税的征管。二是重税不轻费。在注重各项地方税种征管的同时，对各种规费同等看待、同步管理、同时考核，交好工作账。三是保量更保质。尽管收入总量在加大、收入增量在加快，但全县系统特别注重收入质量，严格执行税收政策，不多征不少征，不预征不截留。2008 年，全县系统共组织各项地税收入 1.82 亿元，同比增收 4140 万元，增长 29%。

【强化文明服务，税收执法迈上新的台阶】2008 年，红安县局深入开展“提高地税系统执行力建设”和“文明执法教育”两项活动，重点对工作纪律、政务执行、纳税服务态度、服务质量等方面存在的问题进行了整改，全县地税系统执行力和文明执法水平得以提升。在推行文明执法的同时，更加注重文明服务，大力促进征纳关系和谐发展。通过深化完善便民制度、整合简化办税流程、设置办税资料台、按月编印《税收宣传月刊》、推行多元化服务方式、实行一机双屏和 POS 机刷卡缴税、开展纳税提醒服务，全面提高了纳税服务水平。

【量化工作考核，执行效能得到新的提升】红安县局在日常征管质量考核的基础上，制定了《应用计算机进行工作检查考核方案》，考核内容涉及税收政策落实、规费征缴、重点税源监管、票证管理、税收执法、政务公开、信息宣传、工作纪律、卫生环境等 20 多个项目。各股室按月（或按季）进行考核，并定时将考核结果上传县局网上办公系统，督查室按月对各股室考核情况进行审核和通报。日常化、精细化、系统化的工作考核几乎贯穿税收征管执法的各个环节，涉及地税工作的方方面面，极大地促进了各项工作质效的整体提升。

【加强文化建设，队伍活力又有新的增强】积极推进“标准化分局、十佳分局长、十佳征管能手、十佳服务标兵”等创建活动；制定了《教育培训方案》，鼓励地税干部职工不断加强业务学习、更新知识，掌握专业技能，获得财会、法律、税务、计算机等专业中高级技术职称；制定了《争先创优活动方案》、《征管质量考核方案》、《党风廉政建设活动方案》等，分别在综合执法、征管质量考核、征管资料管理等 7 方面设立了争先创优目标和奖励办法，激励全县系统争创特色、争创一流。县局开展了地税文化建设活动，征集红安地税文化格言；组队参加全县组织的篮球赛、乒乓球赛、拔河赛；开展各种文体活动、赈灾募捐活动。通过开展健康向上、丰富多彩、有益身心的活动，激励全体干部时刻保持一种奋发有为的精神风貌。

【硬化行风建设，党风廉政再创新的佳绩】通过传统教育、法律知识讲座、局长形势报告会和收看警示片等学习教育活动的开展，形成了有效的预警体系；通过廉政文化、廉政短信、廉政信函等载体，形成了立体的宣传体系；通过党风廉政责任状签订、廉政目标的考核等有效途径，形成了严密的责任体系；通过清产核资、经费内审、两权监督、效能监察、责任追究等工作的开展，形成了严谨的惩治体系；通过兼职监察、义务监察、行风评议等举措的实施，形成了全面的监督体系。同时，县局加大了政风行风建设力度，制定和完善了一系列管理制度和规定，并制作警示牌、“党员明白卡”，组织召开座谈会，开展多途径问卷调查、征求意见等活动，对座谈和调查中征求的意见及建议，一一剖析根源，研究整改措施，督办限期整改到位。促使了红安县局全体干部职工的行政执法水平不断提高，政务执行力不断提升，工作作风不断改进，在全县开展的政风行风评议中，红安地税局排名首位。

麻城市地方税务局

【加强收入工作】全年累计组织各项税费收入3.19亿元，占计划的110.41%，占同期的130.67%。其中：入库地方税收1.65亿元，占计划的115.30%，占同期的134.10%；征收社会保险费1.48亿元，占计划的102.48%，占同期的124.31%；入库其他规费520万元，占计划的812.50%，占同期的371.43%。在组织税费收入工作中，一是切实加强税源管理，建立了完善的税源调查制度，掌握税源分布及变化的情况。二是强化包保责任考核，严格执行税费收入挂钩考核，确保税费收入均衡入库。三是完善行业税收管理，优化纳税服务，密切征纳关系，建立部门协作机制。四是突出抓好社会保险费征缴管理，优化征缴模式，切实做到社保费与税收同征、同管、同查、同考核、同奖惩。

【加强依法治税】一是加强户籍管理。突出重点抓管理，开展了漏征漏管户专项清理工作；强调协作抓管理，建立了与国税和工商部门定期交换信息制度。二是规范票证管理。从及时性、针对性和实效性三个方面着眼，完善发票管理制度；抓好印购、发售、缴销等三个环节，促进发票基础管理；三是强化税政管理。推行年所得12万元以上个人所得税自行申报工作，实行个人所得税全员全额电子申报。贯彻落实新城镇土地使用税、车船使用税政策。企业所得税管理实行“核定税基、完善汇缴、强化评估、分类管理”，在进一步规范汇算清缴中征纳双方责任和工作流程的基础上，不断改进汇算清缴办法。

【加强干部管理】一是加强教育培训。注重脱产培训，开展专题讲座，开办网上学校，先后进行了税收业务知识和计算机操作技能的培训活动。二是深入开展“提高政府执行力大讨论”和“文明执法教育活动”，扎实抓好效能建设。三是深入开展争创“标准化分局”活动，在系统内开展了“十大标兵”的评选活动，掀起了争先创优的热潮，起到了激励先进、鞭策后进的作用。

【加强行风建设】通过加强领导、明确责任，严密部署、全面动员，广泛宣传、扩大影响，广开言路、查摆问题，创新措施、建章立制，深入开展效能监察和行风建设，着力打造崭新的行风建设长效机制。同时做到“四个结合”，即把行风评议与完成税费收入任务相结合，把行风评议与队伍的教育整顿相结合，把行评工作与改善投资软环境相结合，把行风评议与落实税收优惠政策相结合，收到实效，在麻城市政风行风民主评议中荣获第一名。

【加强科技管理】精心组织，科学安排，突出一个“细”字；配齐硬件，夯实根基，突出一个“实”字；全体动员，全力以赴，突出一个“全”字；加强巡查，及时督导，突出一个“热”字；依托平台，适时通报，突出一个“快”字；强化考核，严格奖惩，突出一个“严”字，确保征管核心软件如期上线。

英山县地方税务局

【以收入持续稳定增长为目标，坚持依法征收，税费收入再攀新高】全年共组织各项收入 1.33 亿元，同比增收 3223 万元，增长 32.12%。其中：税收收入完成 6140 万元，同比增收 1279 万元，增长 26.31%；社保费收入完成 6870 万元，同比增收 1806 万元，增长 35.66%；其他收入完成 255 万元，同比增收 138 万元，增长 42.37%。

【以科学精细管理为导向，夯实管理基础，征管质效稳步提升】一是认真做好 12 万元个税自行申报工作，在法定的申报期限内，共接受 51 人进行了自行申报，补缴税款 37 万元。二是推广运用 GPS 管理城镇土地使用税税源的方法，全年共征收城镇土地使用税 140 万元，同比增收 25 万元，增长21.7%；征收土地增值税 155 万元，同比增收 18 万元，增长 13%。三是配合县政府组织的房地产行业清理整顿，对全县所有房地产行业进行了一次全面的专项检查，共入库税收 480 多万元。四是狠抓车船税代征工作，全年共征收车船税 47 万元，同比增收 31 万元，增长 193%。五是加大社保费征缴力度，对核定传递费源认真分类，严格划分正常户和非正常户，建立重点费源档案，创新征缴方式，积极推广刷卡缴费。

【以征管核心软件上线为核心，突出数据应用，科技强税功能凸显】保证地税工作人员人手一台微机，组织现有干部进行电脑脱盲到基本知识普及的培训，搞好软硬件的更新、升级和融合。将计算机技能与动态管理、能级管理、干部选拔任用相结合。从 8 月份起，先后举办计算机知识培训 3 期，对全系统干部举行了计算机知识考试，有 105 人顺利过关，占干部总数的 98%。10 月 17 日，县局运用新征管软件开出了第一张税票，征收了第一笔税款。

【以规范执法为核心，严格依法治税，执法环境渐入佳境】一是强化执法监督。认真执行重大税务案件集体审理制度，全年共受理审核 6 件，经初审对其符合审理条件的 5 起案件，在补正各种相关资料后及时提交局大案审理委员会集体审理。二是认真落实各项税收优惠政策。全年共受理各类税收优惠(减免)申请 113 份，通过集体审议有 102 户获准享受减免税优惠政策，共计减免税 57 万元，其他 11 户因为不符合政策规定的予以退回。三是深入开展税收宣传教育工作。利用茶叶节会“搭台”，税收宣传“唱戏”，在开幕式会场入口边设立“税法宣传咨询站”，组织税务人员身着税服、肩披绶带，到会场发放宣传材料 8000 余份，《税法知识手册》200 本，咨询税收法规政策 62 起。充分发挥传媒的作用，共举办电视、广播专题 5 期，设立网站宣传板块 5 个。

【以规范化管理为主线，提升行政效能，构筑和谐地税新局面】一是加强资产财务管理。全面开展清产核资工作，坚持依法采购，全年办理政府采购 6 批次，采购金额 100 多万元，没有发生一起违规现象。二是切实加强党风廉政建设。在全县 2008 年政风行风评议中以 98.86 分的成绩排名第一，被评为优秀单位；认真开展了“十查十看”活动，全面自查自纠;结合“六查六看”活动,开展了明察暗访,并认真抓好国家税务总局关于“两个减负”实施意见的贯彻落实工作;认真开展了优化环境创“十佳”单位活动。三是加强地税文化建设。组织干部参加歌咏比赛、游泳比赛、乒乓球比赛和反腐倡廉宣传月、抗震救灾捐献、扶贫助困等活动,英山县地税局被黄冈市委评为党的基层组织“五个基本”建设先进单位并获支持党的基层组织“五个基本”建设荣誉奖,被湖北省文明办、省妇联评为“首届湖北省文明家庭创建活动先进单位”,通过了省级最佳文明单位的验收。

罗田县地方税务局

【坚持以组织收入为中心,较好地完成了税费收入任务】全年组织税费收入 1.61 亿元,同比增收 2164 万元,增长 15.50%,其中:税收收入完成 7396 万元,同比增收 2014 万元,增长 37.42% ,占县定年度计划的 106.34%;社保费完成 8606 万元,同比增收 62 万元,增长 0.70%,占年度计划的 100%;规费收入完成 127 万元。税费收入首次突破 1.5 亿元大关,取得了超历史、超同期、超计划的好成绩。

【坚持以信息化建设为抓手,进一步夯实征管工作基础】一是按照省市局关于征管核心软件上线的要求,顺利完成了征管核心软件上线运行任务。二是全面落实税源管理制度,加强重点税源监控,着力抓好纳税人户籍管理。三是全面推行刷卡缴款办法,确保资金安全,提高征管效率。四是进一步加强重点税源管理,坚持以票控税制度。继续加大对白莲抽水蓄能、武英高速等重点工程税收的管理力度,重点税收入库 2000 万元,房地产税收入库 1050 万元。

【坚持以规范管理为目标,进一步提升政务管理水平】一是进一步明确工作职责,实行定岗定责。二是加强日常工作管理,严格落实责任追究制度。三是加强工作督查督办,进一步提升工作质效。制定下发了《效能建设工作实施方案》,并且在工作检查中,就系统中存在的问题进行了效能监察立项;进一步贯彻落实上级局工作督查办法,促进各项工作督办到位、落实到位、规范到位。四是积极畅通信访渠道,做好维护稳定工作。五是加强信息系统及财产安全管理,争创平安先进单位。

【坚持以依法治税为灵魂,进一步提高税收执法能力】一是以进一步提高公民的税收法律意识、提高税收执法工作透明度和融洽税企关系为指导思想,开展了一系列税收宣传活动。二是进一步加强日常税收政策的管理,认真开展税收执法情况、减免税落实情况检查,进一步规范减免税管理。三是大力开展文明执法教育活动,进一步推进法治建设。通过在全系统开展文明执法教育活动和考试以及组织干部职工深入开展“严格执法、有税必收”自查自纠活动,使广大干部职工端正了执法理念,改变了执法作风,规范了执法行为。四是加大案件查处力度,增强税收执法刚性。重点查处了铁砂税收征管过程中的违纪行为和利用假发票偷逃税收的违法行为,查补入库税收210万元，增强了执法刚性，优化了执法环境。

【坚持以教育培训为重点，进一步提高干部综合素质】一是组织有关人员到扬州税务学院进行再教育学习，对全系统干部就新征管核心软件的应用进行培训，鼓励干部职工报考各类国家专业资格考试，促使干部职工提升理论水平、业务技能和业务素质。二是进一步推动“学习型”机关的建设。进一步加大业务考试力度，以考促学、以考代训，促使干部实现由“要我学”向“我要学”的转变。三是深入开展“提高系统执行力大讨论”和“文明执法教育活动”，使干部职工牢固树立依法行政、执法为民的理念，干部的综合素质得到了进一步提高。

【坚持以行风评议为载体，进一步提升部门形象】一是服务好纳税人。各单位按照“公平、高效、优质、廉洁”的原则，真心实意为纳税人服务，努力实现由“管理型机关”向“服务型机关”的转变。在2008年的行评工作中名列全县第一。二是服务好基层。在保证征管质量和提高系统执法水平的前提下，县局和机关各股室尽可能地减轻基层单位的负担，解决基层工作中的实际问题和基层同志的实际困难。三是真情回报社会。5·12汶川大地震后，全系统干部职工共计向灾区捐款20000元，党员干部缴纳特殊党费共计11000元，支援灾区抗震救灾和灾后重建工作。

【坚持以党风廉政建设为重点，进一步加强作风建设】一是加强廉政教育，构筑拒腐防变的防线。拓宽反腐倡廉的教育内容，开展了以“情系民生、勤政廉政”为主题的宣传活动和“严格执法、有税必收”的自查自纠活动，使干部抵制各种腐朽思想影响的自觉性显著增强。二是强化责任意识，加大监督力度。将《2008年党风廉政建设工作要点》与《党风廉政建设目标管理责任书》的各项内容要求结合起来，使党风廉政建设工作由“软任务”变成“硬指标”。三是健全监督体系，改进工作作风。采取发放政风行风建设宣传手册、征求意见表和收集整改意见建议以及聘请特邀监察员等办法，认真听取群众意见及建议，并在县电台做了两期行风热线节目，将行风建设置于社会的监督之下，促使全系统政风行风的进一步好转。

浠水县地方税务局

【以组织收入为中心，税费收入再创历史新高】全年累计入库地方税费2.45亿元，同比增收5684万元，增长30.26%。其中：地方税收完成1.12亿元，占年任务的105.5%，同比增收1908万元，增长20.47%；社会保险费完成1.29亿元，同比增收3711万元，增长40.52%；教育费附加完成150万元，残疾人就业保障金完成10万元，排污费完成164万元，水资源费完成49万元。

【以精细化管理为主题，征管质量和效率进一步提高】一是开展户籍税源普查工作。围绕“先农村，再城区”的思路，坚持边检查、边登记、边办证、边进网、边汇总检查资料，查找漏征漏管户，共补办税务登记906个，补核定税款442户，补录入网738户。二是征管软件如期上线。按照省局总体要求，分步骤、分阶段狠抓落实，共录入税务登记4290户，其中个体户3776户，企业413户；办理临时税务登记10户，扣缴税务登记82户，优惠户91户。三是着力加强重点税源管理。深化税收管理员制度，实行了能级评定。坚持属地管理基础上的分类管理，对重点行业、重点企业、重点项目实行重点监控和管理，确保把骨干力量放在重点税源管理上。四是认真开展税收分析工作。积极开展宏观税负分析、行业税负分析和主要税种税负分析，认真查找管理上的薄弱环节，为推行税收分析、纳税评估、税源监控、税务稽查"四位一体"互动机制奠定了坚实基础。五是深入开展了纳税信用等级评定工作。本着客观、公正、公平的原则，全年共评定企业纳税户188户。六是精心组织了年所得12万元以上个人所得税自行纳税申报工作，共受理自行纳税申报120人，申报年所得额2161万元。七是继续分行业、分税种加强征管。认真落实房地产一体化和交通运输业一条龙管理等税收管理办法，薄弱环节的征收管理得到进一步加强。

【以依法治税为目标，不断提高税收执法水平】一是继续抓好重大税务案件审理工作。对10户查补税额在10万元以上的检查户进行了重大案件审理，执法监督工作得到进一步强化。二是加大稽查执法力度。实现了收入型稽查到执法型稽查的转变，开展了重点行业税收稽查，全年共检查纳税户32户，查补税款、罚款及加收滞纳金214万元，同比增收24万元。三是加大发票管理力度。成立了以公安、地税主要领导负责、相关责任人参加的专项领导小组，在电视台公布专项治理举报电话，受理举报5人次，对重点场所进行排查30余次，收缴违规发票3861份，罚款4000元，有效整治了发票使用秩序。

【以服务地方经济社会发展为大局，进一步优化税收环境】认真落实关于支持下岗职工再就业、促进高新技术产业发展、促进企业自主创新等方面的税收优惠政策，做好国产设备投资抵免所得税、企业财产损失、坏账损失等项目的审核审批工作，全年审批减免、抵免税收502万元，为282户下岗职工和残疾人减免税款93万元。二是优化纳税服务。在全系统大力推行申报纳税多元化，对清泉城区"双定户"实行刷卡缴税；在个体户和农村小额纳税户中推行简并征期的申报纳税方式；借鉴外地经验，委托工行代征社保费，真正做到了一站式服务；认真开展税法宣传和咨询辅导，特别是抓好新出台的企业所得税法、车船税条例、土地使用税条例等法律法规的宣传，受到纳税人好评。

【以提高执政能力为重点，坚持不懈地抓好干部队伍建设】一是扎实开展文明执法教育活动，认真分析成绩和问题，不断拓宽工作思路，进一步推进税收服务。二是加大计算机应用培训力度，并组织计算机考试，落实奖惩兑现。三是全面落实党风廉政建设责任制，积极促进领导干部廉洁自律，切实纠正行业不正之风；进一步规范经费管理，促进源头防腐；努力开展预防职务犯罪工作，着力构建教育、制度、监督并重的惩治和预防腐败体系。四是加强督办工作，提高工作效率，强化机关效能建设。颁布"十条禁令"，促进依法行政。五是创新文化理念，成立文体团队，丰富活动载体，推进税务文化建设。

蕲春县地方税务局

【狠抓中心工作，较好完成全年任务】紧紧围绕中心工作，以“勤政、廉政、优政”为目标，以服务地方建设为己任，以组织税费收入为核心，创新理念，和谐发展，较好完成了各项工作任务。全年累计完成地方税费收入2.99亿元，同比增收5124万元，增长18.6%。其中地方税收1.07亿元，占县定计划的107.4%，同比增收2260万元，增长26.7%；征收社保费1.84亿元，同比增收2964万元，增长13.9%。

【严格规范管理，不断创新工作机制】一是规范了岗位责任管理。认真执行《税源管理制度及工作考核办法》和《税收管理员制度》等规章制度，为税收行政行为责任的划分和落实提供制度保障，有力地促进了工作责任落实。二是完善了发票管理措施。继续实施以票控税办法，规范了发票管理工作流程，全年共受理发票违章举报6起，对违反发票管理规定的单位和个人均进行了严肃处理。三是加强了税源监管力度。重点对象重点管理，及时掌握税源变动情况，确保了税款及时足额入库。四是进一步加快了信息化建设步伐，不断加大硬件投入力度，加强了计算机应用培训，提高操作技能，积极开展征管核心软件上线运行工作，于2008年10月26日顺利实现上线运行，大大提升了税收征管水平。

【坚持依法治税，优化税收经济环境】加大税法宣传力度，改善税收法治环境。完善和落实各项制度，规范税收执法行为，全年无一例税务行政复议或行政诉讼案件发生。成立重大税务案件审理委员会，加大对税务执法行为的监督。全面落实各项税收减免优惠政策，积极有效地服务地方经济发展。进一步抓好专项检查，加大欠税跟踪管理和追缴工作力度，严厉打击了偷、逃税行为。建立户籍巡查制度，严格对请假停歇业、税负调整、注销非正常户文书的审批。经常组织开展日常检查和明察暗访，直接进入纳税户进行调查和征询意见，达到了以查促收、以查促管的目的。

【实施效能建设，构建和谐征纳关系】开展了“民主评税”、“阳光税务”等一系列服务活动，切实提高了工作透明度。实施纳税评估，增强工作针对性、规范性，及时纠正工作偏差，密切征纳关系。转变服务观念，延伸服务项目，优化服务方式，进一步完善和规范了“服务承诺制”、“首问负责制”。从抓办税“窗口”形象建设入手，在城区实行低平台面对面的“一窗式”服务，在农村分局推行“一站式”办公，实现纳税服务窗口的一窗多能。开通了绿色便民通道，灵活运用税收优惠政策，切实为纳税人排忧解难。积极推广实施委托金融网点代收税（费）款工作，实现税（费）直达金库。推行了工行代收养老保险费和财政代征偏远地区的城镇居民医疗保险费工作，取得了良好的效果。积极做好群众信访工作，做到了事事有落实，件件有回音。

【加强政风行风建设，大力提升地税形象】紧紧围绕“内强素质，外树形象”的目标，在提高干部素质上做文章。通过教育固廉、读书思廉，先后组织学习了《党内监督条例》、《纪律处分条例》等文件和《廉政理论》、《廉政时评》、《廉政故事》等廉政文化书籍，定期检查学习笔记，并进行廉政知识考试，让正确的世界观、人生观、价值观在思想上扎根。在县局网站、《蕲春税讯》创立“廉政文化建设”、“政风行风建设”等专栏，警钟长鸣，防微杜渐。先后开展了提高政府执行力大讨论、文明执法教育活动以及“与纳税人面对面”座谈等系列活动，重点解决干部队伍存在的理想信念、工作效率、服务意识、依法行政、职业道德、创新能力等突出问题，有力地推动和促进了政风行风建设，在2008年行风评议中获得了第一名。

武穴市地方税务局

【突出中心工作，以聚财力体现执行力】 全年累计完成税费收入3.50亿元，同比增收7965万元，增长29.43%。其中：税收收入(含教育费附加660万元)2亿元，同比增收5433万元，增长37.30%；社保费收入1.40亿元，同比增收1886万元，增长15.57%；规费收入313万元，同比增收40万元，增长14.65%；残疾人就业保障金收入43万元，水资源费收入65万元，排污费收入612万元，各项收入全面超同期、超计划，为武穴经济社会发展和繁荣稳定提供了强有力的财力支撑。

【提高决策水平，以指导力带动执行力】 一是畅通基层参与民主决策的渠道。通过召开座谈会、发放征求意见表、设立网上“局长信箱”和“职能部门负责人信箱”等形式，多渠道听取基层的意见和建议。二是加强机关和基层的联系。建立和完善了领导包片、部门挂点联系制度。局领导经常深入基层开展调查研究，及时掌握决策在基层的执行情况，修正政策执行中的偏差。三是加强对基层的业务指导。按照“下管一级、归口负责”的原则，加强对基层执行地方税收政策的指导，准确答复基层的业务咨询和请示，提出加强管理、堵塞漏洞的对策措施。

【加强制度建设，以强制力保证执行力】 全面修订完善了《武穴市地税局岗位职责管理规范》，实现了用制度管权、管事、管人。一是本着“规范高效、相互制约、优化服务、因事设岗”的原则，按照工作需要，结合税费征管核心软件的运行要求，合理设置工作岗位，明晰工作职责；二是优化工作流程，制定了行政事务管理和行政执法事务管理工作流程，明确各岗人员在办理事项过程中应承担的具体工作和要求的工作时限、传递程序，形成了程序清楚、要求明确、责任落实的良好工作机制；三是制定了细致严密的考核办法及岗位职责过错责任追究制度，严格奖优罚劣。

【培育地税文化，以感召力催生执行力】 一是抓住根本强基础。班子成员经常深入基层，与干部职工交心谈心，摸清干部职工的思想动态，及时加以引导、疏导，增强了系统凝聚力、向心力。二是多措并举促和谐。改善或租用固定的运动场地，领导带头参加活动，在运动中加强交流，增进友谊；加强图书室建设，增购各类图书2000余本，营造了浓厚的学习氛围;移风易俗,大力改革干部子女升学和乔迁贺喜办法,展示了地税新风貌;向汶川地震灾区献爱心,加强对困难家庭的帮扶,加强教育引导,彰显人文关怀。三是把握关键促发展。认真开展各种大讨论,提高思想认识,强化政策意识,增强服务意识,提高执行力。

【增强人员素质,以创造力提升执行力】一是在教育上按照“分级负责、分类培训”的原则,针对不同层次的人员采取不同的方式,将培训和培养结合起来,着力提高整体执行力。二是把好教育内容和形式上的结合。在深入调研的基础上,创新推行了干部五种素质分类定级定向培训,并初步完成了“税收相关法律政策掌握与征管实践”、“计算机技能应用”两个方面的全员培训和考试考核鉴定,增强了教育培训的针对性、效用性。三是注重了奖惩激励。坚持开展“一周一课、一月一考”和岗位练兵活动,激发了大家的学习热情。

【落实各项政策,以行动力促进执行力】一是充分利用公开栏、电子显示屏、电子触摸屏、地税互联网站和各种社会新闻媒介深化政务公开。二是积极推行税收执法责任制,严格执法过错责任追究和行政问责,不姑息迁就、不徇私照顾,收到了良好的惩处警醒作用。三是严格落实税收优惠政策,2008 年武穴市享受税收政策优惠专用发票 127 户,发放优惠定额发票 121 万元,减免税收 13 万元;再就业优惠 64 户,减免税收 243 万元;批准财产损失 6 户,批准损失金额 2443 万元。

【追求征纳和谐,以支持力强化执行力】一是以开展“执行力大讨论和文明执法教育”两项活动为契机,以落实责任、强化整改为重点,在全市地税系统深入开展了以执法检查、执法监察为主要内容的“十查十看”活动,进一步规范了税收执法;二是以开展政风行风评议活动为契机,重新聘任了新一届社会特邀监察员,充分发挥兼职监察员的作用,加强明察暗访,及时处理和解决问题,在武穴市政风行风评议中荣获第一名;三是加强与纳税人之间的交流和互动,积极服务纳税人,先后荣获了湖北省、黄冈市地税系统文明执法单位和稽查工作先进单位等诸多荣誉,并再次通过省级最佳文明单位验收,地税形象进一步提升。

黄梅县地方税务局

【以组织收入为中心,税费收入实现了新跨越】2008 年,黄梅县地税局进一步落实组织收入工作举措,加大税源跟踪管理力度,向精细管理挖潜;加大税收治理整顿力度,向征收管理挖潜;加大招商引资力度,向经济发展挖潜;加大公开办税力度,向税收服务挖潜;加大稽查检查力度,向税收政策挖潜,促进了收入的稳步增长。全年入库地方税费收入 2.37 亿元,其中:税收收入 1.16 亿元,占年计划 9690 万元的 119.7%,比上年增收 3382 万元,增长 41.2%;社保费收入 1.21 亿元,占县分计划 7300 万元的 165%,同比增收 3211 万元,增长 36.3%;其他收入 653 万元,同比增长 155%。地方税收收入和社保费收入双双突破了亿元大关，税收规模居全市第四位，增长幅度居全市第二位。

【以治理整顿为重心，征管创新体现了新效能】采取“领导分线挂帅，股室分行业负责”的措施，成立治理整顿工作专班，大力整顿税收秩序。一是加强饮食业整顿工作。采取“税法宣传、调整税负、优化服务、纳税评估、加强检查”等项综合治理措施，推进饮食业税收征管，全年入库税款623万元，同比增收192万元，增长44.5%。二是加强土地使用税清理工作。对全县2007年度应税土地面积和应纳税款进行了摸底测算；制定了《城镇土地使用税清理整顿工作实施方案》和《操作细则》，采取“边申报、边定税、边征收”的方法，加强税款征收入库工作，全年共入库497万元，同比增收270万元，增长118.7%。三是加强房屋租赁税收整顿工作。对城区主要街道及路段992户承租户进行了重点调查，向1004户房屋出租户发放了纳税申报表。加强了欠税清缴和税款征收工作，全年共入库税款320万元，同比增收260万元，增长429.1%。

【以核心软件为支撑，信息化建设迈出了新步伐】在加强硬件和软件建设的同时，进一步完善了信息比对工作，通过对第三方信息进行修正、完善、上报，全部通过了省局的审核验收，信息比对由四星级升为五星级，全面完成了信息比对工作任务。突出开展了征管核心软件上线工作，采取“四加强”的工作举措，加强了工作部署，加强了技能培训，加强了征管信息审核，加强了上线工作督办和考核，并实行“一票否决制”，较好地推动了上线工作的顺利开展，在省、市局规定的期限内一次性成功上线运行。

【以规范管理为目标，税收执法取得了新成效】突出所得税的征管，进一步规范个人所得税的“四一三”管理，认真部署和组织开展了年收入12万元以上个人所得税申报纳税工作，在法定的纳税申报期限内，有160人主动申报，补缴税款191万元。突出了税收稽查，对2005年1月至2007年12月稽查执法情况进行自查，稽查工作质量不断提高，得到了上级的充分肯定和好评，被评为“全省地税系统稽查工作先进单位”。开展了专项稽查活动，对9户资源开采、利用行业和37户重点纳税户进行了专项稽查，入库税款170万元；移送司法机关执行案件1户，入库税款12万元。

【以优质服务为力点，税收服务落实了新举措】一是制定“服务地方经济发展的十项措施”和“优化经济环境承诺书”，努力服务县域经济发展。二是在进一步完善服务承诺制、首问责任制等税收服务机制的同时，制定《黄梅县地方税务局星级办税服务厅考评办法》，分纳税人考评和内部考核两个部分，对办税服务质量、服务态度和服务效率进行多层次、多方面的考核，并通过不定期的巡查暗访和问卷调查等形式，对税收服务质量进行经常性督办和动态监督。

【以四大活动为载体，地税风貌展现新形象】全系统围绕“十查十看”、文明执法教育活动、政风行风评议活动、文明创建活动四大重点活动，不断加强干部队伍的思想、作风、纪律和廉政建设，展现了良好的地税风貌。县局在政风行风评议活动被评为第一名，并先后荣获了市委、市政府授予的“社会治安综合治理先进单位”、县委、县政府授予的“五干先进单位”、“党风廉政建设先进单位”、“六市场一行业治理整顿工作先进单位”、“信访工作先进单位”、“劳动保障工作先进单位”等荣誉称号。

咸宁市地方税务局

【以夯实基础为重点，狠抓业务建设】全年共组织各项税费收入15.67亿元，增长26.38%，增收3.27亿元。其中：税收收入8.12亿元，增长36.56%，增收2.17亿元；社保费收入6.82亿元，增长12.47%，增收7563万元；其他收入7283万元，增长87.9%，增收3407万元。一是征收管理基础进一步夯实。认真落实税收管理员制度，实施税源分项管理，通过税源户籍清理新增户数5700多户，对重点税源按月分析监控，对零散税源登记造册5100多户，对减免税户、未达起征点户建立台账跟踪管理，按照规范的程序对2200多户双定户加强定税管理；对80余户企业纳税人开展纳税评估，入库税款110余万元。二是税收政策管理进一步规范。通过整合征管资源，深化了房地产税收一体化管理，全市共入库房地产税收2.56亿元，同比增长53%。推行GPS测量土地面积工作，开展税源清查，按照新等级、新标准征收，入库城镇土地使用税5200万元，同比增长180%。以全员全额管理为基础，以年所得12万元自行申报为抓手，切实加强了个人所得税管理，一季度自行申报1075人，补缴税款826万元。落实了耕地占用税新政策，入库耕地占用税3217万元，增长50%。规范了车船税代收代缴工作，入库车船税837万元，增长96%。三是社保规费征缴机制进一步健全。严格执行社保费征管工作流程，规范社保费电子和纸质档案，推进了社保费规范化管理。顺利接管了城镇居民基本医疗保险费征收，全市城镇居民参保率达到50%，共征收保费540万元。扎实做好了水资源费、残保金和排污费征收工作，三项规费均保持了大幅度增长。

【以开展活动为载体，狠抓法制建设】认真开展了“文明执法教育活动、提高执行力大讨论活动”两项活动，端正了干部职工执法理念，改进了执法作风；组织开展全面自查和重点检查，及时督促整改落实，较好地解决了各种突出问题，规范了执法行为。开展了以“严格执法、有税必收、积极预防和严肃查处地税工作人员失职渎职”为主题的“十查十看”活动，对2005年以来的税款征收、税务稽查、税款入库、发票管理、税收执法等情况进行了全面的自查自纠，纠正执法不当行为39件，处理违纪人员4人。积极推行税收行政执法责任制，规范税收执法行为，赢得了上级充分肯定，市局被评为“全市法治示范单位”，咸安区局、通山县局、赤壁城区分局等3个单位被评为“全省文明执法先进单位”。积极开展“稽查工作规范年”活动，推进了稽查工作转型；推行了税收分类稽查，组织个人所得税和房地产税收专项检查，查补个税210多万元，40多家房地产企业自查补报税款800多万元。

【以软件上线为抓手，狠抓信息化建设】一是加大硬件投入，搭建应用平台。市局通盘考虑，统筹兼顾，切实加大信息化建设投入力度。开展网络线路大升级，添置计算机、打印机等设备300多台，做好各种软件和数据库的安装、调试，为核心软件应用提供了硬件保障。二是加强全员培训，提高应用水平。组织全员计算机基础知识培训，确保人人过关；以核心软件上线为契机，集中开展基础资料采集、审核、录入培训。市局分批组织业务骨干参加省局培训后，按照不同部门、不同岗位进行分类培训，在此基础上各地组织开展全员培训，确保人人熟练操作。三是实行全力攻坚，确保顺利上线。按照上线动员、硬件改造、人员培训、基础资料采集、征管数据录入、历史数据清理等7个阶段，强势推进软件上线。各单位集中人员、集中时间、集中精力，按照统一的样表和流程，组织税费征管数据采集录入，对各类基础数据实行三审，做到“不漏采一户，不漏填一行，不错登一项”，确保了征管核心软件如期上线运行。

【以构建和谐为目标，狠抓服务机制建设】一是搭建办税服务平台。按照办税服务厅管理规范，切实加强了办税服务厅基础建设，为纳税人提供了良好的办税环境；积极开展“纳税服务明星”、“纳税服务红旗窗口”评先活动，树立了良好的服务形象。加强金融网点、行政服务中心等外延服务窗口的建设，在巩固上门申报和邮寄申报的基础上，重点推行网上申报纳税，初步实现了“税银联网、银行代(扣)缴、无纸征收”的模式，解决了纳税人多头跑、多头找和大厅排队拥挤的问题。二是完善纳税服务机制。着力优化办税流程，简化办税手续，减少审批环节，推行“一窗式”受理、“一站式”办结；推行国地税联合办证，加快发票领购和减免税办理速度；清理、简并10多种要求纳税人报送的报表资料，减轻了纳税人的负担；全市建立完善纳税服务制度50多个，重点推行首问负责、限时服务、延时服务、承诺服务、提醒服务、预约服务，较好地提高了纳税服务质量。三是加强税收政策服务。加强了税收政策的咨询、辅导，各地在坚持办税厅窗口宣传的同时，公布政策咨询电话，及时为纳税人解答政策疑问；分类开展政策培训辅导，全市共举办政策培训辅导14期，培训纳税人620人次，上街组织流动宣传13次，发放宣传资料7000余份，受到了纳税人好评。

【以增强活力为根本，狠抓干部队伍建设】一是创新干部管理，增强了队伍活力。培养选拔优秀干部，充实到市县局班子，增强了班子整体实力；加强干部纵横交流，纵向交流干部30人，横向交流355人，交流轮岗面达到了35%；在咸安区局组织了班子副职公开竞争上岗；切实加强离退休人员、工勤人员管理，落实了各项政策。二是加强廉政建设，严肃了税风税纪。认真落实党风廉政建设责任制和廉政建设的各项规定，开展党风廉政建设宣传教育月活动，加强廉政教育；加大政务公开力度，实行“阳光办税”；加大内部审计力度，离任、换岗审计面达到了100%；扎扎实实开展了政风行风评议活动，行评工作得到市行评办、行风监督员和广大纳税人的充分肯定，市局行评综合得分排名第一，6个县(市、区)局有4个在当地排名第一、2个排名第二。市局还被评为“党风廉政建设先进单位”、“市直群众满意单位”、“行风热线”先进单位。三是强化教育培训，提高了整体素质。组织开展科学发展观学习实践活动，大力开展了以工作需求为导向的系列教育培训活动，分批次选派260人参加省局组织的中短期培训；市局组织政治理论、税费业务、岗位技能等培训40多次，有850名不同岗位的人员参加了培训；组织政治理论、业务技能统考、测试6次；各地共组织培训130多次，参训面达到了100%。通过不同层次、不同类别的教育培训，提高了干部政策水平、业务技能、整体素质。

咸安区地方税务局

【传承理念，创新观念，“立”效能建设之“本”】始终秉承“建一流队伍，创一流业绩、树一流形象”的奋斗目标，以此作为推动事业发展的信条，艰苦奋斗，勇于拼搏。深入践行“四个争创”的工作理念，认真开展“服务创诚信，管理创效益，行业创文明，单位创品牌”活动，各项品牌不断实现，地税效能建设得到进一步推进。积极谋划“管理创新、执法创新、服务创新、塑形创新、内涵创新”的发展思路，传承发展的地税理念，推进了各项工作再上新的台阶。

【以人为本，锤炼队伍，“活”效能建设之“源”】一是加强班子建设，凝聚队伍的向心力。以打造学习型、研究型、数字型、管理型、节约型、廉洁型为主题的“六型”班子为途径，高度重视班子建设，优化年龄结构，注重优势互补，增强班子凝聚力，提高工作合力和执行力。二是狠抓素质建设，提高队伍的战斗力。狠抓宗旨教育，加强道德修养，努力改造主观世界，坚定理想信念。狠抓业务素质建设，增强学习的紧迫感和自觉性，努力掌握税收政策法规、征收管理、财务会计、稽查审计、计算机等知识，提升综合素质；建立教育激励机制，提倡自学成才。狠抓党风廉政建设，加强“两权”监督，强化内部审计和财务管理，大力纠正行业不正之风，努力取得党风廉政建设工作新成效。三是营造竞争氛围，激发队伍的创新力。积极推行能级管理，将全局干部按考试、民主测评、综合考核、工龄、职务、学历六个项目的综合分值，按从高到低划分为一至五级，按不同的等级确定福利待遇，拉开收入差距，突出奖勤罚懒，增强干部职工的危机感，激发每位干部职工的工作和学习积极性。全面推行竞争上岗，严格按照公平、公正、公开的原则，经过民主评议、笔试、面试等环节，公开选拔了2名班子副职和4名分局长、4名机关科长。

【强化措施，重点突破，“通”效能建设之“道”】一是以信息化建设为突破口，走“科技增效”之道。2008年成功运行征管核心软件，并注重信息化应用，不管是旧征管软件，还是征管核心软件，区局都要求根据税收管理员的各个岗位的职能职责，充分运用各个模块的功能，最大限度地发挥软件效能。二是以优化纳税服务为突破口，走“服务增效”之道。不断完善“阳光地税”办税大厅信息化硬件，增添便民服务小设施，为纳税人提供了一个便捷、文明、温馨的纳税环境。规范办税窗口设置，优化工作流程，简化办事程序，大力推行“一窗式受理、一站式办结、一条龙服务”。因地制宜，继续完善、推广刷卡缴税、委托代征、简并征期等多种申报方式。三是以制度建设为突破口，走“管理增效”之道。重点推行了科室工作公示制度、机关人员服务制度、领导班子和科室挂点支持基层工作制度、机关效能建设工作督察制度等四项制度，机关基层管理不断规范，管理效能大大提高。四是以文化建设为突破口，走“文化增效”之道。积极践行不让工作在这里延误、不让差错在这里发生、不让不良风气在这里出现、不让地税形象在这里受损、不让群众在这里受到冷遇为内容的“五个不让”的工作理念，地税文化建设氛围日益浓厚。

【全面发展，功到自成，“结”效能建设之“果”】一是税费收入破两亿。2008 年，完成各项税费收入 2.44 亿元，同比增长31.46%，增收 5832 万元，创历年收入增幅之最。二是社保推行新模式。打造了“五保合一、五险一票”征管模式，2008 年社保费收入达 1.05 亿元，是 2001 年收入 1232 万元的 8.5 倍。三是综合治税显成效。建立和完善“政府牵头、地税主管、部门配合、社会参与”的综合治税机制。在房地产税收征管上，全面推行一体化管理，房地产税收增幅迅猛；在矿山资源税管理上，走出了一条“综合治理、以票控税”的新路子，资源税增幅达 50%以上。四是文明创建结硕果。连续三届荣获全省最佳文明单位，全局所属 8 个二级单位全部被授予市级文明单位称号，区局“阳光地税”办税服务大厅被授予市级“杰出青年文明号”和省级“青年文明号”，区局还获评全省地税系统文明执法先进单位；在全区行评工作中荣获第一名。

赤壁市地方税务局

【用实际行动服务地方经济，税收与经济协调发展】把重点税源监控作为组织收入的重要手段，抓住火电、造纸、房产等重点税源，准确把握税源动向，有效地提高了对重点行业税源的监控，把握住了组织收入工作的主动权。2008 年共组织各项税费收入3.6亿元，全面完成收入任务，实现了地税收入总量和增收额均创历史新高的好成绩。把开展优质纳税服务，作为营造良好税收环境的重要手段，着力构建优质高效的服务体系，建立健全了服务规范和服务质量评价体系，营造和谐、融洽的办税环境。大厅被评为咸宁市“文明窗口”。把服务经济、促进发展作为实现税收职能的重要体现，切实落实各项税收优惠政策，支持企业发展，培植地方税源。大力开展税收调研，提出积极有效的对策，为赤壁市党委、政府决策作出了地税部门应有的贡献。

【用科学发展观统领地税工作，行政效能全面提高】一是深入开展学习实践科学发展观活动。作为中央、省、咸宁市三级试点县市，赤壁市地税局切实做到贯彻上级指示不走样，在时间上保证，内容上不缺，方法步骤上同步，确保活动有条不紊地进行。及时成立领导小组，制定活动方案，开展广泛的宣传，按部就班地开展活动。二是深入开展“两项活动”。重点按照“十查十看”活动内容要求，以局班子成员带队的 5 个自查小组检查纳税人 4000 多户，补办、新办税务登记证 1200 多份，调整税负 150 多户，月调增税额近 13 万元，补缴税款 8 万多元，清缴欠税近 16 万元。通过评议，城区分局被省局评为“全省地税系统文明执法先进单位”。三是深入开展政风行风评议工作。行评期间，多次召开党组会、局长办公会、动员大会，明察暗访 11 次，召开座谈会 3 次，上门走访纳税人 1000 人次、各级党政领导 27 人次、有关部门和单位 44 个，散发宣传资料 1000 多份，发放征求意见函 500 余份，查找、收集意见与建议

8条，并针对问题认真整改到位。行评工作得到各界充分肯定，在赤壁市9个行评单位中夺得第一名。

【用信息化手段加强控管，科学化管理水平得到提升】通过4个月的不懈努力，圆满完成了征管软件上线任务，被省局评为“全省地方税费征管核心软件上线先进单位”。一是周密部署，细化措施。对整个上线工作的时间、人员以及工作要点作出了详细周密的部署，界定了各层级的职责和工作要求，确保了整个上线工作有条不紊地深入推进。二是搞好培训，加强审核。3次对上线操作人员进行业务操作培训，并在软件录入和使用过程中不断进行检查督导，及时指正操作人员的错误和问题，确保上线工作质量。三是组织协调，督办落实。清理整顿阶段，通过加班加点工作，共审核纸质资料5300余户；信息录入阶段，全力以赴，实现5704户纳税资料的准确录入，确保了11月1日征管核心软件的顺利上线。

【用依法治税理念加强管理，执法行为不断规范】一是做好运用GPS卫星定位系统测量土地使用税税源的工作。对171家大、中型企业的土地面积进行确认，确认应税面积491万平米，增加应税面积50多万平米，增加土地使用税税源100余万元。二是做好车船税代扣代缴工作。共有人保财险等7家从事交强险业务的保险机构代扣代缴车船税，扣缴效果明显，全年征收车船税145万元，同比增长83万元，增幅230%。三是做好规范整顿税收秩序工作。切实加大稽查力度，增强执法刚性，全年共稽查38户，查补入库各项收入382万元。

【以文明创建为载体，机关基层共建和谐】一是地税发展与地税文化活动相结合。组织并参加了乒乓球、象棋、围棋等群众性文体活动，组织开展了以“勤政廉政”、“科学发展观、快乐工作、激情兴业”为主题的演讲比赛；组织开展向灾区献爱心募捐活动，全系统共捐款4万多元。二是地税发展与组织建设相结合。进一步加强党总支、支部建设，建立健全工、青、妇群团组织，充分发挥党支部的战斗堡垒作用和群团组织的纽带作用，增强和谐地税氛围。三是地税发展与新农村建设相结合。深入扎实地开展了“双扶”活动，与联系点老河村贫困户结成帮扶对子，向贫困户捐钱捐物，帮助解决生活困难；积极筹措资金，积极支持新农村建设。

嘉鱼县地方税务局

【勤征细管结硕果】一是抓税费源监控，在严密控管上下功夫。加强纳税人户籍管理，强化重点费源户的费源监控，实行重点税费源分析报告制度；启动城镇居民医疗保险征收工作，创造了失业保险收入新高；建立覆盖全县的重点税费源监控体系，打造了税源监控工作品牌。二是抓征收管理，在挖潜增收上下功夫。加强企业所得税管理，安排业务能力强的税收管理员进行重点管理，对县洁丽雅集团、风华华工、田野集团等重点企业实行规范化管理；加大挖潜增收管理力度，强化薄弱环节税收管理，开展烟草、个人所得税、房地产税收的专项整治，健全“政府领导、地税主管、部门配合、社会参与、源泉控管”的社会综合治税机制，有力地规范了税收秩序。三是抓税务稽查，在以查促管上下功夫。先后开展房地产行业、年所得12万元以上个人所得税专项检查，以及假发票专项整治行动，重拳打击偷、逃、骗等涉税行为，整顿和规范了税收秩序。全年共组织各项税费收入2.13亿元，同比增长26.8%，同比增收4500万元。

【规范管理出效能】一是抓调查研究，在求实创新上下功夫。建立谋划科学发展工作机制，广泛开展了经费管理、税源监控、规范管理等调研活动。二是抓政务管理，在提高质效上下功夫。优化工作流程，重新修订了《嘉鱼县地税局工作规则》，实行局领导带班制度，建立局领导带班日志。强化工作督办，建立健全了工作考核机制，搭建了信息内外网站政务公开平台。严格工作考评，分工作目标、工作任务、考评单位，量化考评工作细则，做到考核有办法、奖惩有依据、追究有力度，初步打造出了符合嘉鱼地税管理型机关的全新面貌。三是抓事务管理，在建章立制上下功夫。先后制定完善了政务值守、经费管理、车辆、安全保卫等21项制度、办法，特别是车辆管理做到统一调度，招待费管理体现勤俭节约的原则，经费管理秩序得到了初步理顺，财务装备能力得到了明显提高。7月份执行新的《经费管理办法》后，全局所有支出大幅下降，特别是招待费同比减少21%、交通费同比压缩20%。

【争先创优抓业务】一是抓软件上线。2008年下半年，全系统将上线工作作为下半年两件头等大事之一来抓，成立上线指挥部，召开上线动员大会，制定《上线工作实施方案》，做足上线工作准备，集中开展审核录入、税源清理工作，采集录入纳税人信息资料3429户，征管软件于10月31日全面上线。二是抓业务建设。县局从抓征管业务、税政管理基础入手，狠抓督促落实，加强部门协作，先后与房地产、社保、交警、银行、国税实现了部门信息共享，严格执行了各项税收政策，有效防止了税收流失。以“十查十看”促执法，以效能监察促规范，定岗定责到人，细化责任追究办法，全程监控税收执法行为。严格执行重大税务案件审理制度，通过多种形式进行监督检查，确保税务行政处罚案件合法化。2008年，全县政策执法准确率达98%以上，重大案件审理率达到稽查案件的10%以上。三是打造执法品牌分局。稽查局由“监督打击型”转变为“管理服务型”服务模式，形成了“尊重纳税人、服务纳税人、保护纳税人”的工作氛围。

【全心全力树形象】一是抓行风评议，在内外结合上下功夫。结合“文明执法教育”活动，对税收执法、纳税服务、经费使用、案卷复查、政策执行等10个方面开展“十查十看”活动，找出了平时工作中不足。针对存在的各种问题，痛下决心抓整改，做到规范小车管理、经费管理、执法行为，优化纳税服务、优化机关作风。严格执行上班、学习培训签到制度，对长期不上班的人员劝其退休，有效解决了“干与不干一个样、干多干少一个样、干好干坏一个样”的问题，激发了队伍活力。在全县2008年“优化发展环境，服务经济社会”测评大会上，名列全县第一。二是抓纳税服务，在关注民生上下功夫。不折不扣地把优惠政策落实到位，按政策为4户企业办理了减免税手续，减免税45万多元；审批78户下岗再就业和复退军人减免税45万余元；审批未达起征点68户，减免税费1万余元。开办“免费税法课堂”，先后免费为65户企业140多名负责人、财务人员以及近千名个体户举办3期纳税辅导培训班，发放宣传辅导资料3000余份，为企业解答税收疑点。三是抓文明创建，在丰富载体上下功夫。因地制宜建特色分局，先后为山区丘陵地带的陆溪、官桥等分局积极创造条件，在全系统建设花园式分局。狠抓文明窗口“20条文明用语和20条文明忌语”的工作落实，树立了良好的窗口形象，被授予2008年度“十佳文明窗口单位”称号。

通城县地方税务局

【围绕税费收入，在质量和速度上抓提高】围绕收入增量、存量、质量开展税收与宏观经济税源分析，认真落实重点税源监控管理办法，全面掌握纳税、资金运行、生产经营情况。实施收入任务考核，在确保收入数量的同时，强化收入质量意识，实行内勤与外勤、领导与职工相结合的考核机制，各项收入保持了持续稳定增长。全年累计组织各项收入1.33亿元，增收2843万元，同比增长27%，其中税收收入6933万元，增收1622万元，同比增长30.5%。

【围绕软件上线，在采集和清理上抓到位】把征管核心软件上线工作作为全局重点工作来抓，在方案制定、宣传发动、硬件建设、数据清理、信息采集、操作培训、信息录入等软件上线的整个阶段，明确措施、精心组织、全员上阵、全力攻坚，确保了软件顺利上线运行。全局共采集基础信息3814户，其中税费户3674，纯社保户140户，比ETAX征管系统增加了152户。

【围绕行政执法，在纠偏和清欠上抓突破】一是争取支持，全面废止政府违规涉税政策。先后多次向县委、县政府专题汇报，促成了县长办公会议两次专题研究税收执法问题，赢得了县委、政府的支持。县政府专门下发了《关于停止执行有关涉税文件中涉税条款的通知》，保证了税收政策的严肃性。二是强化措施，全力追缴招商引资企业和政府重点工程欠税。在追缴政府重点工程项目欠税上，先后对县市政公司、路通路桥公司承建的交通工程补征税款近70万元；在追缴外资企业欠税上，仅对湖北新力织造公司就强制执行税款46万多元；在追缴开发区企业欠税上，对中兴燃料公司、通保铜材公司等11家企业补征税款66万元；县局还成立了耕地占用税、契税“两税”欠税清缴专班，追缴欠税达300多万元。三是深入检查，切实整顿税收秩序。先后实施房地产企业、个人所得税、保险经办机构代征车船税、木材贩运大户等专项检查，对国土、房管部门不按“先税后证”规定办理土地、房产手续，导致流失的税款，全部由国土、房管部门负责补缴。全年共检查纳税户21户，结案21户，结案率100%，查补税收148万元。

【围绕税收业务，在征收和管理上抓精细】一是进一步推进纳税评估。建立了县、分局“两级选案”工作机制，科学筛选评估对象，进行疑点分析，有效组织评估约谈，共评估20多户，查补税款近600万元。二是进一步严格税收执法程序。将罚款收据放到县局计财股，凭税政法规股的审批文书统一开具，防止以罚代税现象；将稽查案件的审理权上收到县局税政法规股，规范了稽查的执法行为。三是进一步落实税收新政策。加强土地税收管理，与国土部门配合，对全县的应税土地面积进行了调查、核实；运用 GPS 对 35 户企业的土地进行了测定，增加应税土地面积 21 万平方米，增加城镇土地使用税税源 73 万元。落实了保险经办机构代收代缴车船税工作，全年新增车船税 39 万元，同比上升了 109%。

【围绕专题活动，在纳谏和整改上抓深入】一是认真开展“两项活动”。通过邀请社会各界人士到地税部门“谈”，县局领导深入基层“议”，分局长主动进企业“问”，组织全体干部职工撰写心得体会“思”等多种形式，深挖执行力和执法过程中存在的问题。在整改中，县局做到强化责任抓整改、建章立制抓整改、严肃纪律抓整改，确保在每个程序和每个环节整改到位。二是扎实开展“十查十看”活动。全局围绕税收执法和行政管理工作的重点环节、重点部位和重点人员，对“十查十看”活动涉及的内容进行分类细化，以便把问题具体、全面地查找出来。对查出的问题按规定逐级上报，及时挽回损失，尽早规避风险。三是深入开展行风评议活动。细化工作措施、岗位承诺、考核督查，一步一个脚印地推进民主评议工作，全县地税系统在行业作风、服务质量、执法水平、职业道德等方面都有了明显的转变和提高，被县委、县政府评为行评工作优秀单位。

【围绕政务管理，在效能和规范上抓创新】一是抓制度建设。对经费报账管理暂行办法等 10 多项制度进行了修订完善。同时，健全了岗责体系，根据形势发展和业务变动的需要，对职责范围进行相应调整修正，做到人人有目标、个个有责任，防止工作中出现“断层”和“盲区”现象。二是抓财务管理。明确县局机关、各分局公务经费限额，以及公务经费中会议招待费、交通费用、其他支出等科目的限额，并严格执行。全局公用经费支出同比下降 30%以上。三是抓工作督办。县局确定专人抓督办，设立督查督办岗，按月对县局党组会议、局长办公会议、局务会议安排布置的各项工作和县局领导交办的督办事项进行督查督办。运用多种督办形式，一月一通报，一季一考核，解决工作有安排无检查、有布置不落实、效率不高、办事拖沓等问题，促进了工作落实，切实提高了系统执行力。

崇阳县地方税务局

【努力组织税费收入】坚持收入目标责任制，不断强化重点税源监控管理，抓好税费薄弱环节，大力压缩欠税欠费，严格以票控税，着力加强各项社保费和规费征缴，实现了税费征收数量、征管质量和征收效率的同步增长。全年累计组织各项收入 1.2 亿元，其中税收收入 4851 万元，同比增收 816 万元，同比增长 20%；社保费累计完成 6814 万元；规费 349 万元。

【着力夯实征管基础】加强个体工商户双定管理，严格按照“自行申报、核定定额、评议定额、定额公示、下达定额、公布定额”六个核定定额程序对全县 1586 户个体纳税人进行了税额核定。加强户籍管理，通过与工商、国税的信息比对，清理出应办理而未办理个体登记户数 495 户，补办税务登记 476 户。加强征管软件应用，全面运用征管核心软件，实现了纳税人电子档案的“一户式”存储与查询。加强纳税评估，对 31 户纳税人进行评估，约谈 23 次，评估入库税款 39 万元，评估移送稽查 8 户，稽查查补税款入库 46 万元。

【全力推进依法治税】一是全面推行执法责任制。严格执法责任追究制度，对执法过错责任人，严格按规定追究了责任，全年共追究 300 余人次，罚款 5900 元。二是认真执行税收政策。抓好新、老企业所得税制的有效衔接，汇算清缴企业 37 户，汇算清缴准确率达 95%；加大了车船税代扣代缴工作的落实，全年扣缴车船税达 71 万余元；土地使用税税额调整落实到位，运用 GPS 对纳税人使用土地面积进行测定，开展土地使用税的清缴，全年共征收土地使用税 249 万元，同比增长 68%；年所得 12 万元以上个人所得税申报到位，共有 61 人进行了纳税申报，应纳税额 204 万元，43 人补缴税款 60 万元。三是加大税法宣传力度。在繁华地段拉宣传横幅 100 条，在大型超市投放 4000 余份印有税收宣传口号的环保“购物袋”，组织税法宣传小分队送税法活动发放宣传资料万余份；充分利用广播、电视、报刊和网络等媒体及组织培训班的形式，对新企业所得税、年所得 12 万以上个人所得税、土地使用税、车船税等新政策进行宣传，提高了公众对税收政策的认知度和纳税遵从度。

【大力加强队伍建设】一是加强教育培训，增强干部执行力。强化学习培训，全年组织各类培训达 1200 余人次。二是开展“两项”活动，增强干部战斗力。全体干部认真参加活动，按照“十查十看”的要求全面开展自查自纠，干部作风纪律明显好转。三是加强党风廉政建设，增强干部约束力。严格落实了党风廉政建设责任制的各项规定，切实加大党风廉政建设宣传教育力度，组织观看警示教育片，召开特邀监察员座谈会 3 次，主动接受社会各界监督，大大增强了干部的自我约束力。

【强力推进软件上线】一是抓好组织领导，思想认识到位。召开动员大会，成立领导小组，组建指挥部，设立综合业务、技术保障、督察考核 3 个工作组，明确工作责任，为软件上线提供了有力的组织保障。二是抓紧业务培训，操作技能到位。开展了计算机基础知识培训，组织了两期征管核心软件上线培训班。三是抓准基础数据，信息采集到位。各分局对个体户的信息进行重新采集，并与国税和工商部门比对后进行了清理补充和修改。对采集的纳税户信息实行三级审核制，实行审核人签字负责制。信息录入时，实行双人上机，一人录入，一人负责随机审核，发现错录及时纠正，确保了录入顺利畅通。四是抓严责任追究，奖惩兑现到位。制订奖惩办法，对上线各个阶段工作进展慢、信息采集录入质量不高等严格实行责任追究；对顺利完成任务的人员给予了奖励，对工作马虎了事、采集填写差错率高的干部，进行集体诫勉谈话。

【合力塑造良好形象】一是抓机制，促落实。成立了集综合协调、信息宣传、督导检查功能于一体的行评工作领导小组和工作专班，制订具体实施方案。二是抓宣传，促氛围。在县局机关、各分局和主要街道悬挂了大型宣传条幅，定期编印行评活动工作简报，利用县局内部网站及时发布全局行评工作的最新动态，制作专题片在崇阳电视台进行播放，营造了良好的氛围。三是抓学习，促提高。县局将行评工作与“两项活动”、征管核心软件上线工作有机结合，以业务股室为单位组织集中学习和讨论，并充分利用晚上和双休日时间开展学习活动，做到学习工作“两不误、两促进”。四是抓规范，创特色。按照“规定工作不走样，时间步骤依方案”的原则，积极稳妥推进全县地税系统民主评议活动。五是抓剖析，促整改。重点查找有无办事拖拉、推诿、服务质量差、损害纳税人利益的现象和机关衙门作风，对发现的问题及时整改，落实责任，并明确完成时限和具体措施，及时处理，以实实在在的效果取信于社会各界。

通山县地方税务局

【税费管理全面加强】2008 年累计完成各项收入 1.35 亿元，增收 2507 万元，增长 22.69%。其中：税收收入 6536 万元，增长 39%，增收 1841 万元；社保费收入 6757 万元，增长 8%；其他规费收入 296 万元。一是落实税收管理员制度。进一步细化税收管理员的岗位职责，加强纳税人户籍档案管理，以日常征管资料和征管质量考核为重点，实行“四个一”考核制度，提高了税收管理员工作水平。二是强化重点税源管理。实行税费源分类管理，执行重点税费源报告制度，推进了税源和费源精细化管理水平。三是加强重点行业税收管理。按照“五个一”的管理办法，全年入库房地产税收 2046 万元。四是强化重点环节管理。抓好企业所得税汇算清缴和地方税结算工作，汇算清缴 27 户，补交税款 485 万元；完善个人所得税全员全额扣缴办法，受理年所得 12 万元以上纳税人自行申报 120 人，入库税款 115 万元。五是规范各项规费管理。将五项社保费和“两费一金”的征管纳入了征管质量考核和执法监察检查范畴，建立健全了各类征收台账，实行严格的税式管理。

【依法治税顺利推进】一是进一步规范减免税管理。全年审批下岗再就业人员减免税 167 户，减免税款 39 万元，免收工本费 3340 元。二是落实各项新政策。加大对 4 家保险机构代收代缴车船税的督办力度，实行按日上报扣缴制度，确保应收尽收。严格落实新企业所得税法，增收企业所得税 827 万元。三是加大税务稽查力度。重点对建筑安装、房地产和群众举报案件开展税收稽查，共查补税款、罚款 300 余万元。四是加强执法监督。审理重大涉税案件 8 起，没有出现一起复议和诉讼案件；严格落实税收执法过错责任追究制，追究 5 名执法过错责任人，有效遏制了执法不规范的行为。

【纳税服务不断深化】一是继续抓好办税厅建设。办税环境更加干净、整洁、方便，办税服务更加突出个性化和人性化。二是大力开展税收宣传。积极组织税收宣传月活动，印发税法知识宣传单 1000 份，在《通山周刊》、通山电视台开辟宣传专栏，组织“诚信纳税单位”和“模范纳税户”评比活动，表彰 10 家诚信纳税单位和 20 家模范纳税户。开展“送税法进乡村、进社区”活动，把税法宣传大篷车开进了乡村和社区，举办以“税收·发展·民生”为主题的税法宣传专题文艺晚会。先后举办新企业所得税、最新涉税涉费政策法规、土地增值税清算 3 期纳税人培训班。三是努力实现稽查转型。实行查前预警、查前告知、查前约谈、温馨提示，注重纳税人的权利保护；实行查中辅导、解释宣传、结果核对、签字认可，充分尊重纳税人；实行查后反馈、督促整改、跟踪服务,做到善始善终、举一反三。

【行风建设取得实效】高度重视政风行风评议活动,切实解决制约全县地税事业发展和纳税人反映强烈的热点、难点问题。注重行评活动与中心工作结合,以评议促工作,实现双赢;注重建章立制,严格规范操作,确保长效;注重自查自纠,狠抓整改落实,突出实效;注重规定动作,创新自选动作,讲求特色;注重评议职责,实行上下联动,全面推进。经过3个月的努力,县局以97.43分获得县直参评单位第一名。

【廉政建设谱写新篇】积极开展廉政宣传教育,邀请县检察院、县纪委和县委党校的老师作预防职务犯罪讲座,印发廉政学习资料,设置廉政警示牌,广泛开展了“五个一”活动。狠抓问责制,制定问廉问责实施办法,全年共追究岗位失职2人次,处罚金额400元,追回挪用税款1万余元,防止了重大失职、渎职行为发生。认真开展“严格执法,有税必收,积极预防和严肃查处地税工作人员失职渎职行为”专项活动,共自查纳税户1457户,发现漏征漏管35户,查出欠缴税款户137户,欠税全部追缴入库。对各种执法问题进行自查自纠,提高了地税工作人员严格执法、依法行政的意识。健全了社会监督机制,聘请23名特邀监察员和10名行风监督员,3次召开纳税人代表及“两员”座谈会,自觉接受社会监督。

【队伍活力明显增强】一是以教育培训为手段提高素质。先后举办微机基础操作、新企业所得税、新车船税、土地使用税、公共政策与公共管理、核心软件应用等10余次培训班,坚持逢训必考、现场测验,确保了培训效果。二是以开展活动为契机改进作风。深入开展了提高执行力大讨论活动,积极开展加强和改进机关作风专项活动,认真抓好学习动员、查摆问题和整改落实三个环节,行政效能建设不断提高。

随州市地方税务局

【围绕经济抓收入,税费规模突破9亿,提前实现“十一五”目标】2008年全市地税部门累计征收税费收入9.6亿元,同比增长24.87%。其中:税收4.36亿元,同比增长22.88%;地方一般预算收入3.4亿元,同比增长33.6%;社保费收入完成4.91亿元,同比增长24.23%;规费收入完成3254万元,同比增长77.33%。地税收入总规模首次突破9亿元关口,提前两年实现了“十一五”规划中提出的税费规模达8.5亿元的目标。

【众志成城抓建设,核心软件成功上线,信息化进程大幅提速】一是税收信息基础工作进一步夯实。进行了系统骨干网络的升级扩容工作,改为光纤连接,满足了征管核心软件上线的网络带宽要求。二是税费征管核心软件成功上线。组织操作培训班16期,培训400余人次。全市共录入征管信息15167户,全省税费征管核心软件于11月18日在全市成功上线。三是信息技术保障运用进一步加强。丰富了内部网站栏目,开设了“四项活动”、“扬州学习”、“畅谈再就业、共谋大发展”等专栏;连通了市里的电子政务系统,实现了与市委、市政府的政务信息无缝连接。

【夯实基础抓管理，税费业务齐头并进，征管质量有效提升】一是加强税源管理。开展了税务登记信息清理比对，清除数据库中的垃圾数据；与国税部门联合开展了纳税信用等级评定工作，全市共评定A级纳税人40户，B级纳税人1351户，C级纳税人202户。二是加强分税种管理。组织举办了3期新企业所得税法培训班，培训税务干部和财务人员240余人；企业所得税汇算清缴365户，入库税款3008万元，汇算面达到100%；强化了个人所得税的管理，共受理年所得12万以上纳税人自行申报444人，申报个人所得税2564万元，补缴税款176万元，同时通过函件送达4702名纳税人的完税证明；力促市政府下发了运用GPS管理城镇土地使用税税源工作的文件，明确相关部门工作职责，城镇土地使用税收入同比增长22.68%。三是加强执法管理。加强了规范性文件的会签审查，开展税收执法责任制试点工作，全年集体审理税务稽查案件4件，补税250万元，罚款44万元。四是加强稽查管理。共检查各类纳税户61户，查补税款714万元，罚款64万元。五是加强规费管理。认真做好城镇居民基本医疗保险费开征工作，征收656万元，清理社保欠费2333万元。

【锐意创新抓改革，干部结构得到优化，队伍活力显著增强】一是推行副科级干部竞争上岗。通过采取转任交流、民主推荐和竞争上岗相结合的方式，对市局机关和直属单位空缺职位进行了调整选拔，共调整科级干部13名，选拔正科级干部9名、副科级干部16名。二是加强领导班子建设。制定了领导班子年度责任目标和班子成员年度责任目标，明确考核项目，细化标准要求。三是深入开展建言献策活动。共收到建议和意见58篇(条)，起到了凝心聚力的作用。四是加强干部教育培训。狠抓了理论学习，被省委宣传部表彰为2006—2007年度理论学习先进单位；狠抓了计算机操作技能培训，市直115名干部进行了脱产培训，全系统干部顺利完成了省局组织的计算机应用技能测试；加强更新知识培训，组织31名科级干部在扬州税务学院进行了更新知识培训。五是开展以提高政府执行力、文明执法教育、预防职务犯罪、预防和查处税收失职渎职专项工作为主要内容的“四项活动”。在市政府效能建设工作会议上作了典型发言。六是加强文明建设。制发了工作方案，组织开展了迎奥运乒乓球、象棋和羽毛球等比赛活动，成功承办全省地税系统职工混合篮球随州赛区的比赛，顺利通过了创建“全国精神文明建设工作先进单位”检查验收，烈山分局办税服务厅再次荣获“全国青年文明号”。

【开门纳谏抓行评，廉政建设深入推进，政风行风明显改善】一是开展“十查十看”活动。深入开展自查自纠，清理稽查案卷118档，对79户纳税人实施检查，入库税款520万元；对漏征漏管的39户责令限期办理纳税登记手续，清收欠税52万元。二是开展政风行风评议活动。组织召开座谈会14次，走访特邀监察员和部分纳税人67人次，走访企事业单位56个，组织明察暗访30次，发放调查问卷和征求意见函982份，在《随州日报》上做出了接受各界监督的公开承诺，在“随州新闻网”开辟专栏广泛征求意见，成功举办政风行风热线上线和参与集中接访活动，对征求的36条意见和建议归纳梳理，逐个督导整改到位。地税部门政风行风被评定为优秀等次。三是积极融入相关工作。将纪检监察工作积极融入副科级干部竞争上岗的全过程，任前严格资格审查，任后进行集体廉政谈话；积极融入集体采购工作当中，全程跟踪监察。在市政府对53个市直部门优化经济发展环境考核考评中，随州市局综合得分名列第6位，作为先进单位在全市优化经济发展环境工作会议上作经验交流。

【全心全意抓服务，大力支持经济发展，职能作用进一步发挥】一是完善服务制度和措施支持经济发展。先后修订了《便民服务一次性告知制度》等七项制度，通过新闻媒体作出了《文明执法优质服务承诺书》，接受纳税人和社会各界的监督指导。组织制定了《支持随南新农村建设的措施》和《支持地方经济发展的若干具体措施》，得到市委市政府的着力推介。二是加强税收宣传。组织开展了税收宣传咨询日活动，通过电视台采访宣传了一批纳税先进典型，曝光了部分涉税案件，在《随州日报》刊发了宣传专版，在"中国随州网"开展了局长在线访谈活动等。全年编印了两期《随州地税》，在各级信息媒体上发表地税动态消息80多条。三是落实税收优惠政策，扶持企业做大做强。一方面，不折不扣地落实各项税收优惠政策，共审批或报批减免税11221户，减免税款3298万元。另一方面在支持随州特色产业如汽车改装产业、生态旅游文化产业及新农村建设等方面拿出了明确的措施和办法。四是开展"两个减负"降低纳税人办税成本。简化了办税程序，实行"一次性"告知和"一窗式"服务方式；简并了业务报表，实现报表资源共享，避免纳税人重复上报；加强了部门协作服务，国地税联合办理税务登记证、联合开展纳税信用等级评定、定期交换纳税人税务登记信息等。

曾都区地方税务局

【强化领导，精心组织，收入工作再创佳绩】一是加强督导，落实责任抓收入。健全和落实领导干部工作联系点制度和收入目标包保责任机制，主动把收入工作置于各级政府的领导之下。二是严格监控，突出重点抓收入。充分运用信息技术手段，动态监控有效税源费源；坚持按季通报收入完成情况，及时进行收入预测、分析和有效督导。三是查漏补缺，统筹协调抓收入。积极查找征管漏洞，有针对性地强化管理措施，堵漏增收。全年共组织各项收入3.68亿元，同比增长32.38%，增收8994万元。其中：税收及附加收入完成1.42亿元，同比增长18.23%，增收2196万元；社会保险费收入完成2.2亿元，同比增长41.09%，增收6403万元；其他规费收入完成537万元，同比增长276.86%，增收395万元。

【夯实基础，精细管理，征管质量继续提高】一是加强信息化建设。投入资金274万元用于网络升级改造和计算机设备更新，并及时更新网站内容，确保了网络运行安全、畅通、高效；组织专班力量，完成了地方税费征管核心软件上线工作。二是推行精细化管理。不断完善、落实税收管理员和税源管理制度，严格执行《税收征管法》及《发票管理办法》，落实税收征管业务流程，基本实现了征管工作规范化。三是落实科学化管理。层层签订《税收执法责任状》，规范执法行为；严格执行税收政策，加强"两税"控管，积极实施房地产税收的一体化管理。

【扩大宣传，规范执法，依法治税不断推进】一是扩大税收宣传。通过设置咨询台、公布咨询热线和基层干部进企业、进机关、进社区、进校园、进乡村等方式，认真开展税收宣传月活动。全年在市级以上媒体发表新闻稿件30余篇。二是规范执法行为。采取人机结合的方式开展考核评议，对执法检查中发现的问题及时督促整改，促进了税收执法质量提高。三是加强各税种管理。严格执行减免缓税审批管理制度，按规定权限搞好减免税和税前扣除项目的审核审批工作，对减免税资料实行了档案化管理。

【税费并重，税费统征，征缴工作逐步理顺】站在保稳定、促发展的高度抓好城镇居民医疗保险开征工作，注重宣传，搞好政策辅导，到社区、校园发送参保政策问答近千份；走进社区摸底，造册建档。共有7.9万余人参加城镇居民医疗保险，征收医保费606万元。

【立足发展，优化服务，征纳关系更加和谐】一是改善办税服务，方便纳税对象。完善了一窗式受理、一站式服务、一次性办结的办税服务新格局。通过开展评选“纳税服务明星”等活动，进一步提高办税服务质量。二是落实优惠政策，支持经济发展。加强优惠政策审批管理，并加强事前、事中、事后的监督，力求用准用足用活税收政策。共受理82户企业减免税事项，减免税款204万元；受理7户企业财产损失税前处理事项，处理财产损失1295万元；受理审批下岗再就业人员申请减免税220户，减免各项税费190万元；年审1313户，叫停84户不符合条件的人员享受优惠政策。三是优化税收环境，服务招商引资。继续实行挂点联系制度，班子成员对口联系1～2户重点纳税企业。同时，积极开展招商引资，吸引客商投资2000万元兴办企业。

【强基固本，加强培训，干部素质不断提升】一是抓班子建设，促活力迸发。把强化政治业务学习和开好民主生活会作为加强班子建设的有效措施，加强执政能力建设，不断改进工作作风和领导方法，把握工作重心，创造性地开展工作。二是抓教育培训，促素质提升。先后在湖北经济学院举办了中层干部综合业务培训班、在封江警察训练基地举办一线干部税收业务培训班以及不定期的计算机操作技能培训，共培训人员近300人次，进一步提升了干部队伍的整体素质和能力。三是抓作风建设，促事业发展。2008年5月份，开展了旨在加强文明执法、提高执行能力的“四项活动”，通过开展“十查十看”，促进了“五型机关”建设。8月份，又开展政风行风民主评议活动，促进了干部作风的转变和机关效能的提升。10月20日，在全区政风行风民主评议活动中，曾都区局社会满意率位居全区12个被评议执法部门第一位。

广水市地方税务局

【紧扣收入中心，勤征细管，税费收入取得了新突破】一是落实计划促收。把收入计划科学地分解到队、到片，按月落实到户、到人。加强收入分析预测和督办工作，有针对性地采取收入措施，促进了收入计划的完成。二是重点监控增收。抓好重点税源征管，各分局对各辖区内的重点税源，实行专人负责、重点监控，保证重点税源税收应收尽收。三是税费同管保收。对社保费和其他规费收入实行了税式管理，和税收收入同征同管同查同考核，推动各项规费代征工作不断跃上新台阶。四是严格考核督收。严格落实月岗位责任制考核结算办法，将收入任务完成情况与干部工资密切挂钩，增强抓收入的责任。2008年，共征收各项收入2.78亿元，占年计划的109.72%，同比增长11.62%，增收2889万元。其中：征收税收及附加1.32亿元，占年计划的100.6%，同比增长27.07%，增收2811万元；社会保险费收入1.43亿元，占年计划的119%，与同期持平；其他规费收入251万元，占年计划的100%。

【严格执行政策，强化征管，依法治税取得了新进展】一是精细管理相关税收。大力推进房地产税收一体化管理工作，全市共征收房地产税收3300万元，同比增收1000多万元；抓好个人所得税规范管理，全市共有105人年所得在12万元以上的进行了自行申报，同比增加申报人数84人；运用GPS管理城镇土地使用税工作，增加税源80多万元。二是继续落实征管"两制"。科学地界定和细化了税收管理员职责与权限，深化了个体税收定额管理，扎实开展了纳税评估，加大了税源管理深度，提高了税源宏观分析和微观管理能力。三是严格以票控税管理。强化了制度建设，规范了发票行业管理。

【围绕"四项活动"，内外兼治，地税形象获得了新提升】认真开展了"提高政府执行力大讨论活动"、"文明执法教育活动"、"严格执法、有税必收、积极预防和严肃查处地税工作人员失职渎职行为活动"、"党风廉政建设宣传月活动"等四项活动。一是组织宣传到位。成立了领导小组，向社会各界人士发放了征求意见函，召开了企业法人、特邀监察员、义务监督员参加的座谈会，广开言路，开门纳谏。二是学习措施到位。采取集中学习、个人自学、互相学习、专题讨论相结合等方法，多形式、多层次、有组织地进行学习。三是查摆整改到位。对自查出来的4大类15个小项的不足，认真剖析了产生问题的深层次原因，制定了整改措施。

【坚持以人为本，共创和谐，队伍建设增添了新活力】一是严格干部队伍管理。制定了《劳动纪律管理办法》，把干部劳动纪律纳入月岗位责任考核，成立督导专班，明确监管责任，对违纪人员严肃处理；对聘用人员一律通过中介机构实行一年一聘。二是营造竞争激励氛围。开展"十面红旗"、"十大标兵"、"爱岗敬业好干部"等评选活动，树立一批先进典型；继续推行竞争机制，增强了干部职工的竞争意识和责任意识。三是加强干部教育培训。制定并落实中心组和系统教育培训计划，组织干部深入学习了《公务员法》、"文明执法教育"等内容，开展"文明执法教育"考试和计算机培训，着力提高了干部的理论水平和解决实际问题的能力。

【加大资金投入，突出重点，科技兴税实现了新发展】改善了硬件设施，添置了三批电脑，提高了电脑普及率，投资85万元，对信息中心机房进行达标改造；严格按照上级要求，有计划、有准备、有步骤，高标准、高质量地扎实抓好税费征管核心软件上线工作，确保了地方税费征管核心软件在广水市按时上线。

【虚心纳谏，扎实整改，政风行风建设取得了新成效】一是靠领导带动。成立了行评工作领导小组，保证了行评工作有条不紊地开展。二是用活动拉动。先后开展了明察暗访活动、问卷调查活动，对查出的问题进行了整改。三是宣传推动。充分利用办税服务厅、网站、广告牌、宣传栏、横幅、电视、报纸等各种渠道进行全方位宣传，形成浓厚的行评氛围，扩大地税行风建设的影响，被评为"政风行风建设优秀单位"。

【加强税法宣传,创新形式,地税影响步入新台阶】一是税收宣传月活动有氛围。与国税部门联合举办了税收宣传月启动仪式,请市委、市政府领导出席仪式并讲话;与教育局联合建设了两个税法宣传教育基地,把税法送到了学校。二是在线访谈和视频访谈有声势。先后开展了在线访谈和视频访谈,得到市领导和广大网名的高度重视和好评。三是日常宣传有成效。全年在各级报刊上稿52篇,扩大了地税影响。

恩施土家族苗族自治州地方税务局

【收入规模进一步壮大】全局将收入预测作为收入均衡入库的有力措施,从不同侧面加以解剖,分析收入增减变化因素,增强收入工作前瞻性。重点监控年纳税额5万元以上的纳税人,强化重点税(费)种管理,认真开展企业所得税汇算清缴,深入推进年所得12万元以上个人所得税自行申报,切实加强房地产税收和土地税收管理,进一步理顺了征管秩序。2008年税费收入首次突破20个亿,达到20.29亿元,同比增长14.46%,其中税收收入、社保费收入和规费收入分别达到12.44亿元、6.59亿元和1.31亿元,分别同比增长10.7%、18.9%和32%。

【征管基础进一步夯实】全面建立任务量化、指标细化、责任硬化的税收管理员制度,按照属地管理原则配备税收管理员,每一个纳税户都有税收管理员负责管理与服务。根据税源分类情况,抓住户籍管理和税源分类管理两个重点,建立完备的税源清册和税源管理电子档案,税源监控能力明显增强。完善《地方税收征管信息采集录入考核办法》,进一步明确考核范围、考核指标、考核方式以及奖惩兑现措施,征管基础数据采集录入工作迈进规范化轨道。健全发票管理制度,扩大服务业定额有奖发票使用范围,"以票控税"措施得到较好落实。为实现税收征管工作整体跨越,召开全州地税征管工作会议,全面部署今后一个时期的税收征管工作,表彰了18名"优秀老税工"和31名"优秀税收管理员"。

【依法治税进一步推进】健全执法监督机制,严格审理重大税务案件,强化过程控制,防止滥用权力和随意执法。总结"利川模式",形成融岗位、流程、考核和追究于一体的岗责体系,岗位责任的合理性、质量管理的标准性、资源配置的效能性、制约对象的全面性得到充分体现,州局和利川市局被州政府表彰为"全州行政执法先进单位"。发挥税务稽查震慑作用,争取部门配合,形成整体合力,开展房地产业、烟草行业和平安保险行业专项稽查以及年所得12万元以上个人所得税专项检查,开展制售假发票和非法代开发票专项整治工作,整顿和规范了税收秩序。

【科技含量进一步提高】建成以州局为中心、上连省局、下接8个县市局、覆盖25个分局、延伸到全州所有乡镇的广域网络。规范机房网络布线、设备配置等项目标准,6个县(市)局完成了机房建设改造升级工作。"湖北省地方税费征管核心软件"在恩施州试点运行一年多来,经过不断修改、完善、升级,在全省地税系统率先上线运用,3.6万户税收管户、7.1万户社保费管户被纳入核心软件平台管理。全系统23名干部被省局表彰为

“湖北省地方税费征管核心软件上线工作先进工作者”，州局、恩施市局、咸丰县局被省局表彰为“湖北省地方税费征管核心软件上线工作先进单位”。

【纳税服务进一步优化】健全服务机制，从制度上规范纳税服务内容、职责、指标、流程和质量，不断完善服务公开制、承诺制、限时制、问责制和纳税评估制度。降低办税成本，采用投资少、质效高的服务手段，满足了广大纳税人的需求。积极探索邮寄申报、电话申报、网络申报等多元化申报方式。规范纳税信用等级评定工作，强化了分类管理与服务。

【干部素质进一步提升】开展执行力大讨论和文明执法教育活动，加强领导，精心组织，收到明显成效，州地税稽查局和利川市局被省地税局表彰为“全省地方税务系统文明执法先进单位”。组织 6 个科室负责人空缺岗位的竞争上岗，下派 5 名干部到县（市）局任职，轮岗交流科室负责人 6 名、科室副职 3 名，在县（市）局之间轮岗交流干部 1 名，提高干部适应不同岗位的能力。强化干部教育培训，举办 60 名科级干部参加的任职培训班和 60 名一般干部参加的税收业务培训班，满足了干部改善知识结构的迫切愿望。深入开展理想信念教育、宗旨教育、职业道德教育，干部职工的思想政治素质显著提升；召开思想政治工作暨地税文化建设工作会议，部署改进和加强思想政治工作、推进地税文化建设的具体措施，拍摄制作《风正一帆悬》专题片，传唱反映恩施民族地区特色的《地税之歌》，振奋干部职工精神。

【内部管理进一步强化】强化预算管理，有效控制经费支出，征收成本明显下降。加大硬件设施投入，工作和生活条件有进一步改善。强化审计监督，不审不离的规定得到较好落实。建立资产管理信息网，随时监控资产变化情况，加强了资产管理。高度重视综合治理和信访工作，制定并实施《公共突发事件应急预案》，全系统没有出现一例上访事件。加大税收宣传力度，宣传先进典型，普及税法知识，实现了在主流媒体宣传的大突破，政务信息采用数量名列全省地税系统第三名。

【部门形象进一步塑新】实行纪检监察员派驻制度，纪检监察员除履行原有纪检监察职责外，增加考核评议和责任追究两大职责，创新了纪检监察机制。围绕税收执法和行政管理的重点环节、重点部位和重点人员，开展“十查十看”活动，强化了“两权”监督。坚持纠建并举，转变政风行风，各级领导班子成员主动上门听取当地党委、政府及部分纳税人的意见和建议，组织特邀监察员明察暗访地税机关及其工作人员执法情况，逐一整改存在的各种问题。在集中评议政风行风活动中，州局及各县（市）局全部被评为优秀单位，其中，利川、巴东、宣恩和鹤峰 4 个县（市）局获得当地第一名。

恩施市地方税务局

【适应需求抓拓展，信息化建设再上新档次】一是征管信息化局面初步形成。8 月 15 日，市局作为湖北省地税系统征管核心软件第一批上线的单位，取得成功，并因上线运行征管核心软件工作成绩突出，被省局表彰为先进单位。二是加强网络与信息安全系统建设。开通了各个乡镇的局域网络，对市局中心机房进行了改造。三是加强征管信息采集录入工作。突出数据质量这一“生命线”，多措并举，扎实开展采集基础信息和处理历史数据工作，全年共采集录入8429户，其中个体6534户、企业1895户。

【细化措施夯基础，税收征管再上新水平】2008年共组织税费收入5.33亿元，同比增收1.07亿元，增长25%；其中：税收收入4.03亿元，增收6924万元，增长21%；社保费收入1.1亿元，同比增收2902万元，增长36%。一是加强税收基础管理。扎实开展年所得12万元以上个人所得税纳税申报工作，全市共356人申报，纳税994.5万元，比2007年增加151人。加强企业所得税征管，开展了《新企业所得税法》培训，为企业发放新法宣传手册300余份。认真做好土地增值税清算工作，对全市范围内销售达85%的房地产开发项目和已完工的房地产开发项目进行了清算。开展土地使用税税源清查，充分利用纳税人征管基础信息和国土资源部门地籍调查、土地详查测绘的数据成果，与纳税人自查申报数据进行全面比对，进一步核实纳税人实际占地面积与应税土地面积，查找漏征漏管土地。加强税务登记管理，结合征管信息采集录入工作，开展了户籍清理工作，摸清了纳税人户籍分布情况，税收征管科技含量明显提高。加强以票控税管理力度，全年通过强化对服务业、娱乐业、交通运输业等行业以票控税，共征收税款15901万元。二是不断完善纳税评估工作，全年共评定4012户，其中A级4户，B级368户，C级2320户。三是打造纳税服务品牌，开通了短信平台及外部网站，推行了财税库银横向联网申报工作，全年共签订三方协议共314户；大力推行纳税人刷卡缴税费，实现税费直达金库。

【内外并举严执法，依法治税再上新层次】一是内部执法行为进一步规范。加强对重点环节、重点部门、重点岗位的事前、事中和事后监督。对涉税审批事项及规范性文件进行了清理，对地税部门的审批项目，实行公开公示、一窗受理、限时办结、热情服务。二是认真落实税收管理员制度。建立了职责明晰、管理规范、协作高效、监控严密的税收征管运行机制。三是税收征管秩序更加规范。组织开展了税收执法检查，及时发现在征管过程中执法不严、程序不到位等问题，并提出了整改意见，纠正了执法偏差。四是税收优惠政策及时全面落实。认真执行减免税管理办法，全年共办理减免税款2306万元，较好落实了扶持再就业、支持高新技术企业等税收优惠政策。

【多管齐下求突破，规费征缴再上新高度】一是精心组织城镇居民基本医疗保险申报工作。在全市推行城镇居民基本医疗保险，共有2万人申报参加全民医保，征缴医保费410万元。二是着力加强重点费源监控管理。建立完善缴费单位分户档案，参保户基本情况清、参保户数清、参保人数清、欠缴费额清、增减做到了变化因素清。三是规范社保费欠费追缴。建立健全社保费欠费档案，加强社保费欠费分析，对欠费大户予以重点监控，实行定期催报催缴做法，并深入欠费单位对经办人员进行业务辅导。

【紧扣主题哺民生，精神文明建设再上新台阶】一是税法宣传实效不断增强。与市一中联合成立了全市第一所税收宣传基地，并捐资3万元资助贫困学子和留守学生。二是情系民生多措并举支持灾后重建。开展了“情系地震灾区捐款活动”，向四川地震灾区捐款10万元；党员干部还积极缴纳“特殊党费”3万元。三是积极开展文明创建，树立地税形象。开展了“百人十进活动有感”、“执行力大讨论”、“地税文化建设”等征文比赛；进一步细化了文明创建工作的目标和任务，大力开展“纳税服务明星”、“巾帼文明岗”、“文明家庭”等创建活动；积极服务社会主义新农村建设，抽调一名干部长期驻村开展工作，并为崔坝镇捐赠电脑20台，捐资15万元用于联系点南里渡村文明新村建设。

利川市地方税务局

【税费规模实现了新突破】2008年，全局共组织税费收入2.31亿元。其中：税收收入1.47亿元，占州局下达计划9300万元的158.38%，同比增长74.7%，增收6298万元；社保费收入7768万元，同比增长12.86%；规费收入658万元。

【税收征管实现了精细化】全面开展了税源调查工作，建立健全了各类户管档案和税(费)管理清册，为科学决策提供了详实可靠的理论数据。对重点税源进行了严格监控，把重点行业、重点企业、重点工程、重点税种、重点纳税户作为税源监控目标进行跟踪管理，分别建立重点税源监控台账，按月做好税收分析、预测，及时进行跟踪管理，有效的保障了税款的入库。严格执行税收政策，落实税收优惠政策，全年共为255户纳税人办理了税收减免，维护了纳税人的合法权益，体现了执法的公正性。以纳税申报"一窗式"、纳税资料"一户式"管理为基础，按照一体化的思路，对征管信息和数据进行整合，实现了各类征管数据的数字化存储、加工和管理，各个征管工作环节在信息技术支撑下的数据应用水平不断提高

【行政责任制实现了规范化】在运行行政责任制过程中，一方面按照新的模式运行，一方面不断完善现有模式，几经修改和完善，形成了《地方税务机关行政责任制》，优化了岗位设置和人员配置，明晰了岗位职责和责任，完善了内部监督考评长效机制，责任制更具可操作性和推广性，为全州县(市)地税局机构改革提供了蓝本和依据。

【廉政建设实现了制度化】通过建立健全日常考核与集中考核、专项考核与综合考核相结合的监督考评长效机制，做到考评追究奖惩分明。对行政审批、退税管理、停歇业管理、个人年所得12万以上征收管理、下岗再就业政策管理、契税管理、发票代开、物资采购、物资保管、设备管理及运行、接待管理等事项实施了专项考核，抽查500余户纳税人资料、调查走访300余户纳税人，对所涉及的30余个岗位认真考核考评，对发现的问题共发出了15项限期整改、20条整改建议、3项督办事项，并相应实施过错责任追究和经济惩戒，共追究40人次，经济惩戒5578元。

【文明建设实现了新佳绩】围绕创建目标，以开展人文关怀、登山比赛、党建知识竞赛、书画展、纳税服务明星评比等活动，拓展了文明创建更丰富的内容。2008年，利川市局被省地税局表彰为"文明执法先进单位"，被州政府表彰为"行政执法先进单位"，被市委表彰为"党风廉政建设先进单位"，同时在全市市直机关政风行风民主评议中位居第一名，全市综合考核评比总分第一名。

【队伍建设迈上新台阶】一是加强业务培训。组织了《地方税务机关岗位责任制》、《公务员法》、《劳动合同法》、《物权法》培训。二是职业道德教育，以开展"行政执行力大讨论"和"两提高两满意"为主题，有计划的组织

了干部职工进行系统的学习，对照自身存在的不足，查摆问题，教育广大干部职工时时自醒自警，把平常工作中认识不足、相关业务指导不够、政策执行有偏差、流程衔接不够、服务有缺位不及时等等及时处置、及时纠正。三是组织“地税精神”大讨论，以“什么是地税精神，如何宏扬地税精神”为主题，通过召开座谈会、网上互动、有奖征文等形式开展大讨论，调动了广大职工参与积极性，激发了干部工作热情和奉献精神。

【信息化建设实现了新突破】2008 年 8 月，地方税费征管核心软件顺利上线，全局已纳入核心软件管理的税费户数达 1 万余户，征收税费总额 2 亿多元，其网络覆盖延伸至每一个乡镇，基本实现所有涉税业务都能通过网络进行办理的网络建设目标。纳税申报实现了网上申报，企业所得税实现了网上缴纳。

建始县地方税务局

【税费收入实现新跨越】2008 年，县局按照全县税源结构、税源分布状况、历年收入情况和各征收单位人员结构下达税收计划，签订收入目标责任状，分月按季分税种下达收入计划，严格考核确保均衡入库。全年税费总收入实现 1.83 亿元，其中：税收收入 9600 万元，同比增长 41%，增收 2792 万元；社保费收入 8406 万元，同比增长 26%，增收 1753 万元；其他收入 305 万元。

【征收管理出现新气象】围绕州局“抓住重点，攻克难点，扫除盲点，培植亮点”的工作思路，全方位开展税源摸底，对辖区内税源采取边比对、边清理、边排查、边登记的办法，努力消除征管盲点，全年共清理出漏征漏管户 300 多户；强化税收日常管理，加大对重点税源、重点纳税户的税源监控力度，分税监控，税收日常工作逐步走向精细化管理轨道；做好征管核心软件信息补录及其复测上线工作。对全县征管信息采集数据进行清理和补录，确保了征管核心软件如期上线；规范停歇业户、非正常户、失踪户管理；强化发票管理，重点推行刮奖发票，提高发票管理质量，全年使用刮奖发票实现税收约 577 万元，堵塞了收入漏洞；强化稽查，全年共对 32 户纳税人进行了稽查，查补税款 331 万元，罚款 5 万余元，加收滞纳金 3 万余元。

【税政工作展示新局面】一开展税种管理，调整全县企业所得核定征收应税所得率标准，进一步规范了企业所得税核定管理；切实抓好年所得 12 万元以上纳税人自行申报，补缴税款达 250 多万元；制发了有关房屋转让最低计税价格、城镇土地使用税税源清查、房地产税收管理、耕地占用税税额标准等一系列文件。二是强化行业管理，利用全县社会综合治税力量，加强煤炭和非煤矿山税收管理，完善“一票制”办法；对货运、服务业和建安行业管理上，制定了相应的管理办法，使之断走向规范。三是严格减免税管理，全年对 287 户纳税人办理了减免税手续，减免各项税款 300 多万元。四是规范行政规费管理，狠抓社会保险费与税收同征、同管、同稽查、同考核、同责任追究的“五同”管理，加大对水资源费、排污费和残保金征收管理力度，全年征收入库200多万元。

【内部管理出现新氛围】一是开展思想政治教育，开展了以“依法行政，执法为民”、“十查十看”、“政府执行力”等一系列活动，开展富有特色的学习教育活动，对职工进行反腐倡廉教育、理想信念教育和革命传统教育，干部职工的思想觉悟和精神面貌发生了深刻变化，综合素质得到提高。二是强化制度体系建设，重新修订了《全员岗位责任制及其过错责任追究办法》和机关管理制度。明确机关工作人员和税收管理岗位、办税服务厅工作人员的职责范围，从上班签到抓起，从工作效率抓起，规范一切内务管理，强化责任追究，全年对30多项事项进行了责任追究，涉及干部20多人。

【纳税服务凸现新风采】一是全方位开展税收宣传活动，营造诚信办税的舆论氛围。从电视台、《建始新闻周刊》和互联网等影响力较大的媒体入手，向纳税人传达税收政策变化和执行情况，反映建始地税工作情况，让纳税人了解地税；联合国税、教育等部门，在县民族小学成立税法教育基地，进行税收知识讲座；有重点、有针对性地把与人民生活、与企业发展关系密切的税收政策送到了企业、社区、市场、农村和学校。二是采取走出去、请进来方法，广发征询纳税人的意见和建议，举办培训班，召开纳税人座谈会，请纳税人“挑刺”，在办税服务厅开通了POS机，方便纳税人缴税。

【行风建设取得新成效】一是突出抓学习宣传，组织职工学习和领会上级关于民主评议政风行风系列文件和会议精神，安排部署全县地税系统民主评议政风行风活动工作，确保行风建设和行评工作顺利进行。二是突出抓机制建设，成立了行评工作领导小组，组建行评工作专班，制定方案，力求取得实效。三是突出抓问题查摆。设立举报信箱、公布举报电话，方便纳税人及社会各界举报。在纳税人及社会各界中聘请了10名兼职监察员，发现问题，及时整改。

巴东县地方税务局

【税费收入稳步增长】2008年共组织税费收入2.14亿元。其中：税收收入1.26亿元，占年计划142%；社保费收入6656万元；其他收入8829万元。建立健全税源监控体系，狠抓税收政策和各项制度的落实，严格执行应收尽收，全力抓好“四点”工作：全力以赴保重点。加强对重点工程、纳税大户的跟踪管理，按工程项目设置征管台账，积极与工程建设方协调，加强源头控管。2008年在水布垭工程税收减收800万元、“两路”等重点工程税收减收700万元的情况下，烟厂税收减收300万元的情况下，重点企业入库税收3181万元，同比上升130.69%。齐心协力攻难点，对房地产税收、陈年欠税等“老大难”问题，群策群力，采取房地产税收一体化管理、专项资金财政划拨代扣等措施，共清缴入库欠税578万元。部门联动扫盲点，通过与公安交警等部门的配合，解决了地税部门在征收车辆税收中“无处下手”的问题，扫除车辆税收这个“盲点”，共征收车辆税收471万元，同比增收101万元。精心策划培亮点，扎实开展了年所得12万元以上纳税人自行申报专项工作，共97人主动进行申报，补缴税款42万元，为监管高收入者掌握了大量信息，征收个人所得税928万元，同比增收171万元；在发票管理工作中，开展重点行业的发票检查，继续巩固了“以票控税”成果，通过“以票控税”征收税款2500多万元。

【内部管理精细化】制定了《关于落实“精细化管理年”的实施意见》，克服税费收入高幅增长与县域税源相对萎缩，税收征管信息化与管理手段和方式相对滞后；同时县局党组按照州局提出的“保住重点、攻克难点、扫除盲点、培植亮点”的治税理念，把强化征管基础工作作为2008年工作的着力点，做到有细致的基础工作、完整的基础资料、规范的执法程序、科学的税源监控、严格的管理制度。

【廉政建设结硕果】根据省、州地税系统关于加强执行力建设、文明执法大讨论、“十查十看”、“两提高、两满意”等活动要求，召开全县干部职工动员大会，制定实施办法，加强检查督导，确保各项活动取得实效。采取“上下联动、条块结合、面向社会、群众参与、评议系统、覆盖行业”的评议方式，扎实开展了行评活动，确保了行评效果。在全县参评单位中名列第一。强化干部职工的感恩意识、责任意识。汶川地震中，全局先后自愿捐款近40000元；扶贫帮困捐款6850元；在“七一”和年底期间，组织机关干部带着捐献的价值25000多元的款物前往官渡口镇张树槽村，访贫问苦，慰问老党员。

【纳税服务受到好评】经请示州局同意后将原西壤坡征收点搬迁至县行政服务中心，实行双重管理，并对其功能进一步完善。设立“一站式”服务窗口，推行首问制、限时服务制和承诺服务制，采取“一窗受理、内部流转、环节监控”的运转方式，将纳税人所有办税事项集中受理、分项审批、按时办结，大大方便了纳税人办税。县局将税收政策印发成小册子，送到纳税人手中，让纳税人懂得税收法律、法规，明确税收优惠政策，清楚纳税人的权力与义务，交纳明白税、放心税，深受广大纳税人好评。

【培训教育有声色】在信息化建设工作中，县局统一规划，分步实施，将全县所辖四个分局全部采用光纤联通，调整核心软件功能及新模块的使用，进一步加强应用软件的培训及推行工作，致力打造科技平台，努力提高工作效益。县局以中心学习组和职工夜校为两大阵地，对干部职工进行政治理论、法律法规和业务技能的培训，期间共组织培训3期，培训212人次。

来凤县地方税务局

【狠抓收入工作，提升服务经济社会能力】2008年，全局共组织各项收入1.09亿元，其中：税收收入4726万元，同比增长24%；社保费收入6205万元，同比增长47%；行政规费收入43万元。一是精心组织税收收入，认真分析县域经济发展状况，实时监控重点税源，切实搞好税收分析。二是努力规范社保费管理，简化缴费程序，规范申报管理,加强信息传递,采取委托代征和直接征收相结合的方式,加大清欠力度,减少费源流失。三是积极探索规费征收办法,加强部门协作,保证了各项规费征收的及时性。

【规范行政执法,推动精细化管理进程】 一是努力夯实征管基础,深化对精细化管理的促进作用,引领全局税收征管飞越。制定了符合来凤地税实际的短期目标,组成专班分三个阶段开展了为期 9 个月的征管基础信息采集录入工作,基本改变了征管基础信息资料收集不齐全、录入不规范、归档不完整的历史状况。拟定了征管工作规程,推行工作限时完成制,实行局长巡察工作制,建立起一级抓一级、层层抓落实的督导机制和相应的责任追究机制。二是认真落实税收政策,提高对社会经济的服务能力。用好用活国家宏观调控政策,为 2 户企业免征企业所得税 332 万多元,增强企业发展后劲。提高审批速率,加强了对优惠政策实施的后续管理,保护了弱势群体的利益。三是切实加强税务稽查,强化对税收法律的刚性维护。推行调查式稽查,监控重点工程税源超过 2000 万元;推行解剖式稽查,重点开展了车船税代收代缴的专项稽查,代收车船税从 2007 年 10 万元增长到 2008 年 66 万元。

【拓展服务领域,深化信息标准化建设】 一是人力资源开发与税收信息标准化建设相适应。开办职工微机培训夜校班,分层次进行了计算机基础知识培训和核心税费征管软件知识培训。二是基础设施建设与税收信息标准化建设相协调。硬件设备要求达到省局门户信息系统配置标准,完成了新建办公楼的机房建设及全县网络布线工作。网络布点贯穿全县各乡镇,构建起上下贯通、安全高效的网络基础平台。三是精细化管理与税收信息标准化建设相融合。做好了工作流程控制和两个工作平台的应用与管理。规范各类纳税基础资料的收集、整理、录入、处理流程,建立起完整的户籍档案。规范税务登记、申报征收、减免税管理、会统核算、票证管理、发票管理等环节的工作流程。

【完善管理体系,开展好政风行风建设】 一是树立起"一盘棋"的观念,精心筹划组织领导。将行评工作作为"一把手"工程,从实际出发设计了活动路线图,牢固树立起系统行评"一盘棋"的思想。二是立足"见实效"的思想,扎实开展各项工作。确立了"走下台阶说话、拆除门槛办事"的服务观念,向全社会发出了 3000 份《致纳税人的公开信》,在办税服务厅设立了社会监督岗,推行服务大厅领导带班制。三是遵循"逆向思维"的方式,深入调查及时整改。开展"邮政快车送税法"活动,请邮递员为城乡居民发送了一万份"缴税明白卡",向社会各界发放意见征求表 300 多份,诚请其为地税工作"挑刺"。

【倡导人文关怀,提升干部队伍执行力】 一是以人性化管理为基础,增强团队活力。新一届领导班子组建后一个月内,10 多次到分局组织专题座谈,归纳群众意见和建议 13 条,拟出 26 条针对性解答措施。积极组织健康有益的文体活动,多次组织职工为地震灾区和困难职工捐款活动,培养社会责任感。二是以释疑解惑为导向,变难点为亮点。不回避矛盾,重点解决焦点问题。针对问题长期积压的基层分局,明确提出"思路决定出路、想法决定活法"的思想,查找症结,剖析实质。县局领导到分局挂片督导工作,组织了 6 次专题座谈,并对分局进行了岗位重组,使得各分局干部思想观念得到了转变,挑起了全局征管工作的大梁。三是以廉政建设为抓手,树立社会形象。将加强教育与强化制度约束相结合,努力拓展监察职能,加大对行政管理权和征收管理权的监督制约,强化过程控制。充分发挥了党风廉政建设对税收工作的促进作用。

咸丰县地方税务局

【税费收入再创新高】2008 年，全县地税系统坚持以组织收入为中心，大力实施科学化、精细化管理，确保了税费收入的及时、足额入库，累计完成各项税费收入 1.36 亿元，同比增长 24.77%，增收 2200 万元。

【行评等六项活动深入开展】通过成立行评、文明执法教育、执行力大讨论等六项活动领导小组和工作专班，制定实施方案，组织召开动员大会和学习讨论交流会，提高了干部职工的思想认识。将六项活动有机结合，着力打造效能地税、法治地税、文明地税、阳光地税和服务地税。把廉政教育作为重点，通过听取预防职务犯罪和反腐倡廉报告、组织收看警示教育片等多种方式开展执法警示教育。同时，按照“缺什么，补什么”的原则和干部培训五年规划，组织开展了税收业务、计算机操作、财会知识等培训和考试。通过设立举报信箱、举报电话，聘请文明执法及行风评议监督员，发放调查问卷等形式广泛征求纳税人及社会各界的建议和意见。实行办税“八公开”，邀请纳税人代表参与个体户定调税等工作，将全局的执法情况置于全社会的监督之下。按月对县局各股室和各分局的文明执法等工作执行情况进行检查和考核。对查找出的问题限期进行整改，对工作职责履行不到位的人员严格按《责任追究暂行办法》等制度的规定进行责任追究。2008 年，全局共有 39 人次受到责任追究，经济惩戒 3116 元。

【纳税服务不断优化】一是优化办税流程。设立“一站式”服务窗口，推行首问制、限时服务制和承诺服务制，采取“一窗受理、内部流转、环节监控”的运转方式，将纳税人所有办税事项集中受理、分项审批、按时办结，大大方便了纳税人办税。二是简化办税手续。精简并统一纳税人报送的报表资料，着力解决涉税信息多头采集和纳税人多头报送、多次报送的问题，减轻了纳税人的负担。三是实行多元化办税方式。对全县近 2000 名享受下岗职工再就业税收优惠以及营业额不达起征点的纳税人实行电话申报；对农村分局所在地以外的纳税人提供“约时定点”办税服务。四是落实优惠政策。制定了《咸丰县地方税务局促进地方经济社会发展的税收优惠政策与措施》，并广泛印发，让纳税人知晓政策。专门在办税服务厅设立税收优惠政策窗口，集中优先办理税费减免事项，全年共计减免税款 800 多万元。

【依法治税稳步推进】扎实地开展了税收宣传月活动。在县城及各乡镇主要街道、路口、车站、工矿区、集贸市场张贴了税收宣传标语、宣传画，悬挂了宣传横幅；利用电子显示屏、有线电视、短信、宣传车等多种形式广泛宣传各项税收政策；举办了企业所得税法培训班；开展了“送税法到学校”活动，在全县中小学生中广泛普及税法知识。规范了征管文书的填写。全县地税系统所有征管和稽查文书都必须通过征管信息系统打印生成，避免出现因手工填写造成征管文书填写不规范问题，促进了税法执法的规范。

宣恩县地方税务局

【税收收入稳定增长】2008年,宣恩县地税局紧紧围绕收入中心,强化税源管理,提高征管质量,税费收入创历史新高,累计完成各项收入1.02亿元,同比增长116%,同比增收1442万元,其中:税收收入5252万元,增收1100万元;社保费收入4582万元,同比增收226万元;其他规费收入224万元,增收72万元。

【征管质量不断提高】一是对组织收入工作的领导和考核。结合全县税源现状,将收入计划层层分解,纳入年度目标管理考核。加强对收入工作的组织协调,每月进行收入调度和考核督促,保证了税收收入持续稳定增长。二是加强征管基础管理,严把政策关,加大税务登记处罚力度,杜绝漏征漏管户。三是加强发票管理,明确代开发票范围、岗位责任,提高人员的政策、水平和技能,确保税款征收到位。四是认真落实税收管理员制度,加强征管资料信息的采集、录入、更新与维护工作。实行征管责任区,层层落实,责任到人。五是加强事后监督检查,切实整改。组织专班进行进行清理检查,对存在的问题进行通报,确保征管软件良性运行,保证征管质量和信息数据的准确有效。

【税源管理得到夯实】一是加强对重点税源、重点行业的监控管理。对房地产和建筑安装等重点行业税收的征收与管理,抓实、抓细、抓好每一个纳税环节,即加强纳税大户的税源跟踪调查和税收入库工作,特别是对重点工程项目严格监控。二是结合"十查十看",对2006年以来的房地产、建安、饮食等行业的纳税情况进行了专项清理,清缴入库各项税收98万余元。三是强化个人所得税征管。针对高收入者以座谈会、宣传政策等方式,促进了个人所得税代扣代缴工作。四是进一步完善与地方党委、政府和有关部门的协作制度,形成征管合力,推进房地产税收一体化管理。五是加强政策宣传,以"优化税收环境,服务地方经济"广泛宣传税收政策知识及相关法律法规,宣传纳税人权利与义务,宣传公开办税、文明服务承诺制度,为优化税收软环境营造良好氛围。

【队伍建设以人为本】一是注重人性化管理。通过召开座谈会,慰问离退休老干部,在生日之际送上鲜花、蛋糕和慰问金,组织体检等系列人性化措施,大大增强了全系统干部职工的凝聚力。二是加强各项制度建设。通过规范修订了《车辆管理制度》、《经费管理制度》、《接待管理制度》,对车辆、差旅费、接待、礼品及办公用品的采购都规定了程序,规范了机关经费管理。三是强化考评监督工作。通过开展税款征收、税务稽查、税款入库、发票管理、财务管理、征管质量等方面的重点检查,推动了各项工作的高效运作。

【党风廉政常抓不懈】狠抓党风廉政建设。召开了党风廉政建设工作专题会议,明确了2008年度党风廉政建设及纪检监察工作目标,层层签订了《党风廉政建设目标责任书》,保证了党风廉政建设和反腐败工作监督机制的规范化、制度化。强化服务意识,扎实开展民主评议政风行风工作。公开《宣恩县地方税务局服务承诺制度》以及举报电话,在全县社会各界诚聘“全省地税系统服务对象联系员”和“政风行风监督员”，掌握在政风行风中出现的新情况、新问题，采取暗访、突击检查，对出现的问题进行认真解决，取得了行评第一名的成绩。

鹤峰县地方税务局

【税费收入有新突破】税费总量首次突破亿元，各项税费收入完成 1.2 亿元，同比增长 24%。其中：税收收入 6835 万元，同比增长 35%；社会保险费完成 4512 万元，同比增长 9%；烟叶税完成 2568 万元，同比增长 83%。一是早筹划，对税额 5 万元以上纳税人重点监控、跟踪管理，提高纳税申报率。二是早检查，确保各项欠缴税费追缴到位。三是早汇报，在州局和县委、县政府的支持下，为基层分局配备了两辆公务车，改善了巡回征管和办税服务条件。四是早落实，抓部门横向联系，提高征管信息共享水平，促进优惠政策进一步落实。审批享受税收优惠的下岗失业人员 192 人减免税额 44 万元；享受“西开”企业所得税税收优惠的企业 5 户减免税额 3 万元；享受国家重点农业龙头企业所得税税收优惠 1 户企业减免所得税 414 万元。

【班子建设有新举措】一是加强班子建设。对班子成员办事处事，放手放心，遇大事注意发扬民主，广泛听取意见，维护班子团结和党组权威；敢于批评与自我批评，通过讲事实、摆道理，以理服人；以同志式的态度相互帮助，把对错误的“无情”和对同志的友情结合起来，以情动人，诚恳相待。二是扩大民主监督范围，努力营造班子成员之间坦诚相待、精诚团结、和谐共事的良好局面。将民生生活会上参会对象扩大到分局正副职、机关股室正副职列席参加，增强了生动活泼的政治局面。三是民主管理凝聚人心，鼓励广大干部职工以主人翁姿态广泛参与机关行政管理，民主理财、民主议事、民主决策，减少了工作的被动与盲目，特别是在县局机关办公楼和大门维修改造建设中，多次听取大多数职工的意见，反复修改设计图纸，得到广大干部的积极拥护。

【税费征管有新加强】一是抓重点。成立江坪河重点工程税收征管工作专班，实现了重点税收稳中有升。二是抓难点。扩大征管核心软件操作应用面，精细化管理水平有所提高。三是扫盲点。对开采矿产品的纳税人，实行核定征收管理；狠抓茶叶市场税收管理，个体税收明显增长。四是植亮点。抓住江坪河电站截留的大好机遇，推行上门办税服务，为壮大税收“蛋糕”和后续税源做出了努力。

【廉政建设有新进步】拓展民主渠道，多次召开廉政义务监督员座谈会，从“改进工作作风，提高服务质量”入手，开门纳谏，征求纳税人以及社会各界人士意见，对党风廉政建设可能出现的问题，及时制定防范和治理对策，做到警钟长鸣。经过不懈努力，鹤峰县地税局最终以优异成绩名列 12 个县直行评单位之首，并被州地税局、县委、县政府评为 2008 年度党风廉政建设工作先进单位。

【文明建设有新提升】一是加强思想政治工作。开展"我是地税人、地税是我家"的专题大讨论，建立与干部职工的交心谈心制度，随时了解到干部职工的思想动态。二是社会形象得到认可。为帮扶村捐赠办公用品，修通"断头"公路。为贫困户送温暖，举办农民培训班，切实解决帮扶村提高素质难的问题。三是开展各种活动树形象。"2·15"特大冰灾和"5·12"四川汶川大地震发生后，全体党员干部为受灾地区踊跃捐款，在职党员积极交纳"特殊党费"；组织全体女职工参观新农村建设示范村升子村、木耳山茶叶基地和32烈士纪念碑，激发爱岗敬业热情；派出16名职工参加"庆七一、迎奥运"越野赛跑活动取得优异成绩。

仙桃市地方税务局

【税费收入创历史新高】2008年组织收入6.32亿元，同比增长33.8%，增收1.6亿元。其中税收收入(含耕、契两税)完成2.62亿元，同比增长28.5%，增收5804万元。社会保险费收入完成3.44亿元，同比增长37.4%，增收9365万元。规费收入完成2655万元，同比增长42.7%，增收795万元。

【科学发展观主题教育实践活动内容丰富】从2008年10月份起，用3个月的时间开展以加强"思想建设、作风建设、效能建设、文化建设、环境建设"五项建设为主体的科学发展观主题教育实践活动。一是加强思想建设。每周定期开展两次集中学习，每月举办读书交流活动，开展送温暖、送爱心、结对比赛红色教育、警示教育、"树标杆"活动。二是加强作风建设。主要通过"六严两禁"进行，六严包括：严格分级负责、严格劳动纪律、严格信访管理、严格着装管理、严查违法违纪、严肃责任追究，"两禁"即禁酒令和禁赌令。三是加强效能建设。规范执法责任机制，完善纳税服务机制，改革绩效考核机制，强化政务督办机制。四是加强文化建设。在纳税人缴税区配备相应的服务设施，制作宣传橱窗，因地制宜地在机关院内设置篮球场、羽毛球场以及适宜在户外运动的健身器材，积极开展体育竞赛、文艺汇演、特长爱好活动、实地体验等活动。五是加强环境建设。在办公楼做到四季有鲜花，有高水准的书画上墙，有统一整洁的办公桌椅，有清洁卫生的值班制度，无烟头、无纸屑、无扬尘和蜘蛛网；在庭院有文化墙，有处置突发事件的预案，有文明公约；在办税大厅做到四季有鲜花，整洁有序，窗明几净。

【依法治税，健全制度，税政管理日益加强】一是全面开展税收执法检查和执法监察。全局组成20人的专班，用3个月的时间，在全市范围内开展税收执法检查和执法监察。二是科学规范落实税收政策。共受理年所得12万元以上纳税人自行纳税申报373人，比2007年增长133%，申报补缴个人所得税156万元，比2007年增长60%。运用GPS系统测定纳税企业74户，土地宗数130宗，测定增加税源总量451万元，占测定税源总量的20.92%，占申报税源总量的26.59%。

加大了土地增值税清算力度，入库土地增值税37万元。三是突出稽查功能，规范纳税秩序。多次与公安经侦大队进行协调配合，有力打击偷税、抗税、逃税等违法行为。充分发挥稽查约谈作用，通过约谈入库税款800多万元。同时，配合市纪委对全市个人开发房地产行业的税收进行专项检查，查补税费431万元，滞纳金及罚款93万元。拓展重点稽查职能，共成立了11个专项检查小组，选择40户企业开展建筑安装、房地产、饮食娱乐业、行政事业单位、重点企业等重点行业、重点企业稽查，并做到税、费、票同查。

【齐抓共管，力求实效，征管手段渐趋完善】一是源头控管措施得力。制定了《仙桃市地方税务局税务登记管理操作规程(试行)》，明确了各环节责任人的职责，强化了责任。同时开展重点税源调查，对全市476家重点企业的税源分布、变化情况及发展趋势进行认真清理核对，对税收征管存在的薄弱环节进行研究，提出了强化税源管理的途径和方法。二是信息化建设稳步迈进。通过采取重大问题报告制、疑难问题会商制、工作进展周报制和四级责任制，确保了全员参与、责任明确。通过加大资金投入，增配了UPS、升级了网络线路、购置了计算机和打印机、更新安装了软件，为核心软件上线工作提供了硬件保障。10月27日税费征管核心软件在仙桃市局全面上线正式运行。三是社保征管取得突破。积极协调信用联社，实行委托代征，7月24日共在25个营业网点开通征收通道，实现顺利开票征缴。

【内强管理，外树形象，队伍素质不断提高】一是结合实际开展"两项"活动。全局通过广泛宣传、强化交流、因地制宜、结合实际，扎实开展两项活动，在省市两级的检查验收中，得到了省效能办和市效能办的好评。二是广纳贤言开展政风行风评议。在市局机关和各分局统一悬挂宣传标语，全系统办公电话使用统一彩铃，印制展示地税形象的1500把雨伞、6000个环保购物袋、15万个纸杯等宣传品，在市局机关开办政风行风评议工作专栏，在仙桃日报、市电视台、市电台、仙桃政务网开办"行风评议看地税"宣传专栏，向社会公开五项服务承诺和"十条禁令"。三是针对问题开展纪律整顿。对干部职工各种假期规定、请销假手续等作出了明确的规定，规范了着装管理制度，实行了一天四次签到签退制度和乡镇分局驻点制度。四是丰富载体开展教育培训。全局以集中培训为主阵地，组织开展了新企业所得税法、税收征管法、计算机操作技能、普通话等培训，共举办培训班17期，累计培训人员770多人(次)。

【上下联动，整合资源，文明创建上档升级】一是营造文化氛围。有序开展了工会图书室和活动室的建设，配备了"两室"所需的各项设施，首批采购了3000多册各类图书。购买了相关的活动器材，为干部职工提供工作之余可供阅读、休闲娱乐的健康场所。二是引导争先意识。认真落实《仙桃市地方税务局对获得荣誉和表彰的单位和个人实施奖励暂行办法》的规定，及时对获得各级荣誉和表彰的单位和个人进行奖励，全年共奖励22人次，奖励金额1万多元，有效调动了广大干部职工工作积极性。三是打造平安地税。按照相关综合治理文件的要求，加大了对消防器材、视频监控、防盗报警等设施的资金投入，并加大督导检查力度，严格保安门卫登记制度。对车库车辆进行分类登记、对庭院绿化、电梯维护人员维护时间、次数进行登记。落实干部值班制度，并对来客来访人员填写会客单，规范保安执勤巡逻，确保全局无重大治安案件的发生。

潜江市地方税务局

【坚持质量与效率相结合,地税收入在稳健发展中实现新跨越】2008年共组织各项税费收入5.66亿元,同比增长17.49%,增收8423万元。其中:税收收入2.78亿元,同比增长10.7%,增收2693万元;社保费收入2.49亿元,同比增长21.58%,增收4414万元;其他收入3862万元,同比增长51.68%,增收1316万元。在抓收入的过程中,一是强化收入工作考核。明确提出"不以收入论英雄"的组织收入理念,促进了收入数量与质量的同步提高。二是狠抓个体税收征管。个体税收入库6960万元,同比增长22.1%。三是认真贯彻执行新的土地使用税征收标准。全年共征收土地使用税3041万元,同比增长12.93%。四是强化重点税源控管。通过健全重点税源跟踪监控制度,及时掌握企业经营活动情况,重点税源企业入库税收1.7亿元,占收入比重的60.9%。

【坚持夯实基础与剖解难题相结合,征收管理在破立之中理顺新秩序】一是严格落实两制,加强税源管理。明确规定除分局主要负责人外,其他人员都要管户,切实担负起管理责任;对个体税收、农场税收、房地产税收单独设立考核项目,有效解决了重大轻小的问题;对农场企业税收实行直接管理,彻底改变了农场企业税收长期失之于监管的局面,农场企业入库税收832万元,同比增长98%;从规范税务登记、强化建安栋号管理、加强纳税申报和发票管理等方面入手,进一步完善了建筑业税收管理办法。二是开展个体税收纳税秩序整顿。采取税收强制执行措施210起,个体税收纳税秩序得到了明显好转。城区上门申报率已由2007年的40%提升到2008年的85%以上,农村申报率由2007年的不足10%提升到2008年的65%。三是纠正了招商引资企业耕地占用税和契税免征或缓征的问题。积极争取市委、市政府支持,理顺了招商引资企业税收征管秩序。四是顺利启动城镇居民医疗保险征收工作。2008年全市24个社区、17个乡镇和在校中小学生已参保缴费人数44256人,征收入库城镇居民医疗保险费257万元,并在全省率先推行了刷卡缴费。

【坚持取与予相结合,政策管理在规范执法中呈现新特点】一是做好年收入12万元以上个人所得税自行纳税申报工作。共接受441人进行了自行申报,补缴税款398万元,超额完成省局下达的目标任务。二是认真做好运用GPS技术管理土地使用税税源工作。共核实计税面积910万平方米,比核查前净增加180万平方米。三是充分发挥稽查的拳头作用。先后开展了房地产及建筑安装业、烟草行业、保险行业税收等专项检查,查补税款301万元,罚款17万元,加收滞纳金8万元。与经侦大队联合开展发票打假行动,收缴违法开具、取得违法发票及其他凭证645份,涉案发票金额78万元,追缴税费5万元,罚款2万元,堵塞了税收流失漏洞。四是用足用活各项税收优惠政策。全年共办理各类税收优惠811户,减免地方税费2636万元。

【坚持自查与整顿相结合，政风行风在纠建并举中塑造新形象】针对纳税人反映开具货运业发票等候时间过长的问题，办税服务厅对开票量大的纳税人实行预约服务，由工作人员利用晚上时间开票，避开开票高峰。针对纳税人反映潜江饮食服务业税率过高、税负较重的问题，出台了新的发票管理办法，将饮食服务业综合征收率由原来的11%调整为8%。针对市直招商引资企业反映土地使用税征收标准过高的问题，积极向市政府汇报并建议对达到投资强度的企业，由地税全额征收、财政予以返还。同时，对特困企业按规定程序报批减免税款的，在第一时间内予以受理。在潜江市8个参加政风行风评议的单位中综合得分排名首位。

【坚持基础与长远相结合，信息化建设在循序渐进中呈现新亮点】为确保征管核心软件如期上线，成立了上线指挥部，召开动员大会，组织学习省局相关文件精神，做到全员齐上阵。按照“谁主管、谁采集、谁负责”的原则，把好数据采集关口，全面、真实、准确地采集原始数据，杜绝虚假信息、垃圾信息。征管核心软件顺利上线，稳步运行。

【坚持严管与厚爱相结合，队伍建设在刚柔并济中释放新活力】一是加强领导班子建设。根据工作质量考核结果，对部分基层分局负责人进行了调整。二是加大教育培训力度，增强干部综合素养。分层次、常态化地开展干部职工综合素质培训，实行“凡是培训，必须考试；凡是考试，必须排名并予以通报”的制度，逐步形成了好学、乐学之风。三是坚持不懈地抓好党风廉政建设。邀请市检察院反渎职侵权局领导作预防职务犯罪讲座，组织干部学习党风廉政建设有关文件和上级部门的廉政规定，观看警示片《赌之害》，举办“弘扬正气、廉洁从税、预防犯罪”主题演讲活动。召开特邀监察员座谈会，开门纳谏，广泛听取社会各界的意见和建议。四是实施细胞工程，加大文明创建力度。积极开展结对帮扶活动，组织干部赴革命老区红安接受革命传统教育，举办以“快乐健康迎奥运，全民健身促和谐”为主题的趣味运动会，组队参加全省地税系统男女混合篮球赛并获得较好成绩。通过多年努力，2008年，省委已把潜江市局推荐为国家级文明单位。

【坚持务实与创新相结合，行政效能在规范管理中得到新提升】一是扎实开展效能建设和“两项活动”，着力解决好纳税服务、规范执法和内部管理等方面的问题。在内部监管方面，开展了内部手工收款收据发票、劳务发票等四个专项检查，纠正违规发售发票41人次，补税12万元，罚款7050元；纠正违规开设税收待解账户12个，纠正延压税款4848万元；通报批评及行政处分21人，有效地解决了内部管理方面存在的问题，对干部职工的行为起到了警示作用。二是创新考核形式，推行新的工作质量考核办法。新办法去繁就简、去虚求实、分级考核、随机抽样、以点带面，机关和基层上下联动、双向评议，有效解决了人浮于事、干与不干一个样、干多干少一个样、干好干坏一个样的问题。三是做好信访维稳和综治管理工作。全年无一起越级上访事件发生，无一起安全事故发生，被市委评为“全市综合治理平安单位”，绿化工作被市文明办评为“绿化庭院先进单位”，计划生育工作在市政府考核中得了满分，被评为“计划生育管理先进单位”。四是加强内部财务管理和综合档案管理。压缩公务经费支出，从严控制各种招待费用，公务费较2007年下降8.85%，招待费下降47%。加强综合档案管理，顺利通过档案管理省特级复查。

天门市地方税务局

【大力组织征收，扩大收入规模】坚持税费同征同管同考核，收入规模不断攀升，税收收入提前一个月超额完成全年任务。全局共组织各项收入4.6亿元，同比增长27%，增收近亿元。其中：工商税收完成1.61亿元，同比增收3279万元，增长25.5%，占年计划1.5亿元的108%；耕、契"两税"完成1100万元，占年计划的100%；社保费收入完成2.78亿元，同比增收5868万元，增长27%；其他规费收入完成1200万元。

【加强信息化建设，确保软件上线】把软件上线作为下半年的工作重点，成立上线指挥部，制定上线方案，明确工作责任，确保了软件于10月8日顺利上线。在软件上线前积极准备，加强信息采集和数据审核，高质量地完成了5333户纳税人的基础信息采集；加大硬件投入，通过政府采购130多台计算机设备，保证了上线的硬件需求；强化软件培训，分4期对全系统240人进行了软件培训。在软件上线中制定工作预案，应对软件运行过程中可能出现的突发事件。同时，加大宣传力度，争取纳税人的理解和支持。在软件上线后成立上线应急处理中心，积极协调解决问题，确保了软件正常、稳定运行。

【开展行风评议，提升地税形象】采取"五个结合"的方法开展行评，即将行评与税收信息化、服务地方经济、加强税收管理、加强内部激励、提高干部素质相结合，民主评议政风行风工作取得显著成果，在参评的8个部门中排名第一。为做好行评工作，天门市局精心组织，做到了组织领导、行评方案、宣传发动、公开承诺、开门纳谏、专班督导"六个到位"。特别是在开门纳谏活动中，市局、基层单位领导班子走访纳税人和社会各界人士4258人次，发放征求意见函1500封，广泛征求意见。针对反馈的意见，市局逐一整改落实。行风评议使地税部门的形象和纳税人的满意度进一步提升。

【发挥税收职能，服务地方经济】在服务举措上，研究制定了《服务地方经济和社会发展的工作意见》，分4个方面共30条，充分体现了优化服务的工作理念，得到了天门市主要领导和省局的认可。在决策支持上，组织开展了天门宏观税负率、应对地税减收因素措施、加快建安房地产业发展三个课题调研，为市领导决策当好参谋。在实际执行上，提出了"少环节、提效率，少检查、多提示，少处罚、强服务"的工作要求，用好用活税收政策，支持企业做大做强。在招商引资上，加大项目落实力度，招商引资600万元。

【强化税费管理，增强征管质效】加强税源监控，对重点税源实行二级监控管理，全系统重点税源入库税收占全部税收总量的70%，同比增收2970万元。强化税种管理，进一步完善建筑安装、饮食业、房地产开发等行业税收管理办法，三个行业税收同比分别增长19%、7%、63%。加强社保征收，因地制宜地制定了城镇居民医保"税银协作"征收模式，于6月30日率先在全省开出第一张城镇居民医保费票。加大稽查力度，全年共实施日常稽查80户次，查补税款304万元。开展了个人所得税、建安房地产专项检查，查补入库税款83万元。

【坚持依法治税，提升执法水平】为了提高执法水平，相继开展了执法作风整训、文明执法教育以及“严格执法、有税必收，积极预防和严肃查处税收失职、渎职行为”等专项工作，大力推行执法“两制”，有效地提高了地税干部责任意识和执法水平。为了规范执法行为，组织开展了两次税收执法检查和执法监察，面向社会聘请三名特邀执法监督员，并从12月1日起，规定全系统干部工作期间必须统一着制式税服，向社会展示了地税干部整洁、庄重的执法形象。为了优化纳税服务，切实开展了税收宣传月和“五五”普法活动，组织召开纳税服务恳谈会和税企座谈会，积极开展上门宣传、辅导办税活动，继续开展纳税人信用等级评定，开展“纳税服务明星”评选活动，提高了全系统干部职工的服务意识。

【加强队伍建设，提高干部素质】坚持以人为本带队伍，认真贯彻落实“人才兴税”战略，开展思想解放和执行力大讨论活动，2008年组织党组中心组学习6次，组织各类培训16期，参训人数达1000余人次，并从11月起开展了“一月双学”活动，促进了干部队伍素质提高。坚持统筹兼顾抓改革，报经省局批准对基层征管机构和人力资源进行整合，由以前的9个调整为7个；积极推行竞争定岗，于4月底在市局机关开展了干部轮岗交流和竞争定岗工作，最后定岗34人，不予定岗3人，有效地提高了机关工作效率，增强了干部的危机意识。坚持惩防并重勤廉政，对党风廉政建设目标责任书的内容进行了补充、修改和完善，切实分解党风廉政建设工作目标和任务，认真落实领导干部“一岗双责”，在领导干部中深入开展“从我做起、对我监督、向我看齐”活动，加强干部廉政教育，开展了“情系民生、勤政廉政”宣传教育月活动，有效地提高了广大地税干部廉洁自律意识。

【规范内部管理，提高行政效能】完善考核办法，以简洁、实效、方便为原则，对原有的70多个考核项目进行清理、整合，以不同时期、不同阶段的重点工作作为考核内容，提高了考核的针对性。坚持勤俭节约，合理编制预算，报账单位实行日常经费总额包干、分项目预算制。加强固定资产管理，对全系统房屋及建筑物类资产权证办理情况进行了清理确认。狠抓基础建设，改善局容局貌，确保了机关办公的安全、整洁；对机关底层和桂云阁综合楼进行改造，为干部创造了舒适的工作生活环境。

【加强文化建设，推进文明创建】把文明创建与地税文化建设紧密结合，组织、参与了丰富多彩的文体活动。举办了以“弘奥运精神，展地税风采”为主题的职工运动会；承办了“全省地税系统职工篮球混合比赛”天门赛区赛事。同时，积极开展扶贫帮困活动，组织帮扶捐款活动9次，累计捐款近13万元，衣物511件。全系统逐步形成了和睦共处、和谐共进的良好氛围。

神农架林区地方税务局

【收入任务再创新高】2008年，林区地税局共组织各项收入8663万元，同比增长32.6%，增收2130万元。其中：税收收入完成4800万元，同比增长22.32%，增收876

万元；社保费收入完成2863万元，同比增长36.92%，增收772万元；非税收入完成1000万元，同比增长93.05%，增收482万元。

【征管基础进一步夯实】一是按照“项目管理、终身负责、稽查监督、区局备案”的要求，提出了转变房地产税收管理的工作思路，开展土地税收的清理检查，全年征收房地产税336万元，比2007年增长68%。二是按照“严格条件、规范程序、定期比对、重点检查”的要求，开展货运业税收管理。重点对自开票纳税人证件、收入额、经营场所、结算账户等进行了检查，对100多条信息进行了比对，建立了货物运输业税收管理预警值制度。三是开展了土地使用税的税源普查工作，与国土部门建立信息共享机制，通过数据比对，完善了土地使用税税源管理信息。全年征收土地使用税54万元，同比增长10%。进一步规范资料的收集、建档，提高资料的管理质量。实行征管基础资料的“一户式”管理。建立纳税大户监控制度。2008年，纳入监控的纳税户27户，监控税款占税收收入的46.87%。逐步建立完善月、季、年收入分析预测制度，及时发现税收管理中存在的问题和征管工作的薄弱环节，提出组织收入的措施和建议。

【信息化建设再上台阶】加大硬件投入力度，先后投入150万元，对局域网建设和机关计算机机房进行升级改造，确保了征管核心软件运行的硬件要求。在此基础上，开展税费征管核心软件上线运行工作，于2008年12月5日至13日通过了省局对新软件上线工作的全面验收。截至2008年底，新软件运行的纳税户共有1609户，其中企业218户，行政事业单位120户，个体工商户1271户。

【依法治税深入推进】通过抓好执法检查与监督，加强部门沟通与协作，大力推动税收法治工作向纵深发展。借开展“两项活动”这一契机，扎实开展税收执法检查和执法监督。通过深抓宣传发动，真抓查摆问题，严抓整改落实，对税务行政许可执行情况、税务稽查行政处罚的规范性、入库情况、稽查查补税款及罚款的入库情况等进行了检查，逐步完善重案审理办法，完善了内部管理和被查企业查后回访机制，内外结合发挥合力，保障纳税人合法权益，提高税务人员执法服务水平。认真落实税收优惠政策，促进地方经济发展。有针对性的开展了涉农税收政策执行情况检查和税收优惠政策执行情况检查。对90户再就业个体户，审批减免税72万多元。为支持新农村建设，对农村信用社继续减免地方税5万余元。全年共审批税前扣除财产损失12万元，困难性减免地方税收11万元。在抓好日常税法宣传咨询和宣传月活动同时，认真落实欠税公告制度，开展纳税人信誉等级评定工作，促进纳税人信用等级的提升，先后对全区13户企业进行了A级认证，181户企业进行了B级认证。

【队伍面貌焕然一新】2008年10月，省局党组任命了林区地税局新的党组。新的领导班子在继承和发扬上届党组好的作法基础上，研究地税干部队伍建设新情况新问题，在加强干部队伍思想教育上做文章，稳定人心；在机构职能调整上，加快推进机构扁平化改革；在干部选拔上，迈出了副科级干部选拔公开竞争上岗的步伐。通过这些措施，调整干部队伍原有心态，引入激励竞争机制，逐步激活队伍活力。

【文明创建成绩斐然】林区地税局采取有力措施，不断丰富文明创建内容，延伸文明建设内涵，尽最大努力扭转过去几年因干部违法而导致文明创建落后的被动局面。通过有效的措施，于11月份顺利通过林区文明办的验收，创建成为区级最佳文明单位。

【廉政建设成效显著】林区地税局党组高度重视反腐倡廉工作，坚持党风廉政建设一票否决制，层层分解党风廉政建设责任。多形势开展反腐倡廉教育活动。开展了“四看活动”，即看监狱受警示，看矿工体验生活，看贫困户受教育，看新农村建设感受时代发展。因地制宜地开展廉政文化建设活动，切实做到院内有廉石，厅内有廉墙，室内有廉牌。编印了《神农架林区地税局干部廉政教育读本》。

【行风评议荣获优胜】切实开展民主评议政风行风工作，成立领导小组，制定实施方案，召开动员大会，发放百份征求意见表、百份调查问卷。聘请了22名政风行风评议监督员，通过座谈、走访纳税人，征求意见和建议23条，逐条进行整改，坚持狠抓问题整改落实不放松。民主评议政风行风工作在全区9个参评单位中排名第一，被评为全省地税系统“政风行风评议优胜单位”。

第二篇

法规篇

（本篇责任编辑　金湘虹　徐卫兴）

国务院、国务院办公厅制定的文件

国务院关于实施成品油价格和税费改革的通知

2008年12月18日　国发〔2008〕37号

为建立完善的成品油价格形成机制和规范的交通税费制度，促进节能减排和结构调整，公平负担，依法筹措交通基础设施维护和建设资金，国务院决定实施成品油价格和税费改革。现通知如下：

一、实施成品油价格和税费改革的必要性

我国现行成品油价格和交通税费政策，对保障国内成品油市场供应，加快交通基础设施建设步伐，促进国民经济平稳较快发展，起到了积极作用。但随着我国石油需求不断增加，经济社会发展与资源环境之间的矛盾日益突出；以费代税、负担不公平等弊端日益显现；二级收费公路规模过大，结构不合理，与地方经济发展和群众出行的矛盾越来越尖锐。迫切需要理顺成品油价格和交通税费机制。

近期国际市场油价持续回落，为实施成品油价格和税费改革提供了十分难得的机遇。及时把握当前有利时机，推进成品油价格和税费改革，对规范政府收费行为，公平社会负担，促进节能减排和结构调整，依法筹措交通基础设施维护和建设资金，促进交通事业稳定健康发展，都具有重大而深远的意义。

二、改革的主要内容

（一）关于成品油税费改革

提高现行成品油消费税单位税额，不再新设立燃油税，利用现有税制、征收方式和征管手段，实现成品油税费改革相关工作的有效衔接。

1．取消公路养路费等收费。取消公路养路费、航道养护费、公路运输管理费、公路客货运附加费、水路运输管理费、水运客货运附加费等六项收费。

2．逐步有序取消政府还贷二级公路收费。抓紧制定实施方案和中央补助支持政策，由省、自治区、直辖市人民政府根据相关方案和政策统筹研究，逐步有序取消政府还贷二级公路收费。各地可以省为单位统一取消，也可在省内区分不同情况，分步取消。实施方案由国家发展改革委会同交通运输部、财政部制订，报国务院批准后实施。

3．提高成品油消费税单位税额。汽油消费税单位税额每升提高0.8元，柴油消费税单位税额每升提高 0.7 元，其他成品油单位税额相应提高。加上现行单位税额，提高后的汽油、石脑油、溶剂油、润滑油消费税单位税额为每升 1 元，柴油、燃料油、航空煤油为每升 0.8 元。

4. 征收机关、征收环节和计征方式。成品油消费税属于中央税，由国家税务局统一征收(进口环节继续委托海关代征)。纳税人为在我国境内生产、委托加工和进口成品油的单位和个人。纳税环节在生产环节(包括委托加工和进口环节)。计征方式实行从量定额计征，价内征收。

今后将结合完善消费税制度，积极创造条件，适时将消费税征收环节后移到批发环节，并改为价外征收。

5. 特殊用途成品油消费税政策。提高成品油消费税单位税额后，对进口石脑油恢复征收消费税。2010 年 12 月 31 日前，对国产的用作乙烯、芳烃类产品原料的石脑油免征消费税；对进口的用作乙烯、芳烃类产品原料的石脑油已纳消费税予以返还。航空煤油暂缓征收消费税。对用外购或委托加工收回的已税汽油生产的乙醇汽油免征消费税；用自产汽油生产的乙醇汽油，按照生产乙醇汽油所耗用的汽油数量申报纳税。对外购或委托加工收回的汽油、柴油用于连续生产甲醇汽油、生物柴油的，准予从消费税应纳税额中扣除原料已纳消费税税款。

6. 新增税收收入的分配。新增成品油消费税连同由此相应增加的增值税、城市维护建设税和教育费附加具有专项用途，不作为经常性财政收入，不计入现有与支出挂钩项目的测算基数，除由中央本级安排的替代航道养护费等支出外，其余全部由中央财政通过规范的财政转移支付方式分配给地方。改革后形成的交通资金属性不变、资金用途不变、地方预算程序不变、地方事权不变。具体转移支付办法由财政部会同交通运输部等有关部门制定并组织落实。新增税收收入按以下顺序分配：

一是替代公路养路费等六项收费的支出。具体额度以 2007 年的养路费等六费收入为基础，考虑地方实际情况按一定的增长率来确定。

二是补助各地取消政府还贷二级公路收费。每年安排一定数量的专项补助资金，用途包括债务偿还、人员安置、养护管理和公路建设等。

三是对种粮农民增加补贴，对部分困难群体和公益性行业，考虑用油量和价格水平变动情况，通过完善成品油价格形成机制中相应的配套补贴办法给予补助支持。

四是增量资金，按照各地燃油消耗量、交通设施当量里程等因素进行分配，适当体现全国交通的均衡发展。

(二)关于完善成品油价格形成机制

国产陆上原油价格继续实行与国际市场直接接轨。国内成品油价格继续与国际市场有控制地间接接轨。成品油定价既要反映国际市场石油价格变化和企业生产成本，又要考虑国内市场供求关系；既要反映石油资源稀缺程度，促进资源节约和环境保护，又要兼顾社会各方面承受能力。

1. 国内成品油出厂价格以国际市场原油价格为基础，加国内平均加工成本、税金和适当利润确定。当国际市场原油一段时间内平均价格变化超过一定水平时，相应调整国内成品油价格。

2. 汽、柴油价格继续实行政府定价和政府指导价。(1)汽、柴油零售实行最高零售价格。最高零售价格由出厂价格和流通环节差价构成。适当缩小出厂到零售之间流通环节差价。(2)汽、柴油批发实行最高批发价格。(3)对符合资质的民营批发企业汽、柴油供应价格，合理核定其批发价格与零售价格价差。(4)供军队、新疆生产建设兵团和国家储备用汽、柴油供应价格，按国家核定的出厂价格执行。(5)合理核定供铁路、交通等专项部门用汽、柴油供应价格。(6)上述差价由国家发展改革委根据实际情况适时调整。

3. 在国际市场原油价格持续上涨或剧烈波动时，继续对汽、柴油价格进行适当调控，以减轻其对国内市场的影响。

4. 航空煤油等其他成品油价格继续按现行办法管理。液化气改为实行最高出厂价格管理。

5. 国家发展改革委根据上述完善后的成品油价格形成机制，另行制定石油价格管理办法。

(三)关于完善成品油价格配套措施

1. 继续发挥石油企业内部上下游利益调节机制作用。当国际市场原油价格大幅上涨，国家实施有控制地调整汽、柴油价格措施时，原油加工企业会出现暂时性困难，中石油、中石化两公司要继续按照石油企业内部上下游利益调节机制，平衡好内部利益关系，调动炼油企业生产积极性，保证市场供应。

2. 完善相关行业价格联动机制。(1)铁路货运价格，根据上年国内柴油价格上涨影响铁路运输成本增加的情况，由铁路运输企业消化20%，其余部分通过提高铁路货物运输价格疏导，原则上每年调整一次。具体幅度由国家发展改革委商铁道部确定。(2)民航国内航线旅客运输价格，首先在运价浮动机制内，由航空公司自主调整具体票价，需要调整燃油附加时，根据航空煤油价格影响民航运输成本变化情况，由航空公司消化20%，其余部分通过调整燃油附加标准或基准票价的方式疏导。调整燃油附加标准间隔时间原则上不少于半年。燃油附加具体收取标准由国家发展改革委会同民航局按照上述原则确定。(3)出租车和道路客运价格，由各地进一步完善价格联动机制，根据油价变动情况，通过法定程序，决定调整运价或燃油附加。

3. 完善对种粮农民、部分困难群体和公益性行业补贴的机制。(1)种粮农民。当年成品油价格变动引起的农民种粮增支，继续纳入农资综合直补政策统筹考虑给予补贴。对种粮农民综合直补只增不减。(2)城市公交、农村道路客运(含岛际和农村水路客运)、林业、渔业(含远洋渔业)。成品油价格调整影响上述行业增加的成本，由中央财政通过专项转移支付的方式给予补贴。补贴比例按现行政策执行，补贴标准随成品油价格的升降而增减，具体补贴办法由财政部商有关部门另行制定。新的补贴办法从2009年起执行。(3)出租车。在运价调整前，因油价上涨增加的成本，继续由财政给予临时补贴。(4)低收入困难群体。各地综合考虑成品油、液化气等调价和市场物价变动因素，继续做好城乡低保对象等困难群体基本生活保障工作。

4. 继续实行石油涨价收入财政调节机制。为合理调节石油涨价收入，妥善处理各方面利益关系，继续按相关规定征收石油特别收益金。

(四)妥善解决改革的相关问题

1. 妥善安置交通收费征稽人员。妥善做好改革涉及人员的安置工作，是成品油税费改革顺利推进的重要保证。要按照转岗不下岗、待安置期间级别不变、合规合理的待遇不变的总体要求，由省、自治区、直辖市人民政府负总责，多渠道安置，有关部门给予指导、协调和支持，确保改革稳妥有序推进。各地要锁定改革涉及的征稽收费人员数量，严格把关，防止突击进人。

对公路养路费征稽人员的安置措施：一是交通运输行业内部转岗；二是税务部门接收；三是地方人民政府统筹协调，多种渠道安置改革涉及人员。

人员安置工作指导意见由交通运输部会

同中央编办、财政部、人力资源社会保障部、税务总局制订，报国务院批准后实施。

2. 研究解决普通公路建设发展，特别是二级公路发展问题。地方要以这次改革为契机，利用中央财政给予的支持政策，整合现有资源，更好地用于发展二级公路。同时有关部门要按照六费原有资金功能不变的原则，抓紧研究建立和理顺普通公路投融资体制，促进普通公路健康发展。

3. 加强成品油市场监管。加强油品市场监测和监管，坚决禁止成品油生产企业为规避税收只开具发票而无实际货物交付和突击销售成品油等非正常销售成品油行为，严厉打击油品走私、经营假冒伪劣油品以及合同欺诈等违法行为，确保成品油市场稳定。

（五）实施时间

完善成品油价格形成机制，理顺成品油价格，自发文之日起实施。成品油税费改革自 2009 年 1 月 1 日起实施。

三、切实做好改革的实施工作

成品油价格和税费改革是党中央、国务院作出的重大决策，是贯彻落实科学发展观、促进经济社会平稳较快发展的重要举措。各地区、各有关部门要统一思想，充分认识改革的必要性和紧迫性，切实把思想和行动统一到中央的决策部署上来，精心组织，周密部署，共同做好有关工作，确保改革方案平稳实施。

（一）加强组织领导

国务院有关部门组成的成品油价格和税费改革部际协调小组，要切实做好改革方案的组织实施工作；各省、自治区、直辖市人民政府要成立由主要负责同志牵头的改革领导小组，主要负责同志负总责，发展改革、价格、财政、交通、税务、编制、人事等相关部门密切配合，落实责任，确保改革措施落实到位。

（二）保证队伍稳定和资金有效衔接

地方各级人民政府要切实担负起安置人员和维护稳定的责任，把人员安置的工作摆在推进改革的突出位置，提前筹划，周全安排，妥善安置。各级财政部门要做好改革前后资金安排及预算衔接工作；中央财政要通过向地方预拨资金，确保养护管理及人员经费等需要，保障改革平稳顺利推进。

（三）确保取消收费政策到位，严格禁止乱收费

各地要按照改革方案的统一安排，在 2009 年 1 月 1 日零时全部取消公路养路费等六项收费，已经提前预收的要及时清退，要加强检查，确保取消收费政策落到实处。对确定撤销的政府还贷二级公路收费站点，省级人民政府要及时向社会公布其位置和名称，接受社会监督；同时做好财务清理工作，防止国有资产流失和逃废银行债务。绝不允许任何地方、部门、单位和个人，以任何理由、任何名义继续收取或变相收取明令取消的各项收费。违反规定的，要严肃查处，并追究相关责任人的责任。国家发展改革委、财政部要会同有关部门尽快制定下发配套文件，并加大督查力度。

（四）加强宣传解释工作

要通过广播、电视、报纸、网络等多种媒体，有针对性地开展宣传解释工作，取得群众的理解和支持，为改革的顺利实施创造有利的舆论环境。地方各级人民政府要结合本地实际情况，加强舆论引导。

（五）确保社会大局稳定

成品油价格和税费改革涉及面广，情况复杂。各地要密切关注市场情况和社会动态，针对改革过程中可能出现的新情况、新问题，提前做好应对预案，并妥善处理，切实维护社会稳定的大局。

各地区、各有关部门贯彻落实情况，要及时向国务院报告。

国务院办公厅关于印发国家税务总局主要职责、内设机构和人员编制规定的通知

2008 年 7 月 10 号　国办发〔2008〕87 号

《国家税务总局主要职责、内设机构和人员编制规定》已经国务院批准，现予印发。

根据《国务院关于机构设置的通知》（国发〔2008〕11 号），设立国家税务总局（正部级），为国务院直属机构。

一、职责调整

（一）取消已由国务院公布取消的行政审批事项。

（二）逐步取消对集体所有制企业财务管理的职责，将对城市商业银行和农村合作金融机构财务管理的职责划给财政部。

（三）加强推进纳税服务体系建设，着力改进纳税服务的职责，构建和谐的税收征纳关系。

（四）加快建设覆盖所有税种的金税工程，优化业务流程，实现与相关部门信息共享和税收管理工作现代化。

（五）加强以大型企业为重点的税源监控，不断提高个性化、专业化服务水平。

（六）强化内部审计职责，加强对税收执法权的监督制约，推进依法行政，加强廉政建设。

二、主要职责

（一）具体起草税收法律法规草案及实施细则并提出税收政策建议，与财政部共同上报和下发，制定贯彻落实的措施。负责对税收法律法规执行过程中的征管和一般性税政问题进行解释，事后向财政部备案。

（二）承担组织实施中央税、共享税及法律法规规定的基金（费）的征收管理责任，力争税款应收尽收。

（三）参与研究宏观经济政策、中央与地方的税权划分并提出完善分税制的建议，研究税负总水平并提出运用税收手段进行宏观调控的建议。

（四）负责组织实施税收征收管理体制改革，起草税收征收管理法律法规草案并制定实施细则，制定和监督执行税收业务、征收管理的规章制度，监督检查税收法律法规、政策的贯彻执行，指导和监督地方税务工作。

（五）负责规划和组织实施纳税服务体系建设，制定纳税服务管理制度，规范纳税服务行为，制定和监督执行纳税人权益保障制度，保护纳税人合法权益，履行提供便捷、优质、高效纳税服务的义务，组织实施税收宣传，拟订注册税务师管理政策并监督实施。

（六）组织实施对纳税人进行分类管理和专业化服务，组织实施对大型企业的纳税服务和税源管理。

（七）负责编报税收收入中长期规划和年度计划，开展税源调查，加强税收收入的分析预测，组织办理税收减免等具体事项。

（八）负责制定税收管理信息化制度，拟订税收管理信息化建设中长期规划，组织实

施金税工程建设。

（九）开展税收领域的国际交流与合作，参加国家（地区）间税收关系谈判，草签和执行有关的协议、协定。

（十）办理进出口商品的税收及出口退税业务。

（十一）对全国国税系统实行垂直管理，协同省级人民政府对省级地方税务局实行双重领导，对省级地方税务局局长任免提出意见。

（十二）承办国务院交办的其他事项。

三、内设机构

根据上述职责，国家税务总局设13个内设机构（正司局级）：

（一）办公厅。负责机关文电、机要、会务、档案、信访、保密和保卫等工作，承担税务宣传、政务公开和新闻发布工作，管理机关财务和其他行政事务。

（二）政策法规局。起草税收法律法规草案、部门规章及规范性文件，研究提出税制改革建议；拟订税收业务的规章制度，研究、承办涉及世贸组织有关税收事项，承办重大税收案件的审理和行政处罚工作，承担机关有关规范性文件的合法性审核工作，承办税务行政复议、行政应诉工作。

（三）货物和劳务税司。组织实施增值税、消费税、营业税、车辆购置税等（不含海关代征的）征收管理工作，拟订具体的征收管理政策和办法；对有关法律法规在执行中的一般性问题进行解释和处理；组织实施出口退税管理工作。

（四）所得税司。组织实施企业所得税、个人所得税和法律法规规定的基金（费）等征收管理工作，拟订具体的征收管理政策和办法；对有关法律法规在执行中的一般性问题进行解释和处理。

（五）财产和行为税司。组织实施财产与行为各税种及教育费附加等税收业务管理，拟订具体的征收管理政策和办法；对有关法律法规在执行中的一般性问题进行解释和处理；指导财产与行为各税种及教育费附加的征管业务。

（六）国际税务司。研究拟订国家（地区）间反避税措施，组织实施反避税调查；参加国家（地区）间税收协议、协定谈判，承办草签和执行有关协议、协定等工作；承办与国际机构、国家（地区）间税务机关的合作与交流业务；管理总局机关和国税系统外事工作。

（七）收入规划核算司。编制税收收入中长期规划，编制年度税收任务、出口退税指标；参与起草税款征缴退库制度，监督检查税款缴、退库情况；承办税收收入的分析、预测和重点税源监控管理工作；拟订税收收入规划和税收会计、统计等相关制度；管理税收数据；组织实施税收统计工作。

（八）纳税服务司。组织实施纳税服务体系建设；拟订纳税服务工作规范和操作规程；组织协调、实施纳税辅导、咨询服务、税收法律救济等工作，受理纳税人投诉；组织实施税收信用体系建设；指导税收争议的调解；起草注册税务师管理政策，并监督实施。

（九）征管和科技发展司（大企业税收管理司）。起草综合性税收征管规范性文件；拟订税收征收管理的长期规划和综合性方案；管理税收发票和票证；拟订和组织实施税收管理信息化的总体规划和实施方案，承办税收管理信息化建设中业务需求整合和流程优化的综合管理工作；承担对大型企业提供纳税服务工作，实施税源监控和管理，开展纳税评估，组织实施反避税调查与审计；指导海洋石油税收业务。

（十）稽查局。起草税务稽查法律法规草案、部门规章及规范性文件，办理重大税收案件的立案和调查的有关事项并提出处理意见，指导、协调税务系统的稽查工作。

（十一）财务管理司。拟订国税系统财

务、基建管理办法，管理国税系统的经费、财务、装备、固定资产，审核汇编国税系统的财务预决算，办理各项经费的领拨。

（十二）督察内审司。组织实施税收法律法规、部门规章及规范性文件执行情况的监督检查，承办国税系统财务、基建、大宗物品采购审计和领导干部经济责任审计工作。

（十三）人事司。拟订国税系统人事制度并组织实施；管理国税系统的人事、机构编制工作，对省级地方税务局局长的任免提出意见；组织实施税务系统思想政治工作和精神文明建设。

机关党委负责机关和在京直属单位的党群工作。

离退休干部办公室负责机关离退休干部工作，指导国税系统离退休干部工作。

四、人员编制

国家税务总局机关行政编制为 431 名（含两委人员编制 4 名、援派机动编制 2 名、离退休干部工作人员编制 10 名）。其中：局长 1 名、副局长 4 名，司局级领导职数 50 名（含总经济师 1 名、总会计师 1 名、总审计师 1 名、机关党委专职副书记 1 名、离退休干部办公室领导职数 1 名）。

五、其他事项

（一）税政管理的职责分工。财政部负责提出税收立法建议，与国家税务总局等部门提出税种增减、税目税率调整、减免税等建议。财政部负责组织起草税收法律、行政法规草案及实施细则和税收政策调整方案，国家税务总局具体起草税收法律、行政法规草案及实施细则并提出税收政策建议，这些事项由财政部组织审议后与国家税务总局共同上报和下发。国家税务总局负责对税收法律法规执行过程中的征管和一般性税政问题进行解释，事后向财政部备案。

（二）国家税务总局垂直管理省、市、县三级国家税务局及各类派出机构，行政编制共 385329 名。

国家税务总局制定的文件

国家税务总局关于普通发票行政审批取消和调整后有关税收管理问题的通知

2008年1月29日　国税发〔2008〕15号

根据《国务院关于第四批取消和调整行政审批项目的决定》(国发〔2007〕33号)规定,普通发票的5类行政审批项目将予以取消,即取消"发票领购资格审核"、"建立收支粘贴簿、进销货登记簿或者使用税控装置审批"、"拆本使用发票审批"、"使用计算机开具发票审批"和"跨规定的使用区域携带、邮寄、运输空白发票的审批"。现就行政审批项目取消后有关普通发票管理问题明确如下

一、普通发票领购审核问题

普通发票领购行政审批事项取消后,纳税人领购普通发票的审核将作为税务机关一项日常发票管理工作。纳税人办理了税务登记后,即具有领购普通发票的资格,不需办理行政审批事项。纳税人可根据经营需要向主管税务机关提出领购普通发票申请。主管税务机关接到申请后,应根据纳税人生产经营等情况,确认纳税人使用发票的种类、联次、版面金额,以及购票数量。确认期限为5个工作日,确认完毕,通知纳税人办理领购发票事宜。

二、建立收支粘贴簿、进销货登记簿或者使用税控装置问题

建立收支粘贴簿、进销货登记簿或者使用税控装置行政审批事项取消后,对生产、经营规模小又确无建账能力的纳税人,建立收支粘贴簿、进销货登记簿或者使用税控装置的确认按下列规定实施:

(一)按照《个体工商户税收定期定额征收管理办法》(国家税务总局令第16号)和《个体工商户建账管理暂行办法》(国家税务总局令第17号)的规定,所有达到建账标准的个体工商户,均应按照规定建立账簿。达不到建账标准而实行定期定额征收方式征收税款的个体工商户,均应建立收支凭证粘贴簿、进销货登记簿。

(二)税控装置的安装使用属于行政强制行为,凡在推广使用范围内的纳税人必须按照规定安装和使用税控装置。纳税人安装使用税控装置的确认程序按照《国家税务总局关于印发〈税控收款机管理系统业务操作规程〉的通知》(国税发〔2005〕126号)的规定执行。

三、拆本使用发票问题

拆本使用发票行政审批事项取消后,拆本使用发票按禁止行为进行管理。

四、使用计算机开具发票问题

使用计算机开具发票行政审批事项取消后，纳税人使用计算机发票，按一般普通发票领购手续办理。税务机关有统一开票软件的，按统一软件开具发票；没有统一软件的，由纳税人自行开发，其相关开票软件需报主管税务机关备案。

五、跨规定的使用区域携带、邮寄、运输空白发票的问题

跨规定的使用区域携带、邮寄、运输空白发票的行政审批事项取消后，跨规定的使用区域携带、邮寄、运输发票按禁止行为实施管理。

（一）在本省、自治区、直辖市和计划单列市印制和使用的发票，需要携带、邮寄、运输发票的，不得跨越本辖区范围。按规定需要到外省印制发票的，在携带、邮寄、运输发票时，应持有本省税务机关商印制地税务机关信函，以备检查。

（二）需要跨省、自治区、直辖市和计划单列市开具、携带、邮寄、运输发票的范围，由国家税务总局确定。

国家税务总局关于个人所得税工资薪金所得减除费用标准政策衔接问题的通知

2008年2月20日 国税发〔2008〕20号

根据《中华人民共和国主席令》（第八十五号）公布的《全国人民代表大会常务委员会关于修改〈中华人民共和国个人所得税法〉的决定》（2007年12月29日第十届全国人民代表大会常务委员会第三十一次会议通知），自2008年3月1日起，个人所得税工资、薪金所得减除费用标准从每月1600元提高到每月2000元。现就工资、薪金所得计算缴纳个人所得税的政策衔接问题通知如下：

一、“自2008年3月1日起施行”是指从2008年3月1日（含）起，纳税人实际取得的工资、薪金所得，应适用每月2000元的减除费用标准，计算缴纳个人所得税。

二、纳税人2008年3月1日前实际取得的工资、薪金所得，无论税款是否在2008年3月1日以后入库，均应适用每月1600元的减除费用标准，计算缴纳个人所得税。

三、各级地方税务机关要加强上述政策衔接的宣传解释工作，指导扣缴义务人正确理解政策精神，切实做好个人所得税的代扣代缴工作。

国家税务总局关于印发《企业所得税核定征收办法》(试行)的通知

2008年3月6日 国税发〔2008〕30号

为加强和规范企业所得税核定征收工作,税务总局制定了《企业所得税核定征收办法(试行)》,现印发给你们,请遵照执行。

一、严格按照规定的范围和标准确定企业所得税的征收方式。不得违规扩大核定征收企业所得税范围。严禁按照行业或者企业规模大小,"一刀切"地搞企业所得税核定征收。

二、按公平、公正、公开原则核定征收企业所得税。应根据纳税人的生产经营行业特点,综合考虑企业的地理位置、经营规模、收入水平、利润水平等因素,分类逐户核定应纳所得税额或者应税所得率,保证同一区域内规模相当的同类或者类似企业的所得税税负基本相当。

三、做好核定征收企业所得税的服务工作。核定征收企业所得税的工作部署与安排要考虑方便纳税人,符合纳税人的实际情况,并在规定的时限内及时办结鉴定和认定工作。

四、推进纳税人建账建制工作。税务机关应积极督促核定征收企业所得税的纳税人建账建制,改善经营管理,引导纳税人向查账征收方式过渡。对符合查账征收条件的纳税人,要及时调整征收方式,实行查账征收。

五、加强对核定征收方式纳税人的检查工作。对实行核定征收企业所得税方式的纳税人,要加大检查力度,将汇算清缴的审核检查和日常征管检查结合起来,合理确定年度稽查面,防止纳税人有意通过核定征收方式降低税负。

六、国家税务局和地方税务局密切配合。要联合开展核定征收企业所得税工作,共同确定分行业的应税所得率,共同协商确定分户的应纳所得税额,做到分属国家税务局和地方税务局管辖,生产经营地点、经营规模、经营范围基本相同的纳税人,核定的应纳所得税额和应税所得率基本一致。

企业所得税核定征收办法(试行)

第一条 为了加强企业所得税征收管理,规范核定征收企业所得税工作,保障国家税款及时足额入库,维护纳税人合法权益,根据《中华人民共和国企业所得税法》及其实施条例、《中华人民共和国税收征收管理法》及其实施细则的有关规定,制定本办法。

第二条 本办法适用于居民企业纳税人。

第三条 纳税人具有下列情形之一的,核定征收企业所得税:

(一)依照法律、行政法规的规定可以不设置账簿的;

(二)依照法律、行政法规的规定应当设置但未设置账簿的;

(三)擅自销毁账簿或者拒不提供纳税资料的;

(四)虽设置账簿,但账目混乱或者成本资料、收入凭证、费用凭证残缺不全,难以查账的;

(五)发生纳税义务,未按照规定的期限办理纳税申报,经税务机关责令限期申报,逾期仍不申报的;

(六)申报的计税依据明显偏低,又无正当理由的。

特殊行业、特殊类型的纳税人和一定规模以上的纳税人不适用本办法。上述特定纳税人由国家税务总局另行明确。

第四条 税务机关应根据纳税人具体情况,对核定征收企业所得税的纳税人,核定应税所得率或者核定应纳所得税额。

具有下列情形之一的,核定其应税所得率:

(一)能正确核算(查实)收入总额,但不能正确核算(查实)成本费用总额的;

(二)能正确核算(查实)成本费用总额,但不能正确核算(查实)收入总额的;

(三)通过合理方法,能计算和推定纳税人收入总额或成本费用总额的。

纳税人不属于以上情形的,核定其应纳所得税额。

第五条 税务机关采用下列方法核定征收企业所得税:

(一)参照当地同类行业或者类似行业中经营规模和收入水平相近的纳税人的税负水平核定;

(二)按照应税收入额或成本费用支出额定率核定;

(三)按照耗用的原材料、燃料、动力等推算或测算核定;

(四)按照其他合理方法核定。

采用前款所列一种方法不足以正确核定应纳税所得额或应纳税额的,可以同时采用两种以上的方法核定。采用两种以上方法测算的应纳税额不一致时,可按测算的应纳税额从高核定。

第六条 采用应税所得率方式核定征收企业所得税的,应纳所得税额计算公式如下:

应纳所得税额=应纳税所得额×适用税率

应纳税所得额=应税收入额×应税所得率

或:应纳税所得额=成本(费用)支出额/(1-应税所得率)×应税所得率

第七条 实行应税所得率方式核定征收企业所得税的纳税人,经营多业的,无论其经营项目是否单独核算,均由税务机关根据其主营项目确定适用的应税所得率。

主营项目应为纳税人所有经营项目中,收入总额或者成本(费用)支出额或者耗用原材料、燃料、动力数量所占比重最大的项目。

第八条 应税所得率按下表(略)规定的幅度标准确定。

第九条 纳税人的生产经营范围、主营业务发生重大变化,或者应纳税所得额或应纳税额增减变化达到20%的,应及时向税务机关申报调整已确定的应纳税额或应税所得率。

第十条 主管税务机关应及时向纳税人送达《企业所得税核定征收鉴定表》,及时完成对其核定征收企业所得税的鉴定工作。具体程序如下:

(一)纳税人应在收到《企业所得税核定征收鉴定表》后10个工作日内,填好该表并报送主管税务机关。《企业所得税核定征收鉴定表》一式三联,主管税务机关和县税务机关各执一联,另一联送达纳税人执行。主管税务机关还可根据实际工作需要，适当增加联次备用。

（二）主管税务机关应在受理《企业所得税核定征收鉴定表》后20个工作日内，分类逐户审查核实，提出鉴定意见，并报县税务机关复核、认定。

（三）县税务机关应在收到《企业所得税核定征收鉴定表》后30个工作日内，完成复核、认定工作。

纳税人收到《企业所得税核定征收鉴定表》后，未在规定期限内填列、报送的，税务机关视同纳税人已经报送，按上述程序进行复核认定。

第十一条　税务机关应在每年6月底前对上年度实行核定征收企业所得税的纳税人进行重新鉴定。重新鉴定工作完成前，纳税人可暂按上年度的核定征收方式预缴企业所得税；重新鉴定工作完成后，按重新鉴定的结果进行调整。

第十二条　主管税务机关应当分类逐户公示核定的应纳所得税额或应税所得率。主管税务机关应当按照便于纳税人及社会各界了解、监督的原则确定公示地点、方式。

纳税人对税务机关确定的企业所得税征收方式、核定的应纳所得税额或应税所得率有异议的，应当提供合法、有效的相关证据，税务机关经核实认定后调整有异议的事项。

第十三条　纳税人实行核定应税所得率方式的，按下列规定申报纳税：

（一）主管税务机关根据纳税人应纳税额的大小确定纳税人按月或者按季预缴，年终汇算清缴。预缴方法一经确定，一个纳税年度内不得改变。

（二）纳税人应依照确定的应税所得率计算纳税期间实际应缴纳的税额，进行预缴。按实际数额预缴有困难的，经主管税务机关同意，可按上一年度应纳税额的1/12或1/4预缴，或者按经主管税务机关认可的其他方法预缴。

（三）纳税人预缴税款或年终进行汇算清缴时，应按规定填写《中华人民共和国企业所得税月（季）度预缴纳税申报表（B类）》，在规定的纳税申报时限内报送主管税务机关。

第十四条　纳税人实行核定应纳所得税额方式的，按下列规定申报纳税：

（一）纳税人在应纳所得税额尚未确定之前，可暂按上年度应纳所得税额的1/12或1/4预缴，或者按经主管税务机关认可的其他方法，按月或按季分期预缴。

（二）在应纳所得税额确定以后，减除当年已预缴的所得税额，余额按剩余月份或季度均分，以此确定以后各月或各季的应纳税额，由纳税人按月或按季填写《中华人民共和国企业所得税月（季）度预缴纳税申报表（B类）》，在规定的纳税申报期限内进行纳税申报。

（三）纳税人年度终了后，在规定的时限内按照实际经营额或实际应纳税额向税务机关申报纳税。申报额超过核定经营额或应纳税额的，按申报额缴纳税款；申报额低于核定经营额或应纳税额的，按核定经营额或应纳税额缴纳税款。

第十五条　对违反本办法规定的行为，按照《中华人民共和国税收征收管理法》及其实施细则的有关规定处理。

第十六条　各省、自治区、直辖市和计划单列市国家税务局、地方税务局，根据本办法的规定联合制定具体实施办法，并报国家税务总局备案。

第十七条　本办法自2008年1月1日起执行。《国家税务总局关于印发〈核定征收企业所得税暂行办法〉的通知》（国税发〔2000〕38号）同时废止。

国家税务总局关于印发《跨地区经营汇总纳税企业所得税征收管理暂行办法》的通知

2008 年 3 月 10 日　国税发〔2008〕28 号

为加强跨地区经营汇总纳税企业所得税的征收管理，根据《财政部国家税务总局中国人民银行关于印发〈跨省市总分机构企业所得税分配及预算管理暂行办法〉的通知》（财预〔2008〕10 号）的精神，国家税务总局制定了《跨地区经营汇总纳税企业所得税征收管理暂行办法》。现印发给你们，请遵照执行。

一、统一思想，牢固树立大局意识。实行法人所得税制度是新的企业所得税法的重要内容，也是促进我国社会主义市场经济进一步发展和完善的客观要求。为了有效解决法人所得税制度下税源跨省市转移问题，财政部、国家税务总局、中国人民银行制定了《跨省市总分机构企业所得税分配及预算管理暂行办法》，并报国务院批准后实施。国家税务总局在此基础上反复研究，制定了具体的征管办法。各地务必统一思想，牢固树立大局意识，认真学习领会，深入贯彻执行。

二、加强合作、密切配合，切实做好基础工作。通过税款分配的办法对跨省区的总分机构所得税实施管理，是一项新生事物，面临很多新情况。总机构所在地主管税务机关和分支机构所在地主管税务机关要相互支持，密切配合，坚决防止为了局部利益相互扯皮，甚至干预企业经营等问题的出现，要牢固树立全国一盘棋的观念，扎扎实实按照各自的职责做好各项基础工作，确保新办法的平稳运行。

执行中有何问题，请及时向国家税务总局反映。

跨地区经营汇总纳税企业所得税征收管理暂行办法

第一章　总　则

第一条　为加强跨地区经营汇总纳税企业所得税征收管理，根据《中华人民共和国企业所得税法》及其实施条例、《中华人民共和国税收征收管理法》及其实施细则和《财政部国家税务总局中国人民银行关于印发〈跨省市总分机构企业所得税分配及预算管理暂行办法〉的通知》（财预〔2008〕10 号）的有关规定，制定本办法。

第二条　居民企业在中国境内跨地区（指跨省、自治区、直辖市和计划单列市，下同）设立不具有法人资格的营业机构、场所（以下称分支机构）的，该居民企业为汇总纳税企业（以下称企业），除另有规定外，适用本办法。

铁路运输企业（包括广铁集团和大秦铁路公司）、国有邮政企业、中国工商银行股份有限公司、中国农业银行、中国银行股份有限公司、国家开发银行、中国农业发展银行、中国进出口银行、中央汇金投资有限责任公司、中国建设银行股份有限公司、中国建银投资有限责任公司、中国石油天然气股份有限公司、中国石油化工股份有限公司以及海洋石油天然气企业(包括港澳台和外商投资、外国海上石油天然气企业)等缴纳所得税未纳入中央和地方分享范围的企业,不适用本办法。

第三条 企业实行“统一计算、分级管理、就地预缴、汇总清算、财政调库”的企业所得税征收管理办法。

第四条 统一计算,是指企业总机构统一计算包括企业所属各个不具有法人资格的营业机构、场所在内的全部应纳税所得额、应纳税额。

第五条 分级管理,是指总机构、分支机构所在地的主管税务机关都有对当地机构进行企业所得税管理的责任,总机构和分支机构应分别接受机构所在地主管税务机关的管理。

第六条 就地预缴,是指总机构、分支机构应按本办法的规定,分月或分季分别向所在地主管税务机关申报预缴企业所得税。

第七条 汇总清算,是指在年度终了后,总机构负责进行企业所得税的年度汇算清缴,统一计算企业的年度应纳所得税额,抵减总机构、分支机构当年已就地分期预缴的企业所得税款后,多退少补税款。

第八条 财政调库,是指财政部定期将缴入中央国库的跨地区总分机构企业所得税待分配收入,按照核定的系数调整至地方金库。

第九条 总机构和具有主体生产经营职能的二级分支机构,就地分期预缴企业所得税。

二级分支机构及其下属机构均由二级分支机构集中就地预缴企业所得税;三级及以下分支机构不就地预缴企业所得税,其经营收入、职工工资和资产总额统一计入二级分支机构。

第十条 总机构设立具有独立生产经营职能部门,且具有独立生产经营职能部门的经营收入、职工工资和资产总额与管理职能部门分开核算的,可将具有独立生产经营职能的部门视同一个分支机构,就地预缴企业所得税。具有独立生产经营职能部门与管理职能部门的经营收入、职工工资和资产总领不能分开核算的,具有独立生产经营职能的部门不得视同一个分支机构,不就地预缴企业所得税。

第十一条 不具有主体生产经营职能,且在当地不缴纳增值税、营业税的产品售后服务、内部研发、仓储等企业内部辅助性的二级及以下分支机构,不就地预缴企业所得税。

第十二条 上年度认定为小型微利企业的,其分支机构不就地预缴企业所得税。

第十三条 新设立的分支机构,设立当年不就地预缴企业所得税。

第十四条 撤销的分支机构,撤销当年剩余期限内应分摊的企业所得税款由总机构缴入中央国库。

第十五条 企业在中国境外设立的不具有法人资格的营业机构,不就地预缴企业所得税。

企业计算分期预缴的所得税时,其实际利润额、应纳税额及分摊因素数额,均不包括其在中国境外设立的营业机构。

第十六条 总机构和分支机构处于不同税率地区的,先由总机构统一计算全部应纳税所得额,然后依照本办法第十九条规定的比例和第二十三条规定的三因素及其权重,计算划分不同税率地区机构的应纳税所得额后,再分别按总机构和分支机构所在地的适用税率计算应纳税额。

第十七条 总机构和分支机构 2007 年及以前年度按独立纳税人计缴所得税尚未弥

补完的亏损，允许在法定剩余年限内继续弥补。

第二章　税款预缴和汇算清缴

第十八条　企业应根据当期实际利润额，按照本办法规定的预缴分摊方法计算总机构和分支机构的企业所得税预缴额，分别由总机构和分支机构分月或者分季就地预缴。

在规定期限内按实际利润额预缴有困难的，经总机构所在地主管税务机关认可，可以按照上一年度应纳所得税额的 1/12 或 1/4，由总机构、分支机构就地预缴企业所得税。

预缴方式一经确定，当年度不得变更。

第十九条　总机构和分支机构应分期预缴的企业所得税，50％在各分支机构间分摊预缴，50％由总机构预缴。总机构预缴的部分，其中 25％就地入库，25％预缴入中央国库，按照财预〔2008〕10 号文件的有关规定进行分配。

第二十条　按照当期实际利润额预缴的税款分摊方法

（一）分支机构应分摊的预缴数

总机构根据统一计算的企业当期实际应纳所得税额，在每月或季度终了后 10 日内，按照各分支机构应分摊的比例，将本期企业全部应纳所得税额的 50％在各分支机构之间进行分摊并通知到各分支机构；各分支机构应在每月或季度终了之日起 15 日内，就其分摊的所得税额向所在地主管税务机关申报预缴。

（二）总机构应分摊的预缴数

总机构根据统一计算的企业当期应纳所得税额的 25％，在每月或季度终了后 15 日内自行就地申报预缴。

（三）总机构缴入中央国库分配税款的预缴数

总机构根据统一计算的企业当期应纳所得税额的 25％，在每月或季度终了后 15 日内自行就地申报预缴。

第二十一条　按照上一年度应纳所得税额的 1/12 或 1/4 预缴的税款分摊方法

（一）分支机构应分摊的预缴数

总机构根据上年汇算清缴统一计算应缴纳所得税额的 1/12 或 1/4，在每月或季度终了之日起 10 日内，按照各分支机构应分摊的比例，将本期企业全部应纳所得税额的 50％在各分支机构之间进行分摊并通知到各分支机构；各分支机构应在每月或季度终了之日起 15 日内，就其分摊的所得税额向所在地主管税务机关申报预缴。

（二）总机构应分摊的预缴数

总机构根据上年汇算清缴统一计算应缴纳所得税额的 1/12 或 1/4，将企业全部应纳所得税额的 25％部分，在每月或季度终了后 15 日内自行向所在地主管税务机关申报预缴。

（三）总机构缴入中央国库分配税款的预缴数

总机构根据上年汇算清缴统一计算应缴纳所得税额的 1/12 或 1/4，将企业全部应纳所得税额的 25％部分，在每月或季度终了后 15 日内，自行向所在地主管税务机关申报预缴。

第二十二条　总机构在年度终了后 5 个月内，应依照法律、法规和其他有关规定进行汇总纳税企业的所得税年度汇算清缴。各分支机构不进行企业所得税汇算清缴。

当年应补缴的所得税款，由总机构缴入中央国库。当年多缴的所得税款，由总机构所在地主管税务机关开具“税收收入退还书”等凭证，按规定程序从中央国库办理退库。

第三章　分支机构分摊税款比例

第二十三条　总机构应按照以前年度

(1—6月份按上上年度，7—12月份按上年度)分支机构的经营收入、职工工资和资产总额三个因素计算各分支机构应分摊所得税款的比例，三因素的权重依次为0.35、0.35、0.30。计算公式如下：

某分支机构分摊比例＝0.35×(该分支机构营业收入/各分支机构营业收入之和)＋0.35×(该分支机构工资总额/各分支机构工资总额之和)＋0.30×(该分支机构资产总额/各分支机构资产总额之和)

以上公式中分支机构仅指需要就地预缴的分支机构，该税款分摊比例按上述方法一经确定后，当年不作调整。

第二十四条 本办法所称分支机构经营收入，是指分支机构在销售商品或者提供劳务等经营业务中实现的全部营业收入。其中，生产经营企业的经营收入是指销售商品、提供劳务等取得的全部收入，金融企业的经营收入是指利息和手续费等全部收入，保险企业的经营收入是指保费等全部收入。

第二十五条 本办法所称分支机构职工工资，是指分支机构为获得职工提供的服务而给予职工的各种形式的报酬。

第二十六条 本办法所称分支机构资产总额，是指分支机构拥有或者控制的除无形资产外能以货币计量的经济资源总额。

第二十七条 各分支机构的经营收入、职工工资和资产总额的数据均以企业财务会计决算报告数据为准。

第二十八条 分支机构所在地主管税务机关对总机构计算确定的分摊所得税款比例有异议的，应于收到《中华人民共和国企业所得税汇总纳税分支机构分配表》后30日内向企业总机构所在地主管税务机关提出书面复核建议，并附送相关数据资料。总机构所在地主管税务机关必须于收到复核建议后30日内，对分摊税款的比例进行复核，并作出调整或维持原比例的决定。分支机构所在地主管税务机关应执行总机构所在地主管税务机关的复核决定。

第二十九条 分摊所得税款比例复核期间，分支机构应先按总机构确定的分摊比例申报预缴税款。

第四章 征收管理

第三十条 总机构和分支机构均应依法办理税务登记，接受所在地税务机关的监督和管理。

第三十一条 总机构应在每年6月20日前，将依照本办法第二十三条规定方法计算确定的各分支机构当年应分摊税款的比例，填入《中华人民共和国企业所得税汇总纳税分支机构分配表》(见《国家税务总局关于印发〈中华人民共和国企业所得税月(季)度预缴纳税申报表〉等报表的通知》(国税函〔2008〕44号)附件4，该附件填报说明第二条第十项“各分支机构分配比例”的计算公式依照本办法第二十三条的规定执行)，报送总机构所在地主管税务机关，同时下发各分支机构。

第三十二条 总机构所在地主管税务机关收到总机构报送的《中华人民共和国企业所得税汇总纳税分支机构分配表》后10日内，应通过国家税务总局跨地区经营汇总纳税企业信息交换平台或邮寄等方式，及时传送给各分支机构所在地主管税务机关。

第三十三条 总机构应当将其所有二级分支机构(包括不参与就地预缴分支机构)的信息及二级分支机构主管税务机关的邮编、地址报主管税务机关备案。

第三十四条 分支机构应将总机构信息、上级机构、下属分支机构信息报主管税务机关备案。

第三十五条 分支机构注销后15日内，总机构应将分支机构注销情况报主管税务机关备案。

第三十六条　总机构及其分支机构除按纳税申报规定向主管税务机关报送相关资料外，还应报送《中华人民共和国企业所得税汇总纳税分支机构分配表》、财务会计决算报告和职工工资总额情况表。

第三十七条　分支机构的各项财产损失，应由分支机构所在地主管税务机关审核并出具证明后，再由总机构向所在地主管税务机关申报扣除。

第三十八条　各分支机构主管税务机关应根据总机构主管税务机关反馈的《中华人民共和国企业所得税汇总纳税分支机构分配表》，对其主管分支机构应分摊入库的所得税税款和计算分摊税款比例的3项指标进行查验核对。发现计算分摊税款比例的3项指标有问题的，应及时将相关情况通报总机构主管税务机关。分支机构未按税款分配数额预缴所得税造成少缴税款的，主管税务机关应按照《中华人民共和国税收征收管理法》及其实施细则的有关规定对其处罚，并将处罚结果通知总机构主管税务机关。

第五章　附　则

第三十九条　居民企业在同一省、自治区、直辖市和计划单列市内跨地、市（区、县）设立不具有法人资格营业机构、场所的，其企业所得税征收管理办法，由各省、自治区、直辖市和计划单列市国家税务局、地方税务局参照本办法联合制定。

第四十条　本办法自2008年1月1日起执行。

第四十一条　本办法由国家税务总局负责解释。

国家税务总局关于车船税征管若干问题的通知

2008年5月8日　国税发〔2008〕48号

为方便车船税征缴，进一步提高征管质量和效率，切实做好车船税的征收工作，根据《中华人民共和国车船税暂行条例》（以下简称“条例”）及其实施细则的有关规定，现就车船税征管有关问题通知如下：

一、关于不在车辆登记地购买保险代收代缴车船税问题

在一个纳税年度内，纳税人在非车辆登记地由保险机构代收代缴机动车车船税，且能够提供合法有效完税证明的，纳税人不再向车辆登记地的地方税务机关缴纳机动车车船税。

二、关于所有权或管理权发生变更的车船征收车船税问题

在一个纳税年度内，已经缴纳车船税的车船变更所有权或管理权的，地方税务机关对原车船所有人或管理人不予办理退税手续，对现车船所有人或管理人也不再征收当年度的税款;未缴纳车船税的车船变更所有权或管理权的,由现车船所有人或管理人缴纳该纳税年度的车船税。

三、关于未在车辆管理部门登记的新购置车辆办理减免税手续问题

为优化办税程序,做好纳税服务,对尚未在车辆管理部门办理登记、属于应减免税的新购置车辆,车辆所有人或管理人可提出减免税申请,并提供机构或个人身份证明文件和车辆权属证明文件以及地方税务机关要求的其他相关资料。经税务机关审验符合车船税减免条件的,税务机关可为纳税人出具该纳税年度的减免税证明,以方便纳税人购买机动车交通事故责任强制保险。

新购置应予减免税的车辆所有人或管理人在购买机动车交通事故责任强制保险时已缴纳车船税的,在办理车辆登记手续后可向税务机关提出减免税申请,经税务机关审验符合车船税减免税条件的,税务机关应退还纳税人多缴的税款。

四、关于微型客车的标准问题

凡发动机排气量小于或者等于1升的载客汽车,都应按照微型客车的税额标准征收车船税。发动机排气量以如下凭证相应项目所载数额为准:

(一)车辆登记证书;

(二)车辆行驶证书;

(三)车辆出厂合格证明;

(四)车辆进口凭证。

五、关于部分车辆计税依据的核定问题

对于按照条例实施细则的规定,无法准确获得自重数值或自重数值明显不合理的载货汽车、三轮汽车、低速货车、专项作业车和轮式专用机械车,由主管税务机关根据车辆自身状况并参照同类车辆核定计税依据。对能够获得总质量和核定载质量的,可按照车辆的总质量和核定载质量的差额作为车辆的自重;无法获得核定载质量的专项作业车和轮式专用机械车,可按照车辆的总质量确定自重。

本通知执行过程中,各地地方税务机关应结合实际情况,充实、完善各项具体征管制度和办法。对于征管中遇到的实际困难,要积极研究解决,确保车船税征管工作顺利运行。

省人民政府制定的文件

湖北省人民政府办公厅关于进一步做好社会保险扩面征缴工作的通知

2008 年 1 月 3 日　鄂政办发〔2008〕1 号

近年来，我省社会保险覆盖面逐步扩大，社会保险费征缴额持续增长，为保障劳动者合法权益、促进经济发展、构建和谐社会发挥了重要作用。但还存在着一些突出问题，少数地方扩面征缴工作不力，政策执行不严；一些参保单位少报、漏报、瞒报缴费工资基数；部分单位和个人没有依法参保。为进一步加强社会保险扩面征缴工作，使用人单位和劳动者个人做到依法参保缴费，确保社会保险待遇按时足额发放，经省人民政府同意，现就有关事项通知如下：

一、加强社会保险登记

各级劳动保障部门要根据工商、税务、民政、人事等部门提的单位登记年检信息，建立用人单位社会保险参保登记信息数库。对未参保的用人单位和新设立的用人单位，劳动保障部门及时下达《社会保险参保通知书》，告知其应参保险种、业务流程和应提供的资料，督促其办理社会保险登记。

各地要以贯彻实施《中华人民共和国劳动合同法》为契机，2008 年第一季度前，对本行政区域内用人单位参保情况进行一次全面检查，重点检查外资企业、民营企业，特别是使用外来人员相对集中的餐饮、服务、矿山、建筑等企业参保情况。对没有参保的用人单位，应督促其限期到劳动保障部门办理社会保险登，参加社会保险。

二、规范社会保险申报

从 2008 年起，全省社会保险缴费工资基数核定年度统一调为每年 7 月 1 日至次年 6 月 30 日。用人单位在申报年度缴费资基数时，应提供劳动工资报表、财务报表以及职工本人签字认可的缴费工资基数。职工工资总额的申报要严格执行国家和省有关规定。除政策规定外，同一缴费个人只能申报 1 个缴费工资基数，各险种参保人数必须一致。用人单位申报的参保人数和缴费工资基数必须经法人代表签字确认。

项目施工周期短、作业人员流动性大的建筑业等企业参加工伤保险，可按项目年度工程造价中人工成本费用计算缴费工资基数。工程周期不足 1 年的，按全部人工成本费用计算缴费工资基数。

用人单位在申报月度应缴纳的社会保险费时，应按“五险一表”和核定的年度缴费工资基数填报《社会保险费申报表》。有条件的地方要积极推行网上申报。劳动保障部门对经催办仍不按时申报的用人单位，可按其上次缴费额的110%核定应缴费额。

三、加大社会保险费征缴力度

劳动保障部门要依法履行社会保险费核定职能。在核定应缴社会保险费额时，要认真审核用人单位申报的资料是否齐全、文本是否规范、各险种参保人数和缴费工资基数是否符合政策规定、是否经职工本人和法人代表签字确认。对不符合要求的，要责成其重新申报。用人单位对劳动保障部门核定的社会保险费额有异议的，经法人代表签字后，可以向劳动保障部门提出重新核定。

地税部门要严格按照劳动保障部门核定的应缴社会保险费额进行全额征缴。对劳动保障部门核定的社会保险费额有异议或通过税务检查发现用人单位少报、漏报社会保险费额的，应及时反馈劳动保障部门，由劳动保障部门依法查处，重新核定。要实行用人单位和个人自觉缴费与督促催缴相结合、缴费检查与税务稽查相结合，不断提高征缴率。

有条件的地方，地税部门应根据劳动保障部门核定汇总的社会保险费应缴额，按"社会保险费"项目一票填开《中华人民共和国税收通用缴款书》。人民银行各分支机构应在科目和程序上作相应调整，对入库的社会保险费要及时划入财政专户。

要完善信息网络系统，尽快实现劳动保障、地税、财政、人民银行间的联网。

四、强化行政监督执法

各级劳动保障部门要加强对用人单位参保和申报缴费的专项稽核、监察。对未按《社会保险参保通知书》要求办理社会保险登记的用人单位，由劳动保障部门下达《限期整改指令书》。对在规定时间内仍未按要求整改的，由劳动保障部门依法进行处罚，并根据工商等部门提供的单位登记信息办理社会保险登记，同时根据其经营状况、职工人数等有关情况预核应缴社会保险费额，地税部门将其纳入社会保险费征收范围。对少报、漏报参保人数和缴费工资基数的，劳动保障部门应责令其改正，并依法予以处罚。对有意逃避缴费和恶意欠费的，地税部门要依法强制征缴。对当地难以查处的，可以报请上一级劳动保障或地税部门直接进行查处。对社会保险经办人员未严格执行规定，造成少核、漏核、错核参保人数和缴费工资基数以及少征社会保险费的，要追究相关人员责任。

劳动保障部门内部要建立劳动合同管理、社会保险登记核定、稽核、监察的联动机制，充分发挥整体合力。要充分发挥社会舆论作用，对拒不参保以及欠费大户通过新闻媒体进行曝光，并记入用人单位守法诚信档案。

五、科学编制和严格执行预算

各地要按照《省财政厅、省劳动和社会保障厅关于印发湖北省社会保险基金预算管理试行办法有关问题的通知》(鄂财社发〔2005〕119号)规定，科学编制和严格执行社会保险基金预算，加强社会保险基金的制度化、规范化、科学化管理。社会保险基金收入预算的编制要做到真实、准确、科学，基金收入的确定要与经济社会发展水平、职工工资水平的提高及其社会保险覆盖面实际相适应。要通过编制社会保险基金预算，挖掘基金征管的潜力，加强基金管理，实现社会保险基金收支平衡，确保社会保险待遇按时足额支付和社会保险基金安全与完整。

六、切实加强组织领导

各市、州、县人民政府要高度重视社会保险扩面征缴工作，足额安排社会保险扩面征缴工作经费。中央和省下拨资金的分配要与各地扩面征缴工作实绩和社会保险基金预算编制及执行情况挂钩，对因工作不到位而完不成目标任务的，将扣减中央和省下拨资金。省每年组织对各地社会保险扩面征缴工作进行定期检查。省级财政安排一定的奖励资金，专项用于奖励社会保险扩面征缴工作取得突出成绩的地区和单位。

各有关部门要密切配合，齐抓共管，形成扩面征缴整体联动工作机制。各市、州、县要建立由劳动保障部门牵头的社会保险扩面征缴工作联席会议制度，定期研究社会保险扩面征缴工作有关问题，互通情况。劳动保障部门要充分发挥综合管理职能，加强对扩面征缴工作的组织协调。地税部门要进一步加大社会保险费征缴力度，提高征缴率。财政部门要加强对社会保险基金的监管，专款专用，确保安全，切实落实扩面征缴工作经费。劳动保障、地税部门要会同工商、民政、人事等部门，定期交流用人单位年检登记信息，及时督促未参保用人单位办理社会保险登记。安全生产监督和建设部门在核发《安全生产许可证》、《建筑施工许可证》时应查验用人单位《社会保险登记证》，督促用人单位参加社会保险，尤其要重点加强对建筑、交通、矿山、危化、民爆等高风险行业企业的管理，对未参加工伤保险的用人单位不得核发《安全生产许可证》和《建筑施工许可证》。宣传部门要加大扩面征缴宣传力度，营造扩面征缴的良好社会氛围，形成扩面征缴的合力。

湖北省人民政府办公厅
关于推广应用税控收款机的通知

2008年12月29日　鄂政办函〔2008〕94号

为进一步加强依法治税，强化税源监控，堵塞税收漏洞，省人民政府决定从2009年起在全省饮食业、娱乐业、服务业、交通运输业逐步推广应用税控收款机。现将有关事项通知如下：

一、加强对税控收款机推广应用工作的领导。推广应用税控收款机工作涉及面广、难度大、政策性强、工作要求高，各市、州、县人民政府要切实加强领导，大力支持税务机关和有关部门按照“统一标准、生产许可、政府推广、分步覆盖”的基本原则组织实施，确保推广应用工作积极稳妥地开展。

二、建立推广应用税控收款机工作联席会议制度。省地方税务局为部门联席会议召集人，省直有关部门参加，统一部署和指导推广应用工作，研究解决推广应用工作中出现的重大问题。各有关部门要切实履行职责，积极支持税控收款机的推广应用工作。省地方税务局负责提出税控收款机的需求方案和后续运行管理办法，省信息产业厅、省质量技术监督局负责税控收款机生产企业资质及产品资格的认定与审查，省政府采购中心负责税控收款机选型公开招标工作的具体组织实施，省财政厅、省监察厅、省招投标管理局负责税控收款机推广应用的财政政策把关和选型招标的监督。各新闻单位要广泛宣传推广应用税控收款机的重要意义，努力营造良好的社会氛围。

三、强化税控收款机推广应用工作的监督管理。要全面推行政务公开，建立健全监督管理机制。各有关部门必须严格按照国家规定的程序组织好公开选型招标工作，切实防范个别单位或个人在税控收款机推广应用过程中徇私舞弊、损害国家和纳税人利益的行为。

四、积极稳妥地做好推广应用税控收款机工作。税控收款机选型招标后，由各级地方税务机关具体组织实施，先在武汉、黄石、宜昌、十堰等市饮食业、娱乐业、服务业选择部分纳税人进行试点，条件成熟后再对全省饮食业、娱乐业、服务业、交通运输业符合规定条件的纳税人推广应用。各有关部门要引导纳税人认真学习税控收款机推广应用工作的相关政策，充分理解和自觉接受税务机关的管理，维护自身的合法权益，并积极参加培训，熟练掌握税控收款机的操作技术。

五、纳税人购置税控收款机，按照《财政部、国家税务总局关于推广税控收款机有关税收政策的通知》（财税〔2004〕167号）有关规定给予相应的税收优惠。

省地方税务局制定的文件

省地方税务局关于印发《2008年全省地税工作要点》的通知

2008年1月23日　鄂地税发〔2008〕1号

《2008年全省地税工作要点》已经全省地方税务工作会议讨论通过,现印发给你们,请结合本地本单位实际情况,研究制定措施,认真贯彻落实。

2008年全省地税工作要点

2008年,全省地税工作要在党的十七大精神的指引下,认真贯彻落实科学发展观,立足于"打基础,利长远",按照"巩固、完善、调整、提高"的思路,保持工作的连续性,继续做好2007年确定的各项工作,持续推进税收信息标准化建设,全面加强各项规范化管理,促进税收业务管理和税务行政管理水平不断提升,充分发挥地税组织收入、调控经济、调节分配等职能作用。全省地税系统要在认真做好执行政策、实施征管、组织收入、文明创建等例行工作的同时,重点抓好以下三大工作:

一、以税收信息标准化建设为统领,进一步提高税收征管水平

按照党的十七大提出的"推行电子政务,强化社会管理和公共服务"的任务,积极落实电子政务建设和金税工程三期的各项要求,按照"一年打基础,两年见成效,三年上台阶"的工作步骤,在税收信息标准化应用上下功夫、上档次、见成效。2008年要从四个方面寻求新的突破:

(一)围绕"信息一体化"提升应用水平。进一步优化和规范业务工作流程,以业务整合推动税收管理信息化资源整合,实现各项流程全面由计算机处理。机关综合管理与专业管理各部门都要主动调整不适应信息化的管理制度、内部规程和工作方式,及时提供业务需求,建立和完善部门之间的协作机制,避免技术与业务"两张皮"的现象。加快税收执法责任制和纳税评估等模块的开发,整合税政、征管、计统、社保、稽查、执法责任制、纳税评估等主体应用系统,使之纳入一体化管理,实现主体应用系统的数据集中管理。继续整合、升级、推广各类应用软件,加强湖北省地方税务局门户信息系统的应用,上半年全面推广地税核心征管软件,修改完善社保费征管软件,实现所有税费征管业务的计算机处理和主要行政办公事务的计算机处理。认真落实信息系统安全管理责任,加强网络与信息安全体系建设。积极争取资金支持,尽早筹建全省地税系统数据处理中心,加快省级数据集中步伐。

(二)围绕"管理精细化"提高税源监控能力。依托信息技术手段和新的税收征管软件,充分应用"一户式"电子征管信息和税收管理员日常采集的各类信息,强化对重点纳税大户、重点税种和重点项目的监控,实行全程跟踪管理,及时掌握纳税人生产经营、资金运行等信息。拓宽获取第三方信息的渠道,扩大应用的范围,加强与技术监督、公安、交通、测绘、国税、银行、房地产等部门的信息比对,逐步实现同有关政府部门和行业管理机构的数据交换,扩充地方税源库,减少因信息不对称给税收管理工作带来的被动。年内在全省范围内推广运用 GPS 技术加强土地使用税税源管理的方法,提高税源管理的科学化、精细化水平。逐步在全省交通运输、饮食、娱乐、服务等行业推广使用税控收款机,积极推行税控有奖发票。完善税(费)源管理制度,在加强电子征管信息"一户式"管理的基础上,开发应用全省统一的税收管理员工作平台和纳税评估工作平台,强化纳税人、缴费人户籍管理,加强税(费)源清核和评估,提高税(费)源监控水平。

(三)围绕"申报纳税多元化"提高服务水平。在继续抓好办税厅规范服务工作的同时,加快建设"电子办税厅"(为纳税人服务平台),完成网上办税软件的开发,大力推行网上纳税申报、网上缴税。充分利用信息技术手段为纳税人减负、为基层减负,能利用网络软件自动生成、汇总报送的数据、资料、报表,不得要求重复上报、层层上报。积极推进财、税、库、银联网,强力推行纳税人刷卡缴税(费),积极实施委托金融、邮政机构网点代缴税(费)款工作,实现税(费)直达金库。规范"12366"纳税服务热线、税务短信平台和湖北地税互联网站建设,积极做好政策发布、税务咨询等服务项目,无偿地为纳税人提供纳税咨询、办税指南等服务。进一步推进政务公开,统一规范政策的发布和传递途径、时间、范围、审批权限及程序,充分利用税务公文、公报、网站、公开栏、电子屏幕、网络查询、中介咨询、专题培训等多种形式,搭建信息交流与共享的平台,畅通政策传递渠道。以公开为原则,不公开为例外,及时、全面向社会公开与纳税人办税密切相关的行政事项、税收政策规定、审批程序和办事标准,提高税收政策宣传的针对性和时效性,增强税收执法的透明度,提高社会的满意度。

(四)围绕"政务流程化"提高税务行政效能。适应行政管理和信息技术的双重需求,继续推进税收业务管理与内部行政管理各项核心业务的标准化、流程化、制度化建设,使各项工作均依流程运行,促进税收管理和行政管理的流程更优化、岗责更明晰、制度更严密、考核更科学。遵循税收业务管理的内在规律和特点,以制度科学、执行统一、管理精细、流程规范为目标,运用信息化手段,从税源管理、纳税评估、纳税服务、申报纳税、税款入库到票证管理、减免税管理、税务稽查、行政复议、会统核算,对税收业务管理各个环节进行全面规范,制定详细的"岗位操作手册",加快建立以流程为导向、以纳税人为中心的税收业务管理流程。各级地税机关议事决策、财务管理、国有资产管理、人事机构管理、教育培训、文明创建、纪检监察、内部审计、后勤保障、会议管理、信访管理、督察督办、公文运转、信息宣传、保密工作、外事出访、政务接待、综合治理等主要政务事务,都要建立科学简约、清晰明了的工作流程,形成环环相扣的有机链条,克服管理随意性、无序性、粗放型。

二、以推行税收执法责任制为统领，进一步规范税务行政行为

按照党的十七大提出的“全面落实依法治国基本方略，加快建设社会主义法治国家”的要求，以提高地方税收行政管理效力和效率为目标，以全面规范税收行政行为为重点，以建立统一的岗位职责和工作规程为基础，以信息技术为支撑，对税收执法行为进行全过程监控、规范与考核，严格过错责任追究，确保地税机关和地税人员按照法定权限和程序行使权力、履行职责，做到“有权必有责、用权受监督、违责要追究”。

(一)加强组织领导。成立专门的领导小组和工作专班，调动和整合各方面的力量，统一规划、统一组织、统一协调、统一实施。以现有的客观条件为基础，充分考虑不同地域、不同单位在干部整体素质、税收业务基础、行政管理水平和税收执法能力等方面的差异，坚持“既要积极又要稳妥，既要重视又要慎重”的原则，把总体目标与具体情况结合起来，因地制宜，认真研究，充分论证，有序推进。选择基础条件较好的地方全面试点，积累经验，完善办法，待时机和条件成熟后，在更大范围内推行。各有关部门要积极参与，形成既分工明确、各司其职，又密切配合、良性互动的工作格局。

(二)完善制度体系。根据总局统一要求，结合试点成功经验，科学设定四个方面的工作标准，构建符合依法行政精神，切合税收执法和行政管理工作实际，具有较强的操作性和较好的运行效果，群众认可度较高的税收执法责任制制度体系。一是岗位职责标准。合理界定各部门岗位职责，做到权责一致、分工合理、执行顺畅、监督有力。二是税收行政管理操作标准。健全规章制度，把税务管理的各个方面、各个层次、各个环节都纳入制度管理，明确各级各类人员和各项工作所必须遵循的工作标准，通过制度管人管事。三是责任考核标准。科学制定考核指标，量化责任标准，建立规范、公正、合理、可操作的执法行为评价体系。四是责任追究标准。建立统一性、权威性、操作性强的岗位责任追究体系，做到有责可依、有章可循、有制可凭，解决责任追究主体不清、对象不明、标准不一及交叉、空档等问题。在设定标准的基础上，加快研究开发应用“税收执法管理信息系统”，将税收行政执法的各个岗位、各个环节、各个流程纳入计算机实时跟踪管理，提高税收执法监督管理工作质效，保证考核结果公开公平公正。

(三)严格责任追究。按照有责必问、有错必究、实事求是的原则，建立健全责任追究的一般流程，规范责任追究的对象、内容、程序、时限等，使责任追究的主体相符、对象明确、内容具体、标准统一、程序透明、追究及时，切实把责任追究纳入流程化、公开化、规范化的轨道，不断增强责任追究的及时性、准确性、规范性。严格界定和规范直接责任与领导责任、纪律责任与法律责任，该负什么责任就追究什么责任，该谁追究就由谁追究。坚持在责任追究面前人人平等，对于不认真履行工作职责，特别是不作为和乱作为的人员，严格按照责任追究办法进行相应的责任追究，促进每位干部尽职尽责、认真负责，做正确的事，正确地做事，努力在全系统形成责任至上的氛围。

(四)规范税收秩序。按照“以内促外”的要求，在不断提升自身执法水平、规范执法行为的基础上，加大税收执法力度，巩固整顿和规范税收秩序工作成果。把行业整治与税收专项稽查、区域整治与专项治理有机结合起来，深入开展全省重点纳税企业、证券业、私营企业和高收入行业个人所得税及年所得12万元以上纳税人自行纳税申报等专项稽查和交叉稽查，抓好重大典型案例曝光，努力做到整治一个行业、规范一个行业。加大假发票治理的宣传、打击力度,加强发票专项检查和日常检查,坚持和完善与公安、审计、纪检监察等部门的联席会议制度和工作协作制度,建立假发票治理的长效机制,形成强大的治假合力。

三、以深化干部人事制度改革为统领,进一步提高队伍建设水平

根据党的十七大报告提出的"以改革创新精神全面推进党的建设新的伟大工程"一系列重要论述,结合地税系统垂直管理的体制特点和公务员后续管理的总体要求,以改革的精神加强地税队伍建设和各级班子建设,继续推进制度创新,充分调动干部的主观能动性,激发队伍活力。

(一)着眼于建设高素质领导班子,继续深化人事制度改革。认真贯彻落实《干部选拔任用工作条例》和《公务员法》,继续推行干部任前公示、任职试用、轮岗交流、上挂下派等一系列制度,进一步规范干部选拔任用和监督管理工作。认真总结任期制试点工作经验,及时研究解决实际运作中存在的问题,有针对性地改进实施方案,完善配套制度和办法,在条件成熟的前提下积极推广,在领导干部能上能下方面迈出稳妥的步伐。以优化结构、激发活力为原则,全面衡量各级"一把手"的工作能力、工作业绩、工作年限、敬业精神,有选择性地对部分"一把手"进行轮岗交流。坚持正确用人导向,完善组织委任与竞争上岗相结合的干部选拔机制,既注重选拔优秀年轻干部,又充分调动各个年龄段干部的积极性,优化班子结构,增强整体功能。进一步规范党组会、局长办公会和局务会议制度,明确议事范畴,严格会议程序,形成民主集中、科学决策、分工负责、督办落实机制。进一步坚持和完善工作报告制度、省局党组参加市州局党组民主生活会制度、市州局班子参加省局党组中心组学习制度,统一各级局党组的思想和行动,切实提高领导水平和行政能力。

(二)着眼于增强干部队伍活力,推出多元化激励举措。积极探索新形势下的干部激励方法,变单一的职务激励管理为职务、精神、物质相结合的多元化综合激励管理,为地税干部提供多种途径的自我实现渠道,引导广大干部走出传统价值观念的束缚,由关注"官本位"转向关注"能本位",建立起自我加压、不断进取的个体发展动力机制。建立符合湖北地税实际的公务员分类管理、能级激励和绩效考核机制。加大争先创优的力度,继续开展各类能手评比等活动,发掘典型,树立标杆,宣传先进,带动后进。制定爱护先进、鼓励先进、充分发挥先进人物示范作用的办法,为树立和弘扬学先进、赶先进的风气提供制度保证。设立"局长奖励基金"和"创新贡献奖",对有突出贡献的地税干部和有创新价值的工作成果给予重奖。加强和改进思想政治工作,注重人文关怀和心理疏导,引导干部正确对待自己、他人和社会,正确对待成绩、荣誉和挫折。

(三)着眼于改善素质结构,持续开发地税人力资源。坚持培养教育与提拔使用相结合,进一步加强对高层次人才的跟踪管理和后续培养,建立起各类专业人才库,造就一批业务精湛的涉外税收、计算机、文秘、法律等专业人才队伍。加强急需岗位专业人才的补充,从应届大学毕业生和现有公务员队伍中招录一批紧缺人才,合理调剂,优化配置,缓解部分单位队伍结构老化、青黄不接的问题。继续加强教育培训工作,重点抓好领导干部培训、任职培训、知识更新培训和信息技术培训,增强培训的针对性和实用性。在连续两年实施"四个一批"工程的基础上,省局2008年继续在华中师范大学、中南财经政法大学和武汉大学分别举办领导干部、青年骨干、信息技术和涉外税务培训班;在清华大学和中国延安干部学院分别举办一期县处级领导干部理论学习班；在华中师范大学管理学院举办两期县（市、区）局班子成员培训班。年内，对全省地税人员分层次进行一次计算机基本操作测试。

（四）着眼于增强监督合力，推进纪检监察体制创新。按照十七大提出的反腐倡廉要“坚持深化改革和创新体制”的要求，对纪检监察机构改革试点工作进行总结、论证、推广。把纪检监察职能的调整置于全系统的扁平化管理改造之中，以流程为导向来规范市（州）局和县（市）局的纪检监察职能，将县（市）局与市（州）局的纪检监察机构、人员及查处职能进行必要的、合理的、适度的、科学的整合，探索试行“适度集中，充分授权，彻底派驻，分片巡视，突出职能监察，强化行政督办”的新模式，在以市州为单位的区域范围内，基本形成与垂直管理特点相适应的、相对垂直和集中管理的“大监察”新格局，解决纪检监察向税收业务工作监督渗透不够、督办运行不畅的状况。全面落实党风廉政建设责任制，进一步完善和落实具有地税系统特色的责任机制、教育机制、制度机制、保障机制、惩治机制、预警机制。抓好信访和案件查处工作，充分发挥惩治和威慑作用。切实加强预防税务职务犯罪工作，促进纪检监察工作与税收业务工作更加紧密地结合。

关于进一步加强机动车车船税代收代缴工作的通知

2008 年 1 月 23 日　鄂地税发〔2008〕15 号

根据《中华人民共和国车船税暂行条例》（以下简称《条例》）的规定，全省统一自 2007 年 7 月 1 日起开始由从事机动车交通事故责任强制保险（以下简称交强险）业务的保险机构（以下简称保险机构）代收代缴车船税。各地按照省地方税务局和中国保监会湖北监管局的要求，基本都开展了代收代缴车船税工作，但普遍存在代收税款率偏低的问题。为切实解决这些问题，扎实推进代收代缴工作，现对此项工作进一步提出以下要求，请认真贯彻执行。

一、提高认识，加强领导

根据《条例》的有关规定，从事交强险的保险机构为车船税的代收代缴义务人，这是行政法规赋予保险机构的法定义务。凡从事交强险业务的保险机构都必须认真履行代收代缴义务，指定专人负责，在关键环节，做好代收代缴工作。要明确责任并建立健全内部监督制约机制，确保应征税款不流失并及时、足额、按期解缴入库。各级地方税务机关和各级保险机构要统一思想，提高认识，加强领导，切实抓紧抓好车船税的代收代缴工作；要建立健全岗位责任制，各级地方税务机关的一把手和各保险机构的主要负责人为第一责任人，要对代收代缴车船税工作负总责，并指定专门领导负责此项工作；要建立健全分级负责的管理机制，省地方税务局与中国保监会湖北监管局共同负责对全省车船税进行指导与监督管理;各市、州地方税务局要与辖区内各保险公司建立协作机制和联席会议制度,并负责对本地区各保险公司代收代缴车船税工作进行指导、监督与管理。各县、区地方税务机关负责车船税的具体征收管理工作,要指定专门科室、专门人员对本辖区内各保险机构代收代缴工作随时进行辅导,及时解决代收代缴工作中遇到的问题,解答代收代缴单位和广大纳税人的疑问,定期对代收代缴情况进行监督、检查和管理,对拒绝履行纳税义务和代收代缴义务的单位和个人依法予以处罚。对积极履行代收代缴义务的扣缴义务人,省地税局和省保监局将联合予以表彰。

二、搞好宣传,密切配合

各级地方税务机关要按照省局要求,在报纸、电台、电视台、杂志、宣传板等媒体上连续进行税法宣传;要同保险机构密切配合,在办理交强险业务的营业场所张贴摆放有关车船税的宣传资料,免费向纳税人提供宣传材料,务必做到家喻户晓、人人皆知。各保险机构也要协助地方税务机关在代收代缴车船税工作中,切实做好税法的宣传解释工作。各级地方税务机关统一在各保险业务办理柜台上放置告示牌,告示牌统一印制如下内容:"×××地方税务局告示:根据《中华人民共和国车船税暂行条例》第十条和第十一条的规定,从事机动车交通事故责任强制保险业务的保险机构为机动车车船税的扣缴义务人,应当依法代收代缴车船税。机动车车船税的扣缴义务人依法代收代缴车船税时,纳税人不得拒绝。"

各级地方税务机关要在深入学习和准确把握车船税政策的基础上,做好对代收代缴义务人的政策宣传和培训工作,要运用各种形式、通过各种途径,使扣缴义务人熟悉《条例》、《细则》和我省的有关规定,明了不依法履行扣缴义务应承担的法律责任,提高扣缴义务人扣缴车船税的业务水平。各保险公司也要定期负责对保险人员和保险代理机构的有关人员开展培训,务使从业人员熟知车船税的各项规定,熟练掌握扣缴车船税税款的操作程序和应纳税额的计算方法,以便顺利开展车船税的代收代缴工作。

三、明确责任,加强监督

从事交强险的保险机构代收代缴车船税是行政法规赋予的法定义务。各保险机构必须按照险税同步的原则,严格执行一车一险一税的工作程序,确保每辆车辆足额缴纳保费的同时足额缴纳税款。对纳税人拒绝保险机构代收代缴机动车车船税的,保险机构应于当日将纳税人姓名、身份证号、车牌号码、单位、名称、电话号码、详细住址、邮编等情况报告主管地方税务机关,主管地方税务机关应根据《税收征管法》及其《实施细则》的有关规定依法严肃处理。各级地方税务机关要加强对代收代缴单位的管理,加强纳税辅导,在2008年一季度要指派一定数量的税务人员在交强险业务办理现场对代收代缴单位进行业务指导,及时解决代收代缴工作中遇到的业务问题,对在购买交强险时拒不缴纳车船税的单位和个人进行依法处理。力争通过一段时间的共同努力,形成投保人自觉投保缴税,保险机构足额代收代缴车船税的良好局面。

各保险机构要加强管理,强化法律意识。收取交强险的保险机构是车船税的法定代扣代缴义务人,不仅要承担本身不履行代收代缴义务所应承担的法律责任,还要承担保险中介代理机构不履行代收代缴义务的法律责任。对于不依法履行代收代缴义务的保险机构,地方税务机关应依法采取行政处罚措施,以确保保险市场的公平有序和国家税款的足额入库。

附件:《中华人民共和国税收征收管理法》规定的扣缴义务人应承担的法律责任

一、《征管法》第六十一条规定:扣缴义务人未按照规定设置、保管代收代缴税款账簿或者保管代收代缴税款记账凭证及有关资料的,由税务机关责令限期改正,可以处2000元以下的罚款;情节严重的,处2000元以上5000元以下的罚款。

二、《征管法》第六十二条规定:扣缴义务人未按照规定的期限向税务机关报送代收代缴税款报告表和有关资料的,由税务机关责令限期改正,可以处2000元以下的罚款;情节严重的,可以处2000元以上1万元以下的罚款。

三、《征管法》第六十三条规定:扣缴义务人伪造、变造、隐匿、擅自销毁账簿、记账凭证,或者在账簿上多列支出或者不列、少列收入,或者经税务机关通知申报而拒不申报或者进行虚假的纳税申报,不缴或者少缴已收税款的,由税务机关追缴其不缴或者少缴的税款、滞纳金,并处不缴或者少缴的税款百分之五十以上五倍以下的罚款;构成犯罪的,依法追究刑事责任。

四、《征管法》第六十四条规定:扣缴义务人编造虚假计税依据的,由税务机关责令限期改正,并处5万元以下的罚款。

五、《征管法》第六十八条规定:扣缴义务人在规定期限内不缴或者少缴应解缴的税款,经税务机关责令限期缴纳,逾期仍未缴纳的,税务机关可采取强制执行措施追缴其不缴或者少缴的税款外,可以处不缴或者少缴的税款百分之五十以上五倍以下的罚款。

六、《征管法》第六十九条规定:扣缴义务人应收而不收税款的,由税务机关向纳税人追缴税款,对扣缴义务人处应收未收税款百分之五十以上三倍以下的罚款。

七、《征管法》第七十条规定:扣缴义务人逃避、拒绝或者以其他方式阻挠税务机关检查的,由税务机关责令改正,可以处1万元以下的罚款;情节严重的,处1万元以上5万元以下的罚款。

关于印发《湖北省机动车车船税代收代缴管理办法》的通知

2008年1月24日 鄂地税发〔2008〕16号

为加强全省机动车车船税代收代缴工作,省地方税务局联合中国保监会湖北监管局制发了《湖北省机动车车船税代收代缴管理办法》。现印发给你们,请遵照执行。

湖北省机动车车船税代收代缴管理办法

第一条 为加强机动车车船税的征收管理，规范车船税代收代缴行为，根据《中华人民共和国税收征收管理法》(以下简称《征管法》)及其实施细则、《中华人民共和国车船税暂行条例》及其实施细则、《湖北省车船税实施办法》以及相关法律、法规的规定，制定本办法。

第二条 我省范围内机动车车船税代收代缴的管理，适用本办法。

第三条 机动车车船税代收代缴，是指从事机动车交通事故责任强制保险(以下简称交强险)业务的保险机构在办理交强险业务的同时，依法向投保人收取车船税，并按规定的期限和方式向地方税务机关解缴代收的车船税税款的行为。

第四条 机动车车船税的代收代缴义务人(以下简称扣缴义务人)，必须依照本办法的规定履行代收代缴机动车车船税义务，扣缴义务人委托中介机构办理交强险业务的，中介机构应依法代收机动车车船税。保险机构无论直接销售还是委托销售交强险，都应依法履行代收代缴机动车车船税的义务，并承担相应责任。

第五条 保险机构应当自扣缴义务发生之日起30日内向所在地的主管地方税务机关申报办理扣缴税款登记，领取扣缴税款登记证件。税务机关对已办理税务登记的扣缴义务人，可以只在其税务登记证件上登记扣缴税款事项，不再发给扣缴税款登记证件。

第六条 扣缴义务人履行代收代缴车船税的适用范围是：在我省范围内需要投保交强险的应税未税机动车辆。凡未提供完税证明的，保险机构应按我省规定代收代缴车船税。

本办法所称的“应税未税”机动车辆，是指按有关税收法律、行政法规的规定应缴纳车船税而不能向保险机构提供完税凭证的机动车辆。

第七条 扣缴义务人依法代收车船税，纳税人不得拒绝。纳税人对扣缴义务人代收车船税有异议的，可以向扣缴义务人主管地方税务机关提出。

第八条 扣缴义务人代收代缴车船税的计算方法：

(一)新购置的机动车，购置当年的应纳税款从购买交强险日期的当月起至该年度终了按月计算。计算公式为：应纳税额＝计税单位×年单位税额×应纳税月份数÷12

(二)境外机动车临时入境、机动车临时上道路行驶、机动车距规定的报废期限不足1年而购买短期交强险的，车船税从交强险有效期起始日的当月至截止日的当月按月计算。计算公式为：应纳税额＝计税单位×年单位税额×应纳税月份数÷12

(三)其他机动车，在购买交强险时按一个年度计算车船税。计算公式为：应纳税额＝计税单位×年单位税额

第九条 代收代缴机动车车船税的适用税额标准，按《湖北省车船税实施办法》的规定执行。

第十条 各保险机构及其委托单位在销售交强险和代收车船税时，应当使用经中国保监会监制的交强险保险单及经税务部门监制的保险业专用发票。

第十一条 从2008年7月1日起，扣缴义务人在代收代缴车船税时，应根据纳税人提供的前次保险单，查验纳税人以前年度的完税情况。对于以前年度没有缴纳车船税的，扣缴义务人在代收代缴当年度应纳税款的同时，还应代收代缴以前年度的未缴税款，

并从前次交强险保单到期日的次日起至购买本年度保险的当日止，按日加收应纳税款万分之五的滞纳金。

第十二条　扣缴义务人在销售交强险时，不得违反规定多收、少收或不收车船税，不得以减免或赠送车船税作为业务竞争手段，不得遗漏应录入的信息或录入虚假信息。各扣缴义务人不得将代收代缴的车船税计入交强险保费收入，更不得直接用代收代缴的税款向保险中介机构支付代收车船税的手续费。

第十三条　对地方税务机关已经直接征收车船税的机动车和免税车辆按如下规定执行：

（一）对地方税务机关已经直接征收车船税的机动车，保险机构在销售交强险时，不再代收车船税，但应将上述车辆的完税凭证号和出具该凭证的税务机关名称录入交强险业务系统，然后将完税凭证的复印件附在保险单业务留存联后面，存档备查。

（二）扣缴义务人在向拖拉机、军队和武警专用车辆、警用车辆等条例规定的免税车辆销售交强险时，不代收车船税，但应将上述车辆的信息录入交强险业务系统，并将登记证书或行驶证书复印件附在保险单后面，存档备查。上述车辆，拖拉机以在农业（农业机械）部门登记，并拥有拖拉机登记证书或拖拉机行驶证书作为认定依据；军队、武警专用车辆以军队、武警车船管理部门核发的军车号牌和武警号牌作为认定依据；警用车辆以公安机关核发的警车号牌（最后一位登记编号为红色的“警”字）作为认定依据。

（三）对地方税务机关出具《车船税减免税证明单》（表样见附件一）的外交车辆、城市和农村公共交通车辆以及农民自用的摩托车，保险机构在销售交强险时，对免税车辆不代收代缴车船税。保险机构应将减免税证明号和出具该证明的税务机关名称录入交强险业务系统，然后将减免税证明的复印件附在保险单后面，存档备查。

（四）除拖拉机、军队和武警专用车辆、警用车辆以外的机动车，纳税人无法提供地方税务机关出具的完税凭证或减免税证明的，各保险机构在销售交强险时一律要按规定代收代缴车船税。

第十四条　扣缴义务人在销售交强险时，要严格按照有关规定代收代缴车船税，并将相关信息据实录入交强险销售信息系统中。扣缴义务人按主管地方税务机关的要求定期将投保机动车辆涉税信息汇总传递给主管地方税务机关，地方税务机关负责进行信息比对。对车险信息平台与地方税务机关征管系统实现联网的地区，经省地方税务机关和保险监管部门协商同意，保险机构在销售交强险时，对地方税务机关已经直接征收车船税的本省车辆和出具减免税证明的本省车辆，可不录入完税凭证或减免税证明的有关信息，也不需保留完税凭证或减免税证明的复印件。

第十五条　扣缴义务人代收代缴机动车车船税，应向纳税人开具含有完税信息的保险单，作为纳税人缴纳车船税的证明。从2008年1月1日起，各保险机构应向纳税人开具包括车船税信息的新版《保险业专用发票》。纳税人要求开具完税凭证的，扣缴义务人应告知纳税人凭交强险保单到保险机构所在地的地方税务机关开具《税收转账专用完税证》。

第十六条　负有扣缴义务的各保险机构应在每月终了10日内，将代收的车船税及时足额向地方税务机关申报解缴。

市级保险机构本身开展保险业务所代收的税款应向市级保险机构所在地的县（市、区）地方税务机关申报解缴税款，所属县（市、区）级保险分支机构所代收的税款由县（市、区）保险机构向所在县（市、区）地方税务机关申报解缴税款。实行报账制的保险机构不能直接向主管地方税务机关解缴税款的，可由上级保险机构将代收单位代收的税款划转到代收单位，再由代收单位向主管地方税务机关申报解缴税款。也可由上级保险机构将税款按来源地分解后，分别向代收单位所在地主管地方税务机关申报解缴税款。

第十七条　负有扣缴义务的各保险机构申报解缴税款的同时，应向地方税务机关如实报送上月《代收代缴车船税纳税申报表》（表样见附件二）、《车船税完税车辆明细表》（表样见附件三），包括纸质和电子资料以及主管地方税务机关要求的其他有关证件、资料，办理申报解缴税款。

第十八条　各扣缴义务人要做好机动车投保、缴税信息以及其他相关信息的档案保存、整理工作，并接受地方税务机关和保险监管机构依法进行的检查。

第十九条　保险机构委托保险中介机构销售交强险的，应加强对中介机构的培训，监督其依法代收车船税，录入相关信息，保存相关涉税凭证的复印件。中介机构应当在交强险保单签发后5个工作日内，向保险机构结报税款，并如实提供相关信息。

负有扣缴义务的保险机构应将委托中介机构的名单、地址、法人代表等情况向主管地方税务机关报告。保险中介机构应自觉接受地方税务机关的检查。

第二十条　地方税务机关应当按照财政部和国家税务总局规定的标准，向扣缴义务人支付代收代缴车船税的手续费。

第二十一条　各级地方税务机关应加强与各交强险保险机构的协调配合，建立工作协调机制和信息交换机制。湖北省地方税务局和中国保监会湖北监管局共同对全省保险机构代收代缴车船税工作进行指导、监督和检查。

第二十二条　车船税扣缴义务人发生下列行为的，根据《中华人民共和国税收征收管理法》及其实施细则的规定处理：

（一）扣缴义务人应收而不收税款的，由地方税务机关向纳税人追缴税款，对扣缴义务人处应收未收税款百分之五十以上三倍以下的罚款。

（二）扣缴义务人未按照规定的期限向地方税务机关报送代收代缴税款报告表和有关资料的，由地方税务机关责令限期改正，可以处以2000元以下的罚款；情节严重的，可以处2000元以上1万元以下的罚款。

（三）扣缴义务人在规定的期限内不缴或者少缴应解缴的税款，经地方税务机关责令限期缴纳，逾期仍未缴纳的，由地方税务机关依照《征管法》第四十条的规定采取强制执行措施追缴其不缴或者少缴的税款、滞纳金，并处不缴或者少缴的税款百分之五十以上五倍以下的罚款。

（四）扣缴义务人未按规定设置、保管代收代缴税款账簿、记账凭证及有关资料的，由地方税务机关责令限期改正，可以处2000元以下的罚款；情节严重的，处2000元以上5000元以下的罚款。

（五）扣缴义务人伪造、变造、隐匿、擅自销毁账簿、记账凭证，或者在账簿上多列支出或者不列、少列收入，或者经地方税务机关通知申报而拒不申报或者进行虚假的纳税申报，不缴或者少缴已收税款的，由地方税务机关追缴其不缴或者少缴的税款、滞纳金，并处不缴或者少缴的税款百分之五十以上五倍以下的罚款；构成犯罪的，依法追究刑事责任。

（六）扣缴义务人编造虚假计税依据的，由地方税务机关责令限期改正，并处5万元以下的罚款。

（七）扣缴义务人逃避、拒绝或者以其他方式阻挠地方税务机关检查的，由地方税务机关责令改正，可以处1万元以下的罚款；情节严重的，处1万元以上5万元以下的罚款。

第二十三条　对于保险监管机构和保险机构提供的信息，地方税务机关应予保密。未按规定为扣缴义务人保密的，对直接负责的主管人员和其他直接责任人员，按有关保密规定处理。

第二十四条　本办法未尽事宜，依照有关税收与保险法律、法规的规定执行。

第二十五条　各市（州）地方税务机关可根据本办法，结合当地实际，制定具体的代收税款解缴办法。

第二十六条　本办法自2008年1月1日起执行。

附件：

1. 车船税减免税证明单（略）
2. 代收代缴车船税纳税申报表（略）
3. 车船税完税车辆明细表（略）

省地方税务局关于做好全省地税系统离任人员工作交接的通知

2008年2月15日　鄂地税发〔2008〕26号

为了进一步加强和促进全省地税系统的内部管理，保证地税工作的稳定性和连续性，保障和促进地税事业健康、和谐、持续发展，省局拟定了《湖北省地方税务系统离任税务工作人员工作交接暂行办法》，现印发给你们，请遵照执行。

湖北省地方税务系统离任税务工作人员工作交接暂行办法

为了进一步加强和促进全省地税系统的内部管理，保证地税工作的稳定性和连续性，保障和促进地税事业健康、和谐、持续发展，明确离任、离岗（以下简称离任）人员和继任、继岗（以下简称继任）人员的职责，维护其合法权益，根据《中华人民共和国公务员法》、《行政机关公务员处分条例》及有关规定，特制定本办法。

一、交接的范围

（一）全省地税系统在职在岗的税务工作人员，凡按照组织决定发生离任、离岗工作调动的，都应按本办法的规定进行工作移交。

（二）全省地税系统在职在岗的税务工作人员，凡按照组织决定接任新职、新岗工作的，都应按本办法的规定进行工作接交。

（三）凡拟离任的领导干部和重要岗位的工作人员，必须进行工作交接。

（四）凡拟离任的其他税务工作人员，由各级地方税务局根据实际情况确定。

二、交接的管辖

（一）对应进行工作交接的税务工作人员，按照干部管理权限即下管一级的原则组织进行交接工作。

(二)对主要负责管理重大税收经济事项的税务工作人员,按照组织决定发生离任、离岗工作调动的,上级地税局认为有必要的,可以决定派工作组与下一级地税局一起组织进行交接工作。

三、交接的内容

(一)工作事项

1. 上级地税局规定和要求的工作事项。

2. 当地政府规定和要求的工作事项。

3. 本单位计划的工作事项。

4. 其他需要交接的重要工作事项。

以上均为正在执行和尚待落实的工作事项

(二)人事管理

1. 人员编制:行政编制人数、事业编制人数。

2. 各类领导干部核定职数、已配职数、空缺职数、超配职数。

3. 各类非领导干部核定职数、已配职数、空缺职数、超配职数。

4. 离退休干部职工人数。

5. 在职人数:公务员人数、职工人数、工勤岗位人数(与劳动部门或其他中介劳服单位签订用工合同的人数)。

(三)财务管理

1. 经费收入:离任当年的年初结转数、上级局拨入数、财政拨入数和其他收入数;按规定上级局本年度待拨入数、按政府预算本年度待拨入数。

2. 经费支出:离任时止的累计结转自筹基建支出数、离任当年发生的其他支出数。

3. 经费收支结余:离任时止,当年的实际收支结余数(包括当年年初结转数的累计收支结余数)。

4. 资金结存(1)累计收支结余数的银行存款额、现金额。(2)离任时止,下属非独立核算单位的资金结存数(包括离任时止已经发生但尚未报销的支出)。

5. 债务:(1)账面债务,即离任时止的账面暂存款余额,其中实际债务性余额、非债务性余额、应属经费收入的金额。(2)账外债务,包括下属单位已经发生,但为应付未付款的债务。

6. 债权:(1)账面债权,即离任时止的账面暂付款余额,其中实际债权性余额、非债权性余额、应属经费支出的金额。(2)账外债权,包括下属单位已经发生,但应收未收款的债权。

(四)账证资料管理:

1. 有关经费核算的账、证、表、票等。

2. 有关基本建设和固定资产的账、证、表、票等。

3. 有关税(费)核算的账、证、表、票等。

4. 有关税(费)征收、管理的账、证、表、票等。

5. 有关税(费)源和欠税管理的账、证、表、票等。

6. 各种发票、完税证、缴款书及其账、证、表、票等。

7. 各类征管、档案等资料。

8. 上级局和本单位规定使用的其他账、证、表、票和重要资料等。

(五)基本建设管理

1. 已完工但尚未结转固定资产的基建项目:项目名称、预算投资额、实际投资额(或审定投资额)、已付款数额、待付款数额,其他需要说明的事项(如报批立项、招投标、办证情况等)。

2. 在建的基建项目:项目名称、预算投资额、已付工程款数额、待付款数额,其他需要说明的事项(如报批立项、招投标情况等)。

3. 计划待建项目:项目名称、预算投资额、建设资金落实情况和报批立项情况等。

(六)固定资产(包括与固定资产一起核算管理的无形资产)管理

1. 土地。

2. 房屋建筑物。

3. 车辆。

4. 办公设备(作固定资产管理的)。

5. 公用家具用具(作固定资产管理的)。

6. 办公用品(作固定资产管理的)。

7. 其他固定资产。

8. 其他作固定资产管理的物品、用具、用品。

(七)工作人员个人公配使用的固定资产、办公设备和物品、用品、用具等。

(八)上级局和离任人员所在单位决定应当交接的事项。

四、交接的形式

(一)工作事项、人事管理和基本建设管理情况，以书面文字形式交接。

(二)财务管理情况，以《××地方税务局财务管理情况交接表》交接(表样附后)。

(三)固定资产管理情况，以《××地方税务局固定资产管理情况交接表》交接(表样附后)。

(四)各类账、证、资料管理情况以实物拟列交接清单交接。

(五)离任人员公配使用的固定资产、办公设备和物品、用品、用具等，根据单位登记管理项目拟列交接清单交接。

五、交接的程序

(一)工作交接的准备

1. 在拟离任的工作人员离任前，其所在单位，组织确定清理专班，明确清理专班的主要负责人和撰制准备交接文本的负责人，按本通知的规定和要求，全面、分类清理上述与拟离任人员有关的交接内容的情况。

2. 根据清理的情况和上述交接的形式的分类，认真撰制准备交接的文本。

3. 准备交接的原则。清理交接内容的有关情况、撰制准备交接的文本，要坚持和贯彻实事求是、客观公正的原则，为离任、继任人员负责，为本单位及干部职工负责，为上级局领导负责，为地税事业的建设和发展负责，对历史负责，使离任人员交清楚账、继任人员接明白账。

(二) 进行工作交接

收到上级局关于离任、继任人员的离任、继任文件或指示后，及时组织进行工作交接。

(三)工作交接的确认

1. 交接文本应由清理负责人和文本撰制负责人签字。

2. 离任、继任人员对交接文本确认后，在交接文本上签字。继任人员对交接文本的内容有疑问的，离任人员和有关人员应作情况说明，直至继任人员释疑。

3. 离任人员所在单位的纪检组长代表离任人员所在单位签字。

4. 上级局的纪检组长代表监交工作组在交接文本上签字，即离任、继任人员的工作交接完成。

5. 继任人员对交接文本有不愿意签字接收的，应当场说明原因，或单独向监交工作组局级负责人说明情况。监交工作组局级负责人根据实际情况，决定由监交工作组对交接文本进行复核。交接文本与实际情况确有不符的，应当修正交接文本，完成工作交接。确有重大违规违纪问题、情况复杂的，监交工作组应报告局党组决定另行查处，并当即封存有关资料。

六、交接的鉴证

离任、继任人员进行工作交接时，离任人员所在单位的领导班子成员、有关科(股)室负责人、清理专班负责人和撰制交接文本的负责人，应当参与鉴证。

七、交接的监督

上级局党组应于决定离任、继任人员进行工作交接的议程后，指派纪检组长、监察室负责人、分管财装的局领导、财装科(股)负责人和人事科(股)负责人组成监交工作组，到离任人员所在单位，审阅并同意交接文本后，组织进行和现场参与、监督交接工作。

八、交接的责任

在工作交接完成后，发现工作交接的内容存在重大遗漏、失实和违规违纪问题的，离任人员、清理专班负责人和撰制准备交接文本的负责人，上级局监交工作组的人员，均应承担相应的责任。

附件：

1. ×××地方税务局财务管理情况交接表(略)

2. ×××地方税务局固定资产管理情况交接表(略)

省地方税务局关于进一步加强全省地税系统精神文明建设的通知

2008年3月9日　鄂地税发〔2008〕49号

为了推动全省地税系统精神文明建设活动的深入开展，再一次掀起创建热潮，提升行业文明程度，促进全系统精神文明建设提档升级，现就进一步加强精神文明建设的有关工作要求和事项通知如下。

一、深化认识，统一思想，积极适应精神文明建设的新要求

2008是深入贯彻落实党的十七大精神的第一年，是改革开放30周年，以及北京奥运会举办之年。新的形势既对精神文明建设提出了新的要求，也为精神文明建设向纵深推进提供了良好机遇。全省各级地税部门要从实践"三个代表"重要思想，树立和落实科学发展观，营造文明和谐发展环境的高度进一步深化对文明创建重要性的认识，采取多种形式，加强宣传教育，充分调动广大干部职工的创建热情，引导干部职工积极适应构建社会主义和谐社会的新要求，积极适应构建社会主义核心价值体系的新要求，积极适应全省地税事业改革创新的新要求，积极适应干部队伍建设的新要求，统一思想，坚定信心，振奋精神，以强烈的责任感和紧迫感投身精神文明建设活动中，努力实现全省地税系统精神文明建设和思想政治工作的新发展。

二、完善机制，强化管理，不断提高精神文明建设的工作质量

全省各级地税部门要进一步加强对创建工作的领导，健全和完善创建领导机制和工作机制，切实形成自上而下、齐抓共建的格局。进一步落实"一把手"责任制的要求，从文明创建的全局谋划到重要步骤的实施，从干部的思想政治教育到重要规章制度的制定和执行，"一把手"都要亲自抓，要主动考虑、密切关注、直接参与，抓住不放。分管创建工作的领导和相关部门要切实负起责任，创造性地开展工作。

各地要将文明创建工作作为年度工作的重要内容，在认真分析本地、本单位创建现状和形势的基础上，从实际出发，结合各自特点，认真修订创建实施方案，强化目标责任制、监督检查制、考核奖惩制的落实，细化各项创建活动的方法、步骤及各项措施，保证各项活动措施的落实。

要立足规范化管理，严格考核督查，扩大创建规模，提升创建档次。探索建立和完善文明创建活动的制度保障机制、动态管理机制和工作保证机制。进一步加强制度建设，对已建立的规章制度要认真贯彻落实，对已经过时的办法要及时修订，对尚无考核依据的活动要根据工作发展的需要，制定规范的管理办法。经常组织人员对制度执行情况进行检查，使全系统文明创建工作走上制度化、规范化的轨道。在加强创建工作动态管理上求突破，改变个别地方重拿牌轻建设、重保牌轻创新的局面，把申报、确认、复查、撤销等重要环节纳入规范化、制度化轨道，严格考核表彰程序和要求，注重现场考核，坚持定期考核、复查，优胜劣汰，对不符合条件、标准的，坚决给予黄牌警告、限期整改，直至撤消荣誉称号。通过严格管理使全系统的创建工作在每一个环节、每一个细节都经得起检验。

加强政工干部队伍建设。各地要将政治素质高、业务能力强、有一定实践经验的同志充实到政工岗位，并适时加以培训，进一步打牢思想基础，转变工作作风，增强工作的主动性和创造性，为精神文明建设注入新的活力。

三、突出主题，改进方法，不断增强精神文明建设的辐射力

“讲文明、促和谐”是当前和今后一个时期精神文明建设的主题。全省各级地税部门要突出创建主题，深化创建活动，形成促进和谐人人有责、和谐地税人人共享的生动局面。

不断改进工作方法，在抓重点、抓创新、抓品牌上下功夫，在出特色、出经验、出成果上做文章，努力克服一般化、表面化、浅层次的弊病，丰富创建形式，深化创建内容，扩大创建活动的覆盖面。进一步解放思想，实事求是，与时俱进，正确处理加强与改进、继承与创新的关系，使文明创建工作在加强中改进，在继承中创新，在改进和创新中提高，

要将精神文明建设作为思想政治工作的有效载体，做到“三个贴近”、“三个服务于”，即贴近并服务于地税建设，贴近并服务于社会稳定，贴近并服务于群众利益。防止和纠正与中心工作脱节的现象，加强创建工作的针对性、实效性和主动性，实施人文关怀和心理疏导，及时释疑解惑，理顺群众情绪，化解矛盾，做到既讲道理又办实事，切实关心群众疾苦，多做得人心、暖人心、稳人心的工作，让创建成果惠及广大干部职工。

四、围绕中心，服务大局，全面落实年度文明创建的各项工作任务

全省各级地税部门要围绕税收中心工作，结合实际开展丰富多彩的创建活动，重点落实好以下年度工作任务。

（一）深入开展社会主义核心价值体系建设。认真抓好党的十七大精神和中国特色社会主义理论体系的学习贯彻活动，以纪念改革开放30周年为契机，深化爱国主义教育和革命传统教育，以“八荣八耻”为主要内容，深化干部职工思想道德建设。

（二）积极开展“迎奥运、讲文明、树新风”活动。着力抓好文明风尚宣传普及活动和行业文明建设。积极开展“优质服务迎奥运、税务巾帼展风采”活动，开展岗位练兵，提高办税服务水平，建立和谐征纳关系。优化纳税服务环境，大力推进“窗口”建设，掀起优质服务迎奥运，树立税务新风尚的热潮。

（三）积极开展税务文化建设。全省各级地税部门要逐步建起并完善荣誉室、图书室、游艺室、健身室、文化墙（橱窗），制定长期规划，有计划、有步骤地开展“五个体验”活动，即体验工人生活、体验农民生活、体验军队生活、体验纳税人生活、体验管教干部生活。

（四）深入开展巾帼建功活动。以“立足新起点，创造新业绩”为主题，开展“巾帼示范

岗”创建活动，积极做好国家和省级“巾帼示范岗”申报工作。

（五）做好新一届文明单位申报工作。2008年是新一届全国和省级（最佳）文明单位申报年，各地要按照有关部署和要求，认真组织好本系统内全国文明单位、全国精神文明建设先进单位和先进个人、省级（最佳）文明单位的推荐申报工作。

（六）做好全省地税系统精神文明建设推进会的准备工作。省局将在年内适时召开全省地税系统精神文明建设推进会，各地要对本系统本单位的文明创建工作进行认真总结，选取1～2家经验可取，工作有亮点、有特色的先进单位典型，形成3000字左右的典型经验材料，于2008年6月30日前上报省局基层工作处。经验材料的撰写可以精神文明建设和思想政治工作经验材料撰写提纲为参考（提纲见附件），要有所侧重，突出特点。

同时，要积极开展调查研究，了解和掌握干部职工的思想状况，查找工作中的薄弱环节，研究、思考对策和措施。

（七）继续做好地税系统先进典型的培养、总结、宣传工作。深入开展“做人民满意公务员”、“创建文明机关、当好人民公仆”活动，不断培养和发现税收征管一线的先进典型，进一步加大对先进典型人物的宣传学习力度，在全省地税系统形成大规模学习先进典型的浓郁氛围。制定全省地税系统先进典型管理办法，完善先进典型分级建档工作，更好地爱护先进、鼓励先进，使先进典型的示范带头作用得到充分发挥。

附件：

精神文明建设和思想政治工作经验材料撰写提纲（略）

省地方税务局关于进一步规范城镇土地使用税困难性减免审批事项的通知

2008年4月2　鄂地税发〔2008〕62号

为进一步加强城镇土地使用税减免税管理工作，根据《中华人民共和国城镇土地使用税暂行条例》、《湖北省城镇土地使用税实施办法》、《国家税务总局关于印发〈税收减免税管理办法（试行）〉的通知》（国税发〔2005〕129号）和相关政策的规定，现就城镇土地使用税困难性减免税（以下简称困难减免）审批事项通知如下：

一、审批权限

根据《税收减免管理办法（试行）》第八条的规定：“凡规定应由省级税务机关及省级以下税务机关审批的，由各省级税务机关审批或确定审批权限，原则上由纳税人所在地的县（区）税务机关审批；对减免税金额较大或减免税条件复杂的项目，各省、自治区、直辖市和计划单列市税务机关可根据效能与便民、监督与责任的原则适当划分审批权限”。省局决定对城镇土地使用税困难减免审批权限作如下规定：

（一）纳税人年减免税额在3万元（含3万元）以下的，由县（市、区）地方税务局审批，抄报市、州地方税务局备案；

（二）纳税人年减免税额在3万元以上、10万元（含10万元）以下的，由市、州地方税务局审批，抄报省地方税务局备案；

（三）纳税人年减免税额超过10万元的，由省地方税务局审批。

二、审批原则

有审批权限的地方税务机关应按照"从严管理，落实到位，有账可查，跟踪问效"的要求，对缴纳城镇土地使用税确有困难的纳税人酌情给予减、免税的照顾，对困难企业的认定应把握以下原则。

（一）下列情形，可以批准困难减免

1. 受市场因素影响，纳税人难以维系正常生产经营，出现较大亏损，支付给职工的工资低于当地社会平均工资，且纳税人当期货币资金在扣除应付职工工资、社会保险费后，不足以缴纳税款的；

2. 因不可抗力导致纳税人发生较大损失，正常生产经营活动受到较大影响，亏损严重的；

3. 属于政策性亏损企业或国家重点扶持、鼓励发展的企业，纳税确有困难的。

（二）下列情形，不得批准困难减免

1. 属于国家产业政策限制发展或不符合国家产业政策的项目（《国家产业结构调整指导目录》中"限制类"、"淘汰类"项目）用地；

2. 未按规定履行纳税人义务的企业；

3. 近3年内有偷、逃税行为的企业；

4. 连续享受困难减免照顾3年以上的企业；

5. 国家税务总局和省地方税务局规定的其他情形。

三、报批资料

（一）《减免税申报审批表》（各栏次应按规定填写完整）；

（二）纳税人减免税申请报告（写明纳税人基本情况、减免税年度的主要经济指标、申请减免税依据或理由、申请减免年度及税额等）；

（三）纳税人的营业执照、税务登记证、组织机构代码证、法定代表人身份证、土地使用证（或者其他权属证明）复印件；

（四）纳税人申请减免税年度财务会计报表（资产负债表、损益表）、工资单复印件或应付工资及职工人数等相关财务数据；

（五）有审批权限的地税机关要求提供的其他资料。

四、报批时限

（一）符合困难减免条件的纳税人，凭上年度的相关资料对本年度应缴纳的城镇土地使用税提出减免税申请；

（二）除不可抗力导致的困难减免申请外，应上报省地方税务局审批的困难减免申请应在本年的5月31日前提交省地方税务局；

（三）主管地方税务机关或有审批权限的地方税务机关接到纳税人的减免税申请后，应当对申请材料认真审核，在规定的时限内转报或做出审批决定；

（四）有审批权限的地方税务机关可以直接对纳税人申请事项进行核查，也可以委托当地地方税务机关核查。

五、工作要求

（一）各地应以此文件的下发为契机，集中开展城镇土地使用税清欠工作。对企业历年欠缴的城镇土地使用税做好清欠入库工作，对纳税确有重大困难的，根据谨慎从严原则做好减免审批工作。从2009年1月1日起，纳税人以前年度欠缴税款原则上不予减免。

（二）各地应立足建设资源节约型、环境友好型社会的高度，按照国家土地宏观调控政策的要求，依据相关法律、法规和各项政策规定，从严、从紧做好城镇土地使用税困难减免审批工作，建立明晰的减免税管理台账。

（三）城镇土地使用税困难减免审批工作其他事项按照《税收减免管理办法（试行）》执行。省局将适时对此项工作开展专项检查。

省地方税务局关于明确机动车车船税征收工作有关事项的通知

2008年4月7日　鄂地税发〔2008〕71号

近日，部分地区反映挂靠车辆在运营地购买“交强险”时已足额缴纳车船税，但车籍所在地仍对该车重复征收车船税，给车船税的征管造成了一定的混乱。为进一步规范车辆税征收行为，理顺全省车船税征管秩序，省局现将车船税有关征收事项明确如下：

办理交强险销售业务的保险机构是车船税的法定扣缴义务人，对于挂靠机动车辆在运营地保险机构购买“交强险”时已足额缴纳车船税的，该车车籍所在地税务机关或车船税代征机构不得重复征税。已经发生重复征收的，当以该机动车首次缴税记录为准，再次征收的车船税一律予以退还。对于挂靠车辆不能出示已缴纳车船税有效凭证的，则该车车籍所在地税务机关或车船税代征机构应依法征收车船税。

省地方税务局关于2008年重点工作责任分解的意见

2008年4月14日　鄂地税发〔2008〕74号

根据全国税务工作会议、全省财税工作会议以及全省地税工作会议精神和《2008年全省地税工作要点》，省局对2008年重点工作责任提出如下分解意见：

一、围绕“信息一体化”提升应用水平

进一步优化和规范业务工作流程，以业务整合推动税收管理信息化资源整合，实现各项流程全面由计算机处理。机关综合管理与专业管理各部门都要主动调整不适应信息化的管理制度、内部规程和工作方式，及时提供业务需求，建立和完善部门之间的协作机制，避免技术与业务“两张皮”的现象(各处室、各直属单位按照管理范围各自负责落实，计算机中心提供技术支持)。加快税收执法责任制和纳税评估等模块的开发，整合税政、征管、计统、社保、稽查、执法责任制、纳税评估等主体应用系统，使之纳入一体化管理，实现主体应用系统的数据集中管理。继续整合、升级、推广各类应用软件，加强湖北省地方税务局门户信息系统的应用，下半年开始推广地税核心征管软件，修改完善社保费征管软件，实现所有税费征管业务的计算机处理(计算机中心、税政一处、税政二处、税政三处、征管处、计统处、社保处、法规处、稽查局、社保费征收局按照管理范围各自负责落实)。认真落实信息系统安全管理责任，加强网络与信息安全体系建设。积极争取资金支持，尽早筹建全省地税系统数据处理中心，加快省级数据集中步伐(计算机中心、办公室组织实施)。

二、围绕“管理精细化”提高税源监控能力

依托信息技术手段和新的税收征管软件，充分应用“一户式”电子征管信息和税收管理员日常采集的各类信息，强化对重点纳税大户、重点税种和重点项目的监控，实行全程跟踪管理，及时掌握纳税人生产经营、资金运行等信息(征管处、计统处组织实施)。拓宽获取第三方信息的渠道，扩大应用的范围，加强与技术监督、公安、交通、测绘、国税、银行、房地产等部门的信息比对，逐步实现同有关政府部门和行业管理机构的数据交换，扩充地方税源库，减少因信息不对称给税收管理工作带来的被动(计算机中心、征管处、税政一处、税政二处、税政三处组织实施)。年内在全省范围内推广运用 GPS 技术加强土地使用税税源管理的方法，提高税源管理的科学化、精细化水平(税政三处组织实施)。逐步在交通运输、饮食、娱乐、服务等行业推广使用税控收款机，积极推行税控有奖发票(征管处、票证管理中心、税政一处组织实施)。完善税(费)源管理制度，在加强电子征管信息“一户式”管理的基础上，开发应用全省统一的税收管理员工作平台和纳税评估工作平台，强化纳税人、缴费人户籍管理，加强税(费)源清核和评估，提高税(费)源监控水平(计算机中心组织实施，征管处、税政一处、税政二处、税政三处、社保处提供业务支持)。

三、围绕“申报纳税多元化”提高服务水平

在继续抓好办税厅规范服务工作的同时，加快建设“电子办税厅”(为纳税人服务平台)，完成网上办税软件的开发，大力推行网上纳税申报、网上缴税。充分利用信息技术手段为纳税人减负、为基层减负，能利用网络软件自动生成、汇总报送的数据、资料、报表，不得要求重复上报、层层上报(征管处、税政一处、税政二处、税政三处、社保处、计统处组织实施，计算机中心提供技术支持)。积极推进财、税、库、银联网，强力推行纳税人刷卡缴税(费)，积极实施委托金融、邮政机构网点代缴税(费)款工作，实现税(费)直达金库(征管处、社保处、计统处组织实施，计算机中心提供技术支持)。规范“12366”纳税服务热线、税务短信平台和湖北地税互联网站建设，积极做好政策发布、税务咨询等服务项目，无偿地为纳税人提供纳税咨询、办税指南等服务。进一步推进政务公开，统一规范政策的发布和传递途径、时间、范围、审批权限及程序，充分利用税务公文、公报、网站、公开栏、电子屏幕、网络查询、中介咨询、专题培训等多种形式，搭建信息交流与共享的平台，畅通政策

传递渠道。以公开为原则,不公开为例外,及时、全面向社会公开与纳税人办税密切相关的行政事项、税收政策规定、审批程序和办事标准,提高税收政策宣传的针对性和时效性,增强税收执法的透明度,提高社会的满意度(征管处、办公室、监察室、税政一处、税政二处、税政三处、法规处、社保处、计算机中心按照管理范围各自负责落实)。

四、围绕"政务流程化"提高税务行政效能

适应行政管理和信息技术的双重需求,继续推进税收业务管理与内部行政管理各项核心业务的标准化、流程化、制度化建设,使各项工作均依流程运行,促进税收管理和行政管理的流程更优化、岗责更明晰、制度更严密、考核更科学(办公室会同各处室按照管理范围各自负责落实)。遵循税收业务管理的内在规律和特点,以制度科学、执行统一、管理精细、流程规范为目标,运用信息化手段,从税源管理、纳税评估、纳税服务、申报纳税、税款入库到票证管理、减免税管理、税务稽查、行政复议、会统核算,对税收业务管理各个环节进行全面规范,制订详细的"岗位操作手册",加快建立以流程为导向、以纳税人为中心的税收业务管理流程(征管处、票证管理中心、计统处、税政一处、税政二处、税政三处、法规处、社保处、计算机中心、稽查局、直属社保费征收局负责落实)。各级地税机关议事决策、财务管理、国有资产管理、人事机构管理、教育培训、文明创建、纪检监察、内部审计、后勤保障、会议管理、信访管理、督察督办、公文运转、信息宣传、保密工作、外事出访、政务接待、综合治理等主要政务事务,都要建立科学简约、清晰明了的工作流程,形成环环相扣的有机链条,克服管理随意性、无序性、粗放型(办公室、财装处、人事处、党办、监察室、教育中心、机关服务中心、税收研究所负责落实)。

五、加强税收执法责任制的组织领导

成立专门的领导小组和工作专班,调动和整合各方面的力量,统一规划、统一组织、统一协调、统一实施。以现有的客观条件为基础,充分考虑不同地域、不同单位在干部整体素质、税收业务基础、行政管理水平和税收执法能力等方面的差异,坚持"既要积极又要稳妥,既要重视又要慎重"的原则,把总体目标与具体情况结合起来,因地制宜,认真研究,充分论证,有序推进。选择基础条件较好的地方全面试点,积累经验,完善办法,待时机和条件成熟后,在更大范围内推行。各有关部门要积极参与,形成既分工明确、各司其职,又密切配合、良性互动的工作格局(法规处组织实施,各处室、各直属单位按照管理范围各自负责落实)。

六、完善执法责任制的制度体系

根据总局统一要求,结合试点成功经验,科学设定四个方面的工作标准,构建符合依法行政精神,切合税收执法和行政管理工作实际,具有较强的操作性和较好的运行效果,群众认可度较高的税收执法责任制制度体系。一是岗位职责标准。合理界定各部门岗位职责,做到权责一致、分工合理、执行顺畅、监督有力。二是税收行政管理操作标准。健全规章制度,把税务管理的各个方面、各个层次、各个环节都纳入制度管理,明确各级各类人员和各项工作所必须遵循的工作标准,通过制度管人管事。三是责任考核标准。科学制定考核指标,量化责任标准,建立规范、公正、合理、可操作的执法行为评价体系。四是责任追究标准。建立统一性、权威性、操作性强的岗位责任追究体系,做到有责可依、有章可循、有制可凭,解决责任追究主体不清、对象不明、标准不一及交叉、空档等问题。在设定标准的基础上,加快研究开发应用"税收执法管理信息系统",将税收行政执法的各个岗位、各个环节、各个流程纳入计算机实时跟踪管理，提高税收执法监督管理工作质效，保证考核结果公开、公平、公正（各处室按照管理范围各自负责落实，计算机中心提供技术支持）。

七、严格责任追究

按照有责必问、有错必究、实事求是的原则，建立健全责任追究的一般流程，规范责任追究的对象、内容、程序、时限等，使责任追究的主体相符、对象明确、内容具体、标准统一、程序透明、追究及时，切实把责任追究纳入流程化、公开化、规范化的轨道，不断增强责任追究的及时性、准确性、规范性。严格界定和规范直接责任与领导责任、纪律责任与法律责任，该负什么责任就追究什么责任，该谁追究就由谁追究。坚持在责任追究面前人人平等，对于不认真履行工作职责，特别是不作为和乱作为的人员，严格按照责任追究办法进行相应的责任追究，促进每位干部尽职尽责、认真负责，做正确的事，正确地做事，努力在全系统形成责任至上的氛围（法规处、监察室按照管理范围各自负责落实）。

八、规范税收秩序

按照“以内促外”的要求，在不断提升自身执法水平、规范执法行为的基础上，加大税收执法力度，巩固整顿和规范税收秩序工作成果。把行业整治与税收专项稽查、区域整治与专项治理有机结合起来，深入开展全省重点纳税企业、证券业、私营企业和高收入行业个人所得税及年所得12万元以上纳税人自行纳税申报等专项稽查和交叉稽查，抓好重大典型案例曝光，努力做到整治一个行业、规范一个行业。加大假发票治理的宣传、打击力度，加强发票专项检查和日常检查，坚持和完善与公安、审计、纪检监察等部门的联席会议制度和工作协作制度，建立假发票治理的长效机制，形成强大的治假合力（稽查局、征管处、票证管理中心组织实施）。

九、着眼于建设高素质领导班子，继续深化人事制度改革

认真贯彻落实《干部选拔任用工作条例》和《公务员法》，继续推行干部任前公示、任职试用、轮岗交流、上挂下派等一系列制度，进一步规范干部选拔任用和监督管理工作。认真总结任期制试点工作经验，及时研究解决实际运作中存在的问题，有针对性地改进实施方案，完善配套制度和办法，在条件成熟的前提下积极推广，在领导干部能上能下方面迈出稳妥的步伐。以优化结构、激发活力为原则，全面衡量各级“一把手”的工作能力、工作业绩、工作年限、敬业精神，有选择性地对部分“一把手”进行轮岗交流。坚持正确用人导向，完善组织委任与竞争上岗相结合的干部选拔机制，既注重选拔优秀年轻干部，又充分调动各个年龄段干部的积极性，优化班子结构，增强整体功能（人事处组织实施）。进一步规范党组会、局长办公会和局务会议制度，明确议事范畴，严格会议程序，形成民主集中、科学决策、分工负责、督办落实机制（人事处、办公室负责组织实施）。进一步坚持和完善工作报告制度、省局党组参加市州局党组民主生活会制度、市州局班子参加省局党组中心组学习制度，统一各级局党组的思想和行动，切实提高领导水平和行政能力（人事处、党办组织实施）。

十、着眼于增强干部队伍活力，推出多元化激励举措

积极探索新形势下的干部激励方法，变单一的职务激励管理为职务、精神、物质相结合的多元化综合激励管理，为地税干部提供多种途径的自我实现渠道，引导广大干部走出传统价值观念的束缚，由关注“官本位”转向关注“能本位”，建立起自我加压、不断进取的个体发展动力机制，建立符合湖北地税实际的公务员分类管理、能级激励和绩效考核机制（人事处负责组织实施）。加大争先创优的力度，继续开展各类能手评比等活动，发掘典型，树立标杆，宣传先进，带动后进。制定爱护先进、鼓励先进、充分发挥先进人物示范作用的办法，为树立和弘扬学先进、赶先进的风气提供制度保证。设立“局长奖励基金”和“创新贡献奖”，对有突出贡献的地税干部和有创新价值的工作成果给予重奖。加强和改进思想政治工作，注重人文关怀和心理疏导，引导干部正确对待自己、他人和社会，正确对待成绩、荣誉和挫折（党办、工会负责组织实施）。

十一、着眼于改善素质结构，持续开发地税人力资源

坚持培养教育与提拔使用相结合，进一步加强对高层次人才的跟踪管理和后续培养，建立起各类专业人才库，造就一批业务精湛的涉外税收、计算机、文秘、法律等专业人才队伍。加强急需岗位专业人才的补充，从应届大学毕业生和现有公务员队伍中招录一批紧缺人才，合理调剂，优化配置，缓解部分单位队伍结构老化、青黄不接的问题（人事处负责组织实施）。重点抓好领导干部培训、任职培训、知识更新培训和信息技术培训，增强培训的针对性和实用性。在连续两年实施“四个一批”工程的基础上，省局2008年继续在华中师范大学、中南财经政法大学和武汉大学分别举办领导干部、青年骨干、信息技术和涉外税务培训班，在清华大学和中国延安干部学院分别举办一期县处级领导干部理论学习班，在华中师范大学管理学院举办两期县（市、区）局班子成员培训班。年内，对全省地税人员分层次进行一次计算机基本操作测试（人事处、教育中心组织实施）。

十二、着眼于增强监督合力，推进纪检监察体制创新

按照十七大提出的反腐倡廉要“坚持深化改革和创新体制”的要求，对纪检监察机构改革试点工作进行总结、论证、推广。把纪检监察职能的调整置于全系统的扁平化管理改造之中，以流程为导向来规范市（州）局和县（市）局的纪检监察职能，将县（市）局与市（州）局的纪检监察机构、人员及查处职能进行必要的、合理的、适度的、科学的整合，探索试行“适度集中，充分授权，彻底派驻，分片巡视，突出职能监察，强化行政督办”的新模式，在以市州为单位的区域范围内，基本形成与垂直管理特点相适应的、相对垂直和集中管理的“大监察”新格局，解决纪检监察向税收业务工作监督渗透不够、督办运行不畅的状况（监察室、人事处组织实施）。全面落实党风廉政建设责任制，进一步完善和落实具有地税系统特色的责任机制、教育机制、制度机制、保障机制、惩治机制、预警机制（监察室负责组织实施，各处室、各直属单位按照“一岗两责”的要求负责落实本处室、本单位相关工作任务）。抓好信访和案件查处工作，充分发挥惩治和威慑作用。切实加强预防税务职务犯罪工作，促进纪检监察工作与税收业务工作更加紧密地结合（监察室组织实施）。

省地方税务局关于2008年度目标责任制重要职能工作目标和共性工作目标责任分解的意见

2008年4月14日　鄂地税发〔2008〕75号

根据省政府办公厅《关于做好2008年度省政府部门目标责任制管理工作的通知》(鄂政办函〔2008〕15号)和省局领导要求,结合省局机关工作实际和工作职能,现对2008年度目标责任制重要职能工作目标和共性工作目标提出如下分解意见:

一、关于重要职能工作目标的分解

(一)全面完成税收计划。确保完成税收收入389亿,增长16.1%。其中地方一般预算收入达到330亿,增长16.1%,力争增长20%。(计统处主抓)

(二)抓好规费基金征收工作。规费基金收入完成36亿,增长12%。(税政三处主抓)

(三)加强社保费征收。提高征管质量,各险种均衡入库,实现全省社保费征缴率达到95%以上。(社保处主抓)

(四)加强税务稽查工作。深入开展整顿和规范税收秩序工作,加大涉税违法案件查处力度,稽查结案率达到98%以上,稽查入库率达到98%以上,处罚率达到15%以上。(稽查局主抓)

(五)全面加强税收征管工作。进一步加强纳税服务体系建设,规范纳税服务工作机制,实现全省地税系统税务短信服务省、市、县三级联动;完成2006—2007年度全省纳税信用等级评定工作,促进社会信用体系建设;加强税源管理。(征管处主抓)

(六)开展税收信息标准化建设。积极推行网络电子办税大厅和财税库银横向联网;逐步实现网上办税,为纳税人提供便捷的服务。(计算机中心、征管处、计统处分别主抓)

(七)承担鄂办发〔2008〕10号文件有关责任分工,认真落实国家扶持现代物流业、科技服务业、金融服务业和农村服务业发展的税收优惠政策,大力培育服务业市场主体。(税政一处、税政二处、税政三处分别主抓)

(八)承担鄂办发〔2007〕35号文件有关责任分工,全面落实各项税收优惠政策,建立有效工作机制,着力推动就业再就业,加快推进农业产业化,大力扶持文化产业发展。(税政一处、税政二处、税政三处分别主抓)

(九)按照省政府要求,认真办理人大代表建议、政协委员提案。做到按期办复率100%、与建议提案主要提出人见面率100%、满意和基本满意率达95%以上。(法规处主抓)

(十)认真完成省委、省政府领导指示交办的工作任务。(办公室主抓)

二、关于共性工作目标的分解

(一)党的建设(党办、人事处和教育培训中心分别主抓)

1. 认真落实部门党组(党委)抓基层党建工作责任制,部门领导高度重视机关党建工作,把机关党建工作列入议事日程,及时听取机关党组织工作汇报,专题研究机关党建工作,切实解决工作中的困难和问题。

2. 坚持党员干部理论学习制度和党组(党委)中心组学习制度,保证学习人员、时间、内容落实,认真组织述学评学查学考学,在武装头脑、指导实践、推动工作上有明显成效。

3. 认真贯彻实施《干部任用条例》和《干部教育培训工作条例(试行)》,落实有关规定和具体要求。

4. 加强基层党组织建设,按期进行换届选举,基层组织健全,党的基层工作没有“空白点”,党员“安家工程”落实,按规定程序及要求发展党员和处置不合格党员。

5. 严格党的组织生活,支部“三会一课”制度、领导干部过“双重”组织生活制度、领导班子民主生活会制度落实。党员和各级党组织按规定及时缴纳上解党费。

6. 积极开展创建“党建工作先进单位”活动,建立健全保持共产党员先进性长效机制,充分发挥基层党组织的战斗堡垒作用和党员的先锋作用。

7. 积极推进党务公开和党内民主,尊重党员主体地位,保障党员民主权利,充分发挥党员在党内事务中的参与、管理、监督作用。

8. 自觉坚持民主集中制原则,认真贯彻《湖北省省直部门党组(党委)决定重大事项议事规则(试行)》,实行科学决策、民主决策、依法决策。切实加强班子成员之间的联系与沟通,提高领导班子解决自身矛盾和问题的能力,增进领导班子的团结。

9. 按照领导干部作风建设八个方面的要求,加强机关作风建设,认真解决党员干部思想作风、学风、工作作风和生活作风等方面的问题,深入基层调查研究,热情为基层群众服务,认真解决群众反映强烈的问题。认真组织开展服务承诺、结对帮扶等活动。圆满完成上级党组织布置的各项工作任务。

10. 加强对机关群团工作的领导,群团组织健全、活动经常。

(二)党风廉政建设(监察室主抓)

1. 严格遵守政治纪律和廉洁自律规定,无违纪违法行为发生。

2. 认真贯彻落实中央、省委关于惩治和预防腐败体系2008—2012年工作规划,以改革创新精神推进治本抓源头工作。

3. 认真贯彻落实《省直机关贯彻落实2008年反腐倡廉工作任务的责任分解意见》,负有牵头责任的单位认真履行牵头职责,负有协助责任的单位加强协作配合。

4. 扎实开展以“情系民生、廉政勤政”为主题的党风廉政建设宣传教育月活动,促进领导干部廉洁从政,切实解决人民群众反映强烈的突出问题。

5. 认真落实党风廉政建设责任制,“一把手”负总责,分管领导各负其责,对违反责任制规定的严格责任追究。

6. 对群众的信访举报,认真组织调查核实,做到事事有着落,件件有结果。

(三)精神文明建设(党办、工会和后勤服务中心分别主抓)

1. 精神文明建设活动要有组织、有领导、有规划、有目标,分工明确,机制健全。

2. 积极开展“争做人民满意公务员、争创文明和谐机关”和“服务基层、服务群众,促进基层组织建设、促进经济社会发展”活动,营造良好的政务环境、信用环境、服务环境和人文环境。

3. 认真落实省文明委及其办公室的工作部署,积极开展“文明湖北”创建活动,注重未成年人思想道德建设,各责任单位要按照责任分工,完成目标任务。

4. 积极开展“五个一”节约活动,机关干部职工节约意识较强，结合本单位实际，在开展节约型行业、节约型系统、节约型社会活动中起示范带头作用。

5. 广泛开展“机关文化”建设，文化学习活动有场地、设施设备较齐全，群众性文化娱乐及体育健身活动丰富多彩。

6. 重视环境建设，办公、生活环境要达到绿化、美化、净化标准。

（四）人口与计划生育工作（党办主抓）

1. 加强组织领导，严格实行计划生育领导责任制和目标管理责任制。将人口计生工作纳入本部门、本系统的年度工作计划，列入重要议事日程，结合部门实际，制定工作要点和工作制度。建立一把手亲自抓负总责、分管领导负专责、具体工作有专人负责的工作网络。坚持人口和计划生育目标管理责任制，层层签订人口和计划生育目标管理责任书，将人口计生工作责任落到实处。

2. 切实做好本部门、本系统的人口和计划生育管理服务工作。组织协调本部门、本系统各单位计划生育工作落实“属地管理”，积极参与和配合单位所在地计划生育工作。加强督办检查，确保稳定低生育水平，提高出生人口素质，综合治理出生人口性别比偏高问题，加强流动人口计划生育管理和服务的各项措施落实到位，促进各级人口计生工作职责落实到位。

3. 发挥部门优势，建立和完善人口计生利益导向机制。树立基本国策意识，制定出台的政策措施要有利于人口和计划生育工作；结合部门职责，制定对计划生育家庭（特别是农村独生子女家庭和两女户）优惠优先的政策措施，在本部门、本系统组织的相关活动中优先扶持计划生育家庭，让他们优先分享改革发展的成果，营造统筹解决人口问题的政策环境。

4. 深入开展人口和计划生育宣传教育，积极倡导生育文明。充分运用报纸、广播、电视、互联网等大众传媒，采取多种形式，广泛深入开展国策、国情、省情、人口形势、计生政策法律法规宣传教育，大力宣传科学、文明、进步的婚育观念，积极开展婚育新风进万家活动、关爱女孩行动，大力实施生育文明幸福家园推进计划，积极营造统筹解决人口问题的舆论环境。

5. 认真执行计划生育“一票否决”制度。在本单位、本部门、本系统评先表彰中认真进行计划生育审查把关，对违反《省委办公厅、省政府办公厅关于进一步落实人口和计划生育“一票否决”制度的意见》（鄂办发〔2005〕32号）规定的单位和个人，严格实行计划生育“一票否决”。对违反计生政策的干部职工，按照有关规定给予党纪、政纪处分，积极配合属地人口计生部门依法征收社会抚养费。

6. 认真完成省委、省政府交办的关于人口和计划生育的其他工作任务，省人口与计划生育领导小组成员单位按照责任分工认真履行职责，完成省直责任部门的计划生育职能目标。

（五）新农村建设工作（人事处主抓）

1. 把组派工作队纳入单位重要议事日程，积极选派队员组建工作队到基层帮助工作。

2. 单位主要领导到驻点县市调研指导，帮助解决具体困难，每年一到两次；分管领导和有关处室经常到点调研指导工作。加强对驻地县市新农村建设指导，努力为驻地县市办实事。

3. 驻点村工作队的工作“一年打基础，二年见成效，三年大发展”，在当地起到示范带动作用。

4. 工作队驻点村当年农民人均纯收入有较大幅度增长，经济社会发展有明显变化。

5. 工作队积极参加片区及工作队办公室组织的各项活动，及时报送相关材料、调研报告、报表和工作总结，并通过当年的工作验收。

（六）机构编制管理（人事处主抓）

1. 严格执行机构编制审批程序和制度。深入贯彻落实《中共中央办公厅、国务院办公厅关于进一步加强和完善机构编制管理严格控制机构编制的通知》（厅字〔2007〕2号）和《省委办公厅、省政府办公厅关于进一步加强机构编制管理的通知》（鄂办文〔2007〕59号）精神，凡涉及机构编制管理的事项，按规定程序报机构编制部门研究。没有以下发文件、召开会议、批资金、上项目、搞评比、打招呼等方式干预下级部门机构设置、职能配置和人员编制配备的问题。

2. 加强行政和事业机构管理。没有擅自设置机构、提高机构规格，具体机构设置个数、名称与批文相一致。行政机关和事业单位正确履行职能，没有出现"越位"、"缺位"的现象。事业单位按《事业单位登记管理暂行条例》登记管理。

3. 实行机构编制实名制管理。在机构编制部门核定的编制限额内定编定岗定员，建立健全人员编制台账；没有增加编制或者改变编制使用范围、混合使用行政编制和事业编制；实有人员、领导职数与批准的编制数相一致，没有超编进人、超职数、超机构规格配备领导干部。

4. 建立人员编制、经费约束机制。录用、聘用、调配工作人员、配备领导成员和核拨、使用经费，以机构编制部门批准的机构编制为依据；没有超出编制限额调配财政供养人员、为超编人员核拨财政或其他资金，以及采取虚报人员等方式占用行政和事业编制并冒用财政资金。

5. 完善机构编制政务公开制度。对不涉及国家秘密的机构编制及其执行情况，全部通过互联网向社会公开，并按规定及时更新机构编制信息，主动接受社会监督。

（七）保密工作（办公室、人事处、计算机中心分别主抓）

1. 将保密工作责任制的落实情况纳入单位领导班子民主生活会和领导干部个人述职报告内容，纳入干部年度考核内容。

2. 建立健全保密组织，按要求配备专、兼职保密干部并实行岗位培训和登记备案管理，保密工作经费纳入本单位年度预算。

3. 涉密文件制作、收发、传递、使用、保存及销毁等各个环节的保密制度和防范措施落实。涉密磁介质统一管理，领用登记，定期检查。加强通信、计算机及其网络的保密管理。

4. 保密要害部门、部位制度健全，管理规范，按规定配置、安装电子监控、防盗报警等安全保密装置；积极接受省保密工作部门对本单位保密要害部门、部位的年审工作，并通过审查。

（八）信访工作（办公室、人事处、监察室分别主抓）

1. 切实落实信访工作领导责任制。党组（党委）要定期听取信访工作汇报，研究部署信访工作，全年不少于两次。主要负责人是信访工作第一责任人，对本部门、本系统信访工作负总责；分管领导负直接责任，抓好各项具体工作的落实；其他领导成员实行"一岗双责"，按照分工抓好分管方面的信访工作。坚持落实领导干部"办信、接访、包案和下访"等四项信访工作制度。

2. 及时妥善处理群众信访问题。认真受理群众来信来访，确保受理的信访问题件件有着落、事事有回音。认真参与接待处理职责范围内赴京、赴省集体上访。认真办理上级交办的信访事项，按期结案率达98%以上。

3. 配齐配强信访工作力量，做到"五有"：有分管领导负责，有专（兼）职信访工作人员，有信访接待场所，有信访专项经费，有较健全的信访工作制度。

4. 对本系统信访工作实行目标管理，有布置、有检查、有考核，上下联动，做好信访工作。

（九）社会治安综合治理（办公室、后勤服务中心分别主抓）

1. 加强组织领导，严格实行社会治安综合治理领导责任制和目标管理责任制。建立由主要领导负总责，分管领导负专责的综合治理和平安建设工作机制。机关综治领导小组定期研究部署综合治理和平安建设工作。制定符合本单位实际的年度综治工作要点。与机关处室、直属单位和垂直管理单位签订综合治理目标管理责任书，把工作责任落实到每个部门和具体人。

2. 按照“管好自己的人、看好自己的门、办好自己的事”的要求，加强干部职工的道德、法制和廉政教育工作，加强矛盾纠纷排查调处工作，加强内部治安防范和安全管理工作，落实人防、物防和技防措施，做到单位内部无违法犯罪问题，无刑事案件、治安案件和治安灾害事故。

3. 按照党的十七大精神，建立民主科学决策机制、决策风险评估机制和矛盾纠纷排查化解机制。坚持统筹兼顾，防止决策失误影响社会稳定。

4. 深入开展“平安系统”、“平安机关”、“平安处室”、“平安家庭”等创建活动，平安建设有部署、有措施、有检查、有奖惩、出实效，做到人人知晓、人人参与。

5. 坚持“属地管理”原则，服从所在地综治部门对综合治理和平安建设工作的统一领导，积极参与所在地平安创建活动。

6. 坚持“抓系统、系统抓”，加强对本系统综合治理和平安建设工作落实的检查指导和督办。

省地方税务局关于积极支持中小企业发展的实施意见

2008 年 4 月 15 日　鄂地税发〔2008〕76 号

为贯彻落实《中华人民共和国中小企业促进法》和省委省政府关于加快发展县域经济、促进中小企业发展的决策部署，充分发挥地税部门的职能作用，切实支持我省中小企业创新发展，现提出如下实施意见。

一、充分认识发展中小企业的重要意义

大力发展中小企业，是鼓励全民创业、培育市场主体、壮大县域经济的重要举措。加快发展中小企业，对于优化产业结构，促进经济协调发展，把我省建设成为促进中部地区崛起的战略支点，实现经济社会又好又快发展具有十分重要的意义。全省各级地方税务机关要切实提高认识，积极履行职责，强化措施，优化服务，落实政策，为我省中小企业创新发展营造优良的经营环境。

二、认真落实税收优惠政策，切实支持中小企业发展

（一）支持中小企业参与企业的改组、改

制，做大做强，实现规模经营，对其合并、兼并企业的行为和股权转让取得的收入免征营业税。

（二）对纳入全国试点范围的非营利性中小企业信用担保、再担保机构从事担保业务取得的收入，凡符合国家规定免税条件的，3年内免征营业税。

（三）对中小企业从事技术转让、技术开发业务和与之相关的技术咨询、技术服务业务取得的收入，免征营业税。

（四）对符合国家规定条件的小型微利企业，减按20%的税率征收企业所得税。

（五）对被认定为高新技术企业的中小企业，减按15%的税率征收企业所得税。

（六）对企事业单位、社会团体和个人等社会力量通过公益性的社会团体和国家机关向科技部科技型中小企业技术创新基金管理中心用于科技型中小企业技术创新基金的捐赠，企业在年度利润总额12%以内的部分，个人在申报个人所得税应纳税所得额30%以内的部分，准予在计算缴纳所得税税前扣除。

（七）对创业投资企业采取股权投资方式投资于未上市中小高新技术企业2年以上（含2年），凡符合国家规定条件的，可按照其投资额的70%在股权持有满2年的当年抵扣该创业投资企业的应纳税所得额；当年不足抵扣的，可以在以后纳税年度结转抵扣。

（八）中小企业从事农、林、牧、渔业项目的所得，可以按照国家规定免征、减征企业所得税。

（九）中小企业从事港口码头、机场、铁路、公路、城市公共交通、电力、水利等国家重点扶持的公共基础设施项目的投资经营的所得，自项目取得第一笔生产经营收入所属纳税年度起，第1年至第3年免征企业所得税，第4年至第6年减半征收企业所得税。

（十）中小企业从事国家规定的符合条件的公共污水处理、公共垃圾处理、沼气综合开发利用、节能技术改造等环境保护、节能节水项目的所得，自项目取得第一笔生产经营收入所属纳税年度起，第1年至第3年免征企业所得税，第4年至第6年减半征收企业所得税。

（十一）中小企业为开发新技术、新产品、新工艺发生的研究开发费用，未形成无形资产计入当期损益的，在按照规定据实扣除的基础上，按照研究开发费用的50%加计扣除；形成无形资产的，按照无形资产成本的150%摊销。

（十二）中小企业一个纳税年度内的技术转让所得不超过500万元的部分，免征企业所得税；超过500万元的部分，减半征收企业所得税。

（十三）中小企业以《资源综合利用企业所得税优惠目录》规定的资源作为主要原材料，生产国家非限制和禁止并符合国家和行业相关标准的产品取得的收入，减按90%计入收入总额。

（十四）中小企业购置并实际使用《环境保护专用设备企业所得税优惠目录》、《节能节水专用设备企业所得税优惠目录》和《安全生产专用设备企业所得税优惠目录》规定的环境保护、节能节水、安全生产等专用设备的，该专用设备的投资额的10%可以从企业当年的应纳税额中抵免；当年不足抵免的，可以在以后5个纳税年度结转抵免。

（十五）中小企业缴纳房产税、城镇土地使用税确有困难的，经地方税务机关批准，可酌情减征或免征房产税和城镇土地使用税。

三、优化服务，加强监督，保障税收政策落实到位

（一）加强政策宣传。要充分利用办税服务厅、地税网站、新闻媒体等场所、载体，采取多种形式，广泛宣传支持中小企业发展的税收优惠政策，积极引导市场投资主体创业兴业，促进中小企业蓬勃发展。

（二）优化纳税服务。各地要更新服务理念，创新服务方式，提高服务水平。要严格落实执法公示制、政务公开制。公开纳税人的权利与义务、公开税收执法依据及程序、公开监督举报电话，切实维护纳税人合法权益。要扎实推进“一窗式”、“一站式”服务，推行多元化的纳税申报方式，简化审批程序，为中小企业的发展提供便捷、优质、高效的纳税服务。

（三）加强执法检查。各地要认真开展税收执法检查，将政策执行情况纳入执法检查的范围，检查督促各级基层地方税务机关把政策落到实处。对政策落实不到位、不及时的相关单位和责任人，严格按照《税收执法过错责任追究办法》进行处理，保障政策全面、及时、准确的贯彻落实。

省地方税务局关于印发《湖北省地方税务局开展提高政府执行力大讨论活动实施方案》的通知

2008年4月16日　鄂地税发〔2008〕79号

现将《湖北省地方税务局开展提高政府执行力大讨论活动实施方案》印发给你们，请认真遵照执行。

湖北省地方税务局开展提高政府执行力大讨论活动实施方案

为认真贯彻落实省政府第一次廉政工作暨加强政府执行力建设工作会议精神，切实解决当前工作中存在的执行不力、落实不够的问题，按照省政府统一部署，在局直机关深入开展提高政府执行力大讨论活动。现制定如下实施方案。

一、指导思想

以党的十七大和国务院、省政府第一次廉政建设工作会议精神为指导，贯彻落实科学发展观，围绕建设服务型政府、提高政府执行力的目标，全面查找地税部门在执行落实、工作作风等方面存在的问题和不足，深刻剖析思想根源，认真制定整改措施，进一步强化机关工作人员的责任意识、进取意识、效率意识、执行意识，努力提高执政能力和行政效能，推动全局工作，打造服务地税、法治地税、责任地税、效能地税、廉洁地税。

二、组织领导

局直机关成立开展提高政府执行力大讨论活动领导小组。

组　长：许建国　党组书记、局长
副组长：田和平　党组副书记、副局长
　　　　罗　涛　党组成员、副局长
　　　　钟守英　党组成员、副局长
　　　　肖厚雄　党组成员、总会计师
　　　　余　伟　党组成员、副局长
　　　　许国勇　党组成员、纪检组长
　　　　张治安　副巡视员
成　员：熊爱平　汪应平　吴　鸿
　　　　张雪松　陈燕超　曹桦林
　　　　鲁汉洲　陈先辉　游干成
　　　　彭家涛　吴明喜　沈成志
　　　　朱建华　程　辉　姜玉莲
　　　　宋的旬　郝荫昌　陈谋新
　　　　童启洪　邓国强
工作人员：王燕敏　闫荣斌　代　华
　　　　　王　蓬　彭建军　付志祥
　　　　　尹向阳

活动领导小组下设办公室，具体承担大讨论活动的组织、协调与落实工作，办公室设在机关党办，吴明喜同志兼任办公室主任。

三、方法和步骤

大讨论活动时间安排为2008年4月16日至6月30日，分四个阶段进行。

第一阶段：学习动员（4月16日—30日）

（一）思想发动。召开局直机关干部大会，局领导作动员讲话。通过广泛的思想发动，使每个干部职工充分认识到开展大讨论活动的重大意义和具体要求，增强参加活动的主动性和自觉性。

（二）学习讨论。各处（室）、各直属单位在干部自学的基础上，组织学习党的十七大、全国“两会”、省政府第一次全体（扩大）会议精神，学习李鸿忠、李宪生同志在省政府第一次廉政工作暨加强政府执行力建设工作会议上的讲话，学习局领导在加强执行力建设动员大会上的讲话，学习局领导在“严格执法、有税必收、积极预防和严肃查处地税工作人员失职渎职”视频会议上的讲话，学习有关法律法规知识，深刻理解政府执行力的丰富内涵，充分认识提高执行力的重大意义。局里有针对性地开展集中学习教育，邀请专家、学者作报告。

（三）学习交流。各处（室）、各直属单位组织干部职工交流学习体会，每个党员干部写一篇不少于2000字的学习体会文章，于5月底前由各单位统一收集上交活动领导小组办公室。讨论活动期间，分别在内网和《湖北地税》杂志开辟“加强政府执行力建设”专栏，择优刊登大讨论活动体会文章，供干部职工学习交流。

第二阶段：对照检查阶段（4月底—5月15日）

（一）明确查摆重点。紧密联系本部门工作实际，深入开展“六查六看”。

1. 查政务值守，看是否存在反应迟缓、应急不灵的问题。重点检查政务值守制度是否健全、落实，看是否存在未建立经常性值班制度，或未严格执行值班制度的问题；是否存在值班人员素质不高、业务不熟、态度生硬等问题；是否存在雇请临时工、保安等非正式人员顶替值班的问题；是否存在值班人员脱岗、离岗怠岗，值班电话无法接通或接通后长时间无人接听的问题；是否存在部门负责人联系不畅，回话不及时等问题；是否存在突发事件信息不按规定及时报送，迟报、漏报、瞒报信息等问题。

2. 查执行落实，看是否存在有令不行、有禁不止的问题。重点检查省委和省政府决定、决策、指示的落实情况，是否存在落实省政府重要会议议定事项、省领导批示事项和局党组、局长办公会会议精神不积极、不坚决、打折扣，甚至长期得不到落实的问题；是否存在不按要求报告办理情况，以各种理由拖延不办以及办理延误又不说明原因的问题；是否存在简单地以会议落实会议，以文件落实文件，以指导思想落实指导思想的问题；是否存在利用税款征收、税收管理、税务稽查等权力贪污受贿、挪用税款等问题；是否存在不按财务规定落实大宗物资集体采购、或利用采购以权谋私等问题。

3. 查工作作风，看是否存在作风涣散、纪律松弛的问题。重点检查机关工作人员精神状态和工作秩序，看是否存在意志衰退、精神萎靡，安于现状、不思进取，只求过得去、不求过得硬的问题；是否存在上班迟到早退、脱岗窜岗、聊天嬉闹、上网炒股聊天玩游戏等问题；是否存在开会迟到早退、接打手机、短信聊天、打瞌睡、替会旷会等问题；是否存在履职尽责的积极性不高、得过且过、缺乏创新精神的问题；是否存在不讲政治、不讲原则，热衷于散布各种流言蜚语和小道消息，损害党和政府形象的问题。

4. 查工作效率，看是否存在人浮于事、办事拖拉的问题。重点检查办事效率，看是否存在办事拖沓、不负责任、贻误工作的问题；是否存在对发展机遇认识慢，对上级意图理解慢，对新生事物接受慢，推动发展动作慢，影响又好又快发展的问题；是否存在审批项目过多、程序繁、耗时长，管得多、卡得死，该交的不交，能放的不放，或“瘦放肥不放”、“明放暗不放”等影响发展环境的问题；是否存在工作环节过多，领导批来批去、部门转来转去、开会议来议去，群众跑来跑去，事情始终不能有效解决的问题。

5. 查大局观念，看是否存在部门利益至上、本位主义严重的问题。重点检查服务大局和团结协作的情况，看是否存在本位主义，把部门利益凌驾于全局工作之上，做工作以部门利益为中心，办事情以自己喜好为标准的问题；是否存在有利的就争，无利的就推，合口味的就办，不合口味的就拖，表面答应好、实际没行动的问题；是否存在整体意识、团队观念淡薄，各吹各的号、各唱各的调，互相推诿扯皮，甚至相互掣肘、互设障碍，缺乏协作配合的团队精神的问题。

6. 查服务质量，看是否存在服务意识不强、服务不到位的问题。重点检查依法行政和履行服务承诺的情况，看是否存在服务纳税人、服务基层、服务发展的意识淡薄的问题；是否存在办税服务承诺不落实、质量不高的问题；是否存在职能转变不到位，重管理轻服务、重审批轻服务的问题；是否存在不秉公执法、不严格执法、不文明执法等问题；看是否存在执法作风简单、执法态度野蛮的问题；是否存在“生、冷、硬、推”和“吃、拿、卡、要”的问题；是否存在“人难找、门难进、脸难看、事难办”，不给好处不办事、给了好处乱办事的问题。

（二）广泛征求意见。采取座谈会、上门征求意见、设置意见箱等形式，向全省地税系统、重点纳税企业和聘请的行风监督员发放征求意见函，了解对局直机关工作的满意度，查找局直机关工作作风、效能方面存在的问题。在征求意见过程中，各单位负责人要广泛开展交心谈心活动，广泛听取本单位干部职工的意见和建议。

（三）收集反馈意见。活动领导小组和局办公室将征求到的意见和建议进行集中分类整理后，于5月10日前原汁原味地反馈到相关单位。各处室、各直属单位将“六查六看”中查找出的问题进行汇总，报活动领导小组。

第三阶段：整改落实阶段（5月16日—6月15日）

（一）制定整改措施。针对收集的意见和建议，各处（室）、各直属单位召开会议，深刻剖析产生问题的原因，分析危害，制定本单位和个人的整改措施，各单位的整改措施于5月13日前书面报活动领导小组办公室。

（二）召开民主生活会。结合半年工作总结，针对查摆出来的问题，召开党组、各支部民主生活会，认真开展批评和自我批评。

(三)召开局办公会。针对学习教育活动中查摆出的问题,召开局办公会,听取各处(室)、各直属单位负责人对开展大讨论活动情况、存在的主要问题和整改措施的汇报。同时,研究制定局直机关整改措施。

第四阶段:完善机制阶段(6月16日—30日)

(一)完善机制。根据整改方案,切实完善领导督办机制、日常工作检查督办机制、工作运行机制、协调会商机制、审批监督机制、工作奖惩机制、社会评价机制等7项机制。进一步健全和完善各单位岗位职责、工作流程、税收行政管理操作标准、责任考核标准、责任追究标准等各项规章制度,将制度落实到相关单位和责任人,并提出制度建设期限,切实抓好落实。

(二)召开总结大会。活动结束后,召开局直机关干部大会,对开展提高执行力大讨论活动进行总结。6月25日前,各单位要向活动领导小组办公室报送总结报告。

四、活动要求

(一)提高认识。执行力是我们各项工作的生命力,提高执行力事关发展大局、事关群众利益、事关部门形象,是建设服务型机关、效率型政府、和谐机关和文明机关的本质要求,是贯彻落实科学发展观的必然选择,是促进我们各项工作又好又快发展的内在要求,是优化发展环境的迫切需要。各处室、各直属单位要站在提高执政效能、树立单位形象、强化责任意识、推动全局工作的高度,高度重视,认真部署,扎实推进学习教育活动的开展。

(二)搞好结合。提高政府执行力大讨论活动要与廉政建设、与局直机关开展的"讲党性、重品行、作表率"主题教育、与省政府部署的"文明执法教育"活动、与加强内部管理、与组织税收收入等五个方面结合起来,突出税务特点,联系税务实际,抓住教育讨论重点,切实解决问题,全面提高机关的公信力和执行力。

(三)注重实效。党员领导干部和各处(室)、各直属单位负责人要发挥示范作用,带头参加讨论活动,带头查摆问题,带头开展批评与自我批评。要落实活动时间和内容。做到时间上不拖延,内容上不落项。搞好统筹安排,妥善处理好业务工作与大讨论活动的关系,确保大讨论活动与业务工作两不误、两促进。

附件:

省地税局"提高政府执行力"大讨论活动安排表(略)

省地方税务局关于印发《全省地税系统文明执法教育活动实施方案》的通知

2008年4月16日　鄂地税发〔2008〕80号

现将《全省地税系统文明执法教育活动实施方案》印发给你们,请结合本单位实际认真组织实施。

全省地税系统文明执法教育活动实施方案

为了贯彻落实《国务院关于印发〈全面推进依法行政实施纲要〉的通知》(国发〔2004〕10号)和《省人民政府办公厅关于印发全省行政执法机关开展文明执法教育活动实施方案的通知》(鄂政办发〔2008〕26号)精神，大力推进依法行政、文明执法，决定在全省地税系统开展以“依法行政、执法为民”为主要内容的文明执法教育活动。

一、指导思想

此次教育活动以党的十七大精神为指导，贯彻落实科学发展观，坚持以人为本，教育广大地税干部职工牢固树立依法行政、执法为民的理念，认真学习相关法律法规，全面查找在执法理念、执法作风、执法行为等方面存在的不足，深刻分析产生这些问题的原因，制定有效措施进行整改，不断提升税务执法水平，努力为全省经济社会又好又快发展营造良好的税收法治环境。

二、目标原则

全省各级地税机关要充分认识开展文明执法教育活动的重要性、必要性，通过学习、整改，达到以下目标：

(一)端正执法理念，坚持执法为民。各级地税机关必须切实提高思想认识，牢固树立正确的执法理念，坚持以人为本，真正明确税务执法就是履行法律、法规、规章赋予的职责，执法就是服务，执法就是维护纳税人利益的执法理念，坚决纠正执法就是管人、执法就是“完成指标”等错误认识。

(二)改进执法作风，坚持文明执法。各级地税机关要按照法定权限和程序执法，遵循公平、公正、公开原则，平等对待纳税人，做到严格执法、公正执法、文明执法。坚决纠正执法过程中趾高气扬、态度冷漠、敷衍塞责，甚至言行粗暴、动辄训斥等现象；坚决纠正吃拿卡要，以税谋私，故意刁难，收人情税、关系税等现象；坚决纠正乱检查、乱收费、乱罚款、乱摊派，以及设置税务处罚“陷阱”等现象；坚决纠正门难进、脸难看、话难听、事难办等现象。

(三)规范执法行为，积极探索高效便民的税务执法方式。减少环节、简化程序、提高效率、方便纳税人、强化服务。推行分类和动态的监督方式，按照纳税人的信用等级，实施远距离、近距离或零距离管理，杜绝对纳税人的多头重复检查，做到既严格执法、履行职责，又不执法扰民。尽量减少税务处罚自由裁量权，能够采用多种方式纠正违法行为，实现执法目的的，应当采取对纳税人权益损害最小的方式。建立以教育为主的预警执法制度，进一步明确执法岗位、执法责任，消除税务执法中的盲点和死角。

在开展文明执法教育活动中，必须坚持以下三个原则：

一是坚持统筹兼顾，务求实效。各级地税机关要把学习教育与日常工作紧密结合起来，与规范执法行为、提高执法水平结合起来，与全面推行税收执法责任制结合起来，与税收执法专项检查结合起来。不搞形式主义，不做表面文章，提高针对性，突出实效性，切实做到学习教育和税务执法两不误、两促进。

二是坚持正面教育，边学边改。要树立和宣传先进典型，弘扬正气，引导地税执法人员对照先进找差距，解决存在的问题。本着互相帮助、共同提高的目的，开展批评与自我批评，纠正错误的执法理念和行为，同时要掌握政策，不搞群众运动，不搞人人过关。

三是坚持文明执法与严格执法相结合。各级地税机关在开展文明执法教育活动中要严格按照《税收征管法》和依法治税的要求，深入开展“严格执法，有税必收，积极预防和严肃查处地税工作人员失职渎职行为”专项行动，通过“十查十看”，严格责任追究，狠抓制度落实，实现税源、税种、票证、收入、稽查、经费财务等各项管理的制度化、规范化、精细化，不断提升税收执法和行政管理的质量和水平。要通过细致有效的工作、坚持不懈的努力、亲民务实的作风实现化解执法矛盾和坚持执法标准的“双赢”。

三、组织领导

省局成立“文明执法教育活动”领导小组，局主要领导任组长，其他局领导任副组长，有关处室负责人任成员，领导小组下设办公室，办公室设在省局基层工作处。各市、州、直管市、林区地税局要相应成立领导机构，分级组织本系统教育活动的开展。

四、时间安排

这次文明执法教育活动安排四个月时间，分为四个阶段，每个阶段一个月。

(一)学习动员阶段。一是研究部署、制定方案。各级地税机关要认真研究部署，制定切实可行的方案，逐级上报。各市、州、直管市、林区地税局领导小组人员名单和活动方案于2008年4月25日前上报省局领导小组。二是思想发动，广泛宣传。各地要召开干部动员大会，利用相关媒体和内部网络进行宣传，营造良好的教育活动氛围。三是学习讨论，提高认识。认真组织学习《行政许可法》、《行政处罚法》、《全面推进依法行政实施纲要》、《行政机关公务员处分条例》和与地税工作相关的法律法规规章。学习省局领导在“严格执法，有税必收，积极预防和严肃查处地税工作人员失职渎职”视频会议上的讲话。通过学习讨论，使干部职工充分认识依法行政、执法为民的重要性，牢固树立法治观念、原则观念、敬畏观念、珍惜职业观念、廉洁从税观念和低调做人观念，端正执法目的，树立正确的执法理念。四是丰富形式，增强效果。各级地税机关可结合实际，采取观摩学习、举办税务执法理论研讨会、发出文明执法倡议、开展税收执法检查等方式，提高教育活动效果。

(二)自我分析阶段。各级地税机关要认真开展“查执法理念、比执法作风、看执法行为”的讨论与交流活动，采取自己查、群众评的方法，分析单位和个人存在的问题；组织税务稽查案卷评查，查找执法过程中存在的问题；组织纳税人座谈或采取问卷调查的方式，广泛收集社会各界对地税机关的意见和建议。单位和执法岗位地税工作人员都要撰写执法情况分析材料，重点检查执法理念是否端正、执法作风是否文明、执法行为是否规范，认真分析问题存在的原因。

(三)整改落实阶段。针对查找出来的问题，紧紧围绕端正执法理念、改进执法作风、规范执法行为的要求制定整改措施，认真加以整改。个人的整改措施要经单位主要负责人签字同意，各市、州、直管市、林区地税局整改措施要报省局备案。整改措施确定后要通过一定方式在一定范围内公布，自觉接受纳税人和社会各界的监督。各地要联系本单位实际，有针对性地组织依法行政知识考试，提高税务执法队伍素质。对考试不合格者，要暂停税务执法资格，经再次学习考试合格后，方可继续上岗。同时，要对经过审核确认具有税务执法资格的合格执法人员重新登记。

(四)检查验收阶段。省局将组织检查组对各地教育活动开展情况进行检查验收。各市、州、直管市、林区地税局也要相应组织对本系统的检查。

五、工作要求

(一)各地对这次“文明执法教育活动”要予以高度重视，加强领导。根据本系统实际情况，确定教育活动的重点，保证教育活动取得扎扎实实的成效。

（二）及时宣传活动中涌现的先进典型，总结好的经验做法。各市、州、直管市、林区地税局每月至少向省局领导小组报送一次活动开展情况。活动结束后，及时报送总结材料。省局已在《湖北地税》杂志和内网上开办了“加强政府执行力建设”专栏，各地可将本单位活动开展情况、好的经验做法、干部职工撰写的心得体会通过内网FTP统一报送省局基层工作处，由基层工作处择优刊登，供学习交流。

省地方税务局关于开展“严格执法，有税必收，积极预防和严肃查处税收失职渎职行为”专项工作的通知

2008年4月18日　鄂地税发〔2008〕81号

为进一步规范税收执法行为，坚决防治和制止税收执法和日常行政管理过程中的失职渎职现象，省局于2008年4月15日召开了全省地税系统“严格执法，有税必收，积极预防和严肃查处税收失职渎职行为”视频会议。省局党组书记、局长许建国同志在会上作了重要讲话；省局党组成员、纪检组长许国勇同志对规范税收执法行为，预防和查处涉税失职渎职工作进行了安排部署；省局党组成员、副局长钟守英同志就如何贯彻落实会议精神，提出了明确要求。各地各单位要严格按照省局要求，扎实开展以“十查十看”为主要内容的“严格执法，有税必收，积极预防和严肃查处税收失职渎职行为”专项工作。现就有关事宜通知如下：

一、指导思想要明确

“严格执法，有税必收，积极预防和严肃查处税收失职渎职行为”专项工作的总体要求是以许建国局长在省局视频会议上的重要讲话精神为指导，加强政治理论学习，强化“六种观念”，坚持“四个凡是”，规范内部行政管理和税收执法行为，以查促改，规范管理，依法治税。

二、工作原则要明确

“严格执法，有税必收，积极预防和严肃查处税收失职渎职行为”专项工作，要坚持以下四项原则：

（一）坚持严格执纪执法的原则。一是要做到不论涉及哪个部门，不论涉及哪个级别的领导，只要违反党纪国法，发现一起，查处一起。二是要正确区分违纪与违法的界限，违法与犯罪的界限，正确适用党纪、政纪和法律法规。

（二）坚持预防和查处并重，更加注重预防的原则。开展专项工作的目的在于维护税收执法秩序，规范税收执法行为，切实做到依法治税。要在严格依纪依法查处失职渎职行为的同时，注重教育引导，预防和减少失职渎

职行为的发生。

（三）坚持宽严相济的原则。对执迷不悟、阳奉阴违，甚至我行我素、继续从事违纪违法活动的，要依纪依法严惩不贷；对主动说明问题，积极配合纪检监察部门处理问题的，可在法律许可的范围内予以宽大处理。

（四）坚持走群众路线的原则。要扩大宣传范围、加大宣传力度，广泛发动群众，主动听取群众意见，鼓励群众进行监督，提高发现、查处和预防失职渎职行为的能力。

三、主要内容要明确

“严格执法，有税必收，积极预防和严肃查处税收失职渎职行为”专项工作的主要内容是：对2005－2007年的税款征收、税务稽查、税款入库、发票管理、财务管理等方面的情况，开展“十查十看”活动。

（一）查税收政策执行，看有无漏征漏管户，有无擅自改变税率，不征少征税款的情况；

（二）查缓缴税款和减免税审批，看有无违规和越权审批、明缓实欠、随意减免，造成税款损失的情况；

（三）查待解专户管理，看有无违反管理规定，利用待解专户贪污、挪用、转移、截留国家税（费）收入的情况；

（四）查欠税追缴，看有无追缴措施不到位，不管不问，造成税款损失的情况；

（五）查涉税案件检查，看是否有案不查、查而不报、查多报少的情况；

（六）查涉税案件审理，看认定事实、适用法律是否正确，有无应罚不罚、以补代罚、以罚代刑，对应当移交司法机关处理的偷、逃、骗、抗税案件不移交的情况；

（七）查案件执行，看执行措施是否到位，有无追缴补、滞、罚不及时、不到位造成税款损失的情况；

（八）查发票发售环节，主要检查发票发售台账，看发售的发票是否符合核定的种类和数量，有无违规发售发票造成税款损失的情况；

（九）查税款入库，看是否有转引税款、调整级次、改变入库时间、积压税款的情况；

（十）查经费财务管理，看在基建工程、资产购置处置、招投标等过程中和招待费开支中有无以权谋私、徇私舞弊的情况。

四、检查重点要明确

“严格执法，有税必收，积极预防和严肃查处税收失职渎职行为”专项工作的检查重点方向是：

（一）房地产行业的税收情况；

（二）建筑安装业的税收情况；

（三）饮食、娱乐行业的税收情况。

五、时间安排要明确

“严格执法，有税必收，积极预防和严肃查处税收失职渎职行为”专项工作分为三个阶段进行：

（一）第一阶段：2008年4月下旬至5月底，为各地自查自纠阶段。在这一阶段，各地要严格按照省局要求，结合本地实际，扎实开展自查自纠工作，形成自查自纠书面报告于2008年6月10日前报送省局监察室。

（二）第二阶段：2008年6月中旬至6月底，为省局检查阶段。在这一阶段，省局将组织专班对各地的自查自纠工作进行全面检查。检查结果将在全系统予以通报。

（三）第三阶段：2008年7月初至7月底，为全面整改阶段。在这一阶段，各地要对暴露出来的问题进行全面整改，完善相关制度，规范税收管理，维护良好的税收征纳秩序。

六、工作要求要明确

（一）高度重视，加强领导。各地要从讲政治的高度，充分认识“严格执法，有税必收，有效预防和严肃查处税收失职渎职行为”专项工作的重要性和紧迫性，提高自查自纠工作的积极性和主动性。要由“一把手”亲自负责，分管领导具体负责，纪检监察部门组织协调，各职能部门密切配合，形成合力开展工作。在自查自纠和后续整改工作中，要做到有重点、有方案、有记录、有结果，采取多种方法措施，努力在全系统形成依法治税，预防和查处失职渎职行为的强劲态势。

（二）加强沟通和信息反馈。各地对在自查自纠过程中发现的重大问题、案件线索，对把握不准的问题，要及时逐级请示报告，必要时由上级进行审核把关，以争取工作的主动权。凡有弄虚作假、隐瞒不报、造成恶劣影响的，一经发现，省局将严肃追究单位“一把手”的责任。

（三）严肃纪律和积极整改。各地要妥善处理好自查自纠中发现的问题，本着尊重历史和客观公正的原则，充分考虑历史因素和执法环境，坚持惩前毖后和治病救人的方针，依法依纪妥善进行处理。要高度重视检查中发现的问题，该纠正的纠正，该完善的完善，务必按期整改到位。这里，省局重申，凡是整改工作不力，继续顶风违纪、造成重大损失的单位负责人，将就地免职。

（四）严格规范管理。各地要严格按照《税收征管法》和依法治税的要求，建立健全内控机制和岗责体系，改革管理体制和机制，优化业务流程，科学分解权力，实现决策权和执法权的分离。同时，要强化日常考核，严格责任追究，狠抓制度落实，实现税源、税种、票证、收入、稽查、经费财务等各项管理的制度化、规范化、精细化，不断提升税收执法和行政管理的质量和水平。各级领导干部要按照党风廉政建设责任制和“一岗双责”的要求，一手抓收入，一手抓党风廉政建设，努力把该做的事做到位，把应尽的职责尽到位。

（五）各级纪检监察机构要认真履行职责。全系统的各级纪检监察机构，要切实负起责任，主动查处各种失职渎职案件，勇于纠正各种失职渎职行为。要秉公执纪、敢抓敢管，坚决按照法律和制度办事，严肃查处不手软。凡是有案不查、有案不办的，就是失职，也将受到党纪政纪的追究。

（六）对于主动说明问题的，可予以宽大处理。凡是在税收执法和行政管理工作中有玩忽职守、滥用职权、徇私舞弊等失职渎职和贪污受贿问题的人员，要在4月30日前到各级地税纪检监察部门交代情况、说明问题，争取宽大处理。对那些主动说明问题的，各级纪检监察机构要做好相应的登记和调查取证工作，把一些潜在的问题和隐患消灭在萌芽状态，从而最大限度地教育保护干部。凡是执迷不悟、阳奉阴违，甚至我行我素、继续从事违法违纪活动的腐败分子，省局将发现一起，查处一起，决不手软。

省地方税务局关于进一步加强全省地方税收稽查工作的通知

2008年4月25日　鄂地税发〔2008〕86号

几年来，全省地税稽查部门在各级地税局党组的正确领导下，坚持围绕地税中心工作，发挥稽查职能作用，加强涉税案件查处，开展税收专项检查，整顿规范税收秩序，推进依法治税，优化稽查服务，取得了明显成绩。同时，也反映出一些需要解决的问题。为了深入贯彻落实党的十七大精神，加强和推进全省地税稽查工作，现提出以下工作要求：

一、坚持用科学发展观统领税务稽查工作

党的十七大指出，要坚持以科学发展观统领经济社会发展全局。全省各级地税局稽查部门，要深入学习贯彻党的十七大精神，进一步领会和把握科学发展观的基本内涵和精神实质，增强贯彻落实的自觉性，坚持以科学发展观统领税务稽查工作。要坚持聚财为国、执法为民的税收工作宗旨，突出税务稽查的打击和服务职能，严格依法稽查，努力为社会经济发展营造公平公正的税收环境。要牢固树立服务理念，把税务稽查工作与服务经济发展、服务税收中心工作和服务纳税人有机地结合起来，促进和谐税收征纳关系的建立。要以改革的精神寻求税务稽查工作发展的新途径，以科学的态度创造税务稽查工作的新方法，推动税务稽查工作不断进步。要坚持把提高办案质量、增强税务稽查的威慑力，作为案件查处的中心环节来抓，进一步提高稽查工作的质量和效率。要以队伍为根本，以制度为基础，打牢稽查工作基础，实现稽查工作全面协调可持续发展。

二、进一步突出税务稽查重点

全省各级稽查部门，要进一步明确职能，真正实现由“收入型”向“执法型”、“数量型”向“质量型”、“普遍型”向“重点型”的转变。改变以往存在的对所有纳税人实行普查检查，或者“几年查一次，一次查几年”的轮回检查方式。要坚持以整顿规范税收秩序为主线，以推进依法治税为目标，建立科学的稽查选案机制，突出稽查重点，切实加强对涉税违法案件的查处，加强对重点企业的审计式稽查，加强对重点行业的税收专项检查，突出抓好公民举报案件、上级交办案件、部门转办案件、涉嫌违法案件特别是大案、要案的查处工作。

三、切实提高案件查处质量

查处涉税案件的本质要求是增强税务稽查的威慑力，推进依法治税。各级稽查部门在涉税案件查处中，要牢固树立质量意识，坚持质量第一、好中求快，切实纠正稽查工作重数量、轻质量的倾向，在提高案件查处质量上下功夫。要发扬求真务实精神，改进稽查工作作风，创新稽查方法，大力推行解剖式、分析式、调查式稽查，真正把每一起案件查实、查全、查深、查透，做到四个“查清”，即查清纳税人的经营和收入情况，查清纳税人申报纳税情况，查清主管税务机关征管情况，查清税收政策执行情况。对查处的案件要严格依法作出税务处理、处罚决定，并认真执行到位。对涉嫌犯罪和违纪的案件，必须及时移送公安机关和纪检监察部门。要全面推行稽查工作责任制、首查终身负责制，认真落实责任追究制度。要建立科学的促进依法稽查的工作评估考核体系，坚持以质量为核心，以选案准确率、查案正确率、结案入库率、违法处罚率等为重点，完善稽查工作考核制度，努力把查处的每起案件都办成铁案。

四、大力推行分级分类检查制度

推行分级分类检查制度，目的在于突出稽查重点，增强执法刚性，提高稽查效率，加强对重点税源的监控。要认真执行《湖北省地方税收分级分类稽查暂行办法》，明确稽查重点，区分检查权限。省局稽查局负责全省年纳税额3000万元以上重点纳税人的检查，市（州）、县（市、区）稽查局要根据各自税源情况和征管实际，选择纳税额达到一定规模的纳税人作为检查重点，并将实施分类稽查重点户的标准、数量报上一级稽查局备案，逐步形成特大企业省局查、中等企业市（州）局查，小型企业县(市)局查的稽查工作格局。

五、全面规范税务稽查执法行为

规范税务稽查执法行为,是推进依法治税、建设法治政府的基本要求,是加强稽查工作科学化精细化管理、防范和化解稽查执法风险的重要手段,是提高税务稽查效率与质量的必由之路。省局确定,今年为全省稽查工作规范年,从今年开始,用两至三年时间,实现全省地税稽查工作的全面规范。各地要切实统一对规范税务稽查执法行为的思想认识,增强全体稽查人员的责任感和紧迫感。要认真学习、深刻领会、严格执行《湖北省地方税务稽查工作规范》。要制定科学严密的稽查工作流程和权责明晰的岗位职责,做到职责分明,运行规范。要加强对规范化稽查推行过程中各环节的管理、考核和监督,严格执行责任追究制度,对失职、渎职或其他重大过失,损害纳税人合法权益和国家利益的,应依法依纪追究责任。要积极运用科技手段,加快稽查信息化建设步伐,加强计算机在税务稽查各个工作环节上的应用,以信息化带动规范化。要加强上级稽查局对下级稽查局的案件复查和工作督导,及时解决推行规范化稽查中存在的问题,推广好的作法和经验,促进全省税务稽查工作平衡发展。

六、抓好典型税务案件的分析和曝光工作

各级稽查部门要结合案件查处,加强案例分析工作,认真分析涉税案件和行业税务违法问题发生的原因、特点、规律、趋势,研究应对措施,逐步建立税务稽查案例库、重点企业和行业税务稽查信息资源库、行业税收检查指南和税案情报预警机制,并用以指导税务稽查执法实践,实现以查促查。要加强典型案件曝光,各级地税机关都要选择一些案情比较典型,涉案金额较大和有一定社会影响的税务案件,在新闻媒体进行曝光,市(州)局每年曝光案件不少于3起,县(市)局每年不少于2起。同时,要广泛宣传依法纳税的先进典型,进一步提高税务稽查的威慑力和纳税人的税法遵从度。

七、加强稽查与征管部门的良性互动

稽查与征收、管理都是税收工作的重要内容,三者既是相对独立的管理环节或部门,又是相互依存、相互制约、相互促进的有机整体。要按照以查促管的要求,广泛推行稽查与征收、管理部门之间的“一会两书三互动”制度,即征管查联席会议制度,由各级税务机关根据情况定期召开,相互通报工作情况,共同分析税收征管中存在的问题,研究改进措施;稽查部门结合检查情况向征收、管理部门反馈“征管质量建议书”,征收、管理部门根据稽查部门意见反馈“征管整改情况书”;完善稽查与征收、管理部门之间在执法服务上互动、税源监控上互动、纳税评估上互动的方法,建立起征管查各环节之间既相互分离,又形成整体;既相互制约,又相互促进的良性互动机制。

八、进一步加强稽查机构和稽查队伍建设

要在全面推行一级稽查体制的基础上,进一步健全相关制度,完善稽查体制,理顺运行机制。有条件的地方,可以逐步试行在市(州)全域范围内实行一级稽查体制。要加强稽查局领导班子建设,各级在配备稽查局领导班子时,要充分考虑稽查工作的特性,把思想素质好、业务能力强、具有一定组织协调能力的同志选拔配备到稽查局领导岗位上。省局重申,各级稽查局长的任免除按系统干部管理规定和程序办理外,同时要征求上一级稽查局的意见。市、县两级稽查局长的选拔,原则上采取竞争上岗的方式产生。要按照稽查人员占地税系统人员15%左右的比例要求,坚持“凡进必考、择优选用”的原则,调整充实稽查人员。要加大教育培训力度,积极创建学习型稽查组织,通过集中培训、以会代

训、岗位练兵等多种形式，开展业务学习活动。要积极鼓励和大力支持稽查干部参加在职学历教育，以及税务师、审计师、会计师和律师等执业资格的学习培训和考试，全面提高稽查队伍的整体素质。

九、切实加强对稽查工作的领导

加强领导是做好税务稽查工作的关键。各级地税机关及其领导，要充分认识税务稽查工作的重要性和加强稽查工作的紧迫性，把稽查工作列为重要工作内容，列入议事日程，定期听取稽查工作汇报，及时研究解决稽查工作中的重大问题。要全力支持稽查部门依法行政，独立执法，为稽查部门营造良好的工作环境。要确保稽查部门的办案经费，加大对稽查装备的投入力度，保障稽查工作正常开展，增强稽查工作的科技含量，推动稽查工作又快又好地发展。

省地方税务局关于支持服务业加快发展的实施意见

2008 年 4 月 29 日　鄂地税发〔2008〕90 号

为贯彻落实《省人民政府关于促进服务业加快发展的若干意见》(鄂政发〔2007〕057号)，发挥税收的调节和导向作用，支持我省服务业加快发展，现提出以下实施意见。

一、充分认识支持服务业加快发展的重大意义

加快发展服务业，提高服务业在三次产业结构中的比重，尽快使服务业成为国民经济的主导产业，是促进第三产业发展、优化全省经济结构、实现经济发展方式转变、推动经济又好又快发展的必由之路，是提升全省整体竞争力和综合实力、构建中部崛起重要战略支点的有效途径，是贯彻落实科学发展观、解决民生问题、促进社会和谐、全面建设小康社会的内在要求，是有效缓解能源资源短缺的瓶颈制约、改善生态环境、建设“两型”社会的迫切需要，也是顺应经济全球化趋势、扩大对外开放的客观需要。全省各级地税机关要认真学习领会党中央、国务院和省委省政府关于加快发展服务业的战略决策，充分认识促进服务业发展的重大意义，切实增强紧迫感和责任感，按照省局统一部署，认真履行职责，加强税收征管，优化纳税服务，强化执法监督，积极发挥税收职能作用，促进我省服务业快速健康发展。

二、认真落实有关支持服务业发展的税收政策

全省各级地税机关要用好用足用活有关税收政策优惠，切实支持服务业发展。

(一)对纳入试点的物流企业将承揽的运输业务分给其他单位并由其统一收取价款的，以该企业取得的全部收入减去付给其他运输企业的运费后的余额为营业额计算征收营业税；试点企业将承揽的仓储业务分给其他单位并由其统一收取价款的，以该企业取得的全部收入减去付给其他仓储合作方的仓储费后的余额为营业额计算征收营业税。

（二）对物资储运企业缴纳城镇土地使用税确有困难的，可向地方税务机关申请减免城镇土地使用税。

（三）对从事物流服务的港口码头（泊位，包括岸边码头、伸入水中的漂码头、堤岩、堤坝、栈桥等）用地，免征土地使用税；对港口的露天堆货场用地，企业纳税确有困难的，可向地方税务机关申请减免城镇土地使用税。

（四）对物流企业在我省范围内设立的跨区域机构（包括场所、网点），凡在总部统一领导下统一经营、统一核算，不设银行结算账户、不编制财务报表和账簿，并与总部微机联网、实行统一规范管理的企业，其企业所得税由总部统一缴纳，跨区域机构不就地缴纳企业所得税。

（五）对国家邮政局及其所属邮政单位提供邮政普遍服务和特殊服务业务（具体为函件、包裹、汇票、机要通信、党报党刊发行）取得的收入免征营业税。享受免税的党报党刊发行收入按邮政企业报刊发行收入的70％计算。

（六）由软件企业用于研究开发软件产品和扩大再生产，不作为企业所得税应税收入，不予征收企业所得税；对新办的软件生产企业经认定后，自获利年度起，第一年和第二年免征企业所得税，第三年至第五年减半征收企业所得税；对国家规划布局内的重点软件生产企业，如当年未享受免税优惠的，减按10％的税率征收企业所得税；对软件生产企业的职工培训费用，可按实际发生额在计算应纳税所得额时扣除。

集成电路设计企业视同软件企业，享受上述软件企业的有关企业所得税政策。

（七）集成电路生产企业的生产性设备，经主管税务机关核准，其折旧年限可以适当缩短，最短可为3年；投资额超过80亿元人民币或集成电路线宽小于0.25um的集成电路生产企业，可以减按15％的税率缴纳企业所得税，其中，经营期在15年以上的，从开始获利的年度起，第一年至第五年免征企业所得税，第六年至第十年减半征收企业所得税。

对生产线宽小于0.8微米（含）集成电路产品的生产企业，经认定后，自获利年度起，第一年和第二年免征企业所得税，第三年至第五年减半征收企业所得税。

（八）对单位和个人从事技术转让、技术开发业务和与之相关的技术咨询、技术服务取得的收入免征营业税。

（九）对企业为开发新技术、新产品、新工艺发生的研究开发费用，未形成无形资产计入当期损益的，在按照规定据实扣除的基础上，按照研究开发费用的50％加计扣除；形成无形资产的，按照无形资产成本的150％摊销。

（十）对企业一个纳税年度内的技术转让所得不超过500万元的部分，免征企业所得税；超过500万元的部分，减半征收企业所得税。

（十一）对符合国家规定条件的从事科技成果转化、高新技术企业孵化、创新创业人才培养的科技企业孵化器（也称高新技术创业服务中心，以下简称孵化器）、国家大学科技园（以下简称科技园），自2008年1月1日至2010年12月31日，对孵化器、科技园自用以及无偿或通过出租等方式提供给孵化企业使用的房产、土地，免征房产税和城镇土地使用税；对其向孵化企业出租场地、房屋以及提供孵化服务的收入，免征营业税。

（十二）创业投资企业采取股权投资方式投资于未上市的中小高新技术企业2年以上的，可以按照其投资额的70％在股权持有满2年的当年抵扣该创业投资企业的应纳税所得额；当年不足抵扣的，可以在以后纳税年度结转抵扣。

（十三）对非盈利性科研机构自用的房

产、土地，免征房产税、城镇土地使用税。

（十四）对保险公司开办的符合免税条件的保险产品取得的保费收入免征营业税。

（十五）对农村信用社取得的金融保险业应税收入按3%的税率征收营业税；对经国家批准确认的融资租赁企业，可按规定享受融资租赁业务的营业税优惠政策。

（十六）对我省农村信用社自用的房产、土地应缴纳的房产税和城镇土地使用税，从2005年至2009年实行困难性减免。

（十七）对行使国家行政管理职能的中国人民银行总行（含国家外汇管理局）所属分支机构自用的房产、土地，免征房产税、城镇土地使用税。

（十八）对纳入全国试点范围的非营利性中小企业信用担保、再担保机构从事担保业务取得的收入，凡符合国家规定免税条件的，3年内免征营业税。

（十九）为农业、林业、牧业提供生产服务使用农业机械进行耕作（包括耕耘、种植、收割、脱粒、植保等）取得的收入，以及对农田进行灌溉或排涝业务取得的收入，免征营业税。

（二十）从事农业、林业、牧业、渔业的病虫害测报和防治业务取得的收入，免征营业税。

（二十一）为种植业、养殖业、牧业种植和饲养的动植物提供保险业务取得的收入，免征营业税。

（二十二）从事家禽、牲畜、水生动物的配种和疾病防治业务以及与该项劳务有关的提供药品和医疗用具的业务，其取得的收入，免征营业税。

（二十三）提供与农业机耕、排灌、病虫害防治、植保业务相关的技术培训业务，以及为使农民获得农牧保险知识的技术培训业务，其取得的收入，免征营业税。

（二十四）对企业从事灌溉、农产品初加工、兽医、农技推广、农机作业和维修等农、林、牧、渔服务业项目的所得，免征企业所得税。

（二十五）直接用于农、林、牧、渔业的生产用地，免征城镇土地使用税。

（二十六）对纳入农产品连锁经营试点范围，且食用农产品收入设台账单独核算的企业（以下简称试点企业），自2006年1月1日起至2008年12月31日止经营食用农产品的收入可以减按90%计入企业所得税应税收入。食用农产品范围按商建发〔2005〕1号文件执行。试点企业建设的冷藏和低温仓储、运输为主的农产品冷链系统，可以采用双倍余额递减法或年数总和法计提折旧。

（二十七）对工商行政部门统一管理的集贸市场用地暂免征城镇土地使用税。

（二十八）对为“三农”服务的水利设施及其管护用地（如水库库区、大坝、堤防、灌渠、泵站等用地），免征城镇土地使用税。

（二十九）对农村服务于农业、渔业生产的拖拉机、捕捞和养殖渔船免征车船税。

（三十）对农村客运车船和农民自用摩托车暂免征收车船税。

（三十一）对企业从事国家重点扶持的港口码头、机场、铁路、公路、城市公共交通、电力、水利等公共基础设施项目的投资经营的所得，自项目取得第一笔生产经营收入所属纳税年度起，第一年至第三年免征企业所得税，第四年至第六年减半征收企业所得税。

（三十二）对非营利性医疗机构按照国家规定的价格取得的医疗服务收入，免征营业税；对非营利性医疗机构自用的房产、土地，免征房产税、城镇土地使用税。

（三十三）对营利性医疗机构取得的收入，直接用于改善医疗卫生条件的，自其取得执业登记之日起，3年内给予下列优惠：对其取得的医疗服务收入免征营业税，对其自用的房产、土地免征房产税、城镇土地使用税。

（三十四）对疾病控制机构和妇幼保健机

构等卫生机构按照国家规定的价格取得的卫生服务收入免征营业税；对疾病控制机构和妇幼保健机构等卫生机构自用的房产、土地，免征房产税、城镇土地使用税。

（三十五）对我省文化体制改革试点地区的因自然灾害等不可抗力或承担国家指定任务而造成亏损的文化单位，经批准，免征经营用土地和房产的城镇土地使用税和房产税。

（三十六）对从事学历教育的学校提供教育劳务取得的收入，免征营业税。

（三十七）纪念馆、博物馆、文化馆、美术馆、展览馆、书（画）院、图书馆、文物保护单位举办文化活动所售第一道门票收入，免征营业税。

（三十八）对电影发行单位向放映单位收取的发行收入，免征营业税。

（三十九）对科普单位的门票收入，以及县及县以上（包括县级市、区、旗）党政部门和科协开展的科普活动的门票收入免征营业税。对科普单位进口自用科普影视作品播映权免征其应为境外转让播映权单位代扣（缴）的营业税。

（四十）旅游企业组织旅游团在中国境内旅游的，以收取的旅游费减去替旅游者交付给其他单位的房费、餐费、交通、门票和其他代理费用后的余额为营业额。旅游企业组织旅游团到中华人民共和国境外旅游，在境外改由其他旅游企业接团的，以全程旅游费减去付给该接团企业的旅游费后的余额为营业额。

（四十一）对托儿所、幼儿园提供养育服务取得的收入，免征营业税。

（四十二）对政府举办的职业学校设立的主要为在校学生提供实习场所，并由学校出资自办、由学校负责经营管理、经营收入归学校所有的企业，对其从事营业税暂行条例“服务业”税目规定的服务项目（广告业、桑拿、按摩、氧吧等除外）取得的收入，免征营业税。

（四十三）对高校后勤实体经营学生公寓和教师公寓及为高校教学提供后勤服务取得的租金和服务性收入，免征营业税。

（四十四）对社会性投资建立的为高校学生提供住宿服务并按高教系统统一收费标准收取租金的学生公寓取得的租金收入，免征营业税。

（四十五）对设置在校园内的实行社会化管理和独立核算的食堂，向师生提供餐饮服务取得的收入，免征营业税。

（四十六）对于纳税人通过中国境内非营利的社会团体、国家机关向教育事业的捐赠，准予在企业所得税和个人所得税前全额扣除。

（四十七）对企事业单位、社会团体和个人等社会力量，通过非营利性的社会团体和国家机关对公益性青少年活动场所（其中包括新建）的捐赠，在缴纳企业所得税和个人所得税前准予全额扣除。

（四十八）对单位及个人兴办的各类学校、医院、托儿所、幼儿园、福利院自用的房产、土地，免征房产税、城镇土地使用税。

（四十九）对财产所有人将财产赠给学校所立的书据，免征印花税。

（五十）国家机关、事业单位、社会团体、军事单位承受土地房屋权属用于教学、科研的，免征契税。

（五十一）经国务院有关部门认定的动漫企业自主开发、生产动漫产品，可申请享受国家现行鼓励软件产业发展的所得税优惠政策；动漫企业自主开发、生产动漫产品涉及营业税应税劳务的（除广告业、娱乐业外），暂减按3%的税率征收营业税；对动漫企业在境外提供劳务获得的境外收入不征营业税，境外已缴纳的所得税款可按规定予以抵扣。

（五十二）对学校、幼儿园、敬老院用地及事业单位用于教学、科研占地免征耕地占用税。

（五十三）对养老院类的养老服务机构提

供的养老服务免征营业税,对各类非营利性养老服务机构免征自用房产、土地的房产税、城镇土地使用税。

(五十四)自2006年1月1日起至2010年12月31日,对企事业单位、社会团体和个人等社会力量通过国家批准成立的非营利性的公益组织或国家机关对宣传文化事业的公益性捐赠,经税务机关审核后,纳税人缴纳企业所得税时,在年度利润总额12%以内的部分,可在计算应纳税所得额时予以扣除;纳税人缴纳个人所得税时,捐赠额未超过纳税人申报的应纳税所得额30%的部分,可从其应纳税所得额中扣除。

(五十五)对商贸企业、服务型企业(除广告业、房屋中介、典当、桑拿、按摩、氧吧外)、劳动就业服务企业中的加工型企业和街道社区具有加工性质的小型企业实体,在新增加的岗位中,当年新招用持《再就业优惠证》人员,与其签订1年以上期限劳动合同并依法缴纳社会保险费的,按实际招用人数按每人每年4000元定额标准依次扣减营业税、城市维护建设税、教育费附加和企业所得税。

(五十六)对持《再就业优惠证》人员从事个体经营的(除建筑业、娱乐业以及销售不动产、转让土地使用权、广告业、房屋中介、桑拿、按摩、网吧、氧吧外),按每户每年8000元为限额依次扣减其当年实际应缴纳的营业税、城市维护建设税、教育费附加和个人所得税。

(五十七)对国有大中型企业通过主辅分离和辅业改制分流安置本企业富余人员兴办的经济实体(从事金融保险业、邮电通讯业、娱乐业以及销售不动产、转让土地使用权,服务型企业中的广告业、桑拿、按摩、氧吧,建筑业中从事工程总承包的除外),凡符合国家规定条件的,经国资委、劳动保障部门认定,税务机关审核,3年内免征企业所得税。

(五十八)对残疾人个人为社会提供的劳务免征营业税。

(五十九)对残疾人个人取得的劳动所得,减半征收个人所得税。

(六十)为安置自主择业的军队转业干部就业而新开办的企业,凡安置自主择业的军队转业干部占企业总人数60%(含60%)以上的,经主管税务机关批准,自领取税务登记证之日起,3年内免征营业税和企业所得税。

(六十一)对为安置自谋职业的城镇退役士兵就业而新办的服务型企业(除广告业、桑拿、按摩、网吧、氧吧外),当年新安置自谋职业的城镇退役士兵达到职工总数30%以上,并与其签订1年以上期限劳动合同的,经县级以上民政部门认定,税务机关审核,3年内免征营业税及其附征的城市维护建设税、教育费附加和企业所得税。

(六十二)企业从事国家规定的符合条件的公共污水处理、公共垃圾处理、沼气综合开发利用、节能减排技术改造、海水淡化等环境保护、节能节水项目的所得,自项目取得第一笔生产经营收入所属纳税年度起,第一年至第三年免征企业所得税,第四年至第六年减半征收企业所得税。

(六十三)对符合国家规定条件的小型微利服务企业,减按20%的税率征收企业所得税。

三、强化责任,狠抓落实

(一)加强组织领导。为切实把省委省政府的决定落到实处,省局成立主要负责人为组长,分管局领导为副组长,法规、税政、征管等处室负责人为成员的领导小组,统一部署和协调支持服务业发展工作。各地都要明确责任单位和责任人,形成主要领导亲自抓,分管领导具体抓,相关业务部门负责督导落实的工作机制。

(二)加强税收宣传。要采取多种形式,通过多种渠道,全方位、多层次地宣传支持服务业发展的相关税收优惠政策,让纳税人及时、全面、准确地了解政策规定、实施条件及具体操作程序，营造宽松的政策环境，积极引导我省服务业快速健康发展。

（三）加强纳税服务。要认真落实服务承诺制度、税收执法公示制度和政务公开制度，大力推行“一窗式”、“一站式”服务，优化办税流程，规范税务行政许可和行政审批，减少审核、审批环节，简化办事程序，提高服务质量和水平，为服务业发展提供优良的经营环境。

（四）加强检查督办。要把支持服务业发展的税收政策执行情况纳入年度税收执法检查的重要内容，通过检查，及时发现和纠正政策不落实、不及时、不到位等问题，督导落实，强化责任。要严格执行税收执法过错责任追究制度，对政策执行不力的单位和人员，实施责任追究，确保税收政策落实到位。

省地方税务局关于燃气管道初装费营业税政策问题的通知

2008 年 4 月 29 日　鄂地税发〔2008〕93 号

为贯彻落实《湖北省关于老年人享受优待服务的规定》（省政府第 301 号令）精神，认真做好老年人优待服务工作，现就有关营业税政策问题通知如下：

一、对燃气公司为独居老人安装燃气管道收取的初装费免征营业税。

二、燃气公司为独居老人安装燃气管道的，应提供独居老人的《居民身份证》、《湖北省老年人优待证》、县级老龄办的证明和自有房产以及独立户口的证明，在其经营地主管地税机关申请办理减免税手续，可享受上述营业税优惠政策。

三、燃气公司应单独核算为独居老人安装燃气管道收取的初装费收入。

省地方税务局关于严格税收执法　严肃收入纪律切实加强执行力建设有关问题的通知

2008 年 4 月 30 日　鄂地税发〔2008〕94 号

近期，财政部驻湖北专员办、审计署驻武汉特派办对我省部分地税机构以前年度税收执法情况及收入纪律执行情况进行了专项检查。检查发现,部分单位在税收执法中存在征管不力、执法不严等问题,部分单位在执行收入纪律方面存在违规行为,这些问题与严格执法、文明执法的要求相背离,与提高政府执行力的要求相背离,应当引起全省各级地税部门的高度重视。

一、检查发现的主要问题

(一)税收征管工作中存在的问题

一是政策执行不到位,管理检查缺失。如一些征管部门违反税收政策规定(除房地产开发企业所得税不得事先实行核定征收外),对收入成本核算不实,符合核定征收情形的纳税人企业所得税未实行核定征收,造成少征税款。对纳税人缺乏有效的日常管理与检查监督,造成纳税人将应税收入通过往来科目长期挂账,不作收入核算,不进行纳税申报。

二是税款入库不及时,欠税统计失实。如一些单位未能及时将应征税款征收入库,致使企业大量欠税,且在欠税期间没有积极采取追缴措施,及时将税款征收入库,造成欠税长期积压。在欠税的统计核算中,一些单位未将欠税在"待征税金变动情况月报表"中足额反映,影响了各级主管部门准确掌握欠税数额。

三是管理审查不严格,税收隐形流失。如一些单位对纳税人汇算清缴企业所得税未实行严格审核,造成企业跨年度列支费用或虚列费用,人为减少应纳税额。对个人所得税代扣代缴情况审查不细,造成扣缴义务人在费用科目或往来科目列支的津补贴未足额扣缴个人所得税。

(二)执行收入纪律中存在的问题

一是违规设立过渡户。一些单位违反账户管理规定,未经主管部门批准违规设立税款过渡账户,随意调控入库进度。

二是收入划解不及时。一些单位在违规使用过渡账户时,待解税费入库不及时,资金长期滞留于过渡账户。

三是会计核算不规范。一些单位对违规进入过渡账户的税费收入没有进行分类核算,明细不清,核算混乱。

四是虚收现象未杜绝。少数单位采取由财政划拨、企业入库的空转形式虚收企业所得税,收入存在水分。

二、整改要求

全省各级地税部门要从推进依法治税的高度,从预防和制止税收执法中失职渎职行为的角度,从强化税收执法、改进工作作风的需要出发,充分认识上述问题的严重性与危害性,在系统内全面开展自查整顿工作,将查找解决问题与"提高政府执行力大讨论活动"结合起来,与全系统开展的"文明执法教育活动"结合起来,深入查改,务求实效。

一是要认真落实整改措施。各级地税部门要认真落实全省地税系统"严格执法、有税必收、积极预防和严肃查处税收失职渎职行为"视频会议精神,围绕税收执法与收入管理工作各个环节,重点对近年来税款征收、税务稽查、税款入库、发票管理等方面的情况进行严格的自查自纠,通过深入开展"十查十看"活动,认真查找工作中存在的各类问题,并将检查结果按时向省局有关部门报送。

二是要全面规范执法行为。各级地税部门要认真贯彻依法征税,应收尽收,坚决不收过头税,坚决制止和防止越权减免税的组织收入原则,增强税收法治观念和原则观念,严格执行税收政策,认真履行工作职责,及时纠正和查处涉税违法违规行为,进一步加强房地产业、建筑业、饮食娱乐业税收控管。要严格执行减免税审批权限,加强对欠税的管理和追缴。对于有税不收、执法不严、违法不究现象,省局将严格实行责任追究。

三是要严格执行收入纪律。全省各级地税部门要自觉遵守收入纪律,坚决取消违规设立的过渡账户，切实加强对地税收入待解专户的管理监督，务必做到核算清晰、运行规范、入库及时，确保资金安全。要加强对税款入库的管理监督，尽量减少税款缴库环节。要高度重视收入质量，彻底挤干收入水分，坚决杜绝空转虚收现象。任何单位或个人出现违规行为，省局都将严肃处理，绝不迁就。

省地方税务局关于印发《湖北省地方税务局机关应急处理和值班制度》的通知

2008年5月6日　鄂地税发〔2008〕98号

2008年4月30日，《湖北省地方税务局机关应急处理和值班制度》已由局务会议通过，现印发给你们，请遵照执行。

湖北省地方税务局机关应急处理和值班制度

为贯彻落实省政府建立政务快捷反应机制的工作要求，提高政府执行力，有效强化省局机关管理，提高办事效率，确保政令畅通，确保省局机关安全和各项工作有序运转，特制定本制度。

值班职责与场所

第一条　省局机关实行公务员和干部值班工作制度。值班室设在局办公大楼一楼。

第二条　省局机关值班单位为省局各处室、各直属单位(在泰华大厦内办公的单位)。值班人员为正式公务员和干部。

第三条　值班人员的工作职责是：

(一)值守省局机关值班室；

(二)负责来访人员的登记及联系会见；

(三)负责接听电话并填写电话记录，签收、登记送达值班室的各类文电，并按有关工作程序和领导指示办理或移交；

(四)接收、报送各地税务机关上报的紧急重大事项；

(五)完成上级机关和领导交办的与值班工作相关的工作任务。

第四条　省局机关值班实行局领导带班制。每日带班局领导为当日值班人员所在单位的分管局领导。局领导在带班期间一般不安排到武汉市外出差。带班局领导的主要职责是：负责协调处理值班期间发生的各类突发事件及安全事项；接待重要上访人员；对分管处室的值班情况进行检查、督导，并负领导责任。

第五条　省局机关的应急处理和值班工作由局长负总责，分管办公室工作的局领导负责协调管理，办公室负责具体组织实施。办公室的具体职责是：

(一)负责制定省局机关应急处理和政务

值班工作制度，并监督制度执行；

（二）负责编制省局机关应急处理和值班室值班表，并组织安排落实；

（三）对各单位值班情况进行督促、检查、考核，通报执行情况；

（四）协调处理各级税务机关上报的重大事项及突发事件；

（五）负责对各级地税机关应急处理和值班工作的指导、监督、检查、培训。

第六条　机关服务中心负责值班室有关办公、住宿设施的配置，提供值班期间的后勤服务保障；泰华大厦负责值班室的被褥清洗。

值班时限与要求

第七条　省局机关值班时间为昼夜24小时值班。白班为当日早上8时至当日晚上8时，夜班为当日晚上8时至次日早上8时。每轮值班天数为值班单位的正式公务员和干部人数。在值班时间内，由谁值班、谁值白班或夜班由各处室、直属单位自行安排并报办公室备案，由办公室在局内网上公布。办公室只排各单位值班时间表。

第八条　省局机关值班室配备值班电话、传真机，备有床位供值班人员夜晚休息，被服每日更换一次，并保证热水供应。

第九条　值班人员应在规定时间前10分钟到岗，做好值班准备工作，着重检查：值班电话是否畅通，传真机是否可以正常使用；值班资料（电话号码本、电话记录本、值班登记本、收文登记本等）是否齐全；生活设施是否可以正常使用。如有问题，应及时通知有关部门维修和补充。

第十条　值班人员要坚守值班工作岗位，履行岗位职责，不擅离值班室；不带与值班无关的人员上岗，不得在值班室内聚众打牌、聊天；不得将值班电话呼叫转移到手机上；注意仪容仪貌，自觉保持值班室的清洁卫生；接听电话和接待来访要礼貌用语，主动热情；注意安全，保守秘密，保管好值班室的各类工作资料和办公室设备。

第十一条　值班人员在值班结束后，要及时整理值班室，确保值班室干净、整洁。认真填好《值班日志》并做好交接工作，当班的事务原则上要处理完毕，做到不拖拉、不推诿，未处理完毕的事情，要给接班的同志交代清楚。

第十二条　值班人员在值班期间原则上不承担本单位其他工作任务。值班人员如有特殊情况不能按时值班，要提前向本单位主要负责人请假，由单位负责人对值班人员进行调整，并报办公室备案。值班人员用餐或短时间离开值班岗位应指定人员代班。

第十三条　值班人员值守24小时，由处室安排调休一天；值守12小时可安排调休半天。双休日值班补休。7个法定节假日值班另行安排。

第十四条　省局将机关值班纳入各处室、各直属单位的目标责任制考核内容，进行检查、考核、奖惩。值班人员因玩忽职守而贻误工作，除要追究当事人责任外，还须追究其所在单位主要负责人的连带责任。

值班方法与流程

第十五条　值班人员接待外来办事人员及来访群众，应主动询问其求见人或办理事项，查验有效证件，以电话联系求见人或事项办理单位。对准予进机关办公区域的人员进行登记管理。

第十六条　值班人员接听上级部门和有关单位的公务电话，属需要办理的事项，应在制式的电话记录本上详细、清晰地记录，按电话记录本上规定的要素填写完整，及时报告和送交局办公室处理；接到省政府等上级机关的领导或秘书以及应急办的电话，要立即按电话要求报告，不管何时、何种情况，都要即接即报。需要找领导同志的，要立即接通电话，并在5分钟之内回告联系结果。

属咨询电话，可视情况自行解答或转请有关工作部门解答。

第十七条　值班人员接收上级部门和有关单位的各类文电，要办理签收手续，在收文登记本上就相关要素进行登记，及时传递给办公室文书岗处理，保密文件传递给机要员处理。紧急公文要随到随传。

第十八条　值班人员接到下级单位报送的紧急重大事项的报告，以电话形式报送的要做好记录，以电传形式报送的要做好接收并进行公文登记，及时向带班领导报告，并按领导指示协助做好应急处理工作。

第十九条　值班人员在值班期间对于保密文件和特殊信息的处理要严格按照保密法规和保密制度的规定办理，不得有违反保密规定的情况发生，如有泄密情况将追究当事人的责任。

省地方税务局关于印发《湖北省地方税收分级分类稽查暂行办法》的通知

2008年5月6日　鄂地税发〔2008〕99号

《湖北省地方税收分级分类稽查暂行办法》已经省局办公会讨论通过，现印发给你们，请遵照执行。执行中遇到的问题，请及时向省局（稽查局）反映。

湖北省地方税收分级分类稽查暂行办法

第一条　为突出稽查重点，增强执法刚性，提高稽查效率，加强对重点税源的监控，根据《中华人民共和国税收征收管理法》和《税务稽查工作规程》及相关规定，制定本办法。

第二条　分级分类稽查是指按照纳税人（包括扣缴义务人，下同）年缴纳的地方税收总额，将其划分为大、中、小三类，由省、市、县三级地方税务局稽查局分别组织实施重点检查的稽查实施模式。

第三条　各级地方税务局稽查局实施分类稽查的重点纳税户的标准和数量，应根据纳税人总户数、日常税收征管水平、税收秩序环境和税务稽查力量等情况确定，并做到上下之间相互衔接。

第四条　省地方税务局稽查局直接稽查的大型纳税户的标准，目前暂定为年缴纳（代扣代缴）地方税收3000万元以上的企业和单位。市（州）、县（市、区）地方税务局稽查局重点稽查的纳税户的标准和户数由各地根据实际情况确定，并分别报省、市（州）地方税务局稽查局备案。

第五条　纳入各级地方税务局稽查局分类稽查的重点户确定后3年内不得改变，3

年后如纳税数额低于确定的标准的可作调整。新达到确定标准的纳税户，应在次年分别纳入各级重点户的稽查范围。

第六条 各级地方税务局稽查局对确定的重点稽查户，应书面告知下一级地方税务局稽查局和纳税户的主管税务机关，并搞好上下稽查局之间的工作衔接，以避免稽查空位或重复稽查。

第七条 各级地方税务局稽查局要建立重点户的稽查台账，分年度制定稽查计划，定期进行检查。

第八条 各级地方税务局确定的重点户的稽查，一般由本级稽查局结合专案稽查、专项稽查和交叉稽查组织实施，必要时可委托下级地方税务局稽查局进行稽查。

第九条 各级地方税务局稽查局实施分级分类稽查时，其检查人员主要从本级地方税务局稽查局和本级稽查人才库抽调，下级地方税务局稽查局应积极配合上级地方税务局稽查局搞好重点户的稽查工作。

第十条 各级地方税务局稽查局在实施分级分类稽查时，应做到地方税费统查、票税同查。

第十一条 各级地方税务局稽查局稽查的重点户，应严格按照法定程序进行审理；委托稽查的重点户，由委托机关进行审理。

第十二条 分级分类稽查所需经费，由负责组织实施稽查的地方税务局稽查局承担。

第十三条 分级分类稽查查补的各项收入，应严格按照国家规定的税收征管范围和税款预算级次缴入国库。

第十四条 在实施分级分类稽查中，各级地方税务局稽查局和稽查人员要优化稽查服务，加强税收法律、法规宣传，耐心解答被检查人提出的涉税问题，依法保障纳税人的权利，切实搞好查前、查中、查后各个环节的税务稽查服务。

第十五条 各级地方税务局稽查局应建立重点稽查户的稽查档案，其内容主要包括：纳税人基本情况、申报纳税情况、财务核算情况和税务稽查情况，并对相关资料定期比对，实行跟踪监控。

第十六条 各级地方税务局稽查局与重点稽查户的主管税务机关要建立和落实管查互动机制及信息传递制度，充分利用税收征管信息系统和现代化技术平台实现信息共享。稽查部门向重点户的主管税务机关主要传递税务处理决定书、税务行政处罚决定书及税收征管建议书；主管税务机关向稽查部门主要传递重点户的纳税申报、发票领用、年度财务报表及纳税信誉等级评定等信息。

主管税务机关在日常管理和检查中，发现重点户的税收违法行为应立案查处的，必须及时移交稽查部门查处；稽查部门应将查处情况及时反馈其主管税务机关。

第十七条 各级地方税务局稽查局应加强重点户稽查情况和典型案例分析，及时发现问题，提出相关建议，制定改进措施，真正做到以查促管、以查促查。

第十八条 各级地方税务局稽查局要结合分级分类稽查工作，选择典型涉税案件进行曝光，充分发挥重点稽查的震慑作用。

第十九条 各级地方税务局要建立分级分类稽查工作的监督和考核机制，将分级分类稽查工作纳入年度目标管理，严格进行考核。上级地方税务局稽查局要加强对下级地方税务局稽查局分级分类稽查工作的指导与监督。对不认真落实分级分类稽查办法的，按照相关规定追究有关人员的责任。

第二十条 本办法适用于全省地税系统各级稽查局实施的分级分类稽查工作。

第二十一条 本办法由省地方税务局负责解释。

第二十二条 本办法自 2008 年 7 月 1 日起执行。

省地方税务局关于印发《湖北省地方税收纳税服务工作实施办法》的通知

2008 年 5 月 8 日　鄂地税发〔2008〕102 号

2008 年 4 月 30 日，《湖北省地方税收纳税服务工作实施办法》已经局务会议审议通过，现予印发，请各级地税机关遵照执行。

湖北省地方税收纳税服务工作实施办法

第一章　总　则

第一条　为规范和优化纳税服务，建立健全纳税服务体系，构建和谐税收征纳关系，保护纳税人合法权益，促进税收征管质量和效率的提高，根据《中华人民共和国税收征收管理法》及其实施细则和国家税务总局《纳税服务工作规范（试行）》的规定，制定本实施办法。

第二条　全省地方税务机关纳税服务的实施，均适用本办法。

第三条　纳税服务是指地方税务机关依据税收法律、行政法规的规定，在税收征收、管理、检查和法律救济中，向纳税人、缴费人、扣缴义务人及其他税务行政管理相对人（以下统称纳税人）提供的服务事项和措施。

第四条　纳税服务应当遵循依法行政、规范统一、公开公正、效率便利的原则。纳税服务的核心和第一要务是税法适用的确定性。

纳税服务要以公平执法为根本，以保护纳税人合法权益为重点，以优化征管程序为目标，努力促进和谐征纳关系的建立。

第五条　全省地方税务机关及其工作人员有责任依法向纳税人提供优质服务。

各级地方税务机关负责本级纳税服务工作的组织领导，指导、督促、检查本区域地方税收纳税服务工作。

纳税服务工作由全省各级地方税务机关征收管理（纳税服务）部门负责组织协调和管理，相关职能部门应当积极配合，在其职责范围内共同做好纳税服务工作。

各级地方税务机关的办税服务厅和负责税源管理、税务检查、税收法律救济等事项的部门和机构负责具体的纳税服务工作。

第六条　各级地方税务机关应当充分利用税收管理信息化手段，改进和完善纳税服务基础设施，丰富纳税服务形式和内容。

第七条　税务工作人员应秉公执法、清正廉洁、礼貌待人、文明服务，并依法接受监督。

第二章　服务要求

第八条　各级地方税务机关必须按照《湖北省地方税收信息公开指南》和《湖北省地方税收信息公开目录》的要求，制定办税公开的制度和办法，明确职责、内容、标准和程序，全面、及时进行办税公开。

第九条 各级地方税务机关应当提供税收政策宣传和咨询，加强税务登记和税务认定，账簿、凭证管理，纳税申报，税（费）款缴纳，发票领购和使用管理，减、免、抵、退税申办以及其他涉税事项办理等方面的辅导。

纳税辅导可采取现场辅导、电话辅导、信函辅导、上门辅导、预约辅导、举办各类培训班和讲座等方式。

第十条 纳税人办理涉税事项时，最先受理者即为首问责任人，负有解答、办理或协办、转办、引办理责任。

首问责任人应热情礼貌、态度诚恳、语言文明、有问必答。对属于本人工作岗位职责的事宜按规定办理，对不属于本人工作岗位职责范围内的事项引导办理。

第十一条 各级地方税务机关应将涉税事项的办结时限对外公开，并严格按期限办理。纳税人办理涉税事项，凡资料齐全，符合有关法律、法规和政策规定的，应即时办结；资料不全的，要一次性告知，在补齐相关资料后即时办结；不能即时办结的，要告知下次办结时间，按照规定限时办结。

第十二条 各级地方税务机关开展税收管理日常检查和税务稽查前，必须制定计划，经批准后方可实施。进户前应当通知纳税人，告知检查时间和事项，不宜提前通知的除外。

第十三条 各级地方税务机关应当积极推行提醒服务，可以采取书面、电话、电子邮件、电子显示屏、手机短信、报纸、电视公告等多种形式，提醒纳税人按期履行纳税义务。

第十四条 各级地方税务机关及其工作人员必须依法对纳税人的涉税信息和个人隐私保密。非本机关查询涉税信息，必须报经县以上地方税务机关负责人批准同意方可查询。

第十五条 基层税务公务人员在履行职责时应当着装持证上岗。

第三章 服务内容

第一节 征收服务

第十六条 征收服务是指各级地方税务机关通过办税服务厅和其他办税服务场所对纳税人开展的税务登记、纳税申报、税（费）款征收、发票领购（代开）、税收咨询辅导、税收资料发放等受理、办理、传递活动。

第十七条 各级地方税务机关按照相对集中、合理布局、方便纳税人的原则，充分考虑税源分布、信息化水平、税收成本等因素设置办税服务厅，逐步实现以县（市、区）地方税务局为单位集中设置办税服务厅，条件成熟的地方要设立电子办税服务厅。

第十八条 办税服务厅应当推行“一站式”服务、“一窗式”办税，提供全程服务、预约服务、提醒服务、开放式办税等，满足纳税人办税需求。

第十九条 办税服务厅工作人员要语言文明，举止端庄，使用普通话服务，准确熟练握税收业务和计算机操作技能，不断提高纳税服务质量。

办税服务厅工作人员实行定期考核轮岗制度。

第二十条 办税服务厅应不断完善服务设施，提供涉税表格的格式文本及必备的办公用品，设置公告栏等办税公开设施。有条件的地方还可开辟纳税人自助服务区域，设置排队叫号机、POS 机、复印机、电子触摸屏、电子滚动显示屏、IC 卡电话等服务设施。

第二十一条 办税服务厅主要设置综合服务、申报纳税、发票管理等窗口。税源和纳税人较少的地方，办税服务厅可结合实际设置综合服务窗口。

第二十二条 办税服务厅应当对纳税人关注的税收政策、个体税负、收费项目、办税程序、办税时限等与纳税人办理涉税事项密切的方面进行公开，公开的主要事项：纳税人的权利与义务、税务登记、发票管理、代开发票、纳税申报、缴纳税款、核定（调整）应纳税额。

第二十三条　办税服务厅负责受理、办理纳税人税务登记事宜，对资料齐全、符合规定的，及时办结。对资料不齐全的，应当一次性告知其需补齐的资料。

第二十四条　纳税人直接到办税服务厅申报纳税的应即时办结。办税服务厅工作人员应严格按照纳税人、扣缴义务人申报的税种、税款及所属期限开票征收入库。

各级地方税务机关应当根据纳税人的经营规模、结算期限、信用等级、行业类型、区域分布等特点进行科学分类，积极引导纳税人在法定申报纳税期限内，为避免纳税人排队拥挤，可根据纳税人的经营规模、结算期限、信用等级、行业类型、区域分布等特点进行科学分类，积极引导纳税人分别在不同时段申报纳税。

第二十五条　各级地方税务机关应积极推行多元化申报和税库银联网，引导纳税人选择邮寄申报、电话申报、网上申报、银行（信用社、邮政网点）申报等申报方式，采用支票缴税、银联卡缴税、银行代收等缴税方式。

第二十六条　办税服务厅负责依法办理纳税人领购、代开发票事宜。对需办理行政许可的，应按规定程序办理。对手续齐全、经审核无误的，应即时办理。对手续不齐全的，一次性告知。

第二十七条　办税服务厅工作人员对纳税人的口头或书面咨询，应当耐心、准确解答。对纳税人咨询不能解答的，应认真记录，并及时转交相关部门处理。

第二节　管理服务

第二十八条　管理服务是指各级地方税务机关直接负责税源管理的机构及其工作人员对纳税人开展的税收宣传、纳税辅导、涉税审批、税务约谈等服务活动。

第二十九条　税收管理员应及时向纳税人宣传税收政策，帮助纳税人加强财务管理，提高依法纳税的遵从度。

第三十条　税收管理员应当积极利用信息化服务手段，为纳税人提供优质高效服务。

第三十一条　各级地方税务机关对纳税人提请的各类涉税审核审批事项，必须按照规定的程序和时限办理。对属本级机关审批权限的，应及时办结。不属本级机关审批权限的，应按规定的权限、程序及时审核、上报。

所有涉税审核审批事项一经办结，应及时告知或送达纳税人。

第三十二条　各级地方税务机关税源管理部门经过税源分析、纳税评估，对研究发现存在疑点的纳税人，应及时开展税务约谈，认真听取纳税人的说明，区别情况妥善处理。

第三节　检查服务

第三十三条　检查服务是指各级地方税务机关在税收管理日常检查和税务稽查过程中对纳税人提供的服务活动。

在税收检查过程中，应当充分尊重纳税人的知情权、保密权、陈述申辩权、申请减免税等权利。

第三十四条　税收管理日常检查是指地方税务机关税源管理部门对纳税人履行纳税义务过程不涉及立案核查与系统审计行为的日常管理行为。

税收管理日常检查中发现达到立案标准的案件要及时移送税务稽查部门查处，税务稽查部门要将查处情况及时反馈给征管部门。

第三十五条　各级地方税务机关应当建立有效的内外协调机制，统筹安排对纳税人税收检查和调查，提倡实行与国税等相关部门的联合检查与调查，避免多头重复安排检查。

第三十六条　各级地方税务机关实施税务检查的人员应当自觉执行检查（稽查计划）准入制、法定凭证制、查前告知制、特定执法权限审批制、跟踪回访制、稽查建议制，不断规范检查行为。

第三十七条 税收检查实行检查准入制。

税收检查原则上对一户纳税人一年只检查一次，除上级安排的各类专项检查和群众举报案件外，非特殊原因，A级信用纳税人在两年内不列入检查计划。

对上级稽查部门已列入当年稽查计划的纳税人，下级稽查部门不得将其列入当期稽查计划。

第三十八条 对纳税人开展税务稽查或日常检查时，必须两人或两人以上进行，并同时出示税务检查证和税务检查通知书。

稽查部门的税务稽查出示全国统一的专用税务检查证；征收、管理部门日常检查出示全国统一的征收、管理部门专用的税务检查证。

第三十九条 检查人员开展税务检查时，必须向被检查人送达《税务检查通知书》和《税务稽查事项告知书》，告知税务检查的程序、廉政规定、回避制度以及纳税人依法享有的权利和义务。

第四十条 实施调账检查时，县(市、区)地方税务局稽查局凡是调取纳税人以前年度账簿和其他纳税资料的，须经县(市、区)地方税务局局长批准，并在三个月内完整归还；凡调取当年账簿和当年其他纳税资料的，须经市(州)地方税务局局长批准，并在30日内完整归还。

市(州)地方税务局稽查局凡是调取纳税人以前年度账簿和其他纳税资料的，必须经市(州)地方税务局局长批准，并在三个月内完整归还；凡调取当年账簿和当年其他纳税资料的，须经市(州)地方税务局局长批准，并在30日内完整归还。

第四十一条 税务稽查实行税费统查、票税同查，避免单税种、单项目的重复检查.

第四十二条 各级稽查部门应定期选择部分被查对象开展回访，听取纳税人对税务稽查工作的建议和要求。

第四十三条 税务稽查结束后，稽查部门要将稽查处理(处罚)决定书或稽查结论性资料在送达当事人的同时抄送其主管地税机关，并提出征管工作改进建议。主管地税机关收到改进建议后30日内，必须将整改情况向上级地方税务机关征管部门报告，并同时向稽查部门反馈。

第四节 救济服务

第四十四条 各级地方税务机关办理重大行政复议和行政赔偿事宜应当依法举行听证，并提供税务事项告知和事后回访服务。

第四十五条 听证告知。各级地方税务机关在依法履行告知义务时，送达人员必须在送达《税务行政处罚事项告知书》或《听证告知书》(税务行政许可)时，告知相关权利、义务以及受理听证的具体部门、联系人、联系电话、办公地点等事项。

第四十六条 行政复议告知。在送达行政复议告知事项文书时，送达人员必须同时告知相关权利义务以及受理行政复议的具体部门、联系人、联系电话、办公地点等事项。

第四十七条 事后回访。各级地方税务机关的法律救济部门应当对提出听证、税务行政复议、行政诉讼和行政赔偿的当事人实行事后回访。

第五节 其他服务

第四十八条 建立局长接待日制度。各级地方税务机关要建立局长接待日制度，通过广播、电视、门户网站等新闻媒体开办纳税服务热线栏目，接受咨询，解答纳税人提出的涉税问题。

第四十九条 各级地方税务机关可以采取问卷调查、召开座谈会或聘请行政执法监督员等方式，征询意见，接受监督。

第五十条 各级地方税务机关应定期召开税收政策新闻发布会，向广大纳税人和社会各界人士介绍最新税收政策及税收工作动态。

第五十一条　各级地方税务机关应充分利用省地方税务局开通的门户网站、12366纳税服务热线、短信服务平台等宣传渠道，广泛、及时、准确地向纳税人宣传税收法律、法规政策，增强纳税人自觉纳税意识。

第五十二条　规范纳税信用等级评定管理，每两年开展一次纳税信用等级评定。对评为A级信用的纳税人，将进行公告。

第五十三条　各级地方税务机关必须严格执行各项税收优惠政策，切实维护纳税人合法权益。

第五十四条　各级地方税务机关要以纳税服务为主题，结合本地实际，探索形式多样、扎实有效的服务活动。

第四章　服务管理

第五十五条　各级地方税务机关应建立健全纳税服务质量考核机制，坚持定量考核与定性考核、定期考核与日常考核相结合。

第五十六条　各级地方税务机关应根据本实施办法，明确纳税服务岗位职责和考核评价标准，建立和完善工作绩效考核评估与纳税服务考核指标体系。

第五十七条　各级地方税务机关应加强纳税服务培训，提高纳税服务人员的政治和业务素质。

第五十八条　各级地方税务机关要将纳税服务作为税收工作年度考核的重要内容，实行分级负责制，定期对下级税务机关纳税服务工作进行考核和监督。

对于纳税服务工作成绩显著的单位和个人，予以表彰。各县(市、区)地方税务局每年进行一次“纳税服务明星”评选活动。省局将在各地评选的基础上，每两年组织一次省级“纳税服务明星”评选活动，颁发其“全省地税系统纳税服务明星”证书，并给予一定物质奖励。

对于纳税服务工作较差的单位和个人，予以批评。对于未依法为纳税人提供纳税服务的，责令限期改正，并追究其相关责任。

第五十九条　各级地方税务机关应建立健全纳税人及社会各界对纳税服务工作的评议评价制度，完善监督机制。

第五章　附　则

第六十条　各县(市、区)地方税务局可根据本实施办法制定具体制度和考核办法。

第六十一条　本办法自发文之日起执行。

省地方税务局关于印发《湖北省城镇居民基本医疗保险费征收方案》的通知

2008年5月9日　鄂地税发〔2008〕104号

根据《省人民政府关于建立城镇居民基本医疗保险制度的意见》(鄂政发〔2008〕25号)确立地税部门为征收主体的相关要求，为了认真贯彻落实文件精神，切实推动全省城镇居民基本医疗保险费征收工作,省局制定了《湖北省城镇居民基本医疗保险费征收方案》,现印发给你们,并就有关问题提出如下要求,请一并贯彻执行。

一、各级地税机关要认真组织学习,吃透精神,掌握政策,调整工作思路。要认真学习相关文件,准确把握精神,坚持征收主体地位,争取工作的主动性。要通过学习,进一步增强征收城镇居民基本医疗保险费的责任感,认真研究当前征收情况,制定征收管理工作方案。要抓紧开展学习培训,认真筹划,积极组织,强化督导。与此同时,要与劳动保障部门一道,加大政策宣传力度,让参保人了解政策交明白费、交放心费。

二、在本着方便缴费人、保证基金安全和体现征收主体原则的基础上,在征收初期,各地根据当地实际情况,可先行采用多种方案并行的多元化缴费方式,以确保城镇居民基本医疗保险费征收工作的顺利进行。

三、由于各地情况不一,省局统一印制二联次和四联次的《湖北省个人缴纳社会保险费专用收据》,只要是个人缴纳社会保险费的,均可使用《湖北省个人缴纳社会保险费专用收据》。其领发、使用和保管必须严格执行国家税务总局印发的《税收票证管理办法》(国税发〔1998〕32号)和湖北省地税局印发的《税收票证管理若干规定》(鄂地税发〔1998〕241号)。

四、以学校和社区作为一个缴费单位的,主管地方税务机关负责对学校和社区归集的城镇居民基本医疗保险费定期开具《中华人民共和国税收通用缴款书》汇总解缴,如缴费个人需要《湖北省个人缴纳社会保险费专用收据》的,可持相关证明到主管地方税务机关开具。

五、各地不论以何种方式征收城镇居民基本医疗保险费,都不得使用地税收入待解专户,同时严禁新设社保费待解账户,征收的城镇居民基本医疗保险费必须通过金融机构直达金库。

湖北省城镇居民基本医疗保险费征收方案

为了配合我省城镇居民基本医疗保险制度的启动,切实推动全省城镇居民基本医疗保险费征收工作,根据《省人民政府关于建立城镇居民基本医疗保险制度的意见》的规定,本着确保基金安全、方便缴费人和体现征收主体地位的原则制定本方案。

一、银联集中划扣模式

(一)城镇居民在办理参保手续时,必须提供一张用于缴费的银行卡,由劳动保障部门将银行卡卡号与缴费人的身份证号进行绑定;

(二)主卡人与地税机关签订《委托转账授权书》,同意地税机关委托银联公司从该银行卡上扣缴城镇居民基本医疗保险费,同时主卡人输入银行卡密码,通过银联系统校验确认。地税机关与银联公司签订《委托划扣协议》;

(三)地税机关将劳动保障部门传递过来的缴费人信息通过网络传递给银联公司,银联公司从缴费人的银行卡账户上集中划扣后,通过“财税库行”系统适时缴入金库,划扣的明细信息通过地税机关及时移交劳动保障部门,完成征收和记账的流程。

二、税银协作征收模式

(一)地税机关与一家或几家金融机构签订委托协议书,委托金融机构征收城镇居民基本医疗保险费,地税机关将劳动保障部门传递的缴费人相关信息传递给受委托的金融机构;

(二)缴费人持相关证明到就近的金融机构营业网点办理缴费手续。金融机构在缴费人缴费完结后，对其开具由省局统一印制的《湖北省个人缴纳社会保险费专用收据》；

（三）地税机关定期开具《中华人民共和国税收通用缴款书》，将征收的城镇居民基本医疗保险费汇总解缴国库。

三、大厅直接征收模式

（一）城镇居民在办理参保手续后，由劳动保障部门将参保核定信息传递给地税机关。

（二）参保人持相关证明到地税机关办理缴费手续，有条件的地方可以邀请银行进驻办税服务大厅收款。地税机关在缴费人缴费完结后，对其开具省局统一印制的《湖北省个人缴纳社会保险费专用收据》。

（三）地税机关应按规定及时开具《中华人民共和国税收汇总缴款书》，将征收的城镇居民基本医疗保险费汇总解缴国库。

（四）地税机关应按规定的期限将《湖北省个人缴纳社会保险费专用收据》劳动联和征收明细清单传递劳动保障部门。

（五）以学校和社区作为缴费单位的，由学校和社区负责归集所辖范围内学生和居民的城镇居民基本医疗保险费。地税机关对学校和社区归集的城镇居民基本医疗保险费，定期开具《中华人民共和国税收通用缴款书》汇总解缴国库。地税机关必须联合学校及社区对其归集明细张榜公示。

四、流动征收模式

（一）城镇居民办理参保手续后，由劳动保障部门将参保核定信息传递给地税机关。

（二）地税机关依据劳动核定信息，采取流动征收的方式现场征收城镇居民基本医疗保险费。

（三）地税机关应按规定及时开具《中华人民共和国税收汇总缴款书》，将征收的城镇居民基本医疗保险费解缴国库。

省地方税务局关于印发《湖北省地方税务稽查工作规范（试行）》的通知

2008 年 5 月 9 日　鄂地税发〔2008〕105 号

《湖北省地方税务局稽查工作规范（试行）》已经 2008 年 4 月 30 日省局办公会议审定通过，现印发给你们，请遵照执行。

湖北省地方税务稽查工作规范（试行）

第一章　总　则

第一条　为了规范税务稽查执法行为，提高税务稽查效能和服务质量，保护被检查人的合法权益，根据《中华人民共和国税收征收管理法》、《中华人民共和国税收征收管理法实施细则》、《税务稽查工作规程》和有关规定，制定本规范。

第二条 本规范所称税务稽查，是指各级地方税务局稽查局依法对纳税人、扣缴义务人履行纳税义务、扣缴义务情况所进行的监督、检查、处理和服务工作。

第三条 各级地方税务局稽查局应以推进依法治税为目标，以公平、公正、公开为原则，以加快税务稽查工作信息化为手段，认真履行稽查职能，规范执法行为，提升执法水平。

第四条 本规范适用于全省地方税务系统的税务稽查工作。

第二章 税务稽查机构、人员

第五条 各级地方税务局应当按照推行一级稽查体制的要求和省地方税务局下发的编制，在市（州）的城区和县（市）的全域范围内统一设置税务稽查机构，负责本辖区的税务稽查工作。税务分局不得设置稽查机构。

第六条 全省地方税务稽查工作由各级稽查局组织实施，其他税务机关不得实施税务稽查工作。

第七条 各级地方税务局应当按照国家税务总局和省地方税务局相关文件要求，从税务稽查的对象、范围、性质、时间等方面划清税务稽查与征管部门日常税务检查的业务边界。税务稽查的检查职责包括对达到立案标准的税务违法案件进行检查，对上级交办、部门转办、公民举报的案件进行检查，对纳税人、扣缴义务人以前年度执行税法情况进行全面性、审计性检查，牵头组织实施税收专项检查。

第八条 各级稽查局要按照选案、检查、审理、执行等工作环节，设置内部机构或者工作岗位，加强各环节之间的相互监督制约与协调配合。

第九条 各级地方税务局应当坚持“凡进必考，择优选用”的原则，按照稽查人员占税务人员15%左右的比例，调整充实税务稽查力量，提高税务稽查队伍整体素质。

第十条 税务稽查人员要加强学习，努力做到“四懂四会”，即懂税收政策、懂相关法律、懂财会知识、懂计算机操作，会查、会算、会说、会写。

第十一条 各级稽查局建立税务稽查人才库，将本地区政治素质高、业务能力强、考试合格的税务干部纳入税务稽查人才库管理，充实税务稽查力量。

第十二条 各级稽查局应积极推行稽查能级制、主查制、主审责任制等制度，定期评选稽查能手，加强稽查人员培训，提高稽查人员的责任意识和业务水平，充分调动稽查人员的工作积极性。

第三章 税务稽查执法

第一节 税务稽查选案

第十三条 税务稽查选案工作由稽查局的综合科（处、股）负责。

第十四条 各级地方税务局在稽查局设立税务违法案件举报中心，负责涉税举报案件的受理、转办、回复和举报奖金兑付等工作。各级地方税务局其他部门在信访中受理的涉税举报案件，应及时移交稽查局处理。

第十五条 税务稽查选案应遵循以下原则：

（一）突出重点的原则；

（二）效率优先的原则；

（三）促进税收征管的原则；

（四）客观公正的原则；

（五）不重复检查的原则。

第十六条 税务稽查对象主要通过以下方法产生：

（一）采用计算机选案分析系统筛选确定；

（二）通过对纳税人申报纳税情况进行综合分析评估确定；

（三）根据公民举报、上级交办、有关部门转办、征管部门移送、情报交换的资料确定；

（四）按照分级分类检查管理办法的要求确定；

（五）根据其他情况和方法确定。

第十七条 各级稽查局应建立和完善分级分类检查制度，按照纳税人、扣缴义务人的生产经营规模和年缴纳的地方税额，划分大、中、小三类，由省、市、县三级稽查局分别实施税务稽查。

第十八条 各级稽查局在初步确定稽查对象后，应编制稽查计划，经本级税务局局长批准后组织实施。

稽查计划原则上市（州）稽查局每半年编制一次，县（市）稽查局每季度编制一次，并报上一级稽查局备案。

稽查计划一经批准，必须严格执行。除公民举报、上级交办和案件协查外，其他凡未列入稽查计划的，不得进行稽查。

第十九条 各级稽查局应根据稽查计划，将稽查任务及时分解下达到稽查科（处、股），并建立稽查台账，对稽查计划执行情况进行跟踪管理。

第二节 税务稽查实施

第二十条 稽查科（处、股）接到稽查任务通知书后，应确定稽查人员，指定检查组长或主查员，并进行人员分工。

第二十一条 稽查人员与被检查人有近亲关系、利害关系以及其他关系，有可能影响公正执法的，应当自行回避。被检查人认为稽查人员应当回避的，是否回避由稽查局局长确定。

第二十二条 稽查人员在实施检查前，应当到被检查人的主管税务机关查阅其征管档案资料，了解被检查人的生产经营状况、财务会计制度和申报纳税情况，熟悉相关税收政策，研究制定稽查方案，确定具体的稽查方法。稽查人员查阅被检查人的征管档案资料时，主管税务机关应给予配合。

第二十三条 稽查人员在对被检查人实施稽查前，应向被检查人送达税务检查通知书、税务稽查事项告知书和税务稽查人员执法与廉政情况反馈表，告知其稽查时间、内容、所属时限、需要准备的资料和被检查人的权利、义务以及对稽查人员的监督内容和方法。但有下列情形之一的，可不事先通知：

（一）公民举报有税收违法行为的；

（二）稽查机关有根据认为被检查人有税收违法行为的；

（三）预先通知有碍稽查的。

第二十四条 实施税务稽查应当二人以上，并出示税务检查证件。稽查金融、军工、部队、尖端科学等保密单位的，还应当出示税务检查专用证明，与税务检查证配套使用。

第二十五条 实施税务稽查时，可根据工作需要和法定程序，采取实地检查、调账检查、询问、异地调查和协查等方式进行。

第二十六条 询问当事人应事先送达《询问通知书》。询问时应有专人记录，并告知当事人不如实提供情况应承担的法律责任。询问笔录应交当事人核对，并由当事人签章或押印。

第二十七条 稽查人员对被检查人进行税务稽查时，应坚持地方税费统查、票税同查，避免单税种、单项目的重复稽查，提高稽查效率和质量。

第二十八条 被检查人经初步判明具有下列情形之一的，应立案查处：

（一）偷税、逃避追缴欠税、抗税以及为其他纳税人、扣缴义务人非法提供银行账户、发票、证明或者其他方便，导致税收流失的；

（二）未具有本条第一项所列行为，但查补税额在20000元以上的；

（三）私自印制、伪造、倒卖、非法代开、虚

开发票,非法携带、邮寄、运输或者存放空白发票,伪造、私自制作发票监制章、发票防伪专用品的;

(四)其他需要立案查处的。

对未经立案实施稽查的税务案件,在稽查过程中发现达到立案标准的,应补充立案。

第二十九条 稽查人员对从事生产、经营的纳税人以前纳税期的纳税情况依法进行税务检查时,发现被检查人有逃避纳税义务行为,并有明显的转移、隐匿其应纳税的商品、货物以及其他财产或者应纳税收入迹象的,应依法报经批准后采取税收保全措施或者强制执行措施。

第三十条 各级稽查局应当根据被检查人的生产经营规模、年纳税额、稽查难易程度等情况确定检查时间,每户检查时间一般不超过20天,稽查人员应当在规定的时间内实施和完成检查任务。案情特别复杂的,报经批准后可适当延长检查时间。

第三十一条 检查阶段结束时,稽查人员应当将检查结果和发现的涉税问题向被检查人反馈情况,核对事实,认真听取被检查人的申辩和陈述并做好笔录,或者责成被检查人提供书面的申辩、陈述材料。

第三十二条 稽查人员对所检查的税务案件的质量和执法责任终身负责,发现问题的依法追究相关责任。

第三十三条 凡经立案查处的税务案件,稽查完毕后,稽查人员应在5个工作日内汇总检查情况,制作《税务稽查报告》,连同税务稽查底稿及其他证据和资料,提交审理部门审理。

《税务稽查报告》的主要内容包括:案件来源、被检查人的基本情况、稽查时间和所属期限、主要违法事实及手段、稽查中采取的方法和措施、违法性质、被检查人的态度、处理意见和依据、其他需要说明的事项以及稽查人员的签字和报告时间。

第三十四条 凡按照规定不需要立案查处的税务案件,经检查发现有问题的,按照简易程序由稽查人员直接制作《税务处理决定书》,履行报批手续后送达执行;经检查未发现问题的,由稽查人员制作《税务稽查结论》,报经批准后送达被检查人,并同时抄送其主管税务机关。

第三节 税务稽查证据

第三十五条 税务稽查证据是指具备法定要件,经过查证属实,能够证明税务稽查所实施的行政行为以及该行为所指向的涉税事件的客观事实。

第三十六条 税务稽查证据主要有以下几种:

(一)书证,即以书面形式记载的文字、符号、图表等;

(二)物证,即能够证明税务案件事实的物品、痕迹等客观存在物;

(三)视听资料,即以录音、录像及电子计算机储存的资料;

(四)证人证言,即就其感知的税务案件事实向稽查人员所作的各种陈述;

(五)当事人陈述,即税案当事人对税务案件事实情况向稽查人员所作的陈述;

(六)鉴定结论,即受稽查局聘请或委托的具有鉴定资格的专门机构或部门,对税务案件中的相关问题进行鉴别、分析和判断之后所得出的结论性书面意见;

(七)勘验笔录、现场笔录,即稽查人员对与税务案件有关的场所、物品等进行勘验、检查时所作的客观记录;

(八)其他证据。

第三十七条 税务稽查中应全面取得与税务案件相关的各类证据,包括内部证据和外部证据。

内部证据主要有税务检查通知书,询问通知书,调取账簿通知书及清单,责令限期改正通知书,税务稽查底稿,协查函及协查回函，税收保全和强制执行措施相关文书，税务稽查报告，税务稽查结论性文书，税务稽查文书送达回证等。

外部证据包括被检查人的组织机构代码证书、营业执照、税务登记证等相关证照，财务会计报表，相关账簿凭证，银行存款账户，分税种、分月份（年、季）的纳税申报表，完税凭证，有关合同、协议，减免税报告和审批文件，陈述申辩材料，其他涉税资料。

稽查人员应对检查中获得的各种证据参照公安机关的证据处理方法进行分类和编号。

第三十八条　税务稽查证据应依法通过以下方式取得：

（一）实施税务稽查中采取记录、录音、录像、照相和复印；

（二）询问当事人；

（三）责令被检查人提供；

（四）使用统一的提取证据专用收据索取与案件有关的资料原件；

（五）对现场进行勘察、测量、检验；

（六）委托具有鉴定资格的专业机构或部门对税务案件中的有关问题进行鉴定；

（七）其他方式。

证据复印件应由原件保管单位和个人签注“与原件核对无误”字样，并注明原件的保存单位和出处；是单位保管的，需在证据复印件上加盖保管单位公章。

第三十九条　稽查人员应当依照法定程序，在下达税务检查通知书之后，作出税务处理（处罚）决定之前进行调查取证。税务稽查获取的证据只能用于税务案件的查处，稽查局应当依法为被检查人保密。

第四十条　税务稽查证据应符合以下基本要求：

（一）违法事实应有相应的证据予以证明；

（二）具有合法性、真实性；

（三）证据完整，相互之间能够形成证据链。

第四十一条　稽查人员应当认真审核证据，对证据进行全面、客观、公正的分析判断，确定证据与事实之间的证明关系，准确认定事实。

第四节　税务稽查审理

第四十二条　凡经立案查处的税务案件，必须经过审理才能作出税务处理（处罚）决定。

第四十三条　各级地方税务机关应当建立本级重大案件审理委员会、稽查局案件审理委员会、稽查局审理部门（岗位）构成的三级税务稽查案件审理体系，按照不同的案值标准实行分级审理。具体划分标准和分级审理办法由各级地税机关根据实际情况确定，并报上一级税务局稽查局备案。

第四十四条　税务稽查审理的具体工作由专门的机构（岗位）负责。各级案件审理委员会审理案件时应指定相关人员做好记录，制作案件审理报告，并建立税务稽查审理台账。

第四十五条　税务稽查案件有下列情形之一的，应当报本级税务局重大案件审理委员会审理，其审案比例应占税务稽查案件总数的百分之十。稽查局报送本级税务局重大案件审理委员会审理的案件主要有：

（一）达到重大案件审理标准的；

（二）未达到规定的标准但政策上有重大争议或者案情特别复杂的；

（三）初步认定涉嫌犯罪应当移送司法机关的。

第四十六条　各级税务案件审理委员会和审理部门（岗位），应认真审阅稽查人员提供的《税务稽查报告》以及与案件有关的证据和资料，并对以下内容进行确认：

（一）执法程序是否合法；

（二）违法事实是否清楚，证据是否确凿，

数据是否准确，资料是否齐全；

（三）适用税收法律、法规、规章和规范性文件是否得当；

（四）拟定的处理意见是否得当。

第四十七条 税务稽查个案审理应当在10个工作日内完成，但下列时间不计算在内：

（一）稽查人员增补证据等资料时间；

（二）就有关政策问题书面请示上级时间；

（三）重大案件报经本级税务局重大案件审理委员会审理时间。

各级地方税务局重大案件审理委员会应当在40日内完成本级稽查局报送的税务案件的审理工作。

第四十八条 审理结束后，审理部门（人员）应当制作《审理报告》。

对稽查人员送审的案件，其违法事实不清、证据不足或手续不全的，应通知稽查人员限期增补；审理人员认为有疑问的，应询问稽查人员，或退稽查人员补充稽查，或报经批准后实地进行核查和另行安排稽查。

第四十九条 对需要实施税务行政处罚的案件，审理后应当制作下达税务行政处罚事项告知书。稽查人员应当认真听取被检查人的陈述申辩，并制作陈述申辩笔录，或责成被检查人提供书面的陈述申辩材料。

第五十条 对达到税务行政处罚听证标准的案件，稽查部门应依法告知。当事人在规定期限内提出听证申请的，稽查部门应根据《中华人民共和国行政处罚法》及相关规定举行听证。

第五十一条 各级稽查局的审理部门（岗位），应根据稽查报告和审理决定，在5个工作日内制作税务处理决定书或税务稽查结论；对税务行政处罚案件，在依法告知届满3日后，制作税务行政处罚决定书，履行报批手续后，交由执行部门执行。

第五节 税务稽查执行

第五十二条 各级稽查局应当按照规定设立执行部门或岗位。各级地方税务局与公安部门联合设立的税侦联络室并入稽查局，与其执行部门合署办公，以加强互相配合，共同打击税收违法犯罪行为。

第五十三条 执行部门（岗位）接到批准的税务处理决定书、税务稽查结论、税务行政处罚事项告知书、税务行政处罚决定书等稽查文书后，应当在3个工作日内送达被检查人，同时抄送被检查人的主管税务机关。

第五十四条 税务处理（处罚）决定书送达后，执行部门（岗位）应当及时提醒并督促被检查人按期履行税务处理（处罚）决定。

第五十五条 被检查人未按照税务处理决定书规定的期限缴纳税款的，稽查局应向其发出责令限期改正通知书，责令其限期缴纳。

第五十六条 被检查人未按照《税务处理决定书》规定的时限缴纳税款和滞纳金，并经责令限期缴纳后仍不缴纳的，稽查局报经批准后依法采取强制执行措施；被检查人对处罚决定逾期不申请复议也不向人民法院起诉、又不履行的，稽查局报经批准后依法采取强制执行措施或者申请人民法院强制执行。

第五十七条 各级稽查局查补的各项收入，必须严格按照国家规定的税收征收管理范围和税款入库预算级次缴入国库。

第五十八条 被检查人或者其法定代表人在出境前未按照规定缴清应纳税款、滞纳金，且未提供纳税担保的，稽查局可以依法通知出入境管理机关阻止其出境。

第五十九条 对涉嫌犯罪的税务案件，稽查局应制作移送通知书，连同案卷移送同级公安机关，并同时将移送通知书抄送同级检察机关。

第六十条 税务案件执行完毕后，执行部门（岗位）在5个工作日内制作执行报告。

执行报告的主要内容包括：当事人基本情况、处理决定和处罚决定的内容、执行方式（自行履行或强制执行）、执行经过和执行结果、执行时间以及执行人签名。

第六十一条 对实名举报税务案件的举报人，案件执行完毕后，应依据税务案件举报奖励办法向举报人兑付奖金。

第四章 税务稽查管理

第一节 税务稽查文书

第六十二条 税务稽查文书是税务稽查机关在执行公务中，依照法定程序和手续使用的具有法律效力和规范格式的行政文本。税务稽查必须使用国家税务总局和省地方税务局统一规定式样的稽查文书。

第六十三条 税务稽查文书应当适用法律准确，内容完整，制作规范，表述准确，条理清楚，说理充分，逻辑严密。

第六十四条 税务稽查文书引用法律、行政法规、行政规章时，应引用原文，注明文件的名称和文号，并具体引用到“条”、“款”、“项”、“目”。

第六十五条 税务稽查文书应当统一编号，文书字号由年份和文书序号组成，使用阿拉伯数码书写。

第六十六条 税务稽查文书的告知事项必须准确、完整、具体，并纳入稽查文书的正文。

第六十七条 税务稽查文书应当统一采用标准A4幅面纸张印制，字体、字号、行距、字数、页码等技术规范应严格执行税务执法文书标准的统一规范。

第六十八条 税务稽查文书应当按照相关法律法规及税务行政规章制度规定的权限履行报批手续。各级稽查局应严把税务稽查文书的起草关、审核关和用印关，加强监督考核，确保文书质量。

第六十九条 税务稽查文书应当依法采取直接送达、委托送达、邮寄送达和公告送达等方式送达被检查人。直接送达和委托送达应当取得送达回证，邮寄送达和公告送达应当取得相关证明。

第二节 税务稽查档案

第七十条 各级稽查局设立专门的稽查档案室，按照档案室建设规范实施建设，并指定专人或兼职人员管理。

第七十一条 税务稽查案件终结后，在稽查各环节形成的各种资料应当统一送交综合部门整理，于结案后的60日内立卷归档。

第七十二条 税务稽查案卷包括工作报告、来往文书和有关证据等三类资料，卷内资料统一按以下顺序排列：

（一）卷宗目录；

（二）税务处理决定书、税务行政处罚告知书、税务行政处罚决定书、税务稽查结论；

（三）稽查报告；

（四）立案审批表、审理报告、执行报告；

（五）税务稽查中的相关执法文书和来往文书，包括：税务检查通知书、询问通知书、调取账簿通知书及清单、查封（扣押）证及清单或专用收据、解除查封（扣押）通知书、暂停支付存款通知书及解除通知书、拍卖商品货物决定书、扣缴税款通知书、税务处罚强制执行申请书、协查函、税务文书送达回证等。

（六）税务稽查中的有关证据和资料，包括：调查中取得的书证、物证、视听资料、证人证言、鉴定结论、勘验和现场记录，以及税务稽查底稿等。

第七十三条 税务稽查案卷应当按照稽查对象分别装订立卷，一案一卷，统一编号，做到目录清晰、资料齐全、顺序规范、装订整齐牢固。

第七十四条 各级稽查局应积极推进稽查档案电子化，在建立稽查档案电子目录的基础上，逐步实现稽查案卷电子化。电子档案内容应包括被检查人名称、案卷编号、基本案情、查补总额、入库总额、入库率、处罚率、滞纳金加收率等。

第七十五条 税务稽查案卷按下列期限保管：

(一)定性为偷税、逃避追缴欠税、抗税，伪造、倒卖、虚开、非法代开发票，私自制作、伪造发票监制章、发票防伪专用品等并进行了行政处罚的案件，其案卷保管期限为永久；

(二)除本条第一项以外的一般税务行政处罚案件，其案卷保管期限为30年；

(三)只补税未进行税务行政处罚的案件或者经查实给予退税的案件，其案卷保管期限为10年；

(四)对超过保管期限的案卷，按照国家档案管理的有关规定销毁。

第七十六条 税务机关工作人员查阅税务稽查档案由稽查局局长批准；税务机关以外的单位和个人查阅税务稽查档案，应报经本级税务局局长批准。查阅税务稽查档案应当在档案室进行，需要抄录、复制或者借阅的，按照档案管理规定办理手续。查阅人要为被检查人及其他当事人和税务稽查机关保密。

第三节 税务稽查案件督办

第七十七条 各级稽查局代表本级税务局对本辖区内下级稽查局查处的重大税务案件进行督办。稽查局应当指定专门的机构或岗位负责案件督办工作。

第七十八条 督办案件的范围为上级交办案件、在本辖区内有重大影响和查补数额较大的案件以及其他需要督办的案件。

第七十九条 督办案件可以采取电话督办、网上督办、信函督办、听取汇报、派员实地督办等方式进行。

第八十条 各级稽查局对上级督办的案件，应当按照督办要求组织专班及时查处，并在规定的时间内向督办机关回复查处结果。

第四节 税务稽查案件复查

第八十一条 省、市(州)稽查局应当按照税务稽查案件复查制度，每年对下级稽查局上年度查结的案件，按照百分之五左右的比例进行复查，及时发现和纠正存在的问题，不断规范稽查执法行为，提高案件查办质量。

第八十二条 省、市(州)稽查局在年初制定本年度复查工作计划，经本级税务局领导批准后实施，并报上一级稽查局备案。

第八十三条 组织复查的稽查局应根据复查工作计划和确定复查的税务稽查案件，抽调人员组成复查组。在实施复查前，向案件原处理单位下达复查通知书。税务稽查案件复查主要采取案卷审查、询问检查人员和实地调查等方法进行。

第八十四条 税务稽查案件复查的主要内容有：

(一)检查和审理是否符合法定程序；

(二)认定事实是否清楚，证据是否确凿，数据是否准确；

(三)定性处理适用依据是否正确适当；

(四)税务处理(处罚)决定执行是否及时得当；

(五)税务稽查文书使用是否正确规范。

第八十五条 案件复查组对税务稽查案件实施复查后，应制作复查报告，并听取案件原处理单位的意见，报组织复查的稽查局审议，根据不同情况分别作出复查结论：

(一)原税务处理决定认定事实清楚，证据确凿，适用依据正确，程序合法，内容适当的，予以维持。

(二)原税务处理决定主要事实不清，证据不足，适用依据错误，违反法定程序，超越权限，滥用职权，处理明显不当的，予以撤销或者部分撤销，并对撤销部分重新作出税务处理决定。

(三)复查发现新的税务违法问题与原税务处理决定相关，属于原税务处理决定错误的，予以纠正；属于同一时限、同一项目的数量增减变化的，应当在重新作出税务处理决定时注明原税务处理决定的相关内容。

（四）复查发现新的税务违法问题与原税务处理决定没有关联的，只对新发现的税务违法问题作出税务处理决定。

（五）原税务处理决定涉及少缴、未缴税款的，应当依法追缴；涉及多收税款的，应当依法退还。

（六）原税务处理决定的处罚原则上不作改变，但处罚明显偏重，或者案件原处理单位人员与被处理对象通谋，故意偏轻处罚的，可以改变。

第八十六条 税务稽查案件复查终结后，组织复查的稽查局应当对案件原处理单位及具体办案人员的执法质量进行评估，并作出书面结论。

复查中发现案件原处理单位人员在案件调查处理过程中徇私舞弊、玩忽职守、滥用职权等违法违纪问题的，组织复查的稽查局应当及时报告其主管税务局查处，主管税务局应将处理情况反馈给组织复查的稽查局。

第五节 税务稽查案件分析

第八十七条 各级稽查局应当建立税务稽查案件分析制度，对稽查案件进行重点解剖和综合分析。

第八十八条 稽查案件分析应当选择重大案件、典型案件、复杂案件和税收政策上有争议的案件进行。

第八十九条 稽查案件分析一般采取召开案情分析会、个案讲评、集中讨论、撰写案例分析报告等方式进行。案件分析应力求全面、深入、透彻。

第九十条 各级稽查局应加强案件分析成果的运用，针对涉税案件的发案规律、作案手段和违法特点，认真总结稽查方法和技巧，及时提出加强税收征管的具体建议，促进税务稽查和税收征管质量的提高。

第九十一条 各级地税机关应当加大典型税务违法案件的宣传力度，适时选择一些重大案件在新闻媒体曝光，震慑税务违法犯罪行为，提高税务稽查威慑力，促进依法治税。

第六节 税务稽查工作报告

第九十二条 各级稽查局应严格执行税务稽查工作报告制度，按照规定和要求报告有关事项，保证稽查信息渠道畅通。

第九十三条 税务稽查工作报告的内容主要包括工作动态、工作总结、典型案例分析、各类报表、税务案件公告材料、督办案件回复以及其他重要情况。

第九十四条 税务稽查工作报告应做到上报及时、情况真实、内容完整、数据准确。

第五章 税务稽查服务

第九十五条 各级稽查局和广大稽查人员应牢固树立服务观念，增强服务意识，创新服务形式，在稽查中服务，在服务中稽查，切实维护和保障被检查人的合法权益，为构建和谐社会服务。

第九十六条 各级稽查局应积极推行稽查准入、查前告知、稽查评估、稽查约谈等措施，更好地服务于纳税人。

第九十七条 稽查人员在检查中要做到文明执法，热情服务，礼貌待人，积极宣传税收法律法规，认真开展纳税辅导，耐心细致地解答被检查人提出的涉税问题，促进其依法纳税。

第九十八条 各级稽查局和稽查人员应当充分尊重被检查人的知情权、陈述申辩权等权利，严格依法为被检查人保守商业秘密和个人隐私。

第九十九条 各级稽查局应当坚持稽务公开制度，采取设置公示栏、送达稽查事项告知书、印发资料、发布公告、媒体宣传等形式，向被检查人公开以下内容：

（一）税务稽查执法的范围、职权、依据、

程序；

(二)受理举报、控告、申诉和行政复议、国家赔偿等制度规定；

(三)被检查人的法定权利、义务；

(四)稽查机关及其工作人员的执法规范和纪律要求，对稽查机关及其工作人员违法违纪行为进行监督、举报、控告的途径和方法；

(五)其他应予以公开的事项。

第一百条 各级稽查局应当建立廉洁执法反馈制度和稽查回访制度，定期对被检查人进行回访，了解稽查人员的执法和廉洁自律等情况，听取被检查人对稽查工作的意见和建议，不断提高稽查质量和服务水平。

第一百零一条 各级稽查局要充分发挥以查促管的作用，积极为加强日常税收征管服务，在对被检查人进行税务稽查时，应对基层主管税务机关执行税法情况同步进行检查，对稽查中发现的日常税收征管薄弱环节和税务人员执法中的问题，应采取征管稽查座谈会，以征管情况登记表、征管质量建议书、税务廉政建设建议书、执法责任追究建议书等形式，及时向主管税务机关和有关部门反馈，促进日常征管质量和廉政建设的不断加强。

第一百零二条 税务稽查中应加大对税收重点户和征管难点户的稽查力度，依法查处涉税违法行为，整顿和规范税收秩序，调整和改善征纳关系，为日常税收征管工作创造良好条件，促进和谐征纳关系的建立。

第一百零三条 各级应建立稽查局与征管部门的信息传递制度。稽查局送达给被检查人的税务处理、处罚决定和稽查结论等主要稽查文书，应同时抄送其主管税务机关，以便征管部门及时了解稽查情况和被检查人存在的涉税问题，配合稽查局搞好查补收入的入库工作，退还纳税人多缴的税款，有针对性地加强日常税收征收管理。

第一百零四条 各级地方税务局应将税务稽查结果作为纳税人信誉等级评定和调整的重要依据，共同促进纳税人依法诚信纳税。对评定为A级信誉的纳税人，除举报案件、专项检查和案件协查等特殊情况外，在承诺期内不得进行税务稽查。

第六章　监督保障机制

第一百零五条 各级稽查局应建立和完善稽查工作考核制度，及时有效地对稽查工作进行考核评估，不断提高税务稽查质量和效率。

第一百零六条 税务稽查工作考核应坚持以质量为核心，其主要考核指标包括：选案准确率、结案率、查实率、入库率、处罚率、滞纳金加收率、协查回复率和稽查资料完整率等。

第一百零七条 税务稽查工作考核采取分级分类考核的方法进行，上级考核下级，单位考核个人，并建立考核档案。

第一百零八条 税务稽查工作考核结果作为单位评先、个人评优、干部任用、等级评定的重要依据。

第一百零九条 各级地方税务局应当建立健全税务稽查工作考核监督机制，将本规范执行情况作为年度综合考核和执法检查的重要内容，严格考核，保证本规范的实施。

第一百一十条 各级地方税务局应对本规范执行情况的考核结果予以通报，发现问题，及时解决，促进稽查执法和管理工作的全面规范。

第七章　附　则

第一百一十一条 各市(州)地方税务局可根据本规范制定具体的实施办法，并报省地方税务局备案。

第一百一十二条 本规范由省地方税务

局负责解释。本规范未明确的事宜依照有关法律、法规的规定执行。

第一百一十三条　本规范自下发之日起施行。

省地方税务局关于调整武汉市土地增值税预征率的通知

2008 年 5 月 12 日　税发〔2008〕106 号

为进一步加强土地税收管理，充分发挥税收对土地市场的宏观调控职能作用，强化土地增值税征收管理工作，现对你市土地增值税预征率作如下调整：

一、对你市房地产开发企业销售非普通住宅及商埠的，按销售收入 2%的比率预征土地增值税。

二、对你市单独转让土地使用权的，按转让收入 3%～5%的比率预征土地增值税。具体适用预征率由你局确定并上报省局备案。

本通知从 2008 年 6 月 1 日起执行，《省地方税务局关于调整武汉市土地增值税预征率的批复》（鄂地税函〔2006〕204 号）文同时废止。

省地方税务局关于加强跨省经营总分机构企业所得税征收管理工作的通知

2008 年 5 月 14 日　鄂地税发〔2008〕111 号

为进一步加强跨省经营总分机构企业所得税征收管理工作，现就跨省经营总分机构企业所得税预缴中的相关问题通知如下：

一、加强政策学习和宣传

各地要按照《跨省市总分机构企业所得税分配及预算管理暂行办法》（财预〔2008〕10 号）和《跨地区经营汇总纳税企业所得税征收管理暂行办法》（国税发〔2008〕28 号，以下简称《办法》）要求，对相关人员进行专题培训，同时做好对总分机构的政策宣传工作，特别是要加强对总机构填写《中华人民共和国企业所得税汇总纳税分支机构分配表》（国税函

〔2008〕44号附件4,以下简称《分配表》)的辅导,督促其按规定及时报送《分配表》,确保汇总纳税工作的顺利开展。

二、规范操作,加强联系

各地要严格按照《办法》规定进行总分机构的所得税管理,加强与省外总、分机构所在地主管税务机关之间的信息沟通,共同做好汇总纳税企业的监管工作。

(一)关于总机构的管理

总机构尚未对2008年上半年各外省分支机构的所得税进行分配的,应于5月底之前按《办法》规定计算分摊比例,填写《分配表》并报送主管税务机关核实后,通知外省各分支机构。总机构的主管税务机关应在6月5日前通过传真、邮寄等方式将《分配表》传递给分支机构所在地主管税务机关。分支机构所在地主管税务机关对分配比例提出疑义的,应在收到反馈情况之日起10个工作日内对分配情况进行复核,并给予答复,所分配税款与实际情况不符的,在下一次分配中进行调整。

总机构计算2008年1—6月各分支机构的分摊比例时,各分支机构的经营收入、职工工资和资产总额,以2006年度企业财务会计决算报告数据为准。2008年7—12月及2009年1—6月以2007年度的企业财务会计决算报告数据为准。以后各期的计算分配和传递工作,按《办法》第二十三条和三十一条规定的口径和程序办理。

总机构实行按上年实际应纳所得税额的1/12或1/4分月(季)预缴的,在第一次进行税款分摊时,应在《分配表》上注明"按上年实际应纳所得税额预缴"字样。外省分支机构对税款分配情况未提出异议的,在该年度该分配比例有效期内,可不再另行分摊。

(二)关于分支机构的管理

各分支机构按时收到外省总机构《分配表》的,分支机构所在地主管税务机关要严格对总机构分摊本地分支机构的分配比例进行核实。经核实认为收到的《分配表》确定的分配比例与实际情况不符的,分支机构应先按《分配表》确定的税额预缴。主管税务机关除及时向总机构所在地主管税务机关提出书面复核建议外,应督促分支机构向总机构反映。总机构所在地主管税务机关进行调整的,预缴税款的差异,在下一期预缴时调整。

没有按时收到《分配表》的,或总机构所在地主管税务机关对疑义未及时进行答复的,分支机构所在地主管税务机关可以要求分支机构按分支机构当期计算的应纳所得税(或分支机构上一年应纳所得税按新税率换算的所得税)的50%进行预缴。

上述分支机构,仅指按照《办法》规定参与就地预缴的分支机构。

三、认真做好总分机构的摸底和统计工作

各地接此通知后,要对本地区跨省总分机构情况进行一次全面排查,要求各跨省总机构、分支机构分别将其所有二级分支机构及总机构的相关信息(包括各分支机构、总机构的名称、地址、邮编、主管税务机关等)报主管税务机关备案,以全面掌握所在地跨省总、分机构的户数、名单、地区分布等情况,并对各总分机构2006、2007年度的经营收入、职工工资和资产总额等财务数据进行收集、核实,于5月底前将相关情况上报省局(统计表见附件1、2)。

执行中有什么问题和建议,请随时向省局反映。今后国家税务总局如有新规定的,按新规定执行。

附件:

1. 我省总机构分户统计表(略)

2. 外省总机构在我省设立二级分支机构情况统计表(略)

省地方税务局关于认真落实抗震救灾及灾后重建税收政策问题的通知

2008 年 5 月 22 日　鄂地税发〔2008〕113 号

为充分发挥地税部门职能作用，确保现行税收法律、法规中可以适用于抗震救灾及灾后重建的有关税收优惠政策落实到位，积极支持受灾地区做好抗震救灾及灾后重建工作，根据《财政部国家税务总局关于认真落实抗震救灾及灾后重建税收政策问题的通知》（财税〔2008〕62 号）和《国家税务总局关于个人向地震灾区捐赠有关个人所得税征管问题的通知》（国税发〔2008〕55 号）精神，现就有关税收政策问题通知如下，请认真贯彻执行。

一、企业所得税

（一）企业实际发生的因地震灾害造成的财产损失，准予在计算应纳税所得额时扣除。

（二）企业发生的公益性捐赠支出，按企业所得税法及其实施条例的规定在计算应纳税所得额时扣除。

二、个人所得税

（一）因地震灾害造成重大损失的个人，可减征个人所得税。

（二）对受灾地区个人取得的抚恤金、救济金，免征个人所得税。

（三）个人将其所得向地震灾区的捐赠，在计算缴纳个人所得税时，可依法据实扣除。

三、房产税

（一）经有关部门鉴定，对毁损不堪居住和使用的房屋和危险房屋，在停止使用后，可免征房产税。

（二）房屋大修停用在半年以上的，在大修期间免征房产税，免征税额由纳税人在申报缴纳房产税时自行计算扣除，并在申报表附表或备注栏中作相应说明。

四、契税

因地震灾害灭失住房而重新购买住房的，准予减征或者免征契税。

五、资源税

纳税人开采或者生产应税产品过程中，因地震灾害遭受重大损失的，可按规定减征或免征资源税。

六、城镇土地使用税

纳税人因地震灾害造成严重损失，缴纳确有困难的，可依法申请定期减免城镇土地使用税。

七、车船税

已完税的车船因地震灾害报废、灭失的，纳税人可申请退还自报废、灭失月份起至本年度终了期间的税款。

八、现行税收法律、法规中适用于抗震救灾及灾后重建的其他税收政策

省地方税务局关于规范会计师事务所税务师事务所企业所得税征收管理工作的通知

2008年5月22日　鄂地税发〔2008〕115号

根据《中华人民共和国企业所得税法》及其实施条例、《中华人民共和国税收征收管理法》及其实施细则和《国家税务总局关于印发〈企业所得税核定征收办法〉(试行)的通知》(国税发〔2008〕30号,以下简称《核定征收办法》)等税收法律法规的规定,为了规范我省会计师事务所、税务师事务所企业所得税征收管理工作,现就有关问题通知如下:

一、对在我省行政区域内向地税部门申报缴纳企业所得税的会计师事务所、税务师事务所,各级地税部门应按照税收法律法规的规定依法征收其企业所得税。

二、会计师事务所、税务师事务所如具有《核定征收办法》第三条规定的情形之一的,主管税务机关可对其采取核定征收企业所得税的方式,按照《核定征收办法》的规定,按照公平、公正、公开的原则合理核定其应纳所得税额或者应税所得率;对符合查账征收条件的会计师事务所、税务师事务所,主管税务机关应采取查账方式对其征收企业所得税。

三、本通知自2008年1月1日起执行。如国家有新的政策出台,按新政策执行。《省地方税务局关于加强会计师事务所税务师事务所企业所得税征收管理工作的通知》(鄂地税发〔2005〕228号)同时废止。

省地方税务局关于印发《湖北省地方税务系统纪检监察工作人才库管理暂行办法》的通知

2008年5月26日　鄂地税发〔2008〕118号

为了规范全省地税系统纪检监察人才库的管理和使用,根据国家税务总局关于《全国税务纪检监察工作人才库管理暂行办法》(国税发〔2004〕121号)的要求,制定《湖北省地方税务系统纪检监察工作人才库管理暂行办法》。请遵照执行,各地在执行中遇到的问题,请及时向省局(监察室)反映。

湖北省地方税务系统纪检监察工作人才库管理暂行办法

第一条　为规范全省地税系统纪检监察人才库管理，加大对地税系统违纪违法大案要案查处力度，提升全省地税审计工作的质量和做好纪检监察综合调查研究工作，充分发挥纪检监察工作的教育、惩处、监督和保护职能，特制定本办法。

第二条　省局按照精干高效、指挥畅通、组织规范、保障有力的原则，在全省地税系统选拔一批纪检监察业务骨干建立全省地税系统纪检监察人才库，用于地税系统违纪违法大案要案查办和审理、税务执法监察和专项检查、地税部门内部审计工作、地税纪检监察工作调研和文字综合等工作。

第三条　全省地税系统纪检监察人才库由省局纪检组监察室管理。

第四条　全省各级地税机关应当积极支持全省地税系统纪检监察人才库的建设，推荐优秀人员进入人才库。

第五条　全省地税系统纪检监察人才库人员由各市、州、直管市、林区负责推荐，由省局纪检组监察室选定并对选定人员下达入选通知书。全省地税系统纪检监察人才库的人员因工作变动等原因需要调整的，各地应当及时上报省局纪检组监察室进行调整。

第六条　全省地税系统纪检监察人才库人员应当符合以下条件：

（一）具有较高的政治素质，政治立场坚定，组织纪律性、原则性强；

（二）年富力强，年龄在45岁以下，文化程度在大专以上，从事相关工作在5年以上，具有丰富的工作经验、税收业务知识、财务管理知识、纪检监察业务知识和较强的文字综合能力；

（三）案件查办工作骨干要求具有较高的政策、法律水平，有较强的办案技能和丰富的办案工作经验以及较强的组织协调能力，能秉公执法执纪，成绩较为突出。

（四）执法监察审计工作骨干要求具有较高的财务、会计、税收、审计等方面的知识和较强的独立工作能力，能依法审计、忠于职守、坚持原则、客观公正、保守秘密。

（五）文字综合工作骨干要求具有较强的文字功底和独立的组织、协调、调研能力，成绩较为突出。

第七条　全省地税系统纪检监察人才库人员按照业务专长原则上分为案件查办、执法监察内部审计和综合调研三类。由省局纪检组监察室建立全省地税系统纪检监察人才资料库。

第八条　全省地税系统纪检监察人才库人员平时在原单位工作，省局纪检组监察室可根据工作和需要随时借用。省局纪检组监察室借用全省地税系统纪检监察人才库人员时，书面通知被借用人员所在单位。全省地税系统纪检监察人才库人员被借用期间，视同在原单位工作。

第九条　省局纪检组监察室可以借用全省地税系统纪检监察人才库人员从事以下工作：

（一）省纪委、国家税务总局等上级机关及省局领导批办的地税人员违纪违法大案要案；

（二）有关部门转办的地税人员违纪违法大案要案；

（三）重点地区的地税执法监察和专项检查；

（四）系统人员违纪违法大案要案的审理；

（五）系统领导干部离任审计、系统内部审计和系统重要岗位工作人员离岗审计工作；

（六）系统纪检监察重要工作的综合调研；

（七）省局纪检组监察室认为需要借用人才库人员的其他重要工作。

第十条 借用全省地税系统纪检监察人才库人员由省局监察室提出意见。借用人数在10人以下的（含10人），报省局分管领导批准；借10人以上的，报省局主要领导批准。

第十一条 全省地税系统纪检监察人才库人员根据省局纪检监察室统一部署开展工作，涉及有关地税部门应当积极配合，并按照工作要求提供便利。全省地税系统纪检监察人才库人员在借用期间的出差费用由借出单位解决。集中工作期间的费用根据有关规定办理。

第十二条 省局纪检组监察室对全省地税系统纪检监察人才库人员进行分类培训。各地根据省局的要求制定并实施人才库人员的培训计划，并进行考核和专业测试。

第十三条 对借用的全省地税系统纪检监察人才库人员，省局纪检组监察室将结合其执行工作任务的具体表现作出书面鉴定，交给其所在工作单位。

第十四条 对省局纪检组监察室借用期间工作成绩显著、表现突出的全省地税系统纪检监察人才库人员可按照《国家公务员奖励暂行规定》及有关规定进行表彰奖励。

对借用期间不能胜任工作的人员，不再纳入全省地税系统纪检监察人才库人员管理，并通知原单位及本人解除入选通知书；全省地税系统纪检监察人才库人员在工作中有违纪违法行为的，要依纪依法追究责任，并通知原单位给予处理。

第十五条 本办法自签发日起实施。

省地方税务局关于印发《湖北省地方税务局减免税审批工作规程》的通知

2008年5月26日　鄂地税发〔2008〕119号

2008年4月30日，《湖北省地方税务局减免税审批工作规程》经省局局务会议审议通过，现印发给你们，请遵照执行。

湖北省地方税务局减免税审批工作规程

第一条 为规范减免税审批，保障税收优惠政策的正确执行，维护纳税人合法权益，根据《税收减免管理办法（试行）》，参照《国家税务总局机关减免税审批工作规程》，制定本规程。

第二条 本规程适用于湖北省地方税务

局审批的减免税事项的办理。

第三条　减免税审批是指根据税收法律、行政法规、规章及税收规范性文件的规定，依纳税人的申请，对纳税人申请减免税的事实、依据进行的审查并作出决定。

第四条　减免税审批工作应当遵循依法、公正、公开、便民、效率的原则。

第五条　减免税审批项目的名称、依据、条件、程序，需要提交的材料，相关文书范本等，应当在省地方税务局网站上公布。

减免税审批事项的公布按省地方税务局政务信息公开的有关要求办理。

第六条　依照税收行政管理权限属省地方税务局审批的减免税，纳税人可以向主管地方税务机关提出申请，也可以直接向省地方税务局提出申请。

纳税人提出减免税申请时，应当填写《减免税申请书》。

第七条　纳税人向主管地方税务机关提出的减免税申请，主管地方税务机关应当对申请材料进行核对，核对完毕后10日内报省地方税务局。

对申请材料不齐全或不符合法定形式的，主管地方税务机关应当当场或者5日内向纳税人送达《补正减免税申请材料告知书》，一次性告知需要补正的全部内容。

第八条　减免税申请由省局办公室负责接收、登记，送相关业务处室。

未经省局办公室接收登记的减免税申请不得办理。

第九条　主办处室收到减免税申请后，应当对申请材料进行审核，根据下列情况分别作出处理：

（一）申请材料不齐全或不符合法定形式的，应当在5日内向纳税人送达《补正减免税申请材料告知书》，一次性告知需要补正的全部内容；

（二）申请材料齐全、符合法定形式的，应当在5日内向纳税人送达《减免税申请受理通知书》；

（三）不符合减免税申请法定条件的，应当在5日内向纳税人送达《减免税申请不予受理通知书》。

第十条　主办处室应当自受理之日起15日内对减免税申请进行审查，提出审查意见，填写《减免税审查意见书》。

审查意见应当说明：减免税的事由是否真实，是否具有法定依据，是否符合法定条件，是否同意减免，减免的税种、税额及期限等。

第十一条　减免税申请需要核实的，主办处室可以自行核查，也可以委托纳税人所在地县级地方税务机关核查。

核查应当由两名以上工作人员在10日内完成，核查完毕后应当提交核查报告。

核查时间不计算在工作日内。

第十二条　减免税额在100万元以上的，主办处室审查后将下列材料送审议办公室：

（一）《减免税申请书》及相关材料；

（二）核查报告；

（三）《减免税审查意见书》；

（四）其他材料。

第十三条　审议办公室接到审查材料后，5日内向减免税审议委员会主任报告，提请减免税审议委员会审议。

第十四条　省局减免税审议委员会主任根据审议办公室的建议，决定召开减免税审议会议。

第十五条　审议办公室应当于会议召开前5日内将有关材料送交审议委员会委员，并将会议时间、地点通知审议委员会委员及相关列席人员。

送交的材料包括：《减免税申请书》及相关材料、《减免税审查意见书》、《核查报告》等。

第十六条　省局减免税审议委员会审议程序：

（一）减免税审议委员会会议由减免税审议委员会主任主持，参加会议的人数应达到全体委员人数半数以上；

（二）主办处室负责人报告审查情况及审查意见；

（三）与会委员讨论；

（四）减免税审议委员会主任作出审议决定。

第十七条　召开减免税审议会议应当由审议办公室制作《减免税审议会议纪录》。

《减免税审议会议纪录》应当载明时间、地点、主持人、参加人员、列席人员、基本情况、讨论意见、审议决定等，并由记录员、审议办公室主任签名。

第十八条　审议会议完毕后，审议办公室应当依据《减免税审议会议纪录》制作《减免税审议会议纪要》，报减免税审议委员会主任签发。

第十九条　主办处室根据《减免税审议会议纪要》，拟订减免税审批通知，用“湖北省地方税务局函”通知到被减免税对象，抄送其主管地方税务机关。此文由减免税审议委员会主任批准。

第二十条　减免税额在100万元（含本数）以下的，由主办处室进行审查，拟制减免税审批通知，经法规处、监察室会签后，报分管局长和局长审批。

第二十一条　减免税审批决定应当在减免税申请受理后60日内作出。在规定期限内不能做出决定的，经减免税审议委员会主任批准，可以延长10日，并将延长期限的理由告知纳税人。

第二十二条　主办处室应当自作出减免税决定之日起10日内向纳税人送达《准予减免税通知》或《不予减免税通知》，同时抄送纳税人主管地方税务机关。

第二十三条　主办处室应当自审批决定作出之日起30日内在省局网站上公布审批结果，涉及国家秘密、商业秘密的除外。

第二十四条　主办处室应当建立减免税审批管理登记簿，登记减免税的审批情况，并对减免税审批材料进行整理归档。

归档材料包括：《减免税申请书》及相关材料、《减免税受理通知书》回执、《减免税审查意见书》、《核查报告》、《减免税审议会议纪要》、《准予减免税通知》或《不予减免税通知》等。

减免税档案应当按件设档，《准予减免税通知》应在用省地方税务局印件时及时归档，其余资料可在次年1月30日前移交省局办公室。

第二十五条　减免税文书的用印、文号，由省局办公室统一管理。

第二十六条　属国家税务总局审批的减免税申请，由主办处室对申请材料核对无误后上报。

第二十七条　本规程所称“日”指工作日。

第二十八条　本办法自2008年6月1日起施行。

附件：

1.《减免税申请书》（略）

2.《补正减免税申请材料告知书》（略）

3.《减免税申请受理通知书》（略）

4.《减免税申请不予受理通知书》（略）

5.《减免税审查意见书》（略）

省地方税务局关于援建四川地震灾区过渡安置房有关税收问题的通知

2008年5月28日　鄂地税发〔2008〕120号

支援四川地震灾区，保障援建灾区过渡安置房工作落实到位，是一项重大的政治任务。根据省政府常务会议要求，现就纳入政府采购的过渡安置房及配套设施用房的生产、运输、安装等环节的税收问题通知如下，请遵照执行。

一、对生产过渡安置房及配套设施用房减免生产环节增值税的，同时减免城市维护建设税和教育费附加、地方教育发展费。

二、对承担过渡安置房和配套设施用房运输、安装任务的企业取得的运输、安装收入，免征营业税、城市维护建设税和教育费附加、地方教育发展费。

三、生产、运输、安装过渡安置房和配套设施用房取得的收入应当单独核算，在计算企业所得税时予以扣除。未单独核算的，不予减免。

四、各有关地税机关要积极提供优质服务，主动为承担援建任务的企业、单位排忧解难，高效率地解决有关涉税事宜。（纳入政府采购的过渡安置房及配套设施用房的生产、运输、安装企业名单另发。）

省地方税务局关于印发《全省地税系统开展以“情系纳税人　心想基层服务经济　勤政廉政”为主题的党风廉政建设宣传教育月活动实施方案》的通知

2008年5月30日　鄂地税发〔2008〕124号

现将《全省地税系统开展以“情系纳税人、心想基层、服务经济、勤政廉政”为主题的党风廉政建设宣传教育月活动实施方案》印发给你们，请遵照执行。

全省地税系统开展以“情系纳税人　心想基层服务经济　勤政廉政”为主题的党风廉政建设宣传教育月活动实施方案

为认真贯彻落实中共湖北省委办公厅《关于在全省开展以“情系民生、勤政廉政”为主题的党风廉政建设宣传教育月活动的通知》要求和省委书记罗清泉在全省“情系民生、勤政廉政”主题教育活动电视电话会上的讲话精神，切实加强干部职工的理想信念教育、宗旨教育和法纪教育，推动全省地税系统的反腐倡廉建设深入开展，经省局党组研究，决定在全省地税系统开展以“情系纳税人、心想基层、服务经济、勤政廉政”为主题的党风廉政建设宣传教育月（以下简称“宣教月”）活动。为保证活动深入开展，现特制定如下方案：

一、指导思想

“宣教月”活动要以党的十七大精神和胡锦涛总书记在中央纪委二次全会上的重要讲话和省委书记罗清泉在全省“情系民生、勤政廉政”主题教育活动电视电话会上的讲话精神为指导，以“情系纳税人、心想基层、服务经济、勤政廉政”为主题，以领导干部为重点，坚持宣传教育与提高政府执行力、促进文明执法相结合，开展“宣教月”活动与经常性的反腐倡廉教育相结合，领导干部受教育和一般干部受教育相结合，鲜明的主题教育和丰富多彩的教育形式相结合，发挥纪检监察机关的主导作用和整合宣传教育力量相结合。通过集中时间、集中精力开展“宣教月”活动，营造心想基层、情系纳税人、勤政廉政的浓厚氛围，为推动和促进湖北经济又好又快发展服务。

二、活动目的

情系民生、勤政廉政，是我们党的性质和宗旨的体现，是党的优良传统，是党的事业不断巩固和发展的重要保证。其目的是通过“宣教月”活动，帮助广大党员干部牢固树立宗旨观念，真正做到讲党性、重品行、作表率，不断强化服务意识，防止和反对官僚主义、衙门作风；强化法治意识，防止和反对有法不依、执法不公；强化效能意识，防止和反对政令不畅、效率不高；强化实干意识，防止和反对浮躁空谈、精神不振；强化节俭意识，防止和反对铺张浪费、贪图享受；强化廉洁意识，防止和反对为政不廉、以权谋私，始终保持勤政廉政的优良作风，真正把人民赋予的权力用来为人民谋利益。

三、活动内容

“宣教月”活动从5月28日开始到6月28日结束，历时一个月。在此期间，全系统各单位要围绕“情系纳税人、心想基层、服务经济、勤政廉政”的主题，结合本地本单位实际，组织开展好以下七个方面的活动：

（一）七一前夕在省局机关评选表彰一批廉政勤政优秀共产党员。（由党办负责）

（二）评选表彰一批文明执法基层单位先进典型，由各单位组织推荐，省局表彰。（由法规处负责）

（三）举办一场廉政勤政报告会。（由监察室和党办负责）

（四）组织干部职工参观监狱，接受警示教育。（由党办负责）

（五）召开一次特邀监察员和企业家代表座谈会，就如何服务地方经济和企业发展征求意见。（由监察室和征管处负责）

（六）将提高执行力大讨论活动与党组民

主生活会、领导干部廉政勤政谈话和自省教育活动结合起来，主动查找存在的问题，提出整改的措施。各级党组书记要与班子成员作一次廉政谈话，听取班子成员履行党风廉政建设责任制、执行廉洁自律规定和改进作风的有关情况，提出希望和要求；纪检组长要与下级党组主要负责同志作一次廉政谈话。各级纪检监察机构派人参加并做好记录。（由监察室和党办负责）

（七）结合本地本单位实际，开展其他有意义、生动活泼的主题活动。（由各单位党风廉政建设领导小组负责）

活动期间，省局将结合实际，组织编印近年来地税系统的典型案例剖析教材和修订下发地税系统廉洁从政规定，供全系统干部职工学习。同时，省局党组成员还要按照活动要求，深入到各自的联系点，了解宣教月活动开展的情况，参与有关工作和活动，听取各地服务基层、服务纳税人的举措和建议，帮助查找工作中存在的不足，增强互动和互信，提高宣教月活动的针对性和实效性。

四、活动要求

（一）各单位要充分认识开展“宣教月”活动的重要意义，切实加强组织领导，确保宣教月活动的顺利开展。省局将成立“宣教月”活动领导小组，由局长许建国同志任组长，副局长田和平、纪检组长许国勇同志任副组长，朱建华、熊爱平、吴明喜、陈先辉、曹桦林、姜玉莲等同志为成员。领导小组下设办公室，具体负责“宣教月”活动的组织、协调工作，办公室设在省局监察室，由朱建华同志兼任办公室主任。各单位也要成立相应的工作专班，主要领导要带头参加“宣教月”的有关活动，各级纪检组和党办要协助党组抓好本单位“宣教月”活动，结合实际，统筹安排，明确工作重点，落实责任分工，精心组织实施。各单位党风廉政建设领导小组成员单位，要主动参与、主动配合，共同推动宣教月活动深入开展。

（二）各单位要结合本地、本单位实际，主动将“宣教月”活动与“倍加珍惜职业、预防职务犯罪、共建和谐地税”、提高执行力大讨论、文明执法教育及“讲党性、重品行、作表率”活动结合起来，加大宣传力度，创新活动形式，丰富活动载体，组织开展领导干部讲党课、领导班子专题民主生活会、党组理论学习中心组专题学习、党支部学习讨论、先进典型事迹报告会、演讲会、文艺演出、学习讨论、读书笔记等形式多样的宣传教育活动，营造勤政廉政的浓厚氛围。“宣教月”活动的时间虽然定为一个月，这主要是针对集中宣传活动而言的，但这项工作却是一项长期的工作，主题教育将贯穿全年地税工作的始终。

（三）各单位要注重“宣教月”活动的实效。开展“宣教月”活动，重在落实，重在改进作风，重在取得实效。各单位要以“宣教月”活动促进服务基层、服务纳税人、服务税收中心工作、服务地方经济发展的各项工作开展，深入推进“十查十看”、“六查六看”活动及文明执法、依法治税工作的开展，切实解决实际问题，提高全体干部职工的责任意识和执行力，努力用服务发展、服务大局的实际工作成果来体现宣教月活动的成效。

（四）各单位“宣教月”活动开展情况的书面报告，请于 6 月 30 日前报省局监察室和省局党办。

省地方税务局关于印发《湖北省地方税务局促进地方经济社会发展的地方税收优惠政策与措施》的通知

2008年6月3日　鄂地税发〔2008〕125号

为充分发挥税收的政策功能，更好地服务于党委政府决策，服务于地方经济社会发展，服务于纳税人，进一步提高行政效能，优化投资环境，促进全省经济社会又好又快发展，省地方税务局整合出了促进地方经济社会发展的一系列税收优惠政策，并制订出了优化纳税服务的措施。现将《湖北省地方税务局促进地方经济社会发展的地方税收优惠政策与措施》印发给你们，请认真遵照执行。

湖北省地方税务局促进地方经济社会发展的地方税收优惠政策与措施

一、保障和改善民生

税收当以民生为本，积极引导全民创业，支持公民自主创业和企业安置就业，发展文化科学、医疗卫生、教育培训、公益事业，改善居住环境，提高生活质量。

（一）自主创业。高校毕业生、下岗职工、退役军人、残疾人等个人自主创业从事个体经营的，在办理税务登记时，免收税务登记证工本费。

（二）下岗失业人员从事个体经营。持有《再就业优惠证》人员从事个体经营的（除建筑业、娱乐业以及销售不动产、转让土地使用权、广告业、房屋中介、桑拿、按摩、网吧、氧吧外），自2006年1月1日起至2008年12月31日，按每户每年8000元为限额依次扣减其当年实际应缴纳的营业税、城市维护建设税、教育费附加和个人所得税。税收优惠政策在2008年底之前执行未到期的，可继续享受至3年期满为止。

（三）从事个体经营达不到规定的营业税起征点的纳税人，免征营业税。

（四）灾害减免。个人因自然灾害造成重大损失的，可减征个人所得税。

（五）军转干部自谋职业。军队转业干部从事个体经营，其雇工7人（含7人）以下的，自领取税务登记证之日起，3年内免征营业税和个人所得税。

（六）随军家属自谋职业。随军家属从事个体经营，其雇工7人（含7人）以下的，自领取税务登记证之日起，3年内免征营业税和个人所得税。

（七）退役士兵自谋职业。城镇退役士兵

从事个体经营(除建筑业、娱乐业以及广告业、桑拿、按摩、网吧、氧吧外)的,其雇工7人(含7人)以下的,自领取税务登记证之日起,3年内免征营业税、城市维护建设税、教育费附加和个人所得税;从事农业机耕、排灌、病虫害防治、植保、农牧保险以及相关技术培训业务,家禽、牲畜、水生动物的配种和疾病防治业务的,免征营业税。

(八)残疾人创业。残疾人员投资兴办或者参与投资兴办个人独资企业和合伙企业的,残疾人员取得的生产、经营所得,符合各省、自治区、直辖市人民政府规定的减征个人所得税条件的,经本人申请、主管税务机关审核批准,可以按照规定标准减征个人所得税。

(九)残疾人个人取得的劳动所得,减半征收个人所得税;对残疾人个人为社会提供的劳务免征营业税。

(十)企业安置就业。商贸企业、服务型企业(除广告业、房屋中介、典当、桑拿、按摩、氧吧外)、劳动就业服务企业中的加工型企业和街道社区具有加工性质的小型企业实体,在新增加的岗位中,当年新招用持《再就业优惠证》人员,与其签订1年以上期限劳动合同并依法缴纳社会保险费的,自2006年1月1日起至2008年12月31日,按实际招用人数,给予每人每年4000元定额依次扣减营业税、城市维护建设税、教育费附加和企业所得税。税收优惠政策在2008年底之前执行未到期的,可继续享受至3年期满为止。

(十一)三峡坝区移民就业享受国家有关下岗职工再就业税收优惠政策。

(十二)为安置自主择业的军队转业干部就业而新开办的企业,凡安置自主择业的军队转业干部占企业总人数60%(含60%)以上的,经主管税务机关批准,自领取税务登记证之日起,3年内免征营业税。

(十三)为安置随军家属就业而新开办的企业,凡安置随军家属占企业总人数的60%(含60%)以上,3年内免征营业税。

(十四)为安置自谋职业的城镇退役士兵就业而新办的服务型企业(除广告业、桑拿、按摩、网吧、氧吧外)当年新安置自谋职业的城镇退役士兵达到职工总数30%以上,并与其签订1年以上期限劳动合同的,经县级以上民政部门认定,税务机关审核,3年内免征营业税及其附征的城市维护建设税、教育费附加。

(十五)社会力量开办的按摩机构按照其安排盲人的比例减免营业税。

(十六)从事属于营业税"服务业"税目范围内(广告业除外)业务的企业,安置残疾人员符合规定条件的,实际安置的每位残疾人每年可减征营业税的标准统一按照湖北省人民政府《关于调整全省最低工资标准的通知》(鄂政发〔2007〕16号)文件确定的最低工资标准的6倍执行,最高不得超过每人每年3.5万元。

(十七)安置残疾人达到规定比例的单位支付给残疾人员的实际工资可在企业所得税前据实扣除,并可按支付给残疾人员实际工资的100%加计扣除。对单位因安置残疾人员而按照政策规定取得的增值税退税或营业税减税收入,免征企业所得税。

(十八)社会服务。托儿所、幼儿园、养老院、残疾人福利机构提供的育养服务,免征营业税;对婚姻介绍服务以及经营性公墓提供的殡葬服务包括转让墓地使用权收入免征营业税。

(十九)政府部门和企事业单位、社会团体以及个人等社会力量投资兴办的福利性、非营利性的老年服务机构自用的房产、土地、车船,暂免房产税、城镇土地使用税和车船税。

(二十)利用社会福利彩票公益金或单位、个人捐赠资金建设城市社区老年人福利服务设施、活动场所和农村乡(镇)敬老院占用耕地的,免征耕地占用税。

(二十一)青少年活动场所捐赠。个人通过非营利性的社会团体和国家机关对公益性青少年活动场所(其中包括新建)的捐赠,在缴纳个人所得税前准予全额扣除。

(二十二)举办文化活动。纪念馆、博物馆、文化馆、美术馆、展览馆、书画院、图书馆、文物保护单位举办文化活动所售的第一道门票收入,免征营业税。

(二十三)广播影视。电影发行单位向放映单位收取的发行收入,免征营业税;从事广播影视节目在境外落地的集成播出企业,从境外取得的收入免征营业税。

(二十四)2010年年底前,广播电视运营服务企业收取的有线数字电视基本收视维护费,经省级人民政府同意并报财政部、税务总局批准,免征营业税,期限最长不超过3年。

(二十五)动漫研发。动漫企业自主开发、生产动漫产品涉及营业税应税劳务的(除广告业、娱乐业外),暂减按3%的税率征收营业税。

(二十六)动漫企业在境外提供劳务获得的境外收入不征营业税。

(二十七)文化企业事业发展。文化体制改革试点地区从事数字广播影视、数据库、电子出版物等研发、生产、传播的文化企业,符合国家现行高新技术企业税收优惠政策规定的,在2008年底以前可统一享受相应的税收优惠政策。

(二十八)文化体制改革试点地区的文化事业单位转制为企业后,在2008年底以前免征企业所得税。转制为企业后,其在境外提供文化劳务取得的境外收入免征企业所得税。

(二十九)文化体制改革试点地区的文化企业,在2008年底以前在境外提供文化劳务取得的境外收入不征营业税;企业向境外提供翻译劳务和进行著作权转让而取得的境外收入免征营业税,在境外已缴纳的所得税款按现行有关规定抵扣。

(三十)文化体制改革试点地区政府鼓励的新办文化企业,自工商注册登记之日起,免征3年企业所得税。在境外提供文化劳务取得的收入免征企业所得税。

(三十一)文化体制改革试点地区由财政部门拨付事业经费的文化单位转制为企业,其自用房产、土地在2008年底以前免征房产税、城镇土地使用税。

(三十二)文化体制改革试点地区因自然灾害等不可抗力或承担国家指定任务而造成亏损的文化单位,经批准,在2008年底以前,免征经营用土地和房产的城镇土地使用税和房产税。

(三十三)文化事业捐赠。自2006年1月1日起至2010年12月31日,企事业单位、社会团体和个人等社会力量通过国家批准成立的非营利性的公益组织或国家机关对宣传文化事业的公益性捐赠,经税务机关审核后,纳税人缴纳企业所得税时,在年度利润总额12%以内的部分,可在计算应纳税所得额时予以扣除;纳税人缴纳个人所得税时,捐赠额未超过纳税人申报的应纳税所得额30%的部分,可从其应纳税所得额中扣除。

(三十四)勤工俭学。学生勤工俭学提供的劳务免征营业税。

(三十五)学生实习。政府举办的职业学校设立的主要为在校学生提供实习场所、并由学校出资自办、由学校负责经营管理、经营收入归学校所有的企业,对其从事营业税暂行条例"服务业"税目规定的服务项目(广告业、桑拿、按摩、氧吧等除外)取得的收入,免征营业税。

(三十六)社会助学。纳税人通过中国境内非营利的社会团体、国家机关向教育事业的捐赠,准予在个人所得税前全额扣除;国家助学贷款利息收入免征营业税;财产所有人将财产赠给学校所立的书据，免征印花税。

（三十七）高校后勤改革。高校后勤经济实体，经营学生公寓和教师公寓及为高校教学提供后勤服务取得的租金和服务性收入，免征营业税；社会性投资建立的为高校学生提供住宿服务并按高教系统统一收费标准收取租金的学生公寓，其取得的租金收入，免征营业税。

（三十八）设置在校园内的实行社会化管理和独立核算的食堂，向师生提供餐饮服务取得的收入，免收营业税。

（三十九）为高校学生提供住宿服务并按高教系统收费标准收取租金的学生公寓，免征房产税。

（四十）进修培训。政府举办的高等、中等和初等学校（不含下属单位）举办进修班、培训班取得的收入，收入全部归学校所有的，免征营业税。

（四十一）科学普及。科技馆、自然博物馆、对公众开放的天文馆（站、台）和气象台（站）、地震台（站）、高校和科研机构对公众开放的科普基地的门票收入，以及县及县以上（包括县级市、区、旗等）党政部门和科协开展的科普活动的门票收入免征营业税。

（四十二）科普单位的门票收入，以及县及县以上（包括县级市、区、旗）党政部门和科协开展的科普活动的门票收入免征营业税；对科普单位进口自用科普影视作品播映权免征其应为境外转让播映权单位代扣（缴）的营业税。

（四十三）教学用地。对学校、幼儿园占用耕地，免征耕地占用税；国家机关、事业单位、社会团体、军事单位承受土地房屋权属用于教学、科研的，免征契税。

（四十四）非营利性医疗机构。非营利性医疗机构提供的医疗服务免征营业税；非营利性医疗机构自用的房产、土地，免征房产税、城镇土地使用税。

（四十五）营利性医疗机构。营利性医疗机构取得的收入，直接用于改善医疗卫生条件的，自其取得执业登记之日起，3年内对其取得的医疗服务收入免征营业税；营利性医疗机构对其自用的房产、土地、车船，自其取得执业登记之日起，3年内免征房产税、城镇土地使用税和车船税。

（四十六）疾病控制机构和妇幼保健机构。疾病控制机构和妇幼保健机构等卫生机构按照国家规定的价格取得的卫生服务收入（含疫苗接种和调拨、销售收入），免征各项税收；疾病控制机构和妇幼保健机构等卫生机构自用的房产、土地、车船，免征房产税、城镇土地使用税和车船税。

（四十七）血站自用房产土地。血站自用的房产和土地，免征房产税和城镇土地使用税；医院占用耕地，免征耕地占用税。

（四十八）个人出租房屋。个人出租住房取得的所得减按10%的税率征收个人所得税；个人出租、承租住房签订的租赁合同，免征印花税；个人出租住房，不区分用途，在3%税率的基础上减半征收营业税，按4%的税率征收房产税，免征城镇土地使用税。

（四十九）企事业单位出租房屋。企事业单位、社会团体以及其他组织按市场价格向个人出租用于居住的住房，减按4%的税率征收房产税。

（五十）廉租住房出租。廉租住房经营管理单位按照政府规定价格、向规定保障对象出租廉租住房的租金收入，免征营业税、房产税。

（五十一）廉租住房补贴。个人按《廉租住房保障办法》（建设部等9部委令第162号）规定取得的廉租住房货币补贴，免征个人所得税。

（五十二）廉租住房、经济适用住房建设。廉租住房、经济适用住房建设用地以及廉租住房经营管理单位按照政府规定价格、向规定保障对象出租的廉租住房用地，免征城镇土地使用税；开发商在经济适用住房、商品住房项目中配套建造廉租住房，在商品住房项目中配套建造经济适用住房，如能提供政府部门出具的相关材料，可按廉租住房、经济适用住房建筑面积占总建筑面积的比例免征开发商应缴纳的城镇土地使用税。

（五十三）企事业单位、社会团体以及其他组织转让旧房作为廉租住房、经济适用住房房源且增值额未超过扣除项目金额20%的，免征土地增值税。

（五十四）廉租住房、经济适用住房经营管理单位与廉租住房、经济适用住房相关的印花税以及廉租住房承租人、经济适用住房购买人涉及的印花税予以免征；开发商在经济适用住房、商品住房项目中配套建造廉租住房，在商品住房项目中配套建造经济适用住房，如能提供政府部门出具的相关材料，可按廉租住房、经济适用住房建筑面积占总建筑面积的比例免征开发商应缴纳的印花税。

（五十五）廉租住房经营管理单位购买住房作为廉租住房、经济适用住房经营管理单位回购经济适用住房继续作为经济适用住房房源的，免征契税。

（五十六）企事业单位、社会团体以及其他组织于2008年1月1日前捐赠住房作为廉租住房的，按《中华人民共和国企业所得税暂行条例》（国务院令第137号）、《中华人民共和国外商投资企业和外国企业所得税法》有关公益性捐赠政策执行；2008年1月1日后捐赠的，按《中华人民共和国企业所得税法》有关公益性捐赠政策执行。个人捐赠住房作为廉租住房的，捐赠额未超过其申报的应纳税所得额30%的部分，准予从其应纳税所得额中扣除。

（五十七）个人购买经济适用住房。个人购买经济适用住房，在法定税率基础上减半征收契税。

（五十八）拆迁补偿。被拆迁人按照国家有关城镇房屋拆迁管理办法规定的标准取得的拆迁补偿款，免征个人所得税。

（五十九）拆迁居民购房。拆迁居民因拆迁重新购置住房的，对购房成交价格中相当于拆迁补偿款的部分免征契税，成交价格超过拆迁补偿款的，对超过部分征收契税。

二、新农村建设

积极实施税收惠农政策，减轻农业发展的社会负担，促进农业生产方式的改变，推进农业产业结构调整，培育农村新型生产关系，发展农村市场经济，建设现代农业，提高农民生活水平。

（六十）农机服务。为农业、林业、牧业提供生产服务使用农业机械进行耕作（包括耕耘、种植、收割、脱粒、植保等）取得的收入，以及对农田进行灌溉或排涝业务取得的收入，免征营业税。

（六十一）农技服务。农业科研单位、农技推广组织、农村企业和农村科技能人从事农业及其他技术转让、技术开发和与之相关的技术咨询、技术服务业务取得的收入，免征营业税。

（六十二）农业保险。为种植业、养殖业、牧业种植和饲养的动植物提供保险业务取得的收入，免征营业税。

（六十三）病虫害及疾病防治。从事农业、林业、牧业、渔业的病虫害测报和防治业务取得的收入，免征营业税；从事家禽、牲畜、水生动物的配种和疾病防治业务以及与该项劳务有关的提供药品和医疗用具的业务，其取得的收入，免征营业税。

（六十四）农村育养服务。农村集体组织、农民个人投资兴办托儿所、幼儿园、养老院及残疾人福利机构所提供的育养服务取得的收入，免征营业税。

（六十五）土地承包及转让。将土地使用权转让给农业生产者用于农业生产，免征营业税;将土地承包(出租)给个人或单位用于农业生产,收取的固定承包金(租金)免征营业税。

(六十六)农村饮水工程建设。新投产的农村饮水安全工程在“十一五”期间减免各项税收。

(六十七)农业生产及农产品加工。企业从事蔬菜、谷物、薯类、油料、豆类、棉花、麻类、糖料、水果、坚果的种植,农作物新品种的选育,中药材的种植,林木的培育和种植,牲畜、家禽的饲养,林产品的采集,灌溉、农产品初加工、兽医、农技推广、农机作业和维修等农、林、牧、渔服务业项目的所得,可以免征企业所得税。

(六十八)农经作物种养。企业从事花卉、茶、其他饮料作物和香料作物的种植,以及内陆养殖的所得,可以减半征收企业所得税。

(六十九)广播电视村村通。经营有线电视网络的单位从农村居民用户取得的有线电视收视费收入和安装费收入,3 年内免征营业税。

(七十)经营有线电视网络的事业单位从农村居民用户取得的有线电视收视费收入和安装费收入,3 年内不计征企业所得税;经营有线电视网络的企业从农村居民用户取得的有线电视收视费收入和安装费收入,扣除相关成本费用后的所得,3 年内免征企业所得税。

(七十一) 观光农业经营。经营采摘、观光农业的单位和个人,其直接用于采摘、观光的种植、养殖、饲养的土地,免征城镇土地使用税。

(七十二)农业经营用地。直接用于农、林、牧、渔业的生产用地,免征城镇土地使用税。

(七十三)直接为农业生产服务的生产设施占用林地、农田水利用地、养殖水面以及渔业水域滩涂等其他农用地的,不征收耕地占用税。

(七十四)为“三农”服务的水利设施及其管护用地(水库、大坝、堤防、灌渠、泵站等用地),免征城镇土地使用税。

(七十五)单位、个人承受荒山、荒沟、荒丘、荒滩土地使用权,用于农业、林业、牧业、渔业生产的,可以免征契税。

(七十六)经批准开山整治的土地和改造的废弃土地,从使用的月份起,可以免征城镇土地使用税 5～10 年。

(七十七)农民建房。符合规定条件的水库移民、灾民、难民建房及农村居民新建住宅,减半征收耕地占用税。

(七十八)农村烈士家属及革命老根据地、少数民族聚居区和边远贫困山区生活困难的农村居民,在规定用地标准以内新建住宅缴纳耕地占用税确有困难的,经所在地乡(镇)人民政府审核,报经县级人民政府批准后,可以免征或减征耕地占用税。

(七十九)农村车船。农村公共交通车船和农民自用的摩托车,免征车船税;农村服务于农业、渔业生产的拖拉机、捕捞和养殖渔船免征车船税。

(八十)农副产品收购。国家允许的收购部门与村民委员会、农民个人书立的农副产品收购合同,免征印花税。

三、转变经济发展方式

发挥税收调节职能,鼓励科技自主创新,加快高新技术产业发展,扶持企业利用科技进步提高生产能力,加强基础设施建设,促进资源能源节约和环境保护,建设“资源节约型、环境友好型”社会。

(八十一)技术转让。单位和个人从事技术转让、技术开发业务和与之相关的技术咨询、技术服务业务取得的收入,免征营业税。

(八十二)企业一个纳税年度内的技术转让所得没超过 500 万元的部分,免征企业所得税；超过500万元的部分，减半征收企业所得税。

（八十三）科研开发。科研单位承担国家财政资金设立的科技项目而取得的收入（包括科研经费），属于技术开发而取得的收入，免征营业税。

（八十四）企业为开发新技术、新产品、新工艺发生的研究开发费用，未形成无形资产计入当期损益的，在按照规定据实扣除的基础上，按照研究开发费用的50%加计扣除；形成无形资产的，按照无形资产成本的150%摊销。

（八十五）固定资产折旧。企业由于技术进步、产品更新换代较快和常年处于强震动、高腐蚀状态的固定资产，可以采取缩短折旧年限或采取加速折旧的方法。

（八十六）高新技术企业。被认定为高新技术企业的企业，减按15%的税率征收企业所得税。

（八十七）技术创新基金。企事业单位、社会团体和个人等社会力量通过公益性的社会团体和国家机关向科技部科技型中小企业技术创新基金管理中心用于科技型中小企业技术创新基金的捐赠，企业在年度利润总额12%以内的部分，个人在申报个人所得税应纳税所得额30%以内的部分，准予在计算缴纳所得税时扣除。

（八十八）高新技术创业投资。创业投资企业采取股权投资方式投资于未上市中小高新技术企业2年以上（含2年），凡符合国家规定条件的，可按照其投资额的70%在股权持有满2年的当年抵扣该创业投资企业的应纳税所得额；当年不足抵扣的，可以在以后纳税年度结转抵扣。

（八十九）软件研发生产。软件生产企业实行增值税即征即退政策所退还的税款，由软件企业用于研究开发软件产品和扩大再生产，不作为企业所得税应税收入，不予征收企业所得税。

（九十）新办的软件生产企业经认定后，自获利年度起，第一年和第二年免征企业所得税，第三年至第五年减半征收企业所得税。软件生产企业的职工培训费用，可按实际发生额在计算应纳税所得额时扣除。

（九十一）国家规划布局内的重点软件生产企业，如当年未享受免税优惠的，减按10%的税率征收企业所得税。

（九十二）企事业单位购进软件，符合固定资产或无形资产确认条件的，可以按照固定资产或无形资产进行核算，经主管税务机关核准，其折旧或摊销年限可以适当缩短，最短可为2年。

（九十三）集成电路设计生产。集成电路设计企业视同软件企业，享受软件企业的有关企业所得税政策。

（九十四）集成电路生产企业的生产性设备，经主管税务机关核准，其折旧年限可以适当缩短，最短可为3年；投资额超过80亿元人民币或集成电路线宽小于0.25um的集成电路生产企业，可以减按15%的税率缴纳企业所得税，其中，经营期在15年以上的，从开始获利的年度起，第一年至第五年免征企业所得税，第六年至第十年减半征收企业所得税。

（九十五）生产线宽小于0.8微米（含）集成电路产品的生产企业，经认定后，自获利年度起，第一年和第二年免征企业所得税，第三年至第五年减半征收企业所得税。

（九十六）集成电路生产投资 自2008年1月1日至2010年12月31日，集成电路生产企业、封装企业的投资者，以其取得的缴纳企业所得税后的利润，直接投资于本企业增加注册资本，或作为资本投资开办其他集成电路生产企业、封装企业，经营期不少于5年的，按40%的比例退还其再投资部分已缴纳的企业所得税税款。

（九十七）自2008年1月1日至2010年12月31日，对国内外经济组织作为投资者，以其在境内取得的缴纳企业所得税后的利润，作为资本投资于西部地区开办集成电路生产企业、封装企业或软件产品生产企业，经营期不少于5年的，按80%的比例退还其再投资部分已缴纳的企业所得税税款。

（九十八）科技企业孵化器。符合非营利组织条件的国家大学科技园、科技企业孵化器的收入，自2008年1月1日起按照税法及其有关规定享受企业所得税优惠政策。

（九十九）符合国家规定条件的从事科技成果转化、高新技术企业孵化、创新创业人才培养的科技企业孵化器、国家大学科技园，自2008年1月1日至2010年12月31日，对孵化器、科技园自用以及无偿或通过出租等方式提供给孵化企业使用的房产、土地，免征房产税和城镇土地使用税。

（一百）符合国家规定条件的从事科技成果转化、高新技术企业孵化、创新创业人才培养的科技企业孵化器、国家大学科技园，自2008年1月1日至2010年12月31日，向孵化企业出租场地、房屋以及提供孵化服务的收入，免征营业税。

（一百零一）科技成果转化。科研机构、高等学校转化职务科技成果以股份或出资比例等股权形式给予科技人员的个人奖励，暂不征收个人所得税。

（一百零二）科研用地用房。用于科研的科学试验的场所以及其他直接用于科研的土地、房屋，可以按照国家规定免征房产税、城镇土地使用税和契税。

（一百零三）科研机构转制。经国务院批准的原国家经贸委管理的10个国家局所属242个科研机构和建设部等11个部门（单位）所属134个科研机构中转为企业的科研机构和进入企业的科研机构，从转制注册之日起5年内免征企业所得税政策执行到期后，再延长2年期限。地方转制科研机构可参照执行上述优惠政策。

（一百零四）符合条件的转制科研机构自用的土地和房屋，可以按照国家规定在一定期限内免征房产税和城镇土地使用税。

（一百零五）节能环保。企业从事国家规定的符合条件的公共污水处理、公共垃圾处理、沼气综合开发利用、节能减排技术改造、海水淡化等环境保护、节能节水项目的所得，自项目取得第一笔生产经营收入所属纳税年度起，第一年至第三年免征企业所得税，第四年至第六年减半征收企业所得税。

（一百零六）企业购置并实际使用《环境保护专用设备企业所得税优惠目录》、《节能节水专用设备企业所得税优惠目录》和《安全生产专用设备企业所得税优惠目录》规定的环境保护、节能节水、安全生产等专用设备的，该专用设备的投资额的10%可以从当年的应纳税额中抵免；当年不足抵免的，可以在以后5年纳税年度结转抵免。

（一百零七）企业依照法律、行政法规有关规定提取的用于环境保护、生态恢复等方面的专项资金，准予扣除。

（一百零八）单位和个人提供的垃圾处置劳务取得的垃圾处置费，不征收营业税。

（一百零九）节能环保企业缴纳房产税、城镇土地使用税确有困难的，经地方税务机关批准，可酌情减征或免征房产税和城镇土地使用税。

（一百一十）资源综合利用。企业以《资源综合利用企业所得税优惠目录》规定的资源作为主要原材料，生产国家非限制和禁止并符合国家和行业相关标准的产品取得的收入，减按90%计入收入总额。

（一百一十一）生物能源及生物化工。生物能源和生物化工生产企业，按照国家规定享受相关的税收优惠政策。

（一百一十二）铁路运输改革。符合条

件的铁路房建生活单位改制后的企业为铁道部所属铁路局及国有铁路运输控股公司提供的维修、修理、物业管理、工程施工等营业税应税劳务取得的应税收入,自2007年1月1日至2010年12月31日免征营业税。

(一百一十三)符合规定条件的铁道部所属的铁路局及国有铁路运输控股公司、铁道通信信息有限责任公司,可以按照国家规定免征房产税和城镇土地使用税。

(一百一十四)基础设施建设。从事港口码头、机场、铁路、公路、城市公共交通、电力、水利等国家重点扶持的公共基础设施项目的投资经营的所得,自项目取得第一笔生产经营收入所属纳税年度起第一年至第三年免征企业所得税,第四年至第六年减半征收企业所得税。

(一百一十五)符合规定条件的火电厂、水利设施、民航机场、矿山、港口、盐场、石油天然气地面设施用地,可以按照国家规定免征城镇土地使用税。

(一百一十六)市政街道、广场、绿化带用地,免征城镇土地使用税。

(一百一十七)城市公共交通车船。符合规定条件的城市公共交通车船,可免征车船税。

(一百一十八)规划土地房产征用及转让。因城市实施规划、国家建设的需要而被政府批准征用的房产或收回的土地使用权,免征土地增值税;由纳税人自行转让原房地产的,免征土地增值税。

四、优化产业结构

发挥税收杠杆作用,围绕国家产业政策和产业发展方向,推进国有企业改革,促进市场主体的优化组合,加快发展现代服务业,积极承接产业转移,增强中小企业市场竞争力。

(一百一十九)物流仓储运输。试点物流企业将承揽的仓储业务分给其他单位并由其统一收取价款的,以该企业取得的全部收入减去付给其他仓储合作方的仓储费后的余额为营业额计算征收营业税;试点物流企业将承揽的运输业务分给其他单位并由其统一收取价款的,以该企业取得的全部收入减去付给其他运输企业的运费后的余额为营业额计算征收营业税。

(一百二十)物流服务用地。从事物流服务的港口码头(泊位,包括岸边码头、伸入水中的漂码头、堤岩、堤坝、栈桥等)用地,免征土地使用税;港口露天堆货场用地,企业纳税确有困难的,可向地方税务机关申请减免城镇土地使用税。

(一百二十一)粮棉油储备经营。国有粮食企业保管政府储备粮油取得的财政补贴收入免征营业税,供销社保管储备棉而取得的中央和地方财政补贴收入免征营业税,承储企业保管国家储备油和储备糖取得的中央财政补贴收入免征营业税。

(一百二十二)储运企业用地。物资储运企业缴纳城镇土地使用税确有困难的,可向地方税务机关申请减免城镇土地使用税。

(一百二十三)旅游经营。旅游企业组织旅游团在中国境内旅游的,以收取的旅游费减去替旅游者交付给其他单位的房费、餐费、交通、门票和其他代理费用后的余额为营业额计征营业税;旅游企业组织旅游团到中华人民共和国境外旅游,在境外改由其他旅游企业接团的,以全程旅游费减去付给该接团企业的旅游费后的余额为营业额计征营业税。

(一百二十四)设在我省享受国家西部大开发税收优惠政策县、市的企业,在本地区的旅游景点和景区从事销售门票经营活动,在景点和景区门禁以内区域提供导游服务的经营活动,在景点和景区门禁以内区域提供游客运输服务经营活动,取得的收入达到全部经营收入70%以上的,按照《财政部国家税务总局海关总署关于西部大开发税收优惠政策问题的通知》的规定享受税收优惠政策。

(一百二十五)金融往来业务。金融机构往来业务暂不征收营业税。

(一百二十六)不良资产处置。资产公司所属的投资咨询类公司,为本公司承接、收购、处置不良资产而提供资产、项目评估和审计服务取得的收入免征营业税。

(一百二十七)符合条件的金融资产管理公司,在收购、承接和处置不良资产过程中,可享受相关的房产税、城镇土地使用税、土地增值税、契税、印花税等税种的优惠政策

(一百二十八)信贷资产买卖。非金融机构投资者买卖信贷资产支持证券取得的差价收入不征收营业税。

(一百二十九)人民银行分支机构房产土地。行使国家行政管理职能的中国人民银行总行(含国家外汇管理局)所属分支机构自用的房产、土地,免征房产税、城镇土地使用税。

(一百三十)保险产品收入。保险公司开办的符合免税条件的保险产品取得的保费收入免征营业税。

(一百三十一)企业股权转让。支持企业参与企业改组、改制,做大做强,实现规模经营,对其合兼并企业的行为和股权转让取得的收入免征营业税。

(一百三十二)企业兼并重组。企业被兼并后仍独立纳税的,其兼并前尚未弥补的亏损,在税法规定期限内,可由其以后年度的所得逐年延续弥补。被兼并企业在被兼并后不具有独立纳税资格的,在税法规定期限内,可由兼并企业用兼并资产以后年度的经营所得逐年延续弥补。企业进行股权重组后,其在股权重组前尚未弥补的经营亏损,可在税法规定期限内,由重组后的企业逐年延续弥补。

(一百三十三)在企业兼并中,被兼并企业将房地产转让到兼并企业中的,暂免征收土地增值税。

(一百三十四)企业改组改制。企业改制过程中发生的资产、债权、债务及劳动力整体转让的行为不征收营业税。

(一百三十五)集体所有制企业改组改制过程中,职工个人以股份形式取得的不拥有所有权的企业量化资产,不征收个人所得税;职工个人以股份形式取得的拥有所有权的企业量化资产,暂缓征收个人所得税。

(一百三十六)企业按照国家有关法律规定宣告破产,企业职工从该破产企业取得的一次性安置费收入,免征个人所得税。

(一百三十七)实行公司制改造的企业在改制过程中成立的新企业(重新办理法人登记的),其新启用的资金账簿记载的资金或因企业建立资本纽带关系而增加的资金,凡原已贴花的部分可不再贴花,未贴花的部分和以后新增加的资金按规定贴花。

(一百三十八)企业改制前签订但尚未履行完的各类应税合同,改制后需要变更执行主体的,对仅改变执行主体、其余条款未作变动且改制前已贴花的,不再贴花。企业因改制签订的产权转移书据免予贴花。

(一百三十九)企业改制重组过程中,同一投资主体内部所属企业之间土地、房屋权属的无偿划转,不征收契税。

(一百四十)非公司制企业按照《公司法》的规定,整体改为有限责任公司(含国家独资公司)或股份有限公司,或者有限责任公司整体改建为股份有限公司的,对改建后的公司承受原企业土地、房屋权属,免征契税。

(一百四十一)企业主辅分离和辅业改制。国有大中型企业通过主辅分离和辅业改制分流安置本企业富余人员兴办的经济实体(从事金融保险业、邮电通讯业、娱乐业以及销售不动产、转让土地使用权,服务型企业中的广告业、桑拿、按摩、氧吧,建筑业中从事工程总承包的除外),凡符合国家规定条件的,经国资委、劳动保障部门认定,税务机关审

核,3年内免征企业所得税。

(一百四十二)企业合并分立。以合并或分立方式成立的新企业,其新启用的资金账簿记载的资金,凡原已贴花的部分可不再贴花,未贴花的部分和以后新增加的资金按规定贴花。

(一百四十三)两个或两个以上的企业,依据法律规定、合同约定,合并改建为一个企业,对其合并后的企业承受原合并各方的土地、房屋权属,免征契税。

(一百四十四)企业依照法律规定、合同约定分设为两个或两个以上投资主体相同的企业,对派生方、新设方承受原企业土地、房屋权属,不征收契税。

(一百四十五)企业股权转让。在股权转让中,单位、个人承受企业股权,企业土地、房屋权属不发生转移,不征收契税。

(一百四十六)经国务院批准实施债权转股权的企业,债权转股权后新设立的公司承受原企业的土地、房屋权属,免征契税。

(一百四十七)国有资产划转调整。政府主管部门对国有资产进行行政性调整和划转过程中发生的土地、房屋权属转移,不征收契税。

(一百四十八)企业出售。国有企业、集体企业出售,被出售企业法人予以注销,并且买受人妥善安置原企业30%以上职工的,对其承受所购企业的土地、房屋权属,减半征收契税;全部安置原企业职工的,免征契税。

(一百四十九)企业关闭破产。企业依照有关法律、法规的规定实施关闭、破产后,债权人(包括关闭、破产企业职工)承受关闭、破产企业土地、房屋权属以抵偿债务的,免征契税;非债权人承受关闭、破产企业土地、房屋权属,凡妥善安置原企业30%以上职工的,减半征收契税;全部安置原企业职工的,免征契税。

(一百五十)中小企业。符合条件的小型微利企业,减按20%的税率征收企业所得税。

(一百五十一)中小企业信用担保。纳入全国试点范围的非营利性中小企业信用担保、再担保机构,取得担保业务收入,3年内免征营业税。

五、优化纳税服务

尊重纳税人社会主体地位,以优化纳税服务为宗旨,简化税收行政程序,创新纳税服务方式,减轻履行纳税义务的负担,提高办税效率,为市场主体发展营造宽松和谐的经营环境。

(一百五十二)取消审批事项。取消企业弥补亏损审批、技术开发费加计扣除项目审批、业务招待费税前扣除核准、调整固定资产残值比例备案以及社会力量向科研机构和高等学校资助研究开发经费税前扣除审核等5项税务行政审批事项。

(一百五十三)取消科研机构、高等学校转化职务科技成果以股份或出资比例等股权形式给予个人奖励免征个人所得税的审批手续,由纳税人向主管税务机关提交相关证明材料。

(一百五十四)取消企业搬迁后原场地不使用的、企业范围内的荒山等占地尚未利用的城镇土地使用税审批的规定,由企业在申报时自行计算扣除。

(一百五十五)取消对微利、亏损企业记载资金的账簿,第一次贴花数额较大,难以承担的,可允许在3年内分次贴花的审批。

(一百五十六)下放审批权限。下放缴纳房产税困难性减免审批、城镇土地使用税困难性减免审批、企业所得税减免税审批权限等3项行政审批项目,由市、州、县(市、区)地方税务局办理。

(一百五十七)审批事项办理。对纳税人提请的各类涉税审批审核事项,必须按照规定的程序和时限办理。对属本级机关审批权限的,应及时办结。不属本级机关审批权限的,应按规定的权限、程序及时上报。

(一百五十八)税务公开。推行税收执法公示制度和政务公开制度。采取多种形式,公开纳税人的权利与义务、公开税收政策法规、公开地税机关的职责与义务、公开税收执法程序、公开核定税负、公开税务违法违章处罚标准、公开服务承诺和廉政纪律、公开监督举报电话和责任追究等内容。

(一百五十九)简化税务登记程序。新开办的企业和个体工商户,只要办理了工商注册登记,即可先行核发税务登记证件,再补齐需要报送的其他资料。

(一百六十)在没有实行联合办证的地方,凡在国税部门办理了税务登记的共管户,在地税部门办理税务登记时,只需提供办证的所需资料和国税部门所发登记证件(正副本)的复印件,不再发放税务登记证。

(一百六十一)已办理税务登记的纳税人在申请办理减免退税、延期申报、延期缴纳税款、领购发票、开具外出经营活动税收管理证明、停歇业及其他有关税务事项时,不需提供税务登记证件和办理税务登记过程中已附列的有关资料。

(一百六十二)纳税申报。改进和完善办税服务设施和功能,逐步扩大电子申报、邮寄申报、委托代理申报等多元化的申报纳税的范围,实施"一窗式"服务、"一站式"办税,方便纳税人申报纳税,满足纳税人办税需求。

(一百六十三)纳税辅导。认真落实服务承诺制度,及时为纳税人提供政策咨询,为纳税人解疑释惑,排忧解难。对纳税人咨询不能解答的,应认真记录,并及时转办相关部门,由相关部门作出答复。

(一百六十四)简便征收。在偏远地区的"双定户"采取简并征期的办法申报纳税。

(一百六十五)纳税信誉。纳税信用等级评定为A级纳税人,除专项、专案检查以及金税协查等检查外,两年内可以免除税务检查,放宽发票领购限量。

(一百六十六)税务检查。在地税系统实行"一家查账多家认账"的税收检查办法。避免多次重复检查,提高税务检查质量和效率,减轻企业负担;新开办的企业,在开办初期由企业自行申报,不入户检查。

(一百六十七)税务处罚。对税收违法行为轻微,以教育方式能够纠正的,不给予行政处罚。

(一百六十八)免费服务。为纳税人提供的纳税所用表、单及政策宣传单、册、书等一律免费,通过省局税收短信平台向纳税人发送的短信一律免费。

(一百六十九)免收税务登记费。在我省新设立的企业,在办理税务登记时,免收税务登记证工本费。

(一百七十)税收绿色通道。在办税服务厅设置"绿色通道"窗口,为来鄂投资企业、A级纳税人、残疾人及下岗失业人员等及时办理涉税事项。

省地方税务局关于印发《湖北省地方税务局2008年工作目标责任制考核办法》的通知

2008年6月16日　鄂地税发〔2008〕135号

根据省委、省政府的要求和省局与省政府领导签订的2008年度工作目标管理责任书及2008年度全省地税工作要点，为完成全年税费收入任务，促进全年各项工作任务落到实处，特制定本考核办法。

一、目标考核内容

根据省委、省政府今年对我局确定的工作任务，结合省局重点工作责任分解意见和各处室的工作实际，确定2008年度工作目标责任制考核的内容由全局总目标、单位综合目标和单位单项目标三部分组成，累计标准分为100分。各处室、各直属单位应将本单位目标责任书确定的工作任务分解、落实、考核到个人。

(一)全局总目标。系指需要全局共同努力完成的目标。目标能否实现，涉及各处室。标准分为30分，共设5项分指标，其具体内容分值为：

1. 全面完成税费收入计划，确保完成税收收入389亿，增长16.1%；其中地方一般预算收入达到330亿，增长16.1%；社会保险费核定征缴率达到95%以上；规费基金收入完成36亿，增长12%。10分

2. 加强纳税服务体系建设，规范纳税服务工作机制，实现全省地税系统税务短信服务省、市、县三级联动；积极推行网络电子办税大厅和财税库银横向联网，逐步实现网上办税，为纳税人提供便捷的服务。8分

3. 推行税收执法责任制试点，建立岗位职责标准、税收行政管理操作标准、责任考核标准和责任追究标准，省局机关执行税收政策、实施税务管理无重大失误；省局机关无行政复议、诉讼案件败诉。4分

4. 着力推进惩治和预防腐败体系建设，全面落实加强领导干部作风建设和地税系统政风行风建设的各项规定和要求，省局机关无重大违法违纪案件。4分

5. 积极推进省局机关精神文明建设，巩固创建成果，深化创建活动，确保省级“最佳文明单位”称号；加强社会治安综合治理，积极开展平安建设，确保全年机关内部无治安事件、安全事故和违法案件；切实落实计划生育工作的各项要求和政策，确保无政策外生育；严格机关保密管理，确保全年无失泄密事故。4分

(二)各单位综合目标。系指对各处室统一规定，由各处室独立完成分别考核的目标。标准分为20分，共设5项分指标，其具体内容分值为：

1. 积极组织党员干部学习马列主义、毛泽东思想、邓小平理论和“三个代表”重要思想，树立科学发展观，学习业务知识、现代科技知识，提高综合素质；加强干部队伍的思想作风建设，认真开展提高政府执行力大讨论

和文明执法教育活动;坚持理论学习制度,落实学习计划,认真开展基层党组织的活动。3分

2. 加强对干部职工的管理和教育,认真执行计划生育的各项政策,确保无政策外生育;齐抓共管,落实社会治安综合治理各项工作措施,确保本部门无治安、安全和违法案件的发生。4分

3. 严格遵守党风廉政建设的各项规定,切实担负起职责范围内的反腐倡廉工作任务,加强对干部的理想信念、从政道德和党纪法规教育;把源头治腐、纠正行业不正之风、预防职务犯罪融于业务管理工作之中,无违纪违法行为发生。3分

4. 积极参与并有效推进信息化建设工作,完成本单位承担的信息化建设工作任务,特别要完成本单位门户信息系统的“处室链接”维护任务。5分

5. 严格遵守省局的各项规章制度,不擅自组织会议、评比、表彰和检查;认真执行省局信访工作规则和处理人民群众来信来访两个工作办法;认真落实保密制度,全年无失、泄密事件;及时办理、落实和反馈上级交办的工作任务,切实落实省局2008年重点工作责任分解任务;认真落实《湖北省地方税务局机关应急处理和值班制度》,按照值班时限与要求、值班方法与流程切实履行职责。5分

(三)各单位单项目标。系指根据各处室的职能和2008年度本处室主要工作任务及重点工作责任分解确定的业务目标,标准分为50分,考核内容及各内容分值由各处室自定,报局机关目标责任制考核领导小组审核确认。

(四)各单位岗位目标。系指各单位对所属人员的职责与任务目标的考核。由各单位自行确定内容与办法。

二、目标考核组织

目标考核工作由局机关目标责任制考核领导小组全面负责,领导小组由许建国局长任组长,其他局领导任副组长,成员由各处室、直属单位主要负责人组成。考核工作领导小组办公室设在局办公室。

三、目标考核程序

以许建国局长与各处室主要负责人签订的目标责任书为全年考核依据。

(一)处室自查。各处室于次年元月初认真对照目标责任书进行自查,开展逐项评分,并按规定和要求,实事求是地计算填报自查得分情况。

(二)考核工作领导小组办公室复核。在各处室自查的基础上,由局机关目标责任制考核领导小组办公室对各处室自查得分情况进行复核,核实考核结果。

(三)领导小组集体审定。领导小组办公室将复核结果提交局目标责任制考核领导小组会议,集体审定各处室年度目标责任制考核得分。

四、目标考核方法

(一)局机关目标责任制考核计分办法,按照奖先促后的原则,建立风险责任机制,实行奖三罚一。

(二)实现全年各项收入任务目标,按分项目标考核。在没有重大政策调整和灾情影响前提下,完不成总收入任务,扣除个人3600元全部风险金。

(三)凡有1人次违反计划生育政策受到党纪政纪处理的,违反社会治安综合治理管理规定造成严重后果的,实行一票否决。

(四)考核计分方法

1. 完成既定任务,实现计划目标得标准分;没完成任务,没达到目标或工作出现失误的,按既定标准扣分;如有特殊情况,经目标责任制考核工作领导小组审定批准后,可作适当调整。

2. 分项目标分值的计算。全局总目标为全局共同努力完成的目标,年终按考核结

果统一计分，各处室分值相等；各处室综合目标为按统一规定内容制定由各处室独立完成的目标，分别考核计算分值；各处室单项目标为各处室按省局目标责任书内容分解的业务目标，按实际完成情况考核计算分值。

3. 奖励分值标准。获省、部级表彰一项(次)奖3分；经省委、省政府批准授权某专门机构表彰一项(次)奖2分；单位年度被评为局机关先进党支部、先进处室各奖1分。

以上奖分、扣分由局目标责任制考核领导小组考核计分。

(五)各处室根据具体情况，结合本处室人员岗位责任，制订相应的考核办法，按工作职责和完成任务的情况进行目标责任制的考核奖惩。

(六)省局稽查局、社保费征收局结合自身工作职责和全年工作要求，制定年度工作责任制考核目标，报局领导审批后执行。在泰华大厦工作的人员按本部门考核办法执行。

五、目标考核范围

(一)目标责任制考核只限于签订了年度目标责任书的处室在职在册并交了风险金的人员。

(二)对省局下派任职的人员，由人事处征求其本人意见，只能在一处参加年终考核奖惩兑现。省局借用人员在原工作地考核。省局聘用人员另行规定。

(三)对经党组决定调进或调出机关的人员，从人事处通知正式上班或调出之日起，即为参加或退出本处室目标责任制考核时间，其奖惩以月平计算。

(四)对连续病休超过1个月以上的人员(因公负伤人员除外)，按实际工作时间整月计算考核奖。

(五)对2008年度6月30日前的退休人员，其奖惩按半年计算，7月1日以后的退休人员，按全年计算。

省地方税务局关于做好社会保险扩面和强化社保费征收工作的实施意见

2008年6月16日　鄂地税发〔2008〕136号

为了加快建立和完善我省社会保障体系，全面改善民生，推动和谐湖北建设，根据《省人民政府办公厅关于进一步做好社会保险扩面征缴工作的通知》(鄂政办发〔2008〕1号)精神和省政府领导的有关指示，结合我省社会保险参保缴费状况和征收实际，提出如下实施意见。

一、积极履行部门职责，做好社会保险扩面工作

(一)各地要认真贯彻落实《省地方税务局转发省人民政府办公厅关于进一步做好社会保险扩面征缴工作的通知》(鄂地税发〔2008〕24号)文件精神，严格按照省局提出的要求，逐条对照，仔细检查，全面落实到位。

(二)各级地税部门要以高度的责任心和扎实的工作作风，积极配合劳动部门搞好社会保险扩面工作。各地要充分利用开展第三方信息比对工作契机和掌握的企业纳税登记信息以及企业所得税年度汇算清缴、个人所得税全员全额明细申报中掌握的企业职工人数、工资薪金等有效信息资源，加强与劳动保障部门的紧密配合，积极反馈有关信息，配合劳动保障部门推进社保扩面工作，减少费源流失。各地要定期对所管辖的纳税户进行认真清理，并及时将应参保未参保的纳税户清单提供给劳动保障部门，建立部门间定期信息传递制度，扎实有效地开展好社会保险扩面征缴工作。

（三）积极推进"五险一票"征收工作。推行"五险同核、一票征收"，既可以提高工作效率，降低征收成本，也可以有效杜绝缴费人选择性缴费，提高失业、工伤、生育保险等小险种的征缴率，保障职工的合法权益。各地要主动向当地政府汇报，取得支持，并主动与劳动保障、财政、人民银行等部门协调，有条不紊地做好"五险一票"征收工作。

二、发挥地税部门职能优势，加大社保费征收力度

（一）加强费源管理，确保应收尽收。各地要认真执行《湖北省社会保险费费源管理暂行办法》，强化缴费人户籍管理，建立费源册籍，掌握缴费人数、基数、缴费额、欠费额等重要费源信息，开展费源清核和评估，实行动态、分类管理。修改完善费源管理软件，建立完善数据中心，构建信息化管理平台，实现与新的税收征管软件、税源管理工作、税收管理员制度的有机结合，提升社保费征管质量和效率。各地要对欠费进行认真清理，查实弄清陈欠与新欠、正常户欠费与非正常户欠费，通过欠费清理，建立欠费台账，制定切实可行的清欠计划，采取强有力的措施压缩陈欠、杜绝新欠。对非正常户中三无、停产、破产企业的死欠，要与劳动保障部门协调，报同级政府批准后进行挂账或核销；对暂无缴费能力的企业，要加强动态监控，一旦具备缴费能力要及时将历史欠费足额征缴入库。建立定期公告制度，定期向社会公告企业的欠费情况，让职工对企业社保费的交纳情况进行监督，促进企业及时缴纳社保费。

（二）坚持依法行政，加大征收刚性。各地要充分发挥税务机关征管职能优势，用足、用活省政府第230号令赋予地税部门社保费的征收职能和手段，切实加大社保费的征收执法力度。税收管理员要及时掌握参保单位的欠费情况及资金运行情况，对于迟延缴纳社会保险费的，要一律限期缴纳，逾期仍未缴纳的，除补缴欠缴费款外，必须按规定加收滞纳金。缴费单位逾期不缴纳社保费、滞纳金的，经两次以上催缴仍拒不缴纳的，要严格依法采取强制执行措施清缴欠费，增强执法的威慑力。同时在征收过程中，要注意文明规范，程序合规，正确执法。

（三）坚持税费同查，加大检查力度。各地要严格执行税费同征同管同查同考核的工作方针，在开展税务稽查中，切实做到税费同查，把社保费列为主要检查内容；在税收日常检查中，要加强对社保费缴费情况的检查。在税务稽查和日常检查过程中，凡发现有未参保、少报、漏报、瞒报社保费的，要及时反馈到劳动部门并重新核定。

（四）强化目标考核，狠抓社保费收入即时入库。各地要加强社保费收入动态管理，按月从费源、征管、政策上分析对社保费收入的影响，有针对性采取措施，促进收入任务完成。强化收入进度目标考核，将征收数据及时分解，落实到管理分局、到税收管理员，确保社保费征缴率达到95%以上，圆满完成社保费收入年度计划。

三、强化执行意识，确保各项措施落到实处

（一）统一思想，认真落实。社会保障问题关系社会稳定，一直是各级政府工作的重点和社会关注的热点，各地要从讲政治、讲大局的高度，充分认识做好社保扩面和社保费征收工作是贯彻落实党的十七大精神的直接体现，是促进我省国民经济又好又快发展，创建和谐湖北的具体行动，是展现地税部门执行力的重要途径。各级地税部门要高度重视社保扩面和社保费征收工作，加强领导，迅速行动，制定措施，确保扩面和压欠取得明显实效。

（二）树立以人为本的理念，为缴费人提供优质便捷的服务。各地在配合社保扩面和强化社保费征收过程中，要进一步提高工作效率和服务水平，简化缴费程序，积极为缴费人提供优质服务，推进个人社会保险费刷卡缴费工作，实现方便快捷安全地缴纳社保费。

（三）加大部门协调，形成整体合力。各地要发挥地税部门征收社会保险费的综合优势，社保、征管、税政、稽查等职能部门要密切配合，共同推进社会保险扩面和社保费征收工作有条不紊地进行。社保部门要加强社保扩面和社保费征收工作的组织、协调，强化基础工作，夯实费源管理，规范征管流程。征管部门在推行税收管理员制度、加强税源管理工作中，要坚持税费同征同管方针，注重加强社保费费源管理，做好欠费欠税定期公告工作。税政部门在开展企业所得税汇算清缴工作中，做到清缴欠税与清缴欠费相结合。各级稽查局要充分发挥税务稽查的职能优势，切实履行社保费与税收同检查的工作职责，严格做到查税必查社保费，使社保费稽查经常化、制度化，扩大社保覆盖面，促进社保费收入规模的增长。

（四）注重总结，加强宣传。各地要注意总结社会保险扩面和社保费征收工作中的好做法、好典型，及时向省局报送工作的开展情况，并通过局域网、简报、社会媒体等舆论宣传工具，大力报道工作中的好经验、好典型，创造争先创优的良好氛围，扩大社会效果，提高社会影响，树立良好形象，不断将社会保险扩面和社保费征收工作推向深入。

省地方税务局关于进一步规范城镇土地使用税困难性减免审批工作的补充通知

2008年6月26日　鄂地税发〔2008〕142号

为进一步规范城镇土地使用税减免税管理工作，切实提高行政审批效率，根据《中华人民共和国城镇土地使用税暂行条例》、《湖北省城镇土地使用税实施办法》、《国家税务总局关于印发〈税收减免税管理办法（试行）〉的通知》（国税发〔2005〕129号）和相关政策的规定，省局于2008年4月下发了《省地方税务局关于进一步规范城镇土地使用税困难性减免审批事项的通知》（鄂地税发〔2008〕62号）。为配合近日出台的《湖北省地方税务局减免税审批工作规程》（鄂地税发〔2008〕119号）的实施，现就城镇土地使用税困难性减免审批工作有关事项补充通知如下。

一、根据《税收减免管理办法（试行）》第八条的规定："凡规定应由省级税务机关及省级以下税务机关审批的，由各省级税务机关审批或确定审批权限，原则上由纳税人所在地的县（区）税务机关审批；对减免税金额较大或减免税条件复杂的项目，各省、自治区、直辖市和计划单列市税务机关可根据效能与便民、监督与责任的原则适当划分审批权限”。省局减免税审理委员会集体研究决定，对城镇土地使用税困难减免审批权限调整如下：

（一）对武汉市纳税人年减免税额在20万元（含20万元）以下的，由各区地方税务局审批，抄报市地方税务局备案；纳税人年减免税额在20万元以上、60万元（含60万元）以下的，由市地方税务局审批，抄报省地方税务局备案；纳税人年减免税额超过60万元的，由省地方税务局审批。

（二）其他市、州纳税人年减免税额在10万元（含10万元）以下的，由县（市、区）地方税务局审批，抄报市、州地方税务局备案；纳税人年减免税额在10万元以上、30万元（含30万元）以下的，由市、州地方税务局审批，抄报省地方税务局备案；纳税人年减免税额超过30万元的，由省地方税务局审批。

二、城镇土地使用税困难减免审批的审批原则、报批资料和审批时限等工作要求仍按照《省地方税务局关于进一步规范城镇土地使用税困难性减免审批事项的通知》（鄂地税发〔2008〕62号）执行。为确保《湖北省地方税务局减免税审批工作规程》（鄂地税发〔2008〕119号）的高效实施，对纳税人提交的申请减免税报送资料进一步提出如下要求：

（一）纳税人提交的减免税书面申请必须编有正式文号，以便受理登记；

（二）纳税人统一填写《减免税申请书》（文书样式见《湖北省地方税务局减免税审批工作规程》（鄂地税发〔2008〕119号）附件一）；

（三）纳税人向主管地税机关提交减免申请的，主管地税机关必须出具有调查人签名和主管地税机关印章的调查报告；纳税人直接向省局提交减免申请的，如省局需要委托主管地税机关调查，省局将以委托书的形式委托企业所在地区县级税务机关具体组织实施调查。

三、省局减免税审批工作将严格按照《湖北省地方税务局减免税审批工作规程》（鄂地税发〔2008〕119号）的规定进行。请各地向申请减免的纳税人做好政策宣传工作，确保纳税人按照要求报送减免税申请相关资料，以保障省局减免税审批工作高效开展。

四、此前规定与本文件不一致的，按本文件规定执行。

省地方税务局关于印发《湖北省地税系统十条禁令》的通知

2008年7月4日　鄂地税发〔2008〕147号

现将《湖北省地税系统十条禁令》印发给你们，请各单位、全体地税人员认真学习，按照十条禁令的规定，认真遵守，严格执行，树立良好的地税形象。

湖北省地税系统十条禁令

为了建设法治地税、效能地税、阳光地税、廉洁地税和服务型地税，促进湖北经济与社会更好更快地发展，特制定湖北省地税系统十条禁令：

一、严禁不执行或者拖延执行应由地税机关实施的行政许可事项和行政审批事项；

二、严禁违反法律规定实施行政处罚或强制执行措施；

三、严禁违反法律规定自行设立收费项目或为其他单位代收费用；

四、严禁违反法律规定的程序和权限实施税务检查；

五、严禁利用职务之便向纳税人借钱借物、推销商品和强迫代理；

六、严禁违反规定接受纳税人的财物、礼金、有价证券和参加由纳税人付费的外出旅游活动；

七、严禁利用职务之便在纳税人处低价购买商品、兼职取酬、入股分红和报销各种费用；

八、严禁利用职务之便向纳税人拉赞助、搞摊派；

九、严禁违反规定对应该公开的事项不公开；

十、严禁对纳税人实行歧视性税收政策。

地税机关及其工作人员必须严格执行上述规定。凡违反上述规定，一经查实，一律依据《公务员法》和党纪政纪规定，对相关责任人予以组织处理、党纪政纪处分，涉嫌犯罪的，依法移送司法机关；对违反禁令行为查处不力、包庇袒护的，按规定追究有关领导责任。

省地方税务局关于印发《省地方税务局关于促进经济社会发展的若干意见》的通知

2008年7月4日　鄂地税发〔2008〕148号

今年以来，按照省委、省政府的统一部署，全省地税系统扎实有效地开展了“情系民生、勤政廉政”主题教育活动、提高执行力大讨论活动及文明执法教育活动。在开展上述活动的过程中，省局围绕进一步解放思想、更新观念，规范执法、优化服务，发挥职能、促进发展，广泛深入地征求了系统内外的意见和建议。根据各方面反馈的合理化建议，省局本着思想要解放、行为要规范的原则，制定了《省地方税务局关于促进经济社会发展的若干意见》，现印发给你们。请各地组织全体地税干部职工深入学习《省地方税务局关于促进经济社会发展的若干意见》和《湖北省地税系统十条禁令》（见鄂地税发〔2008〕147号），认真领会精神，严格对照执行。

省地方税务局关于促进经济社会发展的若干意见

为进一步解放思想，服务大局，充分发挥税收职能作用，促进我省经济社会又好又快发展，特提出如下意见，请结合实际认真贯彻执行。

市场经济条件下的区域竞争，很大程度上就是投资环境之争。经济决定税收，税收反作用于经济，税收环境体现投资环境。面对日趋激烈的国际国内竞争环境，地税工作必须深刻把握我省发展面临的新课题新矛盾，努力适应区域经济竞争对税收工作提出的新挑战新需求，把税收职能的充分发挥融入全省经济社会发展的大局之中。全省地税部门要立足于发展，着眼于服务，摒弃一切不利于发展的思想观念，破除一切不利于发展的制度障碍，树立事在人为、关键在我的能动观，强化“税收环境就是投资环境、发展环境”和“人人都是投资环境，个个都是湖北形象”的大局意识，用硬措施改善软环境，积极探索和实践税收服务发展的新路子。要以税收工作思想的大解放促进税收管理观念的大更新、税收管理方式的大变革、税收工作效能的大提升。

一、牢固树立“税收优惠政策落实不到位就是收过头税”的理念，积极营造优良的税收政策环境

政策就是生产力，税收政策是推动地方经济发展的重要手段。各级地税部门要把有利于湖北经济社会发展、有利于企业成长壮大作为衡量税收政策执行效果的重要标准，只要是国家法律法规和政策没有明令禁止的，就要大胆尝试、大胆实践。要充分研究和利用国家税收优惠政策的操作空间和拓展余地，依法放大政策效应，将国家税法规定的减、免、缓、抵免、税前扣除、税前弥补亏损、提高起征点等政策用足、用活、用到位。政策明文规定的，要不折不扣地执行；政策留有余地的，要挖掘政策潜力；政策规定有幅度，属于各级地税机关权限的，要从宽执行；属于各级政府权限的，要及时提出建议报政府批准后执行。要“跳出税收看税收”，充分发挥参谋助手作用，积极向各级党委政府提出本地区发展经济、拓宽税源、增加收入、优化结构的税收合理化建议，积极参与本地区经济社会发展规划、措施的研究、制定和实施。

当前，要着力抓住境外和沿海产业加速转移的契机，营造宽松的税收环境，承接产业转移，促进招商引资；要认真研究促进中部崛起的税收优惠政策，为湖北实现率先崛起提供税收保障；要按照建设“两型社会”的要求，大力扶持资源能源节约和绿色环保企业加快发展；要全面落实支持县域经济、扶持民营经济发展、壮大中小企业的税收优惠政策，充分运用税收杠杆，推动产业优化升级、科技自主创新，促进第三产业发展，增强经济发展后劲；要积极服务农业产业化建设，扶持一批农业产业化龙头企业做大做强；要在发展文化科学、医疗卫生、教育培训、公益事业等方面凸显税收的人文关怀，保障和改善民生；要围绕我省经济发展规划和布局，把科技创新企业、现代服务企业、中小企业、创业风险投资企业、资源综合利用企业、新办企业和改组改制企业作为税收扶持的重点对象，积极运用税收政策引导产业结构调整，激活经济快速发展。

二、牢固树立“纳税人为本、企业为重”的理念，积极营造优良的办税服务环境

优化纳税服务是税务机关的法定职责。要按照建设服务型地税机关的要求，真正将税收管理模式由“监督管理型”调整为“管理服务型”，把纳税人的合理要求作为第一考虑，把纳税人的合法权益作为第一选择，把纳税人的满意程度作为第一标准，往深处想，往实处做,往细处抓。只要是纳税人履行纳税义务所需要的,都要千方百计地予以满足;只要是涉及纳税人合法权益的,都要千方百计地加以维护。通过地税部门职能性、权益性、程序性的周到服务,合力激活每一个经济细胞,促使一切劳动、知识、技术、管理和资本的活力竞相迸发,促使一切创造社会财富的源泉充分涌流。

当前,要厉行简政放权,凡是不需要审批、审核、备案的事项,坚决取消;凡是能够资源共享、合并审批的事项,坚决合并;凡是能够下放到下一级机关的审批项目和权限,坚决下放。要切实简化程序,提高办税效率,大力推行网络申报、电话申报、银行划缴、刷卡缴税、同城通缴等多元化办税方式,进一步整合办税服务厅功能设置,使更多的办税事项实现一窗式受理、一次性办结,尽量做到手续从简、审批从快、期限从宽、优惠从高。要开通税收服务绿色通道,对重大项目、重点企业、特殊事项,实行急事急办、特事特办、限时经办。要加快税收信息标准化建设,更多地运用第三方信息比对掌控税源,减少纳税人不必要的资料报送,减轻纳税人的非法定负担。对新开办的国家鼓励发展的企业和个人创业免费办理税务登记,对所有纳税人免费提供政策资料和办税文书,最大限度降低纳税人的办税成本。要为企业创造尽可能大的发展空间,只要政策规定由地税部门确定的事项,就应当作出最有利于企业发展的选择。要规范税收检查,对纳税人实行"一家查账,多家认账",避免多头、重复、随意检查;对创业初期的企业,不实施税务检查;对轻微税收违章行为,只要能以教育方式纠正的,就不必实施行政处罚。

三、牢固树立"公正执法就是对纳税人最根本的尊重"的理念,积极营造优良的税收法治环境

依法治税是税收工作的灵魂,是维护市场经济秩序的重要基石。严格执行税收法律、法规,是税收工作为促进经济社会发展服务的前提。要坚持合理行政的原则,对不同的市场主体一视同仁,平等对待,不搞身份歧视和地域歧视,保证各类市场主体都享受到公平公正的税收待遇。要结合政府信息公开工作的新要求,不断加强和改进税法宣传工作,保证纳税人的知情权、监督权;广泛宣传依法诚信纳税的典型,公开曝光涉税违法犯罪案件,营造依法征税、诚信纳税的良好氛围。要坚持宽严适度的政策标准,依法打击严重扰乱税收经济秩序的涉税违法犯罪行为,增大违法行为成本,降低纳税人的守法成本,最大限度地减少管理性不公平,整顿和规范税收秩序,体现对绝大多数纳税人合法权益的保护。要大力推进纳税信用等级评定工作,促进税收诚信机制建设,为全民创业创造良好的税收环境。

四、牢固树立"有权必有责、用权受监督、失职要追究"的理念,积极营造优良的税收政务环境

全省各级地税部门要以全面推行税收执法责任制为着力点,加强教育引导、制度约束和监督查处,保障和促进地税服务经济社会发展职能的充分发挥。要深入开展提高执行力大讨论和文明执法教育活动,教育和引导地税干部牢固树立大局意识、服务意识和责任意识。要深入推进税收执法责任制,把税收管理的所有岗位、所有事项、所有环节纳入规范化、制度化的监督之中,制约和规范税收行政行为。要加强行政效能和行政能力建设,建立科学规范、公正透明、绩效优化、管理严格的工作考核评价体系和干部考核评价体系,提高地税干部服务社会经济发展的积极性和创造性。要加强监督检查,在坚持抓好常规检查和督办的同时,对地税部门直接关系经济发展和社会民生的重要岗位、重点环节、重大事项实施重点监督,防止和减少阻碍经济社会发展的问题发生。要严格执行“十条禁令”，强化责任追究，促进勤政廉政，严肃查处不作为、乱作为、慢作为等影响地方经济发展的行政行为。

省地方税务局关于进一步做好打击制售假发票和非法代开发票专项整治工作的通知

2008年7月4日　鄂地税发〔2008〕149号

今年以来，全省各级地税机关按照省局的部署，会同公安、国税部门扎实有效地开展了打击制售假发票和非法代开发票专项整治活动，截至6月底，已立案查处涉票案件86起，抓获犯罪嫌疑人66人，缴获假发票150余万份，专项整治工作取得了阶段性战果。为认真贯彻落实《公安部 国家税务总局关于开展打击制售假发票和非法代开发票专项整治行动的通知》精神，进一步抓好打击制售假发票和非法代开发票专项整治工作，加大对不法分子的打击和震慑力度，有效整顿发票管理秩序，净化税收和社会环境，现将下段专项整治工作要求通知如下：

一、要切实加强部门之间的联系与配合，畅通信息和办案机制。打击制售假发票和非法代开发票专项整治工作，是公安、国税、地税部门的共同职责，这项工作虽然由公安部门牵头，但地税部门不能有丝毫的懈怠和依赖思想，要主动加强与公安、国税部门的联系与沟通，主动出击，主动查案办案。省局已会同省公安厅、省国税局专门成立了由10人组成的联合工作办公室，各级地税部门要十分注重加强与当地公安部门的联系，及时协调解决工作中存在的困难和问题。对总体工作安排和重大案件的查处，各级地税机关领导要亲自出面协调。各级稽查局要指定人员，专门负责与公安、国税等部门的工作联系。对公安机关查办的案件，“收网”时地税机关要从人力、物力、技术等方面积极给予支持和配合，并严格做好保密和安全工作。通过多层次、多渠道的联系沟通，形成信息互通、工作互动机制，确保专项整治工作取得更大成效。

二、要指定专人，成立专班，广辟案源。从前期专项整治情况看，利用手机短信和网络信息出售假发票是发票违法分子的主要手段，也是专项整治的主要案源。为有效打击不法分子利用手机短信和网络信息平台制售假发票的违法行为，各级稽查部门要指定专门人员，从中收集信息，广辟案件来源，及时移送公安部门查处。与此同时，各地要充分利用此次发票专项整治契机，对以前日常稽查、专项稽查以及征管部门移交的案件中，没有查结或虽已检查但未定性处理的发票违法案件认真进行清理，对达到移送标准的案件和有价值的线索，要及时移交公安部门处理。

三、要加大发票稽查力度，重点整治“买方市场”。各地要结合各类税收检查活动，将发票作为必查项目。对公安机关已侦破的案件，各地要搞好延伸稽查和相关处罚工作。

在检查企业所得税时，对纳税人取得的虚假发票以及其他违规发票，一律不允许在税前列支。要结合各地实际，集中开展货物运输业自开票企业发票专项检查，重点查处虚开发票和“大头小尾”发票行为。各级稽查部门在检查中发现地税人员违规提供发票、虚开发票的，要及时向同级税务机关纪检监察机构反馈，由其进行延伸检查。

四、要与公安部门联手，对重点地区进行专项整治。各级地税部门要积极与当地公安、国税部门联系，联合部署，统一时间、统一行动，对县市以上城区贩卖假发票活动猖獗的车站、码头、商业网点、广场等重点场所进行一次全面、彻底地整治，重拳打击贩卖假发票不法分子，有效整顿发票市场秩序，净化税收和社会环境。

五、要加强典型案件的分析和曝光工作。为加大专项治理活动声势，扩大社会影响，各地要加强对典型案件的及时分析和曝光工作，加大对发票不法分子的震慑力度。凡是公安部门已经侦破、地税部门延伸检查基本结束，并且处理、处罚了的典型案件，各地都要在新闻媒体上及时曝光。各地在今年9月底前，要向省局至少报送一起典型案例，省局将择机在省级新闻媒体上集中曝光一批典型案件。

六、要加强工作报告，保持上下联系畅通。各级稽查局要指定专人，负责发票专项整治情况的搜集，负责与当地公安、国税等部门以及与省局的联系，并按要求搞好经常性的工作报告和重大案件、重大事项的随时报告工作。

省地方税务局关于在全省组织税费征管核心软件上线的决定

2008年7月4日　鄂地税发〔2008〕150号

根据国家税务总局“金税工程”(三期)和湖北省人民政府“电子政务”建设的总体要求，结合我省地税工作的客观需要，省地方税务局从2006年开始建立“湖北省地方税务门户信息系统”，并着手开发“湖北省地方税费征管核心软件”(以下简称征管核心软件)。征管核心软件是以“全省同一个信息处理平台、同一条宽带网络、同一个数据库、同一套管理制度、同一样工作流程、同一个业务技术标准、同一个安全保密体系，覆盖全省地税所有机构和业务”为基础的信息系统支撑进行设计的。经过两年多的开发、试点、完善和评估，这个软件在设计理念上是先进的，在运载范围上是全面的，在功能机制上是科学的，在操作运用上是简便的，能够很好地满足地税征管工作的需要。经有关专家和不同层次岗位的领导及业务人员鉴证，这个软件已具备了在全省范围内全面推广应用的条件。经广泛调查，慎重研究，省局决定：从2008年8月开始，在全省组织“湖北省地方税费征管核心软件”推广应用(以下简称软件上线)。为切实抓好此项工作，现将有关问题决定如下。

一、软件上线是今年下半年全省地税工作的头等大事，全体地税干部要服从大局，积极投身此项工作

随着经济全球化、信息革命化进程的不断加快，党的执政方式在不断转变，政府的行政能力在不断加强，税收的管理与服务在不断进步，当前最核心的就是信息化手段的运用。软件上线是信息化建设的重要组成部分，是全省地税系统税收管理的飞跃，是对现行制度与工作方式的一场革命。软件上线涉及的工作面很广，触及的问题很深，遇到的难度很大。各级领导要高度重视此项工作，充分估计软件上线过程中可能出现的各种复杂情况，深刻领会省局的战略部署，认真研究解决实际问题的办法，大力支持有关部门开展工作，动员全体干部投身软件上线活动，确保软件上线工作顺利开展。广大地税干部要积极响应省局的决定，努力学习信息化技术，全面掌握征管核心软件的功能，切实运用征管核心软件提高税费征管水平。各级地税机关要调动一切积极因素，把软件上线当作今年下半年首要任务，正确处理此项工作与其他工作的关系。要突出重点、兼顾一般，科学调度、保障有力，只许成功、不许失败，只许提前、不许落后。

二、软件上线是一项宏大的系统工程，全省上下要周密部署，确保此项工作顺利开展

根据各地信息化建设的基础状况，省局计划分期分批组织软件上线工作，具体安排如下：

2008 年 7 月：省局中心机房建设成功，完成与各市、州、县(市、区)、林区地税局扩建后中心机房的对接调试；完成带宽扩展施工，实现省局—市、州局 100 兆，市、州局—县(市、区)局 10 兆，县(市、区)局—分局 4 兆的主网络连通；完成征管核心软件在恩施州的复审工作，组织有关专家和业务技术骨干对征管核心软件进行鉴证验收，制作征管核心软件培训光盘和操作指南；制定《湖北省地方税费征管核心软件上线基础信息采集标准》、《湖北省地方税费征管核心软件上线历史数据处理办法》、《湖北省地税系统信息化基础建设规划与进程》和《全省地方税费征管核心软件业务与技术培训方案》；初步完成软件上线前征管数据的清理工作；完成各地关于软件上线的请示和省局对各地请示的批复；召开县以上软件上线指挥长会议，部署上线工作。

2008 年 8 月：上旬全省集中培训县以上地税局计算机中心主任和技术骨干，使其掌握征管核心软件的操作技术、信息平台的运作原理、网络管理的基本常识；中旬全省集中培训县以上地税局分管领导和征管、税政、计统、社保规费、发票等部门的负责人和业务骨干，使其掌握征管核心软件各业务模块的操作原理；下旬分市(区)开展全员培训，使基层征收人员能够熟悉掌握各自工作的应用技术，达到干什么会什么的基本目标。

2008 年 9 月：组织恩施、黄石、鄂州、天门、潜江、仙桃、神农架林区七个地税局软件上线，实现数据与省局实时集中。

2008 年 10 月：组织襄樊、宜昌、十堰、荆州、黄冈、咸宁六个地税局软件上线，实现数据与省局实时集中。

2008 年 11 月：组织荆门、孝感、随州三个地税局软件上线，实现数据与省局实时集中。

2008 年 12 月：组织省局征收局软件上线，统一其管理制度和工作流程。

2009 年 1—2 月：组织武汉市地税局软件上线，完成征管核心软件在全省的全面上线工作，实现全省地税系统数据省级大集中。

2009 年 3 月：完成征管核心软件的整体测试、评估、定型工作。

各地都要按照省局的统一安排做好准备工作，切实按照要求有序稳妥进行。

三、软件上线既是一项重大的政治任务，又是一项艰巨的业务工作，各级地税机关必须提供强有力的保障确保完成任务

（一）各级地税机关必须比照省局的作法，成立强有力的软件上线指挥机构。指挥长由分管征管和信息工作的局领导担任，副指挥长由征管部门和信息中心的主要负责人担任，成员由办公室、税政、法规、计统、社保、发票、稽查、人事、监察、财装、教育部门的主要负责人担任。指挥部要成立相应的工作小组或专班，由熟悉业务的骨干人员担任。指挥部要有明确的工作职责和保障措施。

（二）各地要按照省局信息平台建设方案的要求，因地制宜，建设好能够满足需要的信息平台，装备能够适应工作要求的终端设备。省局方案规定：各市、州、县（市、区）地税局信息平台的骨干设备、主（备）网络租赁及设备、视频监控网络及设备、视频会议网络及设备、核心安全设备等大型项目由省局负责直接投资和建设；各市、州、县（市、区）地税局的机房建设由省局拨款，当地负责建设；各地所需的终端设备由各地筹资购买，资金确有困难的地方省局适当给予补助；其他方面的建设由各地视情况自行投资建设。

（三）基层税务机关要按照全省统一的标准，认真搞好历史数据的清理与保存，以及纳税人基础信息数据的采集，确保做到进入征管核心软件的基础信息数据干净、准确、完整、有效。历史数据包含有效历史数据、无效历史数据和待甄别处理历史数据。各地在处理历史数据时要以税收法律法规为准绳，以省局的标准为依据，结合实际，认真做好数据清理、处理汇审、核销报批等工作，做到既不把垃圾信息数据带进新征管核心软件，也不漏掉应进入新征管核心软件的必要信息数据，确保历史数据的完整与安全。同时，原ETAX系统的所有数据要完整长久保存；新征管核心软件今年的数据要导入或补充录入到原ETAX系统，以确保2008年度地税数据的完整。

纳税人基础信息包括企业基础信息、个体户基础信息、登记造册纳税人的基础信息和缴费人的基础信息，以及按照征管核心软件初始化中设定的其他必要信息。采集此类信息的基本原则和方法，与2007年第三方（工商）信息比对时工作基本相似，部分信息可以直接导入，部分信息需要补充完善，部分信息需要重新采录，各地要按照省局的统一要求，确保信息采集到位，录入准确，应用合理。

（四）各级地税机关要压缩非正常支出，重点保证信息化建设资金到位，加强资金使用监管，确保资金使用安全。信息化建设需要投入大量的资金，今年征管核心软件上线，明年OA办公软件上线，将来与纳税人的税控器具对接、第三方信息比对等工作都需要投入大量的资金。时代的进步，科技的发展，事业的需要，加大信息化建设资金的投入是必须的。各级地税机关要着眼大局，面向未来，压缩非正常开支，筹集必要资金，尽量满足信息化建设的需要。

按照全省信息平台建设方案，属省局投资建设的项目，省局一定建设到位。属省局拨专款建设的项目，省局已在2007年11月份下拨到各市、州、县（市、区）地税局，各地要总体规划，科学设计，精确预算，报省局批复后合理使用。属各地自筹资金建设的项目，各地要因地制宜、量财适用，不贪大、不求洋，不浪费、不缺项，切实满足工作需要。信息化建设投资程序复杂，建设工作点多面广，涉及的单位和人员应用水平参差不齐，各级地税机关要加强监督防患措施，实行全过程监控。重大项目建设要集体审批，预算要按有关程序办理，工程设施验收要严格，财务报账要严密，一切资料要齐全，监察审计要跟上，发现问题要及时纠正。各地要确保不出任何重大经济问题，达到“事做好、人不倒”的基本要求。

（五）各级地税机关要整合人力资源，挑选业务技术骨干，改进用人方式，试行劳务外包，确保软件上线工作的人力需要。信息化建设是智能化建设，尤其是软件上线工作，全省需要更多的专业技术人才。目前，全省地税系统虽然拥有一支数量可观、素质优良的信息化专业队伍，但与地税工作的客观需要还不相适应。为解决这些矛盾，省局要求各级地税机关要从现有人员中尽量挑选一批政治和专业素质高的同志充实到信息管理与服务部门中去。最起码要依编制数量配齐人员。各地在进行县、市局机构改革的过程中，要充分考虑信息化建设的需要。

为改善目前各地信息化建设用人紧张的局面，省局同意各地聘用一部分中高级信息化专业人才，专门负责信息化建设和征管软件上线过程中的软件、硬件核心技术的管理、指导与服务工作。市、州局可聘3～5人，县（市、区）局可聘2～3人。聘用人员月工资在3000～5000元之间（市场指导价格），各地适才而定，所需经费在信息化专项资金中列支。对有突出贡献的人员还可按照省局下发的奖励标准进行奖励。各地聘用此类人员要按《劳动合同法》的要求办理用工手续，同时规避用工风险，掌握用工主动权。

根据省政府关于“花钱买服务”的有关规定，对于一般性的技术服务，各地可以采取服务外包方式，花钱买服务，但核心技术和保密安全关键业务严禁服务外包。各地必须按国家关于信息管理的有关规定与承包者签订服务外包合同。服务外包所需经费在信息化专项资金中列支。

（六）各级地税机关要建立专项考评机制，严肃工作纪律，实行奖惩制度，宣传先进典型，通报后进单位，强化督查督办，确保软件上线任务如期完成。省局有关部门要将此项工作纳入年度目标责任制考核、党风廉政检查、先进单位与个人评比、公务员等级测评之中，并作为重要因素和分值考评。纪检监察部门要将此项工作纳入行政监察和绩效评估之中，严格追究失职、渎职和工作不力者的责任。

各级地税机关要运用奖励、惩戒、督查等机制，对工作主动积极、卓有成效的单位和个人实行重奖，对消极怠工影响工作进程的实行惩罚，对关心支持者给予重视，以充分调动各方积极因素投入到信息化建设之中，特别是软件上线工作上来。

各级地税机关要运用多种新闻、信息媒体开展对此项的宣传报道，以取得社会各方面的支持与配合。同时要搞好第一时间的情况反映，为领导决策、指导工作、纠正偏差提供准确有效的依据。省局上线指挥部要精诚团结、科学决策、有力指挥、及时督导、把握大局、如期作战、稳操胜券。全省地税系统的上线工作人员要步调一致、令行禁止、忠于职守、团结协作、完成大任，促进全省地税事业和经济社会又好又快发展。

省地方税务局关于印发文明执法先进单位评选工作方案的通知

2008年7月7日　鄂地税发〔2008〕155号

现将《全省地税系统“文明执法先进单位”评选工作方案》印发给你们，请抓紧组织实施。

全省地税系统“文明执法先进单位”评选工作方案

为深入推进文明执法教育活动，促进文明执法和规范执法，提高地方税收行政执法水平，省局决定在全省地税系统开展文明执法先进单位评选活动，表彰一批基层文明执法的先进典型，现制定如下工作方案：

一、指导思想

以“三个代表”重要思想为指导，认真贯彻落实《全面推进依法行政实施纲要》，牢固树立“依法行政、执法为民”的宗旨，更新执法理念，转变执法作风，增强服务意识和责任意识，积极服务于湖北省经济社会发展，努力建设纳税人和各级政府都满意的“五型”地税机关，树立文明执法、规范执法的地税新形象。

二、评选对象

县(市、区)地方税务局、分局、所。

三、评选条件

(一)执法思想端正。能自觉以“三个代表”重要思想为指导，积极贯彻落实科学发展观，扎实推进依法治税，加强和改进税收执法工作。牢固树立“文明执法、规范执法”的理念，充分发挥税收职能作用，服务经济社会发展、服务纳税人，真正做到执法为民，为民执法。

(二)执法制度健全。贯彻“依法治税，重在治内”的治税原则，建立和落实税收执法公示制度、执法检查监督制度、重大税务案件审理制度、税收规范性文件审查制度、税务行政处罚听证制度、税务行政复议制度以及税收执法责任制度等税收执法监督制度。

(三)执法行为规范。依法履行职责，执法程序合法、执法文书规范。在执法中，做到公正、公平、公开，程序正当、行为文明、态度良好。办税服务场所整洁，办税服务程序公开，实施多元化的纳税服务方式，纳税服务措施贴近实际、贴近纳税人。

(四)执法绩效优异。执法质量较好，纳税人和社会各界对执法工作满意率高，在当地的行风评议中受到较好评价。税务行政复议没有被撤销、变更情况，没有行政诉讼败诉情况、没有行政赔偿情况，没有行政执法责任追究情况，没有行政不作为、乱作为引起行政管理相对人投诉、上访和被新闻媒体曝光情况。

四、评选名额

市、州地方税务局各两个，直管市、林区

地方税务局各1个,共30个。

五、评选程序

(一)评选活动按照市、州、县(市、区)推荐、审核上报,省局评定的方式进行。

(二)各单位应于7月25日前上报先进单位推荐名单,并填写《湖北省地税系统"文明执法先进基层单位"推荐表》,将推荐意见、参选单位的先进事迹材料等内容上报市、州、直管市、林区地方税务局审核签署意见后,上报省局(政策法规处)。

附件:

湖北省地税系统"文明执法先进单位"推荐表(略)

省地方税务局关于印发《湖北省地税系统开展民主评议政风行风工作实施方案》的通知

2008年7月15日 鄂地税发〔2008〕162号

现将《湖北省地税系统开展民主评议政风行风工作实施方案》印发给你们,请结合各地实际,认真组织实施。

湖北省地税系统开展民主评议政风行风工作实施方案

为进一步加强全省地税系统政风行风建设,迎接人民群众和社会各界代表的公开评议和民主测评,根据《省纠正行业不正之风领导小组办公室关于2008年全省民主评议政风行风工作的实施意见》的要求,结合地税系统工作实际,制定实施方案如下:

一、指导思想

以邓小平理论和"三个代表"重要思想为指导,全面贯彻落实科学发展观,以服务纳税人、构建和谐地税、促进地方经济与社会又好又快地发展为宗旨,以优质服务、依法治税、公开公正、廉洁高效为主题,以解决制约全省地税事业发展和纳税人反映强烈的热点、难点问题为重点,坚持"标本兼治、纠建并举"的方针和"谁主管谁负责"、"管行业必须管行风"的原则,广泛动员和紧紧依靠全体干部群众,有步骤、有组织地开展自查自纠和开门评税,扎实做好全省地税系统政风行风评议各项工作。

二、工作目标

通过评议,进一步增强各级地税机关及其工作人员的服务意识、法纪意识、责任意识和公仆意识,改进工作作风,提高服务质量,规范执法行为,提升社会形象和人民群众的满意度,推动全省地税系统政风行风建设,为构建"五型"地税,促进湖北经济与社会又好又快发展提供有力保障。

三、评议对象和内容

(一)评议对象

全省地税系统各级地税机关及其直属机构、派出机构。

(二)重点内容

1. 查加强领导,落实纠风工作责任制的情况。看是否认真贯彻落实党委、政府党风廉政建设和纠风工作任务目标;是否按照"谁主管谁负责"的原则,细化责任,强化措施,切实加强对纠风工作的领导;是否坚持以评促纠、以纠促建、纠建并举的纠风工作机制。

2. 查勤政为民,加强机关效能建设和执行力建设的情况。看是否以廉洁、勤政、务实、高效为标准,改进工作作风;是否以方便、快捷、高效、为民为标准,完善工作机制;是否依法精减行政审批事项,提高工作效率和服务质量;是否认真纠正不作为、乱作为、低效率等影响机关效能和执行力的问题。

3. 查政务公开,行政权力公开透明运行的情况。看是否紧紧围绕涉及人民群众和服务对象切身利益,行政权力行使的重点领域、重点部位和关键环节进行公开;是否按照结构科学、配置合理、程序严密、运行公开、制约有效的要求,完善权力运行机制,促进惩防体系建设。

4. 查依法行政,文明执法、公正执法的情况。看是否认真贯彻落实《行政许可法》,严格依法行政;是否健全依法行政、文明执法的落实和激励机制,提高依法行政、依法办事的能力和水平;是否严肃执法纪律,加强对不文明、不公正执法责任人和相关领导的责任追究力度。

5. 查执政为民,维护人民群众利益的情况。看是否围绕方便群众、服务群众、认真解决群众反映的实际问题,制定措施,改进工作;是否坚决纠正和查处伤害群众感情、漠视群众疾苦、损害群众利益的问题和案件。

6. 查严格管理,加强自身建设的情况。看是否加强职业道德、社会公德、家庭美德和职业纪律、职业责任教育,是否建立政风行风考核管理制度,是否严肃工作纪律,强化内部管理,是否认真解决企业和群众投诉举报的问题。

四、方法步骤

按照省纠风办的要求,此次民主评议政风行风活动采取定量与定性相结合,自查自纠与评议相结合,第三方评估与集中评议相结合的方式进行。评议实行全省统一,分级考核,分别计分。省直民主评议政风行风活动实行百分制考核,其中第三方评估 60 分、集中评议 20 分、市州评议 20 分。综合评议结果分优秀、合格、不合格三个档次。整个行评工作从 7 月份开始到 11 月底基本结束。根据地税系统的实际情况,将迎接行评工作分为三个阶段进行。

第一阶段:宣传发动和自查自纠阶段(即日起至 7 月底)

1. 制定实施方案。根据省纠风办文件要求,联系地税工作实际,制定全系统民主评议政风行风工作的实施方案。各地要按照省局要求,结合当地实际情况,分别制定实施方案。

2. 做好宣传动员。召开全省地税系统民主评议政风行风工作视频会议,贯彻传达全省行评电视电话动员会议精神,部署全系统行评工作。要组织学习讨论省委、省政府有关行评的文件和省委、省政府主要领导有关行评的重要讲话,围绕行评工作的指导思想、工作目标、重点内容和有关要求,吃透精神,提高认识,端正态度,在全系统形成统一认识,统一思路、统一领导的工作格局。

3. 向社会公开承诺。全省各级地税机关对通过自身努力可以得到较好解决的社会、纳税人反映强烈的热点问题,要通过媒体向社会各界公开承诺,主动接受有关各方的监督。

4. 积极主动征求意见。围绕评议重点内容,采取多种形式广泛征求意见。一是由主要领导主动上门听取党委、政府、人大、政协和有关单位意见;二是由局领导带队主动上门征求纳税人意见和建议,听取纳税人诉求和呼声;三是组织特邀监察员采取明查暗访的方式到社会或纳税人中征求、反馈意见;四是通过在全系统各级地税机关门户网站开设征求政风行风意见专栏或印发问卷调查在社会广泛征求意见;五是召开有关方面人士参加的座谈会多方征求意见;六是向社会公开举报联系电话、联系地址和联系邮箱。对反映的较为突出、集中的问题,要进行认真的分析、梳理和归纳,制定整改措施,及时予以解决。

5. 自查自纠和整改。结合前一段开展的“十查十看”专项活动和“提高执行力大讨论”、“文明执法教育活动”,认真开展自查自纠。对已查摆出和已收集到的有关政风行风建设的意见和建议,迅速分解到各责任单位和职能部门,迅速制定整改措施,并将整改情况及时向社会各界进行公布。各地自查自纠和整改情况,要形成文字材料,于 8 月 1 日前报送省局。

6. 及时总结,做好迎评准备。各地要对近年来开展政风行风建设的情况和本阶段的工作情况及时进行归纳总结,对组织开展过的活动、制定出台的规章制度、形成的文字材料、图片和音像资料要及时汇编成册,做好迎评准备。

第二阶段:评议与集中评议阶段(8 月份至 11 月份)

这一阶段,省纠风部门将采取第三方评估、集中评议、市州评议的方式对被评部门开展评议。各级地税机关及其工作人员要严格依法行政,为纳税人提供优质、高效的服务,严禁出现徇私枉法、粗暴执法的行为。

1. 省局民主评议政风行风工作领导小组办公室要形成全系统内部评议的汇报材料,报省局民主评议政风行风工作领导小组审阅。

2. 各地要主动联系纠风部门聘请的评议代表,协助其开展调查工作,并认真汇总听取有关意见和建议,随查随改,及时反馈。

3. 在省纠风部门组织的集中评议中,由省局主要领导向评议大会汇报全系统自查自纠和整改工作情况,接受评议小组的综合评议,现场回答评议代表的提问,并接受与会各级领导的点评。省局机关及直属单位副处以上干部参加集中评议大会。各地按当地纠风部门的安排参加集中评议。

第三阶段:建章立制和全面整改阶段(11 月底至 12 月底)

1. 集中评议大会后,要针对与会领导和评议代表提出的意见和建议,认真梳理归类,切实进行整改,建立健全规章制度。对能及时解决或通过努力能解决的问题,要限时解决;暂时无条件解决的,要列出整改计划;涉及政策性的问题,要作出说明。让广大人民群众、服务对象能真切感受到地税系统整改工作力度和行评效果。

2. 建立和完善全省地税系统政风行风建设的长效机制,邀请各特邀监察员、执法监督员和评议代表对各级地税机关及其工作人员的工作作风进行指导和监督。

五、具体要求

(一)统一思想,提高认识

民主评议政风行风,是在各级党委和政府的领导下,依靠人民群众和社会各界代表,通过对各部门行业作风建设情况进行公开评议和民主测评,推动政风行风建设,优化发展环境,提高执行力和文明执法意识,纠正损害人民群众利益不正之风的一项重要的民主监督制度。各级地税机关要把行评工作作为落实党风廉政建设和纠风工作责任制的重要举措,充分认识到加强行评工作的重要性和紧迫性,把思想统一到省委、省政府关于行评工作的要求上来，增强行评工作的责任感和使命感，积极组织本系统参加当地的行评活动，主动接受地方监督，切实改进工作作风，加强政风行风建设，以促进地税事业健康发展。

（二）加强领导，细化责任

在省纠风部门的指导下，坚持由省局党组统一领导，“一把手”亲自抓，分管领导具体抓，党政齐抓共管，处室各负其责的领导体制和工作机制。省局成立由党组书记、局长许建国同志为组长，各位党组成员、局领导为副组长，各处室主要负责人为成员的民主评议政风行风工作领导小组（以下简称领导小组）。领导小组下设办公室，由省局监察室主任兼任办公室主任，负责领导小组日常工作。领导小组办公室将组建工作专班，由办公室、征管处、党办、监察室和税收研究所抽调人员组成，负责行评工作的综合材料、对外宣传、收集整理意见、建议和综合协调。工作专班人员以行评工作为主，兼顾所在处室工作，实行分工负责，其中：综合协调：朱建华；综合组：杨炎斌、陈琳娜；材料组：彭继旺、王蓬、俞军；宣传报道组：王燕敏、曾令浩。同时，为明确各地各部门在行评工作中的职责，按照“谁主管谁负责”的原则，层层建立民主评议政风行风工作责任制，以确保行评工作的顺利进行。各地按照当地纠风部门的具体要求，参照省局办法执行。

（三）突出重点，务求实效

行评工作要以省纠风部门确定的六项内容为重点，广泛征求社会各界和服务对象的意见和建议，找准确实存在的、关注度高、影响大的热点、难点问题和关键、突出问题，采取积极措施认真整改、及时反馈，真正做到事事有回音，件件有着落，力争使行评工作给人民群众和社会各界以看得见、感受得到的实际效果。要充分发挥报纸、广播、电视和网络等媒体的宣传作用，积极宣传报道地税系统在加强政风行风建设方面采取的整改措施和取得的各项成果，让服务对象及时了解到行评工作的进展情况，确保其知情权，激发其配合和参与地税系统政风行风建设的热情。

（四）协调联动，整体推进

一是要建立定期汇报制度。行评工作每一个阶段工作结束后，各地要及时向省局行评领导小组办公室报送书面情况报告。二是要建立联络督导制度。省局领导要分片包点，每个联系点确定一名处室负责人为联系人，指导和督促各地扎实开展行评工作。

省地方税务局关于税费征管核心软件推广应用中的税收票证数据清理及相关事项处理办法的通知

2008年8月12日　鄂地税发〔2008〕181号

为保证税费征管核心软件顺利上线运行，实现税收票证管理工作在新旧征管软件系统平稳衔接，根据税收业务工作流程和税收票证管理工作实际，现将税收票证数据清理及相关事项处理明确如下。

一、新旧征管软件并行

推广应用税费征管核心软件后，2008 年度税收票证管理工作在新旧征管软件系统双线运行。ETAX 征管软件系统只处理税费征管核心软件上线运行前已填开完税证汇总缴销工作，其他税收票证管理在税费征管核心软件上运行处理。

税费征管核心软件上线运行后，对在税费征管核心软件上填开的税收票证信息，应在 ETAX 征管软件系统上进行补录，以保证 2008 年度数据的完整性。

二、清理结报票款，收回基层分局(所)未填开税收票证

(一)清理结报待报解票款

1. 税收票证管理人员应根据《税收票款结报手册》所记录的数据，对用票人已填开但未结报的税收票证进行结报，确认已填开但未结报的税收票证所属和用途。

2. 对已填开而未缴入库的税收票证进行清理，编制《待报解税收票款明细表》(表一)，并与该时点的地税收入待解专户资金核对，确认地税收入待解专户余额与清理结果一致；有差异的，需查找并详细说明原因。

表一　待报解税收票款明细表

编制单位：　　　　　　　　　　　　　　　　　　　　　　　　　　金额单位：元

税收票证名称	字轨	票号	开票金额			开票人	备　注
			小计	税收收入	规费收入		
合计							
地税收入待解专户余额：　　　　元。							

编制人签字：　　　　审核人签字：　　　　单位负责人签字：　　　　填表日期：　年　月　日

(二)登记未填开和损失未结税收票证，收回基层分局(所)未填开税收票证

1. 登记未填开和损失未结税票。基层分局(所)税收票证管理人员要对未填开和损失未结税收票证进行清理，根据清理情况编制《损失未结税收票证明细表》(表二)和《结存未填开税收票证明细表》(表三)，并经分局长审核签字后报县(市)地税机关。

表二　损失未结税收票证明细表

编制单位：

税收票证名称	字轨	份数	起始票号	终止票号	开票人	损失时间	损失原因

编制人签字：　　　　审核人签字：　　　　单位负责人签字：　　　　填表日期：　年　月　日

表三　结存未填开税收票证明细表

编制单位：

税收票证名称	字轨	份数	起始票号	终止票号	持有人	备注

编制人签字：　　　　审核人签字：　　　　单位负责人签字：　　　　填表日期：　年　月　日

2. 收回基层分局(所)未填开税收票证，统一封存，作废票处理。县市地税机关依据基层分局(所)报送的《结存未填开税收票证明细表》，收回基层分局(所)未填开税收票证，经计统科(股)长审核签字后，报分管局领导批准，对收回的未填开税收票证作废票处理。

3. 县市地税机关税收票证管理人员应在税费征管核心软件上线运行前控制税收票证发放数量，减少基层分局(所)库存税收票证。

三、盘点库存未填开税收票证，录入税费征管核心软件

(一)市、州、县(市)税收票证管理人员必须在税费征管核心软件上线运行前，对库存的未填开税收票证进行清理和盘点，将具体账目和实物进行核对，并填报《税收票证清理盘点报告表》(表四)。对账实不符的，应查明原因，确保软件上线后账实相符。

表四　税收票证清理盘点报告表

税务机关：

序号	账面情况					盘存情况	损益数	原因
	票证种类	字轨	起始号码	终止号码	数量(份/枚)	数量(份/枚)	(份/枚)	

单位负责人签字：　　　　复核人签字：　　　　盘库人签字：　　　　填表日期：　年　月　日

(二)市、州、县(市)应按税费征管核心软件上线运行前填报的《税收票证清理盘点报告表》所记录的本级库存未填开税收票证信息以期初库存方式录入税费征管核心软件系统，逐级分发到具体用票人，确保税费征管核心软件上线运行后税费征收入库工作顺利进行。

(三)对推广应用税费征管核心软件前，在ETAX征管软件系统中发生的待解税费不能全部解缴入库的县市需单独预留部分税收(汇总专用)缴款书(数量由各单位自行确定)，此预留部分汇总缴款书信息不需录入税费征管核心软件系统，用于ETAX征管系统解缴仍未解缴的税费。

(四)录入税费征管核心软件系统税收票证种类

1. 机开税收票证。税收通用缴款书、税收通用完税证、税收(汇总专用)缴款书、非税收入一般缴款书、个人缴纳社保费专用收据、个人所得税完税证明、税收转账专用完税证、机开代扣代缴税款凭证、税收代保管资金收据。

2. 手工填开税收票证。代扣代收税款凭证、印花税票销售凭证、当地财政部门领取的罚款收据。

3. 其他税收票证。印花税票只录入面值5元、10元票，契税完(免)贴花标志。

四、地税收入待解专户结存税(费)款的处理

各级地税机关必须在税费征管核心软件上线运行前，清理待解专户结存税费款，核对票、款数据，及时解缴待解税费结存余额。对税费征管核心软件上线运行前不能全部解缴的待解税费，应于2008年度在ETAX征管系统全部解缴。对确因特种因素，2008年度不能全额解缴的，必须报省局地方税费征管核心软件推广应用指挥部批准。

五、特殊业务处理

(一)对未录入税费征管核心软件的未填开税收票证，经票证管理和纪检监察部门共同审核后，上缴市州地税机关集中打包封存，待批核销。

(二)对税费征管核心软件上线运行前，发生的损失未结税收票证，各级地税机关要严格审核，在同级纪检监察部门审查、分清责任的基础上，由县(市)统一集中封存，按有关规定报批处理。

六、明确职责，严格责任追究

各级地税机关必须高度重视税费征管核心软件上线运行前的税收票证清理工作，明确相关人员的职责，相关领导及具体工作人员要对有关数据严格审核，确保数据真实、准确，账账、账实、账表相符。凡弄虚作假的，一经查实，将严格追究责任。

省地方税务局关于印发《湖北省地税系统机关文件材料归档范围和文书档案保管期限规定》的通知

2008年8月18日　鄂地税发〔2008〕184号

根据国家档案局第8号令和国税发〔2008〕64号文件规定，现将省局制发的《湖北省地方税务机关材料归档范围和文书档案保管期限规定》印发你们，请你们认真贯彻执行。

各地要及时与当地档案部门联系，按要求编制本机关的文件材料归档范围和文书档案保管期限表，经当地档案部门审批后，2007年度文书档案按新办法执行。

湖北省地方税务机关文件材料归档范围和文书档案保管期限规定

第一条 根据《机关文件材料归档范围和文书档案保管期限的规定》(国家档案局令2006年第8号)、《全国税务机关文件材料归档范围和文书档案保管期限规定》(国税发〔2008〕64号),结合地方税务机关档案工作实际,制定本规定。

第二条 本规定中的文件材料是指地方税务机关在各项工作活动中形成的各种门类和载体的历史记录。

第三条 文件材料归档范围是:

(一)反映本机关主要职能活动和基本历史面貌的,对本机关工作、国家建设和历史研究具有利用价值的文件材料;

(二)机关工作活动中形成的在维护国家、集体和公民权益等方面具有凭证价值的文件材料;

(三)本机关需要贯彻执行的上级机关、同级机关的文件材料;下级机关报送的重要文件材料;

(四)其他对本机关工作具有查考价值的文件材料。

第四条 文件材料不归档范围是:

(一)上级机关文件材料中,普发性不需要本机关办理的文件材料,任免、奖惩非本机关工作人员的文件材料,供工作参考的抄件等;

(二)本机关文件材料中的重份文件,无查考利用价值的事务性、临时性文件,一般性文件的历次修改稿,文件各次校对稿,无特殊保存价值的信封,不需办理的一般性人民来信、电话记录,机关内部互相抄送的文件材料,本机关负责人兼任外单位职务形成的与本机关无关的文件材料,有关工作参考的文件材料;

(三)同级机关文件材料中,不需要贯彻执行的文件材料,不需要办理的抄送文件材料;

(四)下级机关文件材料中,供参阅的简报、情况反映,抄送或越级抄送的文件材料。

第五条 凡属归档范围的文件材料,必须按有关规定向本机关负责档案工作的部门移交,实行集中统一管理,任何个人不得据为己有或拒绝归档。

第六条 地税机关文书档案的保管期限定为永久、定期两种。定期分为30年、10年两类。

第七条 永久保管的文书档案主要包括:

(一)本机关制定的法规政策性文件材料;

(二)本机关召开重要会议、举办重大活动等形成的主要文件材料;

(三)本机关职能活动中形成的重要业务文件材料;

(四)本机关关于重要问题的请示与上级机关的批复、批示,重要的报告、总结、综合统计报表等;

(五)本机关机构演变、人事任免等文件材料;

(六)本机关房屋买卖、土地征用重要设备设施购置等文件材料;

(七)上级机关制发的属于本机关主管业务的重要文件材料;

(八)同级机关、下级机关关于重要业务问题的来函、请示与本机关的复函、批复等文件材料。

第八条 定期保管的文书档案主要包括:

(一)本机关职能活动中形成的一般性业务文件材料;

(二)本机关召开会议、举办活动等形成

的一般性文件材料；

（三）本机关人事管理工作形成的一般性文件材料；

（四）本机关一般性事务管理文件材料；

（五）本机关关于一般性问题的请示与上级机关的批复、批示，一般性工作报告、总结、统计报表等；

（六）上级机关制发的属于本机关主管业务的一般性文件材料；

（七）上级机关和同级机关制发的非本机关主管业务但要贯彻执行的文件材料；

（八）同级机关、下级机关关于一般性业务问题的来函、请示与本机关的复函、批复等文件材料；

（九）下级机关报送的年度或年度以上计划、总结、统计、重要专题报告等文件材料。

第九条　应归档电子文件的元数据、背景信息等与电子文件一并进行归档。

应归档纸质文件材料中，有文件发文稿纸、文件处理单的，应与文件正本、定稿一并归档。

第十条　机关联合召开会议、联合行文所形成的文件材料原件由主办机关归档，其他机关将相应的复制件或其他形式的副本归档。

第十一条　各级地税机关应根据有关法律法规以及本规定，结合本机关职能和工作实际，编制本机关的文件材料归档范围和文书档案保管期限表。

第十二条　在编制本机关或本系统文件材料归档范围和文书档案保管期限表时，应全面分析和鉴别本机关或本系统文件材料的现实作用和历史作用，准确界定文件材料的归档范围和划分档案保管期限。

第十三条　各级地税机关形成的人事、基建、会计及其他专门文件材料的归档范围和档案保管期限，按国家有关规定执行。税收、规费征管资料的归档范围和档案保管期限按现行有关规定执行。

第十四条　本规定自印发之日起施行，《省地方税务局办公室关于印发〈省地税局机关文件材料分类方案归档范围保管期限表〉的通知》（鄂地税办发〔1999〕29 号）文件同时废止。

省地方税务局关于印发《全省地税人员计算机应用技能测试实施方案》的通知

2008 年 8 月 19 日　鄂地税发〔2008〕185 号

根据《省地方税务局关于开展计算机应用技能全员培训、测试的通知》（鄂地税函〔2008〕50 号）的精神，省局制定了《全省地税人员计算机应用技能测试实施方案》。现将此实施方案印发给你们，请认真做好组织落实工作。

全省地税人员计算机应用技能测试实施方案

为了抓好全省各级地税机关开展计算机应用技能的培训、测试工作，根据《省地方税务局关于开展计算机应用技能全员培训、测试的通知》（鄂地税函〔2008〕50号）的精神，特制定本实施方案。

一、测试对象

全省地税系统（不含武汉市）在职在位的干部。

按年龄划分为三个组。

甲组：50（含）岁以上人员；

乙组：35（含）—50（不含）岁人员；

丙组：35（不含）岁以下人员。

参加测试人员的年龄计算时间为2008年8月31日。

免试对象：年龄55岁以上的男同志和50岁以上的女同志；改任非领导职务的原副处级以上领导职务人员。

二、测试内容

（一）文字录入。在Microsoft Office Word 2003环境下录入现代汉语言常用的、规范的文字和文章，常用的符号。

（二）Microsoft Office Word 2003软件的操作与使用。利用本软件对文章编辑和排版；进行简单表格的制作，插图，及表格、图形与文字的混排；页面设置和文档保存、删除、打印。

（三）Microsoft Office Excel 2003软件的操作与使用。利用此软件建立、编辑、管理表格，函数功能的使用和数据清单的管理。

三、计分标准及合格要求

（一）计分标准

1. 文字录入

文字输入在Microsoft Office Word 2003平台下进行。输入方式为键盘输入，输入法任选。本次测试提供的汉字输入法有：微软拼音输入法、智能ABC输入法、王码五笔形输入法、中文（简体）—全拼、中文（简体）—郑码。采取其他输入法的应试者，应提前将该输入法软件提交给测试组织人员。测试时间为30分钟，按在测试时间内正确输入的汉字字数（包括标点符号）评分。

本项测试满分100分。计分标准为：

甲组：文字输入达到200字，分值为60分，字数超过部分按每10字增加1分，每错（别、漏、多）5字扣1分。

乙组：汉字输入达到400字，分值为60分，字数超过部分按每15字增加1分，每错（别、漏、多）8字扣1分。

丙组：汉字输入达到600字，分值为60分，字数超过部分按每25字增加1分，每错（别、漏、多）12字扣1分。

2. Microsoft Office Word 2003软件的操作与使用

本项测试满分100分。按照测试的知识点评分。

3. Microsoft Office Excel 2003软件的操作与使用

本项测试满分100分。依据作业过程、操作结果和完成作业量评分。

1—3项测试的时间共90分钟。

（二）总成绩及合格条件

总成绩＝0.5＊（文字录入成绩）＋0.25＊（Word成绩）＋0.25＊（Excel成绩）

合格条件为：总成绩在60分以上 。

四、测试的组织和测试、补试时间

省局机关和直属单位人员的测试，由省局负责组织；各市州局班子成员、副处以上人员和各市州教育中心、计算机中心人员的测试，由省局分片组织。省局拟在黄石、仙桃、荆门、襄樊和恩施设立测试点。各测试点的具体安排见附表1。

各市州局机关和各县(市、区)局人员的测试,由各市州局测试工作领导小组组织,省局派人巡视。

测试从 2008 年 9 月 20 日开始,11 月 30 日前结束。具体测试时间按市(州)局上报的、经过省局计算机技能培训、测试工作领导小组批准的测试方案进行。

因出差或其他特殊原因未能参加测试的人员、测试不合格的人员,市(州)局在 12 月底以前组织一次补试。

五、测试、补试的命题和测试方式

测试、补试的命题由省局测试工作领导小组确定,试题的题量和难度相当。

本次测试为计算机实际操作测试,全部测试都在计算机上进行。试题由计算机随机抽取,成绩由计算机评判。

六、测试纪律和要求

(一)参试人员必须按规定的时间进入测试现场,交卷后应立即离场。不得中途退场。

(二)各人独立思考,按要求作业,不得相互讨论。

(三)不得替考。如若发现替考者,即视为测试不合格。

(四)各地教育培训中心、信息中心、人事、监察部门要加强对测试工作的监督和管理,保证全省计算机应用技能测试工作顺利进行。

(五)各市州务必于 8 月 31 日前将参加测试的人员名单报省局教育培训中心。

七、表彰和奖励

对于测试和补试的合格者,省局将统一颁发计算机基本操作合格证书。对于在本次测试中取得优异成绩的单位、个人和优秀组织者,由省局和各市州局分别进行奖励。

附件:

1. 省局组织的测试点分布及测试安排(略)

2. 计算机应用技能测试准考证号代码及分配(略)

3. 计算机应用技能测试准试证式样(略)

4. 计算机应用技能测试人员名单(略)

省地方税务局关于印发湖北省地方税务局政府信息公开系列文件的通知

2008 年 8 月 20 日 鄂地税发〔2008〕189 号

为了贯彻实施《中华人民共和国政府信息公开条例》,保障公民、法人和其他组织依法获取政府信息,规范地税部门政府信息公开工作,根据国家税务总局、省政府的有关规定及工作部署,省局修订和制定了《湖北省地方税务局政府信息公开指南》、《湖北省地方税务局政府信息公开目录》、《湖北省地方税务局依申请公开政府信息工作规程》、《湖北省地方税务局政府信息公开保密审查办法》,现印发执行。各地应根据工作实际,按照有关法律法规的规定,建立地税部门政府信息公开工作机制和制度规范,确保政府信息公开工作依法、有序进行。

本文生效之日起,《省地方税务局关于印发〈湖北省地方税务局信息公开指南〉和〈湖北省地方税务局信息公开目录〉的通知》(鄂地税发〔2007〕112号)同时废止。

省地方税务局关于汉宜铁路等项目建设中及建成后有关税收问题的通知

2008年9月1日　鄂地税发〔2008〕199号

为进一步提升我省在全国铁路网中的枢纽地位,武汉至宜昌铁路(以下简称汉宜铁路)、石家庄至武汉铁路客运专线湖北段(以下简称石武铁路)项目将相继开工建设,武汉至合肥铁路(以下简称武合铁路)、武汉至广州铁路客运专线(以下简称武广铁路)项目即将建成通车。为确保重点工程的顺利实施和加强税收征管,根据省政府〔2008〕52号专题会议纪要精神和《中华人民共和国营业税暂行条例实施细则》第三十二条规定,现就有关税收问题明确如下:

一、对汉宜铁路、石武铁路项目建设的营业税及附征的城市维护建设税和教育费附加,由省地方税务局直属征收局负责税收征收管理,由省地方税务局稽查局负责稽查。

二、对沪汉蓉公司、武广公司分别经营的武合铁路、武广铁路、汉宜铁路、石武铁路建成后至2024年的营业税及附征的城市维护建设税和教育费附加,由省地方税务局直属征收局负责税收征收管理,由省地方税务局稽查局负责稽查。

省地方税务局关于税费征管核心软件推广应用中地税收入待解专户补充处理办法的通知

2008年9月3日　鄂地税发〔2008〕200号

为加强地税收入待解专户管理,现对地税收入待解专户结存税费在税费征管核心软件推广应用前不能全部解缴入库有关税收票款处理事项,补充明确如下:

一、各基层征收单位应在税费征管核心软件推广应用前，对ETAX征管系统发生的待解税费应及时解缴入库。对税费征管核心软件上线运行前，不能全部解缴入库的待解税费，必须进行清理，并与该时点的地税收入待解专户资金核对，确认地税收入待解专户余额与清理结果一致，有差异的，需查找并详细说明原因。并按税收票证名称、填开金额、开票人等填报《待报解税收票款明细表》。

待报解税收票款明细表

编制单位： 金额单位：元

税收票证名称	字轨	票号	开票金额			开票人	备 注
			小计	税收收入	规费收入		
合计							
地税收入待解专户余额： 元。							

编制人签字： 审核人签字： 单位负责人签字： 填表日期： 年 月 日

二、县市（区）地税机关将《待报解税收票款明细表》所登记的已填开税收票证数量（包括税收票证名称、字轨、票号）视同未填开税收票证，以系统初始化方式录入税费征管核心软件系统，作为未填开税收票证的期初库存数。

三、县市（区）地税机关税收票证管理人员在税费征管核心软件系统初期库存中，将视同未填开的税收票证（在ETAX征管系统中已填用），按《待报解税收票款明细表》所登记的税收票证名称、字轨、票号依税收票证管理流程分发到原税收票证填开人或具体开票人员。

四、原税收票证填开人或具体开票人员根据ETAX征管系统填开的待解税收票证内容，在税费征管核心软件系统重新进行录入，并在税费征管核心软件系统按税收票证管理流程进行税收票证结报缴销和税收票证核算管理。

省地方税务局关于做好汶川地震捐赠个人所得税前扣除问题的通知

2008年9月2日 鄂地税发〔2008〕201号

近段时间，一些单位和个人咨询汶川地震灾后恢复重建有关税收政策问题，如个人通过公益性社会团体、县级以上人民政府及其部门向汶川地震的捐赠享受个人所得税前全额扣除的政策优惠，现就有关问题通知如下：

一、要及时公告税收政策，加强政策辅导培训，强化纳税服务意识，优化服务措施，简化办税手续，减轻纳税人办税负担，认真抓好汶川地震灾后恢复重建有关税收政策的贯彻落实，切实支持灾后重建工作。

二、要加大工作力度，各级税收管理员要主动向所辖扣缴单位（重点是向扣缴单位的财务人员）宣传解释纳税人向受灾地区的捐赠允许在当年个人所得税前全额扣除的优惠政策，要协助扣缴单位完善工资软件，增加相关捐赠税前扣除的功能，以实际行动支持灾区重建工作。

三、执行财税〔2008〕104号文应注意的几个问题。

（一）财税〔2008〕104号文规定“允许在当年个人所得税前全额扣除”的“当年”，其纳税申报期（因应税所得项目不同而不同）应分两种情况：一是个人所得税应税所得项目是按纳税年度计算应纳税额的，其“当年”是指2008年度；二是个人所得税应税所得项目是按月（次）计算应纳税额的，其“当年”是指2008年5月12日起捐赠行为发生后至2008年底。

（二）财税〔2008〕104号文中“允许在当年个人所得税前全额扣除”的“全额”，应理解为公益救济捐赠额（包括党员个人通过党组织交纳的抗震救灾“特殊党费”）不超过纳税人当年应纳税所得额的部分，可以从其应纳税所得额中全额扣除；而公益救济捐赠额超过纳税人当年应纳税所得额的部分当年不能在税前扣除的，也不能结转下年抵扣。

（三）财税〔2008〕104号文执行的衔接。在财税〔2008〕104号文下发前，纳税人已向汶川震区的捐款未在个人所得税税前扣除（除经营所得项目外）的部分，可以在2008年余下的时间内重新计算继续扣除，直至2008年底。

省地方税务局关于印发《湖北省房地产开发企业土地增值税清算管理办法》的通知

2008年9月12日　鄂地税发〔2008〕207号

现将《湖北省房地产企业土地增值税清算管理办法》印发给你们，请各地遵照执行。

湖北省房地产开发企业土地增值税清算管理办法

第一章　总则

第一条　为了加强对房地产开发企业土地增值税征收管理，进一步规范土地增值税清算工作，根据《中华人民共和国税收征收管理法》（以下简称《征管法》）及其实施细则、《中华人民共和国土地增值税暂行条例》（以下简称《条例》）及其实施细则和《国家税务总局关于房地产开发企业土地增值税清算管理有关问题的通知》（国税发〔2006〕187 号）等有关规定，结合我省实际，制定本办法。

第二条　在本省范围内从事房地产开发的企业，凡符合土地增值税清算条件应办理土地增值税清算手续的房地产开发项目，其土地增值税清算管理均适用本办法。

对房地产开发企业转让已自用（包括出租使用）年限在一年以上再出售的房地产项目，应按照转让旧房及建筑物的有关规定缴纳土地增值税。

第三条　房地产开发企业是土地增值税的清算主体，房地产项目所在地的主管地方税务机关负责土地增值税清算的受理和审核。

第四条　土地增值税以国家有关部门审批的房地产开发项目为单位进行清算。对于成片受让土地使用权后，分期分批开发、转让房地产的，以分期开发项目为单位清算。开发项目中既有普通标准住宅又有非普通标准住宅等其他开发产品的，其土地增值额应分别计算。

第二章　清算条件

第五条　符合下列情形之一的，纳税人应进行土地增值税清算：

（一）房地产开发项目全部竣工、完成销售的；

（二）整体转让未竣工的房地产开发项目的；

（三）直接转让土地使用权的；

（四）纳税人申请注销税务登记但未办理土地增值税清算手续的。

主管地方税务机关发现纳税人符合上述规定条件之一而未提出清算申请的，应责令其限期办理清算手续。纳税人超过规定期限仍未清算的，由主管地方税务机关进行查账征收。

第六条　符合下列情形之一的，主管地方税务机关应要求纳税人进行土地增值税清算：

（一）已竣工验收的房地产开发项目并进行项目决算，已转让的房地产建筑面积占整个项目可售建筑面积的比例在 85％以上，或该比例虽未超过 85％，但已转让的房地产建筑面积与已经出租或自用的建筑面积之和达到可销建筑面积的比例在 85％（含）以上的；

（二）取得销售（预售）许可证满三年仍未销售完毕的；

（三）主管地方税务机关认定有可能造成较大税款流失、经县以上地方税务局局长批准清算的开发项目；

（四）省地方税务局规定的其他情形。

第七条　对在 2005 年 1 月 1 日前销售房地产建筑面积（以签订的房地产合同时间为准）占整个项目可售建筑面积不足 50％的，其项目应进行土地增值税清算。

在 2005 年 1 月 1 日前销售房地产建筑面积占整个项目可售建筑面积 50％（含 50％）以上的房地产开发项目，对该项目的全部销售收入，分别按规定的预征率计征土地增值税，不再清算。但下列情形除外：主管地方税务机关认为如不清算有可能造成较大税款流失、经县以上地方税务局局长批准清算的；纳税人符合清算条件且向主管地方税务机关提出清算申请的。

第三章　清算申请与受理

第八条　符合本办法第五条规定条件的纳税人，应在满足清算条件之日起 90 日内向主管地方税务机关提出清算申请，并提供如下资料：

（一）《土地增值税纳税清算申请表》（附件 1）及《土地增值税清算材料清单》（附件 2）；

(二)项目竣工决算报告、项目竣工验收证明、清算期财务会计报表(包括:损益表、主要开发产品销售明细表、已完工开发项目成本表等);

(三)清算项目的国有土地使用权证书、建设用地规划许可证、建筑工程规划许可证、商品房预售许可证;

(四)取得土地使用权时所支付的地价款有关证明凭证及国有土地使用权出让或转让合同;

(五)清算项目的主要单项工程合同及结算单据;

(六)能够按清算项目支付贷款利息的有关证明及借款合同;

(七)公共配套设施面积及成本分摊证明材料;

(八)清算项目规划总平面图;

(九)《商品房销售合同统计表》(附件3),明细表以电子文件形式报送;

(十)与转让房地产有关的完税凭证;

(十一)《土地增值税纳税清算申报表》(附件4);

(十二)主管地方税务机关要求报送的其他与土地增值税清算有关的证明资料。

纳税人委托税务中介机构进行清算申报的,还应附送具有鉴证资格的税务中介机构出具的《土地增值税清算鉴证报告》(以下简称《鉴证报告》)和税务中介机构资格、年检证明材料。

第九条 纳税人应当按照税收法律、法规和有关政策规定正确计算应缴纳的土地增值税额,如实填写《土地增值税纳税清算申报表》,完整报送税务机关要求报送的清算相关资料,并对申报表和所提供资料的真实性、准确性和完整性负责。

第十条 凡主管地方税务机关要求纳税人办理土地增值税清算手续的房地产开发项目,主管地方税务机关应填开《税务事项通知书——土地增值税清算通知书》(附件5)并送达纳税人。纳税人应在接到《税务事项通知书——土地增值税纳税清算通知书》之日起30日内向主管地方税务机关报送本办法第八条规定的土地增值税清算相关资料。

第十一条 主管地方税务机关对纳税人提交的清算申请报告及其附列资料初审认定符合规定的,即时制作《税务事项通知书——土地增值税清算受理通知书》(附件6),送达纳税人。对报送资料不全的,向纳税人开具《税务事项通知书——土地增值税清算补正资料通知书》(附件7)以及申请清算资料一并退还纳税人补正。

第十二条 纳税人可自行进行土地增值税清算,也可采取“自行自愿委托”的原则,委托税务中介机构进行审核鉴证。

第四章 清算审核

第十三条 主管地方税务机关应自受理纳税人申请土地增值税清算之日起90日内完成清算审核工作。清算审核工作时限不含纳税人按照主管地方税务机关要求补正资料的时间。

第十四条 清算项目销售收入的确定。清算项目的销售收入是指转让国有土地使用权、地上的建筑物及其附着物并取得的全部价款及有关的经济收益,包括货币收入、实物收入和其他收入。

货币收入是指纳税人转让房地产取得的现金、银行存款、支票、银行本票、汇票等各种信用票据和国库券、金融债券、企业债券、股票等。其实质是转让方因转让土地使用权、房屋产权而向取得方收取的价款。

实物收入是指纳税人转让房地产而取得的各种实物形态的收入,如钢材、水泥等建材以及房屋、土地等不动产等。实物收入应当通过评估确认其公允价值。

其他收入是指纳税人转让房地产而取得的无形资产收入或其他具有财产价值的权利，如专利权、商标权、著作权、专有技术使用权、土地使用权、商誉权等。其他收入应当通过评估确认其公允价值。

对房地产开发企业将开发产品用于赞助、职工福利、奖励、对外投资、分配给股东或投资人、抵偿债务、换取其他单位和个人的非货币性资产等，发生所有权转移时应视同销售房地产，其取得收入的确定由主管地方税务机关按当期同类区域、同类房地产的市场价格核定。

第十五条　清算的房地产开发项目扣除项目金额的确定。扣除项目金额必须按照《条例》第六条及其实施细则第七条的规定计算。除另有规定外，扣除取得土地使用权所支付的金额、房地产开发成本、费用及与转让房地产有关税金，需提供合法、有效凭证（一般包括税务机关监制的发票、财政机关监制的行政事业性收费收据以及按照规定可不纳入财税机关监制范围的专业票据等），对纳税人无法提供合法、有效凭证的支出项目金额，不予扣除。

第十六条　对开发土地和新建房及配套设施的费用（简称房地产开发费用）扣除确定，是指与房地产开发项目有关的销售费用、管理费用、财务费用。

对财务费用中的利息支出，凡能够按转让房地产项目计算分摊并提供金融机构证明的，可据实扣除，但扣除限额最高不能超过按商业银行同类同期贷款利率计算的金额。其他房地产开发费用，按取得土地使用权所支付的金额和房地产开发成本计算的金额之和的5%以内计算扣除；凡不能按转让房地产项目计算分摊利息支出或不能提供金融机构证明的，房地产开发费用按取得土地使用权所支付的金额和房地产开发成本计算的金额之和的10%以内计算扣除。

第十七条　对公共配套设施费扣除范围的确定。对清算项目中必须建造的，但不能转让的非营利性的社会公共事业设施所发生的支出，如居委会（或社区）和派出所用房、会所、停车场（库）、物业管理场所、变电站、热力站、水厂、文体场馆、学校、幼儿园、托儿所、医院、邮电通讯、公共厕所等公共设施，由于各项开发项目配套设施情况不同，必须先确定允许扣除的配套设施面积后再计算分摊。对公共设施的扣除，在进行土地增值税清算时，按以下原则处理：

（一）建成后根据销售合同和具有法律效力的有关证明文件的约定产权属于全体业主所有的，其成本、费用可以扣除；

（二）建成后无偿移交给政府、公用事业单位用于非营利性社会公共事业的，其成本、费用可以扣除。房地产开发企业应提供移交的相关证明文件或材料；

（三）建成后有偿转让的，应计算收入，并准予扣除成本、费用；建成后由房地产开发企业或其关联企业自用的，其成本、费用不得扣除；

（四）对于停车场（车库），仅转让使用权或出租使用期限与建造商品房同等期限的，应按规定计算收入，并准予扣除合理计算分摊的相关成本、费用；

（五）对于成片开发分期清算项目的公共配套设施费用，在先期清算时，应按实际发生的费用进行分摊；对后期清算时实际支付的公共配套设施费用分摊比例大于前期的金额时，允许在整体项目全部清算时，按整体项目重新进行调整分摊。

第十八条　清算的房地产开发项目，其房地产开发成本费用的计算分摊按核实的可售建筑面积计算分摊，并遵循准予扣除的房地产开发成本金额与取得收入的面积相配比的分摊原则。对于商住综合楼，可结合实际情况，采取合理方法分别计算确定商铺与住宅的单位建筑面积成本。

第五章 核定征收

第十九条 房地产开发企业有下列情形之一的，主管地税机关可以核定征收土地增值税：

(一)依照法律、行政法规的规定应当设置但未设置账簿的；

(二)擅自销毁账簿或者拒不提供纳税资料的；

(三)虽设置账簿，但账目混乱或者成本资料、收入凭证、费用凭证残缺不全，难以确定转让收入或扣除项目金额的；

(四)符合土地增值税清算条件，未按照规定的期限办理清算手续，经税务机关责令限期清算，逾期仍不清算的；

(五)申报的计税依据明显偏低，又无正当理由的。

第二十条 根据核定征收率不得低于预征率的原则，不同的房地产开发产品的核定征收率分别为：

(一)纳税人销售普通标准住宅的，按其销售收入的1%～2%核定征收土地增值税；

(二)纳税人销售非普通标准住宅及其他开发产品的，按其销售收入的3%～5%核定征收土地增值税；

(三)纳税人直接转让土地使用权的，按其销售收入的5%核定征收土地增值税。

具体核定征收比例由各市、州、林区、直管市地方税务机关在上述标准幅度范围内，结合本地区的实际情况确定，并报省地方税务局备案。

第二十一条 核定征收清算项目房地产销售收入的确定。采取核定征收方式的清算项目，凡能准确计算房地产销售收入的，按照主管地方税务机关核实的金额确定销售收入；凡不能准确计算房地产销售收入或提供的收入依据明显低于当地同类房地产价格水平且无正当理由的，由主管地方税务机关按照当期同类区域、同类房地产的市场价格核定其销售收入。

第二十二条 主管地方税务机关通过清算审核认为对清算项目应该进行核定征收的，应向纳税人下达《税务事项通知书——土地增值税清算终止核准通知书》(附件8)和《应纳税款核定通知书》(附件9)送达纳税人。

第六章 清算处理

第二十三条 各级地方税务机关要认真查验和审核清算企业报送的清算资料，在清算审核过程中因相关事项不清或其他问题需要纳税人进一步补充与清算项目相关的证明资料时，应决定暂停清算审核，并向纳税人开具《税务事项通知书——土地增值税清算补正资料通知书》，送达纳税人，待纳税人重新补充证明资料后再办理税款清算手续。对纳税人不能按规定期限提交补正材料的，应转为核定征收。

第二十四条 主管地方税务机关对纳税人申请清算的项目审核完毕后，应制作土地增值税纳税清算结论。纳税人应当自收到土地增值税纳税清算结论或《应纳税款核定通知书》之日起15日内到主管地方税务机关办理土地增值税税款的补缴(或退税)手续。

第二十五条 清算后再转让房地产的处理。在土地增值税清算时未转让的房地产，清算后销售或有偿转让的，纳税人应按规定进行土地增值税的纳税申报，扣除项目金额按清算时计算出的单位建筑面积成本费用乘以销售或转让面积计算。

纳税人在项目完成清算后继续支付并取得合法、有效凭证的成本和费用，主管税务机关可根据实际情况重新调整扣除项目金额，但该调整应在项目全部销售完毕后进行。

第七章 清算鉴证

第二十六条 土地增值税清算鉴证是指税务中介机构接受委托对房地产开发企业土地增值税清算申报的相关资料实施必要审核程序，并出具鉴证报告，以增强税务机关对相关资料信任程度的一种业务。

第二十七条 凡纳入税务机关行政监管并通过年检的税务师事务所，均可从事土地增值税清算鉴证业务。

第二十八条 税务中介机构受托对清算项目进行审核鉴证时，应按《土地增值税清算鉴证业务准则》(国税发〔2007〕132号)有关规定出具规范的《鉴证报告》。

第二十九条 税务中介机构出具的《鉴证报告》，经主管地方税务机关审核不符合规范和要求予以退回，重新上报后仍未达到清算要求的，主管地方税务机关两年内将不再受理其从事土地增值税清算鉴证业务，并将名单上报省局备案，定期予以公布。

第八章 附则

第三十条 对土地增值税清算工作中出现的违法行为，按《中华人民共和国税收征收管理法》和《中华人民共和国税收征收管理法实施细则》的相关罚则规定处理。

第三十一条 各市、州、直管市、林区地方税务局可根据本办法制定本地区具体的土地增值税清算实施办法。

第三十二条 本办法自发布之日起执行。

第三十三条 本办法由省地方税务局负责解释。

附件：

1.《土地增值税纳税清算申请表》(略)

2.《土地增值税清算材料清单》(略)

3.《商品房销售合同统计表》(略)

4.《土地增值税纳税清算申报表》(略)

5.《税务事项通知书——土地增值税清算通知书》(略)

6.《税务事项通知书——土地增值税清算受理通知书》(略)

7.《税务事项通知书——土地增值税清算补正资料通知书》(略)

8.《税务事项通知书——土地增值税清算终止核准通知书》(略)

9.《应纳税款核定通知书》

省地方税务局关于建立执行力建设长效机制的意见

2008年9月22日 鄂地税发〔2008〕208号

为进一步加强机关效能建设，提高执行力，巩固大讨论活动成果，结合省局机关工作实际，现就提高政府执行力大讨论活动后建立长效机制问题，提出以下意见，请认真落实。

一、完善检查督办机制

（一）加强领导督办。强化省局机关各处（室）、各直属单位（以下简称省局各单位）负责人的责任意识，支持各单位独立负责地、创造性地做好职责范围内的工作。对省局确定的重大事情、主要任务和完成的目标，各单位负责人要亲自抓、负总责。省局抓工作督查，主要抓各单位负责人；各单位负责人要切实负起责任，敢于碰硬、敢动真格，真正形成从领导做起、从省局机关做起，带头执行落实、带头提速提效，做到人人讲效能、处处抓效能、事事显效能，形成一级督办一级、一级对一级负责的执行落实机制。

（二）强化日常工作督办。省局作为全省地税系统的首脑机关，必须树立权威，强化垂直管理职能。按照“分级负责、分口办理”和“谁承办、谁督办”的原则，省局各单位要充分发挥好各自的督办作用，对省局下达的指令，要督促各地严格执行、坚决执行；对各地政务值守、突发事件信息报送等情况要定期检查和考评，及时进行通报；对省局重要会议议定事项和领导批示交办事项，实行限时督办，督促各单位及时办理，按时反馈，超过时限的必须说明原因，切实做到件件有回音、事事有着落。要改进督查工作办法，把传统督办方式与网上督办结合起来，把经常性的督办与深入实际、深入基层和到纳税户中明查暗访结合起来，着眼于掌握落实的真实情况，突出抓好正反两方面典型，公开通报，以达到激励先进、鞭策后进、严明政纪、改进工作的目的。

（三）加强调查研究。要落实领导干部基层联系点制度，善于沉下身子，深入实际，开展调查研究。省局领导每年至少要用两个月时间，处级领导干部每年至少用三个月时间深入基层调查研究，不断提高解决实际问题的能力。省局各单位负责人每年要写出1～2篇有情况、有分析、有建议，对工作有实际指导意义的调研报告报省局党组。

二、优化工作运行机制

（四）完善工作制度。根据新修订的《湖北省人民政府机关工作制度汇编》、《湖北省人民政府办公厅工作规则、规程及管理办法》，组织对《湖北省地方税务局工作规则》进行修订，使各项程序规定更加体现和保障效率，确保省局机关各项工作有据可依、有章可循。省局各单位也要加强制度建设和创新，规范、优化工作流程，对本单位的规章制度和工作规程进行系统梳理，行之有效的要继续坚持，不够健全的要及时修订完善，适应形势发展要求和工作需求。

（五）细化岗位职责。要进一步理顺省局各单位、各岗位的职责，明确各项工作的目标、时限、责任、质量等标准和要求，实行定目标、定任务、定时限、定责任，加强平时考核与记载，并将平时考核情况作为年终考核的主要依据，使机关工作环环相扣、紧张有序、高效运转。每个工作岗位要实行“AB角”制度，一名同志不在岗时，要有相应的同志及时“补位”，确保人人有事干、事事有人干、工作不断线。

（六）实行首（办）问负责。基层、纳税人或其他单位来人、来电联系工作所询问的第一位机关工作人员，即为首问（办）责任人。所询问事项属于本人职责范围的，要按照有关规定认真办理；不属于本人职责范围的，要主动告知或引导到有关处室或经办人。按照“交（接）办视同分工”的原则，每一位工作人员在领受任何任务、接办任何事项时，都必须在第一时间作出响应，进入“办”的状态，启动“办”的程序，按要求和规定限时办结，及时回复。

（七）加快公文运转速度。积极筹备并抓紧做好OA办公系统上线运行工作，严格按照公文制发工作流程，明确各环节承办人员责任，控制各环节运转时间。拟发正式文件，应自领导批办之日起5个工作日内拟办完毕，特殊情况应在公文处理签上注明；对标明“特提”、“特急”、“急件”字样的紧急公文或电报，规定了具体办理时限的，按规定时限办结，没有规定具体办理时限的，分别在当日、3日和5日内办结；对下级机关的请示，推行“马上就办、有请必复”，急件即办即复，一般件在7个工作日内办结并答复请示单位，需要进行调查、论证和协调的请示事项，必须先向请示单位说明或解释，然后在一个月内以正式公文答复，真正实现百分之百的办结率。公文送审报批环节一般不超过5天，超期未退回的，应及时催办、查询，避免文稿滞压。向下级布置工作或下达任务的公文，应当在文中明确办理时限要求，以便督导落实。

（八）精简会议文件。切实改变文件多、会议多、办班多、检查多、评比多的现象。除依法必须进行的检查外，局内各单位不得擅自组织针对基层或纳税人的检查。各单位在每年年初上报当年计划组织的专项检查的种类、次数，经汇总报经局长办公会议研究后统一实施（上级临时安排的检查除外），以切实减少检查次数，消除重复检查。要少开会、开短会，各单位要严格履行会议审批程序，科学合理地拟定会议方案，控制会议规格、数量和规模，压缩会议时间，简化会议程序，提倡召开视频会议，减少层层开会。要少发文、发短文，简化工作程序，减少文来文往。省局内设机构中除办公室和法律规定具有独立执法权的机构外，其他单位不得对外正式行文；对使用电话、传真或发便函即可办理的事项，不发正式公文。

三、理顺协调会商机制

（九）强化分工协作。强化“全局一盘棋”的观念，省局各单位之间既要各司其职、各负其责，又要协调配合、主动服务。要明确主协办单位的责任，强化处室之间的沟通会商，对需要两个或两个以上部门共同落实办理的事项，由局领导明确主办单位和协办单位，主办单位要主动负起责任，切实履行职能，协调解决落实过程中遇到的问题，有始有终地完成好局领导交办的事项；协办单位要顾全大局，听从指挥和调度，全力协助主办单位完成交办事项。对部门之间主动协调配合的好经验、好做法，要进行总结和推广；对推诿扯皮、各行其是，随意上交矛盾，甚至互为掣肘、相互拆台的现象要进行通报批评。

（十）规范公文会签。各单位在办理公文时，凡内容涉及局内其他单位业务的，要主动送有关单位会签或征求意见。涉及税收规范性文件，要按有关制度规定送政策法规处会签；涉及调整征管业务流程的，要由征管处提出或会签；涉及信息化建设、软硬件配置以及网络化运行的，要由计算机中心提出或会签，以实现政策法规、业务需求、征管流程、信息技术的调整同步进行。对会签的公文，会办部门一般应当在3个工作日内提出会签意见，急件应当在1个工作日内会签，特急件应当随到随签。

四、健全审批监督机制

（十一）巩固行政审批制度改革成果。要组织对行政许可事项特别是非行政许可事项开展清理检查，进一步减少审批事项，下放权限，减少环节。重点检查审批项目是否于法有据、审批流程设计是否方便纳税人、审批时限是否缩到最短；对必须保留的审批项目，进一步规范审批程序、简化审批手续、缩短审批时间；对已改为核准或备案的事项，一律不准以核准、备案之名搞变相审批。

（十二）全面推行税收执法责任制。对利川、枣阳、老河口等市地税局执法责任制试点经验进行全面总结，积极创造条件在全省逐步推行。对地税部门执法事项进行全面梳理，加紧完善各项工作制度，明确执法依据、执法权力、执法程序，理顺行政执法主体，规范行政执法行为，加强对行政执法的监督约束。继续巩固文明执法教育活动成果，加强税收执法检查和执法监察，坚决纠正利用税收执法权损害群众利益的不正之风，杜绝税收执法过程中存在的粗暴执法、粗暴管理的现象，促进广大地税干部端正执法目的，转变执法作风，优化执法服务。

五、落实政务快捷反应机制

（十三）简化工作程序。凡是通过当面商洽、会议协调、现场办公、电话签报、网上传递等方式可以办理的事项，应尽量采用这些方式办理。对联系沟通工作、反馈征求意见、提交一般性工作报告等事项，通过电话、传真、便函等形式商洽或回复（特殊要求除外）。在办理过程中，要确保安全保密，加强会签、登记、存档等，防止工作延误和资料散失。

（十四）保持值守反应快捷。坚持机关24小时值班制度，做到政务值班电话响铃3声之内有人接听，带班和候班人员电话随时能接通。对基层报送的突发事件信息做到即接即报，并按领导指示进行交办、督办，及时反馈。省局机关全体工作人员要保持联络畅通，随叫随到。

六、落实工作奖惩机制

（十五）完善目标责任制管理。探索建立科学的绩效评估指标体系、考评机制，运用目标责任制、第三方评议、机关基层互评、网上考评等多种方式，使每一项工作都有目标要求、有责任主体、有工作进度、有监督考核，逐步推动绩效评估制度化和绩效评估结果公开化。考评结果要与评优评先、提拔使用等挂钩。实行机关工作人员过错追究，明确责任追究的范围、程序、方式，并严格按规定实行过错责任追究。

（十六）营造学习氛围。引导省局机关干部树立终身学习的观念，紧密联系税收工作实际和自身工作需要开展学习，不断提高解决实际问题、做好本职工作的能力。省局各单位要制定年度干部学习教育培训计划，每位干部都要积极参加培训，认真开展在岗学习。开展业务能手评比活动，对业务能手实行岗位津贴制度，对取得注册税务师、注册会计师、律师、计算机工程师等资格证书的给予奖励，通过这些奖励举措，营造爱学习、思学习、想干事、能干事的氛围。

七、转变工作作风，文明礼貌服务

（十七）树立严谨工作作风。强化“机关工作无小事”的意识，对每一项任务，都要坚持高标准、严要求，不放过每一个疑问、不疏忽每一处细节、不绕过每一道程序，严防发生任何差错；定期开展清办公室、清办公桌、清抽屉活动，创造干净、整洁、舒适、优美的工作环境；认真执行节能降耗、环境保护等规定，从节约一张纸、一滴水、一度电、一升油、一个电话等做起，在建设“两型”社会中作表率。

（十八）强化文明服务意识。机关工作人员在任何时候都不允许有特权思想，要热情接待来机关办事的每一位同志，认真接听每个电话，使用文明用语，主动提供方便，帮助解决问题，杜绝“门难进、人难找、脸难看、话难听、事难办”等现象发生。

八、建立多方评价机制

（十九）广泛接受社会监督。要结合开展民主评议政风行风活动，充分发挥省局门户网站的作用，同时借助省内主要新闻媒体，将地税部门加强政风行风和执行力建设的各项工作部署、配套措施、政策规定以及对典型案件的查处情况向社会公布，把执行力建设过程的监督权和成效的评判权，交给服务对象、交给纳税人、交给社会，在全社会营造人人关心、参与、支持和监督地税部门提高执行力的浓厚氛围。

（二十）主动接受基层监督。省局重要政策的制定、重大决策的出台，要广泛征求基层的意见，有的还要听取纳税人和相关职能部门的意见。下基层要轻车简从，减少陪同和随行人员，食宿应在内部招待所或当地政府指定的宾馆。完善和落实机关工作人员廉洁从政规定和领导干部报告个人重大事项管理办法等各项制度，省局机关各级领导干部要以身作则，率先垂范，从自己做起，从小事做起，从严格要求配偶子女和身边工作人员做起，严格遵守各项廉政规定。要树立艰苦奋斗、勤俭节约的风尚，健全接待、礼品登记管理等制度，反对铺张浪费。

省地方税务局关于进一步加强民主评议政风行风整改工作的通知

2008 年 9 月 24 日　鄂地税发〔2008〕210 号

目前，民主评议政风行风工作中征求和收集意见阶段的各项任务已基本结束，全省地税系统民主评议政风行风工作逐步转入了整改阶段。为了进一步做好下一阶段工作，使广大纳税人反映出来的问题，尤其是社会关注度高、影响大的问题得到及时有效整改，现就做好整改工作的有关事项通知如下。

一、进一步明确整改责任。整改阶段是民主评议政风行风工作的关键性环节，是检验民主评议政风行风实效的重要手段，各地、各单位要予以高度重视。一要坚持标本兼治，对各方面反映的问题进行认真梳理，结合自身实际，制定整改方案，作出统筹安排。对评议中反映出来的问题，要明确整改事项、整改标准、整改时限，坚决防止走过场现象的出现。二要进一步明确整改责任，把整改的各项任务落实到具体部门、岗位和人员，并考核到人，做到事有专管之人，人有专司之责，形成一级抓一级、层层抓落实的整改工作局面。三要加强对整改措施落实情况的检查，建立健全整改督查制度、责任追究制度，对有错不纠、整改不到位的，要追究相关人员责任。

二、进一步加大整改力度。各地、各单位要按照“对存在的问题认识不到位不放过，对产生问题的原因、危害剖析不到位不放过，对问题的立项整改工作不到位不放过，整改措施不落实不放过，对社会各界反映的问题没有反馈或没有满意答复的不放过”的要求，进一步加大整改力度。对于存在的问题，有条件解决的要尽快解决，决不能推诿扯皮；对于深层次的、难以一时整改到位的，要明确责任部门和责任人，限期整改；对分步整改的问题要加大力度，加快解决。对已经整改的问题，要开展“回头看”。要将严重损害纳税人切身利益的问题作为整改重点，对群众举报投诉的案件，要认真进行核实处理，并负责地将结果告知举报投诉者，做到事事有回音，件件有落实。要通过扎实整改，切实改进作风，提高工作效率和服务质量。

三、进一步完善长效机制建设。各地、各单位在抓好具体问题整改工作的同时，要按照“标本兼治、综合治理、惩防并举、注重预防”的方针，认真分析研究问题背后规律性的原因，将整改与完善制度相结合，与税收中心工作相结合，进一步建立健全政风行风建设长效机制。一要进一步加大征管核心软件上线工作力度，确保上线工作如期完成，从源头上预防不正之风的产生；二要进一步加强干部队伍建设，以干部队伍良好的精神风貌和扎实的工作作风带动政风行风的进一步好转；三要针对各方面反映比较集中、比较突出的问题，着重在强化税收宣传、推进税收执法责任制、优化纳税服务、完善政务公开等方面下功夫，保证整改工作切实取得成效。

省地方税务局关于房地产开发企业土地增值税清算工作若干政策问题的通知

2008年9月28日　鄂地税发〔2008〕211号

为进一步规范全省房地产开发企业土地增值税清算工作，针对各地在清算工作中反映的问题，经研究，就有关政策问题明确如下：

一、关于清算报告审核问题

各级地税机关税政部门负责土地增值税清算政策指导工作。企业提交的土地增值税清算报告，由市、州地方税务局结合当地实际确定具体的审核部门。

二、关于清算方式确定的问题

在土地增值税清算过程中，各地可根据有关政策规定、企业核算水平、项目立项时间等实际情况，分别采取查账清算、核定征收、预征率清结等方式进行税款清结。但对经济适用房项目、上市房地产公司、查账征收企业所得税的房地产企业以及房地产企业单纯转让土地的，原则上应实行土地增值税的查账清算。

三、关于清算计算口径的问题

房地产开发项目中既有普通住宅，又有非普通住宅，同时还有商铺、商网、车库等其他开发产品的，该项目应缴纳的土地增值税，应按住宅和其他开发产品两类分别计算土地增值税。其他开发产品类中纳税人建造商网、商铺、车库、附助房等，不再按功能分别分类计算土地增值税。住宅中的普通住宅和非普通住宅应分别核算增值额，计算缴纳土地增值税。

为鼓励经济适用房的建设，凡按经济适用房项目立项的，如开发产品中有非经济适用房产品，可将经济适用房与非经济适用房产品合并核算增值额，计算缴纳土地增值税。

四、关于成本费用扣除的问题

（一）与本开发项目有直接关联的额外补偿费用，并能充分证明此额外补偿费用属实的，可据实扣除。

（二）对房地产开发企业以修路方式取得土地使用权的，且在同一合同或补充协议中明确了的，可将修筑道路的成本作为土地使用权的购置成本或开发成本进行扣除。

（三）开发企业在拆迁过程中，与被拆迁居民（村民）等自然人签订补偿协议，且有相关证据表明企业已实际支付的补偿费，可据实扣除。

（四）对房地产开发企业缴纳的各项政府性行政规费和基金，可视同税金予以扣除。

五、关于滚动开发项目确定清算单位的问题

以规划部门发放的《建设工程规划许可证》审批的房地产开发项目为单位进行清算。

六、关于清算税款加收滞纳金的问题

（一）房地产开发项目在日常征管中是按转让房地产取得的收入预征土地增值税，符合条件的进行清算，多退少补；对清算时补缴的税款，凡在主管税务机关规定的期限内补缴的，不加收滞纳金。

（二）在日常税收征管中，纳税人转让房地产取得收入时，应按规定的预征率按月申报缴纳土地增值税，逾期缴纳则应按规定加收滞纳金；但考虑到土地增值税征管的历史和客观原因，对原预征不到位的税款，凡按税务机关要求的期限补缴到位的，暂不加收滞纳金。

（三）从2008年1月1日起，对纳税人转让房地产取得的收入，应按规定预征税款，逾期缴纳则按规定加收滞纳金。

七、关于地下人防设施清算处理问题

对于房地产公司在开发产品中按政府规定建造的地下人防设施，其成本、费用可以扣除。对加以利用的地下人防设施，在扣除成本、费用的同时，对其取得的收入也应纳入核算增值额。

八、关于房地产企业转让旧房的清算问题

对房地产企业转让旧房的，如符合《湖北省房地产开发企业土地增值税清算管理办法》第十九条关于核定征收的规定，可按销售收入的3%核定征收其应缴纳的土地增值税。各市、州地方税务局可以根据当地房地产市场的实际，适当上下浮动0.5%，并报省局备案。

九、关于清算具体条件的问题

《湖北省房地产开发企业土地增值税清算管理办法》第六条第（一）款中“已转让的房地产建筑面积”，是指已签订转让合同的房地产的建筑面积；“可售建筑面积”是指《商品房销（预）售许可证》中的《预售商品房明细》所登记的可售面积。

十、关于无房地产开发资质开发房地产项目的清算问题

不具有房地产开发资质的单位或个人开发房地产或转让国有土地使用权的，比照《湖北省房地产开发企业土地增值税清算管理办法》及本规定的有关政策执行。

省地方税务局关于中国电信收购中国联通CDMA业务过渡期间有关税收问题的通知

2008年10月6日　鄂地税发〔2008〕213号

近接中国电信股份有限公司湖北分公司反映，中国电信股份有限公司（以下简称中国电信）拟向中国联通股份有限公司（以下简称中国联通）收购CDMA资产及业务。按照中国电信与中国联通签订的《关于转让CDMA业务的协议》约定，从2008年10月1日起，中国电信开始承接CDMA用户服务界面并提供服务。双方同时约定，2008年10月1日至中国电信IT支撑系统割接完成（2009年3月31日前）期间为过渡期，由双方共同向用户提供服务。此间，用户可到联通或电信营业厅及其代办点办理CDMA业务、缴纳话费。为支持企业重组，现就有关税收问题明确如下。

一、从2008年10月1日起，CDMA用户实现的营业收入统一由中国电信股份有限公司湖北各分公司缴纳营业税，中国联通股份有限公司湖北各分公司不再缴纳。

二、在过渡期间，CDMA用户办理业务、缴纳话费，实行谁办理、谁开票，可使用办理方中国联通或中国电信发票。

省地方税务局关于进一步规范城市房地产税减免审批事项的通知

2008年10月8日　鄂地税发〔2008〕215号

为加强城市房地产税减免税管理，进一步下放管理权限，简化办税程序，提高服务效能，发挥各级地税机关的分级管理积极性，根据《湖北省城市房地产税暂行条例》（鄂地税发〔2003〕125号）、《国家税务总局关于印发〈税收减免税管理办法（试行）〉的通知》（国税发〔2005〕129号）等政策的规定，现就城市房地产税困难性减免税（以下简称困难减免）审批事项通知如下：

一、审批权限

（一）纳税人年减免税额在10万元（含10万元）以下的，由县（市、区）地方税务局审批，报市、州地方税务局备案；

（二）纳税人年减免税额在10万元以上、30万元（含30万元）以下的，由市、州地方税务局审批（武汉市减免审批权限为60万元以下），报省地方税务局备案；

（三）纳税人年减免税额超过30万元的（武汉市超过60万元），由省地方税务局审批。

二、审批原则

各级地税机关应按照“依法减免，从严管理，有账可查，跟踪问效”的原则，对缴纳城市房地产税确有困难的纳税人酌情给予减、免税的照顾。对困难企业的认定应把握以下原则：

（一）下列情形，可以批准困难减免：

1. 受企业生产经营和市场因素影响，纳税人难以维系正常生产经营，出现较大亏损，且连续两年出现亏损；支付给职工的工资低于当地社会平均工资标准；纳税人当期货币资金在扣除应付职工工资、社会保险费后，难以缴纳税款的；

2. 因不可抗力导致纳税人发生较大损失，正常生产经营活动受到较大影响，亏损较大的；

3. 属于政策性亏损企业或国家重点扶持、鼓励发展的企业，纳税确有困难的。

（二）对房地产企业城市房地产税的困难减免，应从严管理。

三、报批资料

纳税人在申请办理减免税事项时，需向主管税务机关报送下列资料：

（一）《减免税申请表》（各栏次应按规定填写完整）；

（二）减免税申请报告（写明纳税人基本情况、减免税年度的主要经济指标、申请减免税依据或理由、申请减免年度及税额等）；

（三）营业执照、税务登记证、企业组织机构代码等；

（四）申请减免税年度财务会计报表（资产负债表、损益表）、应付工资、应付社会保险费及职工人数等相关财务数据；

（五）主管税务机关要求提供的其他资料。

四、报批时限

（一）纳税人按年度提出减免税申请的，应在年度终了一个季度内，向主管税务机关提交；

（二）因不可抗力导致的困难减免申请的，应在不可抗力影响结束后两个月内向主管税务机关提交；

（三）主管地方税务机关或有审批权限的地方税务机关接到纳税人的减免税申请后，应当对申请材料认真审核，在规定的时限内做出受理决定。

五、审批规程

城市房地产税困难减免审批规程，各地应严格按照《湖北省地方税务局减免税审批工作规程》（鄂地税发〔2008〕119号）执行。

各级地税机关应当加强减免税管理，对下级地税机关减免税办理情况进行严格的监督和检查，确保减免税工作依法执行。

省地方税务局关于房屋租赁有关税收政策问题的通知

2008年11月11日 鄂地税发〔2008〕240号

为促进我省房屋租赁市场发展，根据《中华人民共和国税收征收管理法》和《财政部 国家税务总局关于廉租住房经济适用住房和住房租赁有关税收政策的通知》（财税〔2008〕24号）等有关税收政策规定，现将房屋租赁有关税收政策问题明确如下：

一、对个人出租住房的税收政策

（一）对个人出租住房取得的月租金收入在2000元（含）以下的，暂不征税。

（二）对个人出租住房取得的月租金收入在2000元以上的，依法征收营业税、城市维护建设税、教育费附加、房产税和个人所得税及其他规费，实行综合征收率的方式计征；免征印花税和城镇土地使用税。

综合征收率为5%～7%，各地可根据本地实际在省局规定的幅度内确定本地的综合征收率并报省局备案。

二、对企事业单位、社会团体以及其他组织按市场价格向个人出租用于居住的住房，减按4%的税率征收房产税。

三、对大型商场、集贸市场以及各类专业市场的租金收入，按照7%的综合征收率计征税费(不含企业所得税)。

四、对企事业单位、社会团体以及其他社会组织和个人出租非住房(包括门面房、写字楼等)的，按照国家现行税收政策执行。

(一)个人所得税按财产租赁所得税目计税。对个人出租非住房的，若无法准确计算出应纳税所得额的，为便于操作，依据《中华人民共和国税收征收管理法》的规定，可按租金收入的2%计算征收个人所得税。

(二)印花税按租赁合同金额0.1%征收。

(三)营业税按租金收入的5%征收。

(四)房产税依取得的租金收入的适用税率征收，即按房屋不同用途适用不同的税率，用于居住的按照4%的税率计征；用于经营的按照12%的税率计征。

1. 对企事业单位、社会团体以及其他组织按市场价格向个人出租既用于居住又用于经营的房屋，确实无法划分经营或居住收入的，分别按经营与居住各50%确定其租金收入。

2. 对个人出租非住房，该房屋既用于居住又用于经营的，确实无法划分用于经营与居住收入的，分别按用于经营与居住各50%确定其租金收入。

五、各地要认真贯彻执行上述政策规定，并结合本地的实际情况，制定具体的征收管理办法，加强对房屋租赁市场的管理。

六、本通知自2009年1月1日起执行。

省地方税务局关于省地方税务系统工作人员制式税服着装管理规定的通知

2008年11月11日　鄂地税发〔2008〕246号

现将《湖北省地方税务系统工作人员制式税服着装管理规定》印发给你们，请认真遵照执行并抓好落实。

湖北省地方税务系统工作人员制式税服着装管理规定

第一条　为全面加强我省地方税务系统作风纪律建设，依据《全国税务系统基层建设纲要》和《税务工作人员制式服装管理办法》(国税发〔2007〕63号)，特制定本规定。

第二条　本规定是我省地税系统税务着装管理工作的基本依据，适用于各级地税机关和全体干部。

第三条　各级地税机关和领导干部应带头落实税务着装规定，指导税容风纪管理工作。

第四条　税务制式服装(以下简称税服)，包括春秋服、夏服、冬服、防寒服以及帽子。

第五条 税务标志，包括帽徽、肩章、肩徽、领花、胸徽、纽扣、领带。

第六条 同时具备下列条件的人员，在执行公务时应着制式税服：

（一）公务员或者参照公务员管理并具有税收执法资格的人员；

（二）直接从事税收征收、管理和稽查的人员。

其他人员一律不得着税服。

第七条 着装的时机和场合。

（一）税务分局（所）、办税服务厅的工作人员，工作期间必须着税服。

（二）武汉市区局、直管市局、林区局，各市、州稽查局、县（市）、区局的机关工作人员，工作期间必须着税服。

（三）各市、州局机关工作人员，工作期间可不着税服，但在税务检查、纳税服务、参加重大会议、重要庆典和集会活动时除特殊要求外应统一着税服。

（四）省局稽查局、省直征收局在纳税服务、税务稽查时应着制式税服，其他场合的着装由单位主要领导决定。

（五）省局机关工作人员，工作期间可不着税服，参加重大会议、重要庆典和集会活动时是否着装，由主要领导决定。

第八条 有以下情况之一者，可不着税服：

（一）经所在单位领导批准，工作人员因执行特殊公务的；

（二）身体有明显伤残不方便着装的；

（三）女税务人员怀孕的；

（四）经本单位主要领导批准不需着装的。

第九条 下列情形之一的，应收回税务标志。

（一）调离或者辞职人员；

（二）离退休人员；

（三）开除、辞退、被取消执法资格以及其他不适宜穿着税服的人员。

第十条 税务人员必须按规定着装，佩戴税务标志，保持税容整洁。

（一）税务人员穿着税服时，不得不同季节服装混穿、税便服混穿。税务人员在室内工作时可不戴帽子，外出执行公务时必须戴帽子，戴帽子时，男性，帽子前沿应与眼眉同高，最高不得超过1.5厘米；女性，帽子前沿应高于眼眉，最高不得超过4厘米，帽墙银灰色装饰带应平直，与帽檐成水平状；女税务人员戴帽子时，如头发过肩应挽发髻。

（二）税务人员必须严格按照规定佩戴税务标志。1. 男式帽徽用于男式大檐帽；2. 女式帽徽用于女式帽；3. 税务领花用于春秋装、冬装；4. 税务肩徽、肩杠佩戴在硬肩章上，用于春秋装、冬装；5. 软肩章用于短袖夹克、外穿长袖衬衫；6. 套式肩章用于防寒服；7. 领花配套春秋服和冬服使用，安装在距服装领口下边线0.5cm，麦穗中轴线垂直平分领口下边线，“税”字以45度角向内倾斜，左右领花呈外八字对称（见附录六）；8. 金属胸章用于春秋装、冬装、防寒服；9. 树脂胸章用于短袖夹克、外穿长袖衬衫。

（三）税务人员着税服时，必须保持服装整洁。着春秋装时必须系配发的制式领带；单着长袖制式衬衣时，一般不系领带，但应解开上衣第一纽扣，下摆扎入裤内，礼仪场合戴帽，系制式领带；着税服内着毛衣、绒衣、棉衣等内衣时，下摆不得外露。着税服时，只准穿黑色、棕色鞋（女税务人员可着浅色凉鞋）。

（四）税务人员着税服时，必须举止端正，仪表庄重，面容干净，姿态良好，不准披衣、敞怀、挽裤腿，不准袖手、边走边吃东西、吹口哨，不得搭肩挽臂、嬉戏打闹；男税务人员不准留长胡须，蓄长发，保持发型整洁，女税务人员不准浓妆艳抹，不准戴耳环。（五）税务人员着税服时，不准参加民间的婚、丧、嫁、娶等非公务活动。

(六)除第七条规定以外的时间和场合不得着税服。

第十一条 税服是国家税务总局规定的税务专用服装,任何单位和个人不得擅自改变税服式样,不得买卖、擅自拆改、转借或赠予非地税人员。

第十二条 季节换装的时间和着装要求,由各市、州、直管市、林区地方税务局根据本地区气温变化情况确定。

第十三条 各级地税机关的监察部门负责税容风纪监督、检查、考核工作。

第十四条 各单位对不按规定着装的人员要及时纠正;对于违反着装规定的人员,要进行批评教育,责令改正;对多次违反规定,造成不良影响的,要责令其待岗学习,并给予纪律处分。

第十五条 各级地税机关要将税容风纪列入考核内容,定期和不定期对税容风纪情况检查通报。

第十六条 各市、州、直管市、林区局可根据本规定制定具体实施细则。本规定由湖北省地方税务局负责解释,自下发之日起施行。

附件:着装附录(略)

省地方税务局关于进一步加强税务短信平台应用推广工作的通知

2008年11月19日 鄂地税发〔2008〕248号

为贯彻落实全省地方税收征收管理业务培训暨税务短信平台应用推广工作会议(以下简称宜昌会议)精神,进一步扩展税务短信平台应用推广范围,提高税务短信平台服务纳税人、服务基层、服务税收管理的效能和水平,现将有关事项通知如下:

一、高度重视,进一步增强税务短信平台应用推广工作的主动性。宜昌会议以后,不少地方的税务短信平台应用推广工作已进入实施阶段,但还有部分地方尚未启动短信平台应用推广工作。因此,各地要进一步认识税务短信平台应用推广工作对于科技兴税、税收信息化建设、服务纳税人、服务基层、服务税收管理的积极作用。要加强税务短信平台应用推广工作的部署和督导,按照先基本应用、后全面推广的原则,与核心征管软件上线相统筹,分步推进,今年内各市州、直管市局机关及城区分局应率先使用税务短信平台,明年上半年各级地税机关的税务短信平台全面运用到位。省局将每月对各地使用税务短信平台的情况进行通报。

二、积极落实,进一步改善税务短信平台推广应用的基础环境。各级地税机关要建立省、市、县三级税务短信平台组织体系,明确短信平台管理人员及职责,及时授权,并尽快完成短信平台管理人员和相关使用人员的档案信息的录入(其信息应包括操作人员的姓名、所属单位、岗位职务、手机号码等)。要结合核心征管软件上线，充实和完善纳税人、扣缴义务人、社保缴费人手机号码等基础数据库。要按照分级负责的原则，加强税务短信平台推广应用的培训，省局将在明年上半年内对尚未全面推广应用税务短信平台的地方进行管理与操作培训，同时，市州局也要积极组织县市局和市州城区分局人员的培训，培训教材(《湖北省地方税务局短信平台使用说明书》)已挂在征管处网页上。

三、创新发展，进一步提升税务短信平台服务纳税人、服务基层、服务征管的效能和水平。要在用好税务短信平台基本功能的基础上，从更加有利于服务纳税人、服务基层、服务征管的角度提出税务短信平台业务新需求，以便扩展和完善税务短信平台功能，拓宽税务短信平台应用领域。要积极探索税务短信平台与12366纳税服务热线、税务网站一体化的实现形式，科学整合资源，提高服务纳税人、服务基层、服务征管的综合效能。要注重税务短信平台运维管理，建立和完善岗位责任制，严格按规程操作，严格审核，加强维护，注意防止和消除安全隐患，特别是要杜绝不健康短信的发送，严防政治责任事故的发生。

省地方税务局关于促进武汉城市圈资源节约型和环境友好型社会建设的意见

2008年11月26日 鄂地税发〔2008〕251号

根据省委、省政府有关精神，按照《武汉城市圈资源节约型和环境友好型社会建设综合配套改革试验总体方案》确立的工作目标和任务(以下将资源节约型和环境友好型简称为“两型”)，结合武汉城市圈地方税收征管实际，现提出如下意见。

一、指导思想

以党的十七大精神为指导，深入贯彻落实科学发展观，围绕“两型”社会建设，解放思想，大胆创新，充分发挥税收职能作用，鼓励和引导资源的合理流动，促进武汉城市圈内各生产要素的高效重组和资源的优化配置，从而形成带动力强、联系紧密的经济圈，增强区域经济竞争力和辐射力，带动全省经济发展，推进中部崛起战略目标的实现。

二、工作目标

按照党中央、国务院和省委、省政府关于“两型”社会建设的总体战略部署，努力增强税收支持经济可持续发展的能力，以税收协作为纽带，以优化服务为手段，以税收一体化建设为重点，不断健全和完善支持武汉城市圈“两型”社会建设的地方税收管理体制。

经过5年努力，到2012年，打造圈内执法机制一体化、征管协调一体化、税务稽查一体化、信息资源一体化和纳税服务一体化框架，初步形成适应“两型”社会建设的税收工作体制和机制。力争到2020年，全面实现武汉城市圈税收一体化发展目标，完善优质征管、高效服务、与经济发展良性互动的税收体制机制，有效促进“两型”社会发展。

三、工作措施

(一)积极推进税收一体化进程,建立统一、高效、协调的工作机制

经济的一体化必然要求区域税收的一体化。圈内各地税部门要增强大局意识、协作意识、创新意识、科学发展意识,将推进武汉城市圈税收一体化作为具体目标来设计和组织各项工作的开展,区分城乡建立和完善税收执法、税收征管、税务稽查、纳税服务和信息共享五个方面的一体化工作机制。

1. 执法机制一体化

(1)统一税收规范性文件。全面清理、规范各项税收政策,消除带有地方保护主义色彩的政策规定,避免因税收政策的差异造成圈内各地区间的恶性竞争,创造有利于圈内资源高效流动的市场环境。

(2)统一税收核定机制。以整个圈内的经济环境为统一的参照系,采用GPS全球定位系统、建立数学模型等多种手段,开展对纳税人经营行业、经营区段、经营方式等要素的类型化研究,科学测定收入规模和利润率,执行统一的行业最低税负标准;在此基础上统一圈内分行业税收核定征收办法,重点制定好住宿餐饮业、建筑安装业、房地产业和房屋租赁等行业的税收管理规范。

(3)统一行政处罚尺度。执法过程中要贯彻正当程序原则,对税务部门实施处罚的事实依据和法律依据应全面述明;统一梳理税务违法行为加重、从重、减轻、从轻和免除处罚的各种情节,科学设定各类情节的处罚标准;对特定执法人员一定时期内实施的行政处罚和同一时期不同税务部门不同执法人员的行政处罚进行类比检查,综合判定处罚的正当性和合理性。

(4)统一行政审批程序。对于税务行政审批要简政放权。以形式审查和实质审查两级审查为原则统一简并审批环节,只有在相关法律文件明确规定审批主体层级过高的情形下,方可设定三级审批机制,中途的传递环节不再承担审查职能;对于不需要审批备案、属于纳税人自身权限范围内的审批事项,要坚决取消;对于可以资源共享、合并审批环节的,要坚决合并;对于可以下放审批权限的,要坚决下放;对于可以扩大授权审批范围的,要尽量扩大。

(5)统一税收执法检查。加强执法检查人员人才库的建设,强化执法检查人员的独立性,以综合执法检查为突破口,逐步尝试并加大圈内地税部门间交叉执法检查的广度和深度,最终将日常执法检查、专项执法检查和执法监察纳入交叉检查的范围,促进圈内各地税部门执法标准的统一和执法水平的提高。

2. 征管协调一体化

(1)建立征管协调机制。制定圈内地税部门征管工作协调制度,建立健全圈内税收征管的协作机制、交流机制和联动机制。

(2)创新利益协调机制。对跨区域经营行为的征管主体和收入入库作出合理的制度安排,妥善处理税收与税源背离的矛盾。

(3)统一发票管理。从统一圈内发票形式着手,逐步统一发票管理的各项制度规范,最终实现圈内发票的统一管理。

(4)统一外出经营行为的管理。以外出经营的所得税征管为重点,统一纳税人外出经营管理的各项制度规范,取消圈内纳税人在圈内跨区域经营行为的外出经营管理证明。

3. 税务稽查一体化

(1)制定统一的稽查工作标准,统一受理举报案件,统一执法力度,统一工作节奏。

(2)统一稽查力量的部署,加大圈内交叉稽查的力度,统一组织开展税收专项整治。

(3)涉及圈内两个以上地税机关共同管

辖的纳税人，由省局稽查局直接组织实施稽查，或者委托一个市级稽查机关实施稽查，避免多头重复检查。

（4）统一圈内涉税案件曝光标准，对于重大、典型的违法案件统一进行曝光。

4. 纳税服务一体化

（1）优化机构设置。圈内各级地税部门统一设立专门的纳税服务机构，组织实施纳税服务体系和税收信用体系建设，拟订纳税服务工作规范和操作规程，协调实施税法宣传、纳税辅导、咨询服务、税收法律救济等工作。

（2）统一服务规范。根据统一的纳税服务标准，加强税法宣传、纳税咨询、纳税申报、权益保障、服务监督等方面的制度建设，重点统一限时服务制、首问负责制、承诺服务制、“AB岗”工作制、政务公开制、领导接访制和意见反馈制的服务规范。

（3）简并办税流程。对于办理了工商注册登记的纳税人，一律实行当场发证，登记资料可以事后补齐、补正，以简化登记；对核定征收的纳税人统一实行简并征期、以缴代报，以简化征收。

（4）拓宽申报方式。统一电子申报、邮寄申报、电话申报、委托代理申报的服务口径，扩大多种申报方式应用范围，实现圈内申报方式的多元化对接。

（5）完善异地办税。依托全省地税网络建设，开发完善异地申报缴税功能，在圈内率先尝试并推广网上办税系统，使纳税人在主管税务机关办税服务场所之外也可享受到集涉税事项办理、信息咨询、社保费缴纳等多功能于一身的便捷服务。

（6）创新特色服务。对圈内重大项目建设和大企业发展实施特色服务。落实窗口服务，开设重大项目办税服务“绿色通道”；建立税收专员制度，由专门机构和人员为重点项目和大企业提供直通服务；实行提前介入制度，对重大投资项目前期主动介入，当好投资参谋，做好超前服务、靠前辅导；推行跟踪式服务，在项目开工运行后安排专人进行全程辅导和监控，做到“一人负责，全程跟踪”。

5. 信息资源一体化

（1）搭建信息交流平台。通过统一建设外部网站，建立起圈内地税部门和纳税人之间的沟通桥梁；在省局门户网站上开辟圈内信息平台，加强圈内各地税部门一体化工作上的信息沟通和交流；特别要立足于全省联网的征管软件在圈内建立起纳税人经营地、住所地、注册地地税部门之间的高效沟通和配合机制，堵塞征管漏洞，提高征管效率。

（2）建立信息交流机制。建立圈内税收信息交流制度和规范化的信息传递渠道，明确责任和目标，设置专人对信息情报进行及时、准确、全面的传递。

（3）实现信息资源共享。要提高当前地税系统信息网络资源的利用率，在明确保密责任和使用范围的前提下，积极放开各类信息情报特别是户管信息的互访权限；根据税费征管实践，加强与第三方的信息比对和交流，积极推进与相关部门的数据交换，实现部门之间的信息交换与共享，通过信息一体化手段进一步提高税费征管水平。

（二）积极发挥税收政策的引导作用，构建促进“两型”社会建设的政策执行机制

深入挖掘政策潜力，依法放大税收政策效应。既要维护税法的严肃性、规范性和权威性，又要充分体现创造性和灵活性。既要发挥政策的鼓励效应，又要发挥政策的限制效应。对于政策规定明确的，要严格执行，用足税收政策；对于政策规定有幅度的，属于各级地税机关权限的，要从宽操作，用好税收政策；对于政策规定留有余地的，属于各级政府权限的，要灵活对待，及时提出建议报政府批准后执行，用活税收政策。一方面，要加强高污染、高耗能企业的税收征管，配合环保部门

和工商部门对圈内的高污染、高耗能企业进行重点监控，加大对“五小”企业的户管清查力度，调高定税标准，定期开展专项税务稽查，加大税收违法行为的处罚力度；另一方面，落实好各项税收优惠政策，发挥好政策的激励作用，圈内各级地税部门要牢固树立“不落实税收优惠政策就是收过头税”的工作理念，以有利于产业结构调整和发展方式转变、有利于“两型”社会建设作为衡量政策执行效果的重要标准，重点做好“两型”社会建设相关税收优惠政策的落实工作，积极对圈内符合受惠条件的纳税人展开调查，宣传政策上门，落实政策上门，把政策的执行情况纳入日常检查，加大问责追究力度。

1. 围绕资源节约、环境保护，落实好节能环保、资源综合利用方面的税收优惠政策，促进循环经济的发展

(1)企业从事国家规定的符合条件的公共污水处理、公共垃圾处理、沼气综合开发利用、节能减排技术改造等环境保护、节能节水项目的所得，自项目取得第一笔生产经营收入所属纳税年度起，第一年至第三年免征企业所得税，第四年至第六年减半征收企业所得税。

(2)企业购置并实际使用《环境保护专用设备企业所得税优惠目录》、《节能节水专用设备企业所得税优惠目录》、《安全生产专用设备企业所得税优惠目录》规定的环境保护、节能节水、安全生产专用设备的，该专用设备的投资额的10%可以从当年的应纳企业所得税额中抵免；当年不足抵免的，可以在以后5个纳税年度结转抵免。

(3)企业以《资源综合利用企业所得税优惠目录》规定的资源作为主要原材料，生产国家非限制和禁止并符合国家和行业相关标准的产品取得的收入，减按90%计入应税收入总额。

(4)企业依照法律、行政法规有关规定提取的用于环境保护、生态恢复等方面的专项资金，准予在企业所得税前扣除。

(5)节能环保企业缴纳房产税、城镇土地使用税确有困难的，经地方税务机关批准，可酌情减征或免征房产税和城镇土地使用税。

(6)单位和个人提供的垃圾处置劳务取得的垃圾处置费，不征收营业税。

2. 围绕科技引领和支撑“两型”社会建设，落实好鼓励科技自主创新的税收优惠政策，促进科技成果的转化，加快高新技术行业的发展

(1)被认定为高新技术企业的企业，减按15%的税率征收企业所得税。

(2)企业为开发新技术、新产品、新工艺发生的研究开发费用，未形成无形资产计入当期损益的，在按照规定据实扣除的基础上，按照研究开发费用的50%加计扣除；形成无形资产的，按照无形资产成本的150%摊销。

(3)企业由于技术进步、产品更新换代较快和常年处于强震动、高腐蚀状态的固定资产，可以采取缩短折旧年限或采取加速折旧的方法。

(4)企业在一个纳税年度内的技术转让所得没有超过500万元的部分，免征企业所得税；超过500万元的部分，减半征收企业所得税。

(5)单位和个人从事技术转让、技术开发业务和与之相关的技术咨询、技术服务取得的收入，免征营业税。

(6)创业投资企业采取股权投资方式投资于未上市中小高新技术企业2年(含2年)，凡符合国家规定条件的，可按照其投资额70%在股权持有满2年的当年抵扣该创业投资企业的应纳税所得额；当年不足抵扣的，可以在以后纳税年度结转抵扣。

(7)符合国家规定条件的从事科技成果转化、高新技术企业孵化、创新创业人才培养的科技企业孵化器、国家大学科技园，自

2008年1月1日至2010年12月31日,对孵化器、科技园自用以及无偿或通过出租等方式提供给孵化企业使用的房产、土地,免征房产税和城镇土地使用税。向孵化企业出租场地、房屋以及提供孵化服务的收入,免征营业税。

(8)科研机构、高等学校转化职务科技成果以股份或出资比例等股权形式给予科技人员的个人奖励,暂不征收个人所得税。

(9)用于科研的科学试验场所以及其他直接用于科研的土地、房屋,可以按照国家规定免征房产税、城镇土地使用税和契税。

3. 围绕产业结构优化升级,落实好推进企业重组改制、深化国有企业改革、发展金融、物流等现代服务业的税收优惠政策,促进市场主体的优化组合,积极承接产业转移

(1)支持企业参与企业改组改制,做大做强,实现规模经营,对其合并、兼并企业的行为和股权转让取得的收入免征营业税。在改制过程中发生的资产、债权、债务及劳动力整体转让的行为不征收营业税,同一投资主体内部所属企业之间土地、房屋权属的无偿划转不征收契税。企业在合并与分立过程中,对合并后的企业承受原合并各方及分立后派生方、新设方承受原企业土地、房屋权属的,不征收契税。

(2)企业被兼并后仍独立纳税的,其兼并前尚未弥补的亏损,在税法规定的期限内,可由其以后年度的所得逐年延续弥补。被兼并企业在被兼并后不具有独立纳税资格的,在税法规定期限内,可由兼并企业用兼并资产以后年度的经营所得逐年延续弥补。企业进行股权重组后,其在股权重组前尚未弥补的经营亏损,可在税法规定期限内,由重组后的企业逐年延续弥补。被兼并企业将房地产转让到兼并企业中的,暂免征收土地增值税。

(3)国有企业、集体企业出售,被出售企业法人予以注销,并且买受人妥善安置原企业30%以上职工的,对其承受所购企业的土地、房屋权属的,减半征收契税;全部安置原企业职工的,免征契税。

(4)企业按照国家有关法律规定宣告破产,企业职工从该破产企业取得的一次性安置费收入,免征个人所得税。债权人(包括破产企业职工)承受关闭、破产企业土地、房屋权属以抵偿债务的,免征契税;非债权人承受关闭、破产企业土地、房屋权属,凡妥善安置原企业30%以上职工的,减半征收契税;全部安置原企业职工的,免征契税。

(5)对农村信用社取得的金融保险业应税收入按3%的税率征收营业税;对其自用的房产、土地应缴纳的房产税和城镇土地使用税,从2005年至2009年实行困难性减免。对保险公司开办的符合免税条件的保险产品取得的保费收入免征营业税。

(6)对纳入试点的物流企业将承揽的运输业务分给其他单位并由其统一收取价款的,以该企业取得的全部收入减去付给其他运输企业的运费后的余额为营业额计算征收营业税;试点企业将承揽的仓储业务分给其他单位并由其统一收取价款的,以该企业取得的全部收入减去付给其他仓储合作方的仓储费后的余额为营业额计算征收营业税。

(7)对从事物流服务的港口码头(泊位,包括岸边码头、伸入水中的漂码头、堤岩、堤坝、栈桥等)用地,免征土地使用税;对港口的露天堆货场用地,企业纳税确有困难的,可向地方税务机关申请减免城镇土地使用税。

4. 围绕统筹城乡发展,落实好加大基础设施投入、建设社会主义新农村的各项税收优惠政策,加快社会与经济协调发展,支持农业产业化,促进城乡一体化

(1)对企业从事国家扶持的港口码头、机场、铁路、公路、城市公共交通、电力、水利等公共基础设施项目的投资经营所得,自项目取得第一笔生产经营收入所属纳税年度起,

第一年至第三年免征企业所得税，第四年至第六年减半征收企业所得税。

(2)企业从事蔬菜、谷物、薯类、油料、豆类、棉花、麻类、糖料、水果、坚果的种植，农作物新品种的选育，中药材的种植，林木的培育和种植，牲畜、家禽的饲养，林产品的采集，灌溉、农产品初加工、兽医、农技推广、农机作业和维修等农、林、牧、渔服务业项目的所得，可以免征企业所得税。

(3)企业从事花卉、茶、其他饮料作物和香料作物的种植，以及内陆养殖的所得，可以减半征收企业所得税。

(4)为农业、林业、牧业提供生产服务使用农业机械进行耕作取得的收入，以及对农田进行灌溉或排涝业务取得的收入，免征营业税。对从事农业、林业、牧业、渔业的病虫害测报和防治业务取得的收入，免征营业税；从事家禽、牲畜、水生动物的配种和疾病防治业务以及与该项劳务有关的提供药品和医疗用具的业务，其取得的收入，免征营业税。

(5)单位、个人承受荒山、荒沟、荒丘、荒滩土地使用权，用于农业、林业、牧业、渔业生产的，可以免征契税。直接用于农、林、牧、渔业的生产用地，免征城镇土地使用税；经营采摘、观光农业的单位和个人，其直接用于采摘、观光的种植、养殖、饲养的土地，免征城镇土地使用税。

(三)积极探索地方税制改革，拓展税收支持“两型”社会建设的新途径

要坚持“两型”社会的价值取向，在抓好收入工作、保证发展稳定所需财力的同时，进一步优化现行税费征管机制，加强与环保、劳动、水利、财政、银行等部门的信息共享力度，完善操作办法，形成征管合力，在此基础上，根据税费征管的实践，系统开展开征社会保障税、环境保护税以及优化现行资源税制的调查研究，做好新型税制改革的示范工作。

1. 加大保障类规费的征收力度，做好开征社保税的理论准备和制度准备

积极组织好社会保险费、残疾人就业保障基金的收入工作，确保保障类收入的持续稳定增长。重点要抓好社会保险费的扩面工作，提高参保率和征缴率，加强对缴费人、缴费基数、费率等社会保险费制度的实体问题研究，按照“扩大覆盖、夯实基数、降低费率、规范征缴”的要求，积极争取“以缴费人自行申报、自核自缴为基础，以信息化网络为依托，地税机关集中征收、重点稽查，劳动部门按实给付，财政部门全程监管”征缴新模式的试点。

2. 优化现行资源性规费征缴机制，探索绿色税制的实现路径

(1)完善同征同管同考核的税费管理机制。充分发挥地税部门的征管优势，积极借鉴税收征管中的有效经验，对水资源费、排污费等资源类规费进行全面的税式管理，将费源纳入税源监控体系，推行缴费评估，实行一户式管理，进一步强化税费同征同管同考核。

(2)做好开征环境保护税和改革资源税的调查研究。针对资源类规费征收管理过程中出现的问题，积极尝试各种解决途径，与相关部门通力配合，进行系统化的理论研究，及时总结规费征收管理过程的经验教训，重点探讨在纳税义务确定权和征收管理权相分离这一前提下税收征管机制的设计和优化，为磷矿石调节基金、水资源费等纳入资源税征管范围以及在当前代征排污费的条件下进行开征环境保护税试点打好征管基础，做好理论研究和制度创新准备。

四、组织保障

为有效推进武汉城市圈税收工作一体化，在省局的统一领导下，通过强化组织领导、明确工作职责、加大督导考核、提高科学发展能力，协调推进，切实完成好各项工作任务。

(一)强化组织领导

省地税局和圈内各市地税部门分两级设

立武汉城市圈"两型"社会区域税收一体化领导小组,各领导小组组长由各单位行政一把手担任,其中省局领导小组成员由办公室、税政一处、税政二处、税政三处、社保处、法规处、征管处、票证管理处、计算机中心、稽查局主要负责人和圈内九市地税局长组成,圈内各市局领导小组由各单位分管领导和相关科室主要负责人组成。

(二)明确职责分工

各领导小组以推进武汉城市圈"两型"社会建设及税收一体化作为具体目标来组织开展各项工作,按季召开联席会议,负责各项一体化政策的制订、实施和利益协调;省局法规处要加强对圈内地税部门税收规范性文件的审查,做好政策协调工作;各办事机构负责各自辖区内税收一体化工作的调研、督办和评估,同时在省局法规处的综合协调下通报工作进展、交流工作经验、协调工作策略、统一工作节奏。

(三)加大督导考核

对武汉城市圈税收工作任务实行目标管理,纳入圈内九市地税部门和省局相关处室工作目标考核体系,定期督促检查。实行年度报告制,对工作开展不力,落实政策不到位的单位和个人严肃追究其责任。

(四)提高科学发展的能力

为提高干部队伍整体素质,要做好各类专门技能人才库的建设工作,积极构建干部教育培训新格局,以挂职锻炼等多种方式加大圈内干部横向和纵向交流力度,提高税务干部领导科学发展的能力,增强解决实际问题的能力。坚持用新思路研究新情况、用新办法解决新问题、用新举措打开新局面。

省地方税务局关于丹江口库区移民搬迁有关税收政策的通知

2008 年 12 月 4 日　鄂地税发〔2008〕256 号

为深入落实科学发展观,积极支持南水北调工程建设,切实维护库区移民的切身利益,认真贯彻执行省政府办公厅《关于做好南水北调中线工程丹江口库区移民试点工作的通知》(鄂政办发〔2008〕78 号)文件精神,现将丹江口库区移民搬迁有关税收政策通知如下:

一、承建、自建移民住房,免征建安业营业税。

二、移民个人购买一处自住房屋,免征契税。

省地方税务局关于印发《2009—2013年湖北地税文化建设规划》的通知

2008年12月17日　鄂地税发〔2008〕269号

现将《2009—2013年湖北地税文化建设规划》印发给你们，请各地结合实际，认真组织实施。

2009—2013年湖北地税文化建设规划

建设地税文化，对于改进思想政治工作，提高干部队伍素质，优化税收工作环境，促进地税和谐发展有着十分重要的意义。根据党的十七大精神，按照国家税务总局关于加强税务文化建设的要求，结合湖北地税工作实际，制定本规划。

一、指导思想

（一）以邓小平理论和"三个代表"重要思想为指导，以科学发展观为统领，正确把握社会主义先进文化前进方向，立足聚财为国、执法为民，坚持文化兴税、服务社会，进一步提高干部职工的工作积极性、主动性和创造性，增强地税队伍的凝聚力、执行力与战斗力，为促进湖北地税事业全面发展提供强有力的思想基础和精神动力。

二、基本原则

（二）政治坚定原则。始终坚持正确的政治方向，把社会主义核心价值体系融入文化建设之中，使广大干部职工成为中国特色社会主义共同理想的坚定信仰者，社会主义荣辱观的自觉实践者，科学发展观的忠实执行者，先进地税文化的积极传播者。

（三）以人为本原则。坚持以人的全面发展为价值目标，充分尊重人、理解人、关心人、激励人、培养人，尊重个性和地税干部的首创精神，不断满足广大干部职工的精神物质文化需求，创造人才效益，增强组织效益，产生社会效益。

（四）与时俱进原则。立足国情、省情和税情，把握社会变革发展的时代潮流，认真研究地税文化发展的客观规律，在继承中创新，在创新中发展，始终保持地税文化的先进性，启迪思想，陶冶情操，传授知识，鼓舞人心，促进全面可持续发展。

（五）突出特色原则。紧密结合工作实际，统筹规划，因地制宜，切实将文化建设融入各项税务管理活动之中，赋予行业特点和地域特征，不断丰富文化内涵，打造文化品牌，扩大地税文化的社会影响。

（六）协调发展原则。地税文化建设必须融入整个地税事业的长远发展之中，注重处理好其与税收业务工作、精神文明建设、思想政治工作及严格各项管理的关系，确保整体推进，均衡发展。

（七）群众参与原则。坚持从群众中来、到群众中去，贴近实际、贴近生活、贴近群众，弘扬主旋律，提倡多样化，组织广大干部职工对地税精神、目标愿景、共同价值、税收理念等文化元素进行整体认同，形成地税文化建设的浓厚氛围，最大限度地服务经济、服务税收、服务纳税人。

三、建设目标

围绕科学发展与和谐发展的建设主题，经过五年的扎实工作，努力实现"构建一个体系、实现三个确保、发挥四个功能"的总体目标。

（八）"构建一个体系"，即到2013年，基本构建一套适应社会主义市场经济发展和社会主义核心价值体系要求的地税文化体系，逐步锤炼符合时代特征和湖北特色的地税精神、共同愿景与税收价值理念，促进"五型"地税建设初具成效。

（九）"实现三个确保"，即确保全省地税干部队伍整体素质不断增强，确保全省地税部门社会形象大幅提升，确保各项税费收入健康可持续增长。

（十）"发挥四个功能"，即发挥精神文化的激励功能，建设一支政治过硬、忠诚奉献，爱岗敬业、廉洁奉公，和谐团结、作风优良的战斗集体；发挥制度文化的规范功能，完善管理机制，系统上下对其遵从度逐步提高；发挥行为文化的引导功能，全体干部职工的税收执法行为、纳税服务行为和税收管理行为逐步优化；发挥物态文化的辐射功能，物态转化力、理念表现力和视觉冲击力逐步加大，全方位展示地税部门文明建设成果。

四、加强精神文化建设

（十一）深入开展思想教育，抓好中国特色社会主义理论学习，继续开展"三个代表"重要思想、科学发展观、形势任务与革命传统教育，爱国主义、集体主义和社会主义教育，以及社会主义核心价值体系教育、反腐倡廉教育、法制教育和职业道德教育，引导干部职工树立正确的世界观、人生观和价值观，坚持正确的权力观、地位观和利益观，形成人心思进、人心思干、人心思优、人心思廉的良好风气。

（十二）创新学习方法，提高学习效果。落实党组中心组学习制度，大力推进领导干部上党课和政治业务学习日活动。扎实开展大讨论，体现群众智慧与认同共识，提炼、创新、发展湖北地税精神、发展愿景和税收价值理念。加强干部队伍的思想作风建设，持续开展"八荣八耻"讨论活动，引导地税干部自觉遵守公民道德规范。举办税收职业道德专题培训，提高职业道德理论修养和勤政廉政意识。实施访贫助困人文关怀工程，引导干部职工体察民生之情，珍惜职业之荣。大力发展基层廉政文化，营造"以廉为荣、以贪为耻"的舆论氛围。每年度开展一个主题实践教育活动及各种体验活动。广泛开展谈心交流活动，化解矛盾、增强团结、共创和谐。打造品牌网络论坛，开辟网上政工、文化园地和交流园地等栏目，开展焦点和热点问题讨论教育。

（十三）加大文明创建力度，广泛开展争创巾帼文明岗、青年文明号、省级文明单位和争当"征管服务能手"、"稽查能手"、"信息技术能手"等争先创优活动，基层办税服务厅"文明窗口"建成率达80%以上，全系统各级各类"文明单位"建成率达95%以上，省级"最佳文明单位"和省级"文明单位"比例分别提高1个百分点。丰富创建载体，组织湖北地税文化主题讲座、演讲比赛、有奖征文等特色活动。开展税歌征集活动，编写和传唱《湖北地税税歌》。持续开展税收业务竞赛、读书及书评研讨活动，提高干部文化素质。组建各类业余文化体育团体，举办丰富多彩的体育竞赛、文学艺术作品创作竞赛和全省地税系统文艺汇演等文体活动，陶冶干部职工的情操。挖掘地域传统文化资源，赋予湖北地税文化特色，创建地税文化品牌。

五、完善制度文化建设

（十四）进一步完善权力层层分解、工作环环相扣、相互联系制约的税收征管机制，促进干部职工在融入文化建设的过程中认真履行征管职责，提高依法行政意识。实施基层征管机构扁平化改革，优化征管组织结构。清理、补充和修订各类征管制度、规定与办法。健全征管岗责体系，整合征管流程，规范征管标准，不断提高征管质量和效率。大力推行税收执法责任制和执法过错责任追究制，杜绝发生执法不公、为税不廉现象。统一应用全省地方税费征管核心软件，对征管全过程实施有效监控和自动化考核。

（十五）进一步完善岗责明确、执行有力、公正透明、廉洁高效的税务行政管理机制，营造勇于管理、大胆改革、宽容失误的创新环境，激发干部职工的工作潜能。坚持民主、公开、竞争、择优，完善干部选拔任用制度。建立公务员正常退出机制，完善领导干部职务任期、回避和交流制度。优化机关内设机构，减少职责交叉，加强协调配合，提高工作效率。完善惩治和预防腐败体系，形成有利于反腐倡廉的文化氛围和制度条件。全面强化党务、政务、财务和后勤事务四大管理，建立内部行政管理绩效评估指标体系，定期进行监督考察。

（十六）进一步完善制度规范统一、上下协调一致、渠道多元有序的纳税服务体系，在税收服务中体现地税文化内涵，塑造良好社会形象。丰富服务内容，完善全程、预约、提醒、限时等各类特色服务制度，落实首问责任制、服务承诺制和文明办税公开制度。实行申报纳税“一窗式”管理和涉税事项“一站式”办结，简化办税程序和审批手续。推广多元纳税缴款方式，稳妥推进财税库银横向联网。创新服务手段，拓展12366纳税服务热线、湖北地税网站、税务手机短信等信息服务平台。完善税收信用体系，加强纳税信用等级评定工作。完善纳税服务质量考核与社会评价制度体系，及时受理纳税人投诉和举报。

六、开展行为文化建设

（十七）抓好领导班子建设，以民主监督、转变作风为重点，使组织领导行为产生强烈的表率效应。突出加强领导班子执政能力建设，提高领导水平。坚持民主集中制，健全党内生活，努力形成民主氛围。落实领导干部谈心谈话制度，制定《省地方税务局党组关于加强干部职工谈心谈话工作的意见》。建立群众参与、专家咨询和集体决定相结合的决策体系，试行决策论证制和责任制，不断优化各级领导班子和领导干部决策、指挥、协调等各方面的行为习惯。加强对领导干部特别是各级班子主要负责人的监督，重点加强对落实领导干部廉洁自律规定情况和对关键环节权力行使的监督。大力弘扬八个方面的良好风气，领导干部以身作则，影响团队，带动部属。

（十八）加强干部队伍建设，以文明规范、符合礼仪为重点，使干部群体行为产生巨大的合力效应。坚持人性化管理与法制化管理相结合，全面规范税务人员的税收执法行为、纳税服务行为和税收管理行为。制定《湖北地税系统税务人员行为规范》手册，将地税干部职工行为规范制度化和经常化。组织礼仪知识讲座和礼仪行为训练，逐步提高地税干部的文字表达、形体表达、沟通协调和情绪感染能力。重视和关心干部职工心理健康，培养良好的思维方式和行为方式。贯彻《国家通用语言文字法》，大力推广普通话，在办税服务场所推行文明用语。落实制式税服着装管理规定，规范着装行为，严肃税容风纪。加强民主评议，广泛听取有关部门和纳税人的意见与建议，突出强化对重点环节和岗位人员行为规范的检查督导，确保将各项廉政规定落到实处。

（十九）大力弘扬先进典型，以崇尚先进、

学习先进为核心，切实使先进典型行为产生普遍的示范效应。坚持将发现典型作为加强行为文化建设的重要内容，培育、树立、表彰各类先进典型。制定《湖北省地税系统先进典型管理办法（试行）》。完善先进典型学习交流机制，省局每年度召开一次先进典型总结表彰大会，每两年召开一次先进典型座谈会，每三至五年组织一次先进典型巡回报告。

七、推进物态文化建设

（二十）切实加强基层文化设施建设，通过其蕴含的管理理念、审美意识和价值观念，集中反映与折射地税文化内涵。制定《湖北省地方税务系统基层文化设施建设标准（试行）》，确保 2013 年达标率在 80%以上。改善干部职工的办公生活条件，县（市）以上地税机关建有荣誉室、图书室、电教室、健身室、活动室、宣传窗等文化活动基地，确保高标准先行建设廉政文化室。选择部分市州、县（市）局进行各类文化设施样板工程试点，总结经验，逐步推广。编写湖北地税视觉识别系统工作手册，统一办公系统、环境系统和宣传系统的形象标识，提高湖北地税社会美誉度。

（二十一）重点完善办税服务基础设施建设，统一全省地税系统办税服务厅的功能设置和形象宣传。优化办税服务环境，办税场所优美整洁，有条件的地方可设置显示屏、电子触摸屏和排队叫号系统。适应日常税收管理和纳税服务的需要，按照相关法律法规要求，及时更新文书、表格、证照等税务资料样式。全面规范办税大厅工作人员着装上岗、挂牌服务和设施管理。加大办税服务厅“文明窗口”硬件投入，将地税行业整体形象传达给社会。

（二十二）全面推进税收信息化建设，在税务管理活动中提升物态文化的科技含量和行业特色。建立和完善统一规范的计算机网络应用平台，形成省局高度集中、覆盖所有税（费）种、所有工作环节，包括征管业务、行政管理、外部信息、决策支持等功能在内的地方税收管理信息系统。利用网络优势，推动地税文化资源库数字化建设，全省市、州地税机关建库率达 100%，文化领域信息化水平普遍提高，湖北地税文化在内部网络中的比重和吸引力明显增强。

八、实施步骤

（二十三）第一步，用一年左右的时间认真进行税务文化系统研究。在出台税务文化建设规划与实施方案的基础上，广泛举办文化建设专题讲座，开展文化理念大讨论。成立群众性活动团体，组织群众性文体活动，让税务人员逐步接受和认可地税文化。

（二十四）第二步，用三年左右的时间全面实施和推进文化建设。设立文化活动场所和组织，开展卓有成效的文化建设主题活动。建设网上交流和学习平台，推动学习型组织建设。建立地税文化建设的考核评价指标体系，拟定考核评价办法，加大建设引导力度。

（二十五）第三步，用一年左右的时间推广和宣传文化建设成果，营造浓厚的社会舆论氛围。借助社会力量，对文化建设成效进行调查和评价。分析总结文化建设工作，表彰文化建设先进典型，推广先进经验作法，形成地税文化品牌，并结合实际提出下一时期的发展规划。

九、保障措施

（二十六）全省地税系统层层成立领导机构，明确主管部门，切实把文化建设作为“一把手”工程。各级党组每年分析研究一次文化建设工作，根据本规划制定切实可行的年度实施方案，确保文化建设工作的正常开展和顺利推进。

（二十七）探索全员共建工作机制，调动广大干部职工参与文化建设的积极性和主动性。完善培训机制，提高各级领导和文化专兼职人员的能力与素质。将文化建设纳入年度目标考核,逐步完善检查评估、责任追究和奖惩手段等长效管理制度。

(二十八)将文化建设经费列入年度预算,切实加大建设资金投入。建立地税文化建设专项基金,每年对文化建设先进单位、个人和省部级以上(含省部级)获奖文学艺术作品予以奖励。

(二十九)请专家学者参与地税文化研讨活动,提高文化建设的理论层次。借助重点网站和新闻媒体推广文化建设成果,扩大覆盖面,增强影响力。

省地方税务局关于印发《全省地税系统基层文化设施建设标准》(试行)的通知

2008年12月19日　鄂地税发〔2008〕272号

现将《全省地税系统基层文化设施建设标准》(试行)印发给你们,请结合实际认真组织实施。

全省地税系统基层文化设施建设标准(试行)

为全面加强全省地税文化建设,逐步规范全省地税系统基层文化设施,根据《2009—2013年湖北地税文化建设规划》,特制定本标准。

基层文化设施的范围,主要包括图书室、荣誉室、活动室、会议室(电教室)、文化展览室、廉政文化室、户外活动场、文化长廊和办税服务厅等九大类。各类设施建设标准如下:

一、图书室

各市、州、直管市、林区局和县(市、区)局应建立图书室,有条件的应建有电子阅览室。

(一) 场地条件

1. 根据办公条件确定图书室面积,室内外环境高雅和谐、宽敞整洁、安静优美、采光充足、通风良好。

2. 图书室藏书,市、州局机关不少于3000册,县(市、区)局机关不少于2000册,报纸不少于10种,杂志不少于20种。藏书类别包括政治、经济、法律、文学、历史、税收、娱乐、体育、科学、卫生保健等。

3. 阅览室座位按干部职工人数的10%~15%设置,配备报刊杂志及适量图书。

4. 电子阅览室面积根据办公条件确定,所有计算机与局域网相连。暂无条件单独设立电子阅览室的,在满足信息技术教学的情况下,可与电教室合用,但须有专人管理、有管理制度、有供干部职工阅读的资料、有固定的开放时间。有条件的可同时配备电子图书、影像资料、网上图书馆,在阅览室内放置能够上网阅读的计算机,实行藏、借、阅、网一体、方便使用的布局方式。

（二）设备配置

1. 有阅览桌椅及能满足全部藏书需要的书架、报架、期刊架。书架、阅览桌椅高矮适中、布局合理、方便使用。

2. 室内张贴与读书相关的名言警句和图书管理制度。

3. 计算机管理软件必须能接受、输出文献编目标准数据，能够实现联合编目，资源共享。

4. 书库、阅览室应配有消毒设备、通风换气设备、防霉驱虫剂、消防器材、窗帘、干湿度计等，对可能影响书刊安全的门窗可选配防盗设备。阅览区可配备空调、抽湿机、复印机、打印机、饮水机等。

二、荣誉室

各市、州、直管市、林区局和县（市、区）局应建有荣誉室。

（一）基本条件

根据办公条件确定室内面积，尽量满足荣誉证件和资料陈列需要，便于机关干部参观和接受教育。室内设置应有橱窗、橱柜、展板、声像和安全保护设施设备。荣誉室既有实物陈列的实体内容，又有图文并茂并能充分反映机关历史面貌内容的喷绘展板。门口悬挂“荣誉室”标牌。

（二）实物陈列内容

机关在开展各项工作活动中获得的奖牌、奖状、奖杯、锦旗、证书、字画、印章、照片、编研成果，以及其他在业务活动中产生的有保存价值、反映本部门和单位工作特点的实物，经编号后按其类型分别排放在橱窗、橱柜内。特别珍贵的实物，可陈列复制件。需要说明的实物，要附上文字说明材料。单位获得奖牌、奖杯等较多的，除选择部分有代表性的实物陈列外，其余部分可微缩成统一规格的影印件展示，原件可陈放橱柜内保存。

（三）展板制作内容

展板内容按下列篇幅设计制作成彩色喷绘展板，且便于更换内容。

1. 机构沿革篇。主要反映本机关组织机构沿革，历届班子主要领导的照片及简介，现任领导班子成员集体照片及简介。其中，组织机构沿革可采用文字和图表的形式设计。

2. 荣誉陈列篇。主要反映本机关先进模范人物的照片及先进事迹材料；集体或个人获得的奖牌、奖杯、奖证的影印件；获奖（含科技成果）名录表，包括颁奖单位、荣誉称号、授奖集体或个人等，可按获奖时间先后顺序排列。

3. 领导关怀篇。主要反映上级和本级党政领导、上级主管部门领导在视察、检查、指导本机关工作时，形成的照片、题词及文字说明材料。

4. 业务建设篇。主要反映本机关在不同阶段、不同方面重大业务活动中，取得的重大成绩、成果和效益的照片及文字说明材料。

5. 机关建设篇。主要反映本机关文明创建、职工文化教育活动、机关现代化设施设备与管理等方面的照片及文字说明材料。

6. 队伍建设篇。主要反映本机关干部队伍建设与管理情况的照片及文字说明材料。

7. 廉政建设篇。主要反映本机关党风、政风、行风廉政建设与管理情况的照片和文字说明材料，以及运用正反典型对干部进行激励和警示教育的材料。

三、活动室（健身室）

各市、州、直管市、林区局和县（市、区）局应建有活动室（健身室）。

根据办公条件确定其室内面积，尽量做到活动场地宽大、实用。门口悬挂“活动室”标牌。

活动室配置乒乓球台、台球桌、围棋、象棋、扑克以及适宜在室内活动的健身器材。条件具备的还可将室内分为棋牌室和卡拉OK室等多个部分，配置棋牌桌椅、卡拉OK

机、影碟机、投影仪等设施。

室内悬挂管理制度，张贴与健身娱乐相关的名言警句、书画等，放置公告栏，及时传达单位有关信息，起到提醒的作用。

四、会议室

各市、州、直管市、林区局和县(市、区)局应有党组会议室和视频会议室，分局(所)应有会议室。

(一)党组会议室

1. 根据办公条件确定室内面积。

2. 会议室应放置落地党旗，悬挂《党组议事规则》，张贴"公生明、廉生威"等标语。

3. 室内摆放适量花卉盆景等清雅物品，增加会议室整体高雅，融洽气氛。

分局(所)会议室参照党组会议室标准和要求建设。

(二)视频会议室

1. 视频会议室按省局有关要求建设。

2. 室内可根据空间悬挂与学习教育、制度规定等有关标语。

(三)电教室

各市、州、直管市、林区局应建立电教室，各县(市、区)局要逐步建立电教室。

电教室按省局有关要求建设。室内悬挂管理制度，张贴与学习教育有关的标语、书画等。

不具备条件的，电教室可与视频会议室合并建设。

五、文化展览室

各市、州、直管市、林区局应有文化展览室，有条件的县(市、区)局要逐步建立文化展览室。

文化展览室根据办公条件确定面积的大小。文化展览室主要展示各类文化活动的开展情况、成果的图片及实物。如受办公条件限制，文化展览室可与活动室(健身室)合并建设。

六、户外活动场

有条件的市、州、直管市、林区局和县(市、区)局机关院内，应建设篮球场、羽毛球场、网球场等运动场，场地周边可设置文明用语等标语。同时，配置适宜在户外运动的健身器材。院内种植花草、树木等。

七、文化长廊

各市、州、直管市、林区局和县(市、区)局应建设文化长廊。文化长廊包括宣传橱窗、办公楼内文化墙。

(一)宣传橱窗

各单位根据实际情况，制作一定规模的宣传橱窗，设置社会主义核心价值体系、"八荣八耻"、"公民道德规范"、"地税精神"、"上级工作指导思想及部署"、"新出台税收政策"、本单位"阶段重点工作"和"开展各类活动情况"等栏目，原则上每个季度更换一次。同时，根据重大节日和传统节日适时更新。

(二)办公楼内文化墙

各单位根据办公楼的实际情况，充分利用办公楼、走廊墙面等位置悬挂规格不等、品位高雅、健康向上、凸显时代特色的名言警句、书画作品等。其内容可涉及人生价值、理念、作风、励志和廉政等方面，做到图文并茂、形式新颖、寓意深刻，营造良好的机关文化建设氛围。在办公楼一楼大厅显著位置悬挂"聚财为国 执法为民"标语。

八、廉政文化室

各市、州、直管市、林区局和县(市、区)局应建设廉政文化室。

廉政文化室建设的基本条件，参照荣誉室。室内墙壁张贴廉政条规、警钟长鸣(案例图片)、廉文选读、名言警句、廉吏故事、《税务人员十五不准》等内容。

九、办税服务厅(室)

各直管市、林区局和县(市、区)局机关都要建立办税服务厅，远离当地税务机关的分局(所)建立办税服务室。

纳税人需要到地税机关办理税务登记、纳税申报、税款缴纳、发票购领、涉税审核审批、税收咨询、办税辅导、税收文书资料领取等各种涉税事项的，一律由办税服务厅（室）受理或办理（法律法规另有规定除外）。

（一）实体办税服务厅（室）

1. 外观标识。办税服务厅（室）整体设置要本着简朴、实用、庄重、整齐、清洁的原则布置。使用全国统一的户外标识，内部标识应与户外标识颜色、格调协调配套，以古蓝色为底色，标识名称文字为白色。有条件的地方，可以使用电子显示屏标识办税服务窗口或其他服务功能和区域。在厅内醒目位置统一悬挂“向共和国纳税人致敬”的主体标语，其他宣传标语本着与办税服务厅（室）整体环境和谐、优美大方的原则确定。

2. 税务人员工作区。（1）工作区有良好的采光、照明设计，有关温度、湿度、防尘、线路布置、空气流量、系统接地、防火等设计，参照计算机房建设要求进行。（2）工作环境干净、整洁，秩序井然，有首问责任制度、办税公开制度、值班制度等。（3）办税服务厅（室）窗口台面应建成低平面、开放式，方便纳税人与办税服务厅（室）工作人员面对面交流沟通。工作人员在办税服务过程中应使用文明用语，提倡讲普通话。（4）办税服务厅（室）工作人员应统一佩带上岗证，上岗证应标明工作人员姓名、工号、职务，粘贴照片，工作人员是共产党员的，应加党徽标志。上岗证以胸卡方式夹带。（5）工作区内有档案柜或资料室，适宜保存纳税资料；有更衣室，配备衣柜、衣架等设施，方便工作人员更换衣服；有计算机、打印机、扫描仪、复印机、碎纸机等设备设施，能满足办公工作需求。

3. 纳税人缴税区。（1）办税服务厅（室）原则上设置申报纳税、发票管理（发票发售、发票代开）、综合服务（文书受理、涉税咨询、税务登记、行政许可审批）三类窗口。各地可根据业务量的大小，合理确定各类窗口数量。税源较小、纳税人较少的，可适当合并窗口功能。有条件的地方，实行全功能“一窗式”服务。（2）根据办税规模和事项流程，科学设置办税服务厅（室）的功能区域，一般应设置办税服务区、资料填写区、公告公示区、等候区等。资料填写区应当放置简易办公台，提供制式常用文书的填写范本、复写纸、签字笔、印台、花镜、曲别针、大头针、订书机等办税基本资料和工具。公示公告区主要是宣传税收法律法规和最新税收政策，公示公告纳税人的权利和义务，办税流程，欠税公告，税务行政许可项目和非行政许可审批项目，处罚依据及处罚标准，服务承诺项目等总局、省局规定的内容；办税服务厅工作人员照片、姓名、职务、工号；设置举报箱、意见箱，提供留言簿，受理纳税人投诉部门和监督举报电话等涉税事项。进厅（室）办税纳税人较少、条件有限的，可将办税服务厅（室）功能区域进行适当合并。（3）配置必要的桌、椅、凳和饮用水、杯、时钟等便民设施；有条件的，还可配备供纳税人使用的触摸屏、电子显示屏、排队叫号机、服务质量评价器等。（4）大厅内有小电视或宣传栏，利用小公益广告和漫画宣传税收知识、最新政策法规，也可放置地税文化作品，如书画、摄影等。

（二）网上办税服务厅

各地要充分运用现代信息和通信技术，逐步拓宽网上办税功能。其服务内容包括税务登记、网上文书处理、网上发票验旧、审批查询、涉税、互联网申报、远程认证等，涵盖实体办税服务厅的大部分业务处理功能。纳税人只要按指定网址登录，就可以足不出户完成整个业务过程，减少纳税人到税务机关办理申请手续的次数，降低纳税人办税成本。

以上九类基层文化设施项目，各地可以本着“整体规划、因地制宜、量力而行、逐步完善”的原则进行建设，坚持勤俭办事，不贪大求全，杜绝华而不实，有的项目尚不具备条件的，亦可合并建设，充分发挥和利用好现有设施进行建设。

省地方税务局关于印发《全省地税系统先进典型管理办法》(试行)的通知

2008年12月19日 鄂地税发〔2008〕279号

现将《全省地税系统先进典型管理办法》(试行)印发给你们,请遵照执行。

全省地税系统先进典型管理办法(试行)

第一章 总 则

第一条 为了营造学习先进、崇尚先进、争当先进的氛围,规范全省地税系统先进典型的管理,充分发挥先进典型的示范作用,推动湖北地税事业又好又快发展,根据《全国税务系统基层建设纲要》和《全国税务系统思想政治工作条例》有关规定,特制定本办法。

第二条 列入本办法管理的先进典型,是指全省地税系统获得各级党委、政府和有关部门表彰的集体和个人。包括综合性表彰和单项性表彰。

第三条 纳入省局管理的先进典型为获得省部级以上表彰的先进集体和先进个人(含省局与省人事厅职合表彰的先进集体、先进工作者)。主要包括:

(一)全国劳动模范(先进工作者);

(二)全国"五一"劳动奖状和奖章;

(三)全国文明标兵、文明单位、精神文明建设工作先进单位;

(四)省级(最佳)文明单位;

(五)全国税务系统先进集体、先进工作者(与人事部联合表彰);

(六)全国税务系统文明单位、精神文明建设先进工作者;

(七)全国青年文明号、中国杰出(优秀)青年卫士、中国青年"五四"奖章;

(八)全国巾帼文明岗、全国巾帼建功标兵、全国"三八"红旗集体和全国"三八"红旗手;

(九)记一等功以上的公务员集体和个人;

(十)省委以上表彰的优秀基层党组织、优秀共产党员;

(十一)全省地税系统先进集体、先进工作者(与省人事厅联合表彰);

(十二)全国、全省落实党风廉政建设责任制先进单位。

第四条 市(州)、林区、县(市、区)局、湖北财税职业学院参照省局的管理权限,对本系统先进典型进行管理。

第二章 先进典型的培育

第五条 各级地税机关要将发现先进典型作为加强地税干部队伍建设的重要内容,全面掌握所属单位及干部职工情况。通过在基层调研、群众座谈、纳税人访谈以及从所属单位的工作总结、汇报、经验交流、工作简报等信息中发现先进、培育先进典型。

第六条　要结合岗位工作的需要，积极培育先进典型。要为干部职工提供良好的工作环境和有利条件，提供人人争先创优的工作平台，让他们充分发挥自己的聪明才智，有所作为。对先进典型培养对象的成长、成熟进行全过程跟踪，指导和帮助他们不断进步，直至成长为树得起、叫得响、过得硬的先进典型。

第七条　先进典型评选要坚持公平、公正、公开的原则，采取自下而上的方式进行。评选上一级次先进典型一般应从下一级次先进典型中产生，单项性先进典型可作为综合性先进典型的基本条件优先推荐。通过当地向省级以上单位推荐的先进典型，须先报省局审定。具体评选程序如下：

（一）公开条件和名额。评选对象主要面向基层一线的单位和广大干部职工。在先进个人的评选中，县（市、区）局以上领导所占比例应控制在先进总名额的10%以内。

（二）群众投票。对符合先进评选范围的候选集体和个人，由本单位及下级单位进行投票推荐。

（三）征求意见。各单位推选出来的先进典型应征求本级机关办公室、人事、纪检监察等相关部门的意见。

（四）集体研究。根据管理权限规定由各级党组研究决定。

（五）公示。对拟定的先进典型，要在一定范围内进行公示，公示期为7天。

第八条　在先进典型评选过程中，如发现弄虚作假者，取消其参评资格，已获得表彰的要予以撤销。对相关责任人要进行通报批评，并严格实行责任追究。

第三章　先进典型的激励

第九条　各级地税机关按照精神奖励与物质奖励相结合的原则，运用多种形式表彰和奖励先进典型，对先进集体颁发奖牌或奖状，对先进个人颁发荣誉证书和奖章，并按规定发放奖金或物资。

第十条　充分发挥先进集体代表和先进个人的政治优势，安排他们参加有关会议和活动，听取他们的意见和建议，为其参与行政事务管理，参加地税各项建设创造条件，激励他们不断作出新贡献。

第十一条　在组织疗（休）养、参观考察和学习培训等活动时，优先考虑先进集体代表和先进个人。

第十二条　在选拔、使用干部时，优先考虑先进集体主要负责人和先进个人。

第十三条　严格依照有关规定落实先进典型的政治、经济、生活待遇，帮助他们解决工作和生活中的实际困难。

第四章　先进典型的宣传

第十四条　要坚持与时俱进，站在时代的高度，积极宣传体现时代精神的先进典型的好做法、好经验，展现各个工作岗位上克己奉公、无私奉献、干事创业的先进典型形象。

第十五条　全省各级地税机关要根据地税工作需要，组织力量深入一线挖掘先进典型事迹，认真总结蕴涵在先进典型当中的爱岗敬业、无私奉献、奋勇争先的地税精神，大力进行总结推广，教育和激励广大干部职工。

第十六条　对先进典型的宣传要客观真实，实事求是，注重事实的准确性，既不求全责备，也不随意拔高。

第十七条　注重先进典型宣传的方式方法，把宣传主题的严肃性和宣传形式的灵活性有机结合起来。主要采取以下宣传方式：

（一）媒体宣传。充分利用广播、电视、报纸以及互联网，对先进典型进行宣传，让先进典型报上有文、广播有声、电视有像。

(二)阵地宣传。通过宣传栏、黑板报、书报刊、阅报栏以及地税内部网络、制作电教片等形式开展先进典型宣传。

(三)活动宣传。紧密结合不同阶段、不同时期开展的主题活动,适时对各种先进典型进行宣传。

(四)文件宣传。以决定、通报、简报等形式对先进典型进行宣传。

第十八条 加强对先进典型事迹的推广。省局每三至五年组织一次全省地税系统先进典型巡回报告会,市(州)、林区、县(市、区)局根据实际情况,自行确定组织先进典型巡回报告活动。

第十九条 对先进典型的宣传,要严格遵守宣传纪律,按程序报相关职能部门审批。

第五章 先进典型的管理

第二十条 做好先进典型的思想政治工作,帮助先进典型努力做到正确对待成绩和荣誉,深入查找不足,自我完善,使其始终保持不断前进的动力。

第二十一条 先进典型要正确对待荣誉,进一步加强学习,严于律己,勤奋工作,勇于创新,充分发挥示范带头作用。对自我要求不严,发生重大违纪或违法问题的,取消其获得的表彰。

第二十二条 分级分类建立先进典型管理档案。省局负责全省地税系统获得省部级以上表彰的先进典型建档管理工作;市(州)、林区、县(市、区)局、湖北财税职业学院负责本级先进典型的建档管理工作。档案资料基本内容应包括:

(一)先进集体的人员构成、组织结构、领导班子及主要负责人基本情况、获得表彰的情况、工作业绩及先进事迹。

(二)先进个人的基本情况(参照人事管理档案的项目)、获得表彰的情况、工作业绩及先进事迹。

第二十三条 省局每两年召开一次全省先进典型代表座谈会,与先进典型面对面沟通。市(州)、林区、县(市、区)局、湖北财税职业学院根据本单位实际情况,原则上每年召开一次先进典型座谈会。同时可采用个别面谈、随时约谈等方式开展交心谈心,加强与先进典型的联系,随时掌握先进典型的工作现状和思想动态。

第二十四条 市(州)、林区、县(市、区)局、湖北财税职业学院要将年度内产生的先进典型在年终时进行统计汇总,纳入典型档案管理。对本系统内获得省部级以上年度表彰的,要认真进行统计汇总,内容包括受表彰的先进集体名称、先进个人姓名、受表彰项目、表彰部门和文号。统计情况于次年1月30日前上报省局基层工作处。

省局将根据各地上报情况,编印年度先进典型光荣册,全面记载全系统省部级以上先进典型的基本情况。

第二十五条 全省地税系统先进典型的管理工作在省局党组领导下进行,由省局基层工作处具体负责。各级基层工作部门、人事部门负责对本级和下级典型的管理工作。

第二十六条 将先进典型的培养使用情况作为考核各级领导班子政绩的一项重要内容,纳入全局综合目标责任制管理,实行量化考核,年终评比。

第六章 附 则

第二十七条 本办法由省局负责解释。

第二十八条 本办法自下发之日起执行。

省地方税务局关于调整营业税起征点的通知

2008年12月25日　鄂地税发〔2008〕282号

为进一步激发全民创业热情，鼓励个体经济发展，推动城乡就业，促进社会和谐，根据《中华人民共和国营业税暂行条例实施细则》的规定，结合我省实际，现就个体经营者按期缴纳营业税起征点问题通知如下：

一、从2009年1月1日起，全省个体经营者按期缴纳营业税的起征点统一确定为月营业额5000元。

二、执行新的营业税起征点涉及面广、政策性强、工作量大，各地要充分认识其重要意义，加大政策宣传力度，提高政策执行力，保证营业税起征点政策在执行中不偏离、不走样。

三、执行新的营业税起征点对征收管理提出更高要求，各地要结合本地实际，对缴纳营业税的个体经营者的营业额进行重新核定。要强化政策执行情况的监督和检查，对未达到营业税起征点的纳税人实行动态管理，不断研究和加强征收管理的新措施、新办法，加强征收管理，确保营业税起征点政策落实到位。

省地方税务局与有关部门联合制定的文件

省地方税务局　省财政厅　省审计厅　中国人民银行武汉分行关于设立社保基金收入待解专户的通知

2008年8月17日　鄂地税发〔2008〕222号

为方便个人社会保险基金现金缴纳收入及时征缴入库，根据《财政部、中国人民银行、监察部、审计署关于印发〈中央预算单位银行账户管理暂行办法〉的通知》(财库〔2002〕48号)规定，结合地方税务机关的实际，同意各市(州)、县(市、区)级地方税务局分别开设一个"社保基金收入待解专户"。为便于账户管理和有关部门监督，各地应严格遵守以下事项：

一、各市、州地税部门所辖直属征收分局可分别开设一个社保基金收入待解专户，也可由市州地税局计统科开设一个账户统一进行管理；各县(市、区)级地税部门只能开设一个社保基金收入待解专户，其他下属机构一律不得另行开设。

二、社保基金收入待解专户只能用于归集各项现金收取的(含刷卡)个人社会保险基金收入，严禁混入其他资金。

三、社保基金收入待解专户所有资金应按期及时足额缴入国库，除此，专户资金不得有其他途径出户。此专户不得直接办理收入的退付，需退付社保基金收入的应作退库处理。

四、社保基金收入待解专户由各级财政、审计、地税、人行共同进行监督管理。各级地税部门计统科(股)负责具体的管理、核算及日常监督，纪检监察科(股)负责内部监督检查。

五、待各项现金收取的(含刷卡)个人社会保险基金收入能直达国库后，将逐步取消社保基金收入待解专户。

各地以市、州为单位，于12月底前将社保基金收入待解专户开设情况以电子文档报省局计统处备案。

省总工会　省地方税务局关于进一步做好地税部门单管户工会经费税务代收工作的通知

2008年2月22日　鄂工发〔2008〕6号

为贯彻实施《中华人民共和国工会法》和《湖北省实施〈中华人民共和国工会法〉办法》，省政府办公厅下发了《关于深入贯彻〈中华人民共和国工会法〉支持工会工作的通知》（鄂政办发〔2006〕101号），明确了全省企事业单位工会经费统一委托国税部门代收。为切实落实省政府文件精神和省总工会、省国家税务局、省地方税务局《关于明确工会经费税前扣除凭据的通知》（鄂工发〔2007〕21号）的有关规定，进一步做好地税部门单管户工会经费的税务代收工作，现将有关事项通知如下：

一、凡属单独在地税部门办理税务登记以及负有个人所得税代扣代缴义务的企事业单位，应按照《关于全省企业事业单位工会经费和工会筹备金统一委托国家税务局代收的通知》（鄂工发〔2006〕30号）要求，主动申报、缴纳工会经费或工会筹备金，支持工会依法独立管理工会经费。

二、各级工会要积极做好以上相关企事业单位工会经费统一纳入国税代收的宣传解释工作，主动加强与地税部门的沟通协调，尽快建立经常性的工作联系制度，争取地税部门等有关部门对代收工会经费工作的重视与支持，确保工会经费依法及时足额收缴。

三、各级地税部门要积极配合工会等相关部门做好单管户的工会经费代收工作，及时提供相关信息，在日常征管工作中督促企事业单位按照法律法规和代收工作的规定向相关部门申报缴纳工会经费或工会筹备金，在日常和专项检查中加大对工会经费税前扣除的检查力度，为各级工会开展工作创造有利的条件和提供便利的服务。

省水利厅　省地方税务局关于进一步加强水资源费征收管理工作的通知

2008年5月14日　鄂水利规函〔2008〕294号

为加强水资源费征收管理工作，省水利厅、省地税局印发了《湖北省水资源费征收程序暂行规定》(鄂水利发〔2007〕8号),确定了"水利部门核定,地税部门代征"的工作原则,明确了征收职责、征收程序、配合机制、考核办法等。在各级地税、水利部门的共同努力下,全省水资源费征收管理工作正在积极有效开展。但目前仍然存在政策执行不够到位,配合协调机制不够完善,征收入库情况不够理想等问题。特别是发电、供水行业拖欠水资源费现象较为突出。为认真贯彻执行国家水资源有偿使用制度,促进水资源的节约、保护和管理,必须进一步加强水资源费征收管理工作。现就有关事项通知如下:

一、进一步加强征收核定。目前,少数地方对征收核定工作抓得不够扎实,影响了征收工作的开展。各级水利部门要严格按照鄂水利发〔2007〕8号文的规定,积极认真做好水资源费征收核定工作,做到人员专班化、工作制度化,确保核定数额客观、准确,打牢征收工作基础,为地税部门代征入库提供坚实依据。当前,要集中时间,集中力量,切实做好取用水单位2007年度拖欠水资源费和今年一季度应缴水资源费的核定工作。对取用水单位还未下达《水资源费征收核定通知书》的水利部门,务必于5月31日前下达,并经取用水单位签字或盖章确认后,于6月5日前传递给地税部门。省管取用水单位的核定情况须经省水利厅审核盖章。

二、进一步加大征收力度。各级地税部门要将水资源费征收工作放在突出位置,加强领导,完善制度,强化措施,切实加大征收力度。省地税局对水资源费征收的年度目标考核,不以下达征收基数的方式考核,而以实际征缴入库率考核(入库率=征收入库数/经取用水单位签字确认的核定数),入库率必须达到95%以上。当前,各级地税部门要抓紧组织追缴2007年度拖欠水资源费,并做好今年一季度水资源费征收工作,务求取得实效。根据水利部门提供的《水资源费征收核定通知书》,务必于6月15日前,向欠缴水资源费的取用水单位下达《湖北省水资源费缴款通知书》,督促其在7日内缴纳水资源费。

三、进一步加强协调配合。水资源费征收工作的政策性、专业性和时效性强,各级水利、地税部门要按照《湖北省水资源费征收程序暂行规定》,进一步加强协调配合,形成征收工作合力。要定期加强会商,及时研究解决有关征收问题;要按照已明确的征收程序开展征收;要按规定做好各征收环节的交接工作。对逾期不按规定缴费的取用水单位,地税部门要及时移交有管辖权限的水利部门依法进行查处。

四、进一步加强省管取用水单位的水资源费征收工作。根据取水许可和水资源费征收的有关规定,结合我省实际,为确保重点,有利征收,决定从2008年6月1日起,对三峡、葛洲坝、丹江口库区和漳河、富水库区等跨省市、跨地市水利工程的水资源费,由省水利厅直接负责征收核定,由省地税局直属征收局负责直接征收。省地税局直属征收局征收后,对相关地方的水资源费返还给水利部门的政策维持不变。同时,进一步明确受省水利厅委托的水资源费征收核查责任单位,以及地税部门负责代征的责任单位(见附件1)。省管取用水单位的水资源费应全额缴入省级国库,返还给水利部门的政策按现有规定执行。各有关单位要各负其责,加强配合,确保应收尽收。各地地税部门将省管取用水缴费单位的纳税人微机编码于5月31日前报省地税局。

五、进一步加强检查督办。近期,各级地税、水利部门要以督收2007年度拖欠水资源费为重点,联合开展检查督办,认真组织,层层动员,周密部署,一级抓一级,一级促一级,抓大户、促进度,抓重点、促平衡,确保取得实效。检查督办主要内容:(1)2007年度征收煞尾工作是否做到应收尽收;(2)今年一季度水资源费征收工作开展情况；(3)落实省水利厅、省地税局制定的《湖北省水资源费征收程序暂行规定》的情况，是否做到了工作职责明确、征收程序规范、征收衔接顺畅、工作配合协调、征收责任具体。省地税局、省水利厅将适时联合开展重点检查督办活动。请各市级地税、水利部门于6月30日前将开展征收督办工作的情况书面上报省地税局、省水利厅。另外，请各市州水利、地税部门于6月30日前，将有关征收核定、征收入库情况(见附件2—附件5)分别上报省水利厅、省地税局。

附件：

1.《省管水资源费征收核查责任单位及代征责任单位分解表》(略)

2.《2007年度及2008年1季度水资源费征收核定情况统计表》(略)

3.《2007年度及2008年1季度水资源费征收入库情况统计表》(略)

4.《2007年度及2008年1季度省管取用水单位水资源费征收核定情况统计表》(略)

5.《2007年度及2008年1季度省管取用水单位水资源费征收入库情况统计表》(略)

省财政厅　省地方税务局关于印发《湖北省耕地占用税适用税额标准》的通知

2008年6月6日　鄂财税发〔2008〕8号

根据《中华人民共和国耕地占用税暂行条例》(国务院令第511号)、《中华人民共和国耕地占用税暂行条例实施细则》和《财政部国家税务总局关于耕地占用税平均税额和纳税义务发生时间问题的通知》(财税〔2007〕176号)的规定，经省人民政府同意，现将《湖北省耕地占用税适用税额标准》印发给你们，请遵照执行。原《湖北省耕地占用税税额表》(鄂财农税发〔1993〕1091号)同时废止。

附件：湖北省耕地占用税适用税额标准(略)

省财政厅　省国家税务局　省地方税务局关于贯彻落实抗震救灾及震后重建税收政策的通知

2008年7月7日　鄂财税发〔2008〕12号

根据党中央、国务院关于抗震救灾工作的重要指示精神，按照财政部和国家税务总局印发的《关于认真落实抗震救灾及灾后重建税收政策问题的通知》（财税〔2008〕62号）要求，为做好我省的抗震救灾和灾后重建工作，经省政府同意，现将有关税收政策通知如下：

一、企业所得税

（一）企业实际发生的因地震灾害造成的财产损失，经主管税务部门确认后准予在计算应纳税所得额时扣除。

（二）企业发生的公益性捐赠支出，按企业所得税法及其实施条例均规定在计算应纳税所得额时扣除。

二、个人所得税

（一）因地震灾害造成重大损失的个人，由主管税务机关对其2008年度应缴纳的个人所得税减按50%征收。

（二）对受灾地区个人取得的抚恤金、救济金，免征个人所得税。

（三）个人将其所得向地震灾区的捐赠，按照个人所得税法的有关规定从应纳税所得中扣除。

三、房产税

（一）对毁损不堪居住和使用的房屋和危险房屋，经有关部门鉴定并停止使用后，可免征房产税。

（二）房屋大修停用在半年以上的，在大修期间免征房产税，免征税额由纳税人在申报缴纳房产税时自行计算扣除，并在申报表附表或备注栏中作相应说明。

四、契税

因地震灾害灭失住房而重新购买住房的，持灾区县（市、区）以上房产管理部门相关证明，向主管税务机关申请减半征收契税。

五、资源税

纳税人开采或者生产应税产品过程中，因地震灾害遭受重大损失的，经省政府同意后，可减按50%征收2008年度应缴纳的资源税额。

六、城镇土地使用税

纳税人因地震灾害造成严重损失，缴纳确有困难的，可根据《中华人民共和国城镇土地使用税暂行条例》和《湖北省城镇土地使用税实施办法》依法申请定期减免城镇土地使用税。

七、车船税

已完税的车船因地震灾害报废、灭失的，纳税人可向主管税务机关申请退还自报废、灭失月份起至本年度终了期间的税款。

八、其他税收政策

继续贯彻落实现行的税收法律、法规中适用于抗震救灾及灾后重建的其他税收政策。

各级财税部门要将支持抗震救灾和灾后重建工作作为一项十分重要的任务，采取有效措施，认真贯彻落实好现行税收法律、法规中可以适用于抗震救灾及灾后重建的有关税收优惠政策，确保抗震救灾和灾后重建工作的顺利开展。

第三篇

著述篇

（本篇责任编辑　彭继旺　周　媛）

理论探讨

社会转型背景下的税务文化建设研究

湖北省地方税务局课题组

当今社会，文化竞争力被视为一个国家的软实力。文化管理与制度管理相互渗透、相互补充的现代管理理念及其模式在实践中得到了越来越广泛的认同与奉行，成为影响个人和组织发展及其价值实现的重要因素。文化建设也因此受到高度重视。通过文化建设，可以为组织提高管理效能和个人实现自我价值提供强有力的思想保证、舆论支持和精神动力。因此，在当前我国社会深度转型的复杂背景下，加强税务文化建设，形成税务文化自觉，弘扬具有时代特征的先进税务文化，充分发挥其功能作用，对于在税收实践中正确践行科学发展观，更好地适应新的形势和要求，应对新的挑战，解决好税收改革与发展过程中出现的各种矛盾和问题，全面履行职能，做好税务工作，推进税收事业发展具有重大意义。基于此，我们根据省地税局领导的要求，开展税务文化建设课题研究，探讨税务文化的基本理论和相关实践问题，旨在为人们正确认知和实践税务文化建设开启思路，提供参考。

一、转型期的税务文化建设背景及现实意义

文化源于实践，需求产生动力。当前重视并加强税务文化建设，既是推进税务系统“三个文明”建设，构建和谐社会的政治需要，也是破解税收改革、发展及工作难题的现实需要，有其深厚背景和重要意义。

（一）税务文化建设的背景分析

社会背景。伴随着经济的高速增长和物质生活的极大改善，人民群众包括广大税务从业者对精神文化生活有着更高要求，加强文化建设有了广泛的社会基础。另一方面，由于我国社会转型的深度推进，文化建设相对滞后的矛盾更加突出，各种外来观念和文化意识，特别是实用主义、功利主义以及各种西方不良文化思潮乘势渗透和蔓延，形成了相互影响、相互交融，甚至相互冲突的文化格局，对我国传统的和主流的文化价值体系产生冲击，一些人因而产生思想困惑与疑虑，行动彷徨，并引发了一系列社会问题，形成了社会转型期特有的、以信仰危机为突出特征的“主流文化缺失综合症”。税务工作领域也是如此。亟需以改造人的精神思想为目的，加强税务文化建设，培育和弘扬符合我国社会意识形态和税务实践需求的主流文化，帮助税务人员厘清认识，坚定信念，校正行为，以饱满的热情和良好的精神状态投入现实生活和工作。

政治背景。党的十七大把文化发展提升到国家战略高度,号召“坚持社会主义先进文化前进方向,兴起社会主义文化建设新高潮,激发全民族文化创造力,提高国家文化软实力”。要求“建设社会主义核心价值体系,增强社会主义意识形态的吸引力和凝聚力”。胡锦涛总书记强调,要把发展社会主义先进文化放到十分突出的位置,充分发挥文化启迪思想、陶冶情操、传授知识、鼓舞人心的积极作用,努力培育有理想、有道德、有文化、有纪律的社会主义公民。各级党委、政府和各部门、各行业越来越清晰地认识到文化建设的重要性,把文化建设作为提升凝聚力、创造力、竞争力和发展质量的重要措施,大力开展文化建设与创新活动,培育和弘扬具有时代特征、体现社会主义核心价值观的新型文化,改变人民群众的精神状态和意志品格,增强社会凝聚力,使之与时代特征相适应,与现代文明相协调,构筑社会主义核心价值体系坚实的文化根基。可见,文化建设已经成为我国政治生活的重要内容。

改革背景。近30年来,我国的税收改革一直都在不间断地渐进式推进,因应国内改革和国际税收实践发展而不断改革和完善,逐步形成了既融合有国际先进税收思想和做法,又与我国社会主义市场经济相匹配的税制体系和工作机制。当前,又面临着既要坚定地落实和巩固已经取得的税收改革成果,又要适应社会主义市场经济初具规模和社会深度转型的国内形势,不失时机地推进新一轮改革的双重挑战。开展税务文化建设,以文化认同引领税务人员的思想观念和行为,克服思想障碍,形成改革共识,激发其主观能动性和创造力,在正确领会和落实改革精神与要求的同时,推动税收改革不断深化、不断发展,已经成为有识之士化解改革冲突、减小改革阻力、破解改革难题的共同选择。

实践背景。税务实践过程实际上就是税务文化的建设过程。进入21世纪以来,税务文化建设再度引起税务实际工作者和理论工作者的高度关注。国家税务总局正在酝酿制定《关于加强税务文化建设的指导意见》,明确提出了“推动税务文化建设,培养和宣传具有行业特点、时代特征的先进典型,树立税务部门的良好形象”的工作要求。国家税务总局最高领导人曾著文就税务文化建设理论和实践问题进行了深刻阐述。税务文化建设从理论到实践都已全面破题,一个认识税务文化、建设税务文化的氛围正在形成。

(二)推进税务文化建设的现实意义

文化是一个单位、一个系统、一个地区乃至一个国家、一个民族的灵魂,可以转化为强大的精神动力。不久前,美国《纽约时报》的一位专栏作家深有感触地评说:“中国的崛起不仅仅是经济事件,还是文化事件。”这是西方权威媒体从文化视角肯定中国的进步与发展,表明了西方对中国文化建设成就的肯定与重视。就税收实践而言,当前税务工作中面临的诸多矛盾和发展难题是促使人们重新审视并积极推进税务文化建设的直接动因,因此,加强税务文化建设具有重要现实意义。

第一,加强税务文化建设是强化思想道德教化,推进税务系统文明建设的实践需要。文明的本质就是文化。我国建设社会主义精神文明和政治文明的根本目的,在于提高全民族的科学文化水平和思想道德水准,改善国家的政治生活状态。实践证明,通过文化建设所形成的社会认同感和凝聚力是单纯的精神文明建设和政治文明建设所不能及的。税务机关上代表国家,下联系群众,体现的是政府形象,具有广泛的社会影响力。加强税务文化建设,培育和弘扬具有时代特征的税务文化,以文化认同形式帮助税务人员实现思想升华和道德净化,营造文明服务的文化氛围,将从根本上提高税务文明建设层次,巩固和扩大税务文明建设成果,实现内部形象改造和外部认同感的同步推进，向社会永恒地展示具有文化内涵的税务文明形象，进一步改善税务工作的内外环境。

第二，加强税务文化建设是激发创造力，推动税务工作不断创新与发展的需要。当今世界是创新型世界，先进文化则是激发人们的创新热情和智慧的原动力。反思当前税务系统部分人员中存在的思想保守、意志消沉、不思进取、作风专断、自傲放纵、唯我独尊以及有荣誉即争、见困难就躲，见利益即争、有责任就推，有好处就办、无好处则拖等种种不良倾向和作风，根本原因就在于受到了税务主流文化缺失和非主流文化蔓延的影响，严重束缚着税务人员的创业精神、创新精神，阻碍着税收事业的发展。开展税务文化建设，强化主流价值观认同，可以从心灵深处教育和启迪税务干部的敬业精神、职业道德，激发工作潜能和创造力，推动税务工作不断创新，税收事业快速发展。

第三，推进税务文化建设是体现人文关怀，改进税务思想政治工作的需要。思想政治工作一直都是我们党团结各种力量，凝聚人心，战胜困难，取得成就的重要法宝和工作优势，也是税务部门带好队伍，正确有效地履行职能，完成工作任务的重要保证。由于社会多元化和思想多元化的影响，传统的思想政治工作模式越来越暴露出不适应新形势、新变化，针对性不强，方法手段单一、滞后等局限性，已经不能很好解决税收现实工作中的新矛盾和新问题。必须适应现代社会的人性特点和思维特征，以文化建设方式改造人们的思想环境，将税务主流思想和价值体系以文化的形态加以固化和传播，植入税务从业者的意识形态，持续、广泛地发挥税务文化的自我辨别、自我约束、自我教育、自我激励作用，从思想深处去关爱人、影响人、鼓舞人、改造人、发展人，凝聚力量，激发潜能，实现“带好队、收好税”的工作目标和要求。

第四，推进税务文化建设是增强法制观念，建立税收执法风险防范机制的需要。目前，我国的税收执法具有政策性、时效性强以及执法权利相对分散、执法者拥有较大自由裁量权等特点，潜存着一定的职务犯罪和失职渎职风险。特别是在税收执法形势和税务管理工作日益复杂化，要求越来越高，责任追究步入法制化轨道的背景下，税收执法的风险性进一步增强。有效防范税收执法风险，必须在建立外在税务执法风险防范机制的同时，构筑思想意识防线，增强个体的“免疫力”，增强抗拒诱惑的意识和能力。加强税务文化建设，可以促进税收法制文化和税务廉政文化的建设与渗透，形成自律与他律相结合的文化防范机制，为从根本上预防职务犯罪和失职渎职行为筑建一道文化防火墙。

第五，推进税务文化建设是强化公民税收意识，提高全社会税法遵从度的需要。税法遵从度是纳税人基于对国家税法价值的认同或自身利益权衡而表现出的主动遵从税法的程度。它是税收管理水平和公民税收意识、税法观念及其纳税自觉性的重要体现。税务部门开展税法宣传、纳税服务、改善税收管理的根本目的也在于提高全社会的税法遵从度。一般说来，社会税法遵从度的提高除了与公民的法律观念、社会的法制管理水平、法律的公平性有很强的正相关性外，还要受到税务机关和税务执法人员的执法理念、业务素质、社会形象和执法行为的影响。因此，各国税务机关都不约而同地把改善税收服务、改进管理手段、提高工作效率、降低纳税成本、树立税务部门和税务人员的良好形象，作为提高全民税法遵从度的重要途径。可见，加强税务文化建设，对于改善税务部门和税务人员的社会形象意义重大而且成效显著、持续，可以引导税务机关和税务人员摒弃不良行为，树立“以纳税人为尊”、为纳税人服务的工作理念，建立以纳税人为中心的管理和服务模式，促进税务工作的社会认同感和社会税法遵从度的全面提高。

二、税务文化建设的理论诠释

文化是一个深邃、复杂的概念，直到今天，人们对于文化的理论认识并不完全一致，因此，从税务文化的基本理论问题入手，解读税务文化建设的真谛，探寻建设途径是税务文化建设的必须之举。

（一）文化的内涵及其结构分析

自欧洲哲学家和思想家把“文化”（Culture）一词引申到人文精神领域，以指对人类心灵、智慧、情操、风尚的化育以来，人们对文化的理解就各有不同，且定义繁多。台湾学者殷海光在其《中国文化展望》一书中例举出了47种之多。但无论是文化的人类学概念、经济学概念、政治学概念还是美学概念，也不管是记述的定义、历史的定义、心理的定义、结构的定义还是规范性定义等，都有其共同之处：其一，文化是人类活动的产物，是人类文明的总括，是人类思想的历史集成，是人类历史的积淀；其二，文化是人之本质的展现，是一个群体区别于另一个群体的基本标识；其三，文化的核心是得到社会群体认同的价值观念体系和行为模式，从属于意识形态范畴；其四，文化是通过文饰而使自身变化，不断开化，走向文明。

我国古代先哲对文化的理解有别于西方思想家，赋予“以文教化”之义。堪称我国文化源头的《周易》中就有文字记载：“观乎天文，以察时变；观乎人文，以化成天下。”意思是用诗书礼乐来教化天下，使社会变得文明而有秩序。这实质上就是从功能上对文化一词作出了界定。

哲学上的“文化”定义，泛指“凡是超越本能的、人类有意识地作用于自然界和社会的一切活动及其结果”。由此可见，广义上的文化无所不包，无时不在。但人们通常所言的文化，意指社会意识形态和与之相适应的礼仪制度以及由人内在理念外化的行为方式等，包括影响人行为的精神理念、价值观念、价值标准、价值判断和行为习惯，等等。因此，也可以说，文化是在现代社会管理活动中形成的一系列管理理念、思想和观念形态的总和。余秋雨认为“文化是精神价值加生活方式”，这一论断揭示了文化内涵的实质。当前，人们正在遵循人类思想认识和实践规律，赋予文化以时代内涵，并且借助于文化的寓意、意境和力量，探求社会组织管理活动中的内在规律，寻求新的管理手段，创新现代管理模式，来促进社会、经济、文化和人的共同发展、协调发展。余秋雨认为“文化是精神价值加生活方式”，这一论断揭示了文化内涵的实质。

有学者根据文化存在的形式将其归为硬文化和软文化两大类别。硬文化泛指文化形态中看得见、摸得着的部分，通常被称为物化文化或者物质文化、物态文化、器物文化等，它是对一切物质资源的文化表述。软文化泛指非物质形态部分，包括精神文化、制度文化、行为文化等。其中，精神文化是指以心理、理念、价值观念、理想信念、理论形态存在的文化形态，也被称之为理念文化、认识文化或观念文化。它包括两个部分：一是存在于人心中的文化心态、文化心理、文化理念及观念、文化思想、文化信念等；二是已经理论化、对象化的思想理论体系和客观化了的思想。制度文化是指人们为反映和确定一定的社会关系并对这些关系进行整合和调控而建立的一整套标准和规范体系。行为文化是指人们受精神文化主导和制度文化约束而产生的具有共性的必然行为。二者都要受到精神文化的主导和影响。

马克思认为：“人们按照自己的物质生产的发展建立相应的社会关系，正是这些人又按照自己的社会关系创造了相应的原理、观念和范畴。”这一基本思想为我们理解各种文化形态之间的关系提供了辩证思维指导，即物质文化决定着精神文化、制度文化和行为文化的形式与内涵，物质文化的发展推动精神文化、制度文化的变革，并最终影响到行为文化；另一方面，精神文化、制度文化的变革以及行为文化的进步又能促进物质文化的繁荣和发展。

可见，精神文化是文化的核心元素，是人们开展文化建设的要旨所在。如果说制度管理是治标，那么文化管理则是治本，即解决人的基本动力问题。这是我们探讨文化内涵及其结构应掌握的理论要义。

（二）税务文化的基本含义及其结构

撇开人们对税务文化内涵理解上的歧义，基于人们对税务文化的核心认同，我们对税务文化的内涵作出如此解读，即税务文化是对人们在税务实践中形成的税务意识形态和物态资源的总称。这是广义上的解读。但人们通常所指的税务文化，主要是对人们在税务实践中共同认知并自觉遵循的税收理念、制度体系、伦理和道德标准、行为准则、价值体系等意识形态的总括。也就是所谓狭义上的税务文化内涵界定。这也是本研究报告中关于税务文化内涵的基本认定。在此，我们进一步从三个层面理解其深邃的涵义。

首先，税务文化是一种组织文化。它是以税务组织为依附，以税务人员为主体，在税务组织管理实践中形成的具有税务行业特征的文化形态。它所反映的是税务组织成员所认同并遵循的核心价值取向、基本理念、行为规范等，其作用在于增强税务组织的凝聚力，更好地实现税务组织目标。现代税务文化吸取了企业文化、行政文化、管理文化建设的成功经验及其优秀文化元素，具备了组织文化的基本属性和功能作用，体现了“文化兴税、文化带队”的工作理念。

其次，税务文化是一种管理文化。美国著名管理心理学家彼特·德鲁克认为，管理不只是一门学问，而应是一种文化，它也有自己的价值观、方法论、语言和工具。人是一切管理活动的核心。税务文化建设正是要融入以人为本的管理理念，以此改进税务管理方式、方法，通过对人性的尊重，形成既有个性张扬、又充盈集体主义内涵的文化氛围，充分调动税务人员的积极性和创造性，创造一个人人参与管理、人人接受管理的软环境，形成管理共振，实现自我管理，从而激发税务人员在团队中发挥“1＋1＞2”的协作精神，以实现组织目标和个人价值的最大化。

再者，税务文化还是一种激励文化。从某种意义上讲，管理就是激励，而实现激励的途径可分为硬激励和软激励两种。文化激励作为软激励的一种手段，优于一切物质的和制度的硬激励，它是通过先进文化理念激励机制的提炼和导入，激发税务人员的工作热情以及蕴藏在他们心灵深处的一种不甘于人后、奋发进取、显现自身价值的潜在能量。税务文化是用潜在的、润物细无声的方式，在每一位税务人员的心目中形成深刻持久的影响，从而把管理者的意志和组织的目标变成他们自觉的行动，使其产生做好工作的使命感、责任感、荣誉感、成就感以及对税务组织的归属感。

人们通常把广义上的税务文化区分为税务物态文化、税务制度文化、税务行为文化和税务精神文化四种形态。它们之间相互联系、相互依存、相互反映、相互交融、互为促进，构成了一个有机整体。其关系符合同心圆理论的特征（见下图）。

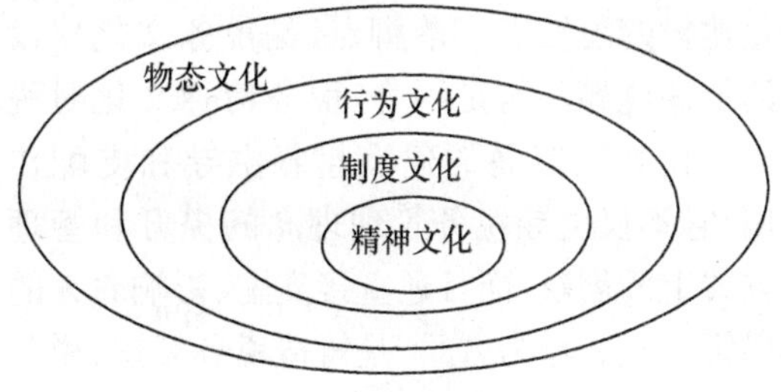

税务文化层次图解

税务精神文化通常指税务工作中以管理理念、价值观念、伦理和道德标准、思想情操等精神意识为核心内容的文化形态，体现为税务人员的群体意识和税务人员意志、品质结晶的集体志趣。它是受一定的社会文化背景、意识形态影响而长期形成的一种税务文化观念和精神成果，是税务文化的高度浓缩和集中反映，是税务文化中最活跃、最富于激励性的部分，处于同心圆的最里层，可见它是税务文化最深层、最核心的文化形态，是税务文化的本质所在。

税务制度文化和行为文化是处在同心圆中间层次的文化形态。税务制度文化是对税务工作制度体系及其影响形成的制度机制的总称。它所强调的并非只是税务制度本身。税务制度在税务文化建设中的价值不仅仅指以制度形式对税务精神文化内涵加以反映和固化，其更重要的内涵还应包括人们对制度的遵从态度以及在制度的规范、激励、约束作用下形成的制度管理氛围。税务行为文化是指对税务人员的行为具有教化和修正作用的税务价值观念以及在这种价值观念支配下产生的行为反应和行动方式等。它是精神文化和制度文化的行为体现。

税务物态文化包裹在税务文化同心圆的最表层，是税务文化形成的物质基础和重要的外在表现形式及物化反映。

由此可见，税务文化的核心在于精神文化，税务文化建设也重在培育和凝练税务精神文化，也就是说，积极的精神文化是税务文化建设的出发点和落脚点，是税务文化建设的最高境界。这是因为，税务精神文化对税务文化其他层面的建设起着主导和支配作用，它不仅主导税务管理理念的提升和管理方式上的创新，而且还直接支配、影响着人的思维方式和行为方式，是铸造税务意识、税务理念、税务精神、税务形象和税务职业道德等精华的观念形态，是税务文化总和的高度浓缩、升华和集中反映，也是税务文化富含的共同一致、彼此共鸣的心态、意志和思想境界，能够产生持久的凝聚力和感召力。这正是当前化解税务工作中的矛盾，破解队伍建设难题，推进税收事业发展所呼唤的精神力量，也是本报告中关于税务文化研究的基本立意所在。

(三)税务文化的基本属性

税务文化作为一种特殊的文化类别，具有以下基本属性：

客观性。税务文化是在税收实践及其管理活动中历史地凝成并深刻地积淀于人们自我意识之中的群体意识。从本质上讲，税务文化是以文化的形态对人们在税务实践活动中形成客观认知的真实反映，也就是说，它是人们在税收实践中受政治、经济、文化、宗教、实践等诸多因素影响而自然形成的具有真实性的税务文化认同，任何个人和组织都无法否定它的客观存在。税务文化的客观性强调的是其作为文化形态存在的客观性及其文化认同内容的真实性。基于这一属性，人们在税务文化建设实践中必须尊重客观文化环境和条件，不能将不切实际的主观文化臆想盲目加以推崇。

可塑性。和一切意识形态的事物一样，人们可以在遵从认识发展规律的前提下，根据社会、政治、经济发展和技术进步状况，结合现实需求，以主流价值观为导向，顺应税收事业改革与发展的趋势，对税务文化的内涵加以积极引导和改造，予以充实和发展，并且因时间、实践、表现形式等改变而不断丰富其文化理念内涵，这就是税务文化的可塑性。税务文化建设的实质是人们在尊重客观实际和认识发展规律前提下的一种主观改造活动。因此，人们在税务文化建设中不能消极面对各种非主流价值意识和行为蔓延，应积极加以引导。

时代性。不同时代、不同实践背景下的

税务文化有着不同的内涵和表征。也就是说，不同时代背景下的税务实践会产生与之相适应的税务文化形式与内涵。税务文化总是随时代的变迁而进步，随税务实践的发展而发展。因此，人们在进行税务文化建设实践中必须把握时代脉搏，适应时代要求，不断创新税务文化形式、内容及其传播途径、方式，赋予税务文化以时代气息。

普遍性。同其他任何文化类别一样，人们所倡导和传播的税务文化类别都必须获得一个系统或一个单位大多数税务人员乃至社会的普遍认同，符合先进文化的发展方向和社会主流价值取向，具有广泛的认知基础，也就是说，税务文化必须具有普遍性。任何人都不能将少数人甚至仅仅只是个人的文化认同强加于大众。这既是文化建设的前车之鉴，也是税务文化建设应遵从的实践原则。

差异性。税务文化的差异性是指税务文化具有与其他文化类别所不同的税务属性和特征，它主要为税务人员所认同和传承，这正是税务文化作为一种亚文化类别而存在的理由和表征。而且，由于地域不同和组织个体的差异所致，不同税务单位及其不同税务人员所认同的税务文化都有可以相互区别之处。因此，在开展税务文化建设中，对于其他组织文化，不能不加区分地盲崇，必须有所甄别、有所扬弃地学习借鉴；对于税务群体之间因为内部个体差异而形成的税务文化差异，只要不具有社会危害性，也应予以尊重，并且在文化管理理念及管理制度设计中承认和体现这种差异性，以满足不同组织以及组织中不同群体和个体自我价值实现的需要。

渗透性。文化天然地具有渗透性。作为一种精神和心理状态而存在的税务文化，是税务部门的思想灵魂、精神动力和价值导向，可以得到继承和发扬。它以文化的形态和方式广泛、深入、持久地渗入税务人员的意识形态，潜移默化地改变其思想观念、理想信念和价值认同，影响着税务人员的价值判断和行为选择，最终形成具有社会性的税务文化自觉。这正是税务文化建设在教化人、激励人、改变人、动员人方面有别于而且优于思想政治工作的根本之处。

（四）税务文化的功能分析

税务文化的功能是指税务文化对于税务实践所发挥出固有功能和作用，主要如下：

行为导向功能。税务文化作为税务人员的主流认同，对其具有很强的行为导向功能，即对税务群体的整体价值取向、行为以及个体的心理、性格和行为起着导向作用。它主要是通过对税务精神品质、价值观念、职业道德等先进思想的形成、传播与践行，引导税务从业者树立正确的世界观、人生观、价值观、道德观，并以此为标准判别真、善、美，决定自身的行为取向，自觉地把个人的思想行为统一到税务工作总体目标上来，为实现总体目标而积极努力地工作。

规范约束功能。通过税务文化的文化认同及文化辐射效应，自然地、内在地约束和规范税务人员的行为，有效激发其自我约束力和内在驱动力，这就是税务文化的规范约束功能。这种内在约束不是靠政策法规制度去硬性要求，而是通过对文化哲学、价值标准等内容的倡导去调适心理，引导其产生认同感，并自觉地接受税务文化的规范与约束。通过发挥税务文化的功能作用，使一些先进的思想理念、价值道德观念和精神品质在税务人员的心灵深处形成思维定势和响应机制，转化为预期行为。这种软约束机制可以减弱硬约束对心理的冲撞，缓解自治心理与被治现实之间的冲突，削弱由其引起的心理抵抗力，从而产生强大的、深刻的、持久的约束效果。

团队凝聚功能。税务文化作为税务组织内的文化认同，而且是税务组织成员在同一文化氛围中得到教化和培养，并以相同的文化价值观念、思维模式、行为方式在不同层次上把每个成员的思想情感和命运与组织的发展紧密联系起来、聚集起来，使整个税务组织因为同一的文化渊源、文化认同、文化遵从而形成巨大的向心力和凝聚力，即所谓的税务团队精神。这种团队精神可以有效弥合各种人际缝隙，增进税务人员的组织观念和团结协作精神，充分激发其积极性、创造性，使之心情舒畅、富于激情地自觉为税收事业努力工作与奉献。

教育激励功能。文化具有潜移默化地熏陶教育功能，它影响和陶冶人的精神和灵魂，改变着人的生活方式，引导人们树立正确的世界观、人生观、价值观和道德观。税务文化激励与一般激励理论相比，其突出特点是精神激励，即通过情感激励、民主激励和领导行为激励等方式，使每个税务人员都能感受到一种“受重视、被尊重”的文化氛围，从而产生无形的驱动力和牵引力。当人们的精神需要得到满足后，就会从内心深处产生一种归属感、自尊感和成就感，迸发出情绪高昂的精神力量和奋发进取的工作热情，释放出对税收工作的强烈责任感和巨大创新潜能的基本人性。可见，通过税务文化领域的广泛、自觉认同以及文化的先进示范、导引作用，可以有效引领税务人员积极向上，自觉摒弃各种与主流文化认同相违背的思想和行为，让真、善、美的东西得到褒扬与传承。

关系润滑功能。文化认同产生凝聚力和亲和力。健康向上的税务文化可以有效化解组织成员之间以及组织之间的分歧与矛盾，形成一致性，如同润滑组织关系的润滑剂和弥合组织关系的黏合剂，因此，税务文化是建设和谐税务的重要力量。和谐的税务关系需要良好的、健康的文化氛围、文化情趣去调适和润滑。税务文化的关系润滑功能是在税务组织内，通过税务文化的功能作用，建立起互相联系、互相协作、相互理解、相互信任、相互关爱的文化管理机制，从而使税务组织之间和组织成员个体之间的相互关系得到良好的协调，化解各种矛盾与分歧，避免人际关系的隔阂而造成内耗，创造良好的人际环境。通过税务文化的建设、传播过程和一定的文娱活动形式，可以有效地影响到税务人员的情感领域，缓解其紧张情绪，满足其广泛爱好的需要，陶冶情操，使之心情舒畅地投入税务工作。

形象塑造功能。税务形象实质上是税务文化的外化。税务文化建设的过程就是税务形象的塑造过程，即通过税务先进文化理念的教化、规范、约束等作用，让税务文化内化于心，外化于形，有效地、自发地改变税务机关及其税务人员的思想观念、精神面貌、言行举止、工作理念、工作作风等，向社会展现良好的税务形象，提高税务社会公信力，优化税务工作环境，进而促使社会税法遵从度提高，以便更好履行税务工作职能，践行“聚财为国，执法为民”的税务工作宗旨。

三、我国税务文化的时代脉络及税务文化建设的国际借鉴

我国是世界四大文明古国之一，税务文化源远流长。在经济全球化、一体化发展趋势下，各国税务文化相互交融、相互影响，对于减少国际税收争端，建立协作互信的国际税务关系起着积极的润滑作用。把握税务精神文化的时代脉搏，借鉴国外税务文化的优秀成分，对于推进我国的税务文化建设和税收事业发展，广泛参与国际税收交流与合作具有重要意义。

（一）新中国税务精神文化发展脉络的梳理

由于政治制度所致，旧中国的税收一直是统治阶级盘剥人民，榨取民众血汗的工具。因此，旧中国的税务文化实质上是一种深受人民憎恶的“剥削文化”。新中国成立后，我国税收被赋予了“取之于民、用之于民”和“聚财为国，执法为民”的全新文化内涵，导入了

社会主义文化的发展轨道，并在不同时期、不同实践背景下形成了具有鲜明时代特征的税务精神文化。

1. 激情岁月的“激情文化”

20 世纪，从新中国成立到 60 年代中期这段社会主义改造和建设的激情岁月，既是我国社会主义经济和税务工作的重要奠基期，也是我国社会主义税务文化的重要形成期。虽然受到“非税论”和“左”的思想干扰，税务事业的发展历经曲折与反复，但在当时特殊政治氛围和火热的现实生活感染下，广大税务人员释放出了高度的工作激情、敬业精神和优秀品质，形成了具有“激情文化”特征的税务精神文化。诸如：建国初期极其困难和残酷斗争环境下表现出的不惧艰苦，勇斗匪特，舍身护税的牺牲精神；“三反”、“五反”和农村“四清”、城市“五反”等运动中表现出的积极提供情况、配合调查、参与定案，充分发挥税收监督职能，共同打击违法行为，整治社会经济秩序的合作精神和高度社会责任感；社会主义劳动竞赛中，开展争创“五好”、“三无”税务机关等活动所培育出来的廉洁奉公、敬业爱岗、认真负责、精益求精的工作作风和优秀品质；以及牢固树立政治、生产、群众三大观点，坚持从经济到税收，服务生产，支持发展的税收工作原则和服务意识；重视思想政治工作和业务培训，大力培养“又红又专”式税务人才的队伍建设思路；相信和依靠群众，动员群众协税护税和在与群众“同吃、同住、同劳动”中结成的相互信任、相互理解、相互支持的良好征纳关系等等。

正是在这种“激情文化”的感召下，我国社会主义计划经济体制下的税制和税务工作体系得以迅速建立，税收秩序逐渐好转，税收收入持续增加，缓解了新中国社会主义建设的财政需求压力，促进了新中国国民经济的恢复重建和社会主义国民经济体系的建立与发展，实现了新中国财政税收从以农村、农业为主向以城市、工商业为主的转变。同时，建立起一支有高度政治觉悟和巨大工作热情的税务队伍。

2. 动乱时期的“坚守文化”

十年“文化大革命”期间，“非税论”和极左思想肆虐，税务工作受到巨大冲击，陷入混乱。这一时期的税务文化虽然不可避免地被植入了诸如政治挂帅、“以阶级斗争为纲”、大搞“斗批改”、诋毁税收、砸烂税收等消极元素，但即便如此，坚守在税务战线的广大税务人员依然保持着纯洁热情的本色，不计个人得失、国家利益至上，忠于职守、负重工作，形成了特定历史条件下，具有“坚守文化”特征的税务精神文化，即在税收的职能作用被忽视、曲解，税收被错误认为是反动统治阶级剥削人民的工具而遭到批判，税收制度也被批判为“繁琐哲学”和“条条专政”，税收管理被认为是对社会主义经济的“管卡压”，社会政治、经济和税收秩序一度陷入混乱的情况下，绝大多数税务人员都能够以高度的责任感和敬业精神坚守税收工作岗位。他们心怀理想与信念，意志坚定，忍辱负重、百折不挠，忠于职守，排除干扰，为国聚财，同时积极参加生产劳动，支持国家经济建设。税务人员以其敬业精神和个人素质赢得了人民群众的认同，依然维系着比较良好的征纳关系。

这种特定历史条件下凝聚而成的“坚守文化”，不仅稳定了税务工作的基本队伍，而且整体上仍然保持着良好的政治素质和敬业精神，税务工作在逆境中艰难开展，发挥作用，在经济困难年代为国家筹集到大量宝贵的建设和发展资金。尽管“文革”十年间国家经济发展一度陷入停滞，全国工商税收总收入仍然艰难地实现了翻番。

3. 改革年代的“创新文化”

实行改革开放后，我国开始了从计划经济向有计划的商品经济再向社会主义市场经济的渐进转型。经过“利改税”改革以及

1984年、1994年的两次重大工商税制改革，重新确立了税收在国民收入分配和宏观经济管理中的地位与作用，逐步建立起与中国特色社会主义的经济制度相适应的税制体系和税务工作机制，税收法制建设也有了重大跨越。改革开放不仅给国家经济注入了生机与活力，也解除了人们的思想禁锢，纠正了许多认识和实践误区。坚持改革，勇于探索，大胆创新，敢为人先，争创一流的“创新文化”成为这一时期税务精神文化的主流。各级税务机关和广大税务工作者投身改革开放形势下的税收实践，坚持“发展是硬道理”和“三个有利于”的实践标准，以改革破解难题，以改革促进发展，敢于突破、大胆尝试，以敢闯敢冒、敢为人先、不达目的誓不休的精神和勇气不断创新税收工作理念、模式、方式、方法等，将先进理念、法制意识、服务意识、责任意识、科学化管理等具有时代气息的税务文化元素植入税务工作，创造出中国特色的税收理论体系、税制体系、工作模式和宝贵的税收实践经验，书写出我国税收事业改革发展的辉煌篇章。

正是在这种“创新文化”的导引下，税收改革得以排除障碍，绕过暗礁，提速推进。税务管理的现代化水平明显提高，税收收入持续快速增长，成为各级政府固定的、主要的、高质量的财政收入来源。税务形象得到提升，税务工作得到了广泛认可，税收的社会地位和作用进一步凸显，成为调控经济，维护国家税收权益，促进改革开放，加速社会主义市场经济建设，调节社会分配，建设和谐社会不可或缺的重要手段。

4. 全球化背景下的“转轨文化”

“入世”后，我国对外开放的大门进一步打开，国际税收合作与交流日益频繁，税收实践越来越深刻地受到国际税务文化的影响，税收工作中的国际准则、先进理念、管理模式和科学手段，特别是文明执法、公正公开、维护纳税人权益的理念越来越深刻地融入我国税务实践中。税务部门将先进的国际税收理念和原则与科学发展观、构建和谐社会、以人为本、尊重纳税人、服务纳税人等新的发展理念、工作要求和工作方针等相融合，培育出具有时代性和中国特色的税务文化元素，植入到我国社会主义市场经济新阶段的税务实践中，形成了以治税理念和工作理念调整为突出特征的税务“转轨文化”。这种“转轨文化”集中体现在治税理念从行政治税向法制治税转轨、税务工作方式从管理型向服务型转轨上。税务部门按照我国社会主义市场经济发展的新形势、新要求和国际税收工作基本准则，积极推进新一轮税收改革，全面建立符合WTO规则的税制体系和工作模式，更加重视税收法制建设，强调税收服务的重要性，税务机构的职能发生转变，全面推进我国税务工作与国际税务工作的根本性接轨。

在这种“转轨文化”的主导下，全社会的税收意识、维权意识大大增强，税务机关和税务人员的服务意识增强，税务工作从制度设计、职能转变到方法的采用等，都是以提供优质的纳税服务为初衷和重点，寓管理于服务中，税务部门与纳税人的关系发生了根本性变化。税务改革不断深化，税务管理的科学化、法制化、社会化程度有了进一步提高。征纳关系更加和谐，社会税法遵从度有了很大程度的提高，成为保持税收收入持续高速增长态势的重要因素，极大地促进了中国特色的社会主义市场经济体制下的税收理论体系、税制建设、税务管理的创新与发展，促进了我国市场经济地位在世界范围内得到更广泛认同。

直到今天，这些不同时代的税务精神品质、思想作风和优良传统所构成的税务文化仍然闪烁着耀眼光芒，是一笔值得继承和发扬的宝贵精神财富。

（二）西方税务精神文化的借鉴

由于政治、经济制度和意识形态上的差

异，西方国家的税务文化虽然与我国存在着许多不一样的认同，但其税务精神文化中也不乏值得我们借鉴的成分。

借鉴之一：基于“公民思想”和“税收价格说”认同而滋生的“以纳税人为尊”的潜在意识。西方税务文化理念中，基于对“公民思想”和“税收价格说”的推崇，认为税收是公民为获取政府提供的公共产品而支付的价格。因此，政府、税务机关和税务人员都潜意识地把公民纳税置于和政府进行利益交换的对等地位看待，给纳税人以充分尊重，形成了征纳之间权利与义务相对等的和谐关系。税务部门和税务人员自觉以纳税人为尊，公民也视纳税如死亡一样不可避免，形成了极高的税法遵从度。

借鉴之二：基于税收征管“金字塔”理论而不断强化的税收服务理念。国际货币基金组织的专家曾把税收征管的业务结构形象地比喻为一座“金字塔”，从塔的底部向上依次为“为纳税人服务—税务申报处理—税款缴纳—税务审计—对违法行为的惩罚和税务诉讼”。处在“金字塔”最底层，在整个税收征管操作体系中起着基础支撑作用的便是“为纳税人服务”，这足见西方税务文化中对税收服务的重视。基于这样的认识，税务机关和税务人员有很强的“为纳税人服务”意识，税务工作设计都是以此为基本要求。税务机关通过提供周到、便捷和形式多样的纳税服务，化解纳税人因纳税而产生的心理反感，使之心甘情愿地纳税，从而减少税收征管的阻力。这种人性化征管不仅有效避免和化解了税收征纳纷争，也赢得了纳税人的理解与信任，树立起良好的税务社会形象。

借鉴之三：基于崇尚科学技术而创新不止的先进管理文化。西方国家非常注重税收管理的先进性和科学性，美国、日本都是优先将信息化的技术手段应用于税务管理之中，使税务管理和税收征管的科学性与效率大大提高，而且无论是税务机关还是税务人员都十分重视对这些先进技术手段的掌握和应用。为此，税务机关设立了专门的培训机构或组织，定期对税务人员进行培训，建立起崇尚和应用科学技术的良好机制，鼓励科学技术在税务工作中应用和高素质人才脱颖而出。税务人员通过自觉学习和参加有组织的培训提高自身管理技能，适应现代化、科学化管理的要求，形成了一支高素质的精干税务队伍，成为西方税务管理文化的技术之源。

借鉴之四：基于西方式的民主、法制思想而保持不苟的严肃执法态度。崇尚法权是西方式民主的基石，法律成为调节一切社会关系和个人行为的基本准则。国家建立了比较完备的法律制度体系、健全的执法机制和有效的执法保障措施。税务人员在履行公务和执行税法中，严格依法办事，不敢也不能徇任何私情，税务人员的执法自由裁量权被最大限度地压缩，很好地做到了依法办事，保持着良好的社会公信力，形成了西方式的税收法制文化。

今天，我们应以“扬弃”的态度和方法将西方税务文化中这些具有积极作用的文化元素植入我国的税务文化之中，这将有助于我国顺利渡过转型期。

四、社会转型背景下的税务文化建设思路

华为公司总裁任正非有一个精辟的观点，即“企业管理中最大的权力是思想权和文化权，因为权力的高度集中和统一，是以思想和文化的统一为前提的，组织建设必须建立在思想和文化建设的基础上。因为组织只是一个构架体系，而思想和文化是思维和传导体系”。这段话揭示了文化建设的真谛，对我们确立社会、政治、经济全面、深度转型期的背景下的税务文化建设的基本思路具有启迪。

(一)税务文化建设的目标、原则与内容

税务文化建设是一项实践性和针对性强,涵盖面广、内容丰富的持续性工作,各地情况千差万别,建设中必须确立明确的目标、原则和基本内容,以保持工作的一致性和连续性。

1. 建设目标

余秋雨认为:税务文化建设工作,就是把税收提高到文化的程度,让文化来滋润税收工作。一语中的道出了税务文化建设的目的所在。开展税务文化建设的根本目的在于:一是通过税务文化建设过程和广泛参与,提高税务系统对税务文化建设重要性及其内涵的认同感,形成广泛的税务文化自觉,营造出更加浓厚的税务文化氛围。二是培育和弘扬符合我国社会主义主流价值观且富于时代特征的税务文化,增强税务人员自觉抵御非主流文化渗透的能力,教育和培养税务人员。三是充分发挥税务文化功能,引导税务人员树立正确的人生观、价值观、道德观和工作观,坚定理想信念,提高素质,形成良好的精神风貌和行为规范,焕发出巨大工作热情和创新精神、奉献精神,立足本职,奉献社会。四是建立起文化管理和制度管理相互促进、相互补充的现代税务管理机制,深化税务改革,推动税务事业又好又快地发展。

特别要强调的是,我们所要培育和弘扬的税务文化必须是激情与理性的统一体。因为仅有激情容易再度陷入不切实际的狂热和冒险,仅有理智又会落入保守与被动的泥潭。这种激情与理性相统一的文化选择,符合实事求是的科学态度和当前我国改革与发展的实际。

2. 建设方针

开展税务文化建设必须遵从文化发展规律,克服浮躁心理,制定正确的建设方针,即以人为本、积极引导、广泛参与、因地制宜、与时俱进的方针。

以人为本,就是要把人作为管理活动的核心和组织的最重要资源,以价值人假设为前提,以对人的尊重、关心、感染、熏陶等柔性管理为载体,以文化教化为手段,以价值实现为目的,即以促进人自身完善与发展为根本目的,强调个人价值与集体价值、个人目标与组织目标共同发展。用先进的文化理念培育人,用人文关怀感化人,用价值观念教化人,用道德标准规范人,是人本管理的手段和特征。其实践体现,就是以尊重人、爱护人、促进人的发展为理念,确立税务文化的基本内涵、建设目标、建设途径和方法措施,扩大税务文化建设的人文基础。

积极引导,就是在遵从税务文化的客观性、普遍性、可塑性等固有属性及其发展规律的前提下,立足于税务实践需求和客观条件的许可,充分发挥主观能动性,发挥各级税务领导机关和领导者的示范作用,启发、诱导税务人员认同、传承、弘扬和发展先进税务文化,推动税务文化建设循序渐进地持续开展。

全员参与,就是要组织和动员广大税务人员乃至纳税人都自觉地投身于税务文化建设的实践中,不断强化其税务文化建设的主体意识、参与意识、竞争意识,做税务文化的创造者、承载者和传播者,并从中受到教化,认同税务文化核心价值理念,增强文化建设氛围,扩大税务文化建设的社会效应。

因地制宜,就是税务文化建设要紧密结合税务工作实际,把它融于目标愿景、组织架构、制度建设、日常管理之中,同时,扎根于本地的税收实践,以本土文化为基石,从中吸取养分和精华,尊重所在地区的社会风俗和伦理道德规范,在税务文化理念、载体、环境等方面形成特色。

与时俱进,就是税务文化建设必须以主流文化发展为导向,紧跟时代发展潮流,突出时代特色,既借鉴吸收,又探索创新,吸取文化建设的新鲜养分和最新成果,不断充实和完善税收文化建设的内涵，创新税务文化建设的表现形式、建设载体和措施等，始终保持税务文化的先进性。

3. 建设重点

税务文化建设当以税务精神文化为核心，同时兼顾必要的物态文化等外在文化形式建设，以增强税务人员以及社会对税务文化建设的认同感和参与自觉性。突出四大重点：

第一，建设具有时代特征的社会主义税务价值体系和道德规范。这种税务价值体系和道德规范即是一种融入了社会主义价值理念、道德标准、行为规范、奋斗目标以及国家公务员守则、税务人员守则和优秀民族文化传统等文化元素的税务精神文化，以提高税务人员的整体道德水准和责任感。这种税务精神文化必须凝聚着税务人员“爱岗敬业、公正执法、诚信服务、廉洁奉公”的思想情操和协作奉献、求真务实、创新进取等精神品质。这是税务文化建设的核心内容。

第二，建立更加科学、先进的税务制度体系，完善税务制度文化。主要是将旨在改造税务人员的内在精神思想世界的税务精神文化建设融入税务制度文化建设之中，以制度的形式加以固化，并通过制度的作用规范税务人员的思想和行为，形成更加完善、更具有先进性的税务制度文化。这是税务文化建设的关键环节。

第三，建立现代管理理念主导下的先进税务管理模式和机制，即以文化建设为切入点，改造税务管理理念、模式与手段，建立起文化管理和制度管理相结合的现代税务管理文化，全面提高税务管理水平和管理效率，建设行政效能高、执行力强的税务机关。这是税务文化建设的工作重点。

第四，塑造良好的税务社会形象。主要是在注重税务精神文化建设的同时，开展必要的税务物态文化建设，形成外在表现与内在精神相统一的税务文化体系，增强税务人员和社会对税务文化的感知度和认同感，使良好的税务形象更加丰满，更具立体厚实感。这是税务文化建设的根本目的。

（二）税务文化建设的途径与措施

税务文化建设的实质是一项系统的税务形象改造工程，要求以科学、务实的态度，紧贴形势和实践需要，讲求实效，因事制略地选择正确途径，采取有效措施。

1. 建设途径

当前开展税务文化建设，应根据税务文化建设的预期和重点，遵循税务文化的发展规律，针对税务部门的实际，确立基本建设途径：

第一，加强学习与教育，提高税务人员的税务文化认同感。开展有针对性的学习教育活动，在学习提高税收业务技能的同时，加强对马克思主义哲学思想及其世界观、方法论和科学发展观的理论真谛，以及现代管理理论和心理学、行为科学的基本原理的学习教育，全面提高思维、决策和实践能力，引导税务人员尤其是各级税务领导者真正认清什么是税务文化、为什么要开展税务文化建设以及税务文化对税收实践和提高税务人员的个人修养与素质所具有的特殊作用等基本问题，疏通思想障碍，增强对税务文化建设的认同感。通过学习教育，帮助其澄清模糊认识，认清税务文化建设与传统的思想政治工作、精神文明建设以及文化娱乐活动在工作内容、工作方式和功能作用等方面的本质区别，即税务文化建设通常可以表现为上述形式，但其立意更高、覆盖更广，方法也有所不同。其核心是要形成并遵从一种能够净化人、教育人、鼓舞人的文化认同，目的在于改变整个税务部门的思想作风和精神面貌，为做好税务工作，推动税收事业的改革和发展添注永恒的精神动力。

第二，丰富和创新建设载体，提高全员参

与文化建设的自觉性。好的文化内容要有好的表现形式才能更加具有影响力和感染力。丰富和创新税务文化建设载体，重点在于广泛搭建税务文化建设平台，丰富其表现和传播形式，提高税务文化建设品味，增强吸引力，扩大群众基础。具体而言，就是适应现代人的知识结构、思维方式和思想状况，广泛借用现代文化的艺术表现形式和传播方式，以喜闻乐见、生动有趣、入心入脑的文化表现和传播形式，不断创新税务文化建设，做到思想性、趣味性、艺术性的有机统一。丰富税务文化建设载体，有助于吸引更多的税务人员乃至纳税人自觉而又富于热情、富有创造性地参与到税务文化建设的具体实践中来，并在参与中接受教化，产生认同。这是推进税务文化建设，发挥税务文化功能作用的重要保证。

第三，加强制度和机制建设，固化税务文化的基本内涵。税务文化，特别是税务精神文化在表现形式上只是一种抽象的价值体系和精神品质，要使其得到广泛传播，形成广泛认同，并持续地发挥文化功能，就必须把这种经过实践凝炼而成的税务文化中富含的价值取向、精神品质和道德准则以及税务文化建设所要达到的目标等通过一定的制度机制固定下来，逐步内化到税务人员的思想意识形态中去，持续地影响和改造税务人员的思想与行为，并逐渐消融外在的强制性属性，转化为税务人员自我发展、实现自身价值的内在需求。这是税务文化建设中的一个极其关键的环节。加强税务制度和机制建设，不仅是完善税务管理制度体系，更要通过制度的执行及其作用的显现，形成一种把制度转化为自我约束、自然规范、潜在激励的制度管理机制，即形成税务制度文化。这也是税务文化建设的关键之所在。

第四，加强必要的物态文化建设，提高税务文化的社会感知度。税务精神文化必须建立在一定的税务物质文化之上。在社会物质条件改善和技术进步的今天，加强税务文化建设不能忽视税务物态文化的建设。物态文化是税务文化的物化体现，人们通过物态文化可以直观感知税务文化建设的成果，增强自豪感。同时，物质文化也是开展税务工作的物质依托。建设税务文化，既要克服重硬环境改造轻软环境优化的倾向唯物质主义，又不能落入不顾物质基础的虚幻理想主义歧途。当前税务文化建设中的物态文化建设应本着提高使用效率，提高工作效能的原则，突出重点。一方面，量力而行地进一步改善纳税服务的场地和设施，重点改善税务管理的技术装备，提高其科技含量和覆盖面。另一方面，加大税务文化设施建设投入，为税务文化的形成、表现和传播提供必须的物质条件，进一步增强税务文化的外在表现力和感染力。

2. 建设举措

确立了税务文化建设的目标途径之后，成败的关键就在于怎样因地制宜、因事制略地采取有效措施，抓好工作落实。

第一，提高认识，加强领导，把税务文化建设作为推进税收事业又好又快发展的重要手段。思想是行为的先导，认识有高度才会行动有力度，开展税务文化建设首要的是要解决思想认识问题。提高认识，关键是要走出对税务文化内涵及其功能作用的理解、税务文化建设的现实意义的认识，以及处理税务文化建设与税收业务工作关系等方面的种种误区，增强开展税务文化建设的动力和主动性。领导者是一个单位的领头羊和榜样，也是文化建设的旗手，尤其是主要领导人的政治素养、思想境界、精神品质、道德修养、工作作风、业务水平等对一个单位文化的形成具有很强的示范导向作用，会潜移默化地成为一个单位文化的重要元素。因此，提高认识的关键在于提高各级领导的思想认识，加强领导关键在于领导者要真心重视，真实参与，率先垂范。文化建设的实质是思想改造，必须绝对掌控在各级党组织的领导之下，切实加强领导，防止偏离方向。加强领导除了建立领导机构、明确领导要求、落实领导责任外，要充分发挥各级税务领导者的组织发动和示范导向的双重作用，不仅要重视，更要身体力行参与税务文化建设活动。

第二，锁定目标，长远规划，有计划分阶段地推进税务文化建设持续深入开展。税务文化建设具有历史性，既要继承更要发展，是一项具有长期性、复杂性的思想改造工作，不可急功近利、一蹴而就。文化建设既要依靠领导，更要超越领导。依靠领导就是领导者要给予重视，加强组织协调，充分发挥领导者的推进和示范作用；超越领导就是不能因为领导人的更替而改弦更张，另起炉灶甚至中断。基于此，推进税务文化建设必须制定出明确目标和科学的实施规划，以保持税务文化建设工作的连续性和内容的一致性。具体而言，就是在明确宗旨、理清思路、确定目标和方针的基础上，充分调查论证，多方听取意见，广泛吸取经验，制定出集科学性、超前性、可行性于一体的建设规划，并且依照规划有计划、分阶段地扎实推进。

第三，搭建平台，丰富载体，营造更加浓厚的税务文化建设氛围。文化建设重在提高群众的参与度，提高群众参与度的关键又在于以增强文化氛围、扩大文化效应为目的，适应现代人的思维特点和文化喜好，广泛搭建适用性强的建设、表现和传播平台。首先是丰富和创新文化载体。因地制宜、因事制略地创新宣传和推广载体、典型培养载体、群体性活动载体、品牌形象载体、器物文化载体等，丰富税务文化建设的活动形式和内容。其次，广泛开展税务人员乐于参与、能够参与又方便参与的各种文化活动。寓教于乐，雅俗共赏，把税务精神文化的培育和传播融于日常的文化娱乐活动及文化艺术表演活动之中，让其在活动中感知、认同和传播税务文化，并接受教化，最终实现文化价值认同基础上的自我管理、自我完善。其三，创立富有影响力和感召力的税务文化品牌。优秀的税务文化品牌是税务文化的重要标志和表现形式，对推动文化建设具有导向作用和强烈的感染力。因此，推进文化建设应当注重文化品牌的创建，诸如塑造文化艺术形象，树立先进典型，打造特色文化活动形式，统一规范税务标识，等等。通过创立优秀税务文化品牌，扩大税务文化影响，放大文化效应，提高税务文化的影响力。

第四，完善机制，科学评估，巩固扩大税务文化建设成果。税务文化建设具有持久性、复杂性和广泛性，必须建立领导机制、工作机制和考评机制三位一体的工作长效机制，以保证税务文化建设朝着预期目标和方向，持之以恒、富有成效地推进，不断推动税务文化建设实践跃升到更高层次。建立领导机制和工作机制，可以确保税务文化建设形成领导有力度，工作有专班，有效整合思想政治工作、文明创建工作等方面的力量和资源，形成目标一致、内外兼顾、齐抓共管的建设格局。科学、客观、可行的评估机制能够有效地激励、鞭策和促进税务文化建设的工作落实，因此，建立具有权威性的税务文化建设评估机制十分必要。税务文化建设评估的项目设计、标准和要求制定必须科学、规范又具有可操作性，评估结果能够客观、公正、全面地反映出各地税务文化建设的工作水平和成绩。基于税务文化的丰富内涵和多样化的表现形式，评估指标体系的设定和机制的建立要防止简单化、模式化、肤浅化和虚无化，做到虚实结合、定量与定性相结合。税务文化的功能需要通过一定的表现形式和传播途径加以体现，并产生影响，必须立足于现实条件，建立具有税务行业特色、适合税务文化表现与传播的推介机制，扩大税务文化的社会影响，充分释放税务文化功能，全面实现税务文化建设目标。

课题指导人：许建国

课题负责人：田和平

报告执笔人：彭继旺　黄贻芳　刘子真

曹院林　桂　军

总执笔人：彭继旺

〔本文在2008年全省地税系统税务文化建设理论研讨会上交流，并被国家税务总局《研究报告》全文登载〕

从农村生产力的角度求索城乡二元结构的破解之路

罗　涛

通过弱化农村生产力来强化城市生产力，使城市生产力水平达到了中期工业化阶段。而农村生产力水平仍停留在以家庭为基本生产单位的小生产农业阶段。这是我国城乡二元结构形成并呈扩大趋势的主要原因。本文拟从农村生产力的角度，探索城乡二元结构的破解之路。

一、从农村生产力的基本要素着手，对其生产关系进行局部变革，解放生产力

（一）消除城乡国民待遇差异

从法律、体制、制度上打破附着于劳动者身上的城乡不平等枷锁，实现城乡国民待遇的起点平等、机会平等和结果平等，从根本上割断贫困的“继承链”，进一步释放农村劳动者的生产活力，使农村生产力中最活跃的因素完全活跃起来。一是进一步扩大民主。当前，农村的民主权利集中体现在村一级的村民自治上，因此，要在各级人民代表大会、政治协商会议中扩大农民代表的配额，让农民不仅有自己的政治代言人，而且有权利参与国家的大政方针的制定。二是让农民有迁徙和选择职业的自由。三是让农民享有城乡平等的教育、文化、医疗和卫生等社会公共产品。四是建立和完善农村社会保障体制。

（二）改革农村土地制度，追求土地使用价值的最大化

一是创新土地公有产权的实现形式。马克思曾经指出，土地的所有权包括所有、占有、支配和使用诸权利，并可以发生权能的分离运动。因此，对农村集体所有制土地，可以通过对其占有、支配、使用等权能重新进行分离、组合，创新农村土地公有产权的实现形式。二是规范对农村土地的征用管理。其一，权限上收，实行总量控制。把土地征用审批权上收到国务院，每年从农业领域流向非农领域的土地不能突破200万亩。其二，统筹规划，次序审批。把对农业土地的需求按国家、省、市、县排序，坚持宏观优先的原则，先满足国家项目，再满足省级项目，依此类推。其三，加快立法，把对农业土地征用的补偿办法纳入法治轨道，依法操作，切实保障农民的基本生存权和投资收益权。三是规范农村内部有偿流转。其一，通过土地承包经营权有偿流转把地块有序集中起来；其二，通过

相邻地块合作经营把地块有序集中起来；其三，通过土地置换的方式把地块有序集中起来。

（三）完善公共投入政策，使城乡两大单元在利益分配上机会均等

目前，农村农业发展仍处在艰难的爬坡阶段，农业基础不牢、后劲不足的基本状况并没有根本改变。必须进一步完善公共投入政策，使城乡两大单元在公共利益分配中机会均等。一是根据财力适当扩大直接补贴的范围和标准；二是根据现代农业的要求，改善农业生产条件；三是向农民提供必要的社会公共产品。

二、从生产要素的优化配置着力，使其在城乡地域空间上、不同产业间通畅流动，发展生产力

（一）大力发展现代农业，夯实新农村建设的产业基础

推进现代农业的主要措施应当有三点：一是丰富现代农业的组织形态，使农民、土地、资金、技术等生产要素有效聚合；二是抓住现代农业的核心内容，使生产方式实现根本转变；三是创新现代农业的表现形态，使农业产品直接与国内、国际市场需求对接。

（二）实施城市产业梯度转移，使农村生产要素在产业对接中提升价值

随着工业化程度的日益提高，资本密集型、劳动密集型、科技含量不高且附加值较低的城市产业会梯度向乡村转移，这是由资本的本性决定的，也是由农村的贫穷决定的，因而也是中国发展经济的天然禀赋，它使我们有可能通过城乡间的资源合理配置而实现经济的长期高速增长。对此，我们应做好“五个结合”，使城乡资源的配置结构最优、效率最佳。一是与社会主义新农村建设紧密结合；二是与农村劳动力的转移紧密结合；三是与增加农产品附加值紧密结合；四是与启动农村消费市场紧密结合；五是与农村资源的价值提升紧密结合。

（三）大力发展农产品加工业，使各种生产要素在城乡之间市场化配置

农产品加工一头连着农业，一头连着工业和第三产业；一头连着农户，一头连着市场；一头连着农村，一头连着城市，牵一发而动全身，是实现传统农业向现代农业根本性转变的牛鼻子。抓住了这个牛鼻子，就能够实现农产品多层次转化增值，就能够带动农业结构调整，推动农业生产力的集中布局、规模经营和专业化生产，就能够从本质上改变农业与其他各业长期分割的状态，提高产业的关联度，使现代农业与现代工业实现内在互补、高度契合。为此，一是延伸加工链条；二是规避产业趋同；三是走自主创新之路。

（四）大力发展现代服务业，在农村逐步形成比较完整的产业链条

随着第一、第二产业规模的扩大和效率的提高，对第三产业的需求会越来越大，这根产业“链条”必然会延伸到农村。因此，要顺应经济规律，大做第三产业的文章。要依托工业发展信息服务业，加大信息产业的普及力度，实现网络经济与实体经济“两翼齐飞”；着眼于工业对劳动力的需求发展培训业，有针对性地开展农村劳动力培训，把农民转化为工人；着眼于城市居民的休闲娱乐需求，大力发展休闲农庄、体验山庄、观光农场等，同时，依托厚重的文化沉淀和区位特点大力发展旅游业；还可以依托工业发展物流、金融、商贸、物业服务等，使第三产业实现一次质的飞跃。

三、从新农村建设的生动实践着眼，总结推广人民群众的成功经验，创造生产力

理论常常滞后于实践，远没有人民群众的实践来得生动、鲜活，富于创造力，具有雄辩性。我们从新农村建设的生动实践中撷取几粒种子，看看生命力和创造力，对进一步推动新农村建设也许不无裨益。

(一)城中村改造

根据国务院批准的《武汉市城市总体规划(1996至2020年)》(国函〔1997〕11号)文件精神,武汉市江岸、江汉、硚口、汉阳、武昌、洪山区的147个行政村和15个农林单位纳入"城中村"综合改造范围,涉及总人口35.66万,其中农业人口17.10万。他们开展"城中村"综合改造遵循的原则是:依法行政,有情操作,改制先行,改建跟进,统筹兼顾,属地管理;"城中村"综合改造的主要任务是:通过"城中村"综合改造,促进"城中村"集体经济管理模式转变,把其改造为符合社会主义市场经济体制和现代企业制度的企业;改革户籍制度,把"城中村"村民农业户口改登为城市居民户口;依法撤销村民委员会,组建社区居民委员会;逐步将"城中村"中改登为城市居民的人员纳入城市社会保障体系;依法将"城中村"的集体土地变更为国有土地;按城市规划和建设的要求,改善"城中村"的公共设施,建设文明社区;按照城市管理规范,提升城市整体功能。

(二)土地有偿流转

武汉市新洲区汪集街陶咀村以农技服务协会、水产养殖协会为龙头,把相邻田块的农民组织起来,以土地有偿流转的形式,集中100亩农田搞小龙虾养殖,每亩每年净增值4000元以上,成了汪集街办土地有偿流转的一块"实验田"。2006年全街共计流动土地11000多亩,签订土地流转合同3000多份。

汪集街土地有偿流转的政策法律依据是:《农业土地承包法》,《农业部关于农村土地承包经营权流转管理办法》,湖北省委办公厅、湖北省政府办公厅《关于做好农村土地承包经营权流转管理工作的通知》(鄂办文〔2007〕8号)及武汉市委办公厅、武汉市政府办公厅《关于引导农村土地承包经营权流转推进土地规模经营的意见》。其坚持的原则是:"依法、自愿、有偿"的原则;"稳制活田、三权分离"的原则;保护耕地特别是保护基本农田的原则;"三个面向"的原则,即面向市场需求、面向科技进步、面向可持续发展;"土地有偿流转既定"的原则,即承认过去已经发生的农户自愿流转土地的事实,加以引导规范;"土地流转备案"的原则,即一律签订统一文本的规范合同,经过法律公证后报政府备案。

(三)劳动力转移

湖北省武汉市江夏区因势利导新生代农村人口的城市化倾向,积极落实国家有关农民增收的政策措施,充分尊重农民意愿,在农业劳动生产率不断提高的前提下,采取得力措施转移农村劳动力,农民收入得到了较大幅度的提高。2006年农民人均打工收入和经营性非农收入为1994元,占农民纯收入的41.5%。

他们转移劳动力的主要途径有五:一是政府组织就业转移占20%;二是定点培训就业转移占18;三是投亲靠友转移占40%,通过亲友"牵线搭桥"外出就业;四是区内经济发展就业转移占20%。

(四)循环农业

湖北省武汉市汉南区以发展循环农业为突破口,加快转变农业增长方式,在种养业中打造循环产业链,变传统农业的线性物质流动方式为现代农业的循环流动方式,形成"种、养、养、种"的循环农业新模式,呈现出生产发展、收入增加、生存改善三大效益同步提高的良好态势。2006年汉南区实现农业总产值94000万元,农业增加值55000万元,农民人均纯收入4915元。他们根据不同的生产形式和资源特点,创造出不同的循环种养模式。

〔本文刊于《中国党政干部论坛》2008年第1期。作者单位:湖北省地方税务局〕

用科学发展观指导税收信息化建设

肖厚雄

科学发展观是指导发展的世界观和方法论的集中体现，是运用马克思主义的立场、观点、方法认识和分析社会主义现代化建设的丰富实践，深化对经济社会发展一般规律认识的成果，从而成为我们推进经济建设、政治建设、文化建设、社会建设必须长期坚持的根本指导方针。科学发展观，第一要义是发展，核心是以人为本，基本要求是全面协调可持续，根本方法是统筹兼顾。税收信息化是指运用现代信息化手段来支撑整个税收业务活动，它包括税收政策法规的制定与实施、税收征管与核算、税收服务与评估、税务机关内部管理与考核、纳税人基础信息管理与控制、第三方信息共享与利用等方面。

税收信息化建设是一项科技程度高、涉及工作范围广、权力利益变革大、精力经费投入多、综合协调要求严，既管现在又管长远的宏大工程，必须按照科学发展观的基本要求和原理来推进。

一、必须用时代的要求制定税收信息化建设的规划

信息化是革命化、是全球化，更是时代化的象征。制定信息化建设规划要按照时代的要求，面向全球发展趋势，用革命化的手段作保证。从全国税收信息化建设而言，就要做到在全国建立一个统一的信息平台，实现国家和省(市)两级集中处理，应用内容覆盖所有税(费)种、税务业务、税务机关三大系列，完善四大系统，即征管信息系统、外部信息系统、行政管理系统和辅助决策系统。从湖北省地税系统的信息化总体建设而言，就是要做到“全省同一个信息处理平台、同一条宽带网络、同一个数据仓库、同一套管理制度、同一样工作流程、同一个业务技术标准、同一个安全保密体系，覆盖全省地税所有的机构和业务”。具体而言，在网络平台建设上，要建立省局至市(州)局 100M、市(州)至县(市、区)局 10M 的主干线路网、备份线路网、视频线路网、外联线路网、局域线路网和分局线路网，以确保工作需要。在硬件平台建设上，要建立省、市、县局能满足工作需要的中心机房，配备相应的设备，安装必要的安全防护器材，辅之以功能齐全的灾备中心，实现全省各工作网点的实时监控。在软件平台建设上，要开发能满足全省地税部门所有业务需要的税费征管核心软件和一系列的辅助软件；要开发能满足全省地税机关管理的办公(OA)软件和与之相配套的辅助软件；要开发有利于加强协税和税源管理的第三方信息软件；要在纳税人中逐步推广使用税控装置和网上开具发票装置。信息化建设的规划既要符合战略发展要求，也要切合现实情况。

二、必须正确处理税收业务与税收信息化的关系

税收业务是税收信息化的基础，是税收信息化服务的对象和工作的目的。税收信息化是税收业务的载体，是税收业务的工具和工作的对象。二者互相联系、相互作用、互为

目的。在具体处理二者关系时，要特别注意如下几点：

其一，税收业务需求要尽量建立在信息化支撑的平台上。在信息化时代，税收所有业务工作制度的建设、工作流程的设定、组织机构的设置、人员队伍的管理等等，都要根据信息化的特征与要求来进行。凡是不符合信息化要求的税收业务过程都要进行改进。

其二，税收信息化要以税收业务的内容为基础进行编程，将信息化的优势渗透到所有的税收业务之中，使其发挥更大作用。税收信息化中的每一个软件都应是相关业务最新法律、法规的优化、集成与固化。软件在形成之前是税收业务多部法律、法规的集成，软件形成之后就是规范和约束税收执法行为的工具。

其三，税收业务与税收信息化必须相互依存、相互作用。我们在处理这对关系时，要尽量使之相互吻合，税收业务的所有流程要按照信息化的要求进行再造，信息化的操作系统要按照税收业务的需求进行设计，使其相互匹配、共同促进、提高效率。

三、必须客观面对目前信息化建设所处的环境

信息化建设既要面向未来，要有一定的超前性，也要注意目前各种环境的制约。当前，要特别注意如下几个方面的环境制约。

第一，要注意经济的承受能力。当前各个地区的经济环境不一样，各个部门的经济环境更不一样。信息化建设的投资很大，不能超越经济承受的正常能力去搞信息化建设，要在保证国计民生正常需要的前提下来搞信息化建设。

第二，要注意税务干部的应用水平。当前税务干部的信息化应用水平普遍不高，大多数属于“赶鸭子上架”，处于凑合和应付阶段。面对这一实际，我们一方面要加强对税务干部的信息化知识培训，使其尽快提高信息化的应用水平。另一方面我们在部署工作时，不能急于求成，要充分考虑税务干部的客观实际，循序渐进，逐步提高。

第三，要注意纳税人的素质状况。目前，大多数纳税人的经营管理和账务处理还是手工操作，少数大中型企业实现了信息化管理，但在运用信息化办税上做得还不够好。要使大多数纳税人运用信息化办税还需要一个漫长的过程。面对这一现实，我们既要帮助纳税人尽量采用信息化手段办税，帮助他们提高信息化的应用技能。同时也要充分考虑纳税人现在的素质和办税习惯，通过一系列的措施逐步将其引导到信息化办税方向上来。

第四，要充分注意社会各方面的信息化应用程度。信息化虽然以政府为主导，但社会各方面要响应，要跟上，任何一个部门唱独角戏都是不行的，也是达不到好效果的。从税务部门来讲，税收信息化需要与经济管理部门、生产经营部门、社会综合协调部门、金融审计等部门的信息系统进行对接，实现信息资源共享、信息优势共用。但在目前，各部门的信息还在整合过程中，不能有机联动，有的信息是孤岛；有的信息是部门的“特殊商品”，不花钱就不提供给别人用；有的信息整合起来缺乏法制约束，不能自觉向他人提供或互换。在这种情况下，任何一个部门的信息化建设程度再高，也发挥不了太好的作用，必须注意整体联动，才能收到应有的效果。

总之，搞好税收信息化建设必须按照科学发展观的要求办事，全面协调，综合平衡，重点突破，稳步推进。同时，要充分调动各方面的积极性共同参与税收信息化建设，特别是要争取党政领导的支持、第三方相关部门的密切配合、纳税人的自觉应用和社会各界的充分理解。唯有这样，方可取胜。

〔本文刊于2008年12月25日《湖北日报》。作者单位：湖北省地方税务局〕

坚持以科学的世界观和方法论推进地税事业科学发展

余　伟

一、科学的世界观和方法论的哲学内涵

世界观和方法论是两个重要哲学概念。世界观是人们对客观世界总的看法和根本观点，方法论是关于科学方法的理论。世界观对人们的思想起支配作用，有什么样的世界观，就会形成与之相应的方法论。

辩证唯物主义哲学继承了人类哲学史上的优秀成果，揭示了客观世界变化与发展和人类认识与改造世界的一般规律，成为科学的世界观和方法论。用马克思主义的立场、观点和方法认识问题，科学把握客观世界的发展规律，解决客观世界存在的问题，体现为马克思主义的世界观和方法论。马克思主义的世界观和方法论符合唯物辩证法的一般原理，因而是科学的世界观和方法论。中国共产党人把马克思主义的基本原理和中国革命与建设实践相结合所形成的毛泽东思想、邓小平理论、“三个代表”重要思想以及科学发展观，较好地解决了中国革命与建设的理论指导问题，同样也是科学的世界观和方法论，必须长期坚持，并在实践中不断发展。

国际共产主义和我国的社会主义实践经验和教训表明，科学的世界观和方法论必须具备以下三大基本特征：

(一)必须是辩证唯物主义的世界观和方法论

就是要用唯物辩证法的立场、观点和方法认识问题和解决问题，既要有唯物主义的态度，又要有辩证法的思维。特别是要运用唯物辩证法的思维方式，正确地认识和处理好发展问题，树立辩证的发展观。

唯物辩证法认为，发展是事物的永恒运动状态，是事物的全面进步；事物的发展是一种曲折、螺旋式的上升过程，不可能一帆风顺。辩证的发展观首先是一种对立统一的发展观。认为事物内部的矛盾性是推动事物发展的主要力量，事物的发展过程是事物内部矛盾不断产生、运动和解决的过程。辩证的发展观还是一种全面的发展观，认为发展应当是一种系统的、全面的、保持内在各要素均衡式发展，而不能是片面的、畸形的、不均衡的、单一突进式发展；辩证的发展观是一种协调发展观，认为事物是普遍联系的，而不是孤立存在的，要从事物的相互联系中把握事物的发展，以协调、兼顾的观点和方法处理发展的问题；辩证的发展观更是一种可持续的发展观，认为发展应当是连续的、充满活力的、有后劲的、有潜力的长效发展。

社会发展是一个全面系统的过程，不等于单纯的经济增长，它内在地包括稳定、公平、民主、价值等社会和人全面发展的诸要素。社会发展中的政治、经济、文化三大部分缺一不可，物质文明建设、政治文明建设、精神文明建设、和谐社会建设缺一不可。这就要求我们在认识和解决发展问题时，必须正确地认识客观事物，把握和遵循事物运动、发

展的一般规律，同时又发挥人的主观能动性，积极地改造客观世界。客观规律和人的主观能动性的关系问题，是马克思主义世界观方法论所要回答的一个基本问题，科学的世界观和方法论也正是要回答在社会发展过程中，如何在尊重客观规律的基础上，充分发挥人的主观能动性和创造性，努力推进经济社会又好又快发展的问题。从马克思主义世界观方法论来看，人的主观能动性是受客观条件、客观规律制约的。人只有在一定的客观条件下，按照客观规律办事，才能创造历史。任何事物，无论是自然、社会，还是人类思维，都存在不以人的意志为转移的客观规律。人们只有尊重规律、认识规律、把握规律，按照规律去办事，才能最大限度地发挥人自身的能动性和创造性。反之，就会受到客观规律的惩罚。当然，人具有一定的主观能动性，必须正确、充分地发挥好人的主观能动性，这是创新精神的源泉。

（二）必须是历史唯物主义的世界观和方法论

马克思主义哲学的历史观，即历史唯物主义，是揭示人类社会历史发展规律的世界观和方法论。包含两个基本观点，一个是历史决定论，另一个是历史辩证法。历史决定论认为，社会存在决定社会意识；社会历史发展，归根结底，是生产力的东西、经济的东西、物质的东西所决定的；发展是硬道理，社会发展归根到底首先要解决好生产力的发展。历史辩证法强调，不能仅仅把经济、生产力归结为发展的唯一因素，要注意发挥政治、文化、思想各方面因素在整体社会发展中的作用，正确处理好经济基础和上层建筑、人的主观意志与客观历史条件之间的关系；既重视人和社会发展的特殊性，又重视自然因素对社会与人发展的制约性。人是社会发展的积极的、能动的主体，人的发展、社会的发展依赖于自然的发展，而自然的发展制约人的发展和社会的发展，人类社会发展的过程一定要做到人与自然的和谐发展；人是发展的目的、发展的主体，而不仅仅是发展的手段，必须从现实的人出发，以现实的人的发展为目的，因此必须贯彻以人为本的发展观。建立在历史唯物主义基础上的世界观和方法论，要求我们把努力促进人的全面发展作为创建未来社会的本质要求，建设中国特色社会主义，必须以人为本，把推进人的全面发展作为社会主义发展的根本目的。真正做到一切依靠人民，一切为了人民，把满足人民群众的物质文化需要，作为推动经济社会发展的根本出发点和最终归宿。

（三）必须是与时俱进的世界观和方法论

事物是不断变化发展的，人们对客观世界的认识随着人们的实践活动不断深化和提高。因此，科学的世界观和方法论也必须随着人类的实践和认识活动的发展而发展。中国共产党人在80多年的奋斗历程中，根据不同历史时期的任务和实践经验，创造出来的毛泽东思想、邓小平理论、“三个代表”重要思想和科学发展观等一系列既包含马克思主义基本原理，又紧密结合中国革命和建设实际的理论思想，被实践证明是能够指导中国社会主义革命和建设事业的科学世界观和方法论。这些理论在基本原理上一脉相承，有继承更有发展。这正是我们党长期以来坚持解放思想、实事求是、与时俱进的理论见证。

当前，我们在学习唯物辩证法，学习马克思主义哲学时，也就是要帮助我们在错综复杂的国际国内形势和发展矛盾面前，树立起正确的世界观，坚持正确的方法论，用科学的态度，扎实做好本职工作，解决我们所面临的各种认识和发展问题。

二、科学发展观是指导建设中国特色社会主义实践的科学世界观和方法论

党的十六大以来，以胡锦涛为总书记的党中央领导集体总结改革开放和建设中国特色社会主义的历史经验，认真分析当前中国社会的主要经济和社会矛盾，运用马克思主义的立场观点和方法，从中国的发展实际出发，创立了科学发展观的理论新成果，对当前中国发展的基本问题作出了正确回答，成为建设中国特色社会主义实践应取的科学世界观和方法论。

之所以说科学发展观是指导中国发展的科学世界观和方法论，是因为它不仅运用了唯物辩证法的基本原理和马克思主义哲学的基本原理与方法，继承了中国共产党在不同历史时期的理论成就，而且，紧密结合了当前中国的发展实际，科学地回答了“为谁发展”、“怎样发展”、“靠谁发展”等重大理论和实践问题。

（一）发展必须以人为本，并不等同于单纯的经济增长

科学的发展应当以实现人的全面发展为目标，以为人民群众谋利益为根本出发点，不断满足人民群众日益增长的物质文化需要，切实保障人民群众的经济、政治、文化权益，让最广大的人民群众能够更加广泛地享受到展成果。当前，最紧要的任务就是要在提高发展质量的基础上加快发展速度，把最广大人民群众的利益实现好、维护好、发展好。

（二）发展必须是全面、协调、可持续发展，而不是急功近利的掠夺式发展

全面发展就是要坚持以经济建设为中心，全面推进经济、政治、文化、社会建设，运用唯物辩证法的思想，牢牢抓主要矛盾和矛盾的主要方面，以经济建设为中心，聚精会神搞建设，一心一意谋发展，认真解决好人民群众日益增长的物质文化需要与落后的社会生产之间的矛盾。协调发展就是要统筹城乡发展、统筹区域发展、统筹经济社会发展、统筹人与自然和谐发展、统筹国内发展和对外开放，推进生产力和生产关系、经济基础和上层建筑相协调，推进经济、政治、文化、社会建设的各个环节、各个方面相协调。可持续发展就是要促进人与自然的和谐，实现经济发展与人口、资源、环境相协调，走科技含量高、经济效益好、资源消耗低、环境污染少、人力资源优势得到充分发挥的新型工业化道路，走生产发展、生活富裕、生态良好的文明发展道路，保证一代接一代地永续发展。科学发展观强调可持续发展，总结了历史经验更借鉴了人类研究可持续发展的有益成果，但它的更直接思想来源则是唯物史观中所蕴含的可持续发展思想。

（三）发展必须以人民群众为根本力量

毛泽东指出：“人民，只有人民，才是创造世界历史的动力。”中国共产党是以“立党为公、执政为民”为政治宗旨，为中国最广大人民群众谋利益的党；一切为了群众，一切相信群众，一切依靠群众是我们党经受挫折、克敌制胜、克难制胜的重要法宝；“情为民所系、权为民所用、利为民所谋”是我们党的执政理念。因此，任何时候，我们做任何事情，都必须以人民的福祉为依归，以“人民赞成不赞成”、“人民高兴不高兴”、“人民答应不答应”为标准，不仅是要为了群众，更要相信和依靠群众。同样，推进我国的发展大业，必须集群众之智慧，显群众之力量，得到人民群众的真心拥护和支持。

三、坚定地高举科学发展观大旗，推进全省地税事业的新发展

当前，湖北省地税事业正处在实现新一轮发展的拐点上，面临着许多新矛盾、新问题、新任务、新压力。全省地税部门如何抓住新的发展机遇，实现新的、更快、更好的发展，党组书记、局长王文童代表省局党组，提出了一系列新目标、新思路、新举措、新要求。这些目标、思路和要求集中体现在四个方面：

（一）确立全新的治税理念

切实解决某些不合时宜的思想观念的束缚，对工作性质重新定位，根本性地变革管理理念和工作方式。增强服务理念，尊重纳税人，服务纳税人，善待纳税人，以服务和被服务的新观念取代管理与被管理的旧观念，全

面构建以纳税人为中心的和谐征纳关系；创新服务形式，积极探索个性化、人性化服务，创造为纳税人所乐道的服务品牌，提高纳税人对税收服务的满意度；拓展服务领域，从提供平台式的公共服务延伸到针对性的个性化服务，从提供办税事务性服务延伸到提供经营决策性服务，从提供事中配合性服务延伸到提供事前预见性服务和事后救济性服务；完善服务机制，建立健全相关税收服务制度体系和工作机制，完善首问负责制、服务承诺制、监督与考核机制，积极构建以维护纳税人权益为根本点的税收服务制度体系。

(二)按经济规律收税

牢固树立依法治税观念，组织收入不惟需求订计划，不惟计划抓收入，按经济规律和现状组织地税收入，把该收的坚决收起来，不该收的坚决不收。树立正确的经济税收观，坚持从经济到税收的聚财思路，在计划执行中坚持按政策法律法规征收，将组织收入工作建立在对税源的充分掌握和经济发展基础上。积极发挥税收的调节分配职能，促进社会公平，服务和谐社会建设。

(三)规范自身执法行为

既确保法制化，又强调人性化，是地税部门必须坚持的执法理念。全面推进执法责任制度，通过实现对税收执法全过程的及时监控，不断增强地税机关的自我纠错能力，最大限度地减少执法上缺位、错位、越位现象，切实纠正和防止地税部门和地税干部的不作为、乱作为行为。加大税收执法监督力度，建立和健全严密高效的执法监督机制，充分运用多种手段，加大对执法事前、事中、事后的全方位、全过程监督。深入整顿和规范税收秩序，对内认真落实组织收入原则，严格执行税收政策；对外进一步完善和发挥税务稽查职能，加大联合查处力度，公开大要案和典型案件查处，严厉打击各种涉税犯罪活动，维护税收秩序。

(四)造就高素质的干部队伍

针对当前全省地税系统的实际，核心是选好人、用好人。进一步优化领导班子结构，处以上干部原则上保持在45岁左右梯次配备。规范和完善竞争择优机制，大力倡导“有为才有位”的用人观，完善干部交流轮岗制度，对各级领导班子实行动态管理。积极拓展领导干部能上能下机制，完善领导干部到龄转任制度，严格落实领导干部引咎辞职、责令辞职制度，积极实行任期制。加强和改进干部教育培训工作，重点实施好“四个一批”工程，在地税系统造就一批急需的高层次人才，改善干部知识结构，带动整体素质的提高。这些目标、措施是积极的，实事求是的，也是可行的，体现了科学发展世界观和方法论的哲学思想，符合科学发展观的精神，必须认真地加以贯彻落实。

〔本文刊于《经济研究参考》2008年第33期。作者单位：湖北省地方税务局〕

正确处理六个关系　深化党内监督实际效果

许国勇

党内监督，实质上就是在党内政治生活中，党员之间、党组织之间、党组织和党员之间，依照党章和其他重要党内条规相互监察、相互督促的活动。党内监督经过多年的沿袭、完善和创新，已经成为党的建设伟大工程的重要组成部分，成为我们监督体系不可或缺的重要一环。从政务公开到党务公开，从简单的党内监督规定到《党内监督条例》的出台，从单纯抓案件查处到标本兼治、惩防并举体系建立，全党上下自觉接受监督的意识日渐浓厚，相互开展监督的良好氛围日渐形成，党内监督已成为提高党的领导水平和执政水平、增强拒腐防变和抵御风险能力、密切党同人民群众血肉联系的重要桥梁和纽带。在这种与时俱进的新形势下，我们地税部门开展党内监督工作，就必须准确把握党内监督的客观规律和地税部门的现状，自觉将党内监督放到党和国家的中心工作之中，放到社会监督的大格局里定好位，抓住监督的重点对象、重点环节和重点部位，采取综合防治措施，正确处理好六个关系，不断加大监督的力度，把预防问题、发现问题和解决问题有机结合起来，从而最大限度地发挥监督机制的效应，使党内监督真正成为推进地税系统党风廉政建设、加强地税党员先进性建设和构建和谐地税的重要载体和有效途径。在具体实践中，我们要处理好以下六个关系。

一、正确处理好“知”和“行”的关系

在做好党内监督工作中，“知”和“行”都是重要的。“知”就是了解党的各项要求，懂得党的纪律；“行”就是在实践中真的带头去做、去落实。从我的感受来看，关于党的纪律、关于党风廉政建设和领导干部廉洁自律的各项要求，党员干部都是不同程度地熟悉的。“治国必先治党，治党务必从严”，“不受监督的权力必然导致腐败，不受监督的干部容易跌入泥潭”，这是每一个党员干部都能熟记于心的警世之言。但是知道、懂得是一回事，真正把它们落实好、把它们化为自觉行动又是另一回事。能否真正遵守党纪，真正落实“一岗双责”，真正做到权为民所用、情为民所系、利为民所谋，真正做到自觉接受监督、敢于开展监督，是检验每一个党员党性的强弱、诚信的好坏的试金石。大家都知道，前几年，有一个省的某厅局的三任厅长连续落马，成为人们议论的一个话题。这三任官员，是一任比一任讲得更好，但最后是一任比一任更贪，受贿的数额更大。其中的一个曾经向党写过血书，保证如何如何，但最后却倒在金钱的脚下而不能自拔。当年沈阳的慕绥新，不是也搞过廉政宣誓吗？但说的是一套，做的又是一套，成为人们唾弃的阶下囚。所以，我们每一个共产党员都要坚持党性锻炼，做到言行一致，尤其要注重说实话、办实事、求实效，特别是各级党员领导干部要按照《党章》和《党内监督条例》的规定，以宽阔的胸襟去面对监督，把监督当成对自己的爱护，切实转变对监督消极抵触的态度、观念，集纳群言，尤其是要虚心听取不同的意见和声音，做到闻过则喜，有过则改。不能把正确的、正常的监督当成找茬，把干部职工必要的诉求当成无理取闹，要用居安思危的姿态去带头接受监督，要把党组织和党员、群众的监督看作一种境界，当成一面镜子，真正在思想上和心灵深处形成监督和被监督的习惯，将党内监督的各项要求落到实处。

二、正确处理自律和他律的关系

在党内监督工作中，自律就是自我约束、自我监督，他律就是党组织的监督、党员的监督和社会各方面的监督。对于每一个党员来说，自律和他律都是重要的，而自律则更为重要。唯物辩证法告诉我们，在事物的发展变化过程中，内因是变化的根据，外因是变化的条件，外因通过内因而起作用。党的组织对每一个党员都是提出了严格要求的，党的纪律对每个党员都是有约束力的，但为什么大多数党员干部能够遵守纪律、度过了政治上的平安一生，而有的党员干部却违纪违法，走上了“政治上与党离心离德、经济上贪得无厌、生活上腐化堕落”的道路，落得个“政治上身败名裂，经济上倾家荡产，思想上后悔莫及”的结果呢？我认为，这主要是个人自律的差异所导致，是世界观、人生观、价值观的不同使然。近年来，受到党纪国法处理的一些人，无一不是在自律上出了问题而导致的。当年广西的成克杰、江西的胡长清、安徽的王怀忠、我省的金鑫培，都是在自律上出了问题的。因此，廉洁自律、自我约束、自我监督是须臾忘记不得的。实际上，党组织既不需要、也不可能时时、事事、处处对党员进行监督，在相当多的情况下，在大量的时间、空间里，都是依靠党员的自我约束、自我监督。近年来，党中央一再要求，在新形势下，各级党员领导干部要加强党性锻炼，提高思想道德素质，树立正确的世界观、人生观、价值观，严格遵守党纪国法，做到慎独、慎初、慎微、慎权、慎交友，自重、自省、自警、自励，做遵纪守法、廉洁自律的模范。所以，我们地税系统的各级党员领导干部要把自觉接受监督当成一种态度、一种风格，一种做人、做官、做事的人格魅力。要自觉接受来自组织和人民的监督，自觉地、主动地接受监督，积极配合，认真落实有关监督的规定，广开言路，不搞“一言堂”，放下架子、降下调子，在广泛监督之下不断修正自己的言行、改进工作的方式方法、纠正存在的问题，校正工作的思路和航向，在接受监督上带好头。并要学习党章、遵守党章、贯彻党章、维护党章，进一步严明党的政治纪律、组织纪律、经济工作和群众工作纪律，自觉按照党纪国法规范自己的行为，坚持少数服从多数、个人服从组织、下级服从上级、全党服从中央，做维护党纪的模范。这样，不仅对我们的事业、我们的家庭大有裨益，对我们领导干部个人的成长进步也是一种难得的机遇。

三、正确处理“领导抓”和“抓领导”的关系

《党内监督条例》规定：党内监督的重点对象是党的各级领导机关和领导干部，特别是各级领导班子主要负责人。作为监督和被监督的重点对象，在开展党内监督时，我们各级领导就必须摆正自己的位置，在实施监督时要亲自抓，在被监督时要做好表率。领导抓，就是要求我们各级领导要将党内监督工作当作领导工程来抓。领导干部在一个地方工作和生活，必须大力弘扬正气、打击歪风。如果没有原则，不批评坏人坏事，不监督政令是否畅通，这就是失职，就是一个不称职的领导干部。一个老好人盛行的党，注定是一个腐败的党；一个充斥着老好人的地方，注定是一个没有发展没有希望的地方。我们党的生机和活力在于坚持原则，敢于思想交锋，不断地克服自身的不足。不愿监督、不会监督、不敢监督，缺乏原则性，领导班子就缺乏战斗力，党的生机和活力就会丧失殆尽。所以各级领导干部要牢记自己的身份和职责，要把党内监督当作一把手工程，把党内监督纳入党风廉政建设和反腐败工作的总体部署中，明确主要领导、分管领导、相关领导和各部门职责，制定抓落实的具体意见和措施，明确目标、突出重点、突破难点、逐一落实各项任务。要把增强原则性作为发展党内民主的实际行动，主动抓好监督，并为监督创造条件和宽松的环境。同时，要正确对待和妥善处理群众的监督意见，切实保护群众监督检举的权利，以增强群众监督的主动性和自信心。为了鼓励监督，各级党组织对于举报和查处中的有功人员要予以重奖，大力宣传，给他们撑腰鼓气，并根据实际情况优先考虑晋级、晋职等，切实调动监督举报人员的积极性，增强党内监督的有效性。抓领导，就是党内监督的关键是要把领导干部管住管好，把监督的重点放在对权力运作的规范和制约上来，防止权力发生腐化。当前就是要抓住易于滋生腐败的重点环节和重点部位，综合运用党内监督、国家专门机关监督、群众监督和舆论监督等多种形式，努力形成结构合理、配置科学、程序严密、制约有效的权力运行机制，努力做到领导干部的权力行使到哪里，党组织的监督就实行到哪里。

四、正确处理党内监督和业务管理监督的关系

中国共产党作为执政党，党的工作与活动已不是单纯党的内部事务，而是直接关系着国家和人民的利益。因而党内监督的内容必然要向业务活动延伸。同时，就地税部门来说，作为政府的税收执法部门，我们开展的各项业务管理监督，如税收执法检查、税务稽查、执法监察、财务审计、离任审计和专项治理工作等等，虽然具有部门的、税收业务的特点，但从本质上看，它和党内监督一样都是一种自我校正、完善和提高。从根本目的上看，都是使党的路线方针政策得到认真的贯彻执行。在实践中，我们应突出地税部门的特点，将各级领导干部、从事人财物管理的人员及与纳税人打交道的一线征管人员作为监督的重点对象，将税收工作的“征管查、减免罚、人财物”等环节作为监督的重点环节，将税收执法权和行政管理权作为监督的重点内容，促进党内监督和业务监督的结合，进一步拓展党内监督的领域和深度。同时，我们的各级领导要加强对监督工作的领导，积极支持内部监督部门行使职权，为他们履行职责撑腰壮胆、当好后盾。我们内部各相关职能部门，要发挥职责范围内的监督主体作用，实行部门负责制。要依靠分管领导解决分管范围内的党风廉政建设工作难题，要依靠计统、财装、票证、人事、征管、税政等部门查处“两权”运行中存在的腐败问题。要加强行政监督，认真落实执法责任制和执法责任过错追究制。要依靠群众和社会各界提供相关线索，化解行风税风中的突出问题。只有这样才能充分调动了方方面面的积极性，才能在地税系统内部形成监督的合力。

五、正确处理继承和创新的关系

经过多年的实践，党内监督积累了丰富的经验，这些经验都是宝贵的精神财富，是我们在今后开展党内监督工作时所必须坚持并发扬光大的。同时，新的形势新的任务，党员干部队伍不断发展变化的状况，需要我们不断探索党内监督的新内容、新形式、新方法，不断创造党内监督的新经验。因此，我们应当坚持党的思想路线，做到解放思想、实事求是、与时俱进，正确处理好继承和创新的关系，坚持继承与创新的统一，努力使党内监督的思路和对策更具预见性、科学性和针对性。在监督方法上，要变被动监督为主动监督，变事后监督为事前、事中、事后相结合的全程监督。在监督手段上，要积极运用现代技术，大力开发信息资源，尽快建立起覆盖面广、渠道畅通、统一归口的监督网络。当前，部分市县按照省局的方案开展了改革纪检监察体制的试点，下一阶段，我们要认真总结试点的经验和做法，进一步补充、完善改革方案，扩大试点范围，在形成共识的基础上，逐步在全系统推广。要通过改革，进一步加强、促进全系统的纪检监察工作。

六、正确处理履行监督职责和遵守监督纪律的关系

加强监督，是对党员干部的严格要求和关心爱护，目的是使党员干部少犯或不犯错误。但同时，还要注意遵守监督方面的各项纪律，正确行使监督权利。在这个问题上，我们党有过深刻的经验教训。如何做到既认真履行监督职责又严格遵守监督纪律呢？吴官正同志有一段话说得很全面，他说：“一是各项监督活动必须在党委统一领导下，按照组织原则和严格程序进行。党员有权将自己的意见向党的上级组织直至党中央反映，但不得公开发表与党中央决定相反的意见。二是党员有权检举党的任何组织和党员违纪违法的事实,但不能以监督为名侮辱、诽谤、陷害他人,不能利用质询故意刁难、无理取闹。三是对被调查没有发现问题的党组织或党员要及时予以澄清,消除影响。只有严格遵守党的监督纪律,保护好党员干部的合法权益,才能保证党内监督健康有序开展,维护党的团结和统一。"

〔本文获湖北省监察学会2008年度优秀论文二等奖。作者单位:湖北省地方税务局〕

加快构建地税基层队伍激励约束机制的思考

湖北省地方税务局人事处课题组

近几年来,随着地税部门工作职能的不断拓展,改革措施的不断深化,基层地税队伍整体素质现状与需求之间的矛盾日益突出。如何充分调动干部职工的积极性,推动地税事业又好又快发展,是一个值得重视、也很迫切的现实问题。在学习实践科学发展观活动中,我们围绕这一课题,深入基层进行了调查研究,提出一些对策与建议,供大家参考。

一、目前地税部门激励约束机制存在的主要问题

激励约束是一种引导、教育和管理活动,通过外界的刺激、灌输和影响,把激励约束的思想、内容转化为人的思想和自觉行动。从实地调查情况看,目前地税系统离形成良好的激励约束机制还有一定差距,影响干部职工积极性的矛盾和问题还比较突出。

(一)物质激励手段乏力,干部待遇差别较大

近几年来,在各级党委政府的关心支持下,地税部门的工作生活条件有了明显改善。但内部关起门来比较,目前系统内待遇上仍然差别较大,各市州局干部之间、城区与县市局干部之间、机关与基层干部之间待遇不平衡,有不少县市局人均年收入不足3万元。同一个县市局范围内,干部待遇不统一,基层干部的有些津补贴、奖金不能落实。如果和周边省市地税部门比、同本地一些高收入行业的工作人员比,我省地税干部的个人收入差距更大。

(二)职务激励岗位有限,干部晋升渠道单一

地税系统属于垂直管理部门,干部管理相对封闭,横向、纵向流动都比较困难。由于领导职数有限,干部成长空间受到限制,大多数干部多年原地不动,有为难以有位。另外,系统内还有1684名工人身份人员,不能从事行政执法工作,职务晋升和个人经济待遇都受到影响。随着干部年龄的增大和机遇的失去,一部分人对前途悲观失望,工作进取心逐渐衰退。

(三)精神激励重视不够,干部思想波动较大

目前,仍有不少单位领导认为激励就是加薪、提职,除了奖钱就是奖物,对干部职工的内在心理激励不够、效果不佳。一些单位思想政治工作方法简单,喜欢做表面文章,排

场很大，架势很足，可惜“花拳绣腿”，好看不顶用，暖人心、聚人心的工作做得不够，在干部中缺乏号召力和凝聚力。

(四)考核约束流于形式，干部业绩难以体现

考核标准不够具体、方法过于单一、内容不够广泛，考核结果无法客观公正地反映干部德、能、勤、绩、廉等实际情况。在考核中常常出现重印象、轻实绩，重数量、轻质量，重常规、轻创新，重定性、轻定量，重年终、轻平时的“五重五轻”现象。

(五)风险约束措施不多，干部工作动力不足

大多数考核的结果运用不充分，没有真正与干部的任用、奖惩、交流、培训挂钩，奖金分配没有拉开档次。有的考核评比只重精神奖励，物质奖励太少，奖与不奖区别不大，在一些干部中出现了“激励疲劳”。“不称职”、“基本称职”的使用频率不高，少数干部小错不断、大错不犯，工作平平、能力一般，年年被评为“称职”，甚至有时还被评为“优秀”。

(六)监督制约力度不大，干部行为随意性大

对干部监督管理时松时紧，尤其是八小时之外管理的力度相对较弱，组织掌握情况少，错失了及早发现问题、解决问题的时机。个别单位对问题和矛盾的处理手段疲软，迁就照顾，怕得罪人，遮遮掩掩，不敢抓不敢管，大事化小、小事化了，“和稀泥”的现象时有发生，达不到“治病救人”、“惩前毖后”的效果。

二、存在问题的原因分析

由于激励不多、约束不紧，干部队伍不同程度地存在年龄断层、能力不优、活力不足等问题，给地税事业长远发展带来了严重隐患。究其原因，主要有以下几个方面。

(一)领导认识方面的问题

对激励约束机制缺乏科学、全面的认识，主观因素居多，缺乏针对性，执行不协调、不统一，执行起来阻力较大，难以达到预期的目的。不切实际，鞭打快牛，总盯住干事能力强的人，而能力一般的人成天无所事事，组织效率低下。存在求稳怕乱、“老好人”思想，怕得罪人，怕丢选票，使一些约束措施得不到落实，伤害了一些踏实肯干干部的利益。

(二)管理体制方面的问题

目前，地税部门经费没有实行统一垂直管理，受到当地财力和财政、审计部门监督的制约，各地苦乐不均。受机构设置、管理体制、干部编制等多种客观条件限制，整个队伍一方面人员严重超编，另一方面需要的人才又难以进入。干部晋升渠道有限，僧多粥少矛盾突出。随着预算体制的改革、“阳光工资”的实行，干部待遇增长的空间进一步受到限制。

(三)工作机制方面的问题

岗责体系不太健全，工作绩效测评标准和方法不太科学，对不胜任现职的干部认定比较困难。有的制度不规范，存在漏洞，执行起来较为困难。有的干部习惯于凭想象、凭经验办事，而置制度于不顾，制度与执行脱节。工作缺乏检查与指导，领导难以全面了解执行的情况，一些违规违纪行为难以被及时发现制止；而管理层的意图也难以完全落实，传达的层级多，有时出现曲解和误传。

(四)干部素质方面的问题

目前地税队伍中，人员年龄老化，干部平均年龄为43.2岁，有的县市局近10年没有进一名公务员，存在人才断档的隐忧。尽管通过近几年的再教育，大专以上学历的人员达到89%，但是第一学历是大专以上的人员只有12.5%，高学历、低能力的现象并没有从根本上改变。在从传统的“官本位”体制向“官商二元”体制转变过程中，干部心理失衡，功利思想较重，将职业当作谋生的工具，对工作缺乏认同感。

三、构建干部队伍激励机制的主要内容

马斯洛的需要层次理论告诉我们，人的

需要是多层次的。有最基本的物质方面的需要,也有更高层次的情感、荣誉以及自我实现的追求。在保障其基本层次的需求得到满足后,更应着眼于保证人更高层次需求的实现。这就要求我们各级领导管理者,树立“以人为本”的思想,针对不同层次的需要,采取人性化的激励措施,充分发掘人的潜力。

(一)形成正确的用人激励机制

事业兴衰,唯在用人。有什么样的用人导向,就会造就什么样的干部队伍。我们必须牢固树立人力资源是第一资源的观念,让想干事的人有机会,能干事的人有舞台,干成事的人有地位。要端正用人风气,优化人才选拔方式。鼓励干部流动,拓宽干部成长空间。激励干部成才,加快后备人才培养步伐。

(二)保持稳定的物质激励机制

在激励理论中,最主要的激励手段之一是物质激励。各单位必须贯彻效率优先、兼顾公平的原则,对平均主义的收入分配机制进行改革,让“一流业绩享受一流的待遇”。在奖金分配方面,要坚决拉开分配差距,向责任重、效率高、贡献大的岗位倾斜。逐步推行能级管理,使那些工作能力强、能干事但没有得到提拔的优秀干部,也能晋升相应的政治待遇和工资待遇。

(三)建立正常的工作激励机制

多数人才都是“自我实现人”,他们并非单纯追求物质的享受,更多的是追求一种人格上的尊重,一种宽松的工作环境,一块施展自己才华和抱负的天地。这就要求我们搭建干事创业的平台,做到人尽其才、才尽其用。要知人善任,根据人才的专业、特长和才干委以重任,让他们在最适合其发挥作用、最需要其发挥作用、最能施展其才华的岗位学有所用、业有所成。

(四)强化领导的示范激励机制

大量的实践表明:一个优秀的管理者可以搞活一个部门,一个平庸的管理者则可以搞垮一个部门。“喊破嗓子,不如做出样子”,各级领导要通过展示自己的业务技能、管理能力、领导艺术、良好的职业意识,靠自己的人格魅力和感召力来影响人和感化人,树立起自己的权威,使每个干部产生浓厚的归属感、荣誉感和目标服从感。

(五)开展持续的精神激励机制

事实证明,钱并不能解决所有的问题。从人的动机看,人人都具有自我肯定、光荣、争取荣誉的需要。要广泛开展文化活动激励、精神荣誉激励、典型榜样激励,倡导科学、文明、健康的生活方式,陶冶干部情操,切实解决先进“不香”、“不响”的问题,形成学先进、赶先进的浓厚氛围。

(六)建立有效的情感激励机制

情感激励,是指以感情为轴线,以真诚为圆心,协调领导与群众的关系,使干部倍感温暖,产生一种向心效应,在工作中毫无保留地释放能量,焕发出极大的热情,表现出极佳的竞技状态。各单位要发挥思想政治工作的优势,从团结、爱护、关心的高度,充分尊重信任群众,帮助解决实际困难,想其所想,帮其所需,解其所难,消其所忧,换回干部的一片诚心。

(七)推行系统的培训激励机制

当前,知识更新速度越来越快,人们对学习的渴求越来越强烈。与物质奖励相比,有些干部更愿意选择参加培训的形式来作为应得的奖励,提高自身的含金量,以求在未来的竞争中占有一席之地。发挥培训激励机制的作用,要处理好人才引进与培养之间的关系、干部自学与集中培训之间的关系、重点培养与普遍提高之间的关系、人才培养与使用的关系,使干部切实感觉到单位对个人发展的重视。

四、构建干部队伍约束机制的主要内容

约束机制也是完善干部人事管理制度的重要内容。现在部分干部存在“稳定有余、动力不足”的现象，这说明仅用表扬、晋升、奖金等正激励手段是不够的，应该合理运用批评、降职、辞职辞退等负激励手段，对被激励人员产生警示作用，产生压力和危机，从而激发积极性和创造力，提高工作绩效。

（一）建立完善的考核评价机制

考核是一个指挥棒，有什么样的考核目标就会有什么样的工作行为。对干部的考核评价，既要看结果，又要看取得结果的过程；既要看一时一事的表现，又要看长期一贯的表现；既要看个人作用，又要看集体的智慧；既要看组织领导的信任，又要看群众的公认度。要建立考核责任追究制度、考核反馈制度、举报投诉制度、工作公示制度，最大限度地尊重群众的知情权、参与权、选择权和监督权。

（二）建立快捷的督办检查机制

管理学上有个重要的定律：开会＋不落实＝零，布置工作＋不检查＝零。工作目标的签订，并不意味着任务的完成，而仅仅是工作的开始。为防止工作出现“两头紧，中间松”的现象，各单位应经常对工作的落实情况开展督办检查，实行过程控制，该盯住办的要盯住办，该马上办的要马上办，推动领导决策和工作部署的贯彻落实，不能文件一发了之，会议一开了之。

（三）推行有效的风险约束机制

考评是手段，考评结果的有效运用和转化才是目的。要将考核结果与公务员的职务升降、经济利益挂钩，在工资奖金、福利待遇、评先表优、职务晋升等看得见、摸得着的利益上给予倾斜，为优秀干部提供良好的个人发展前途。认真分析总结考评对象的优缺点，有针对性地进行教育培养，从而提高干部队伍的整体素质。

（四）建立严格的监督制约机制

俗话说得好，“船到江心补漏迟”。各单位要把监督当作对干部最大的爱护，建立健全教育、制度、监督并重的惩治和预防腐败体系，让干部不犯错误或者少犯错误。必须把教育作为一项强制性的任务来安排，坚持制度管理与人本管理、文化管理的有机结合，形成内外并举、互相衔接、覆盖全面的监督网络。

（五）建立规范的淘汰退出机制

造就一支干事创业的干部队伍，必须加快建立优胜劣汰、能上能下的干部工作机制，坚决把那些相形见绌的干部淘汰出局。要引进“热炉”法则，严格执行纪律，做到有令必行、有禁必止，提高队伍执行力。敢于打破“坚冰”，完善领导干部到龄转任、引咎辞职、责令辞职制度。坚决惩治各种腐败行为，如果触犯了党纪国法，越过了雷池，不管是谁，作过多大贡献，发现一个就要坚决查处一个，绝不姑息手软。

千淘万滤虽辛苦，吹尽狂沙始见金。管理是科学，更是一门艺术。只要我们各级地税部门掌握科学的用人方法，最大限度地释放个人创新潜能，提高组织绩效，使每个人都成为可以自我发动的“战斗机”，每个单位成为一个自主发动的“机群”，就能使地税人才方面的优势转化为工作上的优势，真正激活一池春水，为地税事业发展提供不竭的动力源泉和组织保障。

课题组组长：田和平

负责人：游千成

成员：蔡宗武　魏　伟

〔本文于2008年12月在全省第一批学习实践科学发展观活动座谈会上交流。〕

推进房地产税收一体化管理的思考

朱国鑫

随着我国房地产业的快速发展，房地产税收收入大幅增长，已成为财政收入的重要来源。努力推进房地产税收一体化管理，是提高房地产税收的征管质量和效率，发挥税收对房地产业的宏观调控作用，促进国民经济又好又快发展的重要途径。

一、房地产税收一体化管理的概念及意义

房地产税收一体化管理，是在整合现有征管资源的基础上，对房地产行业所涉税收的征管进行统筹考虑，尽量简化纳税程序，节约纳税成本，方便纳税人，实现对房地产税收的科学化、精细化管理。

国家税务总局确定的房地产税收一体化管理的思路是，以契税管理先缴纳契税、后办理产权证书（简称“先税后证”）为把手，严格控管税源。利用契税征管信息，做好相关税种税源的跟踪了解和掌控工作。

房地产税收一体化管理的核心是信息的一体化应用。凡涉及房地产税种管理，都应该通过信息应用实现联动，即收集、储存、沟通并运用各种房地产开发、交易和保有环节等有关方面信息，加强房地产税收的税源管理和税款征收，使房地产诸方面、诸环节和信息得以顺畅地收集、传递和共享，各相关税种管理都能获得这些信息并用于税源监控、申报审核以及税务稽查。

推行房地产税收一体化管理，对于实施国家对房地产市场的宏观调控，推进依法治税，认真落实房地产业税收政策，加强税收征管，增加税收收入，促进经济又好又快发展，具有重要意义。

（一）推行房地产税收一体化管理是落实国家宏观调控政策的需要

近年来，我国的房地产业迅猛发展，已经成为国民经济重要的支柱产业之一，但同时房地产业在发展中也出现了投资规模过大、房价上涨过快、供求矛盾突出、市场供应结构不合理等问题。在税收管理方面，房地产行业的税收贡献与其发展速度极不相称，整个行业存在大量的偷漏税现象。针对房地产市场存在的问题，国务院相继出台了“国八条”和“国六条”，相关部门也先后出台了一系列规定，希望通过政策调整，稳定住房价格，调整住房结构。税收政策是其中的重要措施。通过整合现有征管资源，实现信息共享，加强部门协调配合，搞好各征管环节连接，建立起部门配合、税种联动的工作机制，对房地产税收实施一体化管理，促进国家宏观调控政策的落实，确保房地产税收法规规章的执行。

（二）推行房地产税收一体化管理是税收管理科学化、精细化的具体体现

税收科学化管理，就是从实际出发，深入研究各税种的特点，积极探索和掌握税收征管工作规律，善于运用现代化管理方法和信息化手段，提高税收管理的实效性。精细化管理，就是按照精确、细致、深入的要求，明确征管各环节的职责分工，优化征管流程、完善

岗位责任体系、加强部门配合，抓住税收征管的薄弱环节，有针对性地采取措施，抓紧、抓细、抓实，不断提高征管效能。实施房地产税收一体化管理，是税收管理科学化、精细化的具体体现，符合现代税收管理理念。

（三）推行房地产税收一体化管理是增加税收的有效手段

在我国现行税收和财政体制下，房地产在开发、交易、保有诸环节涉及的税种有十几个，其中属于地方财政收入的部分占有相当大的比重。特别是近年来我国房地产业发展迅猛，房地产税收成为各级地方税收收入的重要来源和主要增长点。实践证明，一体化管理可以有效解决房地产交易环节营业税、个人所得税和土地增值税等税收政策落实不到位的问题，增加交易环节的税收收入。随着一体化管理向房地产各环节延伸，增加地方税收收入的效果将会更加明显。

（四）推行房地产税收一体化管理是提高工作效率、降低税收成本的重要措施

对房地产税收实施一体化管理，税务人员通过对房地产开发、交易和保有等方面信息的收集、储存和共享，能够有效掌握房地产开发和经营企业的经营情况以及房地产持有者的基本情况。运用这些信息资料，税务机关可以及时对房地产开发和经营企业进行纳税评估，实施有效的税源监控，可以大大提高工作效率。通过部门协调配合，共建信息平台，共享房地产涉税信息，进行部门间信息比对，既可降低征收成本，又可降低纳税成本，为纳税人提供方便、高效、快捷的纳税服务。

二、湖北省房地产税收一体化管理工作进程

2005年5月，国家税务总局发文要求对房地产税收实施一体化管理，随后又对房地产税收一体化管理的若干具体问题作了明确规定；湖北省地税系统积极响应，不断探索，加大房地产税收一体化管理工作力度，取得了一些进展。

（一）制定办法，提出要求

国家税务总局开始部署房地产税收一体化管理工作之时，湖北省耕地占用税和契税（简称“两税”）已移交地税部门征管近半年时间，各级地税机关对“两税”税源基本摸清，并有了一定的征管经验。省地税局（以下简称省局）按照总局的要求，结合湖北省实际情况和税收征管的特点，提出了湖北省房地产税收一体化管理的工作思路，即“全面掌控税源信息，抓紧以票控税、先税后证两个关键环节，创建各征收单位、各税种之间资源互通、信息共享的条件，实现房地产行业相对集中管理”。这一工作思路为湖北省推行房地产税收一体化管理奠定了思想基础。

2005年6月，省局下发通知，要求结合当地实际，因地制宜地部署房地产税收一体化管理工作。同年11月，省局制发了《湖北省房地产税收一体化管理暂行办法》，在税款征收程序方面，着重抓住两个关键环节，一是“以票控税”环节，即由税务部门主动控制房地产交易环节中的销售发票填开环节，在开具房地产销售发票的同时，征收或清缴交易环节的各项税收；二是“先税后证”环节，以契税征管为把手，充分利用契税征管中先缴纳契税税款，后办理产权证书的控管手段，以房地产销售发票作为申报缴纳契税的要件，全面监控房地产类交易税收的征缴状况。《暂行办法》的下发，标志着全省房地产税收一体化管理工作正式启动。

2006年10月，总局对房地产税收一体化管理工作作出进一步部署，省局迅速跟进，于2006年11月召开全省地方税务税政工作会议，强调“房地产税收一体化管理要实”，并提出了大力推进房地产税收一体化管理的具体要求，为全省推行房地产税收一体化指明了方向。

(二)积极探索,加强引导

根据省局的实施办法和工作要求,湖北各地积极探索对房地产税收实行一体化管理,初步形成了两种运行模式。

一种是一条龙管理模式。其主要做法是:在征收单位单独设立建安行业管理科(股),实行地税部门代开房地产销售发票制度。借鉴货物运输发票的管理方法,将辖区内从事房地产开发的纳税人进行统一登记,除对少数较大型的开发企业经过严格审核,给予自开票资格外,其他从事房地产交易(包括个人二手房交易)的行为,一律由地税办税服务厅(点)代开房地产销售发票。为适应房地产税收一体化管理的要求,又将各办税服务厅(点)将契税征收窗口与房地产发票管理窗口合并或并列,同时扩大建安行业管理科(股)的管辖范围,增加了耕地占用税、契税的管理职责,负责与国土资源管理部门及房地产管理部门的信息交换和数据比对,进而转变为相对集中的房地产税收管理部门。这种模式最先由随州市地税局试行,比较适合经济基础不够好、信息化程度不够高的地区。

第二种是依托电子化信息传递,实施一体化管理模式。这种管理模式重在依托信息化,探索出精细化的行业管理方式。将辖区内房地产及建安行业均按建设项目建立了户籍管理电子信息档案。包括企业综合资料信息、楼盘营销信息、企业申报上缴税金信息和票据开具信息四大类,同时针对房地产行业投资大,运作周期长,楼市价格波动大的特点,设计了"八个控制系统",依托控制系统的运行对房地产行业的税源及税源向税收转化的全过程进行控制和管理。这套征管软件系统由宜昌市地税局伍家岗分局开发试用。省局组织进行了几次演示,得到好评。

(三)推广经验,典型引路

2007年,湖北省各地运行房地产税收一体化管理机制过程中,在房地产行业税源控管、税款征收和合理调整征管结构方面取得了一定的成效,其中部分地方成效较为明显。省局在相关业务会议上,演示、推介了宜昌市、十堰市地税局开发的房地产税收征管软件;在《湖北地税简报》推广了黄冈市、随州市、潜江市和蕲春县、夷陵区等地的做法,供各地学习借鉴,取到典型引路的作用。

经过两年多的实践,湖北省房地产税收一体化管理工作初见成效,但在其实践过程中,还存在一些问题:一是工作开展不够平衡。二是内、外部的配合还有待加强。三是统一的房地产一体化管理软件尚没有开发出来,信息化程度不适应一体化管理的要求,房地产税收收入分税种的统计、分析工作难以迅速完成。四是在有些地方"以票控税"还没有真正得到实施。

三、推进房地产税收一体化管理的设想和建议

根据湖北省房地产税收一体化管理的现状,借鉴其他省市的做法和经验,对推进房地产税收一体化管理提出以下设想和建议。

(一)加强组织领导

房地产税收一体化管理工作是一项创新的工作,涉及的税种多、部门多、管理环节多,工作难度大,没有领导的重视,这项工作很难推进。从内部讲,各级地税机关可成立房地产税收一体化管理的领导机构和办事机构,确定一个部门牵头,发挥统筹、协调作用。从外部讲,可争取政府成立政府领导为组长,地税、国税、财政、发改委、国土、建设、规划、房管等部门领导为成员的房地产税收征收管理工作领导小组,负责房地产税收征管工作的组织协调,促使相关部门各司其职,协调配合,信息共享。

(二)部门协调配合

房地产税收从受让土地开始,到项目规划、立项、建设、销售、使用、再转让等,涉及到发改、国土、规划、房管等诸多部门。要建立健全部门间的协调与配合工作机制，加强相关部门之间的沟通，实现信息及时采集、传递、互通共享，达到一体化联合控管税源的最大效果。地税征收机关要与房地产相关的部门建立工作联系制度，在地方政府的支持下，通过定期召开部门联席会议，协调、研究相关问题，建立完善、有效的包括涉税信息种类的确定、采集方式、传递渠道、共享途径以及制约手段等内容的信息利用机制，健全房地产税收协税护税网络，解决房地产税收一体化管理工作中遇到的问题。

（三）夯实征管基础

一方面，要认真贯彻"两税"征收管理的政策，根据"两税"税源底数、税源分布情况、征管中存在的问题及房地产税收管理现状，从部门配合、政策研究、重点税源监控、征收窗口建设、统一税收票证、信息采集利用、监督检查等方面，加强和规范房地产税收征管，夯实基础管理。另一方面，要在总局制定的《房地产税收一体化管理业务规程》的基础上，结合本地实际，从税源管理、政策执行、征管资料管理、票证管理、减免税管理、税收检查、档案管理等方面，制定具体的、操作性强的房地产税收一体化管理办法和管理流程，切实规范征收各环节的管理。

（四）加强窗口建设

对房地产交易环节所涉税收实行"一窗式"征收，应作为实施房地产税收一体化管理的切入点和工作重点之一。在行政服务中心或房地产交易大厅设立房地产税收征收窗口，地税工作人员在窗口统一征收交易环节涉及的所有房地产税收，即在做好契税征管的同时，对交易环节所涉及营业税及附加、城市建设维护税、教育费附加、印花税、个人所得税、土地增值税等税费实行"一窗式"征收，统一管理。在建设窗口的同时，应逐步完善、规范征收窗口的职能，如视情况赋予征收窗口不动产销售发票的管理使用、计税价格的核定、涉税信息的比对分析等职能。

（五）严格"先税后证"

落实"先税后证"制度，是提高契税征管质量和落实房地产税收一体化管理工作的关键。地税征收机关在房地产税收一体化管理工作中，要与同级房地产相关的国土、房管等部门建立包括涉税资料的收集和共享、信息的传递和利用、征收契税的程序和环节、计税依据的确定和认可等方面内容的工作联系制度，把契税征管纳入土地使用权、房屋产权权属转移办理流程。

（六）切实"以票管税"

合理运用房地产税收征收窗口不动产销售发票管理职能，为二手房交易代开发票，交易方在取得发票时按规定缴纳营业税及附加、个人所得税、土地增值税、印花税等，并规定这些税种的完税证明和发票必须作为纳税人申报缴纳契税时的要件，纳税人不能提供或没有有效发票和完税证明的，征收机关在房地产税收征收窗口予以补办相关手续并完税，之后才能进入办证环节。

（七）运用信息管理

地税征收机关应着重从改革传统的征管手段、健全信息共享机制、提高数据集中度和信息利用率等方面加强房地产税收信息化建设。要利用金税工程（三期），开发房地产税收一体化管理的应用软件。

〔本文刊于《税收研究资料》2008 年第 1 期。作者单位：湖北省地方税务局〕

关于进一步完善社会保险费征缴机制的问题研究

陈燕超　陈建国

社会保障制度，历来被称为人民生活的“安全网”、社会运行的“稳定器”和收入分配的“调节器”，是国家的一项重要社会制度。完善的社会保障制度需要强大的资金支撑，建立长效稳定的社会保险费征缴机制，确保社保资金随着社会保障事业的发展持续稳定增长，是事关我国经济发展、政治稳定和社会和谐的大事。本文拟从湖北地税机关征收社会保险费的实践出发，总结成效，分析问题，破解难题，提出进一步完善社会保险费征缴机制的对策建议。

一、湖北地税机关承担社会保险费征缴工作取得的成效

自2001年7月起，湖北省人民政府决定，全省各项社会保险费由地税机关征收。全省各级地税机关深入贯彻落实科学发展观，确立税费并重、同征同管的工作方针，将税收征管经验植入社会保险费征收，建立了一整套科学的社会保险费征管制度和流程，充分发挥税务机关征管职能和优势，加大征缴力度，大大提高了社会保险费征管质量和效率，为保发放、保稳定、促改革作出了瞩目成绩。

(一)征缴金额高幅增长

月征社会保险费由2001年的5.2亿元，上升到2007年的21.7亿元，增长了4.2倍；2001年征收社会保险费31.3亿元，2002年至2007年分别征收社会保险费91.8亿元、122亿元、149.7亿元、184.8亿元、217.4亿元、275.7亿元，年年高幅增长，全省地税机关累计征收社会保险费达到1073亿元，一举扭转了过去社会保险费征收弱化的被动局面，大大缓解了社保基金支付的压力，为保发放保稳定提供了坚强有力的财力支撑。

(二)覆盖面明显扩大

地税机关充分发挥税务执法刚性强的威慑力，利用掌握的企业纳税登记信息和企业所得税年度汇算清缴、个人所得税全员全额明细申报工作中掌握的企业职工人数、工资薪金等有效信息资源，与劳动部门联合开展扩面工作，取得了明显效果。截至2007年底，全省养老、医疗保险参保人数各已达到885万人和645万人，与2001年相比分别增长了87%和151%，增长411万人和398万人。

(三)征缴率稳定居高

地税机关利用熟悉企业生产经营和资金运行情况，实时监控，加大征收力度，确保足额征收社会保险费。按照《征管法》的规定，可根据实际情况“先费后税”或“先费缓税”，进一步促进了社会保险费征缴率的提高。自地税机关接手征管社会保险费后，全省社会保险费征缴率年年稳定保持在95%以上。

(四)征缴成本大大降低

社会保险费交由地税征收，地税机关实行社会保险费与税收同征、同管、同查，节约了征管成本，提高了工作效率。对缴费人而言可以同时完成税费的缴纳，更加方便快捷。从征收经费来看，各地财政按5‰～8‰列拨征收经费，远远低于劳动部门征收时按5%提取的管理费；在征收队伍上，全省各级地税机关仅从原劳动部门专司社会保险费征管的数千人征收队伍中通过考试调进200余人，并未另行对外增人，从总体上说大大降低了财政负担。

（五）征缴工作日益规范

地税机关按照税费一体化管理思路，积极借鉴税收征管中行之有效的经验，建立了一系列社会保险费征管制度，逐步迈入依法规范征缴的轨道。制定社会保险费费源管理办法，采取“五险一票”捆绑式征收方式，推行缴费评估制度，实行了分类管理，开发了社保费征管软件，进一步优化了业务流程，建立了三级重点费源监控网络，征管水平上了一个新台阶。

（六）征收服务水平逐渐提高

细化服务内容，简化工作程序，提高服务水平，为缴费人提供便捷高效的服务。税费政策同宣传、同辅导，及时将最新政策告知缴费人。积极推行网上申报缴费和刷卡缴费，极大地方便了缴费人。

（七）社保基金管理体制更加完善

社会保险费实行税务征收、财政监管、社保使用，体现了现代社会“三权分立、相互制约”的基本原则，即征收、支付各行其责，财政部门作为独立的第三方，负责全面的核算和监管工作，各部门职责更加明晰，更有利于部门间的协作与配合，促进发挥部门优势，并且相互制衡，实现了社保基金征、管、用、监运行过程的有序化和规范化。

二、当前社会保险费征缴工作中存在的问题

（一）地税机关的征管职能尚未完全到位

目前湖北省社会保险费实行的是核征分离的管理体制，即劳动核定、税务征收。核定权与征收环节相分离，造成征收主体与执法主体不统一，严重制约了地税机关征管优势的发挥，减弱了征缴力度，也使扩面和征缴工作脱节，影响到扩面和征缴工作的有效开展；同时给缴费人带来诸多不便，缴费人需要在两个部门之间奔波，增加了工作量，遵从成本大为增加，延长了缴纳时间，造成拖欠缴费现象时有发生。

（二）地税机关的强制手段难以发挥

湖北省地税机关征收社会保险费依据的是国务院行政法规《社会保险费征缴暂行条例》和地方行政规章《湖北省社会保险费征缴管理办法》，立法层次不高，法律效力低。虽然《湖北省社会保险费征缴管理办法》规定地税机关对逾期拒不缴费的单位可以采取扣缴存款、财产保全的手段，但现实中难以操作，不能适应社会保险费征缴工作的需要。日常征缴中，遇到拒缴、少缴或拖欠社会保险费时，地税机关无能为力，税务征收的强制手段难以发挥作用。

（三）社会保险费的核定政策执行不严谨

市场经济体制建立后，劳动部门对用人单位的劳动用工计划和工资控管的职能逐渐弱化，对参保单位的实际经营状况、用工情况变化和财务状况缺乏动态管理和有效监控，费源控管手段乏力，造成核定难度大，对拒不参保企业无有效强制措施，存在着大量核定不实的现象，造成了大量地保险费在核定环节流失。部分企业与劳动部门讨价还价，“协议”参保和缴费，失去了社会保险费征缴的严肃性。湖北省地税局曾于2006年5月选择黄冈、襄樊、宜昌三市的43户有代表性的企业进行社会保险费稽查试点，检查发现劳动部门核定的缴费基数合计还不到实发工资的70%，反映出社会保险费缴费基数核定不实的问题比较突出。

（四）征缴率和覆盖面呈现“一高一低”的形势

地税机关征收社会保险费后，明显加大了征收力度和清欠力度，社会保险费的征缴率大幅上升。但是由于现行社保费征缴体制的制约，社保扩面征缴工作虽然取得了一定的进展，社保覆盖率依然很低。仅以覆盖面最高的养老保险为例，2007年底湖北省总人口有6070万人，全省养老保险参保人数仅885万人。由于社会保险关系不能转移，严重制约了流动人员参保的积极性，造成退保现象时有发生。

（五）缴费比例高，企业负担重

由于过去劳动部门征收社会保险费弱化，大量欠费无法收回，社会保险欠账严重，面对越来越严重的人口老龄化问题和越来越高的通胀水平，政府无力承担养老等社会保险刚性支出，只好采取较高的征费率，甚至动用“中人”和“新人”积累的个人账户养老基金弥补当期统筹支付缺口。从湖北省的情况看，各地市养老保险缴费基数一般为上年度全市在职职工社会平均工资的60％～300％之间，五大社会保险综合费率平均为40％以上（其中企业负担30％左右），远远超过了国际劳工组织规定的企业负担社会保险费率不能超过企业工资总额的20％～25％的警戒线。过高的社会保障支出，不利于企业改制增效、公平竞争和良性发展，这也是部分企业想方设法少缴社会保险费的原因之一。

三、进一步完善社会保险费征缴机制的对策建议

（一）尽快统一全国范围内社会保险费征收主体，明确地税机关为唯一征收主体

从全国看，社会保险费已有20个省（市）、计划单列市由地税机关征收各项或单项社会保险费，其余仍由劳动部门负责征收，征缴体制不统一，影响了社会保险费征收管理工作的统一、协调和效率。由地税机关统一征收社会保险费有以下好处。一是有利于真正实现收支两条线管理，确保资金安全，符合公共财政要求的政府收支完全归于财税部门管理；二是有利于发挥税务机关征管网络和执法刚性强的作用，加大征收力度，扩大参保覆盖面，减轻财政的“兜底”压力；三是有利于充分利用政府现有资源，节约行政成本；四是有利于方便缴费人，减轻缴费人事务性负担和遵从成本；五是有利于加快政府从管理型职能向服务型职能的转变，劳动部门可以从繁重的征缴压力中解脱出来，集中精力做好个人账户的管理、享受待遇资格的认定和社会化发放工作，提高社会保障服务水平。从实践情况看，实行地税机关征收社会保险费的省市整体效果明显。因此，国家应尽快在全国范围内明确规定地税机关是社会保险费唯一征收主体。

（二）完善地税机关征管职能，推行全责征收社会保险费模式

全责征收模式是相对于当前核征分离管理体制而言的，是指地税机关拥有完整的社会保险费征管职能，包括社会保险费登记、接受申报缴费、核定缴费工资基数和人数、费款征收、检查处罚。目前仅厦门和广东部分地方赋予地税机关全责征管权力，实践证明，实行全责征收，可以充分发挥税务部门的优势，加大征缴力度和扩面力度。以厦门市为例，从2001年7月地税机关开始受托代征社会保险费后，2001—2003年厦门市社会保险费实现了年均20％的大幅度增长；而2004年4月厦门地税机关在全国率先开展“五险合一、全责征缴”新征管模式后，社会保险费年均增幅高达40％；2007年全市在职职工参保人数达到104.4万人，比2004年增长了77％；此外，还有4万名被征地人员、8万名高危行业农民工、10万名退休职工、13万城镇居民和未成年人也被纳入社会保险体系，参保总人

数共有140万人。因此应尽快修改《社会保险费征缴暂行条例》，赋予地税部门全责征收的权力，改变当前核征分离体制下工作被动、扩面不力的状态。

（三）赋予地税机关必要的强制执行权力，加大征缴工作力度

1999年国务院颁布的《社会保险费征缴暂行条例》，没有赋予征收部门必要的强制手段、处罚措施。为避免社会保险费征收刚性不足，应当比照税收征管法执行，修改《社会保险费征缴暂行条例》，增加强制执行措施的规定，增强执法主动性和执法刚性，震慑缴费人，治理缴费环境。

（四）优化社会保险费征缴模式

目前社会保险费实行核定征收制，主要存在两大问题：一是法律责任不清，缴费人不如实申报不用承担任何法律责任。二是核定不实现象普遍存在，造成社会保险费在核定环节的大量流失。因此必须改革现有的申报核定模式，建立起缴费人自主申报的征缴模式，明确缴费人不如实申报的法律责任，从而提高企业自觉参保缴费的意识，促进企业如实申报社会保险费。

（五）五险合一，统一基数，合并征收，分率计账

由于劳动部门各险种分立，多头管理，造成各险种的参保范围、参保对象和缴费基数不尽一致，参保规模有大有小，缴费负担有高有低，不利于企业的平等竞争，给征管工作也带来了一定的难度。因此，要加大资源整合力度，降低管理成本，对现有的五险分立的社会保险经办机构合统一为一个经办机构管理，实行五险合一的运作模式，统一基数、统一征缴、分率计账、分账核算，提高社会保险费的征缴质量和效率。

（六）多方面采取措施提高社会保险覆盖面

一是加大社会保险费法律政策宣传力度，全面提高全社会成员的社会保险意识，大力提高私企员工的维权意识。二是尽快提高统筹层次，实现基本养老保险的省级统筹乃至全国统筹，从机制上根本解决外来人员不愿参保、职工流动续保难的问题。三是借助税收征管信息系统，进行信息比对，减少应参保户逃避参保的情况。

（七）降低社会保险费费率和滞纳金比率

社会保险费名义总费率比较高，企业负担较重，很多地方基本采取灵活变通的办法，核定未到位，漏核少核现象普遍，特别是劳动密集型企业的实际费负远低于名义费率。在做好社会保险扩面工作的前提下，完全可以降低社会保险费费率，使名义费率与实际费率逐渐相一致，从而降低参保门槛，提高参保积极性。现行的社会保险费滞纳金比率是比照旧税收征管法的标准，已不适应经济发展的要求，建议比照新的税收征管法，将滞纳金比率降低为按日万分之五收缴。

（八）适时开征社会保险税

开征社会保险税可以增强筹资刚性，使社会保险有稳定、可靠、规范的资金来源。从国际惯例来看，世界上建立社会保险制度的140多个国家中，已有100多个国家开征了社会保险税。从我国当前的经济实力、城乡居民收入水平、完善市场经济体制、深化体制改革等诸多方面权衡，已经基本具备开征社会保障税的条件。因此，国家应借鉴外国积累的成功经验，加快开征社会社会保险税的研究，适时开征社会保险税。

〔本文刊于《湖北地税》2008年第3期。作者单位：湖北省地方税务局〕

创新税收体制机制　促进"两型社会"建设

彭继旺　阮剑峰　肖一意　方琼梅

设立武汉城市圈和长株潭城市群为"全国资源节约型和环境友好型社会(简称"两型社会")建设综合配套改革试验区",这是党中央、国务院落实十七大精神,以科学发展观统领社会经济发展,强力推进中部崛起和区域经济协调发展,构建和谐社会的重大战略举措,目的是要探索低投入、高产出、少排放、能循环、可持续发展的发展新模式。"两型社会"建设的核心是科学发展,重点是实现区域统筹发展和经济的可持续发展。湖北省委、省政府从武汉城市圈建设与发展的实际出发,锁定在统筹区域产业发展、资源节约和环境友好、增强自主创新能力、加快发展现代服务业、基础设施共建共享和公共资源合理配置、城市圈土地资源管理、城乡统筹发展七大重点领域进行体制机制创新探索,力争实现率先突破。"两型社会"试验区建设是一项宏大的系统工程,作为肩负筹集地方发展资金和调控宏观经济发展重任的地税部门,应以科学发展观为指导,以构建和谐社会为目标,按照"五个统筹"的发展要求,围绕湖北省委、省政府确立的重点领域和环节,大胆创新税收体制机制,全面发挥税收职能,为促进武汉城市圈"两型社会"实验区建设服务。

一、创新税收分配体制,均衡区域利益分配,促进"两型社会"建设一体化发展

建设武汉城市圈,目的是要依托中心城市武汉,打造经济一体化发展的城市经济航母,提升湖北经济的竞争力和辐射力,助力中部崛起战略支点的形成。圈内各城市之间能否形成产业布局合理、错位发展、协作互动的一体化发展格局,均衡利益分配、共享经济发展成果是关键。这也是在圈内建立节约资源、保护环境共同行动机制的经济基础。城市圈建设以来,武汉市以其突出的比较优势和强悍的先发优势,聚集了越来越多企业、资金和项目等发展资源和发展要素,受现行分配体制和政策的影响,客观上在圈内形成了此消彼长利益分配格局,加剧了圈内城市经济发展的不平衡。尽管湖北省和武汉市已经出台了一些均衡利益分配的财政补偿措施,但效果有限,必须改变思路,从税收分配环节入手,创新税收分配体制机制,促进圈内利益分配均衡化。

(一)提升税收分配权重,改革区域税收分配体制

税收分配是市场经济条件下进行企业收益分配的重要手段。与财政、金融、价格、工资分配不同,税收分配具有直接进行一次分配和调节初次分配不公的双重作用,相对于财政转移支付的再分配方式更透明、更直接、更规范。因此,解决武汉城市圈企业利益分配不均衡问题和"两型社会"建设中出现的地区利益调整,应从公平一次分配入手,提高税收分配权重,建立更加合理的税收分配体制。一是以实施新《企业所得税法》为契机,扩大企业生产所在地的税收利益。全面贯彻落实新法确立的法人纳税原则,同时在体制框架

内争取国家税务总局的支持，对圈内具有法人资格的资源消耗型和环境污染严重的省（市）属企业的分支机构或下属企业的企业所得税实行完全属地管理，通过提高税收直接进行一次分配的权重，扩大企业生产所在地的税收利益，缓解城市圈内日益加剧的“总部经济”现象带来的税收与税源背离的突出矛盾，补偿企业生产所在地在资源和环境保护方面的财力投入。二是实行税式补偿方式，均衡地区利益分配。税式补偿就是通过税收收入划转方式补偿税源转出地的损失。武汉烟草集团在兼并省内其他烟厂后，为了维护了被兼并企业所在地的既得利益，每年由武汉市的税务机关按照确定的总量和增长幅度向被兼并烟厂所在地税务机关直接划转各种税收收入，由当地税务机关分别开票入库。这种补偿方式既保证了财政所得，也保住了税收收入基数。应当进一步完善这种补偿方式，将范围扩大到武汉城市圈内。因为调整产业布局、企业兼并重组、企业战略性迁移等发生的税源转移的所有企业和不具有法人资格的分支机构的利益分配，以维护企业原所在地的既得利益，促进区域经济的协调发展。三是加快企业费改税进程。地方性规费和地方公益性捐赠实质上也是企业利益的一种分配方式，必须加以规范和透明化。一方面，大力推进费改税，以税收方筹集政府收入和社会公益性支出资金。另一方面，统一圈内企业负担的地方规费种类和标准，防止企业所在地以非税方式隐性分配企业利益，既增加企业负担，也加剧了地区分配不公。

（二）调整税收分配政策，确定合理的区域税收分配比例

“两型社会”建设的重点是节约资源和保护环境，需要大量资金投入。应本着受益与治理相对应原则，区分各地的具体情况，调整行税收分配政策，均衡圈内税收利益分配。首先是适当调整中央与湖北省的税收分配政策。湖北是我国中部重要的原材料生产基地和重要的制造业、加工业基地，重化工业是支柱产业。武汉城市圈内的武汉、黄石、鄂州号称“冶金走廊”，聚集了一批能耗高、污染重的中央企业和大型企业。根据现行财政分配体制，这些企业实现的税收主要为中央收入，而治理工业污染和主要的原材料及燃料供应地是湖北。应据实调整中央与湖北的税收分配比例，通过提高增值税和企业所得税分配比例，扩大“两型社会”实验区建设的资金来源。其次，合理调整省与市、县的税收分配比例。武汉城市圈内各市、县的产业结构和工业内部结构差异很大，建设“两型社会”需要以节约资源和保护环境为目标，调整圈内的产业布局和产业结构，必然要关停或迁移某些高污染、高能耗企业和加大技术更新改造力度，影响各地的既得利益并将增大环保投入的资金压力。应区分圈内各地的不同情况，据实调整省与市、县的税收分配比例，向市、县适度倾斜，调动其节约资源和保护好环境的积极性。

二、完善地方税制结构，建立绿色税制体系，优化“两型社会”建设的税收经济环境

税制是国家产业政策的一种制度体现。西方发达国家都很注重发挥税制在节约资源、保护环境上的导向作用，建立了比较完整的“绿色税制”体系。我国现行税制中的资源税、消费税、企业所得税等税种虽然也有“绿色税制”的特征，但作用有限。应当体现节约发展、清洁发展的要求，积极推动我国税制的进一步改革与和完善，尽快建立起适合中国国情、具有中国特色的绿色税制体系。

（一）开征新税种，建立绿色税制体系

重点是开展环境保护税和燃油税。开征环保税已被列为我国2008年税制建设的重点。财政部、国家税务总局和国家环保总局已着手联合研究。有关学者提出了根据“受益者付费”原则进行普遍征收的一般环境税、

以“污染者付费”为原则进行补偿征收的污染排放税、由“使用者付费”为原则进行消费性征收的污染产品税三种备选方案。当务之急是加强论证,启动立法程序。实践证明,燃油税是一个对促进节约能源和减少排放十分有效的税种,是否开征、何时开征以及税种如何设计,国内一直存在很大争议,争议的实质是如何妥善处理有关方面的利益调整。中央政府和国家立法机关应以国家和社会发展的长远利益为考量,搁置争议,科学论证,早作改革决断。建设“两型社会”试验区,旨在探索节约发展、清洁生产的发展新模式。开征环保税和燃油税对于建立资源节约型和环境友好型社会意义重大。作为“两型社会”试验区所在地的税务部门,更应当立足本地实际,积极开展开征上述税种的调研和论证工作,促成新税种的顺利开征。

(二)改造旧税种,增强税制的环保功能

主要是推动实施现有税种的“绿化工程”,即通过扩大税基、提高税负、改变计征办法等,改革和完善现有税种,体现节能减排和环境保护要求,这是推进“两型社会”建设的紧迫而又务实之举。一是优先改造资源税。争取中央授权,试行扩大资源税征税范围,将资源税的征收对象扩大到矿藏资源和非矿藏资源,尤其要对非再生性、非替代性、稀缺性资源和重要的战略性资源课以重税,限制掠夺性开采与开发、利用;对水资源、森林资源和草场资源征税,抑制生态破坏行为;将土地使用税、耕地占用税、土地增值税并入资源税,同时扩大对土地征税的范围。全面提高资源税率,改从量征收为从价征收,放大资源税节约和保护资源,促进循环利用的税制效应。二是改造消费税。扩大消费税的征税范围,将对资源消耗量大和消耗不可再生资源、对环境产生重大影响的消费品和消费行为列入消费税的征收范围,实行激励效应明显的差别税率,通过增加消费成本促使消费者选择资源消耗少和废气排放少的消费品和消费方式,强化消费税促进资源节约和保护资源的功能。三是改革城市维护建设税。改革计税办法,直接以增加值或营业额为计税额,扩大税基,以解决城市建设中环境保护实施、设备的投入资金。四是实行消费型增值税制。利用中部地区实行增值税转型试点的机遇,争取企业购入治污设备和技术改造部分准予抵扣,鼓励企业节能减排,降低消耗。

(三)扩大地税管理权限,提高税收调控效能

建设试验区需要大胆地进行体制和机制创新。同样,只有从税收体制机制上创新,才能有效发挥税收职能,服务“两型社会”建设。应积极建议中央政府和国家有关部门,特别是税务主管部门,充分考虑到“两型社会”建设的复杂性和艰巨性,在不违背我国税收基本体制的前提下,扩大试验区所在省级、市级政府和税务机关的税收管理权限,即以节约资源和保护环境为目标,赋予一定的地方税收立法权和地方税种的开征权,扩大地方税收征收管理权以及税率和税收政策调整建议权,等等。例如,允许试验区先行开征水资源税,加强圈内的水资源保护、利用和水患治理,优先实行排污费改税。使试验区的地方政府和税务机关能够更加有效地通过税收手段调控与“两型社会”建设,特别是资源利用和环境保护密切相关的生产和消费行为,通过税收方式筹集“两型社会”建设资金。

三、调整税收政策,强化调控功能,放大税收促进“两型社会”建设的政策效应

我国目前的许多税收政策都有鼓励企业降低消耗、节约资源和保护环境的效应。但这些政策不够完善,有的政策界限模糊,存在漏洞;有的缺乏系统性和连贯性,可操作性不强,给实际执行带来难度。应当以建设“两型社会”的视角,重新审视有关税收政策,提出调整和执行好有关政策的合理化建议。

（一）全面开展适用税收政策清理，统一政策界限

国务院和有关部门出台的有关支持中部崛起、节能减排、环境保护、新农村建设、下岗再就业等方面的税收政策同样也都是武汉城市圈的"两型社会"试验区建设强有力的税收政策支持。当前对照"两型社会"建设的要求应对各方面的税收政策进行全面系统的清理和归类，系统研究如何利用好这些税收政策，统一政策界限和时限，促进"两型社会"试验区建设。对于已经过时的税收政策，相互冲突或是与"两型社会"建设相矛盾的税收政策，根据税收政策管理权限及时提出废止或修订、调整建议。

（二）提高政策标准，扩大税收政策效应

积极争取国家给与"两型社会"试验区在鼓励节约资源和保护环境方面执行更加灵活、有效的税收政策。一方面，对于支持区域经济协调发展，特别对"两型社会"试验区建设具有激励作用的税收政策，特别是鼓励以节能减排，降低消耗，开发、应用环保产品，鼓励利用再生资源等方面的税收优惠政策应适当提高政策标准。例如：对于兴办的节约型、环保型企业实行免二减三的企业所得税政策，引导"两型"产业逐步发展为武汉城市圈主导产业；对实施资源节约和环境保护技术改造的老企业，允许改造资金的税前加计扣除，同时扩大企业研发经费加计扣除优惠政策适用范围，缩短无形资产摊销期限；对于企业用于环境保护和高科技研发等方面的固定资产和机器设备实行加速折旧，提高企业税前列支和扣除的标准，降低企业的所得税税负。又如：对于直接为节能降耗和环境保护等提供咨询服务的服务业，适当降低营业税税率。另一方面，通过提高税率，实行高税负政策限制高能耗、高污染型企业发展。例如：对于紧缺性的不可再生资源实行从价征收政策，加大资源税保护资源和抑制资源的过度开采和消费行为。为抑制房地产无序开发和炒房行为，实现节约和集约用地，适当提高对土地、耕地占用和房产交易的征税标准。为控制"白色污染"和一次性木筷、餐具的生产和消费，保护资源和环境，可考虑对生产和消费行为同时征税。总之，通过更加灵活的税收政策调控，促进武汉城市圈内节约资源，保护环境，实现经济可持续发展和人与自然和谐发展。

（三）规范税收优惠，促进可持续发展

税收优惠是税收服务"两型社会"建设，促进经济可持续发展的重要政策手段。要转变观念，走出优惠政策越多、越大越支持经济发展的误区，把各项税收优惠政策用好用活。广泛采用减税、免税、税前扣除、优惠税率、优惠退税、弥补亏损、延期纳税、加速折旧、特定准备金等多种税收优惠形式，形成事前优惠加强引导、事中优惠降低风险、事后优惠利益激励的优惠机制，促进城市圈"两型社会"建设全面发展。

四、创新税务管理机制，优化税收环境，为"两型社会"建设保驾护航

建设"两型社会"需要武汉城市圈内9个城市达成一体化发展共识，形成协作互动机制。税务机关必须因应新的发展要求，创新管理机制，互通信息，加强协作，强化税收一体化管理，优化区域税收环境。

（一）大力组织税费收入，为"两型社会"建设聚敛财力

财政职能是税收的第一职能，组织好税费收入是税务部门的主要职责。建设"两型社会"需要大量资金投入，税务部门必须树立正确的经济税收观、政绩观和科学的税收工作观，毫不动摇地坚持以组织收入为工作中心，加强征收管理，严格依法治税，大力组织税费收入，为"两型社会"试验区建设提供稳定的资金保障。正确处理好组织收入工作与其他税务工作的关系，特别是招商引资、发展

经济与发挥税收职能，促进节能减排、保护环境的关系。要强化资源税、土地使用税、耕地占用税、各种财产税和排污费等税费的征管，把组织税费收入与促进节约资源、保护环境结，服务“两型社会”试验区建设有机合起来。

（二）公平税收负担，促进圈内有序竞争，助力一体化发展

无论是城市圈建设还是“两型社会”试验区建设，都必须在市场经济的框架内进行，必须为各种经济主体创造公平、有序的竞争环境，助推城市圈内经济一体化发展。尤其是公平税收负担，促进有序竞争，推动圈内统一大市场的建立，避免政策执行不统一，税收负担不公平导致生产要素在9个城市间不正常流动，影响9个城市共同推进，一体化发展。当前圈内9个城市的税收负担差距较大，在经济欠发达地区，税务部门为了完成收入任务，有时不得不收“过头税”，寅吃卯粮，虚收空转，列收列支，转引税款，毗邻地区争抢税源的现象也时有发生；在经济发达地区，由于税源充裕，税务部门担心收入任务基数过高而影响下一年度的收入计划分配，往往有税不征或缓征。这种税收执法尺度与经济发展程度的逆差，破坏了圈内有序竞争，导致了市场要素进一步向经济相对发达地区聚集，使落后地区陷入“越穷越收，越收越穷”的怪圈之中，所以统一税收执法尺度是促进区域间税负公平的首要任务。具体方法可以通过加强圈内城市税收负担调查，分析区域间税收负担率，制定统一的税收征收率，大力推行电子定税，加大政策清理力度等措施，统一税收执法尺度。

（三）加强税收协作，推进税收一体化管理

为了更加有效地服务武汉城市圈的建设与发展，省地税局主导在武汉城市圈内建立了税收一体化管理的税务管理模式，即城市圈内9个城市逐步实现税务信息、税收政策、税务稽查、税收服务等9个方面的一体化管理，各市地税务机关建立协作、协调机制，协调解决城市圈建设过程中出现税收新矛盾、新问题。这种一体化管理模式同样也适用于刚刚起步的“两型社会”试验区建设，应继续推进并加以完善。圈内各级税务机关都要加强大局意识，按照一体化管理要求推进税务工作不断创新。当前特别要针对“两型社会”试验区建设的实际需要，加强税收管理协作，统一税收政策执行标准，公平税负；统一征管流程和质量标准，加强联合控管；加强税务稽查联动，整治税收秩序。

（四）优化税收服务，全面改善圈内税收环境

增强服务的意识，把服务纳税人、服务基层税务机关的工作落到实处，自觉服从和服务于经济发展和社会稳定的大局。创新服务机制，积极探索建立规范的税收行政执法机制，科学高效的税收征管机制，以执法责任制为核心的考核管理机制和严密的内部执法监督机制。不断改进机关作风，扩大税务公开，广泛接受社会监督，让纳税人满意。创新服务方式和手段，在服务中实施管理，在管理中体现服务。此外，加强队伍建设，深化征管改革，通过提高税收信息化程度，进一步简化办税程序，为纳税人提供方便、快捷的服务，降低征税成本和纳税成本，提高办事效率和工作质量，营造武汉城市圈统一的经济发展环境。

〔本文先后发表于《经济研究参考》、《税收研究资料》、《湖北地税》。作者单位：湖北省地方税务局〕

构建我国节能减排税收政策的国际借鉴研究

武汉市地方税务局课题组

一、我国节能减排税收政策的现状与职能定位

（一）我国节能减排税收政策的现状

1. 流转税方面：我国现行的主体税种中，增值税、消费税和营业税在节能减排方面出台诸多优惠政策，在一定程度上起到了鼓励使用环保产品和支持利于环保技术改造的作用。如增值税为促进废旧物资回收实行增值税先征后返；为鼓励清洁和环保产品的使用，对使用节能建筑材料的墙体材料产品和利用风力生产实行增值税减半征收的优惠政策。

2. 所得税方面：近年来，对进一步加大环境保护力度，陆续出台了鼓励资源节约环境保护的所得税专项政策，主要有对企业利用废水、废气、废渣等废弃物作为主要原料进行生产的，可在五年内减征或者免征企业所得税；对专门生产国家鼓励发展的环保产业、设备和产品给予免征企业所得税照顾；对鼓励发展的环保产业设备实行投资抵免。

3. 其他税收方面：我国有关环境保护的税收政策零星分散在各税种中，例如，资源税对开采石油、天然气、煤炭、其他非金属矿原矿、黑色金属矿原矿、有色金属原矿和生产盐的矿产品征收资源税，根据资源贮存状况、开采条件、地理位置实行从量定额征收，体现财政收入和合理使用资源的职能。城建税用于城市园林绿化、环境卫生以及城市建设等公共设施的建设和维护，在筹集治理环境污染资金上发挥了一定的作用。

（二）我国税收在节能减排中的职能定位

1. 财政职能决定税收对节能减排的需求性。实施节能减排战略，改善严峻的资源环境形势，实现经济良性、持续、健康发展，会给国家财政税收带来稳定的、持续的、低风险的增长；同时税收的实现又给资源节约环境友好社会提供充裕的资金支持。

2. 分配职能彰显税收对节能减排的促动性。国家税收属于国民收入再分配范畴，国家通过税收手段分配社会资源，是国家通过市场机制干预资源调节的一种方式。按照节能、环保、健康、持续的经济循环发展模式，选择税收的取与舍，税收分配向清洁能源、替代能源方面倾斜，向改善大气质量、减少污染排放行业倾斜，必将促进社会经济结构优化，促进经济发展方式转变，实现社会经济效益提高。

3. 调控职能实现税收对节能减排的参与性。我国加强节能减排实际是一种对经济发展过程的调控，促进资源环境与经济发展相互协调、相互促进，达到以环境换取增长向环境优化增长的转变，实现资源环境优化的绿色经济。而税收的调控职能正是通过参与经济转型来实现的，税收是国家调节经济的杠杆，在节能减排中，税收通过税率的高低、税收的征免，税收的优惠来调节经济运行，对国家鼓励发展的产业，给予税收优惠，实施低税政策；对国家限制发展的行业和产品实行

税收限制措施，给高税率课税。

4. 监督职能体现税收对节能减排的控制性。国家税收是经济的“晴雨表”，税收收入体现经济发展的规模、速度和结构，造成我国节能减排形势严峻的重要原因之一是经济结构不合理，地方政府牺牲资源环境，盲目追求GDP增长指标，导致税收收入中高能耗、高排放的电力、钢铁、汽车、建材、纺织等行业实现税收比重过大，国家节能减排约束性指标难以实现。税收结构能有效反映经济运行结构，税收监督职能为国家制定节能减排法律、行政、经济、税收控制措施积极提供重要依据和参照，特别是为设计制定税收调控措施提供依据和方向。

二、国外节能减排税收政策运用的成功经验和启示

(一)节能减排税收政策的主要理论基础

1. 外部性理论。经济学家庇古通过外部性理论最早提出了政府可将税收用于调节污染行为的思想。“外部性”是指在实际经济运行中，生产者或消费者的活动对其他生产者或消费者带来的非市场性的影响。有益的影响称为正外部性，有害的影响称为负外部性。

2. 公共物品理论。环境资源从性质上属于公共品范畴，具有消费的非竞争性和受益的非排他性。由政府通过对使用公共物品的人收取价款，为治理公共物品的外部性问题提供了必要资金，这就是环境税形成的公共物品理论。

3. 循环经济理论。循环经济目标是使生产和消费过程中所投入的自然资源最少，向环境中排放的废弃物最少，对环境的危害或破坏最小，实现低投入、高效率和低排放的经济发展。它要求经济发展过程中形成物质、能量梯次和闭路循环使用系统。

(二)世界各国节能减排税收政策的成功经验

从美国、日本、德国、丹麦、荷兰等节能减排法制较为健全，税制较为完善的国家看，其实施节能减排税收政策的经验主要包括：

1. 以减少污染为目标，通过征收污染税直接限制各类污染排放。上述国家根据自身国情，通过对各类污染排放采取直接征收税款的方式来予以限制。比如，丹麦于1992年对家庭用能的二氧化碳排放征收二氧化碳税，对工业和商业用天然气征税。1996年开始对使用含硫的木材、秸秆和废物的企业征收二氧化硫税。

2. 以节约能源为目的，通过征收产品税来限制能源的消耗。主要通过增加纳税人使用能源的成本，以产品税形式实现外部成本的消化。比如：德国于1999年对所有使用电、天然气、石油的用户征收能源税。丹麦从20世纪70年代末期开始，分别开征电能税、轻重油税、罐装气税、煤税和天然气税，此后几乎对各种石油及煤产品都征收能源税。

3. 以税收优惠为方式，鼓励纳税人从事有利于环境保护的经营行为。税收优惠政策主要包括所得税、增值税和消费税的减免以及加速折旧等等。比如：美国一是对再利用的税收鼓励。包括对循环利用设备投资的税收抵免或扣除，对购买循环利用设备免除销售税等。二是成立专门的基金进行管理。税务部门征收缴入财政部后，财政部将其分别纳入超级基金。

(三)国外节能减排税收政策成功经验对我国的启示

其一，税收工具要具有专用性。国外节能减排普遍开征了以保护环境为目的，针对污染、破坏环境行为而征收的专门税种，这也是符合“公共物品”理论结果。我国目前尚未真正构建完善的环境保护税收体系，限制了税收对浪费资源、节约能源和破坏环境行为的调控能力。

其二，税收功能要显现多样性。发达国

家几十年资源环境协调发展形成了一套功能多样化的税收体系，相应建立了循环经济理论，而我国对有效利用资源和保护环境方面的税收上税基不宽，征收面过于狭窄，现行环境方面的税种没有真正体现出保护环境、节约资源、控制污染的作用。

其三，税收体系要突出奖限性。国外遵循外部性理论，对利于节能减排绿色环保的经营行为，税收鼓励体现在减免税、加速折旧和税收抵免等方面，对破坏环境的行为和产品采取限制性措施课以重税；我国现行税种中为贯彻环境保护政策而采取的税收优惠措施的形式比较分散、单一，不足以对能源生产、消费以至大气污染控制产生应有的影响。

其四，税收措施要体现针对性。国外针对特定破坏环境污染控制行为而开征相应的环境税收是比较通行做法，效果明显。而我国目前仅在某些税种中隐含部分环境保护功能，没有对污染环境的产品、不良消费习惯针对性地征收特定税收，有悖于“公共物品理论”，不利于全社会节能环保意识的树立和形成。

三、完善我国节能减排税收政策的思考与选择

（一）完善绿色税制体系，适时增补新型税种

1. 开征环境税。开征环境税已成为目前国家重点推进的税收政策之一，有关部门提出了根据“受益者付费”原则进行普遍征收的一般环境税、由“污染者付费”为原则进行补偿征收的污染排放税和由“使用者付费”为原则进行消费性征收的污染产品税等三种备选方案。可以通过在国家特批的武汉城市圈、长珠潭城市群建设“两型社会”综合配套改革试验区先行试点，然后再在全国推行。

2. 开征燃油税。根据我国石油的供求情况，为了促进石油安全战略的实施，我国应该在统筹考虑整体物价水平和消费者的承受能力的基础上，借鉴有关国家的经验和教训，小步慢走，将石油的“低税、低价”模式逐步转向“适度高税、高价”的模式，在推进燃油税尽快出台的同时，适时上调油品的消费税税率，以抑制石油消费的过快增长，达到鼓励使用小排量汽车、混合动力车和电动汽车的节能环保目的。

（二）改造部分旧的税种，提升税制环保功能

1. 资源税征税对象逐步扩面。按资源节约型社会建设要求，将那些必须加以保护性开发和利用的资源也列入征收范围。同时调整资源税计征办法，将其由从量征收改为从价征收，相应调高资源税税率标准，适当扩大资源的二级税目范围。为增强资源税的惩罚性，还可对资源税的征收采用累进制方式，将资源的使用量划分档次，不同的档次适用不同的税率，税率逐级提高。

2. 耕地占用税适当调高税率。在现有《中华人民共和国耕地占用税暂行条例》的基础上，统一调高圈内耕地占用税税率，适当加大耕地占用税负，积极促进企业充分珍惜和合理利用土地资源，加强土地管理，最大限度地保护耕地。

3. 加大消费税的环境保护功能。适当调整现行一些应税消费品的税率水平，提高大排量轿车的消费税税率，降低低排量汽车消费税税率。实施激励效应明显的差别税率，通过增加消费成本，促使消费者选择资源消耗少和废气排放少的消费品和消费方式，强化消费税资源节约和保护资源的功能。

4. 扩大城市维护建设税的税基。本着有效解决好城市建设中环境保护实施和设备的投入资金问题，加大城市人口消费观念转变的引导和宣传，有必要扩大城市维护建设税的税基，直接以增加值或营业额为计税额，改革计税办法，扩大城市维护建设税增量。将城市维护建设税增量征收部分，全额以用于城市节能减排建设中。

5. 调整车船购置税、车船税征收标准。对以清洁能源为动力，符合节能技术标准的车辆，为鼓励投资消费，按现行税率适当给予30％～50％的减征优惠，积极引导社会消费。对不同能耗水平的车船，有针对性地调整车船税的计税标准，相应规定不同的征税额度，实行差别征收。

(三)制定税收产业性政策，增强税收奖限作用

1. 加快增值税转型。将中央在东北老工业基地成功实施的增值税转型试点改革逐步扩大到全国，推进增值税由“生产型”向“消费型”转变，尤其应允许企业抵扣其购置的节能减排设备所含增值税进项税金。

2. 对营业税实施有针对性的减免。对光电子信息产业基地、钢材制造及新材料产业、生物技术与新医药产业、汽车制造业、环保产业等行业中，涉及节能降耗方面的高新技术转让收入和光能、太阳能、风能、水能、氢能等替代能源、清洁能源、可再生能源的技术开发转让收入，进一步加大初期2～3年给予免征营业税的积极政策。

3. 对所得税实施差别征收。为调动新开办资源节约型企业的积极性，可对其实行免三减三的企业所得税政策，积极引导资源节约型产业逐步发展为全国节能减排较长时期的主导产业。企业开展的如电能、风能、太阳能和氢氧能等可再生能源、替代能源、环保能源开发活动，取得产业性的创新发展和形成社会生产力后，对其前期进行了开发费用允许税前全额扣除外，还可以在后期加计五倍进行税前扣除。

4. 积极调整节能减排产品进出口税收政策。从进口税收方面看，可以考虑：对境外捐赠人无偿捐赠的直接用于节能产品生产的仪器、设备和图书资料，免征进口关税和进口环节增值税；在合理数量范围内，对进口国内不能生产的直接用于生产节能产品的设备，免征进口关税和进口环节增值税；对国内不能生产或技术上达不到要求、将用于节能产品生产、节能效益十分显著的重要设备，免除关税。从出口税收方面看，可以考虑根据国家能源政策导向，调整出口货物退税率，对鼓励类的出口产品，适当提高退税率；对限制类出口产品的退税率，适当降低税率，甚至取消退税。

(四)整合归并税收措施，增强税收调控效用

1. 全面清理税收政策，整合政策措施。对各方面已有的税收政策进行全面清理和综合归类，积极宣传利用好已有税收政策，统一政策在实际税收工作广泛运用。同时，对已过时的税收政策，或与当前节能减排社会建设相矛盾的税收政策，积极废止、修订或调整以整合税收政策措施。

2. 调整有关税收的征收标准，扩大激励惩戒效应。一方面对节能环保型企业实施税收优惠照顾，给予正面扶持帮衬。另一方面对以牺牲环境为代价的高能耗、低效率企业实施额外高额税负，给予经济惩戒。

3. 适当下放税收管理权，增强税收的杠杆调控功能。应对节能减排建设的艰巨性和复杂性，结合全国及各地区域经济整体规划和发展实际，在不违背我国税收基本体制的前提下，适当下放促进资源节约型社会建设相适应的有关地方税绿色税种的立法权，不仅有利于资源节约型产业的合理布局，也有利于积累环境保护和资源节约的专项财力。

课题牵头人：肖绪湖

课题组成员：徐正云　覃汉桥　陈　军
吴建清　肖一意

〔此文参加中国国际税收研究会长沙专题研讨会交流，并获优秀奖〕

关于税务文化建设实践的哲学思维

襄樊市地方税务局

一、以辩证思维方式深刻把握税务文化建设的实践内涵

税务文化是税务与文化相结合的产物，是人类税收历史实践过程中所创造的物质财富和精神财富的总和。它历史悠久，内涵丰富，形式多样，特色鲜明，我们应该充分运用唯物主义的辩证思维方式，从税务文化体系的总体构架上，来深刻理解和全面把握税务文化建设的实践内涵。

第一，我们所要建设的税务文化必须是先进性与广泛性相统一。税务文化是社会主义先进文化的重要组成部分，必须体现社会主义先进文化的前进方向，体现社会主义核心价值体系的性质和内涵。广泛性是指税务文化涉及税务工作的方方面面，延伸到社会的各个角落，应该得到大多数税务工作者，以及广大纳税人乃至社会的普遍认同。

第二，我们所要建设的税务文化必须是开放性与包容性相统一。开放性要求用开放的胸襟广泛吸收各种文化的元素，善于汲取各类文化的精华和养料。包容性要求以博大的胸怀去包容外界、外来文化，做到相互借鉴、相互吸收、取长补短、相互促进，从而实现税务文化开放性与包容性的统一。

第三，我们所要建设的税务文化必须是行业性与时代性相统一。行业性是指税务文化必须具有鲜明的税收特色，体现出税收性质、税收职能、税务宗旨、税务要求。时代性要求税务文化在内容和形式等方面，要贴近时代、扎根时代、服务时代，做到与时代同行、与时代并进。

第四，我们所要建设的税务文化必须是共同性与多样性相统一。共同性是指税务文化都有一些共同的特点、共有的品质、共生的规律。事实上，每种税务文化是多种多样、千差万别的，具有鲜明的个性特征。这是共性与个性的统一，是共同性与多样性的统一。

第五，我们所要建设的税务文化必须是继承性与创新性相统一。继承性是指今天的税务文化是从昨天的传统文化传承而来，继承而得。创新性是在继承传统文化精华的基础上，不断赋予其新的内涵、外延和形式，做到常抓常新、与时俱进，体现出继承性与创新性的统一。

第六，我们所要建设的税务文化必须是艺术性与实践性相统一。税收文化以其内在品质，为人们输送精神食粮，带来美的感觉、享受和向往。但这种艺术性是在税务工作实践过程中逐步产生、形成的，并且要经过税收实践检验才能得到证明和认同，达到艺术性与实践性的高度统一。

二、以唯物主义的立场全面理解和发挥税务文化的功能与作用

辩证唯物主义认为，认识源于实践，又反作用于实践。从这一哲学基本立场出发，税务文化源于税务工作实践，同时对税务实践具有能动作用，这种作用几乎渗透到税收的所有领域。主要有以下七个层面：

一是对国民税收意识的强化。经过税务文化的长期滋润，能够提高纳税人对于税法的遵从度，提高征税人对于税收执行与落实的准确度，提高用税人对税收的珍惜度，提高整个社会对于税收的认同度，从而增强纳税、征税、用税、护税的自觉性，最终强化整个国民的税收意识。

二是对干部思想道德的教化。先进税务文化可以对税务干部的思想道德产生直接的熏陶和教育，能够引导税务干部树立正确的世界观、人生观和价值观，让税务干部不断地升华思想、激扬精神、醇化道德、陶冶灵魂、加强修养，从而达到教化税务干部思想道德的目的。

三是对税务价值理念的内化。就是把税务文化内涵、追求的一系列思想理念和价值导向，逐步植根在税务干部的头脑中，内化到税务人员的意识形态中，内化到税务人员的思想理念中，帮助税务干部形成先进的思想理念、税务精神和价值追求。

四是对行为举止规范的外化。税务文化不仅把税务理念价值内化于心，扎根于脑，同时还能够外化为相应的行为，转化为相应的言行举止，最终通过税务人员外在的行为举止表现出来。

五是对税收工作绩效的优化。用税务文化指导税务工作实践，可以优化税务工作的方式方法，不断加强税务管理，提高税务工作的质量和水平。

六是对税务政风行风的净化。通过税务廉政文化建设，不断增强税务人员的廉政意识，严明税风税纪，进而净化税务部门的政风行风。

七是对税务部门形象的美化。税务文化环境能够为税务部门，乃至社会提供一个优美的人文环境，给人以美感、激情与力量。同时，税务干部文化修养的整体提高，必然从根本上提升税务部门的地位和形象。

三、用唯物主义哲学观统筹我国税务文化的建设思路

税务文化建设是一项思想性、实践性、针对性很强的工作，我们要充分运用唯物主义哲学观，来科学统筹税务文化的建设思路。

（一）牢固树立税收文化观，实现经济、文化两翼起飞，开辟一条税收事业又好又快发展之路

事实证明，税收经济观可以带来税收收入量的增长，但未必能带来税务队伍质的提升，未必能带来税收工作质的提高，未必能带来税收事业质的飞跃和进步。因此，在牢固树立税收经济观的同时，还必须牢固树立税收文化观，坚持用经济、文化“两条腿”来走路，实现经济、文化两翼起飞。这是因为，首先，税务文化是立税之本。维系税收事业生存的诸要素中，税务文化是最为根本的，税务文化已越来越成为税收事业发展的核心要素和灵魂所在，决定着税收事业发展的潜力和后劲，在税收事业发展中起着根本性和方向性作用。其次，税务文化是兴税之基。现代发展理念告诉我们：文化与经济密不可分，文化除了指导经济发展，为经济发展保驾护航之外，文化本身就是经济发展中最具竞争力、生命力的重要产业，今天的文化就是明天的经济。第三，税务文化是强税之源。税务文化是税收事业综合竞争力、凝聚力的源泉，不仅可以修炼一支高素质的税务队伍，更为重要的是可以创造和创新更科学、更先进的治税思想、治税理念、治税经验、治税理论，成为税收事业科学发展和文明进步的力量源泉。

（二）要坚持重在建设的方针，切实把握好税务文化建设的指导思想和基本走向

一要遵循税务文化建设的指导思想，必须以中国特色社会主义理论体系为指导，以科学发展观为统领，以我们党和国家关于社会主义先进文化建设的一系列方针政策为依据，不断建设优秀的特色税务文化，努力为税

收事业科学发展与文明进步服务，为社会主义物质文明、政治文明和精神文明建设服务。二是坚持税务文化建设的“四为”基本原则，即以人为本，以税为根，以精神为魂，以当地为基。以人为本就是以提升税务人员的个人修养和思想道德水准为最高境界，以增强国民税收意识为核心，不断提高国民税收遵从度；以税为根就是税务文化要扎根于税务工作实践，围绕“税”字做文章，不能脱离税收工作实际；以精神为魂就是把税务文化内涵的税务精神、税务思想、价值导向作为灵魂，不能偏离这个主旨；以当地为基就是以当地为基础，做到因地制宜，突出本地特色。三是体现税务文化建设“五个面向”的方向，即面向税收、面向社会、面向世界、面向未来、面向现代化。具体就是围绕“以人为本，立党为公，聚财为国，执法为民”这一根本内涵，立足税收实际，真正建设先进的、科学的、社会的税务文化，为国家和人民的根本利益服务。

（三）税务文化建设要深深扎根于市场经济的沃土，植根于税务工作实践，不断开辟税务文化建设的新天地

税务文化不是一种虚空的思想认识，而是一种实实在在的税务工作实践和创造，必须深深扎根于我国社会主义市场经济的沃土，植根于税务工作实践。具体要注重三点：一要紧跟时代性。就是要把时代精神、时代主题、时代文明等时代元素融入税务文化建设之中，做到与时俱进，唱响时代“主旋律”，彰显出税务文化的时代风格和时代风貌。二要把握规律性。就是要遵循文化建设的自身规律。必须扎根于市场经济的沃土，植根于税务工作实践，贴近现实、贴近税收、贴近征税人，包括纳税人和涉税人，否则税务文化就会成为无源之水、无本之木。三要富于创造性。在充分借鉴传统税务文化有益养料的基础上，结合实际，大胆创新思路、创新内容、创新形式、创新机制，让税务文化内涵越来越丰富，力量越来越持久。

（四）要把握税务文化建设的实践内涵，建立一套适应我国政治、经济、文化、社会“四位一体”发展框架的税务文化体系

根据时代要求，结合税收实际，目前税务文化体系架构应重点放在税务理论文化、道德文化、法治文化、和谐文化、廉政文化、服务文化建设等方面。在税收理论文化建设上，重点建设好税收科学发展理论、税收政治理论、税收经济理论、税收文化理论、税收社会理论、税制理论、税收法治理论、税收收入理论、税收管理理论、税收科技理论、税收服务理论、税收队伍建设理论、税收廉政理论等方面，尽快形成中国特色主义税收理论体系，以指导新的税收工作实践。在税务道德文化建设上，要以社会主义道德标准和要求指导税务道德文化建设，坚持税务道德文化建设与社会主义市场经济相适应，坚持继承优良道德传统与弘扬时代精神相统一，坚持维护个人合法权益与承担社会责任相结合，坚持注重效率与维护社会公平相协调，全面提升税务职业道德建设水准。在税务法治文化建设上，核心是把社会主义法治理念贯穿到依法治税的全过程，积极探索一条社会主义的税收法治之路。通过税务法治文化的长期熏陶，逐步将社会主义依法治税的理念植根在税务人员的头脑里，将依法治税的要求落实到税收工作的实践中，使执法讲依据、办事讲程序、结果讲责任、全程讲服务成为每一名税务人员的行为准则。要通过全社会的共同努力，逐步形成“党政领导依法管税、税务部门依法征税、纳税主体依法纳税、社会各界依法护税”的良好社会机制和环境。在税务和谐文化建设上，主要是弘扬中华民族崇尚追求和谐的优良传统，努力形成“税收经济和谐发展、征纳双方和谐共处、干部队伍和谐奋进、税收社会和谐相融”的组织目标。在税务廉政文化建设上，重点把“文化反腐”与“制度反

腐”有机结合起来,促进税务人员廉洁从税、廉洁用权、廉洁执法。在税务服务文化建设上,重点在服务理念、服务内容、服务形式、服务机制、服务品牌上进行传承与创新,着力实现为经济服务、为社会服务、为政府服务、为纳税人服务的目标和风气。

(五)要融入社会,打造出税务文化特色“品牌”,不断增强税务文化的生命力和社会影响力

文化最忌讳模仿与雷同,最崇尚独创与个性,只有突出特色,创出品牌,才能彰显出税务文化的生命力和活力。为此应注重以下几点:一是文化品质要至上。创品牌必须把握文化的内在品质,从本土化入手,因地制宜,着力提升文化的品位,实现品牌与品质相统一。否则,离开本土化,失去文化应有的内在品质,是创不出品牌的。二是文化载体要丰富。要把握内涵,创新形式,丰富载体,做到建设税务文化既有深厚的税收内涵,又有生动活泼的文化形式。比如对内,按照税务文化上墙面、上桌面、上网面、上书面的要求,大力开展建设文化墙、文化科室、文化学习室、活动室以及编写文化书籍活动,举办税务征文、税务论坛,做活税务网站等等。对外,按照税务文化上街面、上路面、上版面、上台面,积极开展群众喜闻乐见、丰富多彩的,树立税收标语、加强税收宣传、举办税收文艺演出和开展税收文体活动等等,努力营造一个建设税务文化的社会氛围。三是文化渠道要畅通。学校是税务文化建设的启蒙地方,税务机关是建设税务文化的主阵地,社会是建设税务文化的大课堂。要充分利用各种税务文化建设的有利场所,积极有效地开展各种形式的税务文化建设活动,逐步实现从点到面、从重点突破到全面推进、从特殊领域到社会各界的不断延伸,逐步让税务文化在全社会扎根、开花、结果。四是文化个性要突出。就是要因时、因地制宜,努力建设富有人情味、人性化、个性化的税务文化,努力打造出税务文化特色“品牌”,不断提升税务文化的亲和力和影响力。

〔本文系2008年10月全省地税系统税务文化建设理论研讨会交流材料〕

宜昌市经济税源状况及宏观税负分析与地税收入可持续增长研究

宜昌市地方税务局课题组

一、宜昌市地税收入结构和宏观税负分析

(一)地方税收结构分析

2001—2007年,全市地税系统完成各项收入总量达到2265702万元,年均增长23.75%,其中税收收入1277533万元,占总收入56.38%,年均增长14.84%;“两税”(指耕地占用税和契税,于2005年改为地税部门征收,2007年并入税收收入核算,为保持统一口径,本文中除个别地方注明含耕地占用税和契税外,均不含耕地占用税和契税)收入60531万元,占总收入2.67%,年均增长

53.11%；社保费收入 831818 万元，占总收入 36.71%，年均增长 44.88%；其他规费收入 95820 万元，占总收入 4.24%，年均增长 26.01%。2007 年完成各项收入 548124 万元，比 2006 年 431780 万元增长 26.95%，比 2001 年翻了两倍多。在 2001－2007 年宜昌地税各项收入中，税收收入与社保费收入是大头，占总收入的 95.76%，两者成了宜昌地方收入的双重主体。深入分析宜昌市地方税收结构，有以下几个方面的特点：

1. 分税种来看，营业税仍然是地税收入的主力军，贡献最大；地方各税年均增幅最高，呈逐步上升趋势。七年来，地税部门完成营业税收入 562246 万元，年均增长 15.09%，占税收总量的 44.01%，对税收增长的贡献率达 44.58%，收入比重以及对税收增长的贡献率均居各税种之首；完成企业所得税收入 210756 万元，年均增长 9.4%，占税收总量的 16.5%，收入规模仅次于营业税，对税收增长的贡献率为 12.03%；完成个人所得税收入 191583 万元，年均增长 13.87%，占税收总量的 15%，对税收增长的贡献率为 12.29%；完成地方税收入 312948 万元，年均增长 19.47%，占税收总量的 24.5%，对税收增长的贡献率达 31.1%，年征收额过亿元的有三个税种，分别是城建税、土地使用税和房产税。

2. 分产业、行业来看，二、三产业税收同步增长，第三产业贡献稳步提高。2001－2007 年，地税部门实现第二产业税收收入 584932 万元，年纳税额由 2001 年的 59341 万元上升至 2007 年的 124859 万元，年均增长 13.2%，对税收收入的贡献率达 40.97%；地税部门实现第三产业税收收入 691060 万元，年纳税额由 2001 年的 63052 万元上升至 2007 年的 158585 万元，年均增长 16.62%，对税收收入的贡献率达 59.74%。第三产业提供的税收无论是从总量还是从增长速度，或从占地税收入的比重上看，均高于第一产业和第二产业，第三产业成为左右地方税收规模的主体税源。

3. 从企业类型来看，工业企业提供的地方税收“两升一降”，重点企业提供的地方税收稳步增长，股份公司表现出色，比重提高、贡献率大。一是工业企业提供的地方税收总体增长，具体到不同行业则升降有别。2001－2007 年宜昌市工业企业累计提供税收 324928 万元，占全市税收收入总量的 25.43%，年均增长 16.59%。二是税收逐渐向重点企业集中。全市 83 户年纳税 500 万元以上的重点企业 2007 年累计实现地方税收收入 109741.65 万元，比 2006 年 73618.04 万元增长 32%，占 2007 年全市地方税收总额的 38.71%，比 2006 年的 32%上升 6.72%。三是国有企业、集体企业和个体经营提供的地方税收占地方税收总收入的比重呈下降趋势，而股份公司表现出色，所占比重最高、贡献率大。2001－2007 年，地税部门实现国有企业税收 379205 万元，占地税收入的比重由 2001 年的 41.06% 下降至 2007 年的 20.46%，下降了 20.6%；集体企业税收 73111 万元，占地税收入的比重由 2001 年的 12.58%下降至 3.25%，下降了 9.33%；个体经营税收 132966 万元，占地税收入的比重由 13.46%下降至 8.63%，下降了 4.83%。与之相反，2001－2007 年，股份公司税收 612002 万元，占税收总量的 47.9%，年纳税额由 2001 年的 35786 万元上升至 2007 年的 172787 万元，年均增长 30%，对税收增长的贡献率达到 85.68%。

4. 从区域构成看，县域经济税收拉动力显著增强。2001－2007 年，县(市)区地税部门完成税收收入 579677 万元，占税收总量的 45.37%，年均增幅 16.08%，比城区高出 2.37 个百分点，对税收增长的贡献率达 52.04%，比城区高出 4.08 个百分点。其中，夷陵区、宜都市、枝江市、远安县和长阳县地方税收年均增幅均好于全市平均水平。

(二)地方税收宏观税负分析

1. 全市地税宏观税负波动较大,税收增长率和GDP增长率之间呈现高度不相关态势,从而导致税收弹性系数变化趋势不规则。2001—2007年宜昌市地税平均宏观税负为3.15%(不含两税)。每年的宏观税负波动较大,最高的2007年与最低的2004年之间相差0.66个百分点,振幅超过10%。2001—2004年税收增长和GDP增长之间也呈现出不相关态势,除2002年税收增长略高于GDP增长之外,2001年、2003年和2004年税收增长率均低于GDP增长率,其中2004年税收增长幅度低于GDP增长幅度达5.43个百分点。2005—2007年税收增长幅度均高于GDP增长幅度,其中2007年税收增长幅度高于GDP增长幅度8个百分点。由于上述原因,2001—2004年税收弹性系数变化趋势不规则,忽高忽低。2005年以后税收弹性系数变化趋势才呈逐年递增趋势,这主要得益于经济形势的好转。深入探究其中原因,主要有以下几点:一是统计口径不一致。GDP增长幅度是以不变价格计算的。而税收增长是以现价计算的,体现了经济发展状况和物价上涨因素。二是产业结构、经济结构与地税税源结构存在差异。地税税收负担主要集中在第三产业,分量税负中第一、二产业宏观税负偏低。三是三峡电站特殊的统计方式与税收分配方式也导致地方税收税负不规则性。

2. 与全省地市州地税宏观税负相比,2006—2007年宜昌市地税宏观税负均高于全省平均水平,2006—2007年宜昌地税宏观税负分别为3.57%、3.82%,比全省地税平均宏观税负3.34%、3.66%分别高于0.23、0.16个百分点,均排于全省第四位,且呈现稳步上升态势,2007年宜昌地税宏观税负比2006年高0.25个百分点。

二、影响宜昌地税收入增长和税收负担的主要因素分析

(一)经济总量对税负的影响

宜昌经济发展水平在全省地市州中还是排在最前面的,但在长江沿岸22个城市中,排在第9位,排在上海市、重庆市、南京市、武汉市、南通市、扬州市、镇江市、岳阳市之后,除掉前面4个省级市,宜昌经济总量在沿江同等城市中排第5位,总的情况还是不错的。但与中西部地区同等城市比较,宜昌经济发展面临的挑战还是很严峻的。

(二)产业结构对税负的影响

目前,宜昌市产业结构的突出特点:一是低税产值比重过高,对地方税收的贡献小。宜昌市所辖9个县市(区)中山区县居多,第一产业所占比例仍然较大,商品率低。2001—2007年,宜昌市第一产业在全市GDP中所占比重为14%,而就其与地方税源的关系看,第一产业基本上是低税或无税产业。二是第二产业对地方税收的贡献率不高,工业经济的整体质量和效益有待进一步提高。2001—2007年,第二产业占全市GDP总量的52.05%,其提供的地方税收占税收总量的45.79%,存在较严重的倒挂。而从地方税收看,工业经济总量的增加和质量效益的提高,将直接带来地方城市维护建设税、企业所得税和个人所得税的增加,进而带动第三产业的发展。三是第三产业内部结构优化不够。由于城市化水平还不高,宜昌市餐饮、住宿、旅游、文化体育等现代服务业发展相对滞后。以第三产业中部分行业营业税收入为例,2001—2007年住宿业、餐饮业、旅游业、文化体育业和娱乐业分别实现营业税收入7773万元、23651万元、1478万元、3408万元和3142万元,五个行业共占营业税总量的7.02%,除文化体育业外,四个行业年均增幅均低于营业税平均水平,其中餐饮业和住宿业年均增幅分别为5.94%和6.56%,旅游业

甚至出现了负增长，这与宜昌市全力打造的旅游名城地位不相符。由于产业结构的差异和受税制结构的制约，在一定程度上延缓了地税收入的增长速度。

(三)行业结构对税负的影响

主要表现在：一是制造业发展相对迟缓，提供税收比例低且逐年呈下降趋势，制造业占税收总量的比重由2001年的16.5%下降至2007年的11.47%。二是水电业和宜昌的关联度不大，不仅产业链太短，难以带动地方经济，而且全部统一定价上网，并没有给“水电之都”带来多少实惠。三是房地产业提供税费增幅过快，存在风险。宜昌市房地产提供税收2001年只有3417万元，2006年增加到3亿元，增长了近8倍，年均增幅高达55%，受国家政策调控影响，这一产业难于维持高速增长，给地方税收稳定增长带来风险。四是传统的餐饮、商贸等“消费型”服务业，在宜昌服务业中占主要比重，金融、保险、信息、物流、电子商务、旅游等“生产和市场型”现代服务业需要进一步整合资源、发展壮大。

(四)所有制结构对税负的影响

国有、集体企业及个体经营提供的税收虽然是地方税收的主要来源，但由于受到国有企业改制、再就业扶持以及起征点调整、减免税政策等多因素影响，其占地税收入的份额和增长速度正逐年下降。而股份公司却表现出色，税收所占比重提高、贡献率大。

(五)固定资产投资结构对税负的影响

从总的情况看，2008年宜昌市固定资产总投资5000万元以上项目216个，总投资845.52亿元，当年投资236.78亿元。总投资1亿元以上项目135个，总投资791.38亿元，当年投资209.11亿元。其中工业项目66个，总投资249.41亿元，当年投资107.84亿元。这些项目的建设将会对宜昌经济的发展产生积极的推动作用。

(六)居民收入水平对税负的影响

一是与全省平均水平相比，人均可支配收入低，增长速度慢。2007年，宜昌城镇居民人均可支配收入为10241元，比全省11485元少1244元。收入增长幅度在全省也是偏低的，2007年，全市城镇居民人均可支配收入同比增长14.7%，比全省18.5%低3.8%，在全省17个单位增幅排名中居第7位，比孝感、荆州、随州、鄂州、襄樊低。二是与中部同等城市相比较，差距呈加速扩大之势。以洛阳为例，“十五”末，宜昌市城镇居民人均可支配收入8156元，为洛阳10175元的80.2%；2006年，宜昌市城镇居民人均可支配收入8926元，为洛阳11490元的77.7%，差距拉大2.5个百分点。

(七)区域经济发展不平衡对税负的影响

区域经济发展不平衡是宜昌市经济税源结构的一个重要特点。市城区和枝江、宜都、当阳等地区经济基础较好，发展较快，而三峡库区、西部山区极少数民族地区经济发展相对较慢。贫困县与“十强县”比肩而立，可以称得上是宜昌最特殊的市情。2001—2007年，全市9个县(市)区地税部门完成地方税收收入占税收总量的45.37%，年均增幅16.08%，比城区高出2.37个百分点，对税收增长的贡献率达52.04%，比城区高出4.08个百分点，数据表明，绝大部分增量税收均来自夷陵区、宜都市、枝江市，五峰、远安、秭归等地近七年地方税收处于停滞不前的状态。

(八)政策体制对税负的影响

1. 三峡电站特殊的税收分配政策，导致税收与税源背离问题比较突出，既模糊了地税宏观的真实性，也导致地税宏观税负不规则性。

2. 企业集团汇总纳税办法的实施和企业跨区域经营政策因素，使税收与税源背离问题成为普遍现象。

3. 差别对待的企业所得税政策，地税部门企业所得税收入的增收只能寄希望于扩张存量税源。

4. 宜昌市没有享受到烟厂集并税收政策调整带来的税收增长成果。

三、实现地方税收可持续增长的途径和对策

（一）以科学发展观为统领，切实把经济工作重心落实到经济税源建设上来

在指导思想上，正确处理好“收”与“扶”的辩证关系，把抓税收收入与扶持经济发展紧密结合起来，按照“统一性与灵活性、规范性与可操作性相统一”的原则，在抓好收入的同时，抓好“扶优”和“帮弱”。

（二）着力推进经济结构调整，优化产业结构，构建多元化的经济税源体系

一是巩固和涵养现有税源。巩固和涵养现有税源的关键是要在“活老”、“强大”上下功夫。二是支持工业发展，培植骨干税源。紧紧围绕市委、市政府提出的工业强市战略，支持骨干产业、骨干企业和骨干项目建设和发展。三是以产业结构调整为重点，支持“新经济”做大做强，壮大和培育新兴税源。四是大力支持发展民营经济和县域经济，壮大县域经济税源。

（三）加大税收征管体系改革的力度，构建适应地税收入可持续增长的征管新体系

（四）争取体制政策，确保地税收入稳步增长

一是争取三峡电站竣工后的税收分配政策。建议按照现行规范的分税制财政体制，在中央、湖北省与重庆市之间分配税收。二是争取烟厂集并税收政策，宜昌与襄樊、恩施能够得到同等待遇，以2006年入库数为基数，按武烟集团年度缴纳税收增减幅度同比例增减。三是对高新技术企业，特别是符合国家战略决策和产业布局政策的高新技术企业，适当降低认定门槛，简化审批手续，应给予重点扶持，用足用活高新企业所得税减按15%征收的优惠政策，促进高新技术企业的发展。四是进一步放宽支持新农村建设的税收优惠政策。五是进一步加大对弱势群体的帮扶力度，促进社会和谐发展。

课题组组长：杨荣辉

课题组副组长：陈　平　邹宜平　熊洪传　王金国

课题组成员：刘进梅　李进都　李敬之　陶明静　付　蓉　代浩年　陈晓刚　李　治

执笔：刘进梅　李进都　代浩年　李治

〔本文为2008年度省局部署的重点课题，全文收入省局编印的《湖北经济税源分析与地税收入可持续增长研究》一书〕

基层地税部门人力资源配置的现实分析与目标选择

范家德

一、基层地税人力资源配置的原则

（一）以人为本原则

在基层税收工作中，要坚持以人为根本为落脚点，通过积极和有效的人力资源管理，充分调动和发挥人的主观能动性，激发他们的工作积极性和创造性，同时注重人的生活

和心理需求，注意人员之间的年龄、性格、知识和性别结构差异，既通盘考虑，又因人而异，力求人力资源效用最大化。

（二）人事相配原则

对基层地税人力资源要实行动态管理，做到“以事设岗、以岗择人”与“以人定事、以事核人”相结合，个体上要力求人尽其才、才职相当，宏观配置上又要做到工作总量与人员数量、任务难度与人员素质相适宜，人事匹配、人事相适，整体提升基层地税的工作效益。

（三）深度开发原则

可通过对“急需人才、特殊人才、复合人才和后备人才”的分类培训开发，以实现基层地税人力资源整体效益最大化和可持续发展。

（四）综合利用原则

就个体而言，要在力求激发其全部潜能的基础上，扬长避短，防止长才短用和短才长用；对整体资源利用来说，要注重区分“资源相克和优化组合”等层次，讲求政工与业务、后勤与征管人数比重的科学配置，在具体部门又要根据工作量和业务难度合理分配和使用人才，通过预设人力资源管理模型，有效提升基层地税人力资源的整体利用效率。

二、当前基层地税部门人力资源配置的现实分析

（一）年龄断层较为突出

据初步了解，由于历史原因全省地税系统目前干部平均年龄已达到46岁，处于一个中年偏后的年龄段，逐渐进入老龄化阶层。人员更新速度缓慢，新生力量的补充严重不足，人员年龄结构断层问题将会不断加剧，整体干部年龄结构违背了人力资源学有关年龄结构呈三角型金字塔结构为最佳结构的要求，干部的整体活力受到冲击。

（二）人力配置不尽合理

现有的人力资源配置没有充分体现需求、效能的原则，税源密度较大的地方配置的人力较少，税源稀少的地方集聚的人力过多，人力资源得不到最大限度的充分利用。特别是县（市）局与市州局这个区域之间，由于受机构编制和地域环境的限制，自然设下了一道人员流动的屏障。收入规模和工作量较大的地方人力资源紧缺；而收入规模小、工作量不足的地方却集聚的大量人力，形成人力资源不足与浪费并存的局面。

（三）专业人才依然匮乏

近年来，虽然省局通过“四个一批”的培养，各级地税部门也通过多种层次、多种方式进行培训，缓解了一部分专业人才紧张的矛盾。但特殊岗位上的专业性人才依然不足。高级计算机、文秘写作方面的专业性人才较少，外语、法律方面人才奇缺，征管能手、稽查能手、写作能手、计算机操作能手等“能手级”的人才仍然不足，持有注册会计师、注册税务师、律师、计算机中级、英语等级证书者位数不多，“一专多能”的复合型人才严重匮乏。同时，人才资源的区域分布也不平衡，越是贫困的地区，越是基层单位，专业技术人才越是缺乏。

（四）管理手段相对滞后

在管理上，没有考虑税务干部各个岗位的具体工作性质、工作责任和职业特点，不是按照工作不同责任、不同特点和不同气质的要求进行有针对性的管理。一些地方没有以能职匹配来实现岗能优化配置，工作量出现了畸轻畸重的现象。在培训上，重理论、轻实践，重业务、轻政治，重短期、轻长期，重眼前、轻长远的现象依然突出，培训的内容针对性不强，实用性不强。在任用上，一些有某种专业特长的干部，由于没有建立起一个良性的管理和使用机制，形成了资源上的浪费。

（五）考核机制不够科学

每年的公务员考核以民意测验代替整体考核，有的地方实行“平衡照顾”、“轮流坐庄”。多数单位并未建立起公务员科学的考核指标体系，考核方法陈旧，没有针对不同岗位、不同层次的人员确定不同的考核标准。只注重了定性考核，而忽视了定量考核，影响考核结果的准确性的公正性，无法激发干部内在动力，不能有效地引导他们朝着组织所期望的目标前进。

三、优化基层地税部门人力资源配置的目标选择

（一）优化群体结构，按照“全能型”的标准配置班子，形成合力，使其成为推动地税事业进步的核心资源

领导班子是队伍的“龙头”和“首领”，是地税部门的核心资源。领导班子是由多个要素组成的具有多种结构功能的有机整体，其功能往往大于各组成部分要素功能机械相加的总和。要运用系统论的方法，准确把握结构决定功能、功能促进结构的作用关系。在保持政治上靠得住、工作上有本事、作风上过得硬的基础上，兼顾整体专业结构、性别结构、党派结构的同时，更要充分考虑整体班子的品德结构、能力结构、知识结构、年龄结构和气质结构，做到人事相宜、人得其事、事得其人，使智者尽其谋，勇者竭其力，仁者播其慧。

（二）统筹协调发展，按照“功能型”的标准优化组织、挖掘潜力，使其成为推动地税事业进步的优势资源

——科学设置机构。对基层地税机构进行合理的调整，加快对市县局机关内设机构的职能和资源进行重新配置与整合，按照其功能进行分类，确立工作内容，通过职能调整和岗位整合，大量减少行政管理人员，全面充实一线税收征管人员，还原于地税工作的本职要求。

——合理配置人力。根据地税部门工作性质和特点，将地税工作的功能整体划分为行政管理、税收征管、税务稽查三大序列。按照各序列的职能定位，合理的确定人力比重。行政管理序列人力比重应占到总人数的10%～15%左右，稽查序列人力比重应占到总人数的10%～12%左右，税收征管序列的人力比重必须保证在70%以上，将大部分人力集中到税收征管岗位，保持有效地征管人力资源。

——相对固定岗位。要按照税收信息标准化管理的要求，对现有人力资源的状况进行分析，判断目前人力资源配置是否合理，并以岗位能力需求和现有人员能级状况为基本前提，依据岗位能力需求和上岗条件进行双向选择，实现岗能优化配置。对各个具体单位和部门，实行以职能定编制、以编制定岗位、以岗位定职责，有效地避免一方面人力资源紧张，另一方面人力资源浪费的问题。

——优化年龄结构。一是在系统编制、经费允许的范围内通过公务员招考、聘用等方式尽可能多录用高素质年轻人才，保证新生力量得到持续稳定的补充。二是根据公务员法的有关规定，对达到条件自愿退休的，要制订一定的政策标准，积极鼓励其退休，加快队伍的更新速度。三是根据人员年龄结构变化趋势，强化现有中年群体人力资源的开发与管理，努力保持和延长人力资源时效的高峰值期限。

（三）促进区域平衡，按照“效能型”的标准流动人才、盘活人力，使其成为推动地税事业进步的公共资源

一是保持正常流动。在目前公务员“进口堵死、出口不畅”的情况下，在一定的范围内将目前现有编制集中统一使用，对系统内现有人员进行合理流动。对于关键岗位上的优秀人才，可以打破地域与行政界限，通过多种形式在全县、全市范围内流动，奇缺人才也可在全省范围内现有人员中进行公开挑选，进一步加大城乡之间、机构之间、同一区域之间的广泛交流，最大限度地使现有人力资源

得到合理地开发利用。

二是改进交流体制。为促进人员的流动，进一步加大对现有人员跨省、跨市、跨区域交流锻炼的力度。对处级以上干部可以跨省到其他省、市地税部门定期交流锻炼，对科级干部实行在全省范围内进行跨市州到地税部门定期交流锻炼，同一区域内干部可以采取上挂、下派、跟班、蹲点等方式定期交流锻炼，一般干部跨分局交流换岗定期交流锻炼。同时，还要加大行政岗位与业务岗位、机关岗位与基层岗位、管理岗位与征收岗位、稽查岗位与管理岗位的交流力度，使干部时刻处于兴奋状态。

三是硬化管理手段。按照《公务法》的规定，依法管理好现有公务员，对达到辞退标准的必须依法辞退，对没有达到辞退标准的，要完善管理制度。在实践中可以探索建立末位学习或末位待岗制等制度，通过科学公正的考试、考核、考评，对达不到辞退条件而工作表现差、业务能力差、工作纪律差的公务员，采取末位待岗、跟岗学习等措施，使这一部分人员处于"半出状态"，产生一定的流动效应。

（四）创优竞争环境，按照"智能型"的标准完善机制、增强动力，使其成为推动地税事业进步的人才资源

其一，完善科学选人机制。打破传统的用人观念，通过考试、考核、评议等多种途径选拔任用干部，在选拔过程中必须克服以考取人的片面做法，坚持以德量人、以能用人、以勤识人、以绩取人、以廉择人的方式进行综合判断，尽力做到人尽其才，才尽其用，知人善任，按照结构与角色的要求，全面优化干部的个体选拔。

其二，完善评价考核机制。首先要构建人员素质评价指标体系，这一指标主要由品德素质结构、身心素质结构、能力素质结构三部分内容组成。其次要构建工作绩效考核指标体系。对税收业务类岗位，可选取量化指标。对非税收业务类岗位，可以确立岗位目标指标，实行目标管理。对所有岗位设立辅助指标，如考勤指标、考核工作态度。再次要建立量化考核制度。把绩效考核与素质评价指标进行科学量化，科学地评定分级，实行能级管理，划定年度公务员类别。

其三，完善有效激励机制。激励的方法主要有两种：一种是外在的激励方法。它包括福利、晋升、表扬、嘉奖、认可等激励措施。一种是内在的激励方法。它包括通过提供学习机会、锻炼机会、尝试机会、创新机会，使其从中获取新技能、责任感、光荣感、胜任感和成就感。通过激发和鼓励，使其潜在的工作动机尽可能充分发挥，全面调动各方面的积极性和创造性，从而更好地实现组织确立的目标。

其四，完善思想转化机制。要加强与干部职工的思想和情感交流，采取新颖、灵活的形式，把思想政治工作做深、做细、做活，解决干部职工的实际困难和后顾之忧，帮助他们展示和实现自我价值，持续地改善干部职工的生活质量和基层工作条件。同时，把干部作为最宝贵的资源和财富，充分发挥每个人的爱好和特长，让他们想干、愿干、肯干，使单位与每个干部成员之间真正成为命运共同体和利益共同体。

（五）加大资本投入，按照"技能型"的标准打造团队，提升能力，使其成为推动地税事业进步的技术资源

一是创新教育方式。坚持导之以理、动之以情、感之以形、育之以境的有机结合，抓好干部群体的核心价值观教育。在"导之以理"的教育上，改变以往思想道德教育知识化的倾向和强制灌输的方式，注重开展以提高干部的价值认知能力和选择能力为主要目标、以引导式和启发式为主要方式的教育。在"动之以情"的教育上，注意关心干部的学习、工作、生活和成长，把理性教育与情感教

育很好地结合起来,让他们切身体验到树立正确地价值观不仅是地税事业发展的要求,也是自身发展的需要。在实施"感之以形"的教育上,注重克服将先进典型完美化、神圣化、英雄化的倾向,让先进典型可信、可敬、可亲、可学。在实施"育之以境"的教育上,注重克服因改革中的不完善、不衔接、不彻底造成的各种漏洞和弊端,着力解决发展中产生的诸多问题,努力消除一切不和谐的杂音。

二是加强培训力度。必须建立一个驱动力强、富有生机、有利于人才成长的科学培训机制,要对本部门干部的素质进行细致的分析归类,按照不同目标所需要的人才种类、层次,结合公务员岗位和能力差别,对不同基础、不同特长和不同发展方向的干部进行培育。建立培训与使用、培训与考评相结合的制度,努力促进人才资本升值,增强培训的动力和效果。

三是改善专业结构。要通过培训改善地税部门的整体知识结构。在职教育应重视专业性和针对性,短期重点培养计算机、法律、英语、写作、大型企业管理等方面专业性很强的人才。积极鼓励一部分干部通过全国统一资格考试,获得律师、注册会计师、注册税务师、注册审计师资格,使其成为地税部门相关业务方面的拔尖人才。要积极拓宽培养渠道,促使一般人才向领导管理型人才递进,向特殊业务型人才转化,向复合型人才发展。

〔本文刊于《税收研究资料》2008 年第 6 期、《湖北地税》2008 年第 5 期、《湖北财税学院学报》2008 年第 6 期。作者单位:十堰市地方税务局〕

规避税务稽查风险的几点认识

阮剑峰

一、税务稽查风险的类型

根据税务稽查风险的特点,可以将其划分为证据性风险、行为性风险和潜在性风险三类。

(一)证据性风险

是指书面证据、实物证据或证人证言不真实、不充分或不合法,证据间关联性不强,证据的证明力弱,因此带来的稽查风险。例如没有对证据进行认真鉴别,出现了伪证和假证;账面上存在重大疑点,与同行业相比,或与企业以往年度的财务状况、经营规模、税收负担相比,存在着涉税违法的重大疑点,但在当时的稽查背景下,无法寻找到充分可靠的证据,检查人员只能发表无问题的结论;稽查机构认为作出稽查意见的证据已充分可靠,但与行政复议、行政诉讼中的证据要求存在差距,以致在行政复议中不得不撤销或变更行政决定,在行政诉讼中往往败诉。

(二)行为性风险

是指应该作为而不作为,不该作为而乱作为,可能受到行政责任或法律追究的风险。例如重实体、轻程序,执法文书不到位;违反稽查取证法定程序,从而影响证据的合法性和证明力;被查对象故意让财务报表和账簿凭证发生错误,但检查时仍然未能发现,导致发表无问题的结论;滥用自由裁量权,处罚显失公正；适用税收法律、法规和规章错误；索贿受贿、玩忽职守或徇私舞弊，对被查对象的涉税违法行为视而不见，甚至通风报信助其逃避税务机关检查，造成不补、少补税款，可能被追究行政或刑事责任；稽查监督管理部门没有建立完善的内部监督机制，缺乏标准化的稽查管理制度，选案、实施、审理、执行四个环节分工协作不到位，导致税务稽查行为失范；税务检查事后因缺乏监督和管理，纳税人对检查结果不作正确的账务调整，导致企业再次偷税。

（三）潜在性风险

是指被稽查对象经营理念、经营状况、法律环境、行业性质等方面的固有特点，从而引发的税务稽查处理意见不当的可能性。例如被稽查对象的管理层为几个投机取巧、不愿守法经营的成员所左右，或者财务人员业务能力不强，则会计报表错报的可能性就会大大提高；当企业遭受来自各方面的异常压力，急欲达到期望的经济利益或满足特定的财务指标时，相关报表项目的潜在风险就相对较大；临近会计期末发生的异常或复杂交易，如销售收入大幅度下降、突击性资产重组，关联方之间的商品购销、资金往来、费用分担等交易价格明显低于或高于市场的交易等，往往是被稽查对象在粉饰会计报表；在正常的会计处理程序中容易产生错报的项目、被误记或漏记的交易和事项，例如营业费用、营业外收入、销货退回、销售折扣与折让、按权益法核算投资收益等，与之相关的潜在风险也较大；涉税账户余额越大，企业性质越复杂，稽查人员产生错误的可能性也越大。

二、税务稽查风险的成因

（一）部分稽查人员业务素质不高

税务稽查人员重视税法而忽视了会计法，从而影响查账水平；忽视税收相关程序性法律，往往偏重于查账技巧的学习研究，缺乏对《行政复议法》、《行政诉讼法》、《行政处罚法》、《刑法》以及相关司法解释的系统学习，导致稽查人员取证不足、违法取证、越权取证，或取得的证据经不起复议或诉讼的考验，从而导致税务处理结论或决定被撤销或行政诉讼败诉。

（二）部分稽查人员法纪观念不强

法纪观念淡薄、职业道德水平不高和价值观念错位，将直接导致税务稽查人员放松思想警惕，忽视世界观改造，成为导致税务稽查风险最根本的动因。作为税务稽查人员，如果不能摆正自己的位置，经受不住种种诱惑甚至以身试法，将大大增加税务稽查风险。

（三）部分纳税人依法纳税意识淡薄

受传统税收文化和社会不良风气的影响，部分纳税人依法纳税意识薄弱。为了达到少缴税或不缴税的目的，极力对税负避重就轻，在财务账、证上做文章。面对税务检查则可能通过非法途径逃避、抵制，如找关系、行贿、威胁、暴力抗税等，拉稽查干部下水，客观上使其走上违法违纪之路，成为税务稽查风险的重要来源。有的纳税人由于税法知识贫乏，在涉嫌违法犯罪之后却浑然不知，仍然采取不法手段对抗税务稽查，以至形成累犯。

（四）税务稽查有效监管制度缺失

税务稽查部门缺乏执法监督的有效监管制度，缺乏守法守纪的制度环境和人文环境，上级监督太远，同级监督太软，社会监督太浅；对违法违纪情况惩罚不力，对守法守纪表率表彰不够；日常宣传和培训教育不足，加上市场经济带来的诱惑和个人缺乏思想修炼，以致少数干部出现世界观、人生观、价值观兑变，成为个别稽查人员违法违纪的重要诱因。

（五）行政干预导致稽查人员无所适从

由于“官本位”思想的影响，税收法治与人治并存的局面仍然客观存在。个别行政领导特权意识很强，在缺乏有效监督制约和行政伦理失范的情况下，他们常常以招商引资、优化环境等理由为名，或者对重点纳税户采取保护政策,或者为亲友说情,干预税务稽查执法,致使税务稽查人员工作被动、无所适从,无法正常行使稽查权力。由此造成的风险,成为税务稽查风险的重大隐患。以补代罚、以罚代刑等情形的出现,除了税务系统内部利益因素驱使以外,主要还是受外界力量特别是行政力量干预所致。

三、规避税务稽查风险的措施

(一)增强风险意识,提高职业素质,防范税务稽查风险

一要更新稽查人员的观念。税务稽查人员要认清社会发展形势,明确依法行政、权责对等的现实要求,看到司法监督这把高悬头顶的利剑,切实增强风险意识,不断改进工作作风,严格规范稽查执法,将工作的重心转移到依法稽查、取证、定性、处理和处罚上来,并利用现代化的电脑网络技术防范和控制税务稽查风险。二要提高稽查人员的素质。可以通过案例教学、实地考察、典范教育等方式,切实提高稽查人员的素养,教育他们算好"政治账、经济账、名誉账、家庭账、良心账",筑牢防腐拒变的思想道德防线。要提高稽查人员的业务水平,积极开展查账技能、调查取证和运用法律、法规方面的实战演练活动,使所办的案件经得起方方面面的考验;针对一些重大疑难案件,特别是税务行政诉讼,从实施行政行为、调查取证、举办税务听证到税务行政复议等各个环节进行案例分析,不断提高办案水平,努力培养一支既精通财税和法律知识,又有较高稽查技能的复合型人才。三要大力预防职务犯罪。加强党风廉政建设,构建教育、制度、监督并重的惩治和预防腐败体系,防止利用税收稽查权力贪污受贿、玩忽职守、严重渎职、徇私舞弊、滥用职权等职务犯罪案件的发生。加强职业道德教育,利用典型案例开展警示教育,积极做好职务犯罪的教育和预防工作。制定并落实各项规章制度,有效规避稽查风险,防止和减少失职、渎职行为,更好地保护税务稽查干部。

(二)规范稽查过程,提高执法质量,降低税务稽查风险

一是规范查前调查,确定稽查方案。科学合理的稽查方案是防范和控制稽查风险的有效手段。在税务稽查之前要认真调查被查单位的经济性质、管理体制、机构设置、人员编制、经营范围、财务状况、重大会计政策选用及变动情况、以往接受税务稽查情况和其他需要了解的情况,收集与稽查有关的法律、法规、规章和政策,银行账户、会计报表及其他有关会计资料、稽查档案资料等,以把握稽查方向,确定稽查重点,制订稽查方案,提高稽查效率。二是规范稽查方法,做到有的放矢。稽查过程中,应注意根据不同情况,选用不同的稽查方法。在目前广泛采用账项基础检查法的条件下,对业务简单、凭证不多的企业应实行全面检查;对业务量较大的企业,需采用抽样统计方法的,应认真评估潜在性风险,确定稽查项目的重要性,明确检查重点,考虑抽样风险,确定样本数量,把稽查风险控制在可接受程度以内。对涉及处理处罚的具体事项,应进行全面检查,不能简单地运用统计抽样的方法。三是规范稽查取证,强化部门协作。稽查风险很大程度上是证据风险。如何取得充分、可靠的证据,防止疏漏重要证据并取得具有充分证明力的证据,是证据降低稽查风险的关键。为此,税务检查证据类型和取证程度必须统一,对一般稽查案件的取证,按照《税务稽查工作规程》执行;对账外账等一些偷税手段比较灵活的涉税违法案件,稽查系统内部应对证据类型、证据形式和取证程度作出基本规定,以指导稽查取证实务,避免取证不规范而导致的稽查风险。要加强与公安、检察、法院等部门的配合和协作,规范取证要求,确保收集的证据充分可靠,并符合行政诉讼的要求,提高办案质量,降低稽查风险。证据收集要全面客观,确保

案件定性准确、处理适当。取证要在法律法规授权之下进行，取证的主体、时间、程序、方式和形式都必须合法。四是规范文书使用，强化案件审理。稽查文书规范、案件定性准确、处理适当，是规避税务稽查风险的有效举措。稽查过程当中涉及的文书较多，都应以规范化的要求来编制，避免随意性。特别是取证材料及稽查底稿，更应有规范统一的标准。审理部门应强化审理把关，要看违法事实是否清楚，证据是否确凿，数据是否准确，资料是否齐全，运用税收法律法规是否适当，是否符合法定程序，拟定的处理意见是否得当。对证据不足难于定性的案件，应退回检查环节进行补证；对于经审理确认之大案、要案或者疑难税务案件定案有困难的，应该报经上级税务机关审理后定案；对违法构成犯罪的，应及时将案件移送司法机关。五是规范稽查案卷，加强过程监督。稽查人员的检查过程应完整地在案卷中反映，这也是避免风险的一种有效举措。目前，稽查案卷中大部分只反映被查对象税收违法的情况，尤其是对无问题的案卷，资料内容相当简单。案卷作为对检查人员检查行为进行监督的一个载体，应完整地反映稽查四个环节的全过程，特别应详细记录检查人员的整个检查过程。如案件来源、被查对象基本情况、检查时间和检查所属时间、人员分工、重大疑点、主要违法事实及其手段、运用的稽查方法和稽查策略、违法性质、被查对象的态度、处理意见和依据、其他需要说明的事项等，均应记录在稽查底稿或相应的文书中。

（三）加强制度建设，强化税法宣传，化解税务稽查风险

一是加大税法宣传力度，弱化纳税人的抵触情绪。重视税法宣传是稽查工作顺利开展、防范和控制稽查风险的前提。纳税人违法偷税、抗税或情绪抵触，在很大程度上根源于税法意识淡薄，法律素质较低。因此，在稽查实施过程中加强税法教育，帮助纳税人明确法律规定，纠正错误做法，告知其违法行为的法律后果，从维护纳税人利益的角度为其答疑解困，不但会消除或减轻违法纳税人的抗税情绪，赢得其积极配合，还会使违法纳税人对违法问题的查处心服口服，甚至感激检查人员的帮助。对个别确实无法回避的行政干预案件，应从保护干部出发，认真做好税务案件审理会议的记录，防范税务稽查风险。二是加大案件复查力度，及时纠正税务稽查偏差。案件复查是强化监督、发现问题、消除患隐、提高质量的重要手段。税务局的法制部门要加大对税务稽查案件的复查力度，抽调精干人员，采取交叉复查、案卷审查和实地调查等方式开展复查工作。要按照《税务稽查案件复查暂行办法》的规定，统一复查口径、统一审理标准、统一处罚尺度，对复查案件的程序、事实、证据和执行等内容以及有无违反稽查工作纪律等，进行认真深入细致的复查，及时发现和纠正案件存在的问题和风险，认真抓好整改；上级稽查部门要加大对下级稽查部门稽查案件的复查力度，每年定期组织抽取一定比例的已查案件进行复查，做到应查必查、查深查透、及时总结、认真分析、提出建议、降低风险。三是完善税务稽查制度，构建科学的稽查工作机制。建立惩罚和激励并举的稽查工作机制，是防范税务稽查风险的制度保证。一要建立稽查职位保护制度。重点保证税务稽查人员的职位免受非法淘汰，保障其执法的独立性，不至因为行政干预而无所适从、执法违法。二要完善稽查激励机制。改进绩效考核办法，优化绩效回报方式，采取政治、经济、行政等措施，尽可能满足稽查人员的合理需求和发展需要。三要完善稽查制约机制。以信息化建设为支撑，优化业务流程，实行权力分解，完善考核办法，拓宽监督渠道，强化执法过错和违法责任追究，同时增加纳税人的违法成本，使税务稽查

风险得到有效防范和控制。

〔本文刊于《湖北地税》2008 年第 8 期，《和谐社会与小康中国》，被中国区域经济发展研究院评为优秀论文一等奖。作者单位：咸宁市地方税务局〕

税务文化建设的重点及途径研究

随州市地方税务局

一、税务文化建设的现实意义和必要性

加强税务文化建设，是支撑地税改革发展的动力源泉。一个部门、一个组织的改革与发展有赖于先进文化的引导和支撑，发展先进文化，对于组织的发展起着巨大能动作用。组织文化包括教育、培训及各种丰富多彩的文化活动，这些活动将有力地推进地税系统的智力开发，提高全系统地税干部的科学文化和业务素质，造就人才，引入新思想、新观念，促使每名干部认识到改革与发展的必要性，并积极为如何进行地税系统的改革和发展出谋划策，从而使整个地税充满活力，稳步发展。

加强税务文化建设，是适应新时期地税工作新任务的客观需要。当前，地税干部队伍要适应新形势下地税工作的需要，就要站在较高的起点，努力寻找队伍建设和地税工作的新突破，要实现地税工作的新突破，就必须从根本上解决人的思想问题，采用一种更有效、更先进的管理理念和管理方式，用先进的文化武装干部的头脑，提高人的素质。要科学地把握文化与税收工作的关系，在地税工作中要更多地发挥税务文化的作用，增加文化的含量，努力为地税事业的可持续发展，为建立和谐社会提供源源不断的动力。

加强税务文化建设，有利于提高地税干部的凝聚力、向心力和战斗力。地税形象是地税文化的外化，优秀的组织文化是良好形象形成的基础，在先进理念的引导下，通过全体地税干部职工的共同努力，税务文化所倡导的行为准则、道德规范等会深深地融入全体地税干部的思想意识中，从而促进其行为方式的逐步转变，打造出良好的地税“品牌”。

二、税务文化建设的重点

（一）铸魂：培育共同的理念和价值观，增强队伍的凝聚力和向心力

培育和弘扬税务文化，要用共同的理念、价值观对地税干部进行凝聚管理，宣传地税的基本理念，充分发挥楷模的表率作用，让地税的工作宗旨、服务理念、文化精神深入人心，潜移默化地渗透到地税人的思想中，成为精神支柱和动力之源，激发地税人的积极性、主动性和创造性，增强税收事业的活力，其重点有三：一是精心锤炼税务精神。要在对税务发展历程中的诸多先进文化要素进行梳理、总结的基础上，提炼出税务精神。二是努力营造文化氛围。制定税务文化建设实施方案，广泛开展群众性的税务文化建设活动，让广大干部在活动中接受熏陶和感染，进一步凝聚人心、增强活力。三是将人本理念融入税务精神，时刻做到以人为本，用税务精神教育人、鼓舞人、凝聚人、提高人、发展人。充分

尊重人的发展意愿，开展形式新、层次多、渠道广的教育培训，提升队伍整体素质。

（二）矫行：完善管理体制机制，规范干部队伍行为

一是加强制度建设和创新。要结合税收管理的实际，立足当前，谋求长远，善于学习和引入先进的管理理念，积极探索加强思想管理、征收管理和行政管理的新途径、新办法，进行地税文化理念要素的重新整合，逐步建立起科学高效、运转协调、系统完整的科学管理体系，尽快制定出一套内容丰富、具有地税特色、自成体系、便于操作实施的行为规范，以便于税务人员进行自我管理和控制。二是坚持把教育、爱护干部与严格要求、严格管理和严格监督统一起来。既要在工作、生活和学习中关心、爱护和体恤干部，满足其合法、合理的利益诉求，又要制定和落实好对干部严格要求、严格教育、严格管理和严格监督的各项措施，做到用制度管人、用制度管事。三是规范涉税服务。制定统一的涉税服务体系及相关制度措施，简化办税程序，规范服务行为，充分尊重纳税人的知情权，推行阳光办税，增强税收工作的透明度，提高为纳税人服务质量。

（三）塑形：坚持物态文化建设与文明创建相结合，树立良好的部门形象

一是建设优美的工作环境，体现出鲜明的税务特色。要通过物质文化建设，为干部职工创造良好的工作环境、生活环境，让干部职工像享受生活一样享受工作，增强税务工作的吸引力，增强干部职工的自豪感和凝聚力。二是以建“五型”地税（效能地税、法制地税、阳光地税、廉洁地税、服务型地税）为目标，大力开展形式多样的创建活动，努力将税务队伍打造成文明之师。积极加强文化阵地建设，组建税务业余篮球队、羽毛球队、乒乓球队、文艺宣传队、文化创作队，组织开展读书演讲活动，开展工间操活动，陶冶干部情操，丰富干部文化生活，凝聚人心，增强活力，推动工作。

三、税务文化建设的基本途径

（一）理念引路

具体主要包括八个方面的内容：一是共同愿景，指税务部门在税务工作实践中逐步形成的，为全体人员所共同认同的理想和追求。二是核心理念，就是税务部门作为一个组织整体存在的原动力、秉承的基本信念和工作的基本准则。三是治税理念，反映税务机关在如何治税方面的工作方针，包括税收与经济、法治与文明、执法与服务、科技与人文等观念。四是服务理念，指税务部门对税收服务工作所持的态度和定位及指导思想，包括税收服务工作追求、服务宗旨、工作标准等内容。五是管理理念，反映税务部门内部组织体系的管理原则和管理思想。六是发展理念，就是税务部门发展的动力、方式、遵循的原则等。七是行为准则，反映税务干部的行为基本规范和应遵循的标准。八是人才理念，就是税务部门的人才观，包括人的管理方式、管理思想等。

（二）精神弘扬

精神文化是制度文化、物质文化的思想基础，是税务文化建设的核心和灵魂。培育和谐进步的税务文化精神和理念，可以对内感召群体、统一思想、明确目标，形成团队的战斗力；对外形成传播，树立良好形象。应认真总结税务部门成立十多年来的成功经验和做法，提炼以“敬业、务实、清廉、创新、奉献”为主要内核的税务精神，使之入耳入脑入心，成为全系统上下思想的统领、工作的动力、行为的准绳，成为全体税务干部的广泛共识和自觉行动。大力激发广大税务干部爱税之心、兴税之志、务执行之实，积极倡导“团结协作、荣辱与共、攻坚克难”的团队观、“用未来思考今天”的发展观、“制度力＋创新力＝控制力”的制度观、“无情管理，有情领导”的管

理观、“一身正气、一马当先、一以贯之”的领导观、“人人皆人才，赛马又相马”的人才观、“与好的比，和强的争，向高的攀”的竞争观、“成功在细节，细节出质量”的质量观、“不让工作落空，不让事情延误，不让差错发生，不让形象受损”的工作观、“选择了学习，就选择了进步”的学习观、“法律至上、承诺至真、服务至诚”的服务观、“自省慎独，谦恭诚信，自强不息，厚德载物”的修养观，引导税务干部自觉遵守爱国守法、明礼诚信、团结友善、勤俭自强、敬业奉献的职业道德规范，增强税务干部从事税务工作的事业心、责任心、成就感。

（三）制度规范

税务文化建设要高度重视制度文化建设，一方面，要在全省地税系统建立统一的税务文化建设相关办法、规定。同时，根据新形势、新情况和税收事业发展的需要，制定严格的制度规范，逐步形成一个规范化、系统化、标准化的制度体系，使每个工作环节都有章可循，促进税务机关工作高效协调运转。另一方面，采取有效措施，狠抓制度的落实，加强对各项制度落实情况的督促检查，严厉查处违反制度的行为，做到令行禁止、违者必纠。

（四）行为约束

抓仪态树形象，培育文明高尚的行为文化。一是规范着装，维护良好的仪态。严格办税服务厅工作人员穿着税务制服制度、大型会议集体活动统一着装制度，在各项活动中充分展示税务系统良好形象。二是规范姿态，使干部养成良好的举止。加强税务人员的姿态训练，做到见面问好行礼，待客敬茶让座，来客介绍领路，符合文明市民行为规范。三是规范语言。在办税服务和外出执行公务过程中尽量使用普通话、使用礼貌规范用语。四是规范社交。加强对税务干部业余生活中社交范围的指导，引导干部多交积极上进的朋友、多交作风正派的朋友、多交清正廉洁的朋友，使社交活动对干部思想上有促进，工作上有帮助，家庭里更和谐，廉政上不松动。通过规范干部的行为，形成对税务工作有利的社会文化思维和文化环境。

（五）环境熏陶

加强基础建设，着力改善税务机关的工作生活条件，充分调动干部的积极性和创造性。营造文化阵地，在机关建立荣誉室、电教室、图书室、娱乐室、健身房、球场等文化设施，亮化美化工作、生活场所。开辟文化墙、文化走廊，注入鲜活的文化元素，在办税服务厅安装文化触摸屏、显示屏，营造出健康向上、温馨和谐的工作生活氛围。同时，利用报纸、电视、网站等文化载体和阵地的宣传，打造税务品牌，提升税务机关的美誉度。大力倡导和谐的人际关系。领导班子内部团结、务实、清廉、进取，机关与基层步调一致、令行禁止、同舟共济，领导与干部相互尊重、相互关爱、相互信任，同志与同志以诚相待、和睦融洽。选树身边文化典型，在税务系统营造无处不在的文化氛围，并逐步渗透干部的思想心灵，让干部在文化熏陶中工作，在工作中实现文化理念。

（六）教育引导

通过多种教育形式，着力引导税务干部树立正确的理想信念、价值观念。一是开展马克思主义基础理论教育。主要是学习邓小平理论、“三个代表”重要思想和科学发展观，打牢政治理论根基，树立正确的世界观、人生观、价值观，坚持正确的政治方向。二是开展党的基本理论、基本纲领、基本路线、基本经验教育。主要是学习党的十七大精神和胡锦涛同志一系列重要论述，树立中国特色社会主义共同理想、以爱国主义为核心的民族精神和以改革创新为核心的时代精神。三是开展社会主义荣辱观教育。确立正确的价值取向，选取正确的生活之路。四是开展职业道德教育。主要是学习国家税务总局制定的以“爱岗敬业、公正执法、诚信服务、廉洁奉公”为基本内容的税务人员职业道德规范，增强报效祖国、献身税收事业的使命感，恪尽职守、尽职尽责的责任感和争先创优、拼搏奋斗的进取精神。五是开展职业技能教育。主要是学习与税收业务、税收法律法规和与税收工作相关的专业知识，提高干部的业务水平和依法行政能力。

（七）服务彰显

大力宣扬和倡导先进文化理念，促进全体税务人员思想观念的积极转变，形成和确立服务经济、服务基层、服务纳税人的整体服务观，把税务文化建设与改善服务有机结合，变税务文化建设过程为税务形象的塑造过程，从而彰显税务文化。进一步强化办税服务厅规范化建设，优化办税环境，提高服务水平，让纳税人在履行纳税义务的同时，能享受到文明、便捷、高效和公开透明的纳税服务。应加强“纳税文化”建设，充分发挥税务机关的职能，在依法治税的前提下，利用各种宣传手段多方位宣传税收法律法规及相关的纳税政策，不断提高税法遵从度，从而建立起“纳税光荣，偷税可耻”的纳税文化。

（八）管理渗透

在税收管理方面，按照“对内有利于提高效率、强化制约，对外有利于监控、优化服务”的思路，不断改善征收方式、管理方式、稽查方式、服务方式、考核方式以及信息采集方式。在税源管理方面，着力完善税源动态监控体系，认真落实征管责任区和税收管理员制度，强化巡查巡管，做好税源的事前、事中和事后监控管理，力求使税收工作建立在对税源信息真实和科学评估基础之上，做到固定税源征收到位，存量税源监控到位，边际税源挖掘到位，增量税源预测到位，变化税源分析到位。在执法管理方面，进一步完善执法岗责体系和考核评价体系，做到对每一个执法岗位、每一个执法人员和每一项具体执法行为都有责任约束。开展经常性的税收执法检查，加强执法行为的事前监督、执法环节的事中监督和执法过程的事后监督，切实纠正和防止税务干部不作为、乱作为的行为。

（九）机制保障

税务文化建设还必须有完善的配套措施，保障其顺利运行。一是建立工作运行机制。成立相应的管理机构，协调、督导、评估文化建设，保障文化建设的延续性，建立科学完备的制度保障体系，在人员、经费、机构、场所等方面给与必要的支持，夯实税务文化建设的工作基础。二是建立宣传沟通机制。对内对外都要大力宣传税务文化，让内部和社会各界认识建立税务文化的重要性和必然性，形成大家热情参与、积极研究、认真实践、群力共建的良好局面。三是建立考核评价机制。建立反映税务文化水平的指标体系，涵盖税收价值观念、行为规范、精神风貌、治税环境、物化效果、税务形象等方面，对税务文化建设工作绩效进行评估，促进其健康发展。四是建立试点推广机制。制定税务文化建设实施纲要或总体规划，分阶段选择突破口逐步实施，可以选择税务文化建设基础较好的单位先行试点，积累经验，通过引导示范，稳步在全系统加以推进。

〔本文系2008年11月全省地税系统税务文化建设理论研讨会交流材料〕

企业所得税分类管理的思考

曾振武 郭 庆 马成刚

日前，国家税务总局召开了关于企业所得税管理与反避税工作的会议，明确提出了“分类管理、优化服务、核实税基、完善汇缴、强化评估、防范避税”24字新要求，由此可以看出“分类管理”在企业所得税征管中处在非常关键的地位。自2005年来，我市地税系统对企业所得税实施了征收方式分类鉴定管理，通过近几年的努力，企业所得税占税收总收入的比重较2005年以前有很大的提高，其中核定征收的税额占整个企业所得税收入的百分比也正呈逐年提高趋势。笔者现结合我市实际，就如何提高企业所得税分类管理质量谈几点想法：

一、当前企业所得税的征管现状

今年是新企业所得税法实施的第一年，截至6月底，我局企业所得税征管户269户，其中实行查账征收97户，占总户数的36%；实行核定应税所得率征收94户，占总户数的35%；实行定额征收78户，占总户数的29%。上半年这些户数累计入库企业所得税649万元，其中：查账征收367万元，占收入比重56.55%；实行核定应税所得率征收249万元，占收入比重38.37%；实行定额征收33万元，占收入比重5.08%。

从收入指标上来看，均呈现良好的增长态势，但从综合角度分析，还存在几项问题：

(一)信息化监控的力度不够

目前的征管重点税源监控系统功能还不够全面，仅仅只是对企业财务信息、申报信息进行手工录入，不能细化到每个税种的智能分析，对于形成时间性差异与永久性差异的原因和数据不能通过电脑信息方式进行储存，从而导致税源监控内容简单、掌握信息不完整。

(二)纳税人经营情况跟踪管理的效率不高

举个例子，扣除项目的确定直接关系到应纳税所得额的大小，而资产的折旧是扣除项目中的一项重要要素。对纳税人在经营过程所使用的房产、机器设备等资料，我们没有建立起相应的管理台账，对纳税人新增大型固定资产的折旧方式和折旧依据未能进行核实与统计，因而不能及时准确地对纳税人进行跟踪管理。

(三)企业所得税汇算清缴的质量偏低

其主要原因一是由于部分基层分局人员知识不够全面，业务水平不高，对会计政策与税收政策的一些区别理解的不透，在遇到关联企业利润分配、税前弥补亏损、成本费用扣除等问题时会犯些错误，从而影响整个汇算清缴工作的结果。二是由于我们目前在征管上人力精力有限，企业所得税管理往往仅流于表层，将规范管理的希望更多地寄托于税务稽查，而稽查的层面和深度又难以保证，企业所得税规范管理的效能没有得到很好地发挥。三是由于企业所得税税源结构复杂性、流动性和隐蔽性越来越强，管理难度日益加大，而企业所得税管理信息化较滞后，监控手段较薄弱，企业所得税征管形势的复杂化与征管方式单一化的矛盾日渐显现，管理成效受客观条件的限制而被削弱。

（四）同类行业中存在税负率存在差异，从而导致税负不公

例如，某户从事制造业企业年销售收入100万元，实行的是定额征收，全年缴纳企业所得税5000元，所得税占销售收入的比重0.5%。另一户制造业企业年销售收入500万元，实行的是核定应税所得率征收，全年应缴企业所得税6.25万元，所得税占销售收入的比重1.25%，比前者高出了一倍多。这种现象在我市的确存在，它反映出我们没有测算出一个合理的准确的、合理的行业利润率，管理手段和管理方式雷同、管理效率不高、针对性不强，于是在核定征收的过程中缺乏参考依据。

（五）企业纳税意识不够

在日常征管中，由于纳税人普遍存在核算水平有限，纳税意识不够等问题，恶意偷逃税 现象较为普遍。企业所得税涉及复杂的会计核算，环节多、数据多、凭证多，易于隐匿利润，纳税人无论是否存在主观故意或非主观故意，都极有可能造成国家税款的流失，如何有效提高纳税人核算水平及纳税意识，目前依然是我们的一项重要的税收工作。

二、企业所得税分类管理的措施

在国家税务总局关于《企业所得税分类管理指导意见》中，已经明确要求企业所得税的分类管理，要在属地管理的基础上，充分考虑纳税人税源规模、财务核算状况、纳税方式、纳税信誉等级、存续年限等因素，分析企业所得税管理的共性要求和特点，综合确定有利于集约化管理和体现企业所得税征管规律的有效方法。一是按照纳税人的税源规模（主要包括年应纳税所得额或年应纳所得税额、利润额等），分为重点纳税人和非重点纳税人；二是按照纳税人的财务核算状况，分为查账征收企业和核定征收企业；三是按照纳税人的纳税方式，分为汇总（合并）纳税企业和就地纳税企业；四是按照纳税人的信誉等级，分为A级、B级、C级、D级纳税人；五是其他合理的分类方法。

面对我市企业所得税管理观念不强，管理手段相对较弱的现状，按照总局关于企业所得税分类管理的要求，为了进一步推进企业所得税科学化、精细化、动态化管理，我们必须努力做好以下几个方面的工作：

（一）建立信息化监控机制，提高纳税评估与汇算清缴质量，做好重点税源户和一般查账征收户的管理

我们必须参考全市地方经济发展水平，要将生产经营达到一定规模、所得税申报达到一定数额的企业确定为重点税源户。对此类企业要实行市局统一监管，同时分局要加强日常巡查工作，建立重点税源数据资料清册，并进入“一户式”管理。要以信息化建设为方向，在核心征管软件上开通企业所得税动态管理频道，录入其减免税、广告费扣除、固定资产折旧、无形资产摊销、企业弥补亏损、技术开发费加计扣除等情况，提高征管的效能。对一般查账征收户，要形成预警纠错系统，通过数据发布平台建立相关行业指标体系及其值域范围，筛选出的异常信息，发送给税收管理员加强日常检查，完善异常信息的处理和反馈制度，堵塞管理漏洞。对于这两种类型的纳税户要根据宏观税收分析和行业税负监控结果以及相关数据设立评估指标及其预警值，对评估分析中发现的问题及时上报市局，并分别采取税务约谈、移交稽查部门查处等方法进行处理。另外要对参加汇算工作的税务人员加大培训力度，使其熟练掌握所得税汇算清缴工作中纳税调整项目政策、规定和申报表的填制，保持汇算清缴的结果真实准确。

（二）建立各分局的信息互动机制，统一税负标准，加强核定征收户的管理

我市的工业分布是十分具有特点的，各个场、办、园、镇都有其作为主导地位的支柱产业，城乡之间、城镇之间的产业联系也是相当密切。比如彭场镇、张沟镇的无纺布加工，毛嘴镇、西流河镇的机械制造，郭河镇、三伏潭镇的农产品加工等等。在这个前提下，各个分局可以在市局的指导中形成互动机制，派遣业务精干的工作人员分赴各镇进行实地调研，根据纳税人的生产经营行业特点，综合考虑企业的地理位置、经营规模、收入水平、利润水平等因素，分类逐户核定应纳所得税额或者应税所得率，保证全市内规模相当的同类或者类似企业的所得税税负基本相同。另外，对核定征收户的管理要针对其收入规模较小、财务核算不健全等特点，及时督促纳税人办理纳税申报，强化各类管理信息的综合比对，防止纳税申报的随意性。

（三）建立部门之间信息交换机制，注重政策宣传，做好事业单位、社会团体、民办非企业的所得税管理

事业单位、社会团体、民办非企业的企业所得税管理，一直是我们工作中所忽视的方面。就我市的实际情况来看，事业单位、社会团体和民办非企业的登记率、申报率明显偏低。一些纳税人误认为免税就不用进行申报，或者将减税认为是免税，从而导致未按规定履行纳税义务。针对这类问题，我们要积极与工商、民政、教育和卫生等部门取得联系，规范税务登记管理，加强税源监控。要通过电视、广播、报纸、传单、12366 短信服务等方式，加大政策宣传力度，提高这类企业对企业所得税法的认识，从而认真办理纳税申报。要严格按新企业所得税法的规定做好对免税收入的审核与确认工作，符合免税收入条件的要依法在应纳税所得额中进行扣除，对于因政策变化不符合免税收入条件的，要及时调整应纳税所得额，确保应收尽收。

（四）建立信息反馈机制，加强联合检查，做好汇总纳税企业和关联企业的所得税管理

对于汇总企业的管理，要严格审批企业的财产损失、减免税等申请事项，做好已取消和下放管理的企业所得税审批事项的后续管理工作，建立相应的管理制度和管理台账、信息反馈。定期了解汇总（合并）纳税企业及其成员企业的生产经营情况、财务制度的执行及其变化情况，督促成员企业在规定时间报送“汇总（合并）纳税成员企业纳税情况反馈单”、做好反馈信息的台账管理。对于关联企业的管理，要重点关注关联企业之间业务往来情况，重点检查分析认定关联企业之间交易价格、费用标准的合理性、利润分配的真实性。关联交易是否按规定申报或报税务机关备案，关联交易是否按公平成交价格进行纳税调整，纳税调整方法选用是否合理。

（五）建立减免税逐级审批机制，加强监督检查，做好减免税户的企业所得税管理

对于纳税人申请减免税，主管税务机关首先必须要尽量回避政府干预，然后必须对申请内容逐项核实，并制作《减免税申请受理通知书》，提出具体的初审意见和报告，并按审批权限逐级上报。上级税务机关接到下级税务机关的减免税报告后，要按照审批权限规定及时进行核报或审批。对金额较大或影响面广的减免税事项，要进行专题调查，核实情况后再作出决定。在日常管理中，必须要求纳税人报送纳税申报表和财务会计报表以及减免税税款的使用情况等资料，税务机关要通过户籍巡查，加强日常监督，掌握纳税人经营项目的变化情况。如发现纳税人减免税不符合政策或者减免期限终止时，要制作《减免税中止通知书》及时对纳税人进行告知，尽快恢复征税。

（六）建立分类服务机制，优化纳税服务

税务机关应根据岗位要求和税务人员素质，分类型、分层次进行企业所得税知识、财会知识、法律知识等培训，做到因材施教，按

需培训，全面提高税收管理员素质，为企业所得税分类管理提供高素质的人力资源。主管税务机关要主动加强与企业的联系，建立工作联系制度，按行业、财务人员素质分门别类、有的放矢地进行财会、税收等知识的宣传和纳税辅导，提高纳税人依法诚信纳税水平和税法遵从度。针对核定纳税人生产经营、财务管理、履行纳税义务等情况及存在的问题，帮助其建账建制，对其企业所得税要比照同行业财务核算健全企业税负水平把握定率、定额略高核定原则，积极引导其向自行申报、税务机关查账征收方式过渡。税务部门还要积极开展企业所得税管理和服务问卷调查，找出执法和服务中的不足，有针对性地提供纳税辅导及其他涉税服务，真正让纳税人在分类管理中得到便利和实惠。

企业所得税的分类管理，是一项任重而道远的工作。它不仅需要我们制定出规范合理的操作程序和考核办法，利用先进的征管软件系统，而且还需要广大纳税户的理解、配合、支持，以及良好的税收环境。在今后的工作实践中，我们应根据经济形势发展，细化分类标准，加强政策宣传，提高企业所得税管理质量，保证国家税收及时足额入库。

〔本文刊于《湖北地税》2008 年第 12 期。作者单位：仙桃市地方税务局〕

潜江市地方税收可持续发展研究

潜江市地方税务局课题组

一、2007 年潜江地税收入基本特征

（一）收入规模不断扩大，“两个比重”稳中有降

随着潜江经济的健康发展和地税部门征管力度的加大，地税收入总量得到了明显扩大，2007 年共入库税收收入 25150 万元，同比增长 12.34%。尽管收入总量在扩大，地税收入增幅高于 GDP 增幅，但地税收入占 GDP 和地方财政收入的比重却稳中有降。2007 年，地方税收收入占 GDP 的比重为 1.62%，较上年同期下降了 0.14 个百分点；地方税收收入占地方财政收入比重为 65.32%，较上年同期下降 1.72 个百分点。宏观税负明显偏低，低于全省地方税收宏观税负 3.66%的 2.04 个百分点。

2006—2007 年地税收入分别占 GDP、地方财政收入的比重

年份	GDP		地方财政收入		地税收入		宏观税负	地税收入占地方财政收入比重(%)
	绝对值	同期增长(%)	绝对值	同期增长(%)	绝对值	同期增长(%)		
2006	12528	13.7	32889	8.97	22047	10.24	1.76	67.04
2007	15500	14.5	38503	17.07	25150	14.08	1.62	65.32

（二）产业税源结构渐趋合理，第三产业提供税收增势强劲

从产业结构看，第二产业贡献税收最多，但增长速度放缓。2007年第二产业贡献税收收入12682万元，比上年减少639万元，占收入比重50.43%，下降了10个百分点。第三产业税收贡献率大幅提高，贡献税收12444万元，比上年同期增长43.01%，增收3742万元，收入比重由2006年的39.47%上升为2007年的49.48%。

（三）主体税种支撑作用明显，绝大部分税种实现增收

分税种看，营业税、个人所得税、企业所得税、资源税、城建税一直占据主体地位。五大主体税种合计完成19752万元，占收入总额的78.54%，其中营业税比上年增长15.43%，占全部税收的比重36.68%，比上年提高0.43个百分点；个人所得税比上年增长35.98%，比税收收入总量的增长快32.14个百分点，占全部税收的比重20%，保持了持续上升的势头。其他地方税种中，土地使用税成为增长的亮点，增长30.73%，企业所得税增长了34.85%。

（四）公有制经济仍居主体地位，非公有制经济比重逐年上升

分经济类型看，随着国有、集体企业的改制破产，国有制企业税收增长速度放缓，但仍居主体。国有企业、股份企业占据主导地位，国有企业实现税收8560万元，收入比重为39%，股份企业实现税收7683万元，收入比重为28%。随着全市招商引资力度加大，私营企业、股份合作企业及其他企业等混合经济企业税收增势强劲，非公有制经济贡献突出，私营企业和个体经济税收实现税收5891万元，同比增长51.40%。

（五）城镇化水平不断提高，税源进一步向油田和城区集中

分经济区域看，地方税源主要集中在油田和城区。2007年，江汉油田地区实现地方税收13606万元，是全市地税收入总量的54.10%，占据“半壁江山”；园林城区和开发区实现地方税收9062万元，是全市地税收入总量的36.04%；农村地区包括张金工业园区实现地方税收2482万元，仅占总量的9.86%，提供的税收十分有限。

（六）重点企业贡献明显，比重进一步扩大

2007年全市重点监控100万元以上税源企业达到35户，中石化江汉油田分公司、长江路桥、江钻股份、齐力华盛等重点企业，提供地方税收15733万元，占收入总量的62.56%。

2007年重点税源企业纳税情况收入统计表

单位：万元

企业名称	2006年	2007年	比同期增减（%）
中石化江汉油田分公司	3206.44	4624.94	44.24
江汉石油管理局	3040.00	3592.73	18.19
湖北长江路桥公司	598.32	713.37	19.23
潜江永安药业公司	393.00	590.54	50.17
江钻股份潜江制造厂	695.66	567.91	－22.50
湖北齐力华盛铝电公司	1793.55	529.84	－238.51
其　　他	4598.13	5113.79	
合　　计	14325.10	15733.12	9.83

二、潜江地税收入增长主要因素分析

（一）全市经济的快速发展是地税收入持续增长的源泉和基础

1. 工业经济平稳运行，成为税收增长的源动力。经济决定税收，税收收入快速增长是经济平稳较快增长的直接体现。2007 年，全市规模以上工业完成总产值 270 亿元，同比增长 21.1%，为全市地税收入的快速增长奠定了牢固的基础。

2. 各项投资力度加大，拉动主体税种营业税快速增长。全市累计完成固定资产投资 72.37 亿元，同比增长 33.10%。

3. 居民消费不断升级，助推地税收入稳步增长。2007 年全市餐饮、住宿行业税收完成 1103 万元，同比增长 16.85%；批发零售行业税收同比增长 13%。消费行业税收增长反映消费市场活跃。

4. 金融保险机构业务量大增，成为经济发展的带动力。全市金融机构各项存款余额达到 141 亿元，比年初增加 15.7 亿元；金融机构各项贷款余额 37.8 亿元，比年初增加 4.4 亿元。

5. 新农村建设扎实推进，成为经济发展的新活力。全市完成农业总产值 51.06 亿元，比上年增长 15.4%。“公司＋经合组织＋基础＋农户”的产业化经营模式逐步推广，农产品加工实现销售收入 65 亿元，比上年增长 22.6%，提供地方税收 1134 万元。同时，农垦经济长足发展，农场实现工农业总产值 28.3 亿元，提供地方税收 425 万元。

（二）大力实施科学化、精细化管理是地税收入增长的有力保障

1. 坚持收入原则，提高收入质量。创新组织收入管理机制，实施双向链条式任务管理；明确提出“不以收入论英雄”的组织收入理念，注重对申报率、征收率、入库率的考核，促进了收入数量与质量的同步提高。

2. 强化税源管理，夯实征管基础。按照“抓住大户、监控中户、规范小户”的分类管理思路，积极探索加强税源管理的措施和办法，切实提高税源管理的针对性；严格落实“两制”，强化税收管理员责任；开展税源普查，进一步摸清了全市税源状况，清理了漏征漏管户；组织稽查力量对市域农场企业税收进行了详尽的调查摸底，并提请市政府对农场企业税收实行直接管理；推进房地产税收一体化管理，加大两税的征管力度，农业“两税”收入完成 1286 万元，同比增长 22%，增收 228 万元；提请市政府出台了房地产租赁税收征管办法，并在园林城区开展了试点，探索建立起单税种源泉控管机制。

3. 整合系统资源，推进地税信息化建设。通过开展第三方信息比对，对全市 10552 户纳税户的信息资料进行了重新搜集和整理，进一步夯实了征管基础，为全市地税收入的增长提供了有力保障。

4. 严格依法治税，进一步整顿和规范税收秩序。先后组织开展了土地增值税清算、年收入 12 万以上纳税人自行申报、房地产业及建筑安装业等税收专项检查，查补税款 1149.3 万元，罚款 102.76 万元，加收滞纳金 3.15 万元；在全市范围内开展了个体税收纳税秩序整顿，通过整顿，个体税收纳税秩序得到了明显好转；大力清缴欠税，严格控制新欠发生，有力地促进了地税收入增长。

5. 深化纳税服务，营造和谐的征纳环境。大力推行一窗式、一站式服务，把该做的事做到位。全市 9 个纳税大厅统一规范纳税服务行为，以优质服务促进了地税收入稳步增长。

（三）政策性因素调整是地税收入增长的有益补充

新修订的《土地使用税条例》和《车船税条例》实施后，土地使用税和车船税税额标准得到提高，税源基数扩大，加快了土地使用税

和车船税的增长。2007年,土地使用税完成2693万元,同比增长30.73%;车船税完成304万元,同比增长18.17%。

三、潜江经济运行和组织地税收入过程中的主要问题

(一)收入基数不断提高,税源结构不合理矛盾仍然突出

具体表现为:一是对营业税税种依赖过重,2006年、2007年营业税占地方税收收入比重均超过36%;二是地方税收的一次性因素支撑特征明显;三是企业所得税对地方税收收入的贡献份额偏小,效益性的经济增长点在地税收入中体现不明显;四是个人所得税的54%来自工资薪金所得,经济效益较好的个体工商户贡献税收较少。

(二)房地产业税收波动明显,税源稳定性差,可持续增长能力不强

2007年潜江房地产税收增长171.12%,而同期全省为31.11%,说明一次性投入的房地产业税收极不稳定,比重过高将直接影响到地方税收可持续发展。

(三)主导产业前景堪忧,且污染严重,地方税收税源后劲乏力

从潜江工业结构及发展情况来看,工业体系以油气开采、冶金机械、医药化工、纺织服装、农副产品加工五大支柱产业为主。化工行业是潜江的主导产业之一,全市逾百家的化工企业每天都会排放大量的废水、废气、废渣。如潜江永安药业公司生产的牛磺酸产品约占全球市场该类产品的60%,但该企业属污染大户,严重影响当地人居环境。随着国家环境保护力度的加大,化工行业的发展前景不容乐观。

(四)市级收入计划与地方税源背离,完成市级收入的难度较大

由于地方税税种特点决定,使地方税增长与GDP增幅不完全一致。地税部门为了执行各级政府制定的招商引资政策,使一些可以增收的税源不能成为现实的税收。如各乡镇场处将农业“两税”作为优惠条件之一,实行缓征办法。这样既削弱了税法的严肃性,又减少了市级收入,地税部门完成市级收入的难度较大。

四、促进潜江地税收入可持续增长的若干建议

(一)着力推动工业经济发展,继续巩固主体税源

一是加快工业园区建设。重点抓好杨市工业园、江汉精细化工工业园的基础设施建设,提高园区项目项目承载能力。二是加快重点项目建设。围绕产业外延扩张,突出抓好项目引进,发展一批用地少、污染小、效益好、就业多、地方税收贡献高、投资强度大的优质项目,不能再走先污染后治理的老路。三是加快推进成长工程。重点抓好骨干企业的裂变发展,支持金澳科技按照国家政策加快发展,支持齐力华盛延伸产业链,支持潜江制药股权转让后的快速发展,支持永安药业和长江路桥上市等,形成3个年销售收入过30亿元的企业、2家销售收入过10亿元的企业及以一批年产值过5亿元的企业群。四是加快产业集群建设。继续以潜江经济开发区、江汉精细化工工业园为依托,打造化工产业集群;以园林经济开发区、杨市工业园区为依托,打造纺织服装产业集群;以张金经济开发区为依托,打造铝产业集群;以华山水产、莱克水产、巨鑫集团等企业为龙头,加快农产品加工产业集群建设。

(二)大力推进以服务业为龙头的第三产业的发展,强化支柱税源建设

认真落实国家和省政府关于支持服务业发展的税收、价格等优惠政策,鼓励社会资本更多投向服务业、大力培育服务业市场主体。加快房地产业发展,通过理顺城建投融资体制,形成多元化投资体系,切实整治房地产交易环节的违法违规行为,引导房地产市场健

康、有序发展。加快推进商贸企业改制，加大服务业领域招商引资力度，引导更多的外来资本投向现代服务业。努力壮大需求潜力大的服务业，运用现代服务技术和经营方式改造提升传统服务业。同时，要大力扶持现代物流、信息咨询、中介服务等新兴服务业的发展，努力解决服务业发展总体水平还不高和新型业态发展不足等问题，使现代服务业成为经济发展的新亮点、安置就业的新渠道和地税收入的增长点。

（三）加快社会主义新农村建设，努力培育新兴税源

加强现代农业建设，进一步调整优化农业结构，大力发展畜禽、水产标准化特色养殖；以工业理念谋划农业，发展壮大农业产业化龙头企业，增强辐射带动作用，提高全市农业产业化经营水平；支持农垦经济快速发展，推进农场工业化、城镇化步伐，充分发挥农场在新农村建设中的引领作用。

（四）强化税收征管，确保应收尽收

一是严肃组织收入纪律，把税收收入的增长建立在经济发展的可靠基础上。二是创新管理机制，切实提高征管质量和效率。三是严格依法治税，进一步整顿和规范税收秩序。四是优化纳税服务，构建和谐的征纳关系。五是坚持以人为本，提升队伍整体素质。

课题组组长：周端贵

课题组成员：张　勇　杨绪勇

执笔：杨绪勇

〔本文为2008年度省地税局部署的重点课题，全文收入《湖北经济税源分析与地税收入可持续增长研究》一书。〕

房地产开发企业的税务检查探析

张　亮

一、房地产开发企业应税收入存在的问题及相应的检查方法

（一）销售收入范围方面存在的问题

1. 将开发产品销售收入记入往来账户或所有者权益账户，如“预收账款”、“应付账款”、“其他应付款”、“未分配利润”等账户，不及时结转收入，延迟或逃避纳税。

2. 随开发产品销售而收取的价外费用，按规定应确认为应税收入的，不纳入应税收入，不申报纳税。

3. 利用销售代理商不计或少计收入。有的开发企业将营业费用支出直接从售楼款中抵减，以从代理商处收取的楼价款净额作为计税营业额；有的开发企业将售楼款长期滞留代理商处，不反映预收账款也不反映收入；在代理合同期满后，未销售完毕的开发产品由代理商进行收购，开发商不计收入，或直接以其抵减应付代理商的费用。

4. 单位和个人购房按揭款，不及时确认收入，不申报纳税。采取按揭方式销售开发产品的，单位和个人支付的首付款应确认收入，余款在银行按揭贷款办理转账之日确认收入。开发企业收到首付款后不确认收入，而是挂在“应付账款”等往来科目。

5. 有的企业利用“假按揭”来隐匿收入，逃避纳税。所谓“假按揭”实际上是开发企业

为了套取银行资金，以企业职工或其他个人的名义按揭购买开发商自己开发的商品房，由开发企业负责还贷、支付贷款利息，按揭款由开发企业自己支配。

6.开发企业合作建房少计应税收入。开发企业合作建房的形式多种多样，不同的形式，税务处理是不同的。

(1)开发企业以本企业为主体联合其他企业、单位、个人合作或合资开发房地产项目，且该项目未成立独立法人公司的，应按以下规定处理：

①凡开发合同或协议中约定向投资各方分配开发产品的；开发企业在首次分配开发产品时，如该项目已结算计税成本，其应分配给投资方开发产品的计税成本与其投资额之间的差额计入应纳税所得额；如未结算计税成本，则将投资方的投资额视为预售收入进行税务处理。但开发企业往往不确认应纳税所得额或预售收入，逃避纳税义务。

②凡开发合同或协议中约定分配项目利润的，应按以下规定处理：开发企业应将该项目形成的利润并入当期应纳税所得额统一申报企业所得税，不得在税前分配该项目的利润；同时不得因接受投资方投资额而在成本中摊销或在税前扣除相关的利息支出；投资方取得的该项目的营业利润应视同取得股息、红利，凭开发企业的主管税务机关出具的证明按规定补缴企业所得税。很多企业却不按规定进行处理，或摊销成本，或在税前扣除利息等等，这些做法都是错误的。

(2)企业、单位以换取开发产品为目的，将土地使用权投资房地产开发项目的，应按以下规定处理：企业、单位应在首次取得开发产品时，将其分解为转让土地使用权和购入开发产品两项经济业务进行所得税处理，并按其分得的开发产品(包括首次取得和以后取得)的市场公允价值计算确认土地使用权的转让所得或损失；接受土地使用权的开发企业应首次分配开发产品时，将其分解为按市场公允价值销售该被分配的开发产品(包括首次分配和以后分配的)和购入该项土地位用权两项经济业务进行所得税处理，并将该项土地使用权的价值计入该项目的成本。

(3)企业、单位以股权的形式，将土地使用权投资房地产开发项目的，按以下规定处理：投资方应在投资交易发生时，将其分解为销售货币性资产和投资两项经济业务进行所得税处理，并计算资产转让所得或损失，如果该转让所得占当年应纳税所得的比例超过50%，可从投资交易发生年度起，按5个纳税年度均摊至各个纳税年度的应纳税所得额中；接受投资方在投资交易发生时，可按上述投资交易额计算确认土地使用权的成本，并计入开发产品的成本。

7.拆迁还建房销售少计应税收入。开发企业在原有旧房拆迁的基础上开发商品房，以新建房偿还拆迁旧房，一般以被拆迁的旧房面积为依据偿还，剩余的开发产品对外销售。这部分还建房应视同销售，确认销售收入。但有些开发企业将这部分还建房不计或少计应税收入，直接抵减拆迁补偿费。

8.开发企业对其他企业开发的商品房购买后再销售的业务不申报应税收入。由于其对此类开发行为没有立项，没有直接参与，往往不反映收入，隐瞒经营所得。

9.有的企业将车库、停车位、架空层销售收入或租赁收入，不申报纳税。

10.开发企业采取“售后回购”、“还本销售”、“抵押担保”和“存单购房”等方式销售开发产品不确认应税收入，不申报纳税。

11.转让在建项目，不申报纳税。在转让已完成土地前期开发或正在进行土地前期开发，但尚未进入施工阶段的在建项目，应按转让无形资产征收营业税并确认所得；转让已进入建筑物施工阶段的在建项目，应按销售不动产征收营业税并确认所得。

12. 混淆商品房、出租房和周转房的界限，少计应税收入。因为商品房、出租房和周转房三者之间的用途是极不稳定的，很容易相互转换。企业极有可能将商品房、周转房用于出租，取得租金收入而不作收入处理，挂在账外；或者将出租房、周转房销售后直接冲减出租房、周转房的成本或出租房、周转房所发生的摊销费和改装装饰修复费用等等。

（二）视同销售收入方面存在的问题

1. 以房抵贷、以房抵债、以房换取其他单位、个人的非货币性资产；

2. 将开发产品用于捐赠、赞助、职工福利、奖励等；

3. 将开发产品转作固定资产（经营性资产）经营自用或对外出租；

4. 将开发产品用作对外投资或分配给股东或投资者。

但开发企业在将开发产品用作这些用途时，却不确认收入，而是直接冲减债务，或将库存商品与营业外支出、应付福利费等科目对冲，或迟迟不作转账处理，仍保留在“库存商品”账上，以达到逃避纳税或延迟纳税的目的。

（三）其他收入方面存在的问题

1. 代建工程和提供劳务不按时或不按规定确认收入。开发企业代建工程的，其代建收入应计销售收入。开发企业代建工程和提供劳务不超过 12 个月的，开发企业应按合同约定的价款结算日或合同完工日确认收入；持续时间超过 12 个月的，应按完工百分比法按季确认收入的实现。但开发企业往往不将该部分收入在企业账面上反映或不按照规定的时间反映，以达到不申报纳税或延迟纳税时间。

2. 开发企业在代建工程、提供劳务过程中节省的材料、下脚料、报废工程或产品的残料等，按合同规定留归开发企业所有的，应作为开发企业的应税收入。而企业往往将其挂在往来账上，或实行账外循环，不确认收入，不申报纳税。

3. 开发企业预租期间取得的租金收入不入账，或直接冲减开发成本或开发费用。开发企业新建的开发产品在尚未完工或尚未办理房地产初始登记、取得产权证前，与承租方签订租赁协议的，自开发产品交付使用之日起，其取得的预租价款应按租金确认收入的实现。

4. 以非货币性资产形式取得收入的，分得非货币性资产时应按该资产的公允价值确认应税收入。而企业往往将应确认的收入直接记入权益类账户或往来类账户，以隐匿收入，逃避纳税。

5. 开发企业将更名费、罚息收入、没收的违约保证金、定金、购房押金等应作为销售不动产的价外费用，计算缴纳营业税及附加税费，并确认应税所得。但企业往往将其挂在往来账上或直接冲减期间费用。

（四）销售收入实现时间方面存在的问题

1. 采取一次性全额收款方式销售开发产品的，收到款项后挂“应付账款”或“预收账款”科目，不确认收入，或等到开具发票时才作收入。

2. 采取分期收款方式销售开发商品的，应在合同约定的收款日期确认收入的实现，但很多企业却迟迟不作转账，不确认收入，让其一直滞留在往来账上，或要等到所有款项付清后才确认收入。

3. 采取按揭方式销售开发产品的，首付款不确认收入，等到所有款项结清或在银行按揭贷款办理转账之日才确认收入。

4. 采取委托方式销售开发产品的，不按期办理结算，不按期结清已销开发产品的清单，将售房收入滞留在受托方，不及时确认收入。

（五）相应的检查方法

1. 检查时，除了要求企业提供会计报表、账簿、凭证和其他财务资料外，还应要求企业提供如下资料：开发项目立项批复、规划许可证、用地许可证、建设工程施工许可证、土地使用证、建筑安装合同、工程预(结)算书、房屋顶(销)售许可证、售房合同、工程验收备案证、房屋测绘报告等等。上述资料如果企业不能或不愿提供的，可到建委、规划局、国土资源局、计委、房产局等相关部门提取。这样，有利于从总体上了解、掌握开发项目的总体规模、项目结构、完工进度、销售进度、销售方式、结算方式等信息。

2.售楼部是房地产企业销售开发产品的主要场所。开发产品销售的各种信息首先在这里汇集，然后再传递到企业财务部门。所以应加强对售楼部的检查。应收集检查售楼部掌握的商品房平面图、房屋模型、可售面积、预收房款等资料。这些资料对那些财务核算不健全的开发企业来讲，显得更为重要。

3.要求企业填写房地产销售情况一览表，如实填写以下内容：小区、栋号、单元号、房号、户主、购房付款方式、购房面积、销售单价、价外费用、销售总价、已收房款、欠收房款、购房合同签订日期、交房日期等。与上述所收集的相关资料进行核对，从中掌握少计收入、以房换地、还建房、以房抵债、以房抵贷、以房换设备以及留用房产等情况。

4.除了要收集上述各种资料外，还要进行实地观察和实物盘点。检查时，应到企业的开发项目地点进行实地察看，了解开发项目的完工进度，是在建还是已竣工以及在建的工程量，竣工后是否办理了结算手续，是否交付使用；了解开发产品的类型和用途，是商品房还是门面房，是销售还是用于经营、抵债、出租等情况；进行实地盘点和抽样测量，核实商品房和门面房的户数和建筑面积，掌握实际已销售、已出租、已转作经营自用等和未出售房屋的具体户数和建筑面积。

5.检查企业的资金流向。房地产开发企业多为独资、合伙、参股经营，资金主要掌握在企业负责人及其亲信手中，在银行开设的基本账户、一般账户都只是摆设，资金很少从这些账户周转，而是以企业负责人或其亲属的身份办理信用卡，生产经营活动的资金都以信用卡结算，账面不反映企业的现金流量，税务部门很难摸清其资金情况。所以，检查时，除了要掌握企业的基本账户、一般账户外，还应掌握其银行信用卡账户并进行检查，以掌握企业资金的总量和流向，从中发现问题和寻找线索。

6.对开发项目的物业管理公司进行检查，了解开发产品的销售情况、出租情况、未销售情况、转作经营自用情况以及各业主的物业管理费的缴纳情况，还可以向业主询问房屋的销售单价、建筑面积以及总价等情况，从中发现问题和寻找线索。

7.检查企业的房产销售合同、房屋租赁合同、开发施工合同等，特别要注意企业与购房者签订的“鸳鸯合同”。

8.检查时，应将账面检查与账外调查相结合，两者不可偏废。除了进行上述的账外调查外，还应从以下几个方面进行账务检查：

(1)检查“主营业务收入”账户，并与有关记账凭证；原始凭证以及销售合同进行核对，看企业有无转移收入、隐匿收入、分解收入等现象，并通过复核计算，看有无销售单价明显低于市场价格而无正当理由的问题。

(2)检查“分期收款发出商品”账户和分期收款销售合同，并与“主营业务收入”账户核对，看企业有无合同约定的收款日期已到期而不确认收入不记入“主营业务收入”账户的现象。

(3)检查“应付账款”、“应收账款”、“其他应付款”、“预收账款”等往来账户，看企业有无将已实现的收入不及时转账，不确认收入，而长期挂在往来账上，以逃避纳税义务或延迟纳税时间。

(4)检查“其他业务收入”账户，看其取得的与房地产销售有关的价外费用是否入账。

(5)检查“营业费用”、“生产成本”等成本费用类账户，看企业有无将取得的房地产销售收入不作销售收入处理，而直接冲减成本费用，逃避营业税及其附加税费的申报缴纳。

(6)检查“未分配利润”等所有者权益类账户，看企业有无将取得的房地产销售收入不作销售收入处理，而直接记入所有者权益类账户，以隐匿收入，逃避纳税。

(7)检查“长期投资”、“应付利息”、“应付股利”、“应付福利费”、“营业外支出”等账户，并查看所附原始凭证，看企业是否存在将开发产品用作对外投资、捐赠、赞助、职工福利、奖励以及分配利润或股利等视同销售行为，再检查有关纳税申报表，看企业是否将其作为应税收入申报纳税。

二、房地产开发企业成本、费用的检查

(一)房地产开发企业在成本费用核算方面存在的主要问题

1.将资本性支出混作收益性支出，增加成本费用类支出；

2.不按规定区分成本和期间费用，把建造成本挤入期间费用；

3.把在建项目的建造成本挤入完工项目的建造成本，虚增完工项目的建造成本；

4.开发项目的间接成本不按配比原则在相关开发项目之间进行分摊，而是直接计入某个或某几个开发项目，人为调节免税项目与应税项目、低税率项目与高税率项目之间的建造成本；

5.完工项目建造成本不按已销售项目和待销售项目进行分配结转，虚增已销售项目的销售成本，减少销售利润和土地增值额，延迟缴纳企业所得税和土地增值税；

6.将非生产性支出挤入生产性支出，使不能得到税前扣除的非生产性支出在税前得到扣除，减少销售利润和土地增值额，以达到少缴企业所得税和土地增值税的目的；

7.通过与其他企业相互勾结，开具“大头小尾”的发票，或者自行开具假发票等手法虚增开发成本和开发费用，减少销售利润和土地增值额，以达到不缴或少缴企业所得税和土地增值税的目的；

8.企业在销售实现时，应按照收入与成本费用配比原则同时确认收入和结转销售成本，但企业采用各种方法不确认收入、少确认收入或延迟确认收入，而只结转成本减少销售利润和土地增值额，以达到不缴或少缴或延迟缴纳企业所得税和土地增值税的目的；

9.将不属于期间费用核算范畴的支出挤入期间费用。

(二)检查房地产开发企业成本、费用的方法

1.检查固定资产、无形资产、长期投资等资产类账户和建造成本、销售成本、期间费用等账户，并与相关原始凭证进行核对，并通过复核性计算，看企业是否将应在资产类账户核算的支出在成本费用类账户核算，应予以资本化的金额计算是否正确；

2.检查期间费用类账户，并核对其所附的原始凭证，看其是否将应在建造成本中核算的支出挤入期间费用账户；看企业是否将不属于期间费用核算的支出如捐赠支出、罚款支出、离退休人员工资、职工福利费等支出计入期间费用；

3.检查建造成本计算单，核查建造工程实物量，并与国家颁布的工程预算定额进行核对，看企业是否虚增工程实物量，是否擅自提高或更改预算定额；到实地察看工程完工进度和完工项目，根据完工进度百分比法复核计算建造成本在完工项目和在建项目之间的分摊是否正确、准确；

4.根据前面所述检查收入得到的已销售房屋的面积和待销售房屋的面积，采用一定的标准如建筑面积、土地面积等符合计算企业完工项目的建造成本在已售房屋和待售房屋之间的分配计算是否正确，结算是否正确；

5.通过发票检查，看企业是否取得虚开的发票或假发票，以虚增成本费用。

对房地产开发企业的税务检查应着重从以上两个大的方面进行检查，但并不是仅局限于这两个方面的检查。检查的内容还应包括营业外收入、营业外支出、资产的税务处理、亏损的弥补、优惠政策的适用等多个方面。另外，检查时，应本着全面检查与重点抽查相结合、账面检查和账外调查相结合、企业内部检查与外部检查相结合等原则进行。只有这样，才能做好房地产企业的税务检查，提高检查的质量和效率，真正发挥税务检查的作用。

〔本文刊于《中国税收教育研究》2008年8月。作者单位：湖北财税职业学院〕

宣传报道

150 万纳税人年内有望收到完税证明

王燕敏　徐　飞

2008 年年底，150 万纳税人有望收到个税完税证明。3 日从省地税局获悉，今年我省将大力推广个人所得税全员全额管理系统，力争年内将年扣缴税款 30 万元的单位都纳入系统之内，覆盖 150 万纳税人。

作为"诚信名片"，完税证明将在个人出入境、贷款、求学等方面发挥作用。据了解，居民在办理出国手续时，一般都被要求出具完税证明。目前，武汉、孝感等地已向纳税人开具个人所得税完税证明 40 余万份。

省地税局表示，目前不少市州都已和邮政部门建立合作，以邮寄的方式向纳税人开具完税证明。本次个税申报结束后，各地地税部门也将陆续向纳税人邮寄完税证明。

〔刊于 2008 年 4 月 8 日《湖北日报》。作者单位：湖北省地方税务局〕

公正执法　全心为民

——全省地方税务系统纳税服务明星扫描

曾祥惠　长　才　张　彤

正是一年春好日，荆楚处处展新姿。

在湖北奋力构筑中部崛起战略支点的历史性进军中，我省地税系统干部职工，努力践行科学发展观，构建和谐税收征纳关系，坚持尊重纳税人、服务纳税人、保护纳税人的理念，情为民所系、权为民所用、利为民所谋、不断优化纳税服务工作，广泛开展争创纳税服务明星活动，在提高服务意识、创新服务手段、拓宽服务领域、丰富服务内容等方面取得明显成效，得到各级党委、政府的充分肯定，深受社会各界和广大纳税人的好评，涌现出大批纳税服务工作先进个人。

最近，省地税领导机关，精心谋划，精心组织，评选出百名纳税服务明星，并予以表彰。

让我们走近百名纳税服务明星，感受、学习他们公正执法、全心为民的执著追求和模范事迹。

公正执法，成为地方税务局长们孜孜以求的目标

翻开湖北省地图，在100多个县市区级行政区域里，都有地税系统的直属机构。可以说，担任局长或者分局长职务的基层税务干部，是组织地方税收、服务纳税人的一线指挥员。因此，许多基层税务局长们认为，公正执法，是他们孜孜以求的目标，把税法运用的确定性当作纳税服务的核心和第一要务。

“自己是执法者，稍有不慎，就会损害国家和纳税人的利益。”纳税服务明星、宜昌市夷陵区地税局小溪塔分局副局长孙国翠，对此深有感触。

有一次，一个纳税人误解有关税收政策，在纳税服务大厅当场给当地领导人打电话，要求给予方便。孙国翠依据有关法规，在电话中认真作出解释，并依法征收了2000多元税款。

去年底，孙国翠一个亲属，购买了一套房子，中介机构鼓动其要求孙国翠在有关税收上开绿灯。孙国翠与亲属一道学习有关税法规定，亲属思想通了，一次性缴纳了7000多元税款。

与孙国翠有着相同追求的纳税服务明星邓韬，相继担任松滋市危水分局、城区分局副局长。为着公正执法，他付出了很大的努力。

在危水分局工作时，邓韬通过一家一家走访，为913户纳税人建立了规范的册籍档案，并严格执行税收政策，强化税源管理，做到集体定税、集体审议，张榜公示，避免了税收漏征漏管；针对定税等群众关心的热点问题，他逐一实地调查，然后进行行业对比，最后提交集体审议，力求公开、公平、公正；为了堵住税收虚假报停，他跟踪核实，从严把关，走遍大街小巷。

纳税服务明星、武穴市稽查局石佛寺分局副局长朱斌，将自己的角色定位为，积极配合分局一把手，创造公平公正的税收环境。

朱斌总把一句话挂在口边：“要预先做好工作，防患于未然。”他与同事们下到每个企业，都要向企业法人、财务人员宣传新的税收政策；每月都要开座谈会或走访纳税人，广泛收集信息，及时进行分析，用以指导工作；力争做到腿勤、眼勤、口勤、手勤，并做好工作日志，定期将纳税人的资料公开，确保税赋公平。

孙国翠、邓韬和朱斌，是我省地税系统众多工作在一线的基层领导干部的代表。他们用自己的行动，把税务机关依照税收法律、法规和政策实施税收征管的行政行为，落到了实处。

融会贯通，把政策辅导贯穿税收征管全过程

浏览全省各地报送的百名纳税服务明星的事迹材料，有一个鲜明的特点：融会贯通，坚持把政策辅导贯穿于税收征管全过程，努力使纳税人享受到良好的政策辅导服务，从而更加理解和支持税收工作。

一次，一个企业财务人员来到孝感市地税局开发分局，询问分局副局长金文茂，企业所得税有哪些内容及规定，金文茂怔住了。

金文茂在大学学的不是财税专业，为了弥补理论知识的不足，他从税收和财务基础理论开始学起，几年时间硬是把一尺多厚的课本给啃了下来。一有空余时间，他就到办公室学习省局下发的税收文件，到网上浏览新的税收信息。他还在笔记本上记下每个企业的特殊情况，重要文件的明细规定和文号，以便随时和纳税人进行有针对性的政策辅导。学以致用，使他成为纳税服务明星。

纳税服务明星、赤壁市地税局城区分局管理二股副股长刘钧要求自己，与纳税人保持零距离，政策服务求快求准。

刘钧认真学习电脑知识，设计了一些方便工作的小程序和小软件。比如，上级局下发的各项申报表格，他都先在电脑中自行制作电子表格，设计好计算公式，方便企业财务人员计算和网上报送申报表。他创新政策服务方式，赢得一片赞美。

“为纳税人服务，最关键的是做好政策服务。”这是纳税服务明星、南漳县地税局第一分局企业组组长杨宏军的切身体会。

每当企业上门询问有关政策法规或办理各项手续时，杨宏军总是笑脸相迎，及时解答。有一次日常巡查，杨宏军发现龙蟒公司曾因少申报缴纳税款，被稽查局给予行政处罚，该企业财务部长也因此被扣发工资及奖金，便主动利用业余时间上门对其进行辅导，使该公司避免了再犯类似错误。

“政策辅导，要尽职尽责。”纳税服务明星、十堰市地税局张湾分局税收管理员乔炳芝是这样说的，也是这样做的。

纳税人张桂萍，下岗后承接了一个美容店，由于资料不全未能及时办理有关手续，不能享受下岗再就业税收减免。乔炳芝与她交心谈心，使她愉快地接受建议，办理了税务登记变更，享受到有关优惠政策，并补交了464.42 元欠税款。

从这些纳税服务明星身上，不难看出，善于宣传、辅导税务政策，充分考虑纳税人办税过程中的政策需求，正在成为新时期做好税收征管工作的一个关键。

因地制宜，开展适应纳税人不同需要的办税服务

“纳税服务应区别对待，根据不同需求开展对口服务，尽可能的给个别纳税人‘吃点小灶’”。“要努力满足纳税人提出的合理要求，尽力使服务到位、到家”。“在一点一滴、一举一动的纳税服务中，拉近与纳税人的距离。”采访中，这些发自纳税服务明星的内心感受，令人顿生敬意。

参加地税工作 12 年来，大冶市地税局二分局办税服务厅工作人员吴慧，始终记住“热爱是最好的老师”的道理，把千方百计为纳税人提供优质服务作为行动指南。因此，她成长为一个纳税服务明星。

只有成为税收服务多面手，才能让纳税人满意。为此，吴慧不懂就问、就学，从不会到会，从会到熟悉，全面掌握了办税大厅四五个岗位服务工作流程及相应技能。

基层办税大厅人少事多，吴慧已经习惯了每天最早一个到岗，中午、晚上最后一个离开岗位。大厅里哪个岗位空缺，吴慧都能顶上去工作；哪个岗位太忙，吴慧都会主动上去换岗。多年来，只要纳税人提出什么要求，吴慧都会耐心为之解答、解决，赢得了一个个纳税人的称赞。

武汉市江岸区地税局征收分局涉税文书窗口工作人员高峰，在税务部门工作已有 10 年。高峰办事热情、服务细致，已是纳税服务明星。

行政当场处罚，文书手续繁杂。高峰便

在计算机上设定固定格式,利用函数知识,减少很多重复信息的录入,缩短了制作各种文书的时间,使当事人在接受处罚时,感受到税务机关的人性化服务。

一次,一个保险公司网上报税文件出错,高峰没有简单地作退回处理,而是一道分析情况,重新制作报税文件,不仅让企业顺利完成了车船税的申报,而且让企业人员掌握了类似工作的电脑操作程序。天长日久,纳税人对高峰留下难忘的好印象。

纳税服务明星、恩施州地税局清江分局办税服务厅主任胡冬云,和同事们以服务纳税人为宗旨,时时保持办税厅窗明几净,时时保持真诚微笑有求必应。

为了服务宜万铁路、沪蓉高速建设,胡冬云和同事们探索建立了集咨询、受理、审批为一体的相对独立的办税服务实体,大大方便了纳税人;购房契税改由地税征收后,胡冬云利用到宜昌交换检查票证的机会,学习先期实践的宜昌办税大厅的经验,回来后与房管部门一道,简化办税流程,大大方便了事主;一个老太太到分局办税差点摔倒,胡冬云一看是走廊与大厅之间有大约5公分高度差,便建议分局当天买来一块红地毯垫在那里,避免了类似事情发生。

网上报税,利用现代信息技术提高纳税服务水平

当下,我们正处在信息化加速发展的新时代,开展和完善网上纳税服务,开始成为税务机关和纳税人的共同需要。正是有感于此,我省地税系统的纳税服务明星们,结合自身工作实际,努力钻研,积极进取,率先迈出了优质服务的新步伐。

来到我省政治、经济、文化中心武汉,我们获悉,全市企业实行网上申报已超过3万户,有4万多个个体经营户通过银行划卡缴税。该市有关负责人介绍,之所以有这样可喜的进展,一批纳税服务明星功不可没。

在汉南地税局征收分局担任局长的徐萍,被纳税人称作"网上申报服务的积极份子"。

去年,徐萍组织一批纳税企业的财务人员到市里参加网上申报知识培训。谁知,这些参训企业人员工作变动很快,临到动手网上操作时,新人大多不能胜任。徐萍在电话上指挥,一个节点一个节点进行点拨,一个企业一个企业进行辅导。那一段日子,她该下班了,却不能走出办公室;嗓子喊哑了,她喝口开水继续回电话。

因为是新生事物,许多企业临到纳税时间,相关工作往往不能跟上。徐萍就一个企业一个企业电话通知。不厌其烦,坚持日久,全区纳入首批网上申报的600多个纳税单位,终于成功实现转换。

到今年底,在硚口区地税局征收分局工作的耿莹,将要退休。今年已50多岁、干了几十年税务的耿莹,有着认真工作的良好态度,也有着对新知识、新技能掌握、运用的旺盛热情。

今年,组织上调耿莹到计算机开票窗口工作,虽然此前对此一片空白,但她毫不气馁,认真学习钻研有关知识,很快适应了工作要求。

为了配合网上申报,分局组织了计算机技术全员大比武。耿莹主动担当了中年年龄段人员的义务辅导员,解答有关疑难,复印学习资料,忙前忙后,毫无怨言。

在青山区地税局,税收管理员钱力,已在一线工作25年,现在又服从组织安排,被调到最边远的白玉山税务所工作。他是局里运用计算机知识更新税收征管方式的积极份

子，在全市相关知识考试中，取得了前 60 名的好成绩。

前不久，一户纳税企业要运送一批货物到外地，有关人员因对软件不熟悉，造成计算机障碍，在网上开不出发票。接到求助电话，钱力马上前往企业，经过几个小时现场服务，终于让计算机打出了发票。

综观我省地税系统百名纳税服务明星的精神与行为，可谓精彩纷呈，美不胜收。在这些代表人物身上，折射着全省地税工作者无私奉献精神、踏实工作作风、与时俱进的追求。

〔刊于 2008 年 4 月 29 日《湖北日报》。作者单位：湖北省地方税务局〕

触景生情志凌云

——贫困学子观三峡工程　树创业志向活动侧记

王燕敏

阳春三月，花红柳绿，草长莺飞。

在这个生机盎然、充满希望的季节，4 月 12 日，来自华中师范大学、湖北经济学院、湖北财税职业学院三所高校的 15 名贫困学子相聚在了一起：他们将从江城武汉前往宜昌市参观世界上最伟大的水电工程——三峡工程。

去亲眼看看三峡工程，是这些贫困学子们怀揣已久的美好梦想。这一次，湖北省地税局组织的“贫困学子观三峡工程树创业志向”活动，就要为他们圆了这个梦。“能够在即将于 2008 年全部完工之际参观三峡工程，实在是太美妙了！我和其他有幸前往的同学们个个都兴奋得夜不能寐！”华中师范大学数学学院刘文同学的激动之情溢于言表。

临出发时，省地税局领导来了，学校领导来了，记者们也来了，场面好不热闹！

省地税局局长许建国说：“国家的发展和社会的进步需要一代又一代纳税人的创造和奉献。现在，大家是大学校园的贫困学生，也是国家税收的直接受益者，将来走向社会就是国家的建设者和税收的创造者，是光荣的新一代纳税人！着眼未来，为国家培养新一代优秀纳税人，是我们税务部门肩负的神圣责任，我们为此一直在努力。这次组织大家参观三峡工程，是要让大家真切感受我们国家蓬勃发展的大好形势，了解税收与国计民生的密切关系，从而激发学习的热情，树立创业的志向，将来更好地报效国家、奉献社会。”一席话讲得贫困学子们心潮澎湃、热血沸腾。

这天下午，三峡坝区春雨绵绵、游人如织。

挥舞着税收宣传红旗的贫困学子们成了一道流动的风景：参观三峡工程博物馆，登上坛子岭俯瞰大坝全貌，在 185 平台听三峡工程总公司专家讲解，观赏三峡工程截流园……每到一地，他们都会引来游客的注目和议论。

通过零距离“亲密接触”，贫困学子们对三峡工程有了全面而深刻的了解。更让他们感兴趣的还是三峡工程的税收话题。他们频频向宜昌市地税局局长杨荣辉发问：“国家对三峡工程的资金投入是多少?”“税收是怎样支持三峡工程建设的?”、“三峡移民总共花了多少钱?”“三峡工程对当地的经济社会发展和改善民生都有哪些好处?”……“三峡工程总投资估算约为2039亿元;为了支持三峡工程建设,国家通过税收返还和税收减免给予的税收优惠高达100亿元;截至2007年底,三峡移民工程已完成动态投资535亿元;三峡工程建设促进了当地经济社会的持续快速发展,仅旅游业一项带来的地方税收直接和间接收入就达3亿多元;三峡库区的城镇建设大大提速,老百姓生活明显改善……”

虽然只有短短两天行程,虽然来也匆匆去也匆匆,但这是一次难忘的三峡之行,这是一次特别的励志之旅。

华中师范大学美术学院宗秋风同学在观后感《不是梦中观三峡》一文中动情地写道:“参观三峡工程回来,我突然明白了很多:大地懂得犁铧的事业,种子理解杜鹃的啼血。祖国在发展,人民在进步,作为新时代的一名大学生,虽然家庭贫困、遭遇不幸,但只要志存高远,自强不息,心中就没有孤苦的寒夜,生命便没有凋残的季节……”

而就在参加此次活动的前夜,宗秋风的心情还处在无比沉痛之中,精神也十分萎靡:父亲一个月前出车祸去世了,家里没了父亲每月800多块钱的打工收入,妹妹无奈辍学在家……

家住长江边的湖北经济学院杜媛同学说:“我至今还记得1998年那场大洪水给家乡人民带来的灾难。如今三峡工程根治了长江水患,确保了长江安澜。我为我的祖国而骄傲,我为我是中国人而自豪!作为一名贫困大学生,我一定不向困难低头,现在好好学习,苦练本领,将来奋发图强,创业报国。”

去年获得国家助学金的湖北财税职业学院宋建莎同学说:“国家助学金是‘取之于民’的税收‘用之于民’的具体体现。国家助学金减轻了我的家庭负担,让我能够在学校安心学习。我将怀着一颗感恩的心,刻苦学习,立志成才,将来回报国家、回报社会。”

华中师范大学外语学院的李可同学是国家首届免费师范生。他的感触更深:“国家免费师范生政策让我圆了大学梦,也让因为我的学费而辍学打工的妹妹可以回家继续上学了。三峡工程让我切身体会到了国家的强盛,国家强盛了才有财力推行免费师范生政策。作为一名当代大学生,在参加这次活动之前,我居然一点税收意识都没有,一直认为税收与自己毫不相关。现在我终于懂得了:其实,税收就在我们身边,我本人更是直接享受着税收的恩惠。此次参观学习坚定了我成为一名优秀人民教师的信念,大学毕业后把教师这一职业当成我的神圣事业,为祖国培养一批又一批优秀建设人才。”

湖北财税职业学院的李秋云同学学的是酒店管理专业。三峡地区的好山好水好风光已经激发了她的创业激情。她说:“我深深喜欢上了三峡工程和这里的美景,这里充满无限商机。我所学的酒店管理是一个与旅游紧密联系的专业,再过两年我就要毕业了,我有了毕业后到这里来创业的想法。税务部门一贯重视和支持就业再就业工作,国家更是出台了税收优惠政策鼓励高校毕业生自主创业和灵活就业。我们这代大学生赶上了一个创业的好时机,我将好好把握机会,成就自己,奉献国家和社会。”说干就干,李秋云同学甚至开始着手制订她的创业计划。

目前,回到学校的贫困学子们自发组织起来,正在通过报告会、大讨论、图片展等形式宣传三峡工程、开展励志活动。

立志、求学、创业,做新一代优秀纳税人,15名贫困学子的星星之火大有形成燎原之势……

〔刊于2008年5月9日《中国税务报》。作者:湖北省地方税务局〕

武汉新闻媒体寻访创业残疾人

王燕敏　曾　妮

在湖北省武汉市开展的全民创业活动中，残疾人这一特殊群体的创业状况如何？国家扶持残疾人创业的税收优惠政策执行效果怎样？在全国第十八个助残日即将来临之际，湖北省地税局和武汉市地税局携手当地主要新闻媒体，开展了“税收助我行——寻访江城创业残疾人”活动。

残疾人陈水清获得过联合国资本开发基金会颁发的“全球微型创业奖”！今年50岁的陈水清是武汉市江汉区民意街多闻社区的一名普通居民。小时候，因为高烧患上了小儿麻痹症，落下了左脚残疾。可他不向命运低头，学会了油漆技术，在一家家具厂上了班。1996年企业破产，他下岗后摆过地摊、养过猪，后来又干起废品回收的行当，税收优惠政策帮助他的生意越做越好，他的曙光废品回收站现在已发展成拥有70多名员工的曙光废旧物资回收有限公司。

寻访活动期间，通过媒体的宣传报道，更多的江城市民了解到了一个又一个税收帮扶残疾人创业的故事：在武汉市青山区地税局团支部长达10年的帮助下，残疾女青年黄银华的文心书店已经长成“助残连锁书屋”，黄银华被评为武汉市“十大杰出残疾人”，并获得武汉市“五一”劳动奖章。武汉一撮毛美食有限责任公司老板刘小桥腿残志坚，致富不忘其他残疾人，主动安排残疾人就业。地税部门认真执行国家有关税收优惠政策，帮助公司发展成了武汉市知名餐饮企业……

据武汉市地税局相关人士介绍，该局十分重视支持残疾人就业创业工作，仅2007年就依法减免相关税款近5000万元。

〔刊于2008年5月14日《中国税务报》。作者单位：湖北省地方税务局〕

地税公务员招考面试走上电视

王燕敏

6月22日，湖北经济电视台对湖北省地税系统2008年度考试录用公务员面试第2考场进行现场直播，15名笔试“入围”的考生当场回答评委问题，评委当场给考生打分，当场公布分数。这是该省对公务员招考的面试环节首次进行现场直播。

2008年，湖北省地税系统公开招录127名公务员，共有4150余人报考，其中3722人通过了资格初审和集中笔试，按照1∶3的比例，共有384人进入了面试程序。为了最大限度地消除社会上对公务员招考面试公正性的疑虑，湖北省人事厅选择对省地税系统考试录用公务员面试第2考场进行现场直播。面试的7名考官中，来自地税部门的考官只有2人，人大代表、政协委员及群众代表现场观摩，监督面试。

湖北省委组织部副部长、省人事厅厅长、省编办主任张兆本和省地税局党组书记、局长许建国作为现场解说嘉宾全程参与直播，并与电视观众进行手机短信互动。张兆本表示，对省地税系统考试录用公务员面试进行现场直播，只是一个开始，今后将在更大范围内逐步推开这种好的形式，以确保录用公务员面试的公开、公平、公正。许建国认为，面试走进电视直播，接受全社会的监督，能够让真正优秀的公务员进入到地税干部队伍中，有利于地税事业的持续健康发展。

〔刊于2008年7月2日《中国税务报》。作者单位：湖北省地方税务局〕

提高行政管理服务效率的有力抓手

——湖北省地方税费征管核心软件简介

王士恒　徐学华　徐卫兴

税收是国家财政收入的主要来源，国民经济运行的重要环节，国家调节经济的重要手段，也是宏观经济调控的重要工具。税务机关是国家行政机关的重要组成部分，是组织税收职能作用发挥的专业部门，其行政效率、管理水平和服务质量的高低，直接影响着党和国家的形象，关系着人民群众的利益。利用信息化技术建立税收管理新体系，是税务机关提高行政执行力、提高税收管理和纳税服务效率的有力抓手。

湖北省地税局根据国家税务总局金税工程(三期)和湖北省人民政府电子政务建设的总体规划，结合全省地税工作的客观实际，成功研究开发了湖北省地方税费征管核心软件(以下简称征管核心软件)。征管核心软件是以“全省同一个信息处理平台、同一条宽带网络、同一个数据库、同一套管理制度、同一样工作流程、同一个业务技术标准、同一个安全保密体系，覆盖全省所有地区的地税机构和业务”为基础的信息支持系统。征管核心软件上线后，将实现全省税收决策、政策发布、税费源管理、税费款征收核算、减免税控管、资金监控、纳税服务、纳税绩效评估等方面的大统一、大规范、大提升，并同时实现省级税收数据实时大集中和全天候网上办税等功能，从而大大降低了纳税人的纳税成本和税务机关的办税成本。

先进的架构和功能

征管核心软件是湖北省地税局与国内率先通过CMM(软件能力成熟度模型)5级评估的沈阳东软集团股份有限公司合作开发的。软件实行一次性整体规划,分阶段实施,思想理念领先、整体架构合理、设计思路新颖、专业特色明显,具有先进性、科学性和创新性。

先进科学的架构。软件采用标准和开放的技术体系,基于J2EE(Java2平台企业版)的B/S/S(浏览器/应用服务器/数据库服务器,代表客户端表示层/业务逻辑层/数据访问层3个层面)3层体系架构进行开发。整个系统架构具有重要特点:——采用标准和开放的架构。采用成熟的行业标准和先进的技术架构,大大降低了技术风险和对特定开发商的依赖;采用开放系统架构,有利于增强系统的向后兼容性、可集成性和扩展性。

——采用面向对象的技术

采用基于面向对象技术的开发语言和应用框架,提高了征管核心软件的开发效率,增强了架构的合理性和扩展性。

——采用多维分层的架构

采用RUP(RationalUnifiedProcess,统一软件开发过程)系统开发指导方法,以业务架构为核心,以清晰的层次关系为主,兼顾层间互动为辅,按照业务战略—业务架构—应用架构—技术架构—基础设施架构进行总体架构设计,形成多维架构模型。如业务架构层次图所示,按照组织结构分为决策层、管理层、操作层和数据采集层;按照税收管理业务特点,分为交易型业务(如数据采集层、征收管理)和分析型业务(如税源监控和管理层、决策层)。通过分层,系统耦合性大大减小,系统间的依赖性减小,更易于建设、维护和升级。

——采用基于组件的技术

系统由独立的组件构成,组件的开发和部署保持相对的独立性,业务发生变化仅需对有关组件进行升级,使软件的升级成本降到最低。组件可以在不同子系统之间进行共享,从而提高了开发效率,确保对同一业务处理的唯一性。

全面完整的功能。征管核心软件是按照相关的法律法规及表、证、单、书的业务需求进行设计的,其具体功能如软件功能结构图所示。征管核心软件按业务角色分为决策层、管理层、操作层、外部数据层和运维支持层等5个层面,依据业务功能分为税务登记管理平台、税源管理平台、社保费管理平台、规费管理平台、纳税认定管理平台、申报征收管理平台、发票管理平台、税政管理平台、行政处罚及行政许可管理平台、税务检(稽)查平台、减免税管理平台、税收票证管理平台、税收会计管理平台、绩效评估管理平台、“一户式”综合管理平台(税收管理员平台)、税收信息查询统计平台(内含“一户式”查询功能)、网上纳税服务平台、数据交换平台和系统维护平台。

从软件功能结构图可以看出,软件采用新一代税收管理思路构建整体业务框架,建立了科学、全面、准确的数据采集体系;建立了统一的数据平台,确保税收基础数据的规范和统一;建立了税收分析体系,突出了数据的增值利用,提高了管理决策水平。软件涵盖地税系统各个业务平台,运载地方税费管理的主要过程,功能齐全,能够很好地满足全省地方税费征管15个税种和17个规费的需要。

智能友好的界面。软件遵循统一的界面设计原则,界面风格一致、颜色调和、提示清晰、窗口大小适当，拥有常用的快捷操作键，其操作方法符合日常习惯，展现了一个简明、灵活、易用、友好的操作界面：

——对象化平台

按照应用对象划分不同的功能平台，力求各应用对象在同一个平台上即可办理自己所有的业务。各业务功能平台又依据操作人员所处的层次展示不同的菜单内容。整个软件依据操作的业务平台和所处的层次，为不同的操作人员定制各具特色的菜单。

——功能化菜单

系统菜单按照所处理的具体税收征管业务功能划分，一目了然。针对不同类型的用户设计集成的用户界面，保证用户能够方便快捷地使用自己需要的常用功能。

——向导式操作

采用向导式的操作方法，使用户操作界面简明、实用，易于学习和掌握。针对同一操作人员，需要按流程顺序进行操作，大量采用“下一步”的向导式操作方法，使操作人员无需记忆大量的功能菜单。对于做到一半的工作，也无需记忆具体细节，进入相关页面会自动提示，可以从上次停止的部分继续开始工作。

层次分明的操作菜单，直观、可视化的信息展示，简洁智能友好的交互界面，使整个软件操作具有良好的人机交互性。

提高行政执行力的武器

执行力是一个人、一个单位的综合素质和整体形象的体现，是完成各项工作任务的基本保证。征管核心软件的上线应用，是“科技加管理”的效能整合，成为提高全省地税系统整体行政执行力的有力武器。

科学高效制定决策。软件采用全省数据大集中方式，采集了全面、完整、准确的纳税缴费数据。通过对这些数据的分析，为税(费)收管理决策提供定量依据；用数据辅助决策，为科学决策奠定了基础。庞大的数据量，为分析人员提供了更加全面、丰富的信息，使其能在第一时间观察到税(费)收情况的变化，了解税(费)收变化的趋势，作出科学决策。

快速直接传达政令。省局所有的政策指令一旦制定，瞬间就能发给全省每一位税务人员，使其能够快速了解省局的政令。软件采用工作流机制，以岗位、岗责、岗位考核体系为依据，对业务处理过程进行监督，保证业务过程的规范、合法、正确、及时。工作流机制使政令能够在第一时间快速直接地传达到每一个部门或个人，既能保证政令畅通，又极大地提高了地税系统的行政执行力。

及时准确反映情况。全省地税系统的每一个工作人员都可以随时与省局领导和各处室负责人在线交流。省局所有的政策和决策在基层是否切合实际、效果如何，基层工作人员可以随时向省局反映。工作流机制使基层能够及时、准确地向上级反映税收管理过程中遇到的问题或困难，并能快速得到妥善解决，使基层处理问题和化解矛盾的能力大大提高，有利于构建和谐的征纳关系。

全面严密监控过程。全省所有的办税服务厅、局长工作室和信息处理中心等重要场所，省局都能进行全过程远程监控，随时掌握工作动向。由于采用工作流机制，各种业务在何时发起、流经岗位、由谁操作、限定的操作时间等，都能在工作流中实时监控。通过对业务工作流的跟踪和监控，能够全面了解业务的状态，监控业务操作的全过程，使行政管理效率得到有效控制。

客观完整评估绩效。全省各级税务机关

可以随时查看和监督本部门和下级机关的工作情况，对税务执法过程进行分析鉴证。以税务人员岗位工作行为、执法行为和征管质量数据为基础数据支撑，以定量考核为主，以定性考核为辅，建立绩效考核体系，利用软件进行绩效评估。计算机自动采集相关业务系统的数据和手工录入的数据，按照科学的算法计算出考核结果，完成对系统内所有干部的绩效考核，并将考核结果与奖惩挂钩，实现责、权、利相对应。由于各项统计数据真实、全面、规范、严密，保证了绩效评估的客观、公正、完整，有利于税务人员提高自身素质和行政管理能力。

提高税收管理效率的“控钮”

税收管理的核心是控制，控制的关键是对税收征管活动全过程的渗透和掌握。征管核心软件对税收业务进行全过程渗透和支持，是提高税收征管质量和效率的核心“控钮”。

全面及时掌控税源。软件的“一户式”综合管理平台，使税收管理员通过持续的现场跟踪，充分掌握纳税人的真实经营情况，准确采集纳税人的涉税数据。软件与税控收款机相连，通过开展有奖发票活动、采取网络传输和读取 IC 卡等多种方式采集发票明细数据，运用发票数据前台即时比对等多种手段，充分发挥“以票控税”的作用。数据交换平台具备与相关部门横向联网和信息交换的功能，能利用第三方数据及时进行信息比对，如与工商、公安、银行、国税、房地产、土地等部门的信息比对，使税收管理员能够及时掌握纳税人的登记信息、财务状况、资金运转等情况，做到税源心中有数。税源管理平台通过各种方式和形式，增大涉税数据采集量，建立纳税人户籍监控、纳税评估、单税种管理、行业管理等应用系统，运用地理信息系统等手段，构建立体税源管理体系，全面及时掌控税源。

快捷实时入库税款。软件的数据交换平台能够实现财政、税务、国库、银行之间的计算机联网，建立网上税款直达系统。通过该系统，纳税人申报后，所缴纳的税款在几秒钟内即可入库，大大提高了税款入库效率，有效杜绝了税款压库等现象。同时，实现了税务、国库之间的电子化对账，税务机关与国库直接通过网络即可完成繁杂的日常工作。

精确规范核算收入。软件加强了数据的校验、智能审核工作，规范了数据采集内容，增大了数据占有量，丰富了数据采集前端管理控制手段，如通过修改完善制式报表加强计算机数据自动审核功能，通过网上报税等电子手段采集申报数据，通过税控设备采集发票数据，通过与代征单位联网导入委托征收数据，通过横向联网导入相关部门的信息比对数据。软件对已经进入数据库的数据，通过编写数据检验程序校验其完整性、正确性，并通过数据更正机制，及时更正错误。软件应用采集的数据信息实现了“以票产表”、“以表产表”，并建立相应的动态数据模型，既便于数据分析，又大大减轻基层税务机关和纳税人的工作负担。精确规范的数据采集平台，增强了数据的完整性，保证了数据的准确性，促进数据生成质量和管理质量不断提高，使数据管理体系更加严密。

准确预测收入趋势。软件的税收信息查询统计平台，能够全面、完整、准确、规范地采集各种税收规费数据信息，记录税收规费收入的历史和当前数据。应用相关税收数学模型，可以在全省范围内进行行业间宏观分析和预测，也可以进行行业内的微观比较和统计，准确地分析、跟踪税源，科学预测税收规费增长趋势，提高税收规费预测的准确度，并能及时做好重大税收政策调整对税收规费收入影响的测算等工作，增强税收规费计划的预见性，把握组织收入工作的主动权。

提高纳税服务质量的平台

随着信息化的发展和公共服务型政府建设的深入，税收工作将由监督管理型向管理服务型转变。搞好纳税服务，是税务部门的职责，是税收工作的永恒主题。征管核心软件搭建了一个为纳税人服务的平台，地税机关将为纳税人提供更为优质、便捷和全方位的服务。

广泛宣传税收政策。目前，网上虚拟的电子税务局与物态的税务局同时开展对纳税人的服务。软件的为纳税人服务平台提供了纳税客户端软件、税务网站、税务短信、电子邮箱、12366纳税服务热线等多种方式，可以随时广泛宣传税收政策法规，主动送政策上门，切实维护好、保障好、落实好纳税人的合法权益和应享受的优惠政策。

全面公开办税程序。税务机关的办税程序全部在网上公开，接受纳税人的监督。向纳税人提示各种办税工作流程和所需资料证明等材料，提高办税效率，广泛听取纳税人的意见反馈(举报、监督、批评、建议等)。开展全程服务、限时服务、延时服务、预约服务等，实现“一窗式”办理、“一站式”服务，为纳税人提供更具人性化、个性化的服务。

实时接受在线咨询。软件与纳税服务平台对接的湖北地税门户网站，采取一种实时在线沟通的方式，纳税人能实时在线咨询税收政策、申报、税收优惠、发票防伪等事项。通过不断拓宽征纳双方的沟通渠道，实现征纳良性互动，构建和谐的征纳关系。

及时提醒纳税事项。网上纳税服务平台与税务短信平台对接，能实现及时纳税提醒等事项，为纳税人提供登记办理、税负核定、税款催缴等各类涉税信息，如每个月纳税期前，向特定应纳税的纳税人发送纳税提醒；对逾期未能缴纳税款的纳税人自动发送欠税和催缴通知；当纳税人缴纳的税款进入国库后，自动发送入库通知。

提供多元纳税申报方式。网上纳税服务平台运用各种现代化通信手段，为纳税人开辟办税服务厅报税(费)、电话报税(费)、传真报税(费)、网络报税(费)、刷卡缴税(费)、邮寄报税(费)、12366纳税服务热线等多种便捷的办税渠道，使纳税方式多元化、手续简化，实现了7×24小时受理，不受地域、时间的限制，做到在服务中实施管理、在管理中体现服务，提高税收遵从度，方便纳税人及时足额纳税。

随时提供办税辅导。网上纳税服务平台提供各种办税辅导，通过网络途径，应用移动通信设备，对纳税人宣讲法规、制度、优惠政策和办税程序等内容，使纳税人了解有关的财会、税法知识，全面准确理解税收政策，避免各种非主观故意造成的延期缴税等情况，是纳税人的免费“税收顾问”。

综上所述，征管核心软件在全省的推广应用，将实现全省地税数据省级大集中，有利于建立科学严密的征管体系，提高税收管理效率；有利于建立国民经济运行监测反馈体系，从税收的角度及时反映社会经济的发展状况；有利于促进地税部门执法更加公开、透明，进一步规范执法行为，推进廉政建设；有利于提高行政效率，强化内部管理，保障政令畅通；有利于锤炼适应信息化工作环境的干部队伍，不断提高整体素质；有利于提高各级地税机关服务基层、服务纳税人、服务政府、服务经济发展的行政能力，营造良好的税收环境。目前，征管核心软件已在湖北省恩施土家族苗族自治州成功上线，其他地区正在上线过程中，到2008年底将完成全省所有地区的上线工作。可以肯定，征管核心软件的成功上线，必将成为促进地税事业跨越式发展的一个重要里程碑，必将对全省地方税费管理和征纳双方产生积极而深远的影响，促进湖北省经济又好又快发展。

2008年8月26日，湖北省委常委、常务副省长李宪生看了软件的介绍后批示：税收信息化是国家信息化发展战略的重要组成部分。省局适应新形势、新任务的需要，结合工作实际研究开发的湖北省地方税费征管核心软件，是湖北省税收信息化建设的控制性工程。该软件的推广应用，必将推动湖北省税收信息化建设向前迈进一大步，并推动全省税收征管水平迈上一个新台阶。

〔本文刊于2008年9月8日《中国税务报》。作者单位：湖北省地方税务局〕

融执行于服务 在服务中执行

——省地税局扎实开展提高执行力大讨论活动

王　蓬　王燕敏　徐卫兴　肖　灿

省地税局在开展提高政府执行力大讨论活动中，紧扣执行力建设主题，突出做好服务文章，通过深入调查研究，广泛征求意见，实施问卷调查，反复查摆问题，公开讲评，查找出全省地税系统在服务经济、服务全民创业、服务纳税人等方面存在的问题，并针对存在的问题，认真落实整改措施，融执行于服务，在服务中执行，促进了全系统的思想大解放和工作大发展。

更新服务理念，在政策扶持上落实执行力

通过学习讨论，省地税局党组认识到，执行力大讨论从深层次看，是一次深刻的观念革新和思想解放，必须摒弃过去一些管死的办法，多出台一些放活的措施。在税收法律法规范围内，只要是有利于经济发展、有利于纳税人发展的事情，就一定坚决做到位。

为了贯彻落实省委、省政府关于加快湖北经济发展的一系列重大决定，该局在认真落实前期已经出台的各项税收优惠政策的基础上，出台了《湖北省地方税务局促进地方经济社会发展的地方税收优惠政策与措施(170条)》，大力支持开放引资、县域经济、中小企业、民营经济、武汉城市圈、高新技术产业等的发展。为了进一步方便纳税人，降低办税成本，出台了《地方税收纳税服务工作实施办法》，全面推行网上申报等多元申报纳税方式，简化、归并各类税务报表。为了尽可能减少管理层级、简化审批程序、缩短审批时限，制定了《湖北省地方税务局减免税审批工作规程》。为了鼓励全民创业，方便经营，对高

校毕业生、下岗职工、退役军人、残疾人等个人自主创业从事个体经营的，以及在我省新设立的企业，在办理税务登记证时，免收税务登记证工本费。为了优化税收投资环境，在不放松重大涉税案件稽查，促进各类市场主体公平竞争的同时，进一步降低税收稽查面，减少对企业的检查频率，对A类纳税信誉企业在承诺期内一般不进行稽查。

延伸服务领域，在服务政府决策上拓展执行力

发挥地税职能优势，积极服务政府决策，是地税部门执行力建设的重要体现。针对当前地税工作中存在的问题和不足，省地税局组织专班，分赴安徽、江苏、浙江、湖南、广东等地开展深入考察调研，学习借鉴外省在税收征管、队伍建设、机构设置、落实税收政策和服务经济建设大局方面的新思路、新举措、新经验。

在广泛深入调研的基础上，该局组织开展了大规模的“湖北经济税源分析和地税收入可持续增长研究”调研活动，全面系统地分析湖北地税收入和税源结构在税种、产业、行业、区域和经济成分等方面的特征和对应关系，深入探讨税收增长与经济增长的协调性，科学预测收入增减变化趋势，提出了促进经济税源可持续发展、增强地方政府提供公共服务能力的对策建议。

此外，该局还结合湖北实际，向省政府提出了一系列改善发展环境、支持经济发展的政策建议。

创新服务手段，在信息化建设上提升执行力

省地税局把税收信息化作为改进服务、提高执行力的重要手段，大力推进金税工程和电子政务工程，充分利用软件、网站、网络、短信等各种信息技术载体，全面整合信息资源，最大限度地释放税收管理和服务的效能。

2008年5月，该局组织业务和技术骨干进行集中攻关，对原征管软件的业务需求、应用标准、技术架构、功能流程等进行全面调整和优化，成功研发了具有自主知识产权、在全国税务系统处于领先水平的《湖北省地方税费征管核心软件》，为广大地税干部提供了各项税费征管业务的工作平台。目前，该局正在强力推广运用这一新软件，确保年底前在全省地税系统全面上线运行。新软件上线后，各项税收业务将可快速办理，只要将鼠标轻轻一点，各种数据就会尽收眼底，各地信息就会快速传递，各类报表就会自动生成，将在高效与便捷中完成各项地税工作任务。

与此同时，该局完善了“湖北地税门户信息系统”和“湖北省地税门户网站”，建成了省局到县(市)局的视频会议系统，打造了“湖北省地税局税务短信服务平台”，使信息技术手段在税收业务和行政管理工作中得到了充分运用，更好地服务了机关、服务了基层、服务了广大纳税人。

营造服务氛围，在规范执法上体现执行力

大讨论中，省地税局党组认为，依法征税、依法管理、依法行政，杜绝不作为、乱作为，做到规范执法、优质服务，是地税执行力的重要体现。为此，该局在全系统大力开展

了“严格执法、有税必收，积极预防和严肃查处地税工作人员失职渎职行为”的专项行动。围绕税收执法重点环节、重点部位和重点人员，全面开展了“十查十看”活动，严肃了执法纪律，规范了执法行为，强化了执法意识。

通过此次专项行动，该局严厉查处了有税不收的失职渎职行为，严肃追究了有关人员的责任。同时，进一步总结利川、枣阳、老河口、应城等地执法责任制试点经验，大力推行税收执法责任制，建立起了责任明晰、办事高效、运转协调、行为规范、监督有力的税收执法和行政管理体系。

最近，该局还制定了《关于进一步推行办税公开工作的实施意见》等一系列规范性文件，进一步优化业务流程，科学分解权力，强化日常这些实实在在的举措，有效营造了和谐的税收环境，密切了征纳关系，极大地激发了地税干部依法治税的主动性和纳税人依法纳税的自觉性，促进了全省地税收入的快步增长。上半年，我省地税系统组织税费收入达 411.3 亿元，比上年同期增长35.2%，这一数据有力地体现了地税部门的执行力。

〔刊于 2008 年 7 月 22 日《湖北日报》。作者单位：湖北省地方税务局〕

25 份假发票引发“荆楚灭鼠行动”

张有斌　陈晓光　王燕敏

6 月 29 日上午 9 时，随着湖北省公安厅副厅长、“荆楚灭鼠行动”指挥长尚武一声令下，武汉、荆州、宜昌等地公安、税务执法人员共计 400 人立即出击，直捣 4 处印刷窝点，彻底摧毁了一个覆盖全省的特大制售假发票网络。当天，共捣毁印刷窝点 4 个，制版点 3 处，售假窝点 11 个，抓获嫌疑人 45 人，查获假发票 3.5 万余本。至此，公安部督办的湖北省制售假发票窝点第一大案成功告破。

在 7 月 28 日湖北省公安厅、国税局、地税局联合召开的新闻通气会上，一位姓陈的警官讲述了他们破案的经历。

2008 年 2 月 22 日，荆州市地税局向荆州公安局经侦支队移交一起涉嫌出售假发票的线索——犯罪嫌疑人刘某在街头兜售假发票。同时，荆州市地税局还提交了刘某出售的 25 份假发票(计 5000 元)。按刑法的相关规定，制售假发票立案标准为 50 份。但是据警官获得的信息，这个犯罪嫌疑人还有大量的假发票。于是警官当天化装与刘某取得了联系，第二天就从刘某处获取了另一本假发票 25 份。这 25 份假发票和先前的 25 份假发票凑在一起刚好达到立案标准。警方立案后，在 3 月 5 日将犯罪嫌疑人刘某抓获。经过审讯，刘某交代这些假发票是从武汉的一个姓邓的人手上买的。刘某还交代从 2007 年 8 月到 2008 年 2 月，他先后 4 次购买了 9200 份假发票。

陈警官说，按一般的案件，办到这里就可以移送起诉，这个案件就完了。“上线”找不找，对这个案件没有多大影响。但是，他们判断，刘某的“上线”邓某是一个团伙的成员。深挖这起案件，可能发现一个更大的假发票销售网络。

公安人员在查找邓某时也费尽了周折。他们先是通过电话联系，以购假牌照的名义，在通话过程中对邓某进行跟踪。在随后近20天的时间里，公安人员掌握了邓某的活动规律，摸清了邓某与“上线”、“下线”之间的联系情况，同时发现了邓某的“上线”左某。于是公安人员对左某展开了跟踪。

然而，在对左某跟踪了2天之后，公安人员并没有发现印刷窝点。据陈警官介绍，按照一般的规律，在经过2个环节之后，就应当可以达到假发票印刷窝点。尽管进展并不顺利，但公安人员还是没有放弃，又跟踪了几天后，他们又发现了左某的“上线”：柳某夫妇。

通过对柳某夫妇的跟踪，公安人员发现了，柳某夫妇每两三天，就要到汉口杨汊湖加油站，与一个50岁左右，个子不高、较胖的神秘女人接触。这个女子交易时，通常会骑一辆三轮车，车上带着2个蛇皮袋。警方判断，蛇皮袋里装的可能都是假发票，而这个女子很可能就是印刷窝点的人。

后来的调查结果显示，这个神秘的女子是一处假发票印刷窝点的老板。

陈警官说，随着调查的深入，一个涉案人员多，销售范围广，涉及省内12个地市，发票数量巨大的销售网络浮出水面。这是一个庞大的销售网络，一级批发商有6个，将近40个二级批发商，再下面就是三级批发商和零售。这也是湖北省目前发现的规模最大的制假窝点。

为了打掉这个制售假发票网络，湖北省公安厅将这次行动的代号命名为“荆楚灭鼠行动”。陈警官说：“我们缴获的假发票数量之多，是我们没有想到的，比正规工厂的发票还多。一个窝点印好的假发票有8000多本、30多万份。”

截至7月中旬，湖北省已打掉数个假发票印制销售网络，收缴印刷设备30多台，缴获假发票4.8万余本，近200余万份。

陈警官直言不讳地说，制售假发票的利润，甚至胜过贩毒。陈警官给记者算了一笔账：假增值税普通发票每本成本在0.5元左右，卖给一级批发商每本5元—7元，卖给二级批发商每本15元左右，卖给最终用户每本可达到上百元。正是在暴利驱使下，假发票制售网络才像毒藤般蔓延。

据贩卖假发票的犯罪嫌疑人交代，贩卖假发票不愁销路，反倒愁的是经常断货。在这次收网行动中，办案人员发现有的假发票批发商囤积大量假发票。如在嫌疑人左某家中，警方就缴获各类假发票8674本、405587份。据左某交代，因假发票供不应求，这些货个把月就可以卖光。

据介绍，这些假发票贩子中有前科的多、累犯的多。第一天抓获的犯罪嫌疑人中，多人都有前科。有一个人最长卖了10年假发票。还有一个叫代某的，曾因销售发票两次被判刑，2005年底出来后，又开始贩卖发票。

〔刊于2008年9月5日《中国税务报》。作者单位：湖北省地方税务局〕

和谐征纳在这里闪光

——武汉地税文明执法服务民生

徐正云　曾妮　江萌

滚滚长江东逝，悠悠汉水西来。

中国的母亲河——长江，在湖北省中部突然拐了个弯，与第一支流汉江交汇，由此孕育出一座长达3500年历史的文化名城——武汉。

位居天元之地，汇聚两江、包容并蓄的地理秉性，熏陶出武汉开襟博纳、雄强奋发的城市个性。尤其是近百年来，从辛亥革命的枪声到汉正街开放的号角，从过去金融重镇的荣光到现在工业文明的发达，敢为天下先的武汉人，总是一次次书写着这座城市的辉煌。

1994年，武汉市地方税务局就在这座城市诞生。14年过去，朝气蓬勃的武汉地税人带给武汉一个怎样的变化与惊喜？

先看一组数字：1994年成立之初，该局征收税款仅20亿元。而到2007年，该局组织各项收入295亿元，是成立之初的近15倍。在连续四年税收收入增幅超过20%的情况下，今年上半年税收增幅再次猛增30%，收入规模在中部六省省会独占鳌头。

短短上十年，从零起步到创下人均征收税费1000万元的水平，武汉地税用汗水书写下一个奇迹。

面对出色的成绩，武汉市地税局领导班子却并不沾沾自喜，为国聚财是税务的分内之事，但税务工作也是在创造经济发展的软环境。

地税工作要在文明执法，透明行政的基础上，不断提高政府执行力，构建出和谐征纳关系，铸造出一支法治、效能、阳光、廉洁、服务型的地税队伍，助武汉建设成为中部崛起的重要战略支点，地税服务任重道远。

一场执法的大转变

在过去很多人的眼中，执法就是管人、执法就是要“完成指标”。这种肤浅、简化的观点支解了执法的真正内涵，却一度在市场上大行其道。

在这种旧有的观念下，执法过程中态度冷淡，敷衍塞责，对纳税人多头重复检查，税务处罚自由裁量权过大等积习难以彻底杜绝。

今年初，我省地税针对旧有执法过程中的种种弊端，提出树“文明执法”新风。倡导文明执法就是要彻底斩断过去的旧习气根基所在。

武汉市地税局局领导认为，文明执法并非使执法时讲文明这么简单，相对于传统执法，文明执法是在执法理念、执法作风、执法行为上的重大变化。

执法理念上，真正明确税务行政执法就是履行法律、法规、规章赋予的职责。执法就是服务，就是维护纳税人利益。

执法作风上，需依照法定权限和程序执法，遵循公平、公正、公开的原则，平等对待纳税人。坚决纠正执法过程中趾高气扬、态度冷漠等现象。

执法行为上，减少环节，简化程序，杜绝对纳税人的多头重复检查，尽量减少税务处罚自由裁量权。

武汉各级地税系统积极行动起来！

7月25日，市地税局在《湖北日报》、《长江日报》、电视台、电台等媒体上刊登公告，郑重向社会公开八项服务承诺、十条工作禁令和监督举报电话。

服务承诺中这样写道：凡新办税务登记的纳税人，在手续齐全的情况下，在政务大厅或办税服务厅办理税务登记的时间由30天内改为当天。

实行首问责任服务。各办税服务厅、税务所设立首问服务台，负责引导纳税人办理各项涉税事宜。工作日由一名区局局领导负责处理对外重大、重要的涉税事项。

残疾纳税人实行纳税申报绿色通道便捷服务……

16个区局及市局举报电话全部公开，这一阳光行动，无疑意味着对自己行为的约束和责任的加压。但该市地税局认为，要规范行政执法行为，强化执法权力监督，必须热忱欢迎社会各界广泛监督地税的承诺事项，唯其如此，才能真正做到文明执法。

执法行为开始出现刚性约束。

2008年，江岸区地税局在例行检查中，发现一户纳税人存在违反税法的事实，按规定，可以按违法金额处于0.5～5倍的罚款。按过去做法，有可能是按较高额进行处罚。

是简单以罚代管，还是帮助改进？江岸区地税局选择了后者。

税务人员不厌其烦地向企业财务解释税法规定，并帮助企业完善财务管理制度，并按处罚的下限处理。企业心悦诚服。

武汉地税解释，在行使税务处罚自由裁量权时，如果能够采用多种方式纠正违法又实现执法目的的，应采取对纳税人权益损害最小的方式。

2008年我省倡导全民创业，各种优惠措施频出。武汉地税立即制订方案：网站在开辟"全民创业专栏"，申办税务登记证免工本费，各区局开设咨询窗口，专门解答纳税人疑问。

7月下旬，记者随机走进洪山、汉阳等区地税局，咨询台前，正好遇见几名大学毕业生前来咨询税务事宜。

税务人员解释，凡大学生创业新办企业，均可免交税务登记工本费，如果开办的企业属于高新科技、三农、环保等国家支持项目，还可相应减免营业税、所得税。

大学生们拿着税务宣传单满意而去。

执行力是什么

有的文明执法的理念指导，并不能一定使执法达到预想的效果，离开了执行的落实这一中间环节，一切只能是事倍功半。

2008年初，我省省长李鸿忠在省政府第一次全体会议上明确指出，在决策、执行、监督三个环节中，政府及政府各组成部门处在执行这个中间环节，主要任务就是按照党委的决策部署抓好改革、发展、稳定各项工作的具体落实。其核心和关键在于切实提高政府执行力。

什么是执行力，如何做到执行有力？全省地税旋即展开文明执法和提高政府执行力大讨论。就在讨论自上而下进行之时，一场突如其来的灾难打断了人们平静的生活。

5月12日，四川汶川发生里氏8级地震，数万百姓埋在废墟之中，山河哭泣，举国同悲。当世界的目光聚焦于四川救灾之际，他们关注的不仅是百姓的生命之重，同时也在审视着中国各级政府的执行力！

“早到一秒钟，就能多救活几个人”，温家宝总理的话诠释了速度与生命在抗震救灾中的现实关系，而救灾的速度又源自各级政府和全体公职人员的执行力。

全国军队、武警、医院、消防、交通、药品、食品等部门全部统筹调动，第二天，党中央、国务院调集的救援队伍已经全面开进灾区。什么是执行力，四川地震的灾难救援给出了现实的答案：执行力是政府工作的生命力，是百姓利益的生命力。

近年来在国内流行的一本经营管理书籍《执行力》中这样描述：满街的咖啡店，惟有星巴克一枝独秀；同是做PC，惟有戴尔独占鳌头；都是做超市，惟有沃尔玛雄居零售业榜首，而造成这些不同的原因，则是各个企业的执行力的差异，那些在激烈竞争中能够最终胜出的企业无疑都是具有很强的执行力。执行力是决定企业成败的一个重要因素，是21世纪构成企业竞争力的重要一环。可以说，核心竞争力就是所谓的执行力，没有执行力就没有核心竞争力。

企业尚且如此，作为管理国家公共事务的各级政府机关，其执行力的好坏，关乎发展大局，关乎社稷民生，关乎党和政府的形象。其作用不言而喻，其影响重大而深远。

对于不同地区的政府，执行力就是竞争；对于一个执政党来说，政府执行力就是执政能力的具体体现。

5月29日，武汉市地税局专程请来省委党校李又才教授作《提高执行力》的专题讲座。李又才教授把执行力规结为四句话：“执行力是完成任务的能力，是接受任务不讲条件的纪律，是求真务实抓到底的毅力，是团队力量的合力”。

无独有偶，李又才教授的总结陈辞与市地税局推荐的一本书中所讲的故事精髓不谋而合。

这本书名叫《把信送给加西亚》！

去年，武汉市地税局展开读书活动，特地把这本书放到每位税务干部的桌前。

书中讲述的是个简单的故事。1898年4月，美西战争爆发，美军中尉罗文受命将信送到古巴起义军领袖加西亚手中，以争取其支持，但没有人知道加西亚身藏何处。罗文接受任务后，既没有问“他在哪，我怎么找到他”，也没有问“为什么派我去”，而是凭借忠诚、服从的信念，历经千辛万苦，将信送到加西亚手中，为美军打赢战争作出了贡献。

读书的目的并非重温昔日历史，在该书的扉页上刊载着这样一句话：“这是一个张扬个性和私人权利的时代，不要服从、谋求自我实现天经地义。然而，遗憾的是很多人没有意识到——个性解放、自我实现与主动性、敬业、忠诚决不是对立的，而是相辅相成、缺一不可的。”

通过不讲条件，想尽办法执行所受任务，在敬业、忠诚与自我实现中实现统一，这就是执行力的体现。

工作中有哪些执行不力之处，哪些可资改进之处？短短一两个月，市地税有关执行力的专辑简报登出25期。走进市地税局，迎面映入眼帘的是一份份市地税局、处级领导对执行力的思辨文章。

一场深入思考、自省的风潮在江城3000多地税干部的心中激荡。

市局稽查局局长徐海林写出讨论执行力的心得：“古人云：言必信，行必果，就是强调执行的重要性。执行力是稽查工作的生命力，要有严谨的工作作风，要有干不好就寝不安息、食不甘味的忧患意识和责任意识，要有不达目的不罢休的精神状态”。

蔡甸区地税局局长牛吴生把执行力三字进行拆解,“执行力重在行,强在力”,行就是要有行动,力就是要有效果。在执行中增强各种相匹配的能力,并把执行效果作为重中之重。

该市地税局局长徐会希谈到执行力的作用时这样总结:执行力是一种贯穿全局的整合力,是一种不容置疑的督导力,是一种振奋精神的提升力。执行力更多的反映一种理念和方法论,它强调用什么理念、什么方法去做,它代表了各个个性化工作的共性要求。

他说,“如果我们把今年市局规范的8项工作称作8,把省委、省政府,市委、市政府提出的执行力大讨论这1项重点工作称作1,那么武汉市地税系统今年的主要工作就是‘8+1’,‘1’就是龙头,通过‘1’的整合统领,我们的工作就有了龙头,有了方向,有了指导力,就能够更有效的推动全面建设。”

执行力大讨论开始让地税的工作执行效果发生悄然的变化。

以前部分地税机关人员习惯于拖拉,很多事不搞三个月不过瘾,搞到三五个月都忘记了,这件事才搞完。

上月,市地税局为了开展执行力讨论和迎接上级检查,局领导有一天提出在机关一楼大厅设展板,结果第二天承办的处室就拿出了展板的具体内容,第三天展板已安装到位。

过去,该市各区局都曾单独搞过经营性房屋出租清理工作,但由于缺乏行动上的一致性,效果都不是很好。

今年全市统一行动,清理方法科学有效,执行力整齐一致。截至6月底,清理出未办证的出租户4.9万户,查补税款近亿元。税源一向较稳定的房产税收入上半年达到4.2亿元,同比激增26%。

组织收入双突破

在思想教育领域广泛开展的“文明执法”和“提高执行力”两项活动,统一了全体地税队伍的思想观念。地税工作迈上了新的台阶,伴随着武汉地区经济的发展,上半年武汉市地税工作迎来了前所未有的佳绩。

上半年,全市地税系统组织完成各项收入实现“双突破”。

税收增幅取得新突破。今年上半年组织各项收入达185.97亿元,比上年同期增长34.3%。税收收入、社保费收入增幅也都在30%以上,其中税收收入增幅在连续四年完成20%以上高速增长的情况下达到30.1%,增幅创近四年来新高。上半年税收收入接近前年全年水平。

对比中部六省省会城市地税收入,武汉收入规模排第一。放眼全国15个副省级城市,武汉位列第八,收入增幅预计也排第八,但比2007年位次提高5位。

收入进度取得新突破。上半年纳入武汉市政府目标考核的收入进度完成54.3%、达到年度计划挑战值(增长20%)的52.3%,均超过了时间进度要求,实现了“时间过半、任务过半”。

武汉地税介绍,上半年各项收入迅猛增长得益于当地经济发展加快及征管方式、征管环境的改善。

抓住重点税种,个税收入突飞猛进。今年是年所得12万元以上纳税人自行申报的第二年,该市地税加大税收宣传力度,市民纳税意识显著提高。全市有31280名纳税人自行申报个税,较去年同期增长36%。

全市23类高收入行业纳入“明细申报”,近40万人收入来源、税款缴纳网上查询一目了然。今年市地税向这40万纳税人寄送“完税证明”和“武汉市地方税务个性化邮票”，受到纳税人的好评。

工资缴交个税方式不断创新。今年该市与财政部门协作，对行政机关代发的工资和津补贴在发放前集中实施全额代扣代缴。上半年武汉地税征收的个人所得税完成21.39亿元，比上年同期增长47.5%。

货运业实行国、地税联合控管，以票控税。今年来，武汉地税有效推进货物运输业纳税人的分类认定，在规范自开票纳税人开票行为、联运抵扣管理等方面取得了较好效果。1—5月份全市已认定自开票资格纳税人589户，比去年同期的661户减少了72户，累计开票10万份。货物业入库税收比去年翻了三番。

在重点税源上，在服务的同时强化入库监管。武钢虽有铁矿石涨价因素影响，但上半年主要经济指标完成情况依然不错，上半年入库地税税收5.4亿元，增长27.6%。武烟、神龙、武汉供电公司等企业入库税收均增长20%以上。

房地产是近几年来的热门行业，今年武汉地税加大房地产业税收入库力度，上半年房地产开发商缴交的企业得税完成15.17亿元，比上年同期增长五成以上。

在瞄住重点税源、重点税种的同时，武汉地税今年全面推进昔日征管薄弱的“两项清理”工作，即经营性房屋出租清理和土地增值税清算。

各区地税局经区委、区政府支持，充分发挥街道、社区协税护税组织的力量，对各区、街划片清理，至6月底清理6.7万出租户，一向税源较稳定的房产税上半年增加了近三成。

土地增值税采取清理项目，摸清底数，根据各种网站、广告提供的信息，顺藤摸瓜，入库该税种3.97亿，同比翻番。

谈起纳税服务，很多人也许不以为然，“税务局不就是要收税吗，干嘛还要强调服务。”但武汉市地税局局长徐会希却认为，纳税人才是我们的衣食父母，税收是纳税人创造的。正确地认识税收的本源观点，有助于我们真正地做到尊重纳税人，感谢纳税人，也有利于我们为构造和谐的征纳关系打下牢固的思想基础。

“好的服务，绝不仅仅是向纳税人问声好，面带微笑这么简单。”在尊重纳税人、感恩纳税人、关爱纳税人的思想沁润下，武汉地税在优化服务的道路上开始上下求索。

连续六年“四上门”

在常人眼中，一说起执法就等于管人，“门难进、脸难看、事难办”。而在武汉地税，近几年来却一直秉承着这样一种人本理念：税收的本质是取之于民，用之于民。税收的设计、管理，征管的实施，都要以满足人们的需要和符合人民群众的利益为出发点和归属点。

新的思想激发出新的创新服务举措。

2008年6月25日，铁道部第四勘查设计院迎来了一群特殊的客人：新上任的省地税局局长许建国和武汉市地税局局长徐会希、武昌区地税局局长左昌链等省、市、区三级地税部门主要领导。

三级地税领导同时拜访一家企业，此举对铁四院而言早已熟悉。

早在六年前，武汉地税就制定出“四上门”制度，每年由各级地税干部组队定期到纳税人单位进行走访，“听取意见上门、了解情况上门、宣传税法上门、落实税收政策上门”。一年、两年落实容易，可像这样上门主动请纳税人提建议的做法,地税部门已坚持六年之久。

铁四院董事长蒋再秋说,近几年来,铁四院随着国家铁路的建设,年收入超过12.6亿元,纳税过亿元。但企业经营范围扩至全国,新产生的纳税问题也随之增多。如企业勘察涉税计算、个税申报、新办公楼契税减免等都得到地税局大力和高效支持。地税服务不仅精细,而且干部廉洁自律,真正为企业解决了现实困难和问题。

"税务部门直接服务到纳税人,不仅拉近税企关系,更感到纳税人所享有的一份尊重,对依法纳税帮助良多。"铁四院领导心生感叹。

2008年,武汉市评出2007年度"突出贡献纳税人",借上门授牌之机,武汉各级地税人员再次向纳税人征求意见,共商营造诚信纳税环境、创建和谐税收征纳关系的大计。

对纳税人提出的税收政策方面的问题,地税部门均给予了现场解答,对暂时无法解决的问题,地税部门没有推诿,均表示将带回去及时研究或向上级反映,认真加以解决。

武汉市地税局局长徐会希介绍,像这样的"四上门"调研服务活动不但有助于了解纳税人心声,拉近了征纳双方的距离,更有利于税务部门服务有的放矢。"四上门"不仅上重点税源户的门,也到特困企业家中,为企业分忧解难。

按通常工作时间,每天上班8小时,8小时以外属个人自由时间。但在武汉地税,8小时以外难得"自由"。

为促进再就业和自主创业,国家对个体户制定了税收减免政策,但不少再就业市民白天在外谋生,抽不开空到税务部门办理纳税减免手续。

地税干部获悉这一情况后,着手搞起了"月光工程",下班后主动联系社区居委会,把办公桌"搬"到了纳税人的家门口,利用晚上时间现场"一条龙"办理税收减免手续。

开明路46号一位外来纳税户可以享受税收优惠,但未办理优惠证。江岸地税劳动所贺锡芬获知后,前后八次上门讲解政策并利用下班时间将减免批复送至纳税人手中。"月光工程"照到了群众的心坎上。

今年初,一封举报信放在了江岸区地税局领导的办公桌上。辖区内一"三六九餐馆"长期不提供税务发票。税务人员当即下户调查,然而没想到,这一次调查却让税务员们大感意外。

"三六九餐馆"的经营者是一位年过六旬的老奶奶,蹒跚的她带着下岗的儿子、失业的儿媳一家几口维持着一间陈旧的路边餐馆。开业一年多,餐馆没办任何税务登记,且不愿配合检查。

因企业改制、破产等多种原因,在老城区这样困难的群体并不鲜见。按规定,不办纳税登记可以进行处罚,但处罚后怎么办,贫困家庭的生活怎么办?沉甸甸的心情压在每一位地税人员的心上。

地税领导商量,对困难群体既要执行税法,更需有情操作。元宵节前的晚上,地税干部放弃回家团圆,却自掏腰包,买着元宵等礼品再次登门,嘘寒问暖,深入宣传税法政策,讲解减免举措。一次不行,两次、三次,经过多次贴心的关怀,原来抱定拒绝态度的老奶奶开始由排斥到主动咨询,税务证办下来了,减免手续落实了。"三六九餐馆"迎来了新的一天。

无论是寒冬还是酷暑,一线的税务人员们总是奔波于每个纳税人门前。数不清有多少休息假日放弃了合家欢乐、有多少汗水洒在工作路途、有多少心血倾注于纳税人心田。

现在,每个区级地税大厅内,都开辟了专门通道便捷办理困难群体纳税申报。多年来,武汉地税坚持依法办理法定减免税,从2002年到2007年,仅五年时间,武汉地税就为民政福利企业减免税收 1.8 亿元，为下岗再就业职工减免税收 2.7 亿元。连续三年，该局被武汉市政府授予“再就业工程先进单位”称号。

除了将减免税政策送上门，武汉地税还担当起征缴社会保险费的重担，养老、医疗、失业、工伤、生育等 5 种社会保险费和教育费附加等 14 项规费陆续进入地税征管范围。去年，该局征收社会保险费等各项规费达 110.3 亿元，比上年同期增长 28%，撑起社会保障的大伞。

近三年，武汉市连续增加退休人员社会养老金，武汉地税为筹集资金付出的心血功不可没。

创新服务润泽社会

服务并不是简单等同于做好事，武汉地税局认为，真正的服务而是在税法尺度范围内，不断创新解决纳税人困难，最大限度地满足纳税人的需要。

武汉地税现管有 20 多万纳税户。过去，纳税人申报纳税都要在每个月的上旬到税务大厅填表，拿税票，然后到银行划款。往返程序多，如碰上人多扎堆时，要花去很长时间，不少纳税人对此抱怨。

为解决这一问题，武汉地税大力推广网上申报系统，让纳税人足不出户就享受到纳税服务，同时推行“财税库行”四家单位联网，企业申报通过网络就可将款项缴纳入库。

首批开通网上报税的企业——适普软件有限公司财务人员介绍，以前需要半天时间去税务局办申报手续，次日去银行缴款，现在申报和银行缴款全部在网上进行，最多只需要 20 分钟，整个纳税信息还可随时查阅，节约大量时间和人力。

今年 1 月 1 日，该局针对现金纳税的纳税人，在全系统推广、运行 POS 机刷卡缴纳现金税款的模式，使临时纳税户、现金纳税人只要拥有银行卡，即可当场通过刷卡完成税款缴纳，纳税人再也不用在税务局和银行间两边跑，省时省力。

税银联网、网上报税、电话报税等多种申报方式，但仍有相当多的纳税人习惯于到大厅申报。每到纳税申报期时，每个区局征收大厅内人山人海、川流不息。纳税人屡有不便。

去年 11 月，该市首开纳税人论坛，有纳税人建议，周末趁有空来申报，但税务局不上班，能否延长申报时间？

地税领导商议拍板，纳税人的建议就是服务的目标。从今年 1 月 1 日起，出台延时纳税服务新举措。7 个中心城区、2 个开发区及涉外税收管理局办税服务厅在每月 1—15 日实施“延时”和“增时”办税服务：在星期一至星期五，办税服务从上午 8 时延时至下午 6 时；法定的节假日办税服务增时上午 8 时至 12 时。

今年春节大年初四，汉口一位纳税人怀着试试看的想法，到地税大厅申报纳税。没想到，上午 8 时税务人员已经装束整齐地坐在申报窗口前。纳税人对前来拜年问好的地税领导连连称谢，“原来以为很多政府部门过年期间不会办公，真没想到大年初四地税就开始了对外营业，延时服务真是一诺千金。”

不仅在服务内容上创新，在征收方法上，地税部门也屡出新意。

地税服务的纳税人中，个体户占 60%左右。个体税收原先都是税务部门上门一手交钱一手交票，透明度不高，随意性大，“人情税”、“弹簧税”的现象屡禁不绝，常有个体户为此投诉。

税收最大的服务是营造透明公正的纳税

环境。破题之道由此产生。

武汉地税"第一个吃起了螃蟹"，率先在汉正街市场进行"阳光办税"试点，推行"电脑定税，税款公示，税银联网，划卡缴税"。纳税多少不再由税务人员个人拍板，而由电脑套算。

城区、郊区纳税人分别与汉口银行、中国信合签署代扣协议，在银行卡中存款后银行划卡缴税。目前，划款入库税收已占个体税收征收的九成。

明白公平、放心廉洁的"阳光环境"由此而生。过去，汉正街市场税收征管队伍中，税务人员虽有六七十人，但请的各类协税人员近百人。现在原有协税队伍全部取消，所有税款全部面向纳税人集中公示。

去年底，武汉地税开全省先河，成功举办"纳税人论坛"。武钢、石化等诸多企业感言，不断的创新办税让征纳关系更加明晰，诚信纳税渐成风气。

没想到的事情也做了

在武汉地税人的眼中，为纳税人服务是应有之义。凡是纳税人能想到的事，地税部门立即着手解决，但有些本不属于税务分内之事，地税部门也尽全力献出爱心。

今年初，蔡甸区地税局奓山税务所税管员小胡下户例行走访，发现原来一直纳税稳定的一家红星家具公司突然申报税款减少。

小胡上门询问，家具公司负责人一筹莫展，原来因为竞争激烈，生意急剧下滑，小胡积极帮助该企业寻找问题，联系业务，帮助他们渡过了难关。

服务不仅从大处着想，同样也从细节中透露出服务的品质高下。

4月中旬，记者走进汉阳区地税局大厅，在入口处像星级宾馆一样整齐地摆放着几把雨伞供纳税人急需时免费使用。复写纸、笔、服务卡、饮用水一应俱全。

在大厅的一侧，新户接待室内税务人员前后忙碌。工作人员介绍，该室是为第一次来办税的人提供帮助而设。以前新户办税需往返税局几次，现在只要一个小时，申报、购票一次完成。

一现场办理手续的纳税人连连笑称，省了很多心，不用再跑路了，的确很周道。

为方便纳税人，所有征收大厅推行延行服务，午休安排专人值班，保证纳税人随到随办。中午还提供免费午餐供纳税人食用。

细节服务，让武汉地税行政效能不断提速

手续齐全，纳税人办理税务登记时间由30天缩短为30分钟。购买发票简化程序，工作时间随报随批。纳税新户，无需等待，当场发售发票。

申报期间，对重点纳税人、A类企业和残疾人，设立绿色通道，实行分流，提供特色服务。

细节服务，换位思考。各区地税局新招频出，江岸区地税局请来纳税户讲述自己充满艰辛的创业史和发展史，让税务人员感受到纳税人所交的每一分税款的汗水。洪山区地税局创建税务文化，与企业互相沟通，增进融洽。

武汉地税介绍，除此以外，该局还推行首问负责制，第一个被纳税人问询者负责将其引到办事地点。新办纳税户上门辅导，老户

定期上门，随时无偿提供税务咨询。

省地税局倡导的“优化税收环境，服务经济发展”的理念在武汉地税深入人心，“感恩纳税人、关爱纳税人、善待纳税人、服务纳税人”的良好风气也在此蔚然成风。近年来武汉地税 15 个区局和市局机关共涌现出 12 个省级文明单位，获 4 项国家级表彰。35 人获得省市级劳模和“五一劳动奖章”称号。其首倡的“努力把该做的事做到位”和“努力以纳税的需要为第一信号”的理念两受中央政治局委员、原省委书记俞正声的批示肯定。

〔刊于 2008 年 8 月 20 日、21 日《湖北日报》。作者单位：武汉市地方税务局〕

科学管理 文化育人

——湖北省武汉市洪山区地税局开展文化建设工作纪实

王先水 袁华翔

湖北省武汉市洪山区地税局积极学习实践科学发展观，紧紧围绕“带好队，收好税，服好务”的总体要求，坚持“以人为本、科学管理、文化育人、标准考核”的管理思想，采取“制度约束，文化激励”措施，在加强制度建设、文化建设、干部队伍建设等方面取得了可喜成效。

从税务制度建设看税收工作的变化

坚持用制度建设促进标准化管理，走精细管理之路。2003 年，洪山区地税局成功导入了 ISO9001 质量管理体系，建立了标准化、规范化的内部管理制度，并出版发行了《税务标准化管理系统设计》。从运行结果来看，主要表现“四个明显提高”。

征管水平明显提高。推行标准化后征管质量大幅提高，企业登记率、企业申报率、个体申报率等均在 95%以上，税收行政复议或诉讼中被撤销(变更)的行政为数为 0。

行政效率明显提高。该局针对税务机关的工作主线，制定工作目标方针，确定工作重点；围绕工作重点，将所制定的责任指标及措施分解落实到部门及岗位，极大地提高了干部的行政效率。

管理水平明显提高。该局干部职工改变了传统的工作习惯和管理方法，对税收创新工作起到了以点带面和启示性作用，形成了自我约束、自我完善的良性机制。ISO9001 管理质量体系运行后，一般文件的处理时间由系统运行前的 3～5 天缩减为 1～3 天。

服务质量明显提高。该局率先在全省地税系统开通了电话报税，向纳税人提供提醒服务、提示服务、辅导服务、预约服务和援助服务，开通了 24 小时服务热线，让纳税人在夜间也能进行纳税申报。同时，开展“新户四上门”活动，即税务登记证上门、税收政策宣传上门、办税程序辅导上门、基础信息采集上门。今年1—11月，全局总计送证上门1590户。

从税务文化建设看干部队伍的变化

该局以税务文化建设为抓手，并贯穿于队伍建设、思想政治工作、文明创建等工作中。建立了干部职工文化卡，开辟了科所文化墙，编辑了区局文化手册《税魂》和《文化建设园地》。从物质文化、精神文化、制度文化、行为文化和廉政文化五个方面进行探索和实践，凝聚了人心，发扬了团队精神，营造了和谐的氛围。

坚持落实科学发展观，着力培养物质文化，提高为国聚财能力。该局把税源户、税收收入、办公场所、税务装备、“职工之家”等作为物质文化建设的主要方面。截至2008年11月底，全局入库税款25.01亿元，同比增长38.32%，达到市政府考核目标17.27亿元，达到市局下达目标的101.93%。

坚持文明建设作为观，着力培育精神文化，提高文明创建能力。一是勤奋好学风正而有效。学政治、学理论、学业务蔚然成风，干部职工每年撰写理论与实践论文50多篇，分别在省级以上刊物发表。二是团队精神和谐而突出。人人都牢记自己是地税系统的一员，对地税事业的发展都肩负着不可推卸的责任。三是文明创建广泛而深入。该局连续4届保持省级“最佳文明单位”称号，并被湖北省总工会授予“湖北五一劳动奖状”。征收分局继获“创争省级巾帼文明示范岗”后又被评为“国家巾帼文明岗”和市级最佳办税服务厅。第三税务所连续5届被评为“青年文明号”，和平所被市局评为“三优一满意”税务所。党组书记、局长邱红松被武汉市人民政府授予“第十三届劳动模范”称号。四是“职工之家”人旺而心齐。以丰富多彩的文化活动为载体，进一步发挥地税文化人文关怀的鼓劲功能。

坚持税收工作法制观，着力培育制度文化，提高行政执行能力。该局在成功导入ISO9001质量管理体系后，规范化管理发生了很大变化，以前“师傅带徒弟走”的传统经验管理模式逐渐被照章办事的现代科学管理模式所取代。

坚持职业道德责任观，着力培育行为文化，提高创新示范能力。一是规范待登记户和非正常户管理。针对待登记户，多次组织全局干部上街入巷清理；针对非正常户管理，结合经营性房屋出租行为专项税收检查清理工作，加强税源户路段清理，提高税源户征管质量。二是规范欠税、减免税管理。全面清理欠税、减免税企业，并从2008年7月1日开始对减免税实行集中受理，流程办理。三是规范税务稽查。做到稽查工作向执法型稽查、质量型稽查、重点型稽查和服务型稽查转变。截至2007年11月，该局非正常户减少了1722户，减免税额2981万元，入库欠缴税款28230万元。

坚持勤政廉政律己观，着力培育廉政文化，提高防腐拒变能力。该局坚持和发挥好廉政教育月、家庭助廉会和廉政教育基地等廉政文化载体作用，拓展教育渠道，创新防范平台。突出抓好干部思想教育，构筑“不愿为”机制；抓好警示性教育和违纪、违规苗头处查，构筑“不敢为”机制。大胆探索构建新型税企和谐关系，与辖区内2000多户纳税人签订阳光办税与文化建设交流卡，更好地做到尊重纳税人、关爱纳税人、方便纳税人和服务纳税人。

从干部队伍建设看政风行风的变化

在新的历史条件下，建设一支高素质的干部队伍是税务部门的重要任务之一。为此，该局从领导班子建设、专业知识培训、管理制度建设等方面开展了有效的活动，从此促进政风行风建设。

一是加强领导班子建设。实行干部轮岗，加强领导班子成员交流，优化结构。从抓基层税务所领导班子成员特别是主要负责人的规范化管理、严格自律和表率作用入手，实现大轮岗，将机关科室“一把手”和基层税务所“一把手”纳入轮岗范围。目前，中层干部轮岗面达 42.4%，其中正科级领导职务 14 个。

二是推进制度管理人管事。实行税务所领导管户制度。主任科员、副科级以上的干部在履行领导干部职责的同时，也担负着基层税管员的职能。全局 9 个税务所共有上述干部 26 人，户管总量为 1192 户。实行会议旁听制度，即每个月 1～2 个税务所由洪山区地税局分管领导列席参加税务所内部会议。旁听会议制度既便于将市、区两级精神及时传达落实到一线，又便于将基层单位好的经验及时反馈推广。推行《外出工作单》制度，变“自选动作”为“规范动作”。税务干部因公、因私外出时，必须在《外出工作单》中说明原因，并提交本部门领导审核，再转交外出登记管理员，由其记录下外出的实际时间和回来时间。对未提交《外出工作单》的职工，在考勤中做旷工处理。仅 2008 年 11 月 1～22 日，全局共记录外出登记 557 人次。

三是开展业务集中培训。做好科级干部轮岗培训工作。从思想培训和业务培训两方面入手，不断提高基层税务所领导班子执政能力建设，以基层所“五好班子”创建为抓手，建设学习型、服务型、廉洁型团队，分别以所长和支部书记为对象组织了培训，由区局局长、外聘专家、业务骨干集中授课，提高了税务干部工作水平。今年，市局关于在一般干部中开展“一户式”测试的通知下发后，该局迅速落实，把提高干部队伍素质作为头等大事来抓。目前，已组织集中培训 4 期，涉及 200 多人次。

四是大力开展思想政治教育。围绕省、市局开展“倍加珍惜职业 增强责任意识”大讨论的要求，因势利导抓“四知”教育活动(知恩回报社会、知足努力工作、知短不懈奋进、知责切实履行)。以《文化建设园地》和《洪山地税》为主阵地，报道了该局抓好责任意识教育和工作动态，宣传了各项活动。围绕“五好班子”、“三优一满意税务所”、“地税标兵”建设，有针对性地制定和开展了《红旗税务所》和《红旗专管员》两个竞赛活动。组织学习、讨论、实践市局提倡的“把该做的事做到位”、“以纳税人的需求为第一信号”、“税务官是服务人员，纳税人是服务对象”、“纳税人的事再小也是大事”等十种服务理念。大力宣传肖三玲同志扎根一线 23 年辛勤工作，未接到一次投诉、没叫一声苦的先进事迹。坚持开展“祝你生日快乐”活动。配备专职工会干部，建成市级先进“职工之家”，做到情绪有人问、生病有人看、大事有人帮、小事有人管，使大家感受到“家”的温暖。

五是坚持“以人为本”思想，促进基层税务所建设上新台阶。对机关日常管理职能实行剥离，将内部行政办公、车辆管理、后勤服务等繁杂事务，在全局范围内同意解决。实行资料集中管理，减轻税收管理员的负担。该局设有专门资料库，安排专人负责户管资料整理、归集、建立数据入库标准，提高数据利用效率。优先满足基层需求，实现先基层后机关。在人员安排上，优先调整、充实一线岗位，做到不缺岗、不缺位，形成“小机关，大基层”的格局。在硬件投入上，优先保证一线，为基层配置最先进的电脑，数量相对稳定的车辆，保证基层税务所用车便捷、车况最好、车龄最短。

自练内功求发展，端正行风固本源。洪山区地税局以人为本，以民为先，以税为基的治局理念，必将在聚财为国、执法为民的征途上取得更多、更新、更辉煌的成就。

〔刊于2008年12月29日《中国税务报》。作者单位：武汉市洪山区地方税务局〕

为国聚财助发展　为民执法促和谐

——枣阳市地税局文明执法教育活动掠影

周　斌　龚景莉

为国聚财服务地方经济发展，为民执法促进征纳关系和谐。这是地税部门的工作宗旨。

枣阳市地方税务局在文明执法教育活动中，通过学习、演讲、讨论、评议等，掀起学、教活动的一次次高潮，改善政风行风；将活动与地税工作实际紧密结合，深入查找并解决在办税效率、征管执法、税收服务上的各种不足。

他们三管齐下提升办税效率，三措并举优化税收环境，三维用力服务经济建设，受到纳税人的广泛好评。

枣阳地税局现有在岗干部241人，市局下设9个征收分局和1个稽查局，承担着8686户纳税主体的管理、服务工作。14年来，共为国家组织各项收入157206万元。2007年，完成税费收入合计2.3亿元。

三管齐下提升办税效率

2008年8月1日，枣阳市地税局征管股的张慧一上班便打开电脑，“张慧，您当前未完成的工作共有3条。”显示屏上，一行提示滚动而出。张慧打开第一条，是一条停业登记需要其进行二级审批的信息，看完资料，轻点鼠标，整个审批过程仅花费了1分钟时间，系统自动为其记上1分，又将信息传回税管员。

在枣阳地税局，所有税收征管工作都是这样在网上完成的。他们在全省地税系统县市局首创对税收执法和行政管理工作进行流程再造，在全省现行的ETAX税收征管系信息系统的基础上，自主研发出“税收标准化管理平台”，将167个工作内容、500多个工作节点，全部打包放进该平台，创建了工作任务自行推动、税收执法全程监控、税收服务节点控制、税源立体覆盖监管、工作绩效积分式自动考核的全新管理模式。

为此，该局投入300多万元，为全局每一名税务干部都添置办公用计算机设备，实现网上办公;投入10万多元,组织6期培训班,对全体税务干部进行轮训。现在,枣阳纳税人的每一个办税事项,都会以工作流的形式在网上反映、运行,并通过“税收标准化管理平台”一目了然。

枣阳地税局局长陈学信说:“我们的目的,就是要让税收执法快捷高效、规范有序、便于考核和有利于责任追究。”他说,以办理停复业管理手续为例,此前,要经过受理录入、分局一级审批、市局二级审批、跟踪管理等多个环节,大约7天时间才能办完,现在,在“税收标准化管理平台”上可以实现即时办完,减轻了纳税人往返多次跑的负担。每个工作节点都有规定的标准,该收50元的收了51元就在此节点上推不下去。而且每个工作人员的办税操作情况、完成情况都有实时反映和记录,系统还会自动根据设定的标准对其完成情况进行打分考核。

“税收标准化管理平台”的运用,有效地防范和减少了不作为、慢作为、乱作为行为的发生,规范了税收执法行为,提高了办税效率。仅最近两个月,该局就创建办税工作流14356条,其中超时和未完成工作流只有273条。

为提升办税效率,枣阳地税局三管齐下:他们除了创新管理手段,还归并工作流程,整合办税资源:归并工作流程,提升办税效率。枣阳地税局对所有招商引资企业和新办税务登记证的工商户,均免收税务登记证工本费。仅此一项,每年就为纳税人节省20多万元。今年3月起,又在襄樊市率先与国税局推行了联合办证,实行国、地税联合办证,一个窗口受理,两家单位认可。同时,他们对税务登记、纳税办理、发票领购、税费减免等工作规程、流程进行全面梳理,按照“减程序、减时限、减费用”、“零障碍、低成本、高效率”的思路,归并审批环节9项,取消二级审批3项。“投资人到枣阳来,首先接触的就是税务部门,我们有义务给他们一个好印象。”局长陈信学的想法很朴实。

“但我们觉得与纳税人贴得还不够近。”于是,一条“税务登记办证绿色通道”在枣阳地税局逐渐打开:纳税人前来办证时,以往要提供的7大类附属资料,都放到办证后进行。纳税人凭身份证即可办理税务登记证,在办证后,由市局将相关信息传到各分局税收管理员,由税收管理员上门采集并填写“税务登记表”,这样,原来15天的办证时间,被压缩到现在的5分钟。

整合办税资源,提升办税效率。他们把原来诸如登记、缴税等分散到多个专业窗口办理的工作,整合集中到一个窗口,实行一窗式办结、一站式服务,大大节省了办税时间。6月,他们又与金融部门合作,在商业银行、信用社营业网点内增辟了16个预算收入专用窗口,把纳税服务外延拓展到金融服务领域,切实解决了纳税人缴税不便的问题,极大地方便了纳税人就近交税。一位纳税人说:“原来在纳税申报期,缴税要排长队,办理一笔业务要花半个小时,现在,只要5分钟就可以办完了。确实方便了很多!”

三措并举优化税收环境

构建公平、公正的税收环境是地税部门服务纳税人、服务社会的基本方式,也是枣阳地税局创造性落实文明执法教育活动的重要举措。

他们在推行公开办税、落实减免、开展人性化执法等方面进行了大胆尝试,并取得了明显效果。

推行公开办税,优化税收环境。枣阳地

税局对现有的20多种税费的税目、税率、纳税环节等老百姓关注的问题，制作出了统一的展板，在每个分局公开栏中公示，让普通纳税人明白该交哪些税，该怎样交税。对于没有真实建账建制的4236户的个体户和小规模企业，全部推行电子定税，核税到户，税负情况和纳税情况都公布于众。

对此，湖北福田专用汽车有限公司总经理李明炎很满意。“税务部门对税收政策的了解较之企业更加透彻。过去，服务是税务部门的弱项，为完成税收指标，有些政策他们不一定会让企业知道，以尽可能地多收。现在大不一样，他们会主动向企业宣传税收政策。”他说。自2006年起，国产设备退税政策执行，企业起初并不知晓，但地税部门主动上门宣讲，仅此，企业每年就可享受退税优惠100多万元。

转变何以促成？地税局一位干部一语道破“天机”：“只有企业做大了，有了税收，我们税务人员才有税可征、才有饭可吃。”简单的道理背后，是枣阳地税人悉心培植税源、优化税收环境的良苦用心。

现在，湖北福田专用汽车有限公司的年纳税额（国地税合计）已由2001年改制时的100多万元，飙升到2007年的1200多万元，成为枣阳市纳税前“三甲”！

落实减免，优化税收环境。减免直接惠及纳税人。从4月下旬起，枣阳地税局就大力开展了税收优惠政策执行情况大检查，通过“十查十看”的工作手段，对优惠政策的落实力度、效果进行了全方位检查，调离了1名因服务不到位的大厅窗口人员，对3名基层分局局长实行了末位考核，取消了下岗税收优惠办理的其他职能部门认证手续，从分局到市局建立了税式减免的“绿色通道”，落实了减免税限时办结制。正是这些综合举措有效运用，今年前5个月就为283户下岗失业再就业人员免费办理税务登记，为147户达到起征点下岗再就业纳税人减免了地方收税36万元，为1867户达不到起征点的人员全额免除了税费。

实行人性化执法，优化税收环境。在征收管理上，要求每个税收管理员每月必须对管户巡查服务4次，把导税服务制、预约服务制、提醒服务制落实到位。在日常管理上，把重管理引导、轻处罚处理作为执法工作的基本原则，用好自由裁量权，坚决落实了事不二罚，对27户首次违规、轻微过失的纳税人不予处罚，而是通过政策教育提升纳税人税收的遵从度。在稽查管理上，对于12家新办企业、纳税信用等级A级企业给予免查待遇，并做到在稽查中评估、约谈、服务几大环节一个都不能少，能够调账稽查的一律调账稽查，尽量缩短稽查时间，尽可能地减少对被查户的打扰。

一般来说，企业是不愿被税务部门稽查的，但李明炎及其湖北福田汽车专用汽车有限公司却不这么看，“地税部门稽查的目的是帮助企业完善财务制度、改进工作，因此我们常请他们来查。”他说。与以往稽查就是罚款不同，枣阳地税局现在每次对企业稽查时，一般都会提前派人到企业进行业务指导，而企业由于人员流动较大，财务人员不一定每人都对相关制度有非常清楚的了解，这样，地税部门的人来了，就可以帮着完善财务制度，及时发现不足和隐患。看到了好处，企业也转变了观念，还觉得地税部门两年一次的稽查频率过低，于是主动要求每年接受一次稽查。今年3月，该公司还再次邀请了3名税务人员到企业做稽查。“企业做大做强的路上，离不开地税部门的政策扶持。”李明炎感慨地说。

有此感受的不仅是大企业。枣阳市从事个体运输的货车车主李光财也深有同感，他说：“现在去办税大厅开发票，遇有疑问，有人专门给解释，雨天有伞、热天有水，问候语、客气话，让我们纳税人心里很舒坦。”枣阳红太阳家电摩托有限公司负责人李经亮说：“现在地税局办税大厅里的工作人员，个个就像商场里的服务员，笑眯眯的。我们去办税时，心里很舒服；他们要是绷着个脸，我们心也不舒畅。”

三维用力服务经济建设

发挥税收政策调节经济杠杆作用，服务经济社会又好又快发展，是枣阳地税局落实文明执法教育活动的又一着力点。

在政策上扶持发展。他们一方面组织专班对各地出台的涉税文件进行清理，纠正了2个镇的涉税违规文件，维护了公平公正的税收竞争环境。另一方面，把刺激经济发展的政策，特别是与招商引资息息相关的税收政策分门别类地整理成册，主动送到招商部门，及时为地方党委政府经济决策、招商引资提供税收政策保障。

枣阳丝源纺纱有限公司的成长之路就留下了地税部门政策扶持的印迹。据公司法人代表汪永兴介绍，2005年以前，他办的是印刷厂，受业务影响，工厂最终停产。正在汪永兴垂头丧气时，地税局前来走访企业，在了解到企业的实情后，根据国家相关政策对工厂的欠税免、缓一部分，又把800多万元欠税挂为呆账税金，鼓励并扶持他转产，把企业盘活。看到地税部门的扶持是动真格的，汪永兴也下定决心再“折腾”几年，经过一番考察后，他将原来的印刷设备全部变卖，投产兴办起现在丝源纺纱有限公司。可是“中兴”之路不平坦。2006年初，经过前期大量投资后，公司流动资金出现严重不足，职工工资无法按时兑现，这时，又是在地税局的协调下，由银行给企业贷款150万元，用于周转。缓过一口气的企业，逐渐走上了良性发展的道路，不仅将原来印刷厂的153人全部安置就业，又吸纳了200多用工。去年，企业上缴国地税合计220多万元。“如果没有地税部门的扶持，企业早就散摊子了，国家也没有了现在每年200多万元的税收。”汪永兴说。

作为民营小企业，枣阳金鑫机械有限公司也享受了地税部门信息扶持带来的实惠。今年3月，地税局税管员文有国在某企业走访时得知，该企业有加工汽车刹车片用的钢背的业务，急需寻找合作伙伴。文有国立刻想起，辖区金鑫机械有限公司有加工能力却苦于接不到订单，可以促成两家合作，于是在文有国的协调下，金鑫机械公司每月拿到了2000多套的钢背加工订单。公司负责人雷友华说，像这样，由地税部门牵线搭桥引来的活儿，每年可以为公司创造20多万元的产值，对一家民营小企业来说，这是笔相当可观的数字。“我们小企业起步时没钱、没厂房、没订单，地税部门的帮助，给了我们‘喘息’的机会。”他说。而文有国却说：“对于税管员来说，这是我的分外事，看似可做可不做，但正是有了我们这样一点点的培植，我们的税源才会慢慢扩大。这对企业有利，对税务工作也有利。我们何乐而不为呢！”

在招商上融入发展。枣阳地税局充分发挥地税部门信息灵、联系广、政策强等优势，引来凤凰栖枣阳。金太阳汽车零部件厂、齐亿纺织有限公司等5家企业均是在地税局努力下来枣阳投资兴业，立晋钢铁有限公司在地税局的帮扶下，特种钢实现了扩产扩能。

5月18日下午，枣阳地税局局长陈学信在市政府汇报工作之际，偶然听说沿海几个商务代表团将到枣阳进行投资环境考察。说者无心，听者有意。在市政府没有要求的情况下，他立即让税政部门工作人员连夜加班，把新近出台的各项优惠政策分门别类的整理出来，汇集成册，于第二天清晨就送到了政府办相关部门，积极主动地为地方党委政府优化经济发展环境提供第一手的政策支持。

当月，地税局一位副局长得知某物流公司拟在枣阳投资建厂，就主动与企业接洽，上门宣讲枣阳的税收政策，最终促使该物流公司决定在枣阳投资。开业当天中午，枣阳地税系统加班为该公司赶制出税务登记证，仅5天后，就收到了第一笔税款。这位副局长说，如果没有地税人的努力，这家企业或许不会在枣阳投资，如果没有地税人的细致又主动的服务，更不可能在企业开业仅5天就为枣阳新增一笔税款。

在财力上保障发展。枣阳地税局坚持向政策要收入，向管理要收入，上半年，超额实现了"双过半"。截至6月30日，全市地税系统共组织征收地方各项税费收入13402万元，其中，完成税收及附加收入8450万元，占年度计划的55.17%，一般预算收入完成6616万元，占计划的55.63%，社保费完成4747万元，各项收入指标均实现了"双过半"。为枣阳经济社会发展提供了可靠的财力，也为全年税收和社保费"双亿元"目标奠定了坚实的基础。

〔刊于2008年8月6日《湖北日报》。作者单位：枣阳市地方税务局〕

税收宣传让纳税人"点菜"

李　健

"如果您对地税部门开展税收宣传有什么意见和建议，请填在这张表上。"近日，纳税人到湖北省荆州市荆州区地税局办理涉税事项时，都会收到一张税收宣传月征求意见表。

为了让税收宣传活动取得更好的效果，荆州区地税局制作了征求意见表，由办税服务厅工作人员向纳税人广泛征集建议。纳税人可以在表格中填上自己急需了解的税法知识、喜欢的宣传方式和活动等。截至目前，该局已向纳税人发放征集意见表1568份。

〔刊于2008年3月14日《中国税务报》。作者单位：荆州市荆州区地方税务局〕

宜昌地税"绿色通道"服务百家重点企业

王燕敏　李敬之　代浩年

截至8月8日，宜昌市20家重点企业向市地税局提出的37个涉税政策问题已有32

个圆满解决，另外 5 个正在抓紧落实之中。一个月以前，该市地税局领导班子成员每人分别联系 5 家重点企业，主动上门听取对税收服务的意见和建议。

今年以来，宜昌市地税局开展“加强作风建设，提高行政效能”活动，确立了 100 家“税收服务重点企业”，为其开辟“绿色通道”，强化税收服务责任，提升服务质量，优化经济发展环境。

据了解，100 家“税收服务重点企业”都是宜昌市管理规范、诚信纳税的国有大中型企业、重点招商引资企业、重点民营企业和发展后劲足的企业。从今年起，该市地税部门“税收服务重点企业”每两年确定一次。市地税局领导班子成员每人联系 5 家重点企业，各县（市）、区地税局以及城区各分局领导班子成员共联系 80 家重点企业。“税收服务重点企业”可享受地税部门的 5 项“特殊待遇”：两年内不进行税务稽查，特殊情况须报宜昌市地税局局长批准；所有涉税事项，只要符合税收政策，一律先予办理后走程序；涉及地税部门的行政审批事项，一律在各办税服务厅开辟“绿色通道”，提供方便快捷的服务；地税部门开展行风评议，所有重点企业都有投票权；所有重点企业被聘为地税部门的“执法监督员”，对地税执法进行监督。

〔刊于 2008 年 8 月 12 日《湖北日报》。作者单位：湖北省地方税务局、宜昌市地方税务局〕

孝感地税应用信息化手段提升税源管理水平

黄鸿章　肖圣韬　杨晓协

湖北省孝感市地税收入 2005 年为 12.4 亿元，2006 年为 14.5 亿元，2007 年为 19.6 亿元，同比增长 5 亿元。这一组组数据既是孝感市经济发展的体现，也是孝感市地税系统依托信息化建设，提高征管质量的结果。孝感市地税局应用电子征管平台等多种信息化手段，并实现与其他部门的信息共享，将征管质量和税收收入推上了新的台阶。

电子征管平台——拉动税源管理的“小马车”

从事税收工作二十多年的杨学泉，近 2 年的工作习惯有了明显的改变。作为应城市地税局四分局的一名税收管理员，他每天上班的第一件事，不再是找分局局长当面接受任务，而是打开桌上的电脑，点击电子征管平台的《工作任务》栏。在电脑屏幕上，领导交办任务、横向协办任务、职责提示任务等内容都一目了然。按照平台的指令，杨学泉有条不紊地履行税源管理、税收分析、纳税评估等相关职责，并将工作完成情况录入平台设置好的报表和自动生成的工作日志上。杨学泉的工作做得怎么样，也不再由他的顶头上司“拍脑袋”决定，而是由电脑说了算，因为平台设置了税收管理员工作考核模块。

2006年3月,随着588名税收管理员在全市各地上岗,一个以规范税收管理员职责履行过程和工作评价标准的电子征管平台也在应城市开始试行。该平台将税收管理员的职责分解为7大类67件事项,同时拓展了查询、比对、工作记录与自动考核等功能。进入平台,上级领导能跟踪查询税收管理员的工作流程,税收管理员也能从征管软件中导入相关数据进行比对,平台会根据比对情况自动生成差异提示。

对于这个平台的作用,孝感市地税局局长张泉虎有一个形象的比喻:它就像一架“小马车”,引领着税收管理员的工作流程,拉动了税源管理。出自应城市地税局四分局的这一创新成果,目前已在孝感市地税系统得到全面推广。

信息共享——推动房地产税收征管

在孝感市地税局槐荫分局征收管理二科科长肖清安的办公桌上,笔者看到了一份房地产企业百佳豪庭的商品房销售清单。在这份清单上,购房户的姓名、面积、合同价格、已收款等一一登记在册。在与此相对应的一份商品房销售一览表上,红、蓝、黄三种颜色分别标示出完全出售、部分出售和未出售的楼盘居室。

肖清安表示,这些信息直接采自房地产企业,地税部门将用它与来自国税、规划、土地等部门的信息进行比对,以保证数据的准确。孝感市地税局还成立了一个由肖清安负责的专门班子,以求精确地掌控楼盘销售信息。

据介绍,近年来孝感市的房地产行业升温较快,但房地产税收增长滞后,2005年的实际税收入库数还不到理论测算数的一半。为了从源头控管房地产税收,孝感市地税局与房管、土地、规划等相关部门实现了信息共享,同时还综合比对建安、出租、家装等相关信息。此外,该局还与相关部门实现了管理互动,把房地产企业预缴税款设定为房管部门办理房产证的前置条件。

在这一系列措施的促进下,2006年,孝感市地税局实现房地产税收1.5亿元,比上年翻了一番还多。

管理——一切按标准来

翻开孝感市地税系统2007年的工作总结,笔者看到其中有这样一段文字:全市年纳税额超过30万元的重点税源户达235户,比2005年增加117户,入库税款4.32亿元,同比增长18.6%,增收贡献率达44.6%。税收管理是怎样跃上新台阶的?孝感市地税局给出的答案是:注重细节。

以票控税,是掌握税源的重要抓手。如何能真正实现以票控税?孝感市地税局又一次应用了信息化技术。经过一番精心的研发,一个全程网络监控发票领、用、存、销的管理软件在孝感市地税系统上线了。应用该软件后,全市当年仅纳入网络监控的餐饮业的纳税额就达到了32.57亿元,实现税收比上年增长46.1%。

个体税收一直是税收征管中的难点,原因主要在于个体工商户的纳税定额难以确定。安陆市地税局积极推行电子定税,搭建了个体税收标准化管理平台,使达到起征点的个体工商户增加了4成多。如今,一个以电子定税为主的征管软件已在孝感市地税系统全面推广。个体工商户的定税参数、流程、规则等，一切都按标准来，都由电脑说了算。

“这些细节的变化，带来的不仅仅是税收，更折射出我们管理理念的嬗变。”孝感市地税局局长张泉虎如是说。

〔刊于 2008 年 2 月 20 日《中国税务报》。作者单位：孝感市地方税务局〕

英山茶叶节上税宣忙

吕　莺

芳菲四月，茗茶飘香。中国英山第十七届茶叶节在美妙的音乐声中拉开了序幕。与此同时，由英山县地税局、国税局精心准备的以“税收·发展·民生”为主题的税法宣传活动也在这里热闹铺开。来自省、市、县各级领导和县乡单位代表以及鄂、徽、川、湘等八方客商，在芬芳的熏风中踏入县政府大礼堂，一边欣赏美妙的歌舞，一边与身披彩带的税干亲切交谈，了解国家有关税收政策。

为迎接第十七个全国税收宣传月，英山县地税局认真组织，精心安排，富有创意地打造了多项特色宣传活动。四月二十日，是中国英山第十七届茶叶节开幕式，英山县地税局紧紧抓住这一有利时机，节会搭台，税务“唱戏”，开展税收宣传活动。县委、县政府有关领导也热情地参与到税法宣传的行列之中，他们手持传单，一边向游人介绍茶叶节的开展情况，一边向游人散发税法宣传单。为搞活宣传气氛，英山县地税局在主会场设立了税法宣传咨询站，开展税法知识有奖竞赛活动，悬挂了两条大垂幅标语，让游人在直观上感受“税收·发展·民生”的必要性。一位安徽籍的游客看到宣传手册时高兴地说：“我还是头一次看到这么大规模的税法宣传，既新奇，又有收获，真是不虚此行。”据统计，当天共散发宣传材料 8000 余份，《税法知识手册》600 本，税法政策咨询 62 起，发放奖品 1000 多份。

〔刊于 2008 年 5 期《财税前沿》。作者单位：英山县地方税务局〕

咸宁地税为弱者减税 6000 万

杨伟鸣　王　彪

昨日，咸宁市下岗职工张女士高兴地来到该市地税局温泉办税大厅，办理一年税收减免手续。去年 10 月，她在城区开了家服装店，地税干部帮她办理下岗职工税收减免证，一年来共减税1800元。

“相当于两个月的收入呢。”张女士满怀喜悦地对记者说。像张女士一样，该市共有8000多名下岗职工享受到税收减免待遇。2004年至今，全市地税部门共为下岗再就业人员减免税收4800余万元，为45户福利企事业单位、残疾人员减免税收860余万元，还为符合条件的困难企业、个体户减免税费400多万元。

〔刊于2008年10月27日《湖北日报》。作者单位：咸宁市地方税务局〕

随州地税纳税服务快捷高效

张楚明　黄正学

“只用5分钟就完成了建筑安装业发票代开业务，这种感觉好极了！”8月19日，随州市沿河建筑公司的办税员陈波在地税办税服务厅大发感慨。

最近，工商银行随州支行财务科的宋宏全科长为所在单位办理房产过户契税减免手续。他以为，从审核、查实到审批，一路下来，至少也得花上个把星期，没想到地税局只用2天时间就全部完成了。

近年来，随州市地税局不断优化纳税服务，大力推行网络申报、电话申报、银行划缴、刷卡缴税、同城通缴等多元化、个性化办税方式。同时整合办税服务厅功能，实现办税事项一窗式受理、一次性办结，做到手续从简、审批从快，大大节省了纳税人的办税时间成本，深受广大纳税人好评。

此外，该局开通纳税服务绿色通道，对重大项目、重点企业、特殊事项实行急事急办、特事特办、限时经办。对纳税人报送的各种报表、资料进行清理，能减则减、能并则并，避免纳税人重复报送，让纳税人省心省时。

〔刊于2008年8月28日《湖北日报》。作者单位：随州市地方税务局〕

恩施地税局提高执行力

卢　兵　徐福群

“以前办税至少要花一两天时间，现在10分钟就足够了。”利川市电力公司财务科负责人27日告诉笔者。由于利川市地税局实行了“网上银行缴税，税务干部送发票上门”，既节省了交税时间，又降低了办税费用。

为纳税人提供更加高效便捷的服务，只是恩施州地税局提高税务执行力所带来的变化之一。早在2006年初，省地税局决定推行责任制试点，恩施州地税局争吃“第一只螃蟹”，率先在利川市地税局推行岗位责任制，全面提高执行力，经过两年多的探索和实践，逐步建立起权责明晰的岗位责任制，形成了制度、岗位、人员、责任有机结合的新型征管模式。

科学设置机构

2006年初，恩施州地税局在利川开始了岗位责任制试点，转变地税局机关职能成为推行岗位责任制试点的突破口。

按照“精简、统一、高效”的原则，利川市地税局撤销了5个分局、1个稽查局和11个内设机构，在此基础上重新设置了办公室、城区税费管理科等6个科室。改革后，市局机关变成了放大的征管分局，市局机关以及下属的征收、稽查6个单位变成了1个单位，一项税务事务只需经过局长(副局长)、科长、税收管理员3个层级传递，减少了一半，直接从事征管业务的干部占全局总人数的70.5%。

严格责任追究

“现在，岗位责任完成得好不好，不由个人说了算，也不由领导说了算，而是由监督考评科依据制度来评定。”通过考核评议和责任追究相结合，利川市地税局实现了对行政事务和税收执法处理过程的监督。

在利川市地税局建立的考评体系中，定期考核是“常规性”考核，由各科室考评小组对本部门人员每月考核一次，按照干部自我考核、考核结果公示、考核结果上报等程序进行，考核结果与津贴和补贴挂钩，予以相应的奖励或经济惩戒。

由监督考评科具体实施的是专项考核，主要是根据月度专项考核计划，对税收执法、行政管理过程中的某一环节、重要事项进行抽查考核。专项考核除了依据各科室的月度考核报告等确定进一步考核事项，还从外部评议和群众来信来访以及有关部门转办提供的材料中选取需要考核的重点事项。

在责任追究上，利川市地税局分为简易责任追究和一般责任追究两类，前者主要针对过错情节轻微，经济惩戒一般在50元以下，后者就是过错情节严重，经济惩戒数额也稍大。这两类追究均由监督考评科调查过错情节后，制作考评报告，提交考评委员会研究决定，并分别对当事人下达《简易责任追究书》和《过错责任追究书》。

“从局长到办事员，只要在履行职责过程中出现过错行为，都要受到责任追究”。今年上半年，该局共对35人次实施了过错责任追究，经济惩戒3120元，属税收执法过错15人次，属行政管理过错20人次。

运转更加高效

“通过改革，利川市地税局成为以行政管理为辅、征收管理为主的新型税收管理机构，两年来，实现了零投诉、零复议、零诉讼、零赔偿，行政执行力得以提高，我们认为在利川市地税局推行的岗位责任制改革试点是卓有成效的。”恩施州地税局局长刘定双说。

据统计，截至今年6月底，利川市登记纳税人为6795户，比去年增加1175户。在新增纳税人中，除了132户为今年新开业，其余1043户为漏征漏管户，由于加强了税源管理，如今已全部补办了税务登记。

以前税收入库受税收管理员工作责任心和工作方式的影响，为了完成上半年任务，时而出现6月份突击入库的现象。而现在，由于税源管理、催报催缴和违法处理均有明确规定，税收管理员的业务是“标准化操作”、流程式管理，因此，现在利川市地税局每月平均入库大致在1500万～2000万元之间，比较均衡。

由于撤销了分局和站所，利川市地税局减少了中间过渡环节，使全市税收成本大幅度降低。以前，除市局机关，每个分局有小车、电话、空调等设施，一年的运行费用都在10万元左右。如今，利川市地税局一年至少可节省行政经费80万元。

岗位责任制带给利川市地税局的另一个变化是，管理层级减少，管理幅度增加，信息的上传下达也更为快捷。

据了解，恩施州地税局正在对“利川经验”进行归纳和总结，该州其余7个县市地税局也将在今年年底前正式推行岗位责任制改革。

〔刊于2008年9月1日《湖北日报》。作者单位：恩施州地方税务局〕

“这样的服务我们太需要了”

杨绪勇

“没想到大厅工作人员态度会这么好；没想到你们的办事效率会这样高；没想到结果会这么圆满，地税干部能设身处地为我们纳税人着想，这样的服务我们太需要了”。11月10日一大早，湖北省潜江市江汉航运有限责任公司昌会计来到该市地税局城区办税服务厅，握着办税服务厅主任王倩青的手，感激之情溢于言表。

事情还得从月初说起：10月3日，江汉航运公司在办税服务厅开了一份货物运输发票。18日，公司财务人员到江汉油田盐化工总厂结账时，发现运输的吨位与运价错误，按规定不能结账。昌会计马上与潜江市地税局办税服务厅联系，得知全市地税系统税金已于前一天入库扎账，税票作废重开的手续将非常复杂。据此，盐化工总厂财务部建议江汉航运公司自己承担2000多元的损失，重新开运输发票。

抱着试试看的态度，昌会计找到了办税服务厅负责开票的工作人员杨萍。杨萍在弄清事情原委后，立即与王倩青商议。由于税票作废牵涉到人行金库、财政等多部门，手续相当繁琐。王倩青就带着杨萍，冒着酷暑，逐个部门上门解释、做工作，在5个工作日内终于将事情办妥。

湖北省潜江市地税局城区办税服务厅是“全国巾帼文明示范岗”。大厅13名“娘子军”担负着城区3200多名个体工商户、300

多家企事业单位税收和社保费的征收工作。她们在做好日常征收工作的同时，创新服务手段，拓展服务载体，落实“一窗式”、“一站式”服务措施；对刷卡缴费确实有困难的缴费人，指定专人专车进行全程服务；积极开展延时服务和预约服务，对发票需求量大的纳税户实行上门送票服务，为纳税人节省了时间，这些实实在在的服务措施赢得了纳税人的充分肯定。今年来，办税服务厅已收到各类表扬信12封。

〔刊于2008年12月11日《中国青年报》。作者单位：潜江市地方税务局〕

信息动态

2007年全省地税收入达到643亿元 呈现四大特点

2007年,全省地税部门共组织各项收入642.7亿元,同比增长26.4%,增收134亿元。其中:税收收入完成334.7亿元,同比增长25.3%,增收67.5亿元;税收收入中,地方一般预算收入完成284.1亿元,同比增长25%,增收56.9亿元。社会保险费收入完成275.7亿元,同比增长26.8%,增收58.3亿元。其他收入完成32.3亿元,同比增长34.1%,增收8.2亿元。全省地税部门组织的地方一般收入总额达到312.7亿元。

2007年全省地税收入运行良好,前所未有,呈现四大特点:一是增速加快。各项收入、税收收入和社保费收入均实现25%以上的高幅增长,增幅分别比上年提高5.5、2.9和9.2个百分点,为改革开放以来增长最快的时期。二是贡献增强。全省地税部门征收的地方一般预算收入超过奋斗目标(281亿元)3.1亿元,地方税收收入占GDP比重和地方财政收入比重均属历史最高。三是入库均衡。全年度税收收入累计增幅始终保持在22.32%~26.5%之间,月度税收与上年相比始终保持平行增长曲线。四是规费扩容。继2006年残疾人就业保障金和水资源费后,磷矿石价格调节基金和排污费也于今年交由地税部门征管,我省地税部门征收的规费种类不断增加,其中水资源费和排污费在全国首创"部门核定,地税征收"的征管模式,取得了良好的效果。

〔省政府办公厅《湖北政务信息》、《专报信息》2008年1月〕

省局局长许建国在恩施、武汉调研时强调 增强责任感和紧迫感 大力推进信息化建设

2008年3月中旬,省局党组书记、局长许建国率领由省局有关处室负责人、基层业务骨干以及软件公司人员组成的工作专班,深入恩施州地税局、武汉市地税局进行工作调研,重点了解税收信息化建设的总体情况和新开发的地税征管核心软件运行情况。11日—14日,在恩施州地税局调研期间,许局长和工作专班通过听取汇报、分组审核、现场

观摩、座谈讨论，对省局新开发的征管核心软件及其上线试运行情况进行了全面论证，对软件的研发理念、整体架构、技术支撑等方面作出了初步评价，一致认定征管软件开发工作已取得了基本成功，软件具有先进性、科学性、灵活性和可操作性，作进一步修改完善后可以在全省地税系统推广应用。19日，工作专班一行又前往武汉市地税局进行调研，听取了武汉市地税局领导关于信息化建设情况的汇报，重点了解了该局征管软件个性化优势，并深入江岸区地税局征收大厅实地考察。在两地调研期间，许建国局长要求全省地税系统进一步统一思想，增强责任感和紧迫感，大力推进全省地税信息化建设，尤其要抓紧做好征管软件的修改完善和应用推广工作。在这次调研活动中，许建国局长就如何进一步推进信息化建设，提出了六个方面工作要求。

一、思想认识要统一

许局长指出，信息化是一场革命，大力推进信息化建设，是适应总局“金税工程”（三期）和省政府电子政务工程的需要，是适应武汉城市圈征管信息一体化的需要，是适应税收事业长足发展的需要。加快推进税收信息化建设，大势所趋，势在必行，时不我待。全省地税系统务必高度统一思想，严格坚持“一体化”的建设原则，坚定不移地推进全省数据“大集中”，实现税收征收管理实时监控。新的征管核心软件开发成功后，要在全省范围内全面推广和应用。

二、各项投入要加大

许局长指出，信息化建设是一项系统工程，也是今年地税工作的重中之重。全省地税系统要坚持立体思维，打好总体战，集中人力、物力、财力和精力，抓紧、抓好这一项重大的中心工作。省局各处室、各基层单位要把工作重心转移到这项工作上来，持之以恒地积极参与这项工作。各级地税机关要根据岗位特点、区分不同对象，实施全员信息化培训，提高每位干部的信息应用和操作技能，更好地适应工作需要。全系统要站在发展战略的高度，加大对信息化建设的投入，保证建设资金及时、足额到位，确保各个信息化建设项目顺利推进，取得成效。

三、建设规划要合理

许局长强调，信息化建设要遵循“金税工程”（三期）的“一个平台、两级处理、三个覆盖、四个系统”建设思路，即建立基于统一规范的应用系统平台；依托计算机网络，实现总局和省局集中处理信息；覆盖所有税种、税收工作重要环节、各级国税局地税局并与有关部门联网；建立征收管理、行政管理、外部信息、决策支持系统。全省地税系统要把握这些建设内容，加强统筹协调，建立统一规范的业务流程和技术基础平台，综合考虑各方面实际情况，制定科学合理、切实可行的建设方案，积极予以实施。既要搞好税收信息化建设的总体规划，做到覆盖面广、功能齐全，又要加强对现有信息资源整合的统筹规划，做到完善功能、强化应用、提高效益。各个单位、每位干部要认真研究信息化建设的规律，吃透、弄通有关精神，进行工作规划，提出业务需求、要把握一体化建设原则和数据集中的底层架构，符合税收信息化的发展方向，不能以其昏昏，使人昭昭。

四、硬件设施要到位

许局长要求，要根据省局集中处理全系统数据的需要，改善硬件建设，加快设施改造。在对现有各类硬件设备进行合理配置、优化组合、挖掘潜力的同时，按照统一的硬件配置标准和技术标准，购置能满足业务需要的数据处理设备，实施网络改造扩容，改善安全防护设施，并建立省局“灾备中心”。当前，要抓紧实施省局中心机房的建设和改造，进行科学论证、规划和布局，迅速组织工程施工，做好相关设备的安装、调试工作。

五、软件设计要科学

许局长指出，开发征管软件是关系全省地税工作的大事。对于在恩施试运行的征管核心软件，其总体方向是正确的，基本框架是成功的，其先进性、科学性、灵活性、可操作性应给予充分肯定，不容置疑，但是要抓紧进行修改和完善。在开发和修改软件的过程中，要立足当前、着眼长远，在保证现实需要的前提下增强前瞻性，科学合理地设计，确保信息技术领先、管理理念前卫、业务需求全面、功能操作简便，既要符合最新的政策法规和规章制度，又要满足各个层次、各个岗位地税干部的工作需要，还要科学实用、方便快捷。按照这个总体原则进一步修改、完善和补充业务需求，注重功能模块的拓展，实施业务流程的再造。尤其是要博采众长，充分吸纳武汉等地软件开发和应用的优点和长处，对核心软件进一步充实和完善，力求精益求精，开发出一流的软件。

六、保障措施要得力

许局长强调，信息化建设需要组织、领导、机构、人员、制度等作保证，全系统务必迅速行动，采取得力的保障措施，为全面推广应用新的征管软件做好各项准备。一是各级地税机关要把这项工作作为重中之重，"一把手"要亲自抓，分管领导要具体抓。要成立信息化建设领导小组，调整和充实工作专班，各司其职，抓好信息化建设任务的落实。二是信息机构设置和人员配置要满足税收信息化发展的需要。根据新的形势和任务，调整和规范信息机构，将所需的人员尽快调配到位，为信息化建设提供机构人力保证。三是不断规范和完善各项管理制度，建立协调协作机制，严格执行责任制，实施过错责任追究，确保各项工作措施到位。

许建国局长再三强调，信息化建设和推广应用征管核心软件工作，事关今后较长一段时期全省地税工作的发展大局。各级地税机关一定要站在这一战略高度，充分认识其重要性和必要性，增强责任感和紧迫感，加快推进税收信息化建设，一天都不能耽误工作。"多少事，从来急；天地转，光阴迫。一万年太久，只争朝夕。"只要全省地税系统统一认识，真抓实干，就没有干不成的事。

省局肖厚雄总会计师陪同了许建国局长的调研活动。国家税务总局信息办胡卓尔处长、省国税局信息中心张伯涛副主任参与了调研活动，并提出了很好的建议。

〔国家税务总局网站 2008 年 3 月〕

湖北省地税局启动第 17 个全国税收宣传月活动

4 月 1 日，以"税收·发展·民生"为主题的 2008 年税收宣传月活动在系统上下全面展开，省局在宣传月期间将陆续组织开展一系列宣传活动：一是开展主题宣传活动，与华中师范大学、湖北经济学院、湖北财税职业学院、宜昌市地税局联合开展"贫困学子观三峡工程树创业志向"活动，邀请湖北日报、楚天都市报、湖北电视台、湖北人民广播电台、荆楚网等新闻媒体全程参与宣传报道，从上述高等院校挑选一批品学兼优的一年级贫困学生，组织前往宜昌市参访三峡工程，通过亲眼目睹三峡工程的伟大与作用，真切体会税收促进发展的功能，激发贫困学子发奋图强、报效祖国的信心，并通过媒体宣传，让更多的人了解国家的发展离不开税收的贡献；开展“就业明星话税收”活动，组织武汉市的就业再就业明星代表和有关新闻媒体召开座谈会，畅谈国家税收优惠政策促进就业再就业的积极作用，彰显税收改善民生的主题；开展“税收助我行——寻访江城创业残疾人”活动，搜集整理江城武汉残障人士的创业故事，宣传国家税收优惠政策对民生的深切关注和大力扶持。二是建立税收教育基地，市、县两级地税机关在当地选择一所中学，举行“税收教育基地”授牌活动，赠送《青少年税法知识读本》、税收动漫光盘和其他税法宣传材料等。三是开展网上在线访谈。由省局领导和相关处室负责人在荆楚网和湖北省地方税务局门户网站举行在线访谈，回答纳税人涉税方面的咨询，宣传税收工作和有关税收知识。四是开展专项政策宣传。在《湖北日报》开辟地方税收优惠政策宣传专栏，按地方税收促进就业再就业、服务新农村建设、扶持弱势群体、支持高新技术及新兴产业发展等类别集纳、刊载有关地方税收优惠政策。

〔国家税务总局网站 2008 年 4 月〕

全省共受理“12 万”个税自行申报 48733 人比去年增长 40％入库税款近 15 亿元

2008 年以来，全省地税机关按照国家税务总局的统一部署，精心组织、创新措施、优化服务，扎实推进年所得 12 万元以上个人所得税自行纳税申报工作，取得了可喜的成绩。截至 3 月 31 日申报期结束，全省共受理“12 万”个税自行申报 48733 人，比去年增长 40％，申报应纳税额 149483 万元，已缴税款 138003 万元，补征税款 11783 万元。

今年我省“12 万”个税自行申报呈现如下特点。一是申报人数集中在大中城市。申报人数主要集中在武汉、宜昌、襄樊等经济较发达地区，其余地区分散。武汉市自行纳税申报人数为 31280 人，占全省自行申报总人数的 64.19％。武汉市一枝独秀，申报人数明显高于其他地区，申报人数与当地经济发展水平相适应。二是从所得项目看，主要集中在工资薪金所得、个体工商户生产经营所得、利息股息红利所得、财产转让所得项目上。三是从行业看，主要集中在投资、中介、建筑、房地产、金融、证券、高校、电信、电力、烟草等高收入行业及个体经营大户、高收入自由职业者。

与去年相比，今年有“两大”变化。一是申报人数实现了新突破。去年申报期内共申报 34798 人，而今年接近 5 万人，比去年净增 13935 人。二是申报时段趋向平衡。2006 年度自行申报呈现出后期集中、前期分散的特点，元月份，全省受理纳税人自行申报只有 227 人；到 2 月底，仍只有 3349 人；从 3 月 19 日至 4 月 2 日，在申报期最后 11 个申报日内，申报人数从 8972 人一路飙升至 34798 人，占总申报量的 74.22％。今年在 1 月底就申报 4954 人，2 月底为 11050 人，至 3 月 25 日已超 4 万人，申报时段人数趋向平衡。以上可喜的变化，得益于我省经济的高速增长和居民收入水平的稳步提高；得益于纳税人自觉申报纳税意识的明显增强；得益于全省各级地税机关和广大地税干部的努力工作。

〔省委办公厅《湖北今日重要信息》2008 年 4 月〕

省地税局出台措施 积极支持中小企业发展

为贯彻落实《中华人民共和国中小企业促进法》和省委省政府关于加快发展县域经济、促进中小企业发展的决策部署，充分发挥地税部门的职能作用，切实支持我省中小企业创新发展，省地税局近日出台措施，要求全省各级地方税务机关切实提高认识，积极履行职责、强化措施、优化服务、落实政策，为全省中小企业创新发展营造优良的经营环境。

一是认真落实税收优惠政策，切实支持中小企业发展。主要包括：1. 支持中小企业参与企业的改组、改制，做大做强，实现规模经营，对其合并、兼并企业的行为和股权转让取得的收入免征营业税。2. 对纳入全国试点范围的非营利性中小企业信用担保、再担保机构从事担保业务取得的收入，凡符合国家规定免税条件的，3 年内免征营业税。3. 对中小企业从事技术转让、技术开发业务和与之相关的技术咨询、技术服务业务取得的收入，免征营业税。4. 对符合国家规定条件的小型微利企业，减按 20%的税率征收企业所得税。5. 对被认定为高新技术企业的中小企业，减按 15%的税率征收企业所得税。6. 对企事业单位、社会团体和个人等社会力量通过公益性的社会团体和国家机关向科技部科技型中小企业技术创新基金管理中心用于科技型中小企业技术创新基金的捐赠，企业在年度利润总额 12%以内的部分，个人在申报个人所得税应纳税所得额 30%以内的部分，准予在计算缴纳所得税税前扣除。7. 对创业投资企业采取股权投资方式投资于未上市中小高新技术企业 2 年以上(含 2 年)，凡符合国家规定条件的，可按照其投资额的 70%在股权持有满 2 年的当年抵扣该创业投资企业的应纳税所得额；当年不足抵扣的，可以在以后纳税年度结转抵扣。8. 中小企业从事农、林、牧、渔业项目的所得，可以按照国家规定免征、减征企业所得税。9. 中小企业从事港口码头、机场、铁路、公路、城市公共交通、电力、水利等国家重点扶持的公共基础设施项目的投资经营的所得，自项目取得第一笔生产经营收入所属纳税年度起，第 1 年至第 3 年免征企业所得税，第 4 年至第 6 年减半征收企业所得税。10. 中小企业从事国家规定的符合条件的公共污水处理、公共垃圾处理、沼气综合开发利用、节能技术改造等环境保护、节能节水项目的所得，自项目取得第一笔生产经营收入所属纳税年度起，第 1 年至第 3 年免征企业所得税，第 4 年至第 6 年减半征收企业所得税。11. 中小企业为开发新技术、新产品、新工艺发生的研究开发费用，未形成无形资产计入当期损益的，在按照规定据实扣除的基础上，按照研究开发费用的 50%加计扣除；形成无形资产的，按照无形资产成本的 150%摊销。12. 中小企业一个纳税年度内的技术转让所得不超过 500 万元的部分，免征企业所得税；超过 500 万元的部分，减半征收企业所得税。13. 中小企业以《资源综合利用企业所得税优惠目录》规定的资源作为主要原材料，生产国家非限制和禁止并符合国家和行业相关标准的产品取得的收入，减按 90%计入收入总额。14. 中小企业购置并实际使用《环境保护专用设备企业所得税优惠目录》、《节能节水专用设备企业所得税优惠目录》和《安全生产专用设备企业所得税优惠目录》规定的环境保护、节能节水、安全生产等专用设备的，该专用设备的投资额的10%可以从企业当年的应纳税额中抵免；当年不足抵免的，可以在以后5个纳税年度结转抵免。15. 中小企业缴纳房产税、城镇土地使用税确有困难的，经地方税务机关批准，可酌情减征或免征房产税和城镇土地使用税。

二是优化服务，加强监督，保障税收政策落实到位。首先，加强政策宣传。充分利用办税服务厅、地税网站、新闻媒体等场所、载体，采取多种形式，广泛宣传支持中小企业发展的税收优惠政策，积极引导市场投资主体创业兴业，促进中小企业蓬勃发展。其次，优化纳税服务。更新服务理念，创新服务方式，提高服务水平。严格落实执法公示制、政务公开制。公开纳税人的权利与义务、公开税收执法依据及程序、公开监督举报电话，切实维护纳税人合法权益。扎实推进“一窗式”、“一站式”服务，推行多元化的纳税申报方式，简化审批程序，为中小企业的发展提供便捷、优质、高效的纳税服务。第三，加强执法检查。认真开展税收执法检查，将政策执行情况纳入执法检查的范围，检查督促各级基层地方税务机关把政策落到实处。对政策落实不到位、不及时的相关单位和责任人，严格按照《税收执法过错责任追究办法》进行处理，保障政策全面、及时、准确的贯彻落实。

〔国家税务总局网站2008年4月，省政府办公厅《湖北快报》、《专报信息》2008年5月〕

省地税局及时出台援建四川地震灾区过渡安置房税收优惠政策支援灾区重建

为进一步支援四川地震灾区重建，做好灾区居民安置工作，省地税局认真贯彻落实省政府常务会议要求，迅速行动，成立专班，出台政策，优化服务，将保障我省援建灾区过渡安置房工作落实到位作为当前一项重大的政治任务抓紧抓好。

一是成立协调小组。为确保我省过渡安置房援建工作切实落实到位，省地税局及时成立了以局长许建国为组长、副局长罗涛为副组长、相关单位负责人为成员的支持抗震救灾过渡安置房税收政策协调小组，确保各项税收优惠政策落到实处。

二是出台优惠政策。5月28日，省地税局迅速下发文件，对纳入政府采购的过渡安置房及配套设施用房的生产、运输、安装等环节的税收问题予以明确，要求各级地税部门严格遵照执行。主要包括：(一)对生产过渡安置房及配套设施用房减免生产环节增值税的，同时减免城市维护建设税和教育费附加、地方教育发展费。(二)对承担过渡安置房和配套设施用房运输、安装任务的企业取得的运输、安装收入，免征营业税、城市维护建设税和教育费附加、地方教育发展费。(三)对生产、运输、安装过渡安置房和配套设施用房取得的收入单独核算的，在计算企业所得税时予以扣除。

三是优化税收服务。省地税局将纳入政府采购的过渡安置房及配套设施用房的生产、运输、安装企业名单下发各级地税部门，明确要求各主管地税机关对武汉长丰塞博思钢结构工程有限公司等12家企业积极提供优质服务，逐户送政策上门，送服务上门，主动为承担援建任务的企业、单位排忧解难，高效率地解决有关涉税事宜，全力支持企业保质保量地完成工作任务，让灾区人民尽快住上过渡安置房。

〔国家税务总局《税务简报》2008 年 5 月〕

省地税局列出优惠政策清单支持服务业加快发展

为贯彻落实《省人民政府关于促进服务业加快发展的若干意见》(鄂政发〔2007〕057 号)，发挥税收的调节和导向作用，支持我省服务业加快发展，近日，省地税局列出支持服务业发展的税收政策清单，共 63 条，要求全省各级地税机关用好用足用活有关税收政策优惠，切实加强税收征管，优化纳税服务，强化执法监督，积极发挥税收职能作用，促进我省服务业快速健康发展。

一是加强组织领导。为切实把省委省政府的决定落到实处，省地税局成立主要负责人为组长，分管局领导为副组长，法规、税政、征管等处室负责人为成员的领导小组，统一部署和协调支持服务业发展工作。各地也都明确了责任单位和责任人，形成主要领导亲自抓，分管领导具体抓，相关业务部门负责督导落实的工作机制。

二是加强税收宣传。采取多种形式，通过多种渠道，全方位、多层次地宣传支持服务业发展的相关税收优惠政策，让纳税人及时、全面、准确地了解政策规定、实施条件及具体操作程序，营造宽松的政策环境，积极引导我省服务业快速健康发展。

三是加强纳税服务。认真落实服务承诺制度、税收执法公示制度和政务公开制度，大力推行“一窗式”、“一站式”服务，优化办税流程，规范税务行政许可和行政审批，减少审核、审批环节，简化办事程序，提高服务质量和水平，为服务业发展提供优良的经营环境。

四是加强检查督办。把支持服务业发展的税收政策执行情况纳入年度税收执法检查的重要内容，通过检查，及时发现和纠正政策不落实、不及时、不到位等问题，督导落实，强化责任。严格执行税收执法过错责任追究制度，对政策执行不力的单位和人员，实施责任追究，确保税收政策落实到位。

〔省政府办公厅《湖北快报》、《专报信息》2008 年 5 月〕

省地税局精心布置　扎实开展城镇居民基本医疗保险费征收工作

《省人民政府关于建立城镇居民基本医疗保险制度的意见》(鄂政发[2008]25 号文)

下发后，省地税局高度重视，迅速在武汉召开了全省城镇居民基本医疗保险费征收工作会议，对此项工作精心布置，要求全省地税部门统一认识、强化措施、扎实开展，不辜负省委、省政府对地税部门的期望，把城镇居民基本医疗保险办成民心工程、德政工程。

主要措施：一是加强组织动员，形成整体合力。树立一盘棋思想，加强协作、搞好配合，建立责任明确、考核严格的征收机制，保证征收工作健康运行、扎实推进。二是因地制宜，坚持三条原则，即医疗保险费的安全必须得到保证、必须方便缴费人、地税部门的征收主体地位必须体现，制定切实可行的征收方案。三是加大宣传力度，营造良好氛围，保证社会效果。四是提供优质服务，方便缴费人缴费。合理布局征收网点和征收窗口，创新缴费方式，减少缴费环节，简化业务流程，为缴费人提供全程优质服务。五是积极组织对税收管理员、服务大厅人员的政策业务培训，提高政策和业务水平。六是积极推进社会保险费征管信息化建设，利用现代化手段加强城镇居民基本医疗保险费的征收管理；积极推进与财政、劳动、社区等部门和单位的联网，实现登记、核定、缴费等信息共享；通过税银库联网，方便参保居民缴费，提高工作效率，保障资金安全。七是加强监督检查，确保医保费安全。增强法纪观念，严格按制度办事，按程序办事，彻底消除安全隐患。八是加强调研，及时发现和解决出现的矛盾和问题，修改完善征缴监控制度和办法。九是加强合作，形成齐抓共管的工作局面。

〔省政府办公厅《湖北政务信息》2008 年 5 月、《专报信息》2008 年 6 月〕

省地税局建立“绿色通道”支持重大项目建设

为落实省政府领导的指示精神，优化投资软环境，近日，省地税局结合税收工作实际，建立了支持重大项目建设的“绿色通道”，努力促进我省经济社会又好又快发展。

一是创新服务方式，拓展服务内涵。建立全省统一的纳税服务规范，为重大项目建设开通绿色办税服务通道，实行一对一的办税辅导。推广银行划缴、邮寄报税、网上申报等多种申报纳税方式，推行“一站式”、“一窗式”、“一城通”服务和全程服务、限时服务、延时服务、假日服务等多种服务方式，打造无时空限制的立体式纳税服务体系。

二是简化办税程序，提高工作效率。进一步完善“前台办理、后台支持”的办税机制，因地制宜地调整办税服务厅的功能设置。在规范管理的基础上，继续优化办税流程，减少审核、审批环节，简化办事程序，对于重大建设项目，尽量做到手续从简、审批从快、期限从宽、优惠从高。

三是畅通信息渠道，抓好政策宣传。利用网络、报刊、语音服务系统及短信平台等多种载体，及时发布政策法规，构建权威、完整、查询快捷的政策法规库；加强网上咨询服务，及时、准确解答纳税人的疑问；推进征纳网上互动，及时收集纳税人的意见和建议，并认真研究处理，定期回复。

〔省政府办公厅《湖北政务信息》、《专报信息》2008 年 6 月〕

全省房地产税收一体化管理工作现场会在黄冈召开

6月23日，省局在黄冈召开全省房地产税收一体化管理工作现场会。各市、州地税局及所属分局分管局领导、税政科(处)长、各县(市)地税局综合业务股长近200人参加了会议。省局党组书记、局长许建国作了题为《深化认识　强化措施　推动房地产税收一体化管理工作再上新台阶》的讲话，讲话要求各地进一步认清形势、明确目标、坚定信心，利用自身优势，发挥主观能动性，在房地产税收管理实践中，不断研究新情况、总结新经验、采取新措施、解决新问题，使全省房地产税收管理工作不断稳步深入推进。省局副局长罗涛在会议结束时作了讲话，对黄冈市地税局一体化管理工作的经验和作法给予了充分肯定，对过去三年来全省一体化管理工作进行了系统回顾，并对进一步深入推进全省房地产税收一体化管理工作作出了部署和要求。会议交流了黄冈市局、谷城县局开展房地产税收一体化管理工作的经验，现场观摩了黄冈市房地产税收一体化管理业务流程及软件的讲解演示和一体化管理的相关资料，并就如何因地制宜进一步深化房地产税收一体化管理工作进行了讨论。与会代表普遍反映，通过此次会议的学习观摩和互动交流，强化了认识，学习了经验，找到了差距，明确了目标，增强了各地深入做好此项工作的信心和决心。省局税政三处及税政一处、税政二处、征管处、信息中心、科研所、省局办公室网站的相关人员参加了会议。

〔国家税务总局网站2008年6月〕

省局局长许建国深入企业开展纳税访谈

6月25日，省局党组书记、局长许建国带领相关处室负责人，与武汉市地税局局长徐会希及各基层分局主要负责同志一道，深入中铁第四勘察设计院集团有限公司进行纳税访谈。这是继去年4月份省局领导访谈后的再次回访，旨在开展“听取纳税人意见、了解纳税人情况、宣传税收法规、落实税收政策”等“四上门”服务活动。

访谈中，中铁第四勘察设计院集团有限公司负责人畅谈了企业的生产经营业绩，重点介绍了企业勘探设计的一大批在国内有影响的标志性工程，以及企业依法纳税、诚信纳税情况。同时，对地税部门妥善解决和落实了去年访谈中涉及的企业转包业务征税、高新技术税收优惠以及个人所得税汇总与分月计算等税收问题表示了衷心感谢。

许建国局长在听取企业负责人情况介绍之后，对企业近几年来快速发展，积极主动申报纳税过亿元，表示高度赞赏和衷心谢意。他勉励铁四院充分发挥在我省设计系统的领头羊作用，与相关单位积极融和，进一步发挥集团优势，拓展产业链，向研发设计和生产发展，努力做强做大武汉乃至全省勘探设计产业。他同时强调，新形势下服务地方经济、服务纳税人，是各级地税部门的宗旨，也是一项崇高职责。地税部门要进一步增强“尊重纳税人、服务纳税人、纳税人为上”的理念，深入开展“四上门”服务活动，切实做到听取纳税人意见要诚心诚意，了解纳税人情况要全面准确，宣传税收政策、落实相关税收优惠政策要完整迅速，真心实意为纳税人排忧解难，更好地服务企业、服务地方经济，促进我省经济和社会又好又快发展。

〔国家税务总局网站 2008 年 7 月〕

全省地税部门采取七项措施全力做好社保费扩面征缴工作

省地税局认真落实省政府常务会议精神，积极履行部门职责，充分发挥自身职能优势，强化执行意识，采取七条措施，切实做好社会保险费扩面工作。

一是增强责任感，积极配合劳动部门搞好社会保险费扩面工作。充分利用自身有效信息资源，加强与劳动保障部门的紧密配合，积极反馈有关信息，配合劳动保障部门推进社保费扩面工作；定期对所辖纳税户进行清理，及时将应参保未参保的纳税户清单提供给劳动保障部门；建立部门间定期信息传递制度，扎实有效地开展好社会保险费扩面征缴工作。

二是充分发挥税务机关征管职能优势，坚持依法行政，加大征收刚性。充分利用法律赋予地税部门社保费的征收职能和手段，切实加大社保费征收执法力度；及时掌握资金运行情况，对延迟缴纳社会保险费的，一律限期缴纳，逾期仍未缴纳的，除补缴欠缴费款外，一律按规定加收滞纳金。缴费单位逾期不缴纳社保费、滞纳金，经两次以上催缴仍拒不缴纳的，严格依法征收，按规定采取强制执行措施清缴欠费，增强执法威慑力。

三是坚持税费同查，加大检查力度。严格执行税费同征同管同查同考核的工作方针，凡在税务稽查和日常检查过程中，发现有未参保、少报、漏报、瞒报社保费的，及时反馈到劳动部门并重新核定。

四是加强费源管理，加大欠费清收力度，确保应收尽收。强化缴费人户籍管理，建立费源册籍，开展费源清核和评估，实行动态、分类管理。建立完善数据中心，构建信息化管理平台，提升社保费征管质量和效率。通过欠费清理，建立欠费台账，制定切实可行的清欠计划，采取强有力的措施压缩陈欠、杜绝新欠。建立定期公告制度，促进企业及时缴纳社保费。

五是强化目标考核，狠抓社保费入库。加强社保费收入动态管理，按月从费源、征管、政策上分析对社保费收入的影响，有针对性采取措施，促进收入任务完成；强化收入进度目标考核，对核定征收数额及时分解，落实到管理分局、到税收管理员，确保社保费征缴率达到 95%以上，圆满完成社保费收入年度计划。

六是坚持以人为本理念，为缴费人提供优质便捷的服务。进一步提高工作效率和服务水平，简化缴费程序，积极为缴费人提供优质服务，推进个人社会保险费刷卡缴费工作，实现方便快捷安全地缴纳社保费。

七是积极推进“五险一票”征收工作。主动向当地政府汇报，取得支持，主动与劳动保障、财政、人民银行等部门协调，有条不紊地做好“五险一票”征收工作，提高工作效率，降低征收成本，有效杜绝缴费人选择性缴费，提高失业、工伤、生育保险等小险种的征缴率，保障职工合法权益。

〔省政府办公厅《湖北政务信息》2008 年 6 月、《专报信息》2008 年 7 月〕

湖北省地税局与省国土资源厅联合召开视频会议　部署土地税收管理工作

6 月 16 日下午，湖北省地税局和省国土资源厅联合召开了全省加强土地税收管理工作视频会议，省国土资源厅、省地税局分管领导在省地税局主会场参加会议。省国土资源厅副厅长熊政春、省地税局副局长罗涛分别就进一步加强土地税收管理工作作了讲话。熊政春副厅长在讲话中着重强调了各级国土资源管理部门应以做好本职工作为基础，在土地税收管理上进一步加强与地税部门的密切配合，信息共享，互相支持，实现双赢。罗涛副局长在题为《整合资源　互动协作　进一步加强全省土地税收管理工作》的讲话中，全面介绍了全省土地税收管理工作的有关情况，要求各地以贯彻落实《中华人民共和国耕地占用税暂行条例》为契机，切实加强全省各级地税部门与国土部门的联系，建立良好的部门协作机制，努力实现强化土地管理与规范税收征管的双赢。省国土资源厅地籍利用处以及省局税政三处、法规处、征管处、科研所、信息中心、办公室的相关人员在省局主会场参加了会议。各市、州、林区、县(市)局及城区各分局分管税政工作的局领导、税政科(处)、综合业务股负责同志和各市、州、林区、县(市、区)国土资源局分管局领导、地籍利用科(处)负责人在各地分会场参加了会议。

〔国家税务总局《税务简报》2008 年 7 月〕

上半年全省地税稽查部门共检查纳税人 1.5 万户　查补收入近 1.4 亿元

上半年，全省地税稽查部门按照国家税务总局的统一部署，主要组织开展了房地产业、建筑业、烟草行业、高收入行业及年所得 12 万以上个人所得税、平安保险公司、打击制售假发票和非法代开发票专项治理、各市县区域专项整治等六个方面的检查。目前，各项检查还在进行之中，截至 6 月底，全省专项检查共检查纳税人(扣缴义务人)15355 户，查补收入 13965.17 万元，其中查补税款 12245.24 万元，处以罚款 832.25 万元，加收滞纳金 198.94 万元。

一是个人所得税专项检查。全省地税系统集中力量对金融、保险、电信、石油、石化、电力、烟草、民航、铁道等行业中层以上管理人员；高等院校教授、医院主任医师、外资企业高管、上市公司管理人员、演艺明星等高收入者进行了专项检查，共检查纳税人 14296 人，查补总额 904.87 万元，其中个人所得税 791.44 万元，处以罚款 111.63 万元，加收滞纳金 1.8 万元，入库税款、罚款、滞纳金 651 万元。

二是房地产业专项检查。全省共检查房地产行业纳税人 258 户，查补收入总额 4809.63 万元，其中税款 4250.01 万元，规费 203.44 万元，罚款 262.39 万元，加收滞纳金 93.79 万元。入库收入总额 4299.2 万元，其中税款 3819387 万元，规费 169.4 万元，滞纳金 86.89 万元，罚款 223.04 万元。

三是烟草行业专项检查。省地税局对全省 17 个市(州)36 户烟草企业进行了专项检查，截至 6 月中旬，初步统计共查补各项收入 4760.94 万元，其中个人所得税 2755.99 万元，营业税 0.37 万元，企业所得税 909 万元，其他各税 1001.29 万元，规费 86.02 万元，加收滞纳金 7.94 万元，罚款0.33万元。

四是平安保险公司专项检查。对中国平安保险集团湖北分公司及其分支机构地方各税进行了统一检查，共查补税款 704.77 万元，加收滞纳金 32.18 万元，罚款 58.81 万元；平安人寿保险公司共查补税款 146.27 万元，罚款 36.81 万元；平安证券营业部查补税款 0.59 万元。

五是发票专项整治工作。省地税局积极与公安机关、国税部门配合，截至 6 月底，共联合查获非法出售发票案件 5 起，非法代开发票案 2 起；地税机关单独查获非法代开案 8 起；收缴制售假发票 13661 本共 624060 份，可开票金额 23.28 亿元，收缴非法出售发票 13440 份，查获非法代开发票 650 份；收缴的假定额发票金额 277.56 万元，有效整治了税收环境。

六是其他行业专项检查。上半年，全省共检查各类重点企业 768 户，查补收入总额 3489.73 万元，其中税款 2537.14 万元，规费 399.28 万元，罚款 457.9 万元，加收滞纳金 95.41 万元，入库收入总额 2952.55 万元。

〔省政府办公厅《湖北政务信息》2008 年 7 月〕

全省公安、税务联合开展打击制售假发票专项整治工作初显成效

6 月 29 日，由省公安厅牵头组织，省地税局、国税局共同参与，武汉、荆州、宜昌、十堰、荆门、仙桃等市公安、税务部门联合开展的打击制售假发票专项整治工作“荆楚灭鼠行动”成功收网。全省共出动执法人员近 400 名、车辆 120 余辆，彻底铲除了一个盘踞武汉、辐射全省的制售假发票网络，共捣毁假发票印刷窝点 4 个、制版点 3 个，打掉制售假发票团伙 12 个，抓获犯罪嫌疑人 44 人，收缴制假设备 32 台，假发票胶版 679 张，查获假发票 9 种、51264 本、近 120 万份(其中餐饮业发票 85 万份)，可开票金额逾 1000 亿元，避免税收损失 5 亿多元。截至 6 月底，全省发票打假已立涉票案件 93 起，其中非法制售

假发票案件86起，抓获犯罪嫌疑人66人，缴获假发票64000余本，共计152万份。

〔省委办公厅《每日快报》2008年7月、省政府办公厅《专报信息》2008年7月、国家税务总局《税务简报》2008年8月〕

省地税局切实加强民主评议政风行风整改工作

随着民主评议政风行风工作中征求和收集意见阶段的各项任务基本结束，全省地税系统民主评议政风行风工作已逐步转入整改阶段。为了进一步做好下一阶段工作，使广大纳税人反映出来的问题，尤其是社会关注度高、影响大的问题得到及时有效整改，省地税局要求全省地税系统切实做好民主评议政风行风整改工作。

一是进一步明确整改责任。要求各地、各单位高度重视整改阶段这一民主评议政风行风工作的关键性环节，将其作为检验民主评议政风行风实效的重要手段，认真加以落实。第一坚持标本兼治，对各方面反映的问题进行认真梳理，结合自身实际，制定整改方案，作出统筹安排。对评议中反映出来的问题，明确整改事项、整改标准、整改时限，坚决防止走过场现象的出现。第二进一步明确整改责任，把整改的各项任务落实到具体部门、岗位和人员，并考核到人，做到事有专管之人，人有专司之责，形成一级抓一级、层层抓落实的整改工作局面。第三加强对整改措施落实情况的检查，建立健全整改督查制度、责任追究制度，对有错不纠、整改不到位的，严格追究相关人员责任。

二是进一步加大整改力度。要求各地、各单位按照“对存在的问题认识不到位不放过，对产生问题的原因、危害剖析不到位不放过，对问题的立项整改工作不到位不放过，整改措施不落实不放过，对社会各界反映的问题没有反馈或没有满意答复的不放过”的要求，进一步加大整改力度。对于存在的问题，有条件解决的尽快解决，决不推诿扯皮；对于深层次的、难以一时整改到位的，明确责任部门和责任人，限期整改；对分步整改的问题加大力度，加快解决。对已经整改的问题，开展“回头看”。将严重损害纳税人切身利益的问题作为整改重点，对群众举报投诉的案件，认真进行核实处理，并负责地将结果告知举报投诉者，做到事事有回音、件件有落实。通过扎实整改，切实改进作风，提高工作效率和服务质量。

三是进一步完善长效机制建设。要求各地、各单位在抓好具体问题整改工作的同时，按照“标本兼治、综合治理、惩防并举、注重预防”的方针，认真分析研究问题背后规律性的原因，将整改与完善制度相结合，与税收中心工作相结合，进一步建立健全政风行风建设长效机制。第一，进一步加大征管核心软件上线工作力度，确保上线工作如期完成，从源头上预防不正之风的产生；第二，进一步加强干部队伍建设，以干部队伍良好的精神风貌和扎实的工作作风带动政风行风的进一步好转；第三，针对各方面反映比较集中、比较突出的问题，着重在强化税收宣传、推进税收执法责任制、优化纳税服务、完善政务公开等方面下功夫，保证整改工作切实取得成效。

〔省政府办公厅《湖北政务信息》2008年8月〕

省地税局未雨绸缪　强化征管保增收

当前，美国次贷危机造成金融市场剧烈波动，并开始影响到实体经济，全球经济前景不容乐观，已经波及我国的部分地区尤其是中小企业和房地产行业。反映在税收上，据了解，全国9月份税收增速出现较大幅度下滑，更为严重的是，这种下滑的趋势第四季度还会持续，并影响到明年全年的税收增长。我省地处内陆，受国际国内经济形势变化的影响相对较小，全省经济总的态势平稳、较快、健康。但国际国内经济形势的深刻复杂变化对我省经济的影响不可低估，时滞效应可能会在来年显现。为此，省地税局于10月中旬先后在武汉市召开全省土地税收管理工作会议、在十堰市召开全省住宿餐饮行业税收管理工作会议，要求全省地税系统以更加奋发有为的进取精神，遵循“税源不足管理补、大税下滑小税补”的理念，从加强小税种和行业税收管理入手，积极谋划税收增收措施，通过强化税收征管，努力降低经济形势变化对税收的影响，确保地方税收持续稳定增长。

一是全面开展土地增值税清算工作。要求各级地税机关坚持以税收政策为指导，按照土地增值税法规以及国家税务总局和省局关于房地产开发企业土地增值税清算管理有关问题的政策精神和要求，扎实开展土地增值税清算工作，严格结算，多退少补，严把政策关口，让企业明明白白缴税。同时将清算管理工作同整顿土地增值税税收秩序结合起来，对利用非法手段和不正当方式来逃避土地增值税的行为，严格依法处理，保证政策执行的统一性和严肃性。

二是全面运用GPS系统管理土地使用税税源。运用GPS技术管理土地使用税税源是加强税源管理的重要途径，目前，我省已经应用这项技术的试点地区实现了应税面积和税额显著提高的效果，受到国家税务总局的肯定和赞扬。省地税局部署在全省全面推广鄂州、武汉、孝感、咸宁等地的成功经验，大力宣传，加快进度，努力形成政府重视、地税主导、相关部门配合的工作机制，稳妥有序地推进此项工作，确保年内全面启动运用工作，已经启动的地方确保年终有测量数据和利用成果。

三是严格执行新的耕地占用税税额标准。按照新的湖北省耕地占用税税额标准(分类型由原来的每平方米5元～10元调高到每平方米20元～50元)，省地税局要求全省各级地税机关加强与国土管理部门的配合，认真开展信息比对工作，对本地区的应税耕地面积进行普查、核实；严格执行省级以上经济开发区占地和占用基本农田保护地在当地适用税额的基础上提高50%的税收政策，严格执行外资企业占地征收耕地占用税政策，不得擅自降低税额标准。同时，积极做好2008年以前年度耕地占用税欠税的清理工作，摸清欠税底数，建立欠税管理档案，加大催缴清欠力度。

四是大力推广应用税控装置。针对住宿餐饮行业假发票、虚开票、“回笼票”泛滥，成本难监控、收入难核实、税收流失比较严重的现状，经省政府同意，从2009年开始，省地税局将以该行业为突破口，按照“控管大户、兼顾小户、双定管理”的原则，在全省推广使用税控装置。并在取得经验的基础上，逐步在全省服务、交通运输业等适合使用税控收款机的行业，全面推广使用税控装置，以提高征管科技含量、堵塞税收流失漏洞、增加行业税收收入、降低税收征纳成本、提升税收征管效率。

〔省政府办公厅《湖北政务信息》、《专报信息》2008年8月〕

湖北省地税局增强执法刚性 社保费收入大幅增长

一是切实加强领导、明确工作思路。该局从讲政治的高度出发，正确处理“税与费”之间的关系，把征税和征费两副担子“一肩挑”，社保费的征收实行“一把手负总责、分管领导直接抓，社保机构贯彻落实，全局上下共同协调”的管理机制，特别是把基金安全列为一把手工程，实行一票否决制。各地还强化了目标责任制，将社会保险费的征收纳入全局目标考核范围内，与税收收入目标同步考核，细化工作、责任到岗、任务到人，一级抓一级，层层抓落实，确保社保费征管的顺利进行。

二是借助税收检查核实缴费基数。目前，湖北省社会保险费的征缴采取劳动核定、税务征收的核征分离模式，但该局把社保费检查切实纳入税收检查工作范围，充分利用法律所赋予税务部门的执法优势，将触角间接延伸到了核定环节，最大程度地争取到工作的主动性。在检查过程中，加强了对企业参保情况和企业缴费基数、参保人数的检查，发现企业应参保而未参保及缴费基数和参保人数与实际有较大差异的，及时向劳动部门反馈相关信息，促使劳动部门对这部分企业进行了重新核定，未核少核现象同比有所减少，有力促进了费源增长。湖北省政府对这种积极做法以政府办公厅发文的形式予以肯定。全省核定单位费源累计增长30.78%，为社保费增收奠定了坚实基础。

三是针对恶意欠费坚决强制执行。该局根据欠费人的生产经营、资金往来、债权债务、投资、工资发放等实际情况，合理界定欠费类型，详细记录欠费人的基本情况，建立了全面详实的欠费档案，对欠费采取动态分类管理，对欠费数额较大的欠费人实施重点管理。以新闻媒体公告欠费单位欠费情况等形式积极发挥各方面的监督作用，有力的促进欠费单位制定清欠计划，筹措资金缴清欠费。同时，对恶意欠费的单位，坚决予以强制执行，绝不手软。如某省直医院2007年度共拖欠失业保险费及滞纳金计538596.09元，经限期及催缴通知后仍未缴纳，该局和省直社保费征收管理局依照法定程序于3月18日将拖欠的社保费及滞纳金从其银行账户中强制扣缴入库，起到了强制一案、震慑一方的显著效果，这也充分表明了该局在依法履行职责、强化社会保险费征收方面迈出了更加坚实的一步。

四是以税收执法刚性配合扩面征缴。该局利用一季度开展企业所得税年度汇算清缴和个人所得税全员全额明细申报工作中掌握的企业职工人数、工资薪金等有效信息资源，参与和配合劳动部门开展扩面工作，特别是在对个体民营企业的扩面、核定上，在税务执法人员的配合和参与下，执法刚性大大增强，扩面征缴工作取得明显成效。

五是严查劳务中介机构。为进一步规范劳务中介机构的社保费代扣代缴工作，该局于2007年在全省范围内开展了劳务中介机构社保费专项检查，检查内容涉及社保费的核定、缴纳、票证使用、资金管理、税收管理等方面。共检查劳务中介机构重点户和不配合、不协作甚至拒绝检查的钉子户201户，重点检查148户，涉及缴费个人133508人，社会保险费59674.43万元，其中违规代征无劳动合同关系人员41111人，涉费22980.96万元，查补税款466.59万元，罚款31.48万元，没收非法所得44.69万元。

六是依托优质服务增强个人缴费意识。2008年初，几十年不遇的雨雪冰冻天气，把个人缴费推迟至春节后，并形成节后集中缴费高峰。针对缴费期的改变，人多量大且时间紧的现状，各级地税机关积极应对，调整思路，与当地金融、劳动等部门协调，在确保资金安全的同时，全力提高服务质量，最大程度为缴费人提供高效、便捷的缴费服务。一方面与委托代收的金融单位做好票据供应和沟通协调工作，促使其在缴费高峰期增设服务窗口，延长工作时间，提高服务质量，以减少个人缴费排队等待时间，使征缴工作效率明显提高；另一方面优化征缴模式，即方便缴费人缴费，又有效提高了缴费个人的参保、续保意识，从而有力地促进了收入的增长。部分地方尝试使用刷卡缴费的方式，大大简化了相关缴费程序，使缴费更为便利。

〔国家税务总局《税务简报》2008年8月〕

省局编印税收政策与纳税服务措施宣传册免费发放纳税人

为认真落实省委、省政府实现经济又好又快发展的战略部署，积极融入地方经济社会发展，不断加强系统执行力建设，近日，省局将促进地方经济社会发展的税收优惠政策、纳税服务措施以及税收行政规范加以整合，编印了《促进地方经济社会发展的地方税收优惠政策与措施》宣传册50000份，免费向广大纳税人发放，让纳税人学习、掌握国家税收优惠政策，引导纳税人积极运用税收优惠政策开展生产经营，切实维护自身合法权益。

〔国家税务总局网站2008年10月〕

全省地方税收一般预算收入增幅快于中央级收入 增幅18个百分点

10月份，全省地税部门共组织各项收入65.8亿元，同比增长23.8%，增收12.6亿元。其中，税收收入完成32.5亿元，同比增长18.8%，增收5.1亿元；社会保险费收入完成29.8亿元,同比增长31.4%,增收7.1亿元;其他收入完成3.5亿元,同比增长11.8%,增收0.4亿元。

元月至10月份,全省地税部门共组织各项收入681.7亿元,同比增长31%,增收161.3亿元。其中,税收收入完成352.4亿元,同比增长27.3%,增收75.5亿元;社会保险费收入完成294.5亿元,同比增长35%,增收76.3亿元;其他收入完成34.8亿元,同比增长37.5%,增收9.5亿元。全省地税部门共完成地方一般预算收入326.4亿元,同比增长26.5%,增幅领先于中央级收入增幅18个百分点。

〔省委办公厅《每日快报》2008年11月、省政府办公厅《湖北政务信息》2008年11月〕

调查报告

积极实施税收管理员和税源管理制度 努力实现税收征管再上新台阶

曹桦林　张　彤

一、稳妥推进，突出重点，“两制”工作取得显著的成效

（一）转变思维，现代税收征管理念基本确立

在积极推行“两制”的过程中，各级充分认识到贯彻“两制”工作是适应社会主义市场经济体制和经济形势发展的客观要求，是落实科学发展观和税收征管改革的必然趋势，是推进依法治税，切实加强税源的科学化、精细化管理的必由之路。深切体会到税收的中心工作是税收征管，税收征管的主要任务是税源管理，税源管理的主要承担者是税收管理员，由此两个制度成为税收征管的核心制度，其落实好坏直接关系到税收工作的质量。各级地税机关和广大地税干部科技加管理理念深深扎根，责任意识普遍增强，以强化税源管理为核心的现代税收征管新格局初见雏形。

（二）完善制度，税收征收管理基础工作不断规范

近几年，省局先后制定下发《湖北省地方税收管理员制度》、《湖北省地方税源管理暂行办法》、《湖北省地方税收税务登记管理实施办法》、《湖北省地方税收征管信息采集录入管理规范（试行）》、《湖北省地方税收征管资料管理办法》等十多项管理制度。各地也围绕“两制”工作的开展，狠抓征管制度建设，建立健全了征管工作规程、纳税人户管巡查制度、非正常户管理办法、欠税管理办法、税收管理员考核办法等，从而有效地统一地税征管工作操作规范，统一地税征管工作管理规范，统一征管人员的行为规范，做到有制可依、有章可循。基层征管工作管理水平明显改善，纳税户户籍信息更加清晰、准确，信息维护更新更加及时，税收管理员的税收执法行为进一步规范，税源管理各项基础性工作进一步夯实。

（三）把握重点，税源管理水平和能力不断提升

一是户籍管理力度加强。各地普遍实行了“井田制”的管户方式，并充分利用2006年度换发税务登记证的契机，更新纳税人户籍资料，大力清查漏征漏管，税收管理员的户管范围更加明晰，岗位责任充分体现，户籍管理明显加强。在税收管理员划片管理、定户到人的基础上，全省还建立起县（市、区）、市

(州)、省三级税务登记户数季报制度,确保了各级真实、准确、及时掌握所辖区域户管情况。

二是税源的分类管理趋向合理。各地按照属地管理和分类管理相结合的原则,根据纳税人性质、规模、行业特点以及税源管理的需要,实行不同的管理方式。对一般税源实行划片分段管理,实施区域化监控。许多地方还依据本地实际,在区域税源管理上采用纸质或电子税源地图、栋号标示等方式,使税源分布、户管范围一目了然。对重点企业、重要行业、重大投资建设项目,实行重点监控专业化管理,并按照纳税人纳税数额,建立起省、市、县分级重点税源管理体系,对重点税源户定期进行数据比对,按月写出税源监控分析报告。在基层初步形成了分局局领导联系重点户、科(股)长承包难点户、税收管理员管理具体户的"多维立体、齐抓共管"的良好格局。

三是纳税评估试行工作初见成效。近两年来,各地结合实际,采取人机结合的方式,探索建立纳税评估指标体系和方法体系,积极推行纳税评估,及时纠正和处理纳税人纳税申报不实的问题,有效化解了征纳双方的风险和矛盾,降低了征纳成本,促进了征纳和谐。部分条件较好的地方通过组织开发纳税评估软件,设置评估预警值,将所管辖的部分重点税源企业纳入纳税评估范围,促进了征管质量的稳步提高。全省各级地税机关共实施纳税评估 22530 户次,开展评估约谈 13276 户次,通过纳税评估补征税款 5466 万元,征收滞纳金 10 万元。

(四)强化职责,税收管理员岗责考核体系不断健全

在岗位设置上更加科学。省局按照国家税务总局关于建立和推行税收管理员制度的工作要求,在税收管理员制度中,对税收管理员的岗位性质、权利义务、职责范围、工作要求、监督管理等方面作了全面界定。各地还结合实际,对税收管理员的工作职责进行了进一步细化,做到税收管理员工作岗位明确,工作范围清晰,工作内容具体,工作责任明了,建立起一个任务量化、指标细化、责任硬化的税收管理员岗责体系。

在操作执行上更加规范。为保障税收管理员制度的有效实施,各级地税部门制定了一系列配套制度和办法,对税收管理员的管理事项在操作程序、权限范围、时限要求、质量标准等方面作了全面规范和统一。为了规范税收管理员日常管理工作,充分发挥点对点管理的优势,省局全面推行使用统一的《税收管理员工作手册》,做到了税收管理员的工作内容有案可查,税收管理员户管税源心中有数。

在监督考核上更加严格。全省地税系统建立起省局对市局、市局对县局、县局对分局、分局对税收管理员四级监督考核机制。各基层单位还普遍建立了工作绩效与个人收入、等级评定等挂钩的考核办法,以奖表优、以罚惩劣,营造出争优创优的良好氛围。通过不断完善税收管理员工作考核机制,税收管理员的工作责任心得到增强,征管能力得到明显改进,一个"执法有记录、过程可监控、结果可核查、绩效可考核"的良性循环、持续改进机制逐步形成。

二、明确思路,精心组织,"两制"工作朝着正确的方向迈进

(一)领导重视、思想统一是建立推行"两制"的前提

省局党组用历史发展的战略眼光,将"两制"的建立和推行看作地税事业实现新的跨越的载体和保证,把它确立为我省地税部门近几年乃至今后一个时期内的主要工作之一。党组书记、局长王文童经常听取"两制"工作的专题汇报,多次在有关材料上给予重

要批示。各地充分利用会议、地税通报、地税简报、业务培训等多种形式进行了广泛深入地宣传，为“两制”工作的顺利开展奠定了良好的思想基础。

（二）思路正确、精心组织是建立推行“两制”的关键

省局经过反复酝酿，确立了“一年试点，两年铺开，逐步完善，逐步深化”的工作思路，并按照先城区后乡镇的方式，在全省17个市（州）各选择一个城区分局作为“两制”工作试点单位，分步实施，逐层推进，全面铺开。在启用全省统一的《税收管理员手册》前，省局充分吸取各地在设计中的优点，广泛征求各地的意见，按照“统一化制定、个性化补充、人性化设计、电子化发展”的基本思路，制定了全省统一的企业版、个体版格式化模板，允许各地在不改变模板设计的前提下，因地制宜地适当添加个性化内容，并允许《税收管理员手册》的手工版和电子版在全省并行。

各地紧紧围绕以税源管理为中心，以推行税收管理员制度为切入点这一基本要求，在工作实践中大胆创新，在创新中不断完善。通过创新制度建设、创新税源管理、创新工作机制、创新机构设置、创新考核体系等一系列大胆改革，税收精细化管理水平有了明显提高，为深化“两制”工作积累了大量的经验。

（三）加强指导、注重总结是建立推行“两制”的保障

为了保障“两制”工作的正确贯彻落实，避免基层在执行中出现偏差，各地加强工作指导，一级抓一级，层层抓落实。在推行过程中，省局经常派员深入基层征管单位，一方面帮助和督导开展“两制”工作，一方面注意调查研究、发现问题、及时纠偏。如对有的地方“两制”的操作规范设置不严谨、不合理，工作环节有的过于简单，有的过于繁琐，有的甚至缺失，工作环节之间缺乏紧密联系，执行标准不一致等等，特别对多头、重复要求基层和税收管理员填写有关征管信息数据，增加基层和税收管理员的额外负担，影响“两制”深入推进等问题，一经发现，予以坚决纠正。

为了对“两制”工作的试点和全面实施情况进行总结分析，及时研究、解决实施中带有体制性和普遍性的问题，2005年11月省局专门召开全省地方税收征管工作会议。2007年8月省局再次召开全省地方税收征管工作会议，对近几年落实“两制”工作进行全面回顾和总结。另外对各地好的做法好的经验及时以简报、通报、现场会等多种形式予以肯定。近几年，省局先后推广了仙桃“井田制”管理，恩施州分事项管理，英山、五峰机构扁平化管理，黄石、襄樊征管电子档案资料管理，夷陵区税银库联网申报纳税管理，崇阳县能级制管理，荆门多元化申报管理，武汉市、安陆市个体电子定税等经验和做法。这些都对全省地税“两制”工作的开展起到了很好的指导和促进作用。

三、多措并举，深化“两制”，实现税收征管质的跨越

（一）加强户籍管理，夯实税源基础

要加强对各类企业、代扣代缴单位、个体工商户及未达起征点的纳税人的户籍管理，严格做好纳税人设立、变更、停复业、非正常户认定、注销、外出经营报验的登记管理，按照“一户式”管理的要求，建立健全户籍管理档案。要坚持与国税、工商登记信息交换比对制度，加强与相关部门的沟通协调，不断拓展第三方信息源，加强房屋、土地、车船等财产登记信息的收集和管理，及时维护纳税人登记信息。要切实落实户籍巡查制度，充分发挥税收管理员在户籍管理中的重要作用，有针对性地开展漏征漏管户清理，强化对辖区管户的动态监管，及时掌握纳税人的变动情况。

（二）推进纳税评估，提高管理能力

要积极稳步推进纳税评估工作，采取包

括经验评估、重点评估、抽样评估、分层次评估等多种方式，对企业应税能力进行深入的税收分析评估，提高税源管理能力。一要充分运用各种信息资料，具体分析企业相关税种纳税情况与其销售收入、实现增加值、实现利润等指标的对应关系，摸清规律，发现问题；二要探索制定行业平均利润率和平均税负等评估指标，建立科学的纳税评估机制，对纳税人纳税情况进行纵向和横向比较，分析测算纳税人实际纳税与应纳税额的差距，增强管理的针对性；三要注意将案头分析与实地询查相结合，深入了解纳税人纳税情况；四要充分发挥税收管理员对管户情况熟悉的优势，注重评估方式的人机结合。

（三）加快信息化建设，强化管理手段

应牢固树立科技加管理的理念，以计算机网络为依托，加快征管信息化建设步伐。要大力推行网上报税等电子申报纳税方式，搭建税收管理员工作信息平台，全面推行个体双定户税收电子定税，强化税收征管信息系统产表功能，规范纳税人信息采集录入标准，实现征管资料电子化管理，建立财税银库网络等，使全省地税征管水平在征管信息化建设中有质的飞跃。同时，要协调处理好两个关系。一是统分关系。省局主要负责在国家税务总局信息化建设一体化要求前提下的统一规划、规范数据标准等工作，各地主要负责执行与反馈，严防重复建设。二是协调关系。税收管理要充分依托信息技术支撑，信息技术的开发运用要严格依据税收业务流程，最大程度地满足征管实际需求，做到二者的有机统一。

（四）整合管理资源，建立互动机制

要整合各类税收业务管理资源，实现内部相关职能部门的税收管理信息共享，充分发挥税收管理的综合效能。要将税收分析、纳税评估、税务稽查和税务管理四个不同环节统筹考虑，建立税收分析、纳税评估、税务稽查和税务管理四者之间信息共享、双向反馈的良性互动机制，要在税收分析、纳税评估、税务稽查和税务管理间形成一个以税收分析指导评估和稽查，评估为稽查提供有效案源，稽查保证评估疑案的有效落实，评估与稽查反馈结果改进评估分析和税收分析工作的机制，以及时发现征管中存在的问题，找出薄弱环节，准确把握征管关键点，做到有的放矢，不断加以改进和提高。

（五）统筹部署工作，加强科学指导

一方面应加强对基层工作的科学指导，提高基层管理水平。另一方面应善于统筹部署、合理安排工作，避免增加基层和税收管理员的额外工作负担，让基层和税收管理员有更多精力、更多时间投入到税源管理工作。一要严格控制和合理安排对基层的各类检查评比，尽量实施综合性检查，减少单项检查，避免检查评比过频过滥。二要进一步清理各类报表，凡系统能够自动生成或经过加工可以生成的报表、数据，不再要求下级机关报送。三要加强对基层的调查研究，分类进行指导，及时纠正基层在政策执行和管理中的偏差，切实帮助基层解决管理中的实际问题。

（六）合理配置力量，优化人员结构

一是充实税收管理员队伍，努力提高税收管理员综合素质，使管理力量与税源管理的任务相匹配。二要综合考虑所管辖的税源分布状况、数量结构和基层人员数量和素质因素，对税收管理员进行优化组合，因才施用、人尽其才。三是坚持税收管理员定期轮岗制度，让每个税收管理员有多个岗位的实践经验，有机会接触更多的税收征管业务，全面提高其综合业务水平和管理能力。四是进一步完善考核机制，严格考核、奖惩分明，充分调动和发挥税收管理员的积极性和创造性，为深入推进“两制”工作，全面提升税收征管水平提供强大活力。

〔本文刊于《湖北地税》2008 年征管“两制”专刊。作者单位：湖北省地方税务局〕

武汉市地税局关于近两年经济税收税负变化及促进地税收入可持续增长的建议

武汉市地税局课题组

一、2006 年、2007 年税收完成及主要行业税负情况

2006 年、2007 年我局组织完成各项税费收入合计 215.79 亿元和 295.47 亿元，分别增长 24.8%和 26.9%(增幅均按可比口径计算，下同)，增收 42.89 亿元和 62.67 亿元。这两年税费收入占我市生产总值的比重分别为 8.33%和 9.41%，弹性系数为 1.68 和 1.72。

2006 年、2007 年我局税收收入分别完成 130.1 亿元和 185.18 亿元，增长 26.1%和 25.9%，增收 26.94 亿元和 38.06 亿元，为省局下达我局年度目标 118.6 亿元和 173.6 亿元的 109.7%和 106.7%，超收 11.5 亿元和 11.6 亿元。这两年税收负担(税收收入占生产总值的比重)分别为 5.02%和5.89%，弹性系数为 1.76 和 1.66。

(一)2006 年、2007 年地税收入完成的主要特点

——规模持续扩大。2006 年我局组织的各项收入首次突破 200 亿元，到 2007 年接近 300 亿元，达到 295.47 亿元，其中纳入省局考核的税收收入分别完成 130.1 亿元和 185.18 亿元，呈持续扩大态势。

——收入快速增长。2006 年、2007 年我局税收收入增长率达到 26.1%和 25.9%，均高于我市经济的发展速度。我局税收收入占全省地税收入的比重达到 53.7%和55.3%，呈稳步提升态势。

——结构协调合理。这两年税、费收入均实现高幅增长，如 2007 年税、费增幅分别达到 25.9%和 28.9%，实现了税费并重、同步增长的要求。

(二)2006 年、2007 年税收增收原因及税负变化情况简析

1. 反映了我市经济较快发展的良好态势

(1)投资拉动税收增长。2006 年、2007 年我市全社会固定资产投资完成 1325.29 亿元和 1729.5 亿元，增长 26.1%和 30.5%，增幅比当年的 GDP 高出 11.3 和 14.9 个百分点，与固定资产投资相关性强的建筑安装和房地产业保持良好增势：2006 年、2007 年建筑业税收分别完成 13.98 亿元和 18.34 亿元，增长 35%和 31.2%，比当年建筑业生产总值增幅高出 21.5 和 19.8 个百分点，占建筑业生产总值的比重为 7.21%和 7.56%，弹性系数为 2.59 和 2.74。2006 年、2007 年我局房地产业税收分别完成 32.92 亿元和 46.93 亿元，增长 44.5%和 42.6%，比当年房地产业生产总值增幅高出 40.9 和 28.8 个百分点，占房地产业生产总值的比重为 36.08%和 37.57%，弹性系数为 12.36 和 3.09，占商品房销售额的比重为 9.3%和 8.9%。

(2)现代制造业带动税收增长。近几年

我市围绕“四大支柱产业”(钢铁、汽车及机械装备制造、电子信息、石油化工)和“六大优势产业”(环保产业、烟草及食品业、家电产业、纺织服装业、医药产业、造纸及包装印刷业)大力发展现代制造业,有效促进了工业税收发展(二产业中除建筑业以外的所有产业):2006年、2007年我局工业税收分别完成19.75亿元和24.36亿元,增长25.2%和23.3%,比当年工业生产总值增幅高出6.3和3.8个百分点,占工业生产总值的比重为1.98%和2.03%,弹性系数为1.33和1.19。

(3)三产业发展促进三产业税收及相关行业增长。2006年、2007年我市三产业生产总值分别完成1280.09亿元和1572.35亿元,增长13%和14.2%。这两年三产业税收完成96.35亿元和142.41亿元元,比上年增长25.1%和25.6%,比三产业生产总值增幅高出12.1和11.4个百分点,占三产业生产总值的比重为7.53%和9.06%,弹性系数为1.93和1.80。

2. 展现了税收征管质量稳步提高的成果

(1)深化收入质量管理。2006年、2007年我局不断强化和完善收入目标、征管质量和三级税源管理相结合的目标考核方式,2007年正式将市级重大工程项目纳入监控范围,进一步加大税源源泉控管力度,还根据清欠工作的要求,加大了“欠税增减率”等指标的考核,量化考核、以管促收,有效促进税收征管质量的提高。

(2)狠抓移交“两税”征管。我局多次与市财政、市房产局、市国土资源管理局等部门联系、协调,取得兄弟部门的大力支持和配合,取得了较好的成效。2007年“两税”合计完成195005万元,比上年同期增长14.6%,增收24831万元。

(3)大力开展专项清理。一是清户,全系统用了5个多月的时间,出动3万人次,共对全市范围内各类大小经营户21.4万户进行了清查登记,清理出漏征漏管户2.8万户;二是清欠,对全系统的欠税进行了全面的检查、清理,摸清了欠税的总体规模,分析了欠税成因,制定了严格的压欠计划,并在媒体上发布了失踪欠税人公告,有力地促进了我局欠税管理水平的提高,强化了欠税从严管理的要求,2007年欠税入库83090万元。

二、2007年税收完成及主要行业税负在15个副省级城市和中部五省省会城市中的比较

(一)15个副省级城市地税收入情况比较

2007年我局税收收入在15个副省级城市中排第7位,增幅排第13位,税负排第9位,税收与经济的弹性系数排第12位。

1. 主要税种比较:营业税排第9位,占税收的比重排第10位,增幅排第13位,与经济的弹性系数排第14位;企业所得税排第10位,占税收的比重排第14位,增幅排第14位,与经济的弹性系数排第4位;个人所得税排第7位,占税收的比重排第11位,增幅排第4位,与经济的弹性系数排第3位;城建税排第5位,占税收的比重排第1位,增幅排第10位,与经济的弹性系数排第11位。

2. 主要行业比较:在这15个副省级城市地税收入中,第一产业提供的税收较小,因此下面主要从二产业和三产业提供的税收进行比较。

(1)二产业税收。2007年二产业税收规模排第11位,增幅排第8位。其中,工业税收规模排第10位,增幅排第9位;建筑业税收规模排第10位,增幅排第4位。

(2)三产业税收。2007年三产业税收规模排第7位,增幅排第12位。其中,交通运输仓储邮政业规模排第10位,增幅排第8位;信息软件业规模排第6位,增幅排第13位;批发零售业规模排第11位,增幅排第11

位;住宿餐饮业规模排第 8 位,增幅排第 10 位;金融业规模排第 6 位,增幅排第 10 位;房地产业规模排第 10 位,增幅排第 8 位。

(二)中部五省省会城市地税收入情况比较

2007 年税收收入在中部五省省会城市中排第 1 位,增幅排第 5 位,税负排第 2 位,税收与经济的弹性系数排第 5 位。

1. 主要税种比较:营业税排第 1 位,占税收的比重排第 5 位,增幅排第 5 位,与经济的弹性系数排第 5 位;企业所得税排第 2 位,占税收的比重排第 3 位,增幅排第 1 位,与经济的弹性系数排第 1 位;个人所得税排第 1 位,占税收的比重排第 2 位,增幅排第 1 位,与经济的弹性系数排第 1 位;城建税排第 1 位,占税收的比重排第 1 位,增幅排第 3 位,与经济的弹性系数排第 3 位。

2. 主要行业比较:

(1)二产业税收。2007 年二产业税收在中部五省省会城市中规模排第 2 位,增幅排第 3 位。其中,工业规模排第 2 位,增幅排第 3 位;建筑业规模排第 3 位,增幅排第 4 位。

(2)三产业税收。2007 年三产业税收在中部五省省会城市中规模排第 1 位,增幅排第 5 位。其中,交通运输仓储邮政业规模排第 1 位,增幅排第 3 位;信息软件业规模排第 1 位,增幅排第 3 位;批发零售业规模排第 1 位,增幅排第 3 位;住宿餐饮业规模排第 1 位,增幅排第 3 位;金融业规模排第 1 位,增幅排第 4 位;房地产业规模排第 1 位,增幅排第 4 位。

三、影响武汉地税收入增长和税收负担的主要因素分析

(一)经济因素影响

1. 地税收入在 15 个副省级城市及中部六省省会城市中的排位客观反映了我市经济发展水平。

2007 年在 15 个副省级城市中,我市生产总值排第 8 位,我局税收收入排第 7 位、比生产总值高 1 位。从分行业情况看,我局二产业税收排第 11 位、工业税收排第 10 位、建筑业税收排第 10 位、三产业税收排第 7 位、交通运输仓储业税收排 10 位、信息传输计算机服务软件业税收排第 6 位、批发零售业税收排第 11 位、住宿餐饮业税收排第 8 位、金融业税收排第 6 位、房地产业税收排第 10 位,可见各行业税收在 15 个副省级城市中的排位是以第 8 位为中心、上下波动。

2007 在中部五省省会城市中,我市生产总值排第 1 位,因此无论是税收总规模、主要税种完成数还是分产业、分行业的税收,我局收入在这五个城市中绝大多数都是居第 1 位的。

2. 前两年的高增长、高基数是 2007 年我局税收收入增幅排位靠后的主要原因。从收入增幅上来看,2005 年我局税收增幅高达 33.6%,在全国 15 个副省级城市中名列第 1。2006 年增幅达到 26.1%,在全国 15 个副省级城市中排第 3 位。正是这两年的高幅增长,使得基数过高,影响了我局 2007 在全国 15 个副省级城市中的排名,2007 年仅排第 13 位。即使如此,2007 年我局收入增幅达到 25.9%,比经济增长快 10.3 个百分点。

3. 我市老工业基地的经济发展特征决定了我市国、地税收入的税负比。2007 年我市国、地税税收收入占 GDP 的比重分别为 11.32%和 5.89%,在 15 个副省级城市中分别排第 7 位和第 9 位,国税收入是我局收入的 1.92 倍,这个比例在 15 个副省级城市中排第 4 位,仅低于青岛、长春和深圳,说明了我市经济提供给国税局的税源较多。从税种情况看,2007 年我局城建税在 15 个副省级城市中排第 5 位,比生产总值高 3 个位次、比国税在 15 个副省级城市中的排位高 2 个位次,城建税占我局税收的比重在 15 个副省级城市中排第 1 位,间接反映出我市老工业基地的客观事实。

4. 我市三产业发展相对较慢,制约了地税三产业各行业税收的增长。2007年我市三产业生产总值完成1572.35亿元,在15个副省级城市中排第7位,增长14.2%,增幅在15个副省级城市中排第11位。2007年我局三产业税收完成142.41亿元,在15个副省级城市中规模排第7位,增长25.6%,增幅排第12位。由于我市三产业发展相对较慢,制约了三产业各行业税收的增长:交通运输仓储邮政业增幅排第8位、信息软件业增幅排第13位、批发零售业增幅排第11位、住宿餐饮业增幅排第10位、金融业增幅排第10位、房地产业增幅排第8位。

(二)征管因素影响

1. 我市个人所得税征收情况较好。近年来,我局一直狠抓个人所得税控管不放松,强化企、事业单位代扣代缴,推进全员全额扣缴申报管理工作,不断健全和完善个人所得税护税协税网络,有力地促进了个人所得税征收管理。2007年我市城镇居民人均可支配收入达到14358元,在15个副省级城市中排第12位,增长16.2%,排第5位。2007年我局个人所得税完成27.7亿元,在15个副省级城市中排第7位,比城镇居民人均可支配收入排位高了5位;增长44.2%、排第4位,比城镇居民人均可支配收入排位高了1位;与经济的弹性系数排第3位。

2. 在税源管理上,与兄弟城市还有一定的差距。如在房地产上,成都市对房地产业实行的是"专业化、信息化、社会化、精细化"的一体化管理,即地税部门组建了一支由249人组成的专业人员队伍专门管理房地产企业,并且在市政府的协调下,将税收管理环节与房管、建设、国土等部门的行政行为融合在一体实施,地税与规划、房管、国土等十七部门建立了协税护税机制,把共同加强房地产税收一体化管理纳入了目标管理,确实发挥好综合治税这一特色平台。这些措施的实行,使房地产开发建设过程中有关税收征管的信息从立项到用地建设到税收征纳入库等情况一目了然,提高了房地产业控管效率。

四、相关建议

(一)加快我市产业结构调整,做大做强传统优势型和现代高新型产业群

1. 加快我市老工业基地现代化改造。要按照比较优势的原则,千方百计地支持我市"四大支柱产业"(钢铁、汽车及机械装备制造、电子信息、石油化工)和"六大优势产业"(环保产业、烟草及食品业、家电产业、纺织服装业、医药产业、造纸及包装印刷业)做大做强,全力支持打造"制造航母"和塑造"武汉制造"品牌,大力支持加工业和制造业零部件销售、代理业的发展,促进我市制造业拉长产业链,形成产业群,把小的促进做大,大的科学做强,最大限度的发挥制造业对经济的集聚效应。

2. 适度加快房地产业发展的步伐。应该是在稳定、持续、健康的前提下,积极利用地方政策资源,促进房地产业经济的良性发展。同时,还要拉长房地产的产业链。发达的房地产市场,不仅仅是开发市场的红火,对建材、设计、装修、家政、经纪、物业等上下游配套产业都有很强的需求,同时这些行业的发展还有利于提升房地产业的品牌,安排就业和带动创业,增强房地产市场的发展后劲。

3. 发展现代服务业。我市在加快现代制造业发展的同时,要落实市委、市政府"将区位优势转化为现代服务业的优势"要求的,在发展现代制造业的基础上,特别注意三产业的发展。一是发展现代生产型服务业。要努力启动和引导金融、通讯业、物流业等生产型服务业发展,把武汉打造成为华中的金融中心、信息中心、物流中心和交通枢纽。

4. 发展高新技术产业。要将这一优势进一步发挥,继续落实中央增强自主创新能

力和转变经济发展方式的要求，依托我市高校教育优势，对信息产业的研发、产业、人才、资金等资源要素整合与重组，重点发展光通信、移动通信、显示、智能家电和软件产业，培育扶植集成电路、汽车电子、金融电子等产业，不断提升信息传输计算机服务软件业的税收贡献，加快我市高新产业发展。

（二）强化税收征管，健全税源控管，确保实现税款的及时足额征收

1. 强化重点税源控管。近年来，我市不断推进三级税源管理，取得了很好的成效。在此基础上，要依托信息化管理手段深化对税源的控管。要充分利用地税一户式管理信息系统，进一步完善税收征管体制，深入推进信息化建设，完善对税收全程的监督与管理，建立严密高效的税收管理模式，加强普遍税源的监控管理力度，使税源监控管理工作显示其越来越强大的威力。

2. 深化社会综合治税。在组织收入工作中，要动员全社会参与和支持依法治税，共同营造一个良好的税收执法环境，要主动争取市委、市政府领导对税收工作的重视与支持，多与相关部门进行沟通协调，争取社会各界对依法治税的理解与配合。以房地产业为例，房地产行业是我市地税的第一大来源，其行业征管质量好坏与否将决定全局税收收入完成情况。

3. 加强零散税收的管理。依托“883 社区”计划，充分发挥街道办、居委会、社区及其他组织的协税护税的作用，为个体零散税收的征管提供组织上的保障，形成切实可行的长效机制。同时，尽快在餐饮、娱乐、服务业等具有一定规模和固定经营场所的纳税人中推广使用税控收款机，这种控管模式比现有的“以票控税”更为严密、更为科学。

〔本文参加湖北省地税系统 2008 年专题交流〕

非供水供电单位和个人收取水电费使用票据及相关税收政策问题评析

胡智星

这里的非供水供电的单位和个人（以下简称甲方，并简称其收取水电费的对象为乙方，供水供电企业为丙方），是指除了供水供电企业之外的其他所有单位和个人，主要有行政事业单位、企业（包括物业管理企业和其他生产经营企业）、个体工商户和自然人等。

一、甲方受供水供电企业委托而代收水电费使用票据及相关税收政策问题

其一，甲方持丙方开具的发票代丙方收取。丙方与甲方签订委托收款合同、乙方与甲方签订委托付款合同。丙方定期通知甲方从乙方银行账上划扣应收的水费，丙方确认划扣成功后据此开具增值税专用发票或普通发票，并将增值税普通发票传递给甲方，再由甲方送给乙方。所开具的增值税专用发票、增值税普通发票由丙方直接送合乙方。

其二，甲方持丙方空白的发票代丙方收取。例如，丙方委托甲方向乙方收取电费采

取的方法是：丙方与甲方签订合同，委托甲方代收、代扣只需开具增值税普通发票的乙方用户的电费，并将丙方增值税普通发票交由甲方直接向乙方开具，定期进行票证结报。对需要开具增值税专用发票的乙方用户则由丙方直接收取电费，并开具增值税专用发票。

其三，甲方持自己领购的发票代丙方收取。例如，安徽省地方税务局《关于物业管理企业发票管理问题的批复》(皖地税函〔1998〕27号)规定：物业管理公司提供服务收费应使用“社会服务业统一发票”。代收水电费原则上不使用地税发票，若需要使用，在票上单列项目。但是广东财政厅却规定，从2003年5月9日起执行《关于明确有关非经营性收费收入使用票据问题的通知》(粤财综〔2003〕58号)，要求行政事业单位代收职工水电费要使用财政票据。随后又在《广东省财政厅关于明确有关往来款使用财政票据问题的通知》(粤财综〔2005〕68号)中明确“行政机关、事业单位(社会团体)在往来款业务中，收取与支出(上缴)款项金额必须一致，中间不得增加或减少其他费用。”

二、甲方未受供水供电企业委托而自行收取水电费使用票据及相关税收政策问题

(一)如果甲方是增值税一般纳税人，那么他就应当向乙方或开具增值税专用发票，或开具增值税普通发票

1. 当乙方是增值税一般纳税人时，甲方就应开具增值税专用发票。只有这样乙方才能抵扣水电费的进项税额。例如，广州市国家税务局《关于转售水、电征收增值税问题的通知》(穗国税〔2004〕173号)规定：水、电总表纳税人向分表纳税人单独收取分摊水、电费的，应照章缴纳增值税；同时，取消使用水电费分摊明细表抵扣进项税额的规定(笔者注：说明此前是可以凭水电费分摊明细表抵扣进项税额的)，分表的增值税一般纳税人只能凭取得的增值税专用发票抵扣水、电费进项税额，总表纳税人可以到主管税务机关申请认定为增值税一般纳税人，纳入防伪税控系统管理。

2. 当乙方不是增值税一般纳税人时，甲方就应当开具普通发票。并同样要就其取得的转售水电收入申报缴纳增值税。但这时有两种情况要特别注意：一是如果甲方是增值税一般纳税人，其向乙方开票收取了水电费，那么就会对甲方自身的进项税额抵扣产生影响。二是如果乙方是甲方的职工，且其生活所用水电与甲方生产经营所用水电共用的是一块水表、电表，那么甲方应在向供水供电企业缴费取得增值税专用发票后作进项税额转出处理。

(二)如果甲方不是增值税一般纳税人，那么开具什么票据就要视甲、乙双方的不同具体情况而定

1. 如果乙方是增值税一般纳税人，那么甲方应当向乙方开具增值税专用发票。而这时甲方又不是增值税一般纳税人，所以甲方只能到国税机关缴纳增值税款并申请代开增值税专用发票。不过国家税务局对甲方申请代开是有限制条件的：其一，国家税务总局《关于印发〈税务机关代开增值税专用发票管理办法(试行)〉的通知》(国税发〔2004〕153号)规定：“代开专用发票是指主管税务机关为所辖范围内的增值税纳税人代开专用发票，其他单位和个人不得代开。”“本办法所称增值税纳税人是指已办理税务登记的小规模纳税人(包括个体经营者)以及国家税务总局确定的其他可予代开增值税专用发票的纳税人。”“增值税纳税人申请代开专用发票时，应填写《代开增值税专用发票缴纳税款申报单》(式样见附件，以下简称《申报单》)，连同税务登记证副本，到主管税务机关税款征收岗位按专用发票上注明的税额全额申报缴纳税款，同时缴纳专用发票工本费。”其二，国家税务总局《关于由税务所为小规模企业代开增

值税专用发票的通知》(国税明电〔1994〕023号)的规定:小规模企业销售免税货物或将货物、应税劳务销售给消费者的,以及小额零星销售,不得代开专用发票。对于不能认真履行纳税义务的小规模企业,不得代开专用发票。税务机关应限期要求小规模企业健全会计核算,在限期内会计核算达不到要求的,仍按小规模纳税人的规定计算交纳增值税,但不再代开专用发票。如果甲方不符合上述条件,或属于不得代开情形的,则不能申请代开增值税专用发票,也就是说乙方不能从甲方获得增值税专用发票用以抵扣进项税额,这对乙方来说既是无奈也是损失。但如果甲方符合关于代开增值税专用发票的文件规定,就可以代开。

2. 如果乙方不是增值税一般纳税人,那么甲方可以依乙方财务处理或税务处理需求,或向其开具(甲方是增值税小规模纳税人时)增值税普通发票,或申请代开增值税普通发票,或开具税务监制收据,或开具财政监制行政事业性收费票据,或开具原始凭证分割单。但不论甲方如何使用票据和财务如何处理都必须就此收入缴纳增值税。这方面问题最突出的是,行政机关、企事业单位在向承租房屋经营户收取水电费时和向单位职工收取水电费时大多采取用收据收取水电费未依法申报缴纳增值税。这一问题在审计部门严格审计时和在国税部门检查时都过不了关。

3. 如果甲方与乙方有约在先,甲方将乙方应缴的水电费(例如对水电费实行限量定额管理时)与甲方自己应收取的但不是甲方代收的物业管理费和租金一同收取,且甲方既未在发票上注明水电费也未在账上单独核算,那么这时的水电费就是营业税应税收入即物业费、租金的价外收费,甲方必须使用地税部门的服务业发票。甲方收入(包括物业管理费和租金收入以及价外收费即水电费)的性质,既不是受委托代收水电费取得收入,也不是自行转售水电而取得收入,而是甲方自己从事服务业的营业税应税收入,应就其全部收入计征营业税及附加税费。这种情况下,乙方即使是增值税一般纳税人也不能取得水电费增值税专用发票进行进项税额抵扣,也不可能取得增值税普通发票的,只能取得地税服务业发票并将其列入相关费用进行核算。

(三)不论甲、乙双方之间是何关系,只要协商丙方即供水供电企业同意,也可以直接由丙方向乙方开具丙方的供售水电的发票

不过在这种情况下,甲方就不再是转售水电的行为。这时丙方可以根据甲方水电总表数量和水电费金额,以及甲乙双方有提供的、共同认可的各自的水电费明细表,由丙方分别向甲、乙方开具增值税专用发票或普通发票。

在甲方未经丙方即供水供电企业委托而自行收取水电费的情况下有三个问题应当注意:一是关于加价收取水电费问题的处理。如果甲方加价向乙方收取水电费,那么这种行为的性质就是售电行为。根据《增值税暂行条例实施细则》(财法字〔1993〕38号)的规定"价外费用,是指价外向购买方收取的手续费、补贴、基金、集资费、返还利润、奖励费、违约金(延期付款利息)、包装费、包装物租金、储备费、优质费、运输装卸费、代收款项、代垫款项及其他各种性质的价外收费。"同时,"凡价外费用,无论其会计制度如何核算,均应并入销售额计算应纳税额。"如果甲方是转售水电行为,同时还加价收取水电费那么就应当应其全部收入计征增值税。二是关于原始凭证分割单收取水电费的问题。《会计基础工作规范》第五十一条关于记账凭证的基本要求规定:"一张原始凭证所列支出需要几个单位共同负担的,应当将其他单位负担的部分,开给对方原始凭证分割单,进行结算。原始凭证分割单必须具备原始凭证的基本内容:

凭证名称、填制凭证日期、填制凭证单位名称或者填制人姓名、经办人的签名或者盖章、接受凭证单位名称、经济业务内容、数量、单价、金额和费用分摊情况等。”据此，甲方向乙方转售水电从财务处理上讲可以向乙方开出水电费的原始凭证分割单，乙方可以凭原始凭证分割单入账，但一般不能解决进项税额抵扣的问题。不过实际操作中，也有经主管国税机关审核认可，准许进项税额抵扣的。在财务处理实际操作中，虽然甲方在向丙方缴纳甲乙双方共同负担的水电费时可以将分割给乙方的水电费作“其他应收款”往来业务处理，但并不能改变其向乙方以原始凭证分割单结算水电费时取得收入的性质，即不论财务如何处理必须就此转售业务收入申报缴纳增值税。三是关于个人申请代开普通发票应税金额是否达到起征点问题的处理。《国家税务总局关于加强和规范税务机关代开普通发票工作的通知》(国税函〔2004〕1024 号)规定：申请代开发票经营额达不到省、自治区、直辖市税务机关确定的按次起征点的，只代开发票，不征税。但根据代开发票记录，属于同一申请代开发票的单位和个人，在一个纳税期内累计开票金额达到按月起征点的，应在达到起征点的当次一并计算征税。

三、甲方未受供水供电企业委托而受乙方委托代垫、代缴乙方水电费，而后再向乙方收取水电费使用票据及相关税收政策问题

其一，是受托代收水电费还是自行收取水电费。很多甲方尤其是当甲方是出租方、物业管理者时总是自以为收取乙方的水电费是为了缴给丙方即供水供电企业，自己没有经营获利，是在进行所谓的“代收水电费”。殊不知，丙方并没有委托甲方代收，而只是甲方自己单方面认为“代收水电费”。所以，在税收政策上不能按属于营业税“服务业”税目中的“代理”业务来认定和处理，不适用《国家税务总局关于物业管理企业的代收费用有关营业税问题的通知》(国税发〔1998〕217 号)中“对物业管理企业代有关部门收取的水费、电费、燃(煤)气费、维修基金、房租不计征营业税”的规定。甲方所谓的“代收水电费”不是营业税“服务业”税目中的‘代理’业务，而是增值税销售贷物业务即转售水电，发生了增值税应税行为和收入。同理，甲方如果自己单方面认为收取水电费是收回代乙方支付、垫付的水电费，是在进行所谓的“代支、代垫”的话，也必须要有乙方的合法有效的委托合同才能得到税收政策上的认定。否则是不成立的。

其二，是增值税销售收入还是营业税应税劳务收入。一般情况下，收取水电费要么是营业税服务业代理业务，要么是增值税销售贷物业务。可以肯定，受委托代供水供电企业收取水电费除代收手续费外都实质上是丙方即供水供电企业的增值税销售贷物业务；未经丙方委托而自行收取水电费大多是甲方的水电转售业务，也是属于增值税销售贷物业务范畴；加价收取水电费同样也是甲方的增值税销售贷物业务，并适用增值税“价外费用”的相关政策规定。而将水电费与物业管理费和租金等营业税服务业收入一同收取，且甲方即未在发票上注明水电费也未在账上单独核算，这种情况就属于营业税应税收入。甲方向丙方取得的代收水电费手续费收入也应缴纳营业税及附征税费。

其三，是选择放弃进项税额抵扣还是选择不放弃进项税额抵扣。当乙方选择放弃水电费的进项税额抵扣则可以接受甲方开出的国税增值税普通发票、或地税服务业发票、或税务监制收款收据、或原始凭证分割单，甚至财政部门的行政事业性收费票据。否则就必须从甲方取得增税专用发票。

其四，是供用水电合同关系还是非供用水电合同关系。如果乙方与丙方有供用水电合同关系，则甲方要么是受丙方委托代收水电费，要么是受乙方委托并因自己代支、代垫水电费而收取水电费。如果丙方与甲方有供用水电合同关系，那么甲方收取乙方水电费就是转售行为；除非将水电费与其物业管理费和租金等营业税服务业收入一同收取，未在发票上注明水电费也未在账上单独核算，取得营业税应税收入。

其五，是内部结算还是外部结算。水电费内部结算可使用收据，没有应税收入，一般也不涉及发票问题，而外部结算则反之。

〔本文 2008 年先后在《中国税网》、《中国纳税服务网》、《中国涉外税收网》上刊载。〕

恩施州经济税源与地方税收可持续发展研究

恩施州地方税务局课题组

一、影响恩施州地税收入增长的主要因素分析

(一)经济基础薄弱，规模总量较小，地税收入的增长后劲较弱

“十五”期间，全省经济的平均发展速度为 9.8%，而恩施州仅为 6.1%，低于全省平均水平 3.7 个百分点。2007 年全省生产总值达 9150 亿元，经济平均发展速度为 14.5%，是自 1979 年以来增幅最高的一年，而恩施州同年的生产总值为 210.35 亿元，仅占全省生产总值的 2.29%，经济发展速度仅为 6.3%，低于全省平均水平 8.2 个百分点。

(二)产业结构欠优，工业不发达，出现行业税负与 GDP 倒挂的现象

第一产业占比过大，农业产业化水平低，增加了提高宏观税负的难度。2007 年，恩施州第一产业的生产总值为 79.36 亿元，占当年全州生产总值的 37.7%。税负水平与 GDP 结构紧密相关，第一产业属无税增加值，其比重越高，宏观税负水平越易处于较低的区间。因而第一产业占比过大将是恩施州地方税收宏观税负水平难以提高的重要因素之一。

第二产业比重小，结构不优，工业不发达，地税收入持续增长缺少强力支撑。受多方条件限制，恩施州的工业历来发展滞后，而且工业各行业中加工制造业发展滞后，企业技术装备水平较低。在 2007 年恩施州的生产总值中，工业生产总值为 40 亿元，占全州生产总值的 19.02%，比上年下降6.00%，比全省低近 20 多个百分点。工业的发展缓慢在税收上有较大的反映：2006 年，恩施州工业实现地方税收占 GDP 的比重为1.50%，2007 年为 1.49%，比上年下降0.01个百分点。所以只有进一步提高工业化水平，恩施州地方税收持续增长才有强大的支撑力。

第三产业以传统服务业为主，新兴服务业发展不够，创税能力相对较弱。2007 年，恩施州第三产业占 GDP 比重为 38.66%，比上年增长 13.00%。虽然增长幅度较大，但存在传统服务业比重较大，新兴第三产业发展不足，地方税收贡献率总体处于较低水平的现象。交通运输、仓储、通讯业、批发零售、餐饮业等传统行业提供的 GDP 占整个第三产业比重较大，但其宏观税负较低；近几年在全国迅速兴起和快速发展的一系列高利税行

业,如旅游业、信息产业、社会中介和高新技术服务业,在恩施州明显存在发展领域不够和发展速度过慢的问题。因此,从行业实现的生产总值与税收负担率来看,存在行业税负水平与GDP倒挂的现象:2007年,工业企业实现的生产总值占房地产业的485.44%,但其税收负担率却比房地产业低2.01个百分点。这种现象的存在,降低了单位GDP对地税收入的贡献,加剧了经济增长与地税收入增长不对称的矛盾。

(三)受税收政策影响,部分税源向国税转移,将影响恩施州税收税负水平

按照有关税收政策规定,所有新登记企业的企业所得税全部由国税部门征收。而且原来由地税部门管理的老企业由于中央参股等经营方式的出现,也逐渐改由国税部门征收企业所得税。2007年,恩施州地税部门入库企业所得税4600万元,占2002年同类税收的93.87%。由此可见,近5年来,地税部门征收的企业所得税整体处于负增长状态。而国税部门征收的企业所得税2002年为1049万元,2007年增长到了5933万元,5年间增长465.59%。

(四)居民收入水平相对较低,消费能力相对较弱,对经济发展推动力不强

恩施州城镇居民人均可支配收入与全省其它地区相比仍然处于偏低水平。2007年,全省城镇居民人均可支配收入为11300元,而恩施州为8274万元,比全省平均水平低26.78%。同时,城镇居民收入的增长幅度也较慢:2007年,全州城镇居民人均可支配收入同比增长8.98%,比全省15.27%的增幅低6.29个百分点。城镇居民收入水平的高低对个人所得税收入增长影响很大。恩施州居民较低的收入水平和相对缓慢的增长速度,还制约着恩施州社会消费品零售总额规模及其增长速度,对地方税收中的营业税和城建税均有不同程度的影响。

(五)"两路"工程完工,烟厂税收入库方式改变,将会使恩施州地税收入的增速减慢

"两路"工程为恩施州带来了丰厚税源,不仅为地方经济发展注入了强大活力,更是近年来地方税收快速增长不可替代的拉动力。2008年,"两路"工程将相继进入尾期,但在近几年时间内,恩施州难有相应规模的投资填补,这将造成恩施州一段时间内同等规模大税源的缺失;同时,烟厂税收入库方式改变,将会使恩施州地方税收大幅减少。

二、2008-2010年全州税源分析及地税收入预测

(一)宏观经济政策对经济税源的影响

1. 国民生产总值增长为税收提供稳定的税源。全州"十一五"期末GDP预计达到259.35亿元,按2006年、2007年地方税负可比较口径计算(不考虑其他增收、减收因素),2008年可实现地方税收11.11亿元,2010年可实现地方税收12.68亿元。

2. 投资、出口、消费"三驾马车"对税收增长拉动明显。从投资方面看,"十一五"期间年均增长10%,2008年为103.9亿元,2010年达到122亿元(均不包括"两路")。从投资结构上看,一方面,"两路"的完工对地方税源影响巨大,近几年"两路"提供的年均税收在1亿元左右,"两路"的完工给地方税源带来的影响在短期内无法弥补和替代。另一方面,固定资产投资年均增长10%在一定程度上弥补了"两路"完工带来的空缺,但由于设备投资占固定资产投资比重较大,直接经济税源较"两路"有较大差距。第三,"两路"完工后,大型固定资产投资减少,中小规模的固定资产投资形成的经济税源管理难度相对较大,对地税管理提出了更高的要求。从投资产生的税收效益看,按照固定资产投资率、GDP增长速度、税收弹性系数等指标预测,2008年可实现投资性地方税收2.8亿元,2010年可实现投资性地方税收3.2亿元,

比 2007 年度建筑业、房地产业提供的地税收入 38089 万元减收 6000 万元左右。

从消费和出口方面看，2010 年社会消费品零售总额 84 亿元，占 GDP 的 32%，出口 4565 万美元，约占 GDP 的 1%，消费和出口共占 GDP 的 33%。消费和出口直接增加消费税和增值税，对城建税增收影响较大。

（二）大型投资项目对地税收入的影响

1. 新增投资项目增收预测

（1）重点工程增收预测。2008—2010 年全州重点工程增加投资 10.3 亿元，扣除非税源因素，可提供税收 3000 万元左右。其中 2008 年增加投资 3.8 亿元，可提供税收 1200 万元左右。

（2）铁矿资源增收预测。我州已探明储量 12.9 亿吨，远景储量 40 亿吨以上，含铁 41.95%～52.6%，含磷 0.3%～1.8%，其中工业储量 6.5 亿吨，富矿 8.6 亿吨，占总量的 50.9%。目前已有武钢、朝阳矿业公司、中坦矿业公司、索鑫矿业公司、智力矿业公司等国营、民营企业对我州铁矿资源进行试验开发，其中武钢明确了工业化实验的规模，粉矿加工 50 万吨/年，选矿试验厂50 万吨/年。按年粉矿加工 50 万吨和选矿试验 50 万吨计算，2008—2010 年每年可增加税收 1000 万元左右，其中资源税 750 万元（按现行每吨 7.5 元计算）。

（3）天然气开发增收。"十一五"期间我州将进一步加大天然气开发力度，全力支持利川"建深 1 号天然气井"（总投资约 1 亿元）建设，现初步探测，该井天然气储量在 1500 亿至 2000 亿立方米。稳步开发天然气资源，到 2010 年，力争天然气产量达到 5 亿立方米。按每立方米可实现 1.2 元产值计算，可实现 6 亿元产值，按 2006 年、2007 年平均宏观税负计算可增加地方税收近 3000 万元。

（4）旅游资源增收。"十一五"期末，全州年接待海内外游客 362 万人次，其中海外游客 20 万人次，国内旅游者 342 万人次；旅游总收入 21.4 亿元，占全州 GDP 的 7.5%，其中入境旅游创汇 2500 万美元，国内旅游总收入 19.4 亿元。预测每年可提供地方税收 1000 万元。

（5）电力税源增收。"十一五"期末，全州水电装机容量超过 400 万千瓦（含水布垭 184 万千瓦），年发电量突破 120 亿度。2010 年，全州电力装机容量达到 580 万千瓦（抽水蓄能 80 万千瓦，风电 30 万千瓦，煤矸石火电 30 万千瓦，小水电 40 万千瓦），年发电量 165 亿度。按每度电可实现产值 0.4 元计算，可实现产值 66 亿元，每年提供地方税收 9000 万元左右。

（6）煤炭资源增收。"十一五"期末，全州煤炭生产规划 400 万吨/年，年外销 200 万吨，州内用煤 200 万吨，保障全州水泥生产企业、工业大户耗煤及城乡居民生活用煤。2010 年，全州煤炭生产规模500 万吨/年，年外销 350 万吨。按每吨 400 元计算可实现产值 20 亿元，年提供地方税收 2000 万元左右。

2. 投资完工项目减收预测

（1）"两路"减收。"两路"总投资 270 亿元，至 2007 年底完成投资 176 亿元，其中 2007 年完成投资 36 亿元。2008 年计划投资 55 亿元，投资总额虽然比 2007 年多，但由于工程后期以设备安装为主，所以实际可形成的经济税源远低于 2007 年，预计 2008 年可实现税收 6000 万元，比 2007 年实际完成数减少 9570 万元。2009 年还剩 39 亿元，从 2009 年起每年将减少两路税收 8000 多万元，2010 年后每年减少税收 1.1 亿元。

（2）水布垭工程减收。水布垭工程总投资 120 亿元，至 2007 年底共完成投资 961046 万元，2008 年计划投资 11 亿元，2009 年以后还剩 13 亿元，且主要是电站设备投资，预计每年减少税收 3000 万元。

（3）其他工程减收。至 2007 年底，恩施市烟叶复烤厂扩建工程、恩施凤凰大桥、恩施大龙潭电站工程、利川至奉节公路工程、利川腾龙洞旅游工程、建始四十二坝水库维修工程、建始业州垃圾处理厂、巴东沿渡河四乡镇污水治理工程、来凤纳吉滩电站、咸丰田寨河水电站、恩施机场改造等重点工程都已完工,总投资额148477万元,提供地方税收2000万元。这批工程完工后,每年将直接减少税收2000万元。

3. 其他减收预测

清江卷烟厂近三年分别提供地方税收13300万元、16902万元、21026万元(其中本地征收15800万元,武汉市划转5226万元),三年平均每年提供地方税收17076万元。2007年底清江卷烟厂破产后,除武烟每年划拨外,每年将减少税收13000万元左右。

三、关于经济与地税收入和谐发展的若干建议

(一)进一步加大地方税源培植力度

在制定规划、谋划项目时,要坚持科学的发展观,具有强烈的"生财"观念,实施项目带动战略,促进地方收入增长。下达招商引资任务时,除确定引进项目数和引资额外,还要测算出所引进的项目每年能收到多少税收(特别是地方能得到多少税),并将其作为任务考核的一个指标。

(二)进一步优化三次产业结构

一是优先发展第二产业,增加地方税源。发展第二产业既能直接增加地方税收,又能带动相关行业的发展,从而带来地方税种的普遍增收,因此,要进一步加大工业园区建设,大力推行"工业兴州"战略。二是大力发展第三产业。分税制后,第三产业缴纳的营业税已经成为地方财政收入的主要税种,也是提供地方税收潜力最大的产业。第三产业的大多数行业具有投资少、见效快的特点,属活力型财源。同时,发展第三产业既可直接创造税源,又可改善第一、第二产业的发展环境,仍至全州经济社会发展大环境,从而间接创造税源。在发现第三产业的过程中,尤其应该重视对第一产业的"改造或升级",农业无税不等于农村无税,要善于变无税为有税。如宜以新农村建设为契机,大力发展观光旅游农、林、牧、渔业和"农家乐"等新型农村服务业,从而变农村无税为有税。

(三)进一步加大民营经济发展力度

进一步加大民营企业发展力度,从政策上予以倾斜,从资金上予以扶持,从发展方向上予以引导,尤其是要引导民营企业充分发展国家在实施西部大开发战略时优先鼓励发展的行业、产业和项目,便于其享受西部开发税收优惠政策,争取更多、更好的发展壮大政策、机遇空间。

〔本文系恩施州纪念改革开放三十周年理论研讨会交流材料。〕

神农架林区地税系统目标绩效管理实践与思考

赵朝飞

一、目标绩效管理实践

(一)发展历程

林区地税系统目标绩效管理大致经历了三个阶段。第一个阶段是以征管工作质量考核为重心，目的是确保收入任务这一中心工作。第二阶段是统筹地税各项工作目标，目的是推进地税部门各项工作全面发展。第三阶段是以岗位责任为基础，目的是推进责任制的落实。

目标绩效管理三个阶段的发展，体现出了整个税务管理体制的变化。在第一个阶段，由于税源紧张、税收任务繁重，能顺利完成全年收入任务是非常困难的，在目标绩效管理中就体现出了以收入为中心，以强化征管为目标的这样一种管理。随着经济的发展，地税部门承担的工作任务也越来越多，与社会的关联度也越来越强，同时地税部门要树立形象、争创文明单位，无论是在履行职责，还是其他诸如队伍建设、党风廉政建设、社会治安综合治理、计划生育等社会性工作，地税部门都必须有一定的成绩，于是加强地税部门各项工作的目标绩效管理，就成为一种必然。由于税务管理的精细化、科学化要求和一系列制度的出台，建立合理高效的岗责体系，就发展成为目标绩效管理的重要内容，全区地税系统的目标绩效管理也自然地转入第三阶段。

（二）考核内容与方式

1. 早期的考核制度。林区地税系统较早的目标绩效管理是对地税各项收入和税收征管质量的考核。整个考核围绕着组织收入这个中心来设置各项考核指标。1997 年至 2002 年，区局的考核对象明确地针对各征管分局和稽查局，考核的内容仅限于收入任务和税收征管工作质量考核。这个时候的目标管理逐步由条文式的规定发展成为设置具体的目标考核办法及细则。2001 年区局对各分局和稽查局的考核分为三块，即《地税各项收入任务奖惩考核细则》、《地方税务征管质量考核细则》和《稽查工作质量考核细则》，三个细则的考核均为 100 分指标，收入任务考核内容为全年收入完成情况、增长幅度、收入进度及分项收入完成情况；征管质量考核分为重点考核内容、办税服务、税源管理、延期申报管理、延期纳税管理、外出外来经营税收管理、减免税管理、定税管理、歇业管理发票管理、征管资料管理、计算机管理和持证着装管理等 13 项，基本涵盖了征管工作的方方面面。对稽查工作质量的管理，也设置了重点考核内容、稽查对象选定及管辖、稽查的实施、税务行政处罚、税务处理决定的执行、税务稽查资料的管理和稽查纪律 8 项内容。

2. 全面的目标管理。自 2003 年到 2005 年，全区地税系统的目标管理工作在内容上有了一个跨越式的发展。这一时期国家税务总局、省局和地方党委政府对目标管理提出了明确的要求，我局也在积极探索适合本局的目标管理体系。区局的目标管理也由对下属各分局延伸到机关各科室，内容由收入任务和征管质量扩展到地税部门工作的全部。2004 年，区局印发的《关于 2004 年全面实行工作目标管理的通知》中，将下属 4 个征管分局、6 个机关科室和 4 个直属单位全部纳税目标管理之中，对目标管理及考核奖惩原则、考核指标体系及分值权数、考核办法都进行了详细的规定。对分局的考核分为收入任务、综合工作、税收管理、税收征收、社保规费、计划生育、普法依法治理、廉政建设、综合治理和安全工作等 10 类，分别设置 100 分制考评细则，每类分值权数根据在税务工作中的分量而不同。对机关科室和直属单位目标分为共性目标和个性目标。共性目标是各单位都必须完成和遵守的，个性目标依各单位工作职责和任务不同而分别设置，其中共性目标占 40 分，个性目标占 60 分。

3. 有效的岗责绩效管理。2006－2007 年，是全局目标管理与岗责相结合，更能体现责任与目标的绩效考核体系。这一时期，结合党风廉政责任制和税收管理员制度的实施，以及机构职责的调整，目标绩效管理重点突出绩效与责任。区局在对各单位进行考核的同时，也要求各单位根据岗位责任，将目标管理渗入到每个岗位之中，每个单位一方面根据每个的岗位职责，制定出具体的考核目标，另一方面将区局的管理目标细化到每个岗位之中。在认真总结前几年目标管理经验的基础上，更为科学地设置管理目标。2006年，我局印发了《关于试行目标绩效管理工作的通知》，目标管理对象包括局领导班子成员、4个征管分局、8个机关科室和2个直属单位。每个单位都结合本职工作制定单位内容的考核办法及细则，形成了两级目标绩效管理的有机整体。在考核方式上，这一时期也出现了巨大变化。区局目标管理办公室实行了上下互动的考核，机关考核基层，基层考核机关，有效地促进了相互的交流。在目标管理过程中，加强了日常督办与检查。2007年，区局还将目标指标设置分为日常性工作与阶段性工作，分值分别为80%和20%，把规范性的工作与阶段性的工作统一到目标绩效管理中来，避免了绩效目标设置上的盲区。

(三)作用与效果

林区地税系统目标管理经历了三个阶段的发展，在每个时期都起到了促进中心工作的作用。

一是有效地保证了各项收入任务的完成。特别是在第一阶段的目标管理活动中，目标设置集中表现为保证收入任务完成这一工作目标上来，包括严格的征管质量考核，其最终目的都是为了确保收入任务的完成。在地税部门刚成立时税源紧张、纳税人纳税意识淡漠、纳税秩序差、税收征管手段不完善的背景下，对于征收任务起到了积极的作用。

二是建立了奖惩有度的办法。目标绩效管理的推行，对于建立科学合理的奖惩制度，起到了积极作用。每个年度考核指标的设置，都对工作提出了具体的标准和任务的目标，有效保证各项工作的开展，能够合理地评价工作的完成情况，在一定程度上调动了干部职工的积极性。

三是推动了各项工作的有序开展。随着地税职能的扩张，地税部门在社会上的地位逐步提高，地税承担的工作任务和各项社会工作越来越多。实施目标绩效管理，能够统筹各项工作，既突出税收征收管理这一核心职能，又保证了文明创建、社会治安综合治理、计划生育、普法依法治理等项工作的协调进行。

四是为科学化、精细化管理奠定了基础。随着目标绩效管理办法的实施，我们在不断地探索更加适合地税工作实际的目标管理制度。在管理对象、目标设置、考核结果运用等方面，目标绩效管理越来越符合地税工作发展的步伐和节拍，为信息化条件下税务管理的科学化和精细化打下的良好的基础。

二、现行目标绩效管理所未能解决的问题

(一)现行目标绩效管理未能解决税务管理标准化问题，科学化、精细化不足

现行目标绩效管理办法中对管理内容的设定上一是有脱离岗位职责的现象。因岗位职责不明确，无论是考核到单位或是个人，很多目标的设置是因单位负担的工作或是个人承担的任务而确定。能力强的人，承担了更多的工作任务，而并没有完全根据其岗位工作职责来确定工作目标。同时也因为岗位责任的区分不明细，导致有些工作落实起来不到位，考核起来无从下手。二是工作的标准化不够。大量的定性的绩效目标，使目标绩效管理虚置。特别是一些强调程序性的工作上，因不同岗位或部门在不同的程序环节中所承担着不同的任务，而每个环节的任务又是整体工作的一部分。在对整体工作的评价时，仅依据结果对某项工作进行评定，对整体中每一环节评价不足，甚至未进行评价。在定量工作目标上，又对工作任务的目标量确

定不准不实，致使目标考核失去真正的作用。三是目标绩效管理精细化不够。在现有的目标设置上，虽对地税工作进行了全面的包括，但目标设置过粗过于简单，对工作质的要求不高不细。由于责任体系的缺失，致使目标不能准确反映对不同工作的要求。四是绩效目标设置变更慢，不能适应新形势发展。随着一系列法律法规的不断健全，一些新的管理制度的出台，税务工作处于一个快速发展变革时期。现有的目标绩效管理制度在反应上明显迟钝，落后于税务工作发展的需要。

（二）现行目标绩效管理未能与信息化很好的融合

目前信息化已被充分运用到税务工作中，从纳税申报、机关行政管理、自动化办公、人事管理、监察督办、税（费）征收统计核算、税（费）源管理、政务公开、法制宣传、行政执法等工作环节，都有规范的工作流程和要求，都成为一条条信息录入计算机，融入网络中。而现行的目标绩效管理明显滞后于信息化条件下的税务管理要求，很多考核指标的设置，都没有考虑税务信息化的要求，依然沿用传统的、手工条件下的税务管理工作内容。有的地方因信息化程度不高，工作标准落后，工作流程存旧，目标绩效管理只能在原有基础上进行，远远不能适应信息化发展的要求。

（三）现行目标绩效管理未能解决干部队伍活力不足、效率不高的问题

目标绩效管理虽然在一定程度上调动了干部职工积极性，但由于以下因素，仍不能从根本上来激发干部活力，提高工作效率。一是因考核指标设置不科学合理，致使对工作绩效考核评价不公正合理。易出现能力强、干事多的人承担的责任大、任务重，但可能绩效评价差，而干事少的人则绩效评好的现象。二是考核均由人为设置目标、组织考核。在考核过程中，由于人的主观认识等问题，导致考核失真。三是考核结果利用不足。很多单位仅将考核结果简单地与经济利益挂钩，以扣钱了事。在对干部的使用、评价、考核等环节上面，目标绩效评价结果利用不够。有的单位在年度公务员考核等次上，仅以民主测评结果为依据，未考虑其年度目标绩效情况，使目标绩效管理在公务员年度考核评价中失去作用。

三、构建科学目标绩效管理体系的思考

（一）科学建立岗位职责，努力实现工作的标准化

科学岗责体系的建立，是实现目标绩效管理科学化的前提和基础。近些年来，全省地税系统推行的县以下机构扁平化、构建税务大稽查、大监察系统等，都是岗位责任重组的尝试。科学建立岗位职责，涉及机构、人员、职能调整优化的过程。在这个过程结束后，要达到定人定岗、定责清楚。每个人每个岗位都要明确自己干什么、怎么干、干到什么程度、达到什么目标、取得什么效果。这就需要求有一个标准化的要求。税务工作中，无论是机关行政管理，还是基层税务征收、稽查，每个岗位都应有一个相对固定的工作流程、业务标准。实施目标绩效管理，就是建立在这些固定的标准之上，通过对标准落实的督导、评价，以检验工作质量与效果。

（二）充分运用信息化成果，不断推进工作的规范化

信息化在某种程度上就是程序化、系统化、标准化。目前我省地税系统运行的门户系统，基本涵盖了地税工作的方方面面。包括人事信息管理、公文管理、档案管理以及税收征管管理活动的各环节，都有专门的系统软件和固定的程序要求。我们所要做的就是如何完成这些固定的程序和要求，以达到工作所设定好了的标准。在目标绩效管理过程中，可以充分利用信息标准化考核体系和计算机程序锁定的管理记录，来对每个岗位工作完成情况进行评价。这种绩效的评价好处

就在于标准客观，任务完成情况客观，评价结果客观。

（三）科学设置绩效考核目标，有效进行绩效评价

目标绩效管理活动包括绩效目标的设置、绩效目标实施督导、绩效目标完成情况的评价。绩效目标的设置是否科学合理，直接影响到目标绩效管理的效果。目标设置过高，则易挫伤干部职工积极性，过低则易导致工作质量差、效率低。在标准化的前提下，目标设置要能客观地反映工作的要求。对目标落实的监督过程，是目标绩效管理的关键。一是要有科学的手段或工具来保证工作的落实和目标的实现，二是对系统的维护和对工作的指导。绩效目标完成情况要靠绩效考核来实现。目标绩效管理的最终结果就是通过考核来评价每个人或每个岗位履行工作职责、完成任务情况的好坏。因此绩效考核的过程必须是建立在公平公正的基础上，确保客观性。

（四）正确运用绩效考核结果，调动不同层级的干部积极性

目标绩效管理的最终目的是调动工作积极性，提高工作效率与质量，促进依法治税。要充分运用绩效考核结果，来达到这个目的。一是要结合岗责设置，合理区分不同岗位责任轻重，通过竞争择优等方式，配置不同岗位上的人力资源，适当拉开经济待遇差距，把能级与岗位责任相结合，把绩效评价与岗位职责相结合，来激励干部。使工作量大、素质要求高的岗位获得的报酬多，使同岗位绩效好的人获取的奖励多。二是要将绩效与公务员考核相结合。年度公务员考核是检验公务员一年工作的手段。《公务员法》明确指出："对公务员的考核，按照管理权限，全面考核公务员的德、能、勤、绩、廉，重点考核工作实绩"。要充分利用绩效管理结果对公务员进行年度考核评定。三是把绩效考核与干部提拔任用引结合。干部的提拔任用，绩效管理结果应该成为其中一个重要的条件。在其他同等条件下，对绩效好的干部应该优先使用。对长期在目标绩效管理管理中完成任务不好，考核结果靠后的干部特别是领导干部，应实行诫勉、轮岗、撤职或免职等措施，真正达到以目标绩效管理促进工作的作用。

〔本文刊于《湖北地税》2008 年第 4 期。作者单位：神农架林区地方税务局〕

典型经验

融执行于服务　在服务中执行

湖北省地方税务局

湖北省地方税务局在开展提高政府执行力大讨论活动中，紧扣执行力建设主题，突出做好服务文章，通过深入调查研究，广泛征求意见，实施问卷调查，反复查摆问题，公开讲评，查找出全省地税系统在服务经济、服务全民创业、服务纳税人等方面存在的10个具体问题，并针对存在的问题，认真落实整改措施，融执行于服务，在服务中执行，促进了全系统的思想大解放和工作大发展。

一、更新服务理念，在政策扶持上落实执行力

执行力大讨论从深层次看，是一次深刻的观念革新和思想解放。通过学习讨论，我们认识到，必须摒弃过去一些管死的办法，多出台一些放活的措施，对纳税人实行先服务后规范，先发展后规范的办法。在税收法律法规范围内，只要是有利于经济发展、有利于纳税人发展的事情，就一定坚决做到位。我们在认真落实前期已经出台的各项税收优惠政策的基础上，为了贯彻落实省委、省政府关于加快湖北经济发展的一系列重大决定，出台了《湖北省地方税务局促进地方经济社会发展的地方税收优惠政策与措施(170条)》，大力支持开放引资、县域经济、中小企业、民营经济、武汉城市圈、高新技术产业等的发展。为了进一步方便纳税人，降低办税成本，出台了《地方税收纳税服务工作实施办法》，从今年8月1日起，全面推行网上申报等多元申报纳税方式，简化、归并各类税务报表。为了尽可能减少管理层级、简化审批程序、缩短审批时限，制定了《湖北省地方税务局减免税审批工作规程》。为了鼓励全民创业，方便经营，对于未办理工商登记和税务登记的经营户，凡需要提供经营用发票的，及时予以提供。为了优化税收投资环境，在不放松重大涉税案件稽查，促进各类市场主体公平竞争的同时，进一步降低税收稽查面，减少对企业的检查频率，对A类纳税信誉企业在承诺期内一般不进行稽查。这些实实在在的政策措施，使纳税人得到了实惠，促进了地税部门执行力和服务水平的双提升。

二、延伸服务领域，在服务政府决策上拓展执行力

发挥地税职能优势，积极服务政府决策，是地税部门执行力建设的重要体现。针对当前地税工作中存在的问题和不足，我们组织几个专班，分赴安徽、江苏、浙江、湖南、广东等地开展深入考察调研，学习借鉴外省在税收征管、队伍建设、机构设置、落实税收政策和服务经济建设大局方面的新思路、新举措、新经验，同时在全省开展工作调研和督导，全面掌握全省地税系统现状。在广泛深入调研的基础上，组织开展了大规模的"湖北经济税源分析和地税收入可持续增长研究"调研活动，通过对湖北地税收入规模、结构、增长率、弹性系数、税收负担率、财政贡献率等与全国，与河南、湖南、江西、安徽等周边四省的比较研究，全面系统地分析湖北地税收入和税源结构在税种、产业、行业、区域和经济成分等方面的特征和对应关系，深入探讨税收增长与经济增长的协调性，科学预测收入增减变化趋势，提出了促进经济税源可持续发展、增强地方政府提供公共服务能力的对策建议。李宪生常务副省长对我局研究报告给予高度评价。我们还结合我省实际，向省政府提出了一系列改善发展环境、支持经济发展的政策建议，如为了加快发展第三产业、鼓励创业，照顾下岗再就业职工和其他社会弱势群体的经营与生活困难，我们拟报请省政府批准同意，较大幅度地提高营业税的征税起点，减轻"小业户"税收负担；为了从根本上解决因企业所得税的征管范围划分不合理，导致纳税人在国、地税两家税务机关之间多头申报，以及税务部门多头稽查，影响投资环境的问题，拟提请省政府决定调整新办企业所得税的征管范围；为了解决房屋出租行业综合税收负担偏重，不利于征管，不利于加快房地产业发展的问题，拟提请省政府批准决定，对居民个人出租房屋的租金达不到起征点的，免征房产税，对出租房屋所涉及的房产税、营业税及附加、个人所得税，根据租金收入按综合征收率征收，等等。

三、创新服务手段，在信息化建设上提升执行力

我们把税收信息化作为改进服务、提高执行力的重要手段，大力推进金税工程和电子政务工程，充分利用软件、网站、网络、短信等各种信息技术载体，全面整合信息资源，最大限度地释放税收管理和服务的效能。今年5月，省局组织50余名业务和技术骨干进行集中攻关，对原征管软件的业务需求、应用标准、技术架构、功能流程等进行全面调整和优化，成功研发了具有自主知识产权、在全国税务系统处于领先水平的《湖北省地方税费征管核心软件》，为广大地税干部提供了户籍管理、税收申报、资金核算、纳税服务、税务稽查等各项业务的工作平台，新软件在恩施地税试运行并取得了成功。为强力推进这一软件的应用工作，我们专门成立了"全省地税系统征管核心软件上线运行指挥部"，对省局中心机房进行了全面改造，统筹推进全省地税数据大集中，确保年底前在全省地税系统全面上线运行。年内，每位地税干部只要将鼠标轻轻一点，各种数据就会尽收眼底，各地信息就会快速传递，各类报表就会自动生成，各项税费就会及时入库，在高效与便捷中将各项地税工作任务执行到位。此外，我们继续完善了"湖北地税门户信息系统"和"湖北省地税门户网站"，扩容了省、市、县三级地税备份网络，建成了省局到县(市)局的视频会议系统，打造了"湖北省地税局税务短信服务平台"，使信息技术手段在税收业务和行政管理工作中得到了充分运用，为建立以信息化为支撑的税收管理体系打下了坚实基础，税收管理更加科学，工作运转更加协调，职能发挥更加充分，更好地服务了机关、服务了基层、服务了广大纳税人。

四、营造服务氛围，在规范执法上体现执行力

大讨论中，我们一致认为，依法征税、依法管理、依法行政，杜绝不作为、乱作为，做到规范执法、优质服务，就是地税执行力的重要体现。为此，我们在全系统大力开展了"严格执法、有税必收，积极预防和严肃查处地税工作人员失职渎职行为”的专项行动。围绕税收执法重点环节、重点部位和重点人员，全面开展“十查十看”：查税收政策执行，看有无漏征漏管户，有无擅自改变税率，不征少征税款的情况；查缓缴税款和减免税审批，看有无违规和越权审批，明缓实欠，随意减免，造成税款损失的情况；查待解专户管理，看有无违反管理规定，利用待解专户贪污、挪用、转移、截留国家税（费）收入的情况；查欠税追缴，看有无追缴措施不到位，不管不问，造成税款损失的情况；查涉税案件检查，看是否有案不查，查而不报，查多报少的情况；查涉税案件审理，看认定事实、适用法律是否正确，有无应罚不罚、以补代罚、以罚代刑，对应当移交司法机关处理的偷、逃、骗、抗税案件不移交的情况；查案件执行，看执行措施是否到位，有无追缴补、滞、罚不及时、不到位造成税款损失的情况；查发票发售环节，主要检查发票发售台账，看发售的发票是否符合核定的种类和数量，有无违规发售发票造成税款损失的情况；查税款入库，看是否有转引税款、调整级次、改变入库时间、积压税款的情况；查经费财务管理，看在基建工程、资产购置处置、招投标等过程中和招待费开支中有无以权谋私、徇私舞弊的情况。通过此次专项行动，严厉查处了有税不收的失职渎职行为，严肃追究了有关人员的责任。同时，我们进一步总结利川、枣阳、老河口、应城等地执法责任制试点经验，大力推行税收执行责任制，建立起了责任明晰、办事高效、运转协调、行为规范、监督有力的税收执法和行政管理体系。最近，省局还先后制定了《关于进一步推行办税公开工作的实施意见》等一系列规范性文件，进一步优化业务流程，科学分解权力，强化日常考核，促进了执法质量和水平的提高。这些实实在在的举措，有效营造了和谐的税收环境和征纳关系，极大地激发了地税干部依法治税的主动性和纳税人依法纳税的自觉性，促进了全省地税收入的快步增长。上半年，我省地税系统组织税费收入达 411.3 亿元，比上年同期增长 35.2%，这一数据有力地体现了地税部门的执行力。

服务永恒，执行无限。虽然执行力大讨论活动即将告一段落，但是执行力建设只有起点、没有终点。我们将以这次会议为新的起点，认真落实省政府的工作部署，深入学习各兄弟单位的先进经验，再作动员、再添措施、再加力度，进一步组织好、开展好、总结好这次大讨论活动。在今后的地税工作中，我们将把执行力建设放在更加突出的位置，持之以恒，常抓不懈，结合部门职能和行业特点，将地税执行力充分体现到为党委政府服务、为地方经济服务、为纳税人服务、为基层服务的实际行动中，以取得思想大解放、行风大改进、职能大转变、征纳大融洽、收入大增长的明显成效，向关心支持地税事业发展的各级政府和社会各界朋友交上一份圆满的答卷。

〔本文系 2008 年 8 月全省执行力大讨论活动总结大会交流材料，并刊于 2008 年 7 月 22 日《湖北日报》〕

以履行责任为己任　深化行业文明创建

湖北省地方税务局

自1994年7月全省地税机构组建以来，省地方税务局历届党组高度重视行业创建工作，始终坚持“带好队，收好税”的工作方针，狠抓行风建设和行业文明创建，为全省经济社会发展作出了积极贡献。尤其是近年来，针对实践科学发展观、构建和谐社会对地税工作提出的新要求，从强化税收征管、铸造服务品牌、推进文化建设等方面入手，进一步加大行业文明创建力度，认真履行地税部门的社会责任，在全系统实现了“三个文明”建设相互促进，协调发展。省局机关连续两届被省委表彰为“党建工作先进单位”，连续四届被省委、省政府命名为“最佳文明单位”。全系统各级各类文明单位创建率已达到95%以上。我们的主要做法是：

一是强化税费征管，履行聚财责任，为深化行业文明创建奠定坚实基础。近几年来，我们大力推行科学化、专业化、精细化的管理，全面落实税收管理员制度和税源管理制度，为实现“应收尽收”的工作目标奠定了坚实的制度基础。

我们加大了税收信息化建设力度，研发、推广、应用了湖北省地方税费征管核心软件。该软件的上线运行实现了各项征管数据的全省实时大集中，为加强税费征管，提高服务工作效率提供了一个现代化的工作平台。

我们开展了声势浩大、卓有成效的发票打假专项整治行动。特别是通过“荆楚灭鼠行动”，成功破获了我省建国以来制售假发票第一大案。为了建立假发票治理长效机制，准备从2009年起。在全省餐饮、交通、住宿、娱乐等行业全面使用税控收款机，从根本上遏制假发票，堵塞税收漏洞，净化社会环境。

我们全面建立了适合省情，方便缴费人的社保费税式管理模式，推行了税费同征同管同查的工作机制，减少了费源流失，保证了社保费收入的持续大幅增长。

二是转变服务方式，打造服务品牌，为深化行业文明创建注入新的活力。我们将“全心全意为企业服务、为纳税人服务，为经济发展服务”作为工作宗旨和目标，严格执法，热情服务，把优质服务融入税收工作的每一个环节。在不断抓好办税厅规范服务工作的同时，我们以税费征管核心软件上线运行为契机，加快了“电子办税厅”的建设步伐，大力推行网上申报、邮寄申报、电话申报、银行划卡缴费，减轻了纳税人的办税(费)负担，逐步构建起新型的、规范的、立体化的纳税服务体系。同时，也创造出很多富有特色的服务品牌。如对重点企业实行“保姆式”服务，为重点项目开辟税收服务“绿色通道”，以及“把该做的事做到位”、“月光工程”等服务品牌受到了社会各界的欢迎和赞誉。

三是推进文化建设，丰富创建内涵，为深化行业文明创建营造新的亮点。在学习贯彻党的十七大精神过程中，我们将地税文化建设作为行业文明创建的重要载体，开展了形式多样的文化建设活动。武汉市洪山区地税局实施了“六个一”工程，即“一本好书，一张个人文化卡、一面科所文化墙、一本区局文化手册、一套先进的管理体系、一块文化建设园地”。宜昌市地税局把思想政治工作融入文化建设，建立了内部温情关怀机制，增强了组织的凝聚力。荆门市地税局以廉政文化为突破口，形成了独具特色的部门文化品牌。这些文化实践活动更进一步丰富了行业创建的内涵，巩固了创建成果。本月初，在认真总结全省各级地税部门文化实践活动的基础上，我们召开了全省地税系统文化建设工作会议，制定了《2009—2013 年全省地税系统文化建设规划》，对推进文化建设的各项工作任务进行了全面部署。

坚持不懈的行业文明创建活动，有力地推动了税收中心工作，实现了税费收入持续稳定增长。2007 年全省地税收入 642.7 亿元，同比增长 26.4%。2008 年 1—10 月，共组织各项收入 681.7 亿元，同比增长 30.99%。全年税费收入有望突破 800 亿元。文明创建活动也在不断提升部门形象。在省纠风办组织的 2008 年民主评议政风行风活动中，全省 17 个市(州)地税部门有 11 家位列第一，4 家位列第二，评议优秀率达到 100%。

在多年的创建活动中，我们始终做到了“三个坚持”：

一是坚持将社会责任放在行业文明创建的首位。地税部门不仅是一个执法部门，也是政府的一个重要职能部门，“聚财为国、执法为民”是职责，更是责任。几年来，通过落实下岗再就业、新农村建设等税收优惠政策，全省各级地税部门共减免各项税收近三十亿元，使弱势群体得到了实实在在的帮扶。在行政执行力大讨论过程中，省局党组解放思想，汇编、制定了为《湖北省地方税务局促进地方经济社会发展的地方税收优惠政策与措施(170 条)》。积极向省政府建言献策，在税法规定的范围内，大幅度提高营业税起征点，降低房屋出租行业综合税收负担。为配合武汉城市圈“两型社会”建设，省局提出了一系列支持发展的意见和建议。我们所做的这些工作，不仅为党委政府分了忧，更为各项社会事业积聚了可用财力，为保障和改善民生，加快湖北促进经济社会发展作出了力所能及的贡献。

二是坚持将提高干部责任意识作为行业文明创建的基础。在文明创建活动中，我们突出“责任第一”的理念，重点强化干部职工的责任意识，提高其履行社会责任的能力。首先，狠抓班子建设。坚持民主集中制，认真开展中心组学习，积极开展批评与自我批评，系统上下形成了民主团结的良好风气。其次，加强政治学习和思想教育。通过举办专题讲座、开展知识竞赛、主题实践活动、典型宣传等形式进行宗旨教育、爱国爱岗教育和普法教育。第三，规范执法行为。通过推行定位准确统一、岗位责任明晰的工作流程和税收执法责任制，进一步规范了职业行为，优化了职业形象。

三是坚持将行业文明创建融入和谐社会建设大局。地税部门是社会大家庭的一员，开展行业创建必须始终服从服务于和谐社会建设大局，让行业创建成果惠及全社会。我们以“为民创建、创建为民、共建共享”为理念，发挥部门创建的辐射力，积极组织干部职工参加无偿献血、“慈善一日捐”、向灾区捐款、捐建“中国税务林”、“送温暖、献爱心”等公益活动。动员干部职工主动与社区、扶贫联系点困难群众结对帮扶，为困难群众和困难学生提供资助。2008 年，省局就为扶贫联系点咸丰县丁寨乡十字路村提供帮扶资金 101.6 万元。汶川大地震发生后，全系统干部职工踊跃捐款，党员干部在捐款的同时，积极缴纳“特殊党费”，在短短半天时间里，全系统就收到“特殊党费”200 余万元，产生了广泛的社会影响。我们还在在中、小学生中开展税法知识普及教育。在"一帮一"助学对子中,我们的干部不仅帮助解决贫困学生上学费用,还长期关心他们的教育和成长,向社会献出了一份爱心。

创建文明行业是一项长期性、综合性的系统工程。与省直兄弟行业、部门的创建工作相比,我们尚有许多不足和差距。在今后的工作中,我们将认真贯彻这次会议精神,以科学发展观统领税收工作,加大创建力度,推动全省地税系统精神文明建设及税收各项工作不断向前发展,为加快湖北经济与社会发展做出新的更大的贡献。

〔本文系2008年11月全省创建文明行业推进会发言材料〕

围绕"五坚持" 力促"五实现"
推动税收专项检查工作科学开展

湖北省地方税务局稽查局

2007年,我省地方税收专项检查工作坚持以科学发展观为统领,以构建和谐社会为己任,以促进依法治税为目标,科学谋划,突出重点,统筹兼顾,协调推进,认真开展了房地产业、建筑安装业、高收入行业个人所得税以及总局统一部署的五户汇总纳税企业的税收专项稽查,共检查纳税人27044户,查补地方税费63260万元,入库61998万元,入库率达到98%,处罚率、滞纳金加收率均达到预定目标。通过专项稽查,有效地整顿和规范了税收秩序,促进了税收收入任务的完成,推动了税收征管质量的提高,加强了稽查队伍建设。

一、在专项检查工作部署上,坚持统筹安排,实现协调推进

在税收专项检查工作安排上,我们紧贴上级要求和本省实际,认真理清思路,积极规划全局,兼顾阶段重点,推进整体工作。

(一)加强组织协调

年初,我们按照总局工作部署,结合我省实际,制发了全省地方税收专项检查方案,为全省专项检查工作谋好篇、布好局、定好调。各级地税机关高度重视,形成了党组集体管、一把手亲自抓、分管局长具体负责、稽查部门组织实施的专项检查工作格局。稽查、征管、税政、法规、票证等部门密切配合、通力协作,为税收专项检查工作顺利开展提供了坚强有力的组织保障。

(二)确定检查重点

通过对行业税收秩序和征管质量的评估与剖析,今年我们将税源存量大、政策执行难、管理相对薄弱的重点区域、重点行业、重点税种作为专项检查重点,集中力量开展了年所得12万元以上纳税人、房地产业、建筑安装业、国电集团、中石化、中国移动通信公司以及耕地占用税和契税的稽查,确保了专项检查有的放矢。

(三)明确检查目标

我省今年确定的税收专项检查的行业都是近年来税收征管的重点和难点,也是社会关注的焦点和热点。为确保专项检查达到以查促收、以查促管、以查促查的目的，我们明确提出了专项检查必须达到的“四个目标”，即摸清纳税人经营和收入情况，摸清纳税人申报纳税情况，摸清主管税务机关征管情况，摸清税收法规执行情况。力求通过对重点行业的深入剖析和案件查处，为征管工作提供思路与建议，整顿和规范行业税收管理秩序。

（四）调整检查节奏

为使全年各项专项检查工作有序开展，我们结合实际，科学调配全省稽查人才资源和信息技术资源，采取人员交叉、任务错开的方式，科学安排检查节奏。3 月底至 7 月初，各地采取以稽查部门为主，相关部门参与的方式，重点对个人所得税和重点企业进行了专项检查；7 月中旬到 12 月中旬，以省、市、州稽查局为执法主体，从稽查人才库抽调力量，重点对房地产业、建筑安装业，以及耕地占用税、契税进行了专项检查，收到了统筹兼顾、互相促进的效果。

二、在专项检查资源组合上，坚持以人为本，实现良性互动

以人为本是科学发展观的核心，是税收专项检查必须遵循的重要原则。一年来，我们在税收专项检查中，坚持整合稽查资源，拓展社会平台，形成了税务机关与被检查人、稽查内部与外部良性互动的和谐局面。

（一）整合稽查资源，推进稽查部门上下互动

我们充分发挥全省稽查系统近几年来形成的“三级联动、相对独立”的体制优势和工作优势，省、市、县三级稽查部门上下联动、整体作战、形成合力。在房地产专项检查中，省局先后两次从市、县稽查局抽调 140 多名骨干，组成 38 个检查组，集中力量，重拳出击，对武汉市 52 户重点房地产企业进行了专项检查，短短两个月，查补各项收入近 5 亿元。

（二）利用管理资源，推进稽查部门与征管部门互动

在税收专项检查中，我们建立了稽查与征管部门以“一会两书三互动”为主体的良性互动机制，积极推行征管查联席会议制度，稽查部门和征管部门互相传递“征管质量建议书”和“征管整改情况书”制度，以及在执法服务、税源监控、纳税评估等工作环节互动的方法和措施，实现资源共享、成果共用，有效地提高了专项检查的质效。

（三）共享部门资源，推进地税稽查与国税稽查互动

在对中石化、国电集团、中国移动等汇总纳税企业的专项检查中，我们与省国税稽查部门紧密配合，采取“共同进户，各税统查，资料共享，分别处理”的联合检查方式，或以省局的名义共同直接检查，或组织市（州）稽查局联合成立专班检查，积极扩展检查渠道，有效避免多头重复检查，受到被查单位的普遍欢迎。

（四）开发社会资源，推进税务机关与社会各界互动

在开展税收专项检查中，我们主动加强与宣传、房产、国土、规划、城建等相关职能部门的联系与配合，实现税收专项检查中舆论引导多样化，数据交换规范化，信息比对科学化，查处结果公开化。如在房地产税收检查中，我们充分利用报纸、广播、电视等媒体资源，广泛宣传专项检查的相关信息，营造了良好的检查氛围；充分利用建委、房产、规划等部门提供的房地产开发、销售和转让信息，进行综合比对，全面准确地掌控被查企业情况，为专项检查工作顺利开展奠定了基础。

三、在专项检查对象上，坚持突出重点，实现相互兼顾

今年的税收专项检查项目多、时间紧、要求高，为总揽全局，统筹兼顾，我们突出三个重点，保障了整个专项检查工作有条不紊、张

弛有度地展开。

(一)突出重点行业

房地产行业、高收入行业个人所得税和汇总纳税行业是我省今年专项检查的重点，为确保查深查透，全省稽查部门共抽调骨干890人，组成240多个检查组，专司重点行业的税收专项检查工作。在房地产检查中，全省共检查房地产企业819户，查补总额59564万元。在高收入行业个人所得税检查中，全省共检查高收入个人24383人，查出年收入达12万以上应依法申报而未申报的4111人，查补个人所得税2145万元，处以罚款407万元，检查人数和查补总额在全国都名列前茅。

(二)突出重点区域

抓重点、带全面，既是我们多年稽查工作的实践经验，也是我们今年开展专项检查工作的总体方针。武汉市作为省会城市和特大城市，大户多、税源集中、示范作用强，在今年的专项检查中，省局始终把武汉市作为重点地区来抓，仅房地产检查中，省局就集中抽调力量，先后对其52户房地产龙头企业进行了检查。各市、州也坚持把所属市区和周边城区以及税源集中的工业区、开发区作为各自检查的重点区域，带动和促进了面上的检查工作。

(三)突出重点纳税人

一是大力开展专项检查行业中重点税源户的检查。在实施每个行业的专项检查中，各级稽查部门始终把行业大户作为重点，集中主要力量率先突破，较好地起到了抓大带小和查处一户、震慑一片、带动一方的作用。二是着力开展专项检查中税收难点户的检查。在各个专项检查铺开前，各地都从该行业中选定2～3户重点户，先期进行检查，解剖麻雀、查深查透、发现问题，取得经验，然后再全面展开，收到了以点带面、事半功倍的效果。

四、在专项检查方法上，坚持形式多样，实现改革创新

创新是我省今年税收专项检查工作的鲜明主题，我们不断更新工作理念，改进检查方法，使税收专项检查赋予了新的内涵。

(一)分级检查与联动检查相结合

按照《湖北省地方税收分级分类稽查暂行办法》的规定，我们对专项检查工作科学分类，明确管辖范围，区分检查权限，省局专司年纳税额2000万元以上纳税大户的检查，市(州)稽查局根据各自税源情况负责纳税额达到一定规模纳税人的检查，全省初步形成了特大企业省局查，中等企业市局查，小型企业县局查的专项检查格局。在分级检查的同时，选择一些征管基础薄弱、案件线索指向集中的地区和纳税人，采取省、市、县三级或市、县两级联动的办法实施检查，有效地提高了执法刚性，增强了专项检查的威慑力。

(二)属地检查与交叉稽查相结合

在税收专项检查开展过程中，我们一方面积极落实属地检查的工作要求，明确职责范围，组织各地按属地实施检查。另一方面，根据需要，在全省地税系统“大集中”的信息平台支撑下，适时组织开展市(县)之间的交叉稽查，如在房地产专项检查中，有9个市(州)组织进行了所属县(市)的交叉稽查，收到了良好的效果。

(三)稽查部门检查与纳税人自查相结合

为充分发挥稽查主客体双方的主观能动性，降低专项检查成本，促进依法纳税，各地在专项检查开展前，都采取组织被查行业的企业法人或财务负责人开会、办培训班等形式，要求纳税人先期自查自纠，限期上报自查结果，并对自查自纠的问题依法减轻或免于处罚。在组织纳税人自查的基础上，税务机关再有重点地实施稽查。在今年的房地产行业和年所得12万元以上纳税人自行申报纳税检查中，我们都采取了这种办法，既提高了专项检查效率，又增强了纳税人依法纳税意识，开创了专项检查双赢的新局面。

（四）税务稽查与优质服务相结合

按照构建和谐社会和营造全省和谐地税的要求，在今年的专项检查中，我们将服务理念全面融入专项检查中。各级稽查部门和全体稽查人员牢固树立服务意识，坚持把执法寓于服务中，在稽查中服务、在服务中稽查。普遍建立和施行了查前告知、查中辅导、查后回访的稽查服务制度。将服务纳税人、厚待纳税人、关爱纳税人的理念贯穿于专项检查的全过程，增强了专项检查的“人情味”，受到被查行业和单位的广泛赞扬。

五、在专项检查管理上，坚持质量第一，实现好快统一

“好”与“快”的辩证统一，既是科学发展观的具体要求，也是我省今年专项检查的工作标准。一年来，我们在积极摸索专项检查好与快的结合上，坚持做到了“五个落实”：

（一）落实定期报告制度

为全面掌握专项检查情况，省局明确要求各地每半个月上报一次专项检查情况，遇有重大问题随时报告。报告制度的执行，保证了省局全面及时掌握专项检查的进度、成效和问题，更加有针对性的加强指导，促进了工作平衡发展。

（二）落实经常性督查制度

在今年的专项检查工作中，省局先后4次派出15个督查组，对各地专项检查情况进行督查。如在下半年房地产行业专项检查中，省局组织检查组到各地通过比对纳税人名单、查看稽查文书、分析统计报表等方法进行实地督办。各市（州）也加强了对所属县（市）工作的检查，确保了专项检查的质量。

（三）落实交（督）办案件限期查结制度

为推动专项检查进度，提高检查质量，我们将专项检查中的一些重点案件，实行省、市两级分别督办。在今年的专项检查中，仅省局就督办各地案件17起，如在开展年所得12万元以上纳税人自行申报专项检查中，省局通过对随州市某律师事务所6名律师不依法申报一案的督办，保证了这一复杂案件如期结案，在新闻媒体曝光后，对推动全省专项检查和个人申报工作都起到了积极作用。

（四）落实重大案件上级审理制度

案件审理是税务稽查部门规避执法风险的一项重要制度，也是落实以人为本科学发展观的具体表现。我省各级稽查部门在落实“选案不查案、查案不审案、审案不执行”的内部职能分离制度的同时，对达到一定查补额度标准和案情复杂的案件，坚决落实上级审理制度，对特殊案件调到省局直接审理，保证了案件查处质量。今年全省专项检查查处的2万多起案件中，无一起行政复议和行政诉讼案件。

（五）落实查办案件终身负责制度

为把每起案件都办成名副其实的“铁案”，经得起历史、时间和法律的检验，我们在坚持稽查案件过错追究责任制的基础上，今年又实行了查办案件终身负责制，所有案件由办案人员签订工作责任书，对所查案件终身负责，一旦出现问题，严格追究责任。通过实行查办案件终身负责制，使专项检查工作横向到边、纵向到底，实行全方位的考核和监督，全面提升了检查质量。

〔本文系2008年1月全国税务稽查工作会议交流材料〕

预防职务犯罪 共建和谐地税

武汉市地方税务局

近年来,武汉市地税局坚持以科学发展观统领预防职务犯罪工作,以“倍加珍惜职业,预防职务犯罪,共建和谐地税”为主线,以税务廉政文化建设为载体,以建立健全教育、制度、监督并重的惩防体系为目标,围绕增强预防职务犯罪工作的感染力、渗透力和执行力,积极探索由被动性预防向主动性预防转变,由注重事后预防向注重事前预防转变,由偏重治标向标本兼治转变,有效遏制了违法违纪行为的发生,为和谐地税建设营造了风清气正的良好氛围。

一、依托一个平台,增强预防职务犯罪工作的感染力

(一)读书思廉,展览导廉

全市地税系统于去年开展了“抓作风建设,读好三本书”主题教育活动,各单位在组织广大税务干部认真阅读《加强领导干部作风建设》、《世界是平的》和《于丹〈论语〉心得》三本书的基础上,共组织读书心得交流和演讲比赛 17 场次,听众达 2000 多人,干部职工在局域网上提交心得体会近 1000 篇。此外,全系统于去年 12 月举办了治理商业贿赂警示教育图片展。市局及中心城区局副科级以上干部分别在江南、江北两个会场集中观看展览。全系统其他税务干部分别在各自区局观看展览。展览以正面疏导和反面教育相结合的方式,使广大参观者抵御商业贿赂的免疫力得到进一步增强。

(二)典型树廉,宣传促廉

我局通过开展向税务干部看得见、信得过、学得上的身边典型的学习,力求使宣传教育入耳、入脑、入心。去年,市局从各区局树立的先进典型中挑选了 5 名具有代表性的先进典型,组织召开了全市地税系统勤政廉政、敬业爱岗先进典型事迹报告会。市局机关及各区局纷纷开展了学习先进典型专题讨论。广大税务干部结合本职工作,交流思想、畅谈体会,力求学有所思、思有所获,营造了学习先进找差距、争当先进比贡献的良好氛围。为做到廉风常吹、警钟长鸣,全系统在去年组织广大税务干部观看了多场廉政教育影片。2262 名党员观看了反腐倡廉教育影片《暖秋》。市局组织全系统副处级以上党员领导干部观看了《居安思危》;各区局组织税务干部观看了《警钟》、《黄金引出的大案》、《小利失大义》、《不征税的税官》等警示教育片 21 场,参加观看人数达 2572 人。

(三)短信倡廉,家庭助廉

为丰富教育载体,我局围绕“加强作风建设,促进廉洁从政”这一主线,组织开展了廉政短信征集活动。去年,全系统共征集原创廉政短信 744 条,参加创作人员达 1120 人。廉政短信以其形式巧、立意新的特点在潜移默化中提高广大干部职工的廉洁自律意识。近年来,不少区局开展了形式多样的家庭助廉活动。青山区局赵华庆局长的妻子作为干部职工家属代表向全局干部家属发出家庭助廉倡议。洪山区局组织税务干部家属参观廉

政教育基地，邀请他们当好宣传员、守门员和监督员。汉南区局寄发《致全体干部家属的一封信》，邀请干部职工家属参与对税务干部八小时之外的监督。

二、突出两个重点，增强预防职务犯罪工作的渗透力

（一）向税收征管渗透，突出网络平台的监督作用

近年来，我们充分利用税收信息标准化建设这一契机，着力增强网络平台的监督功能和预警功能，在税收征管环节构建了预防职务犯罪的坚实堡垒。为提高征管效能，强化执法监督，我局加大了“一户式”电子税务平台的推广运用力度。围绕信息标准化建设，我局在制度管理上，进一步建立了基本信息和数据的录入、管理、维护制度，建立了数据信息维护目标考核体系，实施即时跟踪，加强全程控管，并通过开展不定期的检查考核，督促各项制度落实到位。在系统功能上，按照“金税三期”工程的总体框架，进一步完善和优化了“一户式”系统一期工程，集中力量研发和推广“一户式”系统二期工程，组织开发了“一户式”指标及预警监控系统。我局在2006年12月将税务登记纳入市行政审批电子监察系统的基础上，又于去年4月设计开发了减免税管理程序，并于7月15日实现与市行政审批电子监察网的对接。

（二）向税务稽查渗透，突出执法监察的防范作用

为构筑税务干部对职务犯罪行为“不愿为、不能为、不敢为”的严密防线，进一步加强对税务稽查的监督制约，我局于2007年4—9月开展了税务稽查查补税款入库情况执法监察。通过检查，市局对因企业资金困难，查补税费未入库或未全部入库的已督促区局开票入库；对尚未办理税务登记的企业，督促区局补办税务登记，并追缴查补税费。此次执法监察共清理欠税积案87户，追缴入库税费、罚款、滞纳金共计2096.41万元。执法监察结束后，市局检查组及时整理检查情况，提出整改建议。市局领导也多次听取检查情况汇报，分析和研究产生问题的原因及解决办法，通过把软的措施订硬、把粗的流程订细、把柔的制度订刚，力求从源头上铲除税务稽查环节滋生职务犯罪的土壤。

三、做好三个结合，增强预防职务犯罪工作的执行力

（一）坚持制度建设与监督管理相结合

健全规章制度、加强内部管理，确保政令畅通是预防犯罪工作的重要环节。一是加强对领导干部的监督制约。凡涉及人、财、物等重大事项均实行领导班子集体研究决策。市局专门编印《领导班子、领导干部监督管理文件汇编》，做到全系统副科级以上干部人手一册。二是健全公务接待的管理制度，加强对公务接待经费的审核，坚持按季在局域网上公示公务接待情况。三是加强固定资产清产核资、基建招投标管理和政府采购工作的监督管理，杜绝违规操作行为的发生。四是组织开展“六借”专项自查清理（有无利用职务之便向纳税人借钱、借住房、借门面、借交通工具、借电脑、借手机行为），全系统3000余名税务干部全部参加自查，个别有违反纪律规定行为的干部及时进行了整改。

（二）坚持专题讲座与理论调研相结合

去年，为使广大干部深入了解当前预防职务犯罪工作的形势和特点，市局及各区局分别邀请纪委、检察院等部门的领导进行了预防职务犯罪专题讲座，为开展以预防职务犯罪为主题的理论调研奠定思想基础。市局专门发文对全系统开展预防职务犯罪理论调研活动作出部署。各区局成立以局长、纪检组长牵头的课题组，紧扣主题、精心组织，形成一大批质量较高的调研文章。为提高论文质量，市局还邀请市检察院预防处领导对调研提纲进行审核，对调研文章进行修改完善。经过

挑选，市局向省局、市纪委、市检察院推荐参评论文24篇。其中，5篇论文分别获得省局一、二、三等奖和优秀奖。我局上报论文篇数和获奖论文篇数均居全省地税系统首位。

（三）坚持内部协作与税检联动相结合

我局将预防职务犯罪工作目标细化分解到各个职能部门，做到工作内容、工作措施、完成时限和责任人四落实。同时，各单位针对各自的业务范围，查找容易发生职务犯罪行为的关键部位和薄弱环节，提出预防对策，制定配套办法，进行重点监督和预防。为加强与检察机关协调配合，我局与市检察院共同建立了预防职务犯罪工作协作机制。一是与市检察院共同成立预防职务犯罪工作领导小组。二是对检察机关提出的检察建议，及时落实整改措施，做到防患于未然。三是检察机关对查处的地税部门职务犯罪情况适时进行通报，分析发案原因、特点及规律，提出防范意见或建议。四是定期召开联席会议，制定阶段性工作目标，协商解决共同预防职务犯罪过程中的有关问题。五是与市检察院联合举办反腐倡廉宣传教育展。截至去年6月，市局已组织全系统3000余名税务干部分95批参观了展览。展览以图文并茂的方式剖析了系统内外的典型案例，使广大干部职工受了一次深刻的反腐倡廉教育。

四、形成四点体会，把握预防职务犯罪工作的规律性

一是强化教育是预防职务犯罪工作的重要基础。抓“源头”，必须从思想源头抓起。思想教育在预防职务犯罪工作中具有治本功能。只有使广大干部真正筑起、筑严拒腐防变的思想防线，才能使他们自觉地抵御腐败思想的侵蚀，自觉地远离违纪违法和职务犯罪。

二是落实责任是预防职务犯罪工作的基本前提。预防职务犯罪工作是一项复杂的系统工程，必须改变监察部门单兵作战，部门之间责任分离的状况，明确各职能部门的预防职责、层层分解责任，确保职务犯罪作为一项全局性的工作得以推进，形成全系统齐抓共管的“大预防”格局。

三是健全制度是预防职务犯罪工作的根本保证。规章制度具有规范性、强制性、明确性和连续性。通过建章立制，有利于将预防职务犯罪工作做深、做细，起到设立警戒、防患未然的作用，切实做到用制度管权、用制度管事、用制度管人。

四是从严管理是预防职务犯罪工作的关键环节。必须牢固树立“严是爱，宽是害”的理念，把从严管理的关口架设在“两权”监督上，把从严管理的要求落实在干部队伍建设上，把从严管理的落脚点体现在严格责任追究上。

〔此文系2008年3月全省地税系统党风廉政建设工作会议交流材料〕

全力保上线　规范促发展

黄石市地方税务局

根据省局征管核心软件推广应用总体规划，黄石市地税局被列为9月份上线单位之一。在省局上线指挥部和省局督导组的悉心指导下，黄石地税系统上下统一思想、坚定信心、落实责任、科学组织，集中时间、集中人力、集中精力，于9月23日全面完成数据录入任务，全局共录入19820户纳税人(其中单位5775户，个人14045户)资料，8个征管单位顺利开出税票，并从10月份起全面运行征管核心软件申报征收模块。10月6—10日，全局共开具各种税费票5393份，征收税费款6461万元。黄石地税系统上线工作概括起来说，就是：思想统一、目标明确、步调一致、准备充分、措施有力、管理规范。

一、思想统一，是上线成功的基础

市局党组认真学习许建国局长在恩施、武汉专题调研等一系列讲话和省局有关文件精神，并在全系统组织大学习、大讨论。大家一致认为，新软件上线是湖北地税系统信息化建设一次跨越式的发展，必将带来税收管理观念一次质的革命和税收管理工作一次质的飞跃；新软件的推广应用，既是地税科学发展规律的内在要求，又是实现税收管理现代化的必由之路；新软件的全面上线，标志着湖北地税系统信息化水平迈入全国先进行列；更为重要的是，新软件的运行，将带来全省地税系统执政方式的全新转变，促进公开、公正、公平执法的能力和水平达到崭新的高度。

二、目标明确，是上线成功的前提

从省局开展信息标准化建设年活动和征管核心软件上线工作以来，市局党组就明确提出"三个工程"的总体要求和"三个一次性"的工作目标，即要把征管核心软件上线作为加强税收管理的基础工程、提高干部队伍素质的锤炼工程、落实"两个减负"的系统工程来抓实抓好，确保征管核心软件在黄石一次性推广到位、新系统功能模块一次性应用到位、全部工作标准一次性规范到位，并以此来指导各项准备工作和上线工作。9月份，在全系统软件上线动员大会上，市局杜宏峰局长要求全体干部职工把上线工作作为一项政治任务、中心工作和头等大事来抓；要充分摆正人和软件的关系，在当前特别强调由人来适应软件，要主动改变工作方式、工作习惯、业务流程等以适应软件的要求，并切实做到"不争论、不评论、不议论"。

三、步调一致，是上线成功的关键

(一)成立专班，强化组织保障

对软件上线工作实行"一把手"负责制，党组集体领导和分工负责相结合。市局与各单位均成立了上线指挥部，分管领导任指挥长，机关科室负责人全面参与，抽调业务、技术骨干分别组成综合协调组、业务管理组、技术保障组、培训督察组等四个工作小组，明确了各个工作小组的职责，特别强化了上线指挥部的权威性，规定凡涉及上线工作的所有部署、安排、指令等统一由上线指挥部下达，各单位必须不折不扣地执行。市局主要领导和分管领导等带领指挥部成员深入一线，靠前指挥，保证了各项工作安排落到实处。

(二)挂点督导，强化制度保障

为了确保上线工作按时保质保量完成，市局制定了三项制度：一是挂点督导制度。市局科室与基层单位挂点，任务明确、责任明确；二是周例会制度。指挥部每周召开一次工作进度汇报和分析会，随时掌握情况，调整部署，统一口径，解决问题；三是日通报制度。从系统初始化完成、各单位可以进行数据录入之日起，就对各单位录入进度进行按天通报，形成了你追我赶的良好工作局面。

(三)跟踪考核，强化质量保障

按照省局精神，市局党组决定拿出100万元作为上线工作专项奖励基金，并制定了《征管核心软件上线工作考核办法》，从组织领导、工作进度、工作质量、业务处理及工作上报情况等各方面进行打分，分等次进行奖励，考核得分在85分以下的不予奖励。同时，各单位按照采集、录入、审核等不同环节，制定到人到岗的具体考核细则，从工作质量、工作数量、完成时间等方面据实考核，拉开分配档次。

四、准备充分，是上线成功的根本保障

(一)注重素质抓培训

在抓人员素质提高上，我们坚持做到“五个结合”，即加强队伍建设与开展十查十看、提高执行力等活动相结合、提高业务素质与提高政治素质相结合、提高操作技能与提高实战能力相结合、树立典型与鞭策落后相结合、以考促学与以惩促学相结合，努力打造一支与信息化建设相适应的干部队伍。我们把计算机操作作为地税干部应知应会的基本业务，制定了《全员计算机操作技能标准》，组织编写了办公自动化教材，专门购买了网络学习考试系统和三万道题库，反复进行多轮次、分层次、分专题的培训、考试与竞赛，对屡考不过关的人员扣发绩效工资、实行待岗学习。为了迎接软件上线，今年7月份，我们组织分汉字录入、文档编辑、表格制作三项内容的全员测试，市局领导班子亲自参加。在第三方信息比对、征管电子档案、企业所得税汇算清缴等软件应用中，始终坚持“谁管户、谁录入”的原则，通过坚持不懈的实战练兵，提高了广大干部职工应用信息技术的主动性、自觉性和操作技能。

(二)注重实效抓建设

在信息化建设中，我们始终本着“着眼现实、科学规划、兼顾未来、舍得投入”的方针，高起点高标准建设一流硬件环境。为了更好地保障征管核心软件的推广应用，我们一方面规定省局下拨的专项资金一律不许挪作他用，只能用在最薄弱、最关键、最前沿的地方；另一方面向市政府进行专题汇报，积极争取支持，得到了市财政800万元的信息化专项资金支持。针对市局中心机房设备老化、线路冗杂等问题，进行了网络集成与设备更新，实现了中心机房“全光纤化”和“双线双机热备”环境；配备了4台曙光A950服务器，保证了征管核心软件的数据回放与ETAX系统的双轨运行；扩充了现有的光纤存储容量，使总容量达到5TB，保证了数据存储空间与访问效率；更换了机房UPS电源，使总功率达到30千伏安，确保在断电后对机房的8小时供电。同时，对机房的消防报警、自动灭火、专用空调等设备和门禁系统、防雷系统及监控系统进行了全面检修。另外，我们根据征管核心软件的上线要求，确定了基层单位各类设备的升级、淘汰和新购标准，并一次性进行了采购和升级。目前全市已投入运行的局域网18个、奔四3.0以上终端机1150台(其中笔记本电脑230台)，接近每人1.5台的水平，全部实现上网运行；另配有打印机345台、大型不间断电源23套，可以保证全系统23个办税服务厅的8小时供电。在网络环境建设中，我们对城域网进行了再次升级，以中国电信网络为主干，中国移动网络为备份，市局中心机房到6个城区分局和大冶市局、阳新县局的带宽为主干100兆、备份10兆，大冶市局、阳新县局到其乡镇分局的带宽为主干10兆、备份4兆，同时对基层单位的网络设备进行了全面更新，使全市的网络运行环境再上新台阶。

(三)遵循规律抓基础

规范的基础管理、完整的档案资料是信息化应用最基础、最关键、最根本的前提，是推进信息化建设不可逾越的过程。

1. 抓纸质资料规范到位。按照新软件要求，我们遵循“先纸质、后电子”的原则，按照统一格式、统一内容、统一编码、统一时间的“四统一”要求，对2007年度纳税户资料进行整理归档。要求所有上线户必须以审核后的纸质资料为录入依据。对于部分缺失的、无法获取的纳税人基础信息(如房产证号、土地证号、银行开户许可证号等)，我们经请示省局，在全市范围内统一了编码规则，保证了业务操作一个口径。

2. 抓数据清理准备到位。为了保证征管核心软件数据的完整性、连续性与正确性，我们从 2007 年 10 月份开始，制定了“三清理、三结清”的工作方案。“三清理”，是指对户籍、欠税、税源进行分类清理，我们对以前年度的征管数据进行了全面检测，制定了数据库清理方案，自行研发了税源清理小软件，成功地对往年陈欠、本年新欠、呆账税金进行了划分，剥离出无效税源。“三结清”，是指税票清、发票清、收入清。根据征管核心软件的上线时间安排表，按税票和发票的各种状态进行全面核对、盘点，确保账实相符、账账相符、票款相符；按照税收资金的运行状态，分类核算、分项结转，确保新旧系统数据的无缝衔接。

3. 抓信息资源利用到位。我们组织专班对 ETAx 基础信息、第三方信息比对数据、征管电子档案等信息资源进行分析、整合，开发了能够自动获取基础信息的外挂软件，抽取有用数据，形成电子表格；根据统计局的行业划分标准、工商行政管理部门关于经济类型划分标准，结合征管资料规范化管理的经验和征管核心软件中的各种表单，制作了补充数据采集标准和各类表证单书录入样本，大大减少了税收管理员数据采集的工作量，提高了工作效率。

4. 抓核心软件研读到位。我们先后组织了数次不同层次、不同层面的人员对软件进行集中解读，在较短的时间内全面了解、熟悉和掌握了软件的功能模块、业务流程、运行维护要求、数据采集标准以及不同岗位操作步骤、操作方法等。

五、措施有力，是上线成功的有效手段

（一）制定操作规范，全程指引

市局上线指挥部召集机关各业务科室人员、基层业务骨干，就信息采集录入、征期开票、大厅运行、新老软件并轨、发票、税政等方面的具体问题逐项研讨，结合政策法规规定和实际工作情况，研究解决办法，提出处理预案，并制发了《征管核心软件上线工作业务操作指引》，为基层操作提供了统一指南。

（二）健全审核机制，全面把关

我局建立了一套完整的数据审核机制，严把数据质量关。一是在确定上线户数时，市局依照 ETAX 和第三方信息比对数据，审定各单位上线户清册，并层层分解落实到税收管理员；二是在基础信息录入前，各单位对每个税收管理员采集的信息进行仔细审核，项目不全、数据错漏的一律不准录入；三是落户管理完成后，各单位组织专班，对照纸质资料，对已录入信息进行二次审核，发现问题及时修改完善。

（三）建立应急体系，全天候响应

我局建立了 24 小时应急体系，由信息中心、征管科、办公室等科室相关人员组成的应急队伍，全天候值守。一是由专人负责跟踪监控、记录网络运行速度，随时与电信联系，确保网络畅通；二是由专班负责研究解答基层提出的问题，指导基层正确理解和操作；三是及时与省局联系，请求指导帮助。

六、规范管理，是上线成功的必然结果

经过对征管核心软件的初步使用，我们认为新软件是科学的、先进的、实用的。一是统一、规范、真实、全面地反映了征管全过程；二是有效规避了执法风险，促进了党风、政风、行风和廉政建设；三是提高了信息资源利用水平，提高了工作效率；四是为各级领导加强监控、科学决策提供了有力的帮助；五是为机构改革、职能转变打下了良好的基础；六是提高了干部的整体素质和执行力。

〔本文系 2008 年 12 月全省地税系统税费征管核心软件上线总结表彰会交流材料〕

激活档案资源　提升服务效能

荆州市地方税务局

近几年来，荆州市地方税务局始终坚持追求务实、规范、安全和与时俱进的档案管理理念，全面落实关于档案管理的法律法规，在夯实基础管理、优化档案业务、致力资源建设的基础上，尤其注重档案的开发和利用，充分发挥档案为税收中心服务、为税收改革服务、为税收执法服务的作用，激活档案信息资源，提升服务使用效能，给档案工作注入了新的生命力。

一、以“实”为本，加强基础管理，为档案利用打牢根基

档案利用必须建立在扎实的档案基础工作之上。荆州市地方税务局从档案管理最基本的工作抓起，环环相扣，逐项落实。一是加强硬软件建设。几年来，该局陆续投资数十万元用于档案基础建设，并借税收信息标准化建设之机，对档案信息化管理系统进行全面更新和升级。目前全系统机关档案室总面积达1000平方米，全部实现了办公、阅览、库房三分离，配备了密集柜、空调、去湿机、温湿度计、打印机、复印机、微机等设备，全部达到了“八防”的要求。软环境方面，重点是创造良好的工作环境，积极争取省局办公室和档案部门的支持，定期汇报档案工作，在档案达标、立卷归档、立卷审核、业务培训等工作中邀请省局和档案部门的同志进行指导和帮助，及时释疑解惑，针对薄弱环节改进基础工作，有效提高了档案管理水平。二是加强档案保存和保护工作。加强档案室温湿度控制，加强虫霉防治和除尘，保持温湿度适宜，清洁卫生，无虫霉滋生，并对档案每半年进行全面检查，确保档案安全，最大限度地延长档案寿命。多年来，全系统没有发生档案失窃毁损事件，在机关大楼维修、机构变迁、档案员工作移交、节假日等情况下，均保证了档案的完整和安全。三是加强涉密档案的保密工作。切实做到涉密不泄密，对“三密件”严格做到限定阅文对象，明确阅文时限，按期如数上交。对明确涉密时限的档案，严格遵守保密制度，做到既保守秘密，又便利工作。几年来，该局未发生一起档案失、泄密事件。

二、以“精”创优，狠抓业务建设，为档案利用强化保障

努力建设门类齐全、内容丰实、配置合理、特色鲜明的地税档案资源是提升档案地位、强化开发利用的根本保证。荆州市地方税务局从制度保障、队伍建设、资源挖掘、达标升级等方面优化档案业务。一是制度建设创优。多年来，该局经过调查研究、借鉴比较、反复实践，相继制定了一系列行之有效的管理办法，如《综合档案室安全保卫制度》、《立卷归档制度》、《档案统计制度》、《档案保密制度》、《档案借阅制度》、《档案保管制度》、《档案利用制度》、《会计档案管理制度》、《会计档案销毁制度》、《档案员岗位责任制》等等。健全的管理制度，规范的运行机制，建立起了一套依法治档、靠制度管理的路子。他们还将档案工作纳入全系统工作目标责任制、机关工作目标责任制和系统办公室工作目标责任制的考核内容，年底结硬账，与各单位工作绩效和奖励挂钩，调动了各单位加强档案工作的积极性。二是队伍建设创优。各级办公室都配备了专职档案管理员，所有专职档案员通过培训全部取得了档案工作岗位资格证。市县两级机关科室和各基层分局都明确了兼职档案员，对本单位各门类和载体的档案实行集中统一管理，形成了以市局办公室为中心，由136名专兼职档案员组成的档案管理网络，做到税收工作开展到哪里，档案工作就延伸到哪里。为提高档案员业务素质，他们采取举办培训班、组织业务参观、开展检查评比等多种方式对档案人员"充电"。三是资料收集创优。该局每年对所属单位的资料都要进行一次拉网式清理，对应移交而未移交的，督促及时移交；对部分残损失散的，要求根据线索追根溯源查找，采取相应措施补救。经多管齐下拾遗补缺，最大限度地保证档案资源的完整性。他们还根据形势发展变化和荆州地税实际，积极收集重大活动、重点工作、重要事件的档案，广泛收纳不同门类、不同载体的资料，整合档案信息资源。如对1998年荆州地税抗洪救灾、机构分设后的重大机构人事改革、重大暴力抗税事件、重要税收科研成果等有史料价值的档案进行专门收集整理，形成了具有荆州地税特色的档案史料。四是整理归档创优。全系统档案整理由办公室牵头，邀请档案部门专业人员指导，抽调业务骨干专门负责完成。做到严谨细致地对待每一份资料，按照分类、排列、编号、编目、装订、装盒等6道工序，进行分类整理。每道工序由档案部门专家把关，从严审核检查，不合格者一律推倒重来，不留隐患，使档案资料达到分类科学、排列有序、编号统一、目录规范的标准。目前市局机关通过整理归档，形成了7大门类共2000多卷(册)档案。五是信息化建设创优。市局及各县市区局、直属单位全部启用国家税务总局下发的蓝台档案管理软件，将档案目录全部录入微机，建立起档案目录信息数据库和电子查询系统。目前正在积极推行电子政务，逐步做到档案信息资源与市局统一的内网平台对接，为下一步全面实现档案电子化管理创造条件。六是达标升级创优。从市局到县市区局、直属单位有计划地制定提档升级规划，对照此目标管理标准，全面落实督导机制和考评机制，通过督促、指导和检查，分项实现了预期目标。1997年全系统就实现了"满堂红"，建成了省级达标系统。目前全系统12个建档单位有7个单位建成省特级，5个单位建成省一级，2/3以上的基层分局达到省二级标准。市局档案工作年年通过立卷审核，荆州市档案局评价该局档案"文件材料收集齐全，分类清晰科学，组卷合理，案卷排列科学统一"。

三、以"活"升值，深度开发利用，全面发挥档案效能

挖掘档案潜力，开发档案资源，提高档案利用率，使之更充分、更有效地为全局工作服务，是档案工作的生命力所在。该局通过用足、用活档案资源，以档案能量的大释放促进了各项工作的大发展。一是灵活利用档案开展编研工作，服务税收研究。2004年，地税机构成立十周年之际，该局利用库藏的十年来全系统的声像、文书、专业档案等，编辑了《荆州地税十年辉煌》画册、《税官十年风采录》和《十年优秀调研成果汇编》三本专辑，生动形象地记载了地税十年的发展轨迹；收集了全系统十年来50名各个岗位、各条战线的先进人物典型，编研了一套全面反映荆州地税发展历程的珍贵资料。2006年，该局利用自1994年来整理在册的各种管理资料档案，通过筛选将目前仍在使用并以正式文件印发的各种制度、办法、规则等78个文本编纂成

《管理制度汇编》，为方便查阅、指导实践发挥了重要作用，深受基层喜爱。浙江来荆州交流工作的同行把这作为一项经验借鉴使用。二是灵活运用档案查对资料，服务人事改革。凡是改革均涉及到利益关系的调整，凡是利益关系的调整都会引发不同程度的矛盾，而这些矛盾的焦点一般是双方对某种起支撑作用的依据有异议。如果对这些“异议”有充分的依据进行辨析，矛盾往往会迎刃而解。2007年上半年，荆州市地税系统按省地税局统一部署开展公务员登记工作，决定登记类型的依据是其自身的身份、年龄和财税工龄等，在这些问题上，出现了不少争议。对此，该局充分依靠固有的纸质档案和电子档案，用事实说话，用档案佐证，为全市系统顺利完成1414人予以登记、165人暂缓登记、10人分开登记、183人不予登记、19名社保人员参照公务员登记的公务员登记工作发挥了决定性的作用，并有效解决了一些信访问题。三是灵活运用档案解决难题，服务税收征管。征管信息标准化建设是荆州市地方税务局今年的一台重头戏，在对全市4万多户纳税人（缴费户）的征管信息采集、核对、录入工作中，该局充分利用征管档案进行信息比对，既减少了逐家进户的时间，又有效防止了漏登漏记的情况发生。再如洪城、凯乐两家公司上市前，该局档案管理部门配合税政部门查阅了大量上级关于洪城、凯乐两家公司所得税政策的文件，及时解决了两公司所得税征收疑问，迅速落实了凯乐公司有关高新技术企业的税收优惠政策，落实了洪城公司有关建立再就业基地的税收优惠政策，支持了两家企业成功上市和快速发展。2007年，该局稽查部门在处理一涉税移送案件时，集体审案过程中对其归口管理单位产生了分歧，档案管理部门通过查阅所有相关的文件，为该案件的正确处理找到了依据。另外，该局档案管理部门还配合法规部门查阅汇集了有关工业企业税负核定、政策批复、工作简报等方面的文书档案，及时解答了市人大代表有关税收的议案和政协提案。取得了明显的经济和社会效益。

〔本文系2008年1月荆州市档案管理工作经验交流材料，刊于《湖北档案》2008年第4期〕

探索巡视考核新路　加强党风廉政建设

宜昌市地方税务局

近两年来，宜昌市地方税务局以贯彻落实党风廉政建设责任制为总抓手，紧紧把握省局在宜进行纪检监察机构改革试点的大好契机，结合宜昌地税实际，努力创新“两权”监督的方式方法，认真履行改革赋予纪检监察部门的督办、考核和巡视新的职能，使纪检监察工作全程渗透和融入税收业务工作的各个环节和领域，大大提高了税收工作的落实力、执行力，以及对下级班子的监督力，较好地探索出了一条加强地税系统党风廉政建设的新路子，有效促进了宜昌和谐地税事业的健康发展。

一、紧扣“三大保障”，构建督办考核巡视平台

（一）上下一心，提供思想认识保障

当前，如何解决任务、决策怎样落实到位，实践中落实得怎么样以及落实不到位怎么办等勤政难题，一直是困扰各部门的“疑难杂症”。实际工作中往往是会上讲的多、口头喊的多、制度定的多，真正落到实处的少，责任追究的少。追根溯源在于督办考核浮在表面，沉不下去。过去的督办职能主要集中在办公室，而考核职能科室不固定。“大家抓”往往导致大家都不抓，既使抓也带有随意性、间隔性和笼统性，种种弊端迫使我们必须把督办和考核集中到一个部门来履行，变过去的“大家抓”为“一家抓”、“随意抓”为“认真抓”、“笼统抓”为“具体抓”。与此同时，实际工作中我们也感受到，对党组班子监督体系的单向化弊端也日益突出，党组班子内部的监督以及纪检监察部门对党组班子的监督弱化现象较为突出，少数地方同级监督、下级监督几乎是“空白”和“盲区”。现状也迫使我们必须创新监督的方式方法，从体制、机制上进行研究解决。基于上述考虑，我们进行了大量的调查研究，从市局党组、机关科室到基层单位层层统一思想，从上到下形成了一个共识，那就是借省局在宜昌进行纪检监察机构改革试点的东风，大胆进行监督体制和机制的创新。

（二）整体联动，提供组织人力保障

一是提供组织保障。我局把纪检监察机构改革试点的总体要求与税收征管扁平化配套改革合二为一进行研究部署，结合宜昌实际，以打造“组织机构扁平化、征管业务流程化、管理方式集约化”的现代税收管理体制为目标，在全系统全面开展了以扁平化组织机构、重组业务流程、强化“两权”监督、加强行政监控为主要内容的改革，撤消了县（市）局所有的内设股室和乡镇分局，平行设置了办公室、纪检监察督办科、税收管理科、税收服务科、稽查局五大平台。对市局纪检监察室增加了督办、考核和巡视三大职能，在纪检监察室内部设置了综合组、巡视一组和巡视二组；对基层单位纪检监察部门增加了督办和考核两大职能。并逐步将信访、案件查处职能由基层单位上收到市局纪检监察室，基层侧重于行政效能监察。改革后的五大体系对各项税收管理活动形成了双重监控，建立了以纪检监察督办科为龙头拉动、各职能部门配合联动的督办考核工作机制。二是提供人力保障。各单位把政治素质高、既懂业务、更讲原则的精兵强将充实到纪检监察督办科。这使纪检监察督办科无论从人员职数还是从人员素质都发生了质的变化。各县（市）区局的纪检监察督办科由过去的 2 人充实到 3～6 人，城区各分局、市局各直属单位在过去只设 1～2 名专职监察员的基础上，重新设置了纪检监察督办科，人员均充实到 4 人以上。全系统专职纪检干部由过去的 50 人扩充到 102 人。市局党组对纪检监察工作在思想上重视，对纪检监察干部在政治上关心。目前，市局纪检监察室 3 名组长均提拔为正科级，三峡分局原纪检监察督办科科长因工作业绩突出，也被提拔为伍家岗分局副局长。

（三）总分结合，提供制度体系保障

督办考核巡视工作所依据的载体就是执行“两权”运行所遵循的各项规程、办法和制度。因此，我们坚持总分结合，对全系统税务管理事务进行了流程再造。市局制定出台了涵盖税务管理活动全过程的管理制度、业务流程、工作规程、操作规范和工作流程示意图等，使各项工作严格按工作流程和岗位体系运行。同时，我们在新的大监察体系中，实行流程再造。按照督办考核“重内部、重微观、重工作流程”，巡视“重流程、重宏观、重生活圈”的思路，狠抓纪检监察制度体系创新。2007 年，市局“一把手”亲自牵头，组成专班，

就巡视、督办、考核三大块工作如何开展的原则、内容、形式、程序、方法等进行了几轮讨论、起草和修改，4月底制定出台了《巡视制度》、《督办制度》、《考核制度》以及《督办工作规程》、《考核工作规程》、《巡视工作规程》等，改进了督办考核巡视手段，建立了新型的督办考核巡视体系。

二、解决“三大问题”，凸显督办考核巡视特色

（一）程序化督办，有效解决落实难到位的问题

全系统纪检监察部门把带全局性、关键性、矛盾性的工作作为监察督办的重点，严格按照“监察督办立项—实施监察督办—反馈督办情况—提出工作建议—限期整改到位—复查整改情况—通报督办结果—考核奖惩兑现”的链条式督办程序，对税收执法和管理工作的全过程进行跟踪监察督办。全系统围绕税收工作中的“征、管、查”、“减、免、罚”以及“人、财、物”九个重点部位和关键环节，加大了督办力度。督办内容涵盖了制度落实、“两制”运行、户籍管理、税收票证、发票管理、个体户定调税、停歇业管理等方方面面。去年，市局纪检监察室重点对税收征管信息数据清理、楼堂所清理等工作的落实情况实施了督办；五峰县局重点对“两制”落实、发票代开、重点建安工程、临时用工相关政策等工作的落实情况进行了督办；远安县局重点对个人所得12万元以上自行申报和2006年度砖瓦行业税收收入情况进行了督办，查补税款40000多元。全系统共发《督办通报》80多期。督办职能的发挥，大大促进了税务行政效能的提高，税务工作的落实力和执行力全面增强，执行行为日趋规范。

（二）精细化考核，有效解决落实怎么样和不落实到位怎么办的问题

我局按照“突出重点、分级考核”的原则，采取日常考核与年终考核相结合的方式，收到了较好效果，多年来这种考核模式形成了一种惯例和制度。一是考核内容全面。主要包括三大块：党风廉政建设责任制落实情况，年度主要工作目标完成情况，社会满意度测评情况。凡未纳入年初考核指标的工作，不得另行组织考核，市局机关科室也不得组织单项工作的考核。二是考核对象齐全。市局年终组织的专班综合考核既包括对16个基层单位全面工作的考核，也包括对市局机关15个科室的量化指标考核，总共31个被考核对象缺一不可。三是考核方法科学。日常考核结果与年终专班综合考核结果合二为一，按1000分值形成总得分。专班综合考核由市局纪检监察室牵头，组成考核专班，对31个被考核对象工作完成情况开展综合性考核。日常考核主要通过数据库指标进行考核，减少了人为因素，体现了考核的公正、公平和科学性。如对税收征管信息录入的考核，市局征管科按照市局通知的2007年6月25日、11月15日两个随机确定的日期，对16个基层单位信息录入情况直接从数据库中进行了考核。四是考核结果用足。我们把考核结果作为年度单位评先、领导干部年度考核、公务员评优的重要依据。对考核中发现的问题，向被考核单位及时反馈，促其整改，对发现的重大问题，提请市局进行督办。2007年12月17—31日，我们组成6个考核小组，由6名局领导带队，对16个基层单位和15个市局科室落实党风廉政建设责任制和主要工作目标情况进行了综合考核，依据考核得分评选出了5个基层先进班子和6个市局先进科室，对5个先进班子的班子成员和市局6个先进科室的主要负责人人平奖励2000元，对6个先进科室的科室成员人平奖励500元。

（三）规范化巡视，有效解决平级监督太软、下级监督太难的问题

2007年我局正式尝试巡视工作，市局巡

视组在市局党组领导下开展工作，重点对县(市)、区局、城区分局(局)的领导班子及其成员，尤其是“一把手”贯彻执行党和国家法律情况、执行民主集中制情况、落实党风廉政建设责任制情况等进行监督。巡视组主要采取发布预告、通报情况、设意见箱、听取汇报、内部座谈、外部走访、问卷调查、民主测评、审计检查、调阅资料的形式，去年先后对兴山、宜都、远安、西陵、夷陵、当阳等6个基层单位进行了巡视。巡视后向市局党组提交了书面报告，并在党组会上作了专题汇报。对少数单位“一把手”进行了约谈，对所有单位存在的问题下达了《巡视整改建议书》，共提出巡视整改建议25条。目前，被巡视单位的问题均已全面整改到位，堵塞了管理漏洞，提升管理水平。

三、处好“三大关系”，推进督办考核巡视发展

督办考核巡视是一项全新的工作。实际工作中，我们体会到，必须正确处理好“三大关系”：

一要正确处理好抓大与顾小的关系。督办考核巡视工作，既有监督的性质，又有管理的性质，作为推动全局工作落实的重要抓手，必须紧紧围绕税收工作的“大头”和重点，结合全局重要事项，选择难点、热点问题，把握重要项目、重要岗位、重点领域、重点单位来开展。同时，也要做到统筹兼顾，抓大而不弃小，才能相得益彰、互为补充。

二要正确处理好过程与结果的关系。过程监控是关键，结果监控是目的。实际工作中，我们始终把握以“事前控制、过程控制监督为主，以事后控制、结果监督为辅”的原则，以过程管理和过程监控为手段，充分发挥督办考核和巡视的职能，把监督触角实实在在地融入具体的税收业务工作的各个环节中去，通过对重点环节、重点部位的工作过程跟踪监督，见微知著，进而把问题解决在萌芽状态，最大限度地减少违规违纪行为发生。

三要正确处理好监察部门与职能部门的关系。由于督办考核巡视的对象是本系统的单位和干部，有的监督事项还涉及到局领导，客观上使纪检监察部门处于“风口浪尖”和“矛盾的焦点”。因此，处理好监察部门与职能部门的关系尤为重要。我们注重协调职能部门参与到督办考核中来，通过召开联席会、协调会，组织相关部门领导和检查人员适时参与事前、事中、事后的督办、考核和审计，做到优势互补，形成了协调联动的督办考核巡视的整体合力，保证了督办考核巡视工作的顺利开展，促进了各项工作任务的全面完成。

〔此文系2008年3月全省地税系统党风廉政建设会议交流材料〕

适应房地产发展形势　创新一体化管理模式

黄冈市地方税务局

2007年4月1日实行房地产税收一体化管理以来，黄冈市地税局紧紧抓住“政府主导、部门协作、信息支撑、流程再造”四个环节，坚决实行“五个统一”(统一征收机构、税务登记、政策口径、票证管理、税款划解)，强力推行一体化管理，使房地产税收管理步入制度化、规范化、精细化、科学化的轨道。自2007年4月实行黄冈城区房地产税收一体化管理以来，共征收房地产税(费)1.5亿元，同比增加8500万元，增幅达130%。

一、正视房地产税收征管现状，提出一体化管理工作思路

随着黄冈经济的快速发展和城市化进程逐步加快，黄冈房地产业也步入了发展的快车道。房地产业的高速发展，在促进黄冈经济繁荣的同时，也对我们传统的税收征管模式提出了挑战。为适应房地产业发展新形势，摸清房地产税收征管现状，我们通过深入调查，发现黄冈房地产行业税收征管存在以下几个方面突出问题：

第一，房地产税收难管理。房地产作为一个特殊的行业，具有开发周期长、投资金额大、涉及税种多、审批环节复杂等特点，动辄长达数年的建设、数亿元的投资，牵涉上十家管理部门，几乎涵盖地税部门负责的所有税种，而且各税种计税依据、纳税期限等税收要素不尽相同，同时，征管方式涉及预征、清算、汇算、核定、代扣代缴和查账征收等多种形式，客观上给我们的税收征管不可避免地带来了诸多困难。

第二，房地产税收征管秩序混乱。由于黄州城区市、区两级政府并存，在实行房地产税收一体化管理之前，税收征管范围一直按行政体制划分，客观上存在一个行业税收，多个单位征管；一个纳税企业，多个税收管理员进户；各征收单位对征管范围的划分还时常提出异议。

第三，企业纳税意识淡薄。房地产纳税人为追求利益最大化，能避则避，普遍存在着不依法进行纳税申报。如：虚列成本费用、设置“账外账”、对收取的预收款和银行按揭款长期挂往来账等等现象时有发生。

第四，房地产税收收入规模与蓬勃发展的房地产业不相适应。2005－2007年4月，黄冈城区房地产业投资总规模19亿元，而此间黄冈城区房地产税收入库7500万元，仅占地税收入的18%，房地产业除营业税外，一些主要税种如企业所得税、土地增值税漏征漏管严重，与房地产行业实际经营状况相比、与其应纳税额相比相距甚远。

在调查中，我们认真分析了产生问题的原因，认为主要有四个方面：一是征收机构重叠，执行政策不一致；二是传统的征管手段被动落后；三是利益驱使个别基层政府管理部门向纳税人“伸手”；四是征管信息闭塞，税源监控乏力。

针对房地产管理现状，黄冈市局党组一班人认真分析房地产税收征管中存在的问题，系统剖析了黄冈房地产业的生产经营特点，客观分析了产生问题的原因，认为建立一个适应新形势下房地产行业特点、科学高效的房地产税收管理模式已经迫在眉睫。

2007年初，我们就房地产行业税收征管向黄冈市政府提出了加强房地产税收一体化管理的思路和对策，针对黄冈城区房地产税收征管现状，提出了“市区一体，统一管理”的工作思路。这一设想得到了黄冈市政府的高度重视和充分肯定。

二、把握四个环节，促进房地产税收一体化管理规范化

(一)把握政府主导环节，建立一体化管理工作机制

我们向黄冈市政府提出建立黄州城区房地产税收一体化征管模式的构想后，得到了市政府的高度认同，在听取地税部门的意见和建议后，市政府及时将房地产税收一体化管理提上议事日程，于2007年3月，组织召开了市长办公会，专门研究黄冈城区房地产税收管理问题，成立了以常务副市长卢焱群同志为组长、相关职能部门主要负责人为成员的“黄冈市人民政府房地产税收管理领导小组”，并且以市政府的名义下发了《黄冈城

区房地产业税收征收管理办法》。《办法》主要明确了三个方面的内容:一是明确了征管范围。确定了黄冈城区包括黄州区的赤壁、东湖、禹王、南湖四个办事处以及黄冈经济开发区和赤壁风景区所辖范围。在此范围内的房地产税收一律纳入一体化征收管理。二是明确了“五个统一”,即统一征收机构。市区联合成立黄冈城区房地产税收征管专班,履行黄冈城区房地产税收管理职责。统一税务登记。房地产业和建筑安装业的新办企业的税务登记统一在市行政服务中心办理,由新成立的一体化征收机构负责受理。统一票证管理。对现行纳税人进行分类认定,符合自开票条件的纳税人,在税务机关的监督下使用微机票自行开具,其他纳税人用票一律由税务征收机关在“纳税服务窗口”统一代开。统一政策口径。税务部门要按照统一政策口径、统一征收标准开展税收征收管理,不得随意多征、少征或免征。统一税款划解。房地产开发企业以工程项目产权所属确定税款归属,建筑安装业属本地的以税务登记为依据确定税款归属,建筑安装业属外地的以承接工程项目产权所属确定税款归属,由黄冈市局在市直、黄州区和黄冈经济开发区之间划转。三是明确了国土、房管、规划等部门的职责,为地税部门开展工作创造了良好的条件。

(二)把握部门协作环节,明确一体化管理工作责任

一是加强与国土资源部门的配合。耕地占用税和契税的征收,过去管理上存在的一个最大的障碍就是地税部门对用地人的用地情况不清,由此造成征缴滞后、欠税追缴难。因此,我们根据国土资源部门的土地管理特点,与国土资源部门协商,将土地交易税收控管提前到用地环节。二是加强与房管部门的配合。房屋交易和发证环节是房屋契税征收和房地产业各税控管的核心环节。我们与房管局设立了服务窗口联合办公,对房地产交易行为按照序号进行信息比对,对每宗房源进行登记,做到关口前移。三是加强与发改、建设部门的配合。这一环节主要包括发改部门的项目(工程)核准批复书和招投标核准通知书,建设部门的建筑施工许可证和建设工程验收备案证等信息。地税部门与其建立定期信息采集制度,全面了解相关房地产开发成本、费用、商品房预售和实际销售、收款方式、收款时间等情况,及时掌握从事建设施工和装饰装修的单位或个人出包合同、协议以及应缴纳营业税及附加、所得税、印花税等税源信息,加强各税种征收管理。四是把好行政服务中心契税征收窗口的控管。我们在行政服务中心设立了专门的契税征管窗口,与同在行政服务中心大厅联合办公的国土、房管等部门实现了对接,按照“先税后证”的要求,只有在地税征收窗口申报缴纳契税后,才能到国土、房管等部门的工作窗口申报办理相关权属证书,有效地实现了联合控管。五是与相关部门建立了联席会议制度。市政府确定由政府分管财税工作的副秘书长方成牵头,各部门指定专人负责,定期召开建委、国土、房管、财政、规划、地税等部门参加的联席会议,互相通报情况、反馈信息、研究对策,实施对房地产行业税收共同管理。

(三)把握信息支撑环节,增强一体化管理效能

税收管理的科学化就是积极运用计算机网络等高新技术手段为税收征管服务,实现“人机结合”管理优势,促使税收管理从粗放型向集约型转变。我们主要抓好两个方面:

一是建立房地产税源信息及税收管理数据库。专门开发了房地产税收一体化管理软件,并进行资料录入、数据清理及与税收征管软件信息对接,实现了通过房屋栋号信息、销售信息,自动测算、分析税源;通过栋号的管理,对房地产发票的开具、契税缴纳等环节进行流程控管;通过各种台账和统计数据对税

收管理员工作情况进行考核。

二是对外通过网络加强与土地、房管等相关部门的工作衔接，实现部门间信息共享。我们将国土、城建、房管、规划等部门传递的信息，通过计算机进行信息加工，将土地和房源信息转化为税源信息，以此掌握土地使用、转让、承建开发、商品房的类型以及物业管理等情况，通过信息共享，对土地使用权证、房屋预售许可证、规划许可证、房产证等几个有形证件实施节点控制，把税收管理节点前置。

（四）把握流程再造环节，完善一体化管理工作模式

1. 征收专班化。在推行城区房地产税收一体化管理工作中，我们首先从理顺征管机构入手，重点解决税务机关内部征管资源配置问题。按照税收管理的流程和环节，统一设置机构，将城区房地产行业税收由过去多个机构分散管理统一到市东坡分局一个征管机构管理，我们于2007年3月底，从黄州区地税局、市宝塔分局和东坡分局等相关单位抽调14人成立了“黄冈城区房地产税收征管专班”，履行黄冈城区房地产税收管理职责，统一对市、区两级房地产业的各项税收实行征收管理，为房地产税收一体化管理提供了组织保障。

2. 岗责明细化。我们在专班内部设立了受理审理岗、税源管理岗、征收管理岗、发票管理岗及税务稽查岗共5个岗位，把一体化管理的基本要求落实到各个环节、各个岗位，从而把房地产税收管理的各环节衔接成一个联系紧密的完整链条。着力设置了一套科学合理、可行性强、便于实际操作的房地产税收一体化管理流程，形成了一条有序操作的管理链条。

3. 管理精细化。房地产税收一体化管理是一个系统工程，必须各岗位密切配合，各环节紧密衔接。在房地产税收管理上，我们以契税为把手，对房地产有关信息的获取处理以及各税种申报、征收、台账及资料传递等征管环节和办理程序进行了细化，设计了《房地产业纳税申报表》等16类表格、《税款征收流水台账》等7类登记台账。按照房地产行业税收一体化管理要求，针对房地产的行业特点，从土地一级市场、二级市场、房地产开发到销售环节，分别制定了有针对性的税收管理办法。

4. 考核经常化。我们通过制定专项考核办法，对房地产税收管理员按月进行考核，实行奖惩挂钩，并将考核结果作为评比表彰和公务员年度考核的重要依据。在税源管理考核中，要求纳税登记率、入网率达到100%；在政策执行考核中，要求税款入库率达到95%以上，主要检查税收管理员是否依法征收、应收尽收，有无错征、少征、漏征等现象，是否严格减免税管理，有无违纪、违规现象或执法过错行为；在日常工作考核中，要求纳税申报率达到95%以上，处罚率达到20%以上，滞纳金加收率达到10%以上，检查征管信息是否收集齐全，涉税文书是否规范，各类台账登记是否准确，信息资料分析、传递是否及时等。

三、房地产税收一体化管理工作的几点启示

第一、政府全程引导是房地产税收一体化工作顺利推进的有力保证。一年多来，黄冈市政府始终把房地产一体化管理作为一项重要工作抓在手上。事前，黄冈市政府下发了若干个关于加强房地产税收一体化管理的文件，事中，市政府坚持定期和不定期召开联系会，及时解决房地产税收一体化管理运行过程中出现的各种问题。事后，市政府还会同监察、财政、地税等部门成立房地产税收管理检查组，每个季度对房地产税源底数、税源分布情况、部门配合、窗口服务、信息传递等方面开展检查，并将检查情况予以通报，有效的推动了房地产一体化管理工作进程。

第二，明确部门工作职责是保障房地产一体化管理顺利实施的有效措施。对参与房地产一体化管理的各部门而言，一体化管理对其提出的大多是一些义务性要求，为了防止他们在工作中产生“自己出力，帮地税部门收税”的误解，让他们树立房地产税收管理“我亦有责”的理念，我们争取市政府在下发的《黄冈城区房地产业税收征收管理办法》中，明确了各部门的具体职责。《办法》明文规定：“相关职能部门未按要求及时传递信息，要追究相关人员责任；对未做到‘先税后证’规定的，要追究相关责任人员的责任，情况严重造成税款流失的，失职单位补交相应流失税款，并对相关失职人员给予行政处分”。这些刚性规定，为房地产税收管理一体化的落实提供了有力保障。

第三，稽察检查和税务约谈是强化房地产税收一体化管理的促进手段。我们通过对全市范围内房地产行业和建安企业组织全面、深入的检查，不仅充分发挥了“以查促管，以查促收”作用，堵塞了征收漏洞，而且有效地规范了全市房地产及建筑安装业税收秩序，并在净化经济发展环境、保护公平竞争、促进区域经济发展等方面发挥了积极作用。同时，我们在房地产税收一体化管理中全面推行税务约谈制度，既让企业纠正了在履行纳税义务上的差错，同时也避免了税务处罚。

第四，方便纳税人，提高征纳效率是房地产一体化管理的现实需要。在一体化管理工作中，我们按照“一个部门负责，一个窗口征收，一条龙服务”的工作思路，把税收服务贯穿于税收征管全过程。通过设置专门的格式化纳税申报表，简化了申报手续，方便了纳税人。通过实行“一窗式管理”，简化办税程序。通过在市行政服务中心设立了地税专项服务窗口，方便了广大市民对有关房地产税收政策的咨询，成为地税部门与纳税人之间沟通的一座重要“桥梁”。优质的纳税服务，为纳税人提供方便的同时，也提高了房地产税收的征收效率，在全社会树立了地税部门的良好形象。

〔此文系 2008 年 6 月全省地税系统房地产税收一体化管理现场会交流材料〕

与时俱进　深入推进县市局机构改革

恩施州地方税务局

2006 年 4 月，根据省局的统一部署和安排，恩施州地税局在利川市局实施了以机构扁平化为载体、以执法责任制为核心、以业务重组和流程再造为方式的机构改革试点，通过两年的运转、磨合和完善，成效较为显著。

一、改革背景

如何结合恩施州的实际推进县市局机构改革，是我局党组思考的一个重要问题。当前，县市局机构设置主要有两种模式可供参考。一种是传统的科层式组织形式，其特点为机构内部设立若干并列部门，每个部门负责一个方面的工作，相互独立。另外一种是扁平化组织形式，其特点为增加管理幅度，以工作流程为中心，削减中间管理层，纵向管理层次简化，指挥链条更短。目前，全国绝大多数县市局地税机关多采取科层式组织形式，也有极少数县市局地税机关采取扁平化组织形式。我们通过调查研究，认为在恩施州地税系统县市局适合采取扁平化组织形式。

第一，在科层式组织形式下，工作效率低下。原来县市局除按工作职能不同设立若干股室以外，还根据行政区划下设若干分局，虽经多次机构改革，改按经济区划设置分局，但是每个县市局仍设有3～5个分局，其中主要是农村分局。2006年元月，全省地方税务工作会议指出，县市局今后的职能应该主要是“管事”，即县市局应当是“以税收征收管理为主、以行政管理为辅”的机关。但是，很多县市局基本上只履行行政管理职能，是一个“微缩版”的市州局，主要起到上传下达的作用，真正的落实、执行层面还是在税务分局。这不仅不符合新时期机构改革的要求，而且由于管理层级较多，信息反馈链较长，普遍存在工作效率低下的问题。

第二，在科层式组织形式下，不利于整合人力资源。当前，我州地税系统由1个州局机关、2个直属局、8个县市局组成，共有正式干部797人，除州直机关外，8个县市局在职干部平均不超过100人。按省局“三定方案”定编以后，来凤、咸丰、宣恩、鹤峰每个县局都在50～70人之间，其中县市局机关就平均占25人，在一线直接从事征收管理的人员很少。在这种状况下，无论是县市局机关还是征收一线都存在人力不足的现象，并且在这种组织形式下，难以合理整合人力资源。

第三，在科层式组织形式下，税收成本居高不下。每个分局虽然人员不多，但“麻雀虽小，五脏俱全”，从人员配备上来看，需配备分局长、税收管理员、税收会计、经费报账员等，还需有固定的办公场所、职工宿舍、食堂、交通工具、通讯设备，所以税收成本难以压缩，有的分局全年征收的税费收入还不够人员经费和公务开支。

第四，在科层式组织形式下，不适应国家宏观政策调整的需要。近几年来，国家为解决“三农”问题，出台了一系统税收优惠政策和简并征期等管理办法，屠宰税、农业税等税种相继取消，农村个体工商户营业税起征点和个人所得税扣除额不断调高，而且我州的经济结构仍以第一产业为主，二、三产业滞后，极不发达，因此农村税源很少，管理面相对狭窄。所以，农村分局的大量存在已经严重不适应形势发展需要。

第五，在科层式组织形式下，监督制约机制难以有效发挥。原来基层分局，特别是农村分局由于人员少、工作任务重，许多税务人员身兼多个岗位职责，甚至集征收、管理、处罚、执行等权力于一身，“一人进户，各税统管”，客观存在权力运行真空，极易导致腐败现象发生，并且难以有效监管，这也是近几年来基层分局税务人员违法违纪案件高发的原因之一。

二、组织实施

鉴于以上分析和判断，我们在利川市地税局实施了机构改革，通过减少管理层次，整合人力资源，实施业务重组，将利川市局变为管理与征收合一的新型征收管理机构。

（一）简并机构，整合人力资源

利川市局按照“精简、统一、效能”的原则以及有利于深入推进税收执法责任制的指导思想，大刀阔斧地进行机构改革，将11个股室、1个稽查局、5个税务分局撤销，重新设立了5科1室，实现了机构扁平化。改革前，市局管理层级自上而下依次是：市局领导班子—市局股室—税务分局领导班子—税务分局税收管理员—纳税人；现在，市局管理层级自上而下依次是：市局领导班子—市局科室—纳税人。市局由单纯的行政管理机关转变为了“以税收征收管理为主，以行政管理为辅”的机关，越过了以前的税务分局，直接面对纳税人，彻底转变了职能。同时，机构简并后，利川市局注重了人员向税收征收管理一线倾斜，市局直接从事税收征收管理的一线税收管理员由改革前的 39 人增加到了 86 人，一线税收管理员占干部职工总人数的比例，由改革前的 32%增加到了 71%。

(二)业务重组，再造工作流程

按照税收法律、法规、规章的规定，本着“因事设岗”的原则，紧紧抓住税收执法程序这条主线重新设置岗位，把原来各股室、各分局的工作职责重新分配到了新设的 6 个科室和 47 个岗位中，实行了业务重组。在明确各科室、各岗位工作职责的基础上，按照征收、管理、处罚、执行“四权”分离的原则，重新制定了各项工作流程，做到了“环环紧扣相连、岗岗监督制约”，使制度、机构、岗位、人员、责任达到了有机结合。

(三)强化考评，严格责任追究

利川市局根据国家有关法律、法规和《国家税务总局关于全面加强税收执法监督工作的意见》、《国家税务总局关于全面推进税收执法责任制的意见》和《国家税务总局关于税收执法责任制考核评议办法》的有关规定，结合利川市局实际，制定了详细的《岗位职责考核评议办法》和《税收岗位职责考核评议指标》。同时，制定了《过错责任追究工作规程》，设立了专门的考核评议和责任追究机构，对全局干部职工的履职情况进行严格考核评议，对执法过错行为进行责任追究。

与此同时，州局今年年初还以利川试点为基本模型，在全州地税系统实行了纪检监察体制改革。该项改革，是对机构扁平化改革和推行执法责任制的有益补充。一是进一步强化纪检监察机构职能。各县市局监察室除保留原有纪检监察工作职能外，增加税收工作考核评议和责任追究两项职能。二是进一步充实纪检监察工作力量。鉴于全州地税纪检监察职能进一步拓展，纪检监察业务工作量进一步增加，将县市局监察室的人员由过去的 2～3 人充实到 3～6 人。三是全面推行纪检监察员派驻制度。州局直接向各单位派驻纪检监察员，派驻的纪检监察员由州局在全系统集中选拔政治素质高、业务能力强、公道正派、作风扎实的同志担任，纪检监察员受州局直接领导和管理，实行定期轮岗和交流。各县市局不再配备纪检组长，县市局纪检组长转任为副局长。四是具体明确纪检监察员职级待遇。纪检监察员为州局党风廉政建设领导小组成员、所驻单位党组成员，行政级别为正科级，其工资、福利等经济待遇在所驻单位享受。五是细化纪检监察员工作职责。纪检监察员为所驻单位党风廉政建设直接责任人，主管纪检监察、税收工作考评和责任追究工作。

总之，利川的改革呈现三个主要特点，即实现了与彻底转换职能的有机结合，实现了与执法责任制的有机结合，实现了与强化纪检监察工作的有机结合。

三、改革优点

优点之一：税收执法监督进一步强化。改革前，由于旧的管理体制、工作机制等原因，税收执法监督还存在较多薄弱环节。改革后，通过机构扁平化和实行纪检监察体制改革，健全工作机制，深入推行税收执法责任制，确保了对税收执法行为的有效监督，构建了标准化的工作规程以及系统化的考核评议办法和过错责任追究办法，实现了监督的系统化、精细化、制度化，最大限度地减少和降低了基层税务人员违法违纪案件的发生几率。

优点之二：税收执法行为进一步规范。改革前，由于税收执法考核评议、责任追究漏洞颇多，因此个别税务人员在税收执法过程中失之于松、失之于粗，甚至有令不行、有禁不止的现象时有发生；只注重实体法，不注重程序法，只注重执法结果，不注重执法过程，只要求纳税人怎么做，不要求自己怎么做的情况也不同程度存在。改革后，因事设岗、按岗定责，用工作规程规范行为，按工作规程开展工作，同时其工作情况能够从计算机信息系统反映出来，工作是否保质保量完成，能够受到全方位即时监控。

优点之三：税收征管质量进一步提高。由于实行了税收业务流程再造，明确了岗位职责和工作规程，健全了监督制约机制，税收征管人员的工作不再是从税务登记开始到税款征收入库都由一人包干办理，而是各自只对其岗位职责负责，如果没有按照规定履行自己的职责，会使得下一个岗位、下一个程序的工作无法正常进行，因此不仅要迅速整改，而且还要受到责任追究。由此保证了每一个环节点、每一个执法点的工作质量和效率。

优点之四：执行力进一步增强。改革前，由于存在税收执法责任追究不到位现象，所以个别税务人员对于上级的要求和工作部署既不勇于负责，也不积极落实，而且如果某一环节、某一税收事项出了问题，责任还很难划分清楚。改革后，通过税收业务流程再造以及对岗位职责、工作规程、考核评议、考评路径、责任追究具体进行明确后，每一个税务人员在每一个工作阶段、每一个工作环节都必须注重细节、力求完美，主动积极地在自己的职责范围内处理好一切问题；必须树立严谨、务实的工作作风，改变心浮气躁、浅尝辄止的毛病，以精益求精的精神，严格坚持按各项制度、要求、规程办事，保证了各项工作的落实。

优点之五：税收执法效率进一步提高。改革前，利川市局管理层级有5层。改革后，全市征管组织机构服务、服从于推行税收执法责任制的需要，打破机关与基层的界限，本着“精简、统一、高效”的原则和有利于深入推进税收执法责任制的指导思想，实行了重组，减少了2个行政管理层级，加之市局人员进一步向税收征管一线倾斜，市局机关成了“放大”了的税务分局，行政管理人员相对减少，管理程序更加简化，指挥决策更加贴近实际，信息传递更加流畅，执法效率明显提高。

优点之六：税收成本进一步降低。由于实现了机构扁平化，减少了中间管理环节，行政管理和税收执法资源集中调配使用，节省了大量人力、物力和财力，带来了税收成本大幅度降低。例如，据统计，利川市局2006年下半年与2005年同期相比，按可比口径，节约经费支出50余万元。

优点之七：税收服务质量进一步提升。利川市局在撤销税务分局以后，一方面在农村乡镇实行了定时定点巡回服务，并将税收征管计算机网络延伸到了每一个乡镇；另一方面，实行了电子申报、邮寄申报、以缴代报、刷卡缴税等多元的申报和缴税方式，所以纳税人普遍认为，现在缴税更加方便，既节省了时间，又减少了程序，还降低了办税费用。

〔此文系2008年6月全省地税系统机构改革调研座谈会交流材料〕

第四篇

荣 誉 篇

（本篇责任编辑　涂家海　王燕敏）

全国五一劳动奖状

黄石市地方税务局

（中华全国总工会表彰　总工发〔2008〕19号）

全国模范职工小家

天门市地方税务局市直征收大厅

（中华全国总工会表彰　总工发〔2008〕21号）

全国精神文明建设工作先进单位

襄樊市地方税务局
随州市地方税务局(机关)

（中央文明委授予）

全国青年文明号

一、新命名2个单位：
武汉市江岸区地方税务局征收分局
咸宁市地方税务局温泉分局办税服务科

二、继续认定10个单位：
武汉市洪山区地方税务局第三税务所
武汉市青山区地方税务局征收分局
黄石市地方税务局西塞山分局征收一科
宜城市地方税务局第五分局
宜昌市地方税务局猇亭分局
十堰市地方税务局车城分局
鄂州市地方税务局葛店开发区分局
罗田县地方税务局三里畈分局
随州市地方税务局烈山分局
天门市地方税务局市直征收大厅

（共青团中央 国家税务总局表彰 国税发〔2008〕59号）

全国巾帼文明岗

武汉市江岸区地方税务局征收分局
武汉市汉阳区地方税务局征收分局
武汉市青山区地方税务局征收分局
十堰市地方税务局车城分局

（全国妇联“巾帼建功”活动领导小组表彰 妇巾领字〔2008〕7号）

全国“三八”红旗集体

黄石市地方税务局磁湖分局
黄冈市地方税务局宝塔分局办税服务大厅

（中华全国妇女联合会表彰 妇字〔2008〕10号）

2007年度税收征管报表和征管质量考核报表编报受表扬单位

湖北省地方税务局

（国家税务总局表彰　国税函〔2008〕589号）

2008年全国先进社科学会（协会、研究会）

鄂州市地方税收研究会

（全国大中城市社科联工作会议主席团授予）

2008年全国学习型先进班组

咸宁市地方税务局

（中华全国总工会授予　创争领字〔2009〕1号）

2007年度全省社会治安综合治理优胜单位

湖北省地方税务局

（中共湖北省委 省人民政府表彰　鄂办文〔2008〕40号）

党建工作先进单位

湖北省地方税务局

（中共湖北省委表彰　鄂文〔2008〕43 号）

第三届中部博览会组织工作先进单位

湖北省地方税务局

（中共湖北省委表彰　鄂文〔2008〕39 号）

全省民主评议政风行风优秀单位

湖北省地方税务局

（省纠正行业不正之风领导小组表彰　鄂纠领发〔2008〕6 号）

创建“十佳行政执法单位”活动优秀组织单位

湖北省地方税务局

（鄂府法办〔2008〕15 号）（鄂府法办〔2008〕16 号）

创建“十佳行政执法单位”活动先进单位

安陆市地方税务局

（鄂府法办〔2008〕15 号）（鄂府法办〔2008〕16 号）

全省“十佳行政执法单位”

武汉市江岸区地方税务局

（鄂府法办〔2008〕15 号）（鄂府法办〔2008〕16 号）

2007 年度省直机关目标责任制考核先进单位

湖北省地方税务局

（鄂办文〔2008〕36 号）

全省社会治安综合治理先进单位

蕲春县地方税务局

（湖北省社会治安委员会授予　鄂综治委〔2008〕15 号）

2007 年度全省环境保护专项治理先进集体

湖北省地方税务局

（省人民政府表彰）

全省保密工作先进集体

湖北省地方税务局

（鄂人公奖〔2008〕4 号）

全省档案工作先进集体

湖北省地方税务局档案室

（鄂人公奖〔2008〕6 号）

湖北省行政事业单位清产核资工作先进单位

湖北省地方税务局

（鄂清领文〔2008〕2 号）

绿化先进单位

湖北省地方税务局

（湖北省绿化委员会表彰　鄂直绿发〔2008〕2 号）

2007 年度全省政府系统政务信息工作先进单位

湖北省地方税务局办公室

（鄂政办发〔2008〕27 号）

2008 年全省文明单位

武汉市东湖开发区地方税务局
云梦县地方税务局
汉川市地方税务局

（湖北省委、省政府授予）

2007 年度湖北省杰出青年文明号

宜昌市地方税务局伍家岗分局税收服务科

（全省青年文明号活动组委会授予）

2007年度湖北省青年文明号

武汉市汉南区地方税务局征收分局
武汉市黄陂区地方税务局征收分局
黄石市地方税务局黄石港分局办税服务厅
襄樊市地方税务局第二分局星火税务所
襄樊市襄阳区地方税务局征收服务厅
宜城市地方税务局第一分局
荆州市地方税务局计算机中心
宜昌市地方税务局点军区分局税收服务科
秭归县地方税务局税收服务科
十堰市地方税务局稽查局
竹山县地方税务局稽查局
黄冈市黄州区地方税务局第五分局
赤壁市地方税务局城区分局办税服务厅
广水市地方税务局一分局办税服务厅
巴东县地方税务局第一分局
仙桃市地方税务局第九分局
潜江市地方税务局第六分局
天门市地方税务局仙北分局
神农架林区地方税务局办公室
神农架林区地方税务局木鱼分局

（全省青年文明号活动组委会授予）

全省五四红旗团支部(总支)

孝感市地方税务局团总支
神农架林区地方税务局团总支

（共青团湖北省委授予）

第四届湖北省优秀志愿服务集体

神农架林区地方税务局团支部志愿者服务队

（鄂青联发〔2008〕59号）

工人先锋号

南漳县地方税务局征收服务厅

（湖北省总工会授予）（鄂工发〔2008〕15 号）

湖北省文明行业创建活动示范点

阳新县地方税务局富池分局
宜都市地方税务局税收服务科
枣阳市地方税务局

（湖北省精神文明建设委员会办公室授予　鄂文明办文〔2008〕23 号）

全省政务公开工作先进单位

黄石市地方税务局

（湖北省源头治腐工作领导小组表彰　鄂源治领文〔2008〕1 号）

“创文明行业 促荆楚和谐”竞赛活动优胜单位

武汉市江岸区地方税务局征收分局
枣阳市地方税务局

公安县地方税务局办税服务厅

（湖北省精神文明建设委员会授予　鄂文明〔2008〕1号）

湖北省文明家庭创建活动先进单位

宜城市地方税务局
英山县地方税务局

（湖北省文明办、省妇联授予　鄂文明办文〔2008〕18号）

湖北省卫生先进单位

广水市地方税务局
枣阳市地方税务局
浠水县地方税务局

（湖北省爱国卫生运动委员会授予　鄂爱卫会〔2008〕13号）

湖北省城市园林式单位

咸宁市地方税务局
咸宁市咸安区地方税务局

（湖北省建设厅授予　鄂建〔2009〕12号）

湖北省模范职工之家

咸宁市地方税务局工会

（湖北省总工会授予　鄂工发[2008]21号）

2006—2008年度省级平安校园

湖北财税职业学院

（湖北省学校及周边治安综合治理工作领导小组授予）

2008年度湖北省全民健身活动先进单位

神农架林区地方税务局

（省体育局授予　鄂体群发〔2008〕55号）

湖北省扶残助残先进集体

湖北省地方税务局税政三处
神农架林区地方税务局

（鄂政残工委发〔2008〕5号）

湖北省地税系统先进集体

武汉市江岸区地方税务局
武汉市青山区地方税务局
黄石市地方税务局
南漳县地方税务局第三分局
石首市地方税务局
荆州市地方税务局稽查局
宜昌市地方税务局三峡分局
十堰市地方税务局
丹江口市地方税务局
孝感市地方税务局稽查局
荆门市地方税务局浏河分局
鄂州市地方税务局鄂城分局
英山县地方税务局
咸宁市地方税务局温泉分局
随州市曾都区地方税务局
恩施市地方税务局
仙桃市地方税务局稽查局
潜江市地方税务局第三分局
天门市地方税务局第九分局
神农架林区地方税务局松柏分局

（湖北省人事厅、湖北省地方税务局授予　鄂人公奖〔2008〕7号）

全省地方税务系统文明执法先进单位

武汉市江汉区地方税务局第一税务所
武汉市汉阳区地方税务局第一税务所
武汉市江夏区地方税务局第一税务所
黄石市地方税务局团城山分局
大冶市地方税务局二分局
枣阳市地方税务局
谷城县地方税务局
襄樊市地方税务局第五分局
松滋市地方税务局
宜昌市地方税务局三峡分局
远安县地方税务局
十堰市地方税务局稽查局
丹江口市地方税务局
钟祥市地方税务局
鄂州市地方税务局东城分局
鄂州市地方税务局西城分局
黄冈市地方税务局东坡分局
武穴市地方税务局
咸宁市咸安区地方税务局
通山县地方税务局
赤壁市地方税务局城区分局
随州市曾都区地方税务局
广水市地方税务局一分局
恩施州地方税务局稽查局
利川市地方税务局
仙桃市地方税务局第九分局

郧县地方税务局
孝感市地方税务局槐荫分局
应城市地方税务局
荆门市地方税务局塔影分局
潜江市地方税务局
天门市地方税务局经济开发区分局
神农架林区地方税务局木鱼分局

（鄂地税发〔2008〕237号）

全省地税系统党风廉政建设工作先进单位

武汉市地方税务局纪检组、监察室
武汉市江岸区地方税务局
武汉市江汉区地方税务局第一税务所
黄石市地方税务局磁湖分局
黄石市地方税务局黄石港分局
枣阳市地方税务局
襄樊市地方税务局第五分局
荆州市地方税务局纪检组、监察室
松滋市地方税务局
宜昌市地方税务局纪检组、监察室
宜昌市地方税务局稽查局
五峰土家族自治县地方税务局
十堰市地方税务局
神农架林区地方税务局松柏分局
湖北财税职业学院党委办公室
湖北省地方税务局直属征收管理局
钟祥市地方税务局
鄂州市地方税务局葛店开发区分局
鄂州市地方税务局鄂城分局
蕲春县地方税务局
黄冈市黄州区地方税务局
团风县地方税务局
咸宁市地方税务局温泉分局
通山县地方税务局
恩施市地方税务局
建始县地方税务局
随州市地方税务局纪检组、监察室
随州市地方税务局稽查局
仙桃市地方税务局彭场分局
竹溪县地方税务局
孝感市地方税务局稽查局
应城市地方税务局
荆门市地方税务局纪检组、监察室

（鄂地税党发〔2009〕33号）

全省地税稽查先进单位

武汉市江汉区地方税务局稽查局
应城市地方税务局稽查局

武汉市洪山区地方税务局稽查局
武汉市黄陂区地方税务局稽查局
黄石市地方税务局稽查局
南漳县地方税务局稽查局
松滋市地方税务局稽查局
宜昌市地方税务局稽查局
宜昌市夷陵区地方税务局稽查局
十堰市地方税务局稽查局
竹山县地方税务局稽查局
京山县地方税务局稽查局
鄂州市地方税务局稽查局
武穴市地方税务局稽查局
黄梅县地方税务局稽查局
赤壁市地方税务局稽查局
随州市地方税务局稽查局
恩施州地方税务局稽查局
来凤县地方税务局稽查局
潜江市地方税务局稽查局

（鄂地税发〔2008〕209号）

湖北省地方税费征管核心软件上线工作先进单位

黄石市地方税务局
黄石市地方税务局铁山分局
阳新县地方税务局
襄樊市地方税务局
襄樊市襄阳区地方税务局
枣阳市地方税务局
荆州市地方税务局
荆州市地方税务局荆沙分局
石首市地方税务局
宜昌市地方税务局猇亭分局
枝江市地方税务局
宜都市地方税务局
十堰市地方税务局东汽分局
十堰市地方税务局车城分局
郧县地方税务局
孝感市地方税务局
孝感市地方税务局槐荫分局
孝昌县地方税务局
荆门市地方税务局
京山县地方税务局
鄂州市地方税务局
鄂州市地方税务局西城分局
黄冈市地方税务局
武穴市地方税务局
黄梅县地方税务局
崇阳县地方税务局
通山县地方税务局
赤壁市地方税务局
随州市曾都区地方税务局
广水市地方税务局
恩施州地方税务局
恩施州地方税务局
咸丰县地方税务局
仙桃市地方税务局
潜江市地方税务局
天门市地方税务局
神农架林区地方税务局阳日分局
湖北省地方税务局征收管理处

荆门市地方税务局石化分局　　　　　　湖北省地方税务局技术管理处

（鄂地税发〔2008〕285号）

全国“平安家庭”示范户

彭腾江家庭　　谷城县地方税务局

李刚家庭　老河口市地方税务局

帅松谦家庭　　黄冈市地方税务局

（中央综治办、共青团中央授予　妇字〔2008〕3号）

“湖北五一劳动奖章”先进个人

黄　睿　　荆州市地方税务局

黎国平　　十堰市地方税务局

（湖北省总工会表彰　鄂工发［2008］14号）

第五届“湖北省杰出青年卫士”

尹小红　　武汉市江夏区地方税务局郑店税务所所长

（共青团省委等单位授予）

第五届“湖北省优秀青年卫士”

周志勇　　应城市地方税务局第四分局局长
吴　笛　　十堰市地方税务局信息中心主任
兰国军　　黄冈市地方税务局东坡分局办税服务大厅主任
张　华　　荆门市东宝区地方税务局子陵铺分局局长

（共青团省委等单位授予）

湖北省青年岗位能手

黄　练　　广水市地方税务局办公室

（共青团湖北省委员会　湖北省劳动和社会保障厅授予　鄂青联发〔2008〕32号）

全省“荆楚孝老爱亲模范”

占宗秋　　谷城县地方税务局

（湖北省文明办表彰　鄂文明办文〔2008〕19号）

湖北省文明家庭

李国琴家庭　　老河口市地方税务局

刘平柏家庭　　咸宁市地方税务局

（湖北省文明办、湖北省妇联授予）

全省老干部先进个人

冯俊夫　　南漳县地方税务局

（湖北省委组织部、湖北省老干局表彰　鄂组通〔2008〕5号）

2007年度全省政府系统政务信息工作先进个人

刘水军　　湖北省地方税务局

（鄂政办发〔2008〕27号）

湖北省行政事业单位清产核资工作先进个人

谢　鹏　　湖北省地方税务局
李　鹏　　荆州市地方税务局
刘华刚　　宜昌市地方税务局
杨玲玲　　十堰市地方税务局
胡细玉　　鄂州市地方税务局

（湖北省行政事业单位清产核资工作领导小组授　鄂清领文〔2008〕2号）

湖北省扶残助残先进个人

杨宁传　　宜昌市地方税务局社保规费管理科科长
李建国　　随州市地方税务局税政管理科科长

（鄂政残工委发〔2008〕5 号）

全省地税系统先进工作者

吕　群(女)　　武汉市地方税务局稽查局
熊诗奇　　武汉市蔡甸区地方税务局
苏莉芳(女)　　武汉市洪山区地方税务局
卢　峥(女)　　武汉市武昌区地方税务局中南路税务所
饶志刚　　武汉市新洲区地方税务局
刘哲农　　武汉市黄陂区地方税务局征收分局
吴恒文　　武汉市江夏区地方税务局乌龙泉税务所
古　勋(女)　　武汉市东西湖区地方税务局
赵青莲(女)　　武汉市硚口区地方税务局
梁晓新　　武汉市江汉区地方税务局唐家墩税务所
杨新义　　武汉市汉阳区地方税务局
张　云(女)　　黄石市地方税务局
黄文菊(女)　　黄石市地方税务局黄石港分局
袁　成　　襄樊市地方税务局
张　军　　襄樊市地方税务局第三分局
陈全喜　　老河口市地方税务局第二分局
彭腾江　　谷城县地方税务局
丁陆海　　襄樊市地方税务局第一分局
陈惠芬(女)　　咸宁市地方税务局温泉开发区分局
乐昌亚　　通山县地方税务局城区分局
樊国强　　随州市地方税务局烈山分局

易　兵	广水市地方税务局一分局
向屹峰	恩施土家族苗族自治州地方税务局
谭　熠	巴东县地方税务局
詹仕春(女)	利川市地方税务局
黄大军	建始县地方税务局第五分局
张　波	恩施市地方税务局城区分局
刘云华	宣恩县地方税务局第一分局
游文江	咸丰县地方税务局
郭刚成	仙桃市地方税务局
陈尚海	潜江市地方税务局第七分局
张东波	天门市地方税务局第一分局
王均才	神农架林区地方税务局
张建军	湖北财税职业学院
马建军	湖北省地方税务局稽查局
文　斌	湖北省地方税务局省直社保费征收局

（鄂人公奖〔2008〕7 号）

全省地税系统党风廉政建设工作先进工作者

范笑非	武汉市地税局副局长
彭家旺	武汉市蔡甸区地税局局长
乔国清	武汉市黄陂区地税局天河税务所所长
赵建伟	武汉市硚口区地税局监察科科长
肖三玲	武汉市洪山区地税局第三税务所科员
王　炼	黄石市地税局副局长
邹　磊	大冶市地税局第八分局局长
朱　樨	黄石市地税局监察室主任科员
邓徐红	襄樊市地税局监察室主任
俞　军	襄樊市地税局监察室副主任
彭腾江	谷城县地税局局长
包德刚	襄樊市襄阳区地税局局长
陈祥龙	宜城市地税局监察室主任
袁水斌	荆州市地税局纪检组长
陈湘军	石首市地税局纪检组长

李克勤　　荆州市荆州区地税局城中分局副局长
邓　军　　洪湖市地税局石码头分局局长
曾少敏　　宜昌市地税局三峡分局监察考评科科长
孙国翠　　宜昌市夷陵区地税局小溪塔分局副局长
林新强　　宜昌市地税局开发区分局税收管理一科科长
杨　华　　远安县地税局监察考评科副科长
梁吉超　　十堰市地税局监察室主任
全　卫　　郧西县地税局局长
梁　凯　　十堰市地税局东汽分局局长
杨玲玲　　十堰市地税局财务装备科副科长
张少强　　孝感市地税局纪检组长
刘晓涛　　孝昌县地税局监察室主任
郝运年　　汉川市地税局局长
方义田　　荆门市地税局监察室主任
卢毅磊　　沙洋县地税局局长
金玉华　　京山县地税局纪检组长
朱惠斌　　鄂州市地税局监察室副主任
尹　涛　　鄂州市地税局东城分局督办科科员
王国辉　　黄冈市地税局监察室主任
程晓宏　　英山县地税局纪检组长
刘海波　　武穴市地税局纪检组长
王小波　　红安县地税局监察室主任
张三喜　　赤壁市地税局局长
邵显红　　咸宁市地税局监察室副主任
余文伟　　咸安区地税局横沟分局局长
张　华　　恩施州地税局监察室主任
成开久　　恩施州地税局清江分局纪检监察员
杨延普　　恩施州恩施市地税局纪检监察员
武　毅　　巴东县地税局监察室主任
李章华　　随州市曾都区地税局一分局副局长
夏秀娟　　广水市地税局监察室科员
杜世友　　仙桃市地税局高新技术园分局局长
肖洪涛　　仙桃市地税局监察室科员
谢先平　　潜江市地税局监察室主任
吴家平　　潜江市地税局稽查局局长
江群舫　　天门市地税局监察室主任
周光明　　天门市地税局城区分局副局长
王均才　　神农架林区地税局局长

曹登江　　神农架林区松柏分局副局长
张建军　　湖北财税职业学院党委书记、院长
吴　鸿　　省地税局税政二处处长
游干成　　省地税局人事处处长
吴明喜　　省地税局机关党办(基层工作处)主任
朱建华　　省地税局监察室主任
杨　帆　　省地税局稽查局稽查二处主任科员

（鄂地税党发〔2009〕33 号）

全省地税稽查先进个人

徐　岚	武汉市地方税务局稽查局	主任科员
田国清	武汉市地方税务局稽查局	主任科员
程　广	武汉市地方税务局稽查局	副主任科员
王兴球	武汉市地方税务局稽查局	科员
李　钫	武汉市江岸区地方税务局稽查局	副主任科员
李伟军	武汉市江汉区地方税务局稽查局	副主任科员
徐　庚	武汉市硚口区地方税务局稽查局	副主任科员
郭红艳	武汉市青山区地方税务局稽查局	科长
胥信志	武汉市洪山区地方税务局稽查局	主任科员
王永忠	武汉市江夏区地方税务局稽查局	副局长
傅梅清	武汉市汉南区地方税务局稽查局	局长
李　刚	武汉市东西湖区地方税务局稽查局	科员
柯利庆	黄石市地方税务局稽查局	科长
吴　波	黄石市地方税务局稽查局	科员
程利华	黄石市地方税务局稽查局	科员
向勇前	大冶市地方税务局稽查局	副局长
程时顺	阳新县地方税务局稽查局	股长
刘钢华	襄樊市地方税务局稽查局	副主任科员
郝永强	襄樊市地方税务局稽查局	副主任科员
邱东骏	襄樊市襄阳区地方税务局稽查局	科员
夏仁军	枣阳市地方税务局稽查局	局长
周淑玉	宜城市地方税务局稽查局	科员
许　靖	南漳县地方税务局稽查局	科员

姚家勇	谷城县地方税务局稽查局	局长
江　帆	保康县地方税务局稽查局	科员
李长清	老河口市地方税务局稽查局	科员
周晓明	荆州市地方税务局稽查局	副科长
郑　芸	江陵县地方税务局稽查局	股长
左　霞	洪湖市地方税务局稽查局	股长
鲍红兵	石首市地方税务局稽查局	副股长
许宏庆	监利县地方税务局稽查局	股长
孙明华	公安县地方税务局稽查局	科员
凌　珺	松滋市地方税务局稽查局	科员
韩永红	宜昌市地方税务局稽查局	科长
兰　钧	宜昌市地方税务局稽查局	科长
王晓霞	宜昌市地方税务局稽查局	科员
艾善新	宜都市地方税务局稽查局	副局长
杨　勤	当阳市地方税务局稽查局	局长
陈　锋	宜昌市夷陵区地方税务局稽查局	科员
张　明	秭归县地方税务局稽查局	副主任科员
郑　政	长阳县地方税务局稽查局	局长
王育华	五峰县地方税务局稽查局	科员
刘耿峰	十堰市地方税务局稽查局	副局长
邝雪梅	十堰市地方税务局稽查局	主任
黄江斌	十堰市地方税务局稽查局	科员
柯　伟	竹山县地方税务局稽查局	局长
柯尊华	竹溪县地方税务局稽查局	科员
张荣新	郧县地方税务局稽查局	局长
陈立新	郧西县地方税务局稽查局	股长
彭　飞	房县地方税务局稽查局	股长
舒志刚	孝感市地方税务局稽查局	科长
何建军	应城市地方税务局稽查局	副股长
孙劲松	孝感市孝南区地方税务局稽查局	股长
程云进	安陆市地方税务局稽查局	科员
朱年安	孝昌县地方税务局稽查局	股长
周立华	大悟县地方税务局稽查局	副局长
胡丽红	云梦县地方税务局稽查局	副局长
谢秋仿	汉川市地方税务局稽查局	副局长
杨东立	荆门市地方税务局稽查局	科长
熊荆泉	荆门市地方税务局稽查局	主任科员
杨　振	京山县地方税务局稽查局	股长

王明军	钟祥市地方税务局稽查局	股长
曾艳梅	沙洋县地方税务局稽查局	副局长
魏海波	鄂州市地方税务局稽查局	副局长
刘宏志	鄂州市地方税务局稽查局	科员
郭　勇	鄂州市地方税务局稽查局	副科长
曾华林	黄冈市地方税务局稽查局	科长
桂文智	黄冈市地方税务局稽查局	科员
郑援民	黄冈市黄州区地方税务局稽查局	副局长
田开云	武穴市地方税务局稽查局	股长
於　平	黄梅县地方税务局稽查局	副局长
程碧文	浠水县地方税务局稽查局	股长
王峥嵘	英山县地方税务局稽查局	股长
王友全	蕲春县地方税务局稽查局	副局长
杨艳斌	团风县地方税务局稽查局	副股长
陈江南	咸宁市地方税务局稽查局	副科长
周舜钦	咸宁市地方税务局稽查局	科员
刘国营	咸宁市地方税务局稽查局	科员
张习中	咸宁市地方税务局稽查局	科员
李孝强	咸宁市咸安区地方税务局稽查局	副局长
白维芳	赤壁市地方税务局稽查局	股长
陈名勇	嘉鱼县地方税务局稽查局	科员
任永富	随州市地方税务局稽查局	局长
胡成强	随州市地方税务局稽查局	主任
肖　龙	广水市地方税务局稽查局	股长
陈东明	恩施州地方税务局稽查局	副局长
蒋学成	恩施州地方税务局稽查局	科长
覃发文	恩施州地方税务局稽查局	科长
向定舟	恩施州地方税务局稽查局	科员
姚素芬	建始县地方税务局稽查局	局长
谭德立	巴东县地方税务局稽查局	副局长
张碧波	仙桃市地方税务局稽查局	副局长
许　俊	仙桃市地方税务局稽查局	科员
廖爱华	潜江市地方税务局稽查局	股长
郑蔚波	潜江市地方税务局稽查局	股长
田国斌	天门市地方税务局稽查局	副局长
张铁军	天门市地方税务局稽查局	股长
向　勇	神农架林区地方税务局稽查局	股长
张季超	湖北省地方税务局稽查局稽查一处	主任科员

冯烨华　　湖北省地方税务局稽查局综合处　　主任科员

（鄂地税发〔2008〕209号）

湖北省地方税费征管核心软件上线工作先进工作者

陈细荣　　武汉市地方税务局副局长
胡新雄　　武汉市地方税务局主任科员
邵战峰　　武汉市地方税务局副主任科员
孙家军　　黄石市地方税务局副局长
柯成炎　　黄石市地方税务局征管科科长
唐华东　　黄石市地方税务局办公室主任
侯华胜　　黄石市地方税务局信息中心主任
陈尚水　　黄石市地方税务局信息中心科员
敖　俊　　黄石市地方税务局信息中心科员
杨晓明(女)　　黄石市地方税务局磁湖分局管理科科长
石剑峰　　黄石市地方税务局黄石港分局副局长
甘向辉　　黄石市地方税务局西塞山分局征收一科副科长
孙剑昆　　黄石市地方税务局下陆分局业务二科科员
柯尊斌　　黄石市地方税务局铁山分局管理科科长
饶思庆　　黄石市地方税务局团城山分局征收一科副科长
刘昌洪　　大冶市地方税务局副局长
肖紫盛　　大冶市地方税务局征管股股长
柯　建　　阳新县地方税务局信息中心主任
熊茂华　　阳新县地方税务局征管股股长
邓　琪(女)　　襄樊市地方税务局征管科科长
邢襄生　　襄樊市地方税务局信息中心主任
陈飞云　　襄樊市地方税务局征管科副科长
陈万新　　襄樊市地方税务局信息中心副主任
帅　峰　　襄樊市地方税务局信息中心科员
许　峥(女)　　襄樊市地方税务局一分局业务一科科长
朱俊杰　　襄樊市地方税务局二分局局长
左　磊　　襄樊市地方税务局二分局业务一科科员

卢光军　　襄樊市地方税务局高新技术产业开发区分局税收服务科科长
赵志强　　襄樊市地方税务局五分局计财科科员
侯俊艳(女)　襄樊市地方税务局五分局税务三所科员
尚维贵　　襄樊市襄阳区地方税务局副局长
刘建萍(女)　襄樊市襄阳区地方税务局征管股股长
吴宏星　　枣阳市地方税务局总会计师
陈玉斌　　枣阳市地方税务局征管股副股长
信　健　　枣阳市地方税务局办公室科员
孙晓东　　宜城市地方税务局信息中心主任
杨华艳(女)　宜城市地方税务局征管股科员
赵顺虎　　南漳县地方税务局总会计师
崔耀奎　　南漳县地方税务局二分局局长
梁朝辉　　保康县地方税务局副局长
肖运玲(女)　保康县地方税务局税收管理一科科长
李学东　　谷城县地方税务局副局长
郑卫明　　谷城县地方税务局一分局副局长
张宏斌　　老河口市地方税务局副局长
付昌梅(女)　老河口市地方税务局征管股股长
程　宁　　荆州市地方税务局副局长
吴家云　　荆州市地方税务局征管科科长
盛以阳　　荆州市地方税务局信息中心主任
张　堃　　荆州市地方税务局票证中心主任
林　慧(女)　荆州市地方税务局社保科主任科员
袁　骅(女)　荆州市地方税务局计统科主任科员
张国松　　荆州市地方税务局荆沙分局综合业务科副主任科员
李　理　　荆州市地方税务局荆沙分局办税服务科科员
李　艳(女)　荆州市开发区地方税务局办税服务科副科长
陈诗军　　荆州市开发区地方税务局办税服务科科员
程中林　　荆州市荆州区地方税务局科员
吴学军　　荆州市荆州区地方税务局分局长
肖　胜　　荆州市沙市区地方税务局计统科科员
高　艳(女)　荆州市沙市区地方税务局综合业务科科长
章贤华　　石首市地方税务局总会计师
张　昭　　石首市地方税务局征管股股长
郭绍平　　公安县地方税务局征管股股长
陈泳君　　公安县地方税务局信息中心科员
张益斌　　江陵县地方税务局计统科副科长
魏　云　　江陵县地方税务局税费管理二科科长

贺昌林	松滋市地方税务局沙道观分局局长
李贵新	松滋市地方税务局征管股股长
李　莲(女)	洪湖市地方税务局总会计师
张恩艳(女)	洪湖市地方税务局征管股副股长
夏恒山	监利县地方税务局副局长
文洪波	监利县地方税务局征管股股长
杨荣辉	宜昌市地方税务局局长
熊洪传	宜昌市地方税务局副局长
孔凡景	宜昌市地方税务局征管科科长
向爱红(女)	宜昌市地方税务局信息中心主任
杜少华	宜昌市地方税务局征管科副科长
张　锐	宜昌市地方税务局信息中心副主任
疏俊琳(女)	宜昌市地方税务局计统科副科长
黄　滔	宜昌市地方税务局三峡分局服务科副科长
黄　雄	宜昌市地方税务局西陵分局副局长
曾　峥(女)	宜昌市地方税务局伍家岗分局税收服务科科员
宋　刚	宜昌市地方税务局开发区分局税收服务科科员
周元华	宜昌市夷陵区地方税务局管理一科科长
李泓锦	宜昌市夷陵区地方税务局管理二科科长
朱　菊(女)	宜都市地方税务局税收服务科副科长
邹劲树	宜都市地方税务局税收服务科副科长
姜　勇	枝江市地方税务局税收服务科副科长
朱世洪	枝江市地方税务局税收管理一科科员
罗　勇	当阳市地方税务局税收服务科副科长
赵拥军	当阳市地方税务局税收服务科副科长
胡文福	长阳县地方税务局税收管理二科科员
赵俊伟	长阳县地方税务局税收服务科科员
邓银山	五峰县地方税务局税收管理二科科员
李清忠	五峰县地方税务局税收服务科副科长
王克晶	兴山县地方税务局税收服务科科长
张曙辉	兴山县地方税务局税收服务科科员
李华山	远安县地方税务局税收服务科科员
涂传雄	远安县地方税务局税收管理一科科员
周功炳	秭归县地方税务局税收服务科科员
颜克相	秭归县地方税务局税收管理一科科员
黎国平	十堰市地方税务局局长
杜五一	十堰市地方税务局副局长
曾恩德	十堰市地方税务局征管科科长

吴　笛(女)　十堰市地方税务局信息中心主任
陈　斌　　　十堰市地方税务局信息推进办主任
陈晓燕(女)　十堰市地方税务局张湾分局办公室副主任
廖吉先　　　十堰市地方税务局茅箭分局局长
秦　军　　　十堰市地方税务局东汽分局税收管理三科科员
陈克钧　　　十堰市地方税务局车城分局副局长
盛　伟　　　十堰市地方税务局经济开发区分局办公室科员
宋晋东　　　十堰市武当山旅游经济特区地方税务局办公室科员
吴忠明　　　郧县地方税务局总会计师
李科斌　　　郧县地方税务局税费服务科科长
王家品　　　郧西县地方税务局税费服务科副科长
王少兵　　　郧西县地方税务局税费管理二科科员
朱煜平　　　丹江口市地方税务局副局长
赵　勇　　　丹江口市地方税务局税费管理一科副科长
郑绪贵　　　房县地方税务局副局长
高运杰　　　房县地方税务局税费服务科科长
罗述财　　　竹山县地方税务局税费服务科科长
陈　炯　　　竹山县地方税务局信息中心主任
付良根　　　竹溪县地方税务局局长
洪方圆　　　竹溪县地方税务局信息服务科科员
周宗登　　　孝感市地方税务局副局长
史　毅　　　孝感市地方税务局信息中心主任
周志勇　　　孝感市地方税务局征管科副科长
魏谦毅　　　孝感市地方税务局票证中心科员
何　星　　　孝感市地方税务局信息中心科员
胡海波　　　孝感市地方税务局征管科科员
胡祖波　　　孝感市地方税务局信息中心科员
辛国平　　　孝感地方税务局槐荫分局办税服务科科长
王　蓓(女)　孝感市地方税务局高新技术产业开发区分局税收管理科科员
晏东红　　　孝感市孝南区地方税务局征管股股长
胡　浩　　　孝感市孝南区地方税务局信息中心科员
匡卫中　　　汉川市地方税务局信息中心主任
马克平　　　汉川市地方税务局征管股股长
汪国兵　　　应城市地方税务局信息中心副主任
刘　俊　　　应城市地方税务局征管股副股长
王汉明　　　云梦县地方税务局一分局局长
陈为纲　　　云梦县地方税务局信息中心主任
曾建华　　　安陆市地方税务局一分局副局长

李春光　　　安陆市地方税务局征管股股长
沈艳丽(女)　大悟县地方税务局信息中心科员
谈育红　　　大悟县地方税务局三分局局长
陈　炜　　　孝昌县地方税务局信息中心科员
杨胜伟　　　孝昌县地方税务局征管股科员
李仁清　　　荆门市地方税务局副局长
许明高　　　荆门市地方税务局征管科科长
申卫国　　　荆门市地方税务局信息中心主任
乔志宝　　　荆门市地方税务局票证中心主任
梁　毅　　　荆门市地方税务局掇刀区分局税收管理员
孙海山　　　荆门市地方税务局浏河分局管理考核科副科长
王国忠　　　荆门市地方税务局石化分局管理考核科科员
郭宏伟　　　荆门市地方税务局塔影分局管理考核科科员
肖敦鹏　　　荆门市地方税务局屈家岭分局综合业务科科长
朱北燕　　　荆门市东宝区地方税务局征管信息股股长
钟爱元　　　荆门市东宝区地方税务局征管信息股副股长
胡爱军　　　京山县地方税务局征管股股长
刘泽军　　　京山县地方税务局信息中心主任
马中平　　　钟祥市地方税务局征管股负责人
李　军　　　钟祥市地方税务局信息中心副主任
陈继梅(女)　沙洋县地方税务局征管股股长
熊红平　　　沙洋县地方税务局分局局长
严建国　　　鄂州市地方税务局副局长
高晓莹(女)　鄂州市地方税务局征管科科长
张新建　　　鄂州市地方税务局信息中心主任
韩望兵　　　鄂州市地方税务局西城分局税收服务科副科长
苏庄华　　　鄂州市地方税务局西城分局副局长
方东新　　　鄂州市地方税务局东城分局副局长
万三爱(女)　鄂州市地方税务局东城分局税收服务科科长
余向军　　　鄂州市地方税务局葛店开发区分局税收服务科科长
胡　纲　　　鄂州市地方税务局葛店开发区分局税收管理一科科员
阮启浩　　　鄂州市地方税务局梁子湖分局副局长
吴　平　　　鄂州市地方税务局鄂城分局税收服务科副主任科员
王成文　　　鄂州市地方税务局华容分局副局长
张俊祥　　　黄冈市地方税务局副局长
帅松迁　　　黄冈市地方税务局征管科科长
赵　鹏　　　黄冈市地方税务局信息中心主任
兰山华　　　黄冈市地方税务局信息中心副主任

舒桂林　　黄冈市地方税务局宝塔分局综合科科长
兰国军　　黄冈市地方税务局东坡分局计财科科长
吴敏文　　黄冈地方税务局龙感湖分局征收科科长
方　建　　黄冈市黄州区地方税务局五分局局长
邵建军　　黄冈市黄州区地方税务局信息中心副主任
周　林　　团风县地方税务局五分局副局长
彭方炬　　团风县地方税务局信息中心职工
郑义平　　红安县地方税务局城区分局副局长
吴　蔚　　红安县地方税务局信息中心科员
郭东屏　　黄梅县地方税务局信息中心主任
聂　强　　黄梅县地方税务局征管股股长
陈利新　　武穴市地方税务局城区分局副局长
范少军　　武穴市地方税务局征管股股长
黄良群　　武穴市地方税务局信息中心主任
雷　鸣　　蕲春县地方税务局纪检组长
余东泽　　蕲春县地方税务局征管股股长
彭　鹏　　英山县地方税务局纳税服务大厅主任
黄　深　　英山县地方税务局征收一科科长
雷胜辉　　罗田县地方税务局信息中心主任
王学东　　罗田县地方税务局综合业务股股长
翟国安　　浠水县地方税务局信息中心副主任
汪小方　　浠水县地方税务局总会计师
吴小青　　麻城市地方税务局局长
赵中华　　麻城市地方税务局征管股股长
吴帮金　　咸宁市地方税务局局长
刘黎明　　咸宁市地方税务局副局长
方秋生　　咸宁市地方税务局信息中心主任
刘伯平　　咸宁市地方税务局征管科科长
罗建华　　咸宁市地方税务局征管科副科长
袁慧德　　咸宁市地方税务局信息中心副主任
徐卫兴　　咸宁市地方税务局办公室副主任
雷正海　　咸宁市地方税务局信息中心科员
侯树强　　咸宁市地方税务局温泉分局计统科科员
邱玉健　　咸宁市咸安区地方税务局信息中心主任
田庭义　　咸宁市咸安区地方税务局永安分局副局长
程时光　　咸宁市地方税务局开发区分局综合科负责人
方兰萍(女)　赤壁市地方税务局征管股股长
陈新建　　赤壁市地方税务局信息中心副主任

张春华　　嘉鱼县地方税务局征管股股长
李　锐　　嘉鱼县地方税务局信息中心副主任
吴朝旭　　通城县地方税务局征管股股长
胡品朝　　通城县地方税务局麦市分局局长
陈远征　　崇阳县地方税务局征管股股长
卢学良　　崇阳县地方税务局城区分局税收管理科科员
庞　鹰　　通山县地方税务局副局长
陈　明　　通山县地方税务局城区分局副局长
黄宜龙　　随州市地方税务局局长
尤西城　　随州市地方税务局副局长
李　俊　　随州市地方税务局征管科科长
李先华　　随州市地方税务局征管科科员
熊　健　　随州市地方税务局信息中心主任
包晓林(女)　随州市地方税务局信息中心科员
刘建军　　随州市地方税务局信息中心科员
金成善　　随州市地方税务局烈山分局副局长
陈　强　　随州市曾都区地方税务局副局长
赵　勇　　随州市曾都区地方税务局一分局负责人
郑　钧　　广水市地方税务局七分局副局长
李平朝　　广水市地方税务局征管股股长
刘定双　　恩施州地方税务局局长
汪学东　　恩施州地方税务局副局长
杨春林(女)　恩施州地方税务局信息中心主任
陈文纲　　恩施州地方税务局征管科科长
向屹峰　　恩施州地方税务局信息中心主任科员
黄双艳(女)　恩施州地方税务局信息中心科员
程康贤　　恩施市地方税务局征管股股长
张兴友　　恩施州地方税务局清江分局业务一科科长
向宏玲(女)　恩施市地方税务局信息中心主任
王玉山　　利川市地方税务局办税服务科副科长
张　艳(女)　利川市地方税务局信息技术科科员
陈进平(女)　建始县地方税务局征管股股长
黄　辉　　建始县地方税务局信息中心主任
余克勇　　巴东县地方税务局征管股股长
陈全文　　巴东县地方税务局信息中心主任
李大清　　来凤县地方税务局二分局副局长
张家东　　来凤县地方税务局征管股股长
姜　山　　咸丰县地方税务局征管股股长

左明禹　　咸丰县地方税务局信息中心主任
左成竹　　宣恩县地方税务局征管股股长
游　军　　宣恩县地方税务局信息中心主任
黄　平　　鹤峰县地方税务局征管股股长
陆传发　　鹤峰县地方税务局计财股股长
曾振武　　仙桃市地方税务局副局长
丁传中　　仙桃市地方税务局征管科科长
胡祥斌　　仙桃市地方税务局社保科科长
熊中标　　仙桃市地方税务局信息中心副主任
付长征　　仙桃市地方税务局征管科科员
游兵想　　仙桃市地方税务局第七分局分局长
沈　荣(女)　仙桃市地方税务局第四分局副局长
程远凯　　仙桃市地方税务局第二分局办税服务厅副主任
姜昌平　　潜江市地方税务局副局长
毛　俊　　潜江市地方税务局征管科科长
张希忠　　潜江市地方税务局信息中心主任
郑明龙　　潜江市地方税务局一分局局长
王植鹏　　潜江市地方税务局二分局副局长
赵德林　　潜江市地方税务局三分局副局长
陈尚海　　潜江市地方税务局七分局局长
尹国祥　　天门市地方税务局副局长
唐振义　　天门市地方税务局征管科科长
胡振雄　　天门市地方税务局信息中心主任
刘正华　　天门市地方税务局信息中心副主任
水　亮　　天门市地方税务局信息中心副主任
姜　伟　　天门市地方税务局社保科副科长
刘天庆　　天门地方税务局城区分局信息管理股副股长
史金标　　天门市地方税务局开发区分局副局长
王均才　　神农架林区地方税务局局长
刘　毅　　神农架林区地方税务局信息中心科员
徐　辉　　神农架林区地方税务局征管科科长
代明星　　神农架林区地方税务局阳日分局办税服务厅科员
肖　东　　神农架林区地方税务局松柏分局办税服务厅主任
向　顺　　神农架林区地方税务局木鱼分局管理股科员
曹桦林　　湖北省地方税务局征收管理处处长
郝荫昌　　湖北省地方税务局技术管理处处长
黄　捷　　湖北省地方税务局征收管理处副处长
张　彤　　湖北省地方税务局征收管理处主任科员

胡　波(女)　湖北省地方税务局税政一处副处长
周　勇　湖北省地方税务局税政二处主任科员
何小祥　湖北省地方税务局税政三处调研员
李航航(女)　湖北省地方税务局社保费管理处主任科员
胡宗瑚　湖北省地方税务局计划统计处副调研员
王浩虹(女)　湖北省地方税务局计划统计处主任科员
柳学查　湖北省地方税务局税收票证管理处副处长
王玉成　湖北省地方税务局技术管理处副处长
饶　尚　湖北省地方税务局技术管理处副处长
徐学华　湖北省地方税务局技术管理处主任科员
魏登文　湖北省地方税务局技术管理处主任科员
樊　华(女)　湖北省地方税务局财务装备处副处长
程　辉　湖北省地方税务局教育培训中心负责人
涂家海　湖北省地方税务局办公室副主任
刘晓丽(女)　湖北省地方税务局人事处副处长
杨　立　湖北省地方税务局直属征收管理局办公室主任科员
王卫华(女)　湖北省地方税务局直属征收管理局征管三科主任科员

(鄂地税发〔2008〕285号)

全省地税系统职工"稽查杯"乒乓球比赛情况的通报

为喜迎北京奥运会,庆祝全省地税系统稽查局更名成立十周年,省局工会于6月26—27日在十堰市东风汽车公司体育馆举行了全省地税系统职工"稽查杯"乒乓球比赛。来自全省地税系统稽查局的18支代表队100名男女运动员汇聚车城,以球会友、相互交流、赛出了风格、赛出了水平,充分展示了全省地税系统稽查干部积极进取、顽强拼搏、团结协作、奋发向上的精神风貌。这次比赛得到了十堰市委、市人大、市政府、市体育局、东风汽车公司工会的高度重视和支持,为比赛提供了良好的环境和条件,十堰市有关领导在百忙中参加了开闭幕式。十堰市地税局的干部职工为比赛付出了辛勤的劳动,整个比赛组织有方、保障有力、协调有序、高效快捷,使比赛获得圆满成功。省局副局长田和平、余伟亲临赛场指导并为获奖单位和运动员颁奖。

现将此次比赛获得优胜的单位和个人通报如下:

优胜单位

男子团体

第一名	襄樊市地税局稽查局
第二名	天门市地税局稽查局
第三名	孝感市地税局稽查局
第四名	十堰市地税局稽查局
第五名	宜昌市地税局稽查局
第六名	咸宁市地税局稽查局

女子团体

第一名	十堰市地税局稽查局
第二名	宜昌市地税局稽查局
第三名	黄石市地税局稽查局
第四名	武汉市地税局稽查局
第五名	襄樊市地税局稽查局
第六名	黄冈市地税局稽查局

优胜个人

男子单打

第一名	杨光辉	襄樊市地税局稽查局
第二名	娄爱国	襄樊市地税局稽查局
第三名	胡　斌	孝感市地税局稽查局
第四名	王明军	荆门市地税局稽查局
第五名	赵建平	十堰市地税局稽查局
第六名	杨光明	襄樊市地税局稽查局

女子单打

第一名	易文芳	黄石市地税局稽查局
第二名	李　红	十堰市地税局稽查局
第三名	陆晓兰	武汉市地税局稽查局
第四名	丁　帆	襄樊市地税局稽查局
第五名	张　敏	十堰市地税局稽查局
第六名	刘金春	宜昌市地税局稽查局

全省地税系统职工混合篮球比赛情况的通报

为庆祝北京奥运会圆满成功，进一步推动全民健身活动的开展，提高干部职工身体健康水平,加强地税文化建设。省局工会于10月24—31日举办了全省地税系统职工混合篮球赛。在襄樊、黄冈、天门、随州、荆门赛区组委会和18支代表队的全体运动员以及各裁判员、工作人员的共同努力下,圆满完成了本次比赛任务。此次篮球赛以趣味、健身、加强交流为目的,每个队由3男2女上场竞技,比赛充满团结和谐的气氛。各赛区领导重视,大力支持,整个比赛安排有序,精彩纷呈。特别是襄樊市地税局为决赛阶段的比赛付出了大量心血和汗水。各项组织工作科学严密,服务热情周到。比赛进行中,全体裁判员认真负责的对待每一场比赛,确保了所有比赛顺利进行。全体参赛运动员充分发扬“友谊第一、比赛第二”的思想和“敢于拼搏、勇于争先”的精神,认真投入到每一场比赛,赛出了水平、赛出了风格,展现了湖北地税干部的良好形象。省局党组成员、副局长余伟出席了开幕式并亲临现场指导。

现将比赛结果通报如下:

第一名　荆州市地税局
第二名　襄樊市地税局
第三名　黄石市地税局
第四名　荆门市地税局
第五名　十堰市地税局
第六名　天门市地税局
第七名　潜江市地税局
第八名　黄冈市地税局

“湖北省五一劳动奖章”先进个人黄睿同志先进事迹

在税务系统工作了26年,历经专管员、副所长、科长、副局长、局长等多种职位的变迁,黄睿同志始终将“忠诚”与“奉献”作为自己的工作坐标,取得了骄人的荣誉和业绩:24岁获“沙市市三八红旗手”称号,同年被评为全省财贸系统优质服务先进工作者;28岁被国家税务总局、全国妇联授予“全国税务系统三八红旗手”称号;2006年底被任命为荆州市地税局党组书记、局长,2007年被授予湖北省“巾帼建功”标兵称号,并先后当选市人大代表和党代会代表;2008年,她作为全省地税系统唯一代表正式入选北京奥运火炬手。

学习工作锐意进取。26年里,她先后参加了中南财经大学、湖北大学和华中师范大学的在职教育,并取得了研究生学历。在她分管机关党务工作期间,时逢开展“三个代表”、党员先进性、荣辱观学习教育活动时期,她以身示范,带头学习,做笔记、写心得,每天保证2个小时的自学时间。在征收岗位和业务科室工作了18年,她利用一切可利用的时间啃政策、钻税法、查案例,一刻也未曾放松。走上领导岗位后,她又结合分管工作,有针对性地开展计统业务、财务管理、信息技术、党务工作等业务的学习。她用干一行钻一行的劲头孜孜以求,用钻一行精一行的成绩与时俱进。组织收入的关键时刻,她常常利用双休日在基层督收,常常与计统科的同志对账到深夜。ETAx征管软件推进时期,她常常“泡”在基层,督促工作,指导调试。机关文明创建的申报验收期，她亲自组织各项活动，帮忙整理各种档案。

社会生活融入群众。和普通干部在一起，黄睿总能融入其中，从不摆局长“架子”，用挚诚和真情把心聚齐、把人调和、把劲鼓足、把风端正。好多同事说她是个闲不住的人。同事家中有婚丧嫁娶，她带头去帮忙；干部及其家属病了，她亲自去看望；逢年过节，她总要去看看困难职工和退休老干部；新分来的大学生没地方住，她想尽办法协调解决。好多同事说她是个“大姐”。经常找干部谈心，干部有了思想疙瘩她要谈，帮助卸掉思想包袱；干部有了自满情绪她要谈，敲警钟、正观念；干部之间有了矛盾她要谈，化解矛盾，融洽关系；干部家庭遇了困难她要谈，帮助解决问题，鼓励干部克难工作。好多同事说她是个“平民局长”。无论是在副局长还是在“一把手”的职位上，总是把基层的事放在第一位，心里常想、嘴上常说、手上常抓。一年有三分之一以上的时间在基层跑，基层的困难率先解决，基层的经费优先划拨。她常常深入最基层的地税分局，帮助分析税源情况、探索征管对策；她常常和基层同志一道，下到企业了解生产经营情况，帮助组织税费收入；她常常和基层干部打成一片，问疾苦，解困难。

制度管理改革开拓。以黄睿为核心的市局党组将管理改革抓到点、到线、到面、到边、到角，层层发动，项项落实。她在计统工作中“解剖麻雀”，改进计划管理办法，建立科学的责任分解机制；完善分类税源管理办法，建立科学的税源监控机制；坚持按月通报制度，建立科学的收入分析机制；落实组织收入原则，建立科学的收入执行机制。她在财装工作中锐意改革，汇编财务制度，率先将发票及税务登记证工本费收入纳入收支两条线管理，加强固定资产和经费收入预算管理，率先将政府采购范围由货物类发展到工程类及服务类。她注重信息化工作的应用性。全系统建成了市、县两级视频会议系统，建立了从税源管理、申报征收，直至会统核算的全方位征管软件应用体系，实现了全市地税数据集中。

大事小事清廉守则。她慎微。总是从小事上严格要求自己，从不穿贵重衣物，从不戴金银首饰，不用高档化妆品，不大吃大喝。她慎权。她分管财务工作，所有的“关系”、“红包”、“好处”都在她这里吃了“闭门羹”。她主抓的经费预算工作，全部采取“二上二下”程序，经党组会、局长办公会审定通过，无一起越权审批支出行为。她主管的大宗物品采购工作，制度越来越严，程序越来越细，管理越来越规范。她慎独。在廉洁问题上始终主动把自己置于大家的监督之中，从未利用职权谋过私利，从未在税收问题上帮人打过招呼、开过口子，从未在利益诱惑面前丢过原则。2006年，她小孩考上了大学，她提前向组织保证，并请全局干部监督：不搞“升学宴”，更不借机敛财，即使是亲朋搞小范围的祝贺聚会，也厉行节约，不铺张浪费。

"湖北省五一劳动奖章"先进个人黎国平同志先进事迹

十堰市地方税务局党组书记、局长黎国平自参加税收工作以来,曾先后荣获湖北省地税系统先进工作者、优秀地税局长、全国税务系统青年卫士、省政府模范公务员并记一等功、十堰市"五一劳动奖章"等诸多荣誉称号。

2007年,全市地税系统累计完成各项税费收入22.67亿元,比上年同期增长23.22%,其中税收收入完成131091万元,占地方财政一般预算收比重达到69%,收入规模由过去的全省排名第九位跃升为第四位;连续两届被授予省级"最佳文明单位"、先后荣获"全国税务系统先进集体"、"全省地税系统先进集体"、"全省理论学习先进单位"等荣誉称号;干部职工的培训教育、税收信息化建设等多项工作均走在全省地税系统前列,在社会上树立了良好的地税形象。

抓教育、强人才、带队育人呕心沥血。黎国平倡导制定完善了中心组政治理论学习教育管理制度、党员学习教育管理制度、干部政治理论学习管理制度、干部培训教育等一系列思想理论教育考评、奖惩激励机制,并纳入干部能级管理内容,定期检查考核,奖惩兑现,促使在全系统掀起了一个以中心组为"龙头"的建设学习型机关、学习型组织、学习型党员、学习型职工的活动高潮,引导广大干部职工自觉树立终身学习理念。他个人先后撰写各类理论调研文章30多篇,其中20多篇在系统内外的报刊杂志上发表,多篇文章受到市委、市政府领导的肯定和好评,对指导税收工作实践起到了积极作用。在人力资源建设上,黎国平响亮地提出了要在干部职工队伍中广泛开展"政治健身"活动和"基本功建设"活动。他号召在全系统开展"日读千字、周写一文、月览一书、年增一技"读书学习活动。在进行系统的理论学习基础上,号召全体党员干部多读书、读好书。2005年,他大胆创新,相继选拔了30多名优秀青年干部职工送到武汉大学、湖北财经学院等进行脱产学习培训。还依托国民教育的雄厚资源,采取"订单式"培训,委托清华大学、扬州税务学院、举办了三期封闭培训班,100多名骨干参加了培训学习,干部职工培训教育成为全省地税系统的"品牌工程"。

抓规范、强征管,为国聚财殚精竭虑。黎国平坚持把认真贯彻科学发展观渗透到各项地税工作之中,抓规范,强征管,抓科技,强基础,坚持开拓创新,一个和谐的经济税收环境正在形成,为推动地税工作又好又快发展、实现地税事业持续、全面、协调发展奠定了坚实的基础。2005年以来,在东风汽车公司骨干税源转移下降的情况下,通过大力推进依法治税,严格实行税收执法"两制",强化税收征管,取得了地税收入连续三年大幅增长的优异成绩。通过实施"申报核定"办法,推行"五险一票"捆绑征收,加大欠费清缴力度,个人缴费委托工商银行代收,促进了五个险种的同步增收,并连续六年保持社保费收入增收超过亿元，得到了常务副省长周坚卫的批示肯定。

第五届“湖北省杰出青年卫士”尹小红同志先进事迹

尹小红，女，汉族，1970年2月出生，中共党员，现任武汉市江夏区地方税务局郑店所所长。追溯走过的时光，年仅37岁的尹小红已经在税收战线上奋斗了19个春秋。在这19年里，尹小红用青春和热血，用智慧和汗水谱写了一曲依法为国聚财、献身税收事业的青春之歌。

为国聚财最认真。1988年，刚刚走上工作岗位的尹小红被分配到边远的江夏区豹澥镇税务所当一名税收管理员，负责集贸市场个体户的税收，为了不漏收一户，不多收一分，又不使个别自称生意难做、很少开门做生意的“滑头”逃税，尹小红每天清早起床，蹲在市场，一边征收集市零星税收，一边清理摊位，一户一户地记“考勤”，由于尹小红认真“考勤”，她负责的23户个体工商户，没有一户逃税。1997年，尹小红任大桥地税所副所长。上任伊始，她发现集镇上25个早点摊位的营业额核定偏低。为了摸清实际情况，尹小红坚持“坐点”，她用了一个月的时间，每天清晨蹲早点摊，登记业户每天能卖多少面粉的馒头、多少米的面窝、多少斤米粉，然后了解到每斤材料能做多少成品等细节，据此推算一个月的营业额，将早点户月税额从60元调到120元，年纳税额翻了一番。

依法征税敢碰硬。郑店地区采石场点多面广，大多分布在偏远的山岭中，“钉子户”多，收税难。尹小红到任后，迎难而上，先摸税源，白天找不到场长，她就利用晚上时间守候在场长家里等，总算把郑店地区26个采石场、43台碎石机、17门石灰窑了解得一清二楚，然后一户一户地核定税额。2006年5月16日上午，4名青年从“面的”上一下来，就冲进办公室，气势汹汹地找税管员：“你能不能把税少一点！”其中有两人腰间的刀子在晃动，同事们赶紧打电话给尹小红。尹小红以最快的速度赶回所里，见几个年青人还在纠缠，便义正词严地说道：“你们几个好像不是老板吧，纳税的事我们只和纳税人谈。”几个自称“道上”的年轻人无言相对，只好悻悻地走了。2006年，仅采石场就征税60余万元。

优质服务讲诚信。提供优质服务，树立文明形象，这是尹小红的口头禅。她率先在郑店地税所实行“首问制”，在办税服务室设立首问服务台。她带头杜绝“生、冷、硬”的态度，带头使用文明用语，促进税企“零距离”，使纳税人有宾至如归的感觉。她按“服务承诺制、限时办结制”的要求优质服务。2003年11月20日，石化郑店加油站及餐馆开业，第二天急需发票。尹小红便与票管员王传香急企业之所急，于当天下午四点半前赶到区局办手续，亲手将票据送到企业人员手中，这是原来需要一周才能办好的事，尹小红只用了半天时间。

尹小红办税讲诚信，全心全意为人民服务、为纳税人着想，但从不吃纳税人一餐饭。

曾经有一个采石场老板为感谢尹小红，将600元的礼品送到她婆婆家中，她原封不动地退还给这位老板；一位企业经理将2000元红包偷偷放在资料袋中，她和副所长发现后立即退还。靠廉洁树立威信，靠公正求得理解，尹小红深刻地认识到这一点，也在多年的工作中坚决践行了这一点。纸坊二中学生郭琴，因父亲去世，母亲患病无正式工作，靠擦皮鞋谋生，家庭生活极为困难，无力承担她的学费。得知此情况，尹小红带头和所里同志挤出工资，捐助郭琴上学读书。从2003年至今，他们每年捐助1000元。郭琴向他们写来感谢信，激动地表示：一定不辜负希望，好好学习，回报社会。

2006年1月13日，尹小红的先进事迹报道被《人民网》刊发。各级组织对尹小红的工作给予了充分肯定，她多次荣获区、街“优秀共产党员”，市、区“新长征突击手”等称号，夺得区局科所长业务知识竞赛第一名，被区局评为征管资料能手，2005年元月被授予全省地税系统“先进工作者”称号。她所率领的郑店地税所荣获区级先进单位、市局“三优一满意”税务所、市级“巾帼文明岗”，党支部多次被区委和区机关工委授予“先进基层党组织”称号，被区局评为“五好班子”、“学习型支部”。她个人先后获得“首届武汉市杰出青年卫士”、“第四届湖北省优秀青年卫士”和“第五届湖北省杰出青年卫士”光荣称号。

第五篇

记 事 篇

（本篇责任编辑　涂家海　徐卫兴）

省地方税务局大事记

▲1月2日，在省局报送省委的《2007年全省地税部门组织收入达到643亿元比上年增收134亿元》一文（《税收专报》第1期）上，湖北省委书记罗清泉批示："工作做得很好，望总结经验再创佳绩。"常务副省长周坚卫批示："省地税局近几年连续高幅增长，成绩显著，特表祝贺，请代向全省地税职工表达我的感激之情。"2007年全省地税收入运行良好，前所未有。

▲1月9日，省局组织召开了全系统2007年决算工作会议，会议要求全省各级地税机关要将资产管理与预算管理、财务管理相结合，在部门决算中反映资产占用和使用情况，在摸清资产存量的基础上，做好下年度资产预算编制工作，实现以增量资产来调控和盘活存量的基础。各市、州、直管市、林区地税局财装科长和经费会计共40余人参加会议。

▲1月10日，全省地税系统计统工作会议在潜江召开。省局计统处处长张治安出席会议，各市、州、林区地税局计统科科长参加会议。

▲1月11日，以省政府办公厅纪检组长黄亚力为组长的2007年省政府部门目标责任制年终检查考评组一行11人莅临省局，对省局2007年工作目标执行情况进行检查考评。检查组一行认真听取了省局局长王文童关于2007年目标责任制执行情况的汇报，查阅了相关资料，询问了征管、稽查等专项工作的情况，对省局2007年目标责任制工作给予了充分肯定。省局全体领导和局机关各处室、各直属单位主要负责人参加了汇报会。

▲1月12—15日，省局在泰华大厦召开全省地税系统新企业所得税法培训会，由参加了总局培训的工作人员对新企业所得税法及条例进行了系统的讲解、培训，就新法实施的难点、疑点进行了分组讨论及解答。会上，省局局长王文童作了重要讲话，省局副局长罗涛就所得税等工作进行了总结和安排。各市、州局分管领导、税政科长，县（市）、区局税政股长共150余人参加了培训会。

▲1月14日，国家税务总局地方税司司长陈杰率财政部、环保总局、税务总局地方税司相关人员一行8人，对全省环保收费征收体制改革情况进行了为期4天的调研。调研组集中听取了省政府法制办、省财政厅、省环保局、中国人民银行武汉分行、省地税局关于湖北省排污费征收体制改革的背景、新的排污费征收体制运行状况及存在的问题等相关情况汇报，并就环保收费改征环境税的可行性进行了探讨。

▲1月17日至18日，全省地方税务工作会议在武昌召开。会议总结了过去五年全省地税工作取得的成绩，对未来地税工作提出了要求，对2008年的地税工作进行了部署。会上对2007年全省地税工作总结和2008年工作要点进行了讨论。常务副省长周坚卫到会并作重要讲话，省局局长王文童作会议总结。省局全体班子成员、离退休老领导、机关副处以上干部、各市、州、直管市、林区地税局全体班子成员、办公室主任、计统科长共240余人参加了会议。

▲1 月 22 日下午,在省政协多功能会议厅,省局与省人事厅、省编办共同举办了一场形式多样、内容生动、气氛活跃的迎春联欢会,来自两单位的 500 多名干部职工相聚一堂,共庆改革成果,共话情谊。省委组织部副部长、省人事厅厅长、省编办主任张兆本,省局局长王文童分别在联欢会上致辞,并共同表示,2007 年是全省经济和社会发展取得突出成绩的一年,也是省人事厅、编办、地税局相互支持、携手共进的一年,双方在工作中结下了深厚的友谊,希望在新年里继续保持和发扬,再创辉煌。

▲1 月 23 日,在武昌区政府水果湖街办事处召开的 2007 年度水果湖地区计划生育工作总结表彰大会上,省局机关被表彰为“2007 年度计划生育优质服务最佳单位”。

▲1 月 28 日,省局组织召开机关离退休干部“辞旧迎新茶话座谈会”,与会同志参观了新布置的省局荣誉室,省局党组副书记、副局长田和平代表省局向与会的 16 名离退休干部代表通报了 2007 年全局税收工作情况,对他们对省局工作的理解与支持表示了感谢。

▲1 月 31 日,省局举行局直机关 2007 年工作总结表彰暨迎新春联欢会,机关全体干部、离退休老同志共 300 余人参加了会议。会议总结了局直机关 2007 年工作,表彰了 8 个先进单位和 45 名先进工作者,并集中观看了精彩的文艺节目。

▲2 月 14 日,省委常委、常务副省长李宪生一行四人来到省局机关,对地税干部进行慰问。在听取了王文童局长关于全省地税工作基本情况的汇报后,李副省长指出,新一年的工作目标已经明确,下一步主要任务就是要围绕目标抓好落实。他要求全省地税部门要把困难考虑得更多一点,把措施制定得更具体一点,把基础工作做得更扎实一点,妥善处理好应收尽收与涵养税源的关系,以高度的政治责任感和严格的组织纪律性落实好省委省政府各项工作决策,确保各项工作符合省委省政府的要求。

▲2 月 18 日,王文童局长主持召开局长办公会议,就我省部分县(市)地税局震灾后重建工作进行了部署。会议要求动员全省地税系统积极响应党中央、国务院的号召,按照省委、省政府的统一部署,积极开展救灾重建工作。会议决定,在总局下拨 100 万元救灾款的基础上,省局拿出 200 万元一并下拨到受灾地区和单位,并要求财装处一是尽快了解各市、县地税局机关和基层的灾害损失情况,提出救灾款下拨方案报批,及时划拨到受灾的地方,支持和帮助基层的灾后重建工作;二是及时向总局发感谢电;三是此项工作结束后及时将救灾款使用情况向省局和总局写出书面报告。

▲2 月 22 日,省委、省政府办公厅通报表彰了 2007 年省直新农村建设工作队优秀队员、先进工作队和支持新农村建设工作队先进单位。省地税局被表彰为支持新农村建设工作队先进单位,省地税局驻咸丰县工作队被表彰为先进工作队,省局杨炎斌同志被表彰为优秀工作队员。

▲3 月 1 日,省委组织部在省局召开省地税局主要负责同志职务调整宣布大会。会上,省委组织部经济干部处处长彭华同志首先宣读了省委决定:任命许建国同志为省地方税务局局长、党组成员、书记职务,免去其湖北经济学院院长、党委副书记、委员职务;免去王文童同志省地方税务局局长、党组书记、成员职务。省委组织部副部长翟天山代表省委、省委组织部在随后的讲话中对王文童同志任职期间的工作给予了高度评价和充分肯定,介绍了新任局长许建国同志的基本情况,并对新时期新形势下的地税工作提出了希望和要求。许建国同志作了就职讲话,他感谢组织的信任,感到责任重大,表示要继承发扬前任班子多年形成的好经验好做法,

团结一班人，加强学习，深入调研，廉洁奉公，公正待人，努力工作，不辜负省委、省政府和全省地税干部的期望。王文童同志以“留恋、感谢、歉意、祝愿”为主题发表了离职讲话。省局机关副处级以上干部及各市、州、直管市、林区地税局局长参加了会议。

▲3月4日，省局和省保监局联合召开全省车船税代收代缴工作视频会议，省保监局、省局分管领导和保险机构代表在省地方税务局主会场参加会议。省保监局副局长左绪文、省局副局长罗涛在会上分别就进一步做好车船税代收代缴工作作了讲话，保险机构代表就深入落实会议精神、全面规范车船税代收代缴工作作了发言。省局税政三处及办公室、科研所的相关负责人参加了会议。各市、州、林区、县(市)局及城区各分局分管税政工作的局领导、税政科(处)、综合业务股负责同志和省内各财险公司一级分公司、中心支公司(二级分公司)、支公司、营业部、县级营销服务部等机构分管车险工作的机构负责人及车险部门负责人，在各地分会场参加了会议。

▲3月4日，为庆祝“三八”妇女节，喜迎2008年北京奥运会，倡导科学文明的健身方式，省局机关43名女干部参加了启动仪式及快走活动。启动仪式上，省局机关女干部身着统一服装，精神抖擞，意气风发，队列整齐，口号响亮，展示了地税女干部朝气蓬勃、奋发向上、团结和谐的精神风采。省局党组成员、副局长钟守英同志带队参加了此次活动。

▲3月12日，省局机关30多名干部在省局机关党委书记、副局长田和平，纪检组长许国勇的带领下，前往洪山区花山镇参加2008年省直机关义务植树活动，当天，机关干部共植下100多株紫薇树苗，为“绿化湖北，共建美好家园”作出自己的贡献。洪山区地税局10多名机关干部也参加了此次义务植树活动。

▲3月15日，省局信息化工作恩施试点论证会一结束，省局局长许建国、总会计师肖厚雄一行就专程来到省局新农村建设工作队咸丰驻点村，分别听取了咸丰县委常委、常务副县长单艳平及省局新农村工作队工作汇报，并深入丁寨乡十字路村开展实地调研，先后考察了省局援建的通村公路、黄金梨生产基地、蒲草小学、稀有苗圃基地等重点项目，还现场为蒲草小学联系了20台486型电脑支援小学电教室建设。许局长要求工作队要进一步加大工作力度，在详细调研的基础上进一步完善年度工作计划，为省局党组决策提供参考，通过上下一起努力，把省局新农村建设工作做得更好。

▲3月18日，省局直属征收局依照《湖北省社会保险费征缴管理办法》第32、33条规定，将某省直医院拒缴的2007年度失业保险费(含滞纳金)53.9万元强制从其银行账户扣缴入库，这是该局自2001年7月开始征收社保费以来首次直接实施强制执行措施。此前，该局已采取上门宣传政策规定、主动约谈该院负责人、下达征管文书、限缴、催缴等方式进行沟通，督促该医院主动缴费，但该单位一直置之不理，拒缴态度明确。

▲3月24—26日，省局召开了全省地税系统党风廉政建设工作暨局长培训会议。全省地税系统党风廉政建设工作会议深入学习、贯彻了中纪委第十七届二次全会、省纪委第九届第三次全体(扩大)会议和全国税务系统党风廉政建设工作会议精神，总结了2007年全省地税系统反腐倡廉工作，交流了经验，研究部署了2008年的反腐倡廉工作任务。省纪委副书记余幼明亲临大会，对地税部门进一步深化党风廉政建设提出了明确要求。省局党组成员、纪检组长许国勇代表省局党组作了题为《服务大局扎实工作努力开创全省地税系统反腐倡廉建设工作的新局面》的工作报告。会议期间，向省局特邀监察员颁

发了聘书，通报了典型案例，组织与会代表围绕领导讲话、贯彻落实年度党风廉政建设工作任务等内容开展了讨论，观看了警示片，签订了2008年度工作目标责任书。在局长培训班上，省政府副秘书长卢焱群受省委常委、常务副省长李宪生的委托，到会看望全体与会代表并作了重要讲话，邀请武汉大学周运清教授作了《新时期领导干部执政素质培养》专题讲座，进行了第三方（工商）信息比对业务培训，还对全省地税系统先进集体、先进工作者进行了表彰。会议结束时，省局党组书记、局长许建国作了总结讲话。各市、州、直管市、林区地税局局长、纪检组长、监察室主任，省财税职务学院院长、纪委书记、党办主任，县（市、区）地税局局长，省局机关各处室、直属单位副处级以上干部参加了会议。

▲3月27日，省局召开2007年度省局新任命领导干部集体廉政谈话会议，省局党组成员、纪检组长许国勇代表省局党组结合党对干部的要求、廉政规定、全系统领导干部管理的实际和经济责任审计中发现的有关问题，以及许建国局长在全省党风廉政建设工作会议上的讲话，就新任职干部如何更好地开展工作、更加健康地成长、更加自觉地做到廉政勤政，与新任职干部进行了一次集体谈心。

▲3月29—31日，中纪委派驻国家税务总局纪检组组长冯惠敏在省纪委书记黄先耀、副省长赵斌、省政府副秘书长卢焱群、省国税局长刘勇、省地税局长许建国等领导陪同下，考察了湖北税务系统党风廉政建设和纪检监察工作。在考察期间，刚刚到任的省纪委书记黄先耀、副省长赵斌介绍了湖北省的情况；省国税局长刘勇、省地税局长许建国分别汇报了国、地税系统的税收工作和廉政建设情况。冯组长就税务系统如何加强惩防体系建设和廉政文化建设与省国税、地税纪检监察部门的同志进行了座谈。省局纪检组长许国勇汇报了湖北地税系统“积极探索，多措并举，深入推进湖北地税惩防体系建设”的情况。冯组长要求税务系统加强惩防体系建设，尤其要找准税务系统的执法风险点，制定出便于基层执行的、科学、管用、有效的制度办法，使纪检监察工作更好地为税收工作大局服务。在廉政文化建设上，要紧密贴近税务工作实际，注重文化内涵和廉政文化建设的政治性、思想性、艺术性、群众性。冯组长还专程前往洪山区地税局参观了武汉市局举办的反腐倡廉宣传教育展览，并亲笔为展览题词：加强廉政文化建设，服务税收事业发展。

▲3月31日—4月2日，全省地税稽查工作会议在黄石召开。会议围绕推进稽查规范化建设的主题，传达了全国税务稽查工作会议精神，认真总结了去年全省地税稽查工作的主要成绩和基本经验，明确了当前和今后一个时期全省地税稽查工作的指导思想和总体要求，安排部署了今年稽查工作的主要任务，讨论修订了《湖北省地方税务稽查工作规范》和《关于加强全省地税稽查工作的通知》两个文本，重点就推进全省地税系统稽查规范化建设进行了研讨。省局党组书记、局长许建国到会发表重要讲话，省局党组副书记、副局长田和平作主题报告。全省地税系统各市（州）局分管领导、稽查局长以及各县（市）稽查局长参加了会议。会议期间，与会代表参观了黄石市地税局稽查局稽查规范化建设成果，现场观摩了该局稽查管理软件的演示。

▲4月1日，以“税收·发展·民生”为主题的2008年税收宣传月活动在系统上下全面展开，省局在宣传月期间陆续组织开展一系列宣传活动：一是开展主题宣传活动，与华中师范大学、湖北经济学院、湖北财税职业学院、宜昌市地税局联合开展“贫困学子观三峡工程树创业志向”活动。二是建立税收教

育基地，市、县两级地税机关在当地选择一所中学，举行“税收教育基地”授牌活动，赠送《青少年税法知识读本》、税收动漫光盘和其他税法宣传材料等。三是开展网上在线访谈。由省局领导和相关处室负责人在荆楚网和湖北省地方税务局门户网站举行在线访谈，回答纳税人涉税方面的咨询，宣传税收工作和有关税收知识。四是开展专项政策宣传。在《湖北日报》开辟地方税收优惠政策宣传专栏，按地方税收促进就业再就业、服务新农村建设、扶持弱势群体、支持高新技术及新兴产业发展等类别集纳、刊载有关地方税收优惠政策。

▲4 月 1 日，全省地税稽查工作会议在黄石召开。会议传达贯彻了全国税务稽查工作会议和全省地税工作会议精神，全面总结了上年全省地税稽查工作的成绩和经验，明确了今后一个时期全省地税稽查工作的指导思想和总体要求，安排部署了今年稽查工作的主要任务，讨论并修订了《省地方税务稽查工作规范》和《省地方税务局关于进一步加强全省稽查工作有关问题的通知》。省局党组书记、局长许建国，省局党组副书记、副局长田和平，省稽查局党委书记、局长童启洪，黄石市委常委、常务副市长朱中华出席了本次会议。

▲4 月 1—3 日，省局召集武汉、孝感、黄石、鄂州、黄冈、潜江等市、县的社保科长在黄石召开城镇居民基本医疗保险征收工作座谈会，听取武汉、孝感两地征收城镇居民基本医疗保险费的现有做法以及其他地市的征收设想，就试点工作中存在的难点和相关具体问题进行热烈讨论，研究解决前期工作的业务需求、票证及相关难点问题，确保城镇居民基本医疗保险征收今年在全省地税系统全面启动。省局党组副书记、副局长田和平参加了座谈会，提出了具体工作要求。

▲4 月 3 日，省政府召开的全省环境保护四个专项治理工作表彰大会上，授予省地方税务局“2007 年度全省环境保护四个专项治理工作先进集体”称号，省局税政三处何小祥同志被授予“2007 年度全省环境保护四个专项治理工作先进个人”称号。

▲4 月 7—9 日，全省地税系统一季度地税收入分析会在钟祥召开。会议听取了各地组织收入工作的情况汇报，征询了与会代表关于当前计统工作的意见和建议。省局副局长钟守英对下一步组织收入工作和计统工作进行了部署，副巡视员张治安通报了地税收入待解专户的检查情况。会议期间，与会代表还现场观摩了钟祥市地税局移动办税服务车的服务措施与办税流程。各市(州)、直管市、林区分管局领导及计统科长参加了会议。

▲4 月 9 日，财政部纪检组长贺邦靖在省财政厅厅长王文童、武汉市地税局局长徐会希的陪同下参观了汉正街博物馆，视察了汉正街品牌服饰批发广场，并向批发广场内的门面经营户了解了经营及缴税情况。在视察中，贺邦靖组长对地税系统能认真吸取“5·24”事件的经验教训，锐意改革、开拓创新，推出“阳光办税”新的征管模式，从而促进汉正街市场税收秩序和谐、健康发展的工作成绩表示充分肯定，指出汉正街今天的欣欣向荣与税务系统在税收政策上的大力扶持、税款征收上的有效管理是密不可分的，在汉正街市场今后的发展中税务部门要继续做到优质服务、优化征管，从税收的角度上继续保障市场和谐发展、科学发展。

▲4 月 12—13 日，省局组织华中师范大学、湖北经济学院、湖北财税职业学院 15 名品学兼优的一年级贫困学生，前往宜昌市参观三峡工程。省局局长许建国在活动启动仪式上，勉励大学生们要多看、多听、多感受、多思考，在刻苦学习、立志成才的同时，多关心税收、多了解税收、多宣传税收，做税收知识的传播者、税收意识的倡导者、税收秩序的维

护者。

▲4 月 12 日上午，省局在洪山礼堂召开全省地税系统“四个培训班”学员大会。会上，四个班的学员代表分别汇报了学习情况和下一步的打算；省局党组书记、局长许建国围绕“激情、奉献、理想、责任”等话题作了重要讲话。省局党组成员、副局长余伟主持了会议，人事处、教育培训中心的负责同志出席了会议。由省局与华中师范大学、中南财经政法大学和武汉大学联合举办的第二期全省地税系统领导干部班、青年骨干班、信息技术班和涉外税务班的 200 多名学员和四个班的班主任参加了会议。

▲4 月 13—16 日，“湖北经济税源分析与地税收入可持续增长研究”西片区、东片区调研会议分别在襄樊市地税局、鄂州市地税局召开。省局党组书记、局长许建国出席了西片区会议。省局党组成员、副局长罗涛出席了西片区、东片区会议。与会人员分别就经济税源分析与地税收入预测进行了交流发言，提出了各自的对策及建议。许局长在西片区会议上做了重要讲话，对此次调研活动的目的、背景和意义作了深刻阐述，对需要解决的问题进行了明确。

▲4 月 15 日，省局召开了全省地税系统“严格执法，有税必收，积极预防和严肃查处税收失职渎职行为”视频会议。会议由省局党组成员、副局长钟守英同志主持；省局党组成员、纪检组长许国勇同志对规范税收执法行为，预防和查处涉税失职渎职工作进行了安排部署；省局党组书记、局长许建国同志在会上作了重要讲话，进一步强调了严格执法、有税必收，积极预防和严肃查处税收失职渎职行为的重要性和紧迫性，提出了加强思想理论学习，强化“六种观念”，以“四个凡是”规范和约束税收执法行为的要求，会议还对下一阶段的“十查十看”专项工作进行了安排部署。省局领导、各处室主要负责人，省局稽查局、征收局副处级以上干部，各市、州、林区、县(市、区)局领导班子成员和稽查局领导班子成员以及税务行政、执法人员参加了会议。

▲4 月 18 日，省局局直机关召开提高政府执行力大讨论活动动员会。会上，省局党组成员、纪检组长许国勇就“严格执法、有税必收，积极预防和严肃查处地税工作人员失职渎职”专项行动作了安排部署。省局党组书记、局长许建国就开展“提高政府执行力”大讨论活动作了动员讲话，他强调：全局干部职工一定要认清形势，提高认识，增强加强执行力建设的责任感、紧迫感；要紧密联系工作和思想实际，深入开展“六查六看”活动，认真查摆问题，制定切实有效的整改措施；要以这次大讨论活动为契机，针对讨论中发现的问题进一步建立和完善各项长效工作机制，落实经常性抓执行力建设的责任制，把执行力坚持不懈地抓下去，抓深、抓细、抓出成效。

▲4 月 21—23 日，全省城镇居民基本医疗保险费征收工作会议在武汉木兰湖培训中心召开。省局党组书记、局长许建国参加会议并作重要讲话，要求各单位扎实推进城镇居民基本医疗保险费的征收，努力完成省政府交给地税部门的新任务，为促进我省经济社会发展作出新贡献。省局党组副书记、副局长田和平作了主题动员报告。省劳动和社会保障厅、省财政厅的有关领导参加了会议，武汉、孝感地税局作了城镇居民基本医疗保险费征收试点介绍，黄石市地税局对个人缴费模式进行了介绍，会议对城镇居民基本医疗保险费征收方案进行了认真讨论和修改。市、州、县分管局领导，市、州、林区社保科长共 130 人参会。

▲4 月 24 日下午，国家税务总局副局长王力及所得税司司长孙瑞标、副司长缪慧频、国际税司司长王小平等一行到省局调研并指导工作，就加强企业所得税管理、反避税工作和拟制定的企业所得税管理指导意见征求了

意见。省局局长许建国、副局长田和平、总会计师肖厚雄、税政一处、二处相关人员，以及武汉、宜昌、随州市局的税政部门人员参加了座谈。

▲5月6—9日，全省地税系统信息化应用培训班在泰华大厦举行。学员系统学习了网络设备、视频会议设备、安全设备的安装、应用及运行维护等知识，并就信息化建设和应用进行了交流讨论。省局党组成员、总会计师肖厚雄出席会议，分析了当前信息化建设的时代背景和形势，要求各地充分认识征管软件推广应用工作的重大意义。各市、州、直管市、林区、县地税局信息中心技术人员90余人参加培训。

▲5月11日，省局召开了全系统文明执法教育活动视频会议，会议由省局党组副书记、副局长田和平主持。省政府办公厅纪检组长兼省政府效能建设领导小组办公室副主任黄亚力、省监察厅执法与效能监察室主任兼省政府效能建设领导小组办公室副主任康明先、省政府效能建设领导小组办公室文明执法教育组的同志以及湖北日报、湖北电视台、荆楚网、长江商报等新闻媒体记者，各市、州、县(市、区)地税局全体机关干部、分局长(所长、股长)、省局机关各处(室)和直属单位负责人，共计5124人在全系统85个会场参加了会议。会上，谷城县地税局等四个单位交流了第一阶段开展文明执法教育活动的体会，武汉市江岸区地税局向全省地税系统发出了文明执法倡议书，省局党组书记、局长许建国总结讲评了第一阶段文明执法教育活动开展情况，并就下一步抓好文明执法教育活动作了再动员。

▲5月15日，省局机关召开各处室、各直属单位负责人会议，就将执行力大讨论活动推向深入进行再动员、再布置。会议由省局党组书记、局长许建国主持。会上，省局“两项活动”办公室主任吴明喜通报了前一阶段各单位查摆问题情况，许建国局长结合传达全省县域经济工作会议精神，再次强调了省政府开展“提高政府执行力”大讨论活动的主旨和要求。

▲5月19日下午2时26分至33分，省局在机关办公楼前组织进行了集中默哀仪式，为四川汶川大地震遇难同胞志哀。省局机关各处室、各直属单位干部职工和机关离退休干部150余人参加了集中默哀。默哀仪式由省局党组书记、局长许建国主持。他在默哀完毕后指出，国家确定哀悼日，为四川汶川大地震遇难同胞志哀，给遭遇不幸的生命以最高的礼遇，给遇难者家属以最高的慰藉，昭示着国家对每一个普通生命的极大尊重，代表了公民和国家荣辱与共的信念。他说，地震无情人有情。全体地税干部职工要继续为灾区人民奉献爱心，寄托哀思，提供帮助；同时，要化悲痛为力量，立足岗位，扎实工作，提高执行力，增强凝聚力，用更加出色的工作业绩告慰死难同胞，用尽职尽责的实际行动支持灾后重建。

▲5月21日，省局组织机关及直属单位副处以上干部到洪山监狱开展警示教育活动。全体副处以上干部参观了监舍、劳动改造车间、餐厅以及监狱管理人员的办公设施，听了两名曾经是党的领导干部的服刑人员的现身说法，感受了他们由人民功臣蜕变成人民罪人的心路历程，感受了他们逐步滑向罪恶深渊的人生轨迹及对所犯罪行的深深忏悔。身临其境的教育，让干部的心灵受到了极大的震撼。参加警示教育的干部们也纷纷表示：要时刻提醒自己绷紧拒腐防变这根弦，常修为官之德，常怀律己之心，常思贪欲之害，把改进工作作风，加强反腐倡廉建设落到实处，切实做到权为民所用，利为民所谋，情为民所系，做一名清正廉洁、遵纪守法的地税干部。

▲5月28—30日，全省地方税收征收管

理业务培训暨税务短信平台应用推广工作会议在宜昌召开。会议表彰了2007年度“全省地税系统百名纳税服务明星”，总结了近年来征管工作和纳税服务工作经验，明确了下阶段主要任务。会议还介绍了宜昌市地税局运用税务短信平台工作经验和武汉市地税局优化纳税服务工作经验，与会人员观摩了宜昌市地税局税务短信平台操作流程和宜昌市地税局东山分局办税服务大厅。省局党组书记、局长许建国出席会议并作重要讲话，省局党组成员、总会计师肖厚雄对会议进行了总结，各市、州、县(区)分管局领导，市、州、林区征管科长和全省地税系统纳税服务明星代表共180人参加了会议。

▲6月6日，省局局长许建国主持召开局务会议，专题研究部署湖北省地方税费征管核心软件上线运行工作，会议通报了地税信息化建设情况，对税费征管核心软件上线运行及机关计算机应用技能全员测试等工作进行了讨论。会议确定，今年上线税费征管核心软件，明年上线OA办公系统。会议决定成立以肖厚雄总会计师为指挥长的湖北省税费征管核心软件上线运行指挥部，在省局党组和省局信息化领导小组的领导下，组织指挥软件上线。会议强调，软件上线是省局党组今明两年的一项重大工作，指挥部负责具体组织、落实、处理软件上线运行相关的重大事务。各级地税机关要比照省局成立相应的组织指挥机构，制定相应的工作措施。

▲6月13日上午，省局召开了特邀监察员和企业代表座谈会。会议由省局党组成员、纪检组长许国勇主持，省局聘请的10位特邀监察员和部分在汉大中型企业代表、省局有关处室的负责同志参加了会议。会上，许国勇纪检组长代表省局党组对特邀监察员和企业代表对地税工作的关心与支持表示了衷心的感谢，对省局上半年开展的主要工作进行了通报，重点介绍了省局上半年税收工作情况，开展“提高执行力大讨论活动”、“文明执法教育活动”和“严格执法　有税必收积极预防和严肃查处地税工作人员失职渎职行为”专项活动的有关情况，并就省局即将出台的《湖北省地税系统工作人员十条禁令》提请与会代表讨论。与会的特邀监察员和企业代表对省局公开纳谏的举措给予了高度评价，对近年来地税系统工作作风的转变、服务质量和水平的提升、征纳关系的进一步和谐给予了充分肯定，并就如何进一步规范税收执法和税收管理行为，更好地服务纳税人、服务地方经济和企业发展提出了宝贵的意见和建议。

▲6月14日上午，省局召开“四个培训班”开展“两项活动”座谈会，省局局长许建国、副局长余伟、人事处处长游干成、基层工作处处长吴明喜、教育中心负责人程辉等参加了会议。会上，15名学员代表结合所在单位开展“两项活动”的具体情况作了发言，向省局提出了意见和建议。许建国局长与学员代表进行了面对面的交流与沟通，并围绕青年干部如何做人做事提出了殷切希望。

▲6月13日上午，省委常委、常务副省长李宪生听取了省局局长许建国关于《湖北经济税源分析与地税收入可持续增长研究》的专题汇报。李宪生副省长对该项调研报告给予了高度评价。他说，省地税局的这项调研工作抓得非常主动，调研报告思路明晰、数据详实、分析深刻、措施可行，下一步应该对研究成果进一步深化应用，有的要转化为文件出台，有的要转化为政府决策。省政府办公厅、省政府政研室、省发改委、省财政厅、省统计局等相关部门领导，省局副局长罗涛、钟守英，省局机关相关处室负责人参加了汇报。

▲6月13日，全省县市局机构改革调研座谈会在武汉召开。座谈开始前，许建国局长就当前系统机构改革的现状和问题发表了意见。根据会议安排，五峰、英山、利川、江陵

四个县(市)单位对机构改革试点情况进行了交流。被誉为“五峰模式”的机构扁平化改革自推行以来就引起了广泛关注,该局局长陈海涛在会上介绍了五峰县局构建扁平化基层税务管理体制的经验和存在的问题。宜昌、十堰、恩施等市(州)局也就纪检监察机构改革试点情况进行了交流发言。会议结束时许建国局长对座谈会讨论情况进行了总结,对下阶段的机构改革工作进行了具体安排。宜昌、荆州、十堰、黄冈、恩施5个市(州)局局长、分管局领导、人事科长和五峰、江陵、英山、利川等机构改革试点县(市)局的局长、办公室主任参加了调研座谈会。省局领导许建国、田和平、肖厚雄、许国勇和部分机关处室、直属单位负责人出席了会议。

▲5月29日—6月18日,全省地税系统所得税业务培训班(第一期)在湖北经济学院举办,来自各市(州)、县(市、区)局主管税政业务的科(股)长参加了培训,培训内容主要包括财务会计知识、新《企业所得税法》、修改后的《个人所得税法》和新的会计准则等。

▲6月23日,省局在黄冈召开全省房地产税收一体化管理工作现场会。省局党组书记、局长许建国作了题为《深化认识　强化措施　推动房地产税收一体化管理工作再上新台阶》的讲话,讲话要求各地进一步认清形势,明确目标,坚定信心,利用自身优势,发挥主观能动性,在房地产税收管理实践中,不断研究新情况、总结新经验、采取新措施、解决新问题,使全省房地产税收管理工作不断稳步深入推进。省局副局长罗涛在会议结束时作了讲话,对黄冈市地税局一体化管理工作的经验和作法给予了充分肯定,对过去三年来全省一体化管理工作进行了系统回顾,并对进一步深入推进全省房地产税收一体化管理工作作出了部署和要求。会议交流了黄冈市局、谷城县局开展房地产税收一体化管理工作的经验,现场观摩了黄冈市房地产税收一体化管理业务流程及软件的讲解演示和一体化管理的相关资料,并就如何因地制宜进一步深化房地产税收一体化管理工作进行了讨论。与会代表普遍反映,通过此次会议的学习观摩和互动交流,强化了认识,学习了经验,找到了差距,明确了目标,增强了各地深入做好此项工作的信心和决心。各市、州地税局及所属分局分管局领导、税政科(处)长、各县(市)地税局综合业务股长近200人参加了会议。省局税政三处及税政一处、税政二处、征管处、信息中心、科研所、省局办公室网站的相关人员参加了会议。

▲7月1—2日,全省地税系统人事工作会议在武昌召开。会议集中学习和传达了十七大、全国、全省组织工作会议精神,总结了五年来地税干部人事工作的主要成绩,指出了系统干部人事工作的突出矛盾和重点难点问题,研究和部署了当前及今后一段时间的干部人事工作任务。宜昌市、五峰县、利川市地税局3个单位就机构改革试点情况进行了经验交流。与会代表还就领导班子建设、干部队伍建设、工勤人员管理、机构改革等9项制度、办法、实施意见开展了热烈讨论。肖厚雄总会计师还传达了省委、省政府关于防范北京奥运会召开期间非正常信访事件发生的电视电话会议精神,许建国局长作了题为《弘扬改革精神　倡导创新思维　全面加强和改进新形势下的地税干部人事工作》的主题讲话,省局副局长田和平进行了大会总结。各市、州、直管市、林区地税局局长、分管人事工作的局领导和人事科(处)长、县(市、区)局局长及省局机关各处室、直属单位负责人共计200多人参加了会议。

▲7月3日,省局机关召开纪念建党87周年暨党建工作总结表彰大会和抗震救灾报告会。会议通报表彰了2007—2008年度7个先进党支部和48名优秀共产党员,人事处蔡宗武、社保费征收管理局文斌同志分别作

了先进典型代表发言。省局党组副书记、副局长、机关党委书记田和平作重要讲话，他总结回顾了一年来局直机关的党建工作，进一步动员局直机关各党支部和全体共产党员加强学习，转变作风，开拓创新，推动局直机关党的建设不断深入。在举行的抗震救灾报告会上，《楚天都市报》三位记者饱含深情地讲述了他们的亲身经历和真切感受，述说他们用手中的笔和镜头记录同胞的苦难、大爱和不屈，传递在大灾大难面前迸发出的生命尊严和民族精神。局直机关全体干部职工参加了会议。

▲7月3日，省局机关干部50余人在省局副局长余伟带领下，到湖北财税职业学院开始了省局机关计算机应用技能培训的第一次课。本次培训共5次课，上课时间为每周四下午，学习内容包括汉字输入、Word2003、Excel2003等基本的计算机应用知识。

▲7月4日，全省地税系统第二期领导干部、青年骨干、信息技术和涉外税务培训班结业典礼在武汉大学外国语学院隆重举行。承担培训任务的四所高校有关领导出席结业典礼并作了热情洋溢的讲话。省局副局长余伟对四个班262名学员的培训学习作了总结，并对学员回到工作岗位后如何做到理论与实践相结合提出了希望和要求。

▲7月7日，全省地税系统计统工作会议在荆州召开。省局局长许建国、副局长钟守英、副巡视员张治安出席会议并作重要讲话。许建国局长在讲话中要求，全省地税部门要注重收入统计分析研究工作，用脑子治税、动脑筋治税，尤其是要透过现象和数据总结规律，依托现代化信息网络平台，建立分析、核算、监控、管理四位一体的计划统计管理体系，做到“依法治税、均衡入库、应收尽收”。会上，荆州市地税局等7个单位就计划统计及收入分析工作进行了经验交流，会议还讨论通过了《湖北省地方税务局收入待解专户百分制考核办法》、《湖北省地方税务局税收收入分析、预测百分制考核标准》等制度。全省地税系统计统部门分管领导、计统科长及部分县市局代表参加了会议。

▲7月11日，省局“发挥税收职能作用促进武汉城市圈‘两型社会’建设”研讨会在黄石召开。会议传达了省委、省政府主要领导对全省财税部门的指示精神，并就如何发挥税收职能作用，促进武汉城市圈“两型社会”建设等议题进行了广泛讨论。会议由省局党组成员、副局长罗涛主持，省局党组书记、局长许建国出席会议并作重要讲话。来自武汉城市圈地税系统的代表、省局机关相关处室及直属单位负责人参加会议。

▲7月12日上午，省局“两项活动”领导小组办公室统一时间、统一考题、统一要求，组织全省地税系统16800人参加了文明执法教育考试，为深入推进全省行政执法机关文明执法教育活动，端正执法理念、转变执法作风、规范执法行为，以考促学，进一步增强教育效果起到了一定的推动作用。

▲7月16日，省局召开全省地税系统民主评议政风行风视频动员大会。会议由省局党组副书记、副局长田和平主持，省局党组成员、副局长罗涛宣读了《全省地税系统民主评议政风行风的实施方案》，省局党组书记、局长许建国作了《认清形势　狠抓落实　扎扎实实开展政风行风评议工作》的动员讲话，省纪委常委、省监察厅副厅长李述永作了重要指示。会议要求，各地要统一思想，提高认识，高度重视民主评议政风行风工作；要切实加强组织领导，扎扎实实搞好民主评议政风行风工作；要加强上下协调，齐心协力地搞好民主评议政风行风工作。省纪委常委、省监察厅副厅长李述永、省纪委纠风室副主任陈继平以及省局机关、直属单位全体人员、省财税职业学院班子成员及纪检监察人员在主会场参加了会议。各市、州、直管市、林区地税

局机关全体人员及直属单位主要负责人、各县（市、区）局机关全体人员和直属单位负责人在分会场参加会议。

▲7月21—22日，湖北省地方税费征管核心软件鉴证会在恩施召开，省局特邀的鉴证专家、指挥部成员及工作人员，部分市（州）局局长、指挥长，部分县（市、区）局、基层分局局长以及项目监理、软件公司人员共80余人参加会议。省局党组成员、总会计师肖厚雄主持鉴证会，省局计算机中心主任郝荫昌介绍了软件的总体架构和主要功能及特点，东软公司高级副总裁、国家信息协会电子政务专业委员会副理事长卢朝霞介绍了软件开发理念和过程，恩施州地税局介绍了软件应用情况及体会，东软公司和恩施州局技术人员进行了功能介绍和操作演示。鉴证专家、指挥部业务组、市县局长分组进行了深入讨论后作出了鉴证结论，一致认为该软件可以在全省地税系统上线运行。会议结束时，省局党组书记、局长许建国作总结讲话，指出新的软件是一个结晶、一份心血，是一项制度、一个机制，体现了一种理念、一种思想，还是一个平台、一个基础，对于征管建设、内部制度建设、队伍建设乃至全省地税系统的未来，将产生不可估量的影响和作用。他要求全系统统一思想，全体动员，全员培训，全方位准备，确保上线一次成功。这是“一把手”工程，如果哪个地方准备不充分而上线出了问题，甚至上线失败，要严格追究责任，首先要追究“一把手”的责任。

▲7月29日，以省政府办公厅监察室主任谢腊泉为组长的省政府目标责任制检查领导小组一行五人莅临省局，对省局2008年上半年目标责任制落实情况进行检查，检查组听取了省局办公室主任熊爱平关于省局目标责任制落实情况的汇报，与有关处室负责人进行了座谈了解，查看了有关资料，对省局2008年上半年目标责任制落实情况予以了充分肯定。省局党组成员、总会计师肖厚雄参加了汇报并对省局目标责任制落实情况进行了小结。

▲7月30—31日，全省地税系统信访和综合治理工作会议在武昌召开。会议由省局党组成员、总会计师肖厚雄主持，省信访局、省综治办领导分别就做好当前的信访和综治工作提出了具体要求，就有关业务进行了辅导；会议通报了今年来全系统信访工作和综治工作的有关情况，并就重点信访事项的排查情况研究了稳控措施。会议结束时，省局党组书记、局长许建国作了总结讲话，对扎实做好当前和今后一个时期的信访和综治工作提出了明确要求，规定了工作纪律。各市、州、直管市、林区地税局、省财税职业学院分管办公室工作的局（校）领导、负责信访和综合治理工作的办公室主任或副主任，省局信访工作领导小组办公室和综合治理委员会办公室全体人员参加了会议。

▲8月6日，省管取用水单位水资源费征收工作座谈会在武昌召开。省水利厅副厅长金正鉴、省地税局副局长罗涛出席会议并讲话。会议听取了到会的市、州、县水利、地税部门关于省管取用水单位水资源费征收工作情况汇报，总结了今年以来的省管取用水单位水资源费征收工作，分析了当前形势，研究了突出问题，安排部署了下一步工作措施。武汉等14个市、州、县地税局、水利局分管局领导、水政监察支队长、税政科长和县（市）区局的相关负责人计60余人参加了会议。

▲8月7—9日，全省地方税费征管核心软件推广应用指挥部指挥长会议在武昌召开。许建国局长主持会议。会议部署了全省地方税费征管核心软件上线工作，演示了征管核心软件，讨论了上线的有关问题。会议开始时，省局党组书记、局长许建国作了题为《全体动员　全面保障 全力以赴打好税费征管核心软件上线攻坚战》的动员讲话，要求全

省地税干部统一思想，形成共识，把软件上线作为当前的头等大事。会议结束时，省局党组成员、总会计师、软件上线指挥部指挥长肖厚雄作了总结讲话，许建国局长就确保软件上线一次成功再次强调了有关要求。各市、州、林区、直管市地税局软件上线指挥部正、副指挥长，市州局所属分局、县(市、区)地税局指挥长，以及省局指挥部全体成员参加了会议。

▲8月8日，省纠风办地税督查组组长王建华带领五位督查员到省局听取情况汇报，省局局长许建国汇报了省地税局开展行评工作的进展情况和下步开展行评工作的措施。督查组一行充分肯定了省局开展行评工作以来所取得的成绩，并对省局行评工作提出了希望和建议。

▲8月12日，省局局长许建国参加了湖北广电总台经济广播“政风行风热线”上线活动，就地税部门职能、受灾企业税收优惠、向灾区捐款税收优惠、社会弱势群体税收优惠、个人所得税扣除额标准、车船税征缴以及纳税服务等方面热点问题，与听众进行了一个小时的沟通和互动。

▲8月11—21日，省局分别在泰华大厦和湖北财税职业学院举办了两期(各三个班)地方税费征管核心软件业务与技术培训班。通过集中培训，培养出一批全面掌握“湖北省地方税费征管核心软件”功能与操作方法的业务骨干与技术骨干，并使他们成为本地开展软件培训的合格师资力量。来自全省各地的609名地税业务骨干参加了培训。

▲8月21—22日，省局党组中心组在孝感八汉洼培训基地举行集中学习。学习期间，各市、州、直管市、林区地税局汇报了前一阶段民主评议政风行风工作情况，对2008年下半年和2009年收入情况进行了分析预测。同时，省局就全系统干部人事管理制度再次征求意见，并就省局机关机构设置方案开展了讨论。省局党组书记、局长许建国了在中心学习组上作了重要讲话。各市、州、直管市、林区地税局党组书记、局长、省财税职业学院院长、省局各处室、各直属单位主要负责人50余人参加了会议。

▲8月26日，省委常委、常务副省长李宪生看了软件的介绍后给予了高度评价，并欣然命笔批示:税收信息化是国家信息化发展战略的重要组成部分。省地税局适应新形势、新任务的需要，结合工作实际研究开发的“湖北省地方税费征管核心软件”，是我省税收信息化建设的控制性工程，该软件的推广应用，必将推动我省税收信息化建设向前迈进一大步，并推动全省税收征管水平上一个新台阶。

▲8月28—29日，省局在应城召开了税收行政执法责任制研讨会。会议听取了各地推行税收执法责任制情况汇报，观摩了应城市局、老河口市局税收执法信息管理系统演示，就责任制推进工作中存在的问题和对策进行了深入研讨。省局许建国局长、罗涛副局长分别在会上作了重要讲话。部分市、州地税局政策法规部门负责人，部分县、市、区地税局负责人及省局办公室、政策法规处、人事处、征管处、信息中心、税收研究所负责人参加会议。

▲9月5日，省局机关为庆祝北京奥运会圆满成功，丰富机关业余生活，推动机关干部职工健身活动，省局机关工会在洪山英东游泳馆组织了一次机关职工游泳比赛，比赛距离50米，泳姿不限，省局机关70余名游泳爱好者分男女三个年龄组参加了比赛。

▲9月10日，国家税务总局召开了传达贯彻全国领导班子思想政治建设座谈会和全国干部教育培训工作精神视频会议。会议学习贯彻了中央组织部组织召开的领导班子思想政治建设座谈会和全国干部教育培训工作会议精神，并部署了税务系统相关工作。省

局领导班子成员、人事处、教育培训中心全体工作人员及机关副处以上干部参加了会议。

▲9月10日，省局小康工作队队长钟源、丁寨乡党委书记陈享为省局驻点村咸丰县丁寨乡十字路村外出务工人员留守家庭家政服务点挂牌揭幕。该县农业局、劳动和社会保障局、地税局以及丁寨乡、十字路村有关负责人和村民代表出席了挂牌仪式。

▲9月12日，省局党组成员、总会计师、软件上线指挥部总指挥长肖厚雄主持召开指挥长会议。分别听取了省局赴黄石、鄂州、天门、潜江、仙桃、林区等地的六个上线工作督导组的工作汇报，对前一阶段上线工作进行了总结，对各组汇报的一些问题进行了认真梳理，并对信息采集录入过程中的一些具体细节问题进行了进一步明确。

▲9月16日，日本客商上海伊藤忠商事有限公司总经理佐佐木淳一、伊藤忠（中国）有限公司副总经理官西英明等一行6人来到武汉，就该公司在汉设立分公司有关涉税事宜拜会省局。省局局长许建国、副局长钟守英及相关业务处室、武汉市局涉外局的有关人员在泰华大厦接待了来访客商，回答了日本客商的有关涉税咨询问题。

▲9月18日，省局机关举行学习贯彻《中华人民共和国突发事件应对法》辅导讲座，邀请中国社科院研究员、博士莫纪宏为机关全体人员作了题为《政府在突发事件应对中的法律职责》的辅导报告。莫研究员重点从我国政府应急管理法律制度的历史发展、现状及特征、《突发事件应对法》的立法目的、基本特点及重要意义、《突发事件应对法》确立的政府在突发事件应对中的法律职责、进一步提高政府在突发事件应对中的预防和处置能力的几点建议等几个方面进行了讲解。省局领导和机关全体人员参加了讲座。

▲9月26日，省局召开各市州局纪检组长或监察室主任工作会议，专题研究部署全系统政风行风评议整改工作。会上，各单位汇报了行评工作进展情况及征求意见情况，并报告了针对问题所采取的整改措施和取得的初步效果。在对前一阶段工作进行全面总结的基础上，省局党组成员、纪检组长许国勇针对当前需要关注的重点问题和整改的具体工作目标，提出了四点要求：工作程序要到位；整改要到位；集中评议的材料准备和汇报要到位；长效机制建设要到位。

▲9月27日，省局机关为迎接国庆节到来，推动机关干部职工健身活动，省局机关工会组织机关全体干部职工到东湖磨山进行了一次群众性登山活动，展示了机关干部热爱生活、拼搏向上的良好形象。

▲10月8日，省局召开全省地税系统深入开展学习实践科学发展观视频动员大会。会议由省局党组副书记、副局长田和平主持。会上，省局党组成员、副局长罗涛宣读了《省地税局关于开展深入学习实践科学发展观活动的实施方案》，省局党组书记、局长许建国作了动员讲话；省人大常委、省人大法制委副主任委员吴剑民对省局学习实践活动提了要求，他希望省地税局切实认识到开展学习实践活动的重要性，紧密结合实际，发动各方面广泛参与，圆满完成活动任务，真正通过开展学习实践活动全面推进各项事业科学发展。省局领导以及省局机关、直属单位全体人员、湖北财税职业学院班子成员在主会场参加会议。各市、州、直管市、林区地税局机关全体人员及直属单位主要负责人，各县（市、区）局机关全体人员和直属单位负责人在各分会场参加会议。

▲10月8—9日，全省地税系统三季度收入分析会在神农架林区召开。省局副巡视员张治安到会并作了会议总结。会议听取了各单位前三个季度地税收入完成情况汇报，掌握了各地2008年全年收入预测以及2009收入预计情况，并就《湖北省地方税务局收入

分析和预测考核标准》和《湖北省地方税务局收入待解专户考核标准》的修订结果向与会代表进行了通报。各市、州、直管市、林区分管局长及计统科长近40人参加了会议。

▲10月9—10日，省局举行了《新公共政策分析》和《新公共经济学》两场专题辅导讲座，分别邀请华中科技大学公共管理学博士王国华教授和经济学博士刘建平教授进行授课。省局机关各处室、直属单位全体人员参加了学习。两位教授分别就新时期政府决策分析与研究、公共财政政策两个主题进行了讲解。

▲10月13—14日，省局在汉口召开全省土地税收管理工作会议。会上，省局党组书记、局长许建国作了题为《增进共识　强化措施　开创全省土地税收管理工作新局面》的讲话，系统回顾了全省土地增值税、土地使用税和耕地占用税征管工作情况，并针对各税种的开展进程提出了着力规范土地增值税清算管理、深入推进运用GPS系统管理土地使用税税源、全面加强耕地占用税政策落实力度的工作要求。罗涛副局长在总结讲话中充分肯定了全省前一阶段土地税收管理工作取得的成绩。省局税政一、二、三处和征管处、科研所、办公室相关人员参加了会议。各市州地税局及所属分局分管局领导、税政科(处)长，各县(市)地税局分管局领导参加了会议。

▲10月14—16日，全省地税系统档案保密培训班在武昌举办。培训班上，省局党组成员、总会计师肖厚雄到培训班讲话，并传达了省直单位网络保密工作会议有关精神；国家税务总局办公厅文秘处处长吴礼祥、省档案局业务指导处处长饶柏先、副处长陈壮应邀分别为全体学员讲授了《档案价值分析和税务档案保管期限表的编制》、《机关档案规范化建设》以及《“三合一”制度的编制与文书档案保管期限的划分》等知识；培训班还组织全体学员观看了《信息化条件下的主要技术窃密手段及其防范》、《党政要害部门信息安全与保密》等保密教育片。各市、州、县(区)、林区地税局办公室档案员共100余人参加了培训。

▲10月15日，全省地税系统行政法制培训班在湖北大学政法学院正式开班，来自全省各地的121名地税干部参加为期16天的培训。这次培训旨在提高税务机关和税务工作人员依法行政、文明执法的能力和水平，培训对象为各市州局和县(市)局主管税政、征管、法规的科(股)长，培训内容为行政法基础理论、《行政许可法》、《行政诉讼法》、《行政复议法》、《行政处罚法》、《国家赔偿法》等行政法律和《国家公务员法》、《物权法》等法律。

▲10月16—17日，全省住宿餐饮行业税收管理工作会议在十堰召开。会议由省局党组成员、总会计师肖厚雄主持。省局党组书记、局长许建国作了题为《统一思想 提高认识　大力推进住宿餐饮业税收管理工作》的主题报告。省局党组成员、副局长罗涛作了总结讲话。会议介绍了十堰市地税局对住宿餐饮行业实行集中综合管理的做法，讨论了全省饮食业、旅店业税收管理办法。各市、州地税局及所属分局分管局领导、税政科(处)长、征管科(处)长，各县(市、区)地税局分管局领导参加了会议。

▲10月22日，省局专门邀请曾在中央政治局集体学习会上讲课的华中师范大学政治学研究院院长、中国农村问题研究中心主任、长江学者、博士生导师徐勇教授，为大家作了题为《再次吹响农村发展改革的“集结号”——十七届三中全会解读》的报告。报告以“农者有其位，农者有其为；耕者有其田，耕者有其钱；田者有其耕，田者有其望”为标题，对十七届三中全会的精神进行了深入诠释。邀请曾任中南财经政法大学副校长、博士生

导师，省社科院院长、党组书记、研究员，现任省委财经领导小组办公室副主任的赵凌云教授，为大家作了题为《深刻领会科学发展观的精神实质　着力推进湖北科学发展》的辅导报告。赵教授坚持理论联系实际的方法，对推进湖北科学发展的战略进行了细致的讲解。省局在家领导、省局机关全体党员聆听了辅导报告。

▲10月23日，省局机关按照中央《建立健全惩治和预防腐败体系2008—2012年工作规划》的要求，组织机关副处级以上干部会议。会议部署了税务系统贯彻落实中央《工作规划》实施办法的各项工作。

▲10月17—24日，省局机关干部共向四川地震灾区捐赠新棉被、棉袄、大衣、毛毯99件，其他物质114件，捐款6550元，已送交省民政厅备灾中心。

▲10月27—31日，省局机关学习实践科学发展观第一期集训班在孝感八汉洼培训基地顺利开班。省局机关和直属单位的57名党员干部参加培训，主要听取有关专家学者的专题辅导报告，开展集中学习和研讨活动。按照计划，省局机关集中轮训将分3批完成，每批次培训时间为一周。

▲10月29日，前来湖北参加全国税务系统税务文化建设座谈会的国家税务总局党组副书记、副局长钱冠林，在省地税局田和平副局长、黄冈市政府梅香雪副市长等领导陪同下，亲临黄冈市地税局东坡分局视察指导工作。钱冠林先后深入办公场所和办税服务大厅，详细了解纳税服务工作运行情况，看望了一线地税工作人员，并与基层一线干部合影留念。

▲10月29—31日，全省地税系统职工混合篮球比赛决赛在襄樊市体育馆举行。经过激烈比赛，荆州市地税局、襄樊市地税局、黄石市地税局代表队取得前三名。

▲11月4日，省局副局长罗涛在20楼会议室主持召开武汉城市圈“两型社会”建设座谈会。会议重点就省局关于促进武汉城市圈资源节约型和环境友好型社会建设的意见进行了讨论和修订。武汉城市圈九市地税局分管“两型社会”建设工作的局领导参加了会议。

▲11月6—7日，全省地税文化建设工作会议在武昌召开。会上，省局局长许建国向大会作了题为《探索地税文化建设途径，为全省地税事业健康发展营造和谐氛围》的重要讲话，系统阐述了地税文化建设的重大意义，分析总结了全省地税文化建设实践及其存在的主要问题，进一步明确了当前和今后一个时期我省地税文化建设的主要任务和具体要求。省局课题组、襄樊市地税局等七个单位作了理论研讨论文交流发言，田和平副局长作了总结讲话。省局领导，机关各处(室)及直属单位负责人，各市、州、直管市、林区地税局和省财税职业学院分管领导共80余人参加了会议。

▲11月13日，省局机关全体干部统一参加了《公共经济学》和《新公共政策分析》两门课程的学习情况笔试。正在孝感八汉洼培训基地参加学习实践科学发展观第三期集训的干部在培训地参加了考试。

▲11月14日，省局召开全省经济与地税收入形势分析会，传达贯彻了党中央、国务院和省委、省政府关于当前经济工作的重大决策和部署，分析了我省经济和地税收入形势，研究了做好当前和明年地税收入工作的思路与措施。省局全体领导，机关各处室、直属单位负责人，各市州、直管市、林区地税局局长共50余人参加了会议。

▲11月17日，全省地税系统离退休干部座谈会在咸宁召开。咸宁市市长任振鹤、常务副市长胡立山分别代表咸宁市委、市人民政府向参加会议的领导和代表作了欢迎致辞。省财政厅厅长王文童在会上作了热情洋

溢的发言。省地税局原局长桂文奎,各市、州离退休干部代表等老同志纷纷畅谈了离退休后的生活情况,对地税工作提出了很多建设性的意见和建议。省局副局长田和平向参加会议的离退休干部通报了全省收入情况、税收信息化建设情况、机构和人事制度改革情况、税收执法责任制工作情况和今年开展的活动情况。省局局长许建国在会议结束时作了重要讲话。各市、州地税局分管领导、老干部管理工作人员和全系统副处级以上离退休干部共180人参加了会议。

▲11月19—21日,全省地方税收票证管理工作会议在省局召开。会议交流了近一年来全系统票证管理工作取得的成绩,重点就发票管理方面亟待解决的问题、如何遏制假发票泛滥以及税控发票管理等问题进行了讨论、研究和布置。省局党组成员、总会计师肖厚雄参加会议并作了重要讲话。各市州、直管市、林区地税局票证管理科科长30余人参加了会议。

▲11月24日,省局深入学习科学发展观交流(报告)会在泰华大厦举行,会议由省局党组副书记、副局长田和平主持。会上,省社科院副院长刘玉堂教授应邀作了题为《以思想大解放推动社会主义文化大发展大繁荣》的辅导报告;20名机关处室、直属单位干部代表作了科学发展观学习体会交流;省局党组书记、局长许建国以《关于税收科学发展观的思考》为题为全体干部作了辅导讲座,重点从正确认识税收科学发展观的内涵、税收贯彻科学发展观应处理好的几个关系以及贯彻落实税收科学发展观的主要路径等几个方面作了具体而生动的讲解。

▲11月28日上午,2008年全省地税系统新招录公务员和机关工作人员初任培训班结业典礼在中南财经政法大学首义校区举行。省局领导许建国、钟守英、许国勇、张治安等出席了结业典礼并为学员代表颁发了结业证书。结业典礼上,学员代表张磊畅谈了为期3个月初任培训的收获和今后的打算,中南财经政法大学党委书记徐敦楷、武汉市地税局纪检组长范笑非分别代表学校和市州地税局发表了讲话。新招录的208名公务员和机关工作人员进行了岗前宣誓。省局党组书记、局长许建国代表省局党组对中南财经政法大学为这次培训班的成功举办所付出的辛勤劳动表示衷心感谢,对学员们圆满完成学业表示热烈祝贺,并对学员们今后的学习和工作提出了具体要求。

▲12月1日,省委常委、常务副省长李宪生在省政府副秘书长卢焱群、省财政厅厅长王文童等的陪同下,对省局2008年组织收入工作进行调研。在听取了省局党组书记、局长许建国关于2008年地税收入情况、2009年税收收入预测以及2009年组织收入主要措施等有关情况的汇报后,李宪生对省地税局今年的各项工作给予了充分肯定,同时要求全省地税干部正视困难,增强信心,积极应对全球金融危机对我省造成的不利影响,严格按中央和省委、省政府的要求完成好全年的各项收入任务,并为明年的各项工作做好准备。

▲12月3日,全省政风行风民主评议结果揭晓,省地税局被评为"优秀",在八个接受评议的厅局中排名第一。

▲12月3日,以鄂州市政协副主席、市综治委副主任吕克克为组长的省综治工作检查组一行四人到省局检查验收综治工作。省局党组成员、总会计师、局综治委副主任肖厚雄主持汇报会,办公室、人事处、监察室、党办、服务中心等处室负责人参加汇报。通过听取汇报、查看资料,检查组充分肯定了省局注重标本兼治、注重上下联动、注重建章立制、注重抓重点、注重发挥税收职能作用的经验和做法,希望省局坚持常抓不懈、持之以恒,更加注重思想防线的建设,构建严密的安

防体系，确保综治工作万无一失。

▲12月9日，省人大常委会副主任任世茂率省人大财经委、预算委有关领导一行8人到省地税局进行了工作调研。听取了省地税局局长许建国关于2008年税收工作情况、2009年税收预算情况以及2009年组织收入主要措施等有关情况的汇报后，任世茂对省地税局的工作给予了充分肯定。同时，针对世界金融危机的影响已经逐步显现，且有进一步增强的态势，明年全省的经济增长面临着压力和考验的严峻形势，他要求地税部门要处变不惊、从容应对、积极谋划、献计献策，科学地预测好明年的收入，合理安排好明年的支出，认真研究相应的财政政策，拉动内需，促进经济增长，缓解金融危机带来的负面影响。

▲12月9日，省局在泰华大厦召开了选人用人公信度专项巡视会议，省局机关、直属单位副处级以上干部、各市州、直管市、林区地税局局长、党组书记，省财税职业学院院长参加了会议。会上，省委第三巡视组组长张润德同志就专项巡视的意义和巡视工作的安排进行了部署，省局党组书记、局长许建国代表省局党组向巡视组作了省地税局党组2007年以来贯彻执行条例和有关规定的自查报告，同时进行了“一报告两评议”测评及问卷调查。

▲12月17日，全省地税系统信息工作会议在省局召开，会议对全省地税系统2008年优秀政务信息、宣传报道和政论调研文章共74篇进行了表彰奖励，各单位与会代表就本单位信息宣传、政务调研工作简要情况及做好相关工作的建议进行了讨论发言。各市州、直管市、林区地税局办公室分管信息工作的副主任或信息工作人员以及省局机关各处室、直属单位负责综合业务的同志共30余人参加了会议。

▲12月22日，省局在20楼会议室召开党组民主生活会和党组中心组第6次集中学习会。民主生活会上，许建国局长代表局党组对领导班子贯彻落实科学发展观情况进行了分析检查发言，局党组成员进行了自我分析、开展批评与自我批评发言；中心组学习会集中传达了中央经济工作会议和省委九届五次全会精神。各市、州、直管市、林区地税局、湖北财税职业学院党组书记、局(院)长，省局各处室、直属单位负责人，省局全体领导班子成员，省人大常委、省人大法制委员会副主任委员吴剑民、省委组织部副部长翟天山、省委组织部组织处副处长张耀明等参加了会议。

▲12月23日，全省地税系统纪念改革开放30周年暨地税机构成立14周年座谈会在东湖大厦召开。会议由省局副局长田和平主持，省局局长许建国致辞，省局前局长桂文奎、王文童分别讲话，各位老领导和与会代表纷纷发言，畅谈了改革开放30年的巨大变化和地税工作取得的成就。与会代表还观看了纪念改革开放30周年湖北地税成就展，并集体合影留念。各市、州、直管市、林区地税局、湖北财税职业学院历任党组书记、局(院)长，省局各处室、直属单位负责人，省局现任全体领导班子成员，省财政厅厅长王文童，省税务局、地税局老领导童道友、胡金山、刘楚汉、桂文奎、于朝典、刘永东、黄焱清、李之尊、陈长银、戚道玉、胡成强、杨国珍等共80余人参加了座谈会。

▲2008年12月25—26日，湖北省机关事务协会第三次代表大会暨全省机关后勤先进集体、先进工作者表彰大会举行。省地方税务局机关后勤服务中心被评为“湖北省机关后勤先进集体”，罗涛同志被评为“湖北省机关后勤先进工作者”，罗功庆同志被推选为第三届湖北省机关事务协会常务理事。

▲2008年，全省地税部门共组织各项收入825.2亿元，同比增长28.4%，增收182.4亿元。其中：税收收入完成422.6亿元，同比

增长26.2%，增收87.8亿元(税收收入中，地方一般预算收入完成357.4亿元，同比增长25.8%，增收73.3亿元)；社会保险费收入完成358.4亿元，同比增长30%，增收82.8亿元；其他收入完成44.2亿元，同比增长36.5%，增收11.8亿元。主要特点：一是规模壮大。收入总规模突破800亿元，增收额超过180亿元，是历史上增收最多的一年。二是增长平稳。在全国及周边省份下半年以来税收增幅明显回落的情况下，湖北省收入增幅高于全国水平。三是贡献增强。全省地税部门征收的税收地方一般预算收入超过奋斗目标(356亿元)1.4亿元，占全省财政收入比重有较大提高。

省以下地税工作大事记

▲4月11日，恩施州委书记肖旭明同志到恩施州地税局调研，并要求全州地税部门要处理好三个关系，促进全州地税工作再上台阶：要处理好收入增长和培植税源的关系；要处理好严格征管和优质服务的关系；要处理好队伍建设和财源建设的关系。

▲4月22—23日，随州地税机关和直属单位47名干部参加了随州市地方税务局副科级领导干部竞争上岗笔试和面试，16名干部通过竞争上岗走上了领导岗位。

▲5月13日上午，武汉地税市局机关开展向汶川地震灾区捐款献爱心捐款活动，市局机关、市局涉外局、稽查局182名干部职工，向灾区人民捐款。全市地税系统干部职工共捐款人民币65万余元，港币1000元，表达了对灾区人民的深情慰问，并祝愿灾区人民的生活、生产和工作秩序早日恢复稳定，重建家园。

▲5月14—15日，在省局手工税票监销工作组指导下，对十堰市地税局停用的“税收通用完税证”等12种手工票证共计641556份进行了集中监督销毁，十堰地税税费征收彻底告别手工时代。

▲6月11—13日，省局“1+8”城市圈税收征管一体化工作会议在鄂州市地税局召开。省局征管处处长曹桦林、副处长黄捷及武汉、黄石、鄂州、咸宁、孝感等市局征管部门负责人参加了会议。会上，武汉、鄂州就国税代征模块应用性调查作了汇报，鄂州、黄石作为第一批上线的单位就核心征管软件上线准备工作作了汇报。

▲7月8日，孝感市委书记黄关春在2008年第6期《孝感地税专报》上亲笔批示：孝感市地税局上半年工作成效显著，为孝感经济的发展作出了重要贡献，希望同志们再接再厉，在今年经济工作面临诸多困难的情况下，为孝感经济的持续发展再作新贡献。

▲7月15日，宜昌市地税局在当阳市召开委托银行划缴税款工作会议，全面推广委托银行划缴税款纳税方式。截至2008年底，全市共有9800户“双定户”纳税人实行委托银行划缴税款方式，月划缴税款370万元，划缴成功率在98%以上。

▲7月17日，全省文明执法先进事迹巡回报告会在襄樊市襄阳剧院举行。巡回报告团由省纪委常委、省监察厅厅长李述永担任团长，来自武汉市江岸区地税局、黄石市西塞山区陈家湾派出所、襄樊市国税局、省国土资

源厅、恩施市环卫管理处的5名先进代表分别做了事迹汇报。市局组织市直各单位95名干部参加了报告会。副市长虞国旗主持报告会并作总结讲话。

▲8月24日，天门市委书记别必雄在天门市地税局上报的《天门市地方税务局服务地方经济和社会发展的工作意见》上批示："市地税局印发的服务地方经济和社会发展的工作意见很好。思想解放，措施具体，体现了'三个至上'的理念，突出了'三个中心'的意见。"要求市委办以"参阅件"的形式，转发至市"四大家"领导，各乡镇办场区，市直各单位参阅。号召各单位学习地税局牢固树立"纳税人至上、投资者至上、企业至上"的工作理念和"一切工作以经济建设为中心，经济建设以工业经济为中心，工业经济以招商引资为中心"的大局意识，更好地服务、支持地方经济发展。

▲9月5—6日，林区地税局在木鱼镇举办了"神农架林区周边县市地税系统乒乓球邀请赛"。来自周边"两省八县市"地税系统8支(重庆市巫山县地税局、重庆市巫溪县地税局、恩施州巴东县地税局、宜昌市兴山县地税局、襄樊市保康县地税局、十堰市房县地税局、神农架林区地税局，特邀宜昌市夷陵区地税局)代表队共37名男女运动员参加了比赛。

▲9月23日上午9点40分，黄石市地税局磁湖分局办税大厅开票员冯萍运用"湖北省地方税费征管核心软件"，为朗欧药业(湖北)有限公司里开具了第一份社保票，随后为太平人寿保险有限公司黄石中心支公司、中国电信股份有限公司黄石分公司分别开具了社保票、税票，这标志着征管核心软件在黄石地税系统上线成功。

▲10月15日，荆州市地税局"两会"在全国大中城市社科工作会上被表彰为"全国先进社科学会"。

▲12月16日，潜江市委书记朱汉桥、代市长张桂华到潜江市地税局检查指导工作。在详细听取了市地税局周端贵局长有关情况汇报后，朱汉桥盛赞地税部门今年来税费收入规模实现了新突破，服务经济发展出台了新举措，行政效能有了新提升，干部队伍有了新面貌，并就如何做好2009年的地税工作提出了要求。

▲12月31日，仙桃市地税局共组织税费收入63198万元，比去年同期增收15963万元，增幅达到33.8%，一举突破"五亿"和"六亿"两个大关。

第六篇

统 计 篇

（本篇责任编辑　张　惠　陈　红　王浩虹　罗　蓉）

2008 年度湖北省地税局各处室(直属单位)人数统计表

单　　位	局长	副局长	总会计师	纪检组长	巡视员	副巡视员	副巡视员稽查局局长	稽查局副局长	处长	调研员	副处长	副调研员	主任科员	副主任科员	科员	办事员	干部	工人	其他	合计
局领导	1	4	1	1		1													1	9
办公室									1		2	1	3							7
税政一处									1		1		3	1						6
税政二处									1	1			2							4
税政三处									1	1	1		2							5
社会保险费征收管理处									1		2		1							4
征收管理处									1		1	1	1							4
计划统计处											1	1	2							4
财务装备处									1		1	1	2							5
政策法规处									1		1									2
人事处									1	1	1		5							8
离退休干部管理处									1									1		2
机关党办(基层工作处)									1			1	1							3
工　会										1		1								2
监察室									1	1	1	1	2							6
稽查局							1	2	3	1	6		15					1		29
省直社会保险费征收局									1	3	1		30	1	1					37
教育培训中心										2	1	1	5					2		11
税收研究所									1		1	1	4							7
机关后勤服务中心									1		1	2	5					2		11
计算机中心									1		2		5	1				1		10
税收票证管理处									1		2		1					1		5
小　计	1	4	1	1	0	1	1	2	20	11	26	11	89	3	1	0	0	8	1	181
挂职干部									1		1									2
离退休人员					3	5			2	4		3	2	1				1		21
合　计	1	4	1	1	3	6	1	2	23	15	27	14	91	4	1	0	0	9	1	204

2008年度湖北省地税局领导成员及各处室(直属单位)副处级以上干部基本情况表

处室	姓名	性别	现任职务
局领导	许建国	男	党组书记、局长(08.02到任)
	王文童	男	党组书记、局长(08.02离任)
	桂文奎	男	省政协常委
	田和平	男	党组副书记、副局长
	罗　涛	男	党组成员、副局长
	钟守英	女	党组成员、副局长
	肖厚雄	男	党组成员、总会计师
	许国勇	男	党组成员、纪检组长
	余　伟	男	党组成员、副局长
	张治安	男	副巡视员(08.02任职)
办公室	熊爱平	女	主　任
	涂家海	男	副主任
	王士恒	男	副主任
	钟　源	男	副调研员
税政一处	汪应平	男	处　长
	胡　波	女	副处长
税政二处	吴　鸿	男	处　长
	罗功庆	男	调研员
税政三处	朱国鑫	男	处　长
	何小祥	男	调研员
	张雪松	男	副处长
社会保险费征收管理处	陈燕超	男	处　长
	黄　峰	男	副处长
	王瑞根	女	副处长

续表

征收管理处	曹桦林	男	处　长
	黄　捷	男	副处长
	刘长才	男	副调研员
计划统计处	张治安	男	处长(08.02 离任)
	艾　斌	男	副处长
	胡宗瑚	男	副调研员
财务装备处	鲁汉洲	男	处　长
	樊　华	女	副处长
	王月梅	女	副调研员
政策法规处	陈先辉	男	处　长
	张　军	男	副处长
人事处	游干成	男	处　长
	张　慧	女	调研员、副处长
	刘晓丽	女	副处长
离退休干部管理处	彭家涛	男	处　长
机关党办 (基层工作处)	吴明喜	男	处长、副书记
	代　华	女	副调研员
工　会	沈成志	男	主　席
	李丽磊	男	副调研员
监察室	朱建华	男	主　任
	戴胜文	男	调研员
	马　兰	女	副主任
	杨炎斌	男	副调研员
稽查局	童启洪	男	党委书记、局长
	杨国珍	男	副巡视员(08.11 退休)
	杜　平	男	党委委员、副局长
	吴方启	男	党委委员、副局长
	陈实富	男	综合处处长
	陈汉桥	男	稽查一处处长
	梁卜华	男	稽查二处处长
	黄厚德	男	综合处调研员

续表

稽查局	李建新	男	综合处副处长
	詹鹏宇	男	综合处副处长
	周兴红	男	稽查一处副处长
	马建军	男	稽查一处副处长
	雷　浩	男	稽查二处副处长
	任　伟	男	稽查二处副处长
省直社会保险费征收局	邓国强	男	局　长
	邢晓红	女	调研员(08.06 退休)
	高　敏	男	副局长
	刘大桥	男	副局长
	丁　峰	男	副局长
	严　骏	女	副调研员
教育培训中心	程　辉	男	负责人
	许良荣	男	调研员(08.11 任职)
	刘洪华	男	调研员
	王　伟	男	副主任
	齐　平	女	副调研员(08.06 退休)
	曾　涛	男	副调研员
税收研究所	姜玉莲	女	所　长
	彭继旺	男	副所长
	陈　红	女	副调研员
机关后勤服务中心	罗功庆	男	主任(08.11 任职)
	许良荣	男	主任(08.11 离任)
	宋的荀	男	副主任
	李长新	男	副调研员
	王友谊	男	副调研员
计算机中心	郝荫昌	男	主　任
	王玉成	男	副主任
	饶　尚	男	副主任
税收票证管理处	陈谋新	男	主　任
	柳学查	男	副主任
	耿平山	男	副主任

2008年湖北省地税系统行政编制统计表

单　位	行政总编制	机关行政编制	基层行政编制
总　计	16024	2984	13040
武　汉	3127	709	2418
黄　石	658	91	567
襄　樊	1543	216	1327
十　堰	999	191	808
荆　州	1416	224	1192
宜　昌	1274	266	1008
荆　门	834	116	718
鄂　州	341	36	305
黄　冈	1448	291	1157
孝　感	1197	216	981
咸　宁	857	191	666
随　州	561	86	475
恩施州	838	241	597
仙　桃	304	29	275
潜　江	266	29	237
天　门	301	29	272
林　区	60	23	37

2008年度湖北省省以下地税机关领导干部名单

单　位	姓　名	性　别	职　务
武汉市地方税务局	徐会希	男	党组书记、局长
	肖绪湖	男	党组成员、副局长
	余汉芳	女	党组成员、副局长
	范笑非	男	党组成员、纪检组长
	余汉洲	男	党组成员、副局长
	陈细荣	男	党组成员、副局长
	雷建国	男	党组成员、总会计师
	肖才茂	男	党组成员、总经济师
	李光明	男	巡视员
	甘永毅	男	副巡视员
	刘　杰	男	副巡视员
武汉市地税局涉外税收管理局	张　红	女	局长(副局级)、党组书记
	曾宪中	男	副巡视员
	覃汉桥	男	副局长(正处级)、党组成员
武汉市地税局稽查局	徐海林	男	局长、党组成员、书记
	陈晓芬	女	副巡视员
	姜　明	女	副局长(正处级)、党组成员
	魏建平	男	副局长(正处级)、党组成员
	简新奇	男	副局长(正处级)、党组成员
	张　红	女	纪检组长(正处级)、党组成员
武汉市江岸区地税局	赵　毅	男	局长、党组成员、书记
	徐　伟	男	副局长、党组成员
	王俭民	男	副局长、党组成员
	陈晓清	男	副局长、党组成员
	康　健	男	纪检组长、党组成员
	黄　春	女	总会计师、党组成员

续表

武汉市江汉区地税局	姜海涛	男	局长、党组成员、书记
	谢建国	男	副局长、党组成员
	杨汉泉	男	副局长、党组成员
	刘　青	男	副局长、党组成员
	石国建	男	纪检组长、党组成员
	谭　霞	女	总会计师、党组成员
武汉市硚口区地税局	余代祥	男	局长、党组成员、书记
	邓　和	男	副局长、党组成员
	虞诗龙	男	副局长、党组成员
	黄丽萍	女	副局长、党组成员
	郭　力	男	总会计师、党组成员
武汉市汉阳区地税局	唐哲超	男	局长、党组成员、书记
	郑平甸	男	副局长、党组成员
	张开峰	男	副局长、党组成员
	王元文	男	副局长、党组成员
	丁志清	男	纪检组长、党组成员
	李春花	女	总会计师、党组成员
武汉市武昌区地税局	邱红松	男	局长、党组成员、书记
	丁　凯	女	副局长、党组成员
	陈燕凯	男	副局长、党组成员
	林　华	男	副局长、党组成员
	陈国祯	男	纪检组长、党组成员
	方伟东	男	总会计师、党组成员
武汉市青山区地税局	李志勇	男	局长、党组成员、副书记
	左昌链	男	党组成员、书记
	胜　利	男	副局长、党组成员
	刘卫东	男	副局长、党组成员
	余其强	男	副局长、党组成员
	黄亚莉	女	纪检组长、党组成员
	张建平	女	总会计师、党组成员

续表

武汉市洪山区地税局	韩　宏	男	局长、党组成员、书记
	蔡治文	男	副局长、党组成员
	李文宏	男	副局长、党组成员
	王生武	男	纪检组长、党组成员
武汉市东湖新技术开发区地税局	赵华庆	男	局长、党组成员、书记
	葛朝晖	男	副局长、党组成员
	严旭琦	女	副局长、党组成员
	张薇薇	女	纪检组长、党组成员
武汉市经济技术开发区地税区局	陈爱民	男	局长、党组成员、书记
	张　新	男	副局长、党组成员
	龚宏伟	男	副局长、党组成员
	肖永红	女	副局长、党组成员
	南山松	男	纪检组长、党组成员
武汉市东湖风景区地税局	吴富敏	男	局长、党组成员、副书记
	彭万平	男	党组成员、书记
	商景路	男	副局长、党组成员
武汉市东西湖区地税局	李汉华	男	局长、党组成员、副书记
	王祖芳	男	党组成员、书记
	周东泉	男	副局长、党组成员
	王铁生	男	副局长、党组成员
	丁建标	男	副局长、党组成员
	刘　啸	男	纪检组长、党组成员
	付　翔	男	总会计师、党组成员
武汉市汉南区地税局	祝　鹏	男	局长、党组成员、书记
	李天炎	男	副局长、党组成员
	李　艳	女	副局长、党组成员
	杨师伟	男	副局长、党组成员
	吕剑平	男	纪检组长、党组成员
武汉市蔡甸区地税局	牛昊生	男	局长、党组成员、书记
	曾庆芳	男	副局长、党组成员
	李建生	男	副局长、党组成员
	付梅清	男	副局长、党组成员
	陈建明	男	纪检组长、党组成员
	杨服斌	男	总会计师、党组成员

续表

武汉市江夏区地税局	彭家旺	男	局长、党组成员、书记
	饶辉明	男	副局长、党组成员
	黄亚平	男	副局长、党组成员
	何全胜	男	副局长、党组成员
	李　辉	男	纪检组长、党组成员
武汉市黄陂区地税局	张毅平	男	局长、党组成员、书记
	陈启武	男	调研员、党组副书记
	孙学杰	男	副局长、党组成员
	杨耀俊	男	副局长、党组成员
	胡志鸿	男	副局长、党组成员
	詹金洲	男	纪检组长、党组成员
	王剑彪	男	总会计师、党组成员
武汉市新洲区地税局	柳向晖	男	局长、党组成员、书记
	曹建闻	男	副局长、党组成员
	童咏伢	男	副局长、党组成员
	熊敬东	男	副局长、党组成员
	李柏青	男	纪检组长、党组成员
黄石市地税局	杜宏峰	男	党组书记、局长
	柴志红	女	党组成员、副局长
	周国强	男	党组成员、副局长
	王　炼	男	党组成员、副局长(8月由总会计师改任)
	孙家军	男	党组成员、副局长(8月到任)
黄石市地税局稽查局	许升祥	男	局　长
	严培建	男	副局长
	昌　荣	女	副局长
	刘晓彬	男	副局长
黄石市地税局磁湖分局	刘明波	男	局　长
	魏　伟	男	副书记(2月到任)
	吴旭光	男	副局长
	夏志刚	男	副局长

续表

黄石市地税局团城山分局	周佑元	男	局　长
	红　兵	男	副局长
	包文俊	男	副局长
	罗　英	女	副局长
	徐少林	男	副局长
黄石市地税局黄石港分局	张成明	男	局　长
	黄发国	男	书　记
	陈泉发	男	副局长(9月提前退休)
	周元林	男	副局长(9月改任主任科员)
	石剑峰	男	副局长
	黄文菊	女	副局长
	龚德富	男	专职纪检监察员
黄石市地税局下陆分局	王　涛	男	局　长
	田　香	男	书　记
	张义彪	男	副局长
	马　德	男	副局长
	朱卫群	男	副局长
黄石市地税局西塞山分局	邹国瑞	男	局　长
	康小鄂	男	书　记
	万　鹏	男	副局长
	周　全	男	副局长
	徐桂华	女	副局长
黄石市地税局铁山分局	甘新露	男	局　长
	陆垂耀	男	副局长
	吴水明	男	副局长
	赵年茂	男	副局长
	刘小娟	女	副局长
大冶市地税局	罗东胜	男	党组书记、局长
	景　玉	女	党组成员、副局长
	柯　伟	男	党组成员、纪检组长(8月调离)
	黄甲安	男	党组成员、副局长
	刘昌洪	男	党组成员、副局长
	吴京刚	男	党组成员、纪检组长(8月到任)
	刘克节	男	党组成员、副书记(8月到任)

续表

阳新县地税局	黄　萍	男	党组书记、局长(1月到任)
	石庆平	男	党组成员、副局长
	邵春阳	女	党组成员、副局长(9月调离)
	柯于林	男	党组成员、纪检组长(6月改任主任科员)
襄樊市地税局	汪金昌	男	党组书记、局长
	朱明建	男	党组成员、副局长
	刘　波	男	党组成员、副局长
	程国强	男	党组成员、副局长
	方　明	男	党组成员、副局长(10月离任)
	石玉红	男	党组成员、副局长(10月到任)
	魏德国	男	党组成员、纪检组长
襄樊市地税局第一分局	路建生	男	局　长
	陈建国	男	副局长
	胡　刚	男	副局长
	刘长根	男	副局长
	张兆东	男	副局长
襄樊市地税局第二分局	朱俊杰	男	局　长
	孙静波	男	副局长
	胡凤鸣	女	副局长
	付晓红	女	副局长
襄樊市地税局高新技术产业开发区分局	屠　剑	男	局　长
	张　军	男	副局长
	王双全	男	副局长(4月竞争上岗)
	张　坤	女	副局长(4月竞争上岗)
	杨云峰	男	副局长(4月离任)
	辛建旭	男	副局长(4月离任)
	余永锋	男	纪检员(4月离任)
襄樊市地税局第五分局	黎新会	男	局　长
	骆永昌	男	副局长
	李延东	男	副局长
	杨　伟	男	纪检组长

续表

襄樊市地税局稽查局	樊福建	男	副局长
	郭吉林	男	副局长
	柳发和	男	副局长
	韩丽军	男	副局长
襄阳区地税局	包德刚	男	党组书记、局长
	尚维贵	男	党组成员、副局长
	张　军	男	党组成员、副局长
	聂世均	男	党组成员、纪检组长
枣阳市地税局	陈学信	男	党组书记、局长
	付　峥	男	党组成员、副局长
	张敬平	男	党组成员、副局长
	马文龙	男	党组成员、纪检组长
	吴宏星	男	总会计师
宜城市地税局	魏　平	男	党组书记、局长
	樊永聘	男	党组成员、副局长
	贾红武	男	党组成员、副局长
	陈顺权	男	党组成员、纪检组长
	张敬宏	男	总会计师
南漳县地税局	张族林	男	党组书记、局长
	向建修	男	党组成员、副局长
	邓玉辉	男	党组成员、副局长（1月由纪检组长改任）
	郭思政	男	党组成员、纪检组长（1月由总会计师改任）
	赵顺虎	男	党组成员、总会计师（1月到任）
保康县地税局	刘文玉	男	党组书记、局长
	张千欣	男	党组成员、副局长（4月离任）
	黄德运	男	党组成员、副局长（4月竞争上岗）
	梁朝晖	男	党组成员、副局长（4月竞争上岗）
	何德禄	男	党组成员、副局长（4月竞争上岗）
谷城县地税局	彭腾江	男	党组书记、局长
	梁少斌	男	党组成员、副局长
	李学东	男	党组成员、副局长
	王汉林	男	党组成员、纪检组长
	李　涛	男	党组成员、总会计师

续表

老河口市地税局	李　刚	男	党组书记、局长
	杨保生	男	党组成员、副局长
	张宏斌	男	党组成员、副局长
	赵世辉	男	党组成员、纪检组长
荆州市地税局	黄　睿	女	党组书记、局长
	赵泉元	男	党组副书记、副局长
	袁水斌	男	党组成员、纪检组长
	程　宁	男	党组成员、副局长
	陈卫国	男	党组成员、副局长
	林　华	男	党组成员、副局长
荆州市地税局稽查局	胡恩柏	男	局　长
	胡绪振	男	副局长
	蔡少锦	女	副局长
	覃章文	男	副局长
	周　俊	男	副局长
荆州市地税局荆沙分局	吴光绪	男	局　长
	陈兴荣	男	副局长
	余高峰	男	副局长
	赵　鹏	男	副局长
荆州市地税局荆州开发区分局	唐德旺	男	局　长
	黄荣善	男	副局长
	来传杰	男	副局长
	刘　兵	男	副局长
沙市区地税局	邓　斌	男	党组书记、局长
	曾宪宏	男	党组成员、副局长
	瞿祥模	男	党组成员、副局长
	幸正平	男	党组成员、纪检组长
	余开武	男	党组成员、副局长
荆州区地税局	涂为东	男	党组书记、局长
	程大鸣	男	党组成员、副局长
	王代荣	男	党组成员、副局长
	蒋永林	男	党组成员、纪检组长
	刘　宏	男	党组成员、副局长

续表

松滋市地税局	谢建国	男	党组书记、局长
	王心弘	男	党组副书记、副局长
	苏卫东	男	党组成员、副局长
	龚本静	女	党组成员、纪检组长
	陈氢华	女	党组成员、总会计师
公安县地方税务局	雷　冲	男	党组书记、局长
	付建明	男	党组成员、副局长
	万远祥	男	党组成员、副局长
	李　俊	男	党组成员、纪检组长
石首市地税局	李玉松	男	党组书记、局长(9月到任)
	王志刚	男	党组成员、副局长
	杨宏斌	男	党组成员、副局长
	陈湘军	男	党组成员、纪检组长
	章贤华	男	党组成员、总会计师
监利县地税局	戴　明	男	党组书记、局长
	刘文霞	女	党组副书记、副局长
	夏恒山	男	党组成员、副局长
	王盛雄	男	党组成员、副局长
	罗兵清	男	党组成员、纪检组长
	欧阳光	男	总会计师
洪湖市地税局	殷　浩	男	党组书记、局长
	倪安平	男	党组成员、副局长
	刘彩成	男	党组成员、副局长
	谢从炳	男	党组成员、纪检组长
	李　莲	女	党组成员、总会计师
江陵县地税局	付家义	男	党组书记、局长
	彭玉胜	男	党组副书记、副局长
	张安平	男	党组成员、副局长
	陈　红	女	党组成员、纪检组长
宜昌市地税局	杨荣辉	男	党组书记、局长
	陈　平	男	党组副书记、局长
	邹宜平	男	党组成员、副局长
	熊洪传	男	党组成员、副局长

续表

宜昌市地税局三峡分局	曾国平	男	局　长
	陈　洪	男	副局长
	张维林	女	副局长
	杨宁传	男	副局长(1月到任)
	黄文林	男	副局长(1月离任)
宜昌市地税局稽查局	罗友柏	男	局　长
	郑成新	男	副局长
	姚建平	女	副局长
	刘天新	男	副局长
宜昌市地税局西陵分局	廖　恒	男	局　长
	汤东苏	女	副局长
	谭家荣	男	副局长
	黄　雄	男	副局长
宜昌市地税局伍家岗分局	胡学龙	男	局　长
	张嫒妮	女	副局长(1月离任)
	刘维大	男	副局长
	王继永	男	副局长(1月到任)
	李　蓉	女	副局长(1月到任)
宜昌市地税局经济技术开发区分局	李　军	男	局　长
	高一兵	男	副局长
	罗运烈	男	副局长
宜昌市地税局点军区分局	陈文强	男	局　长
	赵凤霞	女	副局长(1月离任)
	邓　欣	男	副局长(1月到任)
	陈　群	男	副局长(1月到任)
宜昌市地税局猇亭分局	王时雨	男	副局长
	向长玉	男	副局长
宜昌市夷陵区地税局	熊作顺	男	党组书记、局长
	赵凤霞	女	党组副书记、副局长(1月到任)
	雷红兵	男	党组成员、副局长
	张　敏	男	党组成员、副局长兼纪检组长
	卢春林	男	党组成员、总会计师

续表

宜都市地税局	熊　贞	男	党组书记、局长
	徐同森	男	党组书记、局长
	何红兵	男	党组成员、副局长
	赵永洪	男	党组成员、副局长
	姚祥凯	男	党组成员、副局长兼纪检组长
枝江市地税局	幸　庆	男	党组书记、局长
	王茂华	男	党组书记、局长
	冯长华	女	党组成员、副局长(1月到任)
	李志军	男	党组成员、副局长兼纪检组长
当阳市地税局	蔡良宏	男	党组书记、局长
	杨文刚	男	党组成员、副局长
	张远洪	男	党组成员、副局长
	艾　辉	男	党组成员、副局长
	严祥雄	男	党组成员、副局长兼纪检组长
长阳土家族 自治县地税局	王卫华	男	党组书记、局长(1月到任)
	任卫东	男	党组成员、副局长兼纪检组长
	曾　平	男	党组成员、副局长
	田诗平	男	党组成员、副局长(5月到任)
五峰县地税局	陈海涛	男	党组书记、局长
	龚晓枫	男	党组成员、副局长
	卢长勤	男	党组成员、副局长
	樊孝琴	男	党组成员、副局长兼纪检组长
秭归县地税局	朱建华	男	党组书记、局长
	向　华	男	党组成员、副局长兼纪检组长
	张其彦	男	党组成员、副局长
	王　勇	男	党组成员、副局长
	周琼燕	女	党组成员、副局长
兴山县地税局	彭学彪	男	党组书记、局长
	陆兰先	女	党组成员、副局长
	李澍华	男	党组成员、副局长兼纪检组长
	汪元宗	男	党组成员、总会计师

续表

远安县地税局	李开喜	男	党组书记、局长
	曾令理	男	党组成员、副局长
	杜晓冬	男	党组成员、副局长兼纪检组长
十堰市地税局	黎国平	男	党组书记、局长
	姚　涛	男	党组成员、副局长
	杨大学	男	党组成员、副局长
	杜五一	男	党组成员、副局长
	李朝霞	女	党组成员、副局长
	陈延华	男	党组成员、纪检组长
	贺红星	男	调研员
十堰市地税局稽查局	张树加	男	局　长
	朱吉银	男	副局长
	刘耿峰	男	副局长
	黄少林	男	副局长
	瞿义华	男	副调研员
十堰市地税局车城分局	周德兴	男	局　长
	罗利强	男	副局长
	柳　霞	女	副局长
	陈克钧	男	副局长
	郭乐森	男	副局长
	王海亮	男	副调研员
十堰市地税局东汽分局	梁　凯	男	局　长
	张有华	男	副局长
	罗　勇	男	副局长
	王　龙	男	副局长
	罗烈先	男	副局长
	李仁国	男	副调研员
十堰市地税局茅箭分局	廖吉先	男	局　长
	谢万林	男	副局长
	曾富达	男	副局长
	何　勇	男	副局长

续表

十堰市地税局张湾分局	孟文生	男	局　长
	王建明	男	副局长
	田祥礼	男	副局长
	周启峰	男	副局长
十堰市地方税务局经济技术开发区分局	黄　明	男	局　长
	苏少辉	男	副局长
十堰市地税局武当山旅游经济特区局	叶玉林	男	局　长
	舒登军	男	副局长
	郑明波	男	副局长
丹江口市地税局	沈建军	男	党组书记、局长
	陈忠良	男	党组成员、副局长
	夏宝祥	男	党组成员、副局长
	朱延明	男	党组成员、纪检组长
	朱煜平	男	党组成员、副局长
郧县地税局	陈卫东	男	党组书记、局长
	王　洪	男	党组成员、副局长
	王大平	男	党组成员、副局长
	吴忠明	男	党组成员、副局长
郧西县地税局	全　卫	男	党组书记、局长
	刘　伟	男	党组成员、副局长
	王晓玲	女	党组成员、纪检组长
	贾庚春	男	党组成员、副局长
	雷尚运	男	党组成员、副局长
房县地税局	李　锐	男	党组书记、局长
	况　冰	男	党组成员、副局长
	郑绪贵	男	党组成员、副局长
	宋仁定	男	党组成员、纪检组长
	卢立成	男	党组成员、副局长
竹山县地税局	甘期国	男	党组书记、局长
	张道新	男	党组成员、纪检组长
	陈卫彬	男	党组成员、副局长
	陈　祥	男	党组成员、副局长
	瞿世全	男	党组成员、副局长

续表

竹溪县地税局	付良根	男	党组书记、局长
	柳　毅	男	党组成员、副局长
	王传立	男	党组成员、副局长
	李醇国	男	党组成员、副局长
	徐　飞	男	党组成员、副局长
孝感市地税局	张泉虎	男	党组书记、局长
	黄知勤	男	党组副书记、副局长(10 月离任)
	徐怀德	男	党组成员、副局长
	万水平	男	党组成员、副局长
	周宗登	男	党组成员、副局长
	丁桂清	男	党组成员、副局长
	张少强	男	党组成员、纪检组长
	毛松柏	男	党组成员、槐荫分局局长
孝感市地税局稽查局	徐　锋	男	局　长
	黄福民	男	副局长
	张　军	男	副局长(7 月离任)
	张海明	男	副局长(3 月离任)
	胡　玲	女	副局长(3 月到任,10 月离任)
	荆　光	男	副局长(3 月提任)
	沈铁军	男	副局长(7 月到任)
孝感市地税局槐荫分局	毛松柏	男	局　长
	杨允平	男	副局长(3 月离任)
	卫　方	男	副局长
	张海明	男	副局长(3 月到任)
	胡　玲	女	副局长(3 月离任)
孝感市地税局开发区分局	吴幼清	男	局　长
	王取光	男	副局长
	周爱华	女	副局长
	何　松	男	副局长(3 月离任)
	桂　军	男	副局长(7 月到任)
	金文茂	男	副局长(3 月提任)

续表

孝南区地税局	丁桂清	男	党组书记、局长
	倪艳华	女	党组成员、副局长
	陈　高	男	党组成员、副局长(3月由总会计师改任)
	丁胜堂	男	党组成员、副局长(3月提任)
	沈胜君	男	党组成员、纪检组长(3月提任)
汉川市地税局	张少强	男	党组书记、局长(2月离任)
	郝运年	男	党组书记、局长(2月提任)
	黄兵诚	男	党组成员、副局长(2月离任)
	涂定平	男	党组成员、副局长
	冯娥平	女	党组成员、副局长
	刘志雄	男	党组成员、副局长(2月提任)
应城市地税局	周宗登	男	党组书记、局长(2月离任)
	黄兵诚	男	党组书记、局长(2月提任)
	郝运年	男	党组成员、副局长(2月离任)
	雷国安	男	党组成员、副局长(2月到任)
	吕丽萍	女	党组成员、副局长
	彭　毅	男	党组成员、副局长(2月由纪检组长改任)
	周志勇	男	党组成员、副局长(2月提任,3月离任)
	马国斌	男	党组成员、纪检组长(7月到任)
云梦县地税局	陈汉林	男	党组书记、局长
	何　松	男	党组成员、副局长(4月到任)
	李　淳	女	副局长
	李传斌	男	党组成员、纪检组长
安陆市地税局	李秀秀	女	党组书记、局长
	刘绍军	男	党组成员、副局长
	徐绪发	男	党组成员、副局长
	雷国安	男	党组成员、副局长(2月离任)
	周存炳	男	党组成员、纪检组长
	刘宗军	男	党组成员、总经济师
大悟县地税局	毕友林	男	党组书记、局长
	殷俊伟	男	党组成员、副局长
	邹殿勇	男	党组成员、副局长(3月由纪检组长改任)
	杨志民	男	党组成员、副局长(3月由总会师改任)
	陈胜东	男	党组成员、纪检组长(7月到任)

续表

孝昌县地税局	陶强华	男	党组书记、局长
	石 林	男	党组成员、副局长(6月到任)
	李海舟	男	党组成员、副局长
	黎长传	男	党组成员、副局长(6月提任)
	罗 伟	男	党组成员、副局长(6月提任)
	马国斌	男	党组成员、纪检组长(7月离任)
	周 飚	男	党组成员、总会计师
荆门市地税局	刘光清	男	党组书记
	王登科	男	党组副书记、局长
	李仁清	男	党组成员、副局长
	陶子虎	男	党组成员、副局长
	何扬姣	女	党组成员、副局长
	杜江山	男	党组成员、副局长
	蔡金军	男	党组成员、纪检组长
荆门市地税局稽查局	邱毓霞	女	局 长
	龚劲梅	女	副局长
	肖跃民	男	副局长
	朱葵阳	男	副局长
荆门市地税局石化分局	郭 雄	男	副局长(主持工作)
	刘伏龙	男	副局长
荆门市地税局塔影分局	李启山	男	局 长
	周劲松	男	副局长
	刘运祥	男	副局长
	杜光炬	男	副局长
荆门市地税局浏河分局	张大学	男	副局长
	宋竞斌	男	副局长
	倪道平	男	副局长
	孙中华	男	副局长
	张 洲	男	副局长
荆门市地税局掇刀区分局	蒋天锡	男	局 长
	胡国雄	男	副局长
	车洪峰	男	副局长

续表

荆门市地税局屈家岭分局	吴光清	男	局　长
	华　平	男	副局长
	董光明	男	副局长
荆门市东宝区地税局	罗学毅	男	党组书记、局长
	郭水田	男	党组副书记、副局长
	张永平	男	党组成员、副局长
	肖必臣	男	党组成员、副局长
	亢慎银	男	党组成员、纪检组长
	郑琼英	女	党组成员、总会计师
沙洋县地税局	卢毅磊	男	党组书记、局长
	陈信涛	男	党组成员、副局长
	刘金波	男	党组成员、副局长
	彭显华	男	党组成员、纪检组长
	刘全能	男	党组成员、总会计师
钟祥市地税局	李　立	男	党组书记、局长
	殷应兴	男	党组成员、副局长
	张　涛	男	党组成员、副局长
	沈传德	男	党组成员、副局长
	吴东鸣	男	党组成员、纪检组长
京山县地税局	徐　煌	男	党组书记、局长
	李社平	男	党组成员、副局长
	马小波	男	党组成员、副局长
	金玉华	男	党组成员、纪检组长
	吕友华	男	党组成员、总会计师
鄂州市地税局	樊友才	男	党组书记、局长
	陈少坚	男	党组成员、副局长
	严建国	男	党组成员、副局长
	詹祖武	男	党组成员、副局长
	杜新强	男	党组成员、纪检组长
鄂州市地税局稽查局	胡先禄	男	局　长
	魏海波	男	副局长
	朱仕阳	男	副局长
	胡　锐	男	副局长

续表

鄂州市地税局东城分局	李登科	男	局　长
	廖世才	男	副局长
	张孝松	男	副局长
	胡　琼	女	副局长
	方东银	男	副局长
鄂州市地税局西城分局	张恭元	男	局　长
	常树志	男	副局长
	秦延峰	男	副局长
	杨昌雄	男	副局长
鄂州市地税局葛店开发区分局	吴述斌	男	局　长
	廖福刚	男	副局长
	李英杰	男	副局长
	张卫星	男	副局长
鄂州市地税局鄂城分局	何继洲	男	局　长
	叶　飞	男	副局长
	樊铁牛	男	副局长
	余雄兵	男	副局长
鄂州市地税局华容分局	韩富明	男	局　长
	刘新文	男	副局长
	何　文	男	副局长
	梁美峰	男	副局长
	王成文	男	副局长
鄂州市地税局梁子湖分局	吴海南	男	局　长
	阮启浩	男	副局长
	孟杨耘	男	副局长
黄冈市地税局	刘　强	男	党组书记、局长
	胡汉斌	男	党组成员、副局长
	杜精干	男	党组成员、纪检组长
	张俊祥	男	党组成员、副局长
	贺启春	男	党组成员、副局长
	曾新涛	男	党组成员、副局长

续表

黄石市地税局稽查局	叶杰华	男	局　长
	詹　栋	男	副局长
	赵惠宇	男	副局长
	吴晓明	男	副局长
黄州区地税局	樊金明	男	党组书记、局长
	胡厚发	男	党组成员、副局长
	余秋芳	女	党组成员、副局长
	程发明	男	党组成员、纪检组长
	程少东	男	党组成员、总会计师
	陈厚学	男	党组成员(3 月到任)
	王　芳	女	党组成员(10 月到任)
团风县地税局	石童文	男	党组书记、局长
	许金华	男	党组成员、副局长
	王广宏	男	党组成员、副局长
	陈真良	男	党组成员、副局长
	周志文	男	党组成员、纪检组长
	林桂荣	女	党组成员(10 月到任)
红安县地税局	周凯明	男	党组书记、局长
	彭泽仕	男	党组成员、副局长
	朱华松	男	党组成员、副局长
	王立新	男	党组成员、纪检组长
	陈晓丽	女	党组成员(10 月到任)
麻城市地税局	吴小青	男	党组书记、局长
	黄立忠	男	党组副书记
	陈安新	男	党组成员、副局长
	刘德仁	男	党组成员、副局长
	刘立升	男	党组成员、副局长
	殷　锐	男	党组成员、纪检组长
	刘　荣	女	党组成员(10 月到任)
英山县地税局	艾元学	男	党组书记、局长
	熊金平	男	党组成员、副局长(12 月离任)
	肖超英	男	党组成员、副局长
	程晓宏	男	党组成员、纪检组长
	段立新	男	党组成员、总会计师

续表

罗田县地税局	项海鹏	男	党组书记、局长
	李俊平	男	党组成员、副局长
	周华山	男	党组成员、副局长(12月由纪检组长改任)
	何晓朝	男	党组成员、副局长(12月由总会计师改任)
	叶卫华	女	党组成员(10月到任)
浠水县地税局	何　杰	男	党组书记、局长(3月到任)
	饶飞跃	男	党组成员、副局长
	张自田	男	党组成员、副局长(12月离任)
	姜胜华	男	党组成员、副局长(12月由纪检组长改任)
	汪小方	男	党组成员、副局长(12月由总会计师改任)
	喻春霞	女	党组成员(10月到任)
	周　莉	女	党组成员(10月到任)
蕲春县地税局	杨　阳	男	党组书记、局长
	陈建中	男	党组成员、副局长
	王永平	男	党组成员、副局长
	易任清	男	党组成员、副局长
	雷　鸣	男	党组成员、纪检组长
	高维斌	男	党组成员、总会计师
武穴市地税局	王晓龙	男	党组书记、局长(3月到任)
	费天祥	男	党组成员、副局长
	张明秋	男	党组成员、副局长
	田胜君	男	党组成员、副局长
	刘海波	男	党组成员、纪检组长
	兰山华	男	党组成员、总会计师(3月离任)
	李永新	女	党组成员(10月到任)
黄梅县地税局	胡焕明	男	党组书记、局长
	徐金华	男	党组成员、副局长
	王利华	男	党组成员、副局长
	帅荣文	男	党组成员、纪检组长
	周连兵	男	党组成员、总会计师

续表

黄冈市地税局东坡分局	周　清	男	局　长
	李和平	男	副局长
	孙小松	男	副局长
	王广和	男	副局长
	周育民	男	副局长
	李　林	男	副局长(3月到任)
黄冈市地税局宝塔分局	何绍云	男	局　长
	赵亦兵	男	副局长
	朱响琳	男	副局长
黄冈市地税局龙感湖分局	费春堂	男	局　长
	肖　明	男	副局长
	林新启	男	副局长
咸宁市地税局	吴帮金	男	党组书记、局长
	李　斌	男	党组成员、副局长
	佘建平	男	党组成员、副局长
	潘永香	女	党组成员、纪检组长
	刘黎明	男	党组成员、副局长
咸宁市地税局稽查局	刘建春	男	局　长
	朱永忠	男	副局长
	王　勇	男	副局长
	黄正平	男	副局长
咸宁市地税局温泉分局	王贤海	男	局　长
	龙永久	男	副局长
	梅全民	男	副局长
	王丽华	女	副局长兼纪检监察员
咸宁市地税局温泉开发区分局	曹　军	男	局　长
	张承才	男	副局长
	刘浩华	男	副局长
	邓兰平	女	副局长
	孙新龙	男	专职监察员

续表

咸安区地税局	贺建军	男	党组书记、局长(4 月到任)
	黄红华	男	党组成员、副局长
	张宏成	男	党组成员、副局长(8 月由总会计师改任)
	沈　明	男	党组成员、纪检组长(9 月到任)
	刘荣盛	男	党组成员、总会计师(9 月到任)
	魏　斌	男	党组成员、副局长(9 月到任)
	陈　杰	男	党组成员、副局长(5 月离任)
赤壁市地税局	张三喜	男	党组书记、局长
	李永安	男	党组成员、副局长
	田志农	男	党组成员、副局长
	毕琴如	女	党组成员、副局长
	马小林	男	党组成员、纪检组长
	刘汉斌	男	党组成员、总会计师(9 月到任)
	徐培富	男	总会计师(8 月离任)
嘉鱼县地税局	李克彬	男	党组书记、局长(4 月到任)
	彭卫国	男	党组成员、副局长(没有分管嘉鱼工作)
	李晓芳	女	党组成员、副局长
	胡中心	男	党组成员、纪检组长
	谌宝奎	男	总会计师
通城县地税局	卢四保	男	党组书记、局长
	邱大鹏	男	党组成员、副局长
	覃　俊	男	党组成员、副局长
	吴东来	男	党组成员、纪检组长
	罗初来	男	党组成员、总会计师
崇阳县地税局	程志平	男	党组书记、局长
	陈彦标	男	党组成员、副局长
	沈易林	男	党组成员、副局长
	金书敏	女	党组成员、副局长兼纪检组长
	李峻青	男	党组成员、总会计师
通山县地税局	李相忠	男	党组书记、局长
	余显忠	男	党组成员、副局长
	庞　鹰	男	党组成员、副局长
	阮卫东	男	党组成员、纪检组长
	刘秀丽	女	党组成员、总会计师

续表

随州市地税局	彭万平	男	党组书记、局长(9月离任)
	黄宜龙	男	党组书记、局长(9月到任)
	李先成	男	党组副书记、副局长
	孙家宽	男	党组成员、副局长
	李泽贤	男	党组成员、副局长
	张秋元	男	党组成员、纪检组长
	尤西城	男	党组成员、副局长
随州市地税局稽查局	任永富	男	局　长
	李金成	男	副局长
随州市地税局烈山分局	樊国强	男	局长(2月到任)
	金成善	男	副局长(3月到任)
	喻凤国	男	副局长(3月到任)
曾都区地方税务局	齐耀武	男	党组书记、局长
	李国军	男	党组成员、副局长(7月由纪检组长改任)
	张　虹	女	党组成员、副局长
	陈　强	男	党组成员、副局长(2月到任)
	吴炳林	男	党组成员、纪检组长(7月到任)
	王道发	男	党组成员、总会计师
广水市地方税务局	汤　波	男	党组书记、局长
	陈家文	男	党组副书记、副局长
	刘　涛	男	党组成员、副局长
	夏齐松	男	党组成员、副局长
	周祖喜	男	党组成员、纪检组长
恩施州地税局	刘定双	男	党组书记、局长
	汪学东	男	党组副书记、副局长(正处级)
	文维轩	男	党组成员、副局长
	叶少华	男	党组成员、副局长
	童　军	男	党组成员、纪检组长
	李　清	女	党组成员、副局长
恩施州地税局稽查局	谭祖明	男	局　长
	陈东明	男	州局派驻纪检监察员(正科级,2月由副局长改任)
	官海临	男	副局长
	廖利恩	男	副局长(2月到任)
	段　丹	男	副局长(2月到任)

续表

恩施州地税局清江分局	杨秀奎	男	局　长
	成开久	男	州局派驻纪检监察员(正科级,2月由副局长改任)
	康　炼	男	副局长
	陈　银	女	副局长
	张恩世	男	副局长(2月到任)
恩施市地税局	刘必成	男	党组书记、局长(8月任副处级)
	杨廷普	男	党组成员、州局派驻纪检监察员(正科级,3月由副局长改任)
	邓启荣	男	党组成员、副局长(正科级)
	黄继泉	男	党组成员、副局长
	刘　俊	男	党组成员、副局长(2月由纪检组长改任)
利川市地税局	赵　卫	男	党组书记、局长
	刘余学	男	党组成员、州局派驻纪检监察员(正科级,3月由副局长改任)
	黄仕杰	女	党组成员、副局长(1月,由纪检组长改任)
	谭远策	男	党组成员、副局长(1月到任)
	黄力英	男	党组成员、副局长(3月到任)
建始县地税局	廖乐高	男	党组书记、局长
	张宏伟	男	党组成员、副局长
	田灼章	男	党组成员、副局长
	邵启玉	男	党组成员、副局长(2月到任)
	李　璋	男	党组成员、副局长(2月由纪检组长改任)
	李　波	男	党组成员、州局派驻纪检监察员(3月到任)
巴东县地税局	孙　军	男	党组书记、局长
	王联明	男	党组成员、州局派驻纪检监察员(正科级,3月到任)
	谭祖圣	男	党组成员、副局长
	谭国俊	女	党组成员、副局长
	庹正义	男	党组成员、副局长
	李昌林	男	党组成员、副局长(2月由纪检组长改任)
来凤县地税局	刘兴铸	男	党组书记、局长(2月到任)
	廖利恩	男	党组书记、局长(2月离任)
	杨光树	男	党组成员、州局派驻纪检监察员(正科级,3月到任)
	吴运华	男	党组成员、副局长(1月离任)
	吴国华	男	党组成员、副局长
	舒　勤	男	党组成员、副局长
	刘相明	男	党组成员、副局长

续表

咸丰县地税局	杨胜友	男	党组书记、局长
	游文江	男	党组成员、州局派驻纪检监察员(正科级,3月到任)
	张来礼	男	党组成员、副局长(2月由纪检组长改任)
	谷冬青	女	党组成员、副局长
	安　冰	男	党组成员、副局长(3月到任)
宣恩县地税局	吴运华	男	党组书记、局长(1月到任)
	李才明	男	党组书记、局长(1月离任)
	贺新胜	男	党组成员、副局长
	戴　彬	男	党组成员、副局长
	向　洁	女	党组成员、副局长(11月离任)
	彭　军	男	党组成员、副局长(2月由纪检组长改任)
	唐洪波	男	党组成员、州局派驻纪检监察员(3月到任)
鹤峰县地税局	李才明	男	党组书记、局长(2月到任)
	段　丹	男	党组书记、局长(2月离任)
	李　锐	男	党组成员、州局派驻纪检监察员(正科级,3月由副局长改任)
	漆　峰	男	党组成员、副局长
	杨庆华	女	党组成员、副局长(2月18日纪检组长改任,2月28日离任)
	丁振峰	男	党组成员、副局长(3月到任)
	黄先武	男	党组成员、副局长(6月到任)
仙桃市地税局	方　明	男	党组书记、局长
	汤愚成	男	党组成员、副局长
	李木权	男	党组成员、副局长
	曾振武	男	党组成员、副局长
	王海桥	男	党组成员、纪检组长
潜江市地税局	周端贵	男	党组书记、局长
	熊清平	女	党组成员、副局长
	姜昌平	男	党组成员、副局长
	张　勇	男	党组成员、副局长
	胡开峰	男	党组成员、纪检组长
天门市地税局	郭刚成	男	党组书记、局长
	杨新华	男	党组副书记、副局长
	尹国祥	男	党组成员、副局长
	余天成	男	党组成员、副局长

续表

神农架林区地税局	王均才	男	党组书记、局长
	舒启爱	男	党组成员、副局长
	向著文	男	党组成员、副局长
	胡 涛	男	党组成员、副局长
湖北财税职业学院	张建军	男	党委书记、院长
	李德波	男	党委委员、副院长
	彭化章	男	党委委员、副院长
	叶训璋	女	党委委员、副院长
	黄知勤	男	党委委员、副院长
	陈 亮	男	党委委员、副院长
	张 亮	男	党委委员、副院长

2008年度湖北省各项收入分项目完成情况表

单位:万元

项 目	2008年	2007年	增长率(%)
税务部门组织收入总计	8252156	6427825	28.38
一、税收收入合计	3848572	3039002	26.64
其中:中央级收入	651847	506520	28.69
地方级收入	3196725	2532482	26.23
其中:省级收入	692652	564939	22.61
市州县级收入	2504073	1967543	27.27
其中:国有企业	781595	679074	15.10
集体企业	91873	90416	1.61
股份合作企业	13837	8004	72.88
股份公司	1823011	1350497	34.99
私营企业	328534	240385	36.67
涉外企业	276444	225678	22.49
其 他	533278	444948	19.85
(一)营业税	1698949	1395926	21.71

续表

项　　目	2008 年	2007 年	增长率(%)
(二)企业所得税	482870	388162	24.40
(三)个人所得税	603541	456040	32.34
(四)资源税	53552	45549	17.57
(五)土地使用税	150001	99164	51.27
(六)城市维护建设税	415660	356180	16.70
(七)印花税	86378	61503	40.45
(八)土地增值税	139788	73483	90.23
(九)房产及城市房地产税	161795	127561	26.84
(十)车船税	28667	19145	49.74
(十一)烟叶税	27371	16179	69.18
(十四)其他税收		110	
二、社保费收入	3584448	2756749	30.02
(一)基本养老保险	2597163	2002460	29.70
(二)基本医疗保险	781057	603698	29.38
(三)失业保险	149528	110387	35.46
(四)工伤保险	33258	22993	44.64
(五)女工生育保险	23406	17211	35.99
(六)其他社会保险金收入	36		
三、其他收入	819136	632074	29.59
(一)教育费附加	175964	140487	25.25
(二)文化建设事业费	5464	3368	62.23
(三)地方教育发展费	92233	69026	33.62
(四)堤防维护费	62749	51425	22.02
(五)残疾人就业保障金	15607	12859	21.37
(六)水资源费	18632	17044	9.32
(七)磷矿石价格调节基金	1578	2319	−31.95
(八)排污费	41608	4765	773.20
(九)耕地占用税	70317	37963	85.23
(十)契税	306724	270301	13.47
(十一)其他	28260	22517	25.51

注:1.根据全国统一口径,耕地占用税和契税属非税收入,在“其他收入”中核算(后同)。

2.2006 年全省耕地占用税和契税收入中不含武汉市财政征收数。

2008年度湖北各项收入分市州完成情况表

单位：万元

单　　位	2008年	2007年	增长率(%)
全　省	8252156	6427825	28.38
武汉市	3823968	2954719	29.42
黄石市	340925	263934	29.17
十堰市	298022	227100	31.23
荆州市	377308	276791	36.32
襄樊市	450506	357048	26.18
宜昌市	694205	548126	26.65
鄂州市	144031	105447	36.59
荆门市	240486	185361	29.74
黄冈市	250248	190793	31.16
孝感市	257433	196002	31.34
咸宁市	156686	123984	26.38
恩施州	202908	177270	14.46
神农架林区	8663	6533	32.60
随州市	95984	76866	24.87
天门市	46399	36611	26.74
潜江市	56571	48148	17.49
仙桃市	63199	47235	33.80
省　直	744614	605857	22.90

2008 年度湖北省税收收入分市州完成情况表

单位:万元

单　位	2008 年	2007 年	增长率(%)
全　省	3848572	3039002	26.64
武汉市	2112412	1656752	27.50
黄石市	157774	121229	30.15
十堰市	163743	123001	33.12
荆州市	121610	100300	21.25
襄樊市	201913	161258	25.21
宜昌市	358685	283444	26.55
鄂州市	71539	49541	44.40
荆门市	101304	78548	28.97
黄冈市	120550	90672	32.95
孝感市	117598	95442	23.21
咸宁市	67870	51309	32.28
恩施州	116844	107419	8.77
神农架林区	4680	3895	20.15
随州市	37347	33053	12.99
天门市	16128	12850	25.51
潜江市	26787	23917	12.00
仙桃市	23492	18641	26.02
省　直	28296	27731	2.04

2008年度湖北省社保费收入分市州完成情况表

单位:万元

单　位	2008年	2007年	增长率(%)
全　省	3584448	2756749	30.02
武汉市	1244209	911586	36.49
黄石市	153612	122442	25.46
十堰市	107651	85715	25.59
荆州市	229467	160117	43.31
襄樊市	200476	164585	21.81
宜昌市	270185	208985	29.28
鄂州市	52957	40929	29.39
荆门市	119572	92987	28.59
黄冈市	112126	88909	26.11
孝感市	111111	82456	34.75
咸宁市	68227	60664	12.47
恩施州	65855	55365	18.95
神农架林区	2863	2091	36.92
随州市	49098	39523	24.23
天门市	27789	21881	27.00
潜江市	24866	20452	21.58
仙桃市	34387	25022	37.43
省　直	709997	573040	23.90

2008 年度湖北其他收入分市州完成情况表

单位:万元

单 位	2008 年	2007 年	增长率(%)
全 省	819136	632074	29.59
武汉市	467347	386381	20.95
黄石市	29539	20263	45.78
十堰市	26628	18384	44.84
荆州市	26231	16374	60.20
襄樊市	48117	31205	54.20
宜昌市	65335	55697	17.30
鄂州市	19535	14977	30.43
荆门市	19610	13826	41.83
黄冈市	17572	11212	56.72
孝感市	28724	18104	58.66
咸宁市	20589	12011	71.42
恩施州	20209	14486	39.51
神农架林区	1120	547	104.75
随州市	9539	4290	122.35
天门市	2482	1880	32.02
潜江市	4918	3779	30.14
仙桃市	5320	3572	48.94
省 直	6321	5086	24.28

注:其他收入是指除税收收入和社保费收入以外的地税部门组织收入,含耕地占用税、契税。

分市州统计表

单位:万元

其他企业	澳台投资企业	外商投资企业	个体经营
255772	117128	159316	269267
27121	0	0	0
118118	78771	113624	47450
16223	4416	5156	7206
2123	4146	14424	20225
581	4861	2686	21748
9542	3219	10092	25928
109	8510	3074	25575
555	872	358	10937
6283	2240	1091	20317
16488	1355	1136	23754
9690	605	3442	16480
1351	2450	47	21555
37527	747	1598	9247
1182	0	45	661
7914	1321	268	7103
219	63	707	1391
383	1189	125	4396
363	2363	1443	5294

州统计表

单位:万元

项目 / 单位	税收合计	三产业							
			租赁和商务服务业	居民服务和其他服务务业	教育	卫生、社会保险和社会福利业	文化、体育和娱乐业	公共管理和社会组织合计	其他行业
全　省	3848572	9	322922	87914	28889	13922	29438	50329	140163
省　直	28296								4299
武汉市	2112412	3	261042	35080	24938	10822	22736	45330	63182
黄石市	157774	4	4977	2440	118	170	369	883	4117
十堰市	163743	5	9489	2668	543	393	1423	1209	5471
荆州市	121610	4	6830	65	372	72	332	57	5406
襄樊市	201913	2	9445	10216	198	572	329	442	10277
宜昌市	358685	0	7704	24492	1150	554	1855	1591	9451
鄂州市	71539	1	1124	785	31	57	327	17	2880
荆门市	101304	0	6478	617	129	260	201	20	2601
黄冈市	120550	3	3392	3986	435	83	343	294	10574
孝感市	117598	9	4236	1496	183	71	560	155	3390
咸宁市	67870	5	1989	3234	222	192	307	69	417
恩施州	116844	2	1854	1177	268	475	195	59	13955
神农架林区	4680	5	141	25	0	0	111	0	339
随州市	37347	5	1771	751	24	117	131	0	2852
天门市	16128	4	34	303	92	26	52	27	234
潜江市	26787	8	1574	541	137	0	130	156	588
仙桃市	23492	9	842	38	49	58	37	20	130

金额 项目 / 单位
全 省
省 直
武汉市
黄石市
市 区
大冶市
阳新县
十堰市
市 直
丹江口市
郧 县
郧西县
竹山县
竹溪县
房 县
荆州市
荆沙分局
开发区
沙市区
荆州区
江陵县
松滋市
公安县
监利县
石首市
洪湖市
襄樊市

其他…收	13.耕地占用税	14.契税	二、非税收入合计	1.教育费附加	2.文化事业建设费	3.税务部门罚没收入	4.税务行政事业性收费收入	5.社会保险基金收入
	323	1233	17598	543	11	18		15941
	1375	644	12292	549	5	10		11279
	1511	790	13352	432	5	47		11849
	439	219	9809	298	3	5		9252
	336	608	12293	769	2	7		10472
		63	5667	372	1	1		4360
	610	1015	17254	375	8	1		15941
	936	7559	142667	11024	53	4		121382
	1142	5619	65731	4163	20			52957
	1584	5739	131859	5616	29			119572
	45	598	31923	640	4			29361
	518	849	25683	741	2			23562
	40	217	15149	280	3			14289
	5	25	3541	14				3501
	411	2041	34196	1278	20			31641
	565	2009	21367	2663				17218
	12285	20970	302265	14517	219			270185
	955	11538	145470	6734	162			128944
	43	2978	30480	1888	9			26791
	4564	2214	24412	1348	11			21735
	3906	1087	28300	1033	7			25968
	2231	1490	24099	867	8			22356
	21	90	9041	460	9			7983
	42	75	8149	543	2			7099
	159	682	12539	389	6			11690
	44	616	14584	1054	2			12868
	320	200	5191	201	3			4751
	2376	6705	120617	2816	27			112126
	76	495	7113	80	3			6930
	218	176	4193	115	1			3887

续表

6.残疾人就业保障基金	7.其他	其中：河道堤防维护费	地方教育发展费	水资源费	平抑物价基金	磷矿石调节基金	排污费	中央级	省级	地市级
49	1036	235	617	51			133	1285	2505	29368
26	423		236	26			161	1802	2267	23783
24	995	229	488	16			262	1490	1985	21812
39	212		40	37			135	685	1216	15583
35	1008	230	526	45			207	3187	2027	19221
13	920		192	8		710	10	2870	1595	11362
43	886	282	366	152			86	623	1703	23658
388	9816	3030	4659	881			1246	20306	25922	234251
679	7912	3186	1753	851			2122	8586	16078	119367
545	6097	400	2802	192		418	2285	17865	19140	203481
120	1798	216	618	76		418	470	3154	3484	43143
62	1316		896	73			347	2711	3473	37933
31	546	184	156	17			189	630	1707	19736
4	22		11	2			9	49	79	3803
140	1117		756	22			339	7184	6777	57593
188	1298		365	2			931	4137	3620	41273
2100	15244	742	9688	2528		77	2209	66180	65926	562099
1391	8239	242	4948	1941			1108	28925	36895	269818
157	1635		1268	102		22	243	14268	8948	61356
163	1155	150	755	84			166	3638	3850	52412
86	1206	347	604	50			205	4758	3916	47325
85	783	3	574	37			169	3751	2863	43029
64	525		377	40		55	53	3001	1874	19505
18	487		321	74			92	3069	1879	15234
18	436		297	101			38	1824	1954	20416
90	570		403	52			115	2369	3149	24498
28	208		141	47			20	577	598	8506
348	5300	970	1534	375		1	2420	18281	22550	209417
22	78	48	30					831	1764	14539
11	179	45	76	9			49	529	1272	9492